CTBA
中国招标投标协会
CHINA TENDERING & BIDDING ASSOCIATION

中国招标采购常用法规选编

（2018）

中国招标投标协会 编

中国计划出版社

图书在版编目（CIP）数据

中国招标采购常用法规选编. 2018 / 中国招标投标协会编. -- 北京 : 中国计划出版社，2018.9(2020.7重印)
ISBN 978-7-5182-0925-5

Ⅰ. ①中… Ⅱ. ①中… Ⅲ. ①采购－招标投标法－汇编－中国 Ⅳ. ①D922.297.9

中国版本图书馆CIP数据核字(2018)第201939号

中国招标采购常用法规选编（2018）
中国招标投标协会　编

中国计划出版社出版发行
网址：www.jhpress.com
地址：北京市西城区木樨地北里甲 11 号国宏大厦 C 座 3 层
邮政编码：100038　电话：(010) 63906433（发行部）
北京市科星印刷有限责任公司印刷

787mm×1092mm　1/16　37.75 印张　1103 千字
2018 年 9 月第 1 版　2020 年 7 月第 2 次印刷

ISBN 978-7-5182-0925-5
定价：120.00 元

《中国招标采购常用法规选编（2018）》
编 辑 说 明

中国招标投标协会在编辑出版了供招标采购从业者随时查阅的工具书《中国招标采购常用法规选编》2008、2009—2011、2012—2014、2015、2017版的基础上，应广大会员单位要求，今年又组织编辑了《中国招标采购常用法规选编（2018）》。

《中国招标采购常用法规选编（2018）》主要汇编了2017年6月1日至2018年6月30日全国人大、国务院及有关部委发布的156个与招标采购相关的法律、规章和规范性文件，特别是国务院及有关部门修改的法律、法规及废止和修改的部分规章决定。其中包括招标采购综合管理、工程建设、政府采购、政府和社会资本合作（PPP）、信用体系建设、公共资源交易等与招标采购工作密切相关的政策文件。同时，仍按以往惯例，将《招标投标法》及其实施条例、《政府采购法》及其实施条例以及《合同法》等收录其中，以便于对照查阅。

本书还包含了与2018年招标师执业资格考试相关的法律法规内容，供广大考生学习参考。

由于时间仓促，不免有疏漏，敬请读者批评指正。

中国招标投标协会

二〇一八年七月

目　　录

第一部分　招标采购法律和行政法规

第二部分　部门规章及规范性文件

综 合 管 理

工 程 建 设

政 府 采 购

政府和社会资本合作

信用体系建设

第三部分　招标采购相关政策与法规

第一部分

招标采购法律和行政法规

中华人民共和国招标投标法

（1999 年 8 月 30 日第九届全国人民代表大会常务委员会第十一次会议通过，中华人民共和国主席令 1999 年第 21 号；根据 2017 年 12 月 27 日第十二届全国人民代表大会常务委员会第三十一次会议《关于修改〈中华人民共和国招标投标法〉、〈中华人民共和国计量法〉的决定》修正）

第一章　总　　则

第一条　为了规范招标投标活动，保护国家利益、社会公共利益和招标投标活动当事人的合法权益，提高经济效益，保证项目质量，制定本法。

第二条　在中华人民共和国境内进行招标投标活动，适用本法。

第三条　在中华人民共和国境内进行下列工程建设项目包括项目的勘察、设计、施工、监理以及与工程建设有关的重要设备、材料等的采购，必须进行招标：

（一）大型基础设施、公用事业等关系社会公共利益、公众安全的项目；

（二）全部或者部分使用国有资金投资或者国家融资的项目；

（三）使用国际组织或者外国政府贷款、援助资金的项目。

前款所列项目的具体范围和规模标准，由国务院发展计划部门会同国务院有关部门制订，报国务院批准。

法律或者国务院对必须进行招标的其他项目的范围有规定的，依照其规定。

第四条　任何单位和个人不得将依法必须进行招标的项目化整为零或者以其他任何方式规避招标。

第五条　招标投标活动应当遵循公开、公平、公正和诚实信用的原则。

第六条　依法必须进行招标的项目，其招标投标活动不受地区或者部门的限制。任何单位和个人不得违法限制或者排斥本地区、本系统以外的法人或者其他组织参加投标，不得以任何方式非法干涉招标投标活动。

第七条　招标投标活动及其当事人应当接受依法实施的监督。

有关行政监督部门依法对招标投标活动实施监督，依法查处招标投标活动中的违法行为。

对招标投标活动的行政监督及有关部门的具体职权划分，由国务院规定。

第二章　招　　标

第八条　招标人是依照本法规定提出招标项目、进行招标的法人或者其他组织。

第九条　招标项目按照国家有关规定需要履行项目审批手续的，应当先履行审批手续，取得批准。

招标人应当有进行招标项目的相应资金或者资金来源已经落实，并应当在招标文件中如实载明。

第十条　招标分为公开招标和邀请招标。

公开招标，是指招标人以招标公告的方式邀请不特定的法人或者其他组织投标。

邀请招标，是指招标人以投标邀请书的方式邀请特定的法人或者其他组织投标。

第十一条　国务院发展计划部门确定的国家重点项目和省、自治区、直辖市人民政府确定的地方重点项目不适宜公开招标的，经国务院发展计划部门或者省、自治区、直辖市人民政府批准，可以进行邀请招标。

第十二条　招标人有权自行选择招标代理机构，委托其办理招标事宜。任何单位和个人不得以任何方式为招标人指定招标代理机构。

招标人具有编制招标文件和组织评标能力的，可以自行办理招标事宜。任何单位和个人不得强制其委托招标代理机构办理招标事宜。

依法必须进行招标的项目，招标人自行办理招标事宜的，应当向有关行政监督部门备案。

第十三条　招标代理机构是依法设立、从事招标代理业务并提供相关服务的社会中介组织。

招标代理机构应当具备下列条件：

（一）有从事招标代理业务的营业场所和相应资金；

（二）有能够编制招标文件和组织评标的相应专业力量。

第十四条　招标代理机构与行政机关和其他国家机关不得存在隶属关系或者其他利益关系。

第十五条　招标代理机构应当在招标人委托的范围内办理招标事宜，并遵守本法关于招标人的规定。

第十六条　招标人采用公开招标方式的，应当发布招标公告。依法必须进行招标的项目的招标公告，应当通过国家指定的报刊、信息网络或者其他媒介发布。

招标公告应当载明招标人的名称和地址、招标项目的性质、数量、实施地点和时间以及获取招标文件的办法等事项。

第十七条　招标人采用邀请招标方式的，应当向三个以上具备承担招标项目的能力、资信良好的特定的法人或者其他组织发出投标邀请书。

投标邀请书应当载明本法第十六条第二款规定的事项。

第十八条　招标人可以根据招标项目本身的要求，在招标公告或者投标邀请书中，要求潜在投标人提供有关资质证明文件和业绩情况，并对潜在投标人进行资格审查；国家对投标人的资格条件有规定的，依照其规定。

招标人不得以不合理的条件限制或者排斥潜在投标人，不得对潜在投标人实行歧视待遇。

第十九条　招标人应当根据招标项目的特点和需要编制招标文件。招标文件应当包括招标项目的技术要求、对投标人资格审查的标准、投标报价要求和评标标准等所有实质性要求和条件以及拟签订合同的主要条款。

国家对招标项目的技术、标准有规定的，招标人应当按照其规定在招标文件中提出相应要求。

招标项目需要划分标段、确定工期的，招标人应当合理划分标段、确定工期，并在招标文件中载明。

第二十条　招标文件不得要求或者标明特定的生产供应者以及含有倾向或者排斥潜在投标人的其他内容。

第二十一条　招标人根据招标项目的具体情况，可以组织潜在投标人踏勘项目现场。

第二十二条　招标人不得向他人透露已获取招标文件的潜在投标人的名称、数量以及可能影响公平竞争的有关招标投标的其他情况。

招标人设有标底的，标底必须保密。

第二十三条　招标人对已发出的招标文件进行必要的澄清或者修改的，应当在招标文件要求提交投标文件截止时间至少十五日前，以书面形式通知所有招标文件收受人。该澄清或者修改的内容为招标文件的组成部分。

第二十四条　招标人应当确定投标人编制投标文件所需要的合理时间；但是，依法必须进行招标的项目，自招标文件开始发出之日起至投标人提交投标文件截止之日止，最短不得少于二十日。

第三章　投　　标

第二十五条　投标人是响应招标、参加投标竞争的法人或者其他组织。

依法招标的科研项目允许个人参加投标的，投标的个人适用本法有关投标人的规定。

第二十六条　投标人应当具备承担招标项目的能力；国家有关规定对投标人资格条件或者招标文件对投标人资格条件有规定的，投标人应当具备规定的资格条件。

第二十七条　投标人应当按照招标文件的要求编制投标文件。投标文件应当对招标文件提出的实质性要求和条件作出响应。

招标项目属于建设施工的，投标文件的内容应当包括拟派出的项目负责人与主要技术人员的简历、业绩和拟用于完成招标项目的机械设备等。

第二十八条　投标人应当在招标文件要求提交投标文件的截止时间前，将投标文件送达投标地点。招标人收到投标文件后，应当签收保存，不得开启。投标人少于三个的，招标人应当依照本法重新招标。

在招标文件要求提交投标文件的截止时间后送达的投标文件，招标人应当拒收。

第二十九条　投标人在招标文件要求提交投标文件的截止时间前，可以补充、修改或者撤回已提交的投标文件，并书面通知招标人。补充、修改的内容为投标文件的组成部分。

第三十条　投标人根据招标文件载明的项目实际情况，拟在中标后将中标项目的部分非主体、非关键性工作进行分包的，应当在投标文件中载明。

第三十一条　两个以上法人或者其他组织可以组成一个联合体，以一个投标人的身份共同投标。

联合体各方均应当具备承担招标项目的相应能力；国家有关规定或者招标文件对投标人资格条件有规定的，联合体各方均应当具备规定的相应资格条件。由同一专业的单位组成的联合体，按照资质等级较低的单位确定资质等级。

联合体各方应当签订共同投标协议，明确约定各方拟承担的工作和责任，并将共同投标协议连同投标文件一并提交招标人。联合体中标的，联合体各方应当共同与招标人签订合同，就中标项目向招标人承担连带责任。

招标人不得强制投标人组成联合体共同投标，不得限制投标人之间的竞争。

第三十二条　投标人不得相互串通投标报价，不得排挤其他投标人的公平竞争，损害招标人或者其他投标人的合法权益。

投标人不得与招标人串通投标，损害国家利益、社会公共利益或者他人的合法权益。

禁止投标人以向招标人或者评标委员会成员行贿的手段谋取中标。

第三十三条　投标人不得以低于成本的报价竞标，也不得以他人名义投标或者以其他方式弄虚作假，骗取中标。

第四章　开标、评标和中标

第三十四条　开标应当在招标文件确定的提交投标文件截止时间的同一时间公开进行；开标地点应当为招标文件中预先确定的地点。

第三十五条　开标由招标人主持，邀请所有投标人参加。

第三十六条　开标时，由投标人或者其推选的代表检查投标文件的密封情况，也可以由招标人委托的公证机构检查并公证；经确认无误后，由工作人员当众拆封，宣读投标人名称、投标价格和投标文件的其他主要内容。

招标人在招标文件要求提交投标文件的截止时间前收到的所有投标文件，开标时都应当当众予以拆封、宣读。

开标过程应当记录，并存档备查。

第三十七条　评标由招标人依法组建的评标委员会负责。

依法必须进行招标的项目，其评标委员会由招标人的代表和有关技术、经济等方面的专家组成，成员人数为五人以上单数，其中技术、经济等方面的专家不得少于成员总数的三分之二。

前款专家应当从事相关领域工作满八年并具有高级职称或者具有同等专业水平，由招标人从国务院有关部门或者省、自治区、直辖市人民政府有关部门提供的专家名册或者招标代理机构的专家库内的相关专业的专家名单中确定；一般招标项目可以采取随机抽取方式，特殊招标项目可以由招标人直接确定。

与投标人有利害关系的人不得进入相关项目的评标委员会；已经进入的应当更换。

评标委员会成员的名单在中标结果确定前应当保密。

第三十八条　招标人应当采取必要的措施，保证评标在严格保密的情况下进行。

任何单位和个人不得非法干预、影响评标的过程和结果。

第三十九条　评标委员会可以要求投标人对投标文件中含义不明确的内容作必要的澄清或者说明，但是澄清或者说明不得超出投标文件的范围或者改变投标文件的实质性内容。

第四十条 评标委员会应当按照招标文件确定的评标标准和方法，对投标文件进行评审和比较；设有标底的，应当参考标底。评标委员会完成评标后，应当向招标人提出书面评标报告，并推荐合格的中标候选人。

招标人根据评标委员会提出的书面评标报告和推荐的中标候选人确定中标人。招标人也可以授权评标委员会直接确定中标人。

国务院对特定招标项目的评标有特别规定的，从其规定。

第四十一条 中标人的投标应当符合下列条件之一：

（一）能够最大限度地满足招标文件中规定的各项综合评价标准；

（二）能够满足招标文件的实质性要求，并且经评审的投标价格最低；但是投标价格低于成本的除外。

第四十二条 评标委员会经评审，认为所有投标都不符合招标文件要求的，可以否决所有投标。

依法必须进行招标的项目的所有投标被否决的，招标人应当依照本法重新招标。

第四十三条 在确定中标人前，招标人不得与投标人就投标价格、投标方案等实质性内容进行谈判。

第四十四条 评标委员会成员应当客观、公正地履行职务，遵守职业道德，对所提出的评审意见承担个人责任。

评标委员会成员不得私下接触投标人，不得收受投标人的财物或者其他好处。

评标委员会成员和参与评标的有关工作人员不得透露对投标文件的评审和比较、中标候选人的推荐情况以及与评标有关的其他情况。

第四十五条 中标人确定后，招标人应当向中标人发出中标通知书，并同时将中标结果通知所有未中标的投标人。

中标通知书对招标人和中标人具有法律效力。中标通知书发出后，招标人改变中标结果的，或者中标人放弃中标项目的，应当依法承担法律责任。

第四十六条 招标人和中标人应当自中标通知书发出之日起三十日内，按照招标文件和中标人的投标文件订立书面合同。招标人和中标人不得再行订立背离合同实质性内容的其他协议。

招标文件要求中标人提交履约保证金的，中标人应当提交。

第四十七条 依法必须进行招标的项目，招标人应当自确定中标人之日起十五日内，向有关行政监督部门提交招标投标情况的书面报告。

第四十八条 中标人应当按照合同约定履行义务，完成中标项目。中标人不得向他人转让中标项目，也不得将中标项目肢解后分别向他人转让。

中标人按照合同约定或者经招标人同意，可以将中标项目的部分非主体、非关键性工作分包给他人完成。接受分包的人应当具备相应的资格条件，并不得再次分包。

中标人应当就分包项目向招标人负责，接受分包的人就分包项目承担连带责任。

第五章 法律责任

第四十九条 违反本法规定，必须进行招标的项目而不招标的，将必须进行招标的项目化整为零或者以其他任何方式规避招标的，责令限期改正，可以处项目合同金额千分之五以上千分之十以下的罚款；对全部或者部分使用国有资金的项目，可以暂停项目执行或者暂停资金拨付；对单位直接负责的主管人员和其他直接责任人员依法给予处分。

第五十条 招标代理机构违反本法规定，泄露应当保密的与招标投标活动有关的情况和资料的，或者与招标人、投标人串通损害国家利益、社会公共利益或者他人合法权益的，处五万元以上二十五万元以下的罚款；对单位直接负责的主管人员和其他直接责任人员处单位罚款数额百分之五以上百分之十以下的罚款；有违法所得的，并处没收违法所得；情节严重的，禁止其一年至二年内代理依法必须进行招标的项目并予以公告，直至由工商行政管理机关吊销营业执照；构成犯罪的，依法追究刑事责任。给他人造成损失的，依法承担赔偿责任。

前款所列行为影响中标结果的，中标无效。

第五十一条　招标人以不合理的条件限制或者排斥潜在投标人的，对潜在投标人实行歧视待遇的，强制要求投标人组成联合体共同投标的，或者限制投标人之间竞争的，责令改正，可以处一万元以上五万元以下的罚款。

第五十二条　依法必须进行招标的项目的招标人向他人透露已获取招标文件的潜在投标人的名称、数量或者可能影响公平竞争的有关招标投标的其他情况的，或者泄露标底的，给予警告，可以并处一万元以上十万元以下的罚款；对单位直接负责的主管人员和其他直接责任人员依法给予处分；构成犯罪的，依法追究刑事责任。

前款所列行为影响中标结果的，中标无效。

第五十三条　投标人相互串通投标或者与招标人串通投标的，投标人以向招标人或者评标委员会成员行贿的手段谋取中标的，中标无效，处中标项目金额千分之五以上千分之十以下的罚款，对单位直接负责的主管人员和其他直接责任人员处单位罚款数额百分之五以上百分之十以下的罚款；有违法所得的，并处没收违法所得；情节严重的，取消其一年至二年内参加依法必须进行招标的项目的投标资格并予以公告，直至由工商行政管理机关吊销营业执照；构成犯罪的，依法追究刑事责任。给他人造成损失的，依法承担赔偿责任。

第五十四条　投标人以他人名义投标或者以其他方式弄虚作假，骗取中标的，中标无效，给招标人造成损失的，依法承担赔偿责任；构成犯罪的，依法追究刑事责任。

依法必须进行招标的项目的投标人有前款所列行为尚未构成犯罪的，处中标项目金额千分之五以上千分之十以下的罚款，对单位直接负责的主管人员和其他直接责任人员处单位罚款数额百分之五以上百分之十以下的罚款；有违法所得的，并处没收违法所得；情节严重的，取消其一年至三年内参加依法必须进行招标的项目的投标资格并予以公告，直至由工商行政管理机关吊销营业执照。

第五十五条　依法必须进行招标的项目，招标人违反本法规定，与投标人就投标价格、投标方案等实质性内容进行谈判的，给予警告，对单位直接负责的主管人员和其他直接责任人员依法给予处分。

前款所列行为影响中标结果的，中标无效。

第五十六条　评标委员会成员收受投标人的财物或者其他好处的，评标委员会成员或者参加评标的有关工作人员向他人透露对投标文件的评审和比较、中标候选人的推荐以及与评标有关的其他情况的，给予警告，没收收受的财物，可以并处三千元以上五万元以下的罚款，对有所列违法行为的评标委员会成员取消担任评标委员会成员的资格，不得再参加任何依法必须进行招标的项目的评标；构成犯罪的，依法追究刑事责任。

第五十七条　招标人在评标委员会依法推荐的中标候选人以外确定中标人的，依法必须进行招标的项目在所有投标被评标委员会否决后自行确定中标人的，中标无效，责令改正，可以处中标项目金额千分之五以上千分之十以下的罚款；对单位直接负责的主管人员和其他直接责任人员依法给予处分。

第五十八条　中标人将中标项目转让给他人的，将中标项目肢解后分别转让给他人的，违反本法规定将中标项目的部分主体、关键性工作分包给他人的，或者分包人再次分包的，转让、分包无效，处转让、分包项目金额千分之五以上千分之十以下的罚款；有违法所得的，并处没收违法所得；可以责令停业整顿；情节严重的，由工商行政管理机关吊销营业执照。

第五十九条　招标人与中标人不按照招标文件和中标人的投标文件订立合同的，或者招标人、中标人订立背离合同实质性内容的协议的，责令改正；可以处中标项目金额千分之五以上千分之十以下的罚款。

第六十条　中标人不履行与招标人订立的合同的，履约保证金不予退还，给招标人造成的损失超过履约保证金数额的，还应当对超过部分予以赔偿；没有提交履约保证金的，应当对招标人的损失承担赔偿责任。

中标人不按照与招标人订立的合同履行义务，情节严重的，取消其二年至五年内参加依法必须进行招标的项目的投标资格并予以公告，直至由工商行政管理机关吊销营业执照。

因不可抗力不能履行合同的，不适用前两款规定。

第六十一条 本章规定的行政处罚，由国务院规定的有关行政监督部门决定。本法已对实施行政处罚的机关作出规定的除外。

第六十二条 任何单位违反本法规定，限制或者排斥本地区、本系统以外的法人或者其他组织参加投标的，为招标人指定招标代理机构的，强制招标人委托招标代理机构办理招标事宜的，或者以其他方式干涉招标投标活动的，责令改正；对单位直接负责的主管人员和其他直接责任人员依法给予警告、记过、记大过的处分，情节较重的，依法给予降级、撤职、开除的处分。

个人利用职权进行前款违法行为的，依照前款规定追究责任。

第六十三条 对招标投标活动依法负有行政监督职责的国家机关工作人员徇私舞弊、滥用职权或者玩忽职守，构成犯罪的，依法追究刑事责任；不构成犯罪的，依法给予行政处分。

第六十四条 依法必须进行招标的项目违反本法规定，中标无效的，应当依照本法规定的中标条件从其余投标人中重新确定中标人或者依照本法重新进行招标。

第六章 附 则

第六十五条 投标人和其他利害关系人认为招标投标活动不符合本法有关规定的，有权向招标人提出异议或者依法向有关行政监督部门投诉。

第六十六条 涉及国家安全、国家秘密、抢险救灾或者属于利用扶贫资金实行以工代赈、需要使用农民工等特殊情况，不适宜进行招标的项目，按照国家有关规定可以不进行招标。

第六十七条 使用国际组织或者外国政府贷款、援助资金的项目进行招标，贷款方、资金提供方对招标投标的具体条件和程序有不同规定的，可以适用其规定，但违背中华人民共和国的社会公共利益的除外。

第六十八条 本法自 2000 年 1 月 1 日起施行。

关于修改《中华人民共和国招标投标法》、《中华人民共和国计量法》的决定

（2017 年 12 月 27 日第十二届全国人民代表大会常务委员会第三十一次会议通过，中华人民共和国主席令 2017 年第 86 号）

第十二届全国人民代表大会常务委员会第三十一次会议决定：

一、对《中华人民共和国招标投标法》作出修改

（一）删去第十三条第二款第三项。

（二）删去第十四条第一款。

（三）将第五十条第一款中的“情节严重的，暂停直至取消招标代理资格”修改为“情节严重的，禁止其一年至二年内代理依法必须进行招标的项目并予以公告，直至由工商行政管理机关吊销营业执照”。

二、对《中华人民共和国计量法》作出修改

（一）将第三条第一款修改为：“国家实行法定计量单位制度。”

第三款修改为：“因特殊需要采用非法定计量单位的管理办法，由国务院计量行政部门另行制定。”

（二）删去第九条第二款中的“县级以上人民政府计量行政部门应当进行监督检查”。

（三）将第十二条修改为：“制造、修理计

量器具的企业、事业单位，必须具有与所制造、修理的计量器具相适应的设施、人员和检定仪器设备。”

（四）将第十四条修改为：“任何单位和个人不得违反规定制造、销售和进口非法定计量单位的计量器具。”

（五）删去第十五条第二款。

（六）删去第十七条第二款。

（七）第四章增加一条作为第十八条：“县级以上人民政府计量行政部门应当依法对制造、修理、销售、进口和使用计量器具，以及计量检定等相关计量活动进行监督检查。有关单位和个人不得拒绝、阻挠。”

（八）删去第二十二条。

本决定自2017年12月28日起施行。

《中华人民共和国招标投标法》、《中华人民共和国计量法》根据本决定作相应修改，重新公布。

中华人民共和国招标投标法实施条例

（国务院令2011年第613号，2011年12月20日发布；国务院令2017年第676号，2017年3月1日修改；国务院令2018年第698号，2018年3月19日修改）

第一章　总　则

第一条　为了规范招标投标活动，根据《中华人民共和国招标投标法》（以下简称招标投标法），制定本条例。

第二条　招标投标法第三条所称工程建设项目，是指工程以及与工程建设有关的货物、服务。

前款所称工程，是指建设工程，包括建筑物和构筑物的新建、改建、扩建及其相关的装修、拆除、修缮等；所称与工程建设有关的货物，是指构成工程不可分割的组成部分，且为实现工程基本功能所必需的设备、材料等；所称与工程建设有关的服务，是指为完成工程所需的勘察、设计、监理等服务。

第三条　依法必须进行招标的工程建设项目的具体范围和规模标准，由国务院发展改革部门会同国务院有关部门制订，报国务院批准后公布施行。

第四条　国务院发展改革部门指导和协调全国招标投标工作，对国家重大建设项目的工程招标投标活动实施监督检查。国务院工业和信息化、住房城乡建设、交通运输、铁道、水利、商务等部门，按照规定的职责分工对有关招标投标活动实施监督。

县级以上地方人民政府发展改革部门指导和协调本行政区域的招标投标工作。县级以上地方人民政府有关部门按照规定的职责分工，对招标投标活动实施监督，依法查处招标投标活动中的违法行为。县级以上地方人民政府对其所属部门有关招标投标活动的监督职责分工另有规定的，从其规定。

财政部门依法对实行招标投标的政府采购工程建设项目的预算执行情况和政府采购政策执行情况实施监督。

监察机关依法对与招标投标活动有关的监察对象实施监察。

第五条　设区的市级以上地方人民政府可以根据实际需要，建立统一规范的招标投标交易场所，为招标投标活动提供服务。招标投标交易场所不得与行政监督部门存在隶属关系，不得以营利为目的。

国家鼓励利用信息网络进行电子招标投标。

第六条　禁止国家工作人员以任何方式非法干涉招标投标活动。

第二章　招　标

第七条　按照国家有关规定需要履行项目审批、核准手续的依法必须进行招标的项目，其招标范围、招标方式、招标组织形式应当报项目审批、核准部门审批、核准。项目审批、核准部门应当及时将审批、核准确定的招标范围、招标方式、招标组织形式通报有关行政监督部门。

第八条 国有资金占控股或者主导地位的依法必须进行招标的项目，应当公开招标；但有下列情形之一的，可以邀请招标：

（一）技术复杂、有特殊要求或者受自然环境限制，只有少量潜在投标人可供选择；

（二）采用公开招标方式的费用占项目合同金额的比例过大。

有前款第二项所列情形，属于本条例第七条规定的项目，由项目审批、核准部门在审批、核准项目时作出认定；其他项目由招标人申请有关行政监督部门作出认定。

第九条 除招标投标法第六十六条规定的可以不进行招标的特殊情况外，有下列情形之一的，可以不进行招标：

（一）需要采用不可替代的专利或者专有技术；

（二）采购人依法能够自行建设、生产或者提供；

（三）已通过招标方式选定的特许经营项目投资人依法能够自行建设、生产或者提供；

（四）需要向原中标人采购工程、货物或者服务，否则将影响施工或者功能配套要求；

（五）国家规定的其他特殊情形。

招标人为适用前款规定弄虚作假的，属于招标投标法第四条规定的规避招标。

第十条 招标投标法第十二条第二款规定的招标人具有编制招标文件和组织评标能力，是指招标人具有与招标项目规模和复杂程度相适应的技术、经济等方面的专业人员。

第十一条 国务院住房城乡建设、商务、发展改革、工业和信息化等部门，按照规定的职责分工对招标代理机构依法实施监督管理。

第十二条 招标代理机构应当拥有一定数量的具备编制招标文件、组织评标等相应能力的专业人员。

第十三条 招标代理机构在招标人委托的范围内开展招标代理业务，任何单位和个人不得非法干涉。

招标代理机构代理招标业务，应当遵守招标投标法和本条例关于招标人的规定。招标代理机构不得在所代理的招标项目中投标或者代理投标，也不得为所代理的招标项目的投标人提供咨询。

招标代理机构不得涂改、出租、出借、转让资格证书。

第十四条 招标人应当与被委托的招标代理机构签订书面委托合同，合同约定的收费标准应当符合国家有关规定。

第十五条 公开招标的项目，应当依照招标投标法和本条例的规定发布招标公告、编制招标文件。

招标人采用资格预审办法对潜在投标人进行资格审查的，应当发布资格预审公告、编制资格预审文件。

依法必须进行招标的项目的资格预审公告和招标公告，应当在国务院发展改革部门依法指定的媒介发布。在不同媒介发布的同一招标项目的资格预审公告或者招标公告的内容应当一致。指定媒介发布依法必须进行招标的项目的境内资格预审公告、招标公告，不得收取费用。

编制依法必须进行招标的项目的资格预审文件和招标文件，应当使用国务院发展改革部门会同有关行政监督部门制定的标准文本。

第十六条 招标人应当按照资格预审公告、招标公告或者投标邀请书规定的时间、地点发售资格预审文件或者招标文件。资格预审文件或者招标文件的发售期不得少于5日。

招标人发售资格预审文件、招标文件收取的费用应当限于补偿印刷、邮寄的成本支出，不得以营利为目的。

第十七条 招标人应当合理确定提交资格预审申请文件的时间。依法必须进行招标的项目提交资格预审申请文件的时间，自资格预审文件停止发售之日起不得少于5日。

第十八条 资格预审应当按照资格预审文件载明的标准和方法进行。

国有资金占控股或者主导地位的依法必须进行招标的项目，招标人应当组建资格审查委员会审查资格预审申请文件。资格审查委员会及其成员应当遵守招标投标法和本条例有关评标委员会及其成员的规定。

第十九条 资格预审结束后，招标人应当及时向资格预审申请人发出资格预审结果通知书。未通过资格预审的申请人不具有投标资格。

通过资格预审的申请人少于3个的，应当重新招标。

第二十条　招标人采用资格后审办法对投标人进行资格审查的，应当在开标后由评标委员会按照招标文件规定的标准和方法对投标人的资格进行审查。

第二十一条　招标人可以对已发出的资格预审文件或者招标文件进行必要的澄清或者修改。澄清或者修改的内容可能影响资格预审申请文件或者投标文件编制的，招标人应当在提交资格预审申请文件截止时间至少3日前，或者投标截止时间至少15日前，以书面形式通知所有获取资格预审文件或者招标文件的潜在投标人；不足3日或者15日的，招标人应当顺延提交资格预审申请文件或者投标文件的截止时间。

第二十二条　潜在投标人或者其他利害关系人对资格预审文件有异议的，应当在提交资格预审申请文件截止时间2日前提出；对招标文件有异议的，应当在投标截止时间10日前提出。招标人应当自收到异议之日起3日内作出答复；作出答复前，应当暂停招标投标活动。

第二十三条　招标人编制的资格预审文件、招标文件的内容违反法律、行政法规的强制性规定，违反公开、公平、公正和诚实信用原则，影响资格预审结果或者潜在投标人投标的，依法必须进行招标的项目的招标人应当在修改资格预审文件或者招标文件后重新招标。

第二十四条　招标人对招标项目划分标段的，应当遵守招标投标法的有关规定，不得利用划分标段限制或者排斥潜在投标人。依法必须进行招标的项目的招标人不得利用划分标段规避招标。

第二十五条　招标人应当在招标文件中载明投标有效期。投标有效期从提交投标文件的截止之日起算。

第二十六条　招标人在招标文件中要求投标人提交投标保证金的，投标保证金不得超过招标项目估算价的2%。投标保证金有效期应当与投标有效期一致。

依法必须进行招标的项目的境内投标单位，以现金或者支票形式提交的投标保证金应当从其基本账户转出。

招标人不得挪用投标保证金。

第二十七条　招标人可以自行决定是否编制标底。一个招标项目只能有一个标底。标底必须保密。

接受委托编制标底的中介机构不得参加受托编制标底项目的投标，也不得为该项目的投标人编制投标文件或者提供咨询。

招标人设有最高投标限价的，应当在招标文件中明确最高投标限价或者最高投标限价的计算方法。招标人不得规定最低投标限价。

第二十八条　招标人不得组织单个或者部分潜在投标人踏勘项目现场。

第二十九条　招标人可以依法对工程以及与工程建设有关的货物、服务全部或者部分实行总承包招标。以暂估价形式包括在总承包范围内的工程、货物、服务属于依法必须进行招标的项目范围且达到国家规定规模标准的，应当依法进行招标。

前款所称暂估价，是指总承包招标时不能确定价格而由招标人在招标文件中暂时估定的工程、货物、服务的金额。

第三十条　对技术复杂或者无法精确拟定技术规格的项目，招标人可以分两阶段进行招标。

第一阶段，投标人按照招标公告或者投标邀请书的要求提交不带报价的技术建议，招标人根据投标人提交的技术建议确定技术标准和要求，编制招标文件。

第二阶段，招标人向在第一阶段提交技术建议的投标人提供招标文件，投标人按照招标文件的要求提交包括最终技术方案和投标报价的投标文件。

招标人要求投标人提交投标保证金的，应当在第二阶段提出。

第三十一条　招标人终止招标的，应当及时发布公告，或者以书面形式通知被邀请的或者已经获取资格预审文件、招标文件的潜在投标人。已经发售资格预审文件、招标文件或者已经收取投标保证金的，招标人应当及时退还所收取的资格预审文件、招标文件的费用，以及所收取的投标保证金及银行同期存款利息。

第三十二条 招标人不得以不合理的条件限制、排斥潜在投标人或者投标人。

招标人有下列行为之一的，属于以不合理条件限制、排斥潜在投标人或者投标人：

（一）就同一招标项目向潜在投标人或者投标人提供有差别的项目信息；

（二）设定的资格、技术、商务条件与招标项目的具体特点和实际需要不相适应或者与合同履行无关；

（三）依法必须进行招标的项目以特定行政区域或者特定行业的业绩、奖项作为加分条件或者中标条件；

（四）对潜在投标人或者投标人采取不同的资格审查或者评标标准；

（五）限定或者指定特定的专利、商标、品牌、原产地或者供应商；

（六）依法必须进行招标的项目非法限定潜在投标人或者投标人的所有制形式或者组织形式；

（七）以其他不合理条件限制、排斥潜在投标人或者投标人。

第三章 投 标

第三十三条 投标人参加依法必须进行招标的项目的投标，不受地区或者部门的限制，任何单位和个人不得非法干涉。

第三十四条 与招标人存在利害关系可能影响招标公正性的法人、其他组织或者个人，不得参加投标。

单位负责人为同一人或者存在控股、管理关系的不同单位，不得参加同一标段投标或者未划分标段的同一招标项目投标。

违反前两款规定的，相关投标均无效。

第三十五条 投标人撤回已提交的投标文件，应当在投标截止时间前书面通知招标人。招标人已收取投标保证金的，应当自收到投标人书面撤回通知之日起5日内退还。

投标截止后投标人撤销投标文件的，招标人可以不退还投标保证金。

第三十六条 未通过资格预审的申请人提交的投标文件，以及逾期送达或者不按照招标文件要求密封的投标文件，招标人应当拒收。

招标人应当如实记载投标文件的送达时间和密封情况，并存档备查。

第三十七条 招标人应当在资格预审公告、招标公告或者投标邀请书中载明是否接受联合体投标。

招标人接受联合体投标并进行资格预审的，联合体应当在提交资格预审申请文件前组成。资格预审后联合体增减、更换成员的，其投标无效。

联合体各方在同一招标项目中以自己名义单独投标或者参加其他联合体投标的，相关投标均无效。

第三十八条 投标人发生合并、分立、破产等重大变化的，应当及时书面告知招标人。投标人不再具备资格预审文件、招标文件规定的资格条件或者其投标影响招标公正性的，其投标无效。

第三十九条 禁止投标人相互串通投标。

有下列情形之一的，属于投标人相互串通投标：

（一）投标人之间协商投标报价等投标文件的实质性内容；

（二）投标人之间约定中标人；

（三）投标人之间约定部分投标人放弃投标或者中标；

（四）属于同一集团、协会、商会等组织成员的投标人按照该组织要求协同投标；

（五）投标人之间为谋取中标或者排斥特定投标人而采取的其他联合行动。

第四十条 有下列情形之一的，视为投标人相互串通投标：

（一）不同投标人的投标文件由同一单位或者个人编制；

（二）不同投标人委托同一单位或者个人办理投标事宜；

（三）不同投标人的投标文件载明的项目管理成员为同一人；

（四）不同投标人的投标文件异常一致或者投标报价呈规律性差异；

（五）不同投标人的投标文件相互混装；

（六）不同投标人的投标保证金从同一单位或者个人的账户转出。

第四十一条　禁止招标人与投标人串通投标。

有下列情形之一的，属于招标人与投标人串通投标：

（一）招标人在开标前开启投标文件并将有关信息泄露给其他投标人；

（二）招标人直接或者间接向投标人泄露标底、评标委员会成员等信息；

（三）招标人明示或者暗示投标人压低或者抬高投标报价；

（四）招标人授意投标人撤换、修改投标文件；

（五）招标人明示或者暗示投标人为特定投标人中标提供方便；

（六）招标人与投标人为谋求特定投标人中标而采取的其他串通行为。

第四十二条　使用通过受让或者租借等方式获取的资格、资质证书投标的，属于招标投标法第三十三条规定的以他人名义投标。

投标人有下列情形之一的，属于招标投标法第三十三条规定的以其他方式弄虚作假的行为：

（一）使用伪造、变造的许可证件；

（二）提供虚假的财务状况或者业绩；

（三）提供虚假的项目负责人或者主要技术人员简历、劳动关系证明；

（四）提供虚假的信用状况；

（五）其他弄虚作假的行为。

第四十三条　提交资格预审申请文件的申请人应当遵守招标投标法和本条例有关投标人的规定。

第四章　开标、评标和中标

第四十四条　招标人应当按照招标文件规定的时间、地点开标。

投标人少于3个的，不得开标；招标人应当重新招标。

投标人对开标有异议的，应当在开标现场提出，招标人应当当场作出答复，并制作记录。

第四十五条　国家实行统一的评标专家专业分类标准和管理办法。具体标准和办法由国务院发展改革部门会同国务院有关部门制定。

省级人民政府和国务院有关部门应当组建综合评标专家库。

第四十六条　除招标投标法第三十七条第三款规定的特殊招标项目外，依法必须进行招标的项目，其评标委员会的专家成员应当从评标专家库内相关专业的专家名单中以随机抽取方式确定。任何单位和个人不得以明示、暗示等任何方式指定或者变相指定参加评标委员会的专家成员。

依法必须进行招标的项目的招标人非因招标投标法和本条例规定的事由，不得更换依法确定的评标委员会成员。更换评标委员会的专家成员应当依照前款规定进行。

评标委员会成员与投标人有利害关系的，应当主动回避。

有关行政监督部门应当按照规定的职责分工，对评标委员会成员的确定方式、评标专家的抽取和评标活动进行监督。行政监督部门的工作人员不得担任本部门负责监督项目的评标委员会成员。

第四十七条　招标投标法第三十七条第三款所称特殊招标项目，是指技术复杂、专业性强或者国家有特殊要求，采取随机抽取方式确定的专家难以保证胜任评标工作的项目。

第四十八条　招标人应当向评标委员会提供评标所必需的信息，但不得明示或者暗示其倾向或者排斥特定投标人。

招标人应当根据项目规模和技术复杂程度等因素合理确定评标时间。超过三分之一的评标委员会成员认为评标时间不够的，招标人应当适当延长。

评标过程中，评标委员会成员有回避事由、擅离职守或者因健康等原因不能继续评标的，应当及时更换。被更换的评标委员会成员作出的评审结论无效，由更换后的评标委员会成员重新进行评审。

第四十九条　评标委员会成员应当依照招标投标法和本条例的规定，按照招标文件规定的评标标准和方法，客观、公正地对投标文件提出评审意见。招标文件没有规定的评标标准和方法不得作为评标的依据。

评标委员会成员不得私下接触投标人，不得收受投标人给予的财物或者其他好处，不得向招标人征询确定中标人的意向，不得接受任何单位或者个人明示或者暗示提出的倾向或者排斥特定投标人的要求，不得有其他不客观、不公正履行职务的行为。

第五十条 招标项目设有标底的，招标人应当在开标时公布。标底只能作为评标的参考，不得以投标报价是否接近标底作为中标条件，也不得以投标报价超过标底上下浮动范围作为否决投标的条件。

第五十一条 有下列情形之一的，评标委员会应当否决其投标：

（一）投标文件未经投标单位盖章和单位负责人签字；

（二）投标联合体没有提交共同投标协议；

（三）投标人不符合国家或者招标文件规定的资格条件；

（四）同一投标人提交两个以上不同的投标文件或者投标报价，但招标文件要求提交备选投标的除外；

（五）投标报价低于成本或者高于招标文件设定的最高投标限价；

（六）投标文件没有对招标文件的实质性要求和条件作出响应；

（七）投标人有串通投标、弄虚作假、行贿等违法行为。

第五十二条 投标文件中有含义不明确的内容、明显文字或者计算错误，评标委员会认为需要投标人作出必要澄清、说明的，应当书面通知该投标人。投标人的澄清、说明应当采用书面形式，并不得超出投标文件的范围或者改变投标文件的实质性内容。

评标委员会不得暗示或者诱导投标人作出澄清、说明，不得接受投标人主动提出的澄清、说明。

第五十三条 评标完成后，评标委员会应当向招标人提交书面评标报告和中标候选人名单。中标候选人应当不超过 3 个，并标明排序。

评标报告应当由评标委员会全体成员签字。对评标结果有不同意见的评标委员会成员应当以书面形式说明其不同意见和理由，评标报告应当注明该不同意见。评标委员会成员拒绝在评标报告上签字又不书面说明其不同意见和理由的，视为同意评标结果。

第五十四条 依法必须进行招标的项目，招标人应当自收到评标报告之日起 3 日内公示中标候选人，公示期不得少于 3 日。

投标人或者其他利害关系人对依法必须进行招标的项目的评标结果有异议的，应当在中标候选人公示期间提出。招标人应当自收到异议之日起 3 日内作出答复；作出答复前，应当暂停招标投标活动。

第五十五条 国有资金占控股或者主导地位的依法必须进行招标的项目，招标人应当确定排名第一的中标候选人为中标人。排名第一的中标候选人放弃中标、因不可抗力不能履行合同、不按照招标文件要求提交履约保证金，或者被查实存在影响中标结果的违法行为等情形，不符合中标条件的，招标人可以按照评标委员会提出的中标候选人名单排序依次确定其他中标候选人为中标人，也可以重新招标。

第五十六条 中标候选人的经营、财务状况发生较大变化或者存在违法行为，招标人认为可能影响其履约能力的，应当在发出中标通知书前由原评标委员会按照招标文件规定的标准和方法审查确认。

第五十七条 招标人和中标人应当依照招标投标法和本条例的规定签订书面合同，合同的标的、价款、质量、履行期限等主要条款应当与招标文件和中标人的投标文件的内容一致。招标人和中标人不得再行订立背离合同实质性内容的其他协议。

招标人最迟应当在书面合同签订后 5 日内向中标人和未中标的投标人退还投标保证金及银行同期存款利息。

第五十八条 招标文件要求中标人提交履约保证金的，中标人应当按照招标文件的要求提交。履约保证金不得超过中标合同金额的 10%。

第五十九条 中标人应当按照合同约定履行义务，完成中标项目。中标人不得向他人转让中标项目，也不得将中标项目肢解后分别向他人转让。

中标人按照合同约定或者经招标人同意，可以将中标项目的部分非主体、非关键性工作分包给他人完成。接受分包的人应当具备相应的资格条件，并不得再次分包。

中标人应当就分包项目向招标人负责，接受分包的人就分包项目承担连带责任。

第五章　投诉与处理

第六十条　投标人或者其他利害关系人认为招标投标活动不符合法律、行政法规规定的，可以自知道或者应当知道之日起10日内向有关行政监督部门投诉。投诉应当有明确的请求和必要的证明材料。

就本条例第二十二条、第四十四条、第五十四条规定事项投诉的，应当先向招标人提出异议，异议答复期间不计算在前款规定的期限内。

第六十一条　投诉人就同一事项向两个以上有权受理的行政监督部门投诉的，由最先收到投诉的行政监督部门负责处理。

行政监督部门应当自收到投诉之日起3个工作日内决定是否受理投诉，并自受理投诉之日起30个工作日内作出书面处理决定；需要检验、检测、鉴定、专家评审的，所需时间不计算在内。

投诉人捏造事实、伪造材料或者以非法手段取得证明材料进行投诉的，行政监督部门应当予以驳回。

第六十二条　行政监督部门处理投诉，有权查阅、复制有关文件、资料，调查有关情况，相关单位和人员应当予以配合。必要时，行政监督部门可以责令暂停招标投标活动。

行政监督部门的工作人员对监督检查过程中知悉的国家秘密、商业秘密，应当依法予以保密。

第六章　法律责任

第六十三条　招标人有下列限制或者排斥潜在投标人行为之一的，由有关行政监督部门依照招标投标法第五十一条的规定处罚：

（一）依法应当公开招标的项目不按照规定在指定媒介发布资格预审公告或者招标公告；

（二）在不同媒介发布的同一招标项目的资格预审公告或者招标公告的内容不一致，影响潜在投标人申请资格预审或者投标。

依法必须进行招标的项目的招标人不按照规定发布资格预审公告或者招标公告，构成规避招标的，依照招标投标法第四十九条的规定处罚。

第六十四条　招标人有下列情形之一的，由有关行政监督部门责令改正，可以处10万元以下的罚款：

（一）依法应当公开招标而采用邀请招标；

（二）招标文件、资格预审文件的发售、澄清、修改的时限，或者确定的提交资格预审申请文件、投标文件的时限不符合招标投标法和本条例规定；

（三）接受未通过资格预审的单位或者个人参加投标；

（四）接受应当拒收的投标文件。

招标人有前款第一项、第三项、第四项所列行为之一的，对单位直接负责的主管人员和其他直接责任人员依法给予处分。

第六十五条　招标代理机构在所代理的招标项目中投标、代理投标或者向该项目投标人提供咨询的，接受委托编制标底的中介机构参加受托编制标底项目的投标或者为该项目的投标人编制投标文件、提供咨询的，依照招标投标法第五十条的规定追究法律责任。

第六十六条　招标人超过本条例规定的比例收取投标保证金、履约保证金或者不按照规定退还投标保证金及银行同期存款利息的，由有关行政监督部门责令改正，可以处5万元以下的罚款；给他人造成损失的，依法承担赔偿责任。

第六十七条　投标人相互串通投标或者与招标人串通投标的，投标人向招标人或者评标委员会成员行贿谋取中标的，中标无效；构成犯罪的，依法追究刑事责任；尚不构成犯罪的，依照招标投标法第五十三条的规定处罚。投标人未中标的，对单位的罚款金额按照招标项目合同金额依照招标投标法规定的比例计算。

投标人有下列行为之一的，属于招标投标法第五十三条规定的情节严重行为，由有关行政监督部门取消其1年至2年内参加依法必须进行招标的项目的投标资格：

（一）以行贿谋取中标；

（二）3年内2次以上串通投标；

（三）串通投标行为损害招标人、其他投标人或者国家、集体、公民的合法利益，造成直接经济损失30万元以上；

（四）其他串通投标情节严重的行为。

投标人自本条第二款规定的处罚执行期限届满之日起3年内又有该款所列违法行为之一的，或者串通投标、以行贿谋取中标情节特别严重的，由工商行政管理机关吊销营业执照。

法律、行政法规对串通投标报价行为的处罚另有规定的，从其规定。

第六十八条　投标人以他人名义投标或者以其他方式弄虚作假骗取中标的，中标无效；构成犯罪的，依法追究刑事责任；尚不构成犯罪的，依照招标投标法第五十四条的规定处罚。依法必须进行招标的项目的投标人未中标的，对单位的罚款金额按照招标项目合同金额依照招标投标法规定的比例计算。

投标人有下列行为之一的，属于招标投标法第五十四条规定的情节严重行为，由有关行政监督部门取消其1年至3年内参加依法必须进行招标的项目的投标资格：

（一）伪造、变造资格、资质证书或者其他许可证件骗取中标；

（二）3年内2次以上使用他人名义投标；

（三）弄虚作假骗取中标给招标人造成直接经济损失30万元以上；

（四）其他弄虚作假骗取中标情节严重的行为。

投标人自本条第二款规定的处罚执行期限届满之日起3年内又有该款所列违法行为之一的，或者弄虚作假骗取中标情节特别严重的，由工商行政管理机关吊销营业执照。

第六十九条　出让或者出租资格、资质证书供他人投标的，依照法律、行政法规的规定给予行政处罚；构成犯罪的，依法追究刑事责任。

第七十条　依法必须进行招标的项目的招标人不按照规定组建评标委员会，或者确定、更换评标委员会成员违反招标投标法和本条例规定的，由有关行政监督部门责令改正，可以处10万元以下的罚款，对单位直接负责的主管人员和其他直接责任人员依法给予处分；违法确定或者更换的评标委员会成员作出的评审结论无效，依法重新进行评审。

国家工作人员以任何方式非法干涉选取评标委员会成员的，依照本条例第八十一条的规定追究法律责任。

第七十一条　评标委员会成员有下列行为之一的，由有关行政监督部门责令改正；情节严重的，禁止其在一定期限内参加依法必须进行招标的项目的评标；情节特别严重的，取消其担任评标委员会成员的资格：

（一）应当回避而不回避；

（二）擅离职守；

（三）不按照招标文件规定的评标标准和方法评标；

（四）私下接触投标人；

（五）向招标人征询确定中标人的意向或者接受任何单位或者个人明示或者暗示提出的倾向或者排斥特定投标人的要求；

（六）对依法应当否决的投标不提出否决意见；

（七）暗示或者诱导投标人作出澄清、说明或者接受投标人主动提出的澄清、说明；

（八）其他不客观、不公正履行职务的行为。

第七十二条　评标委员会成员收受投标人的财物或者其他好处的，没收收受的财物，处3000元以上5万元以下的罚款，取消担任评标委员会成员的资格，不得再参加依法必须进行招标的项目的评标；构成犯罪的，依法追究刑事责任。

第七十三条　依法必须进行招标的项目的招标人有下列情形之一的，由有关行政监督部门责令改正，可以处中标项目金额10‰以下的罚款；给他人造成损失的，依法承担赔偿责任；对单位直接负责的主管人员和其他直接责任人员依法给予处分：

（一）无正当理由不发出中标通知书；

（二）不按照规定确定中标人；

（三）中标通知书发出后无正当理由改变中标结果；

（四）无正当理由不与中标人订立合同；

（五）在订立合同时向中标人提出附加条件。

第七十四条　中标人无正当理由不与招标人订立合同，在签订合同时向招标人提出附加条件，或者不按照招标文件要求提交履约保证金的，取消其中标资格，投标保证金不予退还。对依法必须进行招标的项目的中标人，由有关行政监督部门责令改正，可以处中标项目金额10‰以下的罚款。

第七十五条　招标人和中标人不按照招标文件和中标人的投标文件订立合同，合同的主要条款与招标文件、中标人的投标文件的内容不一致，或者招标人、中标人订立背离合同实质性内容的协议的，由有关行政监督部门责令改正，可以处中标项目金额5‰以上10‰以下的罚款。

第七十六条　中标人将中标项目转让给他人的，将中标项目肢解后分别转让给他人的，违反招标投标法和本条例规定将中标项目的部分主体、关键性工作分包给他人的，或者分包人再次分包的，转让、分包无效，处转让、分包项目金额5‰以上10‰以下的罚款；有违法所得的，并处没收违法所得；可以责令停业整顿；情节严重的，由工商行政管理机关吊销营业执照。

第七十七条　投标人或者其他利害关系人捏造事实、伪造材料或者以非法手段取得证明材料进行投诉，给他人造成损失的，依法承担赔偿责任。

招标人不按照规定对异议作出答复，继续进行招标投标活动的，由有关行政监督部门责令改正，拒不改正或者不能改正并影响中标结果的，依照本条例第八十二条的规定处理。

第七十八条　国家建立招标投标信用制度。有关行政监督部门应当依法公告对招标人、招标代理机构、投标人、评标委员会成员等当事人违法行为的行政处理决定。

第七十九条　项目审批、核准部门不依法审批、核准项目招标范围、招标方式、招标组织形式的，对单位直接负责的主管人员和其他直接责任人员依法给予处分。

有关行政监督部门不依法履行职责，对违反招标投标法和本条例规定的行为不依法查处，或者不按照规定处理投诉、不依法公告对招标投标当事人违法行为的行政处理决定的，对直接负责的主管人员和其他直接责任人员依法给予处分。

项目审批、核准部门和有关行政监督部门的工作人员徇私舞弊、滥用职权、玩忽职守，构成犯罪的，依法追究刑事责任。

第八十条　国家工作人员利用职务便利，以直接或者间接、明示或者暗示等任何方式非法干涉招标投标活动，有下列情形之一的，依法给予记过或者记大过处分；情节严重的，依法给予降级或者撤职处分；情节特别严重的，依法给予开除处分；构成犯罪的，依法追究刑事责任：

（一）要求对依法必须进行招标的项目不招标，或者要求对依法应当公开招标的项目不公开招标；

（二）要求评标委员会成员或者招标人以其指定的投标人作为中标候选人或者中标人，或者以其他方式非法干涉评标活动，影响中标结果；

（三）以其他方式非法干涉招标投标活动。

第八十一条　依法必须进行招标的项目的招标投标活动违反招标投标法和本条例的规定，对中标结果造成实质性影响，且不能采取补救措施予以纠正的，招标、投标、中标无效，应当依法重新招标或者评标。

第七章　附　　则

第八十二条　招标投标协会按照依法制定的章程开展活动，加强行业自律和服务。

第八十三条　政府采购的法律、行政法规对政府采购货物、服务的招标投标另有规定的，从其规定。

第八十四条　本条例自2012年2月1日起施行。

关于修改和废止部分行政法规的决定

（国务院令2018年第698号，国务院2018年3月19日发布）

现公布《国务院关于修改和废止部分行政法规的决定》，自公布之日起施行。

国务院关于修改和废止部分行政法规的决定

为了依法推进简政放权、放管结合、优化服务改革，国务院对取消行政许可项目及制约新产业、新业态、新模式发展涉及的行政法规进行了清理。经过清理，国务院决定：

一、对18部行政法规的部分条款予以修改。（附件1）

二、对5部行政法规予以废止。（附件2）

本决定自公布之日起施行。

附件：1. 国务院决定修改的行政法规

2. 国务院决定废止的行政法规

附件1

国务院决定修改的行政法规

一、将《中华人民共和国计量法实施细则》第二条修改为："国家实行法定计量单位制度。法定计量单位的名称、符号按照国务院关于在我国统一实行法定计量单位的有关规定执行。"

删去第十四条、第十五条。

第十六条改为第十四条，修改为："制造、修理计量器具的企业、事业单位和个体工商户须在固定的场所从事经营，具有符合国家规定的生产设施、检验条件、技术人员等，并满足安全要求。"

删去第十七条。

第二十三条改为第二十条，将其中的"凡没有产品合格印、证和《制造计量器具许可证》标志的计量器具不得销售"修改为"凡没有产品合格印、证标志的计量器具不得销售"。

第四十条改为第三十七条，删去其中的"制造、修理计量器具申请许可证"。

第四十四条改为第四十一条，修改为："违反《中华人民共和国计量法》第十四条规定，制造、销售和进口非法定计量单位的计量器具的，责令其停止制造、销售和进口，没收计量器具和全部违法所得，可并处相当其违法所得10％至50％的罚款。"

删去第四十七条。

二、将《中华人民共和国河道管理条例》第十五条中的"上级河道主管机关"修改为"县级以上地方人民政府河道主管机关"。

三、删去《中华人民共和国防治海岸工程建设项目污染损害海洋环境管理条例》第十一条。

第十二条改为第十一条，修改为："海岸工程建设项目竣工验收时，建设项目的环境保护设施经验收合格后，该建设项目方可正式投入生产或者使用。"

四、将《水库大坝安全管理条例》第十六条修改为："大坝坝顶确需兼做公路的，须经科学论证和县级以上地方人民政府大坝主管部门批准，并采取相应的安全维护措施。"

五、将《城市供水条例》第十九条修改为："城市自来水供水企业和自建设施对外供水的企业，经工商行政管理机关登记注册后，方可从事经营活动。"

删去第三十二条第一款中的"报城市供水

行政主管部门和卫生行政主管部门批准”。

六、将《城市房地产开发经营管理条例》第十七条修改为：“房地产开发项目竣工，依照《建设工程质量管理条例》的规定验收合格后，方可交付使用。”

删去第十八条、第三十六条、第三十七条。

七、删去《中华人民共和国森林法实施条例》第三十四条第一款。

第四十条修改为：“违反本条例规定，收购没有林木采伐许可证或者其他合法来源证明的木材的，由县级以上人民政府林业主管部门没收非法经营的木材和违法所得，并处违法所得2倍以下的罚款。”

八、删去《中华人民共和国人民币管理条例》第二十六条。

第四十四条改为第四十三条，将第一款中的“违反本条例第二十五条、第二十六条、第二十七条第一款第二项和第四项规定的”修改为“违反本条例第二十五条、第二十六条第一款第二项和第四项规定的”。

九、删去《物业管理条例》第二十四条中的“具有相应资质的”。

第三十二条第二款修改为：“国务院建设行政主管部门应当会同有关部门建立守信联合激励和失信联合惩戒机制，加强行业诚信管理。”

删去第五十九条。

第六十条改为第五十九条，删去其中的“情节严重的，由颁发资质证书的部门吊销资质证书”。

第六十一条改为第六十条，删去其中的“物业服务企业挪用专项维修资金，情节严重的，并由颁发资质证书的部门吊销资质证书”。

十、删去《中华人民共和国知识产权海关保护条例》第三十二条。

十一、删去《病原微生物实验室生物安全管理条例》第二十一条第二款。

第二十二条第一款中的“取得从事高致病性病原微生物实验活动资格证书的实验室，”修改为“三级、四级实验室”。

第二十三条第一款中的“取得相应资格证书的实验室”修改为“具备相应条件的实验室”。

第二十六条修改为：“国务院卫生主管部门和兽医主管部门应当定期汇总并互相通报实验室数量和实验室设立、分布情况，以及三级、四级实验室从事高致病性病原微生物实验活动的情况。”

第五十六条修改为：“三级、四级实验室未经批准从事某种高致病性病原微生物或者疑似高致病性病原微生物实验活动的，由县级以上地方人民政府卫生主管部门、兽医主管部门依照各自职责，责令停止有关活动，监督其将用于实验活动的病原微生物销毁或者送交保藏机构，并给予警告；造成传染病传播、流行或者其他严重后果的，由实验室的设立单位对主要负责人、直接负责的主管人员和其他直接责任人员，依法给予撤职、开除的处分；构成犯罪的，依法追究刑事责任。”

第五十八条中的“卫生主管部门或者兽医主管部门对符合法定条件的实验室不颁发从事高致病性病原微生物实验活动的资格证书，或者对出入境检验检疫机构为了检验检疫工作的紧急需要”修改为“卫生主管部门或者兽医主管部门对出入境检验检疫机构为了检验检疫工作的紧急需要”。

第六十一条中的“由原发证部门吊销该实验室从事高致病性病原微生物相关实验活动的资格证书”修改为“责令停止该项实验活动，该实验室2年内不得申请从事高致病性病原微生物实验活动”。

十二、将《中华人民共和国濒危野生动植物进出口管理条例》第十条修改为：“进口或者出口濒危野生动植物及其产品的，申请人应当按照管理权限，向其所在地的省、自治区、直辖市人民政府农业（渔业）主管部门提出申请，或者向国务院林业主管部门提出申请，并提交下列材料：

“（一）进口或者出口合同；

“（二）濒危野生动植物及其产品的名称、种类、数量和用途；

“（三）活体濒危野生动物装运设施的说明资料；

“（四）国务院野生动植物主管部门公示的其他应当提交的材料。

“省、自治区、直辖市人民政府农业（渔业）主管部门应当自收到申请之日起10个工作日内签署意见，并将全部申请材料转报国务院农业（渔业）主管部门。”

十三、删去《防治海洋工程建设项目污染损害海洋环境管理条例》第十条第一款、第十三条中的“委托具有相应环境影响评价资质的单位”。

删去第十五条。

第二十九条改为第二十八条，第一款修改为：“海洋工程需要拆除或者改作他用的，应当在作业前报原核准该工程环境影响报告书的海洋主管部门备案。拆除或者改变用途后可能产生重大环境影响的，应当进行环境影响评价。”

第四十七条改为第四十六条，将第三项中的“批准”修改为“备案”。

十四、删去《土地调查条例》第十三条第二款第二项中的“资质和”。第三款修改为：“国务院国土资源主管部门应当会同国务院有关部门加强对承担土地调查任务单位的监管和服务。”

十五、将《防治船舶污染海洋环境管理条例》第十四条第一款中的“批准”修改为“备案”。

十六、删去《消耗臭氧层物质管理条例》第十一条第一款第三项中的“环境保护主管部门”。

十七、将《中华人民共和国海关事务担保条例》第十条修改为：“按照海关总署的规定经海关认定的高级认证企业可以申请免除担保，并按照海关规定办理有关手续。”

十八、删去《中华人民共和国招标投标法实施条例》第十一条第一款。

删去第十三条第一款中的“其资格许可和”，删去第三款。

此外，对相关行政法规中的条文序号作相应调整。

附件2

国务院决定废止的行政法规

一、中华人民共和国私营企业暂行条例（1988年6月25日国务院发布）

二、中华人民共和国水污染防治法实施细则（2000年3月20日国务院发布）

三、地质勘查资质管理条例（2008年3月3日国务院公布）

四、种畜禽管理条例（1994年4月15日国务院发布　根据2011年1月8日《国务院关于废止和修改部分行政法规的决定》修订）

五、劳动教养试行办法（1982年1月21日国务院批准）

中华人民共和国政府采购法

（2002年6月29日第九届全国人民代表大会常务委员会第二十八次会议通过，
中华人民共和国主席令2002年第68号）

第一章　总　　则

第一条　为了规范政府采购行为，提高政府采购资金的使用效益，维护国家利益和社会公共利益，保护政府采购当事人的合法权益，促进廉政建设，制定本法。

第二条　在中华人民共和国境内进行的政

府采购适用本法。

本法所称政府采购，是指各级国家机关、事业单位和团体组织，使用财政性资金采购依法制定的集中采购目录以内的或者采购限额标准以上的货物、工程和服务的行为。

政府集中采购目录和采购限额标准依照本法规定的权限制定。

本法所称采购，是指以合同方式有偿取得货物、工程和服务的行为，包括购买、租赁、委托、雇用等。

本法所称货物，是指各种形态和种类的物品，包括原材料、燃料、设备、产品等。

本法所称工程，是指建设工程，包括建筑物和构筑物的新建、改建、扩建、装修、拆除、修缮等。

本法所称服务，是指除货物和工程以外的其他政府采购对象。

第三条　政府采购应当遵循公开透明原则、公平竞争原则、公正原则和诚实信用原则。

第四条　政府采购工程进行招标投标的，适用招标投标法。

第五条　任何单位和个人不得采用任何方式，阻挠和限制供应商自由进入本地区和本行业的政府采购市场。

第六条　政府采购应当严格按照批准的预算执行。

第七条　政府采购实行集中采购和分散采购相结合。集中采购的范围由省级以上人民政府公布的集中采购目录确定。

属于中央预算的政府采购项目，其集中采购目录由国务院确定并公布；属于地方预算的政府采购项目，其集中采购目录由省、自治区、直辖市人民政府或者其授权的机构确定并公布。

纳入集中采购目录的政府采购项目，应当实行集中采购。

第八条　政府采购限额标准，属于中央预算的政府采购项目，由国务院确定并公布；属于地方预算的政府采购项目，由省、自治区、直辖市人民政府或者其授权的机构确定并公布。

第九条　政府采购应当有助于实现国家的经济和社会发展政策目标，包括保护环境，扶持不发达地区和少数民族地区，促进中小企业发展等。

第十条　政府采购应当采购本国货物、工程和服务。但有下列情形之一的除外：

（一）需要采购的货物、工程或者服务在中国境内无法获取或者无法以合理的商业条件获取的；

（二）为在中国境外使用而进行采购的；

（三）其他法律、行政法规另有规定的。

前款所称本国货物、工程和服务的界定，依照国务院有关规定执行。

第十一条　政府采购的信息应当在政府采购监督管理部门指定的媒体上及时向社会公开发布，但涉及商业秘密的除外。

第十二条　在政府采购活动中，采购人员及相关人员与供应商有利害关系的，必须回避。供应商认为采购人员及相关人员与其他供应商有利害关系的，可以申请其回避。

前款所称相关人员，包括招标采购中评标委员会的组成人员，竞争性谈判采购中谈判小组的组成人员，询价采购中询价小组的组成人员等。

第十三条　各级人民政府财政部门是负责政府采购监督管理的部门，依法履行对政府采购活动的监督管理职责。

各级人民政府其他有关部门依法履行与政府采购活动有关的监督管理职责。

第二章　政府采购当事人

第十四条　政府采购当事人是指在政府采购活动中享有权利和承担义务的各类主体，包括采购人、供应商和采购代理机构等。

第十五条　采购人是指依法进行政府采购的国家机关、事业单位、团体组织。

第十六条　集中采购机构为采购代理机构。设区的市、自治州以上人民政府根据本级政府采购项目组织集中采购的需要设立集中采购机构。

集中采购机构是非营利事业法人，根据采购人的委托办理采购事宜。

第十七条　集中采购机构进行政府采购活

动，应当符合采购价格低于市场平均价格、采购效率更高、采购质量优良和服务良好的要求。

第十八条 采购人采购纳入集中采购目录的政府采购项目，必须委托集中采购机构代理采购；采购未纳入集中采购目录的政府采购项目，可以自行采购，也可以委托集中采购机构在委托的范围内代理采购。

纳入集中采购目录属于通用的政府采购项目的，应当委托集中采购机构代理采购；属于本部门、本系统有特殊要求的项目，应当实行部门集中采购；属于本单位有特殊要求的项目，经省级以上人民政府批准，可以自行采购。

第十九条 采购人可以委托经国务院有关部门或者省级人民政府有关部门认定资格的采购代理机构，在委托的范围内办理政府采购事宜。

采购人有权自行选择采购代理机构，任何单位和个人不得以任何方式为采购人指定采购代理机构。

第二十条 采购人依法委托采购代理机构办理采购事宜的，应当由采购人与采购代理机构签订委托代理协议，依法确定委托代理的事项，约定双方的权利义务。

第二十一条 供应商是指向采购人提供货物、工程或者服务的法人、其他组织或者自然人。

第二十二条 供应商参加政府采购活动应当具备下列条件：

（一）具有独立承担民事责任的能力；

（二）具有良好的商业信誉和健全的财务会计制度；

（三）具有履行合同所必需的设备和专业技术能力；

（四）有依法缴纳税收和社会保障资金的良好记录；

（五）参加政府采购活动前三年内，在经营活动中没有重大违法记录；

（六）法律、行政法规规定的其他条件。

采购人可以根据采购项目的特殊要求，规定供应商的特定条件，但不得以不合理的条件对供应商实行差别待遇或者歧视待遇。

第二十三条 采购人可以要求参加政府采购的供应商提供有关资质证明文件和业绩情况，并根据本法规定的供应商条件和采购项目对供应商的特定要求，对供应商的资格进行审查。

第二十四条 两个以上的自然人、法人或者其他组织可以组成一个联合体，以一个供应商的身份共同参加政府采购。

以联合体形式进行政府采购的，参加联合体的供应商均应当具备本法第二十二条规定的条件，并应当向采购人提交联合协议，载明联合体各方承担的工作和义务。联合体各方应当共同与采购人签订采购合同，就采购合同约定的事项对采购人承担连带责任。

第二十五条 政府采购当事人不得相互串通损害国家利益、社会公共利益和其他当事人的合法权益；不得以任何手段排斥其他供应商参与竞争。

供应商不得以向采购人、采购代理机构、评标委员会的组成人员、竞争性谈判小组的组成人员、询价小组的组成人员行贿或者采取其他不正当手段谋取中标或者成交。

采购代理机构不得以向采购人行贿或者采取其他不正当手段谋取非法利益。

第三章 政府采购方式

第二十六条 政府采购采用以下方式：

（一）公开招标；

（二）邀请招标；

（三）竞争性谈判；

（四）单一来源采购；

（五）询价；

（六）国务院政府采购监督管理部门认定的其他采购方式。

公开招标应作为政府采购的主要采购方式。

第二十七条 采购人采购货物或者服务应当采用公开招标方式的，其具体数额标准，属于中央预算的政府采购项目，由国务院规定；属于地方预算的政府采购项目，由省、自治区、直辖市人民政府规定；因特殊情况需要采用公开招标以外的采购方式的，应当在采购活动开始前获得设区的市、自治州以上人民政府采购监督管理部门的批准。

第二十八条　采购人不得将应当以公开招标方式采购的货物或者服务化整为零或者以其他任何方式规避公开招标采购。

第二十九条　符合下列情形之一的货物或者服务，可以依照本法采用邀请招标方式采购：

（一）具有特殊性，只能从有限范围的供应商处采购的；

（二）采用公开招标方式的费用占政府采购项目总价值的比例过大的。

第三十条　符合下列情形之一的货物或者服务，可以依照本法采用竞争性谈判方式采购：

（一）招标后没有供应商投标或者没有合格标的或者重新招标未能成立的；

（二）技术复杂或者性质特殊，不能确定详细规格或者具体要求的；

（三）采用招标所需时间不能满足用户紧急需要的；

（四）不能事先计算出价格总额的。

第三十一条　符合下列情形之一的货物或者服务，可以依照本法采用单一来源方式采购：

（一）只能从唯一供应商处采购的；

（二）发生了不可预见的紧急情况不能从其他供应商处采购的；

（三）必须保证原有采购项目一致性或者服务配套的要求，需要继续从原供应商处添购，且添购资金总额不超过原合同采购金额百分之十的。

第三十二条　采购的货物规格、标准统一、现货货源充足且价格变化幅度小的政府采购项目，可以依照本法采用询价方式采购。

第四章　政府采购程序

第三十三条　负有编制部门预算职责的部门在编制下一财政年度部门预算时，应当将该财政年度政府采购的项目及资金预算列出，报本级财政部门汇总。部门预算的审批，按预算管理权限和程序进行。

第三十四条　货物或者服务项目采取邀请招标方式采购的，采购人应当从符合相应资格条件的供应商中，通过随机方式选择三家以上的供应商，并向其发出投标邀请书。

第三十五条　货物和服务项目实行招标方式采购的，自招标文件开始发出之日起至投标人提交投标文件截止之日止，不得少于二十日。

第三十六条　在招标采购中，出现下列情形之一的，应予废标：

（一）符合专业条件的供应商或者对招标文件作实质响应的供应商不足三家的；

（二）出现影响采购公正的违法、违规行为的；

（三）投标人的报价均超过了采购预算，采购人不能支付的；

（四）因重大变故，采购任务取消的。

废标后，采购人应当将废标理由通知所有投标人。

第三十七条　废标后，除采购任务取消情形外，应当重新组织招标；需要采取其他方式采购的，应当在采购活动开始前获得设区的市、自治州以上人民政府采购监督管理部门或者政府有关部门批准。

第三十八条　采用竞争性谈判方式采购的，应当遵循下列程序：

（一）成立谈判小组。谈判小组由采购人的代表和有关专家共三人以上的单数组成，其中专家的人数不得少于成员总数的三分之二。

（二）制定谈判文件。谈判文件应当明确谈判程序、谈判内容、合同草案的条款以及评定成交的标准等事项。

（三）确定邀请参加谈判的供应商名单。谈判小组从符合相应资格条件的供应商名单中确定不少于三家的供应商参加谈判，并向其提供谈判文件。

（四）谈判。谈判小组所有成员集中与单一供应商分别进行谈判。在谈判中，谈判的任何一方不得透露与谈判有关的其他供应商的技术资料、价格和其他信息。谈判文件有实质性变动的，谈判小组应当以书面形式通知所有参加谈判的供应商。

（五）确定成交供应商。谈判结束后，谈

判小组应当要求所有参加谈判的供应商在规定时间内进行最后报价，采购人从谈判小组提出的成交候选人中根据符合采购需求、质量和服务相等且报价最低的原则确定成交供应商，并将结果通知所有参加谈判的未成交的供应商。

第三十九条　采取单一来源方式采购的，采购人与供应商应当遵循本法规定的原则，在保证采购项目质量和双方商定合理价格的基础上进行采购。

第四十条　采取询价方式采购的，应当遵循下列程序：

（一）成立询价小组。询价小组由采购人的代表和有关专家共三人以上的单数组成，其中专家的人数不得少于成员总数的三分之二。询价小组应当对采购项目的价格构成和评定成交的标准等事项作出规定。

（二）确定被询价的供应商名单。询价小组根据采购需求，从符合相应资格条件的供应商名单中确定不少于三家的供应商，并向其发出询价通知书让其报价。

（三）询价。询价小组要求被询价的供应商一次报出不得更改的价格。

（四）确定成交供应商。采购人根据符合采购需求、质量和服务相等且报价最低的原则确定成交供应商，并将结果通知所有被询价的未成交的供应商。

第四十一条　采购人或者其委托的采购代理机构应当组织对供应商履约的验收。大型或者复杂的政府采购项目，应当邀请国家认可的质量检测机构参加验收工作。验收方成员应当在验收书上签字，并承担相应的法律责任。

第四十二条　采购人、采购代理机构对政府采购项目每项采购活动的采购文件应当妥善保存，不得伪造、变造、隐匿或者销毁。采购文件的保存期限为从采购结束之日起至少保存十五年。

采购文件包括采购活动记录、采购预算、招标文件、投标文件、评标标准、评估报告、定标文件、合同文本、验收证明、质疑答复、投诉处理决定及其他有关文件、资料。

采购活动记录至少应当包括下列内容：

（一）采购项目类别、名称；

（二）采购项目预算、资金构成和合同价格；

（三）采购方式，采用公开招标以外的采购方式的，应当载明原因；

（四）邀请和选择供应商的条件及原因；

（五）评标标准及确定中标人的原因；

（六）废标的原因；

（七）采用招标以外采购方式的相应记载。

第五章　政府采购合同

第四十三条　政府采购合同适用合同法。采购人和供应商之间的权利和义务，应当按照平等、自愿的原则以合同方式约定。

采购人可以委托采购代理机构代表其与供应商签订政府采购合同。由采购代理机构以采购人名义签订合同的，应当提交采购人的授权委托书，作为合同附件。

第四十四条　政府采购合同应当采用书面形式。

第四十五条　国务院政府采购监督管理部门应当会同国务院有关部门，规定政府采购合同必须具备的条款。

第四十六条　采购人与中标、成交供应商应当在中标、成交通知书发出之日起三十日内，按照采购文件确定的事项签订政府采购合同。

中标、成交通知书对采购人和中标、成交供应商均具有法律效力。中标、成交通知书发出后，采购人改变中标、成交结果的，或者中标、成交供应商放弃中标、成交项目的，应当依法承担法律责任。

第四十七条　政府采购项目的采购合同自签订之日起七个工作日内，采购人应当将合同副本报同级政府采购监督管理部门和有关部门备案。

第四十八条　经采购人同意，中标、成交供应商可以依法采取分包方式履行合同。

政府采购合同分包履行的，中标、成交供应商就采购项目和分包项目向采购人负责，分包供应商就分包项目承担责任。

第四十九条　政府采购合同履行中，采购人需追加与合同标的相同的货物、工程或者服务的，在不改变合同其他条款的前提下，可以与供应商协商签订补充合同，但所有补充合同的采购金额不得超过原合同采购金额的百分之十。

第五十条　政府采购合同的双方当事人不得擅自变更、中止或者终止合同。

政府采购合同继续履行将损害国家利益和社会公共利益的，双方当事人应当变更、中止或者终止合同。有过错的一方应当承担赔偿责任，双方都有过错的，各自承担相应的责任。

第六章　质疑与投诉

第五十一条　供应商对政府采购活动事项有疑问的，可以向采购人提出询问，采购人应当及时作出答复，但答复的内容不得涉及商业秘密。

第五十二条　供应商认为采购文件、采购过程和中标、成交结果使自己的权益受到损害的，可以在知道或者应知其权益受到损害之日起七个工作日内，以书面形式向采购人提出质疑。

第五十三条　采购人应当在收到供应商的书面质疑后七个工作日内作出答复，并以书面形式通知质疑供应商和其他有关供应商，但答复的内容不得涉及商业秘密。

第五十四条　采购人委托采购代理机构采购的，供应商可以向采购代理机构提出询问或者质疑，采购代理机构应当依照本法第五十一条、第五十三条的规定就采购人委托授权范围内的事项作出答复。

第五十五条　质疑供应商对采购人、采购代理机构的答复不满意或者采购人、采购代理机构未在规定的时间内作出答复的，可以在答复期满后十五个工作日内向同级政府采购监督管理部门投诉。

第五十六条　政府采购监督管理部门应当在收到投诉后三十个工作日内，对投诉事项作出处理决定，并以书面形式通知投诉人和与投诉事项有关的当事人。

第五十七条　政府采购监督管理部门在处理投诉事项期间，可以视具体情况书面通知采购人暂停采购活动，但暂停时间最长不得超过三十日。

第五十八条　投诉人对政府采购监督管理部门的投诉处理决定不服或者政府采购监督管理部门逾期未作处理的，可以依法申请行政复议或者向人民法院提起行政诉讼。

第七章　监督检查

第五十九条　政府采购监督管理部门应当加强对政府采购活动及集中采购机构的监督检查。

监督检查的主要内容是：

（一）有关政府采购的法律、行政法规和规章的执行情况；

（二）采购范围、采购方式和采购程序的执行情况；

（三）政府采购人员的职业素质和专业技能。

第六十条　政府采购监督管理部门不得设置集中采购机构，不得参与政府采购项目的采购活动。

采购代理机构与行政机关不得存在隶属关系或者其他利益关系。

第六十一条　集中采购机构应当建立健全内部监督管理制度。采购活动的决策和执行程序应当明确，并相互监督、相互制约。经办采购的人员与负责采购合同审核、验收人员的职责权限应当明确，并相互分离。

第六十二条　集中采购机构的采购人员应当具有相关职业素质和专业技能，符合政府采购监督管理部门规定的专业岗位任职要求。

集中采购机构对其工作人员应当加强教育和培训；对采购人员的专业水平、工作实绩和职业道德状况定期进行考核。采购人员经考核不合格的，不得继续任职。

第六十三条　政府采购项目的采购标准应当公开。

采用本法规定的采购方式的，采购人在采购活动完成后，应当将采购结果予以公布。

第六十四条　采购人必须按照本法规定的采购方式和采购程序进行采购。

任何单位和个人不得违反本法规定，要求

采购人或者采购工作人员向其指定的供应商进行采购。

第六十五条 政府采购监督管理部门应当对政府采购项目的采购活动进行检查，政府采购当事人应当如实反映情况，提供有关材料。

第六十六条 政府采购监督管理部门应当对集中采购机构的采购价格、节约资金效果、服务质量、信誉状况、有无违法行为等事项进行考核，并定期如实公布考核结果。

第六十七条 依照法律、行政法规的规定对政府采购负有行政监督职责的政府有关部门，应当按照其职责分工，加强对政府采购活动的监督。

第六十八条 审计机关应当对政府采购进行审计监督。政府采购监督管理部门、政府采购各当事人有关政府采购活动，应当接受审计机关的审计监督。

第六十九条 监察机关应当加强对参与政府采购活动的国家机关、国家公务员和国家行政机关任命的其他人员实施监察。

第七十条 任何单位和个人对政府采购活动中的违法行为，有权控告和检举，有关部门、机关应当依照各自职责及时处理。

第八章 法律责任

第七十一条 采购人、采购代理机构有下列情形之一的，责令限期改正，给予警告，可以并处罚款，对直接负责的主管人员和其他直接责任人员，由其行政主管部门或者有关机关给予处分，并予通报：

（一）应当采用公开招标方式而擅自采用其他方式采购的；

（二）擅自提高采购标准的；

（三）委托不具备政府采购业务代理资格的机构办理采购事务的；

（四）以不合理的条件对供应商实行差别待遇或者歧视待遇的；

（五）在招标采购过程中与投标人进行协商谈判的；

（六）中标、成交通知书发出后不与中标、成交供应商签订采购合同的；

（七）拒绝有关部门依法实施监督检查的。

第七十二条 采购人、采购代理机构及其工作人员有下列情形之一，构成犯罪的，依法追究刑事责任；尚不构成犯罪的，处以罚款，有违法所得的，并处没收违法所得，属于国家机关工作人员的，依法给予行政处分：

（一）与供应商或者采购代理机构恶意串通的；

（二）在采购过程中接受贿赂或者获取其他不正当利益的；

（三）在有关部门依法实施的监督检查中提供虚假情况的；

（四）开标前泄露标底的。

第七十三条 有前两条违法行为之一影响中标、成交结果或者可能影响中标、成交结果的，按下列情况分别处理：

（一）未确定中标、成交供应商的，终止采购活动；

（二）中标、成交供应商已经确定但采购合同尚未履行的，撤销合同，从合格的中标、成交候选人中另行确定中标、成交供应商；

（三）采购合同已经履行的，给采购人、供应商造成损失的，由责任人承担赔偿责任。

第七十四条 采购人对应当实行集中采购的政府采购项目，不委托集中采购机构实行集中采购的，由政府采购监督管理部门责令改正；拒不改正的，停止按预算向其支付资金，由其上级行政主管部门或者有关机关依法给予其直接负责的主管人员和其他直接责任人员处分。

第七十五条 采购人未依法公布政府采购项目的采购标准和采购结果的，责令改正，对直接负责的主管人员依法给予处分。

第七十六条 采购人、采购代理机构违反本法规定隐匿、销毁应当保存的采购文件或者伪造、变造采购文件的，由政府采购监督管理部门处以二万元以上十万元以下的罚款，对其直接负责的主管人员和其他直接责任人员依法给予处分；构成犯罪的，依法追究刑事责任。

第七十七条 供应商有下列情形之一的，处以采购金额千分之五以上千分之十以下的罚款，列入不良行为记录名单，在一至三年内禁止参加政府采购活动，有违法所得的，并处没收违法所得，情节严重的，由工商行政管理机关吊销营业执照；构成犯罪的，依法追究刑事责任：

（一）提供虚假材料谋取中标、成交的；

（二）采取不正当手段诋毁、排挤其他供应商的；

（三）与采购人、其他供应商或者采购代理机构恶意串通的；

（四）向采购人、采购代理机构行贿或者提供其他不正当利益的；

（五）在招标采购过程中与采购人进行协商谈判的；

（六）拒绝有关部门监督检查或者提供虚假情况的。

供应商有前款第（一）至（五）项情形之一的，中标、成交无效。

第七十八条　采购代理机构在代理政府采购业务中有违法行为的，按照有关法律规定处以罚款，可以依法取消其进行相关业务的资格，构成犯罪的，依法追究刑事责任。

第七十九条　政府采购当事人有本法第七十一条、第七十二条、第七十七条违法行为之一，给他人造成损失的，并应依照有关民事法律规定承担民事责任。

第八十条　政府采购监督管理部门的工作人员在实施监督检查中违反本法规定滥用职权，玩忽职守，徇私舞弊的，依法给予行政处分；构成犯罪的，依法追究刑事责任。

第八十一条　政府采购监督管理部门对供应商的投诉逾期未作处理的，给予直接负责的主管人员和其他直接责任人员行政处分。

第八十二条　政府采购监督管理部门对集中采购机构业绩的考核，有虚假陈述，隐瞒真实情况的，或者不作定期考核和公布考核结果的，应当及时纠正，由其上级机关或者监察机关对其负责人进行通报，并对直接负责的人员依法给予行政处分。

集中采购机构在政府采购监督管理部门考核中，虚报业绩，隐瞒真实情况的，处以二万元以上二十万元以下的罚款，并予以通报；情节严重的，取消其代理采购的资格。

第八十三条　任何单位或者个人阻挠和限制供应商进入本地区或者本行业政府采购市场的，责令限期改正；拒不改正的，由该单位、个人的上级行政主管部门或者有关机关给予单位责任人或者个人处分。

第九章　附　　则

第八十四条　使用国际组织和外国政府贷款进行的政府采购，贷款方、资金提供方与中方达成的协议对采购的具体条件另有规定的，可以适用其规定，但不得损害国家利益和社会公共利益。

第八十五条　对因严重自然灾害和其他不可抗力事件所实施的紧急采购和涉及国家安全和秘密的采购，不适用本法。

第八十六条　军事采购法规由中央军事委员会另行制定。

第八十七条　本法实施的具体步骤和办法由国务院规定。

第八十八条　本法自2003年1月1日起施行。

中华人民共和国政府采购法实施条例

（国务院令2015年第658号，2015年1月30日发布）

第一章　总　　则

第一条　根据《中华人民共和国政府采购法》（以下简称政府采购法），制定本条例。

第二条　政府采购法第二条所称财政性资金是指纳入预算管理的资金。

以财政性资金作为还款来源的借贷资金，视同财政性资金。

国家机关、事业单位和团体组织的采购项

目既使用财政性资金又使用非财政性资金的，使用财政性资金采购的部分，适用政府采购法及本条例；财政性资金与非财政性资金无法分割采购的，统一适用政府采购法及本条例。

政府采购法第二条所称服务，包括政府自身需要的服务和政府向社会公众提供的公共服务。

第三条 集中采购目录包括集中采购机构采购项目和部门集中采购项目。

技术、服务等标准统一，采购人普遍使用的项目，列为集中采购机构采购项目；采购人本部门、本系统基于业务需要有特殊要求，可以统一采购的项目，列为部门集中采购项目。

第四条 政府采购法所称集中采购，是指采购人将列入集中采购目录的项目委托集中采购机构代理采购或者进行部门集中采购的行为；所称分散采购，是指采购人将采购限额标准以上的未列入集中采购目录的项目自行采购或者委托采购代理机构代理采购的行为。

第五条 省、自治区、直辖市人民政府或者其授权的机构根据实际情况，可以确定分别适用于本行政区域省级、设区的市级、县级的集中采购目录和采购限额标准。

第六条 国务院财政部门应当根据国家的经济和社会发展政策，会同国务院有关部门制定政府采购政策，通过制定采购需求标准、预留采购份额、价格评审优惠、优先采购等措施，实现节约能源、保护环境、扶持不发达地区和少数民族地区、促进中小企业发展等目标。

第七条 政府采购工程以及与工程建设有关的货物、服务，采用招标方式采购的，适用《中华人民共和国招标投标法》及其实施条例；采用其他方式采购的，适用政府采购法及本条例。

前款所称工程，是指建设工程，包括建筑物和构筑物的新建、改建、扩建及其相关的装修、拆除、修缮等；所称与工程建设有关的货物，是指构成工程不可分割的组成部分，且为实现工程基本功能所必需的设备、材料等；所称与工程建设有关的服务，是指为完成工程所需的勘察、设计、监理等服务。

政府采购工程以及与工程建设有关的货物、服务，应当执行政府采购政策。

第八条 政府采购项目信息应当在省级以上人民政府财政部门指定的媒体上发布。采购项目预算金额达到国务院财政部门规定标准的，政府采购项目信息应当在国务院财政部门指定的媒体上发布。

第九条 在政府采购活动中，采购人员及相关人员与供应商有下列利害关系之一的，应当回避：

（一）参加采购活动前 3 年内与供应商存在劳动关系；

（二）参加采购活动前 3 年内担任供应商的董事、监事；

（三）参加采购活动前 3 年内是供应商的控股股东或者实际控制人；

（四）与供应商的法定代表人或者负责人有夫妻、直系血亲、三代以内旁系血亲或者近姻亲关系；

（五）与供应商有其他可能影响政府采购活动公平、公正进行的关系。

供应商认为采购人员及相关人员与其他供应商有利害关系的，可以向采购人或者采购代理机构书面提出回避申请，并说明理由。采购人或者采购代理机构应当及时询问被申请回避人员，有利害关系的被申请回避人员应当回避。

第十条 国家实行统一的政府采购电子交易平台建设标准，推动利用信息网络进行电子化政府采购活动。

第二章　政府采购当事人

第十一条 采购人在政府采购活动中应当维护国家利益和社会公共利益，公正廉洁，诚实守信，执行政府采购政策，建立政府采购内部管理制度，厉行节约，科学合理确定采购需求。

采购人不得向供应商索要或者接受其给予的赠品、回扣或者与采购无关的其他商品、服务。

第十二条 政府采购法所称采购代理机构，是指集中采购机构和集中采购机构以外的采购代理机构。

集中采购机构是设区的市级以上人民政府依法设立的非营利事业法人，是代理集中采购项目的执行机构。集中采购机构应当根据采购人委托制定集中采购项目的实施方案，明确采购规程，组织政府采购活动，不得将集中采购项目转委托。集中采购机构以外的采购代理机构，是从事采购代理业务的社会中介机构。

第十三条　采购代理机构应当建立完善的政府采购内部监督管理制度，具备开展政府采购业务所需的评审条件和设施。

采购代理机构应当提高确定采购需求，编制招标文件、谈判文件、询价通知书，拟订合同文本和优化采购程序的专业化服务水平，根据采购人委托在规定的时间内及时组织采购人与中标或者成交供应商签订政府采购合同，及时协助采购人对采购项目进行验收。

第十四条　采购代理机构不得以不正当手段获取政府采购代理业务，不得与采购人、供应商恶意串通操纵政府采购活动。

采购代理机构工作人员不得接受采购人或者供应商组织的宴请、旅游、娱乐，不得收受礼品、现金、有价证券等，不得向采购人或者供应商报销应当由个人承担的费用。

第十五条　采购人、采购代理机构应当根据政府采购政策、采购预算、采购需求编制采购文件。

采购需求应当符合法律法规以及政府采购政策规定的技术、服务、安全等要求。政府向社会公众提供的公共服务项目，应当就确定采购需求征求社会公众的意见。除因技术复杂或者性质特殊，不能确定详细规格或者具体要求外，采购需求应当完整、明确。必要时，应当就确定采购需求征求相关供应商、专家的意见。

第十六条　政府采购法第二十条规定的委托代理协议，应当明确代理采购的范围、权限和期限等具体事项。

采购人和采购代理机构应当按照委托代理协议履行各自义务，采购代理机构不得超越代理权限。

第十七条　参加政府采购活动的供应商应当具备政府采购法第二十二条第一款规定的条件，提供下列材料：

（一）法人或者其他组织的营业执照等证明文件，自然人的身份证明；

（二）财务状况报告，依法缴纳税收和社会保障资金的相关材料；

（三）具备履行合同所必需的设备和专业技术能力的证明材料；

（四）参加政府采购活动前 3 年内在经营活动中没有重大违法记录的书面声明；

（五）具备法律、行政法规规定的其他条件的证明材料。

采购项目有特殊要求的，供应商还应当提供其符合特殊要求的证明材料或者情况说明。

第十八条　单位负责人为同一人或者存在直接控股、管理关系的不同供应商，不得参加同一合同项下的政府采购活动。

除单一来源采购项目外，为采购项目提供整体设计、规范编制或者项目管理、监理、检测等服务的供应商，不得再参加该采购项目的其他采购活动。

第十九条　政府采购法第二十二条第一款第五项所称重大违法记录，是指供应商因违法经营受到刑事处罚或者责令停产停业、吊销许可证或者执照、较大数额罚款等行政处罚。

供应商在参加政府采购活动前 3 年内因违法经营被禁止在一定期限内参加政府采购活动，期限届满的，可以参加政府采购活动。

第二十条　采购人或者采购代理机构有下列情形之一的，属于以不合理的条件对供应商实行差别待遇或者歧视待遇：

（一）就同一采购项目向供应商提供有差别的项目信息；

（二）设定的资格、技术、商务条件与采购项目的具体特点和实际需要不相适应或者与合同履行无关；

（三）采购需求中的技术、服务等要求指向特定供应商、特定产品；

（四）以特定行政区域或者特定行业的业绩、奖项作为加分条件或者中标、成交条件；

（五）对供应商采取不同的资格审查或者评审标准；

（六）限定或者指定特定的专利、商标、品牌或者供应商；

（七）非法限定供应商的所有制形式、组

织形式或者所在地；

（八）以其他不合理条件限制或者排斥潜在供应商。

第二十一条 采购人或者采购代理机构对供应商进行资格预审的，资格预审公告应当在省级以上人民政府财政部门指定的媒体上发布。已进行资格预审的，评审阶段可以不再对供应商资格进行审查。资格预审合格的供应商在评审阶段资格发生变化的，应当通知采购人和采购代理机构。

资格预审公告应当包括采购人和采购项目名称、采购需求、对供应商的资格要求以及供应商提交资格预审申请文件的时间和地点。提交资格预审申请文件的时间自公告发布之日起不得少于5个工作日。

第二十二条 联合体中有同类资质的供应商按照联合体分工承担相同工作的，应当按照资质等级较低的供应商确定资质等级。

以联合体形式参加政府采购活动的，联合体各方不得再单独参加或者与其他供应商另外组成联合体参加同一合同项下的政府采购活动。

第三章 政府采购方式

第二十三条 采购人采购公开招标数额标准以上的货物或者服务，符合政府采购法第二十九条、第三十条、第三十一条、第三十二条规定情形或者有需要执行政府采购政策等特殊情况的，经设区的市级以上人民政府财政部门批准，可以依法采用公开招标以外的采购方式。

第二十四条 列入集中采购目录的项目，适合实行批量集中采购的，应当实行批量集中采购，但紧急的小额零星货物项目和有特殊要求的服务、工程项目除外。

第二十五条 政府采购工程依法不进行招标的，应当依照政府采购法和本条例规定的竞争性谈判或者单一来源采购方式采购。

第二十六条 政府采购法第三十条第三项规定的情形，应当是采购人不可预见的或者非因采购人拖延导致的；第四项规定的情形，是指因采购艺术品或者因专利、专有技术或者因服务的时间、数量事先不能确定等导致不能事先计算出价格总额。

第二十七条 政府采购法第三十一条第一项规定的情形，是指因货物或者服务使用不可替代的专利、专有技术，或者公共服务项目具有特殊要求，导致只能从某一特定供应商处采购。

第二十八条 在一个财政年度内，采购人将一个预算项目下的同一品目或者类别的货物、服务采用公开招标以外的方式多次采购，累计资金数额超过公开招标数额标准的，属于以化整为零方式规避公开招标，但项目预算调整或者经批准采用公开招标以外方式采购除外。

第四章 政府采购程序

第二十九条 采购人应当根据集中采购目录、采购限额标准和已批复的部门预算编制政府采购实施计划，报本级人民政府财政部门备案。

第三十条 采购人或者采购代理机构应当在招标文件、谈判文件、询价通知书中公开采购项目预算金额。

第三十一条 招标文件的提供期限自招标文件开始发出之日起不得少于5个工作日。

采购人或者采购代理机构可以对已发出的招标文件进行必要的澄清或者修改。澄清或者修改的内容可能影响投标文件编制的，采购人或者采购代理机构应当在投标截止时间至少15日前，以书面形式通知所有获取招标文件的潜在投标人；不足15日的，采购人或者采购代理机构应当顺延提交投标文件的截止时间。

第三十二条 采购人或者采购代理机构应当按照国务院财政部门制定的招标文件标准文本编制招标文件。

招标文件应当包括采购项目的商务条件、采购需求、投标人的资格条件、投标报价要求、评标方法、评标标准以及拟签订的合同文本等。

第三十三条 招标文件要求投标人提交投标保证金的，投标保证金不得超过采购项目预算金额的 2%。投标保证金应当以支票、汇票、本票或者金融机构、担保机构出具的保函等非现金形式提交。投标人未按照招标文件要求提交投标保证金的，投标无效。

采购人或者采购代理机构应当自中标通知书发出之日起 5 个工作日内退还未中标供应商的投标保证金，自政府采购合同签订之日起 5 个工作日内退还中标供应商的投标保证金。

竞争性谈判或者询价采购中要求参加谈判或者询价的供应商提交保证金的，参照前两款的规定执行。

第三十四条　政府采购招标评标方法分为最低评标价法和综合评分法。

最低评标价法，是指投标文件满足招标文件全部实质性要求且投标报价最低的供应商为中标候选人的评标方法。综合评分法，是指投标文件满足招标文件全部实质性要求且按照评审因素的量化指标评审得分最高的供应商为中标候选人的评标方法。

技术、服务等标准统一的货物和服务项目，应当采用最低评标价法。

采用综合评分法的，评审标准中的分值设置应当与评审因素的量化指标相对应。

招标文件中没有规定的评标标准不得作为评审的依据。

第三十五条　谈判文件不能完整、明确列明采购需求，需要由供应商提供最终设计方案或者解决方案的，在谈判结束后，谈判小组应当按照少数服从多数的原则投票推荐 3 家以上供应商的设计方案或者解决方案，并要求其在规定时间内提交最后报价。

第三十六条　询价通知书应当根据采购需求确定政府采购合同条款。在询价过程中，询价小组不得改变询价通知书所确定的政府采购合同条款。

第三十七条　政府采购法第三十八条第五项、第四十条第四项所称质量和服务相等，是指供应商提供的产品质量和服务均能满足采购文件规定的实质性要求。

第三十八条　达到公开招标数额标准，符合政府采购法第三十一条第一项规定情形，只能从唯一供应商处采购的，采购人应当将采购项目信息和唯一供应商名称在省级以上人民政府财政部门指定的媒体上公示，公示期不得少于 5 个工作日。

第三十九条　除国务院财政部门规定的情形外，采购人或者采购代理机构应当从政府采购评审专家库中随机抽取评审专家。

第四十条　政府采购评审专家应当遵守评审工作纪律，不得泄露评审文件、评审情况和评审中获悉的商业秘密。

评标委员会、竞争性谈判小组或者询价小组在评审过程中发现供应商有行贿、提供虚假材料或者串通等违法行为的，应当及时向财政部门报告。

政府采购评审专家在评审过程中受到非法干预的，应当及时向财政、监察等部门举报。

第四十一条　评标委员会、竞争性谈判小组或者询价小组成员应当按照客观、公正、审慎的原则，根据采购文件规定的评审程序、评审方法和评审标准进行独立评审。采购文件内容违反国家有关强制性规定的，评标委员会、竞争性谈判小组或者询价小组应当停止评审并向采购人或者采购代理机构说明情况。

评标委员会、竞争性谈判小组或者询价小组成员应当在评审报告上签字，对自己的评审意见承担法律责任。对评审报告有异议的，应当在评审报告上签署不同意见，并说明理由，否则视为同意评审报告。

第四十二条　采购人、采购代理机构不得向评标委员会、竞争性谈判小组或者询价小组的评审专家作倾向性、误导性的解释或者说明。

第四十三条　采购代理机构应当自评审结束之日起 2 个工作日内将评审报告送交采购人。采购人应当自收到评审报告之日起 5 个工作日内在评审报告推荐的中标或者成交候选人中按顺序确定中标或者成交供应商。

采购人或者采购代理机构应当自中标、成交供应商确定之日起 2 个工作日内，发出中标、成交通知书，并在省级以上人民政府财政部门指定的媒体上公告中标、成交结果，招标文件、竞争性谈判文件、询价通知书随中标、成交结果同时公告。

中标、成交结果公告内容应当包括采购人和采购代理机构的名称、地址、联系方式，项目名称和项目编号，中标或者成交供应商名称、地址和中标或者成交金额，主要中标或者成交标的的名称、规格型号、数量、单价、服务要求以及评审专家名单。

第四十四条 除国务院财政部门规定的情形外，采购人、采购代理机构不得以任何理由组织重新评审。采购人、采购代理机构按照国务院财政部门的规定组织重新评审的，应当书面报告本级人民政府财政部门。

采购人或者采购代理机构不得通过对样品进行检测、对供应商进行考察等方式改变评审结果。

第四十五条 采购人或者采购代理机构应当按照政府采购合同规定的技术、服务、安全标准组织对供应商履约情况进行验收，并出具验收书。验收书应当包括每一项技术、服务、安全标准的履约情况。

政府向社会公众提供的公共服务项目，验收时应当邀请服务对象参与并出具意见，验收结果应当向社会公告。

第四十六条 政府采购法第四十二条规定的采购文件，可以用电子档案方式保存。

第五章 政府采购合同

第四十七条 国务院财政部门应当会同国务院有关部门制定政府采购合同标准文本。

第四十八条 采购文件要求中标或者成交供应商提交履约保证金的，供应商应当以支票、汇票、本票或者金融机构、担保机构出具的保函等非现金形式提交。履约保证金的数额不得超过政府采购合同金额的10%。

第四十九条 中标或者成交供应商拒绝与采购人签订合同的，采购人可以按照评审报告推荐的中标或者成交候选人名单排序，确定下一候选人为中标或者成交供应商，也可以重新开展政府采购活动。

第五十条 采购人应当自政府采购合同签订之日起2个工作日内，将政府采购合同在省级以上人民政府财政部门指定的媒体上公告，但政府采购合同中涉及国家秘密、商业秘密的内容除外。

第五十一条 采购人应当按照政府采购合同规定，及时向中标或者成交供应商支付采购资金。

政府采购项目资金支付程序，按照国家有关财政资金支付管理的规定执行。

第六章 质疑与投诉

第五十二条 采购人或者采购代理机构应当在3个工作日内对供应商依法提出的询问作出答复。

供应商提出的询问或者质疑超出采购人对采购代理机构委托授权范围的，采购代理机构应当告知供应商向采购人提出。

政府采购评审专家应当配合采购人或者采购代理机构答复供应商的询问和质疑。

第五十三条 政府采购法第五十二条规定的供应商应知其权益受到损害之日，是指：

（一）对可以质疑的采购文件提出质疑的，为收到采购文件之日或者采购文件公告期限届满之日；

（二）对采购过程提出质疑的，为各采购程序环节结束之日；

（三）对中标或者成交结果提出质疑的，为中标或者成交结果公告期限届满之日。

第五十四条 询问或者质疑事项可能影响中标、成交结果的，采购人应当暂停签订合同，已经签订合同的，应当中止履行合同。

第五十五条 供应商质疑、投诉应当有明确的请求和必要的证明材料。供应商投诉的事项不得超出已质疑事项的范围。

第五十六条 财政部门处理投诉事项采用书面审查的方式，必要时可以进行调查取证或者组织质证。

对财政部门依法进行的调查取证，投诉人和与投诉事项有关的当事人应当如实反映情况，并提供相关材料。

第五十七条 投诉人捏造事实、提供虚假材料或者以非法手段取得证明材料进行投诉的，财政部门应当予以驳回。

财政部门受理投诉后，投诉人书面申请撤回投诉的，财政部门应当终止投诉处理程序。

第五十八条 财政部门处理投诉事项，需要检验、检测、鉴定、专家评审以及需要投诉人补正材料的，所需时间不计算在投诉处理期限内。

财政部门对投诉事项作出的处理决定，应当在省级以上人民政府财政部门指定的媒体上公告。

第七章　监督检查

第五十九条　政府采购法第六十三条所称政府采购项目的采购标准，是指项目采购所依据的经费预算标准、资产配置标准和技术、服务标准等。

第六十条　除政府采购法第六十六条规定的考核事项外，财政部门对集中采购机构的考核事项还包括：

（一）政府采购政策的执行情况；

（二）采购文件编制水平；

（三）采购方式和采购程序的执行情况；

（四）询问、质疑答复情况；

（五）内部监督管理制度建设及执行情况；

（六）省级以上人民政府财政部门规定的其他事项。

财政部门应当制定考核计划，定期对集中采购机构进行考核，考核结果有重要情况的，应当向本级人民政府报告。

第六十一条　采购人发现采购代理机构有违法行为的，应当要求其改正。采购代理机构拒不改正的，采购人应当向本级人民政府财政部门报告，财政部门应当依法处理。

采购代理机构发现采购人的采购需求存在以不合理条件对供应商实行差别待遇、歧视待遇或者其他不符合法律、法规和政府采购政策规定内容，或者发现采购人有其他违法行为的，应当建议其改正。采购人拒不改正的，采购代理机构应当向采购人的本级人民政府财政部门报告，财政部门应当依法处理。

第六十二条　省级以上人民政府财政部门应当对政府采购评审专家库实行动态管理，具体管理办法由国务院财政部门制定。

采购人或者采购代理机构应当对评审专家在政府采购活动中的职责履行情况予以记录，并及时向财政部门报告。

第六十三条　各级人民政府财政部门和其他有关部门应当加强对参加政府采购活动的供应商、采购代理机构、评审专家的监督管理，对其不良行为予以记录，并纳入统一的信用信息平台。

第六十四条　各级人民政府财政部门对政府采购活动进行监督检查，有权查阅、复制有关文件、资料，相关单位和人员应当予以配合。

第六十五条　审计机关、监察机关以及其他有关部门依法对政府采购活动实施监督，发现采购当事人有违法行为的，应当及时通报财政部门。

第八章　法律责任

第六十六条　政府采购法第七十一条规定的罚款，数额为10万元以下。

政府采购法第七十二条规定的罚款，数额为5万元以上25万元以下。

第六十七条　采购人有下列情形之一的，由财政部门责令限期改正，给予警告，对直接负责的主管人员和其他直接责任人员依法给予处分，并予以通报：

（一）未按照规定编制政府采购实施计划或者未按照规定将政府采购实施计划报本级人民政府财政部门备案；

（二）将应当进行公开招标的项目化整为零或者以其他任何方式规避公开招标；

（三）未按照规定在评标委员会、竞争性谈判小组或者询价小组推荐的中标或者成交候选人中确定中标或者成交供应商；

（四）未按照采购文件确定的事项签订政府采购合同；

（五）政府采购合同履行中追加与合同标的相同的货物、工程或者服务的采购金额超过原合同采购金额10%；

（六）擅自变更、中止或者终止政府采购合同；

（七）未按照规定公告政府采购合同；

（八）未按照规定时间将政府采购合同副本报本级人民政府财政部门和有关部门备案。

第六十八条　采购人、采购代理机构有下列情形之一的，依照政府采购法第七十一条、

第七十八条的规定追究法律责任：

（一）未依照政府采购法和本条例规定的方式实施采购；

（二）未依法在指定的媒体上发布政府采购项目信息；

（三）未按照规定执行政府采购政策；

（四）违反本条例第十五条的规定导致无法组织对供应商履约情况进行验收或者国家财产遭受损失；

（五）未依法从政府采购评审专家库中抽取评审专家；

（六）非法干预采购评审活动；

（七）采用综合评分法时评审标准中的分值设置未与评审因素的量化指标相对应；

（八）对供应商的询问、质疑逾期未作处理；

（九）通过对样品进行检测、对供应商进行考察等方式改变评审结果；

（十）未按照规定组织对供应商履约情况进行验收。

第六十九条　集中采购机构有下列情形之一的，由财政部门责令限期改正，给予警告，有违法所得的，并处没收违法所得，对直接负责的主管人员和其他直接责任人员依法给予处分，并予以通报：

（一）内部监督管理制度不健全，对依法应当分设、分离的岗位、人员未分设、分离；

（二）将集中采购项目委托其他采购代理机构采购；

（三）从事营利活动。

第七十条　采购人员与供应商有利害关系而不依法回避的，由财政部门给予警告，并处2000元以上2万元以下的罚款。

第七十一条　有政府采购法第七十一条、第七十二条规定的违法行为之一，影响或者可能影响中标、成交结果的，依照下列规定处理：

（一）未确定中标或者成交供应商的，终止本次政府采购活动，重新开展政府采购活动。

（二）已确定中标或者成交供应商但尚未签订政府采购合同的，中标或者成交结果无效，从合格的中标或者成交候选人中另行确定中标或者成交供应商；没有合格的中标或者成交候选人的，重新开展政府采购活动。

（三）政府采购合同已签订但尚未履行的，撤销合同，从合格的中标或者成交候选人中另行确定中标或者成交供应商；没有合格的中标或者成交候选人的，重新开展政府采购活动。

（四）政府采购合同已经履行，给采购人、供应商造成损失的，由责任人承担赔偿责任。

政府采购当事人有其他违反政府采购法或者本条例规定的行为，经改正后仍然影响或者可能影响中标、成交结果或者依法被认定为中标、成交无效的，依照前款规定处理。

第七十二条　供应商有下列情形之一的，依照政府采购法第七十七条第一款的规定追究法律责任：

（一）向评标委员会、竞争性谈判小组或者询价小组成员行贿或者提供其他不正当利益；

（二）中标或者成交后无正当理由拒不与采购人签订政府采购合同；

（三）未按照采购文件确定的事项签订政府采购合同；

（四）将政府采购合同转包；

（五）提供假冒伪劣产品；

（六）擅自变更、中止或者终止政府采购合同。

供应商有前款第一项规定情形的，中标、成交无效。评审阶段资格发生变化，供应商未依照本条例第二十一条的规定通知采购人和采购代理机构的，处以采购金额5‰的罚款，列入不良行为记录名单，中标、成交无效。

第七十三条　供应商捏造事实、提供虚假材料或者以非法手段取得证明材料进行投诉的，由财政部门列入不良行为记录名单，禁止其1至3年内参加政府采购活动。

第七十四条　有下列情形之一的，属于恶意串通，对供应商依照政府采购法第七十七条第一款的规定追究法律责任，对采购人、采购代理机构及其工作人员依照政府采购法第七十二条的规定追究法律责任：

（一）供应商直接或者间接从采购人或者采购代理机构处获得其他供应商的相关情况并修改其投标文件或者响应文件；

（二）供应商按照采购人或者采购代理机构的授意撤换、修改投标文件或者响应文件；

（三）供应商之间协商报价、技术方案等投标文件或者响应文件的实质性内容；

（四）属于同一集团、协会、商会等组织成员的供应商按照该组织要求协同参加政府采购活动；

（五）供应商之间事先约定由某一特定供应商中标、成交；

（六）供应商之间商定部分供应商放弃参加政府采购活动或者放弃中标、成交；

（七）供应商与采购人或者采购代理机构之间、供应商相互之间，为谋求特定供应商中标、成交或者排斥其他供应商的其他串通行为。

第七十五条　政府采购评审专家未按照采购文件规定的评审程序、评审方法和评审标准进行独立评审或者泄露评审文件、评审情况的，由财政部门给予警告，并处2000元以上2万元以下的罚款；影响中标、成交结果的，处2万元以上5万元以下的罚款，禁止其参加政府采购评审活动。

政府采购评审专家与供应商存在利害关系未回避的，处2万元以上5万元以下的罚款，禁止其参加政府采购评审活动。

政府采购评审专家收受采购人、采购代理机构、供应商贿赂或者获取其他不正当利益，构成犯罪的，依法追究刑事责任；尚不构成犯罪的，处2万元以上5万元以下的罚款，禁止其参加政府采购评审活动。

政府采购评审专家有上述违法行为的，其评审意见无效，不得获取评审费；有违法所得的，没收违法所得；给他人造成损失的，依法承担民事责任。

第七十六条　政府采购当事人违反政府采购法和本条例规定，给他人造成损失的，依法承担民事责任。

第七十七条　财政部门在履行政府采购监督管理职责中违反政府采购法和本条例规定，滥用职权、玩忽职守、徇私舞弊的，对直接负责的主管人员和其他直接责任人员依法给予处分；直接负责的主管人员和其他直接责任人员构成犯罪的，依法追究刑事责任。

第九章　附　　则

第七十八条　财政管理实行省直接管理的县级人民政府可以根据需要并报经省级人民政府批准，行使政府采购法和本条例规定的设区的市级人民政府批准变更采购方式的职权。

第七十九条　本条例自2015年3月1日起施行。

中华人民共和国产品质量法

（1993年2月22日第七届全国人民代表大会常务委员会第三十次会议通过，中华人民共和国主席令1993年第71号；根据2000年7月8日第九届全国人民代表大会常务委员会第十六次会议《关于修改〈中华人民共和国产品质量法〉的决定》第一次修正，根据2009年8月27日第十一届全国人民代表大会常务委员会第十次会议《关于修改部分法律的决定》第二次修正）

第一章　总　　则

第一条　为了加强对产品质量的监督管理，提高产品质量水平，明确产品质量责任，保护消费者的合法权益，维护社会经济秩序，制定本法。

第二条　在中华人民共和国境内从事产品生产、销售活动，必须遵守本法。

本法所称产品是指经过加工、制作，用于销售的产品。

建设工程不适用本法规定；但是，建设工程使用的建筑材料、建筑构配件和设备，属于前款规定的产品范围的，适用本法规定。

第三条 生产者、销售者应当建立健全内部产品质量管理制度，严格实施岗位质量规范、质量责任以及相应的考核办法。

第四条 生产者、销售者依照本法规定承担产品质量责任。

第五条 禁止伪造或者冒用认证标志等质量标志；禁止伪造产品的产地，伪造或者冒用他人的厂名、厂址；禁止在生产、销售的产品中掺杂、掺假，以假充真，以次充好。

第六条 国家鼓励推行科学的质量管理方法，采用先进的科学技术，鼓励企业产品质量达到并且超过行业标准、国家标准和国际标准。

对产品质量管理先进和产品质量达到国际先进水平、成绩显著的单位和个人，给予奖励。

第七条 各级人民政府应当把提高产品质量纳入国民经济和社会发展规划，加强对产品质量工作的统筹规划和组织领导，引导、督促生产者、销售者加强产品质量管理，提高产品质量，组织各有关部门依法采取措施，制止产品生产、销售中违反本法规定的行为，保障本法的施行。

第八条 国务院产品质量监督部门主管全国产品质量监督工作。国务院有关部门在各自的职责范围内负责产品质量监督工作。

县级以上地方产品质量监督部门主管本行政区域内的产品质量监督工作。县级以上地方人民政府有关部门在各自的职责范围内负责产品质量监督工作。

法律对产品质量的监督部门另有规定的，依照有关法律的规定执行。

第九条 各级人民政府工作人员和其他国家机关工作人员不得滥用职权、玩忽职守或者徇私舞弊，包庇、放纵本地区、本系统发生的产品生产、销售中违反本法规定的行为，或者阻挠、干预依法对产品生产、销售中违反本法规定的行为进行查处。

各级地方人民政府和其他国家机关有包庇、放纵产品生产、销售中违反本法规定的行为的，依法追究其主要负责人的法律责任。

第十条 任何单位和个人有权对违反本法规定的行为，向产品质量监督部门或者其他有关部门检举。

产品质量监督部门和有关部门应当为检举人保密，并按照省、自治区、直辖市人民政府的规定给予奖励。

第十一条 任何单位和个人不得排斥非本地区或者非本系统企业生产的质量合格产品进入本地区、本系统。

第二章 产品质量的监督

第十二条 产品质量应当检验合格，不得以不合格产品冒充合格产品。

第十三条 可能危及人体健康和人身、财产安全的工业产品，必须符合保障人体健康和人身、财产安全的国家标准、行业标准；未制定国家标准、行业标准的，必须符合保障人体健康和人身、财产安全的要求。

禁止生产、销售不符合保障人体健康和人身、财产安全的标准和要求的工业产品。具体管理办法由国务院规定。

第十四条 国家根据国际通用的质量管理标准，推行企业质量体系认证制度。企业根据自愿原则可以向国务院产品质量监督部门认可的或者国务院产品质量监督部门授权的部门认可的认证机构申请企业质量体系认证。经认证合格的，由认证机构颁发企业质量体系认证证书。

国家参照国际先进的产品标准和技术要求，推行产品质量认证制度。企业根据自愿原则可以向国务院产品质量监督部门认可的或者国务院产品质量监督部门授权的部门认可的认证机构申请产品质量认证。经认证合格的，由认证机构颁发产品质量认证证书，准许企业在产品或者其包装上使用产品质量认证标志。

第十五条 国家对产品质量实行以抽查为主要方式的监督检查制度，对可能危及人体健康和人身、财产安全的产品，影响国计民生的重要工业产品以及消费者、有关组织反映有质量问题的产品进行抽查。抽查的样品应当在市场上或者企业成品仓库内的待销产品中随机抽取。监督抽查工作由国务院产品质量监督部门规划和组织。县级以上地方产品质量监督部门在本行政区域内也可以组织监督抽查。法律对产品质量的监督检查另有规定的，依照有关法律的规定执行。

国家监督抽查的产品，地方不得另行重复抽查；上级监督抽查的产品，下级不得另行重复抽查。

根据监督抽查的需要，可以对产品进行检验。检验抽取样品的数量不得超过检验的合理需要，并不得向被检查人收取检验费用。监督抽查所需检验费用按照国务院规定列支。

生产者、销售者对抽查检验的结果有异议的，可以自收到检验结果之日起十五日内向实施监督抽查的产品质量监督部门或者其上级产品质量监督部门申请复检，由受理复检的产品质量监督部门作出复检结论。

第十六条　对依法进行的产品质量监督检查，生产者、销售者不得拒绝。

第十七条　依照本法规定进行监督抽查的产品质量不合格的，由实施监督抽查的产品质量监督部门责令其生产者、销售者限期改正。逾期不改正的，由省级以上人民政府产品质量监督部门予以公告；公告后经复查仍不合格的，责令停业，限期整顿；整顿期满后经复查产品质量仍不合格的，吊销营业执照。

监督抽查的产品有严重质量问题的，依照本法第五章的有关规定处罚。

第十八条　县级以上产品质量监督部门根据已经取得的违法嫌疑证据或者举报，对涉嫌违反本法规定的行为进行查处时，可以行使下列职权：

（一）对当事人涉嫌从事违反本法的生产、销售活动的场所实施现场检查；

（二）向当事人的法定代表人、主要负责人和其他有关人员调查、了解与涉嫌从事违反本法的生产、销售活动有关的情况；

（三）查阅、复制当事人有关的合同、发票、帐簿以及其他有关资料；

（四）对有根据认为不符合保障人体健康和人身、财产安全的国家标准、行业标准的产品或者有其他严重质量问题的产品，以及直接用于生产、销售该项产品的原辅材料、包装物、生产工具，予以查封或者扣押。

县级以上工商行政管理部门按照国务院规定的职责范围，对涉嫌违反本法规定的行为进行查处时，可以行使前款规定的职权。

第十九条　产品质量检验机构必须具备相应的检测条件和能力，经省级以上人民政府产品质量监督部门或者其授权的部门考核合格后，方可承担产品质量检验工作。法律、行政法规对产品质量检验机构另有规定的，依照有关法律、行政法规的规定执行。

第二十条　从事产品质量检验、认证的社会中介机构必须依法设立，不得与行政机关和其他国家机关存在隶属关系或者其他利益关系。

第二十一条　产品质量检验机构、认证机构必须依法按照有关标准，客观、公正地出具检验结果或者认证证明。

产品质量认证机构应当依照国家规定对准许使用认证标志的产品进行认证后的跟踪检查；对不符合认证标准而使用认证标志的，要求其改正；情节严重的，取消其使用认证标志的资格。

第二十二条　消费者有权就产品质量问题，向产品的生产者、销售者查询；向产品质量监督部门、工商行政管理部门及有关部门申诉，接受申诉的部门应当负责处理。

第二十三条　保护消费者权益的社会组织可以就消费者反映的产品质量问题建议有关部门负责处理，支持消费者对因产品质量造成的损害向人民法院起诉。

第二十四条　国务院和省、自治区、直辖市人民政府的产品质量监督部门应当定期发布其监督抽查的产品的质量状况公告。

第二十五条　产品质量监督部门或者其他国家机关以及产品质量检验机构不得向社会推荐生产者的产品；不得以对产品进行监制、监销等方式参与产品经营活动。

第三章　生产者、销售者的产品质量责任和义务

第一节　生产者的产品质量责任和义务

第二十六条　生产者应当对其生产的产品质量负责。

产品质量应当符合下列要求：

（一）不存在危及人身、财产安全的不合

理的危险，有保障人体健康和人身、财产安全的国家标准、行业标准的，应当符合该标准；

（二）具备产品应当具备的使用性能，但是，对产品存在使用性能的瑕疵作出说明的除外；

（三）符合在产品或者其包装上注明采用的产品标准，符合以产品说明、实物样品等方式表明的质量状况。

第二十七条 产品或者其包装上的标识必须真实，并符合下列要求：

（一）有产品质量检验合格证明；

（二）有中文标明的产品名称、生产厂厂名和厂址；

（三）根据产品的特点和使用要求，需要标明产品规格、等级、所含主要成份的名称和含量的，用中文相应予以标明；需要事先让消费者知晓的，应当在外包装上标明，或者预先向消费者提供有关资料；

（四）限期使用的产品，应当在显著位置清晰地标明生产日期和安全使用期或者失效日期；

（五）使用不当，容易造成产品本身损坏或者可能危及人身、财产安全的产品，应当有警示标志或者中文警示说明。

裸装的食品和其他根据产品的特点难以附加标识的裸装产品，可以不附加产品标识。

第二十八条 易碎、易燃、易爆、有毒、有腐蚀性、有放射性等危险物品以及储运中不能倒置和其他有特殊要求的产品，其包装质量必须符合相应要求，依照国家有关规定作出警示标志或者中文警示说明，标明储运注意事项。

第二十九条 生产者不得生产国家明令淘汰的产品。

第三十条 生产者不得伪造产地，不得伪造或者冒用他人的厂名、厂址。

第三十一条 生产者不得伪造或者冒用认证标志等质量标志。

第三十二条 生产者生产产品，不得掺杂、掺假，不得以假充真、以次充好，不得以不合格产品冒充合格产品。

第二节 销售者的产品质量责任和义务

第三十三条 销售者应当建立并执行进货检查验收制度，验明产品合格证明和其他标识。

第三十四条 销售者应当采取措施，保持销售产品的质量。

第三十五条 销售者不得销售国家明令淘汰并停止销售的产品和失效、变质的产品。

第三十六条 销售者销售的产品的标识应当符合本法第二十七条的规定。

第三十七条 销售者不得伪造产地，不得伪造或者冒用他人的厂名、厂址。

第三十八条 销售者不得伪造或者冒用认证标志等质量标志。

第三十九条 销售者销售产品，不得掺杂、掺假，不得以假充真、以次充好，不得以不合格产品冒充合格产品。

第四章 损害赔偿

第四十条 售出的产品有下列情形之一的，销售者应当负责修理、更换、退货；给购买产品的消费者造成损失的，销售者应当赔偿损失：

（一）不具备产品应当具备的使用性能而事先未作说明的；

（二）不符合在产品或者其包装上注明采用的产品标准的；

（三）不符合以产品说明、实物样品等方式表明的质量状况的。

销售者依照前款规定负责修理、更换、退货、赔偿损失后，属于生产者的责任或者属于向销售者提供产品的其他销售者（以下简称供货者）的责任的，销售者有权向生产者、供货者追偿。

销售者未按照第一款规定给予修理、更换、退货或者赔偿损失的，由产品质量监督部门或者工商行政管理部门责令改正。

生产者之间，销售者之间，生产者与销售者之间订立的买卖合同、承揽合同有不同约定的，合同当事人按照合同约定执行。

第四十一条 因产品存在缺陷造成人身、缺陷产品以外的其他财产（以下简称他人财产）损害的，生产者应当承担赔偿责任。

生产者能够证明有下列情形之一的，不承

担赔偿责任：

（一）未将产品投入流通的；

（二）产品投入流通时，引起损害的缺陷尚不存在的；

（三）将产品投入流通时的科学技术水平尚不能发现缺陷的存在的。

第四十二条　由于销售者的过错使产品存在缺陷，造成人身、他人财产损害的，销售者应当承担赔偿责任。

销售者不能指明缺陷产品的生产者也不能指明缺陷产品的供货者的，销售者应当承担赔偿责任。

第四十三条　因产品存在缺陷造成人身、他人财产损害的，受害人可以向产品的生产者要求赔偿，也可以向产品的销售者要求赔偿。属于产品的生产者的责任，产品的销售者赔偿的，产品的销售者有权向产品的生产者追偿。属于产品的销售者的责任，产品的生产者赔偿的，产品的生产者有权向产品的销售者追偿。

第四十四条　因产品存在缺陷造成受害人人身伤害的，侵害人应当赔偿医疗费、治疗期间的护理费、因误工减少的收入等费用；造成残疾的，还应当支付残疾者生活自助具费、生活补助费、残疾赔偿金以及由其扶养的人所必需的生活费等费用；造成受害人死亡的，并应当支付丧葬费、死亡赔偿金以及由死者生前扶养的人所必需的生活费等费用。

因产品存在缺陷造成受害人财产损失的，侵害人应当恢复原状或者折价赔偿。受害人因此遭受其他重大损失的，侵害人应当赔偿损失。

第四十五条　因产品存在缺陷造成损害要求赔偿的诉讼时效期间为二年，自当事人知道或者应当知道其权益受到损害时起计算。

因产品存在缺陷造成损害要求赔偿的请求权，在造成损害的缺陷产品交付最初消费者满十年丧失；但是，尚未超过明示的安全使用期的除外。

第四十六条　本法所称缺陷，是指产品存在危及人身、他人财产安全的不合理的危险；产品有保障人体健康和人身、财产安全的国家标准、行业标准的，是指不符合该标准。

第四十七条　因产品质量发生民事纠纷时，当事人可以通过协商或者调解解决。当事人不愿通过协商、调解解决或者协商、调解不成的，可以根据当事人各方的协议向仲裁机构申请仲裁；当事人各方没有达成仲裁协议或者仲裁协议无效的，可以直接向人民法院起诉。

第四十八条　仲裁机构或者人民法院可以委托本法第十九条规定的产品质量检验机构，对有关产品质量进行检验。

第五章　罚　　则

第四十九条　生产、销售不符合保障人体健康和人身、财产安全的国家标准、行业标准的产品的，责令停止生产、销售，没收违法生产、销售的产品，并处违法生产、销售产品（包括已售出和未售出的产品，下同）货值金额等值以上三倍以下的罚款；有违法所得的，并处没收违法所得；情节严重的，吊销营业执照；构成犯罪的，依法追究刑事责任。

第五十条　在产品中掺杂、掺假，以假充真，以次充好，或者以不合格产品冒充合格产品的，责令停止生产、销售，没收违法生产、销售的产品，并处违法生产、销售产品货值金额百分之五十以上三倍以下的罚款；有违法所得的，并处没收违法所得；情节严重的，吊销营业执照；构成犯罪的，依法追究刑事责任。

第五十一条　生产国家明令淘汰的产品的，销售国家明令淘汰并停止销售的产品的，责令停止生产、销售，没收违法生产、销售的产品，并处违法生产、销售产品货值金额等值以下的罚款；有违法所得的，并处没收违法所得；情节严重的，吊销营业执照。

第五十二条　销售失效、变质的产品的，责令停止销售，没收违法销售的产品，并处违法销售产品货值金额二倍以下的罚款；有违法所得的，并处没收违法所得；情节严重的，吊销营业执照；构成犯罪的，依法追究刑事责任。

第五十三条　伪造产品产地的，伪造或者冒用他人厂名、厂址的，伪造或者冒用认证标志等质量标志的，责令改正，没收违法生产、销售的产品，并处违法生产、销售产品货值金额等值以下的罚款；有违法所得的，并处没收违法所得；情节严重的，吊销营业执照。

第五十四条 产品标识不符合本法第二十七条规定的，责令改正；有包装的产品标识不符合本法第二十七条第（四）项、第（五）项规定，情节严重的，责令停止生产、销售，并处违法生产、销售产品货值金额百分之三十以下的罚款；有违法所得的，并处没收违法所得。

第五十五条 销售者销售本法第四十九条至第五十三条规定禁止销售的产品，有充分证据证明其不知道该产品为禁止销售的产品并如实说明其进货来源的，可以从轻或者减轻处罚。

第五十六条 拒绝接受依法进行的产品质量监督检查的，给予警告，责令改正；拒不改正的，责令停业整顿；情节特别严重的，吊销营业执照。

第五十七条 产品质量检验机构、认证机构伪造检验结果或者出具虚假证明的，责令改正，对单位处五万元以上十万元以下的罚款，对直接负责的主管人员和其他直接责任人员处一万元以上五万元以下的罚款；有违法所得的，并处没收违法所得；情节严重的，取消其检验资格、认证资格；构成犯罪的，依法追究刑事责任。

产品质量检验机构、认证机构出具的检验结果或者证明不实，造成损失的，应当承担相应的赔偿责任；造成重大损失的，撤销其检验资格、认证资格。

产品质量认证机构违反本法第二十一条第二款的规定，对不符合认证标准而使用认证标志的产品，未依法要求其改正或者取消其使用认证标志资格的，对因产品不符合认证标准给消费者造成的损失，与产品的生产者、销售者承担连带责任；情节严重的，撤销其认证资格。

第五十八条 社会团体、社会中介机构对产品质量作出承诺、保证，而该产品又不符合其承诺、保证的质量要求，给消费者造成损失的，与产品的生产者、销售者承担连带责任。

第五十九条 在广告中对产品质量作虚假宣传，欺骗和误导消费者的，依照《中华人民共和国广告法》的规定追究法律责任。

第六十条 对生产者专门用于生产本法第四十九条、第五十一条所列的产品或者以假充真的产品的原辅材料、包装物、生产工具，应当予以没收。

第六十一条 知道或者应当知道属于本法规定禁止生产、销售的产品而为其提供运输、保管、仓储等便利条件的，或者为以假充真的产品提供制假生产技术的，没收全部运输、保管、仓储或者提供制假生产技术的收入，并处违法收入百分之五十以上三倍以下的罚款；构成犯罪的，依法追究刑事责任。

第六十二条 服务业的经营者将本法第四十九条至第五十二条规定禁止销售的产品用于经营性服务的，责令停止使用；对知道或者应当知道所使用的产品属于本法规定禁止销售的产品的，按照违法使用的产品（包括已使用和尚未使用的产品）的货值金额，依照本法对销售者的处罚规定处罚。

第六十三条 隐匿、转移、变卖、损毁被产品质量监督部门或者工商行政管理部门查封、扣押的物品的，处被隐匿、转移、变卖、损毁物品货值金额等值以上三倍以下的罚款；有违法所得的，并处没收违法所得。

第六十四条 违反本法规定，应当承担民事赔偿责任和缴纳罚款、罚金，其财产不足以同时支付时，先承担民事赔偿责任。

第六十五条 各级人民政府工作人员和其他国家机关工作人员有下列情形之一的，依法给予行政处分；构成犯罪的，依法追究刑事责任：

（一）包庇、放纵产品生产、销售中违反本法规定行为的；

（二）向从事违反本法规定的生产、销售活动的当事人通风报信，帮助其逃避查处的；

（三）阻挠、干预产品质量监督部门或者工商行政管理部门依法对产品生产、销售中违反本法规定的行为进行查处，造成严重后果的。

第六十六条 产品质量监督部门在产品质量监督抽查中超过规定的数量索取样品或者向被检查人收取检验费用的，由上级产品质量监督部门或者监察机关责令退还；情节严重的，对直接负责的主管人员和其他直接责任人员依法给予行政处分。

第六十七条　产品质量监督部门或者其他国家机关违反本法第二十五条的规定，向社会推荐生产者的产品或者以监制、监销等方式参与产品经营活动的，由其上级机关或者监察机关责令改正，消除影响，有违法收入的予以没收；情节严重的，对直接负责的主管人员和其他直接责任人员依法给予行政处分。

产品质量检验机构有前款所列违法行为的，由产品质量监督部门责令改正，消除影响，有违法收入的予以没收，可以并处违法收入一倍以下的罚款；情节严重的，撤销其质量检验资格。

第六十八条　产品质量监督部门或者工商行政管理部门的工作人员滥用职权、玩忽职守、徇私舞弊，构成犯罪的，依法追究刑事责任；尚不构成犯罪的，依法给予行政处分。

第六十九条　以暴力、威胁方法阻碍产品质量监督部门或者工商行政管理部门的工作人员依法执行职务的，依法追究刑事责任；拒绝、阻碍未使用暴力、威胁方法的，由公安机关依照治安管理处罚法的规定处罚。

第七十条　本法规定的吊销营业执照的行政处罚由工商行政管理部门决定，本法第四十九条至第五十七条、第六十条至第六十三条规定的行政处罚由产品质量监督部门或者工商行政管理部门按照国务院规定的职权范围决定。法律、行政法规对行使行政处罚权的机关另有规定的，依照有关法律、行政法规的规定执行。

第七十一条　对依照本法规定没收的产品，依照国家有关规定进行销毁或者采取其他方式处理。

第七十二条　本法第四十九条至第五十四条、第六十二条、第六十三条所规定的货值金额以违法生产、销售产品的标价计算；没有标价的，按照同类产品的市场价格计算。

第六章　附　　则

第七十三条　军工产品质量监督管理办法，由国务院、中央军事委员会另行制定。

因核设施、核产品造成损害的赔偿责任，法律、行政法规另有规定的，依照其规定。

第七十四条　本法自 1993 年 9 月 1 日起施行。

中华人民共和国合同法

（1999 年 3 月 15 日第九届全国人民代表大会第二次会议通过，
中华人民共和国主席令 1999 年第 15 号）

总　　则

第一章　一般规定

第一条　为了保护合同当事人的合法权益，维护社会经济秩序，促进社会主义现代化建设，制定本法。

第二条　本法所称合同是平等主体的自然人、法人、其他组织之间设立、变更、终止民事权利义务关系的协议。

婚姻、收养、监护等有关身份关系的协议，适用其他法律的规定。

第三条　合同当事人的法律地位平等，一方不得将自己的意志强加给另一方。

第四条　当事人依法享有自愿订立合同的权利，任何单位和个人不得非法干预。

第五条　当事人应当遵循公平原则确定各方的权利和义务。

第六条　当事人行使权利、履行义务应当遵循诚实信用原则。

第七条　当事人订立、履行合同，应当遵守法律、行政法规，尊重社会公德，不得扰乱社会经济秩序，损害社会公共利益。

第八条 依法成立的合同，对当事人具有法律约束力。当事人应当按照约定履行自己的义务，不得擅自变更或者解除合同。

依法成立的合同，受法律保护。

第二章 合同的订立

第九条 当事人订立合同，应当具有相应的民事权利能力和民事行为能力。

当事人依法可以委托代理人订立合同。

第十条 当事人订立合同，有书面形式、口头形式和其他形式。

法律、行政法规规定采用书面形式的，应当采用书面形式。当事人约定采用书面形式的，应当采用书面形式。

第十一条 书面形式是指合同书、信件和数据电文（包括电报、电传、传真、电子数据交换和电子邮件）等可以有形地表现所载内容的形式。

第十二条 合同的内容由当事人约定，一般包括以下条款：

（一）当事人的名称或者姓名和住所；

（二）标的；

（三）数量；

（四）质量；

（五）价款或者报酬；

（六）履行期限、地点和方式；

（七）违约责任；

（八）解决争议的方法。

当事人可以参照各类合同的示范文本订立合同。

第十三条 当事人订立合同，采取要约、承诺方式。

第十四条 要约是希望和他人订立合同的意思表示，该意思表示应当符合下列规定：

（一）内容具体确定；

（二）表明经受要约人承诺，要约人即受该意思表示约束。

第十五条 要约邀请是希望他人向自己发出要约的意思表示。寄送的价目表、拍卖公告、招标公告、招股说明书、商业广告等为要约邀请。

商业广告的内容符合要约规定的，视为要约。

第十六条 要约到达受要约人时生效。

采用数据电文形式订立合同，收件人指定特定系统接收数据电文的，该数据电文进入该特定系统的时间，视为到达时间；未指定特定系统的，该数据电文进入收件人的任何系统的首次时间，视为到达时间。

第十七条 要约可以撤回。撤回要约的通知应当在要约到达受要约人之前或者与要约同时到达受要约人。

第十八条 要约可以撤销。撤销要约的通知应当在受要约人发出承诺通知之前到达受要约人。

第十九条 有下列情形之一的，要约不得撤销：

（一）要约人确定了承诺期限或者以其他形式明示要约不可撤销；

（二）受要约人有理由认为要约是不可撤销的，并已经为履行合同作了准备工作。

第二十条 有下列情形之一的，要约失效：

（一）拒绝要约的通知到达要约人；

（二）要约人依法撤销要约；

（三）承诺期限届满，受要约人未作出承诺；

（四）受要约人对要约的内容作出实质性变更。

第二十一条 承诺是受要约人同意要约的意思表示。

第二十二条 承诺应当以通知的方式作出，但根据交易习惯或者要约表明可以通过行为作出承诺的除外。

第二十三条 承诺应当在要约确定的期限内到达要约人。

要约没有确定承诺期限的，承诺应当依照下列规定到达：

（一）要约以对话方式作出的，应当即时作出承诺，但当事人另有约定的除外；

（二）要约以非对话方式作出的，承诺应当在合理期限内到达。

第二十四条 要约以信件或者电报作出的，承诺期限自信件载明的日期或者电报交发之日开始计算。信件未载明日期的，自投寄该信件的邮戳日期开始计算。要约以电话、传真等快速通讯方式作出的，承诺期限自要约到达受要约人时开始计算。

第二十五条 承诺生效时合同成立。

第二十六条 承诺通知到达要约人时生效。承诺不需要通知的，根据交易习惯或者要约的要求作出承诺的行为时生效。

采用数据电文形式订立合同的，承诺到达的时间适用本法第十六条第二款的规定。

第二十七条 承诺可以撤回。撤回承诺的通知应当在承诺通知到达要约人之前或者与承诺通知同时到达要约人。

第二十八条 受要约人超过承诺期限发出承诺的，除要约人及时通知受要约人该承诺有效的以外，为新要约。

第二十九条 受要约人在承诺期限内发出承诺，按照通常情形能够及时到达要约人，但因其他原因承诺到达要约人时超过承诺期限的，除要约人及时通知受要约人因承诺超过期限不接受该承诺的以外，该承诺有效。

第三十条 承诺的内容应当与要约的内容一致。受要约人对要约的内容作出实质性变更的，为新要约。有关合同标的、数量、质量、价款或者报酬、履行期限、履行地点和方式、违约责任和解决争议方法等的变更，是对要约内容的实质性变更。

第三十一条 承诺对要约的内容作出非实质性变更的，除要约人及时表示反对或者要约表明承诺不得对要约的内容作出任何变更的以外，该承诺有效，合同的内容以承诺的内容为准。

第三十二条 当事人采用合同书形式订立合同的，自双方当事人签字或者盖章时合同成立。

第三十三条 当事人采用信件、数据电文等形式订立合同的，可以在合同成立之前要求签订确认书。签订确认书时合同成立。

第三十四条 承诺生效的地点为合同成立的地点。

采用数据电文形式订立合同的，收件人的主营业地为合同成立的地点；没有主营业地的，其经常居住地为合同成立的地点。当事人另有约定的，按照其约定。

第三十五条 当事人采用合同书形式订立合同的，双方当事人签字或者盖章的地点为合同成立的地点。

第三十六条 法律、行政法规规定或者当事人约定采用书面形式订立合同，当事人未采用书面形式但一方已经履行主要义务，对方接受的，该合同成立。

第三十七条 采用合同书形式订立合同，在签字或者盖章之前，当事人一方已经履行主要义务，对方接受的，该合同成立。

第三十八条 国家根据需要下达指令性任务或者国家订货任务的，有关法人、其他组织之间应当依照有关法律、行政法规规定的权利和义务订立合同。

第三十九条 采用格式条款订立合同的，提供格式条款的一方应当遵循公平原则确定当事人之间的权利和义务，并采取合理的方式提请对方注意免除或者限制其责任的条款，按照对方的要求，对该条款予以说明。

格式条款是当事人为了重复使用而预先拟定，并在订立合同时未与对方协商的条款。

第四十条 格式条款具有本法第五十二条和第五十三条规定情形的，或者提供格式条款一方免除其责任、加重对方责任、排除对方主要权利的，该条款无效。

第四十一条 对格式条款的理解发生争议的，应当按照通常理解予以解释。对格式条款有两种以上解释的，应当作出不利于提供格式条款一方的解释。格式条款和非格式条款不一致的，应当采用非格式条款。

第四十二条 当事人在订立合同过程中有下列情形之一，给对方造成损失的，应当承担损害赔偿责任：

（一）假借订立合同，恶意进行磋商；

（二）故意隐瞒与订立合同有关的重要事实或者提供虚假情况；

（三）有其他违背诚实信用原则的行为。

第四十三条 当事人在订立合同过程中知悉的商业秘密，无论合同是否成立，不得泄露或者不正当地使用。泄露或者不正当地使用该商业秘密给对方造成损失的，应当承担损害赔偿责任。

第三章 合同的效力

第四十四条 依法成立的合同，自成立时生效。

法律、行政法规规定应当办理批准、登记等手续生效的，依照其规定。

第四十五条 当事人对合同的效力可以约定附条件。附生效条件的合同，自条件成就时生效。附解除条件的合同，自条件成就时失效。

当事人为自己的利益不正当地阻止条件成就的，视为条件已成就；不正当地促成条件成就的，视为条件不成就。

第四十六条 当事人对合同的效力可以约定附期限。附生效期限的合同，自期限届至时生效。附终止期限的合同，自期限届满时失效。

第四十七条 限制民事行为能力人订立的合同，经法定代理人追认后，该合同有效，但纯获利益的合同或者与其年龄、智力、精神健康状况相适应而订立的合同，不必经法定代理人追认。

相对人可以催告法定代理人在一个月内予以追认。法定代理人未作表示的，视为拒绝追认。合同被追认之前，善意相对人有撤销的权利。撤销应当以通知的方式作出。

第四十八条 行为人没有代理权、超越代理权或者代理权终止后以被代理人名义订立的合同，未经被代理人追认，对被代理人不发生效力，由行为人承担责任。

相对人可以催告被代理人在一个月内予以追认。被代理人未作表示的，视为拒绝追认。合同被追认之前，善意相对人有撤销的权利。撤销应当以通知的方式作出。

第四十九条 行为人没有代理权、超越代理权或者代理权终止后以被代理人名义订立合同，相对人有理由相信行为人有代理权的，该代理行为有效。

第五十条 法人或者其他组织的法定代表人、负责人超越权限订立的合同，除相对人知道或者应当知道其超越权限的以外，该代表行为有效。

第五十一条 无处分权的人处分他人财产，经权利人追认或者无处分权的人订立合同后取得处分权的，该合同有效。

第五十二条 有下列情形之一的，合同无效：

（一）一方以欺诈、胁迫的手段订立合同，损害国家利益；

（二）恶意串通，损害国家、集体或者第三人利益；

（三）以合法形式掩盖非法目的；

（四）损害社会公共利益；

（五）违反法律、行政法规的强制性规定。

第五十三条 合同中的下列免责条款无效：

（一）造成对方人身伤害的；

（二）因故意或者重大过失造成对方财产损失的。

第五十四条 下列合同，当事人一方有权请求人民法院或者仲裁机构变更或者撤销：

（一）因重大误解订立的；

（二）在订立合同时显失公平的。

一方以欺诈、胁迫的手段或者乘人之危，使对方在违背真实意思的情况下订立的合同，受损害方有权请求人民法院或者仲裁机构变更或者撤销。

当事人请求变更的，人民法院或者仲裁机构不得撤销。

第五十五条 有下列情形之一的，撤销权消灭：

（一）具有撤销权的当事人自知道或者应当知道撤销事由之日起一年内没有行使撤销权；

（二）具有撤销权的当事人知道撤销事由后明确表示或者以自己的行为放弃撤销权。

第五十六条 无效的合同或者被撤销的合同自始没有法律约束力。合同部分无效，不影响其他部分效力的，其他部分仍然有效。

第五十七条 合同无效、被撤销或者终止的，不影响合同中独立存在的有关解决争议方法的条款的效力。

第五十八条 合同无效或者被撤销后，因该合同取得的财产，应当予以返还；不能返还或者没有必要返还的，应当折价补偿。有过错的一方应当赔偿对方因此所受到的损失，双方都有过错的，应当各自承担相应的责任。

第五十九条 当事人恶意串通，损害国家、集体或者第三人利益的，因此取得的财产收归国家所有或者返还集体、第三人。

第四章 合同的履行

第六十条 当事人应当按照约定全面履行自己的义务。

当事人应当遵循诚实信用原则，根据合同的性质、目的和交易习惯履行通知、协助、保密等义务。

第六十一条 合同生效后，当事人就质量、价款或者报酬、履行地点等内容没有约定或者约定不明确的，可以协议补充；不能达成补充协议的，按照合同有关条款或者交易习惯确定。

第六十二条 当事人就有关合同内容约定不明确，依照本法第六十一条的规定仍不能确定的，适用下列规定：

（一）质量要求不明确的，按照国家标准、行业标准履行；没有国家标准、行业标准的，按照通常标准或者符合合同目的的特定标准履行。

（二）价款或者报酬不明确的，按照订立合同时履行地的市场价格履行；依法应当执行政府定价或者政府指导价的，按照规定履行。

（三）履行地点不明确，给付货币的，在接受货币一方所在地履行；交付不动产的，在不动产所在地履行；其他标的，在履行义务一方所在地履行。

（四）履行期限不明确的，债务人可以随时履行，债权人也可以随时要求履行，但应当给对方必要的准备时间。

（五）履行方式不明确的，按照有利于实现合同目的的方式履行。

（六）履行费用的负担不明确的，由履行义务一方负担。

第六十三条 执行政府定价或者政府指导价的，在合同约定的交付期限内政府价格调整时，按照交付时的价格计价。逾期交付标的物的，遇价格上涨时，按照原价格执行；价格下降时，按照新价格执行。逾期提取标的物或者逾期付款的，遇价格上涨时，按照新价格执行；价格下降时，按照原价格执行。

第六十四条 当事人约定由债务人向第三人履行债务的，债务人未向第三人履行债务或者履行债务不符合约定，应当向债权人承担违约责任。

第六十五条 当事人约定由第三人向债权人履行债务的，第三人不履行债务或者履行债务不符合约定，债务人应当向债权人承担违约责任。

第六十六条 当事人互负债务，没有先后履行顺序的，应当同时履行。一方在对方履行之前有权拒绝其履行要求。一方在对方履行债务不符合约定时，有权拒绝其相应的履行要求。

第六十七条 当事人互负债务，有先后履行顺序，先履行一方未履行的，后履行一方有权拒绝其履行要求。先履行一方履行债务不符合约定的，后履行一方有权拒绝其相应的履行要求。

第六十八条 应当先履行债务的当事人，有确切证据证明对方有下列情形之一的，可以中止履行：

（一）经营状况严重恶化；

（二）转移财产、抽逃资金，以逃避债务；

（三）丧失商业信誉；

（四）有丧失或者可能丧失履行债务能力的其他情形。

当事人没有确切证据中止履行的，应当承担违约责任。

第六十九条 当事人依照本法第六十八条的规定中止履行的，应当及时通知对方。对方提供适当担保时，应当恢复履行。中止履行后，对方在合理期限内未恢复履行能力并且未提供适当担保的，中止履行的一方可以解除合同。

第七十条 债权人分立、合并或者变更住所没有通知债务人，致使履行债务发生困难的，债务人可以中止履行或者将标的物提存。

第七十一条 债权人可以拒绝债务人提前履行债务，但提前履行不损害债权人利益的除外。

债务人提前履行债务给债权人增加的费用，由债务人负担。

第七十二条 债权人可以拒绝债务人部分履行债务，但部分履行不损害债权人利益的除外。

债务人部分履行债务给债权人增加的费用，由债务人负担。

第七十三条 因债务人怠于行使其到期债权，对债权人造成损害的，债权人可以向人民法院请求以自己的名义代位行使债务人的债权，但该债权专属于债务人自身的除外。

代位权的行使范围以债权人的债权为限。债权人行使代位权的必要费用，由债务人负担。

第七十四条 因债务人放弃其到期债权或者无偿转让财产，对债权人造成损害的，债权人可以请求人民法院撤销债务人的行为。债务人以明显不合理的低价转让财产，对债权人造成损害，并且受让人知道该情形的，债权人也可以请求人民法院撤销债务人的行为。

撤销权的行使范围以债权人的债权为限。债权人行使撤销权的必要费用，由债务人负担。

第七十五条 撤销权自债权人知道或者应当知道撤销事由之日起一年内行使。自债务人的行为发生之日起五年内没有行使撤销权的，该撤销权消灭。

第七十六条 合同生效后，当事人不得因姓名、名称的变更或者法定代表人、负责人、承办人的变动而不履行合同义务。

第五章 合同的变更和转让

第七十七条 当事人协商一致，可以变更合同。

法律、行政法规规定变更合同应当办理批准、登记等手续的，依照其规定。

第七十八条 当事人对合同变更的内容约定不明确的，推定为未变更。

第七十九条 债权人可以将合同的权利全部或者部分转让给第三人，但有下列情形之一的除外：

（一）根据合同性质不得转让；

（二）按照当事人约定不得转让；

（三）依照法律规定不得转让。

第八十条 债权人转让权利的，应当通知债务人。未经通知，该转让对债务人不发生效力。

债权人转让权利的通知不得撤销，但经受让人同意的除外。

第八十一条 债权人转让权利的，受让人取得与债权有关的从权利，但该从权利专属于债权人自身的除外。

第八十二条 债务人接到债权转让通知后，债务人对让与人的抗辩，可以向受让人主张。

第八十三条 债务人接到债权转让通知时，债务人对让与人享有债权，并且债务人的债权先于转让的债权到期或者同时到期的，债务人可以向受让人主张抵销。

第八十四条 债务人将合同的义务全部或者部分转移给第三人的，应当经债权人同意。

第八十五条 债务人转移义务的，新债务人可以主张原债务人对债权人的抗辩。

第八十六条 债务人转移义务的，新债务人应当承担与主债务有关的从债务，但该从债务专属于原债务人自身的除外。

第八十七条 法律、行政法规规定转让权利或者转移义务应当办理批准、登记等手续的，依照其规定。

第八十八条 当事人一方经对方同意，可以将自己在合同中的权利和义务一并转让给第三人。

第八十九条 权利和义务一并转让的，适用本法第七十九条、第八十一条至第八十三条、第八十五条至第八十七条的规定。

第九十条 当事人订立合同后合并的，由合并后的法人或者其他组织行使合同权利，履行合同义务。当事人订立合同后分立的，除债权人和债务人另有约定的以外，由分立的法人或者其他组织对合同的权利和义务享有连带债权，承担连带债务。

第六章 合同的权利义务终止

第九十一条 有下列情形之一的，合同的权利义务终止：

（一）债务已经按照约定履行；

（二）合同解除；

（三）债务相互抵销；

（四）债务人依法将标的物提存；

（五）债权人免除债务；

（六）债权债务同归于一人；

（七）法律规定或者当事人约定终止的其他情形。

第九十二条　合同的权利义务终止后，当事人应当遵循诚实信用原则，根据交易习惯履行通知、协助、保密等义务。

第九十三条　当事人协商一致，可以解除合同。

当事人可以约定一方解除合同的条件。解除合同的条件成就时，解除权人可以解除合同。

第九十四条　有下列情形之一的，当事人可以解除合同：

（一）因不可抗力致使不能实现合同目的；

（二）在履行期限届满之前，当事人一方明确表示或者以自己的行为表明不履行主要债务；

（三）当事人一方迟延履行主要债务，经催告后在合理期限内仍未履行；

（四）当事人一方迟延履行债务或者有其他违约行为致使不能实现合同目的；

（五）法律规定的其他情形。

第九十五条　法律规定或者当事人约定解除权行使期限，期限届满当事人不行使的，该权利消灭。

法律没有规定或者当事人没有约定解除权行使期限，经对方催告后在合理期限内不行使的，该权利消灭。

第九十六条　当事人一方依照本法第九十三条第二款、第九十四条的规定主张解除合同的，应当通知对方。合同自通知到达对方时解除。对方有异议的，可以请求人民法院或者仲裁机构确认解除合同的效力。

法律、行政法规规定解除合同应当办理批准、登记等手续的，依照其规定。

第九十七条　合同解除后，尚未履行的，终止履行；已经履行的，根据履行情况和合同性质，当事人可以要求恢复原状、采取其他补救措施，并有权要求赔偿损失。

第九十八条　合同的权利义务终止，不影响合同中结算和清理条款的效力。

第九十九条　当事人互负到期债务，该债务的标的物种类、品质相同的，任何一方可以将自己的债务与对方的债务抵销，但依照法律规定或者按照合同性质不得抵销的除外。

当事人主张抵销的，应当通知对方。通知自到达对方时生效。抵销不得附条件或者附期限。

第一百条　当事人互负债务，标的物种类、品质不相同的，经双方协商一致，也可以抵销。

第一百零一条　有下列情形之一，难以履行债务的，债务人可以将标的物提存：

（一）债权人无正当理由拒绝受领；

（二）债权人下落不明；

（三）债权人死亡未确定继承人或者丧失民事行为能力未确定监护人；

（四）法律规定的其他情形。

标的物不适于提存或者提存费用过高的，债务人依法可以拍卖或者变卖标的物，提存所得的价款。

第一百零二条　标的物提存后，除债权人下落不明的以外，债务人应当及时通知债权人或者债权人的继承人、监护人。

第一百零三条　标的物提存后，毁损、灭失的风险由债权人承担。提存期间，标的物的孳息归债权人所有。提存费用由债权人负担。

第一百零四条　债权人可以随时领取提存物，但债权人对债务人负有到期债务的，在债权人未履行债务或者提供担保之前，提存部门根据债务人的要求应当拒绝其领取提存物。

债权人领取提存物的权利，自提存之日起五年内不行使而消灭，提存物扣除提存费用后归国家所有。

第一百零五条　债权人免除债务人部分或者全部债务的，合同的权利义务部分或者全部终止。

第一百零六条　债权和债务同归于一人的，合同的权利义务终止，但涉及第三人利益的除外。

第七章 违约责任

第一百零七条 当事人一方不履行合同义务或者履行合同义务不符合约定的，应当承担继续履行、采取补救措施或者赔偿损失等违约责任。

第一百零八条 当事人一方明确表示或者以自己的行为表明不履行合同义务的，对方可以在履行期限届满之前要求其承担违约责任。

第一百零九条 当事人一方未支付价款或者报酬的，对方可以要求其支付价款或者报酬。

第一百一十条 当事人一方不履行非金钱债务或者履行非金钱债务不符合约定的，对方可以要求履行，但有下列情形之一的除外：

（一）法律上或者事实上不能履行；

（二）债务的标的不适于强制履行或者履行费用过高；

（三）债权人在合理期限内未要求履行。

第一百一十一条 质量不符合约定的，应当按照当事人的约定承担违约责任。对违约责任没有约定或者约定不明确，依照本法第六十一条的规定仍不能确定的，受损害方根据标的的性质以及损失的大小，可以合理选择要求对方承担修理、更换、重作、退货、减少价款或者报酬等违约责任。

第一百一十二条 当事人一方不履行合同义务或者履行合同义务不符合约定的，在履行义务或者采取补救措施后，对方还有其他损失的，应当赔偿损失。

第一百一十三条 当事人一方不履行合同义务或者履行合同义务不符合约定，给对方造成损失的，损失赔偿额应当相当于因违约所造成的损失，包括合同履行后可以获得的利益，但不得超过违反合同一方订立合同时预见到或者应当预见到的因违反合同可能造成的损失。

经营者对消费者提供商品或者服务有欺诈行为的，依照《中华人民共和国消费者权益保护法》的规定承担损害赔偿责任。

第一百一十四条 当事人可以约定一方违约时应当根据违约情况向对方支付一定数额的违约金，也可以约定因违约产生的损失赔偿额的计算方法。

约定的违约金低于造成的损失的，当事人可以请求人民法院或者仲裁机构予以增加；约定的违约金过分高于造成的损失的，当事人可以请求人民法院或者仲裁机构予以适当减少。

当事人就迟延履行约定违约金的，违约方支付违约金后，还应当履行债务。

第一百一十五条 当事人可以依照《中华人民共和国担保法》约定一方向对方给付定金作为债权的担保。债务人履行债务后，定金应当抵作价款或者收回。给付定金的一方不履行约定的债务的，无权要求返还定金；收受定金的一方不履行约定的债务的，应当双倍返还定金。

第一百一十六条 当事人既约定违约金，又约定定金的，一方违约时，对方可以选择适用违约金或者定金条款。

第一百一十七条 因不可抗力不能履行合同的，根据不可抗力的影响，部分或者全部免除责任，但法律另有规定的除外。当事人迟延履行后发生不可抗力的，不能免除责任。

本法所称不可抗力，是指不能预见、不能避免并不能克服的客观情况。

第一百一十八条 当事人一方因不可抗力不能履行合同的，应当及时通知对方，以减轻可能给对方造成的损失，并应当在合理期限内提供证明。

第一百一十九条 当事人一方违约后，对方应当采取适当措施防止损失的扩大；没有采取适当措施致使损失扩大的，不得就扩大的损失要求赔偿。

当事人因防止损失扩大而支出的合理费用，由违约方承担。

第一百二十条 当事人双方都违反合同的，应当各自承担相应的责任。

第一百二十一条 当事人一方因第三人的原因造成违约的，应当向对方承担违约责任。当事人一方和第三人之间的纠纷，依照法律规定或者按照约定解决。

第一百二十二条 因当事人一方的违约行为，侵害对方人身、财产权益的，受损害方有权选择依照本法要求其承担违约责任或者依照其他法律要求其承担侵权责任。

第八章　其他规定

第一百二十三条　其他法律对合同另有规定的，依照其规定。

第一百二十四条　本法分则或者其他法律没有明文规定的合同，适用本法总则的规定，并可以参照本法分则或者其他法律最相类似的规定。

第一百二十五条　当事人对合同条款的理解有争议的，应当按照合同所使用的词句、合同的有关条款、合同的目的、交易习惯以及诚实信用原则，确定该条款的真实意思。

合同文本采用两种以上文字订立并约定具有同等效力的，对各文本使用的词句推定具有相同含义。各文本使用的词句不一致的，应当根据合同的目的予以解释。

第一百二十六条　涉外合同的当事人可以选择处理合同争议所适用的法律，但法律另有规定的除外。涉外合同的当事人没有选择的，适用与合同有最密切联系的国家的法律。

在中华人民共和国境内履行的中外合资经营企业合同、中外合作经营企业合同、中外合作勘探开发自然资源合同，适用中华人民共和国法律。

第一百二十七条　工商行政管理部门和其他有关行政主管部门在各自的职权范围内，依照法律、行政法规的规定，对利用合同危害国家利益、社会公共利益的违法行为，负责监督处理；构成犯罪的，依法追究刑事责任。

第一百二十八条　当事人可以通过和解或者调解解决合同争议。

当事人不愿和解、调解或者和解、调解不成的，可以根据仲裁协议向仲裁机构申请仲裁。涉外合同的当事人可以根据仲裁协议向中国仲裁机构或者其他仲裁机构申请仲裁。当事人没有订立仲裁协议或者仲裁协议无效的，可以向人民法院起诉。当事人应当履行发生法律效力的判决、仲裁裁决、调解书；拒不履行的，对方可以请求人民法院执行。

第一百二十九条　因国际货物买卖合同和技术进出口合同争议提起诉讼或者申请仲裁的期限为四年，自当事人知道或者应当知道其权利受到侵害之日起计算。因其他合同争议提起诉讼或者申请仲裁的期限，依照有关法律的规定。

分　则

第九章　买卖合同

第一百三十条　买卖合同是出卖人转移标的物的所有权于买受人，买受人支付价款的合同。

第一百三十一条　买卖合同的内容除依照本法第十二条的规定以外，还可以包括包装方式、检验标准和方法、结算方式、合同使用的文字及其效力等条款。

第一百三十二条　出卖的标的物，应当属于出卖人所有或者出卖人有权处分。

法律、行政法规禁止或者限制转让的标的物，依照其规定。

第一百三十三条　标的物的所有权自标的物交付时起转移，但法律另有规定或者当事人另有约定的除外。

第一百三十四条　当事人可以在买卖合同中约定买受人未履行支付价款或者其他义务的，标的物的所有权属于出卖人。

第一百三十五条　出卖人应当履行向买受人交付标的物或者交付提取标的物的单证，并转移标的物所有权的义务。

第一百三十六条　出卖人应当按照约定或者交易习惯向买受人交付提取标的物单证以外的有关单证和资料。

第一百三十七条　出卖具有知识产权的计算机软件等标的物的，除法律另有规定或者当事人另有约定的以外，该标的物的知识产权不属于买受人。

第一百三十八条　出卖人应当按照约定的期限交付标的物。约定交付期间的，出卖人可以在该交付期间内的任何时间交付。

第一百三十九条　当事人没有约定标的物的交付期限或者约定不明确的，适用本法第六十一条、第六十二条第四项的规定。

第一百四十条 标的物在订立合同之前已为买受人占有的，合同生效的时间为交付时间。

第一百四十一条 出卖人应当按照约定的地点交付标的物。

当事人没有约定交付地点或者约定不明确，依照本法第六十一条的规定仍不能确定的，适用下列规定：

（一）标的物需要运输的，出卖人应当将标的物交付给第一承运人以运交给买受人；

（二）标的物不需要运输，出卖人和买受人订立合同时知道标的物在某一地点的，出卖人应当在该地点交付标的物；不知道标的物在某一地点的，应当在出卖人订立合同时的营业地交付标的物。

第一百四十二条 标的物毁损、灭失的风险，在标的物交付之前由出卖人承担，交付之后由买受人承担，但法律另有规定或者当事人另有约定的除外。

第一百四十三条 因买受人的原因致使标的物不能按照约定的期限交付的，买受人应当自违反约定之日起承担标的物毁损、灭失的风险。

第一百四十四条 出卖人出卖交由承运人运输的在途标的物，除当事人另有约定的以外，毁损、灭失的风险自合同成立时起由买受人承担。

第一百四十五条 当事人没有约定交付地点或者约定不明确，依照本法第一百四十一条第二款第一项的规定标的物需要运输的，出卖人将标的物交付给第一承运人后，标的物毁损、灭失的风险由买受人承担。

第一百四十六条 出卖人按照约定或者依照本法第一百四十一条第二款第二项的规定将标的物置于交付地点，买受人违反约定没有收取的，标的物毁损、灭失的风险自违反约定之日起由买受人承担。

第一百四十七条 出卖人按照约定未交付有关标的物的单证和资料的，不影响标的物毁损、灭失风险的转移。

第一百四十八条 因标的物质量不符合质量要求，致使不能实现合同目的的，买受人可以拒绝接受标的物或者解除合同。买受人拒绝接受标的物或者解除合同的，标的物毁损、灭失的风险由出卖人承担。

第一百四十九条 标的物毁损、灭失的风险由买受人承担的，不影响因出卖人履行债务不符合约定，买受人要求其承担违约责任的权利。

第一百五十条 出卖人就交付的标的物，负有保证第三人不得向买受人主张任何权利的义务，但法律另有规定的除外。

第一百五十一条 买受人订立合同时知道或者应当知道第三人对买卖的标的物享有权利的，出卖人不承担本法第一百五十条规定的义务。

第一百五十二条 买受人有确切证据证明第三人可能就标的物主张权利的，可以中止支付相应的价款，但出卖人提供适当担保的除外。

第一百五十三条 出卖人应当按照约定的质量要求交付标的物。出卖人提供有关标的物质量说明的，交付的标的物应当符合该说明的质量要求。

第一百五十四条 当事人对标的物的质量要求没有约定或者约定不明确，依照本法第六十一条的规定仍不能确定的，适用本法第六十二条第一项的规定。

第一百五十五条 出卖人交付的标的物不符合质量要求的，买受人可以依照本法第一百一十一条的规定要求承担违约责任。

第一百五十六条 出卖人应当按照约定的包装方式交付标的物。对包装方式没有约定或者约定不明确，依照本法第六十一条的规定仍不能确定的，应当按照通用的方式包装，没有通用方式的，应当采取足以保护标的物的包装方式。

第一百五十七条 买受人收到标的物时应当在约定的检验期间内检验。没有约定检验期间的，应当及时检验。

第一百五十八条 当事人约定检验期间的，买受人应当在检验期间内将标的物的数量或者质量不符合约定的情形通知出卖人。买受人怠于通知的，视为标的物的数量或者质量符合约定。

当事人没有约定检验期间的，买受人应当在发现或者应当发现标的物的数量或者质量不符合约定的合理期间内通知出卖人。买受人在合理期间内未通知或者自标的物收到之日起两年内未通知出卖人的，视为标的物的数量或者质量符合约定，但对标的物有质量保证期的，适用质量保证期，不适用该两年的规定。

出卖人知道或者应当知道提供的标的物不符合约定的，买受人不受前两款规定的通知时间的限制。

第一百五十九条　买受人应当按照约定的数额支付价款。对价款没有约定或者约定不明确的，适用本法第六十一条、第六十二条第二项的规定。

第一百六十条　买受人应当按照约定的地点支付价款。对支付地点没有约定或者约定不明确，依照本法第六十一条的规定仍不能确定的，买受人应当在出卖人的营业地支付，但约定支付价款以交付标的物或者交付提取标的物单证为条件的，在交付标的物或者交付提取标的物单证的所在地支付。

第一百六十一条　买受人应当按照约定的时间支付价款。对支付时间没有约定或者约定不明确，依照本法第六十一条的规定仍不能确定的，买受人应当在收到标的物或者提取标的物单证的同时支付。

第一百六十二条　出卖人多交标的物的，买受人可以接收或者拒绝接收多交的部分。买受人接收多交部分的，按照合同的价格支付价款；买受人拒绝接收多交部分的，应当及时通知出卖人。

第一百六十三条　标的物在交付之前产生的孳息，归出卖人所有，交付之后产生的孳息，归买受人所有。

第一百六十四条　因标的物的主物不符合约定而解除合同的，解除合同的效力及于从物。因标的物的从物不符合约定被解除的，解除的效力不及于主物。

第一百六十五条　标的物为数物，其中一物不符合约定的，买受人可以就该物解除，但该物与他物分离使标的物的价值显受损害的，当事人可以就数物解除合同。

第一百六十六条　出卖人分批交付标的物的，出卖人对其中一批标的物不交付或者交付不符合约定，致使该批标的物不能实现合同目的的，买受人可以就该批标的物解除。

出卖人不交付其中一批标的物或者交付不符合约定，致使今后其他各批标的物的交付不能实现合同目的的，买受人可以就该批以及今后其他各批标的物解除。

买受人如果就其中一批标的物解除，该批标的物与其他各批标的物相互依存的，可以就已经交付和未交付的各批标的物解除。

第一百六十七条　分期付款的买受人未支付到期价款的金额达到全部价款的五分之一的，出卖人可以要求买受人支付全部价款或者解除合同。

出卖人解除合同的，可以向买受人要求支付该标的物的使用费。

第一百六十八条　凭样品买卖的当事人应当封存样品，并可以对样品质量予以说明。出卖人交付的标的物应当与样品及其说明的质量相同。

第一百六十九条　凭样品买卖的买受人不知道样品有隐蔽瑕疵的，即使交付的标的物与样品相同，出卖人交付的标的物的质量仍然应当符合同种物的通常标准。

第一百七十条　试用买卖的当事人可以约定标的物的试用期间。对试用期间没有约定或者约定不明确，依照本法第六十一条的规定仍不能确定的，由出卖人确定。

第一百七十一条　试用买卖的买受人在试用期内可以购买标的物，也可以拒绝购买。试用期间届满，买受人对是否购买标的物未作表示的，视为购买。

第一百七十二条　招标投标买卖的当事人的权利和义务以及招标投标程序等，依照有关法律、行政法规的规定。

第一百七十三条　拍卖的当事人的权利和义务以及拍卖程序等，依照有关法律、行政法规的规定。

第一百七十四条　法律对其他有偿合同有规定的，依照其规定；没有规定的，参照买卖合同的有关规定。

第一百七十五条　当事人约定易货交易，

转移标的物的所有权的，参照买卖合同的有关规定。

第十章 供用电、水、气、热力合同

第一百七十六条 供用电合同是供电人向用电人供电，用电人支付电费的合同。

第一百七十七条 供用电合同的内容包括供电的方式、质量、时间，用电容量、地址、性质，计量方式，电价、电费的结算方式，供用电设施的维护责任等条款。

第一百七十八条 供用电合同的履行地点，按照当事人约定；当事人没有约定或者约定不明确的，供电设施的产权分界处为履行地点。

第一百七十九条 供电人应当按照国家规定的供电质量标准和约定安全供电。供电人未按照国家规定的供电质量标准和约定安全供电，造成用电人损失的，应当承担损害赔偿责任。

第一百八十条 供电人因供电设施计划检修、临时检修、依法限电或者用电人违法用电等原因，需要中断供电时，应当按照国家有关规定事先通知用电人。未事先通知用电人中断供电，造成用电人损失的，应当承担损害赔偿责任。

第一百八十一条 因自然灾害等原因断电，供电人应当按照国家有关规定及时抢修。未及时抢修，造成用电人损失的，应当承担损害赔偿责任。

第一百八十二条 用电人应当按照国家有关规定和当事人的约定及时交付电费。用电人逾期不交付电费的，应当按照约定支付违约金。经催告用电人在合理期限内仍不交付电费和违约金的，供电人可以按照国家规定的程序中止供电。

第一百八十三条 用电人应当按照国家有关规定和当事人的约定安全用电。用电人未按照国家有关规定和当事人的约定安全用电，造成供电人损失的，应当承担损害赔偿责任。

第一百八十四条 供用水、供用气、供用热力合同，参照供用电合同的有关规定。

第十一章 赠与合同

第一百八十五条 赠与合同是赠与人将自己的财产无偿给予受赠人，受赠人表示接受赠与的合同。

第一百八十六条 赠与人在赠与财产的权利转移之前可以撤销赠与。

具有救灾、扶贫等社会公益、道德义务性质的赠与合同或者经过公证的赠与合同，不适用前款规定。

第一百八十七条 赠与的财产依法需要办理登记等手续的，应当办理有关手续。

第一百八十八条 具有救灾、扶贫等社会公益、道德义务性质的赠与合同或者经过公证的赠与合同，赠与人不交付赠与的财产的，受赠人可以要求交付。

第一百八十九条 因赠与人故意或者重大过失致使赠与的财产毁损、灭失的，赠与人应当承担损害赔偿责任。

第一百九十条 赠与可以附义务。

赠与附义务的，受赠人应当按照约定履行义务。

第一百九十一条 赠与的财产有瑕疵的，赠与人不承担责任。附义务的赠与，赠与的财产有瑕疵的，赠与人在附义务的限度内承担与出卖人相同的责任。

赠与人故意不告知瑕疵或者保证无瑕疵，造成受赠人损失的，应当承担损害赔偿责任。

第一百九十二条 受赠人有下列情形之一的，赠与人可以撤销赠与：

（一）严重侵害赠与人或者赠与人的近亲属；

（二）对赠与人有扶养义务而不履行；

（三）不履行赠与合同约定的义务。

赠与人的撤销权，自知道或者应当知道撤销原因之日起一年内行使。

第一百九十三条 因受赠人的违法行为致使赠与人死亡或者丧失民事行为能力的，赠与人的继承人或者法定代理人可以撤销赠与。

赠与人的继承人或者法定代理人的撤销权，自知道或者应当知道撤销原因之日起六个月内行使。

第一百九十四条　撤销权人撤销赠与的，可以向受赠人要求返还赠与的财产。

第一百九十五条　赠与人的经济状况显著恶化，严重影响其生产经营或者家庭生活的，可以不再履行赠与义务。

第十二章　借款合同

第一百九十六条　借款合同是借款人向贷款人借款，到期返还借款并支付利息的合同。

第一百九十七条　借款合同采用书面形式，但自然人之间借款另有约定的除外。

借款合同的内容包括借款种类、币种、用途、数额、利率、期限和还款方式等条款。

第一百九十八条　订立借款合同，贷款人可以要求借款人提供担保。担保依照《中华人民共和国担保法》的规定。

第一百九十九条　订立借款合同，借款人应当按照贷款人的要求提供与借款有关的业务活动和财务状况的真实情况。

第二百条　借款的利息不得预先在本金中扣除。利息预先在本金中扣除的，应当按照实际借款数额返还借款并计算利息。

第二百零一条　贷款人未按照约定的日期、数额提供借款，造成借款人损失的，应当赔偿损失。

借款人未按照约定的日期、数额收取借款的，应当按照约定的日期、数额支付利息。

第二百零二条　贷款人按照约定可以检查、监督借款的使用情况。借款人应当按照约定向贷款人定期提供有关财务会计报表等资料。

第二百零三条　借款人未按照约定的借款用途使用借款的，贷款人可以停止发放借款、提前收回借款或者解除合同。

第二百零四条　办理贷款业务的金融机构贷款的利率，应当按照中国人民银行规定的贷款利率的上下限确定。

第二百零五条　借款人应当按照约定的期限支付利息。对支付利息的期限没有约定或者约定不明确，依照本法第六十一条的规定仍不能确定，借款期间不满一年的，应当在返还借款时一并支付；借款期间一年以上的，应当在每届满一年时支付，剩余期间不满一年的，应当在返还借款时一并支付。

第二百零六条　借款人应当按照约定的期限返还借款。对借款期限没有约定或者约定不明确，依照本法第六十一条的规定仍不能确定的，借款人可以随时返还；贷款人可以催告借款人在合理期限内返还。

第二百零七条　借款人未按照约定的期限返还借款的，应当按照约定或者国家有关规定支付逾期利息。

第二百零八条　借款人提前偿还借款的，除当事人另有约定的以外，应当按照实际借款的期间计算利息。

第二百零九条　借款人可以在还款期限届满之前向贷款人申请展期。贷款人同意的，可以展期。

第二百一十条　自然人之间的借款合同，自贷款人提供借款时生效。

第二百一十一条　自然人之间的借款合同对支付利息没有约定或者约定不明确的，视为不支付利息。

自然人之间的借款合同约定支付利息的，借款的利率不得违反国家有关限制借款利率的规定。

第十三章　租赁合同

第二百一十二条　租赁合同是出租人将租赁物交付承租人使用、收益，承租人支付租金的合同。

第二百一十三条　租赁合同的内容包括租赁物的名称、数量、用途、租赁期限、租金及其支付期限和方式、租赁物维修等条款。

第二百一十四条　租赁期限不得超过二十年。超过二十年的，超过部分无效。

租赁期间届满，当事人可以续订租赁合同，但约定的租赁期限自续订之日起不得超过二十年。

第二百一十五条　租赁期限六个月以上的，应当采用书面形式。当事人未采用书面形式的，视为不定期租赁。

第二百一十六条　出租人应当按照约定将

租赁物交付承租人，并在租赁期间保持租赁物符合约定的用途。

第二百一十七条 承租人应当按照约定的方法使用租赁物。对租赁物的使用方法没有约定或者约定不明确，依照本法第六十一条的规定仍不能确定的，应当按照租赁物的性质使用。

第二百一十八条 承租人按照约定的方法或者租赁物的性质使用租赁物，致使租赁物受到损耗的，不承担损害赔偿责任。

第二百一十九条 承租人未按照约定的方法或者租赁物的性质使用租赁物，致使租赁物受到损失的，出租人可以解除合同并要求赔偿损失。

第二百二十条 出租人应当履行租赁物的维修义务，但当事人另有约定的除外。

第二百二十一条 承租人在租赁物需要维修时可以要求出租人在合理期限内维修。出租人未履行维修义务的，承租人可以自行维修，维修费用由出租人负担。因维修租赁物影响承租人使用的，应当相应减少租金或者延长租期。

第二百二十二条 承租人应当妥善保管租赁物，因保管不善造成租赁物毁损、灭失的，应当承担损害赔偿责任。

第二百二十三条 承租人经出租人同意，可以对租赁物进行改善或者增设他物。

承租人未经出租人同意，对租赁物进行改善或者增设他物的，出租人可以要求承租人恢复原状或者赔偿损失。

第二百二十四条 承租人经出租人同意，可以将租赁物转租给第三人。承租人转租的，承租人与出租人之间的租赁合同继续有效，第三人对租赁物造成损失的，承租人应当赔偿损失。

承租人未经出租人同意转租的，出租人可以解除合同。

第二百二十五条 在租赁期间因占有、使用租赁物获得的收益，归承租人所有，但当事人另有约定的除外。

第二百二十六条 承租人应当按照约定的期限支付租金。对支付期限没有约定或者约定不明确，依照本法第六十一条的规定仍不能确定，租赁期间不满一年的，应当在租赁期间届满时支付；租赁期间一年以上的，应当在每届满一年时支付，剩余期间不满一年的，应当在租赁期间届满时支付。

第二百二十七条 承租人无正当理由未支付或者迟延支付租金的，出租人可以要求承租人在合理期限内支付。承租人逾期不支付的，出租人可以解除合同。

第二百二十八条 因第三人主张权利，致使承租人不能对租赁物使用、收益的，承租人可以要求减少租金或者不支付租金。

第三人主张权利的，承租人应当及时通知出租人。

第二百二十九条 租赁物在租赁期间发生所有权变动的，不影响租赁合同的效力。

第二百三十条 出租人出卖租赁房屋的，应当在出卖之前的合理期限内通知承租人，承租人享有以同等条件优先购买的权利。

第二百三十一条 因不可归责于承租人的事由，致使租赁物部分或者全部毁损、灭失的，承租人可以要求减少租金或者不支付租金；因租赁物部分或者全部毁损、灭失，致使不能实现合同目的的，承租人可以解除合同。

第二百三十二条 当事人对租赁期限没有约定或者约定不明确，依照本法第六十一条的规定仍不能确定的，视为不定期租赁。当事人可以随时解除合同，但出租人解除合同应当在合理期限之前通知承租人。

第二百三十三条 租赁物危及承租人的安全或者健康的，即使承租人订立合同时明知该租赁物质量不合格，承租人仍然可以随时解除合同。

第二百三十四条 承租人在房屋租赁期间死亡的，与其生前共同居住的人可以按照原租赁合同租赁该房屋。

第二百三十五条 租赁期间届满，承租人应当返还租赁物。返还的租赁物应当符合按照约定或者租赁物的性质使用后的状态。

第二百三十六条 租赁期间届满，承租人继续使用租赁物，出租人没有提出异议的，原租赁合同继续有效，但租赁期限为不定期。

第十四章　融资租赁合同

第二百三十七条　融资租赁合同是出租人根据承租人对出卖人、租赁物的选择，向出卖人购买租赁物，提供给承租人使用，承租人支付租金的合同。

第二百三十八条　融资租赁合同的内容包括租赁物名称、数量、规格、技术性能、检验方法、租赁期限、租金构成及其支付期限和方式、币种、租赁期间届满租赁物的归属等条款。

融资租赁合同应当采用书面形式。

第二百三十九条　出租人根据承租人对出卖人、租赁物的选择订立的买卖合同，出卖人应当按照约定向承租人交付标的物，承租人享有与受领标的物有关的买受人的权利。

第二百四十条　出租人、出卖人、承租人可以约定，出卖人不履行买卖合同义务的，由承租人行使索赔的权利。承租人行使索赔权利的，出租人应当协助。

第二百四十一条　出租人根据承租人对出卖人、租赁物的选择订立的买卖合同，未经承租人同意，出租人不得变更与承租人有关的合同内容。

第二百四十二条　出租人享有租赁物的所有权。承租人破产的，租赁物不属于破产财产。

第二百四十三条　融资租赁合同的租金，除当事人另有约定的以外，应当根据购买租赁物的大部分或者全部成本以及出租人的合理利润确定。

第二百四十四条　租赁物不符合约定或者不符合使用目的的，出租人不承担责任，但承租人依赖出租人的技能确定租赁物或者出租人干预选择租赁物的除外。

第二百四十五条　出租人应当保证承租人对租赁物的占有和使用。

第二百四十六条　承租人占有租赁物期间，租赁物造成第三人的人身伤害或者财产损害的，出租人不承担责任。

第二百四十七条　承租人应当妥善保管、使用租赁物。

承租人应当履行占有租赁物期间的维修义务。

第二百四十八条　承租人应当按照约定支付租金。承租人经催告后在合理期限内仍不支付租金的，出租人可以要求支付全部租金；也可以解除合同，收回租赁物。

第二百四十九条　当事人约定租赁期间届满租赁物归承租人所有，承租人已经支付大部分租金，但无力支付剩余租金，出租人因此解除合同收回租赁物的，收回的租赁物的价值超过承租人欠付的租金以及其他费用的，承租人可以要求部分返还。

第二百五十条　出租人和承租人可以约定租赁期间届满租赁物的归属。对租赁物的归属没有约定或者约定不明确，依照本法第六十一条的规定仍不能确定的，租赁物的所有权归出租人。

第十五章　承揽合同

第二百五十一条　承揽合同是承揽人按照定作人的要求完成工作，交付工作成果，定作人给付报酬的合同。

承揽包括加工、定作、修理、复制、测试、检验等工作。

第二百五十二条　承揽合同的内容包括承揽的标的、数量、质量、报酬、承揽方式、材料的提供、履行期限、验收标准和方法等条款。

第二百五十三条　承揽人应当以自己的设备、技术和劳力，完成主要工作，但当事人另有约定的除外。

承揽人将其承揽的主要工作交由第三人完成的，应当就该第三人完成的工作成果向定作人负责；未经定作人同意的，定作人也可以解除合同。

第二百五十四条　承揽人可以将其承揽的辅助工作交由第三人完成。承揽人将其承揽的辅助工作交由第三人完成的，应当就该第三人完成的工作成果向定作人负责。

第二百五十五条　承揽人提供材料的，承揽人应当按照约定选用材料，并接受定作人检验。

第二百五十六条 定作人提供材料的，定作人应当按照约定提供材料。承揽人对定作人提供的材料，应当及时检验，发现不符合约定时，应当及时通知定作人更换、补齐或者采取其他补救措施。

承揽人不得擅自更换定作人提供的材料，不得更换不需要修理的零部件。

第二百五十七条 承揽人发现定作人提供的图纸或者技术要求不合理的，应当及时通知定作人。因定作人怠于答复等原因造成承揽人损失的，应当赔偿损失。

第二百五十八条 定作人中途变更承揽工作的要求，造成承揽人损失的，应当赔偿损失。

第二百五十九条 承揽工作需要定作人协助的，定作人有协助的义务。定作人不履行协助义务致使承揽工作不能完成的，承揽人可以催告定作人在合理期限内履行义务，并可以顺延履行期限；定作人逾期不履行的，承揽人可以解除合同。

第二百六十条 承揽人在工作期间，应当接受定作人必要的监督检验。定作人不得因监督检验妨碍承揽人的正常工作。

第二百六十一条 承揽人完成工作的，应当向定作人交付工作成果，并提交必要的技术资料和有关质量证明。定作人应当验收该工作成果。

第二百六十二条 承揽人交付的工作成果不符合质量要求的，定作人可以要求承揽人承担修理、重作、减少报酬、赔偿损失等违约责任。

第二百六十三条 定作人应当按照约定的期限支付报酬。对支付报酬的期限没有约定或者约定不明确，依照本法第六十一条的规定仍不能确定的，定作人应当在承揽人交付工作成果时支付；工作成果部分交付的，定作人应当相应支付。

第二百六十四条 定作人未向承揽人支付报酬或者材料费等价款的，承揽人对完成的工作成果享有留置权，但当事人另有约定的除外。

第二百六十五条 承揽人应当妥善保管定作人提供的材料以及完成的工作成果，因保管不善造成毁损、灭失的，应当承担损害赔偿责任。

第二百六十六条 承揽人应当按照定作人的要求保守秘密，未经定作人许可，不得留存复制品或者技术资料。

第二百六十七条 共同承揽人对定作人承担连带责任，但当事人另有约定的除外。

第二百六十八条 定作人可以随时解除承揽合同，造成承揽人损失的，应当赔偿损失。

第十六章 建设工程合同

第二百六十九条 建设工程合同是承包人进行工程建设，发包人支付价款的合同。

建设工程合同包括工程勘察、设计、施工合同。

第二百七十条 建设工程合同应当采用书面形式。

第二百七十一条 建设工程的招标投标活动，应当依照有关法律的规定公开、公平、公正进行。

第二百七十二条 发包人可以与总承包人订立建设工程合同，也可以分别与勘察人、设计人、施工人订立勘察、设计、施工承包合同。发包人不得将应当由一个承包人完成的建设工程肢解成若干部分发包给几个承包人。

总承包人或者勘察、设计、施工承包人经发包人同意，可以将自己承包的部分工作交由第三人完成。第三人就其完成的工作成果与总承包人或者勘察、设计、施工承包人向发包人承担连带责任。承包人不得将其承包的全部建设工程转包给第三人或者将其承包的全部建设工程肢解以后以分包的名义分别转包给第三人。

禁止承包人将工程分包给不具备相应资质条件的单位。禁止分包单位将其承包的工程再分包。建设工程主体结构的施工必须由承包人自行完成。

第二百七十三条 国家重大建设工程合同，应当按照国家规定的程序和国家批准的投资计划、可行性研究报告等文件订立。

第二百七十四条 勘察、设计合同的内容包括提交有关基础资料和文件（包括概预算）

的期限、质量要求、费用以及其他协作条件等条款。

第二百七十五条　施工合同的内容包括工程范围、建设工期、中间交工工程的开工和竣工时间、工程质量、工程造价、技术资料交付时间、材料和设备供应责任、拨款和结算、竣工验收、质量保修范围和质量保证期、双方相互协作等条款。

第二百七十六条　建设工程实行监理的，发包人应当与监理人采用书面形式订立委托监理合同。发包人与监理人的权利和义务以及法律责任，应当依照本法委托合同以及其他有关法律、行政法规的规定。

第二百七十七条　发包人在不妨碍承包人正常作业的情况下，可以随时对作业进度、质量进行检查。

第二百七十八条　隐蔽工程在隐蔽以前，承包人应当通知发包人检查。发包人没有及时检查的，承包人可以顺延工程日期，并有权要求赔偿停工、窝工等损失。

第二百七十九条　建设工程竣工后，发包人应当根据施工图纸及说明书、国家颁发的施工验收规范和质量检验标准及时进行验收。验收合格的，发包人应当按照约定支付价款，并接收该建设工程。建设工程竣工经验收合格后，方可交付使用；未经验收或者验收不合格的，不得交付使用。

第二百八十条　勘察、设计的质量不符合要求或者未按照期限提交勘察、设计文件拖延工期，造成发包人损失的，勘察人、设计人应当继续完善勘察、设计，减收或者免收勘察、设计费并赔偿损失。

第二百八十一条　因施工人的原因致使建设工程质量不符合约定的，发包人有权要求施工人在合理期限内无偿修理或者返工、改建。经过修理或者返工、改建后，造成逾期交付的，施工人应当承担违约责任。

第二百八十二条　因承包人的原因致使建设工程在合理使用期限内造成人身和财产损害的，承包人应当承担损害赔偿责任。

第二百八十三条　发包人未按照约定的时间和要求提供原材料、设备、场地、资金、技术资料的，承包人可以顺延工程日期，并有权要求赔偿停工、窝工等损失。

第二百八十四条　因发包人的原因致使工程中途停建、缓建的，发包人应当采取措施弥补或者减少损失，赔偿承包人因此造成的停工、窝工、倒运、机械设备调迁、材料和构件积压等损失和实际费用。

第二百八十五条　因发包人变更计划，提供的资料不准确，或者未按照期限提供必需的勘察、设计工作条件而造成勘察、设计的返工、停工或者修改设计，发包人应当按照勘察人、设计人实际消耗的工作量增付费用。

第二百八十六条　发包人未按照约定支付价款的，承包人可以催告发包人在合理期限内支付价款。发包人逾期不支付的，除按照建设工程的性质不宜折价、拍卖的以外，承包人可以与发包人协议将该工程折价，也可以申请人民法院将该工程依法拍卖。建设工程的价款就该工程折价或者拍卖的价款优先受偿。

第二百八十七条　本章没有规定的，适用承揽合同的有关规定。

第十七章　运输合同

第一节　一般规定

第二百八十八条　运输合同是承运人将旅客或者货物从起运地点运输到约定地点，旅客、托运人或者收货人支付票款或者运输费用的合同。

第二百八十九条　从事公共运输的承运人不得拒绝旅客、托运人通常、合理的运输要求。

第二百九十条　承运人应当在约定期间或者合理期间内将旅客、货物安全运输到约定地点。

第二百九十一条　承运人应当按照约定的或者通常的运输路线将旅客、货物运输到约定地点。

第二百九十二条　旅客、托运人或者收货人应当支付票款或者运输费用。承运人未按照约定路线或者通常路线运输增加票款或者运输费用的，旅客、托运人或者收货人可以拒绝支付增加部分的票款或者运输费用。

第二节 客运合同

第二百九十三条 客运合同自承运人向旅客交付客票时成立，但当事人另有约定或者另有交易习惯的除外。

第二百九十四条 旅客应当持有效客票乘运。旅客无票乘运、超程乘运、越级乘运或者持失效客票乘运的，应当补交票款，承运人可以按照规定加收票款。旅客不交付票款的，承运人可以拒绝运输。

第二百九十五条 旅客因自己的原因不能按照客票记载的时间乘坐的，应当在约定的时间内办理退票或者变更手续。逾期办理的，承运人可以不退票款，并不再承担运输义务。

第二百九十六条 旅客在运输中应当按照约定的限量携带行李。超过限量携带行李的，应当办理托运手续。

第二百九十七条 旅客不得随身携带或者在行李中夹带易燃、易爆、有毒、有腐蚀性、有放射性以及有可能危及运输工具上人身和财产安全的危险物品或者其他违禁物品。

旅客违反前款规定的，承运人可以将违禁物品卸下、销毁或者送交有关部门。旅客坚持携带或者夹带违禁物品的，承运人应当拒绝运输。

第二百九十八条 承运人应当向旅客及时告知有关不能正常运输的重要事由和安全运输应当注意的事项。

第二百九十九条 承运人应当按照客票载明的时间和班次运输旅客。承运人迟延运输的，应当根据旅客的要求安排改乘其他班次或者退票。

第三百条 承运人擅自变更运输工具而降低服务标准的，应当根据旅客的要求退票或者减收票款；提高服务标准的，不应当加收票款。

第三百零一条 承运人在运输过程中，应当尽力救助患有急病、分娩、遇险的旅客。

第三百零二条 承运人应当对运输过程中旅客的伤亡承担损害赔偿责任，但伤亡是旅客自身健康原因造成的或者承运人证明伤亡是旅客故意、重大过失造成的除外。

前款规定适用于按照规定免票、持优待票或者经承运人许可搭乘的无票旅客。

第三百零三条 在运输过程中旅客自带物品毁损、灭失，承运人有过错的，应当承担损害赔偿责任。

旅客托运的行李毁损、灭失的，适用货物运输的有关规定。

第三节 货运合同

第三百零四条 托运人办理货物运输，应当向承运人准确表明收货人的名称或者姓名或者凭指示的收货人，货物的名称、性质、重量、数量，收货地点等有关货物运输的必要情况。

因托运人申报不实或者遗漏重要情况，造成承运人损失的，托运人应当承担损害赔偿责任。

第三百零五条 货物运输需要办理审批、检验等手续的，托运人应当将办理完有关手续的文件提交承运人。

第三百零六条 托运人应当按照约定的方式包装货物。对包装方式没有约定或者约定不明确的，适用本法第一百五十六条的规定。

托运人违反前款规定的，承运人可以拒绝运输。

第三百零七条 托运人托运易燃、易爆、有毒、有腐蚀性、有放射性等危险物品的，应当按照国家有关危险物品运输的规定对危险物品妥善包装，作出危险物标志和标签，并将有关危险物品的名称、性质和防范措施的书面材料提交承运人。

托运人违反前款规定的，承运人可以拒绝运输，也可以采取相应措施以避免损失的发生，因此产生的费用由托运人承担。

第三百零八条 在承运人将货物交付收货人之前，托运人可以要求承运人中止运输、返还货物、变更到达地或者将货物交给其他收货人，但应当赔偿承运人因此受到的损失。

第三百零九条 货物运输到达后，承运人知道收货人的，应当及时通知收货人，收货人应当及时提货。收货人逾期提货的，应当向承运人支付保管费等费用。

第三百一十条 收货人提货时应当按照约定的期限检验货物。对检验货物的期限没有约定或者约定不明确，依照本法第六十一条的规定仍不能确定的，应当在合理期限内检验货物。收货人在约定的期限或者合理期限内对货物的数量、毁损等未提出异议的，视为承运人已经按照运输单证的记载交付的初步证据。

第三百一十一条　承运人对运输过程中货物的毁损、灭失承担损害赔偿责任，但承运人证明货物的毁损、灭失是因不可抗力、货物本身的自然性质或者合理损耗以及托运人、收货人的过错造成的，不承担损害赔偿责任。

第三百一十二条　货物的毁损、灭失的赔偿额，当事人有约定的，按照其约定；没有约定或者约定不明确，依照本法第六十一条的规定仍不能确定的，按照交付或者应当交付时货物到达地的市场价格计算。法律、行政法规对赔偿额的计算方法和赔偿限额另有规定的，依照其规定。

第三百一十三条　两个以上承运人以同一运输方式联运的，与托运人订立合同的承运人应当对全程运输承担责任。损失发生在某一运输区段的，与托运人订立合同的承运人和该区段的承运人承担连带责任。

第三百一十四条　货物在运输过程中因不可抗力灭失，未收取运费的，承运人不得要求支付运费；已收取运费的，托运人可以要求返还。

第三百一十五条　托运人或者收货人不支付运费、保管费以及其他运输费用的，承运人对相应的运输货物享有留置权，但当事人另有约定的除外。

第三百一十六条　收货人不明或者收货人无正当理由拒绝受领货物的，依照本法第一百零一条的规定，承运人可以提存货物。

第四节　多式联运合同

第三百一十七条　多式联运经营人负责履行或者组织履行多式联运合同，对全程运输享有承运人的权利，承担承运人的义务。

第三百一十八条　多式联运经营人可以与参加多式联运的各区段承运人就多式联运合同的各区段运输约定相互之间的责任，但该约定不影响多式联运经营人对全程运输承担的义务。

第三百一十九条　多式联运经营人收到托运人交付的货物时，应当签发多式联运单据。按照托运人的要求，多式联运单据可以是可转让单据，也可以是不可转让单据。

第三百二十条　因托运人托运货物时的过错造成多式联运经营人损失的，即使托运人已经转让多式联运单据，托运人仍然应当承担损害赔偿责任。

第三百二十一条　货物的毁损、灭失发生于多式联运的某一运输区段的，多式联运经营人的赔偿责任和责任限额，适用调整该区段运输方式的有关法律规定。货物毁损、灭失发生的运输区段不能确定的，依照本章规定承担损害赔偿责任。

第十八章　技术合同

第一节　一般规定

第三百二十二条　技术合同是当事人就技术开发、转让、咨询或者服务订立的确立相互之间权利和义务的合同。

第三百二十三条　订立技术合同，应当有利于科学技术的进步，加速科学技术成果的转化、应用和推广。

第三百二十四条　技术合同的内容由当事人约定，一般包括以下条款：

（一）项目名称；

（二）标的的内容、范围和要求；

（三）履行的计划、进度、期限、地点、地域和方式；

（四）技术情报和资料的保密；

（五）风险责任的承担；

（六）技术成果的归属和收益的分成办法；

（七）验收标准和方法；

（八）价款、报酬或者使用费及其支付方式；

（九）违约金或者损失赔偿的计算方法；

（十）解决争议的方法；

（十一）名词和术语的解释。

与履行合同有关的技术背景资料、可行性论证和技术评价报告、项目任务书和计划书、技术标准、技术规范、原始设计和工艺文件，以及其他技术文档，按照当事人的约定可以作为合同的组成部分。

技术合同涉及专利的，应当注明发明创造的名称、专利申请人和专利权人、申请日期、申请号、专利号以及专利权的有效期限。

第三百二十五条 技术合同价款、报酬或者使用费的支付方式由当事人约定，可以采取一次总算、一次总付或者一次总算、分期支付，也可以采取提成支付或者提成支付附加预付入门费的方式。

约定提成支付的，可以按照产品价格、实施专利和使用技术秘密后新增的产值、利润或者产品销售额的一定比例提成，也可以按照约定的其他方式计算。提成支付的比例可以采取固定比例、逐年递增比例或者逐年递减比例。

约定提成支付的，当事人应当在合同中约定查阅有关会计帐目的办法。

第三百二十六条 职务技术成果的使用权、转让权属于法人或者其他组织的，法人或者其他组织可以就该项职务技术成果订立技术合同。法人或者其他组织应当从使用和转让该项职务技术成果所取得的收益中提取一定比例，对完成该项职务技术成果的个人给予奖励或者报酬。法人或者其他组织订立技术合同转让职务技术成果时，职务技术成果的完成人享有以同等条件优先受让的权利。

职务技术成果是执行法人或者其他组织的工作任务，或者主要是利用法人或者其他组织的物质技术条件所完成的技术成果。

第三百二十七条 非职务技术成果的使用权、转让权属于完成技术成果的个人，完成技术成果的个人可以就该项非职务技术成果订立技术合同。

第三百二十八条 完成技术成果的个人有在有关技术成果文件上写明自己是技术成果完成者的权利和取得荣誉证书、奖励的权利。

第三百二十九条 非法垄断技术、妨碍技术进步或者侵害他人技术成果的技术合同无效。

第二节 技术开发合同

第三百三十条 技术开发合同是指当事人之间就新技术、新产品、新工艺或者新材料及其系统的研究开发所订立的合同。

技术开发合同包括委托开发合同和合作开发合同。

技术开发合同应当采用书面形式。

当事人之间就具有产业应用价值的科技成果实施转化订立的合同，参照技术开发合同的规定。

第三百三十一条 委托开发合同的委托人应当按照约定支付研究开发经费和报酬；提供技术资料、原始数据；完成协作事项；接受研究开发成果。

第三百三十二条 委托开发合同的研究开发人应当按照约定制定和实施研究开发计划；合理使用研究开发经费；按期完成研究开发工作，交付研究开发成果，提供有关的技术资料和必要的技术指导，帮助委托人掌握研究开发成果。

第三百三十三条 委托人违反约定造成研究开发工作停滞、延误或者失败的，应当承担违约责任。

第三百三十四条 研究开发人违反约定造成研究开发工作停滞、延误或者失败的，应当承担违约责任。

第三百三十五条 合作开发合同的当事人应当按照约定进行投资，包括以技术进行投资；分工参与研究开发工作；协作配合研究开发工作。

第三百三十六条 合作开发合同的当事人违反约定造成研究开发工作停滞、延误或者失败的，应当承担违约责任。

第三百三十七条 因作为技术开发合同标的的技术已经由他人公开，致使技术开发合同的履行没有意义的，当事人可以解除合同。

第三百三十八条 在技术开发合同履行过程中，因出现无法克服的技术困难，致使研究开发失败或者部分失败的，该风险责任由当事人约定。没有约定或者约定不明确，依照本法第六十一条的规定仍不能确定的，风险责任由当事人合理分担。

当事人一方发现前款规定的可能致使研究开发失败或者部分失败的情形时，应当及时通知另一方并采取适当措施减少损失。没有及时通知并采取适当措施，致使损失扩大的，应当就扩大的损失承担责任。

第三百三十九条 委托开发完成的发明创造，除当事人另有约定的以外，申请专利的权利属于研究开发人。研究开发人取得专利权的，委托人可以免费实施该专利。

研究开发人转让专利申请权的，委托人享有以同等条件优先受让的权利。

第三百四十条 合作开发完成的发明创造，除当事人另有约定的以外，申请专利的权利属于合作开发的当事人共有。当事人一方转让其共有的专利申请权的，其他各方享有以同等条件优先受让的权利。

合作开发的当事人一方声明放弃其共有的专利申请权的，可以由另一方单独申请或者由其他各方共同申请。申请人取得专利权的，放弃专利申请权的一方可以免费实施该专利。

合作开发的当事人一方不同意申请专利的，另一方或者其他各方不得申请专利。

第三百四十一条 委托开发或者合作开发完成的技术秘密成果的使用权、转让权以及利益的分配办法，由当事人约定。没有约定或者约定不明确，依照本法第六十一条的规定仍不能确定的，当事人均有使用和转让的权利，但委托开发的研究开发人不得在向委托人交付研究开发成果之前，将研究开发成果转让给第三人。

第三节 技术转让合同

第三百四十二条 技术转让合同包括专利权转让、专利申请权转让、技术秘密转让、专利实施许可合同。

技术转让合同应当采用书面形式。

第三百四十三条 技术转让合同可以约定让与人和受让人实施专利或者使用技术秘密的范围，但不得限制技术竞争和技术发展。

第三百四十四条 专利实施许可合同只在该专利权的存续期间内有效。专利权有效期限届满或者专利权被宣布无效的，专利权人不得就该专利与他人订立专利实施许可合同。

第三百四十五条 专利实施许可合同的让与人应当按照约定许可受让人实施专利，交付实施专利有关的技术资料，提供必要的技术指导。

第三百四十六条 专利实施许可合同的受让人应当按照约定实施专利，不得许可约定以外的第三人实施该专利；并按照约定支付使用费。

第三百四十七条 技术秘密转让合同的让与人应当按照约定提供技术资料，进行技术指导，保证技术的实用性、可靠性，承担保密义务。

第三百四十八条 技术秘密转让合同的受让人应当按照约定使用技术，支付使用费，承担保密义务。

第三百四十九条 技术转让合同的让与人应当保证自己是所提供的技术的合法拥有者，并保证所提供的技术完整、无误、有效，能够达到约定的目标。

第三百五十条 技术转让合同的受让人应当按照约定的范围和期限，对让与人提供的技术中尚未公开的秘密部分，承担保密义务。

第三百五十一条 让与人未按照约定转让技术的，应当返还部分或者全部使用费，并应当承担违约责任；实施专利或者使用技术秘密超越约定的范围的，违反约定擅自许可第三人实施该项专利或者使用该项技术秘密的，应当停止违约行为，承担违约责任；违反约定的保密义务的，应当承担违约责任。

第三百五十二条 受让人未按照约定支付使用费的，应当补交使用费并按照约定支付违约金；不补交使用费或者支付违约金的，应当停止实施专利或者使用技术秘密，交还技术资料，承担违约责任；实施专利或者使用技术秘密超越约定的范围的，未经让与人同意擅自许可第三人实施该专利或者使用该技术秘密的，应当停止违约行为，承担违约责任；违反约定的保密义务的，应当承担违约责任。

第三百五十三条 受让人按照约定实施专利、使用技术秘密侵害他人合法权益的，由让与人承担责任，但当事人另有约定的除外。

第三百五十四条 当事人可以按照互利的原则，在技术转让合同中约定实施专利、使用技术秘密后续改进的技术成果的分享办法。没有约定或者约定不明确，依照本法第六十一条的规定仍不能确定的，一方后续改进的技术成果，其他各方无权分享。

第三百五十五条 法律、行政法规对技术进出口合同或者专利、专利申请合同另有规定的，依照其规定。

第四节 技术咨询合同和技术服务合同

第三百五十六条 技术咨询合同包括就特

定技术项目提供可行性论证、技术预测、专题技术调查、分析评价报告等合同。

技术服务合同是指当事人一方以技术知识为另一方解决特定技术问题所订立的合同，不包括建设工程合同和承揽合同。

第三百五十七条 技术咨询合同的委托人应当按照约定阐明咨询的问题，提供技术背景材料及有关技术资料、数据；接受受托人的工作成果，支付报酬。

第三百五十八条 技术咨询合同的受托人应当按照约定的期限完成咨询报告或者解答问题；提出的咨询报告应当达到约定的要求。

第三百五十九条 技术咨询合同的委托人未按照约定提供必要的资料和数据，影响工作进度和质量，不接受或者逾期接受工作成果的，支付的报酬不得追回，未支付的报酬应当支付。

技术咨询合同的受托人未按期提出咨询报告或者提出的咨询报告不符合约定的，应当承担减收或者免收报酬等违约责任。

技术咨询合同的委托人按照受托人符合约定要求的咨询报告和意见作出决策所造成的损失，由委托人承担，但当事人另有约定的除外。

第三百六十条 技术服务合同的委托人应当按照约定提供工作条件，完成配合事项；接受工作成果并支付报酬。

第三百六十一条 技术服务合同的受托人应当按照约定完成服务项目，解决技术问题，保证工作质量，并传授解决技术问题的知识。

第三百六十二条 技术服务合同的委托人不履行合同义务或者履行合同义务不符合约定，影响工作进度和质量，不接受或者逾期接受工作成果的，支付的报酬不得追回，未支付的报酬应当支付。

技术服务合同的受托人未按照合同约定完成服务工作的，应当承担免收报酬等违约责任。

第三百六十三条 在技术咨询合同、技术服务合同履行过程中，受托人利用委托人提供的技术资料和工作条件完成的新的技术成果，属于受托人。委托人利用受托人的工作成果完成的新的技术成果，属于委托人。当事人另有约定的，按照其约定。

第三百六十四条 法律、行政法规对技术中介合同、技术培训合同另有规定的，依照其规定。

第十九章 保管合同

第三百六十五条 保管合同是保管人保管寄存人交付的保管物，并返还该物的合同。

第三百六十六条 寄存人应当按照约定向保管人支付保管费。

当事人对保管费没有约定或者约定不明确，依照本法第六十一条的规定仍不能确定的，保管是无偿的。

第三百六十七条 保管合同自保管物交付时成立，但当事人另有约定的除外。

第三百六十八条 寄存人向保管人交付保管物的，保管人应当给付保管凭证，但另有交易习惯的除外。

第三百六十九条 保管人应当妥善保管保管物。

当事人可以约定保管场所或者方法。除紧急情况或者为了维护寄存人利益的以外，不得擅自改变保管场所或者方法。

第三百七十条 寄存人交付的保管物有瑕疵或者按照保管物的性质需要采取特殊保管措施的，寄存人应当将有关情况告知保管人。寄存人未告知，致使保管物受损失的，保管人不承担损害赔偿责任；保管人因此受损失的，除保管人知道或者应当知道并且未采取补救措施的以外，寄存人应当承担损害赔偿责任。

第三百七十一条 保管人不得将保管物转交第三人保管，但当事人另有约定的除外。

保管人违反前款规定，将保管物转交第三人保管，对保管物造成损失的，应当承担损害赔偿责任。

第三百七十二条 保管人不得使用或者许可第三人使用保管物，但当事人另有约定的除外。

第三百七十三条 第三人对保管物主张权利的，除依法对保管物采取保全或者执行的以外，保管人应当履行向寄存人返还保管物的义务。

第三人对保管人提起诉讼或者对保管物申请扣押的，保管人应当及时通知寄存人。

第三百七十四条　保管期间，因保管人保管不善造成保管物毁损、灭失的，保管人应当承担损害赔偿责任，但保管是无偿的，保管人证明自己没有重大过失的，不承担损害赔偿责任。

第三百七十五条　寄存人寄存货币、有价证券或者其他贵重物品的，应当向保管人声明，由保管人验收或者封存。寄存人未声明的，该物品毁损、灭失后，保管人可以按照一般物品予以赔偿。

第三百七十六条　寄存人可以随时领取保管物。

当事人对保管期间没有约定或者约定不明确的，保管人可以随时要求寄存人领取保管物；约定保管期间的，保管人无特别事由，不得要求寄存人提前领取保管物。

第三百七十七条　保管期间届满或者寄存人提前领取保管物的，保管人应当将原物及其孳息归还寄存人。

第三百七十八条　保管人保管货币的，可以返还相同种类、数量的货币。保管其他可替代物的，可以按照约定返还相同种类、品质、数量的物品。

第三百七十九条　有偿的保管合同，寄存人应当按照约定的期限向保管人支付保管费。

当事人对支付期限没有约定或者约定不明确，依照本法第六十一条的规定仍不能确定的，应当在领取保管物的同时支付。

第三百八十条　寄存人未按照约定支付保管费以及其他费用的，保管人对保管物享有留置权，但当事人另有约定的除外。

第二十章　仓储合同

第三百八十一条　仓储合同是保管人储存存货人交付的仓储物，存货人支付仓储费的合同。

第三百八十二条　仓储合同自成立时生效。

第三百八十三条　储存易燃、易爆、有毒、有腐蚀性、有放射性等危险物品或者易变质物品，存货人应当说明该物品的性质，提供有关资料。

存货人违反前款规定的，保管人可以拒收仓储物，也可以采取相应措施以避免损失的发生，因此产生的费用由存货人承担。

保管人储存易燃、易爆、有毒、有腐蚀性、有放射性等危险物品的，应当具备相应的保管条件。

第三百八十四条　保管人应当按照约定对入库仓储物进行验收。保管人验收时发现入库仓储物与约定不符合的，应当及时通知存货人。保管人验收后，发生仓储物的品种、数量、质量不符合约定的，保管人应当承担损害赔偿责任。

第三百八十五条　存货人交付仓储物的，保管人应当给付仓单。

第三百八十六条　保管人应当在仓单上签字或者盖章。仓单包括下列事项：

（一）存货人的名称或者姓名和住所；

（二）仓储物的品种、数量、质量、包装、件数和标记；

（三）仓储物的损耗标准；

（四）储存场所；

（五）储存期间；

（六）仓储费；

（七）仓储物已经办理保险的，其保险金额、期间以及保险人的名称；

（八）填发人、填发地和填发日期。

第三百八十七条　仓单是提取仓储物的凭证。存货人或者仓单持有人在仓单上背书并经保管人签字或者盖章的，可以转让提取仓储物的权利。

第三百八十八条　保管人根据存货人或者仓单持有人的要求，应当同意其检查仓储物或者提取样品。

第三百八十九条　保管人对入库仓储物发现有变质或者其他损坏的，应当及时通知存货人或者仓单持有人。

第三百九十条　保管人对入库仓储物发现有变质或者其他损坏，危及其他仓储物的安全和正常保管的，应当催告存货人或者仓单持有人作出必要的处置。因情况紧急，保管人可以作出必要的处置，但事后应当将该情况及时通知存货人或者仓单持有人。

第三百九十一条 当事人对储存期间没有约定或者约定不明确的，存货人或者仓单持有人可以随时提取仓储物，保管人也可以随时要求存货人或者仓单持有人提取仓储物，但应当给予必要的准备时间。

第三百九十二条 储存期间届满，存货人或者仓单持有人应当凭仓单提取仓储物。存货人或者仓单持有人逾期提取的，应当加收仓储费；提前提取的，不减收仓储费。

第三百九十三条 储存期间届满，存货人或者仓单持有人不提取仓储物的，保管人可以催告其在合理期限内提取，逾期不提取的，保管人可以提存仓储物。

第三百九十四条 储存期间，因保管人保管不善造成仓储物毁损、灭失的，保管人应当承担损害赔偿责任。因仓储物的性质、包装不符合约定或者超过有效储存期造成仓储物变质、损坏的，保管人不承担损害赔偿责任。

第三百九十五条 本章没有规定的，适用保管合同的有关规定。

第二十一章 委托合同

第三百九十六条 委托合同是委托人和受托人约定，由受托人处理委托人事务的合同。

第三百九十七条 委托人可以特别委托受托人处理一项或者数项事务，也可以概括委托受托人处理一切事务。

第三百九十八条 委托人应当预付处理委托事务的费用。受托人为处理委托事务垫付的必要费用，委托人应当偿还该费用及其利息。

第三百九十九条 受托人应当按照委托人的指示处理委托事务。需要变更委托人指示的，应当经委托人同意；因情况紧急，难以和委托人取得联系的，受托人应当妥善处理委托事务，但事后应当将该情况及时报告委托人。

第四百条 受托人应当亲自处理委托事务。经委托人同意，受托人可以转委托。转委托经同意的，委托人可以就委托事务直接指示转委托的第三人，受托人仅就第三人的选任及其对第三人的指示承担责任。转委托未经同意的，受托人应当对转委托的第三人的行为承担责任，但在紧急情况下受托人为维护委托人的利益需要转委托的除外。

第四百零一条 受托人应当按照委托人的要求，报告委托事务的处理情况。委托合同终止时，受托人应当报告委托事务的结果。

第四百零二条 受托人以自己的名义，在委托人的授权范围内与第三人订立的合同，第三人在订立合同时知道受托人与委托人之间的代理关系的，该合同直接约束委托人和第三人，但有确切证据证明该合同只约束受托人和第三人的除外。

第四百零三条 受托人以自己的名义与第三人订立合同时，第三人不知道受托人与委托人之间的代理关系的，受托人因第三人的原因对委托人不履行义务，受托人应当向委托人披露第三人，委托人因此可以行使受托人对第三人的权利，但第三人与受托人订立合同时如果知道该委托人就不会订立合同的除外。

受托人因委托人的原因对第三人不履行义务，受托人应当向第三人披露委托人，第三人因此可以选择受托人或者委托人作为相对人主张其权利，但第三人不得变更选定的相对人。

委托人行使受托人对第三人的权利的，第三人可以向委托人主张其对受托人的抗辩。第三人选定委托人作为其相对人的，委托人可以向第三人主张其对受托人的抗辩以及受托人对第三人的抗辩。

第四百零四条 受托人处理委托事务取得的财产，应当转交给委托人。

第四百零五条 受托人完成委托事务的，委托人应当向其支付报酬。因不可归责于受托人的事由，委托合同解除或者委托事务不能完成的，委托人应当向受托人支付相应的报酬。当事人另有约定的，按照其约定。

第四百零六条 有偿的委托合同，因受托人的过错给委托人造成损失的，委托人可以要求赔偿损失。无偿的委托合同，因受托人的故意或者重大过失给委托人造成损失的，委托人可以要求赔偿损失。

受托人超越权限给委托人造成损失的，应当赔偿损失。

第四百零七条　受托人处理委托事务时，因不可归责于自己的事由受到损失的，可以向委托人要求赔偿损失。

第四百零八条　委托人经受托人同意，可以在受托人之外委托第三人处理委托事务。因此给受托人造成损失的，受托人可以向委托人要求赔偿损失。

第四百零九条　两个以上的受托人共同处理委托事务的，对委托人承担连带责任。

第四百一十条　委托人或者受托人可以随时解除委托合同。因解除合同给对方造成损失的，除不可归责于该当事人的事由以外，应当赔偿损失。

第四百一十一条　委托人或者受托人死亡、丧失民事行为能力或者破产的，委托合同终止，但当事人另有约定或者根据委托事务的性质不宜终止的除外。

第四百一十二条　因委托人死亡、丧失民事行为能力或者破产，致使委托合同终止将损害委托人利益的，在委托人的继承人、法定代理人或者清算组织承受委托事务之前，受托人应当继续处理委托事务。

第四百一十三条　因受托人死亡、丧失民事行为能力或者破产，致使委托合同终止的，受托人的继承人、法定代理人或者清算组织应当及时通知委托人。因委托合同终止将损害委托人利益的，在委托人作出善后处理之前，受托人的继承人、法定代理人或者清算组织应当采取必要措施。

第二十二章　行纪合同

第四百一十四条　行纪合同是行纪人以自己的名义为委托人从事贸易活动，委托人支付报酬的合同。

第四百一十五条　行纪人处理委托事务支出的费用，由行纪人负担，但当事人另有约定的除外。

第四百一十六条　行纪人占有委托物的，应当妥善保管委托物。

第四百一十七条　委托物交付给行纪人时有瑕疵或者容易腐烂、变质的，经委托人同意，行纪人可以处分该物；和委托人不能及时取得联系的，行纪人可以合理处分。

第四百一十八条　行纪人低于委托人指定的价格卖出或者高于委托人指定的价格买入的，应当经委托人同意。未经委托人同意，行纪人补偿其差额的，该买卖对委托人发生效力。

行纪人高于委托人指定的价格卖出或者低于委托人指定的价格买入的，可以按照约定增加报酬。没有约定或者约定不明确，依照本法第六十一条的规定仍不能确定的，该利益属于委托人。

委托人对价格有特别指示的，行纪人不得违背该指示卖出或者买入。

第四百一十九条　行纪人卖出或者买入具有市场定价的商品，除委托人有相反的意思表示的以外，行纪人自己可以作为买受人或者出卖人。

行纪人有前款规定情形的，仍然可以要求委托人支付报酬。

第四百二十条　行纪人按照约定买入委托物，委托人应当及时受领。经行纪人催告，委托人无正当理由拒绝受领的，行纪人依照本法第一百零一条的规定可以提存委托物。

委托物不能卖出或者委托人撤回出卖，经行纪人催告，委托人不取回或者不处分该物的，行纪人依照本法第一百零一条的规定可以提存委托物。

第四百二十一条　行纪人与第三人订立合同的，行纪人对该合同直接享有权利、承担义务。

第三人不履行义务致使委托人受到损害的，行纪人应当承担损害赔偿责任，但行纪人与委托人另有约定的除外。

第四百二十二条　行纪人完成或者部分完成委托事务的，委托人应当向其支付相应的报酬。委托人逾期不支付报酬的，行纪人对委托物享有留置权，但当事人另有约定的除外。

第四百二十三条　本章没有规定的，适用委托合同的有关规定。

第二十三章　居间合同

第四百二十四条　居间合同是居间人向委托人报告订立合同的机会或者提供订立合同的媒介服务，委托人支付报酬的合同。

第四百二十五条　居间人应当就有关订立合同的事项向委托人如实报告。

居间人故意隐瞒与订立合同有关的重要事实或者提供虚假情况，损害委托人利益的，不得要求支付报酬并应当承担损害赔偿责任。

第四百二十六条　居间人促成合同成立的，委托人应当按照约定支付报酬。对居间人的报酬没有约定或者约定不明确，依照本法第六十一条的规定仍不能确定的，根据居间人的劳务合理确定。因居间人提供订立合同的媒介服务而促成合同成立的，由该合同的当事人平均负担居间人的报酬。

居间人促成合同成立的，居间活动的费用，由居间人负担。

第四百二十七条　居间人未促成合同成立的，不得要求支付报酬，但可以要求委托人支付从事居间活动支出的必要费用。

附　　则

第四百二十八条　本法自1999年10月1日起施行，《中华人民共和国经济合同法》、《中华人民共和国涉外经济合同法》、《中华人民共和国技术合同法》同时废止。

中华人民共和国建筑法

（1997年11月1日第八届全国人民代表大会常务委员会第二十八次会议通过，根据2011年4月22日第十一届全国人民代表大会常务委员会第二十次会议《关于修改〈中华人民共和国建筑法〉的决定》修正，中华人民共和国主席令2011年第46号）

第一章　总　　则

第一条　为了加强对建筑活动的监督管理，维护建筑市场秩序，保证建筑工程的质量和安全，促进建筑业健康发展，制定本法。

第二条　在中华人民共和国境内从事建筑活动，实施对建筑活动的监督管理，应当遵守本法。

本法所称建筑活动，是指各类房屋建筑及其附属设施的建造和与其配套的线路、管道、设备的安装活动。

第三条　建筑活动应当确保建筑工程质量和安全，符合国家的建筑工程安全标准。

第四条　国家扶持建筑业的发展，支持建筑科学技术研究，提高房屋建筑设计水平，鼓励节约能源和保护环境，提倡采用先进技术、先进设备、先进工艺、新型建筑材料和现代管理方式。

第五条　从事建筑活动应当遵守法律、法规，不得损害社会公共利益和他人的合法权益。

任何单位和个人都不得妨碍和阻挠依法进行的建筑活动。

第六条　国务院建设行政主管部门对全国的建筑活动实施统一监督管理。

第二章　建筑许可

第一节　建筑工程施工许可

第七条　建筑工程开工前，建设单位应当按照国家有关规定向工程所在地县级以上人民政府建设行政主管部门申请领取施工许可证；但是，国务院建设行政主管部门确定的限额以下的小型工程除外。

按照国务院规定的权限和程序批准开工报告的建筑工程，不再领取施工许可证。

第八条　申请领取施工许可证，应当具备下列条件：

（一）已经办理该建筑工程用地批准手续；

（二）在城市规划区的建筑工程，已经取得规划许可证；

（三）需要拆迁的，其拆迁进度符合施工要求；

（四）已经确定建筑施工企业；

（五）有满足施工需要的施工图纸及技术资料；

（六）有保证工程质量和安全的具体措施；

（七）建设资金已经落实；

（八）法律、行政法规规定的其他条件。

建设行政主管部门应当自收到申请之日起十五日内，对符合条件的申请颁发施工许可证。

第九条　建设单位应当自领取施工许可证之日起三个月内开工。因故不能按期开工的，应当向发证机关申请延期；延期以两次为限，每次不超过三个月。既不开工又不申请延期或者超过延期时限的，施工许可证自行废止。

第十条　在建的建筑工程因故中止施工的，建设单位应当自中止施工之日起一个月内，向发证机关报告，并按照规定做好建筑工程的维护管理工作。

建筑工程恢复施工时，应当向发证机关报告；中止施工满一年的工程恢复施工前，建设单位应当报发证机关核验施工许可证。

第十一条　按照国务院有关规定批准开工报告的建筑工程，因故不能按期开工或者中止施工的，应当及时向批准机关报告情况。因故不能按期开工超过六个月的，应当重新办理开工报告的批准手续。

第二节　从业资格

第十二条　从事建筑活动的建筑施工企业、勘察单位、设计单位和工程监理单位，应当具备下列条件：

（一）有符合国家规定的注册资本；

（二）有与其从事的建筑活动相适应的具有法定执业资格的专业技术人员；

（三）有从事相关建筑活动所应有的技术装备；

（四）法律、行政法规规定的其他条件。

第十三条　从事建筑活动的建筑施工企业、勘察单位、设计单位和工程监理单位，按照其拥有的注册资本、专业技术人员、技术装备和已完成的建筑工程业绩等资质条件，划分为不同的资质等级，经资质审查合格，取得相应等级的资质证书后，方可在其资质等级许可的范围内从事建筑活动。

第十四条　从事建筑活动的专业技术人员，应当依法取得相应的执业资格证书，并在执业资格证书许可的范围内从事建筑活动。

第三章　建筑工程发包与承包

第一节　一般规定

第十五条　建筑工程的发包单位与承包单位应当依法订立书面合同，明确双方的权利和义务。

发包单位和承包单位应当全面履行合同约定的义务。不按照合同约定履行义务的，依法承担违约责任。

第十六条　建筑工程发包与承包的招标投标活动，应当遵循公开、公正、平等竞争的原则，择优选择承包单位。

建筑工程的招标投标，本法没有规定的，适用有关招标投标法律的规定。

第十七条　发包单位及其工作人员在建筑工程发包中不得收受贿赂、回扣或者索取其他好处。

承包单位及其工作人员不得利用向发包单位及其工作人员行贿、提供回扣或者给予其他好处等不正当手段承揽工程。

第十八条　建筑工程造价应当按照国家有关规定，由发包单位与承包单位在合同中约定。公开招标发包的，其造价的约定，须遵守招标投标法律的规定。

发包单位应当按照合同的约定，及时拨付工程款项。

第二节　发　包

第十九条　建筑工程依法实行招标发包，对不适于招标发包的可以直接发包。

第二十条　建筑工程实行公开招标的，发包单位应当依照法定程序和方式，发布招标公告，提供载有招标工程的主要技术要求、主要的合同条款、评标的标准和方法以及开标、评标、定标的程序等内容的招标文件。

开标应当在招标文件规定的时间、地点公开进行。开标后应当按照招标文件规定的评标标准和程序对标书进行评价、比较，在具备相应资质条件的投标者中，择优选定中标者。

第二十一条 建筑工程招标的开标、评标、定标由建设单位依法组织实施，并接受有关行政主管部门的监督。

第二十二条 建筑工程实行招标发包的，发包单位应当将建筑工程发包给依法中标的承包单位。建筑工程实行直接发包的，发包单位应当将建筑工程发包给具有相应资质条件的承包单位。

第二十三条 政府及其所属部门不得滥用行政权力，限定发包单位将招标发包的建筑工程发包给指定的承包单位。

第二十四条 提倡对建筑工程实行总承包，禁止将建筑工程肢解发包。

建筑工程的发包单位可以将建筑工程的勘察、设计、施工、设备采购一并发包给一个工程总承包单位，也可以将建筑工程勘察、设计、施工、设备采购的一项或者多项发包给一个工程总承包单位；但是，不得将应当由一个承包单位完成的建筑工程肢解成若干部分发包给几个承包单位。

第二十五条 按照合同约定，建筑材料、建筑构配件和设备由工程承包单位采购的，发包单位不得指定承包单位购入用于工程的建筑材料、建筑构配件和设备或者指定生产厂、供应商。

第三节 承 包

第二十六条 承包建筑工程的单位应当持有依法取得的资质证书，并在其资质等级许可的业务范围内承揽工程。

禁止建筑施工企业超越本企业资质等级许可的业务范围或者以任何形式用其他建筑施工企业的名义承揽工程。禁止建筑施工企业以任何形式允许其他单位或者个人使用本企业的资质证书、营业执照，以本企业的名义承揽工程。

第二十七条 大型建筑工程或者结构复杂的建筑工程，可以由两个以上的承包单位联合共同承包。共同承包的各方对承包合同的履行承担连带责任。

两个以上不同资质等级的单位实行联合共同承包的，应当按照资质等级低的单位的业务许可范围承揽工程。

第二十八条 禁止承包单位将其承包的全部建筑工程转包给他人，禁止承包单位将其承包的全部建筑工程肢解以后以分包的名义分别转包给他人。

第二十九条 建筑工程总承包单位可以将承包工程中的部分工程发包给具有相应资质条件的分包单位；但是，除总承包合同中约定的分包外，必须经建设单位认可。施工总承包的，建筑工程主体结构的施工必须由总承包单位自行完成。

建筑工程总承包单位按照总承包合同的约定对建设单位负责；分包单位按照分包合同的约定对总承包单位负责。总承包单位和分包单位就分包工程对建设单位承担连带责任。

禁止总承包单位将工程分包给不具备相应资质条件的单位。禁止分包单位将其承包的工程再分包。

第四章 建筑工程监理

第三十条 国家推行建筑工程监理制度。

国务院可以规定实行强制监理的建筑工程的范围。

第三十一条 实行监理的建筑工程，由建设单位委托具有相应资质条件的工程监理单位监理。建设单位与其委托的工程监理单位应当订立书面委托监理合同。

第三十二条 建筑工程监理应当依照法律、行政法规及有关的技术标准、设计文件和建筑工程承包合同，对承包单位在施工质量、建设工期和建设资金使用等方面，代表建设单位实施监督。

工程监理人员认为工程施工不符合工程设计要求、施工技术标准和合同约定的，有权要求建筑施工企业改正。

工程监理人员发现工程设计不符合建筑工程质量标准或者合同约定的质量要求的，应当报告建设单位要求设计单位改正。

第三十三条 实施建筑工程监理前，建设单位应当将委托的工程监理单位、监理的内容及监理权限，书面通知被监理的建筑施工企业。

第三十四条　工程监理单位应当在其资质等级许可的监理范围内，承担工程监理业务。

工程监理单位应当根据建设单位的委托，客观、公正地执行监理任务。

工程监理单位与被监理工程的承包单位以及建筑材料、建筑构配件和设备供应单位不得有隶属关系或者其他利害关系。

工程监理单位不得转让工程监理业务。

第三十五条　工程监理单位不按照委托监理合同的约定履行监理义务，对应当监督检查的项目不检查或者不按照规定检查，给建设单位造成损失的，应当承担相应的赔偿责任。

工程监理单位与承包单位串通，为承包单位谋取非法利益，给建设单位造成损失的，应当与承包单位承担连带赔偿责任。

第五章　建筑安全生产管理

第三十六条　建筑工程安全生产管理必须坚持安全第一、预防为主的方针，建立健全安全生产的责任制度和群防群治制度。

第三十七条　建筑工程设计应当符合按照国家规定制定的建筑安全规程和技术规范，保证工程的安全性能。

第三十八条　建筑施工企业在编制施工组织设计时，应当根据建筑工程的特点制定相应的安全技术措施；对专业性较强的工程项目，应当编制专项安全施工组织设计，并采取安全技术措施。

第三十九条　建筑施工企业应当在施工现场采取维护安全、防范危险、预防火灾等措施；有条件的，应当对施工现场实行封闭管理。

施工现场对毗邻的建筑物、构筑物和特殊作业环境可能造成损害的，建筑施工企业应当采取安全防护措施。

第四十条　建设单位应当向建筑施工企业提供与施工现场相关的地下管线资料，建筑施工企业应当采取措施加以保护。

第四十一条　建筑施工企业应当遵守有关环境保护和安全生产的法律、法规的规定，采取控制和处理施工现场的各种粉尘、废气、废水、固体废物以及噪声、振动对环境的污染和危害的措施。

第四十二条　有下列情形之一的，建设单位应当按照国家有关规定办理申请批准手续：

（一）需要临时占用规划批准范围以外场地的；

（二）可能损坏道路、管线、电力、邮电通讯等公共设施的；

（三）需要临时停水、停电、中断道路交通的；

（四）需要进行爆破作业的；

（五）法律、法规规定需要办理报批手续的其他情形。

第四十三条　建设行政主管部门负责建筑安全生产的管理，并依法接受劳动行政主管部门对建筑安全生产的指导和监督。

第四十四条　建筑施工企业必须依法加强对建筑安全生产的管理，执行安全生产责任制度，采取有效措施，防止伤亡和其他安全生产事故的发生。

建筑施工企业的法定代表人对本企业的安全生产负责。

第四十五条　施工现场安全由建筑施工企业负责。实行施工总承包的，由总承包单位负责。分包单位向总承包单位负责，服从总承包单位对施工现场的安全生产管理。

第四十六条　建筑施工企业应当建立健全劳动安全生产教育培训制度，加强对职工安全生产的教育培训；未经安全生产教育培训的人员，不得上岗作业。

第四十七条　建筑施工企业和作业人员在施工过程中，应当遵守有关安全生产的法律、法规和建筑行业安全规章、规程，不得违章指挥或者违章作业。作业人员有权对影响人身健康的作业程序和作业条件提出改进意见，有权获得安全生产所需的防护用品。作业人员对危及生命安全和人身健康的行为有权提出批评、检举和控告。

第四十八条　建筑施工企业应当依法为职工参加工伤保险缴纳工伤保险费。鼓励企业为从事危险作业的职工办理意外伤害保险，支付保险费。

第四十九条 涉及建筑主体和承重结构变动的装修工程，建设单位应当在施工前委托原设计单位或者具有相应资质条件的设计单位提出设计方案；没有设计方案的，不得施工。

第五十条 房屋拆除应当由具备保证安全条件的建筑施工单位承担，由建筑施工单位负责人对安全负责。

第五十一条 施工中发生事故时，建筑施工企业应当采取紧急措施减少人员伤亡和事故损失，并按照国家有关规定及时向有关部门报告。

第六章 建筑工程质量管理

第五十二条 建筑工程勘察、设计、施工的质量必须符合国家有关建筑工程安全标准的要求，具体管理办法由国务院规定。

有关建筑工程安全的国家标准不能适应确保建筑安全的要求时，应当及时修订。

第五十三条 国家对从事建筑活动的单位推行质量体系认证制度。从事建筑活动的单位根据自愿原则可以向国务院产品质量监督管理部门或者国务院产品质量监督管理部门授权的部门认可的认证机构申请质量体系认证。经认证合格的，由认证机构颁发质量体系认证证书。

第五十四条 建设单位不得以任何理由，要求建筑设计单位或者建筑施工企业在工程设计或者施工作业中，违反法律、行政法规和建筑工程质量、安全标准，降低工程质量。

建筑设计单位和建筑施工企业对建设单位违反前款规定提出的降低工程质量的要求，应当予以拒绝。

第五十五条 建筑工程实行总承包的，工程质量由工程总承包单位负责，总承包单位将建筑工程分包给其他单位的，应当对分包工程的质量与分包单位承担连带责任。分包单位应当接受总承包单位的质量管理。

第五十六条 建筑工程的勘察、设计单位必须对其勘察、设计的质量负责。勘察、设计文件应当符合有关法律、行政法规的规定和建筑工程质量、安全标准、建筑工程勘察、设计技术规范以及合同的约定。设计文件选用的建筑材料、建筑构配件和设备，应当注明其规格、型号、性能等技术指标，其质量要求必须符合国家规定的标准。

第五十七条 建筑设计单位对设计文件选用的建筑材料、建筑构配件和设备，不得指定生产厂、供应商。

第五十八条 建筑施工企业对工程的施工质量负责。

建筑施工企业必须按照工程设计图纸和施工技术标准施工，不得偷工减料。工程设计的修改由原设计单位负责，建筑施工企业不得擅自修改工程设计。

第五十九条 建筑施工企业必须按照工程设计要求、施工技术标准和合同的约定，对建筑材料、建筑构配件和设备进行检验，不合格的不得使用。

第六十条 建筑物在合理使用寿命内，必须确保地基基础工程和主体结构的质量。

建筑工程竣工时，屋顶、墙面不得留有渗漏、开裂等质量缺陷；对已发现的质量缺陷，建筑施工企业应当修复。

第六十一条 交付竣工验收的建筑工程，必须符合规定的建筑工程质量标准，有完整的工程技术经济资料和经签署的工程保修书，并具备国家规定的其他竣工条件。

建筑工程竣工经验收合格后，方可交付使用；未经验收或者验收不合格的，不得交付使用。

第六十二条 建筑工程实行质量保修制度。

建筑工程的保修范围应当包括地基基础工程、主体结构工程、屋面防水工程和其他土建工程，以及电气管线、上下水管线的安装工程，供热、供冷系统工程等项目；保修的期限应当按照保证建筑物合理寿命年限内正常使用，维护使用者合法权益的原则确定。具体的保修范围和最低保修期限由国务院规定。

第六十三条 任何单位和个人对建筑工程的质量事故、质量缺陷都有权向建设行政主管部门或者其他有关部门进行检举、控告、投诉。

第七章　法律责任

第六十四条　违反本法规定，未取得施工许可证或者开工报告未经批准擅自施工的，责令改正，对不符合开工条件的责令停止施工，可以处以罚款。

第六十五条　发包单位将工程发包给不具有相应资质条件的承包单位的，或者违反本法规定将建筑工程肢解发包的，责令改正，处以罚款。

超越本单位资质等级承揽工程的，责令停止违法行为，处以罚款，可以责令停业整顿，降低资质等级；情节严重的，吊销资质证书；有违法所得的，予以没收。

未取得资质证书承揽工程的，予以取缔，并处罚款；有违法所得的，予以没收。

以欺骗手段取得资质证书的，吊销资质证书，处以罚款；构成犯罪的，依法追究刑事责任。

第六十六条　建筑施工企业转让、出借资质证书或者以其他方式允许他人以本企业的名义承揽工程的，责令改正，没收违法所得，并处罚款，可以责令停业整顿，降低资质等级；情节严重的，吊销资质证书。对因该项承揽工程不符合规定的质量标准造成的损失，建筑施工企业与使用本企业名义的单位或者个人承担连带赔偿责任。

第六十七条　承包单位将承包的工程转包的，或者违反本法规定进行分包的，责令改正，没收违法所得，并处罚款，可以责令停业整顿，降低资质等级；情节严重的，吊销资质证书。

承包单位有前款规定的违法行为的，对因转包工程或者违法分包的工程不符合规定的质量标准造成的损失，与接受转包或者分包的单位承担连带赔偿责任。

第六十八条　在工程发包与承包中索贿、受贿、行贿，构成犯罪的，依法追究刑事责任；不构成犯罪的，分别处以罚款，没收贿赂的财物，对直接负责的主管人员和其他直接责任人员给予处分。

对在工程承包中行贿的承包单位，除依照前款规定处罚外，可以责令停业整顿，降低资质等级或者吊销资质证书。

第六十九条　工程监理单位与建设单位或者建筑施工企业串通，弄虚作假、降低工程质量的，责令改正，处以罚款，降低资质等级或者吊销资质证书；有违法所得的，予以没收；造成损失的，承担连带赔偿责任；构成犯罪的，依法追究刑事责任。

工程监理单位转让监理业务的，责令改正，没收违法所得，可以责令停业整顿，降低资质等级；情节严重的，吊销资质证书。

第七十条　违反本法规定，涉及建筑主体或者承重结构变动的装修工程擅自施工的，责令改正，处以罚款；造成损失的，承担赔偿责任；构成犯罪的，依法追究刑事责任。

第七十一条　建筑施工企业违反本法规定，对建筑安全事故隐患不采取措施予以消除的，责令改正，可以处以罚款；情节严重的，责令停业整顿，降低资质等级或者吊销资质证书；构成犯罪的，依法追究刑事责任。

建筑施工企业的管理人员违章指挥、强令职工冒险作业，因而发生重大伤亡事故或者造成其他严重后果的，依法追究刑事责任。

第七十二条　建设单位违反本法规定，要求建筑设计单位或者建筑施工企业违反建筑工程质量、安全标准，降低工程质量的，责令改正，可以处以罚款；构成犯罪的，依法追究刑事责任。

第七十三条　建筑设计单位不按照建筑工程质量、安全标准进行设计的，责令改正，处以罚款；造成工程质量事故的，责令停业整顿，降低资质等级或者吊销资质证书，没收违法所得，并处罚款；造成损失的，承担赔偿责任；构成犯罪的，依法追究刑事责任。

第七十四条　建筑施工企业在施工中偷工减料的，使用不合格的建筑材料、建筑构配件和设备的，或者有其他不按照工程设计图纸或者施工技术标准施工的行为的，责令改正，处以罚款；情节严重的，责令停业整顿，降低资质等级或者吊销资质证书；造成建筑工程质量不符合规定的质量标准的，负责返工、修理，并赔偿因此造成的损失；构成犯罪的，依法追究刑事责任。

第七十五条 建筑施工企业违反本法规定，不履行保修义务或者拖延履行保修义务的，责令改正，可以处以罚款，并对在保修期内因屋顶、墙面渗漏、开裂等质量缺陷造成的损失，承担赔偿责任。

第七十六条 本法规定的责令停业整顿、降低资质等级和吊销资质证书的行政处罚，由颁发资质证书的机关决定；其他行政处罚，由建设行政主管部门或者有关部门依照法律和国务院规定的职权范围决定。

依照本法规定被吊销资质证书的，由工商行政管理部门吊销其营业执照。

第七十七条 违反本法规定，对不具备相应资质等级条件的单位颁发该等级资质证书的，由其上级机关责令收回所发的资质证书，对直接负责的主管人员和其他直接责任人员给予行政处分；构成犯罪的，依法追究刑事责任。

第七十八条 政府及其所属部门的工作人员违反本法规定，限定发包单位将招标发包的工程发包给指定的承包单位的，由上级机关责令改正；构成犯罪的，依法追究刑事责任。

第七十九条 负责颁发建筑工程施工许可证的部门及其工作人员对不符合施工条件的建筑工程颁发施工许可证的，负责工程质量监督检查或者竣工验收的部门及其工作人员对不合格的建筑工程出具质量合格文件或者按合格工程验收的，由上级机关责令改正，对责任人员给予行政处分；构成犯罪的，依法追究刑事责任；造成损失的，由该部门承担相应的赔偿责任。

第八十条 在建筑物的合理使用寿命内，因建筑工程质量不合格受到损害的，有权向责任者要求赔偿。

第八章　附　　则

第八十一条 本法关于施工许可、建筑施工企业资质审查和建筑工程发包、承包、禁止转包，以及建筑工程监理、建筑工程安全和质量管理的规定，适用于其他专业建筑工程的建筑活动，具体办法由国务院规定。

第八十二条 建设行政主管部门和其他有关部门在对建筑活动实施监督管理中，除按照国务院有关规定收取费用外，不得收取其他费用。

第八十三条 省、自治区、直辖市人民政府确定的小型房屋建筑工程的建筑活动，参照本法执行。

依法核定作为文物保护的纪念建筑物和古建筑等的修缮，依照文物保护的有关法律规定执行。

抢险救灾及其他临时性房屋建筑和农民自建低层住宅的建筑活动，不适用本法。

第八十四条 军用房屋建筑工程建筑活动的具体管理办法，由国务院、中央军事委员会依据本法制定。

第八十五条 本法自 1998 年 3 月 1 日起施行。

中华人民共和国安全生产法

（2002 年 6 月 29 日第九届全国人民代表大会常务委员会第二十八次会议通过，根据 2009 年 8 月 27 日第十一届全国人民代表大会常务委员会第十次会议关于《关于修改部分法律的决定》第一次修正，根据 2014 年 8 月 31 日第十二届全国人民代表大会常务委员会第十次会议《关于修改〈中华人民共和国安全生产法〉的决定》第二次修正，中华人民共和国主席令 2014 年第 13 号）

第一章　总　　则

第一条 为了加强安全生产工作，防止和减少生产安全事故，保障人民群众生命和财产安全，促进经济社会持续健康发展，制定本法。

第二条 在中华人民共和国领域内从事生

产经营活动的单位（以下统称生产经营单位）的安全生产，适用本法；有关法律、行政法规对消防安全和道路交通安全、铁路交通安全、水上交通安全、民用航空安全以及核与辐射安全、特种设备安全另有规定的，适用其规定。

第三条　安全生产工作应当以人为本，坚持安全发展，坚持安全第一、预防为主、综合治理的方针，强化和落实生产经营单位的主体责任，建立生产经营单位负责、职工参与、政府监管、行业自律和社会监督的机制。

第四条　生产经营单位必须遵守本法和其他有关安全生产的法律、法规，加强安全生产管理，建立、健全安全生产责任制和安全生产规章制度，改善安全生产条件，推进安全生产标准化建设，提高安全生产水平，确保安全生产。

第五条　生产经营单位的主要负责人对本单位的安全生产工作全面负责。

第六条　生产经营单位的从业人员有依法获得安全生产保障的权利，并应当依法履行安全生产方面的义务。

第七条　工会依法对安全生产工作进行监督。

生产经营单位的工会依法组织职工参加本单位安全生产工作的民主管理和民主监督，维护职工在安全生产方面的合法权益。生产经营单位制定或者修改有关安全生产的规章制度，应当听取工会的意见。

第八条　国务院和县级以上地方各级人民政府应当根据国民经济和社会发展规划制定安全生产规划，并组织实施。安全生产规划应当与城乡规划相衔接。

国务院和县级以上地方各级人民政府应当加强对安全生产工作的领导，支持、督促各有关部门依法履行安全生产监督管理职责，建立健全安全生产工作协调机制，及时协调、解决安全生产监督管理中存在的重大问题。

乡、镇人民政府以及街道办事处、开发区管理机构等地方人民政府的派出机关应当按照职责，加强对本行政区域内生产经营单位安全生产状况的监督检查，协助上级人民政府有关部门依法履行安全生产监督管理职责。

第九条　国务院安全生产监督管理部门依照本法，对全国安全生产工作实施综合监督管理；县级以上地方各级人民政府安全生产监督管理部门依照本法，对本行政区域内安全生产工作实施综合监督管理。

国务院有关部门依照本法和其他有关法律、行政法规的规定，在各自的职责范围内对有关行业、领域的安全生产工作实施监督管理；县级以上地方各级人民政府有关部门依照本法和其他有关法律、法规的规定，在各自的职责范围内对有关行业、领域的安全生产工作实施监督管理。

安全生产监督管理部门和对有关行业、领域的安全生产工作实施监督管理的部门，统称负有安全生产监督管理职责的部门。

第十条　国务院有关部门应当按照保障安全生产的要求，依法及时制定有关的国家标准或者行业标准，并根据科技进步和经济发展适时修订。

生产经营单位必须执行依法制定的保障安全生产的国家标准或者行业标准。

第十一条　各级人民政府及其有关部门应当采取多种形式，加强对有关安全生产的法律、法规和安全生产知识的宣传，增强全社会的安全生产意识。

第十二条　有关协会组织依照法律、行政法规和章程，为生产经营单位提供安全生产方面的信息、培训等服务，发挥自律作用，促进生产经营单位加强安全生产管理。

第十三条　依法设立的为安全生产提供技术、管理服务的机构，依照法律、行政法规和执业准则，接受生产经营单位的委托为其安全生产工作提供技术、管理服务。

生产经营单位委托前款规定的机构提供安全生产技术、管理服务的，保证安全生产的责任仍由本单位负责。

第十四条　国家实行生产安全事故责任追究制度，依照本法和有关法律、法规的规定，追究生产安全事故责任人员的法律责任。

第十五条　国家鼓励和支持安全生产科学技术研究和安全生产先进技术的推广应用，提高安全生产水平。

第十六条　国家对在改善安全生产条件、防止生产安全事故、参加抢险救护等方面取得显著成绩的单位和个人，给予奖励。

第二章　生产经营单位的安全生产保障

第十七条　生产经营单位应当具备本法和有关法律、行政法规和国家标准或者行业标准规定的安全生产条件；不具备安全生产条件的，不得从事生产经营活动。

第十八条　生产经营单位的主要负责人对本单位安全生产工作负有下列职责：

（一）建立、健全本单位安全生产责任制；

（二）组织制定本单位安全生产规章制度和操作规程；

（三）组织制定并实施本单位安全生产教育和培训计划；

（四）保证本单位安全生产投入的有效实施；

（五）督促、检查本单位的安全生产工作，及时消除生产安全事故隐患；

（六）组织制定并实施本单位的生产安全事故应急救援预案；

（七）及时、如实报告生产安全事故。

第十九条　生产经营单位的安全生产责任制应当明确各岗位的责任人员、责任范围和考核标准等内容。

生产经营单位应当建立相应的机制，加强对安全生产责任制落实情况的监督考核，保证安全生产责任制的落实。

第二十条　生产经营单位应当具备的安全生产条件所必需的资金投入，由生产经营单位的决策机构、主要负责人或者个人经营的投资人予以保证，并对由于安全生产所必需的资金投入不足导致的后果承担责任。

有关生产经营单位应当按照规定提取和使用安全生产费用，专门用于改善安全生产条件。安全生产费用在成本中据实列支。安全生产费用提取、使用和监督管理的具体办法由国务院财政部门会同国务院安全生产监督管理部门征求国务院有关部门意见后制定。

第二十一条　矿山、金属冶炼、建筑施工、道路运输单位和危险物品的生产、经营、储存单位，应当设置安全生产管理机构或者配备专职安全生产管理人员。

前款规定以外的其他生产经营单位，从业人员超过一百人的，应当设置安全生产管理机构或者配备专职安全生产管理人员；从业人员在一百人以下的，应当配备专职或者兼职的安全生产管理人员。

第二十二条　生产经营单位的安全生产管理机构以及安全生产管理人员履行下列职责：

（一）组织或者参与拟订本单位安全生产规章制度、操作规程和生产安全事故应急救援预案；

（二）组织或者参与本单位安全生产教育和培训，如实记录安全生产教育和培训情况；

（三）督促落实本单位重大危险源的安全管理措施；

（四）组织或者参与本单位应急救援演练；

（五）检查本单位的安全生产状况，及时排查生产安全事故隐患，提出改进安全生产管理的建议；

（六）制止和纠正违章指挥、强令冒险作业、违反操作规程的行为；

（七）督促落实本单位安全生产整改措施。

第二十三条　生产经营单位的安全生产管理机构以及安全生产管理人员应当恪尽职守，依法履行职责。

生产经营单位作出涉及安全生产的经营决策，应当听取安全生产管理机构以及安全生产管理人员的意见。

生产经营单位不得因安全生产管理人员依法履行职责而降低其工资、福利等待遇或者解除与其订立的劳动合同。

危险物品的生产、储存单位以及矿山、金属冶炼单位的安全生产管理人员的任免，应当告知主管的负有安全生产监督管理职责的部门。

第二十四条　生产经营单位的主要负责人和安全生产管理人员必须具备与本单位所从事的生产经营活动相应的安全生产知识和管理能力。

危险物品的生产、经营、储存单位以及矿山、金属冶炼、建筑施工、道路运输单位的主要负责人和安全生产管理人员，应当由主管的负有安全生产监督管理职责的部门对其安全生产知识和管理能力考核合格。考核不得收费。

危险物品的生产、储存单位以及矿山、金属冶炼单位应当有注册安全工程师从事安全生产管理工作。鼓励其他生产经营单位聘用注册安全工程师从事安全生产管理工作。注册安全工程师按专业分类管理，具体办法由国务院人力资源和社会保障部门、国务院安全生产监督管理部门会同国务院有关部门制定。

第二十五条　生产经营单位应当对从业人员进行安全生产教育和培训，保证从业人员具备必要的安全生产知识，熟悉有关的安全生产规章制度和安全操作规程，掌握本岗位的安全操作技能，了解事故应急处理措施，知悉自身在安全生产方面的权利和义务。未经安全生产教育和培训合格的从业人员，不得上岗作业。

生产经营单位使用被派遣劳动者的，应当将被派遣劳动者纳入本单位从业人员统一管理，对被派遣劳动者进行岗位安全操作规程和安全操作技能的教育和培训。劳务派遣单位应当对被派遣劳动者进行必要的安全生产教育和培训。

生产经营单位接收中等职业学校、高等学校学生实习的，应当对实习学生进行相应的安全生产教育和培训，提供必要的劳动防护用品。学校应当协助生产经营单位对实习学生进行安全生产教育和培训。

生产经营单位应当建立安全生产教育和培训档案，如实记录安全生产教育和培训的时间、内容、参加人员以及考核结果等情况。

第二十六条　生产经营单位采用新工艺、新技术、新材料或者使用新设备，必须了解、掌握其安全技术特性，采取有效的安全防护措施，并对从业人员进行专门的安全生产教育和培训。

第二十七条　生产经营单位的特种作业人员必须按照国家有关规定经专门的安全作业培训，取得相应资格，方可上岗作业。

特种作业人员的范围由国务院安全生产监督管理部门会同国务院有关部门确定。

第二十八条　生产经营单位新建、改建、扩建工程项目（以下统称建设项目）的安全设施，必须与主体工程同时设计、同时施工、同时投入生产和使用。安全设施投资应当纳入建设项目概算。

第二十九条　矿山、金属冶炼建设项目和用于生产、储存、装卸危险物品的建设项目，应当按照国家有关规定进行安全评价。

第三十条　建设项目安全设施的设计人、设计单位应当对安全设施设计负责。

矿山、金属冶炼建设项目和用于生产、储存、装卸危险物品的建设项目的安全设施设计应当按照国家有关规定报经有关部门审查，审查部门及其负责审查的人员对审查结果负责。

第三十一条　矿山、金属冶炼建设项目和用于生产、储存、装卸危险物品的建设项目的施工单位必须按照批准的安全设施设计施工，并对安全设施的工程质量负责。

矿山、金属冶炼建设项目和用于生产、储存危险物品的建设项目竣工投入生产或者使用前，应当由建设单位负责组织对安全设施进行验收；验收合格后，方可投入生产和使用。安全生产监督管理部门应当加强对建设单位验收活动和验收结果的监督核查。

第三十二条　生产经营单位应当在有较大危险因素的生产经营场所和有关设施、设备上，设置明显的安全警示标志。

第三十三条　安全设备的设计、制造、安装、使用、检测、维修、改造和报废，应当符合国家标准或者行业标准。

生产经营单位必须对安全设备进行经常性维护、保养，并定期检测，保证正常运转。维护、保养、检测应当作好记录，并由有关人员签字。

第三十四条　生产经营单位使用的危险物品的容器、运输工具，以及涉及人身安全、危险性较大的海洋石油开采特种设备和矿山井下特种设备，必须按照国家有关规定，由专业生产单位生产，并经具有专业资质的检测、检验机构检测、检验合格，取得安全使用证或者安全标志，方可投入使用。检测、检验机构对检测、检验结果负责。

第三十五条　国家对严重危及生产安全的工艺、设备实行淘汰制度，具体目录由国务院安全生产监督管理部门会同国务院有关部门制定并公布。法律、行政法规对目录的制定另有规定的，适用其规定。

省、自治区、直辖市人民政府可以根据本地区实际情况制定并公布具体目录，对前款规定以外的危及生产安全的工艺、设备予以淘汰。

生产经营单位不得使用应当淘汰的危及生产安全的工艺、设备。

第三十六条 生产、经营、运输、储存、使用危险物品或者处置废弃危险物品的，由有关主管部门依照有关法律、法规的规定和国家标准或者行业标准审批并实施监督管理。

生产经营单位生产、经营、运输、储存、使用危险物品或者处置废弃危险物品，必须执行有关法律、法规和国家标准或者行业标准，建立专门的安全管理制度，采取可靠的安全措施，接受有关主管部门依法实施的监督管理。

第三十七条 生产经营单位对重大危险源应当登记建档，进行定期检测、评估、监控，并制定应急预案，告知从业人员和相关人员在紧急情况下应当采取的应急措施。

生产经营单位应当按照国家有关规定将本单位重大危险源及有关安全措施、应急措施报有关地方人民政府安全生产监督管理部门和有关部门备案。

第三十八条 生产经营单位应当建立健全生产安全事故隐患排查治理制度，采取技术、管理措施，及时发现并消除事故隐患。事故隐患排查治理情况应当如实记录，并向从业人员通报。

县级以上地方各级人民政府负有安全生产监督管理职责的部门应当建立健全重大事故隐患治理督办制度，督促生产经营单位消除重大事故隐患。

第三十九条 生产、经营、储存、使用危险物品的车间、商店、仓库不得与员工宿舍在同一座建筑物内，并应当与员工宿舍保持安全距离。

生产经营场所和员工宿舍应当设有符合紧急疏散要求、标志明显、保持畅通的出口。禁止锁闭、封堵生产经营场所或者员工宿舍的出口。

第四十条 生产经营单位进行爆破、吊装以及国务院安全生产监督管理部门会同国务院有关部门规定的其他危险作业，应当安排专门人员进行现场安全管理，确保操作规程的遵守和安全措施的落实。

第四十一条 生产经营单位应当教育和督促从业人员严格执行本单位的安全生产规章制度和安全操作规程；并向从业人员如实告知作业场所和工作岗位存在的危险因素、防范措施以及事故应急措施。

第四十二条 生产经营单位必须为从业人员提供符合国家标准或者行业标准的劳动防护用品，并监督、教育从业人员按照使用规则佩戴、使用。

第四十三条 生产经营单位的安全生产管理人员应当根据本单位的生产经营特点，对安全生产状况进行经常性检查；对检查中发现的安全问题，应当立即处理；不能处理的，应当及时报告本单位有关负责人，有关负责人应当及时处理。检查及处理情况应当如实记录在案。

生产经营单位的安全生产管理人员在检查中发现重大事故隐患，依照前款规定向本单位有关负责人报告，有关负责人不及时处理的，安全生产管理人员可以向主管的负有安全生产监督管理职责的部门报告，接到报告的部门应当依法及时处理。

第四十四条 生产经营单位应当安排用于配备劳动防护用品、进行安全生产培训的经费。

第四十五条 两个以上生产经营单位在同一作业区域内进行生产经营活动，可能危及对方生产安全的，应当签订安全生产管理协议，明确各自的安全生产管理职责和应当采取的安全措施，并指定专职安全生产管理人员进行安全检查与协调。

第四十六条 生产经营单位不得将生产经营项目、场所、设备发包或者出租给不具备安全生产条件或者相应资质的单位或者个人。

生产经营项目、场所发包或者出租给其他单位的，生产经营单位应当与承包单位、承租单位签订专门的安全生产管理协议，或者在承包合同、租赁合同中约定各自的安全生产管理职责；生产经营单位对承包单位、承租单位的安全生产工作统一协调、管理，定期进行安全检查，发现安全问题的，应当及时督促整改。

第四十七条　生产经营单位发生生产安全事故时，单位的主要负责人应当立即组织抢救，并不得在事故调查处理期间擅离职守。

第四十八条　生产经营单位必须依法参加工伤保险，为从业人员缴纳保险费。

国家鼓励生产经营单位投保安全生产责任保险。

第三章　从业人员的安全生产权利义务

第四十九条　生产经营单位与从业人员订立的劳动合同，应当载明有关保障从业人员劳动安全、防止职业危害的事项，以及依法为从业人员办理工伤保险的事项。

生产经营单位不得以任何形式与从业人员订立协议，免除或者减轻其对从业人员因生产安全事故伤亡依法应承担的责任。

第五十条　生产经营单位的从业人员有权了解其作业场所和工作岗位存在的危险因素、防范措施及事故应急措施，有权对本单位的安全生产工作提出建议。

第五十一条　从业人员有权对本单位安全生产工作中存在的问题提出批评、检举、控告；有权拒绝违章指挥和强令冒险作业。

生产经营单位不得因从业人员对本单位安全生产工作提出批评、检举、控告或者拒绝违章指挥、强令冒险作业而降低其工资、福利等待遇或者解除与其订立的劳动合同。

第五十二条　从业人员发现直接危及人身安全的紧急情况时，有权停止作业或者在采取可能的应急措施后撤离作业场所。

生产经营单位不得因从业人员在前款紧急情况下停止作业或者采取紧急撤离措施而降低其工资、福利等待遇或者解除与其订立的劳动合同。

第五十三条　因生产安全事故受到损害的从业人员，除依法享有工伤保险外，依照有关民事法律尚有获得赔偿的权利的，有权向本单位提出赔偿要求。

第五十四条　从业人员在作业过程中，应当严格遵守本单位的安全生产规章制度和操作规程，服从管理，正确佩戴和使用劳动防护用品。

第五十五条　从业人员应当接受安全生产教育和培训，掌握本职工作所需的安全生产知识，提高安全生产技能，增强事故预防和应急处理能力。

第五十六条　从业人员发现事故隐患或者其他不安全因素，应当立即向现场安全生产管理人员或者本单位负责人报告；接到报告的人员应当及时予以处理。

第五十七条　工会有权对建设项目的安全设施与主体工程同时设计、同时施工、同时投入生产和使用进行监督，提出意见。

工会对生产经营单位违反安全生产法律、法规，侵犯从业人员合法权益的行为，有权要求纠正；发现生产经营单位违章指挥、强令冒险作业或者发现事故隐患时，有权提出解决的建议，生产经营单位应当及时研究答复；发现危及从业人员生命安全的情况时，有权向生产经营单位建议组织从业人员撤离危险场所，生产经营单位必须立即作出处理。

工会有权依法参加事故调查，向有关部门提出处理意见，并要求追究有关人员的责任。

第五十八条　生产经营单位使用被派遣劳动者的，被派遣劳动者享有本法规定的从业人员的权利，并应当履行本法规定的从业人员的义务。

第四章　安全生产的监督管理

第五十九条　县级以上地方各级人民政府应当根据本行政区域内的安全生产状况，组织有关部门按照职责分工，对本行政区域内容易发生重大生产安全事故的生产经营单位进行严格检查。

安全生产监督管理部门应当按照分类分级监督管理的要求，制定安全生产年度监督检查计划，并按照年度监督检查计划进行监督检查，发现事故隐患，应当及时处理。

第六十条　负有安全生产监督管理职责的部门依照有关法律、法规的规定，对涉及安全生产的事项需要审查批准（包括批准、核准、许可、注册、认证、颁发证照等，下同）或者验收的，必须严格依照有关法律、法规和国家标准或者行业标准规定的安全生产条件和程序进行审查；不符合有关法律、法规和国家标准或者行业标准规定的安全生产条件的，不得批准或者验收通过。对未依法取得批准或者验收合格的单位擅自从事有关活动的，负责行政审批的部门发现或者接到举报后应当立即予以取缔，并依法予以处理。对已经依法取得批准的单位，负责行政审批的部门发现其不再具备安全生产条件的，应当撤销原批准。

第六十一条 负有安全生产监督管理职责的部门对涉及安全生产的事项进行审查、验收，不得收取费用；不得要求接受审查、验收的单位购买其指定品牌或者指定生产、销售单位的安全设备、器材或者其他产品。

第六十二条 安全生产监督管理部门和其他负有安全生产监督管理职责的部门依法开展安全生产行政执法工作，对生产经营单位执行有关安全生产的法律、法规和国家标准或者行业标准的情况进行监督检查，行使以下职权：

（一）进入生产经营单位进行检查，调阅有关资料，向有关单位和人员了解情况；

（二）对检查中发现的安全生产违法行为，当场予以纠正或者要求限期改正；对依法应当给予行政处罚的行为，依照本法和其他有关法律、行政法规的规定作出行政处罚决定；

（三）对检查中发现的事故隐患，应当责令立即排除；重大事故隐患排除前或者排除过程中无法保证安全的，应当责令从危险区域内撤出作业人员，责令暂时停产停业或者停止使用相关设施、设备；重大事故隐患排除后，经审查同意，方可恢复生产经营和使用；

（四）对有根据认为不符合保障安全生产的国家标准或者行业标准的设施、设备、器材以及违法生产、储存、使用、经营、运输的危险物品予以查封或者扣押，对违法生产、储存、使用、经营危险物品的作业场所予以查封，并依法作出处理决定。

监督检查不得影响被检查单位的正常生产经营活动。

第六十三条 生产经营单位对负有安全生产监督管理职责的部门的监督检查人员（以下统称安全生产监督检查人员）依法履行监督检查职责，应当予以配合，不得拒绝、阻挠。

第六十四条 安全生产监督检查人员应当忠于职守，坚持原则，秉公执法。

安全生产监督检查人员执行监督检查任务时，必须出示有效的监督执法证件；对涉及被检查单位的技术秘密和业务秘密，应当为其保密。

第六十五条 安全生产监督检查人员应当将检查的时间、地点、内容、发现的问题及其处理情况，作出书面记录，并由检查人员和被检查单位的负责人签字；被检查单位的负责人拒绝签字的，检查人员应当将情况记录在案，并向负有安全生产监督管理职责的部门报告。

第六十六条 负有安全生产监督管理职责的部门在监督检查中，应当互相配合，实行联合检查；确需分别进行检查的，应当互通情况，发现存在的安全问题应当由其他有关部门进行处理的，应当及时移送其他有关部门并形成记录备查，接受移送的部门应当及时进行处理。

第六十七条 负有安全生产监督管理职责的部门依法对存在重大事故隐患的生产经营单位作出停产停业、停止施工、停止使用相关设施或者设备的决定，生产经营单位应当依法执行，及时消除事故隐患。生产经营单位拒不执行，有发生生产安全事故的现实危险的，在保证安全的前提下，经本部门主要负责人批准，负有安全生产监督管理职责的部门可以采取通知有关单位停止供电、停止供应民用爆炸物品等措施，强制生产经营单位履行决定。通知应当采用书面形式，有关单位应当予以配合。

负有安全生产监督管理职责的部门依照前款规定采取停止供电措施，除有危及生产安全的紧急情形外，应当提前二十四小时通知生产经营单位。生产经营单位依法履行行政决定、采取相应措施消除事故隐患的，负有安全生产监督管理职责的部门应当及时解除前款规定的措施。

第六十八条 监察机关依照行政监察法的规定，对负有安全生产监督管理职责的部门及其工作人员履行安全生产监督管理职责实施监察。

第六十九条　承担安全评价、认证、检测、检验的机构应当具备国家规定的资质条件，并对其作出的安全评价、认证、检测、检验的结果负责。

第七十条　负有安全生产监督管理职责的部门应当建立举报制度，公开举报电话、信箱或者电子邮件地址，受理有关安全生产的举报；受理的举报事项经调查核实后，应当形成书面材料；需要落实整改措施的，报经有关负责人签字并督促落实。

第七十一条　任何单位或者个人对事故隐患或者安全生产违法行为，均有权向负有安全生产监督管理职责的部门报告或者举报。

第七十二条　居民委员会、村民委员会发现其所在区域内的生产经营单位存在事故隐患或者安全生产违法行为时，应当向当地人民政府或者有关部门报告。

第七十三条　县级以上各级人民政府及其有关部门对报告重大事故隐患或者举报安全生产违法行为的有功人员，给予奖励。具体奖励办法由国务院安全生产监督管理部门会同国务院财政部门制定。

第七十四条　新闻、出版、广播、电影、电视等单位有进行安全生产公益宣传教育的义务，有对违反安全生产法律、法规的行为进行舆论监督的权利。

第七十五条　负有安全生产监督管理职责的部门应当建立安全生产违法行为信息库，如实记录生产经营单位的安全生产违法行为信息；对违法行为情节严重的生产经营单位，应当向社会公告，并通报行业主管部门、投资主管部门、国土资源主管部门、证券监督管理机构以及有关金融机构。

第五章　生产安全事故的应急救援与调查处理

第七十六条　国家加强生产安全事故应急能力建设，在重点行业、领域建立应急救援基地和应急救援队伍，鼓励生产经营单位和其他社会力量建立应急救援队伍，配备相应的应急救援装备和物资，提高应急救援的专业化水平。

国务院安全生产监督管理部门建立全国统一的生产安全事故应急救援信息系统，国务院有关部门建立健全相关行业、领域的生产安全事故应急救援信息系统。

第七十七条　县级以上地方各级人民政府应当组织有关部门制定本行政区域内生产安全事故应急救援预案，建立应急救援体系。

第七十八条　生产经营单位应当制定本单位生产安全事故应急救援预案，与所在地县级以上地方人民政府组织制定的生产安全事故应急救援预案相衔接，并定期组织演练。

第七十九条　危险物品的生产、经营、储存单位以及矿山、金属冶炼、城市轨道交通运营、建筑施工单位应当建立应急救援组织；生产经营规模较小的，可以不建立应急救援组织，但应当指定兼职的应急救援人员。

危险物品的生产、经营、储存、运输单位以及矿山、金属冶炼、城市轨道交通运营、建筑施工单位应当配备必要的应急救援器材、设备和物资，并进行经常性维护、保养，保证正常运转。

第八十条　生产经营单位发生生产安全事故后，事故现场有关人员应当立即报告本单位负责人。

单位负责人接到事故报告后，应当迅速采取有效措施，组织抢救，防止事故扩大，减少人员伤亡和财产损失，并按照国家有关规定立即如实报告当地负有安全生产监督管理职责的部门，不得隐瞒不报、谎报或者迟报，不得故意破坏事故现场、毁灭有关证据。

第八十一条　负有安全生产监督管理职责的部门接到事故报告后，应当立即按照国家有关规定上报事故情况。负有安全生产监督管理职责的部门和有关地方人民政府对事故情况不得隐瞒不报、谎报或者迟报。

第八十二条　有关地方人民政府和负有安全生产监督管理职责的部门的负责人接到生产安全事故报告后，应当按照生产安全事故应急救援预案的要求立即赶到事故现场，组织事故抢救。

参与事故抢救的部门和单位应当服从统一指挥，加强协同联动，采取有效的应急救援措施，并根据事故救援的需要采取警戒、疏散等措施，防止事故扩大和次生灾害的发生，减少人员伤亡和财产损失。

事故抢救过程中应当采取必要措施，避免或者减少对环境造成的危害。

任何单位和个人都应当支持、配合事故抢救，并提供一切便利条件。

第八十三条 事故调查处理应当按照科学严谨、依法依规、实事求是、注重实效的原则，及时、准确地查清事故原因，查明事故性质和责任，总结事故教训，提出整改措施，并对事故责任者提出处理意见。事故调查报告应当依法及时向社会公布。事故调查和处理的具体办法由国务院制定。

事故发生单位应当及时全面落实整改措施，负有安全生产监督管理职责的部门应当加强监督检查。

第八十四条 生产经营单位发生生产安全事故，经调查确定为责任事故的，除了应当查明事故单位的责任并依法予以追究外，还应当查明对安全生产的有关事项负有审查批准和监督职责的行政部门的责任，对有失职、渎职行为的，依照本法第八十七条的规定追究法律责任。

第八十五条 任何单位和个人不得阻挠和干涉对事故的依法调查处理。

第八十六条 县级以上地方各级人民政府安全生产监督管理部门应当定期统计分析本行政区域内发生生产安全事故的情况，并定期向社会公布。

第六章 法律责任

第八十七条 负有安全生产监督管理职责的部门的工作人员，有下列行为之一的，给予降级或者撤职的处分；构成犯罪的，依照刑法有关规定追究刑事责任：

（一）对不符合法定安全生产条件的涉及安全生产的事项予以批准或者验收通过的；

（二）发现未依法取得批准、验收的单位擅自从事有关活动或者接到举报后不予取缔或者不依法予以处理的；

（三）对已经依法取得批准的单位不履行监督管理职责，发现其不再具备安全生产条件而不撤销原批准或者发现安全生产违法行为不予查处的；

（四）在监督检查中发现重大事故隐患，不依法及时处理的。

负有安全生产监督管理职责的部门的工作人员有前款规定以外的滥用职权、玩忽职守、徇私舞弊行为的，依法给予处分；构成犯罪的，依照刑法有关规定追究刑事责任。

第八十八条 负有安全生产监督管理职责的部门，要求被审查、验收的单位购买其指定的安全设备、器材或者其他产品的，在对安全生产事项的审查、验收中收取费用的，由其上级机关或者监察机关责令改正，责令退还收取的费用；情节严重的，对直接负责的主管人员和其他直接责任人员依法给予处分。

第八十九条 承担安全评价、认证、检测、检验工作的机构，出具虚假证明的，没收违法所得；违法所得在十万元以上的，并处违法所得二倍以上五倍以下的罚款；没有违法所得或者违法所得不足十万元的，单处或者并处十万元以上二十万元以下的罚款；对其直接负责的主管人员和其他直接责任人员处二万元以上五万元以下的罚款；给他人造成损害的，与生产经营单位承担连带赔偿责任；构成犯罪的，依照刑法有关规定追究刑事责任。

对有前款违法行为的机构，吊销其相应资质。

第九十条 生产经营单位的决策机构、主要负责人或者个人经营的投资人不依照本法规定保证安全生产所必需的资金投入，致使生产经营单位不具备安全生产条件的，责令限期改正，提供必需的资金；逾期未改正的，责令生产经营单位停产停业整顿。

有前款违法行为，导致发生生产安全事故的，对生产经营单位的主要负责人给予撤职处分，对个人经营的投资人处二万元以上二十万元以下的罚款；构成犯罪的，依照刑法有关规定追究刑事责任。

第九十一条 生产经营单位的主要负责人未履行本法规定的安全生产管理职责的，责令限期改正；逾期未改正的，处二万元以上五万元以下的罚款，责令生产经营单位停产停业整顿。

生产经营单位的主要负责人有前款违法行为，导致发生生产安全事故的，给予撤职处分；构成犯罪的，依照刑法有关规定追究刑事责任。

生产经营单位的主要负责人依照前款规定受刑事处罚或者撤职处分的，自刑罚执行完毕或者受处分之日起，五年内不得担任任何生产经营单位的主要负责人；对重大、特别重大生产安全事故负有责任的，终身不得担任本行业生产经营单位的主要负责人。

第九十二条 生产经营单位的主要负责人未履行本法规定的安全生产管理职责，导致发生生产安全事故的，由安全生产监督管理部门依照下列规定处以罚款：

（一）发生一般事故的，处上一年年收入百分之三十的罚款；

（二）发生较大事故的，处上一年年收入百分之四十的罚款；

（三）发生重大事故的，处上一年年收入百分之六十的罚款；

（四）发生特别重大事故的，处上一年年收入百分之八十的罚款。

第九十三条 生产经营单位的安全生产管理人员未履行本法规定的安全生产管理职责的，责令限期改正；导致发生生产安全事故的，暂停或者撤销其与安全生产有关的资格；构成犯罪的，依照刑法有关规定追究刑事责任。

第九十四条 生产经营单位有下列行为之一的，责令限期改正，可以处五万元以下的罚款；逾期未改正的，责令停产停业整顿，并处五万元以上十万元以下的罚款，对其直接负责的主管人员和其他直接责任人员处一万元以上二万元以下的罚款：

（一）未按照规定设置安全生产管理机构或者配备安全生产管理人员的；

（二）危险物品的生产、经营、储存单位以及矿山、金属冶炼、建筑施工、道路运输单位的主要负责人和安全生产管理人员未按照规定经考核合格的；

（三）未按照规定对从业人员、被派遣劳动者、实习学生进行安全生产教育和培训，或者未按照规定如实告知有关的安全生产事项的；

（四）未如实记录安全生产教育和培训情况的；

（五）未将事故隐患排查治理情况如实记录或者未向从业人员通报的；

（六）未按照规定制定生产安全事故应急救援预案或者未定期组织演练的；

（七）特种作业人员未按照规定经专门的安全作业培训并取得相应资格，上岗作业的。

第九十五条 生产经营单位有下列行为之一的，责令停止建设或者停产停业整顿，限期改正；逾期未改正的，处五十万元以上一百万元以下的罚款，对其直接负责的主管人员和其他直接责任人员处二万元以上五万元以下的罚款；构成犯罪的，依照刑法有关规定追究刑事责任：

（一）未按照规定对矿山、金属冶炼建设项目或者用于生产、储存、装卸危险物品的建设项目进行安全评价的；

（二）矿山、金属冶炼建设项目或者用于生产、储存、装卸危险物品的建设项目没有安全设施设计或者安全设施设计未按照规定报经有关部门审查同意的；

（三）矿山、金属冶炼建设项目或者用于生产、储存、装卸危险物品的建设项目的施工单位未按照批准的安全设施设计施工的；

（四）矿山、金属冶炼建设项目或者用于生产、储存危险物品的建设项目竣工投入生产或者使用前，安全设施未经验收合格的。

第九十六条 生产经营单位有下列行为之一的，责令限期改正，可以处五万元以下的罚款；逾期未改正的，处五万元以上二十万元以下的罚款，对其直接负责的主管人员和其他直接责任人员处一万元以上二万元以下的罚款；情节严重的，责令停产停业整顿；构成犯罪的，依照刑法有关规定追究刑事责任：

（一）未在有较大危险因素的生产经营场所和有关设施、设备上设置明显的安全警示标志的；

（二）安全设备的安装、使用、检测、改造和报废不符合国家标准或者行业标准的；

（三）未对安全设备进行经常性维护、保养和定期检测的；

（四）未为从业人员提供符合国家标准或者行业标准的劳动防护用品的；

（五）危险物品的容器、运输工具，以及涉及人身安全、危险性较大的海洋石油开采特种设备和矿山井下特种设备未经具有专业资质的机构检测、检验合格，取得安全使用证或者安全标志，投入使用的；

（六）使用应当淘汰的危及生产安全的工艺、设备的。

第九十七条 未经依法批准，擅自生产、经营、运输、储存、使用危险物品或者处置废弃危险物品的，依照有关危险物品安全管理的法律、行政法规的规定予以处罚；构成犯罪的，依照刑法有关规定追究刑事责任。

第九十八条 生产经营单位有下列行为之一的，责令限期改正，可以处十万元以下的罚款；逾期未改正的，责令停产停业整顿，并处十万元以上二十万元以下的罚款，对其直接负责的主管人员和其他直接责任人员处二万元以上五万元以下的罚款；构成犯罪的，依照刑法有关规定追究刑事责任：

（一）生产、经营、运输、储存、使用危险物品或者处置废弃危险物品，未建立专门安全管理制度、未采取可靠的安全措施的；

（二）对重大危险源未登记建档，或者未进行评估、监控，或者未制定应急预案的；

（三）进行爆破、吊装以及国务院安全生产监督管理部门会同国务院有关部门规定的其他危险作业，未安排专门人员进行现场安全管理的；

（四）未建立事故隐患排查治理制度的。

第九十九条 生产经营单位未采取措施消除事故隐患的，责令立即消除或者限期消除；生产经营单位拒不执行的，责令停产停业整顿，并处十万元以上五十万元以下的罚款，对其直接负责的主管人员和其他直接责任人员处二万元以上五万元以下的罚款。

第一百条 生产经营单位将生产经营项目、场所、设备发包或者出租给不具备安全生产条件或者相应资质的单位或者个人的，责令限期改正，没收违法所得；违法所得十万元以上的，并处违法所得二倍以上五倍以下的罚款；没有违法所得或者违法所得不足十万元的，单处或者并处十万元以上二十万元以下的罚款；对其直接负责的主管人员和其他直接责任人员处一万元以上二万元以下的罚款；导致发生生产安全事故给他人造成损害的，与承包方、承租方承担连带赔偿责任。

生产经营单位未与承包单位、承租单位签订专门的安全生产管理协议或者未在承包合同、租赁合同中明确各自的安全生产管理职责，或者未对承包单位、承租单位的安全生产统一协调、管理的，责令限期改正，可以处五万元以下的罚款，对其直接负责的主管人员和其他直接责任人员可以处一万元以下的罚款；逾期未改正的，责令停产停业整顿。

第一百零一条 两个以上生产经营单位在同一作业区域内进行可能危及对方安全生产的生产经营活动，未签订安全生产管理协议或者未指定专职安全生产管理人员进行安全检查与协调的，责令限期改正，可以处五万元以下的罚款，对其直接负责的主管人员和其他直接责任人员可以处一万元以下的罚款；逾期未改正的，责令停产停业。

第一百零二条 生产经营单位有下列行为之一的，责令限期改正，可以处五万元以下的罚款，对其直接负责的主管人员和其他直接责任人员可以处一万元以下的罚款；逾期未改正的，责令停产停业整顿；构成犯罪的，依照刑法有关规定追究刑事责任：

（一）生产、经营、储存、使用危险物品的车间、商店、仓库与员工宿舍在同一座建筑内，或者与员工宿舍的距离不符合安全要求的；

（二）生产经营场所和员工宿舍未设有符合紧急疏散需要、标志明显、保持畅通的出口，或者锁闭、封堵生产经营场所或者员工宿舍出口的。

第一百零三条 生产经营单位与从业人员订立协议，免除或者减轻其对从业人员因生产安全事故伤亡依法应承担的责任的，该协议无效；对生产经营单位的主要负责人、个人经营的投资人处二万元以上十万元以下的罚款。

第一百零四条 生产经营单位的从业人员不服从管理，违反安全生产规章制度或者操作规程的，由生产经营单位给予批评教育，依照有关规章制度给予处分；构成犯罪的，依照刑法有关规定追究刑事责任。

第一百零五条　违反本法规定，生产经营单位拒绝、阻碍负有安全生产监督管理职责的部门依法实施监督检查的，责令改正；拒不改正的，处二万元以上二十万元以下的罚款；对其直接负责的主管人员和其他直接责任人员处一万元以上二万元以下的罚款；构成犯罪的，依照刑法有关规定追究刑事责任。

第一百零六条　生产经营单位的主要负责人在本单位发生生产安全事故时，不立即组织抢救或者在事故调查处理期间擅离职守或者逃匿的，给予降级、撤职的处分，并由安全生产监督管理部门处上一年年收入百分之六十至百分之一百的罚款；对逃匿的处十五日以下拘留；构成犯罪的，依照刑法有关规定追究刑事责任。

生产经营单位的主要负责人对生产安全事故隐瞒不报、谎报或者迟报的，依照前款规定处罚。

第一百零七条　有关地方人民政府、负有安全生产监督管理职责的部门，对生产安全事故隐瞒不报、谎报或者迟报的，对直接负责的主管人员和其他直接责任人员依法给予处分；构成犯罪的，依照刑法有关规定追究刑事责任。

第一百零八条　生产经营单位不具备本法和其他有关法律、行政法规和国家标准或者行业标准规定的安全生产条件，经停产停业整顿仍不具备安全生产条件的，予以关闭；有关部门应当依法吊销其有关证照。

第一百零九条　发生生产安全事故，对负有责任的生产经营单位除要求其依法承担相应的赔偿等责任外，由安全生产监督管理部门依照下列规定处以罚款：

（一）发生一般事故的，处二十万元以上五十万元以下的罚款；

（二）发生较大事故的，处五十万元以上一百万元以下的罚款；

（三）发生重大事故的，处一百万元以上五百万元以下的罚款；

（四）发生特别重大事故的，处五百万元以上一千万元以下的罚款；情节特别严重的，处一千万元以上二千万元以下的罚款。

第一百一十条　本法规定的行政处罚，由安全生产监督管理部门和其他负有安全生产监督管理职责的部门按照职责分工决定。予以关闭的行政处罚由负有安全生产监督管理职责的部门报请县级以上人民政府按照国务院规定的权限决定；给予拘留的行政处罚由公安机关依照治安管理处罚法的规定决定。

第一百一十一条　生产经营单位发生生产安全事故造成人员伤亡、他人财产损失的，应当依法承担赔偿责任；拒不承担或者其负责人逃匿的，由人民法院依法强制执行。

生产安全事故的责任人未依法承担赔偿责任，经人民法院依法采取执行措施后，仍不能对受害人给予足额赔偿的，应当继续履行赔偿义务；受害人发现责任人有其他财产的，可以随时请求人民法院执行。

第七章　附　则

第一百一十二条　本法下列用语的含义：

危险物品，是指易燃易爆物品、危险化学品、放射性物品等能够危及人身安全和财产安全的物品。

重大危险源，是指长期地或者临时地生产、搬运、使用或者储存危险物品，且危险物品的数量等于或者超过临界量的单元（包括场所和设施）。

第一百一十三条　本法规定的生产安全一般事故、较大事故、重大事故、特别重大事故的划分标准由国务院规定。

国务院安全生产监督管理部门和其他负有安全生产监督管理职责的部门应当根据各自的职责分工，制定相关行业、领域重大事故隐患的判定标准。

第一百一十四条　本法自 2002 年 11 月 1 日起施行。

中华人民共和国安全生产许可证条例

（国务院令 2004 年第 397 号，国务院 2004 年 1 月 13 日发布）

第一条 为了严格规范安全生产条件，进一步加强安全生产监督管理，防止和减少生产安全事故，根据《中华人民共和国安全生产法》的有关规定，制定本条例。

第二条 国家对矿山企业、建筑施工企业和危险化学品、烟花爆竹、民用爆破器材生产企业（以下统称企业）实行安全生产许可制度。

企业未取得安全生产许可证的，不得从事生产活动。

第三条 国务院安全生产监督管理部门负责中央管理的非煤矿矿山企业和危险化学品、烟花爆竹生产企业安全生产许可证的颁发和管理。

省、自治区、直辖市人民政府安全生产监督管理部门负责前款规定以外的非煤矿矿山企业和危险化学品、烟花爆竹生产企业安全生产许可证的颁发和管理，并接受国务院安全生产监督管理部门的指导和监督。

国家煤矿安全监察机构负责中央管理的煤矿企业安全生产许可证的颁发和管理。

在省、自治区、直辖市设立的煤矿安全监察机构负责前款规定以外的其他煤矿企业安全生产许可证的颁发和管理，并接受国家煤矿安全监察机构的指导和监督。

第四条 国务院建设主管部门负责中央管理的建筑施工企业安全生产许可证的颁发和管理。

省、自治区、直辖市人民政府建设主管部门负责前款规定以外的建筑施工企业安全生产许可证的颁发和管理，并接受国务院建设主管部门的指导和监督。

第五条 国务院国防科技工业主管部门负责民用爆破器材生产企业安全生产许可证的颁发和管理。

第六条 企业取得安全生产许可证，应当具备下列安全生产条件：

（一）建立、健全安全生产责任制，制定完备的安全生产规章制度和操作规程；

（二）安全投入符合安全生产要求；

（三）设置安全生产管理机构，配备专职安全生产管理人员；

（四）主要负责人和安全生产管理人员经考核合格；

（五）特种作业人员经有关业务主管部门考核合格，取得特种作业操作资格证书；

（六）从业人员经安全生产教育和培训合格；

（七）依法参加工伤保险，为从业人员缴纳保险费；

（八）厂房、作业场所和安全设施、设备、工艺符合有关安全生产法律、法规、标准和规程的要求；

（九）有职业危害防治措施，并为从业人员配备符合国家标准或者行业标准的劳动防护用品；

（十）依法进行安全评价；

（十一）有重大危险源检测、评估、监控措施和应急预案；

（十二）有生产安全事故应急救援预案、应急救援组织或者应急救援人员，配备必要的应急救援器材、设备；

（十三）法律、法规规定的其他条件。

第七条 企业进行生产前，应当依照本条例的规定向安全生产许可证颁发管理机关申请领取安全生产许可证，并提供本条例第六条规定的相关文件、资料。安全生产许可证颁发管理机关应当自收到申请之日起 45 日内审查完毕，经审查符合本条例规定的安全生产条件的，颁发安全生产许可证；不符合本条例规定的安全生产条件的，不予颁发安全生产许可证，书面通知企业并说明理由。

煤矿企业应当以矿（井）为单位，在申请领取煤炭生产许可证前，依照本条例的规定取得安全生产许可证。

第八条　安全生产许可证由国务院安全生产监督管理部门规定统一的式样。

第九条　安全生产许可证的有效期为3年。安全生产许可证有效期满需要延期的，企业应当于期满前3个月向原安全生产许可证颁发管理机关办理延期手续。

企业在安全生产许可证有效期内，严格遵守有关安全生产的法律法规，未发生死亡事故的，安全生产许可证有效期届满时，经原安全生产许可证颁发管理机关同意，不再审查，安全生产许可证有效期延期3年。

第十条　安全生产许可证颁发管理机关应当建立、健全安全生产许可证档案管理制度，并定期向社会公布企业取得安全生产许可证的情况。

第十一条　煤矿企业安全生产许可证颁发管理机关、建筑施工企业安全生产许可证颁发管理机关、民用爆破器材生产企业安全生产许可证颁发管理机关，应当每年向同级安全生产监督管理部门通报其安全生产许可证颁发和管理情况。

第十二条　国务院安全生产监督管理部门和省、自治区、直辖市人民政府安全生产监督管理部门对建筑施工企业、民用爆破器材生产企业、煤矿企业取得安全生产许可证的情况进行监督。

第十三条　企业不得转让、冒用安全生产许可证或者使用伪造的安全生产许可证。

第十四条　企业取得安全生产许可证后，不得降低安全生产条件，并应当加强日常安全生产管理，接受安全生产许可证颁发管理机关的监督检查。

安全生产许可证颁发管理机关应当加强对取得安全生产许可证的企业的监督检查，发现其不再具备本条例规定的安全生产条件的，应当暂扣或者吊销安全生产许可证。

第十五条　安全生产许可证颁发管理机关工作人员在安全生产许可证颁发、管理和监督检查工作中，不得索取或者接受企业的财物，不得谋取其他利益。

第十六条　监察机关依照《中华人民共和国行政监察法》的规定，对安全生产许可证颁发管理机关及其工作人员履行本条例规定的职责实施监察。

第十七条　任何单位或者个人对违反本条例规定的行为，有权向安全生产许可证颁发管理机关或者监察机关等有关部门举报。

第十八条　安全生产许可证颁发管理机关工作人员有下列行为之一的，给予降级或者撤职的行政处分；构成犯罪的，依法追究刑事责任：

（一）向不符合本条例规定的安全生产条件的企业颁发安全生产许可证的；

（二）发现企业未依法取得安全生产许可证擅自从事生产活动，不依法处理的；

（三）发现取得安全生产许可证的企业不再具备本条例规定的安全生产条件，不依法处理的；

（四）接到对违反本条例规定行为的举报后，不及时处理的；

（五）在安全生产许可证颁发、管理和监督检查工作中，索取或者接受企业的财物，或者谋取其他利益的。

第十九条　违反本条例规定，未取得安全生产许可证擅自进行生产的，责令停止生产，没收违法所得，并处10万元以上50万元以下的罚款；造成重大事故或者其他严重后果，构成犯罪的，依法追究刑事责任。

第二十条　违反本条例规定，安全生产许可证有效期满未办理延期手续，继续进行生产的，责令停止生产，限期补办延期手续，没收违法所得，并处5万元以上10万元以下的罚款；逾期仍不办理延期手续，继续进行生产的，依照本条例第十九条的规定处罚。

第二十一条　违反本条例规定，转让安全生产许可证的，没收违法所得，处10万元以上50万元以下的罚款，并吊销其安全生产许可证；构成犯罪的，依法追究刑事责任；接受转让的，依照本条例第十九条的规定处罚。

冒用安全生产许可证或者使用伪造的安全生产许可证的，依照本条例第十九条的规定处罚。

第二十二条　本条例施行前已经进行生产的企业，应当自本条例施行之日起1年内，依照本条例的规定向安全生产许可证颁发管理机关申请办理安全生产许可证；逾期不办理安全生产许可证，或者经审查不符合本条例规定的安全生产条件，未取得安全生产许可证，继续进行生产的，依照本条例第十九条的规定处罚。

第二十三条 本条例规定的行政处罚，由安全生产许可证颁发管理机关决定。

第二十四条 本条例自公布之日起施行。

中华人民共和国网络安全法

（2016 年 11 月 7 日第十二届全国人民代表大会常务委员会第二十四次会议通过，中华人民共和国主席令 2016 年第 53 号）

第一章 总 则

第一条 为了保障网络安全，维护网络空间主权和国家安全、社会公共利益，保护公民、法人和其他组织的合法权益，促进经济社会信息化健康发展，制定本法。

第二条 在中华人民共和国境内建设、运营、维护和使用网络，以及网络安全的监督管理，适用本法。

第三条 国家坚持网络安全与信息化发展并重，遵循积极利用、科学发展、依法管理、确保安全的方针，推进网络基础设施建设和互联互通，鼓励网络技术创新和应用，支持培养网络安全人才，建立健全网络安全保障体系，提高网络安全保护能力。

第四条 国家制定并不断完善网络安全战略，明确保障网络安全的基本要求和主要目标，提出重点领域的网络安全政策、工作任务和措施。

第五条 国家采取措施，监测、防御、处置来源于中华人民共和国境内外的网络安全风险和威胁，保护关键信息基础设施免受攻击、侵入、干扰和破坏，依法惩治网络违法犯罪活动，维护网络空间安全和秩序。

第六条 国家倡导诚实守信、健康文明的网络行为，推动传播社会主义核心价值观，采取措施提高全社会的网络安全意识和水平，形成全社会共同参与促进网络安全的良好环境。

第七条 国家积极开展网络空间治理、网络技术研发和标准制定、打击网络违法犯罪等方面的国际交流与合作，推动构建和平、安全、开放、合作的网络空间，建立多边、民主、透明的网络治理体系。

第八条 国家网信部门负责统筹协调网络安全工作和相关监督管理工作。国务院电信主管部门、公安部门和其他有关机关依照本法和有关法律、行政法规的规定，在各自职责范围内负责网络安全保护和监督管理工作。

县级以上地方人民政府有关部门的网络安全保护和监督管理职责，按照国家有关规定确定。

第九条 网络运营者开展经营和服务活动，必须遵守法律、行政法规，尊重社会公德，遵守商业道德，诚实信用，履行网络安全保护义务，接受政府和社会的监督，承担社会责任。

第十条 建设、运营网络或者通过网络提供服务，应当依照法律、行政法规的规定和国家标准的强制性要求，采取技术措施和其他必要措施，保障网络安全、稳定运行，有效应对网络安全事件，防范网络违法犯罪活动，维护网络数据的完整性、保密性和可用性。

第十一条 网络相关行业组织按照章程，加强行业自律，制定网络安全行为规范，指导会员加强网络安全保护，提高网络安全保护水平，促进行业健康发展。

第十二条 国家保护公民、法人和其他组织依法使用网络的权利，促进网络接入普及，提升网络服务水平，为社会提供安全、便利的网络服务，保障网络信息依法有序自由流动。

任何个人和组织使用网络应当遵守宪法法律，遵守公共秩序，尊重社会公德，不得危害网络安全，不得利用网络从事危害国家安全、荣誉和利益，煽动颠覆国家政权、推翻社会主义制度，煽动分裂国家、破坏国家统一，宣扬恐怖主义、极端主义，宣扬民族仇恨、民族歧视，传播暴力、淫秽色情信息，编造、传播虚假信息扰乱经济秩序和社会秩序，以及侵害他人名誉、隐私、知识产权和其他合法权益等活动。

第十三条　国家支持研究开发有利于未成年人健康成长的网络产品和服务，依法惩治利用网络从事危害未成年人身心健康的活动，为未成年人提供安全、健康的网络环境。

第十四条　任何个人和组织有权对危害网络安全的行为向网信、电信、公安等部门举报。收到举报的部门应当及时依法作出处理；不属于本部门职责的，应当及时移送有权处理的部门。

有关部门应当对举报人的相关信息予以保密，保护举报人的合法权益。

第二章　网络安全支持与促进

第十五条　国家建立和完善网络安全标准体系。国务院标准化行政主管部门和国务院其他有关部门根据各自的职责，组织制定并适时修订有关网络安全管理以及网络产品、服务和运行安全的国家标准、行业标准。

国家支持企业、研究机构、高等学校、网络相关行业组织参与网络安全国家标准、行业标准的制定。

第十六条　国务院和省、自治区、直辖市人民政府应当统筹规划，加大投入，扶持重点网络安全技术产业和项目，支持网络安全技术的研究开发和应用，推广安全可信的网络产品和服务，保护网络技术知识产权，支持企业、研究机构和高等学校等参与国家网络安全技术创新项目。

第十七条　国家推进网络安全社会化服务体系建设，鼓励有关企业、机构开展网络安全认证、检测和风险评估等安全服务。

第十八条　国家鼓励开发网络数据安全保护和利用技术，促进公共数据资源开放，推动技术创新和经济社会发展。

国家支持创新网络安全管理方式，运用网络新技术，提升网络安全保护水平。

第十九条　各级人民政府及其有关部门应当组织开展经常性的网络安全宣传教育，并指导、督促有关单位做好网络安全宣传教育工作。

大众传播媒介应当有针对性地面向社会进行网络安全宣传教育。

第二十条　国家支持企业和高等学校、职业学校等教育培训机构开展网络安全相关教育与培训，采取多种方式培养网络安全人才，促进网络安全人才交流。

第三章　网络运行安全

第一节　一般规定

第二十一条　国家实行网络安全等级保护制度。网络运营者应当按照网络安全等级保护制度的要求，履行下列安全保护义务，保障网络免受干扰、破坏或者未经授权的访问，防止网络数据泄露或者被窃取、篡改：

（一）制定内部安全管理制度和操作规程，确定网络安全负责人，落实网络安全保护责任；

（二）采取防范计算机病毒和网络攻击、网络侵入等危害网络安全行为的技术措施；

（三）采取监测、记录网络运行状态、网络安全事件的技术措施，并按照规定留存相关的网络日志不少于六个月；

（四）采取数据分类、重要数据备份和加密等措施；

（五）法律、行政法规规定的其他义务。

第二十二条　网络产品、服务应当符合相关国家标准的强制性要求。网络产品、服务的提供者不得设置恶意程序；发现其网络产品、服务存在安全缺陷、漏洞等风险时，应当立即采取补救措施，按照规定及时告知用户并向有关主管部门报告。

网络产品、服务的提供者应当为其产品、服务持续提供安全维护；在规定或者当事人约定的期限内，不得终止提供安全维护。

网络产品、服务具有收集用户信息功能的，其提供者应当向用户明示并取得同意；涉及用户个人信息的，还应当遵守本法和有关法律、行政法规关于个人信息保护的规定。

第二十三条 网络关键设备和网络安全专用产品应当按照相关国家标准的强制性要求，由具备资格的机构安全认证合格或者安全检测符合要求后，方可销售或者提供。国家网信部门会同国务院有关部门制定、公布网络关键设备和网络安全专用产品目录，并推动安全认证和安全检测结果互认，避免重复认证、检测。

第二十四条 网络运营者为用户办理网络接入、域名注册服务，办理固定电话、移动电话等入网手续，或者为用户提供信息发布、即时通讯等服务，在与用户签订协议或者确认提供服务时，应当要求用户提供真实身份信息。用户不提供真实身份信息的，网络运营者不得为其提供相关服务。

国家实施网络可信身份战略，支持研究开发安全、方便的电子身份认证技术，推动不同电子身份认证之间的互认。

第二十五条 网络运营者应当制定网络安全事件应急预案，及时处置系统漏洞、计算机病毒、网络攻击、网络侵入等安全风险；在发生危害网络安全的事件时，立即启动应急预案，采取相应的补救措施，并按照规定向有关主管部门报告。

第二十六条 开展网络安全认证、检测、风险评估等活动，向社会发布系统漏洞、计算机病毒、网络攻击、网络侵入等网络安全信息，应当遵守国家有关规定。

第二十七条 任何个人和组织不得从事非法侵入他人网络、干扰他人网络正常功能、窃取网络数据等危害网络安全的活动；不得提供专门用于从事侵入网络、干扰网络正常功能及防护措施、窃取网络数据等危害网络安全活动的程序、工具；明知他人从事危害网络安全的活动的，不得为其提供技术支持、广告推广、支付结算等帮助。

第二十八条 网络运营者应当为公安机关、国家安全机关依法维护国家安全和侦查犯罪的活动提供技术支持和协助。

第二十九条 国家支持网络运营者之间在网络安全信息收集、分析、通报和应急处置等方面进行合作，提高网络运营者的安全保障能力。

有关行业组织建立健全本行业的网络安全保护规范和协作机制，加强对网络安全风险的分析评估，定期向会员进行风险警示，支持、协助会员应对网络安全风险。

第三十条 网信部门和有关部门在履行网络安全保护职责中获取的信息，只能用于维护网络安全的需要，不得用于其他用途。

第二节 关键信息基础设施的运行安全

第三十一条 国家对公共通信和信息服务、能源、交通、水利、金融、公共服务、电子政务等重要行业和领域，以及其他一旦遭到破坏、丧失功能或者数据泄露，可能严重危害国家安全、国计民生、公共利益的关键信息基础设施，在网络安全等级保护制度的基础上，实行重点保护。关键信息基础设施的具体范围和安全保护办法由国务院制定。

国家鼓励关键信息基础设施以外的网络运营者自愿参与关键信息基础设施保护体系。

第三十二条 按照国务院规定的职责分工，负责关键信息基础设施安全保护工作的部门分别编制并组织实施本行业、本领域的关键信息基础设施安全规划，指导和监督关键信息基础设施运行安全保护工作。

第三十三条 建设关键信息基础设施应当确保其具有支持业务稳定、持续运行的性能，并保证安全技术措施同步规划、同步建设、同步使用。

第三十四条 除本法第二十一条的规定外，关键信息基础设施的运营者还应当履行下列安全保护义务：

（一）设置专门安全管理机构和安全管理负责人，并对该负责人和关键岗位的人员进行安全背景审查；

（二）定期对从业人员进行网络安全教育、技术培训和技能考核；

（三）对重要系统和数据库进行容灾备份；

（四）制定网络安全事件应急预案，并定期进行演练；

（五）法律、行政法规规定的其他义务。

第三十五条 关键信息基础设施的运营者采购网络产品和服务，可能影响国家安全的，应当通过国家网信部门会同国务院有关部门组织的国家安全审查。

第三十六条　关键信息基础设施的运营者采购网络产品和服务，应当按照规定与提供者签订安全保密协议，明确安全和保密义务与责任。

第三十七条　关键信息基础设施的运营者在中华人民共和国境内运营中收集和产生的个人信息和重要数据应当在境内存储。因业务需要，确需向境外提供的，应当按照国家网信部门会同国务院有关部门制定的办法进行安全评估；法律、行政法规另有规定的，依照其规定。

第三十八条　关键信息基础设施的运营者应当自行或者委托网络安全服务机构对其网络的安全性和可能存在的风险每年至少进行一次检测评估，并将检测评估情况和改进措施报送相关负责关键信息基础设施安全保护工作的部门。

第三十九条　国家网信部门应当统筹协调有关部门对关键信息基础设施的安全保护采取下列措施：

（一）对关键信息基础设施的安全风险进行抽查检测，提出改进措施，必要时可以委托网络安全服务机构对网络存在的安全风险进行检测评估；

（二）定期组织关键信息基础设施的运营者进行网络安全应急演练，提高应对网络安全事件的水平和协同配合能力；

（三）促进有关部门、关键信息基础设施的运营者以及有关研究机构、网络安全服务机构等之间的网络安全信息共享；

（四）对网络安全事件的应急处置与网络功能的恢复等，提供技术支持和协助。

第四章　网络信息安全

第四十条　网络运营者应当对其收集的用户信息严格保密，并建立健全用户信息保护制度。

第四十一条　网络运营者收集、使用个人信息，应当遵循合法、正当、必要的原则，公开收集、使用规则，明示收集、使用信息的目的、方式和范围，并经被收集者同意。

网络运营者不得收集与其提供的服务无关的个人信息，不得违反法律、行政法规的规定和双方的约定收集、使用个人信息，并应当依照法律、行政法规的规定和与用户的约定，处理其保存的个人信息。

第四十二条　网络运营者不得泄露、篡改、毁损其收集的个人信息；未经被收集者同意，不得向他人提供个人信息。但是，经过处理无法识别特定个人且不能复原的除外。

网络运营者应当采取技术措施和其他必要措施，确保其收集的个人信息安全，防止信息泄露、毁损、丢失。在发生或者可能发生个人信息泄露、毁损、丢失的情况时，应当立即采取补救措施，按照规定及时告知用户并向有关主管部门报告。

第四十三条　个人发现网络运营者违反法律、行政法规的规定或者双方的约定收集、使用其个人信息的，有权要求网络运营者删除其个人信息；发现网络运营者收集、存储的其个人信息有错误的，有权要求网络运营者予以更正。网络运营者应当采取措施予以删除或者更正。

第四十四条　任何个人和组织不得窃取或者以其他非法方式获取个人信息，不得非法出售或者非法向他人提供个人信息。

第四十五条　依法负有网络安全监督管理职责的部门及其工作人员，必须对在履行职责中知悉的个人信息、隐私和商业秘密严格保密，不得泄露、出售或者非法向他人提供。

第四十六条　任何个人和组织应当对其使用网络的行为负责，不得设立用于实施诈骗，传授犯罪方法，制作或者销售违禁物品、管制物品等违法犯罪活动的网站、通讯群组，不得利用网络发布涉及实施诈骗，制作或者销售违禁物品、管制物品以及其他违法犯罪活动的信息。

第四十七条　网络运营者应当加强对其用户发布的信息的管理，发现法律、行政法规禁止发布或者传输的信息的，应当立即停止传输该信息，采取消除等处置措施，防止信息扩散，保存有关记录，并向有关主管部门报告。

第四十八条　任何个人和组织发送的电子信息、提供的应用软件，不得设置恶意程序，不得含有法律、行政法规禁止发布或者传输的信息。

电子信息发送服务提供者和应用软件下载服务提供者，应当履行安全管理义务，知道其用户有前款规定行为的，应当停止提供服务，采取消除等处置措施，保存有关记录，并向有关主管部门报告。

第四十九条 网络运营者应当建立网络信息安全投诉、举报制度，公布投诉、举报方式等信息，及时受理并处理有关网络信息安全的投诉和举报。

网络运营者对网信部门和有关部门依法实施的监督检查，应当予以配合。

第五十条 国家网信部门和有关部门依法履行网络信息安全监督管理职责，发现法律、行政法规禁止发布或者传输的信息的，应当要求网络运营者停止传输，采取消除等处置措施，保存有关记录；对来源于中华人民共和国境外的上述信息，应当通知有关机构采取技术措施和其他必要措施阻断传播。

第五章 监测预警与应急处置

第五十一条 国家建立网络安全监测预警和信息通报制度。国家网信部门应当统筹协调有关部门加强网络安全信息收集、分析和通报工作，按照规定统一发布网络安全监测预警信息。

第五十二条 负责关键信息基础设施安全保护工作的部门，应当建立健全本行业、本领域的网络安全监测预警和信息通报制度，并按照规定报送网络安全监测预警信息。

第五十三条 国家网信部门协调有关部门建立健全网络安全风险评估和应急工作机制，制定网络安全事件应急预案，并定期组织演练。

负责关键信息基础设施安全保护工作的部门应当制定本行业、本领域的网络安全事件应急预案，并定期组织演练。

网络安全事件应急预案应当按照事件发生后的危害程度、影响范围等因素对网络安全事件进行分级，并规定相应的应急处置措施。

第五十四条 网络安全事件发生的风险增大时，省级以上人民政府有关部门应当按照规定的权限和程序，并根据网络安全风险的特点和可能造成的危害，采取下列措施：

（一）要求有关部门、机构和人员及时收集、报告有关信息，加强对网络安全风险的监测；

（二）组织有关部门、机构和专业人员，对网络安全风险信息进行分析评估，预测事件发生的可能性、影响范围和危害程度；

（三）向社会发布网络安全风险预警，发布避免、减轻危害的措施。

第五十五条 发生网络安全事件，应当立即启动网络安全事件应急预案，对网络安全事件进行调查和评估，要求网络运营者采取技术措施和其他必要措施，消除安全隐患，防止危害扩大，并及时向社会发布与公众有关的警示信息。

第五十六条 省级以上人民政府有关部门在履行网络安全监督管理职责中，发现网络存在较大安全风险或者发生安全事件的，可以按照规定的权限和程序对该网络的运营者的法定代表人或者主要负责人进行约谈。网络运营者应当按照要求采取措施，进行整改，消除隐患。

第五十七条 因网络安全事件，发生突发事件或者生产安全事故的，应当依照《中华人民共和国突发事件应对法》、《中华人民共和国安全生产法》等有关法律、行政法规的规定处置。

第五十八条 因维护国家安全和社会公共秩序，处置重大突发社会安全事件的需要，经国务院决定或者批准，可以在特定区域对网络通信采取限制等临时措施。

第六章 法律责任

第五十九条 网络运营者不履行本法第二十一条、第二十五条规定的网络安全保护义务的，由有关主管部门责令改正，给予警告；拒不改正或者导致危害网络安全等后果的，处一万元以上十万元以下罚款，对直接负责的主管人员处五千元以上五万元以下罚款。

关键信息基础设施的运营者不履行本法第

三十三条、第三十四条、第三十六条、第三十八条规定的网络安全保护义务的，由有关主管部门责令改正，给予警告；拒不改正或者导致危害网络安全等后果的，处十万元以上一百万元以下罚款，对直接负责的主管人员处一万元以上十万元以下罚款。

第六十条　违反本法第二十二条第一款、第二款和第四十八条第一款规定，有下列行为之一的，由有关主管部门责令改正，给予警告；拒不改正或者导致危害网络安全等后果的，处五万元以上五十万元以下罚款，对直接负责的主管人员处一万元以上十万元以下罚款：

（一）设置恶意程序的；

（二）对其产品、服务存在的安全缺陷、漏洞等风险未立即采取补救措施，或者未按照规定及时告知用户并向有关主管部门报告的；

（三）擅自终止为其产品、服务提供安全维护的。

第六十一条　网络运营者违反本法第二十四条第一款规定，未要求用户提供真实身份信息，或者对不提供真实身份信息的用户提供相关服务的，由有关主管部门责令改正；拒不改正或者情节严重的，处五万元以上五十万元以下罚款，并可以由有关主管部门责令暂停相关业务、停业整顿、关闭网站、吊销相关业务许可证或者吊销营业执照，对直接负责的主管人员和其他直接责任人员处一万元以上十万元以下罚款。

第六十二条　违反本法第二十六条规定，开展网络安全认证、检测、风险评估等活动，或者向社会发布系统漏洞、计算机病毒、网络攻击、网络侵入等网络安全信息的，由有关主管部门责令改正，给予警告；拒不改正或者情节严重的，处一万元以上十万元以下罚款，并可以由有关主管部门责令暂停相关业务、停业整顿、关闭网站、吊销相关业务许可证或者吊销营业执照，对直接负责的主管人员和其他直接责任人员处五千元以上五万元以下罚款。

第六十三条　违反本法第二十七条规定，从事危害网络安全的活动，或者提供专门用于从事危害网络安全活动的程序、工具，或者为他人从事危害网络安全的活动提供技术支持、广告推广、支付结算等帮助，尚不构成犯罪的，由公安机关没收违法所得，处五日以下拘留，可以并处五万元以上五十万元以下罚款；情节较重的，处五日以上十五日以下拘留，可以并处十万元以上一百万元以下罚款。

单位有前款行为的，由公安机关没收违法所得，处十万元以上一百万元以下罚款，并对直接负责的主管人员和其他直接责任人员依照前款规定处罚。

违反本法第二十七条规定，受到治安管理处罚的人员，五年内不得从事网络安全管理和网络运营关键岗位的工作；受到刑事处罚的人员，终身不得从事网络安全管理和网络运营关键岗位的工作。

第六十四条　网络运营者、网络产品或者服务的提供者违反本法第二十二条第三款、第四十一条至第四十三条规定，侵害个人信息依法得到保护的权利的，由有关主管部门责令改正，可以根据情节单处或者并处警告、没收违法所得、处违法所得一倍以上十倍以下罚款，没有违法所得的，处一百万元以下罚款，对直接负责的主管人员和其他直接责任人员处一万元以上十万元以下罚款；情节严重的，并可以责令暂停相关业务、停业整顿、关闭网站、吊销相关业务许可证或者吊销营业执照。

违反本法第四十四条规定，窃取或者以其他非法方式获取、非法出售或者非法向他人提供个人信息，尚不构成犯罪的，由公安机关没收违法所得，并处违法所得一倍以上十倍以下罚款，没有违法所得的，处一百万元以下罚款。

第六十五条　关键信息基础设施的运营者违反本法第三十五条规定，使用未经安全审查或者安全审查未通过的网络产品或者服务的，由有关主管部门责令停止使用，处采购金额一倍以上十倍以下罚款；对直接负责的主管人员和其他直接责任人员处一万元以上十万元以下罚款。

第六十六条　关键信息基础设施的运营者违反本法第三十七条规定，在境外存储网络数据，或者向境外提供网络数据的，由有关主管部门责令改正，给予警告，没收违法所得，处五万元以上五十万元以下罚款，并可以责令暂停相关业务、停业整顿、关闭网站、吊销相关业务许可证或者吊销营业执照；对直接负责的主管人员和其他直接责任人员处一万元以上十万元以下罚款。

第六十七条 违反本法第四十六条规定，设立用于实施违法犯罪活动的网站、通讯群组，或者利用网络发布涉及实施违法犯罪活动的信息，尚不构成犯罪的，由公安机关处五日以下拘留，可以并处一万元以上十万元以下罚款；情节较重的，处五日以上十五日以下拘留，可以并处五万元以上五十万元以下罚款。关闭用于实施违法犯罪活动的网站、通讯群组。

单位有前款行为的，由公安机关处十万元以上五十万元以下罚款，并对直接负责的主管人员和其他直接责任人员依照前款规定处罚。

第六十八条 网络运营者违反本法第四十七条规定，对法律、行政法规禁止发布或者传输的信息未停止传输、采取消除等处置措施、保存有关记录的，由有关主管部门责令改正，给予警告，没收违法所得；拒不改正或者情节严重的，处十万元以上五十万元以下罚款，并可以责令暂停相关业务、停业整顿、关闭网站、吊销相关业务许可证或者吊销营业执照，对直接负责的主管人员和其他直接责任人员处一万元以上十万元以下罚款。

电子信息发送服务提供者、应用软件下载服务提供者，不履行本法第四十八条第二款规定的安全管理义务的，依照前款规定处罚。

第六十九条 网络运营者违反本法规定，有下列行为之一的，由有关主管部门责令改正；拒不改正或者情节严重的，处五万元以上五十万元以下罚款，对直接负责的主管人员和其他直接责任人员，处一万元以上十万元以下罚款：

（一）不按照有关部门的要求对法律、行政法规禁止发布或者传输的信息，采取停止传输、消除等处置措施的；

（二）拒绝、阻碍有关部门依法实施的监督检查的；

（三）拒不向公安机关、国家安全机关提供技术支持和协助的。

第七十条 发布或者传输本法第十二条第二款和其他法律、行政法规禁止发布或者传输的信息的，依照有关法律、行政法规的规定处罚。

第七十一条 有本法规定的违法行为的，依照有关法律、行政法规的规定记入信用档案，并予以公示。

第七十二条 国家机关政务网络的运营者不履行本法规定的网络安全保护义务的，由其上级机关或者有关机关责令改正；对直接负责的主管人员和其他直接责任人员依法给予处分。

第七十三条 网信部门和有关部门违反本法第三十条规定，将在履行网络安全保护职责中获取的信息用于其他用途的，对直接负责的主管人员和其他直接责任人员依法给予处分。

网信部门和有关部门的工作人员玩忽职守、滥用职权、徇私舞弊，尚不构成犯罪的，依法给予处分。

第七十四条 违反本法规定，给他人造成损害的，依法承担民事责任。

违反本法规定，构成违反治安管理行为的，依法给予治安管理处罚；构成犯罪的，依法追究刑事责任。

第七十五条 境外的机构、组织、个人从事攻击、侵入、干扰、破坏等危害中华人民共和国的关键信息基础设施的活动，造成严重后果的，依法追究法律责任；国务院公安部门和有关部门并可以决定对该机构、组织、个人采取冻结财产或者其他必要的制裁措施。

第七章　附　　则

第七十六条 本法下列用语的含义：

（一）网络，是指由计算机或者其他信息终端及相关设备组成的按照一定的规则和程序对信息进行收集、存储、传输、交换、处理的系统。

（二）网络安全，是指通过采取必要措施，防范对网络的攻击、侵入、干扰、破坏和非法使用以及意外事故，使网络处于稳定可靠运行的状态，以及保障网络数据的完整性、保密性、可用性的能力。

（三）网络运营者，是指网络的所有者、

管理者和网络服务提供者。

（四）网络数据，是指通过网络收集、存储、传输、处理和产生的各种电子数据。

（五）个人信息，是指以电子或者其他方式记录的能够单独或者与其他信息结合识别自然人个人身份的各种信息，包括但不限于自然人的姓名、出生日期、身份证件号码、个人生物识别信息、住址、电话号码等。

第七十七条　存储、处理涉及国家秘密信息的网络的运行安全保护，除应当遵守本法外，还应当遵守保密法律、行政法规的规定。

第七十八条　军事网络的安全保护，由中央军事委员会另行规定。

第七十九条　本法自2017年6月1日起施行。

中华人民共和国民法总则

（2017年3月15日第十二届全国人民代表大会第五次会议通过，
中华人民共和国主席令2017年第66号）

第一章　基本规定

第一条　为了保护民事主体的合法权益，调整民事关系，维护社会和经济秩序，适应中国特色社会主义发展要求，弘扬社会主义核心价值观，根据宪法，制定本法。

第二条　民法调整平等主体的自然人、法人和非法人组织之间的人身关系和财产关系。

第三条　民事主体的人身权利、财产权利以及其他合法权益受法律保护，任何组织或者个人不得侵犯。

第四条　民事主体在民事活动中的法律地位一律平等。

第五条　民事主体从事民事活动，应当遵循自愿原则，按照自己的意思设立、变更、终止民事法律关系。

第六条　民事主体从事民事活动，应当遵循公平原则，合理确定各方的权利和义务。

第七条　民事主体从事民事活动，应当遵循诚信原则，秉持诚实，恪守承诺。

第八条　民事主体从事民事活动，不得违反法律，不得违背公序良俗。

第九条　民事主体从事民事活动，应当有利于节约资源、保护生态环境。

第十条　处理民事纠纷，应当依照法律；法律没有规定的，可以适用习惯，但是不得违背公序良俗。

第十一条　其他法律对民事关系有特别规定的，依照其规定。

第十二条　中华人民共和国领域内的民事活动，适用中华人民共和国法律。法律另有规定的，依照其规定。

第二章　自然人

第一节　民事权利能力和民事行为能力

第十三条　自然人从出生时起到死亡时止，具有民事权利能力，依法享有民事权利，承担民事义务。

第十四条　自然人的民事权利能力一律平等。

第十五条　自然人的出生时间和死亡时间，以出生证明、死亡证明记载的时间为准；没有出生证明、死亡证明的，以户籍登记或者其他有效身份登记记载的时间为准。有其他证据足以推翻以上记载时间的，以该证据证明的时间为准。

第十六条　涉及遗产继承、接受赠与等胎儿利益保护的，胎儿视为具有民事权利能力。但是胎儿娩出时为死体的，其民事权利能力自始不存在。

第十七条　十八周岁以上的自然人为成年人。不满十八周岁的自然人为未成年人。

第十八条　成年人为完全民事行为能力人，可以独立实施民事法律行为。

十六周岁以上的未成年人，以自己的劳动收入为主要生活来源的，视为完全民事行为能力人。

第十九条 八周岁以上的未成年人为限制民事行为能力人，实施民事法律行为由其法定代理人代理或者经其法定代理人同意、追认，但是可以独立实施纯获利益的民事法律行为或者与其年龄、智力相适应的民事法律行为。

第二十条 不满八周岁的未成年人为无民事行为能力人，由其法定代理人代理实施民事法律行为。

第二十一条 不能辨认自己行为的成年人为无民事行为能力人，由其法定代理人代理实施民事法律行为。

八周岁以上的未成年人不能辨认自己行为的，适用前款规定。

第二十二条 不能完全辨认自己行为的成年人为限制民事行为能力人，实施民事法律行为由其法定代理人代理或者经其法定代理人同意、追认，但是可以独立实施纯获利益的民事法律行为或者与其智力、精神健康状况相适应的民事法律行为。

第二十三条 无民事行为能力人、限制民事行为能力人的监护人是其法定代理人。

第二十四条 不能辨认或者不能完全辨认自己行为的成年人，其利害关系人或者有关组织，可以向人民法院申请认定该成年人为无民事行为能力人或者限制民事行为能力人。

被人民法院认定为无民事行为能力人或者限制民事行为能力人的，经本人、利害关系人或者有关组织申请，人民法院可以根据其智力、精神健康恢复的状况，认定该成年人恢复为限制民事行为能力人或者完全民事行为能力人。

本条规定的有关组织包括：居民委员会、村民委员会、学校、医疗机构、妇女联合会、残疾人联合会、依法设立的老年人组织、民政部门等。

第二十五条 自然人以户籍登记或者其他有效身份登记记载的居所为住所；经常居所与住所不一致的，经常居所视为住所。

第二节 监 护

第二十六条 父母对未成年子女负有抚养、教育和保护的义务。

成年子女对父母负有赡养、扶助和保护的义务。

第二十七条 父母是未成年子女的监护人。

未成年人的父母已经死亡或者没有监护能力的，由下列有监护能力的人按顺序担任监护人：

（一）祖父母、外祖父母；

（二）兄、姐；

（三）其他愿意担任监护人的个人或者组织，但是须经未成年人住所地的居民委员会、村民委员会或者民政部门同意。

第二十八条 无民事行为能力或者限制民事行为能力的成年人，由下列有监护能力的人按顺序担任监护人：

（一）配偶；

（二）父母、子女；

（三）其他近亲属；

（四）其他愿意担任监护人的个人或者组织，但是须经被监护人住所地的居民委员会、村民委员会或者民政部门同意。

第二十九条 被监护人的父母担任监护人的，可以通过遗嘱指定监护人。

第三十条 依法具有监护资格的人之间可以协议确定监护人。协议确定监护人应当尊重被监护人的真实意愿。

第三十一条 对监护人的确定有争议的，由被监护人住所地的居民委员会、村民委员会或者民政部门指定监护人，有关当事人对指定不服的，可以向人民法院申请指定监护人；有关当事人也可以直接向人民法院申请指定监护人。

居民委员会、村民委员会、民政部门或者人民法院应当尊重被监护人的真实意愿，按照最有利于被监护人的原则在依法具有监护资格的人中指定监护人。

依照本条第一款规定指定监护人前，被监护人的人身权利、财产权利以及其他合法权益处于无人保护状态的，由被监护人住所地的居民委员会、村民委员会、法律规定的有关组织或者民政部门担任临时监护人。

监护人被指定后，不得擅自变更；擅自变更的，不免除被指定的监护人的责任。

第三十二条　没有依法具有监护资格的人的，监护人由民政部门担任，也可以由具备履行监护职责条件的被监护人住所地的居民委员会、村民委员会担任。

第三十三条　具有完全民事行为能力的成年人，可以与其近亲属、其他愿意担任监护人的个人或者组织事先协商，以书面形式确定自己的监护人。协商确定的监护人在该成年人丧失或者部分丧失民事行为能力时，履行监护职责。

第三十四条　监护人的职责是代理被监护人实施民事法律行为，保护被监护人的人身权利、财产权利以及其他合法权益等。

监护人依法履行监护职责产生的权利，受法律保护。

监护人不履行监护职责或者侵害被监护人合法权益的，应当承担法律责任。

第三十五条　监护人应当按照最有利于被监护人的原则履行监护职责。监护人除为维护被监护人利益外，不得处分被监护人的财产。

未成年人的监护人履行监护职责，在作出与被监护人利益有关的决定时，应当根据被监护人的年龄和智力状况，尊重被监护人的真实意愿。

成年人的监护人履行监护职责，应当最大程度地尊重被监护人的真实意愿，保障并协助被监护人实施与其智力、精神健康状况相适应的民事法律行为。对被监护人有能力独立处理的事务，监护人不得干涉。

第三十六条　监护人有下列情形之一的，人民法院根据有关个人或者组织的申请，撤销其监护人资格，安排必要的临时监护措施，并按照最有利于被监护人的原则依法指定监护人：

（一）实施严重损害被监护人身心健康行为的；

（二）怠于履行监护职责，或者无法履行监护职责并且拒绝将监护职责部分或者全部委托给他人，导致被监护人处于危困状态的；

（三）实施严重侵害被监护人合法权益的其他行为的。

本条规定的有关个人和组织包括：其他依法具有监护资格的人，居民委员会、村民委员会、学校、医疗机构、妇女联合会、残疾人联合会、未成年人保护组织、依法设立的老年人组织、民政部门等。

前款规定的个人和民政部门以外的组织未及时向人民法院申请撤销监护人资格的，民政部门应当向人民法院申请。

第三十七条　依法负担被监护人抚养费、赡养费、扶养费的父母、子女、配偶等，被人民法院撤销监护人资格后，应当继续履行负担的义务。

第三十八条　被监护人的父母或者子女被人民法院撤销监护人资格后，除对被监护人实施故意犯罪的外，确有悔改表现的，经其申请，人民法院可以在尊重被监护人真实意愿的前提下，视情况恢复其监护人资格，人民法院指定的监护人与被监护人的监护关系同时终止。

第三十九条　有下列情形之一的，监护关系终止：

（一）被监护人取得或者恢复完全民事行为能力；

（二）监护人丧失监护能力；

（三）被监护人或者监护人死亡；

（四）人民法院认定监护关系终止的其他情形。

监护关系终止后，被监护人仍然需要监护的，应当依法另行确定监护人。

第三节　宣告失踪和宣告死亡

第四十条　自然人下落不明满二年的，利害关系人可以向人民法院申请宣告该自然人为失踪人。

第四十一条　自然人下落不明的时间从其失去音讯之日起计算。战争期间下落不明的，下落不明的时间自战争结束之日或者有关机关确定的下落不明之日起计算。

第四十二条　失踪人的财产由其配偶、成年子女、父母或者其他愿意担任财产代管人的人代管。

代管有争议，没有前款规定的人，或者前款规定的人无代管能力的，由人民法院指定的人代管。

第四十三条　财产代管人应当妥善管理失

踪人的财产，维护其财产权益。

失踪人所欠税款、债务和应付的其他费用，由财产代管人从失踪人的财产中支付。

财产代管人因故意或者重大过失造成失踪人财产损失的，应当承担赔偿责任。

第四十四条 财产代管人不履行代管职责、侵害失踪人财产权益或者丧失代管能力的，失踪人的利害关系人可以向人民法院申请变更财产代管人。

财产代管人有正当理由的，可以向人民法院申请变更财产代管人。

人民法院变更财产代管人的，变更后的财产代管人有权要求原财产代管人及时移交有关财产并报告财产代管情况。

第四十五条 失踪人重新出现，经本人或者利害关系人申请，人民法院应当撤销失踪宣告。

失踪人重新出现，有权要求财产代管人及时移交有关财产并报告财产代管情况。

第四十六条 自然人有下列情形之一的，利害关系人可以向人民法院申请宣告该自然人死亡：

（一）下落不明满四年；

（二）因意外事件，下落不明满二年。

因意外事件下落不明，经有关机关证明该自然人不可能生存的，申请宣告死亡不受二年时间的限制。

第四十七条 对同一自然人，有的利害关系人申请宣告死亡，有的利害关系人申请宣告失踪，符合本法规定的宣告死亡条件的，人民法院应当宣告死亡。

第四十八条 被宣告死亡的人，人民法院宣告死亡的判决作出之日视为其死亡的日期；因意外事件下落不明宣告死亡的，意外事件发生之日视为其死亡的日期。

第四十九条 自然人被宣告死亡但是并未死亡的，不影响该自然人在被宣告死亡期间实施的民事法律行为的效力。

第五十条 被宣告死亡的人重新出现，经本人或者利害关系人申请，人民法院应当撤销死亡宣告。

第五十一条 被宣告死亡的人的婚姻关系，自死亡宣告之日起消灭。死亡宣告被撤销的，婚姻关系自撤销死亡宣告之日起自行恢复，但是其配偶再婚或者向婚姻登记机关书面声明不愿意恢复的除外。

第五十二条 被宣告死亡的人在被宣告死亡期间，其子女被他人依法收养的，在死亡宣告被撤销后，不得以未经本人同意为由主张收养关系无效。

第五十三条 被撤销死亡宣告的人有权请求依照继承法取得其财产的民事主体返还财产。无法返还的，应当给予适当补偿。

利害关系人隐瞒真实情况，致使他人被宣告死亡取得其财产的，除应当返还财产外，还应当对由此造成的损失承担赔偿责任。

第四节 个体工商户和农村承包经营户

第五十四条 自然人从事工商业经营，经依法登记，为个体工商户。个体工商户可以起字号。

第五十五条 农村集体经济组织的成员，依法取得农村土地承包经营权，从事家庭承包经营的，为农村承包经营户。

第五十六条 个体工商户的债务，个人经营的，以个人财产承担；家庭经营的，以家庭财产承担；无法区分的，以家庭财产承担。

农村承包经营户的债务，以从事农村土地承包经营的农户财产承担；事实上由农户部分成员经营的，以该部分成员的财产承担。

第三章 法 人

第一节 一般规定

第五十七条 法人是具有民事权利能力和民事行为能力，依法独立享有民事权利和承担民事义务的组织。

第五十八条 法人应当依法成立。

法人应当有自己的名称、组织机构、住所、财产或者经费。法人成立的具体条件和程序，依照法律、行政法规的规定。

设立法人，法律、行政法规规定须经有关机关批准的，依照其规定。

第五十九条 法人的民事权利能力和民事行为能力，从法人成立时产生，到法人终止时消灭。

第六十条 法人以其全部财产独立承担民

事责任。

第六十一条　依照法律或者法人章程的规定，代表法人从事民事活动的负责人，为法人的法定代表人。

法定代表人以法人名义从事的民事活动，其法律后果由法人承受。

法人章程或者法人权力机构对法定代表人代表权的限制，不得对抗善意相对人。

第六十二条　法定代表人因执行职务造成他人损害的，由法人承担民事责任。

法人承担民事责任后，依照法律或者法人章程的规定，可以向有过错的法定代表人追偿。

第六十三条　法人以其主要办事机构所在地为住所。依法需要办理法人登记的，应当将主要办事机构所在地登记为住所。

第六十四条　法人存续期间登记事项发生变化的，应当依法向登记机关申请变更登记。

第六十五条　法人的实际情况与登记的事项不一致的，不得对抗善意相对人。

第六十六条　登记机关应当依法及时公示法人登记的有关信息。

第六十七条　法人合并的，其权利和义务由合并后的法人享有和承担。

法人分立的，其权利和义务由分立后的法人享有连带债权，承担连带债务，但是债权人和债务人另有约定的除外。

第六十八条　有下列原因之一并依法完成清算、注销登记的，法人终止：

（一）法人解散；

（二）法人被宣告破产；

（三）法律规定的其他原因。

法人终止，法律、行政法规规定须经有关机关批准的，依照其规定。

第六十九条　有下列情形之一的，法人解散：

（一）法人章程规定的存续期间届满或者法人章程规定的其他解散事由出现；

（二）法人的权力机构决议解散；

（三）因法人合并或者分立需要解散；

（四）法人依法被吊销营业执照、登记证书，被责令关闭或者被撤销；

（五）法律规定的其他情形。

第七十条　法人解散的，除合并或者分立的情形外，清算义务人应当及时组成清算组进行清算。

法人的董事、理事等执行机构或者决策机构的成员为清算义务人。法律、行政法规另有规定的，依照其规定。

清算义务人未及时履行清算义务，造成损害的，应当承担民事责任；主管机关或者利害关系人可以申请人民法院指定有关人员组成清算组进行清算。

第七十一条　法人的清算程序和清算组职权，依照有关法律的规定；没有规定的，参照适用公司法的有关规定。

第七十二条　清算期间法人存续，但是不得从事与清算无关的活动。

法人清算后的剩余财产，根据法人章程的规定或者法人权力机构的决议处理。法律另有规定的，依照其规定。

清算结束并完成法人注销登记时，法人终止；依法不需要办理法人登记的，清算结束时，法人终止。

第七十三条　法人被宣告破产的，依法进行破产清算并完成法人注销登记时，法人终止。

第七十四条　法人可以依法设立分支机构。法律、行政法规规定分支机构应当登记的，依照其规定。

分支机构以自己的名义从事民事活动，产生的民事责任由法人承担；也可以先以该分支机构管理的财产承担，不足以承担的，由法人承担。

第七十五条　设立人为设立法人从事的民事活动，其法律后果由法人承受；法人未成立的，其法律后果由设立人承受，设立人为二人以上的，享有连带债权，承担连带债务。

设立人为设立法人以自己的名义从事民事活动产生的民事责任，第三人有权选择请求法人或者设立人承担。

第二节　营利法人

第七十六条　以取得利润并分配给股东等出资人为目的成立的法人，为营利法人。

营利法人包括有限责任公司、股份有限公

司和其他企业法人等。

第七十七条 营利法人经依法登记成立。

第七十八条 依法设立的营利法人，由登记机关发给营利法人营业执照。营业执照签发日期为营利法人的成立日期。

第七十九条 设立营利法人应当依法制定法人章程。

第八十条 营利法人应当设权力机构。

权力机构行使修改法人章程，选举或者更换执行机构、监督机构成员，以及法人章程规定的其他职权。

第八十一条 营利法人应当设执行机构。

执行机构行使召集权力机构会议，决定法人的经营计划和投资方案，决定法人内部管理机构的设置，以及法人章程规定的其他职权。

执行机构为董事会或者执行董事的，董事长、执行董事或者经理按照法人章程的规定担任法定代表人；未设董事会或者执行董事的，法人章程规定的主要负责人为其执行机构和法定代表人。

第八十二条 营利法人设监事会或者监事等监督机构的，监督机构依法行使检查法人财务，监督执行机构成员、高级管理人员执行法人职务的行为，以及法人章程规定的其他职权。

第八十三条 营利法人的出资人不得滥用出资人权利损害法人或者其他出资人的利益。滥用出资人权利给法人或者其他出资人造成损失的，应当依法承担民事责任。

营利法人的出资人不得滥用法人独立地位和出资人有限责任损害法人的债权人利益。滥用法人独立地位和出资人有限责任，逃避债务，严重损害法人的债权人利益的，应当对法人债务承担连带责任。

第八十四条 营利法人的控股出资人、实际控制人、董事、监事、高级管理人员不得利用其关联关系损害法人的利益。利用关联关系给法人造成损失的，应当承担赔偿责任。

第八十五条 营利法人的权力机构、执行机构作出决议的会议召集程序、表决方式违反法律、行政法规、法人章程，或者决议内容违反法人章程的，营利法人的出资人可以请求人民法院撤销该决议，但是营利法人依据该决议与善意相对人形成的民事法律关系不受影响。

第八十六条 营利法人从事经营活动，应当遵守商业道德，维护交易安全，接受政府和社会的监督，承担社会责任。

第三节 非营利法人

第八十七条 为公益目的或者其他非营利目的成立，不向出资人、设立人或者会员分配所取得利润的法人，为非营利法人。

非营利法人包括事业单位、社会团体、基金会、社会服务机构等。

第八十八条 具备法人条件，为适应经济社会发展需要，提供公益服务设立的事业单位，经依法登记成立，取得事业单位法人资格；依法不需要办理法人登记的，从成立之日起，具有事业单位法人资格。

第八十九条 事业单位法人设理事会的，除法律另有规定外，理事会为其决策机构。事业单位法人的法定代表人依照法律、行政法规或者法人章程的规定产生。

第九十条 具备法人条件，基于会员共同意愿，为公益目的或者会员共同利益等非营利目的设立的社会团体，经依法登记成立，取得社会团体法人资格；依法不需要办理法人登记的，从成立之日起，具有社会团体法人资格。

第九十一条 设立社会团体法人应当依法制定法人章程。

社会团体法人应当设会员大会或者会员代表大会等权力机构。

社会团体法人应当设理事会等执行机构。理事长或者会长等负责人按照法人章程的规定担任法定代表人。

第九十二条 具备法人条件，为公益目的以捐助财产设立的基金会、社会服务机构等，经依法登记成立，取得捐助法人资格。

依法设立的宗教活动场所，具备法人条件的，可以申请法人登记，取得捐助法人资格。法律、行政法规对宗教活动场所有规定的，依照其规定。

第九十三条 设立捐助法人应当依法制定法人章程。

捐助法人应当设理事会、民主管理组织等决策机构，并设执行机构。理事长等负责人按照法人章程的规定担任法定代表人。

捐助法人应当设监事会等监督机构。

第九十四条　捐助人有权向捐助法人查询捐助财产的使用、管理情况，并提出意见和建议，捐助法人应当及时、如实答复。

捐助法人的决策机构、执行机构或者法定代表人作出决定的程序违反法律、行政法规、法人章程，或者决定内容违反法人章程的，捐助人等利害关系人或者主管机关可以请求人民法院撤销该决定，但是捐助法人依据该决定与善意相对人形成的民事法律关系不受影响。

第九十五条　为公益目的成立的非营利法人终止时，不得向出资人、设立人或者会员分配剩余财产。剩余财产应当按照法人章程的规定或者权力机构的决议用于公益目的；无法按照法人章程的规定或者权力机构的决议处理的，由主管机关主持转给宗旨相同或者相近的法人，并向社会公告。

第四节　特别法人

第九十六条　本节规定的机关法人、农村集体经济组织法人、城镇农村的合作经济组织法人、基层群众性自治组织法人，为特别法人。

第九十七条　有独立经费的机关和承担行政职能的法定机构从成立之日起，具有机关法人资格，可以从事为履行职能所需要的民事活动。

第九十八条　机关法人被撤销的，法人终止，其民事权利和义务由继任的机关法人享有和承担；没有继任的机关法人的，由作出撤销决定的机关法人享有和承担。

第九十九条　农村集体经济组织依法取得法人资格。

法律、行政法规对农村集体经济组织有规定的，依照其规定。

第一百条　城镇农村的合作经济组织依法取得法人资格。

法律、行政法规对城镇农村的合作经济组织有规定的，依照其规定。

第一百零一条　居民委员会、村民委员会具有基层群众性自治组织法人资格，可以从事为履行职能所需要的民事活动。

未设立村集体经济组织的，村民委员会可以依法代行村集体经济组织的职能。

第四章　非法人组织

第一百零二条　非法人组织是不具有法人资格，但是能够依法以自己的名义从事民事活动的组织。

非法人组织包括个人独资企业、合伙企业、不具有法人资格的专业服务机构等。

第一百零三条　非法人组织应当依照法律的规定登记。

设立非法人组织，法律、行政法规规定须经有关机关批准的，依照其规定。

第一百零四条　非法人组织的财产不足以清偿债务的，其出资人或者设立人承担无限责任。法律另有规定的，依照其规定。

第一百零五条　非法人组织可以确定一人或者数人代表该组织从事民事活动。

第一百零六条　有下列情形之一的，非法人组织解散：

（一）章程规定的存续期间届满或者章程规定的其他解散事由出现；

（二）出资人或者设立人决定解散；

（三）法律规定的其他情形。

第一百零七条　非法人组织解散的，应当依法进行清算。

第一百零八条　非法人组织除适用本章规定外，参照适用本法第三章第一节的有关规定。

第五章　民事权利

第一百零九条　自然人的人身自由、人格尊严受法律保护。

第一百一十条　自然人享有生命权、身体权、健康权、姓名权、肖像权、名誉权、荣誉权、隐私权、婚姻自主权等权利。

法人、非法人组织享有名称权、名誉权、荣誉权等权利。

第一百一十一条　自然人的个人信息受法律保护。任何组织和个人需要获取他人个人信息的，应当依法取得并确保信息安全，不得非法收集、使用、加工、传输他人个人信息，不得非法买卖、提供或者公开他人个人信息。

第一百一十二条 自然人因婚姻、家庭关系等产生的人身权利受法律保护。

第一百一十三条 民事主体的财产权利受法律平等保护。

第一百一十四条 民事主体依法享有物权。

物权是权利人依法对特定的物享有直接支配和排他的权利，包括所有权、用益物权和担保物权。

第一百一十五条 物包括不动产和动产。法律规定权利作为物权客体的，依照其规定。

第一百一十六条 物权的种类和内容，由法律规定。

第一百一十七条 为了公共利益的需要，依照法律规定的权限和程序征收、征用不动产或者动产的，应当给予公平、合理的补偿。

第一百一十八条 民事主体依法享有债权。

债权是因合同、侵权行为、无因管理、不当得利以及法律的其他规定，权利人请求特定义务人为或者不为一定行为的权利。

第一百一十九条 依法成立的合同，对当事人具有法律约束力。

第一百二十条 民事权益受到侵害的，被侵权人有权请求侵权人承担侵权责任。

第一百二十一条 没有法定的或者约定的义务，为避免他人利益受损失而进行管理的人，有权请求受益人偿还由此支出的必要费用。

第一百二十二条 因他人没有法律根据，取得不当利益，受损失的人有权请求其返还不当利益。

第一百二十三条 民事主体依法享有知识产权。

知识产权是权利人依法就下列客体享有的专有的权利：

（一）作品；

（二）发明、实用新型、外观设计；

（三）商标；

（四）地理标志；

（五）商业秘密；

（六）集成电路布图设计；

（七）植物新品种；

（八）法律规定的其他客体。

第一百二十四条 自然人依法享有继承权。

自然人合法的私有财产，可以依法继承。

第一百二十五条 民事主体依法享有股权和其他投资性权利。

第一百二十六条 民事主体享有法律规定的其他民事权利和利益。

第一百二十七条 法律对数据、网络虚拟财产的保护有规定的，依照其规定。

第一百二十八条 法律对未成年人、老年人、残疾人、妇女、消费者等的民事权利保护有特别规定的，依照其规定。

第一百二十九条 民事权利可以依据民事法律行为、事实行为、法律规定的事件或者法律规定的其他方式取得。

第一百三十条 民事主体按照自己的意愿依法行使民事权利，不受干涉。

第一百三十一条 民事主体行使权利时，应当履行法律规定的和当事人约定的义务。

第一百三十二条 民事主体不得滥用民事权利损害国家利益、社会公共利益或者他人合法权益。

第六章 民事法律行为

第一节 一般规定

第一百三十三条 民事法律行为是民事主体通过意思表示设立、变更、终止民事法律关系的行为。

第一百三十四条 民事法律行为可以基于双方或者多方的意思表示一致成立，也可以基于单方的意思表示成立。

法人、非法人组织依照法律或者章程规定的议事方式和表决程序作出决议的，该决议行为成立。

第一百三十五条 民事法律行为可以采用书面形式、口头形式或者其他形式；法律、行政法规规定或者当事人约定采用特定形式的，应当采用特定形式。

第一百三十六条 民事法律行为自成立时生效，但是法律另有规定或者当事人另有约定的除外。

行为人非依法律规定或者未经对方同意，不得擅自变更或者解除民事法律行为。

第二节　意思表示

第一百三十七条　以对话方式作出的意思表示，相对人知道其内容时生效。

以非对话方式作出的意思表示，到达相对人时生效。以非对话方式作出的采用数据电文形式的意思表示，相对人指定特定系统接收数据电文的，该数据电文进入该特定系统时生效；未指定特定系统的，相对人知道或者应当知道该数据电文进入其系统时生效。当事人对采用数据电文形式的意思表示的生效时间另有约定的，按照其约定。

第一百三十八条　无相对人的意思表示，表示完成时生效。法律另有规定的，依照其规定。

第一百三十九条　以公告方式作出的意思表示，公告发布时生效。

第一百四十条　行为人可以明示或者默示作出意思表示。

沉默只有在有法律规定、当事人约定或者符合当事人之间的交易习惯时，才可以视为意思表示。

第一百四十一条　行为人可以撤回意思表示。撤回意思表示的通知应当在意思表示到达相对人前或者与意思表示同时到达相对人。

第一百四十二条　有相对人的意思表示的解释，应当按照所使用的词句，结合相关条款、行为的性质和目的、习惯以及诚信原则，确定意思表示的含义。

无相对人的意思表示的解释，不能完全拘泥于所使用的词句，而应当结合相关条款、行为的性质和目的、习惯以及诚信原则，确定行为人的真实意思。

第三节　民事法律行为的效力

第一百四十三条　具备下列条件的民事法律行为有效：

（一）行为人具有相应的民事行为能力；

（二）意思表示真实；

（三）不违反法律、行政法规的强制性规定，不违背公序良俗。

第一百四十四条　无民事行为能力人实施的民事法律行为无效。

第一百四十五条　限制民事行为能力人实施的纯获利益的民事法律行为或者与其年龄、智力、精神健康状况相适应的民事法律行为有效；实施的其他民事法律行为经法定代理人同意或者追认后有效。

相对人可以催告法定代理人自收到通知之日起一个月内予以追认。法定代理人未作表示的，视为拒绝追认。民事法律行为被追认前，善意相对人有撤销的权利。撤销应当以通知的方式作出。

第一百四十六条　行为人与相对人以虚假的意思表示实施的民事法律行为无效。

以虚假的意思表示隐藏的民事法律行为的效力，依照有关法律规定处理。

第一百四十七条　基于重大误解实施的民事法律行为，行为人有权请求人民法院或者仲裁机构予以撤销。

第一百四十八条　一方以欺诈手段，使对方在违背真实意思的情况下实施的民事法律行为，受欺诈方有权请求人民法院或者仲裁机构予以撤销。

第一百四十九条　第三人实施欺诈行为，使一方在违背真实意思的情况下实施的民事法律行为，对方知道或者应当知道该欺诈行为的，受欺诈方有权请求人民法院或者仲裁机构予以撤销。

第一百五十条　一方或者第三人以胁迫手段，使对方在违背真实意思的情况下实施的民事法律行为，受胁迫方有权请求人民法院或者仲裁机构予以撤销。

第一百五十一条　一方利用对方处于危困状态、缺乏判断能力等情形，致使民事法律行为成立时显失公平的，受损害方有权请求人民法院或者仲裁机构予以撤销。

第一百五十二条　有下列情形之一的，撤销权消灭：

（一）当事人自知道或者应当知道撤销事由之日起一年内、重大误解的当事人自知道或者应当知道撤销事由之日起三个月内没有行使撤销权；

（二）当事人受胁迫，自胁迫行为终止之日起一年内没有行使撤销权；

（三）当事人知道撤销事由后明确表示或

者以自己的行为表明放弃撤销权。

当事人自民事法律行为发生之日起五年内没有行使撤销权的，撤销权消灭。

第一百五十三条 违反法律、行政法规的强制性规定的民事法律行为无效，但是该强制性规定不导致该民事法律行为无效的除外。

违背公序良俗的民事法律行为无效。

第一百五十四条 行为人与相对人恶意串通，损害他人合法权益的民事法律行为无效。

第一百五十五条 无效的或者被撤销的民事法律行为自始没有法律约束力。

第一百五十六条 民事法律行为部分无效，不影响其他部分效力的，其他部分仍然有效。

第一百五十七条 民事法律行为无效、被撤销或者确定不发生效力后，行为人因该行为取得的财产，应当予以返还；不能返还或者没有必要返还的，应当折价补偿。有过错的一方应当赔偿对方由此所受到的损失；各方都有过错的，应当各自承担相应的责任。法律另有规定的，依照其规定。

第四节 民事法律行为的附条件和附期限

第一百五十八条 民事法律行为可以附条件，但是按照其性质不得附条件的除外。附生效条件的民事法律行为，自条件成就时生效。附解除条件的民事法律行为，自条件成就时失效。

第一百五十九条 附条件的民事法律行为，当事人为自己的利益不正当地阻止条件成就的，视为条件已成就；不正当地促成条件成就的，视为条件不成就。

第一百六十条 民事法律行为可以附期限，但是按照其性质不得附期限的除外。附生效期限的民事法律行为，自期限届至时生效。附终止期限的民事法律行为，自期限届满时失效。

第七章 代 理

第一节 一般规定

第一百六十一条 民事主体可以通过代理人实施民事法律行为。

依照法律规定、当事人约定或者民事法律行为的性质，应当由本人亲自实施的民事法律行为，不得代理。

第一百六十二条 代理人在代理权限内，以被代理人名义实施的民事法律行为，对被代理人发生效力。

第一百六十三条 代理包括委托代理和法定代理。

委托代理人按照被代理人的委托行使代理权。法定代理人依照法律的规定行使代理权。

第一百六十四条 代理人不履行或者不完全履行职责，造成被代理人损害的，应当承担民事责任。

代理人和相对人恶意串通，损害被代理人合法权益的，代理人和相对人应当承担连带责任。

第二节 委托代理

第一百六十五条 委托代理授权采用书面形式的，授权委托书应当载明代理人的姓名或者名称、代理事项、权限和期间，并由被代理人签名或者盖章。

第一百六十六条 数人为同一代理事项的代理人的，应当共同行使代理权，但是当事人另有约定的除外。

第一百六十七条 代理人知道或者应当知道代理事项违法仍然实施代理行为，或者被代理人知道或者应当知道代理人的代理行为违法未作反对表示的，被代理人和代理人应当承担连带责任。

第一百六十八条 代理人不得以被代理人的名义与自己实施民事法律行为，但是被代理人同意或者追认的除外。

代理人不得以被代理人的名义与自己同时代理的其他人实施民事法律行为，但是被代理的双方同意或者追认的除外。

第一百六十九条 代理人需要转委托第三人代理的，应当取得被代理人的同意或者追认。

转委托代理经被代理人同意或者追认的，被代理人可以就代理事务直接指示转委托的第三人，代理人仅就第三人的选任以及对第三人的指示承担责任。

转委托代理未经被代理人同意或者追认

的，代理人应当对转委托的第三人的行为承担责任，但是在紧急情况下代理人为了维护被代理人的利益需要转委托第三人代理的除外。

第一百七十条　执行法人或者非法人组织工作任务的人员，就其职权范围内的事项，以法人或者非法人组织的名义实施民事法律行为，对法人或者非法人组织发生效力。

法人或者非法人组织对执行其工作任务的人员职权范围的限制，不得对抗善意相对人。

第一百七十一条　行为人没有代理权、超越代理权或者代理权终止后，仍然实施代理行为，未经被代理人追认的，对被代理人不发生效力。

相对人可以催告被代理人自收到通知之日起一个月内予以追认。被代理人未作表示的，视为拒绝追认。行为人实施的行为被追认前，善意相对人有撤销的权利。撤销应当以通知的方式作出。

行为人实施的行为未被追认的，善意相对人有权请求行为人履行债务或者就其受到的损害请求行为人赔偿，但是赔偿的范围不得超过被代理人追认时相对人所能获得的利益。

相对人知道或者应当知道行为人无权代理的，相对人和行为人按照各自的过错承担责任。

第一百七十二条　行为人没有代理权、超越代理权或者代理权终止后，仍然实施代理行为，相对人有理由相信行为人有代理权的，代理行为有效。

第三节　代理终止

第一百七十三条　有下列情形之一的，委托代理终止：

（一）代理期间届满或者代理事务完成；

（二）被代理人取消委托或者代理人辞去委托；

（三）代理人丧失民事行为能力；

（四）代理人或者被代理人死亡；

（五）作为代理人或者被代理人的法人、非法人组织终止。

第一百七十四条　被代理人死亡后，有下列情形之一的，委托代理人实施的代理行为有效：

（一）代理人不知道并且不应当知道被代理人死亡；

（二）被代理人的继承人予以承认；

（三）授权中明确代理权在代理事务完成时终止；

（四）被代理人死亡前已经实施，为了被代理人的继承人的利益继续代理。

作为被代理人的法人、非法人组织终止的，参照适用前款规定。

第一百七十五条　有下列情形之一的，法定代理终止：

（一）被代理人取得或者恢复完全民事行为能力；

（二）代理人丧失民事行为能力；

（三）代理人或者被代理人死亡；

（四）法律规定的其他情形。

第八章　民事责任

第一百七十六条　民事主体依照法律规定和当事人约定，履行民事义务，承担民事责任。

第一百七十七条　二人以上依法承担按份责任，能够确定责任大小的，各自承担相应的责任；难以确定责任大小的，平均承担责任。

第一百七十八条　二人以上依法承担连带责任的，权利人有权请求部分或者全部连带责任人承担责任。

连带责任人的责任份额根据各自责任大小确定；难以确定责任大小的，平均承担责任。实际承担责任超过自己责任份额的连带责任人，有权向其他连带责任人追偿。

连带责任，由法律规定或者当事人约定。

第一百七十九条　承担民事责任的方式主要有：

（一）停止侵害；

（二）排除妨碍；

（三）消除危险；

（四）返还财产；

（五）恢复原状；

（六）修理、重作、更换；

（七）继续履行；

（八）赔偿损失；

（九）支付违约金；

（十）消除影响、恢复名誉；

（十一）赔礼道歉。

法律规定惩罚性赔偿的，依照其规定。

本条规定的承担民事责任的方式，可以单独适用，也可以合并适用。

第一百八十条 因不可抗力不能履行民事义务的，不承担民事责任。法律另有规定的，依照其规定。

不可抗力是指不能预见、不能避免且不能克服的客观情况。

第一百八十一条 因正当防卫造成损害的，不承担民事责任。

正当防卫超过必要的限度，造成不应有的损害的，正当防卫人应当承担适当的民事责任。

第一百八十二条 因紧急避险造成损害的，由引起险情发生的人承担民事责任。

危险由自然原因引起的，紧急避险人不承担民事责任，可以给予适当补偿。

紧急避险采取措施不当或者超过必要的限度，造成不应有的损害的，紧急避险人应当承担适当的民事责任。

第一百八十三条 因保护他人民事权益使自己受到损害的，由侵权人承担民事责任，受益人可以给予适当补偿。没有侵权人、侵权人逃逸或者无力承担民事责任，受害人请求补偿的，受益人应当给予适当补偿。

第一百八十四条 因自愿实施紧急救助行为造成受助人损害的，救助人不承担民事责任。

第一百八十五条 侵害英雄烈士等的姓名、肖像、名誉、荣誉，损害社会公共利益的，应当承担民事责任。

第一百八十六条 因当事人一方的违约行为，损害对方人身权益、财产权益的，受损害方有权选择请求其承担违约责任或者侵权责任。

第一百八十七条 民事主体因同一行为应当承担民事责任、行政责任和刑事责任的，承担行政责任或者刑事责任不影响承担民事责任；民事主体的财产不足以支付的，优先用于承担民事责任。

第九章　诉讼时效

第一百八十八条 向人民法院请求保护民事权利的诉讼时效期间为三年。法律另有规定的，依照其规定。

诉讼时效期间自权利人知道或者应当知道权利受到损害以及义务人之日起计算。法律另有规定的，依照其规定。但是自权利受到损害之日起超过二十年的，人民法院不予保护；有特殊情况的，人民法院可以根据权利人的申请决定延长。

第一百八十九条 当事人约定同一债务分期履行的，诉讼时效期间自最后一期履行期限届满之日起计算。

第一百九十条 无民事行为能力人或者限制民事行为能力人对其法定代理人的请求权的诉讼时效期间，自该法定代理终止之日起计算。

第一百九十一条 未成年人遭受性侵害的损害赔偿请求权的诉讼时效期间，自受害人年满十八周岁之日起计算。

第一百九十二条 诉讼时效期间届满的，义务人可以提出不履行义务的抗辩。

诉讼时效期间届满后，义务人同意履行的，不得以诉讼时效期间届满为由抗辩；义务人已自愿履行的，不得请求返还。

第一百九十三条 人民法院不得主动适用诉讼时效的规定。

第一百九十四条 在诉讼时效期间的最后六个月内，因下列障碍，不能行使请求权的，诉讼时效中止：

（一）不可抗力；

（二）无民事行为能力人或者限制民事行为能力人没有法定代理人，或者法定代理人死亡、丧失民事行为能力、丧失代理权；

（三）继承开始后未确定继承人或者遗产管理人；

（四）权利人被义务人或者其他人控制；

（五）其他导致权利人不能行使请求权的障碍。

自中止时效的原因消除之日起满六个月，诉讼时效期间届满。

第一百九十五条　有下列情形之一的，诉讼时效中断，从中断、有关程序终结时起，诉讼时效期间重新计算：

（一）权利人向义务人提出履行请求；

（二）义务人同意履行义务；

（三）权利人提起诉讼或者申请仲裁；

（四）与提起诉讼或者申请仲裁具有同等效力的其他情形。

第一百九十六条　下列请求权不适用诉讼时效的规定：

（一）请求停止侵害、排除妨碍、消除危险；

（二）不动产物权和登记的动产物权的权利人请求返还财产；

（三）请求支付抚养费、赡养费或者扶养费；

（四）依法不适用诉讼时效的其他请求权。

第一百九十七条　诉讼时效的期间、计算方法以及中止、中断的事由由法律规定，当事人约定无效。

当事人对诉讼时效利益的预先放弃无效。

第一百九十八条　法律对仲裁时效有规定的，依照其规定；没有规定的，适用诉讼时效的规定。

第一百九十九条　法律规定或者当事人约定的撤销权、解除权等权利的存续期间，除法律另有规定外，自权利人知道或者应当知道权利产生之日起计算，不适用有关诉讼时效中止、中断和延长的规定。存续期间届满，撤销权、解除权等权利消灭。

第十章　期间计算

第二百条　民法所称的期间按照公历年、月、日、小时计算。

第二百零一条　按照年、月、日计算期间的，开始的当日不计入，自下一日开始计算。

按照小时计算期间的，自法律规定或者当事人约定的时间开始计算。

第二百零二条　按照年、月计算期间的，到期月的对应日为期间的最后一日；没有对应日的，月末日为期间的最后一日。

第二百零三条　期间的最后一日是法定休假日的，以法定休假日结束的次日为期间的最后一日。

期间的最后一日的截止时间为二十四时；有业务时间的，停止业务活动的时间为截止时间。

第二百零四条　期间的计算方法依照本法的规定，但是法律另有规定或者当事人另有约定的除外。

第十一章　附　　则

第二百零五条　民法所称的“以上”“以下”“以内”“届满”，包括本数；所称的“不满”“超过”“以外”，不包括本数。

第二百零六条　本法自2017年10月1日起施行。

中华人民共和国反不正当竞争法

（1993年9月2日第八届全国人民代表大会常务委员会第三次会议通过；
2017年11月4日第十二届全国人民代表大会常务委员会第三十次会议修订，
中华人民共和国主席令2017年第77号）

第一章　总　　则

第一条　为了促进社会主义市场经济健康发展，鼓励和保护公平竞争，制止不正当竞争行为，保护经营者和消费者的合法权益，制定本法。

第二条　经营者在生产经营活动中，应当遵循自愿、平等、公平、诚信的原则，遵守法律和商业道德。

本法所称的不正当竞争行为，是指经营者在生产经营活动中，违反本法规定，扰乱市场竞争秩序，损害其他经营者或者消费者的合法权益的行为。

本法所称的经营者，是指从事商品生产、经营或者提供服务（以下所称商品包括服务）的自然人、法人和非法人组织。

第三条 各级人民政府应当采取措施，制止不正当竞争行为，为公平竞争创造良好的环境和条件。

国务院建立反不正当竞争工作协调机制，研究决定反不正当竞争重大政策，协调处理维护市场竞争秩序的重大问题。

第四条 县级以上人民政府履行工商行政管理职责的部门对不正当竞争行为进行查处；法律、行政法规规定由其他部门查处的，依照其规定。

第五条 国家鼓励、支持和保护一切组织和个人对不正当竞争行为进行社会监督。

国家机关及其工作人员不得支持、包庇不正当竞争行为。

行业组织应当加强行业自律，引导、规范会员依法竞争，维护市场竞争秩序。

第二章　不正当竞争行为

第六条 经营者不得实施下列混淆行为，引人误认为是他人商品或者与他人存在特定联系：

（一）擅自使用与他人有一定影响的商品名称、包装、装潢等相同或者近似的标识；

（二）擅自使用他人有一定影响的企业名称（包括简称、字号等）、社会组织名称（包括简称等）、姓名（包括笔名、艺名、译名等）；

（三）擅自使用他人有一定影响的域名主体部分、网站名称、网页等；

（四）其他足以引人误认为是他人商品或者与他人存在特定联系的混淆行为。

第七条 经营者不得采用财物或者其他手段贿赂下列单位或者个人，以谋取交易机会或者竞争优势：

（一）交易相对方的工作人员；

（二）受交易相对方委托办理相关事务的单位或者个人；

（三）利用职权或者影响力影响交易的单位或者个人。

经营者在交易活动中，可以以明示方式向交易相对方支付折扣，或者向中间人支付佣金。经营者向交易相对方支付折扣、向中间人支付佣金的，应当如实入账。接受折扣、佣金的经营者也应当如实入账。

经营者的工作人员进行贿赂的，应当认定为经营者的行为；但是，经营者有证据证明该工作人员的行为与为经营者谋取交易机会或者竞争优势无关的除外。

第八条 经营者不得对其商品的性能、功能、质量、销售状况、用户评价、曾获荣誉等作虚假或者引人误解的商业宣传，欺骗、误导消费者。

经营者不得通过组织虚假交易等方式，帮助其他经营者进行虚假或者引人误解的商业宣传。

第九条 经营者不得实施下列侵犯商业秘密的行为：

（一）以盗窃、贿赂、欺诈、胁迫或者其他不正当手段获取权利人的商业秘密；

（二）披露、使用或者允许他人使用以前项手段获取的权利人的商业秘密；

（三）违反约定或者违反权利人有关保守商业秘密的要求，披露、使用或者允许他人使用其所掌握的商业秘密。

第三人明知或者应知商业秘密权利人的员工、前员工或者其他单位、个人实施前款所列违法行为，仍获取、披露、使用或者允许他人使用该商业秘密的，视为侵犯商业秘密。

本法所称的商业秘密，是指不为公众所知悉、具有商业价值并经权利人采取相应保密措施的技术信息和经营信息。

第十条 经营者进行有奖销售不得存在下列情形：

（一）所设奖的种类、兑奖条件、奖金金额或者奖品等有奖销售信息不明确，影响兑奖；

（二）采用谎称有奖或者故意让内定人员

中奖的欺骗方式进行有奖销售；

（三）抽奖式的有奖销售，最高奖的金额超过五万元。

第十一条 经营者不得编造、传播虚假信息或者误导性信息，损害竞争对手的商业信誉、商品声誉。

第十二条 经营者利用网络从事生产经营活动，应当遵守本法的各项规定。

经营者不得利用技术手段，通过影响用户选择或者其他方式，实施下列妨碍、破坏其他经营者合法提供的网络产品或者服务正常运行的行为：

（一）未经其他经营者同意，在其合法提供的网络产品或者服务中，插入链接、强制进行目标跳转；

（二）误导、欺骗、强迫用户修改、关闭、卸载其他经营者合法提供的网络产品或者服务；

（三）恶意对其他经营者合法提供的网络产品或者服务实施不兼容；

（四）其他妨碍、破坏其他经营者合法提供的网络产品或者服务正常运行的行为。

第三章 对涉嫌不正当竞争行为的调查

第十三条 监督检查部门调查涉嫌不正当竞争行为，可以采取下列措施：

（一）进入涉嫌不正当竞争行为的经营场所进行检查；

（二）询问被调查的经营者、利害关系人及其他有关单位、个人，要求其说明有关情况或者提供与被调查行为有关的其他资料；

（三）查询、复制与涉嫌不正当竞争行为有关的协议、账簿、单据、文件、记录、业务函电和其他资料；

（四）查封、扣押与涉嫌不正当竞争行为有关的财物；

（五）查询涉嫌不正当竞争行为的经营者的银行账户。

采取前款规定的措施，应当向监督检查部门主要负责人书面报告，并经批准。采取前款第四项、第五项规定的措施，应当向设区的市级以上人民政府监督检查部门主要负责人书面报告，并经批准。

监督检查部门调查涉嫌不正当竞争行为，应当遵守《中华人民共和国行政强制法》和其他有关法律、行政法规的规定，并应当将查处结果及时向社会公开。

第十四条 监督检查部门调查涉嫌不正当竞争行为，被调查的经营者、利害关系人及其他有关单位、个人应当如实提供有关资料或者情况。

第十五条 监督检查部门及其工作人员对调查过程中知悉的商业秘密负有保密义务。

第十六条 对涉嫌不正当竞争行为，任何单位和个人有权向监督检查部门举报，监督检查部门接到举报后应当依法及时处理。

监督检查部门应当向社会公开受理举报的电话、信箱或者电子邮件地址，并为举报人保密。对实名举报并提供相关事实和证据的，监督检查部门应当将处理结果告知举报人。

第四章 法律责任

第十七条 经营者违反本法规定，给他人造成损害的，应当依法承担民事责任。

经营者的合法权益受到不正当竞争行为损害的，可以向人民法院提起诉讼。

因不正当竞争行为受到损害的经营者的赔偿数额，按照其因被侵权所受到的实际损失确定；实际损失难以计算的，按照侵权人因侵权所获得的利益确定。赔偿数额还应当包括经营者为制止侵权行为所支付的合理开支。

经营者违反本法第六条、第九条规定，权利人因被侵权所受到的实际损失、侵权人因侵权所获得的利益难以确定的，由人民法院根据侵权行为的情节判决给予权利人三百万元以下的赔偿。

第十八条 经营者违反本法第六条规定实施混淆行为的，由监督检查部门责令停止违法行为，没收违法商品。违法经营额五万元以上的，可以并处违法经营额五倍以下的罚款；没有违法经营额或者违法经营额不足五万元的，可以并处二十五万元以下的罚款。情节严重的，吊销营业执照。

经营者登记的企业名称违反本法第六条规

定的，应当及时办理名称变更登记；名称变更前，由原企业登记机关以统一社会信用代码代替其名称。

第十九条 经营者违反本法第七条规定贿赂他人的，由监督检查部门没收违法所得，处十万元以上三百万元以下的罚款。情节严重的，吊销营业执照。

第二十条 经营者违反本法第八条规定对其商品作虚假或者引人误解的商业宣传，或者通过组织虚假交易等方式帮助其他经营者进行虚假或者引人误解的商业宣传的，由监督检查部门责令停止违法行为，处二十万元以上一百万元以下的罚款；情节严重的，处一百万元以上二百万元以下的罚款，可以吊销营业执照。

经营者违反本法第八条规定，属于发布虚假广告的，依照《中华人民共和国广告法》的规定处罚。

第二十一条 经营者违反本法第九条规定侵犯商业秘密的，由监督检查部门责令停止违法行为，处十万元以上五十万元以下的罚款；情节严重的，处五十万元以上三百万元以下的罚款。

第二十二条 经营者违反本法第十条规定进行有奖销售的，由监督检查部门责令停止违法行为，处五万元以上五十万元以下的罚款。

第二十三条 经营者违反本法第十一条规定损害竞争对手商业信誉、商品声誉的，由监督检查部门责令停止违法行为、消除影响，处十万元以上五十万元以下的罚款；情节严重的，处五十万元以上三百万元以下的罚款。

第二十四条 经营者违反本法第十二条规定妨碍、破坏其他经营者合法提供的网络产品或者服务正常运行的，由监督检查部门责令停止违法行为，处十万元以上五十万元以下的罚款；情节严重的，处五十万元以上三百万元以下的罚款。

第二十五条 经营者违反本法规定从事不正当竞争，有主动消除或者减轻违法行为危害后果等法定情形的，依法从轻或者减轻行政处罚；违法行为轻微并及时纠正，没有造成危害后果的，不予行政处罚。

第二十六条 经营者违反本法规定从事不正当竞争，受到行政处罚的，由监督检查部门记入信用记录，并依照有关法律、行政法规的规定予以公示。

第二十七条 经营者违反本法规定，应当承担民事责任、行政责任和刑事责任，其财产不足以支付的，优先用于承担民事责任。

第二十八条 妨害监督检查部门依照本法履行职责，拒绝、阻碍调查的，由监督检查部门责令改正，对个人可以处五千元以下的罚款，对单位可以处五万元以下的罚款，并可以由公安机关依法给予治安管理处罚。

第二十九条 当事人对监督检查部门作出的决定不服的，可以依法申请行政复议或者提起行政诉讼。

第三十条 监督检查部门的工作人员滥用职权、玩忽职守、徇私舞弊或者泄露调查过程中知悉的商业秘密的，依法给予处分。

第三十一条 违反本法规定，构成犯罪的，依法追究刑事责任。

第五章 附 则

第三十二条 本法自 2018 年 1 月 1 日起施行。

第二部分

部门规章及规范性文件

综 合 管 理

关于印发《公共资源交易信息共享备忘录》的通知

（发改办法规〔2017〕655号，国家发展改革委办公厅、工业和信息化部办公厅、财政部办公厅、国土资源部办公厅、环境保护部办公厅、住房城乡建设部办公厅、交通运输部办公厅、水利部办公厅、商务部办公厅、卫生计生委办公厅、国资委办公厅、税务总局办公厅、林业局办公室、国管局办公室、铁路局综合司、民航局综合司2017年4月14日发布）

有关部门、机构：

3月3日，国家发展改革委组织召开了公共资源交易平台整合工作部际联席会议制度第二次全体会议。根据会议精神和各部门意见，我们对《公共资源交易信息共享备忘录》作了进一步修改完善，并商请各有关部门签署完成，现予以印发，以此开展相关工作。

附件：《公共资源交易信息共享备忘录》

附件

公共资源交易信息共享备忘录

为贯彻落实《国务院办公厅关于印发整合建立统一的公共资源交易平台工作方案的通知》（国办发〔2015〕63号）关于建立健全公共资源交易信息公开共享制度的要求，公共资源交易部际联席会议成员单位就公共资源交易相关信息共享达成如下意见：

一、公共资源交易部际联席会议成员单位依托全国公共资源交易平台，共享各自在履行职责过程中制作或者获取的公共资源交易相关信息，具体内容包括：

（一）公共资源交易政策法规信息；

（二）参与公共资源交易活动的市场主体信息，包括基本信息、资质资格信息、业绩信息等相关信息；

（三）公共资源交易信息，如交易公告信息、资格审查信息、成交信息和变更信息等相关信息；

（四）评标、评审专家信息，如专家基本信息、专家信用信息等相关信息；

（五）公共资源交易相关审批、监管信息，如行政监管事项信息、项目报警信息和投诉信息等相关信息；

（六）公共资源交易相关信用信息，如违法违规信息、黑名单信息、奖励信息、履约信息和社会信用信息等相关信息；

（七）公共资源交易相关数据统计信息。

二、各部门通过部署在国家电子政务外网上的前置系统，将信息共享至全国公共资源交易平台。国务院招标投标行政监督部门通过中国招标公共服务平台，将信息共享至全国公共资源交易平台。

三、全国公共资源交易平台将各部门共享的信息推送至该平台电子政务外网网站，供部门按职责权限查询和使用。属于各部门确定向社会公开的公共资源交易信息，同步推送至该平台互联网网站，供社会查询。

四、公共资源交易部际联席会议成员单位对共享的信息进行维护管理，确保信息交换时效。全国公共资源交易平台负责相关数据的安全防护。

五、各部门应紧密协作，加强沟通，确保信息共享各项工作有效落实。未尽事宜，由各部门协商解决。

关于印发《地方政府收费公路专项债券管理办法（试行）》的通知

（财预〔2017〕97号，财政部、交通运输部2017年6月26日发布）

各省、自治区、直辖市、计划单列市财政厅（局）、交通运输厅（局）：

根据《中华人民共和国预算法》和《国务院关于加强地方政府性债务管理的意见》（国发〔2014〕43号）等有关规定，为完善地方政府专项债券管理，逐步建立专项债券与项目资产、收益对应的制度，有效防范专项债务风险，2017年在政府收费公路领域开展试点，发行收费公路专项债券，规范政府收费公路融资行为，促进政府收费公路事业持续健康发展，今后逐步扩大范围。为此，我们研究制订了《地方政府收费公路专项债券管理办法（试行）》。

2017年收费公路专项债券额度已经随同2017年分地区地方政府专项债务限额下达，请你们在本地区收费公路专项债券额度内组织做好收费公路专项债券额度管理、预算编制和执行等工作，尽快发挥债券资金效益。

现将《地方政府收费公路专项债券管理办法（试行）》印发给你们，请遵照执行。

附件：地方政府收费公路专项债券管理办法（试行）

附件

地方政府收费公路专项债券管理办法（试行）

第一章　总　　则

第一条　为完善地方政府专项债券管理，规范政府收费公路融资行为，建立收费公路专项债券与项目资产、收益对应的制度，促进政府收费公路事业持续健康发展，根据《中华人民共和国预算法》、《中华人民共和国公路法》和《国务院关于加强地方政府性债务管理的意见》（国发〔2014〕43号）等有关规定，制订本办法。

第二条　本办法所称的政府收费公路，是指根据相关法律法规，采取政府收取车辆通行费等方式偿还债务而建设的收费公路，主要包括国家高速公路、地方高速公路及收费一级公路等。

第三条　本办法所称地方政府收费公路专项债券（以下简称收费公路专项债券）是地方政府专项债券的一个品种，是指地方政府为发展政府收费公路举借，以项目对应并纳入政府性基金预算管理的车辆通行费收入、专项收入偿还的地方政府专项债券。

前款所称专项收入包括政府收费公路项目对应的广告收入、服务设施收入、收费公路权益转让收入等。

第四条　地方政府为政府收费公路发展举借、使用、偿还债务适用本办法。

第五条　地方政府为政府收费公路发展举借债务采取发行收费公路专项债券方式。省、自治区、直辖市政府（以下简称省级政府）为收费公路专项债券的发行主体。设区的市、自治州，县、自治县、不设区的市、市辖区级政府（以下简称市县级政府）确需发行收费公路专项债券的，由省级政府统一发行并转贷给市县级政府。经省级政府批准，计划单列市政府可以自办发行收费公路专项债券。

第六条　发行收费公路专项债券的政府收费公路项目应当有稳定的预期偿债资金来源，对应的政府性基金收入应当能够保障偿还债券本金和利息，实现项目收益和融资自求平衡。

第七条 收费公路专项债券纳入地方政府专项债务限额管理。收费公路专项债券收入、支出、还本、付息、发行费用等纳入政府性基金预算管理。

第八条 收费公路专项债券资金应当专项用于政府收费公路项目建设，优先用于国家高速公路项目建设，重点支持“一带一路”、京津冀协同发展、长江经济带三大战略规划的政府收费公路项目建设，不得用于非收费公路项目建设，不得用于经常性支出和公路养护支出。任何单位和个人不得截留、挤占和挪用收费公路专项债券资金。

第二章 额度管理

第九条 财政部在国务院批准的年度地方政府专项债务限额内，根据政府收费公路建设融资需求、纳入政府性基金预算管理的车辆通行费收入和专项收入状况等因素，确定年度全国收费公路专项债券总额度。

第十条 各省、自治区、直辖市年度收费公路专项债券额度应当在国务院批准的分地区专项债务限额内安排，由财政部下达各省级财政部门，抄送交通运输部。

第十一条 省、自治区、直辖市年度收费公路专项债券额度不足或者不需使用的部分，由省级财政部门会同交通运输部门于每年7月底前向财政部提出申请。财政部可以在国务院批准的该地区专项债务限额内统筹调剂额度并予批复，抄送交通运输部。

第十二条 省级财政部门应当加强对本地区收费公路专项债券额度使用情况的监控。

第三章 预算编制

第十三条 省级交通运输部门应当根据本地区政府收费公路发展规划、中央和地方财政资金投入、未来经营收支预测等，组织编制下一年度政府收费公路收支计划，结合纳入政府性基金预算管理的车辆通行费收入和专项收入、项目收益和融资平衡情况等因素，测算提出下一年度收费公路专项债券需求，于每年9月底前报送省级财政部门。

市县级交通运输部门确需使用收费公路专项债券资金的，应当及时测算提出本地区下一年度收费公路专项债券需求，提交同级财政部门审核，经同级政府批准后报送省级交通运输部门。

第十四条 省级财政部门汇总审核本地区下一年度收费公路专项债券需求，随同增加举借专项债务和安排公益性资本支出项目的建议，报经省级政府批准后于每年10月底前报送财政部、交通运输部。

第十五条 交通运输部结合国家公路发展规划、各地公路发展实际和完善路网的现实需求、车辆购置税专项资金投资政策等，对各地区下一年度收费公路专项债券项目和额度提出建议，报财政部。

第十六条 省级财政部门应当在财政部下达的本地区收费公路专项债券额度内，根据省级和市县级政府纳入政府性基金预算管理的车辆通行费收入和专项收入情况、政府收费公路建设融资需求、专项债务风险、项目期限结构及收益平衡情况等因素，提出本地区年度收费公路专项债券额度分配方案，报省级政府批准后，将分配市县的额度下达各市县级财政部门，并抄送省级交通运输部门。

省级交通运输部门应当及时向本级财政部门提供政府收费公路建设项目的相关信息，便于财政部门科学合理分配收费公路专项债券额度。

第十七条 县级以上地方各级财政部门应当在上级下达的收费公路专项债券额度内，会同本级交通运输部门提出具体项目安排建议。

第十八条 增加举借的收费公路专项债券收入应当列入政府性基金预算调整方案。包括：

（一）省级政府在财政部下达的年度收费公路专项债券额度内发行专项债券收入；

（二）市县级政府收到的上级政府转贷收费公路专项债券收入。

第十九条 增加举借收费公路专项债券安排的支出应当列入预算调整方案，包括本级支出和转贷下级支出。收费公路专项债券支出应当明确到具体项目，在地方政府债务管理系统中统计，纳入财政支出预算项目库管理。

地方各级交通运输部门应当建立政府收费公路项目库，项目信息应当包括项目名称、立项依据、通车里程、建设期限、项目投资计划、收益和融资平衡方案、车辆购置税等一般公共预算收入安排的补助、车辆通行费征收标准及期限、预期专项收入等情况，并做好与地方政府债务管理系统的衔接。

第二十条　收费公路专项债券还本支出应当根据当年到期收费公路专项债务规模、车辆通行费收入、对应专项收入等因素合理预计、妥善安排，列入年度政府性基金预算草案。

第二十一条　收费公路专项债券利息和发行费用应当根据收费公路专项债券规模、利率、费率等情况合理预计，列入政府性基金预算支出统筹安排。

第二十二条　收费公路专项债券对应项目形成的广告收入、服务设施收入等专项收入，应当全部纳入政府性基金预算收入，除根据省级财政部门规定支付必需的日常运转经费外，专门用于偿还收费公路专项债券本息。

第二十三条　收费公路专项债券收入、支出、还本付息、发行费用应当按照《地方政府专项债务预算管理办法》（财预〔2016〕155号）规定列入相关预算科目。按照本办法第二十二条规定纳入政府性基金预算收入的专项收入，应当列入“专项债券项目对应的专项收入”下的“政府收费公路专项债券对应的专项收入”科目，在政府性基金预算收入合计线上反映。

第四章　预算执行和决算

第二十四条　省级财政部门应当根据本级人大常委会批准的预算调整方案，结合省级交通运输部门提出的年度收费公路专项债券发行建议，审核确定年度收费公路专项债券发行方案，明确债券发行时间、批次、规模、期限等事项。

市县级财政部门应当会同本级交通运输部门做好收费公路专项债券发行准备工作。

第二十五条　地方各级交通运输部门应当配合做好本地区政府收费公路专项债券发行准备工作，及时准确提供相关材料，配合做好信息披露、信用评级、资产评估等工作。

第二十六条　收费公路专项债券应当遵循公开、公平、公正原则采取市场化方式发行，在银行间债券市场、证券交易所市场等场所发行和流通。

第二十七条　收费公路专项债券应当统一命名格式，冠以“××年××省、自治区、直辖市（本级或××市、县）收费公路专项债券（×期）——××年××省、自治区、直辖市政府专项债券（×期）”名称，具体由省级财政部门商省级交通运输部门确定。

第二十八条　收费公路专项债券的发行和使用应当严格对应到项目。根据政府收费公路相关性、收费期限等因素，收费公路专项债券可以对应单一项目发行，也可以对应一个地区的多个项目集合发行，具体由省级财政部门会同省级交通运输部门确定。

第二十九条　收费公路专项债券期限应当与政府收费公路收费期限相适应，原则上单次发行不超过15年，具体由省级财政部门会同省级交通运输部门根据项目建设、运营、回收周期和债券市场状况等因素综合确定。

收费公路专项债券发行时，可以约定根据车辆通行费收入情况提前或延迟偿还债券本金的条款。鼓励地方政府通过结构化创新合理设计债券期限结构。

第三十条　省级财政部门应当会同交通运输部门及时向社会披露收费公路专项债券相关信息，包括收费公路专项债券规模、期限、利率、偿债计划及资金来源、项目名称、收益和融资平衡方案、建设期限、车辆通行费征收标准及期限等。省级交通运输部门应当积极配合提供相关材料。

省级交通运输部门应当于每年6月底前披露截至上一年度末收费公路专项债券对应项目的实施进度、债券资金使用等情况。

第三十一条　政府收费公路项目形成的专项收入，应当全部上缴国库。县级以上地方各级交通运输部门应当履行项目运营管理责任，加强成本控制，确保车辆通行费收入和项目形成的专项收入应收尽收，并按规定及时足额缴入国库。

第三十二条 省级财政部门应当按照合同约定，及时偿还收费公路专项债券到期本金、利息以及支付发行费用。市县级财政部门应当及时向省级财政部门缴纳本地区或本级应当承担的还本付息、发行费用等资金。

第三十三条 年度终了，县级以上地方各级财政部门应当会同本级交通运输部门编制收费公路专项债券收支决算，在政府性基金预算决算报告中全面、准确反映收费公路专项债券收入、安排的支出、还本付息和发行费用等情况。

第五章 监督管理

第三十四条 地方各级财政部门应当会同本级交通运输部门建立和完善相关制度，加强对本地区收费公路专项债券发行、使用、偿还的管理和监督。

第三十五条 地方各级交通运输部门应当加强收费公路专项债券对应项目的管理和监督，确保项目收益和融资平衡。

第三十六条 地方各级财政部门、交通运输部门不得通过企事业单位举借债务，不得通过地方政府债券以外的任何方式举借债务，不得为任何单位和个人的债务以任何方式提供担保。

第三十七条 地方各级财政部门应当会同本级交通运输部门，将收费公路专项债券对应项目形成的基础设施资产纳入国有资产管理。建立收费公路专项债券对应项目形成的资产登记和统计报告制度，加强资产日常统计和动态监控。县级以上地方各级交通运输部门及相关机构应当认真履行资产运营维护责任，并做好资产的会计核算管理工作。收费公路专项债券对应项目形成的基础设施资产和收费公路权益，应当严格按照债券发行时约定的用途使用，不得用于抵质押。

第三十八条 财政部驻各地财政监察专员办事处对收费公路专项债券额度、发行、使用、偿还等进行监督，发现违反法律法规和财政管理、收费公路等政策规定的行为，及时报告财政部，抄送交通运输部。

第三十九条 违反本办法规定情节严重的，财政部可以暂停其发行地方政府专项债券。违反法律、行政法规的，依法依规追究有关人员责任；涉嫌犯罪的，移送司法机关依法处理。

第四十条 各级财政部门、交通运输部门在地方政府收费公路专项债券监督和管理工作中，存在滥用职权、玩忽职守、徇私舞弊等违法违纪行为的，按照《中华人民共和国预算法》、《公务员法》、《行政监察法》、《财政违法行为处罚处分条例》等国家有关规定追究相应责任；涉嫌犯罪的，移送司法机关处理。

第六章 职责分工

第四十一条 财政部负责牵头制定和完善收费公路专项债券管理制度，下达分地区收费公路专项债券额度，对地方收费公路专项债券管理实施监督。

交通运输部配合财政部加强收费公路专项债券管理，指导和监督地方交通运输部门做好收费公路专项债券管理相关工作。

第四十二条 省级财政部门负责本地区收费公路专项债券额度管理和预算管理，组织做好债券发行、还本付息等工作，并按照专项债务风险防控要求审核项目资金需求。

省级交通运输部门负责审核汇总本地区国家公路网规划、省级公路网规划建设的政府收费公路资金需求，组织做好政府收费公路项目库与地方政府债务管理系统的衔接，配合做好本地区收费公路专项债券各项发行准备工作，规范使用收费公路专项债券资金，组织有关单位及时足额缴纳车辆通行费收入、相关专项收入等。

第四十三条 市县级政府规划建设政府收费公路确需发行专项债券的，市县级财政部门、交通运输部门应当参照省级相关部门职责分工，做好收费公路专项债券以及对应项目管理相关工作。

第七章 附 则

第四十四条 省、自治区、直辖市财政部门可以根据本办法规定，结合本地区实际制定实施细则。

第四十五条　本办法由财政部会同交通运输部负责解释。

第四十六条　本办法自印发之日起实施。

关于修改《建设项目环境保护管理条例》的决定

（国务院令2017年第682号，国务院2017年7月16日发布）

《国务院关于修改〈建设项目环境保护管理条例〉的决定》已经2017年6月21日国务院第177次常务会议通过，现予公布，自2017年10月1日起施行。

国务院关于修改《建设项目环境保护管理条例》的决定

国务院决定对《建设项目环境保护管理条例》作如下修改：

一、删去第六条第二款。

二、将第七条第二款修改为："建设项目环境影响评价分类管理名录，由国务院环境保护行政主管部门在组织专家进行论证和征求有关部门、行业协会、企事业单位、公众等意见的基础上制定并公布。"

三、删去第八条第二款。

四、将第九条、第十条合并，作为第九条，修改为："依法应当编制环境影响报告书、环境影响报告表的建设项目，建设单位应当在开工建设前将环境影响报告书、环境影响报告表报有审批权的环境保护行政主管部门审批；建设项目的环境影响评价文件未依法经审批部门审查或者审查后未予批准的，建设单位不得开工建设。

"环境保护行政主管部门审批环境影响报告书、环境影响报告表，应当重点审查建设项目的环境可行性、环境影响分析预测评估的可靠性、环境保护措施的有效性、环境影响评价结论的科学性等，并分别自收到环境影响报告书之日起60日内、收到环境影响报告表之日起30日内，作出审批决定并书面通知建设单位。

"环境保护行政主管部门可以组织技术机构对建设项目环境影响报告书、环境影响报告表进行技术评估，并承担相应费用；技术机构应当对其提出的技术评估意见负责，不得向建设单位、从事环境影响评价工作的单位收取任何费用。

"依法应当填报环境影响登记表的建设项目，建设单位应当按照国务院环境保护行政主管部门的规定将环境影响登记表报建设项目所在地县级环境保护行政主管部门备案。

"环境保护行政主管部门应当开展环境影响评价文件网上审批、备案和信息公开。"

五、将第十一条改为第十条，删去该条中的"或者环境影响登记表"。

六、增加一条，作为第十一条："建设项目有下列情形之一的，环境保护行政主管部门应当对环境影响报告书、环境影响报告表作出不予批准的决定：

"（一）建设项目类型及其选址、布局、规模等不符合环境保护法律法规和相关法定规划；

"（二）所在区域环境质量未达到国家或者地方环境质量标准，且建设项目拟采取的措施不能满足区域环境质量改善目标管理要求；

"（三）建设项目采取的污染防治措施无法确保污染物排放达到国家和地方排放标准，或者未采取必要措施预防和控制生态破坏；

"（四）改建、扩建和技术改造项目，未针对项目原有环境污染和生态破坏提出有效防治措施；

"（五）建设项目的环境影响报告书、环境影响报告表的基础资料数据明显不实，内容存在重大缺陷、遗漏，或者环境影响评价结论不明确、不合理。"

七、将第十二条修改为："建设项目环境影响报告书、环境影响报告表经批准后，建设项目的性质、规模、地点、采用的生产工艺或者防治污染、防止生态破坏的措施发生重大变动的，建设单位应当重新报批建设项目环境影响报告书、环境影响报告表。

“建设项目环境影响报告书、环境影响报告表自批准之日起满5年，建设项目方开工建设的，其环境影响报告书、环境影响报告表应当报原审批部门重新审核。原审批部门应当自收到建设项目环境影响报告书、环境影响报告表之日起10日内，将审核意见书面通知建设单位；逾期未通知的，视为审核同意。

“审核、审批建设项目环境影响报告书、环境影响报告表及备案环境影响登记表，不得收取任何费用。”

八、删去第十三条。

九、将第十七条改为第十六条，修改为：“建设项目的初步设计，应当按照环境保护设计规范的要求，编制环境保护篇章，落实防治环境污染和生态破坏的措施以及环境保护设施投资概算。

“建设单位应当将环境保护设施建设纳入施工合同，保证环境保护设施建设进度和资金，并在项目建设过程中同时组织实施环境影响报告书、环境影响报告表及其审批部门审批决定中提出的环境保护对策措施。”

十、删去第十八条、第十九条。

十一、将第二十条改为第十七条，修改为：“编制环境影响报告书、环境影响报告表的建设项目竣工后，建设单位应当按照国务院环境保护行政主管部门规定的标准和程序，对配套建设的环境保护设施进行验收，编制验收报告。

“建设单位在环境保护设施验收过程中，应当如实查验、监测、记载建设项目环境保护设施的建设和调试情况，不得弄虚作假。

“除按照国家规定需要保密的情形外，建设单位应当依法向社会公开验收报告。”

十二、删去第二十二条。

十三、将第二十三条改为第十九条，修改为：“编制环境影响报告书、环境影响报告表的建设项目，其配套建设的环境保护设施经验收合格，方可投入生产或者使用；未经验收或者验收不合格的，不得投入生产或者使用。

“前款规定的建设项目投入生产或者使用后，应当按照国务院环境保护行政主管部门的规定开展环境影响后评价。”

十四、增加一条，作为第二十条：“环境保护行政主管部门应当对建设项目环境保护设施设计、施工、验收、投入生产或者使用情况，以及有关环境影响评价文件确定的其他环境保护措施的落实情况，进行监督检查。

“环境保护行政主管部门应当将建设项目有关环境违法信息记入社会诚信档案，及时向社会公开违法者名单。”

十五、将第二十四条、第二十五条合并，作为第二十一条，修改为：“建设单位有下列行为之一的，依照《中华人民共和国环境影响评价法》的规定处罚：

“（一）建设项目环境影响报告书、环境影响报告表未依法报批或者报请重新审核，擅自开工建设；

“（二）建设项目环境影响报告书、环境影响报告表未经批准或者重新审核同意，擅自开工建设；

“（三）建设项目环境影响登记表未依法备案。”

十六、增加一条，作为第二十二条：“违反本条例规定，建设单位编制建设项目初步设计未落实防治环境污染和生态破坏的措施以及环境保护设施投资概算，未将环境保护设施建设纳入施工合同，或者未依法开展环境影响后评价的，由建设项目所在地县级以上环境保护行政主管部门责令限期改正，处5万元以上20万元以下的罚款；逾期不改正的，处20万元以上100万元以下的罚款。

“违反本条例规定，建设单位在项目建设过程中未同时组织实施环境影响报告书、环境影响报告表及其审批部门审批决定中提出的环境保护对策措施的，由建设项目所在地县级以上环境保护行政主管部门责令限期改正，处20万元以上100万元以下的罚款；逾期不改正的，责令停止建设。”

十七、删去第二十六条、第二十七条。

十八、将第二十八条改为第二十三条，修改为：“违反本条例规定，需要配套建设的环境保护设施未建成、未经验收或者验收不合格，建设项目即投入生产或者使用，或者在环境保护设施验收中弄虚作假的，由县级以上环境保护行政主管部门责令限期改正，处 20 万元以上 100 万元以下的罚款；逾期不改正的，处 100 万元以上 200 万元以下的罚款；对直接负责的主管人员和其他责任人员，处 5 万元以上 20 万元以下的罚款；造成重大环境污染或者生态破坏的，责令停止生产或者使用，或者报经有批准权的人民政府批准，责令关闭。

“违反本条例规定，建设单位未依法向社会公开环境保护设施验收报告的，由县级以上环境保护行政主管部门责令公开，处 5 万元以上 20 万元以下的罚款，并予以公告。”

十九、增加一条，作为第二十四条：“违反本条例规定，技术机构向建设单位、从事环境影响评价工作的单位收取费用的，由县级以上环境保护行政主管部门责令退还所收费用，处所收费用 1 倍以上 3 倍以下的罚款。”

二十、将第二十九条改为第二十五条，修改为：“从事建设项目环境影响评价工作的单位，在环境影响评价工作中弄虚作假的，由县级以上环境保护行政主管部门处所收费用 1 倍以上 3 倍以下的罚款。”

二十一、将第三十二条改为第二十八条，并将该条中的“海洋石油勘探开发”修改为“海洋工程”。

本决定自 2017 年 10 月 1 日起施行。

《建设项目环境保护管理条例》根据本决定作相应修改并对条文序号作相应调整，重新公布。

建设项目环境保护管理条例

（1998 年 11 月 29 日中华人民共和国国务院令 1998 年第 253 号，根据 2017 年 7 月 16 日《国务院关于修改〈建设项目环境保护管理条例〉的决定》修订）

第一章　总　　则

第一条　为了防止建设项目产生新的污染、破坏生态环境，制定本条例。

第二条　在中华人民共和国领域和中华人民共和国管辖的其他海域内建设对环境有影响的建设项目，适用本条例。

第三条　建设产生污染的建设项目，必须遵守污染物排放的国家标准和地方标准；在实施重点污染物排放总量控制的区域内，还必须符合重点污染物排放总量控制的要求。

第四条　工业建设项目应当采用能耗物耗小、污染物产生量少的清洁生产工艺，合理利用自然资源，防止环境污染和生态破坏。

第五条　改建、扩建项目和技术改造项目必须采取措施，治理与该项目有关的原有环境污染和生态破坏。

第二章　环境影响评价

第六条　国家实行建设项目环境影响评价制度。

第七条　国家根据建设项目对环境的影响程度，按照下列规定对建设项目的环境保护实行分类管理：

（一）建设项目对环境可能造成重大影响的，应当编制环境影响报告书，对建设项目产生的污染和对环境的影响进行全面、详细的评价；

（二）建设项目对环境可能造成轻度影响的，应当编制环境影响报告表，对建设项目产生的污染和对环境的影响进行分析或者专项评价；

（三）建设项目对环境影响很小，不需要进行环境影响评价的，应当填报环境影响登记表。

建设项目环境影响评价分类管理名录，由国务院环境保护行政主管部门在组织专家进行论证和征求有关部门、行业协会、企事业单位、公众等意见的基础上制定并公布。

第八条　建设项目环境影响报告书，应当包括下列内容：

（一）建设项目概况；

（二）建设项目周围环境现状；

（三）建设项目对环境可能造成影响的分

析和预测；

（四）环境保护措施及其经济、技术论证；

（五）环境影响经济损益分析；

（六）对建设项目实施环境监测的建议；

（七）环境影响评价结论。

建设项目环境影响报告表、环境影响登记表的内容和格式，由国务院环境保护行政主管部门规定。

第九条 依法应当编制环境影响报告书、环境影响报告表的建设项目，建设单位应当在开工建设前将环境影响报告书、环境影响报告表报有审批权的环境保护行政主管部门审批；建设项目的环境影响评价文件未依法经审批部门审查或者审查后未予批准的，建设单位不得开工建设。

环境保护行政主管部门审批环境影响报告书、环境影响报告表，应当重点审查建设项目的环境可行性、环境影响分析预测评估的可靠性、环境保护措施的有效性、环境影响评价结论的科学性等，并分别自收到环境影响报告书之日起60日内、收到环境影响报告表之日起30日内，作出审批决定并书面通知建设单位。

环境保护行政主管部门可以组织技术机构对建设项目环境影响报告书、环境影响报告表进行技术评估，并承担相应费用；技术机构应当对其提出的技术评估意见负责，不得向建设单位、从事环境影响评价工作的单位收取任何费用。

依法应当填报环境影响登记表的建设项目，建设单位应当按照国务院环境保护行政主管部门的规定将环境影响登记表报建设项目所在地县级环境保护行政主管部门备案。

环境保护行政主管部门应当开展环境影响评价文件网上审批、备案和信息公开。

第十条 国务院环境保护行政主管部门负责审批下列建设项目环境影响报告书、环境影响报告表：

（一）核设施、绝密工程等特殊性质的建设项目；

（二）跨省、自治区、直辖市行政区域的建设项目；

（三）国务院审批的或者国务院授权有关部门审批的建设项目。

前款规定以外的建设项目环境影响报告书、环境影响报告表的审批权限，由省、自治区、直辖市人民政府规定。

建设项目造成跨行政区域环境影响，有关环境保护行政主管部门对环境影响评价结论有争议的，其环境影响报告书或者环境影响报告表由共同上一级环境保护行政主管部门审批。

第十一条 建设项目有下列情形之一的，环境保护行政主管部门应当对环境影响报告书、环境影响报告表作出不予批准的决定：

（一）建设项目类型及其选址、布局、规模等不符合环境保护法律法规和相关法定规划；

（二）所在区域环境质量未达到国家或者地方环境质量标准，且建设项目拟采取的措施不能满足区域环境质量改善目标管理要求；

（三）建设项目采取的污染防治措施无法确保污染物排放达到国家和地方排放标准，或者未采取必要措施预防和控制生态破坏；

（四）改建、扩建和技术改造项目，未针对项目原有环境污染和生态破坏提出有效防治措施；

（五）建设项目的环境影响报告书、环境影响报告表的基础资料数据明显不实，内容存在重大缺陷、遗漏，或者环境影响评价结论不明确、不合理。

第十二条 建设项目环境影响报告书、环境影响报告表经批准后，建设项目的性质、规模、地点、采用的生产工艺或者防治污染、防止生态破坏的措施发生重大变动的，建设单位应当重新报批建设项目环境影响报告书、环境影响报告表。

建设项目环境影响报告书、环境影响报告表自批准之日起满5年，建设项目方开工建设的，其环境影响报告书、环境影响报告表应当报原审批部门重新审核。原审批部门应当自收到建设项目环境影响报告书、环境影响报告表之日起10日内，将审核意见书面通知建设单位；逾期未通知的，视为审核同意。

审核、审批建设项目环境影响报告书、环境影响报告表及备案环境影响登记表，不得收取任何费用。

第十三条　建设单位可以采取公开招标的方式，选择从事环境影响评价工作的单位，对建设项目进行环境影响评价。

任何行政机关不得为建设单位指定从事环境影响评价工作的单位，进行环境影响评价。

第十四条　建设单位编制环境影响报告书，应当依照有关法律规定，征求建设项目所在地有关单位和居民的意见。

第三章　环境保护设施建设

第十五条　建设项目需要配套建设的环境保护设施，必须与主体工程同时设计、同时施工、同时投产使用。

第十六条　建设项目的初步设计，应当按照环境保护设计规范的要求，编制环境保护篇章，落实防治环境污染和生态破坏的措施以及环境保护设施投资概算。

建设单位应当将环境保护设施建设纳入施工合同，保证环境保护设施建设进度和资金，并在项目建设过程中同时组织实施环境影响报告书、环境影响报告表及其审批部门审批决定中提出的环境保护对策措施。

第十七条　编制环境影响报告书、环境影响报告表的建设项目竣工后，建设单位应当按照国务院环境保护行政主管部门规定的标准和程序，对配套建设的环境保护设施进行验收，编制验收报告。

建设单位在环境保护设施验收过程中，应当如实查验、监测、记载建设项目环境保护设施的建设和调试情况，不得弄虚作假。

除按照国家规定需要保密的情形外，建设单位应当依法向社会公开验收报告。

第十八条　分期建设、分期投入生产或者使用的建设项目，其相应的环境保护设施应当分期验收。

第十九条　编制环境影响报告书、环境影响报告表的建设项目，其配套建设的环境保护设施经验收合格，方可投入生产或者使用；未经验收或者验收不合格的，不得投入生产或者使用。

前款规定的建设项目投入生产或者使用后，应当按照国务院环境保护行政主管部门的规定开展环境影响后评价。

第二十条　环境保护行政主管部门应当对建设项目环境保护设施设计、施工、验收、投入生产或者使用情况，以及有关环境影响评价文件确定的其他环境保护措施的落实情况，进行监督检查。

环境保护行政主管部门应当将建设项目有关环境违法信息记入社会诚信档案，及时向社会公开违法者名单。

第四章　法律责任

第二十一条　建设单位有下列行为之一的，依照《中华人民共和国环境影响评价法》的规定处罚：

（一）建设项目环境影响报告书、环境影响报告表未依法报批或者报请重新审核，擅自开工建设；

（二）建设项目环境影响报告书、环境影响报告表未经批准或者重新审核同意，擅自开工建设；

（三）建设项目环境影响登记表未依法备案。

第二十二条　违反本条例规定，建设单位编制建设项目初步设计未落实防治环境污染和生态破坏的措施以及环境保护设施投资概算，未将环境保护设施建设纳入施工合同，或者未依法开展环境影响后评价的，由建设项目所在地县级以上环境保护行政主管部门责令限期改正，处5万元以上20万元以下的罚款；逾期不改正的，处20万元以上100万元以下的罚款。

违反本条例规定，建设单位在项目建设过程中未同时组织实施环境影响报告书、环境影响报告表及其审批部门审批决定中提出的环境保护对策措施的，由建设项目所在地县级以上环境保护行政主管部门责令限期改正，处20万元以上100万元以下的罚款；逾期不改正的，责令停止建设。

第二十三条　违反本条例规定，需要配套建设的环境保护设施未建成、未经验收或者验收不合格，建设项目即投入生产或者使用，或者在环境保护设施验收中弄虚作假的，由县级以上环境保护行政主管部门责令限期改正，处20万元以上100万元以下的罚款；逾期不改正的，处100万元以上200万元以下的罚款；对直接负责的主管人员和其他责任人员，处5万元以上20万元以下的罚款；造成重大环境污染或者生态破坏的，责令停止生产或者使用，或者报经有批准权的人民政府批准，责令关闭。

违反本条例规定，建设单位未依法向社会公开环境保护设施验收报告的，由县级以上环境保护行政主管部门责令公开，处5万元以上20万元以下的罚款，并予以公告。

第二十四条 违反本条例规定，技术机构向建设单位、从事环境影响评价工作的单位收取费用的，由县级以上环境保护行政主管部门责令退还所收费用，处所收费用1倍以上3倍以下的罚款。

第二十五条 从事建设项目环境影响评价工作的单位，在环境影响评价工作中弄虚作假的，由县级以上环境保护行政主管部门处所收费用1倍以上3倍以下的罚款。

第二十六条 环境保护行政主管部门的工作人员徇私舞弊、滥用职权、玩忽职守，构成犯罪的，依法追究刑事责任；尚不构成犯罪的，依法给予行政处分。

第五章 附 则

第二十七条 流域开发、开发区建设、城市新区建设和旧区改建等区域性开发，编制建设规划时，应当进行环境影响评价。具体办法由国务院环境保护行政主管部门会同国务院有关部门另行规定。

第二十八条 海洋工程建设项目的环境保护管理，按照国务院关于海洋工程环境保护管理的规定执行。

第二十九条 军事设施建设项目的环境保护管理，按照中央军事委员会的有关规定执行。

第三十条 本条例自发布之日起施行。

关于印发《社会领域产业专项债券发行指引》的通知

（发改办财金规〔2017〕1341号，国家发展改革委办公厅2017年8月1日发布）

各省、自治区、直辖市及计划单列市、新疆生产建设兵团发展改革委：

为贯彻落实《国务院办公厅关于进一步激发社会领域投资活力的意见》（国办发〔2017〕21号）精神，积极发挥企业债券融资对社会领域产业发展的作用，现将我委制定的《社会领域产业专项债券发行指引》印发你们，请认真贯彻执行。

附件：社会领域产业专项债券发行指引

附件

社会领域产业专项债券发行指引

为贯彻落实《国务院办公厅关于进一步激发社会领域投资活力的意见》（国办发〔2017〕21号）精神，积极发挥企业债券融资对社会领域产业发展的作用，根据《公司法》、《证券法》、《企业债券管理条例》等法律法规和规范性文件，制定本指引。

一、适用范围和支持重点

社会领域产业专项债券，是指由市场化运

营的公司法人主体发行（公立医疗卫生机构、公立学校等公益性质主体除外），募集资金主要用于社会领域产业经营性项目建设，或者其他经营性领域配套社会领域产业相关设施建设的企业债券。社会领域产业专项债券包括但不限于以下专项债券类型：

（一）健康产业专项债券，主要用于为群众提供医疗、健康管理等健康服务项目。

（二）养老产业专项债券，主要用于为老年人提供生活照料、康复护理等服务设施设备，以及开发康复辅助器具产品用品项目。

（三）教育培训产业专项债券，主要用于建设教育培训服务设施设备、提供教育培训服务、生产直接服务教育发展的教学教具产品的项目。

（四）文化产业专项债券，主要用于新闻出版发行、广播电视电影、文化艺术服务、文化创意和设计服务等文化产品生产项目，以及直接为文化产品生产服务的文化产业园区等项目。

（五）体育产业专项债券，主要用于体育产业基地、体育综合体、体育场馆、健身休闲、开发体育产品用品等项目，以及支持冰雪、足球、水上、航空、户外、体育公园等设施建设。

（六）旅游产业专项债券，主要用于旅游基础设施建设、旅游产品和服务开发等项目。

支持企业发行专项债券，同时用于多个社会领域产业项目或社会领域产业融合项目。发债企业可使用债券资金收购、改造其他社会机构的相关设施，或扩大社会领域产业投资基金资本规模。

二、发行条件

（一）优化社会领域产业专项债券品种方案设计，可根据资金回流的具体情况科学设计债券发行方案，支持合理灵活设置债券期限、选择权及还本付息方式。鼓励企业发行可续期债券，用于剧场等文化消费设施、文化产业园区、体育馆、民营医院、教育培训机构等投资回收期较长的项目建设。

（二）社会领域产业专项债券以项目未来经营收入作为主要偿债资金来源。对项目收费标准由政府部门定价的，地方价格部门应及时制定和完善项目收费价格政策。

（三）鼓励发行人以第三方担保方式，或法律法规允许的出让、租赁建设用地抵质押担保方式为债券提供增信。对于项目建成后有稳定现金流来源的项目，如体育场、电影院等，允许以项目未来收益权为债券发行提供抵质押担保；项目建成后形成商标权、专利权等无形资产的，经中介机构评估后，可将无形资产为债券发行提供抵质押担保。

（四）鼓励采取“债贷组合”增信方式，由商业银行进行债券和贷款统筹管理。以小微企业增信集合债券形式发行社会领域产业专项债券，募集资金用于社会领域产业小微企业发展的，可将《小微企业增信集合债券发行管理规定》中委托贷款集中度的要求放宽为“对单个委贷对象发放的委贷资金累计余额不得超过5000万元且不得超过小微债募集资金规模的10%”。探索保险机构等机构投资者设立特殊目的实体，发行项目收益债券用于社会领域产业项目的建设和经营。

三、审核要求

（一）在相关手续齐备、偿债保障措施完善的基础上，社会领域产业专项债券比照我委“加快和简化审核类”债券审核程序，提高审核效率。

（二）《养老产业专项债券发行指引》（发改办财金〔2015〕817号）的相关规定，在本文范围之外的，可继续执行。

（三）我委将在实践中不断完善和细化社会领域产业专项债券的相关条款，并及时公开发布。

关于印发《机电产品国际招标投标“双随机一公开”监管工作细则》的通知

（商办贸函〔2017〕345号，商务部办公厅2017年8月17日发布）

各省、自治区、直辖市、计划单列市及新疆生产建设兵团商务主管部门，沿海开放城市及经济特区商务主管部门，国务院有关部门机电产品进出口管理机构：

为贯彻落实《国务院办公厅关于推广随机抽查规范事中事后监管的通知》（国办发〔2015〕58号）要求，全面推行“双随机、一公开”，进一步规范机电产品国际招标投标监督检查行为，商务部制定了《机电产品国际招标投标“双随机一公开”监管工作细则》，现印发给你们，请结合实际，认真贯彻执行。相关工作情况请及时报送我部（外贸司）。

机电产品国际招标投标“双随机一公开”监管工作细则

第一条 为进一步规范机电产品国际招标投标监督检查行为，全面推行“双随机、一公开”，根据《中华人民共和国招标投标法》《中华人民共和国招标投标法实施条例》，以及《机电产品国际招标投标实施办法（试行）》（商务部令2014年第1号）、《机电产品国际招标代理机构监督管理办法（试行）》（商务部令2016年第5号）等有关规定，制定本细则。

第二条 商务部负责组织和指导对全国机电产品国际招标投标活动和全国机电产品国际招标代理机构（以下简称招标机构）的监督检查工作。各省、自治区、直辖市、计划单列市、新疆生产建设兵团、沿海开放城市及经济特区商务主管部门、国务院有关部门机电产品进出口管理机构负责本地区、本部门所属机电产品国际招标投标活动和招标机构的监督检查工作。各级机电产品进出口管理机构（以下简称主管部门）对机电产品国际招标投标活动和招标机构实施监督检查时，适用本细则。

第三条 本细则所称“双随机、一公开”工作，是指主管部门依法实施机电产品国际招标投标监督检查时，采取随机抽取检查对象、随机选派执法检查人员，及时公开抽查情况和查处结果的活动。

第四条 机电产品国际招标投标监督检查按照本细则开展，坚持监管规范高效、公平公正、公开透明的原则。

第五条 商务部在中国国际招标网（以下简称招标网，网址：www.chinabidding.com）建立执法检查人员名录库和检查对象名录库。执法检查人员应为主管部门正式在编的工作人员，以机电产品国际招标投标业务主管工作人员为主。执法检查人员名录库由各主管部门负责各自执法检查人员信息录入和维护。检查对象为机电产品国际招标项目和招标机构，招标项目名录库、招标机构名录库由商务部负责信息录入和维护。招标项目名录库、招标机构名录库和执法检查人员名录库根据变动情况动态调整。

第六条 商务部根据法律法规规章修订情况和工作实际，制定并动态调整机电产品国际招标投标随机抽查事项清单（见附件），及时在招标网向社会公布。主管部门按照随机抽查事项清单，对机电产品国际招标投标活动和招标机构合法合规情况依法实施检查。

第七条 主管部门实施检查前，从招标网上的招标机构名录库中随机抽取被检查机构，从招标项目名录库中随机抽取被检查项目，从执法检查人员名录库中随机选派执法检查人员，抽取过程在招标网全程记录。主管部门可以设定招标时间、招标环节、招标行业、被投诉数量、错误操作数量等类别条件定向抽取被检查项目或被检查机构。

第八条 主管部门可以根据本地区、本行业招标机构和招标项目实际情况，合理确定随机抽查的比例和频次。对所属招标机构的随机抽查，年度检查率应当不低于所属招标机构数量的10%。每年随机抽查的所属招标项目数量，应当不少于5个或者上一年度所属招标项目数量的1%（两者以高者为准）；上一年度所属招标项目数量低于5个的，应当至少随机抽查1个项目。近三年内检查过的招标项目，在抽取时可以排除。对投诉举报多、错误操作记录多或有严重违法记录等情况的招标机构，可增加抽查频次。商务部可以组织实施对全国范围内招标机构及项目进行“双随机”抽查。

第九条　主管部门开展“双随机”抽查工作，执法检查人员的抽取数量根据检查工作需要确定，同一检查组执法检查人员不得少于二人。出现随机抽取的执法检查人员因实际困难不能参加检查工作或需要回避等情形，应从执法检查人员名录库中及时随机抽取，补齐执法检查人员。

第十条　主管部门实施检查时，可以依法查阅、复制有关文件、资料，调查有关情况，被检查机构应当予以配合。

第十一条　执法检查人员应当填写检查记录表，如实记录检查情况，根据检查情况形成检查结果记录。随机抽取的检查对象名单和检查结果记录，由执法检查人员签字后存档并在招标网公布。任何单位和个人对公布的检查对象名单和检查结果记录信息有异议的，可以在招标网或通过其他书面形式向实施检查的主管部门或商务部提出，并提供相关证明材料。经核实，异议情况属实的，由主管部门更正相关信息后重新公布。

第十二条　主管部门应当依法履行监管职责，对检查发现的违法行为，要依法处理，依法公告处罚结果。对不属于主管部门职权范围的事项，依法依纪移送其他部门处理。

第十三条　主管部门实施检查不得妨碍被检查机构正常的经营活动，不得收受被检查机构给予的财物或者其他好处。

第十四条　各主管部门应当及时就当年开展“双随机、一公开”监管工作情况进行总结，并于当年12月5日前将总结报告通过招标网报商务部，同时于次年1月15日前将加盖单位公章的书面材料报商务部。

第十五条　商务部建立全国机电产品国际招标投标信用档案，“双随机”抽查结果纳入信用档案。

第十六条　本细则自发布之日起施行。

附件：机电产品国际招标投标随机抽查事项清单（略）

关于印发《加快推进落实〈政务信息系统整合共享实施方案〉工作方案》的通知

（发改高技〔2017〕1529号，国家发展改革委、中央网信办、中央编办、财政部、审计署2017年8月18日发布）

各省、自治区、直辖市及计划单列市、新疆生产建设兵团发展改革委、党委网络安全和信息化领导小组办公室、编办、财政厅、审计厅、政务信息共享主管部门，国务院各部委、各直属机构：

为贯彻落实《政务信息资源共享管理暂行办法》（国发〔2016〕51号）、《政务信息系统整合共享实施方案》（国办发〔2017〕39号）等文件精神，进一步加快推进政务信息系统整合共享工作，经国务院领导同志同意，国家发展改革委、中央网信办、中央编办、财政部、审计署制定了《加快推进落实〈政务信息系统整合共享实施方案〉工作方案》（见附件），现印发你们，请按照执行。

附件：加快推进落实《政务信息系统整合共享实施方案》工作方案

附件

加快推进落实《政务信息系统整合共享实施方案》工作方案

推进政务信息系统整合共享是破解当前“放管服”改革难点堵点的重要举措，意义重大，任务紧迫。按照新的形势和要求，为进一步加快政务信息系统整合共享工作，明确责任分工和时间节点，加强统筹协调和督查考核，确保2017年年底前取得明显成效，特制定本工作方案。

一、工作目标

2017年年底前，围绕制约“放管服”改革深入推进的“信息孤岛”问题，初步实现各部门整合后的政务信息系统统一接入国家数据共享交换平台（以下简称“共享平台”）。一是部门内部信息系统数量大幅压缩，实现内部信息共享；二是各部门、各地区接入共享平台，实现跨部门信息系统基本联通；三是重点领域数据共享初步实现，率先实现人口、法人等基础信息的共享；四是为“放管服”改革重点领域提供数据服务，实现共享平台对跨部门业务应用的支撑，变“群众跑腿”为“数据跑路”。在完成阶段性4个目标的基础上，逐步拓展政务信息系统共享范围，深化信息资源应用，进一步支撑“放管服”改革，提升政府治理能力。

二、重点任务

按照“先联通，后提高”的原则，在落实推进《政务信息系统整合共享实施方案》（国办发〔2017〕39号，以下简称《实施方案》）各项工作的基础上，2017年年底前应完成的重点任务和进度安排如下：

（一）2017年9月底前，全面摸清政务部门信息系统和数据情况，加快部门内部信息系统清理

【重点任务之一：掌握系统底数】

开展政务信息系统自查。2017年8月底前，国务院各部门就本部门政务信息系统建设应用情况进行全面自查，内容包括但不限于：信息系统数量、名称、功能、使用范围、使用频度、审批部门、审批时间、经费来源等，形成自查报告。同时，提出本部门清理整合的信息系统清单和接入共享平台的信息系统清单。2017年9月底前，提出需要其它部门提供共享的信息资源需求。

开展信息系统专项审计。2017年8月底前，审计署牵头，补充完成对国务院所有部门的政务信息系统审计，实现部门全覆盖，全面摸清各部门政务信息系统的底数，为政务信息系统整合清理工作奠定基础。

【重点任务之二：摸清数据底数】

编制政务信息资源目录。2017年8月底前，开展全国政务信息资源大普查，各部门、各地区依据《政务信息资源目录编制指南》（发改高技〔2017〕1272号，国家发展改革委、中央网信办联合印发）编制完成政务信息资源目录，梳理所掌握信息资源，摸清数据底数，明确可共享的信息资源。

【重点任务之三：消除“僵尸”信息系统】

2017年9月底前，各有关部门基本完成对系统使用与实际业务流程长期脱节、功能可被其他系统替代、所占用资源长期处于空闲状态、运行维护停止更新服务，以及使用范围小、频度低的“僵尸”信息系统的清理工作。

【重点任务之四：加快建设共享开放网站】

2017年8月15日前，国家电子政务外网管理中心负责，正式开通上线全国政务信息共享网站，完善在线政务信息资源目录管理、整合清理工作进展填报与统计排名等功能。

2017年9月底前，国家发展改革委、国家电子政务外网管理中心、中央网信办等负责，完成数据开放网站的设计工作，2017年年底前试运行。

【重点任务之五：完善共享相关标准】

2017年8月15日前，国家电子政务外网

管理中心完善并印发国家电子政务外网及共享平台（外网）接入相关技术标准指南。2017年8月20日前，国家标准委、国家发展改革委、中央网信办会同有关部门，研究制定政务信息系统定义、范围的国家标准草案，作为国务院各部门政务信息系统清理整合以及需接入国家数据共享交换平台的依据。2017年9月底前，国家标准委牵头，按照“基础先行、急用先上”的原则，完成人口、法人、电子证照等急需的国家标准的组织申报和立项工作，同步开展相关标准草案的试验验证工作。

（二）2017年12月底前，各部门、各地区信息系统实现互联互通，重点领域数据实现共享，项目和资金管理机制得到进一步完善

【重点任务之六：加快部门内部信息系统整合】

2017年10月底前，各有关部门原则上将分散、独立的信息系统整合为一个互联互通、信息共享、业务协同的“大系统”，杜绝以单个司局、处室名义存在的独立信息系统。

【重点任务之七：构建共享交换基础设施】

2017年11月底前，进一步完善共享平台功能。国家数据共享交换平台（外网）基本具备跨层级、跨地域、跨系统、跨部门、跨业务的支撑服务能力。加快推动政府内网和数据共享交换平台（内网）建设，今年年底明年年初实现试运行，初步具备接入条件。

【重点任务之八：推动重点领域信息共享】

国家发展改革委、公安部、民政部、工商总局、中央编办、人力资源和社会保障部、教育部、交通运输部、旅游局、能源局等按职责分工负责，推动信用体系、公共资源交易、投资、价格、自然人（基础数据以及社保、民政、教育等业务数据）、法人（基础数据及业务数据）、能源（电力等）、空间地理、交通、旅游等重点领域数据接入全国政务信息共享网站。2017年9月底前，各重点领域提交基于共享网站提供服务的方案。11月底前，各重点领域实现数据基于共享网站的共享服务。

【重点任务之九：接入统一数据共享交换平台】

2017年12月底前，各部门、各地区统一接入共享平台（外网），通过全国统一的数据共享交换平台体系实现跨部门、跨层级、跨区域的信息共享。2018年起，凡已明确须接入而实际未接入共享平台的部门政务信息系统，中央财政原则上不予安排运维经费。

【重点任务之十：加强项目和资金管理】

优化建设模式。2017年10月底前，国家发展改革委牵头，修订《国家电子政务工程建设项目管理暂行办法》。12月底前，财政部牵头，制定电子政务服务采购管理相关办法。对政府内网数据共享交换平台、数据开放网站、国家政务服务平台等重要基础平台建设，国家发展改革委会同有关部门进一步简化审批流程，直接审批实施方案，加快推动工程实施。

强化审批联动。2017年8月15日前，国家发展改革委印发实施《“十三五”国家政务信息化工程建设规划》（以下简称《规划》），同步推进《规划》宣贯实施工作。12月底前，国家发展改革委、财政部、中央编办等负责，在现有体制机制下，加强政务信息化项目建设投资审批和运维经费审批的跨部门协商，建立联动机制。推动政务信息化建设在同级政府部门的全口径备案，掌握项目名称、建设单位、投资额度、运维费用、经费渠道、数据资源、应用系统等内容，在摸清底数的前提下，加大管理力度。国务院各部门新增信息化建设需求，原则上必须按照《规划》开展项目建设，并合理安排建设、运维资金。

【重点任务之十一：加强安全保障】

中央网信办牵头，强化政务信息资源共享网络安全管理，推进政务信息资源共享风险评估，推动制定完善个人隐私信息保护的法律法规。工业和信息化部、公安部牵头，提出政务信息系统整合共享工作与党政机关电子公文系统安全可靠应用试点工作衔接的网络安全保障方案。各部门、各地区负责开展本单位运营、使用的政务信息系统的信息安全等级保护工作，公安机关加强对有关工作的监督检查和指导。各部门、各地区加强政务信息资源采集、共享、使用的安全保障工作，加强统一数据共享交换平台安全防护，完善安全防护机制，不断提高核心设备自主可控水平。

三、加强组织领导和工作保障

（一）建立工作机制

成立政务信息系统整合共享推进落实工作领导小组，建立部际协调工作机制，重点在工作层面、操作层面、执行层面加强统筹协调，有序推动工作。领导小组组长为国家发展改革委负责人，成员包括：中央网信办、中央编办、工业和信息化部、公安部、财政部、审计署、国资委、国家标准委、国办电子政务办、国家电子政务外网管理中心等部门和单位负责人。

推进落实领导小组下设组织推进组、技术支撑组、专家咨询组等3个工作组。

1. 组织推进组：设在国家发展改革委高技术产业司，中央网信办、中央编办、工业和信息化部、公安部、财政部、审计署、国资委、国家标准委等部门有关司局和国家电子政务外网管理中心参加。负责定期召开工作推进会，梳理阶段性问题，协商解决方案，制定重点工作推进计划，推进整合共享考核工作，及时掌握反馈整合共享工作进展及考核情况。

2. 技术支撑组：设在国家电子政务外网管理中心，工业和信息化部、公安部、保密局、国家密码局、国家标准委等部门有关司局参加。负责组织起草相关标准规范，为各部门、各地区开展目录编制、政务网络和共享平台接入、安全防护与管理、等保分保测评等工作提供技术支撑和培训指导。

3. 专家咨询组：由国家发展改革委、中央网信办牵头，在国家电子政务工程建设指导专家组等基础上，组建专家咨询组，加强对政务数据共享与开放、政务信息系统整合清理、政务信息资源目录编制、电子政务公共基础设施建设、跨部门跨区域业务协同应用等方面的专家咨询指导。

（二）明确落实责任

各部门、各地区要建立层层责任制，主要负责人为第一责任人，制定明确的时间表和路线图，分解任务，细化责任清单，签署责任状。各部门、各地区要建立推进落实工作机制，加强对各自任务的推进落实力度（重点任务责任清单详见附件）。整合共享工作所需经费由各部门、各地区自行解决。对于确需相关工作经费支持的，充分利用结转资金，按规定程序统筹安排。

（三）加强考核评价

加强对政务信息系统整合共享工作的考核评价，建立跟踪监测机制，重点对各部门、各地区的政务信息系统整合数、共享信息数、协同应用数、系统联通率、重点任务进展、应用实效等方面进行考核。各部门、各地区从2017年9月起，每月5日前向国家发展改革委（高技术司）、国务院办公厅（电子政务办）报送各项任务进展情况（其中，非涉密政务信息系统的自查清理、整合共享等进展情况，可通过全国政务信息共享网站在线填报，并实时更新）。加强引导激励，对于整合共享工作完成情况较好的部门和地区，予以表扬。加大约束惩戒，对于未按要求完成任务的部门和地区，予以通报并责令整改。针对不符合共建共享要求的已建设项目，视情况不再安排后续建设、运维经费。国家发展改革委、中央网信办组织编制信息共享工作评价办法，按程序报批后印发。

（四）加强督查落实

成立督查工作组，设在国务院办公厅，中央网信办、中央编办、国家发展改革委、财政部、审计署、国家标准委、国家电子政务外网管理中心参加，负责《实施方案》的督查工作，同时将政务信息系统专项审计的整改落实情况纳入督查范围。

（五）强化技术支撑

国家电子政务外网管理中心等单位负责，为切实保障政务信息系统整合共享工作顺利实施，加强网络与共享平台接入、目录编制、数据对接、工作进度填报等工作的技术支撑保障力度。国家电子政务外网管理中心、国家标准委等单位负责，组织做好有关技术、标准培训工作。

附件：重点任务责任清单

附件

重点任务责任清单

一、部门责任（7 项）

国务院各部门作为国务院政务信息系统整合共享的主体责任部门，要确保按时完成“自查、编目、清理、整合、接入、共享、协同”等 7 个方面工作。（1）自查：完成政务信息系统建设应用情况自查，结合审计署专项审计，摸清自身系统和数据底数。（2）编目：按照《政务信息资源目录编制指南》要求，编制完成政务信息资源目录，明确能共享的数据清单、能接入统一平台的政务信息系统清单。（3）清理：对本部门存在的“僵尸”信息系统进行清理，停止其系统服务，回收或报废相关硬件资源。（4）整合：部门原则上将分散的、独立的信息系统整合为互联互通、业务协同、信息共享的“大系统”，要杜绝以单个司局、处室名义存在的独立信息系统。（5）接入：将本部门信息系统接入全国统一数据共享交换平台。（6）共享：依据共享数据清单，实现清单内的数据资源都能通过统一的数据共享交换平台实施共享。（7）协同：按照协同治理和服务需求，列出跨部门协同应用的信息需求，并以此推动跨部门的业务协同办理。

二、地方责任（8 项）

参照部门的 7 项责任。同时，各省（区、市）要加大整合力度，明确本级数据共享交换平台管理单位，原则上每个省、每个地市要分别整合形成统一的数据共享交换平台，并实现国家、省、市数据共享交换平台的逐级对接。

三、平台责任（4 项）

（1）标准规范：明确各部门、各地区接入国家数据共享交换平台的接口技术标准。国家电子政务外网管理中心在已有标准基础上，抓紧完善政务外网及共享平台（外网）接入相关技术标准指南。

（2）平台功能：确保国家数据共享交换平台（外网）具备跨层级、跨地域、跨系统、跨部门、跨业务的支撑服务能力。加快推动政府内网和数据共享交换平台（内网）建设，具备初步接入条件。

（3）网站建设：正式开通上线全国政务信息共享网站，数据开放网站实现试运行。

（4）技术支撑：国家电子政务外网管理中心组建专门技术支撑团队，确保各部门、各地区遇到的技术问题得到及时响应解决。

关于进一步加强垄断行业价格监管的意见

（发改价格规〔2017〕1554 号，国家发展改革委 2017 年 8 月 23 日发布）

各省、自治区、直辖市发展改革委、物价局：

为贯彻落实中央财经领导小组会议精神，建立健全垄断行业科学定价方式，合理降低垄断行业价格，推进垄断行业降本增效，促进垄断行业可持续发展、消费者合理负担，提出以下意见。

一、重要意义

垄断行业是由一个或少数经营主体拥有市场支配地位的行业，主要指因存在资源稀缺性、规模经济效益而由一个或少数企业经营的网络型自然垄断环节和重要公用事业、公益性服务行业，主要包括输配电、天然气管道运输、铁路运输等基础性行业以及居民供水供气供热等公用事业。这些行业主要提供基础性、公益性产品和服务，与国计民生密切相关，对促进经济社会发展、保障人民群众生活具有重要作用。由于具有资本投入量大、市场支配地位明显、关乎民生、难以形成有效竞争等特点，为保障公共利益，根据国际惯例，需要政府对这些行业的价格进行有效监管。

党的十八大以来，按照党中央国务院决策部署，各级价格主管部门加快推进垄断行业定价制度建设，先后出台了输配电、天然气管道运输、铁路客运等重点行业定价办法或成本监审办法，初步建立起以“准许成本＋合理收益”为核心的垄断行业定价制度框架，严格成本监审，强化价格监管，有效约束了垄断行业成本，惠及实体经济和广大人民群众。目前，已全面完成省级电网输配电价改革，核减成本比例达14.5％；已基本完成天然气管道运输定价成本监审；一些城市也开展了供水定价成本监审，为进一步深化价格监管积累了宝贵经验。但是，当前我国垄断行业经营成本不够透明、价格形成不够合理的现象还比较突出，成本监审制度不够完善、覆盖面还需扩大，监管能力有待进一步提升，监管的科学化、精细化水平还需提高，迫切需要在总结价格监管实践基础上，借鉴国际先进经验，进一步完善机制、强化监管，建立健全科学定价方式，实质性降低偏高价格和收费水平，这既有利于合理降低企业成本和社会负担，也有利于提高垄断行业生产经营效率，是深化供给侧结构性改革的重要内容，是健全现代市场体系的有效举措，是保障社会公共利益的必然要求。

二、总体要求

（一）总体思路。按照“准确核定成本、科学确定利润、严格进行监管”的思路，以成本监审为基础，以科学定价机制为支柱，建立健全以“准许成本＋合理收益”为核心的约束与激励相结合的垄断行业定价制度，实现科学化、精细化、制度化、透明化监管，促进垄断行业健康可持续发展，合理降低垄断行业价格。

（二）基本原则

坚持改革创新。正确处理政府与市场关系，深化垄断行业价格改革，放开竞争性领域和环节价格。切实转变价格监管的理念、方式、手段，不断完善成本监审制度、价格形成机制，强化成本约束，合理形成价格，增强企业降本增效的内生动力，保障社会公共利益。

坚持科学规范。合理界定政府、企业、消费者权利和义务，制定覆盖全部垄断行业的成本监审办法、定价办法，建立起科学的成本分担机制、合理反映成本构成和收益的价格形成机制。规范政府定价的程序和行为，严格依法依规开展价格监管。

坚持公开透明。坚持以公开为常态、不公开为例外原则，推进垄断行业价格监管的决策公开、程序公开、执行公开、结果公开。鼓励公众参与垄断行业价格监管制度建设、政策制定，及时公开价格制定调整、成本构成变化情况，强化社会监督。

坚持分类监管。根据不同垄断行业的生产经营特征和成本构成特点，分类建立定价规则，推进科学定价。区分企业经营的垄断性和竞争性领域，单独核算政府定价业务成本，推动建立相对独立的分类成本和利润指标体系。

坚持稳步推进。结合垄断行业体制机制改革，统筹兼顾行业发展与民生保障，把握好节奏和力度，协同推进价格监管。综合考虑行业发展阶段、社会承受能力、鼓励民间投资等因素，先易后难，重点突破，有序推进，逐步实现垄断行业科学定价的全覆盖。

（三）主要目标。到2020年，网络型自然垄断环节和重要公用事业、公益性服务行业定价办法、成本监审办法基本实现全覆盖，科学、规范、透明的垄断行业政府定价制度基本建立。

三、重点任务

以制度规则建设为重点，合理确定成本构成，科学确定投资回报率，建立健全“准许成本＋合理收益”的定价制度。以开展成本监审、规范定价程序、推进信息公开为抓手，严格进行监管，规范政府和企业价格行为。

（一）严格成本监审。健全垄断行业成本监审规则，加快制定出台分行业的成本监审办法，明确垄断行业定价成本构成和具体审核标准，特别是细化职工薪酬、折旧费、漏损率等约束性指标。扎实开展垄断行业成本监审，合理归集、分摊和核算成本，严格核减不应计入定价成本的费用，强化成本约束，为科学定价提供依据。创新成本监审方式，鼓励引入第三方参与监审，提高监审效率。

（二）健全定价机制。加快制定出台分行业具体定价办法，建立合理反映不同用户成本的价格机制。在准确核定成本基础上，综合考虑企业生产经营及行业发展需要、社会承受能力、供给安全和质量等因素，科学确定投资回报率，合理制定价格水平，促进企业获得合理收益、消费者合理负担。充分发挥价格机制的约束、激励作用，通过制定上限价格、标杆价格等办法，引导垄断企业主动开展技术创新、改进管理，降低生产经营成本。

（三）规范定价程序。所有垄断行业定价项目均纳入定价目录，实行清单化管理，并及时向社会公开。完善垄断行业政府定价决策机制，严格执行并实施成本监审、风险评估、专家论证、公众参与、集体审议等定价程序，创新价格听证方式，探索建立第三方参与垄断行业定价制度，充分听取社会公众意见，最大限度减少定价机构自由裁量权，着力规范政府定价行为。

（四）推进信息公开。建立健全垄断行业信息披露和公开制度，强化垄断企业向监管机构的信息报送和公开义务，督促垄断企业定期向社会披露生产经营和年度财务状况，公开有关成本及价格信息。政府定价机构制定和调整价格应当公开成本监审结论。完善城市供水成本信息公开制度，积极推进天然气管道运输成本信息公开，逐步扩大至所有垄断行业，提高政府定价的透明度。

（五）强化定价执行。清晰界定定价机构、垄断企业在政府定价政策制定、执行中的权责和义务，强化垄断企业责任。督促垄断企业严格落实政府定价政策，合理行使政府指导价浮动幅度内的自主定价权。加强政府定价政策执行事中事后监管，建立政府定价政策定期评估制度，并适时调整完善。

四、近期重点工作

围绕电力、天然气、铁路客运、居民供水供气供热等重点领域，加快建立健全成本监审办法和价格形成机制，从细从严开展成本监审和定价工作，规范垄断行业收费，降低企业成本，提高企业效率。

（一）输配电价格。严格执行并适时完善省级电网输配电价制度。加快推进跨省跨区专项输电工程和区域电网输电价格改革，力争2018年完成。研究核定增量配电网和地方电网配电价格，加快形成完整的输配电价监管体系。研究制定输配电成本和价格信息公开办法以及分电压等级成本核算、归集、分配办法。研究建立电力普遍服务、保底服务的成本回收机制，妥善处理并逐步减少政策性交叉补贴。

（二）天然气管道运输价格。依据已出台的定价办法和成本监审办法，深入开展跨省长途管道运输成本监审，合理制定价格水平，适时完善监管规则。强化省内短途管道运输和配气价格监管，加快落实输配气价格监管要求，全面梳理天然气各环节价格，2018年底前各地要建立起输配环节定价办法、成本监审办法，重新核定省内短途管道运输价格，制定独立配气价格，降低偏高输配价格。

（三）铁路普通旅客列车运输价格。依据已出台的定价成本监审办法，全面开展普通旅客列车运输成本监审，2017年底完成成本监审工作，提出完善普通旅客列车硬座硬卧票价形成机制的意见。对公益服务属性特征明显的部分普通旅客列车客运产品，统筹协调价格调节与财政补贴，完善价格形成机制，逐步构建以列车运行速度和等级为基础、体现服务质量差异的票价体系。

（四）居民供水供气供热价格。制定完善居民供水供气供热成本监审办法、定价办法，力争2020年前实现全覆盖。强化供水成本监审，完善供水成本公开制度，引入约束激励机制，促进供水企业提高管理效率和服务质量，主动降低生产成本。开展城镇供气成本监审，完善居民用气价格机制，优化居民用气阶梯价格制度，减少交叉补贴。推进北方地区清洁供暖，落实煤热、气热价格联动机制，开展供热成本监审，按照“多用热、多付费”原则，逐步推行基本热价和计量热价相结合的两部制价格制度，合理引导热力消费。

（五）垄断行业经营服务性收费。清理规范垄断行业经营服务性收费，取消违规不合理收费，推动降低偏高收费标准。具备竞争条件的收费项目，一律放开由市场调节。保留政府定价管理的，要纳入收费目录清单，2017年底前统一向社会公示，接受社会监督。由企业依法自主定价的，要落实明码标价规定，明确收费项目名称、服务内容和收费标准。没有提供实质性服务的，一律不得收费。已通过价格回收的成本，不得另行收费补偿。加大执法力度，严禁利用优势地位强制服务、强行收费或只收费不服务、多收费少服务。

五、保障措施

把加强垄断行业价格监管作为价格工作定位转型的重要方向，摆在突出重要的位置，深入研究、精心部署，健全制度、提升能力，不断提高政府价格监管的专业化水平。

（一）加强组织领导。各地要按照本意见精神，抓紧研究制定具体实施方案，强化责任担当，把握正确方向，细化工作安排，在抓落实出实效上多下功夫。要切实担负起主体责任，主要负责同志要亲自抓，分管负责同志要全力抓，建立健全工作任务台账制度，明确时间表、路线图、责任人。要加强与有关部门、地方的政策联动和工作协同，形成工作合力。及时发现总结基层创新举措和鲜活经验，典型引路、以点带面，更好推动工作落实。

（二）加强能力建设。强化监管队伍建设，推进垄断行业监管国际交流、合作，依托国内高校、智库加强人才培训，着力打造与监管需求相适应的专业化人才队伍。加快修订出台《政府制定价格行为规则》、《政府制定价格成本监审办法》、《政府制定价格听证办法》，为垄断行业定价提供制度保障。加快价格信息化建设，推动各级价格主管部门信息共享和系统互联互通，充分运用大数据、云计算等信息化手段，提升价格监管能力和水平。

（三）加强督察问效。密切跟踪工作进展情况，定期开展工作自查，主动查找不足、推进落实。建立健全定期调度督导制度，进一步强化责任，确保工作按时推进、取得实效。对工作进展滞后的地方，要及时督导，限时推进，加快落实。坚持问题导向，及时评估工作进展，认真研究、全力破解存在的问题，确保不折不扣完成预期目标。

（四）加强宣传引导。加大对垄断行业价格监管的宣传力度，准确解读价格监管政策，回应社会关切，及时曝光价格违法典型案件，保障公众知情权。充分发挥12358价格监管平台作用，鼓励公众及时反映垄断行业价格违法行为，强化社会监督。研究制定垄断行业价格监管制度、价格调整政策，凡是能够公开的，一律公开征求意见，集思广益，凝聚共识，营造良好舆论氛围。

关于印发《标准设备采购招标文件》等五个标准招标文件的通知

（发改法规〔2017〕1606号，国家发展改革委、工业和信息化部、住房城乡建设部、交通运输部、水利部、商务部、国家新闻出版广电总局、国家铁路局、中国民用航空局2017年9月4日发布）

国务院各部门、各直属机构，各省、自治区、直辖市、新疆生产建设兵团发展改革委、工信委（经委）、通信管理局、住房城乡建设厅（建委、局）、交通运输厅（局、委）、水利（务）厅（局）、商务厅（局）、新闻出版广电局，各地区铁路监管局、民航各地区管理局：

为进一步完善标准文件编制规则，构建覆盖主要采购对象、多种合同类型、不同项目规模的标准文件体系，提高招标文件编制质量，促进招标投标活动的公开、公平和公正，营造良好市场竞争环境，国家发展改革委会同工业和信息化部、住房城乡建设部、交通运输部、水利部、商务部、国家新闻出版广电总局、国家铁路局、中国民用航空局，编制了《标准设备采购招标文件》《标准材料采购招标文件》《标准勘察招标文件》《标准设计招标文件》《标准监理招标文件》（以下如无特别说明，统一简称为《标准文件》）。现将《标准文件》印发你们，并就有关事项通知如下。

一、适用范围

本《标准文件》适用于依法必须招标的与工程建设有关的设备、材料等货物项目和勘察、设计、监理等服务项目。机电产品国际招标项目，应当使用商务部编制的机电产品国际招标标准文本（中英文）。

工程建设项目，是指工程以及与工程建设有关的货物和服务。工程，是指建设工程，包括建筑物和构筑物的新建、改建、扩建及其相关的装修、拆除、修缮等。与工程建设有关的货物，是指构成工程不可分割的组成部分，且为实现工程基本功能所必需的设备、材料等。与工程建设有关的服务，是指为完成工程所需的勘察、设计、监理等。

二、应当不加修改地引用《标准文件》的内容

《标准文件》中的“投标人须知”（投标人须知前附表和其他附表除外）“评标办法”（评标办法前附表除外）“通用合同条款”，应当不加修改地引用。

三、行业主管部门可以作出的补充规定

国务院有关行业主管部门可根据本行业招标特点和管理需要，对《标准设备采购招标文件》《标准材料采购招标文件》中的“专用合同条款”“供货要求”，对《标准勘察招标文件》《标准设计招标文件》中的“专用合同条款”“发包人要求”，对《标准监理招标文件》中的“专用合同条款”“委托人要求”作出具体规定。其中，“专用合同条款”可对“通用合同条款”进行补充、细化，但除“通用合同条款”明确规定可以作出不同约定外，“专用合同条款”补充和细化的内容不得与“通用合同条款”相抵触，否则抵触内容无效。

四、招标人可以补充、细化和修改的内容

“投标人须知前附表”用于进一步明确“投标人须知”正文中的未尽事宜，招标人应结合招标项目具体特点和实际需要编制和填写，但不得与“投标人须知”正文内容相抵触，否则抵触内容无效。

“评标办法前附表”用于明确评标的方法、因素、标准和程序。招标人应根据招标项目具体特点和实际需要，详细列明全部审查或评审因素、标准，没有列明的因素和标准不得作为评标的依据。

招标人可根据招标项目的具体特点和实际需要，在“专用合同条款”中对《标准文件》中的“通用合同条款”进行补充、细化和修改，但不得违反法律、行政法规的强制性规定，以及平等、自愿、公平和诚实信用原则，否则相关内容无效。

五、实施时间、解释及修改

《标准文件》自2018年1月1日起实施。因出现新情况，需要对《标准文件》不加修改地引用的内容作出解释或修改的，由国家发展改革委会同国务院有关部门作出解释或修改。该解释和修改与《标准文件》具有同等效力。

请各级人民政府有关部门认真组织好《标准文件》的贯彻落实，及时总结经验和发现问题。各地在实施《标准文件》中的经验和问题，向上级主管部门报告；国务院各部门汇总本部门的经验和问题，报国家发展改革委。

特此通知。

附件：1. 中华人民共和国标准设备采购

招标文件（2017 年版）

2. 中华人民共和国标准材料采购招标文件（2017 年版）

3. 中华人民共和国标准勘察招标文件（2017 年版）

4. 中华人民共和国标准设计招标文件（2017 年版）

5. 中华人民共和国标准监理招标文件（2017 年版）

注：附件具体内容（略）

关于做好工程咨询单位资格认定行政许可取消后相关工作衔接的公告

（国家发展和改革委员会公告 2017 年第 17 号，国家发展改革委 2017 年 10 月 16 日发布）

根据《国务院关于取消一批行政许可事项的决定》（国发〔2017〕46 号），自 2017 年 9 月 22 日起取消工程咨询单位资格认定行政许可事项。为加强工程咨询单位资格认定行政许可取消后的事中事后监管，做好相关工作衔接，现就有关事项公告如下。

一、2017 年 7 月 23 日，我委已公告今年暂不开展工程咨询单位资格认定。今后，我委也不再开展工程咨询单位资格认定工作，各省级发展改革委和有关单位不再受理资格认定申请材料。

二、工程咨询单位资格认定行政许可事项取消后，工程咨询市场准入放开，我委对工程咨询单位实行告知性备案管理。从事工程咨询业务的机构，应自 2018 年 1 月 1 日起，按规定内容通过全国投资项目在线审批监管平台（以下简称在线平台）告知有关信息。工程咨询单位备案信息、政府部门的管理信息、与“信用中国”共享的信用信息等，将通过在线平台向社会公示，为工程咨询服务委托方择优选择工程咨询单位提供参考。

三、我委正在研究完善行业监督检查制度、建立包括资信评价在内的行业自律措施等新的管理规定，进一步规范和促进工程咨询行业发展。在新的管理规定实施之前，为保障工程咨询服务质量，工程咨询服务委托方可参照工程咨询单位原资格证书选择服务提供方。

四、各级发展改革部门要转变工作理念，切实承担起工程咨询行业的监管职责，重点从加强政府指导、推进行业自律等方面着力，规范行业发展，培育统一开放竞争有序工程咨询市场。要加大对工程咨询单位及其人员从业行为的监督检查力度，对在咨询业务中弄虚作假、咨询成果存在严重质量问题的，要依照有关法律法规规定进行处理，并列入不良记录名单，及时通过在线平台予以公布。

特此公告。

关于印发《中小企业公共服务规范评价指标（试行）》的通知

（工信厅企业〔2017〕103 号，工业和信息化部办公厅 2017 年 10 月 17 日发布）

各省、自治区、直辖市及计划单列市、新疆生产建设兵团中小企业主管部门：

为提升中小企业公共服务质量、规范中小企业公共服务、改善中小企业公共服务环境，制定《中小企业公共服务规范评价指标（试行）》。现印发你们，请遵照执行。有关事项通知如下：

一、适用范围

本评价指标用于指导各类中小企业公共服务机构组织开展中小企业公共服务，完善中小企业公共服务管理和评价体系，提升服务质量和水平。中小企业公共服务机构包括面向中小企业提供各类公共服务的事业单位、社会团体、民办非企业单位、企业及其它非法人资格的专业服务机构。

二、使用原则

（一）引导性原则

本评价指标为非强制引导性规范，引导各类中小企业公共服务机构依据本评价指标完善服务流程，改进服务方式，确保服务质量。

（二）适应性原则

各级中小企业主管部门、各类中小企业公共服务机构可结合本区域、本行业门类特点，对本评价指标的要求进行适应性调整，建立不低于本评价指标标准的本地化、本门类具体实施规范和细则。

（三）规范性原则

本评价指标通过服务目标对服务过程和质量进行评价，促进服务程序和过程的规范，推动服务质量的提升。

三、结果运用

各级中小企业主管部门可将评价结果作为政府购买与委托实施公共服务项目的参考指标。各类中小企业公共服务机构可根据评价结果总结服务经验，发现分析服务存在的问题，改进和优化服务，促进服务创新，提升机构品牌和行业影响力。

中小企业公共服务规范评价指标（试行）

一级指标	权重	二级指标	权重	评价要点	评价细则
需求响应	0.20	与中小企业沟通交流的渠道	0.05	建立多种渠道与企业进行广泛、深入的交流，主动了解企业的服务需求	具备热线电话、邮箱、微信、网站、QQ、服务窗口等不同沟通渠道，每建立一种渠道加20分，直到满分100为止。
		对中小企业实际服务需求的把握	0.05	梳理企业的服务诉求，了解企业的真正需要，把握其希望实现的服务目标	充分把握企业的基本情况、寻求的服务内容和希望达到的服务质量等，有效掌握企业服务需求并作出回应，每作出一个服务对接的加5分，直到满分100为止。
		服务方案的针对性、可操作性	0.05	根据企业服务需求制定出契合实际的服务方案，内容全面、完整	及时完成方案的制定加30分；按服务需求制定的方案内容完整（包含名称、服务内容、支持资源、费用预算、时间计划、相关举措、服务目标等），每涉及一个内容要素酌情加分，直到满分100为止。
		服务收费的科学性、合理性	0.05	服务收费标准科学、合理，对小型微型企业服务相对优惠，并提供一定比例的公益服务	服务收费标准制定科学、合理有据并对外公示的，加50分；该项服务的公益部分年度占比不低于10%的，加30分；针对小型微型企业收费有特殊优惠的酌情加分，直到满分100为止。

续表

一级指标	权重	二级指标	权重	评价要点	评价细则
服务执行	0.22	服务执行人员的配置	0.05	合理安排相应的服务人员和专家团队	有服务专家库，能及时发掘并高效组织专家团队的，加50分；安排的执行人员有相应服务经验1年及以上的，加30分；安排的执行人员具有相应执业资格来保障服务需求的（若需要），加10分；其他根据实际情况合理做出人员安排的酌情加分，直到满分100为止。
		服务场地、设施、设备等物资的调配	0.05	根据服务需求及时安排好场地，准备好设施、设备、信息系统等物资	有一定服务场地资源，能及时落实服务所需场地的加50分；有充足服务设备、器材和必要的信息系统等物资，高效配套服务需求的加40分；能合理调配其他所需服务资源的酌情加分，直到满分100为止。
		服务成本的支出管理	0.05	费用支出与开展的服务活动相匹配，费用核算规范	费用支出规范合理，与服务活动相匹配的，加50分；费用核算规范的，加40分；其他根据服务需要进行合理支出的酌情加分，直到满分100为止。
		服务方案执行	0.07	严格执行服务方案的相关承诺，灵活响应服务过程中的企业需求	按时完成相关服务的加50分；充分利用相关资源推进服务活动，有效实现方案预定目标的加30分；执行过程中根据企业变化的需求，及时调整、优化服务举措并促进服务目标实现的加20分；直到满分100为止。
质量管控	0.24	服务质量管控体系的建立	0.07	建立并完善服务的管理标准，明确质量管控的相关要求	建立与服务实施相匹配的管理制度，保障服务推进规范、有序的，加40分；制定不低于行业服务质量要求的服务标准，保证实际服务质量的，加20分；根据管理制度建立科学的服务流程，高效响应企业服务的，加20分；建立质量评价机制和投诉处理机制，推动服务监督与效果反馈的，加20分；直到满分100为止。
		制度执行和质量管理	0.07	严格按照质量管控体系的要求，确保服务目标的有效实现	严格执行服务质量的有关规范、业务标准和服务流程并做好相应记录的，每一条记录加2分；建立并规范企业对服务意见的提出和反馈路径，每听取一条服务意见加5分，直到满分100为止。
		服务的自评估与企业评价	0.05	采用自评与他评相结合、以他评为主的方式，评价服务质量	根据服务项目制定服务满意度调查表，严格进行服务自评估与企业评价的，加50分；相关服务满意度达到60%不足70%的，加20分；达到70%后每增加10个百分点加10分，直到满分100为止。若第三方抽样评估企业的满意度低于60%的，本指标项目视为0分。
		服务工作归档及经验总结	0.05	形成服务台账，整理和归档服务实施全过程形成的方案、文件资料、图文音像、客户评价表、后续需求表等资料	服务活动形成清晰服务台账的，加50分；服务活动归档完整（包括方案、文件资料、图文音像、客户评价表、活动总结等），每形成一份服务档案加5分，直到满分100为止。

续表

一级指标	权重	二级指标	权重	评价要点	评价细则
服务成效	0.20	服务项目年度服务企业数量	0.06	服务企业的年度总数量及增长情况	年度服务企业达到100家的，加50分；服务企业100家后每增加100家加10分，最多80分；服务企业数年度同比增长10%以上的，加10分；每年举办一场以上超过50家中小企业参与的该项服务活动，加10分，直到满分100为止。
		服务项目服务单一企业频次	0.06	单一企业年度接受服务的频次	年均单一企业接受该项服务的次数达到1次但未到1.5次的，加50分；年均接受服务达到1.5次但未超过2次的，加30分；年均接受服务超过2次的，每增加一次加10分，直到满分100为止。
		中小企业获得的服务收益	0.08	企业获得的服务成效与服务需求的一致性	企业通过机构提供的服务，满足基本服务需求的，加60分；企业获得的服务效益超过预期，对其运营带来的是正向、积极的作用的，加30分；获得其他额外服务效益的酌情加分，直到满分100为止。
服务保障	0.14	服务人员能力提升和继续教育	0.06	对服务人员实施与服务相关的业务培训和继续教育，包括新入职人员的入职岗前培训、定期的内部业务研讨会议等	具有业务培训或继续教育计划且完整开展的，根据相应记录每一次加20分，直到满分100为止。
		持续创新服务的内容、形式等	0.08	根据企业服务需求的变化和服务技术的发展，创新服务机制，丰富服务内容，完善服务形式，持续提升服务企业多样化需求的能力	建立一定周期服务规划，有效衔接企业服务需求的，加40分；针对与服务相关的机制、制度、内容、形式等方面，发现一个创新点加40分；服务内容或项目每获得一项市级及以上认可的，加20分；直到满分100为止。
备注：	1. 根据本指标体系进行打分，60分以下评为不合格；60分（含）以上—80分评为合格；80分（含）以上评为优秀。 2. 若服务对企业造成重大损失、带来违法违规效应的，直接视该服务为不合格。				
术语解释：	1. 渠道：服务机构与中小企业相向沟通与交流的通道。 2. 反馈路径：企业对服务机构提供的服务做出评价或提出意见的路线、方法或通道。 3. 自评估：服务机构根据指标体系自行进行定期评价，发现问题或总结经验。 4. 服务台账：服务机构实施服务全过程所形成的详细记录。 5. 信息系统：由基础网络、信息资源、应用软件、系统硬件等组成的计算机系统。				

关于印发《公平竞争审查制度实施细则（暂行）》的通知

（发改价监〔2017〕1849号，国家发展改革委、财政部、商务部、工商总局、国务院法制办2017年10月23日发布）

各省、自治区、直辖市人民政府，国务院各部委、各直属机构：

根据《国务院关于在市场体系建设中建立公平竞争审查制度的意见》（国发〔2016〕34号）要求，国家发展改革委、财政部、商务部、国家工商行政管理总局、国务院法制办会同有关部门研究制定了《公平竞争审查制度实施细则（暂行）》，经国务院同意，现予印发，请各行政机关以及法律、法规授权的具有管理公共事务职能的组织，在开展公平竞争审查时认真贯彻执行。

附件：公平竞争审查制度实施细则（暂行）

附件

公平竞争审查制度实施细则（暂行）

第一章　总　　则

第一条　为保障公平竞争审查工作顺利开展，推动公平竞争审查制度有效实施，根据《中华人民共和国反垄断法》、《国务院关于在市场体系建设中建立公平竞争审查制度的意见》（国发〔2016〕34号，以下简称《意见》），制定本细则。

第二条　行政机关以及法律法规授权的具有管理公共事务职能的组织（以下统称政策制定机关），在制定市场准入、产业发展、招商引资、招标投标、政府采购、经营行为规范、资质标准等涉及市场主体经济活动的规章、规范性文件和其他政策措施（以下统称政策措施）时，应当进行公平竞争审查，评估对市场竞争的影响，防止排除、限制市场竞争。

经审查认为不具有排除、限制竞争效果的，可以实施；具有排除、限制竞争效果的，应当不予出台或者调整至符合相关要求后出台；未经公平竞争审查的，不得出台。

以多个部门名义联合制定出台的政策措施，由牵头部门负责公平竞争审查，其他部门在各自职责范围内参与公平竞争审查。

第三条　对行政法规和国务院制定的政策措施、政府部门负责起草的地方性法规，由起草部门在起草过程中参照本细则规定进行公平竞争审查。未经公平竞争审查不得提交审议。

第四条　国家发展改革委、国务院法制办、财政部、商务部、工商总局会同有关部门，建立公平竞争审查工作部际联席会议制度，统筹协调推进公平竞争审查相关工作，对实施公平竞争审查制度进行宏观指导。地方各级人民政府建立的公平竞争审查联席会议或者相应的工作协调机制（以下统称联席会议），负责统筹协调本地区公平竞争审查工作。

各级公平竞争审查联席会议应当每年向上级公平竞争审查联席会议报告本地区公平竞争审查制度实施情况。

第二章　审查机制和程序

第五条　政策制定机关应当建立健全自我审查机制，明确责任机构和审查程序。自我审查可以由政策制定机关的具体业务机构负责，或者由政策制定机关指定特定机构统一负责，也可以采取其他方式实施。

第六条　政策制定机关开展公平竞争审查应当遵循审查基本流程（可参考附件一），并形成明确的书面审查结论（可参考附件二）。书面审查结论由政策制定机关存档。

未形成书面审查结论出台政策措施的，视为未进行公平竞争审查。

第七条　政策制定机关开展公平竞争审查，应当征求利害关系人意见或者向社会公开征求意见，并在书面审查结论中说明征求意见情况。对出台前需要保密的政策措施，由政策制定机关按照相关法律法规处理。

利害关系人指参与相关市场竞争的经营者、上下游经营者、消费者以及政策措施可能影响其公平参与市场竞争的其他市场主体。

第八条　政策制定机关开展公平竞争审查，可以征求专家学者、法律顾问、专业机构的意见。征求上述方面意见的，应当在书面审查结论中说明有关情况。

第九条　政策制定机关可以就公平竞争审查中遇到的具体问题，向履行相应职责的反垄断执法机构提出咨询。反垄断执法机构基于政策制定机关提供的材料，提出咨询意见。

第十条　政策制定机关开展公平竞争审查时，对存在较大争议或者部门意见难以协调一致的问题，可以提请同级公平竞争审查联席会议协调。联席会议认为确有必要的，可以根据相关工作规则召开会议进行协调。仍无法协调一致的，由政策制定机关提交上级机关决定。

第十一条　政策制定机关应当每年对开展公平竞争审查情况进行总结，于次年 1 月 31 日前将书面总结报告报送同级公平竞争审查联席会议办公室。

第十二条　对经公平竞争审查后出台的政策措施，政策制定机关应当对其影响全国统一市场和公平竞争的情况进行定期评估。经评估认为妨碍全国统一市场和公平竞争的，应当及时废止或者修改完善。

定期评估可以每三年进行一次，也可以由政策制定机关根据实际情况自行决定。自行决定评估时限的，政策制定机关应当在出台政策措施时予以明确。

政策制定机关可以建立专门的定期评估机制，也可以在定期清理本地区、本部门规章和规范性文件时一并评估。

第十三条　鼓励各地区、各部门委托第三方专业机构，协助对政策措施进行公平竞争审查和定期评估。

第三章　审查标准

第十四条　市场准入和退出标准。

（一）不得设置不合理和歧视性的准入和退出条件，包括但不限于：

1. 设置明显不必要或者超出实际需要的准入和退出条件，排斥或者限制经营者参与市场竞争；

2. 没有法律法规依据或者国务院规定，对不同所有制、地区、组织形式的经营者实施差别化待遇，设置不平等的市场准入和退出条件；

3. 没有法律法规依据或者国务院规定，以备案、登记、注册、名录、年检、监制、认定、认证、审定、指定、配号、换证、要求设立分支机构等形式，设定或者变相设定市场准入障碍；

4. 没有法律法规依据或者国务院规定，设置消除或者减少经营者之间竞争的市场准入或者退出条件。

（二）未经公平竞争不得授予经营者特许经营权，包括但不限于：

1. 在一般竞争性领域实施特许经营或者以特许经营为名增设行政许可；

2. 未明确特许经营权期限或者未经法定程序延长特许经营权期限；

3. 未采取招标投标、竞争性谈判等竞争方式，直接将特许经营权授予特定经营者；

4. 设置歧视性条件，使经营者无法公平参与特许经营权竞争。

（三）不得限定经营、购买、使用特定经营者提供的商品和服务，包括但不限于：

1. 以明确要求、暗示、拒绝或者拖延行政审批、重复检查、不予接入平台或者网络等方式，限定或者变相限定经营、购买、使用特定经营者提供的商品和服务；

2. 在招标投标中限定投标人所在地、所有制、组织形式，排斥或者限制潜在投标人参与招标投标活动；

3. 没有法律法规依据，通过设置项目库、名录库等方式，排斥或者限制潜在经营者提供商品和服务。

（四）不得设置没有法律法规依据的审批或者具有行政审批性质的事前备案程序，包括但不限于：

1. 没有法律法规依据增设行政审批事项，增加行政审批环节、条件和程序；

2. 没有法律法规依据设置具有行政审批性质的前置性备案程序。

（五）不得对市场准入负面清单以外的行业、领域、业务等设置审批程序，主要指没有法律法规依据或者国务院决定，采取禁止进入、限制市场主体资质、限制股权比例、限制经营范围和商业模式等方式，直接或者变相限制市场准入。

第十五条 商品和要素自由流动标准。

（一）不得对外地和进口商品、服务实行歧视性价格和歧视性补贴政策，包括但不限于：

1. 制定政府定价或者政府指导价时，对外地和进口同类商品、服务制定歧视性价格；

2. 对相关商品、服务进行补贴时，对外地同类商品、服务和进口同类商品不予补贴或者给予较低补贴。

（二）不得限制外地和进口商品、服务进入本地市场或者阻碍本地商品运出、服务输出，包括但不限于：

1. 对外地商品、服务规定与本地同类商品、服务不同的技术要求、检验标准，或者采取重复检验、重复认证等歧视性技术措施；

2. 对进口商品规定与本地同类商品不同的技术要求、检验标准，或者采取重复检验、重复认证等歧视性技术措施；

3. 没有法律法规依据或者国务院规定，对进口服务规定与本地同类服务不同的技术要求、检验标准，或者采取重复检验、重复认证等歧视性技术措施；

4. 没有法律法规依据，设置专门针对外地和进口商品、服务的专营、专卖、审批、许可；

5. 没有法律法规依据，在道路、车站、港口、航空港或者本行政区域边界设置关卡，阻碍外地和进口商品、服务进入本地市场或者本地商品运出和服务输出；

6. 没有法律法规依据，通过软件或者互联网设置屏蔽以及采取其他手段，阻碍外地和进口商品、服务进入本地市场或者本地商品运出和服务输出。

（三）不得排斥或者限制外地经营者参加本地招标投标活动，包括但不限于：

1. 不依法及时有效地发布招标信息；

2. 直接明确外地经营者不能参与本地特定的招标投标活动；

3. 对外地经营者设定明显高于本地经营者的资质要求或者评审标准；

4. 通过设定与招标项目的具体特点和实际需要不相适应或者与合同履行无关的资格、技术和商务条件，变相限制外地经营者参加本地招标投标活动。

（四）不得排斥、限制或者强制外地经营者在本地投资或者设立分支机构，包括但不限于：

1. 直接拒绝外地经营者在本地投资或者设立分支机构；

2. 没有法律法规依据或者国务院规定，对外地经营者在本地投资的规模、方式以及设立分支机构的地址、模式等进行限制；

3. 没有法律法规依据，直接强制外地经营者在本地投资或者设立分支机构；

4. 没有法律法规依据，将在本地投资或者设立分支机构作为参与本地招标投标、享受补贴和优惠政策等的必要条件，变相强制外地经营者在本地投资或者设立分支机构。

（五）不得对外地经营者在本地的投资或者设立的分支机构实行歧视性待遇，包括但不限于：

1. 对外地经营者在本地的投资不给予与本地经营者同等的政策待遇；

2. 对外地经营者在本地设立的分支机构在经营规模、经营方式、税费缴纳等方面规定与本地经营者不同的要求；

3. 在节能环保、安全生产、健康卫生、工程质量、市场监管等方面，对外地经营者在本地设立的分支机构规定歧视性监管标准和要求。

第十六条 影响生产经营成本标准。

（一）不得违法给予特定经营者优惠政策，包括但不限于：

1. 没有法律法规依据或者国务院规定，给予特定经营者财政奖励和补贴；

2. 没有法律法规依据或者未经国务院批准，减免特定经营者应当缴纳的税款；

3. 没有法律法规依据或者国务院规定，以优惠价格或者零地价向特定经营者出让土地，或者以划拨、作价出资方式向特定经营者供应土地；

4. 没有法律法规依据或者国务院规定，在环保标准、排污权限等方面给予特定经营者特殊待遇；

5. 没有法律法规依据或者国务院规定，对特定经营者减免、缓征或停征行政事业性收费、政府性基金、住房公积金等。

（二）安排财政支出一般不得与企业缴纳的税收或非税收入挂钩，主要指根据企业缴纳的税收或者非税收入情况，采取列收列支或者违法违规采取先征后返、即征即退等形式，对企业进行返还，或者给予企业财政奖励或补贴、减免土地出让收入等优惠政策。

（三）不得违法违规减免或者缓征特定经营者应当缴纳的社会保险费用，主要指没有法律法规依据或者国务院规定，根据经营者规模、所有制形式、组织形式、地区等因素，减免或者缓征特定经营者需要缴纳的基本养老保险费、基本医疗保险费、失业保险费、工伤保险费、生育保险费等。

（四）不得在法律规定之外要求经营者提供或扣留经营者各类保证金，包括但不限于：

1. 没有法律法规或者国务院规定，要求经营者交纳各类保证金；

2. 在经营者履行相关程序或者完成相关事项后，不及时退还经营者交纳的保证金。

第十七条　影响生产经营行为标准。

（一）不得强制经营者从事《中华人民共和国反垄断法》规定的垄断行为，主要指以行政命令、行政授权、行政指导或者通过行业协会等方式，强制、组织或者引导经营者达成、实施垄断协议或者实施滥用市场支配地位行为。

（二）不得违法披露或者违法要求经营者披露生产经营敏感信息，为经营者实施垄断行为提供便利条件。生产经营敏感信息是指除依据法律法规或者国务院规定需要公开之外，生产经营者未主动公开，通过公开渠道无法采集的生产经营数据。主要包括：拟定价格、成本、生产数量、销售数量、生产销售计划、经销商信息、终端客户信息等。

（三）不得超越定价权限进行政府定价，包括但不限于：

1. 对实行政府指导价的商品、服务进行政府定价；

2. 对不属于本级政府定价目录范围内的商品、服务制定政府定价或者政府指导价；

3. 违反《中华人民共和国价格法》等法律法规采取价格干预措施。

（四）不得违法干预实行市场调节价的商品和服务的价格水平，包括但不限于：

1. 制定公布商品和服务的统一执行价、参考价；

2. 规定商品和服务的最高或者最低限价；

3. 干预影响商品和服务价格水平的手续费、折扣或者其他费用。

第四章　例外规定

第十八条　政策制定机关对政策措施进行公平竞争审查时，认为虽然具有一定限制竞争的效果，但属于《意见》规定的为维护国家经济安全、文化安全、涉及国防建设，为实现扶贫开发、救灾救助等社会保障目的，为实现节约能源资源、保护生态环境等社会公共利益以及法律、行政法规规定的例外情形，在同时符合以下条件的情况下可以实施：

（一）对实现政策目的不可或缺，即为实现相关目标必须实施此项政策措施；

（二）不会严重排除和限制市场竞争；

（三）明确实施期限。

第十九条　政策制定机关应当在书面审查结论中说明政策措施是否适用例外规定。认为适用例外规定的，应当对符合适用例外规定的情形和条件进行详细说明。

第二十条　政策制定机关应当逐年评估适用例外规定的政策措施的实施效果，形成书面评估报告。实施期限到期或者未达到预期效果的政策措施，应当及时停止执行或者进行调整。

第五章　社会监督和责任追究

第二十一条　政策制定机关涉嫌未进行公

平竞争审查或者违反审查标准出台政策措施的，任何单位和个人可以向政策制定机关反映，政策制定机关应当核实有关情况。

第二十二条 政策制定机关未进行公平竞争审查出台政策措施的，应当及时补做审查。发现存在违反审查标准问题的，应当按照相关程序停止执行或者调整相关政策措施。停止执行或者调整相关政策措施的，应当按照《中华人民共和国政府信息公开条例》要求向社会公开。

第二十三条 政策制定机关涉嫌未进行公平竞争审查或者违反审查标准出台政策措施的，任何单位和个人可以向政策制定机关的上级机关或者反垄断执法机构举报。举报采用书面形式并提供相关事实和证据的，上级机关应当核实有关情况；涉嫌违反《中华人民共和国反垄断法》的，反垄断执法机构应当进行必要的调查。

第二十四条 政策制定机关未进行公平竞争审查或者违反审查标准出台政策措施的，由上级机关责令改正；拒不改正或者不及时改正的，对直接负责的主管人员和其他直接责任人员依据《中华人民共和国公务员法》、《行政机关公务员处分条例》等法律法规给予处分。违反《中华人民共和国反垄断法》的，反垄断执法机构可以向政策制定机关或者其上级机关提出停止执行或者调整政策措施的建议。相关处理决定和建议依据法律法规向社会公开。

第六章　附　则

第二十五条 各级公平竞争审查联席会议可以根据实际工作需要，建立公平竞争审查工作专家支持体系。

第二十六条 本细则自公布之日起实施。

附件：一、公平竞争审查基本流程

二、公平竞争审查表

附件一

公平竞争审查基本流程

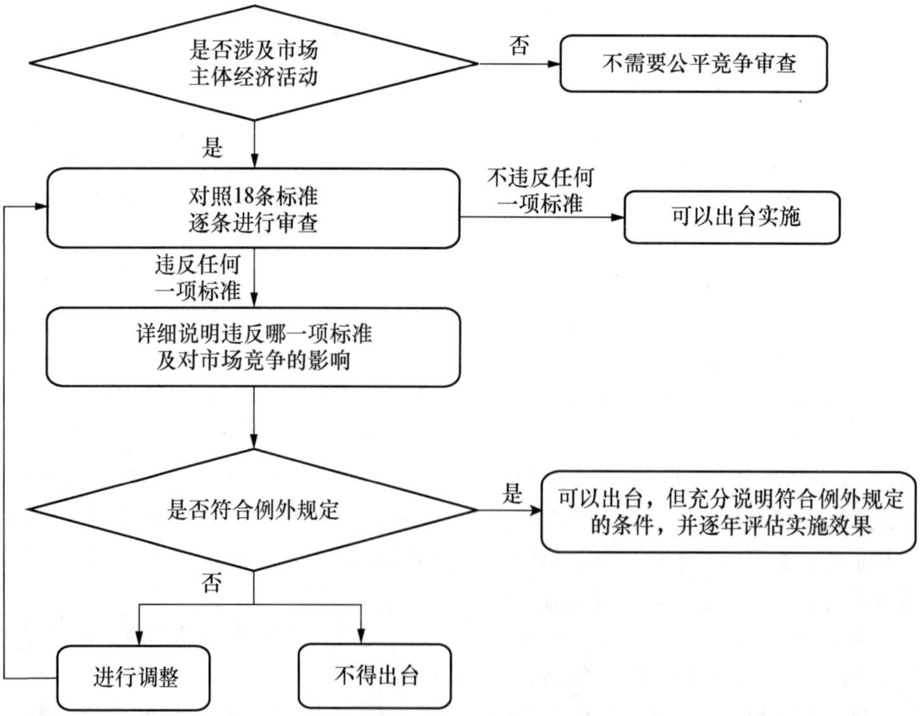

附件二

公平竞争审查表

年　月　日

<table>
<tr><td>政策措施名称</td><td colspan="4"></td></tr>
<tr><td>涉及行业领域</td><td colspan="4"></td></tr>
<tr><td>性质</td><td colspan="4">行政法规草案□　地方性法规草案□　规章□　规范性文件□　其他政策措施□</td></tr>
<tr><td rowspan="2">起草机构</td><td>名　称</td><td colspan="3"></td></tr>
<tr><td>联系人</td><td></td><td>电话</td><td></td></tr>
<tr><td rowspan="2">审查机构</td><td>名　称</td><td colspan="3"></td></tr>
<tr><td>联系人</td><td></td><td>电话</td><td></td></tr>
<tr><td rowspan="2">征求意见情况</td><td colspan="4">征求利害关系人意见□　向社会公开征求意见□</td></tr>
<tr><td colspan="4">具体情况（时间、对象、意见反馈和采纳情况）：

（可附相关报告）</td></tr>
<tr><td>专家咨询意见（可选）</td><td colspan="4">
（可附专家意见书）</td></tr>
</table>

续表

竞争影响评估		
一、是否违反市场准入与退出标准		是/否
1. 设置不合理和歧视性的准入和退出条件		
2. 未经公平竞争授予经营者特许经营权		
3. 限定经营、购买、使用特定经营者提供的商品和服务		
4. 设置没有法律法规依据的审批或者具有行政审批性质的事前备案程序		
5. 对市场准入负面清单以外的行业、领域、业务设置审批程序		
二、是否违反商品要素自由流通标准		是/否
1. 对外地和进口商品、服务实行歧视性价格或补贴政策		
2. 限制外地和进口商品、服务进入本地市场或阻碍本地商品运出		
3. 排斥或限制外地经营者参加本地招标投标活动		
4. 排斥限制或强制外地经营者在本地投资或设立分支机构		
5. 对外地经营者在本地投资或设立的分支机构实行歧视性待遇		
三、是否违反影响生产经营成本标准		是/否
1. 违法给予特定经营者优惠政策		
2. 将财政支出安排与企业缴纳的税收或非税收入挂钩		
3. 违法免除特定经营者需要缴纳的社会保险费用		
4. 违法要求经营者提供各类保证金或扣留经营者保证金		
四、是否违反影响生产经营行为标准		是/否
1. 强制经营者从事《反垄断法》规定的垄断行为		
2. 违法披露或者要求经营者披露生产经营敏感信息		
3. 超越定价权限进行政府定价		
4. 违法干预实行市场调节价的商品服务价格水平		
五、是否违反兜底条款		是/否
1. 没有法律法规依据减损市场主体合法权益或者增加其义务		
2. 违反《反垄断法》制定含有排除限制竞争内容的政策措施		
是否违反相关标准的结论（如违反，请详细说明情况）	（可附相关报告）	

续表

<table>
<tr><td rowspan="2">适用例外规定（在违反相关标准时填写）</td><td colspan="2">是□　　否□</td></tr>
<tr><td>选择“是”时详细说明理由</td><td></td></tr>
<tr><td>其他需要说明的情况</td><td colspan="2"></td></tr>
<tr><td>审查机构主要负责人意见</td><td colspan="2">签字：　　　　盖章：</td></tr>
</table>

关于政府购买服务信息平台运行管理有关问题的通知

（财综〔2017〕57号，财政部2017年10月26日发布）

党中央有关部门，国务院各部委、各直属机构，全国人大常委会办公厅，全国政协办公厅，高法院，高检院，各民主党派中央，有关人民团体，各省、自治区、直辖市、计划单列市财政厅（局），新疆生产建设兵团财务局：

为加强政府购买服务信息网络建设，在全国范围内搭建政府与社会、中央与地方和部门之间的信息沟通和工作交流平台，推动政府购买服务改革工作，财政部依托“中国政府采购网”创办“中国政府购买服务信息平台”，并于2017年10月31日正式开通。现将有关平台管理事项通知如下：

一、“中国政府购买服务信息平台”是财政部开发设计和主办的用于全国政府购买服务信息统一管理的专业网站，其国际互联网网址域名同“中国政府采购网”英文域名：www.ccgp.gov.cn。地方政府购买服务信息平台是其组成部分。

二、为了做到网络互联互通、减少重复建设，中国政府购买服务信息平台实行“统一规划、统一管理、集中发布、分级建设”的管理体制。即由财政部统一负责平台的规划设计、标准制定、信息发布及推送机制建设和考核评价等管理工作，各级政府购买服务管理部门负责当地政府购买服务信息平台的建设工作。各省级（含计划单列市、新疆兵团，下同）政府购买服务信息平台，应按要求统一使用财政部注册的中国政府采购网/中国政府购买服务信息平台各地分网域名。

三、“中国政府购买服务信息平台”栏目设置主要有政策法规、政策解读、经验交流、观点探讨、指导性目录、服务采购品目、专题专栏等。地方可参照中央信息平台，结合工作实际情况，做好当地包括县（市）、乡镇政府购买服务平台建设工作，加快形成统一有效的政府购买服务平台和机制。

四、按照信息相对集中、资源共享的原则，财政部指定“中国政府购买服务信息平台”为全国政府购买服务信息公告的唯一网络媒介。各地方、各部门按规定及时在“中国政府购买服务信息平台”发布相关信息，并确保发布信息合法合规、准确无误。具体可通过电子信箱提交或开通帐号以自助的方式在“中国政府购买服务信息平台”发布信息。

五、“中国政府购买服务信息平台”公告内容具体包括以下方面：

（一）政策法规信息。按照政府信息公开要求，及时发布党中央、国务院及中央部门、地方政府部门制定出台的政府购买服务相关政策文件，包括政府购买服务指导性目录等。

（二）项目信息。中央部门和地方部门等购买主体在组织实施政府购买服务时，在政府采购信息公告中发布的采购文件及结果、采购合同等政府采购执行信息。

（三）经验交流。发布各地各部门值得借鉴的做法和经验等。

（四）观点探讨。发布政府购买服务相关专家观点和理论探讨等。

（五）专题专栏。发布政府购买服务改革重点领域工作情况，主要包括事业单位政府购买服务改革情况、全国性社会组织情况及地方性社会组织培育发展及承接政府购买服务情况、行业协会商会改革及承接政府购买服务情况、有关政府购买服务改革试点情况、地方政府部门实施政府购买服务的项目实施信息等。

六、各级财政部门要加强对政府购买服务信息平台建设工作的领导。按照政府信息公开要求，财政部负责对各级政府购买服务管理部门实施考核。中央单位和省级政府购买服务管理部门需指定专人作为“中国政府购买服务信息平台”联络员（并于 2017 年 11 月底前报送财政部），负责相关信息发布和上传协调工作，确保信息发布渠道畅通。

“中国政府购买服务信息平台”联系方式：

地址：北京市西城区三里河南三巷 3 号（邮政编码：100820）

财政部综合司政购办

联系电话：010-68551589　传真：68551583　联系人：朱雅峤

财政部国库司政府采购管理一处

联系电话：010-68553724　传真：68552386　联系人：赵璧

财政部信息网络中心政府采购科技处

联系电话：010-63819312 转 812　传真：63819312 转 814　联系人：钱丹

关于印发《水利建设项目稽察办法》的通知

（水安监〔2017〕341 号，水利部 2017 年 10 月 26 日发布）

部机关有关司局，部直属各单位，各省、自治区、直辖市水利（水务）厅（局），各计划单列市水利（水务）局，新疆生产建设兵团水利局：

为加强水利稽察工作，规范水利建设行为，促进水利建设项目顺利实施，保证稽察工作客观、公正、高效开展，我部组织制定了《水利建设项目稽察办法》，现印发给你们，请结合实际，认真贯彻执行。

水利建设项目稽察办法

第一章　总　　则

第一条　为加强水利建设项目稽察，规范水利建设行为，促进水利建设项目顺利实施，保证稽察工作客观、公正、高效开展，特制定本办法。

第二条　本办法所称水利稽察，是指水行政主管部门依据有关法律、法规、规章、规范性文件和技术标准等，对水利建设项目组织实施情况进行监督检查的活动。

第三条　本办法适用于有政府投资的水利建设项目。其他水利建设项目稽察，参照本办法执行。

第四条　水利稽察坚持监督检查与指导帮助并重，遵循依法监督、严格规范、客观公正、廉洁高效的原则。

第二章　机构和人员

第五条　水利稽察实行分级组织、分工负责的工作机制。

水利部负责指导全国水利稽察工作，组织对重大水利工程项目和有中央投资的其他水利建设项目进行稽察，对整改情况进行监督检查。

流域机构负责对所管辖的水利建设项目进行稽察，组织落实整改工作；受水利部委托对地方水利建设项目进行稽察，对流域内水利建设项目稽察整改情况进行监督检查。

省级水行政主管部门负责本行政区域水利稽察工作，对辖区内水利建设项目进行稽察，组织落实整改工作。

省级以下水行政主管部门可参照本办法开展水利稽察工作。

第六条　水利部水利工程建设稽察办公室（以下简称部稽察办）是水利部水利稽察工作机构，设在安全监督司。规划计划司、财务司、建设与管理司、农村水利司、安全监督司和建设管理与质量安全中心有关负责同志为部稽察办成员。

各流域机构、省级水行政主管部门应明确水利稽察工作机构。

第七条　稽察工作机构主要职责是：

（一）组织开展对水利建设项目的稽察；

（二）跟踪稽察发现问题整改情况；

（三）负责稽察特派员、专家的日常管理；

（四）配合有关部门对水利建设项目违规违纪事件进行调查；

（五）完成其他有关工作。

第八条　稽察工作机构负责组织开展现场稽察工作，根据需要派出稽察组具体承担稽察任务，稽察组由稽察特派员或组长（以下统称特派员）、稽察专家和特派员助理等稽察人员组成。

稽察专家应根据任务要求，由相关专业技术人员组成，一般包括前期与设计、建设管理、计划管理、财务管理、工程质量与安全以及其他相关专业技术人员。

第九条　稽察工作机构应建立专家库，制定稽察人员管理办法，加强遴选、培训、考核等工作。

第十条　特派员对现场稽察工作负总责，主要职责是：

（一）负责现场稽察工作；

（二）审核专家稽察意见；

（三）通报现场稽察情况；

（四）参加稽察成果研讨；

（五）负责提交稽察报告；

（六）提出有关意见建议；

（七）负责稽察人员管理；

（八）完成其他有关工作。

第十一条　特派员应当具备下列条件：

（一）坚持原则，认真负责，公道正派，廉洁自律；

（二）身体健康，能承担现场稽察工作，年龄一般在70周岁以下；

（三）具有高级专业技术职称或者相当专业水平；

（四）熟悉有关法律、法规、规章、规范

性文件，了解相关技术标准；

（五）具有较丰富的水利建设项目组织管理经验；

（六）具有较强的组织协调和分析判断能力。

第十二条 专家分工负责相应现场稽察工作，主要职责是：

（一）查阅文件资料，检查项目现场；

（二）查清核实项目存在的问题；

（三）提交专家稽察意见；

（四）提出有关意见建议；

（五）完成其他有关工作。

第十三条 专家应当具备下列条件：

（一）坚持原则，认真负责，公道正派，廉洁自律；

（二）身体健康，能承担现场稽察工作，年龄一般在70周岁以下；

（三）具有高级专业技术职称、相关专业执业资格或者相当专业水平；

（四）熟练掌握并能正确运用与本专业相关的法律、法规、规章、规范性文件和技术标准；

（五）从事本专业技术工作或者相关管理工作10年以上。

第十四条 特派员助理协助特派员做好相关工作，主要职责是：

（一）负责现场稽察联络、协调和服务；

（二）起草稽察报告；

（三）起草整改意见通知；

（四）完成其他有关工作。

第十五条 稽察人员执行稽察任务实行回避原则，不得稽察与其有利害关系的项目。

第三章 稽察内容

第十六条 水利稽察内容主要包括：监督检查有关项目的监管和主管部门单位贯彻落实国家水利方针政策、重大决策部署情况，建立完善建设管理制度、组织推动项目建设等工作情况；抽查建设项目前期工作与设计、计划下达与执行、建设管理、资金使用与管理、工程质量与安全等方面实施情况。

第十七条 对前期工作与设计的稽察，包括检查项目建议书、可行性研究报告、初步设计和概算编报、审查审批等情况；检查勘察设计深度和质量、强制性条文及审查意见执行、设计变更、现场设计服务等情况。

第十八条 对计划下达与执行的稽察，包括检查年度计划下达与执行，地方投资落实，投资控制与概预算执行，年度投资完成等情况。

第十九条 对建设管理的稽察，包括检查项目法人责任制、招标投标制、建设监理制及合同管理制的执行，有关参建单位资质和人员资格，工程建设进度，工程建设管理体制等情况。

第二十条 对资金使用与管理的稽察，包括检查资金到位，内部控制制度建立与执行，工程价款结算，会计核算，竣工财务决算、固定资产管理等情况。

第二十一条 对工程质量与安全的稽察，包括检查工程质量现状，参建单位质量与安全责任体系，制度建设与执行，质量控制和检验评定，工程验收，安全技术措施和专项施工方案，施工安全管理，安全隐患排查与治理等情况。

第四章 程序和方法

第二十二条 稽察工作机构要根据年度水利投资情况和水利重点工作安排，结合本单位实际，制定年度稽察工作计划，主要内容包括：目标任务，稽察项目类型、数量，时间安排，整改落实及保障措施等。年度稽察项目安排要避免重复交叉和空白盲区。

流域机构和省级水行政主管部门应当及时将年度稽察工作计划报水利部安全监督司。

第二十三条 稽察工作机构开展稽察前，应下达稽察通知，选定稽察项目，确定稽察时间，明确稽察内容，组建稽察组。

第二十四条 稽察组开展稽察工作，可采取下列方法：

（一）听取有关水行政主管部门项目总体情况汇报；

（二）听取项目法人项目建设管理情况汇报；

（三）查阅文件、合同、记录、报表、账簿及有关资料；

（四）查勘工程现场，检查工程建设情况；

（五）与有关单位和人员座谈，了解情况，听取意见；

（六）就发现的问题进行质询、核实、取证；

（七）其他需要采取的措施。

第二十五条　稽察组应当客观完整地记录稽察重要事项、证据资料，编写专家稽察工作底稿，提出有关意见建议，经充分讨论，形成稽察报告。

第二十六条　稽察组应就稽察情况与有关水行政主管部门及相关部门单位、项目法人、参建单位等交换意见。

第二十七条　稽察组在工作中发现重大问题或遇到紧急情况时，应及时向稽察工作机构报告。

第五章　报告和整改

第二十八条　稽察组应于现场稽察结束5个工作日内，提交由稽察特派员签署的稽察报告。

第二十九条　稽察报告应事实清楚、依据充分、定性准确、文字精炼，主要内容包括：

（一）项目概况；

（二）项目实施情况；

（三）稽察发现的主要问题；

（四）整改意见及相关建议；

（五）其他需要报告的事项。

第三十条　稽察工作机构应及时将稽察工作情况汇总形成报告，报送有关领导，抄送相关业务主管部门单位。

第三十一条　稽察工作机构应根据稽察发现的问题，及时下达整改通知，提出整改要求，必要时可向有关地方人民政府通报相关情况。

第三十二条　被稽察单位应根据整改通知要求，明确责任单位和责任人，制定整改措施，认真整改，在规定时间内上报整改情况。

第三十三条　各级水行政主管部门的业务主管部门单位，负责对稽察发现问题的整改督办，把稽察发现问题的整改工作作为强化管理的重要内容；相关管理部门单位应相互配合、联动联促，督促问题整改。

第三十四条　稽察工作机构对稽察发现的问题要建立台账，跟踪整改落实情况，必要时组织复查，及时通报相关情况。

第六章　权利和义务

第三十五条　稽察人员开展稽察工作，相关单位和个人不得拒绝、阻碍，不得打击报复稽察人员。

第三十六条　稽察人员开展稽察工作，有权采取以下措施：

（一）要求被稽察单位提供有关资料；

（二）进入施工现场查验工程建设情况；

（三）询问被稽察单位及相关人员，要求就相关问题作出实事求是的说明；

（四）对有关问题进行调查、取证、核实。

第三十七条　稽察人员开展稽察工作，应履行以下义务：

（一）严格执行法律法规和规章制度；

（二）客观公正地反映项目实施情况和存在的问题；

（三）遵守廉洁自律有关规定；

（四）保守国家秘密和被稽察单位的商业秘密；

（五）遵守其他有关工作要求。

第三十八条　被稽察单位和人员依法享有以下权利：

（一）对稽察提出的问题进行说明和申辩；

（二）对整改或处理意见有异议的，可向有关稽察工作机构或水行政主管部门提出申诉，申诉期间，仍执行原整改或处理意见；

（三）对稽察人员廉洁自律情况进行监督；

（四）发现稽察人员有本办法第四十三条所列行为的，有权向相应稽察工作机构反映或向有关部门举报。

第三十九条　被稽察单位和人员在被稽察时，应履行以下义务：

（一）积极配合、协助开展稽察工作，为稽察组提供必要的工作条件；

（二）按照要求提供有关会议记录、文件、

合同、账簿、报表和影像等资料，对其真实性和准确性负责；

（三）对稽察人员提出的质询作出解释说明。

第七章　处理和处罚

第四十条　对稽察中发现建设项目管理薄弱、监管不力、问题严重和整改落实不到位的相关部门单位和责任人，稽察工作机构可向有关部门单位提出以下处理处罚建议：

（一）通报批评；

（二）约谈主要负责人或者分管负责人；

（三）暂停新建项目审批，暂停或减少下一年度投资计划安排；

（四）追究有关责任人的责任；

（五）法律法规规定可以给予的其他处理处罚措施。

第四十一条　对严重违反建设管理有关法律法规的项目管理和勘察（测）设计、施工、建设监理等参建单位，稽察工作机构可向有关部门单位提出以下处理处罚建议：

（一）责令暂停施工；

（二）追究有关责任人的责任；

（三）将严重违规的施工、监理单位清退出施工现场；

（四）将不良行为记入水利建设市场主体信用档案；

（五）降低有关单位的资质等级或吊销其资质证书；

（六）有关法律法规规定可以给予的其他处理处罚措施。

第四十二条　被稽察单位和人员有下列行为之一的，稽察工作机构可建议有关单位对责任人员给予纪律处分：

（一）拒绝、阻碍稽察人员开展工作或者打击报复稽察人员的；

（二）拒不提供稽察需要的文件、合同、账簿和有关资料的；

（三）隐匿、伪造有关资料或提供虚假数据材料的；

（四）具有其他可能影响稽察工作正常开展行为的。

第四十三条　稽察人员有下列行为之一的，稽察工作机构应视情节轻重，建议有关单位给予纪律处分：

（一）对稽察发现的重大问题隐匿不报，严重失职的；

（二）与被稽察单位串通，编造虚假稽察报告的；

（三）违规干预插手被稽察单位和项目建设管理活动的；

（四）泄露国家秘密和被稽察单位商业秘密的；

（五）履行工作职责不到位，稽察成果存在严重错误的；

（六）严重违反稽察工作纪律的；

（七）具有其他应当依法追究责任行为的。

第四十四条　对稽察过程中发现的重大违纪违法线索，稽察工作机构应移交有关纪检监察或司法机关进行调查处理。

第八章　保障措施

第四十五条　各级水行政主管部门应高度重视稽察工作，保障必要的人员、交通和办公经费等工作条件。

第四十六条　稽察工作机构应加强制度建设、队伍建设，组织业务培训，对稽察人员按照有关规定给予合理的报酬。

第四十七条　稽察工作机构根据工作需要，可购买必要的社会服务开展水利稽察。

第四十八条　稽察人员为保证水利工程质量、提高投资效益、避免重大质量和安全事故等作出突出贡献的，水利部、流域机构和省级水行政主管部门应当给予表彰。

第九章　附　　则

第四十九条　本办法由水利部安全监督司负责解释。

第五十条　本办法自印发之日起施行。

关于印发《公共实训基地建设中央预算内投资专项管理办法》的通知

（发改就业规〔2017〕1937号，国家发展改革委2017年11月8日发布）

各省、自治区、直辖市及计划单列市、新疆生产建设兵团、黑龙江省农垦总局发展改革委：

为贯彻落实《中国制造2025》（国发〔2015〕28号）、《“十三五”促进就业规划》（国发〔2017〕10号），加快我国职业技能实训体系建设，进一步加强公共实训基地建设中央预算内投资专项管理，根据《中共中央国务院关于深化投融资体制改革的意见》（中发〔2016〕18号）、《国务院办公厅关于创新投资管理方式建立协同监管机制的若干意见》（国办发〔2015〕12号）、《中央预算内投资补助和贴息项目管理办法》（中华人民共和国国家发展和改革委员会令第45号）、《中央预算内投资监督管理暂行办法》（发改投资〔2015〕525号）等有关规定，特制定《公共实训基地建设中央预算内投资专项管理办法》，现印发你们，请遵照执行。2016年发布的《公共实训基地建设专项管理办法（暂行）》（发改就业〔2016〕571号）同时废止。

附件：公共实训基地建设中央预算内投资专项管理办法

附件

公共实训基地建设中央预算内投资专项管理办法

第一章　总　　则

第一条　为贯彻落实《中国制造2025》（国发〔2015〕28号）、《“十三五”促进就业规划》（国发〔2017〕10号），加强我国职业技能实训体系建设，提高公共就业服务能力，根据《中共中央国务院关于深化投融资体制改革的意见》（中发〔2016〕18号）、《国务院办公厅关于创新投资管理方式建立协同监管机制的若干意见》（国办发〔2015〕12号）、《中央预算内投资补助和贴息项目管理办法》（中华人民共和国国家发展和改革委员会令第45号）、《中央预算内投资监督管理暂行办法》（发改投资〔2015〕525号）等有关规定，制定本办法。

第二条　本办法所称公共实训基地，是指由政府主导建设、向城乡各类劳动者以及职业院校、职业培训机构、企业等提供技能训练、技能竞赛、技能鉴定、创业孵化、师资培训、课程研发等服务的公共性、公益性、示范性、综合性职业技能实训场所。

第三条　由国家发展改革委安排中央预算内投资支持开展建设的公共实训基地项目适用本办法。

第四条　专项实施目标是，在整合资源、统筹建设、错位发展、合理布局的基础上，建设一批开展中、高级技能培训、新技能开发和师资培训，示范性强、辐射面广的省级大型公共实训基地；建设一批促进区域经济发展和服务中高端产业发展需求的地市级综合型公共实训基地；建设一批服务当地主导产业的县级地方产业特色型公共实训基地。力争到2025年，形成覆盖全国、布局合理、定位明确、功能突出、信息互通、协调发展，能够基本满足产业发展需求的公共职业技能实训体系。

第二章 安排原则

第五条 统筹兼顾，协调发展。着眼全国、突出重点，坚持地区统筹、资源统筹、资金统筹。将公共实训基地建设与脱贫攻坚和精准扶贫结合起来，推动城乡一体发展、东部与中西部互动发展、贫困地区与发达地区协调发展。坚持新建、改扩建、购置相结合，中央通过专项安排补助投资支持地方开展项目建设，鼓励各地整合优化政府、院校、企业与社会组织等各类资源。鼓励各地统筹使用各渠道的培训资金，提高培训资金综合利用效率。鼓励各地利用PPP模式、共建共享等方式引导社会资本参与公共实训基地建设和运营管理。

第六条 突出特色，市场导向。综合考虑各地资源禀赋与产业发展特点，突出实训基地的区域性和地方特色，既立足当地人力资源实际又兼顾市场需求，既立足当前现实需要又兼顾长远持续发展，力求做到定位准确、特色突出、规模适度、务求实效。

第七条 公共开放，协作共享。充分发挥公共实训基地公共性与开放性，为各类社会群体提供广覆盖、多领域、可持续的职业技能培训。突出公共实训基地示范、辐射与带动作用，加强与其他类型培训机构的互动协作，实现资源共享。同时，紧紧围绕“互联网＋”行动，通过信息化、网络化建设加强公共实训相关信息的监测分析，力争实现信息的互通共享，促进信息有效对接，不断提高劳动力流动能力和就业质量。

第八条 需求导向，示范引领。充分发挥公共实训基地建设对培养技能人才、带动就业创业、促进居民增收的作用，优先在技能劳动者供需缺口较大、返乡创业工作成效明显、城乡居民增收示范推进的地区支持开展项目建设，有效发挥中央投资的示范引领作用。

第三章 建设内容

第九条 公共实训基地建设应当以实用、安全、简朴和节约资源为原则。公共实训基地内部空间一般由实训场地、教研室、仓库、信息化设施以及必要的基本设施和辅助设施组成，实训场地一般采用框架式建筑结构，面积要满足培训要求。

第十条 公共实训基地项目应根据实际需要和有关技术标准合理确定建设规模。省级大型公共实训基地建筑面积一般不低于15000平方米，可承担15个以上职业（工种）技能训练；地市级综合型公共实训基地建筑面积一般不低于8000平方米，可承担10个以上职业（工种）技能训练；县级地方产业特色型公共实训基地建筑面积一般不低于3000平方米，可承担8个以上职业（工种）技能训练。

第四章 支持方式和标准

第十一条 中央投资以补助方式对符合条件的公共实训基地项目予以支持，主要用于公共实训基地中实训场所建设和实训设施投入。

第十二条 优先支持各地建设省级大型公共实训基地和地市级综合型公共实训基地。同时，对于国家级贫困县和东部地区常住人口超过60万、中部地区常住人口超过40万、西部地区（含享受西部政策的地区，下同）常住人口超过20万的县（区、市），支持建设县级地方产业特色型公共实训基地。新疆生产建设兵团、黑龙江省农垦总局项目安排，应统筹考虑实际培训需求、常住人口数量等情况，并参考以上原则。

第十三条 对东部地区补助比例不超过总投资（不含土地、红线外市政工程，下同）的40％，对中部地区的补助比例不超过总投资的60％，对西部地区的补助比例不超过总投资的80％，对国家级贫困县的补助比例不超过总投资的85％。同时，对每个项目中央补助资金设定上限。其中，省级大型公共实训基地项目的补助上限为9000万元，地市级综合型公共实训基地项目的补助上限为6000万元，县级地方产业特色型公共实训基地项目的补助上限为2000万元。国家另有规定的，执行相关规定。

第十四条　鼓励地方加大投资力度，中央预算内投资可根据项目建设周期和实际建设进度按年度分批下达，原则上不超过2年。

第五章　项目申报和资金安排

第十五条　申报项目必须已完成可行性研究报告批复、落实地方建设资金和项目用地、具备按时开工条件，项目业主单位应是项目法人。

第十六条　各地应依托国家重大建设项目库做好项目储备，编制公共实训基地建设项目三年滚动投资计划，不进入项目库、不纳入滚动计划的项目原则上不能申报中央预算内投资补助。

第十七条　申报中央预算内投资补助的公共实训基地建设项目，须通过投资项目在线审批监管平台获取项目统一代码并完成相关审批，由省级发展改革部门向国家发展改革委上报资金申请报告，并对项目进行先后排序。

资金申请报告中应包括项目单位基本情况、在线平台生成的项目代码、项目建设内容、总投资及资金来源、建设条件落实情况及工期安排等相关内容，并附项目可行性研究报告批复（原件）。同时，须按国家重大建设项目库要求，完整准确填报项目信息，形成电子数据一并上报。省级发展改革部门对申报材料的真实性、合法性、准确性严格把关。

第十八条　国家发展改革委对资金申请文件进行审核，综合考虑各省（区、市，含新疆生产建设兵团和黑龙江省农垦总局，下同）经济社会发展状况、地方资金配套能力、项目所在地人力资源供需情况及职业培训和技能人才队伍建设情况等因素，结合考虑人口因素、向中西部倾斜、集中力量办大事等原则，统筹下达中央预算内补助投资计划。

第六章　项目管理

第十九条　根据依法行政、简政放权、放管结合、优化服务的原则，公共实训基地项目由各地按照权限进行审批。各地发展改革部门会同人力资源社会保障等相关部门切实做好项目选点及各项前期工作，督促落实各级配套资金，并加强对项目建设的督促指导。

第二十条　项目建设应严格执行基本建设程序，切实落实项目法人责任制、工程建设监理制、项目招标投标制、工程合同管理制等要求。同时，按照政府信息公开有关规定，做好项目信息公开工作。

第二十一条　项目竣工后，相关单位应根据职责及时组织开展项目验收，并将验收结果按规定进行报备。

第二十二条　在项目运营管理中，要充分发挥项目的社会效益，鼓励项目单位建立培训台账，及时向当地发展改革、人力资源社会保障等相关部门报送项目使用情况，包括年培训人次、职业资格鉴定及培训后的就业和收入情况等。

第七章　项目监督检查

第二十三条　各地要落实日常监管直接责任单位及监管责任人的责任，按要求开展日常监管，按月通过重大建设项目库认真核实填报项目进度数据和信息。项目开工情况、投资完成情况、项目建设进度及每月调度执行情况，将作为安排下一步中央预算内投资的重要参考因素。对于项目数据填报更新不及时、项目数据严重失实、工程进度严重滞后、事中事后监管不力、项目建设存在问题的地区，将视情节轻重采取通报批评或扣减、收回、暂停安排中央预算内投资等措施。

第二十四条　各级发展改革部门和项目行业主管部门要切实加强项目建设事中事后监管。通过督促自查、实地调研抽查、专项稽察、网上监测、联合有关部门不定期检查等多种监管方式，实现项目监管的全覆盖。加快推进项目建设进度，确保中央预算内投资合规有效使用，更好更快地发挥中央预算内投资的带动效应。

第二十五条　项目单位应积极配合稽察或监督检查，如实提供与项目有关的文件资料和情况，不得销毁、隐匿、转移、篡改或无故拖延、拒绝提供有关文件资料。对提供虚假材料骗取补助资金，或转移、侵占、截留、挪用补助资金，或配套资金不落实、擅自改变建设内容和建设标准，或无正当理由未及时建设实施、竣工完成的，按照《中央预算内投资补助和贴息项目管理办法》（中华人民共和国国家发展和改革委员会令第45号）第五章的有关规定给予相应处罚，相关信息将纳入全国信用信息共享平台。存在违反国家法律法规行为的，依法追究责任。

第八章　附　则

第二十六条　各省（区、市）发展改革部门可参照本办法，制定当地公共实训基地建设专项管理办法实施细则。

第二十七条　本办法由国家发展改革委负责解释，自发布之日起施行。2016年发布的《公共实训基地建设专项管理办法（暂行）》（发改就业〔2016〕571号）同时废止。

招标公告和公示信息发布管理办法

（国家发展和改革委员会令2017年第10号，国家发展和改革委员会2017年11月23日发布）

为规范招标公告和公示信息发布活动，进一步增强招标投标透明度，保障公平竞争市场秩序，我们制定了《招标公告和公示信息发布管理办法》，现予印发，自2018年1月1日起施行。

招标公告和公示信息发布管理办法

第一条　为规范招标公告和公示信息发布活动，保证各类市场主体和社会公众平等、便捷、准确地获取招标信息，根据《中华人民共和国招标投标法》《中华人民共和国招标投标法实施条例》等有关法律法规规定，制定本办法。

第二条　本办法所称招标公告和公示信息，是指招标项目的资格预审公告、招标公告、中标候选人公示、中标结果公示等信息。

第三条　依法必须招标项目的招标公告和公示信息，除依法需要保密或者涉及商业秘密的内容外，应当按照公益服务、公开透明、高效便捷、集中共享的原则，依法向社会公开。

第四条　国家发展改革委根据招标投标法律法规规定，对依法必须招标项目招标公告和公示信息发布媒介的信息发布活动进行监督管理。

省级发展改革部门对本行政区域内招标公告和公示信息发布活动依法进行监督管理。省级人民政府另有规定的，从其规定。

第五条　依法必须招标项目的资格预审公告和招标公告，应当载明以下内容：

（一）招标项目名称、内容、范围、规模、资金来源；

（二）投标资格能力要求，以及是否接受联合体投标；

（三）获取资格预审文件或招标文件的时间、方式；

（四）递交资格预审文件或投标文件的截止时间、方式；

（五）招标人及其招标代理机构的名称、地址、联系人及联系方式；

（六）采用电子招标投标方式的，潜在投标人访问电子招标投标交易平台的网址和方法；

（七）其他依法应当载明的内容。

第六条　依法必须招标项目的中标候选人公示应当载明以下内容：

（一）中标候选人排序、名称、投标报价、质量、工期（交货期），以及评标情况；

（二）中标候选人按照招标文件要求承诺的项目负责人姓名及其相关证书名称和编号；

（三）中标候选人响应招标文件要求的资格能力条件；

（四）提出异议的渠道和方式；

（五）招标文件规定公示的其他内容。

依法必须招标项目的中标结果公示应当载明中标人名称。

第七条 依法必须招标项目的招标公告和公示信息应当根据招标投标法律法规，以及国家发展改革委会同有关部门制定的标准文件编制，实现标准化、格式化。

第八条 依法必须招标项目的招标公告和公示信息应当在“中国招标投标公共服务平台”或者项目所在地省级电子招标投标公共服务平台（以下统一简称“发布媒介”）发布。

第九条 省级电子招标投标公共服务平台应当与“中国招标投标公共服务平台”对接，按规定同步交互招标公告和公示信息。对依法必须招标项目的招标公告和公示信息，发布媒介应当与相应的公共资源交易平台实现信息共享。

“中国招标投标公共服务平台”应当汇总公开全国招标公告和公示信息，以及本办法第八条规定的发布媒介名称、网址、办公场所、联系方式等基本信息，及时维护更新，与全国公共资源交易平台共享，并归集至全国信用信息共享平台，按规定通过“信用中国”网站向社会公开。

第十条 拟发布的招标公告和公示信息文本应当由招标人或其招标代理机构盖章，并由主要负责人或其授权的项目负责人签名。采用数据电文形式的，应当按规定进行电子签名。

招标人或其招标代理机构发布招标公告和公示信息，应当遵守招标投标法律法规关于时限的规定。

第十一条 依法必须招标项目的招标公告和公示信息鼓励通过电子招标投标交易平台录入后交互至发布媒介核验发布，也可以直接通过发布媒介录入并核验发布。

按照电子招标投标有关数据规范要求交互招标公告和公示信息文本的，发布媒介应当自收到起 12 小时内发布。采用电子邮件、电子介质、传真、纸质文本等其他形式提交或者直接录入招标公告和公示信息文本的，发布媒介应当自核验确认起 1 个工作日内发布。核验确认最长不得超过 3 个工作日。

招标人或其招标代理机构应当对其提供的招标公告和公示信息的真实性、准确性、合法性负责。发布媒介和电子招标投标交易平台应当对所发布的招标公告和公示信息的及时性、完整性负责。

发布媒介应当按照规定采取有效措施，确保发布招标公告和公示信息的数据电文不被篡改、不遗漏和至少 10 年内可追溯。

第十二条 发布媒介应当免费提供依法必须招标项目的招标公告和公示信息发布服务，并允许社会公众和市场主体免费、及时查阅前述招标公告和公示的完整信息。

第十三条 发布媒介应当通过专门栏目发布招标公告和公示信息，并免费提供信息归类和检索服务，对新发布的招标公告和公示信息作醒目标识，方便市场主体和社会公众查阅。

发布媒介应当设置专门栏目，方便市场主体和社会公众就其招标公告和公示信息发布工作反映情况、提出意见，并及时反馈。

第十四条 发布媒介应当实时统计本媒介招标公告和公示信息发布情况，及时向社会公布，并定期报送相应的省级以上发展改革部门或省级以上人民政府规定的其他部门。

第十五条 依法必须招标项目的招标公告和公示信息除在发布媒介发布外，招标人或其招标代理机构也可以同步在其他媒介公开，并确保内容一致。

其他媒介可以依法全文转载依法必须招标项目的招标公告和公示信息，但不得改变其内容，同时必须注明信息来源。

第十六条 依法必须招标项目的招标公告和公示信息有下列情形之一的，潜在投标人或者投标人可以要求招标人或其招标代理机构予以澄清、改正、补充或调整：

（一）资格预审公告、招标公告载明的事项不符合本办法第五条规定，中标候选人公示载明的事项不符合本办法第六条规定；

（二）在两家以上媒介发布的同一招标项目的招标公告和公示信息内容不一致；

（三）招标公告和公示信息内容不符合法律法规规定。

招标人或其招标代理机构应当认真核查，及时处理，并将处理结果告知提出意见的潜在投标人或者投标人。

第十七条 任何单位和个人认为招标人或其招标代理机构在招标公告和公示信息发布活动中存在违法违规行为的，可以依法向有关行政监督部门投诉、举报；认为发布媒介在招标公告和公示信息发布活动中存在违法违规行为的，根据有关规定可以向相应的省级以上发展改革部门或其他有关部门投诉、举报。

第十八条 招标人或其招标代理机构有下列行为之一的，由有关行政监督部门责令改正，并视情形依照《中华人民共和国招标投标法》第四十九条、第五十一条及有关规定处罚：

（一）依法必须公开招标的项目不按照规定在发布媒介发布招标公告和公示信息；

（二）在不同媒介发布的同一招标项目的资格预审公告或者招标公告的内容不一致，影响潜在投标人申请资格预审或者投标；

（三）资格预审公告或者招标公告中有关获取资格预审文件或者招标文件的时限不符合招标投标法律法规规定；

（四）资格预审公告或者招标公告中以不合理的条件限制或者排斥潜在投标人。

第十九条 发布媒介在发布依法必须招标项目的招标公告和公示信息活动中有下列情形之一的，由相应的省级以上发展改革部门或其他有关部门根据有关法律法规规定，责令改正；情节严重的，可以处1万元以下罚款：

（一）违法收取费用；

（二）无正当理由拒绝发布或者拒不按规定交互信息；

（三）无正当理由延误发布时间；

（四）因故意或重大过失导致发布的招标公告和公示信息发生遗漏、错误；

（五）违反本办法的其他行为。

其他媒介违规发布或转载依法必须招标项目的招标公告和公示信息的，由相应的省级以上发展改革部门或其他有关部门根据有关法律法规规定，责令改正；情节严重的，可以处1万元以下罚款。

第二十条 对依法必须招标项目的招标公告和公示信息进行澄清、修改，或者暂停、终止招标活动，采取公告形式向社会公布的，参照本办法执行。

第二十一条 使用国际组织或者外国政府贷款、援助资金的招标项目，贷款方、资金提供方对招标公告和公示信息的发布另有规定的，适用其规定。

第二十二条 本办法所称以上、以下包含本级或本数。

第二十三条 本办法由国家发展改革委负责解释。

第二十四条 本办法自2018年1月1日起施行。《招标公告发布暂行办法》（国家发展计划委第4号令）和《国家计委关于指定发布依法必须招标项目招标公告的媒介的通知》（计政策〔2000〕868号）同时废止。

关于做好《招标公告和公示信息发布管理办法》贯彻实施工作的通知

（发改办法规〔2017〕2012号，国家发展改革委办公厅2017年12月7日发布）

各省、自治区、直辖市、新疆生产建设兵团发展改革委、公共资源交易平台整合牵头部门，中国招标投标公共服务平台：

《招标公告和公示信息发布管理办法》（国家发展改革委第10号令，以下简称《办法》）已于2017年11月23日发布，并将于2018年1月1日起施行。为做好《办法》贯彻实施工作，现就有关事项通知如下：

一、报送本地区发布媒介信息

《办法》第八条规定，依法必须招标项目

的招标公告和公示信息应当在“中国招标投标公共服务平台”或者项目所在地省级电子招标投标公共服务平台发布。请各地按照《办法》规定，将本地区发布媒介的名称、网址、办公场所、联系方式、主管部门等基本信息报至国家发展改革委（法规司）。单独建立省级电子招标投标公共服务平台的，以其为发布媒介；未单独建立的，以实际承担电子招标投标公共服务平台功能的省级公共资源交易电子服务系统为发布媒介。

二、做好发布准备工作

“中国招标投标公共服务平台”、各省级发布媒介以及相关电子招标投标交易平台应当按照《办法》和《电子招标投标办法》（国家发展改革委第 20 号令）要求，抓紧完成平台对接、数据规范与接口改造、信息录入工具软件研发等准备工作，所有相关平台最迟应当在 2018 年 1 月底前，确保能够满足规范交互发布招标公告和公示信息的要求，并实现与相应公共资源交易平台、信用信息共享平台的信息共享。“中国招标投标公共服务平台”应当做好信息汇集共享、技术指导支持等服务工作，使各方面特别是市场主体有“获得感”。

三、加强制度机制衔接

《办法》改变了以纸质媒介为主的招标公告发布制度，依托电子招标投标系统发布信息，并将信息发布范围由依法必须招标项目的招标公告、资格预审公告，扩大到中标候选人公示、中标结果公示等。请各地根据《办法》有关精神和当地实际，按照提高服务质量效率和透明度、降低市场主体负担的原则，对本地区招标公布发布制度机制进行调整和完善，做好与《办法》的衔接。

四、切实履行好监管职责

各省级发展改革部门或者省级人民政府规定的其他部门要落实监管主体责任，加强对本行政区域内招标公告和公示信息发布活动的监督管理，坚决纠正招标公告和公示信息发布活动中的各类违法违规行为，使《办法》规定落到实处。同时，组织落实好《“互联网＋”招标采购行动方案（2017—2019 年）》（发改法规〔2017〕357 号）部署的各项任务，加快推进全流程电子化招标投标和交易信息全面公开共享。

请各地将本地区发布媒介相关信息于 2017 年 12 月 15 日前报至国家发展改革委（法规司），并将相关发布准备工作情况以及制度机制衔接情况等，于 2018 年 2 月 1 日前报至国家发展改革委（法规司）。

联系人：徐致远　电话/传真：010-68502393

关于印发《2017—2018 年清理现行排除限制竞争政策措施的工作方案》的通知

（发改价监〔2017〕2091 号，国家发展改革委、财政部、商务部 2017 年 12 月 5 日发布）

各省、自治区、直辖市人民政府，国务院各部委、各直属机构：

根据《国务院关于在市场体系建设中建立公平竞争审查制度的意见》（国发〔2016〕34 号）要求，国家发展改革委、财政部、商务部会同有关部门研究制定了《2017—2018 年清理现行排除限制竞争政策措施的工作方案》，经国务院同意，现予印发，请认真贯彻执行。

附件：2017—2018 年清理现行排除限制竞争政策措施的工作方案

附件

2017—2018 年清理现行排除限制竞争政策措施的工作方案

国务院印发的《关于在市场体系建设中建立公平竞争审查制度的意见》（国发〔2016〕34 号，以下称《意见》）明确了在对新出台的政策措施开展公平竞争审查的同时，有序清理存量政策。为贯彻落实《意见》要求，做好 2017—2018 年清理工作，突出清理重点，明确清理要求，把握清理节奏，现制定 2017—2018 年清理现行排除限制竞争政策措施的工作方案。

一、清理主体

国务院各部门和地方各级人民政府及所属部门按照“谁制定、谁清理”原则，对现行政策措施组织清理。政策措施制定部门被撤销或者职权已调整的，由继续行使其职权的部门负责清理。省级人民政府和国务院各部门研究拟定本地区和本部门具体清理工作方案，督促落实清理工作。各级公平竞争审查联席会议统筹协调清理工作。

二、清理范围和重点

国务院各部门和地方各级人民政府及所属部门要对照《反垄断法》和《意见》，对现行规章、规范性文件和其他政策措施中含有的地方保护、指定交易、市场壁垒等内容进行清理。重点包括：

（一）设置不合理和歧视性的准入和退出条件；

（二）限定经营、购买、使用特定经营者提供的商品和服务；

（三）对外地和进口商品、服务实行歧视性价格和歧视性补贴政策；

（四）限制外地和进口商品、服务进入本地市场或者阻碍本地商品运出、服务输出；

（五）排斥或者限制外地经营者参加本地招标投标活动；

（六）强制经营者从事《反垄断法》规定的垄断行为。

三、清理步骤

清理分五个阶段推进：

（一）自查梳理阶段：2017 年 12 月—2018 年 1 月，国务院各部门和地方各级人民政府及所属部门根据清理的标准和重点，对本部门、本地区制定的政策措施开展自查，梳理出可能需要清理废除的政策措施清单。

（二）审核排查阶段：2018 年 3 月之前，国务院各部门和地方各级人民政府及所属部门在自查清理的基础上，对本部门、本地区梳理出的可能需要清理废除的政策措施组织进行审核排查，对部分模糊不清、不易判断是否排除限制竞争，或者废止可能带来重大影响的政策措施，组织进行研究，形成初步处理结论。

（三）公开清废阶段：2018 年 5 月之前，国务院各部门和地方各级人民政府及所属部门对清理出的排除限制竞争的政策措施形成处理结论，并按程序予以废除或者调整。其中对于立即终止会带来重大影响的政策措施，要设置合理的过渡期。适用例外规定的政策措施，要说明相关政策措施对实现政策目的不可或缺，且不会严重排除和限制市场竞争，并明确实施期限。废除的政策措施清单、调整的政策措施内容、设置过渡期情况以及符合例外规定政策措施的实施期限等要及时向社会公布。

（四）总结汇报阶段：2018 年 7 月之前，地方各级人民政府及所属部门对清理工作进行全面总结，就清理工作开展情况、废除和调整的政策措施、取得的成效等形成书面报告，逐级上报。各省（区、市）、各部门汇总本地区和本部门清理工作情况，形成书面报告报送公平竞争审查工作部际联席会议。

（五）督促检查阶段：2018 年 11 月之前，

公平竞争审查工作部际联席会议组织对各省（区、市）和各部门清理工作进行督查，对清理不到位的进行纠正。各省（区、市）人民政府负责组织对本地区清理工作的督查，确保清理工作顺利开展、取得实效。

四、清理要求

（一）层层落实责任。各地要充分发挥公平竞争审查工作协调机制作用，加强工作协作，推进信息共享，形成工作合力，确保按照时限有效推进清理工作。国务院各部门和地方各级人民政府及所属部门在清理工作中，要严格按照清理重点和要求，加强督促和指导，统一政策标准，把握政策界限，一层抓一层，层层抓落实，确保清理工作取得实效。

（二）强化社会监督。坚持自我清理与社会监督相结合的原则，坚持公开透明推进清理工作，充分发挥社会监督的作用，充分听取社会各方面对清理工作的意见，形成政府部门主导、社会有效参与的清理工作局面。

（三）加强反垄断执法。反垄断执法机构要在清理期间加大执法力度，查处并公开典型的滥用行政权力排除限制竞争案件，形成执法威慑力，推动政策制定机关认真开展清理工作。对违反《反垄断法》构成滥用行政权力排除限制竞争行为的，要向政策制定机关的上级机关发出执法建议函，督促政策制定机关纠正相关政策措施。

（四）加强宣传报道。充分利用电视、广播、报刊、网络等传播渠道，向社会广泛宣传清理工作的重要意义、取得的进展和成效，及时曝光典型案例，营造良好舆论氛围和工作环境。

关于印发重点流域水环境综合治理中央预算内投资计划管理办法的通知

（发改地区规〔2017〕2136号，国家发展改革委2017年12月9日发布）

有关省、自治区、直辖市及计划单列市发展改革委：

为切实落实“简政放权”和“放管服”要求，加强和规范重点流域水环境综合治理中央预算内投资项目管理，我们对《重点流域水污染防治项目管理办法》进行了修订。现将修订后的《重点流域水环境综合治理中央预算内投资计划管理办法》印发你们，请遵照执行。

附件：重点流域水环境综合治理中央预算内投资计划管理办法

附件

重点流域水环境综合治理中央预算内投资计划管理办法

第一章　总　　则

第一条　为加强和规范重点流域水环境综合治理中央预算内投资计划管理，加快推进流域水环境质量改善，根据《中共中央国务院关于深化投融资体制改革的意见》、《国务院关于投资体制改革的决定》，以及《中央预算内投资补助和贴息项目管理办法》、《关于改进和完善中央补助地方投资项目管理的通知》等有关规定，制定本办法。

第二条　本办法所称规划是指经国务院或国家发展改革委批准同意的水环境治理或水污染防治规划（方案）。本办法所称重点流域是指纳入规划开展水环境综合治理的流域、区域和海域。规划项目建设资金主要由地方负责筹措，积极引导社会投资参与建设。

第三条 本办法所称专项投资是指为推进规划实施，由国家发展改革委安排的重点流域水环境综合治理中央预算内投资（包括长期建设国债等投资）。本专项投资属于补助资金，用于支持重点流域范围内符合条件的项目。

第四条 专项投资原则上采用切块方式安排到省（区、市）。国家发展改革委下达年度投资计划，明确年度专项投资额度、建设任务和工作要求等，有关省（区、市）发展改革委（以下简称省级发展改革委）按照要求将年度投资计划分解安排到具体项目。

第五条 国家发展改革委作为年度投资计划主管部门，主要履行以下职责：

（一）编制印发相关重点流域水环境综合治理建设等规划。

（二）研究制定年度投资计划工作的总体要求、投资补助标准、惩戒规则，提出年度投资计划安排原则和范围，组织省级发展改革委申报年度投资计划。

（三）确定分省（区、市）年度专项投资切块额度，下达年度投资计划。

（四）督查年度投资计划的实施与管理。开展定期调度、不定期稽察和检查，督促省级发展改革委有序推进年度投资计划实施和项目建设。对于发现的违规行为，督促省级发展改革委予以整改和惩戒。

第六条 省级发展改革委作为年度投资计划组织实施部门，主要履行以下职责：

（一）组织督促有关地市（县）编制、批复相关水环境综合治理规划或方案。

（二）组织相关地市（县）发展改革部门申报项目，开展申报审核，提出年度投资计划安排建议，编报年度投资计划和资金申请报告，按照要求和补助标准分解年度投资计划，并报国家发展改革委备案。

（三）负责年度投资计划的整体实施管理工作，督促有关地市（县）按照计划要求推进项目实施，多渠道筹措资金，并定期开展项目调度，核实调度信息。

（四）明确项目日常监管直接责任单位，制定年度监管计划，组织开展稽察和检查，配合有关部门进行项目审计、稽察和检查。对项目实施过程中出现的重大问题督促进行整改、处理，并按规定开展惩戒和调整年度投资计划。

第七条 日常监管直接责任单位对项目申报、建设管理、信息报送等履行日常监管直接责任，原则上由项目直接管理单位或行业主管部门承担，主要履行以下责任：

（一）制定日常监管工作方案，落实具体监管要求，建立、管理日常监管台账。

（二）对项目建设程序、建设进度、资金到位、资金使用、建设内容和信息报送等情况开展检查，确保项目实施符合相关规定和要求。同时，要配合上级有关部门开展稽察、检查和督查工作。

（三）选派项目监管责任人，及时掌握项目建设情况，做到开工、建设和竣工到现场，将项目实施存在的问题及时主动向上级主管部门报告，并通过同级发展改革部门逐级报省级发展改革委。

第八条 项目单位是年度投资计划申报和执行，以及项目建设和管理的责任主体，对项目实施和年度投资计划执行承担主体责任，主要履行以下责任：

（一）严格履行项目审批程序，落实建设资金，并对投资行为承担责任。按要求提供真实的项目申报材料，签署综合信用承诺书。

（二）严格按照规定履行报建手续，并按照批复建设内容、规模和工期组织建设。项目完工后，及时按照有关规定做好竣工验收工作。

（三）通过全国投资项目在线审批监管平台和国家重大建设项目库（以下简称“重大项目库”）及时、准确、完整报送项目建设信息；项目建设内容发生变化后，按照程序及时向日常监管直接责任单位和省级发展改革委报告。

（四）自觉接受稽察、检查和督查，配合开展绩效评价。认真按照要求落实整改意见，向上级部门报送整改情况。

第二章 投资范围和标准

第九条 专项投资重点支持对水环境质量改善直接相关的项目，项目类型主要包括：城镇污水处理、城镇垃圾处理、河道（湖库）水环境综合治理和城镇饮用水水源地治理，以及推进水环境治理的其他工程。

国家发展改革委可根据专项投资规模、流域治理的总体要求和治理形势需要等，对年度纳入专项投资支持范围的流域和项目类型进行必要调整。

第十条　专项投资补助比例原则上按东中西部地区分别不高于项目合理造价的30%、45%和60%控制。对于属于特殊流域的三峡库区及上游、丹江口库区及上游，执行西部地区补助比例。对于其他特殊地区，补助比例执行党中央、国务院，以及国家发展改革委有关政策规定。

对于建设资金实际缺口较小或申请专项投资较少的项目，可按项目实际申报需求安排专项投资。

第三章　投资计划申请

第十一条　省级发展改革委按国家发展改革委确定的编制原则、安排方向等要求，组织开展专项投资申报工作。项目单位按程序向省级发展改革委报送资金申请报告和综合信用承诺书。

（一）资金申请报告内容应符合以下要求：项目单位基本情况、项目基本情况（包含重大项目库生成的项目代码、建设内容、总投资及资金来源、建设条件落实情况等）、申请专项投资的主要理由和政策依据、项目列入三年滚动投资计划情况、通过重大项目库完成审批（核准、备案）情况等，并附可行性研究报告或者初步设计批复文件（核准批复和备案文件），以及其他材料。

（二）综合信用承诺书内容应符合以下要求：承诺申报材料真实，按照年度投资计划推进项目建设，及时准确上报进度数据和信息等。

第十二条　省级发展改革委要依托重大项目库，对申请专项投资的项目开展审核。加强与其它相关中央投资渠道和已下达投资计划的衔接，避免重复安排项目和超额安排专项投资。充分考虑地方财政承受能力，避免加重地方政府筹资压力。审核材料由省级发展改革委根据审核条件确定。审核通过后，省级发展改革委要在其网站予以公示，公示期为3个工作日。

新开工项目（未安排过专项投资）应当符合以下条件：

（一）项目已列入相关重点流域水环境综合治理建设规划储备库；

（二）项目已列入三年滚动投资计划，并通过重大项目库完成可研审批、核准或备案程序；

（三）项目单位已建立法人责任制；

（四）项目已明确日常监管直接责任单位和监管责任人；

（五）项目可研、规划选址、土地预审等审批（核准、备案）程序完备合规（相关环节审批时间早于计划安排年度2年以上的，审批单位需确认审批内容是否有效；涉及用地性质变更的要取得建设用地批准书），符合开工要求；

（六）项目建设资金渠道已基本落实，资金到位率达到15%以上，对于实际已开工建设的项目，投资完成率不能超过50%；

（七）PPP等社会投资参与的项目，专项投资权益归属明确，具备开工条件；

（八）项目能在合理工期内完成建设，并在计划年度完成申请投资任务；

（九）项目建设规模合理，治理措施效益明显；

（十）项目未重复使用其他中央投资；

（十一）法律法规规章等规定的其他条件。

续建项目（已安排专项投资）应当符合以下条件：

（一）项目按照年度投资计划下达建设任务开展实施，已下达年度投资计划基本执行完毕；

（二）项目尚未完工，且仍处于合理工期内；

（三）项目建设资金累计到位金额要比年度投资计划累计下达投资额高10%以上；

（四）项目已安排补助投资尚未达到补助上限，能在计划年度完成申报投资任务；

（五）项目未使用其他中央投资；

（六）项目已落实信息公开要求；

（七）法律法规规章等规定的其他条件。

第十三条　对于审核和公示通过的项目，

省级发展改革委要按照补助标准测算项目投资补助上限，并根据项目建设资金需求情况，报送年度投资计划安排建议。建议安排的项目应同步推送至重大项目库年度投资计划报送区。

第四章 投资计划下达和调整

第十四条 国家发展改革委可对省级发展改革委审核情况进行抽查，并加强内部横向沟通。抽查不合格的省份，省级发展改革委要重新开展审核。

第十五条 国家发展改革委结合各地水污染减排任务和考核情况、重点支持流域和地区、年度投资计划执行和管理情况等因素，以及各地投资需求情况，确定各省份年度专项投资切块额度。

第十六条 省级发展改革委根据专项投资切块额度，按照标准确定年度计划的建设和投资任务，并按要求向国家发展改革委报送年度投资计划申请报告和资金申请报告。年度投资计划申请报告和资金申请报告可合并办理。

第十七条 国家发展改革委根据省级发展改革委报送的年度投资计划申请报告，切块下达年度投资计划，明确各省份项目年度总体建设和投资任务，不单独审批资金申请报告。

第十八条 省级发展改革委根据投资补助标准、中央预算内切块额度、年度投资计划申请报告和地方财政承受能力，合理确定年度投资计划分解方案，将建设和投资任务分解下达至具体项目。具体项目应先通过重大项目库取得唯一赋码，未取得赋码的项目不能作为分解子项目。分解年度投资计划时，应优先安排前期工作扎实、实施进度良好、预期治理效果佳的项目。省级发展改革委在确定分解方案后，要按照规定时限报国家发展改革委备案，并在计划文件印发后5个工作日内通过重大项目库分解报备。对于备案发现问题的省份，国家发展改革委将要求相关省级发展改革委及时纠正。

省级发展改革委在分解备案时，要针对每个分解项目明确日常监管直接责任单位及监管责任人，并经日常监管直接责任单位及监管责任人认可后填报入库；未分解落实责任的，由省级发展改革委承担日常监管直接责任。

第十九条 年度投资计划下达后，不得擅自调整。对于存在专项投资有结余、等同建设任务调减、未按要求开工等需要调整专项投资的项目，省级发展改革委要及时开展调查，并按要求调整年度投资计划。

调整年度投资计划时，省级发展改革委要做好内部衔接，防止重复安排项目。同时，要按标准调整项目，确保切块下达的等同建设任务调增或未发生变化，并将调整结果报国家发展改革委备案，在重大项目库进行调整更新。

调入年度投资计划的项目要符合审核条件，能够即时开工或已开工建设。其中，新开工项目还要履行公示程序。

第五章 项目实施管理和监督检查

第二十条 项目管理执行项目法人责任制、招标投标制、合同制和监理制，以及中央预算内投资相关财务管理的有关规定。对于专项投资，要做到独立核算、专款专用，严禁截留、转移、侵占或挪用。

第二十一条 省级发展改革委要组织有关地方发展改革委和项目单位，依托重大项目库进行按月调度，如实填报项目实施进展情况，并按规定通过重大项目库按月向国家发展改革委报送信息。切实履行信息填报的管理督促指导责任，层层落实填报责任，加强数据审核，并对项目建设信息反映的苗头性问题及时给予解决。

第二十二条 对于不涉及保密要求的项目，日常监管直接责任单位应在其网站或当地政府网站每年定期公开项目实施信息。公开内容主要包括项目总投资和建设规模、项目建设进展情况、专项投资和其他资金到位和完成情况等。

申请专项投资的项目单位，视同同意公开相关项目信息。

第二十三条 项目单位要严格按照年度投资计划下达的建设任务组织实施，项目建成后要及时申请开展竣工验收。确需调整建设主体、建设地点和范围、建设规模、总投资、工艺和标准等的项目，要按程序重新报原审批、核准或备案部门调整，并将调整结果报送省级发展改革委。对于涉及专项投资调减的，省级发展改革委要按照规定调整年度投资计划。

第二十四条　各级发展改革部门要切实加强对项目的稽察检查力度，采取督促自查、实地调研抽查、联合有关部门不定期检查、专项稽察等多种方式监管，深化现场稽察检查。项目单位要主动接受并配合相关部门做好审查和稽察，如实提供项目相关文件资料和情况。省级发展改革委对于当年度投资计划项目，至少开展一次现场稽察检查。对于稽察检查和调度等发现的问题，要逐项督促整改，其中重大问题要及时报告国家发展改革委。

对于公众反映的有关情况，各级发展改革部门应开展检查或会同有关部门开展联合调查，确有问题的，要督促项目单位及时进行整改，将整改结果予以公开，并报省级发展改革委。

第二十五条　国家发展改革委和省级发展改革委按照有关规定，对年度投资计划执行情况开展绩效评价，并将评价结果作为完善相关政策和安排资金的依据。

第六章　法律责任

第二十六条　项目单位有下列行为之一的，省级发展改革委要责令其限期整改，并视情节轻重，可暂停、停止、核减、调减或收回专项投资；或在一定时期停止其申报资格，将项目单位列为失信单位，相关信息纳入全国信用信息共享平台和在“信用中国”网站公开。

（一）违反承诺、提供虚假情况、骗取或重复申请专项投资的；

（二）转移、侵占或者挪用专项投资的；

（三）前期工作不充分，项目未按要求开工建设的；

（四）擅自调整项目建设规模的，或调整后不及时报告的；

（五）未按承诺落实资金，项目建设进度缓慢或无法按合理工期完成建设的；

（六）不配合检查或稽察的；

（七）未按要求通过重大项目库报告相关项目信息或录入信息不全、错误等，影响对项目情况进行调度的；

（八）未执行招投标等项目实施管理规定的；

（九）工程质量存在重大问题的；

（十）其他违反法律法规和本办法的行为。

第二十七条　地市（县）发展改革部门和日常监管直接责任单位有下列行为或报送的项目出现下列情况之一的，省级发展改革委要责令当地限期整改，并视情况调减其专项投资安排规模，在一定时期暂停安排当地同类项目，或者暂停其申报资格。

（一）不配合检查，或者指令或授意项目单位提供虚假情况、骗取专项投资的；

（二）审核项目不严，造成投资损失或重复安排专项投资的；

（三）违规审批，造成项目开工和建设拖期的；

（四）督促项目实施不力，年度投资计划执行情况较差（包括调整年度投资计划）的；

（五）未执行质量管理等相关项目实施管理制度，日常监管问题较多的；

（六）其他违反法律法规和本办法的行为。

第二十八条　省级发展改革委有下列行为之一的，国家发展改革委将督促省级发展改革委开展整改，并在一定时期调减其专项投资安排规模，或者暂停其申报资格。

（一）不配合检查，或者指令或授意项目单位提供虚假情况、骗取和重复申请专项投资的；

（二）项目审核不严，造成投资损失或重复安排专项投资的；

（三）未按国家发展改革委明确的投资标准、建设规模和有关要求分解下达年度投资计划，以及分解年度投资计划时没有同步录入重大项目库或监督项目单位录入数据信息不全、错误等未尽到监管责任，影响国家发展改革委对项目情况进行调度的；

（四）督促项目实施不力，年度投资计划执行情况较差的；

（五）未按规定及时调整年度投资计划，造成资金长期闲置和无法发挥效益的；

（六）所申报项目存在问题较多，投资完

成情况较差，以及调整年度投资计划较多的；

（七）未按要求通过重大项目库报送项目建设信息，或报送信息不实的；

（八）其他违反法律法规和本办法的行为。

第二十九条 对项目日常监管直接责任单位主要负责人、监管责任人和项目单位法人的责任追究按照国家发展改革委有关文件执行。

第七章 附 则

第三十条 本办法由国家发展改革委负责解释。

第三十一条 本办法自发布之日起施行，有效期至2022年12月31日。《重点流域水污染防治项目管理办法》同时废止。

国内投资民用航空业规定

（CCAR—209R1，中国航空局2017年12月18日发布）

第一章 总 则

第一条 为了规范国内投资主体投资民用航空业，根据《中华人民共和国民用航空法》和国家其他法律、行政法规，制定本规定。

第二条 鼓励、支持国内投资主体投资民用航空业，促进民用航空业快速健康发展。

国内投资主体投资民用航空业，应当有利于巩固和发展公有制经济，有利于鼓励、支持和引导非公有制经济发展，有利于坚持和完善公有制为主体、多种所有制经济共同发展的基本经济制度。

国内投资主体投资民用航空业，应当符合国家和民航产业发展政策，有利于促进公平、有序竞争。

第三条 国内投资主体投资民用航空业适用本规定。

本规定所称国内投资主体包括国有投资主体和非国有投资主体。

国有投资主体是指各级政府及其授权的国有资产投资机构、国有独资或者国有控股企业、其他国有经济组织。

非国有投资主体是指集体企业、私营企业、其他非国有经济组织和个人。

本规定所称民用航空业包括以下领域：

（一）公共航空运输；

（二）通用航空；

（三）民用机场，包括民用运输机场和通用航空机场；

（四）空中交通管理系统；

（五）民用航空活动相关项目，包括航空燃油销售储运加注、飞机维修、货运仓储、地面服务、航空食品生产销售、停车场经营、客货销售代理、计算机订座系统服务、航空结算及其他相关项目。

第四条 中国民用航空局（以下简称民航局）及民用航空地区管理局（以下简称地区管理局）对国内投资主体投资民用航空业实施监督管理。

民用航空业在放宽投资准入的同时，对各类民用航空企业的管理政策实行同等待遇。

第二章 投资准入

第五条 国有投资主体和非国有投资主体可以单独或者联合投资民用航空业。但本规定有明确限制的，应当符合其要求。

第六条 对国内投资需要特别管理的公共航空运输企业应当保持国有控股或者国有相对控股。其中，国有相对控股应当由单一国有投资主体及其控股企业相对控股。

第七条 民用运输机场是公共基础设施，鼓励各国内投资主体多元投资。但是纳入民用航空发展规划的国际枢纽和区域枢纽（以下简称枢纽机场）以及具有战略意义的民用运输机场（以下简称战略机场）应当保持国有独资、国有控股或者国有相对控股。其中，国有相对控股应当由单一国有投资主体及其控股企业相对控股。

第八条　采用政府和社会资本合作等方式投资建设或者运营民用运输机场的，应当同时符合国家有关政府和社会资本合作等的规定。

第九条　一家民用运输机场、航空燃油销售储运加注企业、计算机订座系统服务企业，及其关联企业，投资全货运航空公司以外的公共航空运输企业的，投资比例不得超过5％。

前款所述企业及其关联企业投资全货运航空公司，不得控股或者相对控股。

前两款所述关联企业不包括公共航空运输企业。

第十条　一家公共航空运输企业及其关联企业投资枢纽机场或者其共用航站楼，投资比例不得超过25％，并且不得相对控股。

公共航空运输企业在有共用航站楼和停机坪的机场可以在符合机场总体规划的前提下投资建设、运营、拥有或者租用专用航站楼和停机坪。

第十一条　一家枢纽机场及其关联企业投资本机场范围内的航空燃油销售储运加注企业及其设施，投资比例不得超过25％，并且不得相对控股。

枢纽机场中，一个机场只有一家航空燃油销售储运加注企业时，一家公共航空运输企业及其关联企业投资该航空燃油销售储运加注企业及其设施，投资比例不得超过25％，并且不得相对控股。一个机场已有一家航空燃油销售储运加注企业时，公共航空运输企业及其关联企业投资建立或者参股另外的航空燃油销售储运加注企业不受投资比例限制。

前两款所述机场航空燃油储运加注设施，是指航空燃油专用卸油站、场外场内航空燃油专用储油库、场外航空燃油专用输油管线、机坪航空燃油管线、航空燃油运输车、加注车、机坪加油系统及航空加油站等。

第十二条　空中交通管理系统主要由中央政府投资。空中交通管理部门不得投资空中交通管理系统之外的其他民用航空业领域。

第十三条　公共航空运输企业的董事、高级管理人员不得在民用运输机场兼任高级管理人员。民用运输机场的董事、高级管理人员不得在公共航空运输企业兼任高级管理人员。

第三章　法律责任

第十四条　公共航空运输企业、民用运输机场违反本规定第六条、第七条，未按规定保持国有股比要求的，由民航局或者地区管理局责令其限期改正，给予警告，并处一万元以上二万元以下的罚款；情节严重的，处二万元以上三万元以下的罚款。

第十五条　违反本规定，有下列情形之一的，由民航局或者地区管理局责令其限期改正，给予警告，并处一万元以上二万元以下的罚款；情节严重的，处二万元以上三万元以下的罚款：

（一）民用运输机场、航空燃油销售储运加注企业、计算机订座系统服务企业，及其关联企业，违反本规定第九条，违法投资公共航空运输企业的；

（二）公共航空运输企业及其关联企业违反本规定第十条，违法投资枢纽机场或者其共用航站楼的；

（三）枢纽机场、公共航空运输企业，及其关联企业，违反本规定第十一条，违法投资航空燃油销售储运加注企业及其设施的。

第十六条　空中交通管理部门违反本规定第十二条，违法投资空中交通管理系统之外的其他民用航空业领域的，由民航局或者地区管理局责令其限期改正；逾期不改正的，对责任人依法给予行政处分。

第四章　附　则

第十七条　国内投资主体投资民用航空业，法律、法规要求取得许可的，应当按照规定向相关主管部门申请取得相应的许可。

第十八条　本规定所称控股是指在企业的全部资本中所占比例大于50％。

本规定所称相对控股是指在企业的全部资本中所占比例不大于50％，但相对大于其他任何一投资主体，并且通过股东协议、公司章程、董事会决议或者其他协议安排能够对企业实际支配。

第十九条　本规定所称关联企业是指企业与另一公司、企业和其他经济组织（以下简称另一企业）有下列关系之一的：

（一）相互间直接及间接持有其中一方的股份总和达到25%以上的；

（二）直接或者间接同为第三者所拥有或者控制股份达到25%以上的；

（三）企业与另一企业之间借贷资金占企业自有资金50%以上，或者企业借贷资金总额的10%以上是由另一企业担保的；

（四）企业的董事或者高级管理人员一半以上或者有1名以上常务董事是由另一企业所委派的；

（五）企业的生产经营活动必须由另一企业提供特许权利（包括工业产权、专有技术等）才能正常进行的；

（六）企业生产经营购进的原材料、零部件等（包括价格及交易条件等）是由另一企业所控制的；

（七）企业生产的产品或者商品的销售（包括价格及交易条件等）是由另一企业所控制的；

（八）对企业生产经营、交易具有实际控制、或者在利益上具有相关联的其它关系，包括家族、亲属关系等。

第二十条 本规定中“以上”含本数，“以下”不含本数。

第二十一条 对国内投资主体的行政处罚、行政强制等处理措施及其执行情况记入守法信用信息记录，并按照有关规定进行公示。

第二十二条 投资军民合用机场民用部分，按照国家有关规定执行。

第二十三条 本规定中对国内投资需要特别管理的公共航空运输企业、枢纽机场、战略机场范围由民航局根据实际情况另行规定并对外公布。

第二十四条 本规定自2018年1月19日起施行。民航总局于2005年7月15日公布的《国内投资民用航空业规定（试行）》（民航总局令第148号）同时废止。

关于公布《国内投资民航业需要特别管理的公共航空运输企业、枢纽机场和战略机场名单》的公告

（民航公告2018年第12号，中国民用航空局2017年12月26日发布）

根据《国内投资民用航空业规定》（交通运输部令2017年第34号，简称《规定》）第二十三条要求，现公布《国内投资民航业需要特别管理的公共航空运输企业、枢纽机场和战略机场名单》（见附件），自2018年1月19日起与《规定》同步施行。

特此公告。

附件：《国内投资民航业需要特别管理的公共航空运输企业、枢纽机场和战略机场名单》

国内投资民航业需要特别管理的公共航空运输企业、枢纽机场和战略机场名单

一、需要特别管理的公共航空运输企业

中国国际航空股份有限公司；
中国东方航空股份有限公司；
中国南方航空股份有限公司。

二、需要特别管理的枢纽机场

各省、自治区、直辖市政府所在地民用运输机场；

深圳、厦门、大连、桂林、青岛、温州、宁波、三亚八个城市的民用运输机场。

三、需要特别管理的战略机场

新疆、西藏自治区内民用运输机场。

关于印发《国际金融组织和外国政府贷款赠款项目采购管理工作指南》和《国际金融组织和外国政府贷款赠款项目采购代理机构选聘指南》的通知

（财办国合〔2017〕25号，财政部办公厅2017年12月22日发布）

国务院有关部委、有关直属机构，各省、自治区、直辖市、计划单列市（不含西藏）财政厅（局），新疆建设兵团财务局，有关中央企业，金融机构：

为落实《国际金融组织和外国政府贷款赠款管理办法》（财政部令第85号），加强国际金融组织和外国政府贷款赠款项目采购管理工作，提高贷款赠款资金使用效益，现将我部制定的《国际金融组织和外国政府贷款赠款项目采购管理工作指南》和《国际金融组织和外国政府贷款赠款项目采购代理机构选聘指南》印发你单位。执行中如有问题，请函告我部。

附件：1. 国际金融组织和外国政府贷款赠款项目采购管理工作指南

2. 国际金融组织和外国政府贷款赠款项目采购代理机构选聘指南

附件1

国际金融组织和外国政府贷款赠款项目采购管理工作指南

为了加强国际金融组织和外国政府贷款赠款（以下简称贷款赠款）采购管理，规范采购行为，保证采购质量，提高贷款赠款资金使用效益，根据《国际金融组织和外国政府贷款赠款管理办法》（财政部令第85号）及相关法律法规，制定本指南。

一、适用范围、原则及定义

（一）全部及部分使用贷款赠款进行的采购，均应遵照贷款赠款方与中方达成的法律文件开展项目采购活动（参见《中华人民共和国政府采购法》第八十四条和《中华人民共和国招标投标法》第六十七条）。

本指南所称贷款赠款法律文件，是指政府协定、贷款赠款协定、项目协议、贷款赠款评估备忘录等贷款赠款方与中方达成的协议。

（二）贷款赠款采购管理应当遵循权责对等、程序合法、公开透明、防范风险以及促进采购活动公平竞争、高效开展的原则。

（三）贷款赠款采购方式是指根据贷款赠款法律文件规定，确定货物、工程和服务的供应商时所采用的招标和其他采购方式。

（四）贷款赠款采购程序一般包括前期准备、采购组织、合同签订和执行三个阶段。

二、关于前期准备

（一）项目实施单位应按贷款赠款方要求及国内有关规定编报可行性研究报告、资金申请报告和采购清单、采购计划等文件。采购清单、采购计划如需变更或调整，项目实施单位应当履行国内相关审批手续。

（二）采购清单及采购清单变更或调整需经贷款赠款方审批或备案的，项目实施单位应办理相关手续。

（三）项目实施单位应当依据采购清单并结合项目实施进度编制年度贷款赠款采购计划，主要包括采购方式、采购内容、采购预算、执行周期等。

（四）项目实施单位需要采购代理机构办理采购事宜或提供采购相关服务的，应按照政府采购法律制度及《贷款赠款项目采购代理机构选聘指南》，选择确定采购代理机构。

项目实施单位可委托项目协调机构，按照贷款赠款采购代理机构选聘相关管理规定，代为选择确定采购代理机构。

（五）项目实施单位应当保证项目采购的资金落实到位，并在招标文件等采购文件中如实载明。

（六）项目实施单位应当在贷款赠款协议生效后开展贷款赠款采购活动。贷款赠款法律文件规定可使用追溯贷款赠款进行提前采购的，从其规定。

在项目采购活动开展前，项目实施单位应当完成国内外相关审批手续，并保证按照项目执行进度实施采购计划。

三、关于采购组织

（一）项目实施单位应当按照贷款赠款法律文件的相关规定选择合适的采购方式。

（二）项目实施单位通过招标开展项目采购的，应当按照贷款赠款方指定的招标文件范本编制贷款赠款项目招标文件。

招标文件，是指贷款赠款法律文件规定的招标文件。其主要内容应当包括：商务部分、技术部分和拟签订的合同文本等。贷款赠款法律文件对投标人资格条件另有规定的，从其规定。

招标文件编制完成后，由项目实施单位按照国家相关法律规定报送国内有关部门审批或备案（如需要）。贷款赠款法律文件另有规定的，招标文件应当报送贷款赠款方审批或备案。

（三）项目实施单位应当按照国家相关法律规定、贷款赠款法律文件的规定编写招标公告，并通过规定的媒介发布招标公告。贷款赠款法律文件规定招标公告应当报送贷款赠款方审批或备案的，项目实施单位应及时办理。

（四）项目实施单位根据国内有关部门要求，进入中国国际招标网、中国采购与招标网、中国招标投标公共服务平台、省级电子招标投标公共服务平台或公共资源交易平台等开展贷款赠款采购的，具体的采购程序、条件、评审要求等应当符合贷款赠款法律文件规定。

（五）评标由项目实施单位依法组建的评标委员会负责。评标委员会由项目实施单位代表、评审专家组成。

评审专家应当熟悉相关贷款赠款方采购政策、采购程序和条件以及贷款赠款方的招标采购文件范本，具备具体采购项目评审所必备的经验和能力。

项目实施单位难以在现有专家库中选定合适评审专家的，可以自行选定符合贷款赠款采购要求的评审专家。

（六）评标委员会成员应当按照客观、公正、审慎的原则，根据招标文件确定的评标程序、评标方法和评标标准进行独立评审。贷款赠款法律文件另有规定的，从其规定。

（七）项目实施单位根据评标委员会的评标报告确定中标人，并按规定报送国家有关主管部门审批或备案（如需要）。贷款赠款法律文件另有规定的，评标报告应当报贷款赠款方审批或备案。

（八）项目实施单位应对评标结果进行公示。贷款赠款法律文件对评标结果公示另有规定的，从其规定。

（九）投标人、供应商、贷款赠款方或国家有关部门对评标结果、成交结果提出疑问、质疑或异议的，项目实施单位应当及时组织、协调作出妥善处理和答复。贷款赠款法律文件对于评标、中标和成交结果及疑问、质疑或异议处理另有规定的，从其规定。

四、关于合同签订和执行

（一）招标方式确定中标人后，项目实施单位应当按照招标文件有关规定与中标人签订合同。合同内容应当与招标文件和投标文件相关内容一致，不得有实质性变更。

其他采购方式确定供应商后，项目实施单位应当按照采购文件确定的事项与成交供应商签订合同。合同内容应当与采购文件和响应文件相关内容一致，不得有实质性变更。

项目实施单位根据贷款赠款法律文件规定，将合同报贷款赠款方审批或备案。

（二）合同当事人应当按照合同约定履行义务。中标人应当严格履行合同的约定，确保提供的工程、货物、服务等与合同约定相一致。项目实施单位应当如实签署货物签收等验收证明。

（三）合同执行过程中，合同需要变更或调整（如数量、型号、规格、价格等发生变化）的，项目实施单位应当与中标人依规依约妥善处理；需要办理报批或备案手续的，项目实施单位应及时办理相关手续。

（四）工程竣工或货物、服务采购完成后，项目实施单位应当按照合同约定和国家相关法律规定进行验收，办理财务决算，做好资产债务移交和登记等工作。

（五）项目实施单位应当及时总结在技术、管理、制度、理念等方面的采购经验和创新成果，并进行推广宣传。

（六）合同履行过程中发生索赔和争议的，合同当事人应当按照合同约定依法处理索赔和争议。

五、其他

（一）本指南自发布之日起施行。

附件 2

国际金融组织和外国政府贷款赠款项目采购代理机构选聘指南

为了规范国际金融组织和外国政府贷款赠款（以下简称贷款赠款）项目采购代理机构的选聘，根据《国际金融组织和外国政府贷款赠款管理办法》（财政部令第 85 号）及相关法律法规，制定本指南。

一、适用范围及定义

（一）贷款赠款项目采购代理机构的选聘适用本指南。

（二）本指南所称采购代理机构，是指接受项目实施单位委托，根据贷款赠款项目需求，提供采购代理以及相关咨询服务的供应商。

（三）采购代理机构应当具备以下条件：

1. 符合《中华人民共和国政府采购法》等法律规定的有关要求；

2. 熟悉贷款赠款方和我国采购管理政策及工作程序，具有负责贷款赠款采购代理业务的专业部门和人员。

二、选聘组织

（一）项目实施单位应当根据贷款赠款项目的特点和需求，本着公开公正、竞争择优的原则，依法依规选聘采购代理机构。自身具备采购能力的项目实施单位可自行组织开展贷款赠款采购活动。

（二）跨省、自治区、直辖市、计划单列市的联合执行项目，项目实施单位可以委托项目协调机构统一选聘一家采购代理机构；也可由各省、自治区、直辖市、计划单列市分别选聘采购代理机构。

（三）国际金融组织贷款赠款项目，应当在谈判前完成采购代理机构选聘工作；外国政府及欧佩克发展基金、北欧投资银行贷款项目，应当在项目列入备选规划之日起三个月内完成选聘工作。

三、选聘方式及程序

（一）项目实施单位使用财政性资金支付采购代理费用的，应当按照政府采购法律制度规定选聘采购代理机构。项目实施单位使用非财政性资金支付采购代理费用的，可参照政府采购法律制度规定选聘采购代理机构。

（二）项目实施单位使用贷款赠款资金支付采购代理费用且贷款赠款方对选聘程序另有规定的，从其规定。

（三）项目实施单位采用招标方式选聘采

购代理机构的，可参照本指南所附《采购代理机构评审内容与标准》（附 1）确定具体评审方案在招标文件中列明，并采用综合评分法确定中标的采购代理机构。

四、合同执行及管理

（一）项目实施单位应当根据招标文件、谈判文件或磋商文件中确定的代理服务范围和内容（附 2）与中标、成交的采购代理机构签订《委托代理合同》。

《委托代理合同》主要包括：代理权限和事项、委托方和受托方权利和义务、代理服务费以及违约责任等内容。

（二）项目实施单位应当按照《委托代理合同》约定向采购代理机构支付代理服务费。

（三）采购代理机构与项目实施单位应当遵循诚实守信、平等互惠的原则认真履行《委托代理合同》。

《委托代理合同》签订后，除合同约定的有关情形外，不得更换采购代理机构。

《委托代理合同》尚未履约完毕须终止的，项目实施单位应当按照本指南的规定于《委托代理合同》终止前三个月内重新选定采购代理机构。《委托代理合同》终止前，原代理机构应当继续履行相关代理业务，不得中断服务。

五、其他

（一）本指南自发布之日起施行。

附：1. 采购代理机构评审内容与标准

　　2. 采购代理机构的服务范围和内容

附 1

采购代理机构评审内容与标准

贷款赠款项目采用招标方式选聘采购代理机构，采用综合评分法，满分为 100 分。评审内容与标准如下：

一、机构经验（权重占 10%～20%）

是指根据采购代理机构近 5 年来承担国际金融组织和外国政府贷款赠款项目采购代理活动的数量和规模设置分值。

项目单位应当要求采购代理机构在投标文件中提供下列证明材料：（一）代理项目的《代理合同（或协议）》复印件；（二）贷款赠款方就该项目采购合同包的相关采购过程的回复文（函）件的复印件。项目实施单位可以在招标文件中规定：根据需要查验原件。

说明：1. 统计时间以项目实施单位与采购代理机构签订《代理合同（或协议）》的日期为准；2. 同一个贷款赠款协议下不同子项目、不同采购合同的代理只能被认定为一个代理活动。

二、专业能力（权重占 30%～50%）

是指根据采购代理机构为特定项目建立的服务团队人员的专业能力，以及保证服务质量和体现服务水平的支持性或后台机构和设施等的专业能力设置分值。

项目实施单位应当要求采购代理机构在投标文件中明确为特定项目提供服务的团队的主要和辅助人员的名单和他们担当的岗位；并要求采购代理机构提供能证明团队人员专业能力的相关证明文件的复印件，包括经本人签字的人员履历、从业经验（业绩）、服务过的项目实施单位或者相关管理部门的评价文件（函）等。项目实施单位可以在招标文件中规定：根据需要查验原件。

三、服务方案（权重 20%～30%）

是指根据采购代理机构为特定项目提出的专门服务方案对项目需求的响应性、可行性，以及满足服务质量要求的针对性、创新性等设置分值。

项目实施单位应当要求采购代理机构在专门服务方案中至少包括：服务团队人员的各自岗位职责、服务内容及流程（包括进度计划）、质量保障体系和措施、针对本项目的专门安排、创新或合理化建议等。

四、代理服务费（权重10%～20%）

是指根据采购代理机构的代理服务费报价水平和对项目单位设定的代理服务费付款进度安排的响应程度设置分值。代理服务费报价得分应当按下列方法设置：满足招标文件要求且报价最低的为计算基准价，其价格得分为最高分；其他采购代理机构的价格得分按照下列公式计算：

报价得分＝（计算基准价/代理服务费报价）×价格得分最高分

评标委员会认为投标人的报价明显低于其他通过符合性审查投标人的报价，有可能影响服务质量或者不能诚信履约的，应当要求其在评标现场合理的时间内提供书面说明，必要时提交相关证明材料；投标人不能证明其报价合理性的，评标委员会应当将其作为无效投标处理。

附2

采购代理机构的服务范围和内容

以下服务的范围和内容均为可选项，项目实施单位应当根据贷款赠款项目特点和需求，确定选择或补充相应的代理服务范围和内容。

一、前期准备阶段

（一）参与编制贷款赠款项目采购计划或采购清单。

（二）参与贷款赠款方对项目的评估、谈判。

（三）参与制定贷款赠款项目采购战略。

（四）就贷款赠款方采购政策、采购程序和条件、采购流程和周期、采购安排等提供咨询或培训。

二、采购组织阶段

（一）编写资格预审文件和（或者）招标文件的商务部分，并将由项目实施单位负责编写的技术部分与商务部分汇总后，送项目实施单位审定。

（二）将资格预审文件和（或者）招标文件报送贷款赠款方和（或者）国内主管部门审批，答复贷款赠款方和（或者）国内主管部门就这些文件商务部分提出的问题并做出相应修改。

（三）根据贷款赠款方和（或者）国内主管部门的规定，拟定并在指定媒介上发布资格预审公告和（或者）招标公告，并支付相关费用。

印制、发售资格预审文件和（或者）招标文件，制作发售记录并报送项目实施单位。

（四）邀请投标人参加标前会和（或者）考察踏勘现场并解答投标人提出的商务问题。

（五）对资格预审文件和（或者）招标文件商务部分进行澄清和（或者）修改，在报经项目实施单位、贷款赠款方和（或者）国内主管部门审查同意后，将澄清和（或者）修改文件以书面形式通知投标人。

（六）接收资格预审申请文件和（或者）投标文件，负责做相应记录。

（七）组织和主持开标工作，并做相应记录。根据贷款赠款方和（或者）国内主管部门的要求将开标记录报送贷款赠款方和（或者）国内主管部门备案。

（八）协助项目实施单位选定或聘请资格预审评审和（或者）评标专家，并支付评审专家相关劳务费用。

（九）在资格预审评审和（或者）评标过程中按照评审委员会或评标委员会要求通知投标人进行书面澄清。

（十）根据评标情况通知投标人延长投标和投标保证金的有效期。

（十一）协助资格预审评审和（或者）评标工作。协助编写资格预审评审报告和（或者）评标报告的商务部分，汇总技术部分后编制成完整的资格预审评审报告和（或者）评标报告交评标委员会签字确认。

（十二）将资格预审评审报告和（或者）评标报告报贷款赠款方和（或者）国内主管部门审批。

（十三）按照贷款赠款方和（或者）国内主管部门有关规定进行评标结果公示或中标结果公告。

（十四）对贷款赠款方和（或者）国内主管部门就资格预审评审报告和（或者）评标报告提出的问题，与项目实施单位商定意见并作出答复。

（十五）根据评审结果和（或者）评标结果，向资格预审合格的申请人发出资格预审合格通知，邀请资格预审合格的申请人购买招标文件；向中标人发出中标通知。

（十六）在贷款赠款方和（或者）国内主管部门指定的网站或采购管理信息系统上完成采购涉及的建档、备案、公告发布、结果公示或公告等。

（十七）协助答复采购涉及的询问、质疑、异议、投诉、举报等。

（十八）根据贷款赠款方的规定和要求，提供资格预审文件、招标文件（商务部分）、澄清文件、评标报告（商务部分）等采购文件的英文文本。提供贷款赠款方有关采购文件的中文翻译。

（十九）整理并妥善保管采购过程的有关文件，并根据需要向项目实施单位移交。

三、合同执行阶段

（一）组织并参与对采购合同商务条款的非实质性修改的谈判，整理采购合同文本（商务部分）；协助项目实施单位对技术部分的非实质性调整进行谈判；汇总合同文本。

（二）以买方代理名义与甲方共同签订采购合同。代缴合同印花税，该费用按国家法律规定向项目实施单位收取。

（三）按照规定将采购合同报送国家主管部门备案、登记或审批。

（四）向贷款赠款方办理采购合同申报和批准手续。

（五）协助办理贷款赠款方、银行等提出的与合同生效相关的手续，审核银行预付款保函和履约保函。

（六）协助项目实施单位向国家主管部门申办采购合同项下进口设备（货物）的进口手续和（或者）减免税手续。

（七）根据采购合同执行的需要，协助项目实施单位与供应商进行合同修改谈判并办理向贷款赠款方和国内主管部门报批或备案手续。

（八）办理对外申请开立、修改信用证（如需要）、审核单据等有关支付手续。

（九）承担并支付采购合同项下买方银行费用，该费用按照采购合同总金额千分之一的标准向项目实施单位在对外支付前收取。

（十）办理邀请供应商来华的函件并协助甲方办理中方订货小组及执行合同小组的出国（出境）审批、报批及签证事宜。

（十一）对项目实施单位指定的报关企业办理委托手续，并由被委托的报关企业办理采购合同项下进口设备（货物）的报关、提货手续。

（十二）协助处理采购合同涉及的索赔和反索赔事宜。

（十三）协助进行采购合同验收工作。

（十四）整理并妥善保管有关合同文件，并根据需要向项目实施单位移交。

四、项目实施单位要求的其他代理服务内容

由项目实施单位根据需要规定。

企业境外投资管理办法

（国家发展和改革委员会令 2017 年第 11 号，国家发展改革委 2017 年 12 月 26 日发布）

《企业境外投资管理办法》已经国家发展和改革委员会主任办公会议审议通过，现予公布，自 2018 年 3 月 1 日起施行。

企业境外投资管理办法

第一章　总　　则

第一条　为加强境外投资宏观指导，优化境外投资综合服务，完善境外投资全程监管，促进境外投资持续健康发展，维护我国国家利益和国家安全，根据《中华人民共和国行政许可法》《国务院关于投资体制改革的决定》《国务院对确需保留的行政审批项目设定行政许可的决定》等法律法规，制定本办法。

第二条　本办法所称境外投资，是指中华人民共和国境内企业（以下称“投资主体”）直接或通过其控制的境外企业，以投入资产、权益或提供融资、担保等方式，获得境外所有权、控制权、经营管理权及其他相关权益的投资活动。

前款所称投资活动，主要包括但不限于下列情形：

（一）获得境外土地所有权、使用权等权益；

（二）获得境外自然资源勘探、开发特许权等权益；

（三）获得境外基础设施所有权、经营管理权等权益；

（四）获得境外企业或资产所有权、经营管理权等权益；

（五）新建或改扩建境外固定资产；

（六）新建境外企业或向既有境外企业增加投资；

（七）新设或参股境外股权投资基金；

（八）通过协议、信托等方式控制境外企业或资产。

本办法所称企业，包括各种类型的非金融企业和金融企业。

本办法所称控制，是指直接或间接拥有企业半数以上表决权，或虽不拥有半数以上表决权，但能够支配企业的经营、财务、人事、技术等重要事项。

第三条　投资主体依法享有境外投资自主权，自主决策、自担风险。

第四条　投资主体开展境外投资，应当履行境外投资项目（以下称“项目”）核准、备案等手续，报告有关信息，配合监督检查。

第五条　投资主体开展境外投资，不得违反我国法律法规，不得威胁或损害我国国家利益和国家安全。

第六条　国家发展和改革委员会（以下称“国家发展改革委”）在国务院规定的职责范围内，履行境外投资主管部门职责，根据维护我国国家利益和国家安全的需要，对境外投资进行宏观指导、综合服务和全程监管。

第七条　国家发展改革委建立境外投资管理和服务网络系统（以下称“网络系统”）。投资主体可以通过网络系统履行核准和备案手续、报告有关信息；涉及国家秘密或不适宜使用网络系统的事项，投资主体可以另行使用纸质材料提交。网络系统操作指南由国家发展改革委发布。

第二章　境外投资指导和服务

第八条　投资主体可以就境外投资向国家发展改革委咨询政策和信息、反映情况和问题、提出意见和建议。

第九条 国家发展改革委在国务院规定的职责范围内，会同有关部门根据国民经济和社会发展需要制定完善相关领域专项规划及产业政策，为投资主体开展境外投资提供宏观指导。

第十条 国家发展改革委在国务院规定的职责范围内，会同有关部门加强国际投资形势分析，发布境外投资有关数据、情况等信息，为投资主体提供信息服务。

第十一条 国家发展改革委在国务院规定的职责范围内，会同有关部门参与国际投资规则制定，建立健全投资合作机制，加强政策交流和协调，推动有关国家和地区为我国企业开展投资提供公平环境。

第十二条 国家发展改革委在国务院规定的职责范围内，推动海外利益安全保护体系和能力建设，指导投资主体防范和应对重大风险，维护我国企业合法权益。

第三章 境外投资项目核准和备案

第一节 核准、备案的范围

第十三条 实行核准管理的范围是投资主体直接或通过其控制的境外企业开展的敏感类项目。核准机关是国家发展改革委。

本办法所称敏感类项目包括：

（一）涉及敏感国家和地区的项目；

（二）涉及敏感行业的项目。

本办法所称敏感国家和地区包括：

（一）与我国未建交的国家和地区；

（二）发生战争、内乱的国家和地区；

（三）根据我国缔结或参加的国际条约、协定等，需要限制企业对其投资的国家和地区；

（四）其他敏感国家和地区。

本办法所称敏感行业包括：

（一）武器装备的研制生产维修；

（二）跨境水资源开发利用；

（三）新闻传媒；

（四）根据我国法律法规和有关调控政策，需要限制企业境外投资的行业。

敏感行业目录由国家发展改革委发布。

第十四条 实行备案管理的范围是投资主体直接开展的非敏感类项目，也即涉及投资主体直接投入资产、权益或提供融资、担保的非敏感类项目。

实行备案管理的项目中，投资主体是中央管理企业（含中央管理金融企业、国务院或国务院所属机构直接管理的企业，下同）的，备案机关是国家发展改革委；投资主体是地方企业，且中方投资额3亿美元及以上的，备案机关是国家发展改革委；投资主体是地方企业，且中方投资额3亿美元以下的，备案机关是投资主体注册地的省级政府发展改革部门。

本办法所称非敏感类项目，是指不涉及敏感国家和地区且不涉及敏感行业的项目。

本办法所称中方投资额，是指投资主体直接以及通过其控制的境外企业为项目投入的货币、证券、实物、技术、知识产权、股权、债权等资产、权益以及提供融资、担保的总额。

本办法所称省级政府发展改革部门，包括各省、自治区、直辖市及计划单列市人民政府发展改革部门和新疆生产建设兵团发展改革部门。

第十五条 投资主体可以向核准、备案机关咨询拟开展的项目是否属于核准、备案范围，核准、备案机关应当及时予以告知。

第十六条 两个以上投资主体共同开展的项目，应当由投资额较大一方在征求其他投资方书面同意后提出核准、备案申请。如各方投资额相等，应当协商一致后由其中一方提出核准、备案申请。

第十七条 对项目所需前期费用（包括履约保证金、保函手续费、中介服务费、资源勘探费等）规模较大的，投资主体可以参照本办法第十三条、第十四条规定对项目前期费用提出核准、备案申请。经核准或备案的项目前期费用计入项目中方投资额。

第二节 核准的程序和时限

第十八条 实行核准管理的项目，投资主体应当通过网络系统向核准机关提交项目申请报告并附具有关文件。其中，投资主体是中央管理企业的，由其集团公司或总公司向核准机关提交；投资主体是地方企业的，由其直接向核准机关提交。

第十九条 项目申请报告应当包括以下内容：

（一）投资主体情况；

（二）项目情况，包括项目名称、投资目的地、主要内容和规模、中方投资额等；

（三）项目对我国国家利益和国家安全的影响分析；

（四）投资主体关于项目真实性的声明。

项目申请报告的通用文本以及应当附具的文件（以下称“附件”）清单由国家发展改革委发布。

第二十条　项目申请报告可以由投资主体自行编写，也可以由投资主体自主委托具有相关经验和能力的中介服务机构编写。

第二十一条　项目申请报告和附件齐全、符合法定形式的，核准机关应当予以受理。

项目申请报告或附件不齐全、不符合法定形式的，核准机关应当在收到项目申请报告之日起5个工作日内一次性告知投资主体需要补正的内容。逾期不告知的，自收到项目申请报告之日起即为受理。

核准机关受理或不予受理项目申请报告，都应当通过网络系统告知投资主体。投资主体需要受理或不予受理凭证的，可以通过网络系统自行打印或要求核准机关出具。

第二十二条　项目涉及有关部门职责的，核准机关应当商请有关部门在7个工作日内出具书面审查意见。有关部门逾期没有反馈书面审查意见的，视为同意。

第二十三条　核准机关在受理项目申请报告后，如确有必要，应当在4个工作日内委托咨询机构进行评估。除项目情况复杂的，评估时限不得超过30个工作日。项目情况复杂的，经核准机关同意，可以延长评估时限，但延长的时限不得超过60个工作日。

核准机关应当将咨询机构进行评估所需的时间告知投资主体。

接受委托的咨询机构应当在规定时限内提出评估报告，并对评估结论承担责任。

评估费用由核准机关承担，咨询机构及其工作人员不得收取投资主体任何费用。

第二十四条　核准机关可以结合有关单位意见、评估意见等，建议投资主体对项目申请报告有关内容进行调整，或要求投资主体对有关情况或材料作进一步澄清、补充。

第二十五条　核准机关应当在受理项目申请报告后20个工作日内作出是否予以核准的决定。项目情况复杂或需要征求有关单位意见的，经核准机关负责人批准，可以延长核准时限，但延长的核准时限不得超过10个工作日，并应当将延长时限的理由告知投资主体。

前款规定的核准时限，包括征求有关单位意见的时间，不包括咨询机构评估的时间。

第二十六条　核准机关对项目予以核准的条件为：

（一）不违反我国法律法规；

（二）不违反我国有关发展规划、宏观调控政策、产业政策和对外开放政策；

（三）不违反我国缔结或参加的国际条约、协定；

（四）不威胁、不损害我国国家利益和国家安全。

第二十七条　对符合核准条件的项目，核准机关应当予以核准，并向投资主体出具书面核准文件。

对不符合核准条件的项目，核准机关应当出具不予核准书面通知，并说明不予核准的理由。

第二十八条　项目违反有关法律法规、违反有关规划或政策、违反有关国际条约或协定、威胁或损害我国国家利益和国家安全的，核准机关可以不经过征求意见、委托评估等程序，直接作出不予核准的决定。

第三节　备案的程序和时限

第二十九条　实行备案管理的项目，投资主体应当通过网络系统向备案机关提交项目备案表并附具有关文件。其中，投资主体是中央管理企业的，由其集团公司或总公司向备案机关提交；投资主体是地方企业的，由其直接向备案机关提交。

项目备案表格式文本及附件清单由国家发展改革委发布。

第三十条　项目备案表和附件齐全、符合法定形式的，备案机关应当予以受理。

项目备案表或附件不齐全、项目备案表或附件不符合法定形式、项目不属于备案管理范围、项目不属于备案机关管理权限的，备案机关应当在收到项目备案表之日起5个工作日内一次性告知投资主体。逾期不告知的，自收到项目备案表之日起即为受理。

备案机关受理或不予受理项目备案表，都应当通过网络系统告知投资主体。投资主体需要受理或不予受理凭证的，可以通过网络系统自行打印或要求备案机关出具。

第三十一条 备案机关在受理项目备案表之日起7个工作日内向投资主体出具备案通知书。

备案机关发现项目违反有关法律法规、违反有关规划或政策、违反有关国际条约或协定、威胁或损害我国国家利益和国家安全的，应当在受理项目备案表之日起7个工作日内向投资主体出具不予备案书面通知，并说明不予备案的理由。

第四节 核准、备案的效力、变更和延期

第三十二条 属于核准、备案管理范围的项目，投资主体应当在项目实施前取得项目核准文件或备案通知书。

本办法所称项目实施前，是指投资主体或其控制的境外企业为项目投入资产、权益（已按照本办法第十七条办理核准、备案的项目前期费用除外）或提供融资、担保之前。

第三十三条 属于核准、备案管理范围的项目，投资主体未取得有效核准文件或备案通知书的，外汇管理、海关等有关部门依法不予办理相关手续，金融企业依法不予办理相关资金结算和融资业务。

第三十四条 已核准、备案的项目，发生下列情形之一的，投资主体应当在有关情形发生前向出具该项目核准文件或备案通知书的机关提出变更申请：

（一）投资主体增加或减少；

（二）投资地点发生重大变化；

（三）主要内容和规模发生重大变化；

（四）中方投资额变化幅度达到或超过原核准、备案金额的20%，或中方投资额变化1亿美元及以上；

（五）需要对项目核准文件或备案通知书有关内容进行重大调整的其他情形。

核准机关应当在受理变更申请之日起20个工作日内作出是否同意变更核准的书面决定。备案机关应当在受理变更申请之日起7个工作日内作出是否同意变更备案的书面决定。

第三十五条 核准文件、备案通知书有效期2年。确需延长有效期的，投资主体应当在有效期届满的30个工作日前向出具该项目核准文件或备案通知书的机关提出延长有效期的申请。

核准机关应当在受理延期申请之日起20个工作日内作出是否同意延长核准文件有效期的书面决定。备案机关应当在受理延期申请之日起7个工作日内作出是否同意延长备案通知书有效期的书面决定。

第三十六条 核准、备案机关应当依法履行职责，严格按照规定权限、程序、时限等要求实施核准、备案行为，提高行政效能，提供优质服务。

第三十七条 对核准、备案机关实施的核准、备案行为，相关利害关系人有权依法申请行政复议或提起行政诉讼。

第三十八条 对不符合本办法规定条件的项目予以核准、备案，或违反本办法规定权限和程序予以核准、备案的，应当依法予以撤销。

第三十九条 核准、备案机关应当按照《政府信息公开条例》规定将核准、备案有关信息予以公开。

第四章 境外投资监管

第四十条 国家发展改革委和省级政府发展改革部门根据境外投资有关法律法规和政策，按照本办法第十三条、第十四条规定的分工，联合同级政府有关部门建立协同监管机制，通过在线监测、约谈函询、抽查核实等方式对境外投资进行监督检查，对违法违规行为予以处理。

第四十一条 倡导投资主体创新境外投资方式、坚持诚信经营原则、避免不当竞争行为、保障员工合法权益、尊重当地公序良俗、履行必要社会责任、注重生态环境保护、树立中国投资者良好形象。

第四十二条 投资主体通过其控制的境外企业开展大额非敏感类项目的，投资主体应当在项目实施前通过网络系统提交大额非敏感类项目情况报告表，将有关信息告知国家发展改革委。

投资主体提交的大额非敏感类项目情况报告表内容不完整的，国家发展改革委应当在收到之日起5个工作日内一次性告知投资主体需

要补正的内容。逾期不告知的，视作内容完整。大额非敏感类项目情况报告表格式文本由国家发展改革委发布。

本办法所称大额非敏感类项目，是指中方投资额3亿美元及以上的非敏感类项目。

第四十三条　境外投资过程中发生外派人员重大伤亡、境外资产重大损失、损害我国与有关国家外交关系等重大不利情况的，投资主体应当在有关情况发生之日起5个工作日内通过网络系统提交重大不利情况报告表。重大不利情况报告表格式文本由国家发展改革委发布。

第四十四条　属于核准、备案管理范围的项目，投资主体应当在项目完成之日起20个工作日内通过网络系统提交项目完成情况报告表。项目完成情况报告表格式文本由国家发展改革委发布。

前款所称项目完成，是指项目所属的建设工程竣工、投资标的股权或资产交割、中方投资额支出完毕等情形。

第四十五条　国家发展改革委、省级政府发展改革部门可以就境外投资过程中的重大事项向投资主体发出重大事项问询函。投资主体应当按照重大事项问询函载明的问询事项和时限要求提交书面报告。

国家发展改革委、省级政府发展改革部门认为确有必要的，可以公示重大事项问询函及投资主体提交的书面报告。

第四十六条　投资主体按照本办法第四十二条、第四十三条、第四十四条、第四十五条规定提交有关报告表或书面报告后，需要凭证的，可以通过网络系统自行打印提交完成凭证。

第四十七条　国家发展改革委、省级政府发展改革部门可以根据其掌握的国际国内经济社会运行情况和风险状况，向投资主体或利益相关方发出风险提示，供投资主体或利益相关方参考。

第四十八条　投资主体应当对自身通过网络系统和线下提交的各类材料的真实性、合法性、完整性负责，不得有虚假、误导性陈述和重大遗漏。

第四十九条　有关部门和单位、驻外使领馆等发现企业违反本办法规定的，可以告知核准、备案机关。公民、法人或其他组织发现企业违反本办法规定的，可以据实向核准、备案机关举报。

国家发展改革委建立境外投资违法违规行为记录，公布并更新企业违反本办法规定的行为及相应的处罚措施，将有关信息纳入全国信用信息共享平台、国家企业信用信息公示系统、“信用中国”网站等进行公示，会同有关部门和单位实施联合惩戒。

第五章　法律责任

第五十条　国家发展改革委工作人员有下列行为之一的，责令其限期改正，并依法追究有关责任人的行政责任；构成犯罪的，依法追究刑事责任：

（一）滥用职权、玩忽职守、徇私舞弊、索贿受贿的；

（二）违反本办法规定程序和条件办理项目核准、备案的；

（三）其他违反本办法规定的行为。

第五十一条　投资主体通过恶意分拆项目、隐瞒有关情况或提供虚假材料等手段申请核准、备案的，核准、备案机关不予受理或不予核准、备案，对投资主体及主要责任人处以警告。

第五十二条　投资主体通过欺骗、贿赂等不正当手段取得项目核准文件或备案通知书的，核准、备案机关应当撤销该核准文件或备案通知书，对投资主体及主要责任人处以警告；构成犯罪的，依法追究刑事责任。

第五十三条　属于核准、备案管理范围的项目，投资主体有下列行为之一的，由核准、备案机关责令投资主体中止或停止实施该项目并限期改正，对投资主体及有关责任人处以警告；构成犯罪的，依法追究刑事责任：

（一）未取得核准文件或备案通知书而擅自实施的；

（二）应当履行核准、备案变更手续，但未经核准、备案机关同意而擅自实施变更的。

第五十四条　投资主体有下列行为之一的，由国家发展改革委或投资主体注册地的省级政府发展改革部门责令投资主体限期改正；情节严重或逾期不改正的，对投资主体及有关责任人处以警告：

（一）未按本办法第四十二条、第四十三条、第四十四条、第四十五条规定报告有关信息的；

（二）违反本办法第四十八条规定的。

第五十五条 投资主体在境外投资过程中实施不正当竞争行为、扰乱境外投资市场秩序的，由国家发展改革委或投资主体注册地的省级政府发展改革部门责令投资主体中止或停止开展该项目并限期改正，对投资主体及主要责任人处以警告。

第五十六条 境外投资威胁我国国家利益和国家安全的，由国家发展改革委或投资主体注册地的省级政府发展改革部门责令投资主体中止实施项目并限期改正。

境外投资损害我国国家利益和国家安全的，由国家发展改革委或投资主体注册地的省级政府发展改革部门责令投资主体停止实施项目、限期改正并采取补救措施，对投资主体及有关责任人处以警告；构成犯罪的，依法追究刑事责任。

投资主体按照本办法第四十三条规定及时提交重大不利情况报告表并主动改正的，可以减轻或免除本条规定的行政处罚。

第五十七条 金融企业为属于核准、备案管理范围但未取得核准文件或备案通知书的项目提供融资、担保的，由国家发展改革委通报该违规行为并商请有关金融监管部门依法依规处罚该金融企业及有关责任人。

第六章 附 则

第五十八条 各省级政府发展改革部门要加强对本地企业境外投资的指导、服务和监管，可以按照本办法的规定制定具体实施办法。

第五十九条 国家发展改革委对省级政府发展改革部门的境外投资管理工作进行指导和监督，对发现的问题及时予以纠正。

第六十条 核准、备案机关及其工作人员，以及被核准机关征求意见、受核准机关委托进行评估的单位及其工作人员，依法对投资主体根据本办法提交的材料负有保守商业秘密的义务。

第六十一条 事业单位、社会团体等非企业组织对境外开展投资参照本办法执行。

第六十二条 投资主体直接或通过其控制的企业对香港、澳门、台湾地区开展投资的，参照本办法执行。

投资主体通过其控制的香港、澳门、台湾地区企业对境外开展投资的，参照本办法执行。

第六十三条 境内自然人通过其控制的境外企业或香港、澳门、台湾地区企业对境外开展投资的，参照本办法执行。

境内自然人直接对境外开展投资不适用本办法。境内自然人直接对香港、澳门、台湾地区开展投资不适用本办法。

第六十四条 法律、行政法规对境外投资管理有专门规定的，从其规定。

第六十五条 本办法由国家发展改革委负责解释。

第六十六条 本办法自 2018 年 3 月 1 日起施行。《境外投资项目核准和备案管理办法》（国家发展和改革委员会令第 9 号）同时废止。

关于印发《中央预算内投资项目日常监管实施办法（试行）》的通知

（发改稽察规〔2017〕2276 号，国家发展改革委 2017 年 12 月 28 日发布）

中直管理局，国务院各部委、各直属机构、各直属事业单位，全国人大常委会办公厅、全国政协办公厅，最高人民法院办公厅、最高人民检察院办公厅，有关人民团体，有关中央管理企业，各省、自治区、直辖市及计划单列市、新疆生产建设兵团、黑龙江省农垦总局发展改革委：

为加强中央预算内投资计划实施的综合监

管，落实日常监管责任，压实主体责任，规范监管程序，建立问责机制，根据有关法律法规和规章制度，特制定《中央预算内投资项目日常监管实施办法（试行）》，现印发你们，请按照执行。

附件：中央预算内投资项目日常监管实施办法（试行）

附件

中央预算内投资项目日常监管实施办法（试行）

第一章　总　　则

第一条　为加强中央预算内投资计划实施的综合监管，压实日常监管责任，规范监管行为，根据《中共中央国务院关于深化投融资体制改革的意见》及有关法律法规和规章制度，制定本办法。

第二条　本办法适用于所有使用中央预算内投资的项目，包括国家发展改革委直接安排投资的项目和采用打捆、切块方式下达投资计划的项目。由中央预算内投资出资的投资基金类专项按照批复方案明确的监管规定执行。

第三条　日常监管直接责任单位及监管责任人承担中央预算内投资项目日常监管责任，项目单位（法人）承担项目建设主体责任。

第二章　日常监管直接责任单位和监管责任人

第四条　日常监管直接责任单位原则上为项目直接管理单位［对项目单位（法人）的财务或人事行使管理职责的上一级单位］。没有项目直接管理单位的，由项目单位（法人）上级行业主管部门履行日常监管职责。

第五条　监管责任人由日常监管直接责任单位派出，为日常监管直接责任单位的相关负责同志。监管责任人是项目日常监管的直接责任人。

第六条　各有关单位向国家发展改革委申报投资计划时，应当明确每个项目（包括国家发展改革委直接安排投资的项目和打捆安排项目中的每个具体项目）的日常监管直接责任单位及监管责任人，并经日常监管直接责任单位及监管责任人认可后，随投资计划申报文件一并报送。

第七条　切块项目投资计划申报时，日常监管直接责任单位原则上应当为省级发展改革部门或有关省级行业主管部门。待国家发展改革委投资计划下达后，省级发展改革部门按照分解后的具体项目逐一落实日常监管直接责任单位及监管责任人。未分解落实责任的，由省级发展改革部门承担日常监管直接责任。

第八条　日常监管直接责任单位及监管责任人的相关信息，应当随投资计划电子数据一并加载到国家重大建设项目库。

第九条　日常监管直接责任单位及监管责任人一经确定，原则上不予调整。确需调整的，应报经汇总申报投资计划的部门同意，划清责任界线后履行调整手续，同时通过国家重大建设项目库更新相关信息。

第十条　各有关单位要加强对日常监管直接责任单位及监管责任人的能力培训，提高日常监管能力和水平。

第三章　日常监管责任

第十一条　中央预算内投资项目日常监管工作从投资（分解）计划下达开始，到项目竣工验收为止。

第十二条　日常监管直接责任单位的职责主要包括：

（一）制定日常监管工作方案，明确具体监管方式和要求，建立、管理日常监管台账（格式见附件 1）。

（二）组织专业力量围绕项目建设各环节，以中央预算内投资计划执行为重点，对监管对象开展定期或不定期检查。检查的主要内容包括：

1. 建设手续是否齐全规范；

2. 建设进度是否符合投资计划要求；

3. 建设资金是否及时到位，资金使用是否规范；

4. 建设内容、规模、标准、筹资方式等与批复是否相符；

5. 项目信息和进度数据上报是否及时、准确、完整；

6. 法律法规规定的其他内容。

（三）派出监管责任人，指导监管责任人开展相关工作。

（四）对日常监管中发现的问题组织核查，提出整改意见，督促整改；对发现的重大问题，及时向有关部门报告，并抄送汇总申报部门。

（五）督促指导项目单位（法人）通过国家重大建设项目库报备综合信用承诺书，按时填报项目信息和进度数据。

（六）配合上级有关部门开展稽察、检查和督查工作。

第十三条 监管责任人的职责主要包括：

（一）到现场了解建设情况。应当及时跟踪项目进展，到现场实地了解工程建设情况。对投资多、规模大的项目，适当增加到现场的频次。对建设地点比较分散的项目，可根据实际情况到现场抽查。

（二）对项目信息和进度数据进行初审。督促项目单位（法人）及时上报项目信息和进度数据，并对其真实性和完整性进行审核，对发现的问题督促修正。

（三）对发现的问题及时报告。对项目建设中存在的问题，及时向日常监管直接责任单位报告。登记日常监管台账，详细记录日常检查和问题整改等情况。

（四）配合上级有关部门开展项目稽察、检查和督查，做好联系工作。

第十四条 监管责任人可采取下列方式开展工作：

（一）现场巡查。监管责任人根据建设计划，到项目建设现场进行巡查，重点了解项目进度等。

（二）在线监测。监管责任人通过国家重大建设项目库，在线监测非涉密项目的建设信息，及时发现项目建设中存在的疑点和问题，必要时到现场核查。

第十五条 监管责任人对发现的重大问题，应当在两个工作日内上报日常监管直接责任单位。日常监管直接责任单位应当在十个工作日内组织核查并提出整改意见，督促项目单位（法人）认真整改。监管责任人应当及时了解整改情况，并向日常监管直接责任单位报告。

第十六条 利用全国信用信息共享平台，对列入失信黑名单的项目单位（法人）加大日常监管力度和频次，对列入守信红名单的项目单位（法人），可视情况减少日常监管频次。

第十七条 日常监管直接责任单位及监管责任人的职责应当以适当形式予以公开，接受公众监督。

第四章 项目单位（法人）的主体责任

第十八条 各有关单位在申报或分解投资计划时，应明确每个项目的项目单位（法人）及项目负责人。项目单位（法人）是项目建设的责任主体，对项目建设的组织、管理承担全面责任。

第十九条 项目单位（法人）应当严格执行中央预算内投资计划，具体职责包括：

（一）严格按要求提供真实的项目申报材料；

（二）收到投资计划文件两个工作日内，应当按要求签署综合信用承诺书（格式见附件2）；

（三）严格按有关法律法规履行各项报建手续，按照批复的建设内容、规模、标准、筹资方式和工期等组织项目建设；

（四）通过国家重大建设项目库及时、准确、完整地报送项目信息和进度数据；

（五）自觉接受监管部门和监管责任人的稽察、检查和督查，认真按要求落实整改意见，向有关部门报送整改情况；

（六）法律法规规定的其他有关要求。

第五章 处罚问责

第二十条 各有关单位应当将中央预算内

投资项目日常监管责任和项目建设主体责任落实情况，作为年度绩效考核的重要内容。

第二十一条　日常监管直接责任单位有下列情形之一的，各级发展改革部门应当依法责令相关单位限期整改，根据情节采取在一定时期和范围内不再受理其资金申请报告、减少投资安排等措施，同时转请有关部门依据《行政机关公务员处分条例》《关于实行党政领导干部问责的暂行规定》以及监察法律法规等规定，追究相关责任人的责任：

（一）授意或放任项目单位（法人）违反国家有关政策申报项目、组织建设的；

（二）监管失职失责，对参建单位违规违法建设行为制止不力甚至包庇纵容的；

（三）对项目建设中存在的问题隐匿不报，造成严重后果的；

（四）对日常监管中发现的问题不及时督促整改的；

（五）其他违反国家法律法规和规定的情形。

第二十二条　监管责任人有下列情形之一的，有关部门应当依据《行政机关公务员处分条例》《关于实行党政领导干部问责的暂行规定》以及监察法律法规等规定，追究其责任：

（一）履职不到位，不按要求到现场了解项目建设情况的；

（二）不认真审核或指使篡改、伪造项目上报信息和进度数据的；

（三）对项目建设中存在的问题隐匿不报或严重失职的；

（四）利用职务之便干预项目正常实施的；

（五）其他违反国家法律法规和规定的情形。

第二十三条　项目单位（法人）有下列情形之一的，各级发展改革部门应当按照《中央预算内投资补助和贴息项目管理办法》《中央预算内直接投资项目管理办法》《中央预算内投资计划实施综合监管暂行办法》等有关规定，采取通报批评，核减、收回、停止拨付安排中央预算内投资，在一定时期和范围内不再受理该项目单位（法人）资金申请报告等措施。情节严重、性质恶劣的，可将相关信息纳入全国信用信息共享平台实施联合惩戒。同时转请有关部门依法追究有关责任人的行政或法律责任：

（一）提供虚假项目申报材料的；

（二）不按要求签署综合信用承诺书的；

（三）不按规定履行报建手续，违法违规开工建设的；

（四）不严格执行中央预算内投资计划，不按批复的建设内容、规模、标准、筹资方式和工期等组织项目建设的；

（五）工程质量存在重大问题的；

（六）拒绝、阻碍监管部门和监管责任人履行职责的；

（七）隐匿、伪造项目建设资料的；

（八）不按要求上报项目信息和进度数据的；

（九）不按整改要求对存在问题进行整改的；

（十）其他违反国家法律法规和规定的情形。

第六章　附　　则

第二十四条　本办法由国家发展改革委负责解释。

第二十五条　本办法自发布之日起试行，有效期五年。

附件：1. 日常监管台账

2. 综合信用承诺书

附件1

日常监管台账——首页：20××年项目目录

编号	项目名称	日常监管直接责任单位	监管责任人
1	××项目		
2	……		

日常监管台账——分页：××项目

序号	台 账 内 容
一	项目基本情况
1	项目单位（法人）基本情况：
2	建设地点：
3	建设规模、内容、建设方案和工期；
4	总投资及中央预算内投资：
5	行业类别和分管部门：
二	日常监管情况
1	每次实施日常监管的报告，包括实施监管的时间、人员、方式方法、发现问题、处置意见。
2	依次填写……
……	
三	问题整改情况
1	每个问题的整改责任落实、整改时限以及整改完成情况。
2	依次填写……
……	
四	监管责任人工作开展情况
1	监管责任人工作计划情况：
2	监管责任人工作开展情况：
……	

附件 2

综合信用承诺书

中央预算内投资项目管理的有关规定我们已知悉。我单位经审慎研究，郑重作出以下承诺：

一、严格依照国家有关法律法规及中央预算内投资管理的有关规定申报项目、履行报建手续。

二、严格按批复的建设规模、内容、方案和工期组织项目建设，严格执行下达的中央预算内投资计划。

三、承担的项目纳入全国投资项目在线审批监管平台和国家重大建设项目库稽察监管体系，严格按要求及时报送项目信息和进度数据，保证信息数据的真实、准确和完整。

四、积极配合稽察检查工作，严格按照要求认真整改存在的问题。

此承诺书扫描件在签署后加载至国家重大建设项目库备案。如违反承诺，将依法依规承担相应责任，并自愿接受惩戒。

特此承诺。

项目名称：____________________

信息数据填报联系人：____________________

手机：____________________　　座机：____________________

项目单位（法人）盖章

法人代表签字：

年　月　日

企业投资项目事中事后监管办法

（国家发展和改革委员会令 2018 年第 14 号，国家发展改革委 2018 年 1 月 4 日发布）

《企业投资项目事中事后监管办法》已经国家发展和改革委员会主任办公会讨论通过，现予以发布，自 2018 年 2 月 4 日起施行。

企业投资项目事中事后监管办法

第一章　总　　则

第一条　为加强对企业投资项目的事中事后监管，规范企业投资行为，维护公共利益和企业合法权益，依据《行政许可法》《行政处罚法》《企业投资项目核准和备案管理条例》等法律法规，制定本办法。

第二条　各级发展改革部门根据核准和备案职责，对企业在境内投资建设的固定资产项目（以下简称项目）核准和备案的事中事后监督管理，适用本办法。

第三条　项目事中事后监管是指各级发展改革部门对项目开工前是否依法取得核准批复文件或者办理备案手续，并在开工后是否按照核准批复文件或者备案内容进行建设的监督管理。

各级发展改革部门开展项目事中事后监管，应当与规划、环保、国土、建设、安全生产等主管部门的事中事后监管工作各司其职、各负其责，并加强协调配合。

第四条　各级发展改革部门对项目实施分级分类监督管理。

对已经取得核准批复文件的项目，由核准机关实施监督管理；对已经备案的项目，由备案机关实施监督管理。对项目是否依法取得核准批复文件或者办理备案手续，由项目所在地县级以上地方发展改革部门实施监督管理。

第五条　各级发展改革部门应当建立健全行政监督和监管执法程序，加强监管执法队伍建设，保障监管执法经费，依法行使监督管理职权。

对政府投资项目以及企业投资项目使用政府投资的稽察工作，按照有关规定执行。

第二章　对核准项目的监管

第六条　核准机关对本机关已核准的项目，应当对以下方面进行监督管理：

（一）是否通过全国投资项目在线审批监管平台（以下简称在线平台），如实、及时报送项目开工建设、建设进度、竣工等建设实施基本信息；

（二）需要变更已核准建设地点或者对已核准建设规模、建设内容等作较大变更的，是否按规定办理变更手续；

（三）需要延期开工建设的，是否按规定办理延期开工建设手续；

（四）是否按照核准的建设地点、建设规模、建设内容等进行建设。

第七条　核准机关应当根据行业特点、监管需要和简易、可操作的原则，制定、上线核准项目报送建设实施基本信息的格式文本，并对报送的建设实施基本信息进行在线监测。

第八条　核准机关对其核准的项目，应当在项目开工后至少开展一次现场核查。

第九条　已开工核准项目未如实、及时报送建设实施基本信息的，核准机关应当责令项目单位予以纠正；拒不纠正的，给予警告。

第十条　项目未按规定办理核准批复文件、项目变更批复文件或者批复文件失效后开工建设的，核准机关应当依法责令停止建设或者责令停产，并依法处以罚款。

第十一条　项目未按照核准的建设地点、

建设规模、建设内容等进行建设的，核准机关应当依法责令停止建设或者责令停产，并依法处以罚款。

对于有关部门依法认定项目建设内容属于产业政策禁止投资建设的，核准机关应当依法责令停止建设或者责令停产并恢复原状，并依法处以罚款。

第十二条 县级以上地方发展改革部门发现本行政区域内的项目列入《政府核准的投资项目目录》，但未依法办理核准批复文件、项目变更批复文件或者批复文件失效后开工建设的，应当报告对该项目有核准权限的机关，由核准机关依法责令停止建设或者责令停产，并依法处以罚款。

第三章 对备案项目的监管

第十三条 备案机关对本机关已备案的项目，应当对以下方面进行监督管理：

（一）是否通过在线平台如实、及时报送项目开工建设、建设进度、竣工等建设实施基本信息；

（二）是否属于实行核准管理的项目；

（三）是否按照备案的建设地点、建设规模、建设内容进行建设；

（四）是否属于产业政策禁止投资建设的项目。

第十四条 备案机关应当根据行业特点、监管需要和简易、可操作的原则，制定、上线备案项目报送建设实施基本信息的格式文本，并对报送的建设实施基本信息进行在线监测。

第十五条 项目自备案后2年内未开工建设或者未办理任何其他手续的，项目单位如果决定继续实施该项目，应当通过在线平台作出说明；如果不再继续实施，应当撤回已备案信息。

前款项目既未作出说明，也未撤回备案信息的，备案机关应当予以提醒。经提醒后仍未作出相应处理的，备案机关应当移除已向社会公示的备案信息，项目单位获取的备案证明文件自动失效。对其中属于故意报备不真实项目、影响投资信息准确性的，备案机关可以将项目列入异常名录，并向社会公开。

第十六条 备案机关对其备案的项目，应当根据“双随机一公开”的原则，结合投资调控实际需要，定期制定现场核查计划。对列入现场核查计划的项目，应当在项目开工后至少开展一次现场核查。列入现场核查计划的项目数量比例，由备案机关根据实际确定。

第十七条 已开工备案项目未如实、及时报送建设实施基本信息的，备案机关应当责令项目单位予以纠正；拒不纠正的，给予警告。

第十八条 项目建设与备案信息不符的，备案机关应当责令限期改正；逾期不改正的，依法处以罚款并列入失信企业名单，向社会公开。

对于有关部门依法认定项目建设内容属于产业政策禁止投资建设的，备案机关应当依法责令停止建设或者责令停产并恢复原状，并依法处以罚款。

第十九条 县级以上地方发展改革部门发现本行政区域内的已开工项目应备案但未依法备案的，应当报告对该项目有备案权限的机关，由备案机关责令其限期改正；逾期不改正的，依法处以罚款并列入失信企业名单，向社会公开。

第二十条 对本行政区域内的已开工项目，经有关部门依法认定属于产业政策禁止投资建设的，县级以上发展改革部门应当依法责令停止建设或者责令停产并恢复原状，并依法处以罚款。

第四章 监管程序和方式

第二十一条 各级发展改革部门对项目的现场核查，可以自行开展，也可以发挥工程咨询单位等机构的专业优势，以委托第三方机构的方式开展。

委托第三方机构开展现场核查的，应当建立核查机构名录，制订核查工作规范，加强对核查工作的指导和监督。委托第三方机构开展现场核查的经费由委托方承担。

第二十二条 各级发展改革部门应当依托在线平台，运用大数据、互联网、移动计算等信息技术手段，加强对各类信息的分析研判，提高发现问题线索的能力。

第二十三条 各级发展改革部门应当畅通

投诉举报渠道，对投诉举报反映的问题线索及时予以处理。

第二十四条　各级发展改革部门对发现的涉嫌违法问题，应当按照法定权限和程序立案查处，并作出处理决定。

对发现的涉及其他部门职权的违法违纪线索，应当及时移送。涉嫌犯罪的，应当移送司法机关追究刑事责任。

第二十五条　各级发展改革部门对项目的行政处罚信息，应当通过在线平台进行归集，并通过在线平台和“信用中国”网站向社会公开。

对在项目事中事后监管中形成的项目异常名录和失信企业名单，应当通过在线平台与全国信用信息平台共享，通过“信用中国”网站向社会公开，并实施联合惩戒。

第二十六条　各级发展改革部门应当与规划、环保、国土、建设、安全生产等主管部门建立健全协同监管和联合执法机制，参加本级人民政府开展的综合执法工作，提高监管执法效率。

第二十七条　各级发展改革部门应当建立健全项目事中事后监管责任制和责任追究制，通过约谈、挂牌督办、上收核准权限等措施，督促下级发展改革部门落实工作责任。

第五章　法律责任

第二十八条　本办法第九条、第十七条所称的警告，均指《行政处罚法》规定的行政处罚种，各级发展改革部门应当依照法定程序和要求实施。

第二十九条　核准机关对未按规定办理核准手续的项目，未按照核准的建设地点、建设规模、建设内容等进行建设的项目，处以罚款的情形和幅度依照《企业投资项目核准和备案管理条例》第十八条执行。

第三十条　备案机关对未依法备案的项目，建设与备案信息不符的项目，处以罚款的情形和幅度依照《企业投资项目核准和备案管理条例》第十九条执行。

第三十一条　对属于产业政策禁止投资建设的项目，处以罚款的情形和幅度依照《企业投资项目核准和备案管理条例》第二十条执行。

第三十二条　违反本办法规定，但能够积极配合调查、认真整改纠正、主动消除或者减轻危害后果的，可以在法定幅度内减轻处罚。

第六章　附　　则

第三十三条　外商投资项目事中事后监督管理另有规定的，从其规定。

第三十四条　事业单位、社会团体等非企业组织在境内投资建设的项目事中事后监督管理适用本办法，但通过预算安排的项目除外。

第三十五条　本办法由国家发展和改革委员会负责解释。

第三十六条　本办法自2018年2月4日起实施。

关于印发《中央国库现金管理商业银行定期存款招投标规则》的通知

（财库〔2018〕11号，财政部、中国人民银行2018年1月16日发布）

中央国库现金管理商业银行定期存款参与银行：

为规范中央国库现金管理商业银行定期存款招投标行为，促进中央国库现金管理商业银行定期存款业务健康发展，我们制定了《中央国库现金管理商业银行定期存款招投标规则》。现印发你们，请遵照执行。

附件：中央国库现金管理商业银行定期存款招投标规则

附件

中央国库现金管理商业银行定期存款招投标规则

第一条 为规范中央国库现金管理商业银行定期存款招投标行为，促进中央国库现金管理商业银行定期存款业务健康发展，根据国家有关法律法规，制定本规则。

第二条 本规则所称中央国库现金管理商业银行定期存款（以下简称中央国库现金定期存款），是指将国库现金存放在商业银行，商业银行以国债或地方政府债券为质押获得存款并向财政部支付利息的交易行为。

第三条 中央国库现金定期存款招标通过中央国库现金管理商业银行定期存款业务招标系统（以下简称招标系统）进行。

第四条 中央国库现金定期存款采用单一价格（荷兰式）方式招标，招标标的为利率，边际中标利率为当期中央国库现金定期存款利率。

第五条 投标标位最小变动幅度为0.01%，可不连续投标；每家中央国库现金管理商业银行定期存款业务参与银行（以下简称参与银行）每一标位最小投标限额为0.1亿元，投标额变动幅度为0.1亿元的整数倍。

第六条 每家参与银行投标额不得超过当期中央国库现金定期存款招标额的20%。

第七条 全场投标总额小于或等于当期招标额时全额募入；全场投标总额大于当期招标额时，按照高利率优先的原则逐笔募入，直到募满招标额为止。

第八条 当边际中标标位上的投标额大于剩余招标额时，以每家参与银行在该标位投标额为权重进行分配，取整至0.1亿元，尾数按投标时间优先原则分配。

第九条 中央国库现金定期存款不设基本存款额，当期存款额全部为竞争性招标量。各期中央国库现金定期存款招投标利率下限为招标当日中国人民银行公布的城乡居民和单位活期存款基准利率。

第十条 中央国库现金定期存款年利率折算日利率时，一年按365天计算。

第十一条 中央国库现金定期存款质押品按债券面值计价，国债、地方政府债券分别按存款金额的105%、115%质押。

第十二条 中央国库现金定期存款竞争性招投标时间为30分钟，各期中央国库现金定期存款招投标开始时间在当期操作指令及招投标通知中规定。

第十三条 参与银行不能通过招标系统进行正常投标时，应及时向中央国库现金管理操作室（以下简称操作室）报告，并将填写完整的“中央国库现金管理商业银行定期存款业务应急投标书”（格式见附1）传真至操作室，进行应急投标。应急投标时间以操作室收到“中央国库现金管理商业银行定期存款业务应急投标书”的时间为准。超过投标截止时限的应急投标为无效投标。

第十四条 投标结束后，参与银行质押债券不足致使无法正常结算需要应急处理的，应及时向操作室报告，并将填写完整的“中央国库现金管理商业银行定期存款业务结算应急指令书”（格式见附2）传真至操作室，进行应急质押。应急质押时间以操作室收到“中央国库现金管理商业银行定期存款业务结算应急指令书”的时间为准。应急质押的截止时间为招标结束后一小时内。参与银行未能按规定及时补足质押债券，应承担相应违约责任。

第十五条 在中央国库现金定期存款期限内，加强存款银行质押债券的市值监测，督促存款银行确保质押足额。

第十六条 本规则未尽事宜，以有关规定和当期中央国库现金定期存款操作指令及招投标通知等文件为准。

第十七条 本规则自印发之日起施行。

附：1. 中央国库现金管理商业银行定期存款业务应急投标书（略）

2. 中央国库现金管理商业银行定期存款业务结算应急指令书（略）

关于做好取消中央投资项目招标代理机构资格认定后相关工作衔接的公告

（国家发展和改革委员会公告2018年第2号，国家发展改革委2018年1月31日发布）

根据《国务院关于取消一批行政许可事项的决定》（国发〔2017〕46号）和《全国人民代表大会常务委员会关于修改〈中华人民共和国招标投标法〉、〈中华人民共和国计量法〉的决定》（中华人民共和国主席令第八十六号），“中央投资项目招标代理机构资格认定”行政许可事项已经取消。为加强“中央投资项目招标代理机构资格认定”行政许可取消后的事中事后监管，做好相关工作衔接，现就有关事项公告如下：

一、自2017年12月28日起，我委不再开展“中央投资项目招标代理机构资格认定”相关工作，各级发展改革部门和有关单位不再受理“中央投资项目招标代理机构资格认定”申请。

二、为提高中央投资效益，保证资金安全，我委将进一步完善中央投资招标管理制度，加强从业监督，推动信用体系建设，引导行业自律。

三、各级发展改革部门要高度重视“中央投资项目招标代理机构资格认定”取消后的事中事后监管工作，加大对招标代理机构及其人员从业行为的监督检查力度，严格依法查处违法违规行为，及时向社会公布违法违规信息。

特此公告。

关于印发《国有金融企业集中采购管理暂行规定》的通知

（财金〔2018〕9号，财政部2018年2月5日发布））

各国有金融企业：

为进一步提高国有金融企业集中采购效率，规范国有金融企业集中采购行为，现将《国有金融企业集中采购管理暂行规定》印发你们，请遵照执行。

附件：国有金融企业集中采购管理暂行规定

附件

国有金融企业集中采购管理暂行规定

第一章　总　　则

第一条　为规范国有金融企业集中采购行为，加强对采购支出的管理，提高采购资金的使用效益，根据国家有关法律、行政法规和部门规章，制定本规定。

第二条　国有金融企业实施集中采购适用本规定。

本规定所称国有金融企业，包括所有获得金融业务许可证的国有企业，以及国有金融控股公司、国有担保公司和其他金融类国有企业。按现行法律法规实行会员制的金融交易场所参照本规定执行。

本规定所称集中采购，是指国有金融企业以合同方式有偿取得纳入集中采购范围的货物、工程和服务的行为。

第三条 国有金融企业集中采购应当遵循公开、公平、公正、诚实信用和效益原则。

第四条 国有金融企业开展集中采购活动应符合国家有关规定，建立统一管理、分级授权、相互制约的内部管理体制，切实维护企业和国家整体利益。

第五条 国有金融企业集中采购应优先采购节能环保产品。

第二章 组织管理

第六条 国有金融企业应建立健全集中采购决策管理职能与操作执行职能相分离的管理体制。

第七条 国有金融企业应成立集中采购管理委员会，成员由企业相关负责人以及财务、法律等相关业务部门负责人组成，负责对公司集中采购活动进行决策管理。国有金融企业纪检、监察、审计等部门人员可列席集中采购管理委员会会议。

国有金融企业集中采购管理委员会的主要职责包括：

（一）审定企业内部集中采购管理办法等制度规定；

（二）确定企业集中采购目录及限额标准；

（三）审定采购计划并审查采购计划的执行情况；

（四）审议对业务活动和发展有较大影响的采购事项；

（五）采购活动中涉及的其他重要管理和监督事宜。

第八条 国有金融企业可指定具体业务部门或根据实际设立集中采购日常管理机构，具体实施集中采购活动。根据集中采购项目具体情况，国有金融企业可自行采购或委托外部代理机构办理采购事宜。

第九条 国有金融企业采用公开招标、邀请招标方式采购的，应依法组建评标委员会负责采购项目评审。采用竞争性谈判、竞争性磋商、询价等非招标方式采购的，应参照政府采购的相关要求并结合本单位实际，成立谈判、磋商或询价小组。

第十条 国有金融企业总部可建立或联合建立集中采购项目评审专家库。评审专家成员由国有金融企业财务、技术等内部专业人员，以及相关技术、经济等方面的外部专家组成。如不具备上述建库条件的企业，应合理使用招标代理机构等外部的评审专家库。

第十一条 一般采购项目从评审专家库中随机抽取选定评审专家，对技术复杂、专业性强或者有特殊要求的采购项目，通过随机抽取方式难以确定合适评审专家的，可由国有金融企业按程序自行选定。

第三章 制度建设

第十二条 国有金融企业可参考省级以上人民政府定期发布的集中采购目录及标准，结合企业实际情况，制定本企业的集中采购目录及限额标准。

第十三条 国有金融企业应依据国家有关法律法规和本规定，制定企业内部集中采购管理办法。

第十四条 国有金融企业内部集中采购管理办法，应至少包括以下内容：

（一）明确公司集中采购范围，以及不同采购方式的具体适用情形；

（二）实施集中采购的具体程序，包括编制采购计划、采购项目立项、编制采购需求、实施采购、签订合同、采购验收、资金结算、档案管理等；

（三）明确集中采购活动的内部监督检查主体及职责；

（四）对违法违规和违反职业道德等人员和单位的处理处罚措施等。

第十五条 国有金融企业应当建立健全内部监督管理制度，加强对集中采购的内部控制和监督检查，切实防范采购过程中的差错和舞弊行为。

第十六条 国有金融企业应建立相互监督、相互制约的采购活动决策和执行程序，并明确具体采购项目经办人员与负责采购合同审核、验收人员的职责权限，做到相互分离。

第十七条　国有金融企业应对分支机构的集中采购行为做好业务指导和管理。

第四章　采购方式

第十八条　国有金融企业集中采购可以采用公开招标、邀请招标、竞争性谈判、竞争性磋商、单一来源采购、询价，以及有关管理部门认定的其他采购方式。

第十九条　对纳入集中采购范围的采购项目，国有金融企业原则上应优先采用公开招标或邀请招标的方式。需要采用非招标采购方式的，应符合本规定要求，并在采购活动开始前，按企业内部集中采购管理规定报批。

第二十条　符合下列情形之一的集中采购项目，可以采用邀请招标方式采购：

（一）具有特殊性，只能从有限范围的供应商处采购的；

（二）采用公开招标方式的费用占该采购项目总价值的比例过大的；

（三）企业内部集中采购管理办法列明的其他适用情形。

第二十一条　符合下列情形之一的集中采购项目，可以采用竞争性谈判方式采购：

（一）招标后没有供应商投标或者没有合格标的或者重新招标未能成立的；

（二）技术复杂或者性质特殊，不能确定详细规格或者具体要求的；

（三）采用招标所需时间不能满足用户紧急需要的；

（四）不能事先计算出价格总额的；

（五）企业内部集中采购管理办法列明的其他适用情形。

第二十二条　符合下列情形之一的集中采购项目，可以采用竞争性磋商方式采购：

（一）购买服务项目；

（二）技术复杂或者性质特殊，不能确定详细规格或者具体要求的；

（三）因专利、专有技术或者服务的时间、数量事先不能确定等原因不能事先计算出价格总额的；

（四）市场竞争不充分的科研项目；

（五）按照招标投标法及其实施条例必须进行招标的工程建设项目以外的工程建设项目；

（六）企业内部集中采购管理办法列明的其他适用情形。

第二十三条　符合下列情形之一的集中采购项目，可以采用单一来源方式采购：

（一）只能从唯一供应商处采购的；

（二）发生了不可预见的紧急情况不能从其他供应商处采购的；

（三）必须保证原有采购项目一致性或者服务配套的要求，需要再次向原供应商采购的；

（四）企业内部集中采购管理办法列明的其他适用情形。

第二十四条　集中采购项目符合货物规格、标准统一，现货货源充足且价格变化幅度小等条件的，经企业内部集中采购管理办法列明，可以采用询价方式采购。

第五章　采购管理

第二十五条　国有金融企业应按采购计划实施集中采购，并纳入年度预算管理。计划外的集中采购事项，应按企业内部相关规定报批。采购计划的重大调整，应按程序报集中采购管理委员会审议。

第二十六条　国有金融企业不得将应当以公开招标方式采购的项目化整为零或者以其他任何方式规避公开招标采购。

第二十七条　国有金融企业根据中标或成交结果签订采购合同，采购合同应经内部法律部门或法律中介机构审核。

第二十八条　国有金融企业要做好集中采购信息公开工作，通过企业网站、招标代理机构网站或省级以上人民政府财政部门指定的政府采购信息公开媒体等公开渠道，向社会披露公开招标和非公开招标的采购项目信息，涉及国家秘密、商业秘密的内容除外。

采用公开招标方式的，应当按规定发布招标公告、资格预审公告，公示中标候选人、中标结果等全流程信息。中标结果公示内容包括但不限于招标项目名称、招标人、招标代理机构、招标公告日期、中标人、中标内容及价格等基本要素。招标公告及中标结果应在同一渠道公开。

采用非公开招标方式的，应在采购合同签订之日起3个工作日内，公告成交结果，包括但不限于采购内容、采购方式、候选供应商、中选供应商、合同确定的采购数量、采购价格等基本要素。

第六章　监督检查

第二十九条　国有金融企业应认真执行本规定，在年度财务报告中披露对企业成本、费用影响重大的集中采购事项，自觉接受财政、审计等相关部门的监督检查。

第三十条　对国有金融企业实施的招标等集中采购活动，投标商及相关方认为有任何违法违规问题的，可按规定向国有金融企业的主管财政机关以及国家有关部门投拆。

第三十一条　企业采购当事人不得互相串通损害企业利益、国家利益、社会公共利益和其他当事人的合法权益。

第三十二条　对采购当事人泄露标底等应当保密的与采购活动有关的情况和资料以及其他违反有关法律、行政法规和本规定的行为，依法追究责任。

第七章　附　　则

第三十三条　国有金融企业使用国际组织、外国政府、外国法人、以及其他组织和个人的贷款或者赠款进行采购，贷款或赠款人对采购方式有约定的，可从其约定，但不得损害国家利益和社会公共利益。

第三十四条　本规定自2018年3月1日起施行。《关于加强国有金融企业集中采购管理的若干规定》（财金〔2001〕209号）同时废止。

关于印发《公共资源交易评标专家专业分类标准》的通知

（发改法规〔2018〕316号，国家发展改革委、工业和信息化部、国土资源部、环境保护部、住房城乡建设部、交通运输部、水利部、商务部、国资委、国家林业局2018年2月12日发布）

各省、自治区、直辖市发展改革委、公共资源交易平台整合牵头部门、工业和信息化主管部门、通信管理局、国土资源厅、环境保护厅、住房城乡建设厅、交通运输厅、水利厅、商务厅、国资委、林业厅，各地区铁路监督管理局、民航各地区管理局：

为贯彻落实《国务院办公厅关于印发整合建立统一的公共资源交易平台工作方案的通知》（国办发〔2015〕63号），推进全国范围内评标专家资源整合共享，我们修订形成了《公共资源交易评标专家专业分类标准》（以下简称《标准》），现予印发。为做好《标准》贯彻落实工作，就有关事项和要求通知如下。

一、印发实施统一的公共资源交易评标专家分类标准，是整合专家资源，推动实现专家资源及专家信用信息全国范围内互联共享的重要举措。各地各部门要进一步统一思想，提高认识，明确任务，落实责任。各省级人民政府指定的公共资源交易平台整合部门和发展改革部门要切实发挥组织协调和督促指导作用，各行政监督管理部门要按照职责分工，推进《标准》实施工作有序进行。

二、评标专家专业分类实行全国统一编码，投入运行的各级各类评标专家库应依据《标准》及时调整评标专家分类，在2018年12月底前，完成专家库专业分类调整工作。

三、各地各部门要密切关注《标准》适用情况，注意收集各方面反馈信息，及时将实施中遇到的问题向上级主管部门报告。国家发展改革委将会同国务院有关部门适时对《标准》进行修订。

附件：1. 公共资源交易评标专家专业分类标准（略）

2. 修订说明（略）

关于废止国际金融组织和外国政府贷款赠款项目采购管理相关规范性文件的通知

（财国合〔2018〕5号，财政部2018年2月13日发布）

国务院有关部委、有关直属机构，各省、自治区、直辖市、计划单列市（不含西藏）财政厅（局），新疆生产建设兵团财政局，有关中央企业，有关金融机构：

为落实简政放权、放管结合、优化服务的改革精神，现将《外国政府贷款项目采购公司招标办法》（财金〔2005〕103号）、《外国政府贷款采购工作管理办法》（财金〔2009〕157号）和《国际金融组织贷款赠款项目选聘采购代理机构管理办法》（财际〔2011〕133号）予以废止。

请参照《国际金融组织和外国政府贷款赠款项目采购管理工作指南》（财办国合〔2017〕25号）和《国际金融组织和外国政府贷款赠款项目采购代理机构选聘指南》（财办国合〔2017〕25号）开展国际金融组织和外国政府贷款赠款项目采购管理相关工作。

特此通知。

关于印发《经济建设与国防密切相关的建设项目贯彻国防要求管理办法（试行）》的通知

（发改国防规〔2017〕2250号，国家发展改革委、中央军委战略规划办公室2017年12月27日发布）

各省、自治区、直辖市及计划单列市人民政府，新疆生产建设兵团，国务院各部委、各直属机构，各战区、各军兵种、军委机关各部门、军事科学院、国防大学、国防科技大学、武警部队：

《经济建设与国防密切相关的建设项目贯彻国防要求管理办法（试行）》已经中央军民融合发展委员会第二次全体会议审议通过，并报经国务院、中央军委同意，现印发你们，请认真贯彻执行。

附件：经济建设与国防密切相关的建设项目贯彻国防要求管理办法（试行）

附件

经济建设与国防密切相关的建设项目贯彻国防要求管理办法（试行）

第一章　总　　则

第一条　为贯彻落实军民融合发展战略，推动经济建设和国防建设深度融合发展，加强经济建设项目贯彻国防要求的规范管理，根据《中华人民共和国国防动员法》、《经济建设与国防密切相关的建设项目目录》（以下简称《目录》）及投资项目管理等相关规定，制定本办法。

第二条　本办法所称建设项目（以下简称“项目”），是指属于《目录》范围，根据军事需求在新建和改扩建中需采取必要的工程技术措施、兼顾特定国防功能的固定资产投资项目。

第三条 项目贯彻国防要求，要按照统一领导、分级管理，统筹衔接、同步建设，军民兼容、平战结合，需求明确、经济有效的原则，实现一份投入多重产出。

第四条 项目和需求的对接实行两级管理。国家层面，国务院有关部门与中央军委机关有关部门对接后，由国家发展改革委和中央军委战略规划办公室汇总平衡；地方层面，统一汇总到省级发展改革委，与同级军事机关组织对接并研究确定，难以确定的，报上一级军地主管部门组织协调。

第五条 项目贯彻国防要求的相关建设内容，优先采用民用标准和技术规范。民用标准和技术规范不能满足国防要求的，按国家军用标准和技术规范执行；没有国家军用标准和技术规范的，由军地有关部门研究明确相关要求，制定相应标准规范。

第六条 贯彻国防要求的项目，执行国家关于固定资产投资项目管理的有关规定和基本程序，严格事中事后监管。

项目决策和管理原则上应纳入投资项目在线审批监管平台，统一编码和规范审批。非涉密项目要实现一口受理、网上办理、流程监控、限时办结，并按规定进行信息公开。涉密项目按有关规定办理，健全管理流程和记录、流转、归档等制度，完善内部监管机制。

第七条 项目贯彻国防要求所增加的经费，按照国家有关规定需要给予补助的，由中央和地方财政部门按事权划分，落实资金保障。

第二章 职责分工

第八条 国家发展改革委会同中央军委战略规划办公室，负责贯彻国防要求项目的统筹规划、综合平衡、协调衔接、信息汇总，以及职责范围内的项目审批和核准。中央军委战略规划办公室会同军事需求等职能部门，负责组织军事需求的论证提报、综合平衡和审核，按军队有关规定程序办理；负责会签国家发展改革委审批、核准的贯彻国防要求的项目。

第九条 国务院行业管理部门及有关单位与中央军委机关业务部门对口负责相应行业（领域）的项目和需求对接；负责职责范围内的项目审批、核准和备案以及信息报送。中央军委机关业务部门负责组织战区、军兵种论证提出相应行业（领域）的军事需求及信息报送；负责会签对口行业管理部门审批、核准的贯彻国防要求的项目。

第十条 县级及以上地方人民政府有关部门按职责对属于《目录》范围的项目，报省级发展改革委汇总，由省级发展改革委与同级军事机关对接；省级军事机关会同战区和军兵种有关部门研究确认区域内项目贯彻国防要求的具体内容。

县级及以上地方人民政府有关部门按权限负责贯彻国防要求项目的审批、核准、备案及信息报送，并书面征求同级军事机关意见。

第十一条 项目单位负责贯彻国防要求项目的相关文件编制、组织实施、信息报送，以及法律法规规定的其他事项。

第三章 项目清单和前期工作

第十二条 国务院、地方人民政府的有关部门在编制规划过程中，涉及《目录》相关项目的，应当书面征求军队有关单位意见，提出贯彻国防要求的项目建议清单。

规划编制过程中未形成项目建议清单的，应当在规划编制完成后提出项目建议清单。

未列入规划内的项目，需贯彻国防要求的，按本办法第四条原则衔接后提出项目建议清单。

第十三条 国家发展改革委会同中央军委战略规划办公室汇总、平衡各级各部门项目建议清单后，按确需、可能、效益最大化原则要求，加强军地联审联查，编制印发总体项目清单。总体项目清单实行动态管理，根据需要适时补充完善。

第十四条 军地相关部门和单位根据总体项目清单，组织开展贯彻国防要求项目的前期工作，衔接确定贯彻国防要求的具体内容，并纳入项目相关文件。

国家层面的项目，由国务院有关部门与中央军委机关有关部门组织落实前期工作。地方层面的项目，由省级发展改革委会同省级军事机关向所在战区军事需求部门确认后，组织落实前期工作。

各战区军事需求部门根据总体项目清单，组织本战区军兵种和战区机关等单位研究论证，提出项目贯彻国防要求的具体战术、技术指标和要求，抄送战区内省级发展改革委和同级军事机关。

第四章 审批制、核准制项目贯彻国防要求

第十五条 贯彻国防要求总体项目清单的项目纳入国家重大建设项目库管理。

第十六条 项目单位在填报入库项目信息时，应当根据总体项目清单，明确填写本项目所属《目录》类别。

第十七条 项目单位在编制项目建议书、可行性研究报告、初步设计、项目申请报告时，应当将贯彻国防要求的内容一并编入和上报。

项目建议书、可行性研究报告、初步设计、项目申请报告应当将贯彻国防要求的内容单列专篇，专篇内容主要包括贯彻国防要求的依据和要求、建设方案、投资需求等。

第十八条 贯彻国防要求的内容原则上随原项目一并审批、核准。国务院、地方人民政府的有关部门审批、核准的贯彻国防要求的项目，应当将审批、核准文件抄送同级发展改革部门和军队有关部门（单位）。

第十九条 审批制项目贯彻国防要求所增加的投资，原则上随项目一并安排。确需单独安排的，项目单位应当编报贯彻国防要求内容的资金申请报告。

核准制项目贯彻国防要求所增加的投资，既可以随项目核准一并安排，也可以单独安排。单独安排的，项目单位应当编报贯彻国防要求内容的资金申请报告。

第五章 备案制项目贯彻国防要求

第二十条 对于备案制项目，备案机关在收到项目备案申请后，应当对照《目录》和总体项目清单。属于总体项目清单范围内的项目，参照本办法第三章相关程序办理；不属于总体项目清单，但属于《目录》范围的项目，备案机关应当书面征求军事机关意见，有关军事机关在规定时限提出是否需要贯彻国防要求的意见。

第二十一条 凡是明确需要贯彻国防要求的备案制项目，项目单位应当在开工前，落实军事机关明确的内容和具体要求，并随项目一并实施。

第二十二条 备案制项目贯彻国防要求的内容建成并验收后，可以编报贯彻国防要求内容的资金申请报告，按渠道申请资金补助。

第六章 特殊管理事项

第二十三条 项目贯彻国防要求的内容和方案发生变化，影响军事需求的战术、技术指标实现的，项目单位应当书面征求项目原审批、核准、备案机关和军事需求提出部门（单位）意见，并按相关规定办理变更手续。

第二十四条 贯彻国防要求的内容涉密，属于以下情况的，可以单独办理：

（一）原项目不涉密，贯彻国防要求的内容涉密的；

（二）贯彻国防要求内容涉密等级高于原项目涉密等级的；

（三）贯彻国防要求涉密内容招标的，按有关规定执行。

第二十五条 项目贯彻国防要求的内容，原则上随原项目一并验收，并邀请军事需求提出单位等参加。确需单独组织验收，由军事需求提出单位组织实施。验收结果报省级发展改革委和同级军事机关，抄报国家发展改革委、中央军委战略规划办公室等相关部门。

第二十六条 贯彻国防要求的内容，由军

队有关部门（单位）商地方有关部门（单位），确定运行维护主体、使用管理权责等事项。军队有关部门（单位）联合政府有关部门，对贯彻国防要求内容的安全、完整、有效性进行抽检，并视情组织后评价。

第二十七条 每年十月底前，国务院行业管理部门、省级发展改革委负责汇总本部门、本地区上一年度十月至本年度九月贯彻国防要求的项目信息，并提出下一年度需要贯彻国防要求的项目建议清单，报国家发展改革委，抄送中央军委战略规划办公室。军队系统的信息报送，由中央军委战略规划办公室明确。

第七章 法律责任

第二十八条 国务院有关部门、军队有关部门和地方政府有关部门违反有关规定的，按相关法律法规追究责任。构成犯罪的，依法追究刑事责任。

第二十九条 项目单位明知项目需要贯彻国防要求而不申报的、项目实施中未落实国防要求相关内容或者未达到要求的，由项目主管部门责令其限期改正；逾期不改正的，采取暂停项目审批，暂停下达年度投资计划、核减补助资金、通报批评等措施，予以惩戒。构成犯罪的，依法追究刑事责任。

第三十条 对承担贯彻国防要求项目的单位和个人，各级人民政府的发展改革部门建立信用记录，纳入全国信用信息共享平台，并按照有关规定予以公开。对严重失信的单位和个人，按信用管理有关规定实施联合惩戒。

第三十一条 对贯彻国防要求表现突出的单位和个人，按有关规定给予表彰和奖励。

第八章 附 则

第三十二条 项目贯彻国防要求已有相关规定办法的，原则上从其规定。项目办理过程中，应按本办法书面征求相关部门意见，并提供项目相关信息。

第三十三条 国务院有关部门、省级及以下人民政府、军队有关部门和单位可根据本办法制定实施细则。

第三十四条 本办法由国家发展改革委、中央军委战略规划办公室负责解释。

第三十五条 本办法自发布之日起施行，有效期五年。

关于印发《长江经济带绿色发展专项中央预算内投资管理暂行办法》的通知

（发改基础规〔2018〕360号，国家发展改革委2018年2月28日发布）

上海市、江苏省、浙江省、安徽省、江西省、湖北省、湖南省、重庆市、四川省、贵州省、云南省发展改革委：

为深入贯彻党中央、国务院关于推动长江经济带发展的重大战略部署，充分发挥中央预算内投资引领带动作用，推动长江经济带生态优先、绿色发展，根据《中央预算内投资补助和贴息项目管理办法》（国家发展和改革委员会令第45号）、《国家发展改革委关于进一步规范打捆切块项目中央预算内投资计划管理的通知》（发改投资〔2017〕1897号）等有关规定，特制定《长江经济带绿色发展专项中央预算内投资管理暂行办法》，现印发你们，请按照执行。

特此通知。

附件：长江经济带绿色发展专项中央预算内投资管理暂行办法

附件

长江经济带绿色发展专项中央预算内投资管理暂行办法

第一章　总　　则

第一条　为进一步规范长江经济带绿色发展专项中央预算内投资管理，发挥中央资金使用效率，根据《中央预算内投资补助和贴息项目管理办法》（国家发展和改革委员会令第45号）、《国家发展改革委关于进一步规范打捆切块项目中央预算内投资计划管理的通知》（发改投资〔2017〕1897号）以及有关法律法规，制定本办法。

第二条　长江经济带绿色发展专项要深入贯彻落实《长江经济带发展规划纲要》、《长江经济带综合立体交通走廊规划（2014—2020年）》、《长江经济带生态修复与环境保护重大工程实施方案》，充分发挥中央资金对地方和社会资金的引导和带动作用，推进长江经济带生态优先、绿色发展。

第三条　本办法所指长江经济带，覆盖上海、江苏、浙江、安徽、江西、湖北、湖南、重庆、四川、贵州、云南等11省市。

第四条　遵循统筹兼顾、突出重点、公开公正、有效监管的原则，规范长江经济带绿色发展专项中央预算内投资安排和使用管理。

第二章　支持方向

第五条　长江经济带绿色发展专项中央预算内投资重点支持有利于长江经济带生态优先、绿色发展，对保护和修复长江生态环境、促进区域经济社会协调发展、改善交通条件、增进人民福祉、强化保障能力具有重要意义的长江经济带绿色发展项目。

第六条　长江经济带绿色发展专项中央预算内投资支持范围如下：

（一）长江经济带港口集疏运通道项目，具体包括：

1. 有效解决长江干支线港口“最后一公里”的集疏运铁路、道路连接线，原则上支持服务枢纽港口和重点港口的项目；

2. 所在港区规划年通过能力不小于500万吨；

3. 原则上铁路连接线长度不超过50公里，道路连接线长度不超过30公里。

（二）长江经济带综合交通枢纽建设项目，具体包括：

1. 投资主体明确，在同一单体构筑物内，紧密衔接两种及以上交通运输方式，辐射一定区域的客、货转换中心；

2. 位于长江经济带范围内，纳入《“十三五”现代综合交通运输体系发展规划》的国际性、全国性综合交通枢纽城市。

（三）长江生态环境监测能力建设项目，具体包括：

1. 列入《长江经济带生态修复与环境保护重大工程实施方案》中的水源地水质监测、船运液化危险品运输全过程监测、水土保持动态监测等建设项目；

2. 其他中央资金支持范围以外，地方建设资金来源和建设条件基本落实的长江入河排污口监测、生态环境监测、水质水量监测、长江干线监控系统建设项目。

（四）长江岸线整治修复项目，具体包括：

1. 长江干流和重要支流岸线生态修复工程、非法码头和采石塘口还林还绿建设项目；

2. 岸线森林公园和国有林场林相改造提升及基础设施建设项目。

（五）沿江黑臭水体以及劣Ⅴ类水体整治试点项目，具体包括：

1. 控污截污、溢流污染控制、雨水面源污染处理、内源治理等建设项目；

2. 再生水和雨水利用设施建设项目。

第七条　下列项目不属于长江经济带绿色发展专项中央预算内投资支持范围：

（一）中央预算内投资或其他中央资金已支持的项目；

（二）不具备开工建设条件和不能形成当年投资的项目；

（三）已办理竣工决算或已交付使用的项目；

（四）无有效监管措施保障工程顺利实施的项目；

（五）需要地方安排建设资金但未落实的项目；

（六）尚未安排投资的项目，不能多头申报。

第三章　资金安排

第八条　长江经济带绿色发展专项中央预算内投资计划分别采取直接安排投资和切块下达投资两种方式。

（一）直接安排投资项目：长江经济带港口集疏运通道项目、长江经济带综合交通枢纽建设项目、长江生态环境监测能力建设项目；

（二）切块下达投资项目：长江岸线整治修复项目、沿江黑臭水体以及劣Ⅴ类水体整治试点项目。

第九条　长江经济带绿色发展专项中央预算内投资补助标准如下：

（一）长江经济带港口集疏运通道和综合交通枢纽建设项目，以总投资扣除征地拆迁费用为计算基数，东部地区项目按15%、中部地区项目按20%、西部地区项目按25%的标准予以补助，且单个项目的投资补助不超过2亿元；

（二）长江生态环境监测能力建设项目、长江岸线整治修复项目、沿江黑臭水体以及劣Ⅴ类水体整治试点项目，投资补助按照东、中、西部地区分别不超过项目总投资的30%、45%、60%控制，且单个项目的投资补助不超过1亿元。其中，沿江黑臭水体以及劣Ⅴ类水体整治试点项目总投资不含征地拆迁费用。

第十条　长江经济带绿色发展专项中央预算内投资项目如按补助标准计算的中央预算内投资数额超过所申请的中央预算内投资数额，则按申请数额确定。

第十一条　长江经济带绿色发展中央预算内投资只补助地方已开工项目或具备开工条件、即将开工的项目。

第四章　资金申请

第十二条　对于采用直接安排投资方式的项目，在申请中央预算内投资时，由项目单位提出资金申请报告，按程序报省级发展改革部门汇总。省级发展改革部门作为项目汇总申报单位，应当对资金申请报告提出审核意见，并汇总报送国家发展改革委。

（一）项目单位应对所提交的资金申请报告的真实性负责；

（二）项目汇总申报单位应当对资金申请报告的真实性、合规性负责；

（三）申请投资补助的项目应具备以下条件：

1. 符合本办法第二章确定的支持方向；

2. 已纳入重大建设项目库；

3. 列入三年滚动投资计划，并通过投资项目在线审批监管平台完成审批、核准或备案程序（地方政府投资项目应完成项目可行性研究报告或者初步设计审批）；

4. 地方建设资金来源和建设条件基本落实；

5. 年度申报要求的其他条件。

第十三条　对于采取切块下达投资方式的项目，在申请中央预算内投资时，由省级发展改革部门汇总上报年度投资需求，项目应具备以下条件：

（一）符合长江经济带绿色发展专项支持方向；

（二）纳入国家重大建设项目库，并列入三年滚动投资计划；

（三）地方建设资金来源和建设条件基本落实；

（四）切块下达投资项目不明确到具体项目，以“块”作为项目进行上报；

（五）切块下达投资项目在上报时，日常监管责任单位为省级发展改革部门，待国家发展改革委投资计划下达后再具体分解落实责任。

第五章　审核下达

第十四条　国家发展改革委会同省级发展

改革部门按照职责范围进行审核。

（一）省级发展改革部门审核事项：

1. 符合本办法规定的资金支持方向和申请程序；

2. 符合有关专项工作方案或管理办法的要求；

3. 项目的主要建设条件基本落实；

4. 项目已列入三年滚动投资计划，并通过投资项目在线审批监管平台完成审批（核准、备案）。

（二）国家发展改革委集中受理长江经济带绿色发展专项中央预算内投资计划申请和有关资金申请报告，重点对下列事项进行审核：

1. 是否符合有关规划和投资支持方向；

2. 提交的有关文件是否齐备；

3. 项目的地方建设资金来源和建设条件是否基本落实。

第十五条　对同意安排的长江经济带绿色发展专项中央预算内投资项目，国家发展改革委在下达投资计划时一并批复其资金申请，并一次或分次下达。省级发展改革委应当对计划分解和安排的合规性负责，并在20个工作日内将切块下达投资的投资计划分解落实到具体项目。

第十六条　在执行过程中，确需进行投资计划调整的，原则只在相同支持范围内的项目间调整。

（一）直接安排投资的项目，由国家发展改革委调整；

（二）切块下达投资的项目，由省级发展改革部门按照管理权限办理投资计划调整。

第六章　监管措施

第十七条　项目汇总申报单位要严格执行制定的监管措施，加强项目实施过程的跟踪检查，发现问题及时整改和作出处理，按月于每月10日前将项目的开工情况、投资完成情况、工程形象进度等数据通过重大建设项目库报送国家发展改革委。国家发展改革委适时对计划执行情况进行抽查，重点检查项目管理、资金使用、施工进度等。

第十八条　因不能按时开工建设或建设规模、标准和内容发生较大变化等情况，导致项目不能完成既定建设目标的，项目单位和项目汇总申报单位应当及时报告情况和原因，发展改革部门按照管理权限办理投资计划调整。

第十九条　对未按工程进度要求实施，与计划目标相差较远的项目，将予以通报、批评或收回、扣减、暂停安排中央预算内投资。

第二十条　对上一年度中央预算内投资计划执行不力、投资完成率不足50%的省份，国家发展改革委在下达本年度中央预算内投资计划时适当予以核减。省级发展改革委在分解下达年度中央预算内投资计划时可参照执行。

第二十一条　安排长江经济带绿色发展专项中央预算内投资的项目，应当按照有关规定由发展改革部门按照管理权限公开，接受公众监督。对公众反映的情况，国家发展改革委应及时开展检查，确有问题的，要督促项目单位及时整改。

第二十二条　国家发展改革委接受单位、个人对项目审批（核准、备案）、资金安排、建设过程中违法违规行为的举报，并按照有关规定办理。

第二十三条　国家发展改革委应按照有关规定对长江经济带绿色发展专项中央预算内投资项目进行稽察，对发现的问题按照有关规定及时作出处理。

第二十四条　项目汇总申报单位和地（市）、县（市）级发展改革部门有下列行为之一的，国家发展改革委可根据情节，在一定时期和范围内不再受理其报送的资金申请报告，或者调减其中央预算内投资安排规模。

（一）指令或授意项目单位提供虚假情况、骗取投资补助资金的；

（二）审核项目不严、造成投资补助资金损失的；

（三）对于切块下达投资的年度投资计划分解和安排出现严重失误的；

（四）所在地区或所属企业的项目存在较多问题且督促整改不到位的；

（五）未按要求通过投资项目在线审批监管平台报告相关项目信息的；

（六）其他违反本办法的行为。

第二十五条　项目单位有下列行为之一

的，国家发展改革委责令限期整改；拒不整改或整改后仍不符合要求的，采取核减、收回或者停止拨付投资补助，暂停其申报中央预算内投资，将相关信息纳入全国信用信息共享平台并在“信用中国”网站公开，根据情节轻重提请或移交有关机关依法追究有关责任人的行政或者法律责任：

（一）提供虚假情况，骗取投资补助资金的；

（二）转移、侵占或者挪用投资补助资金的；

（三）擅自改变主要建设内容和建设标准的；

（四）项目建设规模、标准和内容发生较大变化而不及时报告的；

（五）无正当理由未及时建设实施的；

（六）拒不接受依法进行的稽查或者监督检查的；

（七）未按要求通过投资项目在线审批监管平台报告相关项目信息的；

（八）其他违反国家法律法规和本办法规定的行为。

第七章　附　　则

第二十六条　本办法由国家发展改革委负责解释。国家发展改革委根据长江经济带战略实施情况，适时对本办法进行修订。

第二十七条　本办法自发布之日起施行，有效期至2020年。《长江经济带港口集疏运通道和综合交通枢纽建设中央预算内投资管理暂行办法》（发改基础规〔2016〕1369号附件3）同时废止。

关于印发《国家铁路局公平竞争审查制度实施办法（暂行）》的通知

（国铁科法〔2018〕23号，国家铁路局2018年3月7日发布）

局属各单位，机关各部门：

现将《国家铁路局公平竞争审查制度实施办法（暂行）》印发给你们，请遵照执行。

国家铁路局公平竞争审查制度实施办法（暂行）

第一章　总　　则

第一条　为贯彻落实《中华人民共和国反垄断法》、《国务院关于在市场体系建设中建立公平竞争审查制度的意见》（国发〔2016〕34号，以下简称《意见》）和《公平竞争审查制度实施细则（暂行）》（发改价监〔2017〕1849号），保障国家铁路局公平竞争审查工作顺利开展，推动公平竞争审查制度有效实施，制定本办法。

第二条　国家铁路局在起草行政法规、规章或制定市场准入、产业发展、招标投标、政府采购、经营行为规范、资质标准等涉及市场主体经济活动的规范性文件和其他政策措施（以下统称政策措施）时，应当进行公平竞争审查，评估对市场竞争的影响，防止排除、限制市场竞争。

经审查认为不具有排除、限制竞争效果的，可以实施；具有排除、限制竞争效果的，应当不予出台或者调整至符合相关要求后出台；未经公平竞争审查的，不得出台。

第二章　审查机制和程序

第三条　国家铁路局实行起草部门自我审查工作机制，由负责起草政策措施的业务部门或单位（以下简称政策起草部门）开展公平竞争自我审查。国家铁路局设立公平竞争审查办公室，日常工作由科技与法制司承担。

第四条　政策起草部门开展公平竞争审查应当遵循审查基本流程（见附件1），形成明确的书面审查结论（即公平竞争审查表，见附件 2），在进行合法性审查时将书面审查结论复印件提交局公平竞争审查办公室汇总留存，书面审查结论原件应随所办公文一并归档。局公平竞争审查办公室对审查结论有不同意见的，应与政策起草部门沟通协调，必要时可提请局务会审议。

未形成书面审查结论出台政策措施的，视为未进行公平竞争审查。

第五条　政策起草部门开展公平竞争审查，应当征求利害关系人意见或者向社会公开征求意见，并在书面审查结论中说明征求意见情况。对出台前需要保密的政策措施，由政策起草部门按照相关法律法规处理。

利害关系人指参与铁路相关市场竞争的经营者、上下游经营者、消费者以及政策措施可能影响其公平参与市场竞争的其他市场主体。

第六条　政策起草部门开展公平竞争审查，可以征求专家学者、法律顾问、专业机构的意见。征求上述方面意见的，应当在书面审查结论中说明有关情况。

第七条　政策起草部门可以就公平竞争审查中遇到的具体问题，向局公平竞争审查办公室咨询，对存在较大争议的按照国家有关规定向相关部门咨询或提请协调。

第八条　政策起草部门应当每年对开展公平竞争审查情况进行总结，于次年 1 月 5 日前提供给局公平竞争审查办公室汇总，局公平竞争审查办公室于次年 1 月 31 日前将国家铁路局书面总结报告报送依据国家有关规定建立的同级公平竞争审查联席会议办公室。

第九条　对经公平竞争审查后出台的政策措施，政策起草部门应当对其影响全国统一市场和公平竞争的情况进行定期评估。经评估认为妨碍全国统一市场和公平竞争的，应当及时废止或者修改完善。

定期评估可以每三年进行一次，也可以由政策起草部门根据实际情况自行决定。自行决定评估时限的，政策起草部门应当在出台政策措施时予以明确。

第十条　鼓励委托第三方专业机构，协助对政策措施进行公平竞争审查和定期评估。

第三章　审查标准

第十一条　市场准入和退出标准。

（一）不得设置不合理和歧视性的准入和退出条件，包括但不限于：

1. 设置明显不必要或者超出实际需要的准入和退出条件，排斥或者限制经营者参与市场竞争；

2. 没有法律法规依据或者国务院规定，对不同所有制、地区、组织形式的经营者实施差别化待遇，设置不平等的市场准入和退出条件；

3. 没有法律法规依据或者国务院规定，以备案、登记、注册、名录、年检、监制、认定、认证、审定、指定、配号、换证、要求设立分支机构等形式，设定或者变相设定市场准入障碍；

4. 没有法律法规依据或者国务院规定，设置消除或者减少经营者之间竞争的市场准入或者退出条件。

（二）未经公平竞争不得授予经营者特许经营权，不得在一般竞争性领域实施特许经营或者以特许经营为名增设行政许可等。

（三）不得限定经营、购买、使用特定经营者提供的商品和服务，包括但不限于：

1. 以明确要求、暗示、拒绝或者拖延行政审批、重复检查、不予接入平台或者网络等方式，限定或者变相限定经营、购买、使用特定经营者提供的商品和服务；

2. 在招标投标中限定投标人所在地、所有制、组织形式，排斥或者限制潜在投标人参与招标投标活动；

3. 没有法律法规依据，通过设置项目库、名录库等方式，排斥或者限制潜在经营者提供商品和服务。

（四）不得设置没有法律法规依据的审批或者具有行政审批性质的事前备案程序，包括但不限于：

1. 没有法律法规依据增设行政审批事项，增加行政审批环节、条件和程序；

2. 没有法律法规依据设置具有行政审批性质的前置性备案程序。

（五）不得对市场准入负面清单以外的行业、领域、业务等设置审批程序，主要指没有法律法规依据或者国务院决定，采取禁止进入、限制市场主体资质、限制股权比例、限制经营范围和商业模式等方式，直接或者变相限制市场准入。

第十二条 商品和要素自由流动标准。

（一）不得对同类商品、服务实行歧视性价格和歧视性补贴政策。

（二）不得限制商品、服务在地区、行业之间自由流通，包括但不限于：

1. 对同类商品设定不同的技术要求、检验标准，或者采取重复检验、重复认证等歧视性技术措施；

2. 对同类商品、服务设定铁路行业资历、业绩证明等特殊行业门槛；

3. 没有法律法规依据，设置专门针对不同地域商品、服务的专营、专卖、审批、许可；

4. 没有法律法规依据，在道路、车站、港口、航空港或者行政区域边界设置关卡，阻碍商品、服务在地区之间自由流通。

（三）不得对经营者参加招标投标活动设定地域性限制条件或歧视性资质要求、评审标准。

（四）不得排斥、限制或者强制经营者投资或者设立分支机构。

（五）不得对经营者投资或者设立分支机构实行歧视性待遇。

第十三条 影响生产经营成本标准。

（一）不得违法给予特定经营者财税、土地、环保、行政事业性收费、政府性基金等方面的优惠政策；

（二）安排财政支出一般不得与企业缴纳的税收或非税收入挂钩；

（三）不得违法违规减免或者缓征特定经营者应当缴纳的社会保险费用；

（四）不得在法律规定之外要求经营者提供或扣留经营者各类保证金。

第十四条 影响生产经营行为标准。

（一）不得强制经营者从事《中华人民共和国反垄断法》规定的垄断行为，主要指以行政命令、行政授权、行政指导或者通过行业协会等方式，强制、组织或者引导经营者达成、实施垄断协议或者实施滥用市场支配地位行为；

（二）不得违法披露或者违法要求经营者披露生产经营敏感信息，为经营者实施垄断行为提供便利条件。生产经营敏感信息是指除依据法律法规或者国务院规定需要公开之外，生产经营者未主动公开，通过公开渠道无法采集的生产经营数据。主要包括：拟定价格、成本、生产数量、销售数量、生产销售计划、经销商信息、终端客户信息等；

（三）不得超越定价权限进行政府定价；

（四）不得违法干预实行市场调节价的商品和服务的价格水平。

第十五条 其他标准。

（一）没有法律、法规依据，不得制定减损市场主体合法权益或者增加其义务的政策措施；

（二）不得违反《中华人民共和国反垄断法》，制定含有排除、限制竞争内容的政策措施。

第四章 例外规定

第十六条 政策起草部门对政策措施进行公平竞争审查时，认为虽然具有一定限制竞争的效果，但属于《意见》规定的为维护国家经济安全、文化安全、涉及国防建设，为实现扶贫开发、救灾救助等社会保障目的，为实现节约能源资源、保护生态环境等社会公共利益以及法律、行政法规规定的例外情形，在同时符合以下条件的情况下可以实施：

（一）对实现政策目的不可或缺，即为实现相关目标必须实施此项政策措施；

（二）不会严重排除和限制市场竞争；

（三）明确实施期限。

第十七条 政策起草部门应当在书面审查结论中说明政策措施是否适用例外规定。认为适用例外规定的，应当对符合适用例外规定的情形和条件进行详细说明。

第十八条 政策起草部门应当逐年评估适用例外规定的政策措施的实施效果，形成书面评估报告。实施期限到期或者未达到预期效果的政策措施，应当及时停止执行或者进行调整。

第五章 社会监督和责任追究

第十九条 政策起草部门涉嫌未进行公平

竞争审查或者违反审查标准出台政策措施的，任何单位和个人可以向国家铁路局反映，由局公平竞争审查办公室负责核实有关情况，提出处理意见，政策起草部门根据意见进行调整，必要时可提请局务会处理。

第二十条　政策起草部门未进行公平竞争审查出台政策措施的，应当及时补做审查。发现存在违反审查标准问题的，应当按照相关程序停止执行或者调整相关政策措施。停止执行或者调整相关政策措施的，应当按照《中华人民共和国政府信息公开条例》要求向社会公开。

第二十一条　政策起草部门未进行公平竞争审查或者违反审查标准出台政策措施的，责令改正；拒不改正或者不及时改正的，对直接负责的主管人员和其他直接责任人员依据《中华人民共和国公务员法》、《行政机关公务员处分条例》等法律法规给予处分。违反《中华人民共和国反垄断法》的，按国家有关规定处理。相关处理决定和建议依据法律法规向社会公开。

第六章　附　　则

第二十二条　各地区铁路监督管理局应当按照本办法的精神结合本单位实际依法做好公平竞争审查工作，将每年开展公平竞争审查情况总结，于次年1月5日前提供给局公平竞争审查办公室汇总。

第二十三条　本办法自公布之日起实施。

附件：1. 公平竞争审查基本流程

2. 公平竞争审查表

附件1

公平竞争审查基本流程

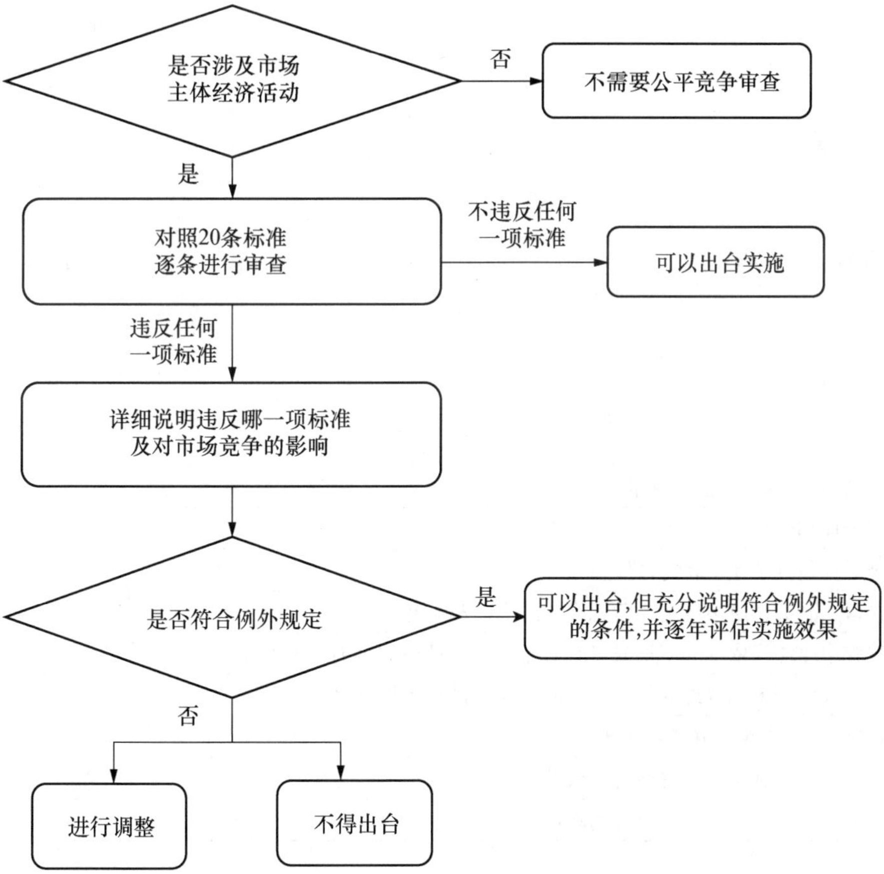

附件 2

公平竞争审查表

年　月　日

<table>
<tr><td>政策措施名称</td><td colspan="4"></td></tr>
<tr><td>涉及行业领域</td><td colspan="4"></td></tr>
<tr><td>性质</td><td colspan="4">行政法规草案□　　规章□
规范性文件□　　其他政策措施□</td></tr>
<tr><td rowspan="2">起草机构
（审查机构）</td><td>名称</td><td colspan="3"></td></tr>
<tr><td>联系人</td><td></td><td>电话</td><td></td></tr>
<tr><td rowspan="2">征求意见情况</td><td colspan="4">征求利害关系人意见□　　向社会公开征求意见□</td></tr>
<tr><td colspan="4">具体情况（时间、对象、意见反馈和采纳情况）：

（可附相关报告）</td></tr>
<tr><td>专家咨询意见
（可选）</td><td colspan="4">
（可附专家意见书）</td></tr>
<tr><td colspan="5">竞争影响评估</td></tr>
<tr><td colspan="4">一、是否违反市场准入与退出标准</td><td>是/否</td></tr>
<tr><td colspan="4">1. 设置不合理和歧视性的准入和退出条件</td><td></td></tr>
<tr><td colspan="4">2. 未经公平竞争授予经营者特许经营权</td><td></td></tr>
<tr><td colspan="4">3. 限定经营、购买、使用特定经营者提供的商品和服务</td><td></td></tr>
<tr><td colspan="4">4. 设置没有法律法规依据的审批或者具有行政审批性质的事前备案程序</td><td></td></tr>
<tr><td colspan="4">5. 对市场准入负面清单以外的行业、领域、业务设置审批程序</td><td></td></tr>
<tr><td colspan="4">二、是否违反商品要素自由流通标准</td><td>是/否</td></tr>
<tr><td colspan="4">1. 对同类商品、服务实行歧视性价格或补贴政策</td><td></td></tr>
<tr><td colspan="4">2. 限制商品、服务在地区、行业之间自由流动</td><td></td></tr>
</table>

续表

<table>
<tr><td colspan="3">3. 对经营者参加招标投标活动设定地域性限制条件或歧视性资质要求、评审标准</td><td></td></tr>
<tr><td colspan="3">4. 排斥限制或强制经营者投资或设立分支机构</td><td></td></tr>
<tr><td colspan="3">5. 对经营者投资或设立分支机构实行歧视性待遇</td><td></td></tr>
<tr><td colspan="3">三、是否违反影响生产经营成本标准</td><td>是/否</td></tr>
<tr><td colspan="3">1. 违法给予特定经营者财税、土地、环保、行政事业性收费、政府性基金等方面的优惠政策</td><td></td></tr>
<tr><td colspan="3">2. 将财政支出安排与企业缴纳的税收或非税收入挂钩</td><td></td></tr>
<tr><td colspan="3">3. 违法违规减免或者缓征特定经营者应当缴纳的社会保险费用</td><td></td></tr>
<tr><td colspan="3">4. 违法要求经营者提供各类保证金或扣留经营者保证金</td><td></td></tr>
<tr><td colspan="3">四、是否违反影响生产经营行为标准</td><td>是/否</td></tr>
<tr><td colspan="3">1. 强制经营者从事《反垄断法》规定的垄断行为</td><td></td></tr>
<tr><td colspan="3">2. 违法披露或者要求经营者披露生产经营敏感信息</td><td></td></tr>
<tr><td colspan="3">3. 超越定价权限进行政府定价</td><td></td></tr>
<tr><td colspan="3">4. 违法干预实行市场调节价的商品服务价格水平</td><td></td></tr>
<tr><td colspan="3">五、是否违反兜底条款</td><td>是/否</td></tr>
<tr><td colspan="3">1. 没有法律法规依据减损市场主体合法权益或者增加其义务</td><td></td></tr>
<tr><td colspan="3">2. 违反《反垄断法》制定含有排除限制竞争内容的政策措施</td><td></td></tr>
<tr><td>是否违反相关标准的结论（如违反，请详细说明情况）</td><td colspan="3">（可附相关报告）</td></tr>
<tr><td rowspan="2">适用例外规定（在违反相关标准时填写）</td><td colspan="3">是□ 否□</td></tr>
<tr><td>选择“是”时详细说明理由</td><td colspan="2"></td></tr>
<tr><td>其他需要说明的情况</td><td colspan="3"></td></tr>
<tr><td>审查机构主要负责人意见</td><td colspan="3">签字： 盖章：</td></tr>
</table>

关于《必须招标的工程项目规定》的批复

（国函〔2018〕56号，国务院2018年3月8日发布）

国家发展改革委：

国务院批准《必须招标的工程项目规定》（以下简称《规定》），由你委公布，公布时注明“经国务院批准”。《规定》的施行日期由你委根据实际情况确定。《规定》施行之日，2000年4月4日国务院批准、2000年5月1日原国家发展计划委员会发布的《工程建设项目招标范围和规模标准规定》同时废止。

必须招标的工程项目规定

（国家发展和改革委员会令2018年第16号，国家发展改革委2018年3月27日发布）

《必须招标的工程项目规定》已经国务院批准，现予公布，自2018年6月1日起施行。

必须招标的工程项目规定

第一条 为了确定必须招标的工程项目，规范招标投标活动，提高工作效率、降低企业成本、预防腐败，根据《中华人民共和国招标投标法》第三条的规定，制定本规定。

第二条 全部或者部分使用国有资金投资或者国家融资的项目包括：

（一）使用预算资金200万元人民币以上，并且该资金占投资额10%以上的项目；

（二）使用国有企业事业单位资金，并且该资金占控股或者主导地位的项目。

第三条 使用国际组织或者外国政府贷款、援助资金的项目包括：

（一）使用世界银行、亚洲开发银行等国际组织贷款、援助资金的项目；

（二）使用外国政府及其机构贷款、援助资金的项目。

第四条 不属于本规定第二条、第三条规定情形的大型基础设施、公用事业等关系社会公共利益、公众安全的项目，必须招标的具体范围由国务院发展改革部门会同国务院有关部门按照确有必要、严格限定的原则制订，报国务院批准。

第五条 本规定第二条至第四条规定范围内的项目，其勘察、设计、施工、监理以及与工程建设有关的重要设备、材料等的采购达到下列标准之一的，必须招标：

（一）施工单项合同估算价在400万元人民币以上；

（二）重要设备、材料等货物的采购，单项合同估算价在200万元人民币以上；

（三）勘察、设计、监理等服务的采购，单项合同估算价在100万元人民币以上。

同一项目中可以合并进行的勘察、设计、施工、监理以及与工程建设有关的重要设备、材料等的采购，合同估算价合计达到前款规定标准的，必须招标。

第六条 本规定自2018年6月1日起施行。

关于加强城市轨道交通车辆投资项目监管有关事项的通知

（发改办产业〔2018〕323 号，国家发展改革委办公厅 2018 年 3 月 9 日发布）

各省、自治区、直辖市及计划单列市、新疆生产建设兵团发展改革委，有关中央企业，中国城市轨道交通协会：

为深入学习贯彻习近平新时代中国特色社会主义思想和党的十九大精神，深入推进供给侧结构性改革，加强城市轨道交通（以下简称城轨）车辆投资项目监管，有效预防和化解产能过剩，推动城轨装备产业高质量发展，现就有关事项通知如下。

一、加强产能监测预警

（一）建立产能信息报送制度。省级发展改革委、有关中央企业要建立产能监测体系，对本地区、本企业的城轨车辆制造、组装和牵引、制动、信号系统产能等情况进行调查，包括已建成、在建、规划建设的产能规模以及工程建设进度、产品产销、产能利用率等情况，于每年 3 月底前将上年度情况报送国家发展改革委产业协调司。

（二）加强产能发布和预警。国家发展改革委产业协调司组织中国城市轨道交通协会和相关单位，建立城轨车辆产能预警机制，深入开展产能核查和分析评估，通过全国投资项目在线审批监管平台及时发布产能变动和预警信息，制定完善政策措施，加强对有关地区和企业的指导。

（三）引导企业合理投资。省级发展改革委、有关中央企业要根据城轨车辆市场供需、产能预警情况，及时采取切实有效措施，加强对本地区和所属企业的指导、监督，引导企业投资和市场预期，避免盲目投资，使本地区、本企业产能利用率保持在合理水平。中国城市轨道交通协会要围绕防范和化解产能过剩，积极开展政策解读、新闻宣传、调查研究等工作，进一步加强行业自律，引导会员企业合理投资。

二、完善投资项目监管

（一）明确项目管理监督责任。省级发展改革委要健全投资项目备案规则和程序，严格执行项目代码制度，制定城轨车辆及牵引、制动、信号系统投资项目管理办法，依法依规办理投资项目备案。按照谁审批谁监管、谁主管谁监管的原则，及时掌握投资项目建设进展情况，加强对城轨车辆及牵引、制动、信号系统投资项目的事中事后监管。

（二）严控城轨车辆新增产能。省级发展改革委要采取有效措施，严格控制本地区城轨车辆新增产能。城轨车辆产能利用率低于 80％的地区，不得新增城轨车辆产能。企业申请建设扩大城轨车辆产能项目，上两个年度产能利用率应均高于 80％。

（三）提高投资项目技术要求。省级发展改革委要加强城轨车辆及牵引、制动、信号系统投资项目管理。城轨车辆投资项目应包含车体、转向架的研发、试验、检测、制造以及列车网络控制系统开发等建设内容。牵引系统投资项目应包含牵引变流器、辅助变流器、电机等关键总成制造、集成以及研发、试验、检测等建设内容。制动系统投资项目应包含制动控制单元、基础制动等子系统制造、集成以及研发、试验、检测等建设内容。信号系统投资项目应包含列车自动监控系统（ATS）、自动防护（ATP）、自动驾驶（ATO）和联锁（CI）等子系统研制、集成以及测试验证等建设内容。

三、加快产业结构调整

（一）优化产业布局结构。省级发展改革委、有关中央企业等要加强城轨车辆产业发展与国家现代综合交通运输体系发展规划、城轨建设规划的衔接，以城轨建设实际需求为导向，在严控新增产能的前提下，积极调整优化产业布局，推动产能向产业基础扎实、配套体系完善、竞争优势明显的地区聚集，着力构建分工合理、优势互补、各具特色的产业发展格局。

（二）推动企业业务转型。省级发展改革委、有关中央企业等要采取有效措施，按照“转型、整合、转移、退出”的思路，积极调整现有城轨车辆制造、组装企业业务结构，推动一批企业逐步转向城轨车辆的架修、大修和维保业务，推动一批企业进行区域优化整合、压缩产能规模，推动一批企业开展国际产能合作、积极探索产能转移途径，推动一批企业发展绿色智能交通等新兴业务。

（三）提升企业竞争实力。城轨装备制造企业要加强自主创新能力建设，加快掌握核心技术，研发先进适用的城轨车辆，形成自主知识产权，提高自主化、智能化、绿色化、服务化水平。要加强资本、技术等合作，积极开展兼并重组和战略协作，不断增强市场竞争力。

四、促进产业规范发展

（一）构建中国标准城轨装备体系。中国城市轨道交通协会、城轨装备制造企业要积极开展城轨车辆等标准制修订，发展团体标准、企业标准，完善城轨装备标准规范。加快构建中国标准城轨装备体系，制定城轨车辆等装备选型技术指引，推动装备统型，为预防和化解产能过剩提供支撑。

（二）加快实施城轨装备认证。省级发展改革委要大力推动城轨车辆等装备认证，积极引导城轨装备制造企业开展认证。在市场准入、推广应用等环节，加大城轨车辆等装备认证采信力度，鼓励优先使用认证产品，提高市场准入门槛，倒逼落后产能退出。

（三）加强城轨项目招投标监管。省级发展改革委要加强对城轨项目招投标活动的监督管理，对违法将项目招标投标与生产企业投资设厂相捆绑等行为，严格予以查处，坚决遏制地方保护主义，维护市场秩序。要创新招投标方式方法，大力推广电子招投标，实行全流程在线交易、信息公开和动态监督，营造良好的市场环境。

关于印发《邮政基础设施项目中央预算内投资管理办法》的通知

（发改基础规〔2018〕532号，国家发展改革委2018年4月2日发布）

邮政局，中国邮政集团公司，各省、自治区、直辖市、新疆生产建设兵团发展改革委：

为适应邮政基础设施建设新形势新要求，进一步提高中央预算内投资使用效率，加强项目事中事后监管，根据工作需要，我们对《邮政基础设施项目中央预算内投资管理暂行办法》（发改基础规〔2016〕1369号附件5）进行了修订。现将《邮政基础设施项目中央预算内投资管理办法》印发你们，请按照执行。

特此通知。

附件：邮政基础设施项目中央预算内投资管理办法

附件

邮政基础设施项目中央预算内投资管理办法

第一章　总　　则

第一条　为规范邮政基础设施项目中央预算内投资管理，发挥中央资金使用效率，进一步改善邮政基础设施条件，根据《中央预算内直接投资项目管理办法》（国家发展改革委令第7号）、《中央预算内投资补助和贴息项目管理办法》（国家发展改革委令第45号）、《国家发展改革委关于进一步规范打捆切块项目中央预算内投资计划管理的通知》（发改投资〔2017〕1897号）等有关规定，制定本办法。

第二条　所有使用邮政基础设施中央预算内投资的项目适用本办法。

第三条　本办法所称直接安排投资项目，是指国家发展改革委安排中央预算内投资建设的邮政寄递渠道安全监管“绿盾”工程等中央本级非经营性邮政固定资产投资项目。

本办法所称打捆下达投资项目，是指国家发展改革委对符合条件的邮政基础设施项目通过打捆方式下达的给予投资资金补助的项目。

第四条　中央预算内投资安排遵循符合规划、程序完备、进度可控、监管有效的原则，重点支持提升邮政公共服务能力的基础设施项目。具体支持范围严格按照《国务院关于促进快递业发展的若干意见》《“十三五”现代综合交通运输体系发展规划》等国家相关政策和规划。

第二章　前期工作

第五条　项目申请单位应根据本办法，结合本行业实际情况，按照项目轻重缓急和投资可能，及时组织开展项目前期调研评估、论证工作，并结合国家重大建设项目库做好项目储备。

第六条　对直接安排投资项目，应纳入国家批准的规划。使用中央预算内投资5000万元及以上的项目，按照《国家发展改革委关于下放部分交通项目审批权和简化审批程序的通知》（发改基础〔2015〕2933号）等有关规定，由国家发展改革委直接审批可行性研究报告。其初步设计经国家邮政局审核报国家发展改革委核定概算后，由国家邮政局审批。

第七条　对打捆下达投资项目，应按照国民经济和社会发展五年规划纲要有关要求，制定五年工作方案，明确投资补助的目的、目标、支持范围、建设内容、补助标准、责任分工、工作程序及有关要求等。省级发展改革委根据国家批准的规划、五年工作方案以及项目前期工作进展，及时对项目进行备案。

第三章　资金申请

第八条　对直接安排投资项目，在申请中央预算内投资时，由国家邮政局提出年度投资计划申请，按程序报送国家发展改革委，项目应具备以下条件：

（一）符合本办法第四条确定的支持方向；

（二）已完成可行性研究报告和初步设计审批；

（三）明确项目单位及项目责任人、日常监管直接责任单位及监管责任人，落实开工建设条件；

（四）年度申报要求的其他条件。

第九条　对打捆下达投资项目，在申请中央预算内投资时，由中国邮政集团公司汇总提出资金申请报告和年度投资计划申请，按程序报送国家发展改革委，项目应具备以下条件：

（一）符合本办法第四条支持方向和五年工作方案；

（二）建设资金来源和建设条件基本落实；

（三）按照有关规定，项目依法合规完成备案并具备开工条件；

（四）明确“捆”中每一个项目的项目单位及项目责任人、日常监管直接责任单位及监管责任人，并经日常监管直接责任单位及监管责任人认可后，随投资计划申报文件一并报送；

（五）年度申报要求的其他条件。

第十条　资金申请单位应于每年7月底前（或根据国家发展改革委通知要求），从国家重大建设项目库三年滚动计划中提出拟申请下一年度中央预算内投资的项目需求。

第十一条　资金申请单位应对资金申请是否符合政策要求、申请材料的真实性、合规性负责。

第四章　审核下达

第十二条　国家发展改革委受理资金申请报告和年度投资计划申请报告后，重点对以下事项进行审核：

（一）是否符合邮政基础设施项目中央预算内投资的使用方向；

（二）是否符合中央预算内投资的安排原则；

（三）项目主要建设条件是否基本落实；

（四）提交的有关文件是否齐备；

（五）项目已列入三年滚动投资计划，并通过投资项目在线审批监管平台完成审批（备案）。

第十三条 对直接安排投资项目，国家发展改革委经审核同意后，一次或分次下达年度投资计划，明确年度建设目标任务，提出落实工作责任、强化监督管理等要求，明确项目单位（法人）和项目责任人、日常监管直接责任单位和监管责任人。国家邮政局收文后10个工作日内转发下达。

第十四条 对打捆下达投资项目，国家发展改革委经审核同意后，一次或分次下达年度投资计划。中国邮政集团公司应在收文后20个工作日内将投资计划分解落实到具体项目，对分解后的具体项目逐一落实项目（法人）单位及项目责任人、日常监管直接责任单位及监管责任人，经日常监管直接责任单位及监管责任人认可后，报国家发展改革委备案，抄报国家邮政局，并在全国投资项目在线审批监管平台国家重大建设项目库中相应分解至具体项目。

第五章 项目实施管理

第十五条 使用中央预算内投资项目的财务管理按照财政部门的有关管理规定执行。计划申请单位要配合有关部门做好资金拨付工作，确保中央预算内投资和其他资金按期拨付，按规定用途使用。严禁转移、侵占或者挪用中央预算内投资。

第十六条 项目单位应加强组织领导，按照工作方案开展项目前期工作，确保项目资金及时到位，实施建设和组织运营。要每月10日前填报项目信息和进展情况等数据，加强数据审核，依托重大建设项目库进行按月调度。通过投资计划编报库上报的投资计划数据应与通过重大建设项目库上报的三年滚动投资计划相关数据衔接一致。

第十七条 项目单位应当严格执行国家有关法律、法规和政策要求，不得擅自改变主要建设内容、规模、标准和筹资方式。国家下达的投资计划原则上不得调整，如因某些原因导致项目单位、建设性质、建设地点、建设内容、建设规模、总投资等发生重大变更、一年以上未开工或无法实施，项目单位应及时向项目审批单位报告情况和原因，按照管理权限办理投资计划调整。

（一）直接安排投资项目需调整的，由国家邮政局提出调整申请，国家发展改革委根据情况依法进行调整；

（二）打捆下达投资项目需调整的，如调整后项目仍属原打捆专项且中央预算内投资不变的，由中国邮政集团公司商国家邮政局调整，调整结果抄报国家发展改革委；如调整后项目不在原打捆专项中的，报国家发展改革委调整；

（三）调整投资计划下达后5个工作日内应在国家重大建设项目库中进行调整更新，及时删除原项目，对新项目开展调度。

第十八条 项目竣工后，项目单位应严格按规定做好竣工验收工作，按程序及时将验收结果报备，并按要求通过重大建设项目库加载相关信息。验收的主要内容包括项目建设任务及投资计划是否按批复的方案完成，是否随意变更项目建设地点、标准和主要建设内容；主要工程建设是否符合设计要求，达到规定标准；中央投资及地方投资是否按要求足额到位；项目施工质量、执行法律法规情况；运行使用情况、竣工决算和档案资料等。

第六章 监管措施

第十九条 项目日常监管直接责任单位及监管责任人对项目申报、建设管理、信息报送等履行日常监管直接责任。项目单位应当自觉接受审计、监察等部门的监督检查，保证中央预算内投资的合理使用和项目顺利实施。

第二十条 对打捆下达投资项目，省级发展改革委和省级邮政管理部门根据职责分工，做好项目进展填报情况的审核把关，及时对建设实施情况进行检查和考核。

第二十一条　不涉及保密要求的投资项目，应当按照有关规定向社会公开，主动接受公众监督。

第二十二条　国家发展改革委接受单位、个人对项目审批（备案）、资金安排、建设过程中违法违规行为的举报，按照有关规定办理。

第二十三条　国家发展改革委按照有关规定对中央预算内投资的项目进行检查和考核，对发现的问题严格按照《中央预算内直接投资项目管理办法》（国家发展改革委令第7号）、《中央预算内投资补助和贴息项目管理办法》（国家发展改革委令第45号）、《中央预算内直接投资项目概算管理暂行办法》（发改投资〔2015〕482号）、《中央预算内投资项目日常监管实施办法（试行）》（发改投资〔2017〕2276号）等进行处理。

第二十四条　项目出现下列情形之一，国家发展改革委责令限期整改，采取措施核减、收回或者停止拨付中央预算内投资，并可以根据情节轻重提请或移交有关机关依法追究有关责任人的行政或者法律责任。

（一）提供虚假情况，骗取中央预算内投资的；

（二）违反程序未按要求完成项目前期工作的；

（三）转移、侵占或者挪用中央预算内投资的；

（四）擅自变更建设规模、内容和建设标准的；

（五）无正当理由未及时建设实施的；

（六）拒不接受依法进行监督检查的；

（七）其他违反国家法律法规和本办法规定的行为。

第七章　附　　则

第二十五条　本办法由国家发展改革委负责解释。

第二十六条　本办法自发布之日起施行，有效期至2020年12月31日。《邮政基础设施项目中央预算内投资管理暂行办法》（发改基础规〔2016〕1369号附件5）同时废止。

农村公路建设管理办法

（交通运输部令2018年第4号，交通运输部2018年4月8日发布）

《农村公路建设管理办法》已于2017年12月27日经第25次部务会议通过，并经财政部同意，现予公布。自2018年6月1日起施行。

第一章　总　　则

第一条　为了规范农村公路建设管理，促进农村公路可持续健康发展，根据《公路法》《公路安全保护条例》《建设工程质量管理条例》《建设工程安全生产管理条例》等法律、行政法规和国务院相关规定，制定本办法。

第二条　农村公路新建、改建、扩建的管理，适用本办法。

本办法所称农村公路是指纳入农村公路规划，并按照公路工程技术标准修建的县道、乡道、村道及其所属设施，包括经省级交通运输主管部门认定并纳入统计年报里程的农村公路。公路包括公路桥梁、隧道和渡口。

县道是指除国道、省道以外的县际间公路以及连接县级人民政府所在地与乡级人民政府所在地和主要商品生产、集散地的公路。

乡道是指除县道及县道以上等级公路以外的乡际间公路以及连接乡级人民政府所在地与建制村的公路。

村道是指除乡道及乡道以上等级公路以外的连接建制村与建制村、建制村与自然村、建制村与外部的公路，但不包括村内街巷和农田间的机耕道。

第三条　农村公路建设应当遵循政府主

导、分级负责、安全至上、确保质量、生态环保、因地制宜的原则。

第四条 交通运输部负责全国公路建设的行业管理工作。

县级以上地方交通运输主管部门依据职责主管本行政区域内农村公路的建设管理工作，县级交通运输主管部门具体负责指导、监督乡道、村道建设管理工作。

第五条 县级人民政府应当按照国务院有关规定落实本行政区域内农村公路建设的主体责任，对农村公路建设质量、安全负责，落实财政保障机制，加强和规范农村公路建设管理，严格生态环境保护，扶持和促进农村公路绿色可持续发展。

乡级人民政府负责本行政区域内乡道、村道建设管理工作。

村民委员会在乡级人民政府的指导下，可以按照村民自愿、民主决策的原则和一事一议制度组织村道建设。

第六条 农村公路建设项目实行项目业主责任制。项目业主应当具备建设项目相应的管理和技术能力。

鼓励选择专业化机构履行项目业主职责。

第七条 农村公路建设项目按照规模、功能、技术复杂程度等因素，分为重要农村公路建设项目和一般农村公路建设项目。

省级交通运输主管部门可以会同同级有关部门确定重要农村公路建设项目和一般农村公路建设项目的具体划分标准，并可以根据相关法规和本办法，结合本地区实际情况简化一般农村公路建设项目的建设程序。

第八条 鼓励在农村公路建设中应用新技术、新材料、新工艺、新设备，提高建设质量。

在保证农村公路建设质量的前提下，鼓励整合旧路资源、加工适于筑路的废旧材料等用于农村公路建设，推动资源循环利用。

鼓励采用设计、施工和验收后一定时期养护工作合并实施的“建养一体化”模式。

第九条 市级以上地方交通运输主管部门应当采用随机抽取建设项目，随机选派检查人员，检查情况向社会公开的方式，对农村公路建设项目进行监督检查。检查比例由省级交通运输主管部门确定。

县级交通运输主管部门应当实现农村公路建设项目监督检查全覆盖。

鼓励委托具有公路设计、施工、监理资质的单位进行监督检查。

第十条 农村公路建设项目年度计划、补助政策、招标投标、施工管理、质量监管、资金使用、工程验收等信息应当按照交通运输部有关规定向社会公开，接受社会监督。

第二章 规划管理

第十一条 农村公路建设规划应当符合国民经济和社会发展规划、土地利用总体规划，与城乡规划、国道、省道以及其他交通运输方式的发展规划相协调。

第十二条 县道建设规划由县级交通运输主管部门会同同级有关部门编制，经县级人民政府审定后，报上一级人民政府批准。

乡道、村道建设规划由县级交通运输主管部门协助乡级人民政府编制，报县级人民政府批准。

经批准的农村公路建设规划，应当报批准机关的上一级交通运输主管部门备案。

第十三条 农村公路建设规划编制单位应当在编制建设规划时同步建立农村公路建设规划项目库，同建设规划一并履行报批和备案手续。

农村公路建设规划项目库实行动态管理，根据需要定期调整。项目库调整应当报原批准机关批准，并报批准机关的上一级交通运输主管部门备案。

第十四条 县级以上地方交通运输主管部门应当根据农村公路建设规划项目库，统筹考虑财政投入、年度建设重点、养护能力等因素，会同同级有关部门编制农村公路建设项目年度计划。

未纳入农村公路建设规划项目库的建设项目，不得列入年度计划。

农村公路建设项目年度计划编制及审批程序由省级交通运输主管部门制定。

第三章 建设资金

第十五条 农村公路建设资金应当按照国

家相关规定，列入地方各级政府财政预算。

农村公路建设应当逐步建立健全以财政投入为主、多渠道筹措为辅的资金筹措机制。

鼓励采取农村公路资源开发、金融支持、捐助、捐款等方式筹集农村公路建设资金。

第十六条　县级以上地方交通运输主管部门应当依据职责，建立健全农村公路建设资金管理制度，加强对资金使用情况的监管。

第十七条　由中央政府给予投资支持的农村公路建设项目，应当按照有关规定及时将项目以及资金使用情况报相关部门备案。

第十八条　农村公路建设资金应当按照有关规定及时支付。已列入建设计划的项目可以采用“先建后补”等方式组织建设。

车辆购置税补助资金应当全部用于建设项目建筑安装工程费支出，不得从中提取咨询、审查、管理等其他费用，但中央政府全额投资的建设项目除外。

第十九条　农村公路建设资金使用情况应当按照规定接受有关部门监督检查。

任何单位、组织和个人不得截留、挤占、挪用农村公路建设资金。

第二十条　农村公路建设不得增加农民负担，不得损害农民利益，不得采用强制手段向单位和个人集资，不得强行让农民出工、备料。

第二十一条　农村公路建设不得拖欠工程款和农民工工资，不得拖欠征地拆迁款。

第四章　建设标准和设计

第二十二条　农村公路建设应当根据本地区实际情况，合理确定公路技术等级，并符合有关标准规范和省级以上交通运输主管部门相关要求。

第二十三条　农村公路设计应当做好耕地特别是永久基本农田、水利设施、生态环境和文物古迹的保护。

有条件的地方在农村公路设计时可以结合旅游等需求设置休息区、观景台。

第二十四条　农村公路设计应当由具有相应资质的设计单位承担。

重要农村公路建设项目应当进行初步设计和施工图设计。一般农村公路建设项目可以直接进行施工图设计，并可以多个项目一并进行。

第二十五条　农村公路建设项目设计文件由县级以上地方交通运输主管部门依据法律、行政法规的相关规定进行审批，具体审批权限由省级交通运输主管部门确定。

农村公路建设项目重大或者较大设计变更应当报原设计审批部门批准。

第五章　建设施工

第二十六条　农村公路建设用地应当符合土地使用标准，并按照国家有关规定执行。

第二十七条　农村公路建设项目需要征地拆迁的，应当按照当地人民政府确定的补偿标准给予补偿。

第二十八条　农村公路建设项目的勘察、设计、施工、监理等符合法定招标条件的，应当依法进行招标。

省级交通运输主管部门可以编制农村公路建设招标文件范本。

第二十九条　县级以上地方交通运输主管部门应当会同同级有关部门加强对农村公路建设项目招标投标工作的指导和监督。

第三十条　重要农村公路建设项目应当单独招标，一般农村公路建设项目可以多个项目一并招标。

第三十一条　农村公路建设项目的招标由项目业主负责组织。

第三十二条　农村公路建设项目应当选择具有相应资质的单位施工。在保证工程质量的条件下，可以在专业技术人员的指导下组织当地群众参与实施一般农村公路建设项目中技术难度低的路基和附属设施。

第三十三条　农村公路建设项目由项目业主依照相关法规自主决定工程监理形式。

第六章　质量安全

第三十四条　农村公路建设项目应当遵守工程质量和安全监督管理相关法规规定。

第三十五条　农村公路建设项目应当设定保修期限和质量保证金。重要农村公路建设项目保修期限在2至3年，一般农村公路建设项目保修期限在1至2年，具体期限由项目业主和施工单位在合同中约定，自项目交工验收之日起计算。质量保证金可以从建设项目资金中预留或者以银行保函方式缴纳，预留或者缴纳比例应当符合国家相关规定。

在保修期限内发生的质量缺陷，由施工单位负责修复。施工单位不能进行修复的，由项目业主负责组织修复，修复所产生的相关费用从质量保证金中扣除，不足部分由施工单位承担。

保修期限届满且质量缺陷得到有效处置的，预留的质量保证金应当及时返还施工单位。

第三十六条 省级交通运输主管部门应当建立农村公路建设信用评价体系，由县级交通运输主管部门对农村公路建设项目有关单位进行评价，并实施相应守信联合激励和失信联合惩戒。

第三十七条 农村公路建设项目应当按照有关标准设置交通安全、防护、排水等附属设施，并与主体工程同时设计、同时施工、同时投入使用。

第三十八条 鼓励聘请技术专家或者动员当地群众代表参与农村公路建设项目质量和安全监督工作。

第三十九条 鼓励推行标准化施工，对混凝土拌和、构件预制、钢筋加工等推行工厂化管理，提高建设质量。

第七章 工程验收

第四十条 农村公路建设项目完工后，应当按照国家有关规定组织交工、竣工验收。未经验收或者验收不合格的，不得交付使用。

一般农村公路建设项目的交工、竣工验收可以合并进行，并可以多个项目一并验收。

第四十一条 农村公路建设项目由项目业主组织交工验收，由县级以上地方交通运输主管部门按照项目管理权限组织竣工验收。交工、竣工验收合并的项目，由县级以上地方交通运输主管部门按照项目管理权限组织验收。

由县级以上地方交通运输主管部门组织验收的农村公路建设项目，应当邀请同级公安、安全生产监督管理等相关部门参加，验收结果报上一级交通运输主管部门备案。

市级以上地方交通运输主管部门应当将项目验收作为监督检查的重要内容。

第四十二条 农村公路建设项目验收时，验收单位应当按照设计文件和项目承包合同，组织质量鉴定检测，核定工程量。

第四十三条 农村公路建设项目在交工验收时发现存在质量缺陷等问题，由施工单位限期完成整改。

第四十四条 农村公路新建项目交工验收合格后，方可开放交通，并移交管理养护单位。

县级以上交通运输主管部门应当及时组织做好基础数据统计、更新和施工资料归档工作。

第四十五条 省级交通运输主管部门可以根据《公路工程竣（交）工验收办法》和《公路工程质量检验评定标准》，结合本地区实际情况，规定具体的农村公路建设项目验收程序。

第八章 法律责任

第四十六条 违反本办法规定，有下列情形之一的，由有关交通运输主管部门或者由其向地方人民政府建议对责任单位进行通报批评，限期整改；情节严重的，对责任人依法给予行政处分：

（一）在筹集农村公路建设资金过程中，强制单位和个人集资，强迫农民出工、备料的；

（二）擅自降低征地补偿标准，或者拖欠工程款、征地拆迁款和农民工工资的。

第四十七条 违反本办法规定，农村公路建设资金不按时支付，或者截留、挤占、挪用建设资金的，由有关交通运输主管部门或者由其向地方人民政府建议对责任单位进行通报批评，限期整改；情节严重的，对责任人依法给予行政处分。

第四十八条 违反本办法规定，农村公路新建项目未经交工验收合格即开放交通的，由有关交通运输主管部门责令停止使用，限期改正。

第四十九条 农村公路建设项目发生招标投标违法行为的，依据《招标投标法》《招标投标法实施条例》等有关规定，对相关责任单位和责任人给予处罚。

第五十条 农村公路建设项目发生转包、违法分包等质量安全违法行为的，依据《建设工程质量管理条例》《建设工程安全生产管理条例》等有关规定，对相关责任单位和责任人给予处罚。

第九章 附 则

第五十一条 本办法自2018年6月1日起施行。2006年1月27日以交通部令2006年第3号发布的《农村公路建设管理办法》同时废止。

关于印发国家卫生健康委员会属（管）单位基本建设管理办法的通知

（国卫规划发〔2018〕7号，国家卫生健康委员会2018年4月17日发布）

委属（管）单位：

为贯彻落实简政放权、放管结合、优化服务改革精神，进一步加强委属（管）单位基本建设管理，规范建设程序和行为，提高投资效益，根据国家有关法律法规规定，我委研究制定了《国家卫生健康委员会属（管）单位基本建设管理办法》。现印发给你们，请遵照执行。

附件：国家卫生健康委员会属（管）单位基本建设管理办法

国家卫生健康委员会属（管）单位基本建设管理办法

第一章 总 则

第一条 为贯彻落实简政放权、放管结合、优化服务改革有关精神，进一步加强国家卫生健康委员会属（管）单位基本建设管理，规范建设程序和行为，提高投资效益，促进委属（管）单位科学发展，根据有关法律法规规定，结合实际情况，制定本办法。

第二条 国家卫生健康委员会是委属（管）单位基本建设的主管部门，负责委属（管）单位总体发展建设规划（以下简称总体规划）和基本建设项目（以下简称建设项目）审批和核准、中央投资申请、年度投资计划管理和项目实施监督等。

第三条 委属（管）单位是建设的责任主体，负责单位总体规划和建设项目申报，以及建设项目资金筹措和组织实施等。

第四条 委属（管）单位基本建设决策应当严格执行“三重一大”制度，坚持依法决策、科学决策、民主决策和集体决策。

在总体规划编制和重大项目审批或核准过程中，委属（管）单位要采取专家论证、职工代表大会讨论、结果公示等多种方式，广泛征求各方意见。

第五条 本办法所称建设项目指在自有土地或新征用地上新建、改扩建、迁建以及应当纳入基本建设投资管理范围的工程。

第六条 委属（管）医院建设项目根据建设内容和资金来源不同，分别实行审批管理或核准管理。医院申请中央资金的建设项目和利用自有资金（包括自有、捐赠和地方政府投资等，下同）建设医疗、教学和科研等用房的，实行审批管理；利用自有资金建设的医生值班宿舍、学生宿舍、营养食堂、停车库、连接廊和锅炉房等生活和后勤保障用房项目，实行核准管理。

其他委属事业单位和社会团体申请中央资金的建设项目，实行审批管理；利用自有资金的建设项目，实行核准管理。

委属企业建设项目按照国家有关规定实行核准和备案管理。

办公用房项目按照国家有关规定管理。

第七条 国家卫生健康委员会建立委属（管）单位建设项目审批监管系统（以下简称审批监管系统），将总体规划审批、建设项目审批和核准、投资计划管理以及项目监督实施等纳入系统实行信息化管理。除涉密项目外，委属（管）单位建设项目审批和核准须通过审批监管系统受理、在线办理。

第八条 委属（管）单位总体规划和建设项目申报材料经审批监管系统预审通过后，正式向国家卫生健康委员会报送文本及相关附件。

第九条 国家卫生健康委员会审批和核准的项目，实行第三方评审制度。受理后，委托具备良好信誉和相应能力的工程咨询机构对项目建议书、可行性研究报告、初步设计和投资概算、项目申请报告等进行评审。国家卫生健康委员会转报国家发展改革委审批的项目，由国家卫生健康委员会组织论证。

第十条 国家卫生健康委员会建立卫生健康工程建设咨询专家委员会，为国家卫生健康委员会、属（管）单位和承担评审工作的项目咨询机构等提供政策、法律法规和技术咨询以及评估论证等服务。

第十一条 凡不涉及国家安全和国家秘密、法律法规未禁止公开的，国家卫生健康委员会按照政府信息公开的有关规定向社会公开建设项目审批和核准情况。公开期间收到的主要意见和建议，作为项目下一环节审批的重要参考。

委属（管）单位要按照建设项目信息公开的要求，主动在其网站上公开建设项目审批或核准、招标投标、重大变更、施工管理等相关内容，接受社会监督。

第二章　总体发展建设规划

第十二条 总体发展建设规划是委属（管）单位开展基本建设的重要依据，应当遵循国家宏观政策，符合深化医药卫生体制改革各项要求。规划编制要提高科学性和可操作性，规划实施要提高约束性和权威性。

第十三条 委属（管）单位应当根据区域卫生规划、城乡规划和单位事业发展规划，坚持适用、经济、安全、绿色的原则，在正确处理近期建设和远期发展关系的基础上，委托具备良好信誉和相应能力的工程咨询机构编制总体规划，报国家卫生健康委员会审批。委属（管）单位报送总体规划时，应当提供以下材料：

（一）请示文件；

（二）单位领导班子集体研究决策会议纪要、职工代表大会讨论纪要和总体规划公示情况报告等；

（三）总体规划，内容主要包括单位基本情况和事业发展规划，存在的困难和问题，需求分析和规模测算，规划主要技术指标，规划完成后形成的布局、流线和功能分区及相关图纸，新建项目投资估算，工程实施计划等；

（四）符合区域卫生规划的床位规模和教学规模批复等相关材料，当地城乡规划管理部门对单位总体规划的意见或院区规划条件，经本单位职工代表大会通过的中长期事业发展规划等；

（五）在京单位报送总体规划时，须同时提供其规划符合北京首都功能定位和北京城市总体规划（2016 年—2035 年）的分析说明。

第十四条 国家卫生健康委员会依据实施健康中国战略、深化医药卫生体制改革、京津冀协同发展、区域卫生规划、城乡规划相关要求和国家有关建设标准和规范等审批委属（管）单位总体规划。鼓励委属（管）在京单位向北京城市副中心、远郊区域或京外迁建、疏解，进一步优化总体规划布局。

总体规划确定的建设项目、内容和规模不得随意变动。确因特殊情况需要修订总体规划时，须重新报批。未列入总体规划的项目原则上不予批准建设。院区最后一个建设项目且今后 5 年不新征地建设的，或院区内不再建设、新征地只建设一个项目的，可不编制总体规划，直接编制项目建议书。

实行核准管理的生活和后勤保障用房项目，委属（管）单位可根据总体规划确定的院区功能分区或在院区外选址，结合实际需求按标准申报建设。

第十五条　委属（管）单位根据已批准的总体规划，结合事业发展需要和财力可能，每年6月通过审批监管系统申报近3年拟实施的建设项目和三年滚动投资计划，经审核通过后纳入国家卫生健康委员会基本建设储备项目库。纳入储备项目库的建设项目，方可开展前期准备工作。

第三章　项目审批管理

第十六条　实行审批管理的委属（管）单位建设项目应当按照国家有关规定报送国家卫生健康委员会，由国家卫生健康委员会审批或审核后转报国家发展改革委审批，获得批准后方可实施。

委属（管）单位建设项目审批环节包括项目建议书、可行性研究报告、初步设计和投资概算及调整等。总体规划中已确定且前期准备工作充分的建设项目，可以直接编报可行性研究报告代项目建议书。重大项目需开展工艺流程规划，并作为可行性研究报告编制的重要依据。

第十七条　委属（管）单位报送项目建议书时，应当提供以下材料：

（一）请示文件；

（二）单位领导班子集体研究决策会议纪要、职工代表大会讨论纪要和拟建项目公示情况报告等；

（三）项目建议书，主要包括项目单位基本情况、项目建设的必要性、主要建设内容、拟建规模、拟建地点和用地面积、投资估算和资金筹措、环境影响和节能节水分析、社会效益和经济效益分析等，新征地建设的项目和院区最后一个项目还需包括总体规划相关内容；

（四）符合区域卫生规划的床位规模和教学规模等的批复文件以及总体规划批复文件等相关材料，项目选址意见书或规划管理部门意见，拟新征地项目还需附经本单位职工代表大会通过的中长期事业发展规划；

（五）在京单位报送项目建议书时，须提供项目建设符合北京首都功能定位和北京城市总体规划（2016年—2035年）的分析说明。

第十八条　国家卫生健康委员会依据实施健康中国战略、深化医药卫生体制改革、京津冀协同发展、区域卫生规划、城乡规划相关要求和国家有关建设标准和规范等审批项目建议书，并将批复文件抄送国家发展改革委和项目所在地城乡规划、国土资源等部门。

委属（管）在京综合性医院不得在北京五环内扩大占地规模、增加床位数量，相关建设项目原则上不予批准。

第十九条　委属（管）单位报送项目可行性研究报告时，应当提供以下材料：

（一）请示文件；

（二）项目可行性研究报告（含确定的建筑设计方案）；

（三）规划管理部门出具的规划意见或条件；

（四）国土资源管理部门出具的建设项目用地预审意见或土地使用权证；

（五）省级节能审查机关出具的节能审查意见；

（六）项目所在地人民政府或其有关部门出具的社会稳定风险评估批复文件；

（七）资金筹措证明；

（八）项目建议书批复文件等相关材料；

（九）可行性研究报告代项目建议书的，还需提供单位集体研究决策会议纪要、职工代表大会讨论纪要和拟建项目公示情况报告，床位规模、教学规模等的批复文件等以及在京项目建设符合北京首都功能定位和北京城市总体规划（2016年—2035年）的分析说明。

第二十条　国家卫生健康委员会对符合国家相关规定、有关建设标准和规范，具备建设条件的项目，批准可行性研究报告，并将批复文件抄送国家发展改革委和项目所在地城乡规划、国土资源、建设管理等部门。

第二十一条　委属（管）单位依据可行性研究报告批复文件，按照当地有关规定向城乡规划、国土资源等部门申请办理规划许可、正式用地手续等，并组织开展初步设计等相关工作。

第二十二条　可行性研究报告批准的建设规模，原则上在初步设计等后续工作中不得突破。对于不按照批复要求编报的初步设计，国家卫生健康委员会不予受理。

第二十三条 初步设计和投资概算编制中，投资概算超过可行性研究报告批准投资估算10%的，或者项目单位、建设性质、建设地点、建设规模、技术方案等发生重大变更的，项目单位应当及时书面报告国家卫生健康委员会。国家卫生健康委员会可以要求项目单位重新组织编制和报批可行性研究报告。

第二十四条 委属（管）单位报送项目初步设计和投资概算时，应当提供以下材料：

（一）请示文件；

（二）初步设计和投资概算，主要包括设计说明、总平面图、各专业计算书和设计图纸、工程概算书、主要材料设备规格和技术参数等；

（三）可行性研究报告批复文件；

（四）不超规模、不超投资建设的承诺函；

（五）其他相关材料。

第二十五条 国家卫生健康委员会依据已批准的可行性研究报告，对项目建设规模、建设内容、建设方案和概算投资等进行重点审核，并将批复文件抄送国家发展改革委和项目所在地城乡规划、建设管理等部门。

第二十六条 报国家卫生健康委员会审批的项目，其项目建议书和可行性研究报告等应当委托具有良好信誉和相应能力的工程咨询机构编制。初步设计和施工图设计应当由具备相应资质的设计单位编制。委属（管）单位应明确由一个设计单位对项目施工图设计负总责，统筹各专业、各专项设计。

第二十七条 委属（管）单位对概算管理负主要责任。项目初步设计及概算批复核定后，委属（管）单位必须严格按照批复文件实施建设项目，不得擅自改变；应当严格依照核定的概算投资，要求设计单位实行限额设计。

委属（管）单位应当在审批监管系统中及时填报项目进度和概算执行情况，包括施工图设计（含装修设计）及预算是否符合初步设计及概算，招标结果及合同是否控制在概算以内，项目建设是否按批准的内容、规模和标准进行以及是否超概算等。国家卫生健康委员会通过审批监管系统加强投资概算全过程监管。

第二十八条 项目由于政策调整、价格上涨、地质条件发生重大变化等原因确需调整投资概算的，由委属（管）单位提出调整方案，按照规定程序报原概算核定部门核定。申请调整概算的项目，对于使用预备费可以解决的，不予调整概算。概算调增幅度超过原批复概算10%的，概算核定部门原则上先商请审计机关（部门）进行审计，并依据审计结论进行概算调整。

第二十九条 委属（管）单位申请调整概算的，应当提供以下材料：

（一）请示文件；

（二）原初步设计及概算文件和批复核定文件；

（三）由具备相应资质单位编制的调整概算书，调整概算与原核定概算对比表，并分类定量说明调整概算的原因、依据和计算方法；

（四）与调整概算有关的招标及合同文件，包括变更洽商部分；

（五）施工图设计（含装修设计）及预算文件等调整概算所需的其他材料。

第三十条 申请调整概算的项目，如有未经国家卫生健康委员会批准擅自增加建设内容、扩大建设规模、提高建设标准、改变设计方案等原因造成超概算的，除按照第二十九条提交调整概算的申报材料外，必须同时界定违规超概算的责任主体，并提出自行筹措违规超概算投资的意见，以及对相关责任人的处理意见。国家卫生健康委员会将在相关责任人处理意见落实后核定调整概算，违规超概算投资原则上不安排中央预算内投资解决。

第四章　项目核准管理

第三十一条 委属（管）单位办理项目核准手续，应当按照国家有关要求自行或委托具备良好信誉和相应能力的工程咨询机构编写项目申请报告。

第三十二条 委属（管）单位报送项目申请报告时，应当提供以下材料：

（一）请示文件；

（二）项目申请报告，主要包括项目单位情况、拟建项目情况、资源利用和生态环境影响分析、经济和社会影响分析、国家相关规定要求的其他内容；

（三）规划管理部门出具的选址意见书、规划意见或条件；

（四）国土资源管理部门出具的建设项目用地预审意见或土地使用权证；

（五）单位集体研究决策会议纪要、职工代表大会讨论纪要和拟建项目公示情况报告以及在京项目建设符合北京首都功能定位和北京城市总体规划（2016 年—2035 年）的分析说明；

（六）法律法规规定需要办理的其他相关手续。

第三十三条　国家卫生健康委员会对符合国家有关规定、相关发展规划、有关建设标准和规范及相关产业政策，合理开发并有效利用资源，具备建设条件的项目予以核准；并将核准意见抄送项目所在地城乡规划、国土资源、环境保护、节能审查和建设管理等部门。

国家卫生健康委员会应当在正式受理委属（管）单位项目申请报告 50 个工作日内出具项目核准文件或者不予核准的书面通知，项目情况复杂或者需要征求有关单位意见的，履行批准程序后，可以延长核准时限，但延长的时限不得超过 40 个工作日。

第三十四条　取得项目核准文件的项目，有下列情形之一的，委属（管）单位应当及时以书面形式向国家卫生健康委员会提出变更申请。国家卫生健康委员会应当自受理申请之日起 20 个工作日内作出是否同意变更的书面决定：

（一）建设地点发生变更的；

（二）投资规模、建设规模、建设内容发生较大变化的；

（三）项目变更可能对经济、社会、环境等产生重大不利影响的；

（四）需要对项目核准文件所规定的内容进行调整的其他重大情形。

第三十五条　项目自国家卫生健康委员会出具项目核准文件或同意项目变更决定 2 年内未开工建设，需要延期开工建设的，委属（管）单位应当在 2 年期限届满前 30 个工作日前，向国家卫生健康委员会申请延期开工建设。国家卫生健康委员会应当自受理申请之日起 20 个工作日内，作出是否同意延期开工建设的决定，并出具相应文件。开工建设只能延期一次，期限最长不得超过 1 年。

在 2 年期限内未开工建设也未按照规定向国家卫生健康委员会申请延期的，项目核准文件或同意项目变更决定自动失效。

第五章　项目建设管理

第三十六条　国家卫生健康委员会对委属（管）单位中央预算内投资项目履行日常监管职责，制定日常监管工作方案，建立、管理日常监管台账，对建设项目开展检查，并提出整改意见、督促整改，指导委属（管）单位按时填报项目信息和进度数据，同时，配合国家发展改革委开展稽察、检查和督查工作。

第三十七条　建设项目实行项目法人责任制度。委属（管）单位的法定代表人对建设项目的申报、实施、质量、进度、安全、造价控制、资金管理及建成后的运行等负总责。

第三十八条　建设项目实行工程招标投标制度。委属（管）单位应当严格按照《中华人民共和国招标投标法》《中华人民共和国招标投标法实施条例》以及其他法律法规规定和要求，择优选择建设项目的勘察、设计、施工、监理等单位，择优采购与工程建设有关的重要设备、材料等。依法必须招标项目的招标公告和公示信息，除依法需要保密的内容外，应当按照公益服务、公开透明、高效便捷、集中共享的原则，依法向社会公开。招标投标活动应当遵循公开、公平、公正和诚信原则，不得将依法必须进行招标的项目化整为零或者以其他任何方式规避招标。不得迫使承包方或设备供应商等以低于成本的价格竞标，不得任意压缩合理工期。

第三十九条　建设项目实行工程建设监理制度。委属（管）单位应当选择具备相应资质的监理单位承担工程监理工作，并督促监理单位配备数量足够、资质合格的监理人员负责工程监理工作。未经监理工程师签字，建筑材料、建筑构配件和设备等不得在工程上使用或安装，不得进行下一工序的施工，不得拨付工程进度款，不得进行竣工验收。

第四十条 建设项目实行合同管理制度。委属（管）单位应当与承担建设项目勘察、设计、施工、监理和材料设备供应等的单位订立书面合同和廉政责任及安全合同，约定双方的权利、义务及其履约保证等要求，并严格按照合同条款支付款项。合同由法人代表或授权代理人签订。

第四十一条 建设项目实行工程质量终身负责制度。发生工程质量问题，应当由项目法人或项目法人的法定代表人及相关责任人承担工程质量责任，不因有关当事人工作单位或职务变动、退休或退职等原因而免除。

第四十二条 建设项目实行督导检查制度。每年上半年国家卫生健康委员会组织对各单位建设项目实施情况进行督导检查，并将督查结果作为次年中央预算内投资安排的重要依据。同时将督查结果通报各单位。

第四十三条 经批准实施的建设项目，委属（管）单位应当组建项目管理机构，配备熟悉基本建设政策和基本建设程序、业务能力强、素质高的相关管理、专业技术、安全人员。缺乏建设管理经验的单位，可通过招标等方式选择具备相应资质的项目管理机构，配合组织项目的建设实施，以提高项目建设管理水平和投资效益。具备条件的，可推行建设项目“代建制”或“总承包制”。

第四十四条 委属（管）单位应当按照当地有关规定办理项目建设相关手续，在取得工程施工许可证后方可开工建设。

第四十五条 国家卫生健康委员会通过审批监管系统对建设项目开工、实施进展、招投标、合同、投资执行、工程质量、竣工等信息进行在线调度。建设项目经批准立项或核准后，委属（管）单位应当在审批监管系统和国家重大建设项目库中及时更新项目建设相关信息，并对报送信息的真实性和时效性负责。国家卫生健康委员会于每月 6 日通过审批监管系统调度项目实施情况，将调度情况与次年中央投资安排挂钩，并对建设进展和投资计划执行缓慢、谎报瞒报迟报相关信息的单位予以通报。

第四十六条 委属（管）单位必须严格按照批复或核准文件实施建设项目，不得擅自变更建设地点、建设性质、建设内容、建设规模、建设标准等。在项目实施过程中，如出现建设规模、内外装修标准和设备、材料选型变化等重大设计变更的，必须按规定履行报批手续后方可组织实施。

第四十七条 委属（管）单位要按照有关规定编制工程用款计划，并根据合同约定、技术变更、经济洽商等资料，严格审查施工单位工程款拨付申请，按实际进度和工程价款结算程序支付工程款。严禁超进度支付工程款，也不得随意扣减或拖延工程款。

第四十八条 委属（管）单位应当建立健全建设项目质量控制体系和安全责任体系，明确参建各方责任，确保工程质量和安全。建立健全建设项目的工程保险和工程担保制度，加强风险管理。

第四十九条 委属（管）单位应当建立健全建设项目进度和投资动态控制体系，对工程实施进展、招投标、合同履行、工程款支付、投资完成和竣工验收等情况进行实时管控。

第五十条 建设项目完成后，委属（管）单位应当按照当地建筑工程竣工验收管理有关规定，及时组织设计、施工、监理等单位进行竣工验收，报请有关部门对项目规划、消防、人防、环保等进行验收，办理竣工验收备案手续，并将验收情况书面报告国家卫生健康委员会。未经竣工验收或竣工验收不合格的建设项目不得交付使用。

第五十一条 委属（管）单位应当建立健全基建管理人员培训机制，制定年度培训计划并建立培训考核制度，轮流安排人员参加国家卫生健康委员会或其他机构组织的建设管理培训。

第六章 年度投资计划管理

第五十二条 委属（管）单位应当根据单位财力和建设需要，按照优先确保续建项目的原则，在综合平衡的基础上于每年 6 月科学编制下一年度投资计划草案报国家卫生健康委员会。投资计划草案编制的内容包括项目名称、地点、建设性质、建设规模、项目责任人、建设内容、建设起止年限、投资来源、总投资、完成投资、下年度计划投资、申请的中央预算内投资、相关批复文件等，并附详细的文字说明。

第五十三条 国家卫生健康委员会根据各单位投资计划草案、预算执行、单位筹资能力、落实卫生健康重大政策和年度考核等情况，编制下一年度中央预算内基本建设投资计划建议方案报送国家发展改革委。

第五十四条 委属（管）单位应当加强计划管理，严格执行年度投资计划。收到投资计划文件 2 个工作日内，应当按要求签署综合信用承诺书。对投资计划执行好的单位将优先安排下一年度中央预算内投资，对投资计划执行不力的单位相应减少或取消下一年度中央预算内投资。

第七章 基本建设财务管理

第五十五条 委属（管）单位要严格按照财政部、我委基本建设财务及国库集中支付管理等有关规定，建立健全本单位基本建设财务管理制度和内部控制制度，做好建设项目预算、资金使用、价款结算、财务会计核算、竣工财务结算和决算等财务管理工作。

第五十六条 委属（管）单位要指定专人负责基本建设财务管理。要按项目单独核算，纳入单位账簿和财务报表。基本建设资金专款专用，不得截留、挤占或挪用。

第五十七条 委属（管）单位建设项目竣工结算、财务决算及审计按照财政部和国家卫生健康委员会有关规定执行。

第五十八条 建设项目结余的中央预算内资金应当按照财政部和国家卫生健康委员会有关规定，上缴国库，不得擅自挪用。

第八章 基本建设档案管理

第五十九条 委属（管）单位应当建立基本建设档案管理制度，配备专职或兼职的基本建设档案管理人员，按照《建设工程文件归档整理规范》及其他有关规定做好基本建设档案资料的收集、保管、整理和移交等工作。

第六十条 项目建议书、可行性研究报告、初步设计、项目申请报告、设计变更、施工图、竣工图、年度投资计划、施工计划、招标文件、施工及主要设备和材料采购合同等，都应当作为永久性档案归档。基本建设财务与会计有关凭证、账簿、报表，按照《会计档案管理办法》等有关规定立卷归档。

第六十一条 委属（管）单位应当在工程竣工验收后 3 个月内，按照规定向建设档案管理机构报送建筑工程档案。

第九章 监督管理与后评价

第六十二条 委属（管）单位应当依照国家有关规定，建立由纪检、监察、审计等部门参与、职责明确的建设项目监督管理制度，充分发挥监督检查的制约作用。要将廉政工作纳入设计、施工、监理、采购等各个环节，把廉政风险防范工作融入到建设项目的日常管理中，实行全过程监督。

第六十三条 单位纪检、监察、审计等职能部门应当设立举报电话或信箱，并对各方反映的问题及时进行调查处理。

第六十四条 对于投资数额大或重大特殊的建设项目，竣工验收并交付使用运行一段时间后，依据有关规定，国家卫生健康委员会可委托具备良好信誉和相应能力的工程咨询机构，对照批复项目可行性研究报告主要内容和文件开展项目后评价，必要时应当参照初步设计和投资概算文件的相关内容进行对比分析。

第十章 奖励与处罚

第六十五条 对获得国家级建筑奖项的项目，国家卫生健康委员会将予以通报表扬并连续 3 年在安排项目单位中央预算内资金时予以倾斜。

第六十六条 委属（管）单位有下列行为之一的，国家卫生健康委员会责令其限期整改并对项目单位和项目法人进行通报批评，同时暂停其建设项目审批和 3 年内基本建设、维修改造等方面的中央资金安排，并不得参与国家卫生健康委员会国家临床重点专科评审、推优等；对直接负责的主管人员和其他直接责任人员，依法追究行政或者法律责任。

（一）提供虚假情况骗取项目审批或核准和中央预算内投资的；

（二）未按照规定程序和审批核准权限进行审批或核准而擅自开工建设的；

（三）未经批准擅自提高建设标准或者投资规模、改变建设地点或者建设内容的；

（四）在项目建设过程中不遵守自然资源、城乡规划、环境保护、节能、安全监管、建设等方面法律法规和有关审批文件要求的；

（五）转移、侵占或者挪用建设资金的；

（六）未及时办理竣工验收手续、未经竣工验收或者验收不合格即交付使用的；

（七）已经批准的项目，无正当理由未及时实施或者完成的；

（八）不按国家规定履行招标程序的；

（九）因管理不善、弄虚作假等原因造成建设项目质量低劣、损失浪费和责任事故的；

（十）其他违反本办法规定的行为。

第六十七条 有关工程咨询机构或者设计单位在编制项目建议书、可行性研究报告、初步设计及投资概算、项目申请报告以及开展咨询评估或者项目后评价时，弄虚作假或者咨询评估意见严重失实的，国家卫生健康委员会将其纳入不良信用记录，并通报相关部门处理；造成损失的，依法承担赔偿责任；相关责任人员涉嫌犯罪的，依法移送司法机关处理。

第六十八条 建设项目发生重大质量安全事故的，项目单位应当立即上报国家卫生健康委员会，并按照国家有关规定，由有关部门依法追究项目单位、项目管理单位和勘察设计、施工、监理、招标代理等单位以及相关人员的法律责任。

第十一章　附　则

第六十九条 本办法由国家卫生健康委员会负责解释。

第七十条 本办法自印发之日起施行。原《卫生部预算管理单位基本建设管理办法》（卫规财发〔2013〕15 号）和《国家人口计生委建设项目管理办法》（国人口发〔2007〕40 号）同时废止。

关于加强建筑市场监管一体化工作平台工程项目信息入库管理工作的通知

（建市招函〔2018〕16 号，住房和城乡建设部建筑市场监管司 2018 年 4 月 23 日发布）

各省、自治区住房城乡建设厅，直辖市建委，北京市规划国土委，新疆生产建设兵团建设局：

为贯彻落实《住房城乡建设部办公厅关于扎实推进建筑市场监管一体化工作平台建设的通知》（建办市函〔2017〕435 号，以下简称《通知》）的要求，进一步加强全国建筑市场监管公共服务平台（以下简称“全国平台”）工程项目信息入库管理工作，提高数据的准确性和完整性，推进省级建筑市场监管一体化工作平台（以下简称“省级平台”）建设，现将有关事项通知如下：

一、明确平台功能定位，确保工程项目信息及时入库

各级住房城乡建设主管部门要切实加强省级平台应用，将日常监管业务统一纳入省级平台办理，确保省级平台的工程项目信息由日常业务活动产生，防止业务办理与平台应用“两张皮”。对于新建的工程项目，其招投标、施工图审查、合同备案、施工许可、竣工验收备案等环节的信息应在业务活动中自动实时采集，不得通过信息补录方式进入省级平台。

二、统一开放工程项目信息补录端口，提高工程项目信息完整性

为解决部分地区以往工程项目数量多、信息采集和审核工作量大的实际困难，保障企业的正常资质升级和延续需求，进一步提高工程项目信息的准确性和完整性，推进资质审批信息化工作，决定统一开放工程项目信息补录端口，各级住房城乡建设主管部门应通过省级平台采集录入以往工程项目信息，并及时上传至全国平台。

三、强化责任意识，严格把关入库信息真实性

各级住房城乡建设主管部门应当严格按照本地区工程项目信息采集管理的相关规定，加强对相关工作人员的业务培训，强化责任意识，建立责任追溯制度，对录入省级平台的工程项目信息严格把关，防止虚假信息入库。省级住房城乡建设主管部门应当严格审核工程项目信息，对报送到全国平台的工程项目信息的真实性负责，不得以公示代替审核，不得先入库再审核，不得单独设置用于资质申报的补录项目库。对把关不严，造成本地区报送虚假工程项目信息较多的，将进行通报批评。

四、加强监督检查，严肃处理弄虚作假行为

各级住房城乡建设主管部门要加强对省级平台已入库工程项目信息的监督检查力度，完善常态化监管机制，采取“双随机、一公开”等方式对信息真实性进行监管，及时更正存在数据错误的工程项目信息，及时清除虚假信息，并按照《建筑市场信用管理暂行办法》对相关单位或个人进行严肃处理。

我司将对报送至全国平台的工程项目信息进行数据比对校验，对认定的虚假工程项目信息进行标记并公开曝光。对使用虚假业绩申报资质的企业，依法予以通报批评，不批准其资质申请，自通报印发之日起 1 年内不受理该企业申请该项资质，并将其不良行为在全国平台公布；对利用虚假材料、以欺骗手段取得资质的企业，依法撤销其资质，自撤销之日起 3 年内不得再次申请该项资质，并将其列入建筑市场主体“黑名单”，在全国平台上向社会曝光。

关于修改《建设项目环境影响评价分类管理名录》部分内容的决定

（生态环境部令 2018 年第 1 号，生态环境部 2018 年 4 月 28 日发布）

《关于修改〈建设项目环境影响评价分类管理名录〉部分内容的决定》已于 2018 年 4 月 28 日经生态环境部第 3 次部务会议通过，现予公布，自公布之日起施行。

建设项目环境影响评价分类管理名录

（2017 年 6 月 29 日环境保护部令第 44 号公布，根据 2018 年 4 月 28 日公布的《关于修改〈建设项目环境影响评价分类管理名录〉部分内容的决定》修正）

第一条　为了实施建设项目环境影响评价分类管理，根据《中华人民共和国环境影响评价法》第十六条的规定，制定本名录。

第二条　根据建设项目特征和所在区域的环境敏感程度，综合考虑建设项目可能对环境产生的影响，对建设项目的环境影响评价实行

分类管理。

建设单位应当按照本名录的规定，分别组织编制建设项目环境影响报告书、环境影响报告表或者填报环境影响登记表。

第三条 本名录所称环境敏感区是指依法设立的各级各类保护区域和对建设项目产生的环境影响特别敏感的区域，主要包括生态保护红线范围内或者其外的下列区域：

（一）自然保护区、风景名胜区、世界文化和自然遗产地、海洋特别保护区、饮用水水源保护区；

（二）基本农田保护区、基本草原、森林公园、地质公园、重要湿地、天然林、野生动物重要栖息地、重点保护野生植物生长繁殖地、重要水生生物的自然产卵场、索饵场、越冬场和洄游通道、天然渔场、水土流失重点防治区、沙化土地封禁保护区、封闭及半封闭海域；

（三）以居住、医疗卫生、文化教育、科研、行政办公等为主要功能的区域，以及文物保护单位。

第四条 建设单位应当严格按照本名录确定建设项目环境影响评价类别，不得擅自改变环境影响评价类别。

环境影响评价文件应当就建设项目对环境敏感区的影响作重点分析。

第五条 跨行业、复合型建设项目，其环境影响评价类别按其中单项等级最高的确定。

第六条 本名录未作规定的建设项目，其环境影响评价类别由省级生态环境主管部门根据建设项目的污染因子、生态影响因子特征及其所处环境的敏感性质和敏感程度提出建议，报生态环境部认定。

第七条 本名录由生态环境部负责解释，并适时修订公布。

第八条 本名录自2017年9月1日起施行。2015年4月9日公布的原《建设项目环境影响评价分类管理名录》（环境保护部令第33号）同时废止。

项目类别＼环评类别		报告书	报告表	登记表	本栏目环境敏感区含义
一、畜牧业					
1	畜禽养殖场、养殖小区	年出栏生猪5000头（其他畜禽种类折合猪的养殖规模）及以上；涉及环境敏感区的	/	其他	第三条（一）中的全部区域；第三条（三）中的全部区域
二、农副食品加工业					
2	粮食及饲料加工	含发酵工艺的	年加工1万吨及以上的	其他	
3	植物油加工	/	除单纯分装和调和外的	单纯分装或调和的	
4	制糖、糖制品加工	原糖生产	其他（单纯分装的除外）	单纯分装的	
5	屠宰	年屠宰生猪10万头、肉牛1万头、肉羊15万只、禽类1000万只及以上	其他	/	
6	肉禽类加工	/	年加工2万吨及以上	其他	
7	水产品加工	/	鱼油提取及制品制造；年加工10万吨及以上的；涉及环境敏感区的	其他	第三条（一）中的全部区域；第三条（二）中的全部区域

续表

项目类别＼环评类别		报告书	报告表	登记表	本栏目环境敏感区含义
8	淀粉、淀粉糖	含发酵工艺的	其他（单纯分装除外）	单纯分装的	
9	豆制品制造	/	除手工制作和单纯分装外的	手工制作或单纯分装的	
10	蛋品加工	/	/	全部	
三、食品制造业					
11	方便食品制造	/	除手工制作和单纯分装外的	手工制作或单纯分装的	
12	乳制品制造	/	除单纯分装外的	单纯分装的	
13	调味品、发酵制品制造	含发酵工艺的味精、柠檬酸、赖氨酸制造	其他（单纯分装的除外）	单纯分装的	
14	盐加工	/	全部	/	
15	饲料添加剂、食品添加剂制造	/	除单纯混合和分装外的	单纯混合或分装的	
16	营养食品、保健食品、冷冻饮品、食用冰制造及其他食品制造	/	除手工制作和单纯分装外的	手工制作或单纯分装的	
四、酒、饮料制造业					
17	酒精饮料及酒类制造	有发酵工艺的（以水果或水果汁为原料年生产能力1000千升以下的除外）	其他（单纯勾兑的除外）	单纯勾兑的	
18	果菜汁类及其他软饮料制造	/	除单纯调制外的	单纯调制的	
五、烟草制品业					
19	卷烟	/	全部	/	
六、纺织业					
20	纺织品制造	有洗毛、染整、脱胶工段的；产生缫丝废水、精炼废水的	其他（编织物及其制品制造除外）	编织物及其制品制造	
七、纺织服装、服饰业					
21	服装制造	有湿法印花、染色、水洗工艺的	新建年加工100万件及以上	其他	
八、皮革、毛皮、羽毛及其制品和制鞋业					
22	皮革、毛皮、羽毛（绒）制品	制革、毛皮鞣制	其他	/	

续表

项目类别 \ 环评类别		报告书	报告表	登记表	本栏目环境敏感区含义
23	制鞋业	/	使用有机溶剂的	其他	
九、木材加工和木、竹、藤、棕、草制品业					
24	锯材、木片加工、木制品制造	有电镀或喷漆工艺且年用油性漆量（含稀释剂）10吨及以上的	其他	/	
25	人造板制造	年产20万立方米及以上	其他	/	
26	竹、藤、棕、草制品制造	有喷漆工艺且年用油性漆量（含稀释剂）10吨及以上的	有化学处理工艺的；有喷漆工艺且年用油性漆量（含稀释剂）10吨以下的，或使用水性漆的	其他	
十、家具制造业					
27	家具制造	有电镀或喷漆工艺且年用油性漆量（含稀释剂）10吨及以上的	其他	/	
十一、造纸和纸制品业					
28	纸浆、溶解浆、纤维浆等制造；造纸（含废纸造纸）	全部	/	/	
29	纸制品制造	/	有化学处理工艺的	其他	
十二、印刷和记录媒介复制业					
30	印刷厂；磁材料制品	/	全部	/	
十三、文教、工美、体育和娱乐用品制造业					
31	文教、体育、娱乐用品制造	/	全部	/	
32	工艺品制造	有电镀或喷漆工艺且年用油性漆量（含稀释剂）10吨及以上的	有喷漆工艺且年用油性漆量（含稀释剂）10吨以下的，或使用水性漆的；有机加工的	其他	
十四、石油加工、炼焦业					
33	原油加工、天然气加工、油母页岩等提炼原油、煤制油、生物制油及其他石油制品	全部	/	/	

续表

环评类别 项目类别		报告书	报告表	登记表	本栏目环境敏感区含义
34	煤化工（含煤炭液化、气化）	全部	/	/	
35	炼焦、煤炭热解、电石	全部	/	/	
十五、化学原料和化学制品制造业					
36	基本化学原料制造；农药制造；涂料、染料、颜料、油墨及其类似产品制造；合成材料制造；专用化学品制造；炸药、火工及焰火产品制造；水处理剂等制造	除单纯混合和分装外的	单纯混合或分装的	/	
37	肥料制造	化学肥料（单纯混合和分装的除外）	其他	/	
38	半导体材料	全部	/	/	
39	日用化学品制造	除单纯混合和分装外的	单纯混合或分装的	/	
十六、医药制造业					
40	化学药品制造；生物、生化制品制造	全部	/	/	
41	单纯药品分装、复配	/	全部	/	
42	中成药制造、中药饮片加工	有提炼工艺的	其他	/	
43	卫生材料及医药用品制造	/	全部	/	
十七、化学纤维制造业					
44	化学纤维制造	除单纯纺丝外的	单纯纺丝	/	
45	生物质纤维素乙醇生产	全部	/	/	
十八、橡胶和塑料制品业					
46	轮胎制造、再生橡胶制造、橡胶加工、橡胶制品制造及翻新	轮胎制造；有炼化及硫化工艺的	其他	/	

续表

项目类别 \ 环评类别		报告书	报告表	登记表	本栏目环境敏感区含义
47	塑料制品制造	人造革、发泡胶等涉及有毒原材料的；以再生塑料为原料的；有电镀或喷漆工艺且年用油性漆量（含稀释剂）10吨及以上的	其他	/	
十九、非金属矿物制品业					
48	水泥制造	全部	/	/	
49	水泥粉磨站	/	全部	/	
50	砼结构构件制造、商品混凝土加工	/	全部	/	
51	石灰和石膏制造、石材加工、人造石制造、砖瓦制造	/	全部	/	
52	玻璃及玻璃制品	平板玻璃制造	其他玻璃制造；以煤、油、天然气为燃料加热的玻璃制品制造	/	
53	玻璃纤维及玻璃纤维增强塑料制品	/	全部	/	
54	陶瓷制品	年产建筑陶瓷100万平方米及以上；年产卫生陶瓷150万件及以上；年产日用陶瓷250万件及以上	其他	/	
55	耐火材料及其制品	石棉制品	其他	/	
56	石墨及其他非金属矿物制品	含焙烧的石墨、碳素制品	其他	/	
57	防水建筑材料制造、沥青搅拌站、干粉砂浆搅拌站	/	全部	/	
二十、黑色金属冶炼和压延加工业					
58	炼铁、球团、烧结	全部	/	/	
59	炼钢	全部	/	/	

续表

项目类别＼环评类别		报告书	报告表	登记表	本栏目环境敏感区含义
60	黑色金属铸造	年产10万吨及以上	其他	/	
61	压延加工	黑色金属年产50万吨及以上的冷轧	其他	/	
62	铁合金制造；锰、铬冶炼	全部	/	/	
二十一、有色金属冶炼和压延加工业					
63	有色金属冶炼（含再生有色金属冶炼）	全部	/	/	
64	有色金属合金制造	全部	/	/	
65	有色金属铸造	年产10万吨及以上	其他	/	
66	压延加工	/	全部	/	
二十二、金属制品业					
67	金属制品加工制造	有电镀或喷漆工艺且年用油性漆量（含稀释剂）10吨及以上的	其他（仅切割组装除外）	仅切割组装的	
68	金属制品表面处理及热处理加工	有电镀工艺的；使用有机涂层的（喷粉、喷塑和电泳除外）；有钝化工艺的热镀锌	其他	/	
二十三、通用设备制造业					
69	通用设备制造及维修	有电镀或喷漆工艺且年用油性漆量（含稀释剂）10吨及以上的	其他（仅组装的除外）	仅组装的	
二十四、专用设备制造业					
70	专用设备制造及维修	有电镀或喷漆工艺且年用油性漆量（含稀释剂）10吨及以上的	其他（仅组装的除外）	仅组装的	
二十五、汽车制造业					
71	汽车制造	整车制造（仅组装的除外）；发动机生产；有电镀或喷漆工艺且年用油性漆量（含稀释剂）10吨及以上的零部件生产	其他	/	
二十六、铁路、船舶、航空航天和其他运输设备制造业					
72	铁路运输设备制造及修理	机车、车辆、动车组制造；发动机生产；有电镀或喷漆工艺且年用油性漆量（含稀释剂）10吨及以上的零部件生产	其他	/	

续表

项目类别 \ 环评类别		报告书	报告表	登记表	本栏目环境敏感区含义
73	船舶和相关装置制造及维修	有电镀或喷漆工艺且年用油性漆量（含稀释剂）10吨及以上的；拆船、修船厂	其他	/	
74	航空航天器制造	有电镀或喷漆工艺且年用油性漆量（含稀释剂）10吨及以上的	其他	/	
75	摩托车制造	整车制造（仅组装的除外）；发动机生产；有电镀或喷漆工艺且年用油性漆量（含稀释剂）10吨及以上的零部件生产	其他	/	
76	自行车制造	有电镀或喷漆工艺且年用油性漆量（含稀释剂）10吨及以上的	其他	/	
77	交通器材及其他交通运输设备制造	有电镀或喷漆工艺且年用油性漆量（含稀释剂）10吨及以上的	其他（仅组装的除外）	仅组装的	
二十七、电气机械和器材制造业					
78	电气机械及器材制造	有电镀或喷漆工艺且年用油性漆量（含稀释剂）10吨及以上的；铅蓄电池制造	其他（仅组装的除外）	仅组装的	
79	太阳能电池片	太阳能电池片生产	其他	/	
二十八、计算机、通信和其他电子设备制造业					
80	计算机制造	/	显示器件；集成电路；有分割、焊接、酸洗或有机溶剂清洗工艺的	其他	
81	智能消费设备制造	/	全部	/	
82	电子器件制造	/	显示器件；集成电路；有分割、焊接、酸洗或有机溶剂清洗工艺的	其他	
83	电子元件及电子专用材料制造	/	印刷电路板；电子专用材料；有分割、焊接、酸洗或有机溶剂清洗工艺的	/	

续表

项目类别 \ 环评类别		报告书	报告表	登记表	本栏目环境敏感区含义
84	通信设备制造、广播电视设备制造、雷达及配套设备制造、非专业视听设备制造及其他电子设备制造	/	全部	/	
二十九、仪器仪表制造业					
85	仪器仪表制造	有电镀或喷漆工艺且年用油性漆量（含稀释剂）10吨及以上的	其他（仅组装的除外）	仅组装的	
三十、废弃资源综合利用业					
86	废旧资源（含生物质）加工、再生利用	废电子电器产品、废电池、废汽车、废电机、废五金、废塑料（除分拣清洗工艺的）、废油、废船、废轮胎等加工、再生利用	其他	/	
三十一、电力、热力生产和供应业					
87	火力发电（含热电）	除燃气发电工程外的	燃气发电	/	
88	综合利用发电	利用矸石、油页岩、石油焦等发电	单纯利用余热、余压、余气（含煤层气）发电	/	
89	水力发电	总装机1000千瓦及以上；抽水蓄能电站；涉及环境敏感区的	其他	/	第三条（一）中的全部区域；第三条（二）中的重要水生生物的自然产卵场、索饵场、越冬场和洄游通道
90	生物质发电	生活垃圾、污泥发电	利用农林生物质、沼气发电、垃圾填埋气发电	/	
91	其他能源发电	海上潮汐电站、波浪电站、温差电站等；涉及环境敏感区的总装机容量5万千瓦及以上的风力发电	利用地热、太阳能热等发电；地面集中光伏电站（总容量大于6000千瓦，且接入电压等级不小于10千伏）；其他风力发电	其他光伏发电	第三条（一）中的全部区域；第三条（二）中的重要水生生物的自然产卵场、索饵场、天然渔场；第三条（三）中的全部区域

续表

项目类别 \ 环评类别		报告书	报告表	登记表	本栏目环境敏感区含义
92	热力生产和供应工程	燃煤、燃油锅炉总容量65吨/小时（不含）以上	其他（电热锅炉除外）	/	
三十二、燃气生产和供应业					
93	煤气生产和供应工程	煤气生产	煤气供应	/	
94	城市天然气供应工程	/	全部	/	
三十三、水的生产和供应业					
95	自来水生产和供应工程	/	全部	/	
96	生活污水集中处理	新建、扩建日处理10万吨及以上	其他	/	
97	工业废水处理	新建、扩建集中处理的	其他	/	
98	海水淡化、其他水处理和利用	/	全部	/	
三十四、环境治理业					
99	脱硫、脱硝、除尘、VOCS治理等工程	/	新建脱硫、脱硝、除尘	其他	
100	危险废物（含医疗废物）利用及处置	利用及处置的（单独收集、病死动物化尸窖（井）除外）	其他	/	
101	一般工业固体废物（含污泥）处置及综合利用	采取填埋和焚烧方式的	其他	/	
102	污染场地治理修复	/	全部	/	
三十五、公共设施管理业					
103	城镇生活垃圾转运站	/	全部	/	
104	城镇生活垃圾（含餐厨废弃物）集中处置	全部	/	/	
105	城镇粪便处置工程	/	日处理50吨及以上	其他	

续表

项目类别 \ 环评类别		报告书	报告表	登记表	本栏目环境敏感区含义
三十六、房地产					
106	房地产开发、宾馆、酒店、办公用房、标准厂房等	/	涉及环境敏感区的；需自建配套污水处理设施的	其他	第三条（一）中的全部区域；第三条（二）中的基本农田保护区、基本草原、森林公园、地质公园、重要湿地、天然林、野生动物重要栖息地、重点保护野生植物生长繁殖地；第三条（三）中的文物保护单位，针对标准厂房增加第三条（三）中的以居住、医疗卫生、文化教育、科研、行政办公等为主要功能的区域
三十七、研究和试验发展					
107	专业实验室	P3、P4 生物安全实验室；转基因实验室	其他	/	
108	研发基地	含医药、化工类等专业中试内容的	其他	/	
三十八、专业技术服务业					
109	矿产资源地质勘查（含勘探活动和油气资源勘探）	/	除海洋油气勘探工程外的	海洋油气勘探工程	
110	动物医院	/	全部	/	
三十九、卫生					
111	医院、专科防治院（所、站）、社区医疗、卫生院（所、站）、血站、急救中心、妇幼保健院、疗养院等其他卫生机构	新建、扩建床位 500 张及以上的	其他（20 张床位以下的除外）	20 张床位以下的	
112	疾病预防控制中心	新建	其他	/	

续表

项目类别 \ 环评类别		报告书	报告表	登记表	本栏目环境敏感区含义
四十、社会事业与服务业					
113	学校、幼儿园、托儿所、福利院、养老院	/	涉及环境敏感区的；有化学、生物等实验室的学校	其他（建筑面积5000平方米以下的除外）	第三条（一）中的全部区域；第三条（二）中的基本农田保护区、基本草原、森林公园、地质公园、重要湿地、天然林、野生动物重要栖息地、重点保护野生植物生长繁殖地
114	批发、零售市场	/	涉及环境敏感区的	其他	第三条（一）中的全部区域；第三条（二）中的基本农田保护区、基本草原、森林公园、地质公园、重要湿地、天然林、野生动物重要栖息地、重点保护野生植物生长繁殖地；第三条（三）中的文物保护单位
115	餐饮、娱乐、洗浴场所	/	/	全部	
116	宾馆饭店及医疗机构衣物集中洗涤、餐具集中清洗消毒	/	需自建配套污水处理设施的	其他	
117	高尔夫球场、滑雪场、狩猎场、赛车场、跑马场、射击场、水上运动中心	高尔夫球场	其他	/	
118	展览馆、博物馆、美术馆、影剧院、音乐厅、文化馆、图书馆、档案馆、纪念馆、体育场、体育馆等	/	涉及环境敏感区的	其他	第三条（一）中的全部区域；第三条（二）中的基本农田保护区、基本草原、森林公园、地质公园、重要湿地、天然林、野生动物重要栖息地、重点保护野生植物生长繁殖地；第三条（三）中的文物保护单位

续表

项目类别 \ 环评类别		报告书	报告表	登记表	本栏目环境敏感区含义
119	公园（含动物园、植物园、主题公园）	特大型、大型主题公园	其他（城市公园和植物园除外）	城市公园、植物园	
120	旅游开发	涉及环境敏感区的缆车、索道建设；海上娱乐及运动、海上景观开发	其他	/	第三条（一）中的全部区域；第三条（二）中的森林公园、地质公园、重要湿地、天然林、野生动物重要栖息地、重点保护野生植物生长繁殖地、重要水生生物的自然产卵场、索饵场、越冬场和洄游通道、封闭及半封闭海域；第三条（三）中的文物保护单位
121	影视基地建设	涉及环境敏感区的	其他	/	第三条（一）中的全部区域；第三条（二）中的基本草原、森林公园、地质公园、重要湿地、天然林、野生动物重要栖息地、重点保护野生植物生长繁殖地；第三条（三）中的全部区域
122	胶片洗印厂	/	全部	/	
123	驾驶员训练基地、公交枢纽、大型停车场、机动车检测场	/	涉及环境敏感区的	其他	第三条（一）中的全部区域；第三条（二）中的基本农田保护区、基本草原、森林公园、地质公园、重要湿地、天然林、野生动物重要栖息地、重点保护野生植物生长繁殖地；第三条（三）中的文物保护单位
124	加油、加气站	/	新建、扩建	其他	
125	洗车场	/	涉及环境敏感区的；危险化学品运输车辆清洗场	其他	第三条（一）中的全部区域；第三条（二）中的基本农田保护区、基本草原、森林公园、地质公园、重要湿地、天然林、野生动物重要栖息地、重点保护野生植物生长繁殖地；第三条（三）中的全部区域

续表

项目类别 \ 环评类别		报告书	报告表	登记表	本栏目环境敏感区含义
126	汽车、摩托车维修场所	/	涉及环境敏感区的；有喷漆工艺的	其他	第三条（一）中的全部区域；第三条（三）中的全部区域
127	殡仪馆、陵园、公墓	/	殡仪馆；涉及环境敏感区的	其他	第三条（一）中的全部区域；第三条（二）中的基本农田保护区；第三条（三）中的全部区域
四十一、煤炭开采和洗选业					
128	煤炭开采	全部	/	/	
129	洗选、配煤	/	全部	/	
130	煤炭储存、集运	/	全部	/	
131	型煤、水煤浆生产	/	全部	/	
四十二、石油和天然气开采业					
132	石油、页岩油开采	石油开采新区块开发；页岩油开采	其他	/	
133	天然气、页岩气、砂岩气开采（含净化、液化）	新区块开发	其他	/	
134	煤层气开采（含净化、液化）	年生产能力1亿立方米及以上；涉及环境敏感区的	其他	/	第三条（一）中的全部区域；第三条（二）中的基本草原、水土流失重点防治区、沙化土地封禁保护区；第三条（三）中的全部区域
四十三、黑色金属矿采选业					
135	黑色金属矿采选（含单独尾矿库）	全部	/	/	
四十四、有色金属矿采选业					
136	有色金属矿采选（含单独尾矿库）	全部	/	/	

续表

环评类别 项目类别		报告书	报告表	登记表	本栏目环境敏感区含义
四十五、非金属矿采选业					
137	土砂石、石材开采加工	涉及环境敏感区的	其他	/	第三条（一）中的全部区域；第三条（二）中的基本草原、重要水生生物的自然产卵场、索饵场、越冬场和洄游通道、沙化土地封禁保护区、水土流失重点防治区
138	化学矿采选	全部	/	/	
139	采盐	井盐	湖盐、海盐	/	
140	石棉及其他非金属矿采选	全部	/	/	
四十六、水利					
141	水库	库容 1000 万立方米及以上；涉及环境敏感区的	其他	/	第三条（一）中的全部区域；第三条（二）中的重要水生生物的自然产卵场、索饵场、越冬场和洄游通道
142	灌区工程	新建 5 万亩及以上；改造 30 万亩及以上	其他	/	
143	引水工程	跨流域调水；大中型河流引水；小型河流年总引水量占天然年径流量 1/4 及以上；涉及环境敏感区的	其他	/	第三条（一）中的全部区域；第三条（二）中的重要水生生物的自然产卵场、索饵场、越冬场和洄游通道
144	防洪治涝工程	新建大中型	其他（小型沟渠的护坡除外）	/	
145	河湖整治	涉及环境敏感区的	其他	/	第三条（一）中的全部区域；第三条（二）中的重要湿地、野生动物重要栖息地、重点保护野生植物生长繁殖地、重要水生生物的自然产卵场、索饵场、越冬场和洄游通道；第三条（三）中的文物保护单位
146	地下水开采	日取水量 1 万立方米及以上；涉及环境敏感区的	其他	/	第三条（一）中的全部区域；第三条（二）中的重要湿地

续表

项目类别 \ 环评类别		报告书	报告表	登记表	本栏目环境敏感区含义
四十七、农业、林业、渔业					
147	农业垦殖	/	涉及环境敏感区的	其他	第三条（一）中的全部区域；第二条（二）中的基本草原、重要湿地、水土流失重点防治区
148	农产品基地项目（含药材基地）	/	涉及环境敏感区的	其他	第三条（一）中的全部区域；第三条（二）中的基本草原、重要湿地、水土流失重点防治区
149	经济林基地项目	/	原料林基地	其他	
150	淡水养殖	/	网箱、围网等投饵养殖；涉及环境敏感区的	其他	第三条（一）中的全部区域
151	海水养殖	/	用海面积300亩及以上；涉及环境敏感区的	其他	第三条（一）中的自然保护区、海洋特别保护区；第三条（二）中的重要湿地、野生动物重要栖息地、重点保护野生植物生长繁殖地、重要水生生物的自然产卵场、索饵场、天然渔场、封闭及半封闭海域
四十八、海洋工程					
152	海洋人工鱼礁工程	/	固体物质投放量5000立方米及以上；涉及环境敏感区的	其他	第三条（一）中的自然保护区、海洋特别保护区；第三条（二）中的野生动物重要栖息地、重点保护野生植物生长繁殖地、重要水生生物的自然产卵场、索饵场、天然渔场、封闭及半封闭海域
153	围填海工程及海上堤坝工程	围填海工程；长度0.5公里及以上的海上堤坝工程；涉及环境敏感区的	其他	/	第三条（一）中的自然保护区、海洋特别保护区；第三条（二）中的重要湿地、野生动物重要栖息地、重点保护野生植物生长繁殖地、重要水生生物的自然产卵场、索饵场、天然渔场、封闭及半封闭海域

续表

项目类别 \ 环评类别		报告书	报告表	登记表	本栏目环境敏感区含义
154	海上和海底物资储藏设施工程	全部	/	/	
155	跨海桥梁工程	全部	/	/	
156	海底隧道、管道、电（光）缆工程	长度 1.0 公里及以上的	其他	/	
四十九、交通运输业、管道运输业和仓储业					
157	等级公路（不含维护，不含改扩建四级公路）	新建 30 公里以上的三级及以上等级公路；新建涉及环境敏感区的 1 公里及以上的隧道；新建涉及环境敏感区的主桥长度 1 公里及以上的桥梁	其他（配套设施、不涉及环境敏感区的四级公路除外）	配套设施、不涉及环境敏感区的四级公路	第三条（一）中的全部区域；第三条（二）中的全部区域；第三条（三）中的全部区域
158	新建、增建铁路	新建、增建铁路（30 公里及以下铁路联络线和 30 公里及以下铁路专用线除外）；涉及环境敏感区的	30 公里及以下铁路联络线和 30 公里及以下铁路专用线	/	第三条（一）中的全部区域；第三条（二）中的全部区域；第三条（三）中的全部区域
159	改建铁路	200 公里及以上的电气化改造（线路和站场不发生调整的除外）	其他	/	
160	铁路枢纽	大型枢纽	其他	/	
161	机场	新建；迁建；飞行区扩建	其他	/	
162	导航台站、供油工程、维修保障等配套工程	/	供油工程；涉及环境敏感区的	其他	第三条（三）中的以居住、医疗卫生、文化教育、科研、行政办公等为主要功能的区域
163	油气、液体化工码头	新建；扩建	其他	/	
164	干散货（含煤炭、矿石）、件杂、多用途、通用码头	单个泊位 1000 吨级及以上的内河港口；单个泊位 1 万吨级及以上的沿海港口；涉及环境敏感区的	其他	/	第三条（一）中的全部区域；第三条（二）中的重要水生生物的自然产卵场、索饵场、越冬场和洄游通道、天然渔场
165	集装箱专用码头	单个泊位 3000 吨级及以上的内河港口；单个泊位 3 万吨级及以上的海港；涉及危险品、化学品的；涉及环境敏感区的	其他	/	第三条（一）中的全部区域；第三条（二）中的重要水生生物的自然产卵场、索饵场、越冬场和洄游通道、天然渔场

续表

项目类别＼环评类别		报告书	报告表	登记表	本栏目环境敏感区含义
166	滚装、客运、工作船、游艇码头	涉及环境敏感区的	其他	/	第三条（一）中的全部区域；第三条（二）中的重要水生生物的自然产卵场、索饵场、越冬场和洄游通道、天然渔场
167	铁路轮渡码头	涉及环境敏感区的	其他	/	第三条（一）中的全部区域；第三条（二）中的重要水生生物的自然产卵场、索饵场、越冬场和洄游通道、天然渔场
168	航道工程、水运辅助工程	航道工程；涉及环境敏感区的防波堤、船闸、通航建筑物	其他	/	第三条（一）中的全部区域；第三条（二）中的重要水生生物的自然产卵场、索饵场、越冬场和洄游通道、天然渔场
169	航电枢纽工程	全部	/	/	
170	中心渔港码头	涉及环境敏感区的	其他	/	第三条（一）中的全部区域；第三条（二）中的重要水生生物的自然产卵场、索饵场、越冬场和洄游通道、天然渔场
171	城市轨道交通	全部	/	/	
172	城市道路（不含维护，不含支路）	/	新建快速路、干道	其他	
173	城市桥梁、隧道（不含人行天桥、人行地道）	/	全部	/	
174	长途客运站	/	新建	其他	
175	城镇管网及管廊建设（不含1.6兆帕及以下的天然气管道）	/	新建	其他	

续表

环评类别 项目类别		报告书	报告表	登记表	本栏目环境敏感区含义
176	石油、天然气、页岩气、成品油管线（不含城市天然气管线）	200公里及以上；涉及环境敏感区的	其他	/	第三条（一）中的全部区域；第三条（二）中的基本农田保护区、地质公园、重要湿地、天然林；第三条（三）中的全部区域
177	化学品输送管线	全部	/	/	
178	油库（不含加油站的油库）	总容量20万立方米及以上；地下洞库	其他	/	
179	气库（含LNG库，不含加气站的气库）	地下气库	其他	/	
180	仓储（不含油库、气库、煤炭储存）	/	有毒、有害及危险品的仓储、物流配送项目	其他	
五十、核与辐射					
181	输变电工程	500千伏及以上；涉及环境敏感区的330千伏及以上	其他（100千伏以下除外）	/	第三条（一）中的全部区域；第三条（三）中的以居住、医疗卫生、文化教育、科研、行政办公等为主要功能的区域
182	广播电台、差转台	中波50千瓦及以上；短波100千瓦及以上；涉及环境敏感区的	其他	/	第三条（三）中的以居住、医疗卫生、文化教育、科研、行政办公等为主要功能的区域
183	电视塔台	涉及环境敏感区的100千瓦及以上的	其他	/	第三条（三）中的以居住、医疗卫生、文化教育、科研、行政办公等为主要功能的区域
184	卫星地球上行站	涉及环境敏感区的	其他	/	第三条（三）中的以居住、医疗卫生、文化教育、科研、行政办公等为主要功能的区域
185	雷达	涉及环境敏感区的	其他	/	第三条（三）中的以居住、医疗卫生、文化教育、科研、行政办公等为主要功能的区域

续表

项目类别 \ 环评类别		报告书	报告表	登记表	本栏目环境敏感区含义
186	无线通讯	/	/	全部	
187	核动力厂（核电厂、核热电厂、核供汽供热厂等）；反应堆（研究堆、实验堆、临界装置等）；核燃料生产、加工、贮存、后处理；放射性废物贮存、处理或处置；上述项目的退役。放射性污染治理项目	新建、扩建（独立的放射性废物贮存设施除外）	主生产工艺或安全重要构筑物的重大变更，但源项不显著增加；次临界装置的新建、扩建；独立的放射性废物贮存设施	核设施控制区范围内新增的不带放射性的实验室、试验装置、维修车间、仓库、办公设施等	
188	铀矿开采、冶炼	新建、扩建及退役	其他	/	
189	铀矿地质勘探、退役治理	/	全部	/	
190	伴生放射性矿产资源的采选、冶炼及废渣再利用	新建、扩建	其他	/	
191	核技术利用建设项目（不含在已许可场所增加不超出已许可活动种类和不高于已许可范围等级的核素或射线装置）	生产放射性同位素的（制备PET用放射性药物的除外）；使用Ⅰ类放射源的（医疗使用的除外）；销售（含建造）、使用Ⅰ类射线装置的；甲级非密封放射性物质工作场所	制备PET用放射性药物的；医疗使用Ⅰ类放射源的；使用Ⅱ类、Ⅲ类放射源的；生产、使用Ⅱ类射线装置的；乙、丙级非密封放射性物质工作场所（医疗机构使用植入治疗用放射性粒子源的除外）；在野外进行放射性同位素示踪试验的	销售Ⅰ类、Ⅱ类、Ⅲ类、Ⅳ类、Ⅴ类放射源的；使用Ⅳ类、Ⅴ类放射源的；医疗机构使用植入治疗用放射性粒子源的；销售非密封放射性物质的；销售Ⅱ类射线装置的；生产、销售、使用Ⅲ类射线装置的	

续表

环评类别 项目类别		报告书	报告表	登记表	本栏目环境敏感区含义
192	核技术利用项目退役	生产放射性同位素的（制备PET用放射性药物的除外）；甲级非密封放射性物质工作场所	制备PET用放射性药物的；乙级非密封放射性物质工作场所；水井式γ辐照装置；除水井式γ辐照装置外其他使用Ⅰ类、Ⅱ类、Ⅲ类放射源场所存在污染的；使用Ⅰ类、Ⅱ类射线装置存在污染的	丙级非密封放射性物质工作场所；除水井式γ辐照装置外其他使用Ⅰ类、Ⅱ类、Ⅲ类放射源场所不存在污染的	

说明：（1）名录中涉及规模的，均指新增规模。
（2）单纯混合为不发生化学反应的物理混合过程；分装指由大包装变为小包装。

关于完善市场约束机制严格防范外债风险和地方债务风险的通知

（发改外资〔2018〕706号，国家发展改革委、财政部2018年5月11日发布）

各省、自治区、直辖市及计划单列市、新疆生产建设兵团发展改革委、财政厅（局）：

为深入贯彻落实党的十九大、中央经济工作会议和全国金融工作会议精神，进一步发挥国际资本市场低成本资金在支持实体经济转型升级和推进供给侧结构性改革方面的积极作用，完善市场约束机制，切实有效防范中长期外债风险和地方债务风险，现就有关事项通知如下。

一、拟举借中长期外债企业（含金融机构，下同）要实现实体化运营，依法合规开展市场化融资，充分论证发行外债的必要性、可行性、经济性和财务可持续性，同时依托自身资信状况制定外债本息偿付计划，落实偿债保障措施。严禁企业以各种名义要求或接受地方政府及其所属部门为其市场化融资行为提供担保或承担偿债责任，切实做到“谁用谁借、谁借谁还、审慎决策、风险自担”。

二、要紧密围绕推进供给侧结构性改革的方向，着力支持综合经济实力强、国际化经营水平高、风险防控机制健全的大型企业赴境外市场化融资，募集资金重点用于支持创新发展、绿色发展、战略性新兴产业、高端装备制造业以及“一带一路”建设和国际产能合作等。

三、拟举借中长期外债企业要建立健全规范的公司治理结构、管理决策机制和财务管理制度。申报企业拥有的资产应当质量优良、权属清晰，严禁将公立学校、公立医院、公共文化设施、公园、公共广场、机关事业单位办公楼、市政道路、非收费桥梁、非经营性水利设施、非收费管网设施等公益性资产及储备土地使用权计入企业资产。

四、利用外债资金支持的募投项目，要建立市场化的投资回报机制，形成持续稳定、合理可行的财务预期收益。如募投项目取得投资补助、运营补贴、财政贴息等财政资金支持，有关决策程序必须依法合规，必须把地方财政承受能力和中长期财政可持续作为重要约束条件，坚决杜绝脱离当地财力可能进行财政资金支持。

五、拟举借中长期外债企业要统筹考虑汇率、利率、币种及企业资产负债结构等因素，灵活运用货币互换、利率互换、远期外汇买卖、期权、掉期等金融产品，稳妥选择融资工具，合理持有外汇头寸，密切关注汇率变动，有效防控外债风险。

六、拟举借中长期外债企业要规范信息披露。在债券募集说明书等文件中，不得披露所在地区财政收支、政府债务数据等可能存在政府信用支持的信息，严禁与政府信用挂钩的误导性宣传，并在相关文件中明确，地方政府作为出资人仅以出资额为限承担责任，相关举借债务由发债企业作为独立法人负责偿还。有关信用评级机构不得将企业信用与地方政府信用挂钩。申报企业应对申请材料的真实性、合规性负责。

七、发展改革部门要切实加大事中事后监管力度，利用社会信用体系建设、大数据预警监测分析等多种创新方式，加强对外债资金使用情况和项目后续建设运营情况的督促检查工作。财政部门对依法合规承接政府投资项目的企业，应当按规定和批准的预算及时拨付资金，不得拖欠。

八、建立健全责任主体信用记录，对涉及地方政府违法违规融资和担保的企业、承销机构、会计师事务所、律师事务所等主体及其主要负责人，加大惩处问责力度，纳入相关领域黑名单和全国信用信息共享平台归集共享，实施跨部门联合惩戒，及时公开通报，并限制相关责任主体新申请或参与外债备案登记工作。

城市轨道交通运营管理规定

（交通运输部令2018年第8号，交通运输部2018年5月21日发布）

《城市轨道交通运营管理规定》已于2018年5月14日经第7次部务会议通过，现予公布。自2018年7月1日起施行。

城市轨道交通运营管理规定

第一章　总　　则

第一条　为规范城市轨道交通运营管理，保障运营安全，提高服务质量，促进城市轨道交通行业健康发展，根据国家有关法律、行政法规和国务院有关文件要求，制定本规定。

第二条　地铁、轻轨等城市轨道交通的运营及相关管理活动，适用本规定。

第三条　城市轨道交通运营管理应当遵循以人民为中心、安全可靠、便捷高效、经济舒适的原则。

第四条　交通运输部负责指导全国城市轨道交通运营管理工作。

省、自治区交通运输主管部门负责指导本行政区域内的城市轨道交通运营管理工作。

城市轨道交通所在地城市交通运输主管部门或者城市人民政府指定的城市轨道交通运营主管部门（以下统称城市轨道交通运营主管部门）在本级人民政府的领导下负责组织实施本行政区域内的城市轨道交通运营监督管理工作。

第二章　运营基础要求

第五条　城市轨道交通运营主管部门在城市轨道交通线网规划及建设规划征求意见阶段，应当综合考虑与城市规划的衔接、城市轨道交通客流需求、运营安全保障等因素，对线网布局和规模、换乘枢纽规划、建设时序、资源共享、线网综合应急指挥系统建设、线路功能定位、线路制式、系统规模、交通接驳等提出意见。

城市轨道交通运营主管部门在城市轨道交通工程项目可行性研究报告和初步设计文件编制审批征求意见阶段，应当对客流预测、系统设计运输能力、行车组织、运营管理、运营服务、运营安全等提出意见。

第六条　城市轨道交通工程项目可行性研究报告和初步设计文件中应当设置运营服务专篇，内容应当至少包括：

（一）车站开通运营的出入口数量、站台面积、通道宽度、换乘条件、站厅容纳能力等设施、设备能力与服务需求和安全要求的符合情况；

（二）车辆、通信、信号、供电、自动售检票等设施设备选型与线网中其他线路设施设备的兼容情况；

（三）安全应急设施规划布局、规模等与运营安全的适应性，与主体工程的同步规划和设计情况；

（四）与城市轨道交通线网运力衔接配套情况；

（五）其他交通方式的配套衔接情况；

（六）无障碍环境建设情况。

第七条　城市轨道交通车辆、通信、信号、供电、机电、自动售检票、站台门等设施设备和综合监控系统应当符合国家规定的运营准入技术条件，并实现系统互联互通、兼容共享，满足网络化运营需要。

第八条　城市轨道交通工程项目原则上应当在可行性研究报告编制前，按照有关规定选择确定运营单位。运营单位应当满足以下条件：

（一）具有企业法人资格，经营范围包括城市轨道交通运营管理；

（二）具有健全的行车管理、客运管理、设施设备管理、人员管理等安全生产管理体系和服务质量保障制度；

（三）具有车辆、通信、信号、供电、机电、轨道、土建结构、运营管理等专业管理人员，以及与运营安全相适应的专业技术人员。

第九条　运营单位应当全程参与城市轨道交通工程项目按照规定开展的不载客试运行，熟悉工程设备和标准，察看系统运行的安全可靠性，发现存在质量问题和安全隐患的，应当督促城市轨道交通建设单位（以下简称建设单位）及时处理。

运营单位应当在运营接管协议中明确相关土建工程、设施设备、系统集成的保修范围、保修期限和保修责任，并督促建设单位将上述内容纳入建设工程质量保修书。

第十条　城市轨道交通工程项目验收合格后，由城市轨道交通运营主管部门组织初期运营前安全评估。通过初期运营前安全评估的，方可依法办理初期运营手续。

初期运营期间，运营单位应当按照设计标准和技术规范，对土建工程、设施设备、系统集成的运行状况和质量进行监控，发现存在问题或者安全隐患的，应当要求相关责任单位按照有关规定或者合同约定及时处理。

第十一条　城市轨道交通线路初期运营期满一年，运营单位应当向城市轨道交通运营主管部门报送初期运营报告，并由城市轨道交通运营主管部门组织正式运营前安全评估。通过安全评估的，方可依法办理正式运营手续。对安全评估中发现的问题，城市轨道交通运营主管部门应当报告城市人民政府，同时通告有关责任单位要求限期整改。

开通初期运营的城市轨道交通线路有甩项工程的，甩项工程完工并验收合格后，应当通过城市轨道交通运营主管部门组织的安全评估，方可投入使用。受客观条件限制难以完成甩项工程的，运营单位应当督促建设单位与设计单位履行设计变更手续。全部甩项工程投入使用或者履行设计变更手续后，城市轨道交通工程项目方可依法办理正式运营手续。

第十二条　运营单位承担运营安全生产主体责任，应当建立安全生产责任制，设置安全生产管理机构，配备专职安全管理人员，保障安全运营所必需的资金投入。

第十三条　运营单位应当配置满足运营需求的从业人员，按相关标准进行安全和技能培训教育，并对城市轨道交通列车驾驶员、行车调度员、行车值班员、信号工、通信工等重点岗位人员进行考核，考核不合格的，不得从事岗位工作。运营单位应当对重点岗位人员进行安全背景审查。

城市轨道交通列车驾驶员应当按照法律法规的规定取得驾驶员职业准入资格。

运营单位应当对列车驾驶员定期开展心理测试，对不符合要求的及时调整工作岗位。

第十四条 运营单位应当按照有关规定，完善风险分级管控和隐患排查治理双重预防制度，建立风险数据库和隐患排查手册，对于可能影响安全运营的风险隐患及时整改，并向城市轨道交通运营主管部门报告。

城市轨道交通运营主管部门应当建立运营重大隐患治理督办制度，督促运营单位采取安全防护措施，尽快消除重大隐患；对非运营单位原因不能及时消除的，应当报告城市人民政府依法处理。

第十五条 运营单位应当建立健全本单位的城市轨道交通运营设施设备定期检查、检测评估、养护维修、更新改造制度和技术管理体系，并报城市轨道交通运营主管部门备案。

运营单位应当对设施设备进行定期检查、检测评估，及时养护维修和更新改造，并保存记录。

第十六条 城市轨道交通运营主管部门和运营单位应当建立城市轨道交通智能管理系统，对所有运营过程、区域和关键设施设备进行监管，具备运行控制、关键设施和关键部位监测、风险管控和隐患排查、应急处置、安全监控等功能，并实现运营单位和各级交通运输主管部门之间的信息共享，提高运营安全管理水平。

运营单位应当建立网络安全管理制度，严格落实网络安全有关规定和等级保护要求，加强列车运行控制等关键系统信息安全保护，提升网络安全水平。

第十七条 城市轨道交通运营主管部门应当对运营单位运营安全管理工作进行监督检查，定期委托第三方机构组织专家开展运营期间安全评估工作。

初期运营前、正式运营前以及运营期间的安全评估工作管理办法由交通运输部另行制定。

第十八条 城市轨道交通运营主管部门和运营单位应当建立城市轨道交通运营信息统计分析制度，并按照有关规定及时报送相关信息。

第三章 运营服务

第十九条 运营单位应当按照有关标准为乘客提供安全、可靠、便捷、高效、经济的服务，保证服务质量。

运营单位应当向社会公布运营服务质量承诺并报城市轨道交通运营主管部门备案，定期报告履行情况。

第二十条 运营单位应当根据城市轨道交通沿线乘客出行规律及网络化运输组织要求，合理编制运行图，并报城市轨道交通运营主管部门备案。

运营单位调整运行图严重影响服务质量的，应当向城市轨道交通运营主管部门说明理由。

第二十一条 运营单位应当通过标识、广播、视频设备、网络等多种方式按照下列要求向乘客提供运营服务和安全应急等信息：

（一）在车站醒目位置公布首末班车时间、城市轨道交通线网示意图、进出站指示、换乘指示和票价信息；

（二）在站厅或者站台提供列车到达、间隔时间、方向提示、周边交通方式换乘、安全提示、无障碍出行等信息；

（三）在车厢提供城市轨道交通线网示意图、列车运行方向、到站、换乘、开关车门提示等信息；

（四）首末班车时间调整、车站出入口封闭、设施设备故障、限流、封站、甩站、暂停运营等非正常运营信息。

第二十二条 城市轨道交通票价制定和调整按照国家有关规定执行。

城市轨道交通运营主管部门应当按照有关标准组织实施交通一卡通在轨道交通的建设与推广应用，推动跨区域、跨交通方式的互联互通。

第二十三条 城市轨道交通运营主管部门应当制定城市轨道交通乘客乘车规范，乘客应当遵守。拒不遵守的，运营单位有权劝阻和制止，制止无效的，报告公安机关依法处理。

第二十四条　城市轨道交通运营主管部门应当通过乘客满意度调查等多种形式，定期对运营单位服务质量进行监督和考评，考评结果向社会公布。

第二十五条　城市轨道交通运营主管部门和运营单位应当分别建立投诉受理制度。接到乘客投诉后，应当及时处理，并将处理结果告知乘客。

第二十六条　乘客应当持有效乘车凭证乘车，不得使用无效、伪造、变造的乘车凭证。运营单位有权查验乘客的乘车凭证。

第二十七条　乘客及其他人员因违法违规行为对城市轨道交通运营造成严重影响的，应当依法追究责任。

第二十八条　鼓励运营单位采用大数据分析、移动互联网等先进技术及有关设施设备，提升服务品质。运营单位应当保证乘客个人信息的采集和使用符合国家网络和信息安全有关规定。

第四章　安全支持保障

第二十九条　城市轨道交通工程项目应当按照规定划定保护区。

开通初期运营前，建设单位应当向运营单位提供保护区平面图，并在具备条件的保护区设置提示或者警示标志。

第三十条　在城市轨道交通保护区内进行下列作业的，作业单位应当按照有关规定制定安全防护方案，经运营单位同意后，依法办理相关手续并对作业影响区域进行动态监测：

（一）新建、改建、扩建或者拆除建（构）筑物；

（二）挖掘、爆破、地基加固、打井、基坑施工、桩基础施工、钻探、灌浆、喷锚、地下顶进作业；

（三）敷设或者搭架管线、吊装等架空作业；

（四）取土、采石、采砂、疏浚河道；

（五）大面积增加或者减少建（构）筑物载荷的活动；

（六）电焊、气焊和使用明火等具有火灾危险作业。

第三十一条　运营单位有权进入作业现场进行巡查，发现危及或者可能危及城市轨道交通运营安全的情形，运营单位有权予以制止，并要求相关责任单位或者个人采取措施消除妨害；逾期未改正的，及时报告有关部门依法处理。

第三十二条　使用高架线路桥下空间不得危害城市轨道交通运营安全，并预留高架线路桥梁设施日常检查、检测和养护维修条件。

地面、高架线路沿线建（构）筑物或者植物不得妨碍行车瞭望，不得侵入城市轨道交通线路的限界。沿线建（构）筑物、植物可能妨碍行车瞭望或者侵入线路限界的，责任单位应当及时采取措施消除影响。责任单位不能消除影响，危及城市轨道交通运营安全、情况紧急的，运营单位可以先行处置，并及时报告有关部门依法处理。

第三十三条　禁止下列危害城市轨道交通运营设施设备安全的行为：

（一）损坏隧道、轨道、路基、高架、车站、通风亭、冷却塔、变电站、管线、护栏护网等设施；

（二）损坏车辆、机电、电缆、自动售检票等设备，干扰通信信号、视频监控设备等系统；

（三）擅自在高架桥梁及附属结构上钻孔打眼，搭设电线或者其他承力绳索，设置附着物；

（四）损坏、移动、遮盖安全标志、监测设施以及安全防护设备。

第三十四条　禁止下列危害或者可能危害城市轨道交通运营安全的行为：

（一）拦截列车；

（二）强行上下车；

（三）擅自进入隧道、轨道或者其他禁入区域；

（四）攀爬或者跨越围栏、护栏、护网、站台门等；

（五）擅自操作有警示标志的按钮和开关装置，在非紧急状态下动用紧急或者安全装置；

（六）在城市轨道交通车站出入口 5 米范

围内停放车辆、乱设摊点等，妨碍乘客通行和救援疏散；

（七）在通风口、车站出入口50米范围内存放有毒、有害、易燃、易爆、放射性和腐蚀性等物品；

（八）在出入口、通风亭、变电站、冷却塔周边躺卧、留宿、堆放和晾晒物品；

（九）在地面或者高架线路两侧各100米范围内升放风筝、气球等低空飘浮物体和无人机等低空飞行器。

第三十五条 在城市轨道交通车站、车厢、隧道、站前广场等范围内设置广告、商业设施的，不得影响正常运营，不得影响导向、提示、警示、运营服务等标识识别、设施设备使用和检修，不得挤占出入口、通道、应急疏散设施空间和防火间距。

城市轨道交通车站站台、站厅层不应设置妨碍安全疏散的非运营设施。

第三十六条 禁止乘客携带有毒、有害、易燃、易爆、放射性、腐蚀性以及其他可能危及人身和财产安全的危险物品进站、乘车。运营单位应当按规定在车站醒目位置公示城市轨道交通禁止、限制携带物品目录。

第三十七条 各级城市轨道交通运营主管部门应当按照职责监督指导运营单位开展反恐防范、安检、治安防范和消防安全管理相关工作。

鼓励推广应用安检新技术、新产品，推动实行安检新模式，提高安检质量和效率。

第三十八条 交通运输部应当建立城市轨道交通重点岗位从业人员不良记录和乘客违法违规行为信息库，并按照规定将有关信用信息及时纳入交通运输和相关统一信用信息共享平台。

第三十九条 鼓励经常乘坐城市轨道交通的乘客担任志愿者，及时报告城市轨道交通运营安全问题和隐患，检举揭发危害城市轨道交通运营安全的违法违规行为。运营单位应当对志愿者开展培训。

第五章 应急处置

第四十条 城市轨道交通所在地城市及以上地方各级人民政府应当建立运营突发事件处置工作机制，明确相关部门和单位的职责分工、工作机制和处置要求，制定完善运营突发事件应急预案。

运营单位应当按照有关法规要求建立运营突发事件应急预案体系，制定综合应急预案、专项应急预案和现场处置方案。运营单位应当组织专家对专项应急预案进行评审。

因地震、洪涝、气象灾害等自然灾害和恐怖袭击、刑事案件等社会安全事件以及其他因素影响或者可能影响城市轨道交通正常运营时，参照运营突发事件应急预案做好监测预警、信息报告、应急响应、后期处置等相关应对工作。

第四十一条 运营单位应当储备必要的应急物资，配备专业应急救援装备，建立应急救援队伍，配齐应急人员，完善应急值守和报告制度，加强应急培训，提高应急救援能力。

第四十二条 城市轨道交通运营主管部门应当按照有关法规要求，在城市人民政府领导下会同有关部门定期组织开展联动应急演练。

运营单位应当定期组织运营突发事件应急演练，其中综合应急预案演练和专项应急预案演练每半年至少组织一次。现场处置方案演练应当纳入日常工作，开展常态化演练。运营单位应当组织社会公众参与应急演练，引导社会公众正确应对突发事件。

第四十三条 运营单位应当在城市轨道交通车站、车辆、地面和高架线路等区域的醒目位置设置安全警示标志，按照规定在车站、车辆配备灭火器、报警装置和必要的救生器材，并确保能够正常使用。

第四十四条 城市轨道交通运营突发事件发生后，运营单位应当按照有关规定及时启动相应应急预案。运营单位应当充分发挥志愿者在突发事件应急处置中的作用，提高乘客自救互救能力。

现场工作人员应当按照各自岗位职责要求开展现场处置，通过广播系统、乘客信息系统和人工指引等方式，引导乘客快速疏散。

第四十五条 运营单位应当加强城市轨道交通客流监测。可能发生大客流时，应当按照预案要求及时增加运力进行疏导；大客流可能影响运营安全时，运营单位可以采取限流、封站、甩站等措施。

因运营突发事件、自然灾害、社会安全事件以及其他原因危及运营安全时，运营单位可以暂停部分区段或者全线网的运营，根据需要及时启动相应应急保障预案，做好客流疏导和现场秩序维护，并报告城市轨道交通运营主管部门。

运营单位采取限流、甩站、封站、暂停运营措施应当及时告知公众，其中封站、暂停运营措施还应当向城市轨道交通运营主管部门报告。

第四十六条　城市轨道交通运营主管部门和运营单位应当建立城市轨道交通运营安全重大故障和事故报送制度。

城市轨道交通运营主管部门和运营单位应当定期组织对重大故障和事故原因进行分析，不断完善城市轨道交通运营安全管理制度以及安全防范和应急处置措施。

第四十七条　城市轨道交通运营主管部门和运营单位应当加强舆论引导，宣传文明出行、安全乘车理念和突发事件应对知识，培养公众安全防范意识，引导理性应对突发事件。

第六章　法律责任

第四十八条　违反本规定第十条、第十一条，城市轨道交通工程项目（含甩项工程）未经安全评估投入运营的，由城市轨道交通运营主管部门责令限期整改，并对运营单位处以 2 万元以上 3 万元以下的罚款，同时对其主要负责人处以 1 万元以下的罚款；有严重安全隐患的，城市轨道交通运营主管部门应当责令暂停运营。

第四十九条　违反本规定，运营单位有下列行为之一的，由城市轨道交通运营主管部门责令限期改正；逾期未改正的，处以 5000 元以上 3 万元以下的罚款，并可对其主要负责人处以 1 万元以下的罚款：

（一）未全程参与试运行；

（二）未按照相关标准对从业人员进行技能培训教育；

（三）列车驾驶员未按照法律法规的规定取得职业准入资格；

（四）列车驾驶员、行车调度员、行车值班员、信号工、通信工等重点岗位从业人员未经考核上岗；

（五）未按照有关规定完善风险分级管控和隐患排查治理双重预防制度；

（六）未建立风险数据库和隐患排查手册；

（七）未按要求报告运营安全风险隐患整改情况；

（八）未建立设施设备检查、检测评估、养护维修、更新改造制度和技术管理体系；

（九）未对设施设备定期检查、检测评估和及时养护维修、更新改造；

（十）未按照有关规定建立运营突发事件应急预案体系；

（十一）储备的应急物资不满足需要，未配备专业应急救援装备，或者未建立应急救援队伍、配齐应急人员；

（十二）未按时组织运营突发事件应急演练。

第五十条　违反本规定第十八条、第四十六条，运营单位未按照规定上报城市轨道交通运营相关信息或者运营安全重大故障和事故的，由城市轨道交通运营主管部门责令限期改正；逾期未改正的，处以 5000 元以上 3 万元以下的罚款。

第五十一条　违反本规定，运营单位有下列行为之一，由城市轨道交通运营主管部门责令限期改正；逾期未改正的，处以 1 万元以下的罚款：

（一）未向社会公布运营服务质量承诺或者定期报告履行情况；

（二）运行图未报城市轨道交通运营主管部门备案或者调整运行图严重影响服务质量的，未向城市轨道交通运营主管部门说明理由；

（三）未按规定向乘客提供运营服务和安全应急等信息；

（四）未建立投诉受理制度，或者未及时处理乘客投诉并将处理结果告知乘客；

（五）采取的限流、甩站、封站、暂停运营等措施，未及时告知公众或者封站、暂停运营等措施未向城市轨道交通运营主管部门报告。

第五十二条 违反本规定第三十二条，有下列行为之一，由城市轨道交通运营主管部门责令相关责任人和单位限期改正、消除影响；逾期未改正的，可以对个人处以5000元以下的罚款，对单位处以3万元以下的罚款；造成损失的，依法承担赔偿责任；情节严重构成犯罪的，依法追究刑事责任：

（一）高架线路桥下的空间使用可能危害运营安全的；

（二）地面、高架线路沿线建（构）筑物或者植物妨碍行车瞭望、侵入限界的。

第五十三条 违反本规定第三十三条、第三十四条，运营单位有权予以制止，并由城市轨道交通运营主管部门责令改正，可以对个人处以5000元以下的罚款，对单位处以3万元以下的罚款；违反治安管理规定的，由公安机关依法处理；构成犯罪的，依法追究刑事责任。

第五十四条 城市轨道交通运营主管部门不履行本规定职责造成严重后果的，或者有其他滥用职权、玩忽职守、徇私舞弊行为的，对负有责任的领导人员和直接责任人员依法给予处分；构成犯罪的，依法追究刑事责任。

第五十五条 地方性法规、地方政府规章对城市轨道交通运营违法行为需要承担的法律责任与本规定有不同规定的，从其规定。

第七章 附 则

第五十六条 本规定自2018年7月1日起施行。

关于印发《水电前期工作中央预算内投资专项管理办法》的通知

（发改投资规〔2018〕795号，国家发展改革委2018年5月25日发布）

中国电力建设集团有限公司：

为加强水电前期工作管理，建立健全水电前期工作管理机制，促进水电持续健康有序发展，提高中央预算内投资使用效益和效率，我们研究制定了《水电前期工作中央预算内投资专项管理办法》，现印发你公司，请按照执行。《国家发展改革委水电前期工作管理暂行办法（2014年修订）》同时废止。

附件：水电前期工作中央预算内投资专项管理办法

附件

水电前期工作中央预算内投资专项管理办法

第一章 总 则

第一条 为加强水电前期工作管理，建立健全水电前期工作管理机制，促进水电持续健康有序发展，提高中央预算内投资使用效益和效率，根据《中央预算内直接投资项目管理办法》（国家发展改革委第7号令）、《中央预算内投资项目日常监管实施办法（试行）》（发改稽察规〔2017〕2276号）、《中央预算内投资计划编制管理暂行办法》（发改投资〔2015〕3092号）及有关法律法规，结合水电前期工作实际，特制订本管理办法。

第二条 国家发展改革委负责管理属于政府行为的水电前期工作，主要包括：全国水力资源普查（含复查）、大中型河流（河段）水电规划及其补充规划编制（修编）、具有战略意义的部分大型水电站预可行性研究、全国或部分省份抽水蓄能电站选点规划编制（调整）等。

第三条　国家发展改革委安排中央预算内投资专项（以下简称“专项投资”）用于第二条所列水电前期工作。国家发展改革委委托中国电力建设集团有限公司所属水电水利规划设计总院（以下简称“水电规划总院”）组织项目实施。

第四条　专项投资安排和使用坚持公开公正、突出重点、统筹兼顾、有效监管的原则。

第二章　安排程序

第五条　水电规划总院科学合理提出年度水电前期工作任务并测算年度资金需求，及时将符合条件的项目（涉密项目除外）纳入全国重大建设项目库三年滚动投资计划库、年度投资计划库。通过投资计划编报库上报的投资计划数据应与通过重大项目库上报的三年滚动投资计划相关数据衔接一致。

第六条　年度投资计划申请文件由中国电力建设集团有限公司按照国家发展改革委年度投资计划申报时限规定，按时报送国家发展改革委。中国电力建设集团有限公司按照申报规定和要求，认真审核水电规划总院提出的水电前期工作任务和资金需求，并对审查结果和申报材料的真实性、合规性负责。

第七条　年度投资计划申请文件视情况还应包括：续建项目任务进展情况、资金到位情况、新安排项目建议书等。

第八条　年度投资计划按项目安排。国家发展改革委受理年度投资计划申请文件后，重点对以下事项进行审查：

（一）符合党中央、国务院决策部署、有关规划、政策要求；

（二）符合中央预算内投资安排要求和本办法规定；

（三）申报材料齐备、有效，开展年度水电前期工作任务条件具备、科学合理，经费测算合理。

国家发展改革委委托咨询评估机构对年度投资计划申请文件开展评估工作。

第九条　年度投资计划由国家发展改革委下达给中国电力建设集团有限公司，中国电力建设集团有限公司在收到投资计划下达文件后10个工作日内转发下达给水电规划总院。

第三章　使用管理

第十条　水电前期工作项目实施实行招标投标制和合同管理制，由水电规划总院负责组织招投标工作并与中标勘测设计单位签订合同，按合同进行全过程管理。

第十一条　项目完成后，由水电规划总院按合同组织验收，并报国家发展改革委。

第十二条　利用专项投资完成的预可行性研究项目，继续实行项目成果有偿转让制度，有偿转让收入列专户，滚动使用，根据国家发展改革委计划用于水电开发前期工作，进一步推动水电前期工作的开展。

第十三条　水电规划总院按月于每月10日前将项目启动情况（涉密项目除外）、资金使用情况、工作最新进展等通过重大项目建设库报送国家发展改革委。

第四章　监督检查

第十四条　水电前期工作项目单位为水电规划总院，日常监管直接责任单位为中国电力建设集团有限公司。项目日常监管直接责任单位及监管责任人对项目申报、建设管理、信息报送等履行日常监管直接责任。项目单位承担项目建设主体责任，自觉接受审计等部门的监督检查，保证中央预算内投资的合理使用和项目顺利实施。

第十五条　专项投资使用严格执行有关财务管理规定，设立专门账户，专款专用，严禁截留、转移、侵占和挪用。

第十六条　国家发展改革委接受单位、个人对水电前期工作专项资金安排、项目实施过程中违法违规行为的举报，按照有关规定办理。

第十七条　国家发展改革委按照有关规定对使用专项投资项目进行检查和考核，对发现的问题严格按照《中央预算内直接投资项目管理办法》（国家发展改革委令第7号）、《中央预算内投资项目日常监管实施办法（试行）》（发改稽察〔2017〕2276号）等进行处理。

第十八条 项目出现下列情形之一，国家发展改革委责令限期整改，采取措施核减、收回或者停止拨付中央预算内投资，并可以根据情节轻重提请或移交有关机关依法追究有关责任人的行政或者法律责任。

（一）提供虚假情况，骗取中央预算内投资的；

（二）转移、侵占或者挪用中央预算内投资的；

（三）擅自变更前期工作实施任务和标准的；

（四）无正当理由未及时实施的；

（五）拒不接受依法进行的监督检查的；

（六）其他违反国家法律法规和本办法规定的行为。

第五章 附　则

第十九条 本办法由国家发展改革委负责解释。

第二十条 本办法自公布之日起执行，有效期5年。2014年印发的《国家发展改革委水电前期工作管理暂行办法（2014年修订）》同时废止。

关于完善固定资产投资项目代码制度加强项目代码管理和应用工作的通知

（发改投资规〔2018〕817号，国家发展改革委、工业和信息化部、自然资源部、生态环境部、住房城乡建设部、交通运输部、水利部、国家卫生健康委、应急管理部、国家统计局、中国地震局、中国气象局、国家国防科工局、国家烟草局、中国民航局、国家文物局、国家能源局2018年5月30日发布）

中直管理局，全国人大常委会办公厅、全国政协办公厅，最高人民法院、最高人民检察院，国务院各部门、各直属机构，有关人民团体，各省、自治区、直辖市及计划单列市、新疆生产建设兵团发展改革委（能源局）、工业和信息化主管部门、自然资源主管部门、环境保护厅（局）、住房城乡建设厅（建委）、交通运输厅（局、委）、水利（水务）厅（局）、卫生计生委、安全生产监督管理局、煤矿安全监察局、统计局、地震局、气象局、国防科技工业管理部门、烟草局、文物局、地方平台综合管理部门，民航各地区管理局，国家能源局各派出监管机构：

固定资产投资项目代码制度是《中共中央　国务院关于深化投融资体制改革的意见》（中发〔2016〕18号）、《企业投资项目核准和备案管理条例》（国务院令第673号）明确规定的投资管理基本制度。非涉密项目用好项目代码是项目单位的法定义务和各有关部门的法定职责。全国投资项目在线审批监管平台（以下简称在线平台）生成的项目代码作为项目整个建设周期的唯一身份标识，是各有关部门用以加强协同管理和提高服务水平的基本手段，也是项目单位便捷获取政府管理服务信息、高效推进项目工作的重要工具，有力支持了政府部门的审批、监管和服务工作。

但在实际工作中也发现，有的项目没有依法依规申请领码，有的项目存在重复领码，有的地方和部门执行赋码、验码、用码规定不到位。这些问题妨碍了对项目的调度管理、对审批行为的监督规范、对监管信息的及时掌握，是新形势下提高政府管理服务水平亟待解决的问题。

为贯彻党的十九大关于深化投融资体制改革的部署，深化"放管服"改革，转变政府的投资管理职能，依据中发〔2016〕18号文件、国务院第673号令、《全国投资项目在线审批监管平台运行管理暂行办法》（国家发展改革委等18部门2017年第3号令）等法规文件要求，现就进一步完善固定资产投资项目代码制度加强项目代码管理和应用工作通知如下。

一、严格执行项目代码制度，依法实现“一项一码”

（一）引导项目单位领码用码。各级投资主管部门、负责投资项目各类审批和监管的部门（以下简称在线平台应用管理部门）要加强普法工作，深入宣传项目代码的法定地位和应用项目代码的重要意义，提高项目单位领码用码的自觉性。项目审批、核准、备案机关和在线平台应用管理部门要积极引导和提醒项目单位在办理审批手续前领码和用码，在编制审批、资金申请等各项申报材料中标注项目代码。项目单位领码后，应确保在办理相关审批事项中使用该唯一代码。

（二）明确项目代码赋码职责。中央有关部门审批、核准和备案的项目应通过中央平台申请领码；地方各级政府及其相关部门审批、核准、备案的项目应通过地方平台申请领码。企业投资项目的赋码机关为该项目的核准、备案机关；政府投资项目的赋码机关为该项目的决策机关，一般为可行性研究报告审批机关。

（三）做好项目赋码服务工作。收到项目单位领码申请后，赋码机关应当为项目单位提供发展规划、产业政策等方面的咨询服务，帮助项目单位筛查、剔除申报中的问题，并避免单个项目重复领码。对明显不符合法定条件或政策要求的项目，应告知项目单位关注法律政策风险，可以在尊重项目单位意愿的前提下，由项目单位撤回领码申请，防止项目单位不必要的工作投入。对备案类项目，可结合备案手续同步开展赋码服务工作。

（四）加强项目代码核验。各有关部门在受理投资项目审批事项时，应当首先查验项目是否具有项目代码，通过在线平台核验项目代码真实性、申报材料与在线平台上的项目信息是否一致。对没有项目代码、未通过项目代码核验的，不得受理并告知项目单位。对于受理的申报材料，受理通知书应当注明项目代码。

二、做好项目代码日常管理，防止多码、错码问题

（一）规范项目变化的代码管理。投资项目批准文件延期，项目代码保持不变。投资项目需要重新审批、核准、备案的，原则上应当重新赋码。

（二）加强已赋项目代码监测检查。赋码机关应密切关注同一项目申报单位及项目法人单位名下的多个项目代码，加强与项目申报单位及项目法人单位的联系沟通，发现一个项目有多个代码的，要及时进行合并、撤销等处理，并告知项目单位。

（三）强化在线平台技术手段。完善在线平台在领码环节和赋码后自动甄别、筛查、提示等功能，引导项目单位合理申报，为赋码机关做好项目代码管理工作提供技术支撑。

三、加强项目代码应用，充分发挥项目代码作用

（一）利用项目代码归集和共享信息。各有关部门在办理项目审批事项、下达资金时，应进一步通过在线平台核验项目代码及项目信息。项目审批文件、招标投标、公共资源交易、监督检查、后评价、行政处理、行政处罚、信息公开等涉及使用项目名称时，应当同时标注项目代码。项目审批、建设、监管相关信息应通过项目代码统一汇集，并利用在线平台在各部门间实现信息共享。推动金融机构运用项目代码。

（二）利用项目代码加强项目调度和事中事后监管。项目审批、核准、备案机关要利用项目代码开展项目调度工作，及时掌握项目审批手续办理进度，加强动态分析，发现并推动解决项目前期工作中遇到的困难和问题。各级在线平台应用管理部门在投资项目事中事后监管中，应当发挥项目代码作用，依托在线平台归集的项目信息，并充分运用大数据、互联网、移动计算等信息技术手段，加强对项目各类信息的分析研判，提高发现问题线索的能力。

（三）加强对项目代码管理和应用情况的监督检查。各级发展改革部门要加强对投资项目各类审批文件、计划或资金下达文件、招标公告等应用项目代码情况的监督检查，各部门要加强本系统应用项目代码情况的监督检查，对未按要求使用项目代码的予以督促整改或通报批评；对拒不改正的市场主体，要纳入严重失信名单，实施联合惩戒。各地、各部门在审计、督查等工作中，要将在线平台的应用和项目代码的管理作为重要内容，发现项目审批、监管等不纳入在线平台管理、不履行代码核验职责等情况的，要及时督促整改。

各地、各部门要高度重视项目代码管理和应用工作，加强组织领导，将项目代码管理作为项目管理的重要环节，确保“一项一码”，大力推广项目代码应用，提高审批和监管效率。依照本通知规定作为项目代码赋码机关的中央有关部门要加强与在线平台业务对接，切实履行好赋码机关职责。投资项目各类审批和监管部门在机构改革中涉及职能调整的，要做好项目代码管理工作衔接。

关于印发《必须招标的基础设施和公用事业项目范围规定》的通知

（发改法规规〔2018〕843号，国家发展改革委2018年6月6日发布）

各省、自治区、直辖市人民政府，国务院各部委、各直属机构：

《必须招标的基础设施和公用事业项目范围规定》已经国务院批准，现印发你们，请按照执行。

附件：必须招标的基础设施和公用事业项目范围规定

附件

必须招标的基础设施和公用事业项目范围规定

第一条 为明确必须招标的大型基础设施和公用事业项目范围，根据《中华人民共和国招标投标法》和《必须招标的工程项目规定》，制定本规定。

第二条 不属于《必须招标的工程项目规定》第二条、第三条规定情形的大型基础设施、公用事业等关系社会公共利益、公众安全的项目，必须招标的具体范围包括：

（一）煤炭、石油、天然气、电力、新能源等能源基础设施项目；

（二）铁路、公路、管道、水运，以及公共航空和A1级通用机场等交通运输基础设施项目；

（三）电信枢纽、通信信息网络等通信基础设施项目；

（四）防洪、灌溉、排涝、引（供）水等水利基础设施项目；

（五）城市轨道交通等城建项目。

第三条 本规定自2018年6月6日起施行。

工 程 建 设

关于印发建设工程质量保证金管理办法的通知

（建质〔2017〕138号，住房和城乡建设部、财政部2017年6月20日发布）

党中央有关部门，国务院各部委、各直属机构，高法院，高检院，有关人民团体，各中央管理企业，各省、自治区、直辖市、计划单列市住房城乡建设厅（建委、建设局）、财政厅（局），新疆生产建设兵团建设局、财务局：

为贯彻落实国务院关于进一步清理规范涉企收费、切实减轻建筑业企业负担的精神，规范建设工程质量保证金管理，住房城乡建设部、财政部对《建设工程质量保证金管理办法》（建质〔2016〕295号）进行了修订。现印发给你们，请结合本地区、本部门实际认真贯彻执行。

建设工程质量保证金管理办法

第一条 为规范建设工程质量保证金管理，落实工程在缺陷责任期内的维修责任，根据《中华人民共和国建筑法》《建设工程质量管理条例》《国务院办公厅关于清理规范工程建设领域保证金的通知》和《基本建设财务管理规则》等相关规定，制定本办法。

第二条 本办法所称建设工程质量保证金（以下简称保证金）是指发包人与承包人在建设工程承包合同中约定，从应付的工程款中预留，用以保证承包人在缺陷责任期内对建设工程出现的缺陷进行维修的资金。

缺陷是指建设工程质量不符合工程建设强制性标准、设计文件，以及承包合同的约定。

缺陷责任期一般为1年，最长不超过2年，由发、承包双方在合同中约定。

第三条 发包人应当在招标文件中明确保证金预留、返还等内容，并与承包人在合同条款中对涉及保证金的下列事项进行约定：

（一）保证金预留、返还方式；

（二）保证金预留比例、期限；

（三）保证金是否计付利息，如计付利息，利息的计算方式；

（四）缺陷责任期的期限及计算方式；

（五）保证金预留、返还及工程维修质量、费用等争议的处理程序；

（六）缺陷责任期内出现缺陷的索赔方式；

（七）逾期返还保证金的违约金支付办法及违约责任。

第四条 缺陷责任期内，实行国库集中支付的政府投资项目，保证金的管理应按国库集中支付的有关规定执行。其他政府投资项目，保证金可以预留在财政部门或发包方。缺陷责任期内，如发包方被撤销，保证金随交付使用资产一并移交使用单位管理，由使用单位代行发包人职责。

社会投资项目采用预留保证金方式的，发、承包双方可以约定将保证金交由第三方金融机构托管。

第五条 推行银行保函制度，承包人可以银行保函替代预留保证金。

第六条 在工程项目竣工前，已经缴纳履约保证金的，发包人不得同时预留工程质量保证金。

采用工程质量保证担保、工程质量保险等其他保证方式的，发包人不得再预留保证金。

第七条 发包人应按照合同约定方式预留保证金，保证金总预留比例不得高于工程价款结算总额的3%。合同约定由承包人以银行保函替代预留保证金的，保函金额不得高于工程价款结算总额的3%。

第八条 缺陷责任期从工程通过竣工验收之日起计。由于承包人原因导致工程无法按规定期限进行竣工验收的，缺陷责任期从实际通过竣工验收之日起计。由于发包人原因导致工程无法按规定期限进行竣工验收的，在承包人提交竣工验收报告90天后，工程自动进入缺陷责任期。

第九条　缺陷责任期内，由承包人原因造成的缺陷，承包人应负责维修，并承担鉴定及维修费用。如承包人不维修也不承担费用，发包人可按合同约定从保证金或银行保函中扣除，费用超出保证金额的，发包人可按合同约定向承包人进行索赔。承包人维修并承担相应费用后，不免除对工程的损失赔偿责任。

由他人原因造成的缺陷，发包人负责组织维修，承包人不承担费用，且发包人不得从保证金中扣除费用。

第十条　缺陷责任期内，承包人认真履行合同约定的责任，到期后，承包人向发包人申请返还保证金。

第十一条　发包人在接到承包人返还保证金申请后，应于14天内会同承包人按照合同约定的内容进行核实。如无异议，发包人应当按照约定将保证金返还给承包人。对返还期限没有约定或者约定不明确的，发包人应当在核实后14天内将保证金返还承包人，逾期未返还的，依法承担违约责任。发包人在接到承包人返还保证金申请后14天内不予答复，经催告后14天内仍不予答复，视同认可承包人的返还保证金申请。

第十二条　发包人和承包人对保证金预留、返还以及工程维修质量、费用有争议的，按承包合同约定的争议和纠纷解决程序处理。

第十三条　建设工程实行工程总承包的，总承包单位与分包单位有关保证金的权利与义务的约定，参照本办法关于发包人与承包人相应权利与义务的约定执行。

第十四条　本办法由住房城乡建设部、财政部负责解释。

第十五条　本办法自2017年7月1日起施行，原《建设工程质量保证金管理办法》（建质〔2016〕295号）同时废止。

关于促进工程监理行业转型升级创新发展的意见

（建市〔2017〕145号，住房和城乡建设部2017年7月7日发布）

各省、自治区住房城乡建设厅，直辖市建委，新疆生产建设兵团建设局，中央军委后勤保障部军事设施建设局：

建设工程监理制度的建立和实施，推动了工程建设组织实施方式的社会化、专业化，为工程质量安全提供了重要保障，是我国工程建设领域重要改革举措和改革成果。为贯彻落实中央城市工作会议精神和《国务院办公厅关于促进建筑业持续健康发展的意见》（国办发〔2017〕19号），完善工程监理制度，更好发挥监理作用，促进工程监理行业转型升级、创新发展，现提出如下意见：

一、主要目标

工程监理服务多元化水平显著提升，服务模式得到有效创新，逐步形成以市场化为基础、国际化为方向、信息化为支撑的工程监理服务市场体系。行业组织结构更趋优化，形成以主要从事施工现场监理服务的企业为主体，以提供全过程工程咨询服务的综合性企业为骨干，各类工程监理企业分工合理、竞争有序、协调发展的行业布局。监理行业核心竞争力显著增强，培育一批智力密集型、技术复合型、管理集约型的大型工程建设咨询服务企业。

二、主要任务

（一）推动监理企业依法履行职责。工程监理企业应当根据建设单位的委托，客观、公正地执行监理任务，依照法律、行政法规及有关技术标准、设计文件和建筑工程承包合同，对承包单位实施监督。建设单位应当严格按照相关法律法规要求，选择合格的监理企业，依照委托合同约定，按时足额支付监理费用，授权并支持监理企业开展监理工作，充分发挥监理的作用。施工单位应当积极配合监理企业的工作，服从监理企业的监督和管理。

（二）引导监理企业服务主体多元化。鼓励支持监理企业为建设单位做好委托服务的同时，进一步拓展服务主体范围，积极为市场各方主体提供专业化服务。适应政府加强工程质量安全管理的工作要求，按照政府购买社会服务的方式，接受政府质量安全监督机构的委托，对工程项目关键环节、关键部位进行工程质量安全检查。适应推行工程质量保险制度要求，接受保险机构的委托，开展施工过程中风险分析评估、质量安全检查等工作。

（三）创新工程监理服务模式。鼓励监理企业在立足施工阶段监理的基础上，向“上下游”拓展服务领域，提供项目咨询、招标代理、造价咨询、项目管理、现场监督等多元化的“菜单式”咨询服务。对于选择具有相应工程监理资质的企业开展全过程工程咨询服务的工程，可不再另行委托监理。适应发挥建筑师主导作用的改革要求，结合有条件的建设项目试行建筑师团队对施工质量进行指导和监督的新型管理模式，试点由建筑师委托工程监理实施驻场质量技术监督。鼓励监理企业积极探索政府和社会资本合作（PPP）等新型融资方式下的咨询服务内容、模式。

（四）提高监理企业核心竞争力。引导监理企业加大科技投入，采用先进检测工具和信息化手段，创新工程监理技术、管理、组织和流程，提升工程监理服务能力和水平。鼓励大型监理企业采取跨行业、跨地域的联合经营、并购重组等方式发展全过程工程咨询，培育一批具有国际水平的全过程工程咨询企业。支持中小监理企业、监理事务所进一步提高技术水平和服务水平，为市场提供特色化、专业化的监理服务。推进建筑信息模型（BIM）在工程监理服务中的应用，不断提高工程监理信息化水平。鼓励工程监理企业抓住“一带一路”的国家战略机遇，主动参与国际市场竞争，提升企业的国际竞争力。

（五）优化工程监理市场环境。加快以简化企业资质类别和等级设置、强化个人执业资格为核心的行政审批制度改革，推动企业资质标准与注册执业人员数量要求适度分离，健全完善注册监理工程师签章制度，强化注册监理工程师执业责任落实，推动建立监理工程师个人执业责任保险制度。加快推进监理行业诚信机制建设，完善企业、人员、项目及诚信行为数据库信息的采集和应用，建立黑名单制度，依法依规公开企业和个人信用记录。

（六）强化对工程监理的监管。工程监理企业发现安全事故隐患严重且施工单位拒不整改或者不停止施工的，应及时向政府主管部门报告。开展监理企业向政府报告质量监理情况的试点，建立健全监理报告制度。建立企业资质和人员资格电子化审查及动态核查制度，加大对重点监控企业现场人员到岗履职情况的监督检查，及时清出存在违法违规行为的企业和从业人员。对违反有关规定、造成质量安全事故的，依法给予负有责任的监理企业停业整顿、降低资质等级、吊销资质证书等行政处罚，给予负有责任的注册监理工程师暂停执业、吊销执业资格证书、一定时间内或终生不予注册等处罚。

（七）充分发挥行业协会作用。监理行业协会要加强自身建设，健全行业自律机制，提升为监理企业和从业人员服务能力，切实维护监理企业和人员的合法权益。鼓励各级监理行业协会围绕监理服务成本、服务质量、市场供求状况等进行深入调查研究，开展工程监理服务收费价格信息的收集和发布，促进公平竞争。监理行业协会应及时向政府主管部门反映企业诉求，反馈政策落实情况，为政府有关部门制订法规政策、行业发展规划及标准提出建议。

三、组织实施

（一）加强组织领导。各级住房城乡建设主管部门要充分认识工程监理行业改革发展的重要性，按照改革的总体部署，因地制宜制定本地区改革实施方案，细化政策措施，推进工程监理行业改革不断深化。

（二）积极开展试点。坚持试点先行、样板引路，各地要在调查研究的基础上，结合本地区实际，积极开展培育全过程工程咨询服务、推动监理服务主体多元化等试点工作。要及时跟踪试点进展情况，研究解决试点中发现的问题，总结经验，完善制度，适时加以推广。

（三）营造舆论氛围。全面准确评价工程监理制度，大力宣传工程监理行业改革发展的重要意义，开展行业典型的宣传推广，同时加强舆论监督，加大对违法违规行为的曝光力度，形成有利于工程监理行业改革发展的舆论环境。

关于工程总承包项目和政府采购工程建设项目办理施工许可手续有关事项的通知

（建办市〔2017〕46 号，住房和城乡建设部办公厅 2017 年 7 月 13 日）

各省、自治区住房城乡建设厅，直辖市建委，新疆生产建设兵团建设局：

为贯彻落实《国务院办公厅关于促进建筑业持续健康发展的意见》（国办发〔2017〕19 号），进一步深化建筑业“放管服”改革，完善建筑工程施工许可制度，依法为工程总承包项目和政府采购工程建设项目办理施工许可手续，现将有关事项通知如下：

一、关于工程总承包项目施工许可

对采用工程总承包模式的工程建设项目，在施工许可证及其申请表中增加“工程总承包单位”和“工程总承包项目经理”栏目。各级住房城乡建设主管部门可以根据工程总承包合同及分包合同确定设计、施工单位，依法办理施工许可证。

对在工程总承包项目中承担分包工作，且已与工程总承包单位签订分包合同的设计单位或施工单位，各级住房城乡建设主管部门不得要求其与建设单位签订设计合同或施工合同，也不得将上述要求作为申请领取施工许可证的前置条件。

二、关于政府采购工程建设项目施工许可

对依法通过竞争性谈判或单一来源方式确定供应商的政府采购工程建设项目，应严格执行建筑法、《建筑工程施工许可管理办法》等规定，对符合申请条件的，应当颁发施工许可证。

关于加强和改善工程造价监管的意见

（建标〔2017〕209 号，住房和城乡建设部 2017 年 9 月 14 日发布）

各省、自治区住房城乡建设厅，直辖市建委，国务院有关部门：

工程造价监管是建设市场监管的重要内容，加强和改善工程造价监管是维护市场公平竞争、规范市场秩序的重要保障。近年来，工程造价监管在推进建筑业“放管服”改革，坚持市场决定工程造价，完善工程计价制度，维护建设市场各方合法权益等方面取得明显成效，但也存在工程造价咨询服务信用体系不健全、计价体系不完善、计价行为不规范、计价监督机制不完善等问题。为贯彻落实《国务院关于印发“十三五”市场监管规划的通知》（国发〔2017〕6 号）和《国务院办公厅关于促进建筑业持续健康发展的意见》（国办发〔2017〕19 号），完善工程造价监管机制，全面提升工程造价监管水平，更好服务建筑业持续健康发展，现提出以下意见：

一、深化工程造价咨询业监管改革，营造良好市场环境

（一）优化资质资格管理。进一步简化工程造价咨询企业资质管理，全面实行行政许可事项网上办理，提高行政审批效率，逐步取消工程造价咨询企业异地执业备案，减轻企业负担。完善造价工程师执业资格制度，发挥个人执业在工程造价咨询中的作用。推进造价工程师执业资格国际互认，为“一带一路”国家战略和工程造价咨询企业“走出去”提供人才支撑。

（二）建立以信用为核心的新型市场监管机制。各级住房城乡建设主管部门、有关行业主管部门要按照“谁审批、谁监管，谁主管、谁监管”和信用信息“谁产生、谁负责、谁归集、谁解释”的原则，加快推进工程造价咨询信用体系建设。积极推进工程造价咨询企业年报公示和信用承诺制度，加快信用档案建设，增强企业责任意识、信用意识。加快政府部门之间工程造价信用信息共建共享，强化行业协会自律和社会监督作用，应用投诉举报方式，建立工程造价咨询企业和造价工程师守信联合激励和失信联合惩戒机制，重点监管失信企业和执业人员，积极推进信用信息和信用产品应用。

（三）营造良好的工程造价咨询业发展环境。充分发挥工程造价在工程建设全过程管理中的引导作用，积极培育具有全过程工程咨询能力的工程造价咨询企业，鼓励工程造价咨询企业融合投资咨询、勘察、设计、监理、招标代理等业务开展联合经营，开展全过程工程咨询，设立合伙制工程造价咨询企业。促进企业创新发展，强化工程造价咨询成果质量终身责任制，逐步建立执业人员保险制度。

（四）完善工程造价咨询企业退出机制。对长期未履行年报义务，长期无咨询业务，以及违反相关政策法规、计价规则等不正当竞争行为的工程造价咨询企业和造价工程师记入信用档案，情节严重的，依法强制退出市场。严肃查处工程造价咨询企业资质“挂靠”、造价工程师违规“挂证”行为。

二、共编共享计价依据，搭建公平市场平台

（一）完善工程建设全过程计价依据体系。完善工程前期投资估算、设计概算等计价依据，清除妨碍形成全国统一市场的不合理地区计价依据，统一消耗量定额编制规则，推动形成统一开放的建设市场。加快编制工程总承包计价规范，规范工程总承包计量和计价活动。统一工程造价综合指标指数和人工、材料价格信息发布标准。

（二）大力推进共享计价依据编制。整合各地、各有关部门计价依据编制力量，共编共享计价依据，并及时修订，提高其时效性。各级工程造价管理机构要完善本地区、本行业人工、材料、机械价格信息发布机制，探索区域价格信息统一测算、统一管理、统一发布模式，提高信息发布的及时性和准确性，为工程项目全过程投资控制和工程造价监管提供支撑。

（三）突出服务重点领域的造价指标编制。为推进工程科学决策和造价控制提供依据，围绕政府投资工程，编制对本行业、本地区具有重大影响的工程造价指标。加快住房城乡建设领域装配式建筑、绿色建筑、城市轨道交通、海绵城市、城市地下综合管廊等工程造价指标编制。

（四）完善建设工程人工单价市场形成机制。改革计价依据中人工单价的计算方法，使其更加贴近市场，满足市场实际需要。扩大人工单价计算口径，将单价构成调整为工资、津贴、职工福利费、劳动保护费、社会保险费、住房公积金、工会经费、职工教育经费以及特殊情况下工资性费用，并依据新材料、新技术的发展，及时调整人工消耗量。各省级建设主管部门、有关行业主管部门工程造价管理机构要深入市场调查，按上述口径建立人工单价信息动态发布机制，引导企业将工资分配向关键技术技能岗位倾斜，定期集中发布人工单价信息。

三、明确工程质量安全措施费用，突出服务市场关键环节

（一）落实安全文明施工、绿色施工等措

施费。各级住房城乡建设主管部门要以保障工程质量安全、创建绿色环保施工环境为目标，不断完善工程计价依据中绿色建筑、装配式建筑、环境保护、安全文明施工等有关措施费用，并加强对费用落实情况的监督。

（二）合理确定建设工程工期。合理确定、有效控制建设工程工期是确保工程质量安全的重要内容。各级住房城乡建设主管部门要指导和监督工程建设各方主体认真贯彻落实《建筑安装工程工期定额》，在可行性研究、初步设计、招标投标及签订合同阶段应结合施工现场实际情况，科学合理确定工期。加大工期定额实施力度，杜绝任意压缩合同工期行为，确保工期管理的各项规定和要求落实到位。

四、强化工程价款结算纠纷调解，营造竞争有序的市场环境

（一）规范工程价款结算。强化合同对工程价款的约定与调整，推行工程价款施工过程结算制度，规范工程预付款、工程进度款支付。研究建立工程价款结算文件备案与产权登记联动的信息共享机制。鼓励采取工程款支付担保等手段，约束建设单位履约行为，确保工程价款支付。

（二）强化工程价款结算过程中农民工工资的支付管理。为保障农民工合法权益，落实人工费用与其他工程款分账管理制度，完善农民工工资（劳务费）专用账户管理，避免总承包人将经营风险转嫁给农民工，克扣或拖欠农民工工资。

（三）建立工程造价纠纷调解机制。制定工程造价鉴定标准，规范工程造价咨询企业、造价工程师参与工程造价经济纠纷鉴定和仲裁咨询行为，重点加强工程价款结算纠纷和合同纠纷的调解。积极搭建工程造价纠纷调解平台，充分发挥经验丰富的造价工程师调解纠纷的专业优势，提高纠纷解决效率，维护建设市场稳定。

五、加强工程造价制度有效实施，完善市场监管手段

（一）加强政府投资工程造价服务。各级工程造价管理机构要不断提高政府投资工程和重大工程项目工程造价服务能力，建立工程造价全过程信息服务平台，完善招标控制价、合同价、结算价电子化备案管理，确保资金投资效益。

（二）开展工程造价信息监测。各级造价管理机构要加强工程造价咨询服务监督，指导工程造价咨询企业对工程造价成果数据归集、监测，利用信息化手段逐步实现对工程造价的监测，形成监测大数据，为各方主体计价提供服务。

（三）建立工程造价监测指数指标。各级工程造价管理机构要通过工程造价监测，形成国家、省、市工程造价监测指数指标，定期发布造价指标指数，引导建设市场主体对价格变化进行研判，为工程建设市场的预测预判等宏观决策提供支持。

（四）规范计价软件市场管理。建立计价软件监督检查机制。各级造价管理机构要定期开展计价软件评估检查，加强计价依据和相关标准规范执行监管，鼓励计价软件编制企业加大技术投入和创新，更好地服务工程计价。

关于发布《公路工程建设项目评标工作细则》的通知

（交公路发〔2017〕142号，交通运输部2017年9月21日发布）

各省、自治区、直辖市、新疆生产建设兵团交通运输厅（局、委）：

现将《公路工程建设项目评标工作细则》印发你们，请遵照执行。

公路工程建设项目评标工作细则

第一章 总 则

第一条 为规范公路工程建设项目评标工作，维护招标投标活动当事人的合法权益，依据《中华人民共和国招标投标法》《中华人民共和国招标投标法实施条例》、交通运输部《公路工程建设项目招标投标管理办法》及国家有关法律法规，制定本细则。

第二条 依法必须进行招标的公路工程建设项目，其评标活动适用本细则；国有资金占控股或者主导地位的依法必须进行招标的公路工程建设项目，采用资格预审的，其资格审查活动适用本细则；其他项目的评标及资格审查活动可参照本细则执行。

第三条 公路工程建设项目评标工作是指招标人依法组建的评标委员会根据国家有关法律、法规和招标文件，对投标文件进行评审，推荐中标候选人或者由招标人授权直接确定中标人的工作过程。

采用资格预审的公路工程建设项目，招标人应当按照有关规定组建资格审查委员会审查资格预审申请文件。资格审查委员会的专家抽取以及资格审查工作要求，应当适用本细则关于评标委员会以及评标工作的规定。

第四条 评标工作应当遵循公平、公正、科学、择优的原则。任何单位和个人不得非法干预或者影响评标过程和结果。

第五条 招标人应当采取必要措施，保证评标工作在严格保密的情况下进行，所有参与评标活动的人员均不得泄露评标的有关信息。

第六条 公路工程建设项目的招标人或者其指定机构应当对评标过程录音录像并存档备查。

第二章 职责分工

第七条 招标人负责组织评标工作并履行下列职责：

（一）按照国家有关规定组建评标委员会；办理评标专家的抽取、通知等事宜；为参与评标工作的招标人代表提供授权函；

（二）向评标委员会提供评标所必需的工作环境、资料和信息以及必要的服务；

（三）向评标委员会成员发放合理的评标劳务报酬；

（四）在招标投标情况书面报告中载明评标委员会成员在评标活动中的履职情况；

（五）保障评标工作的安全性和保密性。

公路工程建设项目实行委托招标的，招标代理机构应当在招标人委托的范围内组织评标工作，且遵守本细则关于招标人的规定。

第八条 评标委员会负责评标工作并履行下列职责：

（一）审查、评价投标文件是否符合招标文件的实质性要求；

（二）要求投标人对投标文件有关事项作出澄清或者说明（如需要）；

（三）对投标文件进行比较和评价；

（四）撰写评标报告，推荐中标候选人，或者根据招标人授权直接确定中标人；

（五）在评标报告中记录评标监督人员、招标人代表或者其他工作人员有无干预正常评标活动或者其他不正当言行；

（六）向交通运输主管部门报告评标过程中发现的其他违法违规行为。

第九条 交通运输主管部门负责监督评标工作并履行下列职责：

（一）按照规定的招标监督职责分工，对评标委员会成员的确定方式、评标专家的抽取和评标活动进行监督；

（二）对评标程序、评标委员会使用的评标标准和方法进行监督；

（三）对招标人代表、评标专家和其他参加评标活动工作人员的不当言论或者违法违规行为及时制止和纠正；

（四）对招标人、招标代理机构、投标人以及评标委员会成员等当事人在评标活动中的违法违规行为进行行政处理并依法公告，同时将上述违法违规行为记入相应当事人的信用档案。

第三章　评标工作的组织与准备

第十条　评标由招标人依法组建的评标委员会负责。

评标委员会由评标专家和招标人代表共同组成，人数为五人以上单数。其中，评标专家人数不得少于成员总数的三分之二。评标专家由招标人按照交通运输部有关规定从评标专家库相关专业中随机抽取。

对于技术复杂、专业性强或者国家有特殊要求，采取随机抽取方式确定的评标专家难以保证胜任评标工作的特殊招标项目，招标人可以直接确定相应专业领域的评标专家。

投标文件采用双信封形式密封的，招标人不得组建两个评标委员会分别负责第一信封（商务文件和技术文件）和第二信封（报价文件）的评标工作。

第十一条　在评标委员会开始评标工作之前，招标人应当准备评标所必需的信息，主要包括招标文件、招标文件的澄清或者修改、开标记录、投标文件、资格预审文件。

第十二条　招标人协助评标委员会评标的，应当选派熟悉招标工作、政治素质高的人员，具体数量由招标人视工作量确定。评标委员会成员和招标人选派的协助评标人员应当实行回避制度。

属于下列情况之一的人员，不得进入评标委员会或者协助评标：

（一）负责招标项目监督管理的交通运输主管部门的工作人员；

（二）与投标人法定代表人或者授权参与投标的代理人有近亲属关系的人员；

（三）投标人的工作人员或者退休人员；

（四）与投标人有其他利害关系，可能影响评标活动公正性的人员；

（五）在与招标投标有关的活动中有过违法违规行为、曾受过行政处罚或者刑事处罚的人员。

招标人及其子公司、招标人的上级主管部门或者控股公司、招标代理机构的工作人员或者退休人员不得以专家身份参与本单位招标或者招标代理项目的评标。

第十三条　招标人协助评标的，应当在评标委员会开始评标工作的同时或者之前进行评标的协助工作。协助评标工作应当以招标文件规定的评标标准和方法为依据，主要内容包括：

（一）编制评标使用的相应表格；

（二）对投标报价进行算术性校核；

（三）列出投标文件相对于招标文件的所有偏差，并进行归类汇总；

（四）查询公路建设市场信用信息管理系统，对投标人的资质、业绩、主要人员资历和目前在岗情况、信用等级进行核实；

（五）通过相关网站对各类注册资格证书、安全生产考核合格证等证件进行查询核实；

（六）在评标过程中，对评标委员会各成员的评分表进行复核，统计汇总；对评标过程资料进行整理。

第十四条　招标人协助评标工作应当客观、准确，如实反映投标文件对招标文件规定的响应情况；不得故意遗漏或者片面摘录，不得对投标文件作出任何评价，不得在评标委员会对所有偏差定性之前透露存有偏差的投标人名称；不得明示或者暗示其倾向或者排斥特定投标人。

第四章　评标工作的实施

第十五条　评标工作现场应当处于通讯屏蔽状态，或者将评标委员会成员及现场工作人员的手机、电脑、录音录像等电子设备统一集中保管。

第十六条　评标工作应当按照以下程序进行：

（一）招标人代表出示加盖招标人单位公章的授权函及身份证，向评标委员会其他成员表明身份；

（二）招标人代表核对评标委员会其他成员的身份证；

（三）招标人代表宣布评标纪律；

（四）招标人代表公布已开标的投标人名单，并询问评标委员会成员有否回避的情形；评标委员会成员存在应当回避情形的，应当主动提出回避；

（五）招标人代表与评标委员会其他成员

共同推选主任委员；

（六）评标委员会主任委员主持会议，要求招标人介绍项目概况、招标文件中与评标相关的关键内容及协助评标工作（如有）相关情况；

（七）评标委员会评标，完成并签署评标报告，将评标报告提交给招标人代表；

（八）招标人代表对评标报告进行形式检查，有本细则第三十三条规定情形的，提请评标委员会进行修改完善；

（九）评标报告经形式检查无误后，评标委员会主任委员宣布评标工作结束。

第十七条 投标文件采用双信封形式密封的，招标人应当合理安排第二信封（报价文件）公开开标的时间和地点，保证与第一信封（商务文件和技术文件）的评审工作有序衔接，避免泄露评标工作信息。

第十八条 评标过程中，评标委员会成员有回避事由、擅离职守或者因健康等原因不能继续评标的，应当及时更换。被更换的评标委员会成员作出的评审结论无效，由更换后的评标委员会成员重新进行评审。更换评标委员会成员的情况应当在评标报告中予以记录。

被更换的评标委员会成员如为评标专家库专家，招标人应当从原评标专家库中按照原方式抽取更换后的评标委员会成员，或者在符合法律规定的前提下相应减少评标委员会中招标人代表数量。

无法及时更换评标委员会成员导致评标委员会构成不满足法定要求的，评标委员会应当停止评标活动，已作出的评审结论无效。招标人封存所有投标文件和开标、评标资料，依法重新组建评标委员会进行评标。招标人应当将重新组建评标委员会的情况在招标投标情况书面报告中予以说明。

第十九条 评标委员会应当民主推荐一名主任委员，负责组织评标委员会成员开展评标工作。评标委员会主任委员与评标委员会的其他成员享有同等权利与义务。评标委员会应当保证各成员对所有投标文件的全面、客观、独立评审，确保评标工作质量。

第二十条 评标委员会应当首先听取招标人关于招标项目概况的介绍和协助评标工作内容（如有）的说明，并认真阅读招标文件，获取评标所需的重要信息和数据，主要包括以下内容：

（一）招标项目建设规模、技术标准和工程特点；

（二）招标文件规定的评标标准和方法；

（三）其它与评标有关的内容。

第二十一条 招标人协助评标的，评标委员会应当根据招标文件规定，对投标文件相对于招标文件的所有偏差依法逐类进行定性，对招标人提供的评标工作用表和评标内容进行认真核对，对与招标文件不一致、存在错误或者遗漏的内容要进行修正。

评标委员会应当对全部投标文件进行认真审查，招标人提供的协助评标工作内容及信息仅作为评标的参考。评标委员会不得以招标人在协助评标过程中未发现投标文件存有偏差或者招标人协助评标工作存在疏忽为由规避评标责任。

第二十二条 评标委员会应当按照招标文件规定的评标标准和方法，对投标文件进行评审和比较。招标文件没有规定的评标标准和方法不得作为评标的依据。

对于招标文件规定的评标标准和方法，评标委员会认为其违反法律、行政法规的强制性规定，违反公开、公平、公正和诚实信用原则，影响潜在投标人投标的，评标委员会有权停止评标工作并向招标人书面说明情况，招标人应当修改招标文件后重新招标。

评标委员会发现招标文件规定的评标标准和方法存在明显文字错误，且修改后不会影响评标结果的，评标委员会可以对其进行修改，并在评标报告说明修改的内容和修改原因。除此之外，评标委员会不得以任何理由修改评标标准和方法。

第二十三条 对于投标文件存在的偏差，评标委员会应当根据招标文件规定的评标标准和方法进行评审，依法判定其属于重大偏差还是细微偏差。凡属于招标文件评标标准和方法中规定的重大偏差，或者招标文件评标标准和方法中未做强制性规定，但出现了法律、行政法规规定的否决投标情形的，评标委员会应当否决投标人的投标文件。

由于评标标准和方法前后内容不一致或者部分条款存在易引起歧义、模糊的文字，导致难以界定投标文件偏差的性质，评标委员会应当按照有利于投标人的原则进行处理。

第二十四条　评标委员会应当根据《中华人民共和国招标投标法实施条例》第三十九条、第四十条、第四十一条的有关规定，对在评标过程中发现的投标人与投标人之间、投标人与招标人之间存在的串通投标的情形进行评审和认定；存在串通投标情形的，评标委员会应当否决其投标。

投标人以他人名义投标、以行贿手段谋取中标，或者投标弄虚作假的，评标委员会应当否决其投标。

第二十五条　评标过程中，投标文件中存在下列情形之一且评标委员会认为需要投标人作出必要澄清、说明的，应当书面通知该投标人进行澄清或者说明：

（一）投标文件中有含义不明确的内容或者明显文字错误；

（二）投标报价有算术性错误；

（三）投标报价可能低于成本价；

（四）招标文件规定的细微偏差。

评标委员会应当给予投标人合理的澄清、说明时间。

投标人的澄清、说明应当采用书面形式，按照招标文件规定的格式签署盖章，且不得超出投标文件的范围或者改变投标文件的实质性内容。投标人的澄清或者说明内容将视为投标文件的组成部分。投标标的、投标函文字报价、质量标准、履行期限均视为投标文件的实质性内容，评标委员会不得要求投标人进行澄清。

评标委员会不得暗示或者诱导投标人作出澄清、说明，不得接受投标人主动提出的澄清、说明。

第二十六条　投标报价有算术性错误的，评标委员会应当按照招标文件规定的原则对投标报价进行修正。对算术性修正结果，评标委员会应当按照本细则第二十五条规定的程序要求投标人进行书面澄清。投标人对修正结果进行书面确认的，修正结果对投标人具有约束力，其投标文件可继续参加评审。

投标人对算术性修正结果存有不同意见或者未做书面确认的，评标委员会应当重新复核修正结果。如果确认修正结果无误且投标人拒不按照要求对修正结果进行确认的，应当否决该投标人的投标；如果发现修正结果存在差错，应当及时作出调整并重新进行书面澄清。

第二十七条　评标委员会发现投标人的投标报价明显低于其他投标人报价或者在设有标底时明显低于标底的，应当按照本细则第二十五条规定的程序要求该投标人对相应投标报价作出书面说明，并提供相关证明材料。

如果投标人不能提供相关证明材料，或者提交的相关材料无法证明投标人可以按照其报价以及招标文件规定的质量标准和履行期限完成招标项目的，评标委员会应当认定该投标人以低于成本价竞标，并否决其投标。

第二十八条　除评标价和履约信誉评分项外，评标委员会成员对投标人商务和技术各项因素的评分一般不得低于招标文件规定该因素满分值的60%；评分低于满分值60%的，评标委员会成员应当在评标报告中作出说明。投标文件各项评分因素得分应以评标委员会各成员的打分平均值确定，评标委员会成员总数为七人以上时，该平均值以去掉一个最高分和一个最低分后计算。

第二十九条　在评标过程中，如有效投标不足3个，评标委员会应当对有效投标是否仍具有竞争性进行评审。评标委员会一致认为有效投标仍具有竞争性的，应当继续推荐中标候选人，并在评标报告中予以说明。评标委员会对有效投标是否仍具有竞争性无法达成一致意见的，应当否决全部投标。

第三十条　评标委员会成员对需要共同认定的事项存在争议的，应当按照少数服从多数的原则作出结论。持不同意见的评标委员会成员应当在评标报告上以书面形式说明其不同意见和理由并签字确认。评标委员会成员拒绝在评标报告上签字又不书面说明其不同意见和理由的，视为同意评标结果。

第三十一条　评审完成后，评标委员会主任委员应当组织编写书面评标报告。评标报告中推荐的中标候选人应当不超过3个，并标明排序。

第三十二条　评标报告应当载明下列内容：

（一）招标项目基本情况；

（二）评标委员会成员名单；

（三）监督人员名单；

（四）开标记录；

（五）符合要求的投标人名单；

（六）否决的投标人名单以及否决理由；

（七）串通投标情形的评审情况说明；

（八）评分情况；

（九）经评审的投标人排序；

（十）中标候选人名单；

（十一）澄清、说明事项纪要；

（十二）需要说明的其他事项；

（十三）评标附表。

对评标监督人员、招标人代表或者其他工作人员干预正常评标活动，以及对招标投标活动的其他不正当言行，评标委员会应当在评标报告第（十二）项内容中如实记录。

除第一款规定的第（一）、（三）、（四）项内容外，评标委员会所有成员应当在评标报告上逐页签字。

第三十三条 招标人代表收到评标委员会完成的评标报告后，应当对评标报告内容进行形式检查，发现问题应当及时告知评标委员会进行必要的修改完善。形式检查仅限于以下内容：

（一）评标报告正文以及所附文件、表格是否完整、清晰；

（二）报告正文和附表等内容是否有涂改，涂改处是否有做出涂改的评标委员会成员签名；

（三）投标报价修正和评分计算是否有算术性错误；

（四）评标委员会成员对客观评审因素评分是否一致；

（五）投标文件各项评分因素得分是否符合本细则第二十八条相关要求；

（六）评标委员会成员签字是否齐全。

形式检查并不免除评标委员会对评标工作应负的责任。

第三十四条 评标报告经形式检查无误后，评标委员会主任委员宣布评标工作结束。

第三十五条 评标结束后，如招标人发现提供给评标委员会的信息、数据有误或者不完整，或者由于评标委员会的原因导致评标结果出现重大偏差，招标人应当及时邀请原评标委员会成员按照招标文件规定的评标标准和方法对评标报告内容进行审查确认，并形成书面审查确认报告。

投标人或者其他利害关系人对招标项目的评标结果提出异议或者投诉的，评标委员会成员有义务针对异议或者投诉的事项进行审查确认，并形成书面审查确认报告。

审查确认过程应当接受交通运输主管部门的监督。审查确认改变评标结果的，招标人应当公示评标委员会重新推荐的中标候选人，并将审查确认报告作为招标投标情况书面报告的组成部分，报具有招标监督职责的交通运输主管部门备案。

第五章 纪　律

第三十六条 评标委员会成员应当客观、公正、审慎地履行职责，遵守职业道德；应当依据评标办法规定的评审顺序和内容逐项完成评标工作，对本人提出的评审意见以及评分的公正性、客观性、准确性负责。

评标委员会成员不得对主观评审因素协商评分。

招标人不得向评标委员会作倾向性、误导性的解释或者说明。

第三十七条 评标委员会成员有依法获取劳务报酬的权利，但不得向招标人索取或者报销与评标工作无关的其他费用。

第三十八条 评标委员会向招标人提交书面评标报告后自动解散。评标工作中使用的文件、表格以及其他资料应当同时归还招标人。评标委员会成员不得记录、复制或者从评标现场带离任何评标资料。

第三十九条 评标委员会成员和其他参加评标活动的工作人员不得与任何投标人或者与投标人有利害关系的人进行私下接触，不得收受投标人和其他与投标有利害关系的人的财物或者其它好处。

在评标期间，评标委员会成员和其他参加评标活动的工作人员不得发表有倾向性或者诱导、影响其他评审成员的言论，不得对不同投标人采取不同的审查标准。

第四十条 评标委员会成员和其他参加评标活动的工作人员，不得向他人透露对投标文件的评审、中标候选人的推荐情况以及与评标有关的其它情况，且对在评标过程中获悉的国家秘密、商业秘密负有保密责任。

第四十一条　省级以上人民政府交通运输主管部门应当对评标专家实行动态监管，建立评标专家准入、诫勉、清退制度，健全对评标专家的评价机制，对评标专家的工作态度、业务水平、职业道德等进行全面考核。

第六章　附　　则

第四十二条　本细则由交通运输部负责解释。

第四十三条　使用国际组织或者外国政府贷款、援助资金的项目，贷款方、资金提供方对评标工作和程序有不同规定的，可以适用其规定，但违背中华人民共和国的社会公共利益的除外。

第四十四条　在公共资源交易平台开展评标工作的，评标职责分工、评标工作的准备与实施等均应当遵守本细则规定。

采用电子评标的，应当按照本细则和国家有关电子评标的规定执行。

第四十五条　本细则自2017年10月1日起施行，有效期5年。《公路工程施工招标评标委员会评标工作细则》（交公路发〔2003〕70号）同时废止。

关于印发建设工程施工合同（示范文本）的通知

（建市〔2017〕214号，住房和城乡建设部/国家工商行政管理总局2017年9月22日发布）

各省、自治区住房城乡建设厅、工商行政管理局，直辖市建委、工商行政管理局（市场监督管理部门），新疆生产建设兵团建设局，国务院有关部门建设司，有关中央企业：

为规范建筑市场秩序，维护建设工程施工合同当事人的合法权益，住房城乡建设部、工商总局对《建设工程施工合同（示范文本）》（GF-2013-0201）进行了修订，制定了《建设工程施工合同（示范文本）》（GF-2017-0201），现印发给你们。在执行过程中有何问题，请与住房城乡建设部建筑市场监管司、工商总局市场规范管理司联系。

本合同示范文本自2017年10月1日起执行，原《建设工程施工合同（示范文本）》（GF-2013-0201）同时废止。

工程咨询行业管理办法

（国家发展和改革委员会令2017年第9号，国家发展改革委2017年11月6日发布）

《工程咨询行业管理办法》已经国家发展和改革委员会主任办公会讨论通过，现予以发布，自2017年12月6日起施行。

工程咨询行业管理办法

第一章　总　　则

第一条　为加强对工程咨询行业的管理，规范从业行为，保障工程咨询服务质量，促进投资科学决策、规范实施，发挥投资对优化供给结构的关键性作用，根据《中共中央 国务院关于深化投融资体制改革的意见》（中发

〔2016〕18号）、《企业投资项目核准和备案管理条例》（国务院令第673号）及有关法律法规，制定本办法。

第二条 工程咨询是遵循独立、公正、科学的原则，综合运用多学科知识、工程实践经验、现代科学和管理方法，在经济社会发展、境内外投资建设项目决策与实施活动中，为投资者和政府部门提供阶段性或全过程咨询和管理的智力服务。

第三条 工程咨询单位是指在中国境内设立的从事工程咨询业务并具有独立法人资格的企业、事业单位。

工程咨询单位及其从业人员应当遵守国家法律法规和政策要求，恪守行业规范和职业道德，积极参与和接受行业自律管理。

第四条 国家发展改革委负责指导和规范全国工程咨询行业发展，制定工程咨询单位从业规则和标准，组织开展对工程咨询单位及其人员执业行为的监督管理。地方各级发展改革部门负责指导和规范本行政区域内工程咨询行业发展，实施对工程咨询单位及其人员执业行为的监督管理。

第五条 各级发展改革部门对工程咨询行业协会等行业组织进行政策和业务指导，依法加强监管。

第二章 工程咨询单位管理

第六条 对工程咨询单位实行告知性备案管理。工程咨询单位应当通过全国投资项目在线审批监管平台（以下简称在线平台）备案以下信息：

（一）基本情况，包括企业营业执照（事业单位法人证书）、在岗人员及技术力量、从事工程咨询业务年限、联系方式等；

（二）从事的工程咨询专业和服务范围；

（三）备案专业领域的专业技术人员配备情况；

（四）非涉密的咨询成果简介。

工程咨询单位应当保证所备案信息真实、准确、完整。备案信息有变化的，工程咨询单位应及时通过在线平台告知。

工程咨询单位基本信息由国家发展改革委通过在线平台向社会公布。

第七条 工程咨询业务按照以下专业划分：

（一）农业、林业；（二）水利水电；（三）电力（含火电、水电、核电、新能源）；（四）煤炭；（五）石油天然气；（六）公路；（七）铁路、城市轨道交通；（八）民航；（九）水运（含港口河海工程）；（十）电子、信息工程（含通信、广电、信息化）；（十一）冶金（含钢铁、有色）；（十二）石化、化工、医药；（十三）核工业；（十四）机械（含智能制造）；（十五）轻工、纺织；（十六）建材；（十七）建筑；（十八）市政公用工程；（十九）生态建设和环境工程；（二十）水文地质、工程测量、岩土工程；（二十一）其他（以实际专业为准）。

第八条 工程咨询服务范围包括：

（一）规划咨询：含总体规划、专项规划、区域规划及行业规划的编制；

（二）项目咨询：含项目投资机会研究、投融资策划，项目建议书（预可行性研究）、项目可行性研究报告、项目申请报告、资金申请报告的编制，政府和社会资本合作（PPP）项目咨询等；

（三）评估咨询：各级政府及有关部门委托的对规划、项目建议书、可行性研究报告、项目申请报告、资金申请报告、PPP项目实施方案、初步设计的评估，规划和项目中期评价、后评价，项目概预决算审查，及其他履行投资管理职能所需的专业技术服务；

（四）全过程工程咨询：采用多种服务方式组合，为项目决策、实施和运营持续提供局部或整体解决方案以及管理服务。有关工程设计、工程造价、工程监理等资格，由国务院有关主管部门认定。

第九条 工程咨询单位订立服务合同和开展相应的咨询业务，应当与备案的专业和服务范围一致。

第十条 工程咨询单位应当建立健全咨询质量管理制度，建立和实行咨询成果质量、成果文件审核等岗位人员责任制。

第十一条 工程咨询单位应当和委托方订立书面合同，约定各方权利义务并共同遵守。

合同中应明确咨询活动形成的知识产权归属。

第十二条 工程咨询实行有偿服务。工程咨询服务价格由双方协商确定，促进优质优价，禁止价格垄断和恶意低价竞争。

第十三条 编写咨询成果文件应当依据法律法规、有关发展建设规划、技术标准、产业政策以及政府部门发布的标准规范等。

第十四条 咨询成果文件上应当加盖工程咨询单位公章和咨询工程师（投资）执业专用章。

工程咨询单位对咨询质量负总责。主持该咨询业务的人员对咨询成果文件质量负主要直接责任，参与人员对其编写的篇章内容负责。

实行咨询成果质量终身负责制。工程咨询单位在开展项目咨询业务时，应在咨询成果文件中就符合本办法第十三条要求，及独立、公正、科学的原则作出信用承诺。工程项目在设计使用年限内，因工程咨询质量导致项目单位重大损失的，应倒查咨询成果质量责任，并根据本办法第三十、三十一条进行处理，形成工程咨询成果质量追溯机制。

第十五条 工程咨询单位应当建立从业档案制度，将委托合同、咨询成果文件等存档备查。

第十六条 承担编制任务的工程咨询单位，不得承担同一事项的评估咨询任务。

承担评估咨询任务的工程咨询单位，与同一事项的编制单位、项目业主单位之间不得存在控股、管理关系或者负责人为同一人的重大关联关系。

第三章 从业人员管理

第十七条 国家设立工程咨询（投资）专业技术人员水平评价类职业资格制度。

通过咨询工程师（投资）职业资格考试并取得职业资格证书的人员，表明其已具备从事工程咨询（投资）专业技术岗位工作的职业能力和水平。

取得咨询工程师（投资）职业资格证书的人员从事工程咨询工作的，应当选择且仅能同时选择一个工程咨询单位作为其执业单位，进行执业登记并取得登记证书。

第十八条 咨询工程师（投资）是工程咨询行业的核心技术力量。工程咨询单位应当配备一定数量的咨询工程师（投资）。

第十九条 国家发展改革委和人力资源社会保障部按职责分工负责工程咨询（投资）专业技术人员职业资格制度实施的指导、监督、检查工作。

中国工程咨询协会具体承担咨询工程师（投资）的管理工作，开展考试、执业登记、继续教育、执业检查等管理事务。

第二十条 执业登记分为初始登记、变更登记、继续登记和注销登记四类。

申请登记的人员，应当选择已通过在线平台备案的工程咨询单位，按照本办法第七条划分的专业申请登记。申请人最多可以申请两个专业。

第二十一条 申请人登记合格取得《中华人民共和国咨询工程师（投资）登记证书》和执业专用章，登记证书和执业专用章是咨询工程师（投资）的执业证明。登记的有效期为3年。

第四章 行业自律和监督检查

第二十二条 工程咨询单位应具备良好信誉和相应能力。国家发展改革委应当推进工程咨询单位资信管理体系建设，指导监督行业组织开展资信评价，为委托单位择优选择工程咨询单位和政府部门实施重点监督提供参考依据。

第二十三条 工程咨询单位资信评价等级以一定时期内的合同业绩、守法信用记录和专业技术力量为主要指标，分为甲级和乙级两个级别，具体标准由国家发展改革委制定。

第二十四条 甲级资信工程咨询单位的评定工作，由国家发展改革委指导有关行业组织开展。

乙级资信工程咨询单位的评定工作，由省级发展改革委指导有关行业组织开展。

第二十五条 开展工程咨询单位资信评价工作的行业组织，应当根据本办法及资信评价标准开展资信评价工作，并向获得资信评价的工程咨询单位颁发资信评价等级证书。

第二十六条 工程咨询单位的资信评价结果，由国家和省级发展改革委通过在线平台和“信用中国”网站向社会公布。

行业自律性质的资信评价等级，仅作为委托咨询业务的参考。任何单位不得对资信评价设置机构数量限制，不得对各类工程咨询单位设置区域性、行业性从业限制，也不得对未参加或未获得资信评价的工程咨询单位设置执业限制。

第二十七条 国家和省级发展改革委应当依照有关法律法规、本办法及有关规定，制订工程咨询单位监督检查计划，按照一定比例开展抽查，并及时公布抽查结果。监督检查内容主要包括：

（一）遵守国家法律法规及有关规定的情况；

（二）信息备案情况；

（三）咨询质量管理制度建立情况；

（四）咨询成果质量情况；

（五）咨询成果文件档案建立情况；

（六）其他应当检查的内容。

第二十八条 中国工程咨询协会应当对咨询工程师（投资）执业情况进行检查。检查内容包括：

（一）遵守国家法律法规及有关规定的情况；

（二）登记申请材料的真实性；

（三）遵守职业道德、廉洁从业情况；

（四）行使权利、履行义务情况；

（五）接受继续教育情况；

（六）其他应当检查的情况。

第二十九条 国家和省级发展改革委应当对实施行业自律管理的工程咨询行业组织开展年度评估，提出加强和改进自律管理的建议。对评估中发现问题的，按照本办法第三十二条处理。

第五章 法律责任

第三十条 工程咨询单位有下列行为之一的，由发展改革部门责令改正；情节严重的，给予警告处罚并从备案名录中移除；已获得资信评价等级的，由开展资信评价的组织取消其评价等级。触犯法律的，依法追究法律责任。

（一）备案信息存在弄虚作假或与实际情况不符的；

（二）违背独立公正原则，帮助委托单位骗取批准文件和国家资金的；

（三）弄虚作假、泄露委托方的商业秘密以及采取不正当竞争手段损害其他工程咨询单位利益的；

（四）咨询成果存在严重质量问题的；

（五）未建立咨询成果文件完整档案的；

（六）伪造、涂改、出租、出借、转让资信评价等级证书的；

（七）弄虚作假、提供虚假材料申请资信评价的；

（八）弄虚作假、帮助他人申请咨询工程师（投资）登记的；

（九）其他违反法律法规的行为。

对直接责任人员，由发展改革部门责令改正，或给予警告处罚；涉及咨询工程师（投资）的，按本办法第三十一条处理。

第三十一条 咨询工程师（投资）有下列行为之一的，由中国工程咨询协会视情节轻重给予警告、通报批评、注销登记证书并收回执业专用章。触犯法律的，依法追究法律责任。

（一）在执业登记中弄虚作假的；

（二）准许他人以本人名义执业的；

（三）涂改或转让登记证书和执业专用章的；

（四）接受任何影响公正执业的酬劳的。

第三十二条 行业组织有下列情形之一的，由国家或省级发展改革委责令改正或停止有关行业自律管理工作；情节严重的，对行业组织和责任人员给予警告处罚。触犯法律的，依法追究法律责任。

（一）无故拒绝工程咨询单位申请资信评价的；

（二）无故拒绝申请人申请咨询工程师（投资）登记的；

（三）未按规定标准开展资信评价的；

（四）未按规定开展咨询工程师（投资）登记的；

（五）伙同申请单位或申请人弄虚作假的；

（六）其他违反法律、法规的行为。

第三十三条 工程咨询行业有关单位、组织和人员的违法违规信息，列入不良记录，及时通过在线平台和“信用中国”网站向社会公布，并建立违法失信联合惩戒机制。

第六章　附　　则

第三十四条　本办法所称省级发展改革委是指各省、自治区、直辖市及计划单列市、新疆生产建设兵团发展改革委。

第三十五条　本办法由国家发展改革委负责解释。

第三十六条　本办法自2017年12月6日起施行。《工程咨询单位资格认定办法》（国家发展改革委2005年第29号令）、《国家发展改革委关于适用〈工程咨询单位资格认定办法〉有关条款的通知》（发改投资〔2009〕620号）、《咨询工程师（投资）管理办法》（国家发展改革委2013年第2号令）同时废止。

关于发布《建设项目竣工环境保护验收暂行办法》的公告

（国环规环评〔2017〕4号，环境保护部2017年11月20日发布）

为贯彻落实新修改的《建设项目环境保护管理条例》，规范建设项目竣工后建设单位自主开展环境保护验收的程序和标准，我部制定了《建设项目竣工环境保护验收暂行办法》（以下简称《暂行办法》，见附件），现予公布。

建设项目需要配套建设水、噪声或者固体废物污染防治设施的，新修改的《中华人民共和国水污染防治法》生效实施前或者《中华人民共和国固体废物污染环境防治法》《中华人民共和国环境噪声污染防治法》修改完成前，应依法由环境保护部门对建设项目水、噪声或者固体废物污染防治设施进行验收。

《暂行办法》中涉及的《建设项目竣工环境保护验收技术指南污染影响类》，环境保护部将另行发布。“全国建设项目竣工环境保护验收信息平台”将于2017年12月1日上线试运行，网址为http://47.94.79.251。可以登陆环境保护部网站查询建设项目竣工环境保护验收相关技术规范（kjs.mep.gov.cn/hjbhbz/bzwb/other）。

本公告自发布之日起施行。

特此公告。

附件：建设项目竣工环境保护验收暂行办法

附件

建设项目竣工环境保护验收暂行办法

第一章　总　　则

第一条　为规范建设项目环境保护设施竣工验收的程序和标准，强化建设单位环境保护主体责任，根据《建设项目环境保护管理条例》，制定本办法。

第二条　本办法适用于编制环境影响报告书（表）并根据环保法律法规的规定由建设单位实施环境保护设施竣工验收的建设项目以及相关监督管理。

第三条　建设项目竣工环境保护验收的主要依据包括：

（一）建设项目环境保护相关法律、法规、规章、标准和规范性文件；

（二）建设项目竣工环境保护验收技术规范；

（三）建设项目环境影响报告书（表）及

审批部门审批决定。

第四条 建设单位是建设项目竣工环境保护验收的责任主体，应当按照本办法规定的程序和标准，组织对配套建设的环境保护设施进行验收，编制验收报告，公开相关信息，接受社会监督，确保建设项目需要配套建设的环境保护设施与主体工程同时投产或者使用，并对验收内容、结论和所公开信息的真实性、准确性和完整性负责，不得在验收过程中弄虚作假。

环境保护设施是指防治环境污染和生态破坏以及开展环境监测所需的装置、设备和工程设施等。

验收报告分为验收监测（调查）报告、验收意见和其他需要说明的事项等三项内容。

第二章 验收的程序和内容

第五条 建设项目竣工后，建设单位应当如实查验、监测、记载建设项目环境保护设施的建设和调试情况，编制验收监测（调查）报告。

以排放污染物为主的建设项目，参照《建设项目竣工环境保护验收技术指南 污染影响类》编制验收监测报告；主要对生态造成影响的建设项目，按照《建设项目竣工环境保护验收技术规范 生态影响类》编制验收调查报告；火力发电、石油炼制、水利水电、核与辐射等已发布行业验收技术规范的建设项目，按照该行业验收技术规范编制验收监测报告或者验收调查报告。

建设单位不具备编制验收监测（调查）报告能力的，可以委托有能力的技术机构编制。建设单位对受委托的技术机构编制的验收监测（调查）报告结论负责。建设单位与受委托的技术机构之间的权利义务关系，以及受委托的技术机构应当承担的责任，可以通过合同形式约定。

第六条 需要对建设项目配套建设的环境保护设施进行调试的，建设单位应当确保调试期间污染物排放符合国家和地方有关污染物排放标准和排污许可等相关管理规定。

环境保护设施未与主体工程同时建成的，或者应当取得排污许可证但未取得的，建设单位不得对该建设项目环境保护设施进行调试。

调试期间，建设单位应当对环境保护设施运行情况和建设项目对环境的影响进行监测。验收监测应当在确保主体工程调试工况稳定、环境保护设施运行正常的情况下进行，并如实记录监测时的实际工况。国家和地方有关污染物排放标准或者行业验收技术规范对工况和生产负荷另有规定的，按其规定执行。建设单位开展验收监测活动，可根据自身条件和能力，利用自有人员、场所和设备自行监测；也可以委托其他有能力的监测机构开展监测。

第七条 验收监测（调查）报告编制完成后，建设单位应当根据验收监测（调查）报告结论，逐一检查是否存在本办法第八条所列验收不合格的情形，提出验收意见。存在问题的，建设单位应当进行整改，整改完成后方可提出验收意见。

验收意见包括工程建设基本情况、工程变动情况、环境保护设施落实情况、环境保护设施调试效果、工程建设对环境的影响、验收结论和后续要求等内容，验收结论应当明确该建设项目环境保护设施是否验收合格。

建设项目配套建设的环境保护设施经验收合格后，其主体工程方可投入生产或者使用；未经验收或者验收不合格的，不得投入生产或者使用。

第八条 建设项目环境保护设施存在下列情形之一的，建设单位不得提出验收合格的意见：

（一）未按环境影响报告书（表）及其审批部门审批决定要求建成环境保护设施，或者环境保护设施不能与主体工程同时投产或者使用的；

（二）污染物排放不符合国家和地方相关标准、环境影响报告书（表）及其审批部门审批决定或者重点污染物排放总量控制指标要求的；

（三）环境影响报告书（表）经批准后，该建设项目的性质、规模、地点、采用的生产工艺或者防治污染、防止生态破坏的措施发生重大变动，建设单位未重新报批环境影响报告书（表）或者环境影响报告书（表）未经批准的；

（四）建设过程中造成重大环境污染未治理完成，或者造成重大生态破坏未恢复的；

（五）纳入排污许可管理的建设项目，无证排污或者不按证排污的；

（六）分期建设、分期投入生产或者使用依法应当分期验收的建设项目，其分期建设、分期投入生产或者使用的环境保护设施防治环境污染和生态破坏的能力不能满足其相应主体工程需要的；

（七）建设单位因该建设项目违反国家和地方环境保护法律法规受到处罚，被责令改正，尚未改正完成的；

（八）验收报告的基础资料数据明显不实，内容存在重大缺项、遗漏，或者验收结论不明确、不合理的；

（九）其他环境保护法律法规规章等规定不得通过环境保护验收的。

第九条　为提高验收的有效性，在提出验收意见的过程中，建设单位可以组织成立验收工作组，采取现场检查、资料查阅、召开验收会议等方式，协助开展验收工作。验收工作组可以由设计单位、施工单位、环境影响报告书（表）编制机构、验收监测（调查）报告编制机构等单位代表以及专业技术专家等组成，代表范围和人数自定。

第十条　建设单位在“其他需要说明的事项”中应当如实记载环境保护设施设计、施工和验收过程简况、环境影响报告书（表）及其审批部门审批决定中提出的除环境保护设施外的其他环境保护对策措施的实施情况，以及整改工作情况等。

相关地方政府或者政府部门承诺负责实施与项目建设配套的防护距离内居民搬迁、功能置换、栖息地保护等环境保护对策措施的，建设单位应当积极配合地方政府或部门在所承诺的时限内完成，并在“其他需要说明的事项”中如实记载前述环境保护对策措施的实施情况。

第十一条　除按照国家需要保密的情形外，建设单位应当通过其网站或其他便于公众知晓的方式，向社会公开下列信息：

（一）建设项目配套建设的环境保护设施竣工后，公开竣工日期；

（二）对建设项目配套建设的环境保护设施进行调试前，公开调试的起止日期；

（三）验收报告编制完成后5个工作日内，公开验收报告，公示的期限不得少于20个工作日。

建设单位公开上述信息的同时，应当向所在地县级以上环境保护主管部门报送相关信息，并接受监督检查。

第十二条　除需要取得排污许可证的水和大气污染防治设施外，其他环境保护设施的验收期限一般不超过3个月；需要对该类环境保护设施进行调试或者整改的，验收期限可以适当延期，但最长不超过12个月。

验收期限是指自建设项目环境保护设施竣工之日起至建设单位向社会公开验收报告之日止的时间。

第十三条　验收报告公示期满后5个工作日内，建设单位应当登录全国建设项目竣工环境保护验收信息平台，填报建设项目基本信息、环境保护设施验收情况等相关信息，环境保护主管部门对上述信息予以公开。

建设单位应当将验收报告以及其他档案资料存档备查。

第十四条　纳入排污许可管理的建设项目，排污单位应当在项目产生实际污染物排放之前，按照国家排污许可有关管理规定要求，申请排污许可证，不得无证排污或不按证排污。建设项目验收报告中与污染物排放相关的主要内容应当纳入该项目验收完成当年排污许可证执行年报。

第三章　监督检查

第十五条　各级环境保护主管部门应当按照《建设项目环境保护事中事后监督管理办法（试行）》等规定，通过“双随机一公开”抽查制度，强化建设项目环境保护事中事后监督管理。要充分依托建设项目竣工环境保护验收信息平台，采取随机抽取检查对象和随机选派执法检查人员的方式，同时结合重点建设项目定点检查，对建设项目环境保护设施“三同时”落实情况、竣工验收等情况进行监督性检查，监督结果向社会公开。

第十六条 需要配套建设的环境保护设施未建成、未经验收或者经验收不合格，建设项目已投入生产或者使用的，或者在验收中弄虚作假的，或者建设单位未依法向社会公开验收报告的，县级以上环境保护主管部门应当依照《建设项目环境保护管理条例》的规定予以处罚，并将建设项目有关环境违法信息及时记入诚信档案，及时向社会公开违法者名单。

第十七条 相关地方政府或者政府部门承诺负责实施的环境保护对策措施未按时完成的，环境保护主管部门可以依照法律法规和有关规定采取约谈、综合督查等方式督促相关政府或者政府部门抓紧实施。

第四章 附 则

第十八条 本办法自发布之日起施行。

第十九条 本办法由环境保护部负责解释。

关于发布公路工程标准施工招标文件及公路工程标准施工招标资格预审文件2018年版的公告

（交通运输部公告2017年第51号，交通运输部2017年11月30日发布）

为加强公路工程施工招标管理，规范招标文件及资格预审文件编制工作，依照《中华人民共和国招标投标法》《中华人民共和国招标投标法实施条例》等法律法规，按照《公路工程建设项目招标投标管理办法》（交通运输部令2015年第24号），在国家发展改革委牵头编制的《标准施工招标文件》及《标准施工招标资格预审文件》（以下简称《标准文件》）基础上，结合公路工程施工招标特点和管理需要，交通运输部组织制定了《公路工程标准施工招标文件》（2018年版）及《公路工程标准施工招标资格预审文件》（2018年版）（以下简称《公路工程标准文件》），现予发布。

《公路工程标准文件》（2018年版）自2018年3月1日起施行，原《公路工程标准文件》（交公路发〔2009〕221号）同时废止，之前根据《公路工程标准文件》（2009年版）完成招标工作的项目仍按原合同执行。

自施行之日起，依法必须进行招标的公路工程应当使用《公路工程标准文件》（2018年版），其他公路项目可参照执行。在具体项目招标过程中，招标人可根据项目实际情况，编制项目专用文件，与《公路工程标准文件》（2018年版）共同使用，但不得违反国家有关规定。

《公路工程标准文件》（2018年版）中“申请人须知”“资格审查办法”“投标人须知”“评标办法”和“通用合同条款”等部分，与《标准文件》内容相同的只保留条目号，具体内容见《标准文件》。《公路工程标准文件》电子文本可在交通运输部网站（www.mot.gov.cn）“下载中心”下载。

请各省级交通运输主管部门加强对《公路工程标准文件》（2018年版）贯彻落实情况的监督检查，注意收集有关意见和建议，及时反馈。

关于推进重大建设项目批准和实施领域政府信息公开的意见

（国办发〔2017〕94号，国务院办公厅2017年12月4日发布）

各省、自治区、直辖市人民政府，国务院各部委、各直属机构：

按照党中央、国务院决策部署和《中共中央办公厅 国务院办公厅印发〈关于全面推进政务公开工作的意见〉的通知》等文件要求，为进一步推进重大建设项目批准和实施领域政府信息公开，经国务院同意，现提出以下意见。

一、总体要求

（一）指导思想。

全面贯彻党的十九大精神，坚持以习近平新时代中国特色社会主义思想为指导，统筹推进“五位一体”总体布局和协调推进“四个全面”战略布局，牢固树立和贯彻落实创新、协调、绿色、开放、共享的发展理念，按照党中央、国务院关于全面推进政务公开工作的重要部署要求，把重大建设项目批准和实施领域政府信息公开作为全面推进政务公开工作的重要内容，积极回应社会关切，更好保障人民群众知情权、参与权、表达权、监督权。

（二）基本原则。

以公开为常态、不公开为例外。除涉及国家秘密、商业秘密和个人隐私及其他依法不予公开的内容外，重大建设项目批准和实施过程中的信息要尽可能对外公开，以公开提升项目批准、实施的透明度和效率，保障人民群众合法权益。

突出重点，有序推进。以重大建设项目批准和实施过程中社会关注度高的信息为重点，以政府信息公开为先导，推动项目法人单位信息有效归集、及时公开。

明确主体，落实责任。重大建设项目批准和实施过程中，各级政府和有关部门负责公开其在履行职责过程中制作或保存的信息，并依法监督项目法人单位公开项目信息。法律、法规、规章未作出明确规定的，鼓励项目法人单位主动公开项目信息。

二、主要任务

本意见所称重大建设项目，是指按照有关规定由政府审批或核准的，对经济社会发展、民生改善有直接、广泛和重要影响的固定资产投资项目（不包括境外投资项目和对外援助项目）。各省（区、市）政府、国务院有关部门应当根据区域、行业特点和工作侧重点，进一步明确本地区、本领域重大建设项目范围。

（一）突出公开重点。

在重大建设项目批准和实施过程中，重点公开批准服务信息、批准结果信息、招标投标信息、征收土地信息、重大设计变更信息、施工有关信息、质量安全监督信息、竣工有关信息等8类信息。主要内容包括：

1. 批准服务信息：申报要求、申报材料清单、批准流程、办理时限、受理机构联系方式、监督举报方式等。

2. 批准结果信息：项目建议书审批结果、可行性研究报告审批结果、初步设计文件审批结果、项目核准结果、节能审查意见、建设项目选址意见审批结果、建设项目用地（用海）预审结果、环境影响评价审批文件、建设用地规划许可审批结果、建设工程规划类许可审批结果、施工许可（开工报告）审批结果、招标事项审批核准结果，取水许可、水土保持方案、洪水影响评价等涉水事项审批结果等。

3. 招标投标信息：资格预审公告、招标公告、中标候选人公示、中标结果公示、合同订立及履行情况、招标投标违法处罚信息等。

4. 征收土地信息：征地告知书以及履行征地报批前程序的相关证明材料、建设项目用地呈报说明书、农用地转用方案、补充耕地方案、征收土地方案、供地方案、征地批后实施中征地公告、征地补偿安置方案公告等。

5. 重大设计变更信息：项目设计变更原因、主要变更内容、变更依据、批准单位、变更结果等。

6. 施工有关信息：项目法人单位及其主要负责人信息，设计、施工、监理单位及其主要负责人、项目负责人信息、资质情况，施工单位项目管理机构设置、工作职责、主要管理制度，施工期环境保护措施落实情况等。

7. 质量安全监督信息：质量安全监督机构及其联系方式、质量安全行政处罚情况等。

8. 竣工有关信息：竣工验收时间、工程质量验收结果，竣工验收备案时间、备案编号、备案部门、交付使用时间，竣工决算审计单位、审计结论、财务决算金额等。

各省（区、市）政府、国务院有关部门应

当参照以上内容，聚焦社会关注度高、与群众切身利益密切相关的项目，分别确定本地区、本部门相关领域信息公开重点，进一步细化公开事项、内容、时限、方式、责任主体、监督渠道等，纳入主动公开基本目录，不断加大公开力度。

（二）明确公开主体。

各级政府和有关部门要坚持以公开为常态、不公开为例外，严格按照《中华人民共和国政府信息公开条例》有关规定，公开所制作或保存的项目信息。要严格履行保密审查程序，做到该公开的信息坚决公开，该保守的国家秘密坚决保守住。批准服务信息、批准结果信息由批准重大建设项目和有关要件的各级政府和有关部门分别负责公开，招标投标信息由招标人或有关行政监督部门依法公开，征收土地信息由辖区政府和有关部门负责公开，重大设计变更信息由批准单位负责公开，施工有关信息、质量安全监督信息、竣工有关信息由制作或保存的部门按照职责分工分别负责公开。

（三）拓展公开渠道。

各级政府和有关部门要通过政府公报、政府网站、新媒体平台、新闻发布会等及时公开各类项目信息，并及时回应公众关切。充分利用全国投资项目在线审批监管平台、全国公共资源交易平台、“信用中国”网站等，推进重大建设项目批准和实施领域信息共享和公开。推动将重大建设项目批准和实施过程中产生的信用信息纳入全国信用信息共享平台，可向社会公开的，依法依规在各地区信用网站和“信用中国”网站公开。畅通依申请公开渠道，确保相关工作有序开展。项目法人单位可利用现场公示、网站公布等多种渠道对项目信息进行公开，方便公众查询和社会监督。

（四）强化公开时效。

重大建设项目批准和实施过程中产生的政府信息，确定为主动公开的，应严格按照《中华人民共和国政府信息公开条例》规定，自政府信息形成或变更之日起20个工作日内予以公开；确定为依申请公开的，应严格按照法定时限答复申请人；除法律法规另有规定外，行政许可、行政处罚事项应自作出行政决定之日起7个工作日内上网公开。法律、法规、规章对项目法人单位公开项目信息作出明确规定的，各级政府和有关部门要监督项目法人单位依法按时公开项目信息；法律、法规、规章未作出明确规定的，鼓励项目法人单位及时公开项目信息。

三、政策保障和组织实施

（一）加强组织领导。

各级政府和有关部门要高度重视并认真做好重大建设项目批准和实施领域的政府信息公开工作，以点带面、示范带动，以此作为深化政务公开工作的有力抓手。各级政府要建立健全协调机制，明确责任分工，各级政府办公厅（室）作为组织协调部门，要指导监督发展改革、工业和信息化、国土资源、环保、住房城乡建设、交通运输、水利、农业、卫生计生、林业等部门，提出明确工作目标和措施，认真组织实施；各省（区、市）政府要对本地区各级政府的政务公开工作进行督查、指导，确保各项任务落到实处。各有关部门要结合实际，制定本领域重大建设项目批准和实施领域政府信息公开的实施方案。

（二）加大考核力度。

各级政府和有关部门要把重大建设项目批准和实施领域政府信息公开工作作为政务公开工作绩效考核的重要内容，按照政务公开工作绩效考核相关规定，加大考核力度。对工作推动有力、取得明显成效的单位和个人，要按照规定予以表彰；对未按照相关规定和要求履行职责的，要通报批评，并在年度考核中予以体现。

（三）完善监管措施。

各级政府要定期对重大建设项目批准和实施领域信息公开工作进行检查，主要包括政府信息、项目法人信息的公开内容、公开渠道和公开时效等。各有关部门每年应将本部门工作进展情况报同级政务公开主管部门，并在政府信息公开工作年度报告中公布，接受社会公众、新闻媒体的监督。

印发《园林绿化工程建设管理规定》的通知

（建城〔2017〕251号，住房和城乡建设部2017年12月20日发布）

各省、自治区住房城乡建设厅，北京市园林绿化局，天津市市容和园林管理委员会，上海市绿化和市容管理局，重庆市城市管理委员会，海南省规划委员会，新疆生产建设兵团建设局，中央军委后勤保障部军事设施建设局：

现将《园林绿化工程建设管理规定》印发给你们，请遵照执行。执行中有何问题和建议，请及时反馈我部城市建设司。

附件：园林绿化工程建设管理规定

附件

园林绿化工程建设管理规定

第一条　为贯彻落实国务院推进简政放权、放管结合、优化服务改革要求，做好城市园林绿化企业资质核准取消后市场管理工作，加强园林绿化工程建设事中事后监管，制定本规定。

第二条　园林绿化工程是指新建、改建、扩建公园绿地、防护绿地、广场用地、附属绿地、区域绿地，以及对城市生态和景观影响较大建设项目的配套绿化，主要包括园林绿化植物栽植、地形整理、园林设备安装及建筑面积300平方米以下单层配套建筑、小品、花坛、园路、水系、驳岸、喷泉、假山、雕塑、绿地广场、园林景观桥梁等施工。

第三条　园林绿化工程的施工企业应具备与从事工程建设活动相匹配的专业技术管理人员、技术工人、资金、设备等条件，并遵守工程建设相关法律法规。

第四条　园林绿化工程施工实行项目负责人负责制，项目负责人应具备相应的现场管理工作经历和专业技术能力。

第五条　综合性公园及专类公园建设改造工程、古树名木保护工程、以及含有高堆土（高度5米以上）、假山（高度3米以上）等技术较复杂内容的园林绿化工程招标时，可以要求投标人及其项目负责人具备工程业绩。

第六条　园林绿化工程招标文件中应明确以下内容：

（一）投标人应具有与园林绿化工程项目相匹配的履约能力；

（二）投标人及其项目负责人应具有良好的园林绿化行业从业信用记录；

（三）资格审查委员会、评标委员会中园林专业专家人数不少于委员会专家人数的1/3；

（四）法律法规规定的其他要求。

第七条　各级住房城乡建设（园林绿化）主管部门、招标人不得将具备住房城乡建设部门核发的原城市园林绿化企业资质或市政公用工程施工总承包资质等作为投标人资格条件。

第八条　投标人及其项目负责人应公开信用承诺，接受社会监督，信用承诺履行情况纳入园林绿化市场主体信用记录，作为事中事后监管的重要参考。

鼓励园林绿化工程施工企业以银行或担保公司保函的形式提供履约担保，或购买工程履约保证保险。

第九条　城镇园林绿化主管部门应当加强对本行政区内园林绿化工程质量安全监督管理，重点对以下内容进行监管：

（一）苗木、种植土、置石等园林工程材料的质量情况；

（二）亭、台、廊、榭等园林构筑物主体结构安全和工程质量情况；

（三）地形整理、假山建造、树穴开挖、苗木吊装、高空修剪等施工关键环节质量安全管理情况。

园林绿化工程质量安全监督管理可由城镇园林绿化主管部门委托园林绿化工程质量安全监督机构具体实施。

第十条 园林绿化工程竣工验收应通知项目所在地城镇园林绿化主管部门，城镇园林绿化主管部门或其委托的质量安全监督机构应按照有关规定监督工程竣工验收，出具《工程质量监督报告》，并纳入园林绿化市场主体信用记录。

第十一条 园林绿化工程施工合同中应约定施工保修养护期，一般不少于1年。保修养护期满，城镇园林绿化主管部门应监督做好工程移交，及时进行工程质量综合评价，评价结果应纳入园林绿化市场主体信用记录。

第十二条 住房城乡建设部负责指导和监督全国园林绿化工程建设管理工作，制定园林绿化市场信用信息管理规定，建立园林绿化市场信用信息管理系统。

第十三条 省级住房城乡建设（园林绿化）主管部门负责指导和监督本行政区域内园林绿化工程建设管理工作，制定园林绿化工程建设管理和信用信息管理制度，并组织实施。

第十四条 城镇园林绿化主管部门应加强本行政区域内园林绿化工程建设的事中事后监管，建立工程质量安全和诚信行为动态监管体制，负责园林绿化市场信用信息的归集、认定、公开、评价和使用等相关工作。

园林绿化市场信用信息系统中的市场主体信用记录，应作为投标人资格审查和评标的重要参考。

第十五条 本规定自发布之日起施行。

关于废止和修改部分规章的决定

（水利部令2017年第49号，水利部2017年12月22日）

《水利部关于废止和修改部分规章的决定》已经水利部部务会议审议通过，现予公布，自公布之日起施行。

水利部关于废止和修改部分规章的决定

为了贯彻落实国务院简政放权、放管结合、优化服务改革措施，水利部对部门规章进行了全面清理，经商有关部门，决定废止3件、修改17件。

一、废止《开发建设项目水土保持方案管理办法》（1994年11月22日水利部、国家计委、国家环保局水保〔1994〕513号发布）。

二、废止《开发建设项目水土保持设施验收管理办法》（2002年10月14日水利部令第16号发布，2005年7月8日水利部令第24号修改，2015年12月16日水利部令第47号第二次修改）。

三、废止《水利工程启闭机使用许可管理办法》（2010年10月10日水利部令第41号发布，2015年12月16日水利部令第47号修改）。

四、将《黄河下游浮桥建设管理办法》（1990年8月31日水利部水政〔1990〕17号发布，1997年12月25日水利部水政资〔1997〕537号修改）第三条第二款修改为："建设单位应当按照河道管理权限，于开工前将浮桥建设方案一式五份报送当地黄河河道主管机关，经审查同意后，方可开工建设。"

第九条修改为："建设单位应在浮桥开工前将施工方案报送当地黄河河道主管机关备案。施工完毕后必须经河道主管机关验收合格后方可启用。"

第十三条中的"《中华人民共和国治安管理处罚条例》"修改为"《中华人民共和国治安管理处罚法》"。

五、将《河道管理范围内建设项目管理的

有关规定》（1992年4月3日水利部、国家计委水政〔1992〕7号发布）第三条第一款中的“方可按照基本建设程序履行审批手续”修改为“方可开工建设”。

删去第五条第三款。

第七条第一款修改为：“河道主管机关应在法定期限内将审查意见书面通知申请单位，同意兴建的，应发给审查同意书，并抄知上级水行政主管部门和建设单位的上级主管部门。建设单位在取得河道主管机关的审查同意书后，方可开工建设。”

第八条修改为：“河道主管机关对建设单位的申请进行审查后，作出不同意建设的决定，或者要求就有关问题进一步修改补充后再行审查的，应当在批复中说明理由和依据。建设单位对批复持有异议的，可依法提出行政复议申请。”

第十条修改为：“建设项目开工前，建设单位应当将施工安排送河道主管机关备案。施工安排应包括施工占用河道管理范围内土地的情况和施工期防汛措施。”

六、将《开发建设项目水土保持方案编报审批管理规定》（1995年5月30日水利部令第5号发布，2005年7月8日水利部令第24号修改）第七条修改为：“水土保持方案经过水行政主管部门审查批准，开发建设项目方可开工建设。”

七、将《水利工程质量管理规定》（1997年12月21日水利部令第7号发布）第一条中的“国务院《质量振兴纲要（1996年—2010年）》和有关规定”修改为“《建筑法》《建设工程质量管理条例》等有关规定”。

删去第五条第二款中的“受水利部的委托”。

删去第十一条第一款。

删去第十二条。

第十四条改为第十三条，修改为：“水利工程质量监督实施以抽查为主的监督方式，运用法律和行政手段，做好监督抽查后的处理工作。工程竣工验收前，质量监督机构应对工程质量结论进行核备。未经质量核备的工程，项目法人不得报验，工程主管部门不得验收。”

第十五条改为第十四条，将第一款中的“经计量认证合格的检测单位”修改为“具有相应资质的检测单位”。删去第二款、第三款。

第二十三条改为第二十二条，将其中的“监理工程师上岗必须持有水利部颁发的监理工程师岗位证书，一般监理人员上岗要经过岗前培训”修改为“监理工程师应当持证上岗”。

第三十九条改为第三十八条，第一款修改为：“水利工程保修期从通过单项合同工程完工验收之日算起，保修期限按法律法规和合同约定执行。”

第四十四条改为第四十三条，第（八）项修改为：“（八）工程质量等级评定为不合格，或者工程需加固、拆除的。”

八、将《水利工程建设程序管理暂行规定》（1998年1月7日水利部水建〔1998〕16号发布，2014年8月19日水利部令第46号修改，2016年8月1日水利部令第48号第二次修改）第五条第3项修改为：“3. 可行性研究报告，按国家现行规定的审批权限报批。申报项目可行性研究报告，必须同时提出项目法人组建方案及运行机制、资金筹措方案、资金结构及回收资金的办法。”

九、将《水利水电建设工程蓄水安全鉴定暂行办法》（1999年4月16日水利部水建管〔1999〕177号发布）第十四条修改为：“项目法人认为工程符合蓄水安全鉴定条件时，可决定组织蓄水安全鉴定。蓄水安全鉴定，由项目法人委托具有相应鉴定经验和能力的单位承担，与之签定蓄水安全鉴定合同，并报工程验收主持单位核备。接受委托负责蓄水安全鉴定的单位（即鉴定单位）应成立专家组，并将专家组组成情况报工程验收主持单位和相应的水利工程质量监督部门核备。”

十、将《珠江河口管理办法》（1999年9月24日水利部令第10号发布）第九条修改为：“在珠江河口管理范围内规划滩涂开发利用、河道整治、航道整治、桥梁、港口、码头等建设项目时，工程规划方案应经广东省人民政府水行政主管部门初审后报珠江水利委员会就其是否符合河口整治规划的总体安排、是否超出规划治导线、是否符合防洪和河口水质要求等进行审查，并取得珠江水利委员会出具的规划意见。”

删去第十条、第十一条和第十三条第（五）项。

第十五条改为第十三条，修改为："水行政主管部门受理建设单位申请后，同意兴建的，出具审查同意文书。不同意建设或要求就有关问题进一步修改补充后再行审查的，应当在批复中说明理由和依据。建设单位在取得河道主管机关的审查同意书后，方可开工建设。"

第十六条改为第十四条，修改为："建设单位如对建设项目的性质、规模、地点作重大变更，应当重新办理工程建设方案审查同意文书。"

第十八条改为第十六条，修改为："建设项目开工前，建设单位应当将施工安排送出具审查同意文书的水行政主管部门备案。施工安排应包括占用水域、滩涂、岸线情况或跨越河道、穿越河床的位置和界限以及施工期间防汛措施。安排施工时，应当按照水行政主管部门审查批准的位置和界限进行。"

第十九条改为第十七条，第二款修改为："建设项目竣工验收时，应当通知出具审查同意文书的水行政主管部门参加，水行政主管部门应当对河道和堤防安全严格把关。建设单位应在竣工验收后6个月内报送有关竣工资料。"

十一、将《水利部行政复议工作暂行规定》（1999年10月18日水利部水政法〔1999〕552号发布）第五条第（一）项至第（七）项、第六条第（二）项、第七条第一款、第十条第四款中的"省、自治区、直辖市水利（水电）厅（局）"修改为"省级水行政主管部门"。

删去第五条第（二）项中的"资格证"。删去第（六）项中的"水利工程建设监理资格证、施工企业资质证"。

十二、将《建设项目水资源论证管理办法》（2002年3月24日水利部、国家计委第15号令发布，2015年12月16日水利部第47号令修改）第一条中的"根据《取水许可制度实施办法》和《水利产业政策》"修改为"根据《取水许可和水资源费征收管理条例》"。

第七条修改为："业主单位在向具有审批权限的取水许可审批机关提交取水许可申请材料时，应当一并提交建设项目水资源论证报告书，作为取水许可审批的重要依据。未提交建设项目水资源论证报告书且经一次告知仍不补正的，视为放弃取水许可申请。"

第八条第二款修改为："建设项目水资源论证报告书技术审查意见和审定后的报告书是审批取水许可申请的重要依据。"

第九条第一款第（一）项中的"取水许可（预）申请"修改为"取水许可申请"。

第十条修改为："水行政主管部门或流域管理机构应严格依据国家发布的有关政策法规、技术标准、规程和规范，客观、公正、合理地组织报告书审查工作，提出技术审查意见，并对审查结论的真实性、科学性负责。"

十三、将《水利工程建设安全生产管理规定》（2005年7月22日水利部令第26号发布，2014年8月19日水利部令第46号修改）第二十五条中的"应当经水行政主管部门安全生产考核合格后方可任职"修改为"应当经水行政主管部门对其安全生产知识和管理能力考核合格"。

第二十七条第（三）项修改为："（三）组织、指导全国水利工程建设安全生产监督机构的建设、管理以及水利水电工程施工单位的主要负责人、项目负责人和专职安全生产管理人员的安全生产考核工作"。

删去第三十条第二款中的"安全生产监督机构以及安全生产监督人员应当经水利部考核合格"。

十四、将《水利工程建设监理规定》（2006年12月18日水利部令第28号发布）第六条第一款修改为："项目法人委托监理业务，合同价格不得低于成本。监理单位不得违反标准规范规定或合同约定，通过降低服务质量、减少服务内容等手段进行恶性竞争，扰乱正常市场秩序。"

第十条第一款修改为："监理单位应当聘用一定数量的监理人员从事水利工程建设监理业务。监理人员包括总监理工程师、监理工程师和监理员。总监理工程师、监理工程师应当具有监理工程师职业资格，总监理工程师还应当具有工程类高级专业技术职称。"

十五、将《水利工程建设监理单位资质管理办法》（2006年12月18日水利部令第29号发布，2010年5月14日水利部令第40号修改，2015年12月16日水利部令第47号第二次修改）第七条第（一）项中的“《水利水电工程等级划分及洪水标准》（SL252—2000）”修改为“《水利水电工程等级划分及洪水标准》（SL252—2017）”。

删去第十一条第一款第（五）项中的“总监理工程师岗位证书”。

第十六条修改为：“监理单位发生合并、重组、分立的，可以确定由一家单位承继原单位资质，该单位应当自合并、重组、分立之日起30个工作日内，按照本办法第十条、第十一条的规定，提交有关申请材料以及合并、重组、分立决议和监理业绩分割协议。经审核，注册人员等事项满足资质标准要求的，直接进行证书变更。重组、分立后其他单位申请获得水利工程建设监理单位资质的，按照首次申请办理。”

第二十三条中的“被降低资质等级的，两年内不得申请晋升资质等级”修改为“因违法违规行为被降低资质等级的，两年内不得申请晋升资质等级”。

附件一第一部分第（一）项、第二部分第（一）项、第三部分第（一）项中的“总监理工程师岗位证书”修改为“监理工程师资格证书”。

删去附件一第一部分第（二）项、第二部分第（二）项、第三部分第（二）项中的“总监理工程师”和“水利工程”。

删去附表一各专业资质等级对总监理工程师人数的要求。

十六、将《水利工程建设项目验收管理规定》（2006年12月18日水利部令第30号发布，2014年8月19日水利部令第46号修改，2016年8月1日水利部令第48号第二次修改）第十六条修改为：“法人验收后，质量评定结论应当报该项目的质量监督机构核备。未经核备的，不得组织下一阶段验收。”

十七、将《水工程建设规划同意书制度管理办法（试行）》（2007年11月29日水利部令第31号发布，2015年12月16日水利部令第47号修改）第四条第一款、第二款合并为一款，作为第一款，修改为：“水工程未取得流域管理机构或者县级以上地方人民政府水行政主管部门按照管理权限审查签署的水工程建设规划同意书的，不得开工建设。”

第六条修改为：“水工程建设单位（以下简称建设单位）应当向有水工程建设规划同意书审查签署权限的流域管理机构或者县级以上地方人民政府水行政主管部门（以下简称审查签署机关）提出水工程建设规划同意书申请，并提交下列材料：

“（一）水工程建设规划同意书申请表；

“（二）拟报批水工程的（预）可行性研究报告（项目申请报告、备案材料）；

“（三）与第三者利害关系的相关说明；

“（四）审查签署机关要求的其他材料。”

十八、将《取水许可管理办法》（2008年4月9日水利部令第34号发布，2015年12月16日水利部令第47号修改）第五条修改为：“建设项目取得取水许可申请批准文件，申请人方可兴建取水工程或者设施。”

第十条第（三）项修改为：“（三）建设项目水资源论证报告书”。

删去第二十二条。

十九、将《三峡水库调度和库区水资源与河道管理办法》（2008年11月3日水利部令第35号发布）第二十条第二款修改为：“直接从三峡库区取用水资源的，应当按照取水许可和水资源费征收管理的有关规定，向有关县级以上地方人民政府水行政主管部门或者长江水利委员会申请领取取水许可证，缴纳水资源费。在取水许可申请受理阶段需一并提交建设项目水资源论证报告书（表），作为取水许可审批的重要依据。”

二十、将《水利工程质量检测管理规定》（2008年11月3日水利部令第36号发布）第三条第二款中的“检测单位资质等级标准见附件”修改为“检测单位资质等级标准由水利部另行制定并向社会公告”。

删去第四条中的“或者行业自律管理”。

第五条第二款中的“每年集中审批一次”修改为“采用集中审批方式”。

第六条修改为：“检测单位应当向审批机关提交下列申请材料：

“（一）《水利工程质量检测单位资质等级申请表》；

“（二）事业单位法人证书或者工商营业执

照复印件；

“（三）计量认证资质证书和证书附表复印件；

“（四）主要试验检测仪器、设备清单；

“（五）主要负责人、技术负责人的职称证书复印件，检测人员的从业资格证明材料复印件；

“（六）管理制度及质量控制措施。

“申请甲级资质的，还需提交乙级资质证书复印件和近三年承担质量检测业务的业绩及相关证明材料。

“检测单位可以同时申请不同专业类别的资质。”

第七条第二款修改为：“审批机关应当在法定期限内作出批准或者不予批准的决定。听证、专家评审及公示所需时间不计算在法定期限内，行政机关应当将所需时间书面告知申请人。决定予以批准的，颁发《水利工程质量检测单位资质等级证书》（以下简称《资质等级证书》）；不予批准的，应当书面通知检测单位并说明理由。”

第二十一条第一款第（三）项修改为：“（三）是否存在转包、违规分包检测业务及租借、挂靠资质等违规行为”。

第二十五条中的“并给予警告，一年之内不得再次申请资质”修改为“并给予警告或者通报批评，二年之内不得再次申请资质”。

同时，对相关规章的条文顺序作了相应调整。

本决定自公布之日起施行。

关于取消工程建设项目招标代理机构资格认定加强事中事后监管的通知

（建办市〔2017〕77号，住房城乡建设部办公厅2017年12月28日发布）

各省、自治区住房城乡建设厅，直辖市建委，新疆生产建设兵团建设局：

为贯彻落实《全国人民代表大会常务委员会关于修改〈中华人民共和国招标投标法〉、〈中华人民共和国计量法〉的决定》，深入推进工程建设领域“放管服”改革，加强工程建设项目招标代理机构（以下简称招标代理机构）事中事后监管，规范工程招标代理行为，维护建筑市场秩序，现将有关事项通知如下：

一、停止招标代理机构资格申请受理和审批。自2017年12月28日起，各级住房城乡建设部门不再受理招标代理机构资格认定申请，停止招标代理机构资格审批。

二、建立信息报送和公开制度。招标代理机构可按照自愿原则向工商注册所在地省级建筑市场监管一体化工作平台报送基本信息。信息内容包括：营业执照相关信息、注册执业人员、具有工程建设类职称的专职人员、近3年代表性业绩、联系方式。上述信息统一在我部全国建筑市场监管公共服务平台（以下简称公共服务平台）对外公开，供招标人根据工程项目实际情况选择参考。

招标代理机构对报送信息的真实性和准确性负责，并及时核实其在公共服务平台的信息内容。信息内容发生变化的，应当及时更新。任何单位和个人如发现招标代理机构报送虚假信息，可向招标代理机构工商注册所在地省级住房城乡建设主管部门举报。工商注册所在地省级住房城乡建设主管部门应当及时组织核实，对涉及非本省市工程业绩的，可商请工程所在地省级住房城乡建设主管部门协助核查，工程所在地省级住房城乡建设主管部门应当给予配合。对存在报送虚假信息行为的招标代理机构，工商注册所在地省级住房城乡建设主管部门应当将其弄虚作假行为信息推送至公共服务平台对外公布。

三、规范工程招标代理行为。招标代理机构应当与招标人签订工程招标代理书面委托合同，并在合同约定的范围内依法开展工程招标代理活动。招标代理机构及其从业人员应当严格按照招标投标法、招标投标法实施条例等相关法律法规开展工程招标代理活动，并对工程招标代理业务承担相应责任。

四、强化工程招投标活动监管。各级住房城乡建设主管部门要加大房屋建筑和市政基础设施招标投标活动监管力度，推进电子招投标，加强招标代理机构行为监管，严格依法查处招标代理机构违法违规行为，及时归集相关处罚信息并向社会公开，切实维护建筑市场秩序。

五、加强信用体系建设。加快推进省级建筑市场监管一体化工作平台建设，规范招标代理机构信用信息采集、报送机制，加大信息公开力度，强化信用信息应用，推进部门之间信用信息共享共用。加快建立失信联合惩戒机制，强化信用对招标代理机构的约束作用，构建"一处失信、处处受制"的市场环境。

六、加大投诉举报查处力度。各级住房城乡建设主管部门要建立健全公平、高效的投诉举报处理机制，严格按照《工程建设项目招标投标活动投诉处理办法》，及时受理并依法处理房屋建筑和市政基础设施领域的招投标投诉举报，保护招标投标活动当事人的合法权益，维护招标投标活动的正常市场秩序。

七、推进行业自律。充分发挥行业协会对促进工程建设项目招标代理行业规范发展的重要作用。支持行业协会研究制定从业机构和从业人员行为规范，发布行业自律公约，加强对招标代理机构和从业人员行为的约束和管理。鼓励行业协会开展招标代理机构资信评价和从业人员培训工作，提升招标代理服务能力。

各级住房城乡建设主管部门要高度重视招标代理机构资格认定取消后的事中事后监管工作，完善工作机制，创新监管手段，加强工程建设项目招标投标活动监管，依法严肃查处违法违规行为，促进招投标活动有序开展。

关于推进公路水运工程BIM技术应用的指导意见

（交办公路〔2017〕205号，交通运输部办公厅2017年12月29日发布）

各省、自治区、直辖市、新疆生产建设兵团交通运输厅（局、委）：

建筑信息模型（Building Information Modeling，以下简称BIM）技术是基于现代信息技术和计算机技术发展融合而成的建筑信息应用技术，利用数字技术存储和传递建筑结构和构造特征，并以3D模式直观表述，实现工程设计、施工、养护、运营管理信息传递共享和工作协同，促进工程建设项目全程信息化。为提升公路水运工程建设品质，落实全生命期管理理念，经交通运输部同意，决定在公路水运工程中大力推进BIM技术的应用。现提出如下意见：

一、总体要求

（一）指导思想。

深入贯彻落实党的十九大精神，践行"创新、协调、绿色、开放、共享"发展理念，增强科技创新动力，推进BIM技术在公路水运工程建设管理中的应用，加强项目信息全过程整合，实现公路水运工程全生命期管理信息畅通传递，促进设计、施工、养护和运营管理协调发展，提升公路水运工程品质和投资效益。

（二）基本原则。

——统筹规划，稳步推进。围绕BIM技术发展和行业发展需要，有序推进公路水运工程BIM技术应用，在条件成熟的领域和专业优先应用BIM技术，逐步实现BIM技术在公路水运工程广泛应用。

——市场主导，政策引导。激发市场主体内在需求，发挥企业主体作用和行业联盟作用，引导高校、科研机构和软件开发企业广泛参与，充分利用市场力量推动BIM技术推广应用。完善相关引导政策，为公路水运工程BIM技术应用营造政策环境。鼓励并支持市场主体自主研发BIM软件。

——示范引领，协调实施。开展BIM技术应用试点、示范，转变设计、管理工作方法，提升BIM技术管理水平，促进BIM技术的普及，推动BIM技术在公路水运工程项目设计、施工、养护、运营管理、咨询服务全过程应用。

——加强交流，共享发展。加强国内外BIM技术应用交流和合作，及时掌握BIM技术发展动态和实践经验，推进BIM技术合作共享，推动公路水运行业BIM技术的不断进步。

（三）发展目标。

到2020年，相关标准体系初步建立，示范项目取得明显成果，公路水运行业BIM技术应用深度、广度明显提升。行业主要设计单位具备运用BIM技术设计的能力。BIM技术应用基础平台研发有效推进。建设一批公路、水运BIM示范工程，技术复杂项目实现应用BIM技术进行项目管理，大型桥梁、港口码头和航电枢纽等初步实现利用BIM数据进行构件辅助制造，运营管理单位应用BIM技术开展养护决策。

二、主要任务和重点工作

（一）把握工程设计源头，推动设计理念提升。

工程设计单位应加强BIM技术研发和技术培训，鼓励设计人员广泛应用BIM技术，提升BIM技术软硬件开发应用水平，加快形成以BIM数据方式提交设计成果的能力。鼓励在初步设计阶段同时提交BIM数据形式表述的总体设计方案，技术复杂大桥、地质水文条件复杂的隧道、港口码头、航电枢纽、航道整治等工程鼓励提交BIM数据表述的总体布置及关键结构方案。在施工图设计阶段，鼓励利用BIM技术进行构造细部优化和施工组织设计；鼓励提交基于地理信息系统（GIS）的交通安全设施、环保景观BIM设计文件，推进BIM与GIS的结合。

（二）打造项目管理平台，降低建设管理成本。

鼓励项目建设单位搭建基于BIM技术的项目管理平台，改进技术复杂的大桥、隧道、港口码头、航电枢纽、航道整治等工程项目各参建单位的技术交流方式，压缩管理层次，提升管理效率，提高管理水平。鼓励施工单位对技术复杂工程利用BIM技术优化施工管理、改进施工工艺，提高设备利用效率，减少材料和备件库存，降低施工成本，提升施工质量。鼓励钢结构制造加工单位直接利用BIM数据进行构件加工，减少中间环节，提高加工效率和精度。

（三）加强BIM数据应用，提升养护管理效能。

建设、运营单位应完善项目管理制度，加快实现设计、施工、养护、运营管理各阶段工程信息共享传递，充分利用建设期BIM数据改进养护管理，提高养护决策水平。鼓励对在役项目，搭建BIM技术养护管理平台，逐步推进养护信息数字化管理，提升管理水平。

（四）推进标准化建设，研发应用基础平台。

加快制定公路水运BIM技术应用相关标准。跟踪并积极参与BIM国际标准制定进程，结合国内工程实际，加快研究制定符合我国国情的BIM标准。鼓励科研、设计、施工、养护管理、咨询等单位联合研究BIM标准，研发BIM技术应用基础平台，推进应用共享；鼓励技术联盟、研发中心等机构间加强沟通协调和数据交流，为BIM标准的建立和统一创造条件。

（五）注重数据管理，夯实技术应用基础。

加强工程建设期BIM数据管理，完善项目基础数据，保证重大工程BIM数据的安全。对既有的复杂结构工程，推进利用设计文件或竣工文件生成BIM数据文件，为养护、运营管理工作提供数据和技术支撑。

三、保障措施

（一）加强组织领导，完善工作机制。

各省级交通运输主管部门要充分认识BIM技术推广应用对工程领域的重要意义，准确把握BIM技术的本质特征，加强对BIM技术应用的组织领导，结合本地区实际情况，制定推广应用政策，完善工作机制，充分利用BIM技术加强公路水运工程全生命期管理，提升工程品质，提高管理效率和效益。

（二）注重行业引导，推进示范应用。

各地应加强BIM技术人才培养和投入，提升BIM技术应用能力，推动BIM技术在公路水运工程设计、施工、养护、运营管理的全过程、全领域应用。支持设计单位加大BIM技术研发投入，对利用BIM技术研究论证工程方案、提交设计文件的，可根据概预算编制有关规定，将BIM技术研发等费用纳入项目概算。

各省级交通运输主管部门应积极推进项目设计、施工、养护和运营管理示范应用工作，为BIM技术推广积累经验。可以在一个项目中开展全生命期BIM技术应用试点，也可以针对项目管理各阶段开展BIM技术专项应用试点。

（三）发挥社团力量，激发企业活力。

充分发挥社会团体组织的行业带动作用，推动BIM技术在公路、水运行业的应用。鼓励行业学会、协会组织开展优秀工程勘察设计、工程质量奖项评审时，将BIM技术应用列入考评范围，提高BIM技术的行业认知度。对应用BIM技术获得显著经济、社会效益的，可在同等条件下优先推荐获奖，鼓励设立BIM技术应用专项奖。

充分利用市场机制激发企业主动应用BIM技术的积极性，鼓励企业组建BIM技术联盟，成立BIM技术研发中心，推动BIM技术不断成熟和完善。

关于铁路、公路、水运、水利、能源、机场工程建设项目参加工伤保险工作的通知

（人社部发〔2018〕3号，人力资源社会保障部、交通运输部、水利部、能源局、铁路局、民航局2018年1月2日发布）

各省、自治区、直辖市及新疆生产建设兵团人力资源社会保障厅（局）、交通运输厅（局、委）、水利（水务）厅（局）、能源局、各地区铁路监管局、民航各地区管理局：

党中央、国务院高度重视建筑业农民工工伤权益保障问题。2014年12月，经国务院批准，人力资源社会保障部、住房城乡建设部、安全监管总局、全国总工会制定印发了“关于进一步做好建筑业工伤保险工作的意见”（人社部发〔2014〕103号，以下简称《意见》），做出了工伤优先，项目参保，概算提取，一次参保，全员覆盖的制度安排，并明确交通运输、铁路、水利等相关行业参照执行。三年来，在各部门的协力推动以及各地共同努力下，住建领域新开工工程建设项目参保率已达到99.73%，累计4000多万人次建筑业农民工纳入工伤保险保障。部分地区结合实际一并推动交通运输、铁路、水利等相关行业工程建设项目参加工伤保险工作，取得了一定成效，为全面推开创造了条件。为全面贯彻党中央、国务院关于切实保障和改善民生的重大部署，深入落实《意见》要求，加大力度将在各类工程建设项目中流动就业的农民工纳入工伤保险保障，现就铁路、公路、水运、水利、能源、机场（以下简称交通运输等行业）工程建设项目参加工伤保险工作通知如下：

一、切实增强做好工作的责任感和紧迫感。《国务院办公厅关于促进建筑业持续健康发展的意见》（国办发〔2017〕19号）再次强调要“建立健全与建筑业相适应的社会保险参保缴费方式，大力推进建筑施工单位参加工伤保险”，明确了做好建筑行业工程建设项目农民工职业伤害保障工作的政策方向和制度安排。各地要在进一步健全住建领域工程建设项目按项目参加工伤保险长效工作机制的同时，进一步增强责任感和紧迫感，按照《意见》要求，全面启动交通运输等行业工程建设项目参加工伤保险工作，结合行业用工特点，做好参保办法、办理流程、保障服务等具体制度安排，确保在各类工地上流动就业的农民工依法

享有工伤保险保障。

二、推进形成更高水平更高效率的部门协作机制。按项目参加工伤保险工作涉及多部门职责，必须协调联动，合力推进。在推进住建领域工程建设项目参加工伤保险工作中，各地普遍建立的联席会议、联合督查、信息共享、经办对接等部门协作机制，发挥了重要作用，创造积累了行之有效的经验做法。各地要在现有工作基础上，扩大协作范围，丰富协作内容，针对交通运输等行业工程建设项目施工管理、用工管理的特点，设计高效、便捷、管用的管理服务流程和参保约束机制，切实做到“先参保，再开工”。

按照“谁审批，谁负责”的原则，各类工程建设项目在办理相关手续、进场施工前，均应向行业主管部门或监管部门提交施工项目总承包单位或项目标段合同承建单位参加工伤保险的证明，作为保证工程安全施工的具体措施之一。未参加工伤保险的项目和标段，主管部门、监管部门要及时督促整改，即时补办参加工伤保险手续，杜绝“未参保，先开工”甚至“只施工，不参保”现象。各级行业主管部门、监管部门要将施工项目总承包单位或项目标段合同承建单位参加工伤保险情况纳入企业信用考核体系，未参保项目发生事故造成生命财产重大损失的，责成工程责任单位限期整改，必要时可对总承包单位或标段合同承建单位启动问责程序。

三、依法合理确定缴费比例。建筑施工企业相对固定的职工，应按用人单位参加工伤保险。不能按用人单位参加工伤保险的职工特别是短期雇佣的农民工，应按项目优先参加工伤保险，一般应由施工项目总承包单位或项目标段合同承建单位按照劳动雇佣关系一次性代缴本项目工伤保险费，覆盖项目使用的所有职工，包括专业承包单位、劳务分包单位使用的农民工。各类工程建设项目可以项目或标段为单位，按照项目或标段的建筑安装工程费（或工程合同价）的一定比例参保缴费。对人工成本占比较低的工程建设项目，可按照人工成本乘以工伤保险行业基准费率的方式计算工伤保险费。对于难以确定直接人工成本的工程建设项目，可参照本地区社会平均工资确定缴费基数。各统筹地区要按照“以支定收、收支平衡”原则，根据当地工伤保险基金的运行情况，科学合理确定费率。同时，注重发挥浮动费率作用，低保费起步，逐步实现收支平衡。

四、进一步加强督查和定期通报工作。从2017年起，人力资源社会保障部已将新开工项目参保率纳入人力资源社会保障事业发展指标体系，定期分省通报调度。各地人力资源社会保障部门要以此为契机，会同有关部门进一步强化督查措施，提高数据的可靠性和可应用性。要在全面启动交通运输等行业工程建设项目参加工伤保险工作的同时，将同口径数据纳入通报调度安排，并作为督查重点。各地人力资源社会保障部门要在门户网站上定期通报当地工程建设项目参保率情况，并加强与住房城乡建设、交通运输、水利、能源、铁路和民航部门的数据共享。

五、着力提高经办服务质量和管理水平。按项目参加工伤保险是适应流动用工特点做出的政策创新。各地人力资源社会保障部门要为参保工程建设项目及标段和工伤职工提供更加优质便捷的人性化服务，积极探索优化适合按项目参加工伤保险的登记、缴费、认定、劳动能力鉴定、待遇支付等服务流程，开辟绿色通道、专门窗口等，提供一站式服务。要最大限度缩短参加工伤保险工作流程、简化手续，力争实现施工企业办理参保缴费备案当日办结，避免因办理项目参加工伤保险而影响工程开工进度。施工项目总承包单位或项目标段合同承建单位应当在工程项目施工期内督促专业承包单位、劳务分包单位建立职工花名册、考勤记录、工资发放表等台账，对项目施工期内全部施工人员实行动态实名制管理。施工人员发生工伤后，以劳动合同为基础确认劳动关系，对未签订劳动合同的，由人力资源社会保障部门参照工资支付凭证或记录、工作证、招工登记表、考勤记录及其他劳动者证言等证据，确认事实劳动关系。对在工地内发生、事实清楚、当事双方无争议的工伤案件实行“快认快结”，一般应当在10日内作出工伤认定的决定。对在参保工程建设项目施工期间发生工伤，项目竣工时尚未完成工伤认定或劳动能力鉴定的，建筑施工企业要保证工伤职工医疗救治和停工留薪期间的法定待遇，在完成工伤认定及劳动能力鉴定后工伤职工依法享受各项工伤保险待遇。

各地人力资源社会保障部门要会同各部门按照《工伤预防费使用管理暂行办法》（人社部规〔2017〕13号），指导建筑施工企业积极开展工伤预防宣传和培训工作，要建立健全政府部门、行业协会、施工企业等多层次的培训体系，不断提升职工特别是农民工的工伤保险意识，控制和减少工伤发生。对积极开展工伤预防，有效减少工伤发生的项目承包单位，符合条件的，要优先落实浮动费率政策。

各地人力资源社会保障、交通运输、水利、能源、铁路、民航等部门要依据国家法律法规和本通知要求，结合本地实际制定具体实施方案，合力做好工程建设领域职工特别是农民工工伤保险权益保障工作。

民航专业工程建设项目招标投标管理办法

（AP-158-CA-2018-01-R2，中国民用航空局2018年1月8日发布）

第一章　总　　则

第一条　为规范民航专业工程建设项目招标投标活动，加强监督管理，根据《中华人民共和国招标投标法》、《中华人民共和国招标投标法实施条例》等法律、法规以及有关的规章和规范性文件，制定本办法。

第二条　本办法适用于民航专业工程建设项目的招标投标管理，机电产品的国际招标投标除外。

本办法所称工程建设项目，是指工程以及与工程建设有关的货物、服务。工程是指建设工程，建设工程是指土木工程、建筑工程、线路管道和设备安装工程及装修工程，包括建筑物和构筑物的新建、改建、扩建及其相关的装修、拆除、修缮等；与工程建设有关的货物，是指构成工程不可分割的组成部分，且为实现工程基本功能所必需的设备、材料等；与工程建设有关的服务，是指为完成工程所需的勘察、设计、监理等服务。

本办法所称民航专业工程包括：

（一）机场场道工程，包括：

1. 飞行区土石方（不含填海工程）、地基处理、基础、道面工程；

2. 飞行区排水、桥梁、涵隧、消防管网、管沟（廊）工程；

3. 飞行区服务车道、巡场路、围界（含监控系统）工程。

（二）民航空管工程，包括：

1. 区域管制中心、终端（进近）管制中心和塔台建设工程；

2. 通信（包括地空通信和地地通信）工程、导航（包括地基导航和星基导航）工程、监视（包括雷达和自动相关监视系统）工程；

3. 航空气象（包括观测系统、卫星云图接收系统等）工程；

4. 航行情报工程。

（三）机场目视助航工程，包括：

1. 机场助航灯光及其监控系统工程；

2. 飞行区标记牌和标志工程；

3. 助航灯光变电站和飞行区供电工程；

4. 泊位引导系统及目视助航辅助设施工程。

（四）航站楼、货运站的工艺流程及民航专业弱电系统工程。其中，民航专业弱电系统包括：信息集成系统、航班信息显示系统、离港控制系统、泊位引导系统、安检信息管理系统、标识引导系统、行李处理系统、安全检查系统、值机引导系统、登机门显示系统、旅客问讯系统、网络交换系统、公共广播系统、安全防范系统、主时钟系统、内部通讯系统、呼叫中心（含电话自动问讯系统），以及飞行区内各类专业弱电系统。

（五）航空供油工程，包括：

1. 航空加油站、机坪输油管线系统工程；

2. 机场油库、中转油库工程（不含土建工程）；

3. 场外输油管线工程、卸油站工程（不含码头水工工程和铁路专用线工程）；

4. 飞行区内地面设备加油站工程。

第三条 依法必须招标的民航专业工程建设项目的范围和规模标准，按照国家发改委有关规定执行。任何单位和个人不得将依法必须进行招标的项目化整为零或者以其他任何方式规避招标。

第四条 民航局机场司负责：

（一）贯彻执行国家有关招标投标管理的法律、法规、规章和规范性文件，制定民航专业工程建设项目招标投标管理的有关规定；

（二）全国民航专业工程建设项目招标投标活动的监督管理，对委托民航专业工程质量监督总站（以下简称质监总站）的承办事项进行指导，并监督办理情况；

（三）依法查处招标投标活动中的重大违法违规行为；

（四）其他与招标投标活动管理有关的事宜。

第五条 民航地区管理局负责：

（一）贯彻执行国家及民航有关招标投标管理的法律、法规、规章和规范性文件；

（二）辖区民航专业工程建设项目招标投标活动的监督管理；

（三）受理并备案审核辖区招标人提交的招标方案、资格预审文件、招标文件和抽取评标专家申请表；

（四）认定省级或者市级地方公共资源交易市场（以下简称地方交易市场），与地方交易市场制定工作方案，约定业务流程，明确有关责任义务；

（五）受理并备案审核招标人提交的评标报告和评标结果公示报告，对招标人提供的合同副本进行备案；

（六）受理辖区内有关招标投标活动的投诉，依法查处招标投标活动中的违法违规行为。

第六条 质监总站负责：

（一）贯彻执行国家及民航有关招标投标管理的法律、法规、规章和规范性文件；

（二）承担民航专业工程评标专家及专家库的管理和评标专家的抽取工作；

（三）受委托承担民航专业工程建设项目进入地方交易市场进行开标评标的驻场服务工作；

（四）招标投标活动各当事人的信用体系建设；

（五）受委托的其它招标投标管理的有关工作。

第七条 民航专业工程建设项目招标投标活动应当遵循公平、公正、公开、诚实信用原则，项目当事人及相关工作人员应当严格遵守保密原则，禁止以任何方式非法干涉民航专业工程建设项目招标投标活动。

第八条 鼓励利用信息网络进行电子招标投标。

第二章　招　　标

第九条 民航专业工程建设项目的招标人是提出招标项目、进行招标的项目法人或者其他组织。

第十条 按照国家有关规定需要履行项目审批、核准手续的依法必须进行招标的民航专业工程建设项目，其招标范围、招标方式、招标组织形式应当报送项目审批、核准部门审批、核准。

招标人应当按照项目审批、核准部门确定的招标范围、招标方式、招标组织形式开展招标。

第十一条 依法必须招标的工程建设项目，应当具备下列条件才能进行招标：

（一）招标人已经依法成立；

（二）取得项目审批、核准部门审批、核准的文件；

（三）工程建设项目初步设计按照有关规定要求已获批准（勘察、设计招标除外）；

（四）有相应资金或者资金来源已经落实；

（五）能够提出招标技术要求，施工项目有招标所需的设计图纸及技术资料。

第十二条 招标人可以自行招标或委托招标。招标人自行办理招标事宜的，应当符合国家发改委《工程建设项目自行招标试行办法》

要求，经批准后，按规定程序办理。

招标人不具备自行办理招标条件的，应当委托符合要求的招标代理机构办理招标事宜。确定委托前，应当查询相关招标代理机构失信被执行人信息，鼓励优先选择无失信记录的招标代理机构。

第十三条 招标人采用资格预审办法对潜在投标人进行资格审查的，应当发布资格预审公告、编制资格预审文件。

资格预审公告视同为招标公告，其发布要求、载明内容应当与招标公告的要求一致。

依法必须进行招标的项目的资格预审公告，应当在国家发改委依法指定的媒介发布。在不同媒介发布的同一招标项目的资格预审公告的内容应当一致。资格预审文件的发售期不得少于5日。发售期最后一天应当回避节假日。

第十四条 民航专业工程建设项目的施工招标文件和施工招标资格预审文件的编制应当按照《民航专业工程标准施工招标资格预审文件》和《民航专业工程标准施工招标文件》要求编制。设备、材料、勘察、设计、监理招标文件的编制应当按照《标准设备采购招标文件》《标准材料采购招标文件》《标准勘察招标文件》《标准设计招标文件》《标准监理招标文件》要求编制。

第十五条 招标人应当在民航地区管理局认定的省级或市级地方交易市场进行资格审查、开标、评标。

民航地区管理局认定的地方交易市场应当管理制度健全、管理规范、收费合理，且具备资格审查、开标、评标过程现场监视、录音录像并存档备查等条件，能够保证资格审查、开标、评标过程保密、封闭、有序地进行，并接受民航行政管理部门的监督管理。

第十六条 依法必须招标的民航专业工程建设项目，在发布资格预审公告、招标公告或发出投标邀请书前，招标人应当将招标方案报民航地区管理局备案。

招标方案备案材料应当包括：

（一）项目批准（或核准）文件；按规定获得的初步设计批准文件，初步设计批准文件由民航管理部门以外的部门或单位批准的，需附民航行业审查意见。

（二）《民航专业工程建设项目招标方案备案表》（见附表一）；

（三）资格预审公告、招标公告或投标邀请书；

（四）招标文件或资格预审文件；

（五）招标代理委托书或委托合同复印件；

（六）其他有必要说明的事项。

招标公告、投标邀请书、招标文件及资格预审文件的编写应当符合相关规定，其中招标文件中的评标委员会组成方案、评标办法、否决投标条件应当予以明确。

第十七条 民航地区管理局自收到招标方案备案材料后，应当及时审核，如有异议，应当在7个工作日内提出书面意见；如无异议，则应当在7个工作日内予以备案。

第十八条 招标方案经民航地区管理局备案后，招标人方可发布资格预审公告、招标公告或投标邀请书，并按招标公告或者投标邀请书规定的时间、地点发出招标文件或者资格预审文件。招标文件的发售期不得少于5日，发售期的最后一天应当回避节假日。

第十九条 招标人应当在资格预审公告、招标公告或者投标邀请书中载明是否接受联合体投标。

第二十条 招标人应当在资格预审公告、招标公告、投标邀请书及资格预审文件、招标文件中明确规定对失信被执行人的处理方法和评标标准，对其投标活动依法予以限制。

招标人接受联合体投标的，联合体中有一个或一个以上成员属于失信被执行人的，联合体视为失信被执行人。

第二十一条 招标人应当在招标文件中载明投标有效期。投标有效期从提交投标文件的截止之日起算。

第二十二条 招标人在招标文件中要求投标人提交投标保证金的，投标保证金不得超过招标项目估算价的2%，最高不得超过80万元。投标保证金有效期应当与投标有效期一致。

境内投标单位以现金或者支票形式提交的投标保证金应当从其基本账户转出。

招标人不得挪用投标保证金。

投标保证金鼓励采用银行保函形式收取。

第二十三条 招标人设有最高投标限价的，应当在招标文件中明确最高投标限价或者最高投标限价的计算方法。招标人不得规定最低投标限价。

第二十四条 招标人可以对已发出的资格预审文件或者招标文件进行必要的澄清或者修改，但有关澄清或者修改应当报原备案单位备案。澄清或者修改的内容可能影响资格预审申请文件或者投标文件编制的，招标人应当在提交资格预审申请文件截止时间至少3日前，或者投标截止时间至少15日前，以书面形式通知所有获取资格预审文件或者招标文件的潜在投标人；不足3日或者15日的，招标人应当顺延提交资格预审申请文件或者投标文件的截止时间。

第二十五条 招标失败的，招标人应当在分析原因并采取相应措施后，重新进行招标。对招标文件中的招标范围、资格要求、评标办法等重点内容进行修改的，应当重新报民航地区管理局备案审核。

重新招标后投标人仍少于三个的，属于必须审批、核准的工程建设项目，报经原审批、核准部门审批、核准后可以不再进行招标。

第二十六条 招标人终止招标的，应当及时发布公告，或者以书面形式通知被邀请的或者已经获取资格预审文件、招标文件的潜在投标人。已经发售资格预审文件、招标文件或者已经收取投标保证金的，招标人应当及时退还所收取的资格预审文件、招标文件的费用，以及所收取的投标保证金及银行同期存款利息。

第二十七条 招标人应当在资格预审公告中载明资格预审后投标人的数量，一般不得少于7个投标人，且应当采用专家评审的办法，由专家综合评分排序，按得分高低顺序确定投标人。

资格预审合格的潜在投标人不足三个的，招标人应当重新进行招标。

第三章 投 标

第二十八条 投标人是响应招标、参加投标竞争的法人或者其他组织。

与招标人存在利害关系可能影响招标公正性的法人、其他组织或者个人，不得参加投标。

单位负责人为同一人或者存在控股、管理关系的不同单位，不得参加同一标段投标或者未划分标段的同一招标项目投标。

违反前两款规定的，相关投标均无效。

一个制造商对同一品牌同一型号的货物，仅能委托一个代理商参加投标。

第二十九条 投标人应当具备招标文件规定的资格条件，具有承担所投标项目的相应能力。其中，勘察设计企业、建筑业企业、工程监理企业应当按照住建部有关规定取得相应资质证书。

第三十条 招标人接受联合体投标并进行资格预审的，联合体应当在提交资格预审申请文件前组成。资格预审后联合体增减、更换成员的，其投标无效。

联合体各方在同一招标项目中以自己名义单独投标或者参加其他联合体投标的，相关投标均无效。

投标人组织投标联合体的，应当划分联合体各成员的专业职责，联合体各成员应当具备相应的专业工程资质。联合体成员中同一专业的最低资质为投标联合体该专业的资质。

第三十一条 投标人撤回已提交的投标文件，应当在投标截止时间前书面通知招标人。招标人已收取投标保证金的，应当自收到投标人书面撤回通知之日起5日内退还。

投标截止后投标人撤销投标文件的，招标人可以不退还投标保证金。

第四章 开标、评标和定标

第三十二条 开标应当程序规范，符合相关规定要求。

第三十三条 招标投标项目可以由地区管理局指定的招标投标活动主体以外的单位（以下简称驻场服务单位）提供驻场服务，负责有关进入地方交易市场开标评标活动的协调、对接、日常管理和其他服务保障。

第三十四条　招标人应当按照招标文件规定的时间、地点开标。

投标人少于3个的，不得开标，招标人应当重新招标。

投标人对开标有异议的，应当在开标现场提出，招标人应当当场做出答复，并制作记录。

第三十五条　评标应当由招标人依法组建的评标委员会负责。评标委员会人数应当为五人及以上单数，其中从专家库中抽取的专家人数不得少于评标委员会人员总数的三分之二。

评标委员会的专家成员应当从专家库内相关专业的专家名单中以随机抽取的方式确定。任何单位和个人不得以明示、暗示等任何方式指定或者变相指定参加评标委员会的专家成员。

当招标项目需要民航以外专业的专家参与评标时，经民航地区管理局批准，可采取在其他专业省部级或国家级评标专家库抽取的方式选择部分专家共同组成评标委员会。

第三十六条　对于技术特别复杂、专业性要求特别高或者国家有特殊要求的招标项目，采取随机抽取方式确定的专家难以胜任时，可以经民航地区管理局特别批准后由招标人在民航专业工程专家库中直接选择确定。

第三十七条　评标委员会成员与投标人有利害关系的，应当主动回避。

有下列情形之一者，不得担任评标委员会成员：

（一）投标人或者投标人主要负责人的近亲属；

（二）项目主管部门（即项目的批复部门）或者行政监督部门的人员；

（三）与投标人有经济利益关系，可能影响公正评审的；

（四）曾因在招标、评标以及其他与招标投标有关活动中从事违法行为而受过行政处罚或刑事处罚的；

（五）退休或者离职前为投标人职工，并且退休或者离职不满三年的。

（六）属于失信被执行人的。

第三十八条　招标人拟申请在民航专业工程专家库中抽取专家时，应当填写《民航专业工程建设项目抽取评标专家申请表》（见附表二），并提前3个工作日报民航地区管理局审核。

第三十九条　民航地区管理局收到招标人提交的抽取评标专家申请表后，应当对其符合相关规定的情况进行审查，有异议的，应当及时告知招标人修改、补充后，重新申请；无异议的，则将申请表与招标方案备案表提前2个工作日一并发至质监总站。

第四十条　质监总站收到专家申请表与招标方案备案表后，利用专家抽取系统随机盲抽评标专家，系统自动短信通知专家报到时间、地点和应急请假电话等信息。通知专家时间原则上不得早于评标开始时间前44小时。

质监总站在专家抽取和通知过程中应当操作规范，所有评标项目及专家信息均须保密。

第四十一条　在评标前30分钟，由抽取系统将评标专家信息发送至地区管理局指定的有关驻场服务单位或者工作人员。有关服务单位或者工作人员应当对评标专家信息严格保密。

第四十二条　评标专家和招标人代表应当自行安排参加评标活动的交通食宿，在指定时间到达评标场所。交通和食宿标准参照财政部《中央和国家机关差旅费管理办法》其余人员类执行。

第四十三条　评标专家无法正常参加评标时应当拨打24小时应急请假电话进行请假。

第四十四条　评标委员会成员报到后，评标专家凭身份证、招标人代表凭介绍信和身份证进入封闭评标区域，评标活动结束前不得与评标无关的人员进行接触。

第四十五条　评标委员会成员应当遵守地方交易市场的有关规定。

第四十六条　评标委员会成员应当按照招标文件规定的评标标准和方法，客观、公正地对投标文件提出评审意见。招标文件没有规定的评标标准和方法不得作为评标的依据。

第四十七条　评标委员会成员应当客观、公正地履行职责，遵守职业道德，对所提出的评审意见承担个人责任，并接受监督。

评标委员会成员不得私下接触投标人，不

得收受投标人给予的财物或者其他好处，不得向招标人征询确定中标人的意向，不得接受任何单位或者个人明示或者暗示提出的倾向或者排斥特定投标人的要求。

第四十八条 任何单位和个人不得非法干预、影响评标的过程和结果。

评标委员会成员和与评标有关的工作人员不得透露对投标文件的评审、中标候选人的推荐情况以及与评标有关的其他情况。

第四十九条 资格预审应当采取专家评审的方式，其专家抽取过程及评审要求按本办法评标规定执行。

第五十条 招标人采用资格后审办法对投标人进行资格审查的，应当在开标后由评标委员会按照招标文件规定的标准和方法对投标人的资格进行审查。

第五十一条 投标人的投标报价超出最高投标限价的，其投标文件按否决投标处理。

第五十二条 评标委员会成员评审计分工作实行实名制。每位评委的评分应当予以记录。

采用综合评分法时，应当将所有评委评分在去掉一个最高分和一个最低分之后的算术平均值作为评委算术平均分。对于评委的打分超出评委算术平均分±30%时（技术部分总评分和商务部分总评分应当分别计算），该评委应当就打分情况向评标委员会提供书面说明，并将该书面说明附在评标报告中。

第五十三条 评标委员会完成评标后，应当向招标人提出书面评标报告。评标报告应当如实记载以下内容：

（一）基本情况和数据表；

（二）评标委员会成员名单；

（三）开标记录；

（四）符合要求的投标一览表；

（五）否决投标情况说明；

（六）评标标准、评标方法或者评标因素一览表；

（七）经评审的价格或者评分比较一览表；

（八）经评审的投标人排序；

（九）推荐的中标候选人名单与签订合同前要处理的事宜；

（十）澄清、说明、补正事项纪要。

第五十四条 评标报告由评标委员会全体成员签字。对评标结论持有异议的评标委员会成员可以书面方式阐述其不同意见和理由。评标委员会成员拒绝在评标报告上签字且不陈述其不同意见和理由的，视为同意评标结论。评标委员会应当对此做出书面说明并记录在案。

评标结论以评标委员会全体成员三分之二以上人数签署同意意见，方为有效。

第五十五条 招标人应当自收到评标报告之日起3日内在与发布招标公告相同的媒体上对中标候选人进行公示。公示期不得少于3日，公示期最后一天应当回避节假日。

招标人发现评标委员会成员未按照招标文件规定的评标标准和方法评标的，应当将相关情况报民航地区管理局。情况属实的，民航地区管理局应当责令评标委员会进行改正，并对评标专家提出处理意见。

评标报告存在的问题对中标结果造成实质性影响，且不能采取补救措施予以纠正的，招标、投标、中标无效，应当依法重新招标或者评标。

第五十六条 招标人应当自公示期满及确定中标人之日起3个工作日内，向民航地区管理局提交评标报告、《民航专业工程建设项目评标结果备案表》（见附表三）和中标通知书（见附表四）。

第五十七条 民航地区管理局在收到评标报告后应当进行备案审核，对符合规定要求且中标候选人公示期间无异议的应当在5个工作日内对《民航专业工程建设项目评标结果备案表》予以备案，并对中标通知书进行确认；对不符合规定要求的，应当在5个工作日内书面通知招标人责令其重新评标或重新招标；对受理了投诉人投诉的，应当在5个工作日内书面告知招标人，必要时可以责令暂停招标投标活动。

第五十八条 招标人在获得民航地区管理局对评标结果的备案后方可发布中标通知书，并以书面形式通知其他未中标的投标人。

第五十九条 招标人和中标人应当依法签订书面合同，合同的标的、价款、质量、履行期限等主要条款应当与招标文件和中标人的投标文件的内容一致。招标人和中标人不得再行订立背离合同实质性内容的其他协议。

招标人最迟应当在书面合同签订后5日内向中标人和未中标的投标人退还投标保证金及银行同期存款利息。

第六十条　依法必须招标的项目，招标人应当自订立书面合同之日起十五日内，向民航地区管理局提交合同订立情况的书面报告及合同副本。

第五章　监督管理

第六十一条　民航地区管理局应当依据有关法律、法规、规章和规范性文件，加强对招标投标活动的监督管理。

项目法人或其授权项目建设实施单位及其上级有关部门应当加强招标投标活动的管理，可以对评标过程进行现场监督。

第六十二条　民航局、民航地区管理局对招标投标活动中发现的违法违规行为，应当立即责令改正，依法做出暂停开标或评标的决定，并依据《招标投标法》、《招标投标法实施条例》和有关规章做出处理。

第六十三条　民航专业工程建设项目的招标公告、资格预审文件、资格预审评审报告、招标文件、评标报告、中标通知书、合同等文件，招标人应当按照国家有关要求妥善保存，以备核查。

第六章　附　则

第六十四条　招标人、招标代理机构、有关单位应当通过“信用中国”网站（www.creditchina.gov.cn）或各级信用信息共享平台查询相关主体是否为失信被执行人，并采取必要措施做好失信被执行人信息查询记录和证据留存。投标人可通过“信用中国”网站查询相关主体是否为失信被执行人。

第六十五条　民航专业工程建设项目招标投标活动除应当符合本办法外，还应当符合工程建设项目招标投标相关法律、法规、规章和其他规范性文件的要求。

第六十六条　政府采购法律、行政法规对民航专业工程建设项目及与工程建设有关的货物和服务采购另有规定的，从其规定。

第六十七条　本办法由民航局机场司负责解释。

第六十八条　本办法自印发之日起施行。2009年2月5日发布的《民航专业工程及货物招标投标管理办法》（AP-129-CA-2009-01-R1）同时废止。

附表一

民航专业工程建设项目招标方案备案表

<table>
<tr><td>招标项目名称</td><td colspan="3"></td></tr>
<tr><td>项目类型</td><td>□勘察　□设计　□施工　□监理　□货物　□其它</td><td>批准的概算额</td><td></td></tr>
<tr><td>招标人名称</td><td></td><td colspan="2" rowspan="4">招标人盖章：

填报日期：　　年　月　日</td></tr>
<tr><td>招标人性质</td><td>□项目法人
□项目法人授权的实施单位（应附授权文件）
□其他组织</td></tr>
<tr><td>招标人地址</td><td></td></tr>
<tr><td>联系人信息</td><td>姓名：　　　　　电话/传真：</td></tr>
<tr><td>项目审批情况</td><td colspan="3">□有审批，审批部门________________文号：________
□不需要审批　□企业自筹　□其他：________________</td></tr>
<tr><td>招标方式</td><td colspan="3">□公开招标　□邀请招标，审批文件：</td></tr>
</table>

续表

<table>
<tr><td>招标组织形式</td><td colspan="2">□自行招标 □委托招标</td><td rowspan="4">招标代理机构盖章：

经办人签字：
日期： 年 月 日</td></tr>
<tr><td>招标代理机构名称</td><td colspan="2"></td></tr>
<tr><td>招标代理机构地址</td><td colspan="2"></td></tr>
<tr><td>招标代理机构资质（如适用）</td><td colspan="2"></td></tr>
<tr><td>交易场所名称</td><td colspan="3"></td></tr>
<tr><td>招标次数</td><td colspan="3">□第一次 □第二次 □第三次</td></tr>
<tr><td>计划发布招标公告时间</td><td>年 月 日</td><td>公告媒体</td><td>□中国采购与招标网招标投标公共服务平台
□项目所在地省级电子招标投标公共服务平台
□民航专业工程建设项目招标投标管理系统
□其他：</td></tr>
<tr><td colspan="4">以下由备案审核机关填写</td></tr>
<tr><td>收到相关文件情况：
□项目批准/核准文件
□招标公告/投标邀请书
□招标文件
□资格预审文件
□招标代理委托书/委托合同
□其他：</td><td colspan="2">相关信息查核确认：
□投标人资质条件
□评标办法
□招标文件发售及开标时间
□最高投标限价
□评标委员会组成</td><td rowspan="2">备案审核盖章：

经办人：
电　话：
日　期： 年 月 日</td></tr>
<tr><td colspan="3">备案记录编号：
民航 招标备字〔 〕 号</td></tr>
</table>

注：1. 本通知书一式三份，招标人、备案审核机关、招标代理机构各执一份。

2. “备案记录编号”为该招标项目的代号。其格式样例为“民航华东招标备字〔2018〕16号”，其中，“华东”表示受理管理局，“2018”表示受理年份，“16”表示受理顺序号。

附表二

民航专业工程建设项目抽取评标专家申请表

<table>
<tr><td>招标项目名称</td><td colspan="2"></td><td colspan="2" rowspan="4">（质监总站填写）
专家抽取与通知受理人签字：

通知时间：
年 月 日
时至 时</td></tr>
<tr><td>招标人名称</td><td colspan="2"></td></tr>
<tr><td>项目性质</td><td colspan="2">□评 标 □资格预审 □其他</td></tr>
<tr><td>备案记录编号</td><td colspan="2">民航 招标备字〔 〕 号</td></tr>
<tr><td>评标委员会组成人数</td><td></td><td>招标人代表</td><td colspan="2">人数： 单位/部门：</td></tr>
<tr><td>民航外专家</td><td></td><td>专家来源及专业</td><td colspan="2"></td></tr>
<tr><td>申请抽取专家人数</td><td></td><td>专家专业类别</td><td colspan="2"></td></tr>
<tr><td>开标时间</td><td colspan="2">年 月 日 时</td><td>计划评标开始时间</td><td>年 月 日 时</td></tr>
</table>

续表

<table>
<tr><td>报到时间</td><td>年　月　日　时</td><td>计划评标
结束时间</td><td colspan="2">年　月　日　时</td></tr>
<tr><td>报到地点</td><td colspan="4"></td></tr>
<tr><td>联 系人</td><td colspan="2"></td><td colspan="2">联系电话</td></tr>
<tr><td>招标次数</td><td colspan="4">□第一次　□第二次　□第三次</td></tr>
<tr><td>需说明事项</td><td colspan="4"></td></tr>
<tr><td colspan="5">所有投标人名单</td></tr>
<tr><td>序号</td><td>名　称</td><td>序号</td><td colspan="2">名　称</td></tr>
<tr><td></td><td></td><td></td><td colspan="2"></td></tr>
<tr><td></td><td></td><td></td><td colspan="2"></td></tr>
<tr><td></td><td></td><td></td><td colspan="2"></td></tr>
<tr><td></td><td></td><td></td><td colspan="2"></td></tr>
<tr><td colspan="2">申请机构盖章：

联系人：
电话：
手机：
传真：
年　月　日</td><td colspan="3">民航地区管理局审核盖章：

经办人：
年　月　日</td></tr>
</table>

注：除“质监总站填写”、“民航地区管理局机场处审核盖章”栏外，均由“申请机构”填写。

附表三

民航专业工程建设项目评标结果备案表

<table>
<tr><td>招标项目名称</td><td colspan="3"></td></tr>
<tr><td>招标人名称</td><td colspan="3"></td></tr>
<tr><td>备案记录编号</td><td colspan="3">民航　招标备字〔　〕　号</td></tr>
<tr><td>中标人名称</td><td></td><td>中标金额</td><td></td></tr>
<tr><td>勘察、设计负责人/
总监理工程师</td><td></td><td>项目经理、技术
负责人（施工）</td><td></td></tr>
<tr><td>公示媒体</td><td></td><td>公示时间</td><td></td></tr>
<tr><td colspan="4">公示异议情况
□无异议
□有异议，情况简述如下，相关材料附后。</td></tr>
<tr><td colspan="4">其他需说明情况</td></tr>
</table>

续表

办理机构盖章： 联系人： 电　话： 手　机： 传　真： 年　月　日	民航地区管理局审核盖章： 经办人： 年　月　日

注：1. 本通知书一式三份，招标人、备案审核机关和招标代理机构各执一份。
2. 除“民航地区管理局审核盖章”栏外，均由“办理机构”填写。

附表四

中标通知书

本中标通知书为招标人向中标的投标人发出的告知其中标的书面通知文件，中标结果根据投标人提交的投标文件经评标委员会评审做出。本中标通知书对招标人和中标人具有法律效力，一经发出后，中标人放弃中标项目的应当依法承担法律责任。

招标项目名称		
招标人名称		
备案记录编号	民航　招标备字〔　〕　号	
中标人名称		
中标金额	（大写）：	（小写：　）
项目经理、技术负责人/勘察、设计负责人/总监理工程师		
中标内容范围		
中标人与招标人签订中标合同期限		
签订中标合同地点		
其他需要说明的内容		
招标人盖章： 联系人： 电　话： 手　机： 传　真： 年　月　日	民航地区管理局审核盖章： 经办人： 年　月　日	

附录

招标投标法规体系文件

一、法律

《中华人民共和国招标投标法》（国家主席令第 21 号）

二、法规

《中华人民共和国招标投标法实施条例》（国务院令第 613 号）

三、国务院规定

1.《国务院办公厅印发国务院有关部门实施招标投标活动行政监督的职责分工意见的通知》（国办发〔2000〕34 号）

2.《国务院办公厅关于进一步规范招投标活动的若干意见》（国办发〔2004〕56 号）

3.《国务院办公厅关于印发〈整合建立统一的公共资源交易平台工作方案〉的通知》（国办发〔2015〕63 号）

四、规章

1.《工程建设项目招标范围和规模标准规定》（国家计委 3 号令）

2.《工程建设项目自行招标试行办法》（国家计委 5 号令）

3.《工程建设项目可行性研究报告增加招标内容和核准招标事项暂行规定》（国家计委 9 号令）

4.《评标委员会和评标方法暂行规定》（七部委 12 号令）

5.《国家重大建设项目招标投标监督暂行办法》（国家计委 18 号令）

6.《评标专家和评标专家库管理暂行办法》（国家计委 29 号令）

7.《工程建设项目施工招标投标办法》（七部委 30 号令）

8.《工程建设项目勘察设计招标投标办法》（八部委 2 号令）

9.《工程建设项目招标投标活动投诉处理办法》（七部委 11 号令）

10.《工程建设项目货物招标投标办法》（七部委 27 号令）

11.《电子招标投标办法》（八部委 20 号令）

12.《招标公告和公示信息发布管理办法》（国家发改委 10 号令）

五、规范性文件

1.《民航局住建部关于进一步明确民航建设工程招投标管理和质量监督工作职责分工的通知》（民航发〔2011〕34 号）

2.《民航专业工程及货物招标投标评标专家和专家库管理办法》

3.《关于发布〈民航专业工程标准施工招标资格预审文件〉和〈民航专业工程标准施工招标文件〉（2010 年版）的通知》（民航发〔2010〕73 号）

4.《民航局关于发布〈民航专业工程标准施工招标文件（2010 年版）〉第一修订案的通知》（民航发〔2016〕7 号）

5.《关于印发〈标准设备采购招标文件〉等五个标准招标文件的通知》（发改法规〔2017〕1606 号）

6. 最高院等九部门关于在招标投标活动中对失信被执行人实施联合惩戒的通知》（法〔2016〕285 号）

注：国家及民航有关招标投标管理的法律、法规、规章和规范性文件包括但不限于上述文件。

修订说明

一、修订的必要性

《民航专业工程及货物招标投标管理办法》于2007年发布实施，于2009年进行了第一次修订。《办法》的实施对规范民航专业工程及货物招标投标活动，优化资源配置，提高采购质量效益，预防惩治腐败发挥了重要作用。

随着我国招标投标市场的不断壮大和招投标实践的不断发展，招标投标领域出现了很多新情况、新问题，国务院、国家发改委和民航局陆续出台了一系列规定，使招投标监督管理体制不断完善。2011年，国务院发布《招标投标法实施条例》，对《招标投标法》的规定作了进一步补充和细化；民航局与住建部联合印发了《关于进一步明确民航建设工程招投标管理和质量监督工作职责分工的通知》，重新界定了民航专业工程的范围以及相关职责分工。2013年，为做好《招标投标法条例》的贯彻实施工作，国家发改委等九部门发布第23号令，对《招标投标法》实施以来国家发改委牵头制定的规章和规范性文件进行了全面清理；为促进电子招标投标健康发展，国家发改委等八部委发布《电子招标投标办法》。2015年，国务院办公厅印发《整合建立统一的公共资源交易平台工作方案》；民航局下发《关于民航专业工程建设项目进入地方公共资源交易市场进行开标评标的通知》，全面推进民航专业工程建设项目入场交易，评标专家信息保密管理措施进一步完善。2016年，最高院等九部门发布《关于在招标投标活动中对失信被执行人实施联合惩戒的通知》；民航专业工程专家抽取系统由人工方式电话通知升级为电脑语音和短信通知结合的方式；评标专家培训考试系统建成投用，评标专家入库实现在线培训、考试信息化；《民航专业工程标准施工招标文件（2010年版）》第一修订案发布实施。2017年，国家发改委发布《招标公告和公示信息发布管理办法》，废止了《招标公告发布暂行办法》和《国家计委关于指定发布依法必须招标项目招标公告的媒介的通知》；民航局印发了《关于民航专业工程质量监督总站及其地区民航专业工程质量监督站主要职责机构编制调整的通知》，明确由质监总站承担民航专业工程评标专家及专家库管理和评标专家的抽取工作，受委托承担民航专业工程建设项目进入地方公共资源交易市场进行开标评标的驻场服务工作；民航专业工程建设项目招投标管理系统建设完成。与此同时，国家发改委、住建部、民航局等部门还对设计企业、建筑业企业、招标代理单位、机场专用设备等相关资质资格的管理进行了改革。

为贯彻落实上述要求，进一步规范民航专业工程建设项目招标投标活动，加强监督管理，民航局机场司组织对《民航专业工程及货物招标投标管理办法》（AP-129-CA-2009-01-R1）进行了修订，将其更名为《民航专业工程建设项目招标投标管理办法》。

二、修订的主要内容

一、根据《招标投标法实施条例》《招标投标法实施条例释义》和民航局住建部《关于进一步明确民航建设工程招投标管理和质量监督工作职责分工的通知》（民航发〔2011〕34号），重新明确了“工程建设项目”的定义和“民航专业工程”的范围。

二、根据《关于民航专业工程质量监督总站及其地区民航专业工程质量监督站主要职责机构编制调整的通知》（民航发〔2017〕125号）和《关于民航专业工程建设项目进入地方公共资源交易市场进行开标评标的通知》（局发明电〔2015〕3044号），进一步明确了民航局机场司、民航地区管理局和民航专业工程质量监督总站的职责分工。

三、根据《国务院办公厅关于印发整合建立统一的公共资源交易平台工作方案的通知》（国办发〔2015〕63号）和《关于民航专业工程建设项目进入地方公共资源交易市场进行开标评标的通知》（局发明电〔2015〕3044号），考虑评标专家抽取系统已由人工电话通知升级为电脑语音和短信通知结合的方式，明确依法必须招标的民航专业工程建设项目应当进入地方公共资源交易市场开标评标，并进一步明确了评标专家信息保密管理措施和专家差旅费用标准。

四、根据最高院等九部门《关于在招标投标活动中对失信被执行人实施联合惩戒的通知》（法〔2016〕285号），增加了对招标投标活动中相关当事人失信惩戒的有关要求。

五、根据《电子招标投标办法》（国家发改委令第20号），增加了鼓励利用信息网络进行电子招标投标的内容。配合民航专业工程建设项目招投标管理系统的上线，进一步完善了招标条件、招标备案、公告发布、澄清修改、招标失败处理流程等相关规定。

六、根据《招标投标法实施条例》以及相关规章、规范性文件，将原办法与上位法不一致的条款进行了修改，如根据《工程建设项目货物招标投标办法》的修订情况，删除了“对于货物招标项目，报经民航地区管理局备案后可以不再进行招标，或者对两家合格投标人进行开标和评标”条款，将“在单一货物招标项目中，一个制造商对同一品牌同一型号的货物，仅能委托一个代理商参加投标，否则应作否决投标处理”修改为“一个制造商对同一品牌同一型号的货物，仅能委托一个代理商参加投标”等。

七、增加了招标人发现评标委员会成员未按照招标文件规定的评标标准和方法评标情况的处理流程和措施。

八、为加强标后合同履行监管，增加了依法必须招标项目合同备案的要求。

九、为进一步加强民航专业工程建设项目管理，在中标通知书中增加了施工项目经理、施工技术负责人、勘察设计负责人、总监理工程师等填写内容。

十、增加了招标投标法规体系文件列表附录。

三、修订过程

2014年2月启动修订工作，委托质监总站对相关法律法规规章和规范性文件进行梳理，并形成了初稿。2014年6月，我司下发通知征求了相关司局、局属各单位、各管理局和北京、广州、厦门、南京四个机场建设指挥部的意见。2015年我司组织质监总站对民航专业工程招标投标管理体系建设研究、流程再造及维护等进行专题研究。2016年1月我司组织对其进行了初审，8月组织对部分修订条款再次进行专题研讨。2017年7月经司务会审议，并再次组织征求行业意见，11月组织对其进行了审定。

港口工程建设管理规定

（交通运输部令2018年第2号，交通运输部2018年1月15日发布）

《港口工程建设管理规定》已于2018年1月10日经第1次部务会议通过，现予公布，自2018年3月1日起施行。

第一章　总　　则

第一条　为了加强港口工程建设管理，规范港口工程建设活动，保证港口工程质量，根据《港口法》《建设工程质量管理条例》《建设工程勘察设计管理条例》《企业投资项目核准和备案管理条例》等法律、行政法规，制定本规定。

第二条　在中华人民共和国境内从事港口工程建设活动，适用本规定。

本规定所称港口工程建设，是指在港口规划范围内，为实现港口功能进行新建、改建和扩建的码头工程（含舾装码头工程）及其同时立项的配套设施、防波堤、锚地、护岸等工程建设。

第三条　交通运输部主管全国港口工程建

设的行业管理工作。

省级交通运输主管部门负责本行政区域内港口工程建设的监督管理工作。

所在地港口行政管理部门按照地方人民政府的规定具体实施本行政区域内港口工程建设的监督管理工作。

第四条 港口工程建设应当符合法规、技术标准和港口规划。

第五条 港口工程安全设施应当与主体工程同时设计、同时施工、同时投入使用。

新建、改建、扩建的码头工程应当规划、设计和建设岸基供电设施。已建成的码头应当逐步实施岸基供电设施改造。

港口工程应当按照法规和技术标准要求同时建设船舶污染物接收设施，并做好与城市公共转运、处置设施的衔接。

客运码头工程应当按照法规和技术标准要求建设客运设施，满足旅客安全、便捷出行需要。

第六条 鼓励港口工程建设采用新技术、新设备、新工艺、新材料，推行施工质量和安全标准化管理，加强施工安全风险管控，科学组织建设。

第七条 港口工程建设的项目单位（以下简称项目单位）应当通过登录国家建立的项目在线监管平台（以下简称在线平台）进行项目申报，并按照要求填写开工建设、建设进度、竣工等信息。

省级交通运输主管部门、所在地港口行政管理部门应当利用在线平台进行在线审批、在线监测、协同监管等，提高信息化管理水平。

第二章 建设程序管理

第八条 港口工程建设项目应当按照国家规定的建设程序进行。除国家另有规定外，不得擅自简化基本建设程序。

第九条 政府投资的港口工程建设项目应当执行以下建设程序：

（一）开展工程预可行性研究，编制项目建议书；

（二）根据批准的项目建议书，进行工程可行性研究，编制可行性研究报告；

（三）根据批准的可行性研究报告，编制初步设计文件；

（四）根据批准的初步设计文件，编制施工图设计文件；

（五）办理施工图设计审批手续；

（六）根据国家有关规定，依法办理开工前相关手续，具备条件后开工建设；

（七）组织工程实施；

（八）工程完工后，编制竣工材料，进行工程竣工验收的各项准备工作；

（九）组织竣工验收。

第十条 企业投资的港口工程建设项目应当执行以下建设程序：

（一）编制项目申请书或者填写备案信息，履行核准或者备案手续；

（二）根据核准的项目申请书或者备案信息，编制初步设计文件；

（三）根据批准的初步设计文件，编制施工图设计文件；

（四）办理施工图设计审批手续；

（五）根据国家有关规定，依法办理开工前相关手续，具备条件后开工建设；

（六）组织工程实施；

（七）工程完工后，编制竣工材料，进行工程竣工验收的各项准备工作；

（八）组织竣工验收。

第十一条 储存、装卸危险货物的港口工程建设项目，项目单位除执行本规定第九条、第十条的规定外，还应当按照《安全生产法》《危险化学品安全管理条例》《港口危险货物安全管理规定》等要求，办理安全条件审查、安全设施设计审查手续，组织安全设施验收。

第十二条 港口工程建设项目需要使用港口岸线的，项目单位应当按照港口岸线使用的管理规定办理港口岸线使用手续。未取得岸线使用批准文件或者交通运输部关于岸线使用的意见，不得开工建设。

第十三条 交通运输部负责国家重点水运工程建设项目初步设计审批。

省级交通运输主管部门负责经省级人民政府及其投资主管部门审批、核准或者备案的港口工程建设项目初步设计审批。

所在地港口行政管理部门负责其余港口工

程建设项目初步设计审批。

第十四条　项目单位应当向有审批权限的交通运输主管部门或者所在地港口行政管理部门申请初步设计审批，并提供以下材料：

（一）申请文件原件1份；

（二）初步设计文件1份及其电子版本；

（三）经批准的可行性研究报告，或者经核准的项目申请书，或者备案证明1份。

第十五条　编制港口工程建设项目初步设计文件，应当符合以下要求：

（一）建设方案符合港口总体规划；

（二）建设规模、标准及主要建设内容等符合项目审批、核准文件或者备案信息；

（三）设计符合有关技术标准，编制格式和内容符合水运工程设计文件编制要求。

第十六条　所在地港口行政管理部门负责港口工程建设项目施工图设计审批，对施工图设计文件中涉及公共利益、公众安全、工程建设强制性标准的内容进行审查。

第十七条　项目单位应当向所在地港口行政管理部门申请施工图设计审批，并提供以下材料：

（一）申请文件原件1份；

（二）施工图设计文件1份及其电子版本；

（三）经批准的初步设计文件1份。

施工图设计文件应当集中报批。对于工期长、涉及专业多的项目，可以分批报批。项目单位在首次申请施工图设计文件审批时，应当将分批安排报所在地港口行政管理部门。

第十八条　编制港口工程建设项目施工图设计文件，应当符合以下要求：

（一）建设规模、标准及主要建设内容符合经批准的初步设计文件；

（二）设计符合有关技术标准，编制格式和内容符合水运工程设计文件编制要求。

第十九条　对于技术复杂、难度较大、风险较大的港口工程建设项目，交通运输主管部门或者所在地港口行政管理部门在审批初步设计前应当委托另一设计单位进行技术审查咨询。受委托的设计单位资质等级应当不低于原初步设计文件编制单位资质等级。

所在地港口行政管理部门在审批施工图设计前可以委托另一设计单位进行技术审查咨询。受委托的设计单位资质等级应当不低于原施工图设计文件编制单位资质等级。

第二十条　技术审查咨询主要核查以下内容，并对工程设计方案和概（预）算编制提出合理化建议：

（一）工程建设规模和主要建设内容与项目审批、核准文件或者备案信息的符合性；

（二）工程设计与强制性标准的符合性；

（三）总平面布置、主要工艺流程、主要设备配置的合理性；

（四）地基基础、主体结构的合理性、安全性、稳定性、耐久性；

（五）环境保护、安全、职业病防护、消防、节能等涉及公共安全、公众利益的工程措施与强制性标准的符合性；

（六）工程概（预）算的编制依据和方法的合理性。

第二十一条　交通运输主管部门、所在地港口行政管理部门应当在法定期限内对受理的设计审批申请作出书面决定，并告知项目单位；需要延长审批时限的，应当依法按照程序办理。

第二十二条　港口工程建设项目设计文件经批准后方可使用。

第二十三条　对于建设内容简单、投资规模较小的按照备案管理的港口工程建设项目，初步设计和施工图设计可以合并设计，深度应当达到施工图设计要求。

第三章　建设实施管理

第二十四条　项目单位应当在立项审批、核准文件及其他文件规定的有效期内开工建设。在有效期内不能开工建设的，应当按照规定在有效期届满前申请延期。

第二十五条　港口工程建设项目在条件具备后方可开工建设。项目单位在开工建设前，应当完成法规规定的各项手续，登录在线平台填写项目开工基本信息，并接受省级交通运输主管部门、所在地港口行政管理部门等对项目依法负有监督管理职责的相关部门的监管。

所在地港口行政管理部门应当通过在线监测、现场核查等方式加强对项目开工建设的监管。

第二十六条 项目单位依据国家有关规定对港口工程建设项目实行全过程管理，对工程质量和安全管理负总责。

项目单位应当符合《水运建设市场监督管理办法》规定的管理能力；不具备管理能力的，应当按照规定委托符合条件的代建单位进行项目建设管理。

第二十七条 经核准的企业投资港口工程建设项目建设地点发生变更，或者建设规模、内容发生较大变更的，项目单位应当向项目核准机关提出变更申请。已备案的企业投资港口工程建设项目信息发生较大变更的，企业应当及时告知备案机关。

政府投资的港口工程建设项目投资概算超过项目批准的投资估算10%的，或者项目建设地点、建设内容及规模发生重大变化的，项目单位应当按照项目审批机关的要求重新报送可行性研究报告。

第二十八条 港口工程建设项目出现批准机关调整审批、核准文件或者重新办理备案的，项目单位应当向初步设计审批部门申请调整初步设计审批内容。

第二十九条 港口工程建设项目设计文件一经批准，应当严格遵照执行，不得擅自变更。确需对设计文件内容进行变更的，应当履行相关手续后方可实施。

第三十条 港口工程建设项目设计变更应当符合强制性标准和技术规范，满足工程安全、质量、使用功能和环境保护等要求。

第三十一条 设计变更发生下列情形之一的，由原初步设计审批部门审批：

（一）对工程总平面布置进行重大调整，主要包括水域设计水深、码头或者防波堤顶高程、陆域生产区主要布置形式、防波堤轴向或者口门尺度等；

（二）改变主要水工建筑物结构型式；

（三）改变主要装卸工艺方案；

（四）政府投资港口工程建设项目超出初步设计批准总概算但在项目批准的投资估算10%以内。

前款规定的设计变更涉及施工图设计重大修改的，还应当由原施工图设计审批部门审批。

第三十二条 设计变更发生下列情形之一的，由原施工图设计审批部门审批：

（一）对工程总平面布置进行较大调整，主要包括水域主要布置形式、陆域辅助生产区主要布置形式等；

（二）调整主要生产建筑物结构型式；

（三）调整主要装卸工艺设备配置规模。

第三十三条 审批部门在批准设计变更时，可以委托另一设计单位进行技术审查咨询。受委托的设计单位资质等级应当不低于原设计文件编制单位资质等级。

第三十四条 本规定第三十一条、第三十二条以外的设计变更，项目单位应当加强管理，制定设计变更内部管理程序，不得随意变更设计内容，或者采取肢解设计变更内容等方式规避设计变更审批手续。

第三十五条 港口工程建设项目设计变更文件应当由原设计单位编制，或者经原设计单位书面同意，也可以由其他具有相应资质的设计单位编制。编制单位对设计变更文件承担相应责任。

第三十六条 申请港口工程建设项目设计变更，应当提交以下材料：

（一）申请文件1份；

（二）设计变更文件1份，内容包括港口工程建设项目的基本情况、拟变更的主要内容以及设计变更的合理性论证；设计变更前后相应的勘察、设计图纸；工程量、概算变化对照清单和分项投资等。

第三十七条 因应急抢险等紧急情况引起本规定第三十一条、第三十二条规定的设计变更情形的，项目单位可以先行组织实施，但应当在10个工作日内书面报告设计变更审批部门，并按照要求及时履行相应的设计变更手续。

第四章 验收管理

第三十八条 港口工程建设项目应当按照法规和国家有关规定及时组织竣工验收，经竣工验收合格后方可正式投入使用。

本规定所称竣工验收，是指港口工程建设

项目完工后、正式投入使用前，对工程交工验收、执行强制性标准、投资使用等情况进行全面检查验收，以及对工程建设、设计、施工、监理等工作进行综合评价。

第三十九条 港口工程建设项目合同段完工后，由项目单位组织设计、施工、监理、试验检测等单位进行交工验收，并邀请所在地港口行政管理部门参加。

第四十条 交工验收应当具备以下条件：

（一）合同约定的各项内容已建设完成，未遗留有碍船舶航行和港口作业安全的隐患；

（二）项目单位组织对工程质量的检测结果合格；

（三）监理单位对工程质量的评定（评估）合格；

（四）质量监督机构对工程交工质量核验合格；

（五）设计单位、施工单位、监理单位已完成工作总结报告。

第四十一条 交工验收的主要工作内容：

（一）检查合同执行情况，核验工程建设内容与批复的设计内容是否一致；

（二）检查施工自检报告、施工总结报告及施工资料；

（三）检查监理单位独立抽检资料、监理总结报告及质量评定资料；

（四）检查设计单位对工程设计符合性评价意见和设计总结报告；

（五）检查工程实体质量；

（六）对合同是否全面执行、工程质量是否合格作出结论，出具交工验收意见。

第四十二条 港口工程建设项目建成后，按照设计要求需要进行试运行经营的，应当按照《港口经营管理规定》取得港口经营许可后，方可进行试运行经营。

第四十三条 试运行经营期内符合竣工验收条件的港口工程建设项目，项目单位应当及时办理港口工程竣工验收手续。

试运行期间达不到设计要求的，项目单位应当立即停止试运行并进行整改。整改完成后再次申请试运行的，试运行时间应当累计计算。

第四十四条 国家重点水运工程建设项目由项目单位向省级交通运输主管部门申请竣工验收。

前款规定以外的港口工程建设项目，属于政府投资的，由项目单位向所在地港口行政管理部门申请竣工验收；属于企业投资的，由项目单位组织竣工验收。

所在地港口行政管理部门应当加强对项目单位验收活动和验收结果的监督核查。

第四十五条 省级交通运输主管部门或者所在地港口行政管理部门应当按照国家规定的程序和时限完成港口工程竣工验收。竣工验收合格的，应当签发《港口工程竣工验收证书》。

第四十六条 港口工程建设项目竣工验收的主要依据是：

（一）法规及相关技术标准、规范；

（二）项目审批、核准文件或者备案证明；

（三）项目初步设计、施工图设计、设计变更等批准文件；

（四）主要设备技术规格或者说明书；

（五）合同文件。

第四十七条 港口工程建设项目竣工验收应当具备以下条件：

（一）已按照批准的工程设计和有关合同约定的各项内容建设完成，各合同段交工验收合格；建设项目有尾留工程的，尾留工程不得影响建设项目的投产使用，尾留工程投资额可以根据实际测算投资额或者按照工程概算所列的投资额列入竣工决算报告，但不超过工程总投资的5%；

（二）主要工艺设备或者设施通过调试具备生产条件；

（三）需要试运行的，经试运行符合设计要求；

（四）环境保护设施、安全设施、职业病防护设施、消防设施已按照有关规定通过验收或者备案；航标设施以及其他辅助性设施已按照《港口法》的规定，与港口工程同时建设，并保证按期投入使用；

（五）竣工档案资料齐全，并通过专项验收；

（六）竣工决算报告编制完成，按照国家有关规定需要审计的，已完成审计；

（七）廉政建设合同已履行。

第四十八条 项目单位向所在地港口行政管理部门申请竣工验收，应当提交以下材料：

（一）申请文件1份；

（二）竣工验收报告1份。

第四十九条 申请或者组织竣工验收前，项目单位应当组织编制竣工验收报告，竣工验收报告应当包括以下内容：

（一）项目单位工作报告；

（二）设计、施工、监理等单位的工作报告；

（三）质量监督机构出具的交工质量核验意见；

（四）试运行报告；

（五）竣工决算报告（按照国家有关规定需要审计的，应当包括竣工决算审计报告）；

（六）环境保护设施、安全设施、职业病防护设施、消防设施已按照有关部门规定通过验收或者备案的相关文件；

（七）有关批准文件。

第五十条 港口工程建设项目竣工验收的主要内容：

（一）检查工程执行有关部门批准文件情况；

（二）检查工程实体建设情况，核查质量监督机构出具的交工质量核验意见；

（三）检查工程合同履约情况；

（四）检查工程执行强制性标准情况；

（五）检查环境保护设施、安全设施、职业病防护设施、消防设施、档案等验收或者备案情况；

（六）检查竣工验收报告编制情况；

（七）检查廉政建设合同执行情况；

（八）对存在问题和尾留工程提出处理意见；

（九）对港口工程建设、设计、施工、监理等单位的工作作出综合评价；

（十）对工程竣工验收是否合格作出结论，出具竣工验收现场核查报告。

第五十一条 港口工程建设项目竣工验收应当成立竣工验收现场核查组对工程进行现场核查。

竣工验收现场核查组应当由验收组织部门或者单位、所在地港口行政管理部门、质量监督机构、项目单位人员和专家等组成，并应当邀请海事管理机构等其他依法对项目负有监督管理职责的相关部门参加。

工程设计、施工、监理、试验检测等单位人员应当参加现场核查。

第五十二条 竣工验收现场核查组成员应当为9人以上单数，其中专家不少于5人；竣工验收现场核查组组长由负责组织竣工验收的部门或者单位人员担任。

对于建设内容简单、投资规模较小的备案项目，竣工验收现场核查组可以由7人以上单数组成，其中专家不少于4人。

第五十三条 竣工验收专家应当具有一定的水运工程建设和管理经验，具备良好的职业道德，具有高级专业技术职称，且不得与项目单位以及勘察、设计、施工、监理、试验检测等单位有直接利害关系。

第五十四条 竣工验收现场核查组应当对照港口工程竣工验收主要内容，客观公正、实事求是地对工程进行现场核查，形成竣工验收现场核查报告。

第五十五条 竣工验收现场核查报告应当全面反映竣工验收现场核查工作开展情况和工程建设实际情况，并明确作出竣工验收合格或者不合格的核查结论。

第五十六条 竣工验收现场核查报告由竣工验收现场核查组全体成员签字。

竣工验收现场核查组成员对核查结论有不同意见的，应当以书面形式说明其不同意见和理由，竣工验收现场核查报告应当注明不同意见。竣工验收现场核查组组长应当组织全体成员对不同意见进行研究，提出竣工验收是否合格的核查结论。

竣工验收现场核查组成员拒绝在核查报告上签字，又不书面说明其不同意见和理由的，视为同意核查结论。

第五十七条 竣工验收现场核查报告明确竣工验收合格但提出整改要求的，项目单位应当进行整改，将整改情况形成书面材料存档；竣工验收现场核查报告明确竣工验收不合格的，项目单位整改后应当重新申请或者组织竣工验收。

第五十八条 港口工程建设项目竣工验收

合格后15日内，由项目单位负责组织竣工验收的，项目单位应当将修改完善的竣工验收报告和竣工验收现场核查报告报所在地港口行政管理部门。由省级交通运输主管部门或者所在地港口行政管理部门负责组织竣工验收的，省级交通运输主管部门或者所在地港口行政管理部门应当按照要求将竣工验收报告和竣工验收现场核查报告报上一级交通运输主管部门。

省级交通运输主管部门、所在地港口行政管理部门应当在港口工程建设项目竣工验收后30日内向海事管理机构通报通航技术尺度等信息。

第五十九条　港口工程建设项目竣工验收合格后，项目单位应当按照要求及时登录在线平台填报竣工基本信息。

第六十条　交通运输主管部门、所在地港口行政管理部门应当通过市场检查、专项督查等方式对项目单位组织的竣工验收工作进行监督检查。上级交通运输主管部门应当对省级交通运输主管部门或者所在地港口行政管理部门组织的竣工验收工作进行监督检查。

第六十一条　对于一次设计、分期建成的港口工程建设项目，可以对已建成具有独立使用功能并符合竣工验收条件的部分港口工程建设项目进行分期竣工验收。企业投资的港口工程建设项目的分期竣工验收方案应当报所在地港口行政管理部门。

第六十二条　港口工程建设项目有尾留工程的，项目单位应当落实竣工验收现场核查报告对尾留工程的处理意见。尾留工程完工并符合交工验收条件后，项目单位应当组织尾留工程验收，验收通过后将相关资料报所在地港口行政管理部门。

第六十三条　港口工程建设项目竣工验收合格后，项目单位应当按照国家有关规定办理档案、固定资产交付使用等相关手续；需要进行港口经营的，应当按照《港口经营管理规定》的要求办理相关手续。

第五章　工程信息及档案管理

第六十四条　港口工程建设项目实行信息报送制度。

第六十五条　省级交通运输主管部门、所在地港口行政管理部门应当按照政府信息公开和报送的要求，做好工程建设项目信息的公开和报送工作。

第六十六条　项目单位应当自工程开工建设之日起按照统计制度规定每月报送工程建设信息，并登录在线平台填报项目建设动态进度基本信息。

项目单位应当指定信息员及时进行信息的收集、整理、统计和报送工作，确保信息真实、准确和完整，不得谎报、瞒报、漏报。

第六十七条　项目单位应当建立健全工程档案管理制度，保证档案资料真实、准确和完整，督促勘察、设计、施工、监理、试验检测等单位加强建设项目档案管理，按照有关规定办理工程竣工档案专项验收。

第六十八条　项目单位应当按照国家有关规定负责港口工程建设项目档案的收集、整理和归档，包括纸质技术档案资料、电子技术档案资料、影像及图片资料等。

第六十九条　港口工程建设项目勘察、设计、施工、监理、试验检测等单位应当加强资料档案的管理，按照国家有关规定建立健全工程项目档案，对各环节的文件、图片、影像等资料进行立卷归档。

第六章　法律责任

第七十条　项目单位有下列行为之一的，由所在地港口行政管理部门责令改正，处20万元以上50万元以下的罚款：

（一）施工图设计未经批准，擅自开工建设的；

（二）施工图设计经批准后，对本规定第三十一条、第三十二条规定的情形擅自作出变更或者采取肢解变更内容等方式规避审批并开工建设的。

第七十一条　项目单位有下列行为之一的，由所在地港口行政管理部门责令停止使用，处工程合同价款2%以上4%以下的罚款：

（一）未组织竣工验收或者验收不合格，擅自交付使用的；

（二）对不符合竣工验收条件和要求的项

目按照合格项目验收的。

第七十二条 项目单位违反本规定未按时报送项目建设信息的，由所在地港口行政管理部门责令限期整改；省级交通运输主管部门或者所在地港口行政管理部门违反本规定未按时报送相关信息的，由其上级交通运输主管部门责令限期整改。

第七十三条 交通运输主管部门、所在地港口行政管理部门在办理设计审批、设计变更、竣工验收等手续中存在滥用职权、玩忽职守、徇私舞弊等行为的，由有关行政主管部门对直接责任人给予行政处分；构成犯罪的，由司法机关依法追究刑事责任。

第七章 附 则

第七十四条 本规定所称国家重点水运工程建设项目，是指国务院投资主管部门审批、核准或者交通运输部审批的港口工程建设项目。

第七十五条 港口公用航道工程按照交通运输部关于航道工程建设管理的有关规定执行。

第七十六条 本规定自2018年3月1日起施行。2007年4月24日以交通部令2007年第5号发布的《港口建设管理规定》、2005年4月12日以交通部令2005年第2号发布的《港口工程竣工验收办法》、2014年9月5日以交通运输部令2014年第12号发布的《关于修改〈港口工程竣工验收办法〉的决定》、2016年4月19日以交通运输部令2016年第44号发布的《关于修改〈港口工程竣工验收办法〉的决定》同时废止。

附件：1. ××工程竣工验收报告

2. ××工程竣工验收现场核查报告

3. 港口工程建设项目竣工验收证书

附件1

××工程竣工验收报告

编写单位：

编写日期：

一、项目单位工作报告

第一章 工程概况

1. 建设依据：行政主管部门有关审批、核准或者备案证明文件。注明文件文号、名称和时间等。

2. 地理位置：概括描述相对位置并注明经纬度。

3. 自然条件：地形、地质、水文和气象等主要特征。

4. 审批、核准或者备案的建设规模、标准、能力和总投资。

5. 工程建设实际内容，包括泊位数量、等级、吞吐能力，码头前沿设计底高程，以及进出港口的航道等级，防波堤长度、顶高程，锚地面积、性质、底高程，护岸长度、顶高程等。

6. 项目单位、主要设计、施工（含设备制造、安装）、监理单位、质量监督机构等名称。

7. 开、完工日期。

第二章 招投标及合同管理

概述招标、投标情况，合同的签订及执行情况。

第三章 工程建设情况

详细叙述各单项工程的工程总量、开工和完工时间、主要设计变更内容、工程中采用的主要施工工艺等；工程事故的处理；对各单项工程中的主要单位工程应当着重说明其结构特点、特殊使用要求和建设情况，同时附工程建设项目一览表。

单项工程建设情况的内容按照初步设计文件编制的章节顺序编写。

第四章　工艺设备

概述主要工艺流程，机械设备和工作车船的数量及其性能参数、制造厂家和供货、安装、调试情况，同时附机械设备一览表。

第五章　环保、安全、职业病防护、消防和档案专项验收或者备案情况

概述有关环境保护、安全、职业病防护、消防等设施主要建设情况，工程档案资料归档情况，以及相关专项验收或者备案情况。

第六章　交工验收和工程质量

概述交工验收情况。根据质量监督机构出具的交工质量核验意见，综述工程质量评定情况以及存在问题的处理情况。

第七章　工程建设强制性标准执行情况

概述工程建设、设计、施工、监理各方执行工程建设强制性标准的情况。

第八章　竣工决算

概述竣工决算情况，按照国家有关规定需要进行审计的，应当概述竣工决算审计报告主要结论。

第九章　问题和建议

如实反映工程建设存在的主要问题并提出建议意见。

二、设计单位工作报告

概述主要设计单位的设计范围和内容，设计组织与服务，主要设计变更内容、理由及批准情况，工程建设强制性标准执行情况，技术创新与关键技术的处理，设计符合性评价意见，总结设计经验，存在的主要问题与建议等。

三、施工单位工作报告

概述主要施工单位的施工范围和内容，质量管理体系、质量控制和施工组织形式，主要施工工艺，施工管理措施，工程建设强制性标准执行情况，施工技术创新与关键技术的处理，安全生产风险管理情况，总结施工经验，存在的主要问题与建议等。

四、监理单位工作报告

概述主要监理单位的监理范围和内容，监理依据，监理组织机构，监理工作质量管理体系，监理主要工作开展情况，工程建设强制性标准执行情况，施工中主要问题的处理情况，对工程质量、安全、投资、进度、环境保护工作评价，对施工单位质量管理体系的评价，总结监理经验，存在的主要问题与建议等。

五、交工质量核验意见

提供质量监督机构出具的交工质量核验意见。

六、试运行报告

概述建设项目生产准备工作情况和试运行情况。

七、竣工决算报告

按照规定编制竣工决算报告。按照国家有关规定需要审计的，应当包括竣工决算审计报告。

八、专项验收或者备案文件

环境保护、安全、职业病防护、消防、工程档案等按照有关规定通过验收或者备案的相关文件。

九、有关批准文件

主要包括：工程审批、核准、备案等立项文件或者证明，初步设计、施工图设计、设计变更批准文件；环境保护、安全、职业病防护、消防等审批（审查、评估、评价）等各类批准文件。

附件

主要包括港区形势图、总平面布置图及能够反映工程特点的部分图片。

附件 2

××工程竣工验收现场核查报告

竣工验收现场核查组

年 月 日

前　言

概述现场核查组组成，工作开展情况等。

第一章　工程概况

概述工程建设规模、主要建设内容和投资、工程建设依据，主要工程参建单位，工程开工、完工日期等。

第二章　竣工验收现场核查工作情况

1. 检查工程执行有关部门批准文件情况；
2. 检查工程实体质量；
3. 检查工程合同履约情况；
4. 检查工程执行强制性标准情况；
5. 检查环境保护设施、安全设施、职业病防护设施、消防设施、档案等验收或者备案情况；
6. 检查竣工验收报告编制情况；
7. 检查廉政建设合同执行情况。

第三章　竣工验收现场核查结论

1. 对港口工程建设、设计、施工、监理等单位的工作作出综合评价；
2. 对工程竣工验收是否合格作出结论；
3. 现场核查发现的问题及处理意见；
4. 对尾留工程提出处理意见；
5. 验收核查组成员对竣工验收的不同意见，现场研究情况，表决情况。

附件

验收组成员签字表。

附件 3

港口工程建设项目竣工验收证书

编号：

项目单位：

工程名称：

建设依据：

建设规模及主要建设内容：

（章）

年 月 日

填 表 说 明

一、本证书由组织竣工验收的省级交通运输主管部门或者所在地港口行政管理部门签发。

二、建设依据主要填写项目立项文件（审批、核准或备案）、初步设计文件和施工图设计批复文件，格式为"批复部门＋批文名称＋文号＋批复日期"。

三、建设规模和内容按竣工验收现场核查核定的内容填写，具体要求如下：

（一）码头工程：泊位类别数量、等级、长度、年吞吐能力，码头前沿设计底高程，以及进出港航道等级等。

（二）防波堤工程：防波堤长度、顶高程等。

（三）锚地工程：锚地面积、性质、底高程等。

（四）护岸工程：护岸长度、顶高程等。

四、本证书一式三份，双面打印，签发部门留存一份、项目单位留存两份。

关于发布公路工程标准施工监理招标文件及公路工程标准施工监理招标资格预审文件2018年版的公告

（交通运输部公告2018年第25号，交通运输部2018年2月14日发布）

为加强公路工程施工监理招标管理，规范招标文件及资格预审文件编制工作，依照《中华人民共和国招标投标法》《中华人民共和国招标投标法实施条例》等法律法规，按照《公路工程建设项目招标投标管理办法》（交通运输部令2015年第24号），在国家发展改革委牵头编制的《标准监理招标文件》（以下简称《标准文件》）基础上，结合公路工程施工监理招标特点和管理需要，交通运输部组织制定了《公路工程标准施工监理招标文件》（2018年版）及《公路工程标准施工监理招标资格预审文件》（2018年版）（以下简称《公路工程标准文件》），现予发布。

《公路工程标准文件》（2018年版）自2018年5月1日起施行，《公路工程施工监理招标文件范本》（2008年版）同时废止，之前根据《公路工程施工监理招标文件范本》（2008年版）完成招标工作的项目仍按原合同执行。

自施行之日起，依法必须进行招标的公路工程应当使用《公路工程标准文件》（2018年版），其他公路项目可参照执行。在具体项目招标过程中，招标人可根据项目实际情况，编制项目专用文件，与《公路工程标准文件》（2018年版）共同使用，但不得违反国家有关规定。

《公路工程标准文件》（2018年版）中"投标人须知""评标办法"和"通用合同条款"等部分，与《标准文件》内容相同的只保留条目号，具体内容见《标准文件》。《公路工程标准文件》电子文本可在交通运输部网站（www.mot.gov.cn）"下载中心"下载。

请各省级交通运输主管部门加强对《公路工程标准文件》（2018年版）贯彻落实情况的监督检查，注意收集有关意见和建议，并及时反馈部公路局。

关于发布公路工程标准勘察设计招标文件及公路工程标准勘察设计招标资格预审文件2018年版的公告

（交通运输部公告2018年第26号，交通运输部2018年2月14日发布）

为加强公路工程勘察设计招标管理，规范招标文件及资格预审文件编制工作，依照《中华人民共和国招标投标法》《中华人民共和国招标投标法实施条例》等法律法规，按照《公路工程建设项目招标投标管理办法》（交通运输部令2015年第24号），在国家发展改革委牵头编制的《标准勘察招标文件》和《标准设计招标文件》基础上，结合公路工程勘察设计招标特点和管理需要，交通运输部组织制定了《公路工程标准勘察设计招标文件》（2018年版）及《公路工程标准勘察设计招标资格预审文件》（2018年版）（以下简称《公路工程标准文件》），现予发布。

《公路工程标准文件》（2018年版）自2018年5月1日起施行，原《公路工程标准文件》（交公路发〔2010〕742号）同时废止，之前根据《公路工程标准文件》（2011年版）完成招标工作的项目仍按原合同执行。

自施行之日起，依法必须进行招标的公路工程应当使用《公路工程标准文件》（2018年版），其他公路项目可参照执行。在具体项目招标过程中，招标人可根据项目实际情况，编制项目专用文件，与《公路工程标准文件》（2018年版）共同使用，但不得违反国家有关规定。

《公路工程标准文件》电子文本可在交通运输部网站（www. mot. gov. cn）“下载中心”下载。

请各省级交通运输主管部门加强对《公路工程标准文件》（2018年版）贯彻落实情况的监督检查，注意收集有关意见和建议，并及时反馈部公路局。

关于印发《公路养护工程管理办法》的通知

（交公路发〔2018〕33号，交通运输部2018年3月2日发布）

各省、自治区、直辖市、新疆生产建设兵团交通运输厅（局、委）：

为进一步加强和规范公路养护工程管理，提高养护质量和效益，部对《公路养护工程管理办法》（交公路发〔2001〕327号）进行了修订，现印发给你们，请认真遵照执行。

公路养护工程管理办法

第一章　总　　则

第一条　为加强和规范公路养护工程管理，提高养护质量与效益，根据《中华人民共和国公路法》《公路安全保护条例》《收费公路管理条例》等法律、行政法规，制定本办法。

第二条　本办法所规定的公路养护工程是指在一段时间内集中实施并按照项目进行管理的公路养护作业，不包括日常养护和公路改扩建工作。

第三条　本办法适用于国道、省道的养护工程管理工作。县道、乡道、村道和专用公路的养护工程管理可参照执行。

第四条　养护工程应当遵循决策科学、管理规范、技术先进、优质高效、绿色安全的原则。

第五条 养护工程管理工作实行统一领导、分级负责。

交通运输部负责全国养护工程管理工作的指导和监督。

地方各级交通运输主管部门或公路管理机构，依据省级人民政府确定的对国道和省道的管理职责，主管本行政区域内的养护工程管理工作。

第六条 公路经营管理单位和从事公路养护作业的单位应当根据交通运输主管部门或公路管理机构提出的养护管理目标，按照标准规范、有关规定及本办法要求组织实施养护工程，并接受其指导和监督。

第七条 各级交通运输主管部门、公路管理机构和公路经营管理单位应当筹措必要的资金用于养护工程，确保公路保持良好技术状况。

非收费公路养护工程资金以财政保障为主，主要通过各级财政资金解决。收费公路养护工程资金主要从车辆通行费中解决。

第八条 养护工程资金使用范围包括公路技术状况检测与评定、养护决策咨询、养护设计、养护施工、工程管理及质量控制、工程验收、项目后评估、监理咨询等。

任何单位和个人不得截留、挤占或者挪用养护工程资金。

第九条 各级交通运输主管部门、公路管理机构和公路经营管理单位应加强信息技术在养护工程中的应用。

第二章 养护工程分类

第十条 养护工程按照养护目的和养护对象，分为预防养护、修复养护、专项养护和应急养护。

第十一条 预防养护是指公路整体性能良好但有轻微病害，为延缓性能过快衰减、延长使用寿命而预先采取的主动防护工程。

第十二条 修复养护是指公路出现明显病害或部分丧失服务功能，为恢复技术状况而进行的功能性、结构性修复或定期更换，包括大修、中修、小修。

第十三条 专项养护是指为恢复、保持或提升公路服务功能而集中实施的完善增设、加固改造、拆除重建、灾后恢复等工程。

第十四条 应急养护是指在突发情况下造成公路损毁、中断、产生重大安全隐患等，为较快恢复公路安全通行能力而实施的应急性抢通、保通、抢修。

第十五条 组织实施各类养护工程所涉及的技术服务与工程施工等相关作业，应当依照有关法律、法规、规定，通过公开招标投标、政府采购等方式选择具备相应技术能力和资格条件的单位承担。

应急养护，可以根据应急处置工作需要，直接委托具备相应能力的专业队伍实施。

第十六条 养护工程应当按照前期工作、计划编制、工程设计、工程施工、工程验收等程序组织实施。应急养护除外。

第三章 前期工作

第十七条 公路管理机构或公路经营管理单位应当结合安全运行状况，按照公路技术状况评定、养护需求分析、养护技术方案确定等工作流程进行前期决策，并作为制定养护计划的依据。

第十八条 公路管理机构或公路经营管理单位应当按照标准规范规定的检测指标和频率，定期组织对公路路基、路面、桥梁、隧道、附属设施等进行检测和评定。

鼓励运用自动化快速检测技术开展检测工作。

第十九条 养护需求分析应当根据检测和评定数据，按照相关标准规范、国家或者本地区养护规划，科学设定养护目标，合理筛选需要实施的养护工程。

第二十条 公路管理机构或公路经营管理单位对于需要实施养护工程的路段、构造物或者附属设施等，应当及时开展专项调查，根据公路技术状况、病害情况、发展趋势，综合考虑技术、经济、安全、环保等因素，合理确定养护技术方案。

第二十一条 公路管理机构或公路经营管理单位应当建立养护工程项目库。项目库按照滚动方式实施动态调整，每年定期更新。

第四章　计划编制

第二十二条　地方各级交通运输主管部门、公路管理机构或公路经营管理单位应当根据年度养护资金规模、养护目标要求、项目库的储备更新情况，合理编制养护工程年度计划。

第二十三条　养护工程计划编制应当优先安排以下项目：

（一）严重影响公众安全通行的；

（二）具有重大政治、经济意义的；

（三）技术状况差、明显影响公路整体服务水平的；

（四）预防养护项目。

第二十四条　养护工程计划应当统筹安排，避免集中养护作业造成交通拥堵。省际间养护作业应当做好沟通衔接。

第二十五条　地方各级交通运输主管部门、公路管理机构或公路经营管理单位应当加强养护工程计划的编制、审核和报备工作。

第二十六条　养护工程计划应当及时下达，与养护施工的最佳时间相匹配，保障工程实施效益。

第五章　工程设计

第二十七条　养护工程一般采用一阶段施工图设计。技术特别复杂的，可以采用技术设计和施工图设计两阶段设计。

应急养护和技术简单的养护工程可以按照技术方案组织实施。

第二十八条　养护工程设计应当遵循以下要求：

（一）因地制宜、就地取材、循环利用、绿色环保；

（二）针对不同病害的分布特点进行分段、分类设计；

（三）做好交通保障方案设计，降低养护工程施工对交通影响，保障运行安全；

（四）做好养护安全作业方案设计，保障养护作业安全；

（五）做好配套附属设施的设计。

第二十九条　养护工程设计应当以专项检测或评估为依据，加强结构物承载力和旧路性能评价，强化对显性、隐性病害的诊断分析。

第三十条　养护工程设计文件应当符合法律、法规和强制性标准的要求。

第三十一条　养护工程设计文件应当对施工工艺和验收标准进行详细说明。

鼓励养护工程采用新技术、新材料、新工艺、新设备。对涉及工程质量和安全的新技术、新材料、新工艺、新设备，尚无相关标准可参照的，应当经过试验论证审查后方可规模化使用。

第三十二条　设计单位应当保证养护工程设计文件质量，做好设计交底，及时解决施工中出现的设计问题，并对设计质量负责。

第三十三条　养护工程设计实行动态设计。设计单位应当及时跟踪公路病害发展情况，并根据需要进行设计变更。

第三十四条　养护工程设计文件应当通过审查或审批后方可使用。

第六章　工程施工

第三十五条　养护工程施工前，公路管理机构或公路经营管理单位应当根据设计文件和相关要求，组织对交通保障、养护安全作业方案进行审查，并按规定报有关部门批准。

第三十六条　养护工程施工时，公路管理机构、公路经营管理单位、养护施工单位应当建立、健全养护工程质量检查管理制度，通过抽查、委托专业机构检查、自查等方式确保养护工程质量。

规模较大和技术复杂的养护工程可以根据需要开展监理咨询服务。

第三十七条　养护工程应当按照审查通过的设计文件进行施工，对施工中发现的设计问题，应当书面提出设计变更建议。一般设计变更经公路管理机构或公路经营管理单位同意后实施，重大设计变更须经原设计审查或审批单位同意后实施。

第三十八条　养护工程施工应当严格执行有关技术规范和操作规程，保证安全。

除应急养护外，养护工程施工应当选择交通流量较小的时段，并按照有关规定向社会公告。

鼓励提前将养护施工信息告知相关公路电子导航服务企业，为社会公众出行做好服务。

第三十九条　养护工程应当加强成本控制和管理。项目完工后，按照有关规定及时进行财务决算。

第七章　工程验收

第四十条　养护工程具备验收条件后应当及时组织验收。具体验收办法由各省级交通运输主管部门制定。

第四十一条　技术复杂程度高或投资规模较大的养护工程按交工验收和竣工验收两阶段执行，其他一般养护工程按一阶段验收执行。

第四十二条　适用于一阶段验收的养护工程项目一般在工程完工交付使用后6个月之内完成验收；适用于两阶段验收的养护工程项目，在工程完工后应当及时组织交工验收，一般在养护工程质量缺陷责任期满后12个月之内完成竣工验收。

养护工程质量缺陷责任期一般为6个月，最长不超过12个月。

养护工程验收及质量缺陷责任期具体时限应当在养护合同中约定，并符合有关要求。

第四十三条　养护工程完工后未通过验收的，由施工单位承担养护责任，超出验收时限无正当理由未验收的除外。验收不合格的，由施工单位负责返修。

在质量缺陷责任期内，发生施工质量问题的，施工单位应当履行保修义务，并对造成的损失承担赔偿责任。

第四十四条　公路养护工程验收依据主要包括：

（一）养护工程计划文件；

（二）养护工程合同；

（三）设计文件及图纸；

（四）变更设计文件及图纸；

（五）行政主管部门的有关批复文件；

（六）养护工程有关标准、规范及规定。

第四十五条　养护工程验收应当具备下列条件：

（一）完成设计文件和合同约定的各项内容；

（二）完成全部技术档案和施工管理资料整理归档；

（三）施工单位按相关标准、规范和规定对工程质量自检合格；

（四）工程质量缺陷问题已整改完毕；

（五）参与养护工程的相关单位完成工作总结报告；

（六）开展了监理咨询的，监理单位对工程质量评定为合格；

（七）按规定需进行专业检测的，检测机构对工程质量鉴定完毕并出具检测报告；

（八）完成财务决算；

（九）法律、法规、规章规定的其他条件。

第四十六条　公路养护工程通过验收后，验收结果应当及时向交通运输主管部门报告。

第八章　监督检查

第四十七条　各级交通运输主管部门和公路管理机构应当依据职责采取定期检查或抽查等方式，加强养护工程监督检查并督促及时整改。

公路养护作业单位应当接受相关管理部门和机构的监督检查。

第四十八条　养护工程监督检查主要包括以下内容：

（一）养护工程相关法规、制度和标准、规范的执行情况；

（二）养护工程前期、计划、设计、施工、验收等环节工作规范化情况；

（三）养护工程质量和安全；

（四）养护工程资金使用情况；

（五）其他要求的相关事项。

第四十九条　省级交通运输主管部门应当结合本地区实际情况分类细化养护工程管理要求，加强质量监督管理。

第五十条　各级交通运输主管部门应当加强对公路养护从业单位及人员的管理，逐步推行信用管理。

第九章　附　　则

第五十一条　日常养护工作由各省级交通运输主管部门自行制定相关管理办法。公路改扩建工作，执行公路建设管理的相关规定。

第五十二条　公路养护工程分类细目附后，具体内容可由省级交通运输主管部门结合管理需要细化。

第五十三条　省级交通运输主管部门可根据本办法制定实施办法。

第五十四条　本办法自2018年6月1日起施行，有效期5年。原交通部发布的《公路养护工程管理办法》（交公路发〔2001〕327号）同时废止。

附录

公路养护工程分类细目

类别	定　　义	具体作业内容
预防养护	公路整体性能良好但有轻微病害，为延缓性能过快衰减、延长使用寿命而预先采取的主动防护工程	路基：增设或完善路基防护，如柔性防护网、生态防护、网格防护等；增设或完善排水系统，如边沟、截水沟、排水沟、拦水带、泄水槽等；集中清理路基两侧山体危石等；其他。 路面：针对整段沥青路面面层轻微病害采取的防损、防水、抗滑、抗老化等表面处治；整段水泥混凝土路面防滑处治、防剥落表面处理、板底脱空处治、接缝材料集中清理更换等；其他。 桥梁涵洞：桥梁涵洞周期性预防处治，如防腐、防锈、防侵蚀处理等；桥梁构件的集中维护或更换，如伸缩缝、支座等；其他。 隧道：隧道周期性预防处治，如防腐、防侵蚀处理、防火阻燃处理等；针对隧道渗水、剥落等的预防处治；其他。
修复养护	公路出现明显病害或部分丧失服务功能，为恢复技术状况而进行的功能性、结构性修复或定期更换工程	路基：处治路堤路床病害，如沉降、桥头跳车、翻浆、开裂滑移等；增设或修复支挡结构物，如挡土墙、抗滑桩等；维修加固失稳边坡；集中更换安装路缘石、硬化路肩、修复排水设施等；局部路基加高、加宽、裁弯取直等；防雪、防石、防风沙设施的修复养护等；其他。 路面：改善沥青路面结构强度，如直接加铺、铣刨加铺、翻修加铺或其他各类集中修复等；水泥路面结构形式改造、破碎板或其他路面病害修复等；整路段砂石、块石、条石路面的结构修复及改善等；配套路面修复完善相关附属设施，如调整标志标线、护栏、路缘石，路口及分隔带开口等；其他。 桥梁涵洞：桥梁涵洞加固、病害修复，如墩台（基础）、锥坡翼墙、护栏、拉索、调治结构物、径流系统等的维修完善；桥梁加宽、加高，重建、增设、接长涵洞等；其他。 隧道：对隧道结构加固、病害修复，如洞门、衬砌、顶板、斜井、侧墙等的修复；其他。 机电：对通信、监控、通风、照明、消防、收费、供配电设施、健康监测系统等进行增设、维修或更新；其他。 交安设施：集中更换或新设标志标牌、防眩板、隔音屏、隔离栅、中央活动门、限高架等；整段路面标线的施划；集中维修、更换或新设公路护栏、警示桩、道口桩、减速带等；其他。 管理服务设施：公路养护、管理、服务等的房屋、场地和设施设备的维修、改造、扩建或增设；其他。 绿化景观：更换、新植行道树及花草，开辟苗圃等；公路景观提升、路域环境治理等。

续表

类别	定　义	具体作业内容
专项养护	为恢复、保持或提升公路服务功能而集中实施的完善增设、加固改造或拆除重建等工程	针对阶段性重点工作实施的专项公路养护治理项目。
应急养护	在突发情况下造成公路损毁、中断、产生重大安全隐患等，为较快恢复公路安全通行能力而实施的应急性抢通、保通、抢修	对自然灾害或其他突发事件造成的障碍物的清理； 公路突发损毁的抢通、保通、抢修； 突发的经判定可能危及公路通行安全的重大风险的处治。

注：1. 修复工程大修、中修、小修由各地结合自身管理需要，按照项目规模自行划分。
2. 专项养护具体作业内容由各省结合阶段性重点工作自行确定，如灾害防治工程、灾毁修复工程、畅安舒美创建工程等。

关于废止《工程建设项目招标代理机构资格认定办法》的决定

（住房和城乡建设部令 2018 年第 38 号，住房城乡建设部 2018 年 3 月 8 日发布）

《住房城乡建设部关于废止〈工程建设项目招标代理机构资格认定办法〉的决定》已经2018 年 2 月 12 日第 37 次部常务会议审议通过，现予发布，自发布之日起施行。

住房城乡建设部关于废止《工程建设项目招标代理机构资格认定办法》的决定

住房城乡建设部决定废止《工程建设项目招标代理机构资格认定办法》（建设部令第 154 号）。现予发布，自发布之日起施行。

关于废止《建设部关于印发〈工程建设项目招标代理机构资格认定办法实施意见〉的通知》的通知

（建办市〔2018〕15 号，住房和城乡建设部办公厅 2018 年 3 月 22 日发布）

各省、自治区住房城乡建设厅，直辖市建委，新疆生产建设兵团建设局：

依据《全国人民代表大会常务委员会关于修改〈中华人民共和国招标投标法〉、〈中华人民共和国计量法〉的决定》、《住房城乡建设部关于废止〈工程建设项目招标代理机构资格认定办法〉的决定》，我部决定废止《建设部关于印发〈工程建设项目招标代理机构资格认定办法实施意见〉的通知》（建市〔2007〕230 号），自本通知印发之日起停止执行。

关于开展工程建设项目审批制度改革试点的通知

（国办发〔2018〕33号，国务院办公厅2018年5月14日发布）

各省、自治区、直辖市人民政府，国务院各部委、各直属机构：

为贯彻落实党中央、国务院关于深化“放管服”改革和优化营商环境的部署要求，推动政府职能转向减审批、强监管、优服务，促进市场公平竞争，国务院决定开展工程建设项目审批制度改革试点。经国务院同意，现就试点工作有关事项通知如下：

一、总体要求

（一）指导思想。全面深入贯彻党的十九大和十九届二中、三中全会精神，以习近平新时代中国特色社会主义思想为指导，按照党中央、国务院关于深化“放管服”改革和优化营商环境的部署要求，以推进政府治理体系和治理能力现代化为目标，对工程建设项目审批制度进行全流程、全覆盖改革，努力构建科学、便捷、高效的工程建设项目审批和管理体系。

（二）试点地区。北京市、天津市、上海市、重庆市、沈阳市、大连市、南京市、厦门市、武汉市、广州市、深圳市、成都市、贵阳市、渭南市、延安市和浙江省。

（三）改革内容。改革覆盖工程建设项目审批全过程（包括从立项到竣工验收和公共设施接入服务）；主要是房屋建筑和城市基础设施等工程，不包括特殊工程和交通、水利、能源等领域的重大工程；覆盖行政许可等审批事项和技术审查、中介服务、市政公用服务以及备案等其他类型事项，推动流程优化和标准化。

（四）工作目标。2018年，试点地区建成工程建设项目审批制度框架和管理系统，按照规定的流程，审批时间压减一半以上，由目前平均200多个工作日压减至120个工作日。2019年，总结推广试点经验，在全国范围开展工程建设项目审批制度改革，上半年将审批时间压减至120个工作日，试点地区审批事项和时间进一步减少；地级及以上城市建成工程建设项目审批制度框架和管理系统。2020年，基本建成全国统一的工程建设项目审批和管理体系。

二、统一审批流程

（五）优化审批阶段。将工程建设项目审批流程主要划分为立项用地规划许可、工程建设许可、施工许可、竣工验收等四个阶段。其中，立项用地规划许可阶段主要包括项目审批核准备案、选址意见书核发、用地预审、用地规划许可等。工程建设许可阶段主要包括设计方案审查、建设工程规划许可证核发等。施工许可阶段主要包括消防、人防等设计审核确认和施工许可证核发等。竣工验收阶段主要包括规划、国土、消防、人防等验收及竣工验收备案等。其他行政许可、涉及安全的强制性评估、中介服务、市政公用服务以及备案等事项纳入相关阶段办理或与相关阶段并行推进。

（六）分类细化流程。根据工程建设项目类型、投资类别、规模大小等，分类细化审批流程，确定审批阶段和审批事项。简化社会投资的中小型工程建设项目审批，对于带方案出让土地的项目，不再对设计方案进行审核，将工程建设许可和施工许可合并为一个阶段。对于出让土地的工程建设项目，将建设用地审批纳入立项用地规划许可阶段。

（七）大力推广并联审批。每个审批阶段确定一家牵头部门，实行“一家牵头、并联审批、限时办结”，由牵头部门组织协调相关部门严格按照限定时间完成审批。

三、精简审批环节

（八）精减审批事项和条件。取消不符合

上位法和不合规的审批事项。取消不合理、不必要的审批事项。对于保留的审批事项，要减少审批前置条件，公布审批事项清单。取消施工合同备案、建筑节能设计审查备案等事项。社会投资的房屋建筑工程，建设单位可以自主决定发包方式。

（九）下放审批权限。按照方便企业和群众办事的原则，对下级机关有能力承接的审批事项，下放或委托下级机关审批。相关部门要加强沟通协调，制定配套措施，完善监管制度，开展指导培训，提高审批效能。

（十）合并审批事项。由同一部门实施的管理内容相近或者属于同一办理阶段的多个审批事项，应整合为一个审批事项。推行联合勘验、联合测绘、联合审图、联合验收等。将消防设计审核、人防设计审查等技术审查并入施工图设计文件审查，相关部门不再进行技术审查。推行以政府购买服务方式开展施工图设计文件审查。将工程质量安全监督手续与施工许可证合并办理。规划、国土、消防、人防、档案、市政公用等部门和单位实行限时联合验收，统一竣工验收图纸和验收标准，统一出具验收意见。对于验收涉及的测量工作，实行“一次委托、统一测绘、成果共享”。

（十一）转变管理方式。对于能够用征求相关部门意见方式替代的审批事项，调整为政府内部协作事项。建设工程规划许可证核发时一并进行设计方案审查，由发证部门征求相关部门和单位意见，其他部门不再对设计方案进行单独审查。推行由政府统一组织对地震安全性评价、地质灾害危险性评估、环境影响评价、节能评价等事项实行区域评估。

（十二）调整审批时序。落实取消下放行政审批事项有关要求，环境影响评价、节能评价、地震安全性评价等评价事项不作为项目审批或核准条件，地震安全性评价在工程设计前完成即可，其他评价事项在施工许可前完成即可。可以将用地预审意见作为使用土地证明文件申请办理建设工程规划许可证，用地批准手续在施工许可前完成即可。将供水、供电、燃气、热力、排水、通信等市政公用基础设施报装提前到施工许可证核发后办理，在工程施工阶段完成相关设施建设，竣工验收后直接办理接入事宜。

（十三）推行告知承诺制。对通过事中事后监管能够纠正不符合审批条件的行为且不会产生严重后果的审批事项，实行告知承诺制。公布实行告知承诺制的审批事项清单及具体要求，申请人按照要求作出书面承诺的，审批部门可以直接作出审批决定。对已经实施区域评估的工程建设项目，相应的审批事项实行告知承诺制。在部分工程建设项目中推行建设工程规划许可告知承诺制。

四、完善审批体系

（十四）“一张蓝图”统筹项目实施。加快建立“多规合一”业务协同平台，统筹各类规划。以“多规合一”的“一张蓝图”为基础，统筹协调各部门提出项目建设条件，建设单位落实建设条件要求，相关部门加强监督管理和考核评估。

（十五）“一个系统”实施统一管理。在国家和地方现有信息平台基础上，整合形成“横向到边、纵向到底”的工程建设项目审批管理系统，覆盖各部门和市、县、区、乡镇（街道）各层级，实现统一受理、并联审批、实时流转、跟踪督办、信息共享。其中，涉密工程按照有关保密要求执行。审批管理系统要与“多规合一”业务协同平台、各部门审批管理系统等信息平台互联互通，做到审批过程、审批结果实时传送。通过工程建设项目审批管理系统，加强对地方工程建设项目审批工作的指导和监督管理。

（十六）“一个窗口”提供综合服务。整合各部门和各市政公用单位分散设立的服务窗口，设立工程建设项目审批综合服务窗口。建立完善“前台受理、后台审核”机制，综合服务窗口统一收件、出件，实现“一个窗口”服务和管理。

（十七）“一张表单”整合申报材料。各审批阶段均实行“一份办事指南，一张申请表单，一套申报材料，完成多项审批”的运作模式，牵头部门制定统一的办事指南和申报表格，每一个审批阶段申请人只需提交一套申报材料。不同审批阶段的审批部门应当共享申报材料，不得要求申请人重复提交。

（十八）“一套机制”规范审批运行。建立健全工程建设项目审批配套制度，明确部门职责，明晰工作规程，规范审批行为，确保审批各阶段、各环节无缝衔接。建立审批协调机制，协调解决部门意见分歧。建立督办督查制度，实时跟踪审批办理情况，对全过程实施督查。

五、强化监督管理

（十九）加强事中事后监管。建立与工程建设项目审批制度改革相适应的监管体系。全面推行“双随机、一公开”监管，加大监督检查力度，严肃查处违法违规行为。对于实行告知承诺制的审批事项，审批部门应当在规定时间内对申请人履行承诺的情况进行检查，对申请人未履行承诺的，撤销行政审批决定并追究申请人的相应责任。

（二十）加强信用体系建设。建立工程建设项目审批信用信息平台，建立黑名单制度，将企业和从业人员违法违规、不履行承诺的不良行为向社会公开，构建“一处失信、处处受限”的联合惩戒机制。

（二十一）规范中介和市政公用服务。建立健全管理制度，实行服务承诺制，明确服务标准和办事流程，规范服务收费。依托工程建设项目审批管理系统建立中介服务网上交易平台，对中介服务行为实施全过程监管。

六、统筹组织实施

（二十二）强化组织领导。住房城乡建设部要切实担负起工程建设项目审批制度改革工作的组织协调和督促指导责任，各有关部门要加强协作、密切配合。试点地区人民政府要高度重视工程建设项目审批制度改革工作，成立以主要负责同志为组长的领导小组，完善工作机制，层层压实责任。试点地区要根据本通知编制实施方案，细化分解任务，明确责任部门，制定时间表、路线图，确保试点工作有序推进，并于2018年6月15日前将实施方案报送住房城乡建设部。鼓励改革创新，改革中涉及突破相关法律法规及政策规定的，按照程序报有权机关授权。支持试点地区在立法权限范围内先行先试，依法依规推进改革工作。研究推动在农村地区因地制宜开展相关工程建设项目审批制度改革。

（二十三）建立考评机制。住房城乡建设部要会同相关部门建立工程建设项目审批制度改革考核评价机制，重点考核评价试点地区全流程、全覆盖实施改革情况，考核评价试点地区统一审批流程、精简审批环节、完善审批体系等情况，及时总结试点做法，形成可复制、可推广的经验，并将有关情况报国务院。试点地区人民政府要加大对有关部门改革工作的督查力度，跟踪督查改革任务落实情况。试点地区要定期向住房城乡建设部报送工作进展情况。对于工作推进不力、影响工程建设项目审批制度改革进程的，特别是未按时完成阶段性工作目标的，要依法依规严肃问责。

（二十四）做好宣传引导。试点地区要通过多种形式及时宣传报道相关工作措施和取得的成效，加强舆论引导，增进社会公众对试点工作的了解和支持，及时回应群众关切，为顺利推进试点工作营造良好的舆论环境。

政府采购

政府采购货物和服务招标投标管理办法

（财政部令 2017 年第 87 号，财政部 2017 年 7 月 11 日发布）

财政部对《政府采购货物和服务招标投标管理办法》（财政部令第 18 号）进行了修订，修订后的《政府采购货物和服务招标投标管理办法》已经部务会议审议通过。现予公布，自 2017 年 10 月 1 日起施行。

政府采购货物和服务招标投标管理办法

第一章 总 则

第一条 为了规范政府采购当事人的采购行为，加强对政府采购货物和服务招标投标活动的监督管理，维护国家利益、社会公共利益和政府采购招标投标活动当事人的合法权益，依据《中华人民共和国政府采购法》（以下简称政府采购法）、《中华人民共和国政府采购法实施条例》（以下简称政府采购法实施条例）和其他有关法律法规规定，制定本办法。

第二条 本办法适用于在中华人民共和国境内开展政府采购货物和服务（以下简称货物服务）招标投标活动。

第三条 货物服务招标分为公开招标和邀请招标。

公开招标，是指采购人依法以招标公告的方式邀请非特定的供应商参加投标的采购方式。

邀请招标，是指采购人依法从符合相应资格条件的供应商中随机抽取 3 家以上供应商，并以投标邀请书的方式邀请其参加投标的采购方式。

第四条 属于地方预算的政府采购项目，省、自治区、直辖市人民政府根据实际情况，可以确定分别适用于本行政区域省级、设区的市级、县级公开招标数额标准。

第五条 采购人应当在货物服务招标投标活动中落实节约能源、保护环境、扶持不发达地区和少数民族地区、促进中小企业发展等政府采购政策。

第六条 采购人应当按照行政事业单位内部控制规范要求，建立健全本单位政府采购内部控制制度，在编制政府采购预算和实施计划、确定采购需求、组织采购活动、履约验收、答复询问质疑、配合投诉处理及监督检查等重点环节加强内部控制管理。

采购人不得向供应商索要或者接受其给予的赠品、回扣或者与采购无关的其他商品、服务。

第七条 采购人应当按照财政部制定的《政府采购品目分类目录》确定采购项目属性。按照《政府采购品目分类目录》无法确定的，按照有利于采购项目实施的原则确定。

第八条 采购人委托采购代理机构代理招标的，采购代理机构应当在采购人委托的范围内依法开展采购活动。

采购代理机构及其分支机构不得在所代理的采购项目中投标或者代理投标，不得为所代理的采购项目的投标人参加本项目提供投标咨询。

第二章 招 标

第九条 未纳入集中采购目录的政府采购项目，采购人可以自行招标，也可以委托采购代理机构在委托的范围内代理招标。

采购人自行组织开展招标活动的，应当符合下列条件：

（一）有编制招标文件、组织招标的能力和条件；

（二）有与采购项目专业性相适应的专业

人员。

第十条　采购人应当对采购标的的市场技术或者服务水平、供应、价格等情况进行市场调查，根据调查情况、资产配置标准等科学、合理地确定采购需求，进行价格测算。

第十一条　采购需求应当完整、明确，包括以下内容：

（一）采购标的需实现的功能或者目标，以及为落实政府采购政策需满足的要求；

（二）采购标的需执行的国家相关标准、行业标准、地方标准或者其他标准、规范；

（三）采购标的需满足的质量、安全、技术规格、物理特性等要求；

（四）采购标的的数量、采购项目交付或者实施的时间和地点；

（五）采购标的需满足的服务标准、期限、效率等要求；

（六）采购标的的验收标准；

（七）采购标的的其他技术、服务等要求。

第十二条　采购人根据价格测算情况，可以在采购预算额度内合理设定最高限价，但不得设定最低限价。

第十三条　公开招标公告应当包括以下主要内容：

（一）采购人及其委托的采购代理机构的名称、地址和联系方法；

（二）采购项目的名称、预算金额，设定最高限价的，还应当公开最高限价；

（三）采购人的采购需求；

（四）投标人的资格要求；

（五）获取招标文件的时间期限、地点、方式及招标文件售价；

（六）公告期限；

（七）投标截止时间、开标时间及地点；

（八）采购项目联系人姓名和电话。

第十四条　采用邀请招标方式的，采购人或者采购代理机构应当通过以下方式产生符合资格条件的供应商名单，并从中随机抽取3家以上供应商向其发出投标邀请书：

（一）发布资格预审公告征集；

（二）从省级以上人民政府财政部门（以下简称财政部门）建立的供应商库中选取；

（三）采购人书面推荐。

采用前款第一项方式产生符合资格条件供应商名单的，采购人或者采购代理机构应当按照资格预审文件载明的标准和方法，对潜在投标人进行资格预审。

采用第一款第二项或者第三项方式产生符合资格条件供应商名单的，备选的符合资格条件供应商总数不得少于拟随机抽取供应商总数的两倍。

随机抽取是指通过抽签等能够保证所有符合资格条件供应商机会均等的方式选定供应商。随机抽取供应商时，应当有不少于两名采购人工作人员在场监督，并形成书面记录，随采购文件一并存档。

投标邀请书应当同时向所有受邀请的供应商发出。

第十五条　资格预审公告应当包括以下主要内容：

（一）本办法第十三条第一至四项、第六项和第八项内容；

（二）获取资格预审文件的时间期限、地点、方式；

（三）提交资格预审申请文件的截止时间、地点及资格预审日期。

第十六条　招标公告、资格预审公告的公告期限为5个工作日。公告内容应当以省级以上财政部门指定媒体发布的公告为准。公告期限自省级以上财政部门指定媒体最先发布公告之日起算。

第十七条　采购人、采购代理机构不得将投标人的注册资本、资产总额、营业收入、从业人员、利润、纳税额等规模条件作为资格要求或者评审因素，也不得通过将除进口货物以外的生产厂家授权、承诺、证明、背书等作为资格要求，对投标人实行差别待遇或者歧视待遇。

第十八条　采购人或者采购代理机构应当按照招标公告、资格预审公告或者投标邀请书规定的时间、地点提供招标文件或者资格预审文件，提供期限自招标公告、资格预审公告发布之日起计算不得少于5个工作日。提供期限届满后，获取招标文件或者资格预审文件的潜在投标人不足3家的，可以顺延提供期限，并予公告。

公开招标进行资格预审的，招标公告和资格预审公告可以合并发布，招标文件应当向所有通过资格预审的供应商提供。

第十九条 采购人或者采购代理机构应当根据采购项目的实施要求，在招标公告、资格预审公告或者投标邀请书中载明是否接受联合体投标。如未载明，不得拒绝联合体投标。

第二十条 采购人或者采购代理机构应当根据采购项目的特点和采购需求编制招标文件。招标文件应当包括以下主要内容：

（一）投标邀请；

（二）投标人须知（包括投标文件的密封、签署、盖章要求等）；

（三）投标人应当提交的资格、资信证明文件；

（四）为落实政府采购政策，采购标的需满足的要求，以及投标人须提供的证明材料；

（五）投标文件编制要求、投标报价要求和投标保证金交纳、退还方式以及不予退还投标保证金的情形；

（六）采购项目预算金额，设定最高限价的，还应当公开最高限价；

（七）采购项目的技术规格、数量、服务标准、验收等要求，包括附件、图纸等；

（八）拟签订的合同文本；

（九）货物、服务提供的时间、地点、方式；

（十）采购资金的支付方式、时间、条件；

（十一）评标方法、评标标准和投标无效情形；

（十二）投标有效期；

（十三）投标截止时间、开标时间及地点；

（十四）采购代理机构代理费用的收取标准和方式；

（十五）投标人信用信息查询渠道及截止时点、信用信息查询记录和证据留存的具体方式、信用信息的使用规则等；

（十六）省级以上财政部门规定的其他事项。

对于不允许偏离的实质性要求和条件，采购人或者采购代理机构应当在招标文件中规定，并以醒目的方式标明。

第二十一条 采购人或者采购代理机构应当根据采购项目的特点和采购需求编制资格预审文件。资格预审文件应当包括以下主要内容：

（一）资格预审邀请；

（二）申请人须知；

（三）申请人的资格要求；

（四）资格审核标准和方法；

（五）申请人应当提供的资格预审申请文件的内容和格式；

（六）提交资格预审申请文件的方式、截止时间、地点及资格审核日期；

（七）申请人信用信息查询渠道及截止时点、信用信息查询记录和证据留存的具体方式、信用信息的使用规则等内容；

（八）省级以上财政部门规定的其他事项。

资格预审文件应当免费提供。

第二十二条 采购人、采购代理机构一般不得要求投标人提供样品，仅凭书面方式不能准确描述采购需求或者需要对样品进行主观判断以确认是否满足采购需求等特殊情况除外。

要求投标人提供样品的，应当在招标文件中明确规定样品制作的标准和要求、是否需要随样品提交相关检测报告、样品的评审方法以及评审标准。需要随样品提交检测报告的，还应当规定检测机构的要求、检测内容等。

采购活动结束后，对于未中标人提供的样品，应当及时退还或者经未中标人同意后自行处理；对于中标人提供的样品，应当按照招标文件的规定进行保管、封存，并作为履约验收的参考。

第二十三条 投标有效期从提交投标文件的截止之日起算。投标文件中承诺的投标有效期应当不少于招标文件中载明的投标有效期。投标有效期内投标人撤销投标文件的，采购人或者采购代理机构可以不退还投标保证金。

第二十四条 招标文件售价应当按照弥补制作、邮寄成本的原则确定，不得以营利为目的，不得以招标采购金额作为确定招标文件售价的依据。

第二十五条 招标文件、资格预审文件的内容不得违反法律、行政法规、强制性标准、政府采购政策，或者违反公开透明、公平竞争、公正和诚实信用原则。

有前款规定情形，影响潜在投标人投标或者资格预审结果的，采购人或者采购代理机构应当修改招标文件或者资格预审文件后重新招标。

第二十六条　采购人或者采购代理机构可以在招标文件提供期限截止后，组织已获取招标文件的潜在投标人现场考察或者召开开标前答疑会。

组织现场考察或者召开答疑会的，应当在招标文件中载明，或者在招标文件提供期限截止后以书面形式通知所有获取招标文件的潜在投标人。

第二十七条　采购人或者采购代理机构可以对已发出的招标文件、资格预审文件、投标邀请书进行必要的澄清或者修改，但不得改变采购标的和资格条件。澄清或者修改应当在原公告发布媒体上发布澄清公告。澄清或者修改的内容为招标文件、资格预审文件、投标邀请书的组成部分。

澄清或者修改的内容可能影响投标文件编制的，采购人或者采购代理机构应当在投标截止时间至少15日前，以书面形式通知所有获取招标文件的潜在投标人；不足15日的，采购人或者采购代理机构应当顺延提交投标文件的截止时间。

澄清或者修改的内容可能影响资格预审申请文件编制的，采购人或者采购代理机构应当在提交资格预审申请文件截止时间至少3日前，以书面形式通知所有获取资格预审文件的潜在投标人；不足3日的，采购人或者采购代理机构应当顺延提交资格预审申请文件的截止时间。

第二十八条　投标截止时间前，采购人、采购代理机构和有关人员不得向他人透露已获取招标文件的潜在投标人的名称、数量以及可能影响公平竞争的有关招标投标的其他情况。

第二十九条　采购人、采购代理机构在发布招标公告、资格预审公告或者发出投标邀请书后，除因重大变故采购任务取消情况外，不得擅自终止招标活动。

终止招标的，采购人或者采购代理机构应当及时在原公告发布媒体上发布终止公告，以书面形式通知已经获取招标文件、资格预审文件或者被邀请的潜在投标人，并将项目实施情况和采购任务取消原因报告本级财政部门。已经收取招标文件费用或者投标保证金的，采购人或者采购代理机构应当在终止采购活动后5个工作日内，退还所收取的招标文件费用和所收取的投标保证金及其在银行产生的孳息。

第三章　投　　标

第三十条　投标人，是指响应招标、参加投标竞争的法人、其他组织或者自然人。

第三十一条　采用最低评标价法的采购项目，提供相同品牌产品的不同投标人参加同一合同项下投标的，以其中通过资格审查、符合性审查且报价最低的参加评标；报价相同的，由采购人或者采购人委托评标委员会按照招标文件规定的方式确定一个参加评标的投标人，招标文件未规定的采取随机抽取方式确定，其他投标无效。

使用综合评分法的采购项目，提供相同品牌产品且通过资格审查、符合性审查的不同投标人参加同一合同项下投标的，按一家投标人计算，评审后得分最高的同品牌投标人获得中标人推荐资格；评审得分相同的，由采购人或者采购人委托评标委员会按照招标文件规定的方式确定一个投标人获得中标人推荐资格，招标文件未规定的采取随机抽取方式确定，其他同品牌投标人不作为中标候选人。

非单一产品采购项目，采购人应当根据采购项目技术构成、产品价格比重等合理确定核心产品，并在招标文件中载明。多家投标人提供的核心产品品牌相同的，按前两款规定处理。

第三十二条　投标人应当按照招标文件的要求编制投标文件。投标文件应当对招标文件提出的要求和条件作出明确响应。

第三十三条　投标人应当在招标文件要求提交投标文件的截止时间前，将投标文件密封送达投标地点。采购人或者采购代理机构收到投标文件后，应当如实记载投标文件的送达时间和密封情况，签收保存，并向投标人出具签收回执。任何单位和个人不得在开标前开启投标文件。

逾期送达或者未按照招标文件要求密封的投标文件，采购人、采购代理机构应当拒收。

第三十四条 投标人在投标截止时间前，可以对所递交的投标文件进行补充、修改或者撤回，并书面通知采购人或者采购代理机构。补充、修改的内容应当按照招标文件要求签署、盖章、密封后，作为投标文件的组成部分。

第三十五条 投标人根据招标文件的规定和采购项目的实际情况，拟在中标后将中标项目的非主体、非关键性工作分包的，应当在投标文件中载明分包承担主体，分包承担主体应当具备相应资质条件且不得再次分包。

第三十六条 投标人应当遵循公平竞争的原则，不得恶意串通，不得妨碍其他投标人的竞争行为，不得损害采购人或者其他投标人的合法权益。

在评标过程中发现投标人有上述情形的，评标委员会应当认定其投标无效，并书面报告本级财政部门。

第三十七条 有下列情形之一的，视为投标人串通投标，其投标无效：

（一）不同投标人的投标文件由同一单位或者个人编制；

（二）不同投标人委托同一单位或者个人办理投标事宜；

（三）不同投标人的投标文件载明的项目管理成员或者联系人员为同一人；

（四）不同投标人的投标文件异常一致或者投标报价呈规律性差异；

（五）不同投标人的投标文件相互混装；

（六）不同投标人的投标保证金从同一单位或者个人的账户转出。

第三十八条 投标人在投标截止时间前撤回已提交的投标文件的，采购人或者采购代理机构应当自收到投标人书面撤回通知之日起5个工作日内，退还已收取的投标保证金，但因投标人自身原因导致无法及时退还的除外。

采购人或者采购代理机构应当自中标通知书发出之日起5个工作日内退还未中标人的投标保证金，自采购合同签订之日起5个工作日内退还中标人的投标保证金或者转为中标人的履约保证金。

采购人或者采购代理机构逾期退还投标保证金的，除应当退还投标保证金本金外，还应当按中国人民银行同期贷款基准利率上浮20%后的利率支付超期资金占用费，但因投标人自身原因导致无法及时退还的除外。

第四章 开标、评标

第三十九条 开标应当在招标文件确定的提交投标文件截止时间的同一时间进行。开标地点应当为招标文件中预先确定的地点。

采购人或者采购代理机构应当对开标、评标现场活动进行全程录音录像。录音录像应当清晰可辨，音像资料作为采购文件一并存档。

第四十条 开标由采购人或者采购代理机构主持，邀请投标人参加。评标委员会成员不得参加开标活动。

第四十一条 开标时，应当由投标人或者其推选的代表检查投标文件的密封情况；经确认无误后，由采购人或者采购代理机构工作人员当众拆封，宣布投标人名称、投标价格和招标文件规定的需要宣布的其他内容。

投标人不足3家的，不得开标。

第四十二条 开标过程应当由采购人或者采购代理机构负责记录，由参加开标的各投标人代表和相关工作人员签字确认后随采购文件一并存档。

投标人代表对开标过程和开标记录有疑义，以及认为采购人、采购代理机构相关工作人员有需要回避的情形的，应当场提出询问或者回避申请。采购人、采购代理机构对投标人代表提出的询问或者回避申请应当及时处理。

投标人未参加开标的，视同认可开标结果。

第四十三条 公开招标数额标准以上的采购项目，投标截止后投标人不足3家或者通过资格审查或符合性审查的投标人不足3

家的，除采购任务取消情形外，按照以下方式处理：

（一）招标文件存在不合理条款或者招标程序不符合规定的，采购人、采购代理机构改正后依法重新招标；

（二）招标文件没有不合理条款、招标程序符合规定，需要采用其他采购方式采购的，采购人应当依法报财政部门批准。

第四十四条　公开招标采购项目开标结束后，采购人或者采购代理机构应当依法对投标人的资格进行审查。

合格投标人不足3家的，不得评标。

第四十五条　采购人或者采购代理机构负责组织评标工作，并履行下列职责：

（一）核对评审专家身份和采购人代表授权函，对评审专家在政府采购活动中的职责履行情况予以记录，并及时将有关违法违规行为向财政部门报告；

（二）宣布评标纪律；

（三）公布投标人名单，告知评审专家应当回避的情形；

（四）组织评标委员会推选评标组长，采购人代表不得担任组长；

（五）在评标期间采取必要的通讯管理措施，保证评标活动不受外界干扰；

（六）根据评标委员会的要求介绍政府采购相关政策法规、招标文件；

（七）维护评标秩序，监督评标委员会依照招标文件规定的评标程序、方法和标准进行独立评审，及时制止和纠正采购人代表、评审专家的倾向性言论或者违法违规行为；

（八）核对评标结果，有本办法第六十四条规定情形的，要求评标委员会复核或者书面说明理由，评标委员会拒绝的，应予记录并向本级财政部门报告；

（九）评审工作完成后，按照规定向评审专家支付劳务报酬和异地评审差旅费，不得向评审专家以外的其他人员支付评审劳务报酬；

（十）处理与评标有关的其他事项。

采购人可以在评标前说明项目背景和采购需求，说明内容不得含有歧视性、倾向性意见，不得超出招标文件所述范围。说明应当提交书面材料，并随采购文件一并存档。

第四十六条　评标委员会负责具体评标事务，并独立履行下列职责：

（一）审查、评价投标文件是否符合招标文件的商务、技术等实质性要求；

（二）要求投标人对投标文件有关事项作出澄清或者说明；

（三）对投标文件进行比较和评价；

（四）确定中标候选人名单，以及根据采购人委托直接确定中标人；

（五）向采购人、采购代理机构或者有关部门报告评标中发现的违法行为。

第四十七条　评标委员会由采购人代表和评审专家组成，成员人数应当为5人以上单数，其中评审专家不得少于成员总数的三分之二。

采购项目符合下列情形之一的，评标委员会成员人数应当为7人以上单数：

（一）采购预算金额在1000万元以上；

（二）技术复杂；

（三）社会影响较大。

评审专家对本单位的采购项目只能作为采购人代表参与评标，本办法第四十八条第二款规定情形除外。采购代理机构工作人员不得参加由本机构代理的政府采购项目的评标。

评标委员会成员名单在评标结果公告前应当保密。

第四十八条　采购人或者采购代理机构应当从省级以上财政部门设立的政府采购评审专家库中，通过随机方式抽取评审专家。

对技术复杂、专业性强的采购项目，通过随机方式难以确定合适评审专家的，经主管预算单位同意，采购人可以自行选定相应专业领域的评审专家。

第四十九条　评标中因评标委员会成员缺席、回避或者健康等特殊原因导致评标委员会组成不符合本办法规定的，采购人或者采购代理机构应当依法补足后继续评标。被更换的评标委员会成员所作出的评标意见无效。

无法及时补足评标委员会成员的，采购人或者采购代理机构应当停止评标活动，封存所有投标文件和开标、评标资料，依法重新组建评标委员会进行评标。原评标委员会所作出的评标意见无效。

采购人或者采购代理机构应当将变更、重新组建评标委员会的情况予以记录，并随采购文件一并存档。

第五十条 评标委员会应当对符合资格的投标人的投标文件进行符合性审查，以确定其是否满足招标文件的实质性要求。

第五十一条 对于投标文件中含义不明确、同类问题表述不一致或者有明显文字和计算错误的内容，评标委员会应当以书面形式要求投标人作出必要的澄清、说明或者补正。

投标人的澄清、说明或者补正应当采用书面形式，并加盖公章，或者由法定代表人或其授权的代表签字。投标人的澄清、说明或者补正不得超出投标文件的范围或者改变投标文件的实质性内容。

第五十二条 评标委员会应当按照招标文件中规定的评标方法和标准，对符合性审查合格的投标文件进行商务和技术评估，综合比较与评价。

第五十三条 评标方法分为最低评标价法和综合评分法。

第五十四条 最低评标价法，是指投标文件满足招标文件全部实质性要求，且投标报价最低的投标人为中标候选人的评标方法。

技术、服务等标准统一的货物服务项目，应当采用最低评标价法。

采用最低评标价法评标时，除了算术修正和落实政府采购政策需进行的价格扣除外，不能对投标人的投标价格进行任何调整。

第五十五条 综合评分法，是指投标文件满足招标文件全部实质性要求，且按照评审因素的量化指标评审得分最高的投标人为中标候选人的评标方法。

评审因素的设定应当与投标人所提供货物服务的质量相关，包括投标报价、技术或者服务水平、履约能力、售后服务等。资格条件不得作为评审因素。评审因素应当在招标文件中规定。

评审因素应当细化和量化，且与相应的商务条件和采购需求对应。商务条件和采购需求指标有区间规定的，评审因素应当量化到相应区间，并设置各区间对应的不同分值。

评标时，评标委员会各成员应当独立对每个投标人的投标文件进行评价，并汇总每个投标人的得分。

货物项目的价格分值占总分值的比重不得低于30%；服务项目的价格分值占总分值的比重不得低于10%。执行国家统一定价标准和采用固定价格采购的项目，其价格不列为评审因素。

价格分应当采用低价优先法计算，即满足招标文件要求且投标价格最低的投标报价为评标基准价，其价格分为满分。其他投标人的价格分统一按照下列公式计算：

投标报价得分＝(评标基准价/投标报价)×100

评标总得分＝F1×A1＋F2×A2＋……＋Fn×An

F1、F2……Fn分别为各项评审因素的得分；

A1、A2、……An分别为各项评审因素所占的权重（A1＋A2＋……＋An＝1）。

评标过程中，不得去掉报价中的最高报价和最低报价。

因落实政府采购政策进行价格调整的，以调整后的价格计算评标基准价和投标报价。

第五十六条 采用最低评标价法的，评标结果按投标报价由低到高顺序排列。投标报价相同的并列。投标文件满足招标文件全部实质性要求且投标报价最低的投标人为排名第一的中标候选人。

第五十七条 采用综合评分法的，评标结果按评审后得分由高到低顺序排列。得分相同的，按投标报价由低到高顺序排列。得分且投标报价相同的并列。投标文件满足招标文件全部实质性要求，且按照评审因素的量化指标评审得分最高的投标人为排名第一的中标候选人。

第五十八条 评标委员会根据全体评标成员签字的原始评标记录和评标结果编写评标报告。评标报告应当包括以下内容：

（一）招标公告刊登的媒体名称、开标日期和地点；

（二）投标人名单和评标委员会成员名单；

（三）评标方法和标准；

（四）开标记录和评标情况及说明，包括无效投标人名单及原因；

（五）评标结果，确定的中标候选人名单

或者经采购人委托直接确定的中标人；

（六）其他需要说明的情况，包括评标过程中投标人根据评标委员会要求进行的澄清、说明或者补正，评标委员会成员的更换等。

第五十九条　投标文件报价出现前后不一致的，除招标文件另有规定外，按照下列规定修正：

（一）投标文件中开标一览表（报价表）内容与投标文件中相应内容不一致的，以开标一览表（报价表）为准；

（二）大写金额和小写金额不一致的，以大写金额为准；

（三）单价金额小数点或者百分比有明显错位的，以开标一览表的总价为准，并修改单价；

（四）总价金额与按单价汇总金额不一致的，以单价金额计算结果为准。

同时出现两种以上不一致的，按照前款规定的顺序修正。修正后的报价按照本办法第五十一条第二款的规定经投标人确认后产生约束力，投标人不确认的，其投标无效。

第六十条　评标委员会认为投标人的报价明显低于其他通过符合性审查投标人的报价，有可能影响产品质量或者不能诚信履约的，应当要求其在评标现场合理的时间内提供书面说明，必要时提交相关证明材料；投标人不能证明其报价合理性的，评标委员会应当将其作为无效投标处理。

第六十一条　评标委员会成员对需要共同认定的事项存在争议的，应当按照少数服从多数的原则作出结论。持不同意见的评标委员会成员应当在评标报告上签署不同意见及理由，否则视为同意评标报告。

第六十二条　评标委员会及其成员不得有下列行为：

（一）确定参与评标至评标结束前私自接触投标人；

（二）接受投标人提出的与投标文件不一致的澄清或者说明，本办法第五十一条规定的情形除外；

（三）违反评标纪律发表倾向性意见或者征询采购人的倾向性意见；

（四）对需要专业判断的主观评审因素协商评分；

（五）在评标过程中擅离职守，影响评标程序正常进行的；

（六）记录、复制或者带走任何评标资料；

（七）其他不遵守评标纪律的行为。

评标委员会成员有前款第一至五项行为之一的，其评审意见无效，并不得获取评审劳务报酬和报销异地评审差旅费。

第六十三条　投标人存在下列情况之一的，投标无效：

（一）未按照招标文件的规定提交投标保证金的；

（二）投标文件未按招标文件要求签署、盖章的；

（三）不具备招标文件中规定的资格要求的；

（四）报价超过招标文件中规定的预算金额或者最高限价的；

（五）投标文件含有采购人不能接受的附加条件的；

（六）法律、法规和招标文件规定的其他无效情形。

第六十四条　评标结果汇总完成后，除下列情形外，任何人不得修改评标结果：

（一）分值汇总计算错误的；

（二）分项评分超出评分标准范围的；

（三）评标委员会成员对客观评审因素评分不一致的；

（四）经评标委员会认定评分畸高、畸低的。

评标报告签署前，经复核发现存在以上情形之一的，评标委员会应当当场修改评标结果，并在评标报告中记载；评标报告签署后，采购人或者采购代理机构发现存在以上情形之一的，应当组织原评标委员会进行重新评审，重新评审改变评标结果的，书面报告本级财政部门。

投标人对本条第一款情形提出质疑的，采购人或者采购代理机构可以组织原评标委员会进行重新评审，重新评审改变评标结果的，应当书面报告本级财政部门。

第六十五条　评标委员会发现招标文件存在歧义、重大缺陷导致评标工作无法进行，或者招标文件内容违反国家有关强制性规定的，应当停止评标工作，与采购人或者采购代理机构沟通并作书面记录。采购人或者采购代理机构确认后，应当修改招标文件，重新组织采购活动。

第六十六条 采购人、采购代理机构应当采取必要措施，保证评标在严格保密的情况下进行。除采购人代表、评标现场组织人员外，采购人的其他工作人员以及与评标工作无关的人员不得进入评标现场。

有关人员对评标情况以及在评标过程中获悉的国家秘密、商业秘密负有保密责任。

第六十七条 评标委员会或者其成员存在下列情形导致评标结果无效的，采购人、采购代理机构可以重新组建评标委员会进行评标，并书面报告本级财政部门，但采购合同已经履行的除外：

（一）评标委员会组成不符合本办法规定的；

（二）有本办法第六十二条第一至五项情形的；

（三）评标委员会及其成员独立评标受到非法干预的；

（四）有政府采购法实施条例第七十五条规定的违法行为的。

有违法违规行为的原评标委员会成员不得参加重新组建的评标委员会。

第五章　中标和合同

第六十八条 采购代理机构应当在评标结束后2个工作日内将评标报告送采购人。

采购人应当自收到评标报告之日起5个工作日内，在评标报告确定的中标候选人名单中按顺序确定中标人。中标候选人并列的，由采购人或者采购人委托评标委员会按照招标文件规定的方式确定中标人；招标文件未规定的，采取随机抽取的方式确定。

采购人自行组织招标的，应当在评标结束后5个工作日内确定中标人。

采购人在收到评标报告5个工作日内未按评标报告推荐的中标候选人顺序确定中标人，又不能说明合法理由的，视同按评标报告推荐的顺序确定排名第一的中标候选人为中标人。

第六十九条 采购人或者采购代理机构应当自中标人确定之日起2个工作日内，在省级以上财政部门指定的媒体上公告中标结果，招标文件应当随中标结果同时公告。

中标结果公告内容应当包括采购人及其委托的采购代理机构的名称、地址、联系方式，项目名称和项目编号，中标人名称、地址和中标金额，主要中标标的的名称、规格型号、数量、单价、服务要求，中标公告期限以及评审专家名单。

中标公告期限为1个工作日。

邀请招标采购人采用书面推荐方式产生符合资格条件的潜在投标人的，还应当将所有被推荐供应商名单和推荐理由随中标结果同时公告。

在公告中标结果的同时，采购人或者采购代理机构应当向中标人发出中标通知书；对未通过资格审查的投标人，应当告知其未通过的原因；采用综合评分法评审的，还应当告知未中标人本人的评审得分与排序。

第七十条 中标通知书发出后，采购人不得违法改变中标结果，中标人无正当理由不得放弃中标。

第七十一条 采购人应当自中标通知书发出之日起30日内，按照招标文件和中标人投标文件的规定，与中标人签订书面合同。所签订的合同不得对招标文件确定的事项和中标人投标文件作实质性修改。

采购人不得向中标人提出任何不合理的要求作为签订合同的条件。

第七十二条 政府采购合同应当包括采购人与中标人的名称和住所、标的、数量、质量、价款或者报酬、履行期限及地点和方式、验收要求、违约责任、解决争议的方法等内容。

第七十三条 采购人与中标人应当根据合同的约定依法履行合同义务。

政府采购合同的履行、违约责任和解决争议的方法等适用《中华人民共和国合同法》。

第七十四条 采购人应当及时对采购项目进行验收。采购人可以邀请参加本项目的其他投标人或者第三方机构参与验收。参与验收的投标人或者第三方机构的意见作为验收书的参考资料一并存档。

第七十五条　采购人应当加强对中标人的履约管理，并按照采购合同约定，及时向中标人支付采购资金。对于中标人违反采购合同约定的行为，采购人应当及时处理，依法追究其违约责任。

第七十六条　采购人、采购代理机构应当建立真实完整的招标采购档案，妥善保存每项采购活动的采购文件。

第六章　法律责任

第七十七条　采购人有下列情形之一的，由财政部门责令限期改正；情节严重的，给予警告，对直接负责的主管人员和其他直接责任人员由其行政主管部门或者有关机关依法给予处分，并予以通报；涉嫌犯罪的，移送司法机关处理：

（一）未按照本办法的规定编制采购需求的；

（二）违反本办法第六条第二款规定的；

（三）未在规定时间内确定中标人的；

（四）向中标人提出不合理要求作为签订合同条件的。

第七十八条　采购人、采购代理机构有下列情形之一的，由财政部门责令限期改正，情节严重的，给予警告，对直接负责的主管人员和其他直接责任人员，由其行政主管部门或者有关机关给予处分，并予通报；采购代理机构有违法所得的，没收违法所得，并可以处以不超过违法所得3倍、最高不超过3万元的罚款，没有违法所得的，可以处以1万元以下的罚款：

（一）违反本办法第八条第二款规定的；

（二）设定最低限价的；

（三）未按照规定进行资格预审或者资格审查的；

（四）违反本办法规定确定招标文件售价的；

（五）未按规定对开标、评标活动进行全程录音录像的；

（六）擅自终止招标活动的；

（七）未按照规定进行开标和组织评标的；

（八）未按照规定退还投标保证金的；

（九）违反本办法规定进行重新评审或者重新组建评标委员会进行评标的；

（十）开标前泄露已获取招标文件的潜在投标人的名称、数量或者其他可能影响公平竞争的有关招标投标情况的；

（十一）未妥善保存采购文件的；

（十二）其他违反本办法规定的情形。

第七十九条　有本办法第七十七条、第七十八条规定的违法行为之一，经改正后仍然影响或者可能影响中标结果的，依照政府采购法实施条例第七十一条规定处理。

第八十条　政府采购当事人违反本办法规定，给他人造成损失的，依法承担民事责任。

第八十一条　评标委员会成员有本办法第六十二条所列行为之一的，由财政部门责令限期改正；情节严重的，给予警告，并对其不良行为予以记录。

第八十二条　财政部门应当依法履行政府采购监督管理职责。财政部门及其工作人员在履行监督管理职责中存在懒政怠政、滥用职权、玩忽职守、徇私舞弊等违法违纪行为的，依照政府采购法、《中华人民共和国公务员法》、《中华人民共和国行政监察法》、政府采购法实施条例等国家有关规定追究相应责任；涉嫌犯罪的，移送司法机关处理。

第七章　附　　则

第八十三条　政府采购货物服务电子招标投标、政府采购货物中的进口机电产品招标投标有关特殊事宜，由财政部另行规定。

第八十四条　本办法所称主管预算单位是指负有编制部门预算职责，向本级财政部门申报预算的国家机关、事业单位和团体组织。

第八十五条　本办法规定按日计算期间的，开始当天不计入，从次日开始计算。期限的最后一日是国家法定节假日的，顺延到节假日后的次日为期限的最后一日。

第八十六条　本办法所称的“以上”、“以下”、“内”、“以内”，包括本数；所称的“不足”，不包括本数。

第八十七条 各省、自治区、直辖市财政部门可以根据本办法制定具体实施办法。

第八十八条 本办法自2017年10月1日起施行。财政部2004年8月11日发布的《政府采购货物和服务招标投标管理办法》（财政部令第18号）同时废止。

关于促进残疾人就业政府采购政策的通知

（财库〔2017〕141号，财政部、民政部、中国残疾人联合会2017年8月22日发布）

党中央有关部门，国务院各部委、各直属机构，全国人大常委会办公厅，全国政协办公厅，高法院，高检院，各民主党派中央，有关人民团体，各省、自治区、直辖市、计划单列市财政厅（局）、民政厅（局）、残疾人联合会，新疆生产建设兵团财务局、民政局、残疾人联合会：

为了发挥政府采购促进残疾人就业的作用，进一步保障残疾人权益，依照《政府采购法》、《残疾人保障法》等法律法规及相关规定，现就促进残疾人就业政府采购政策通知如下：

一、享受政府采购支持政策的残疾人福利性单位应当同时满足以下条件：

（一）安置的残疾人占本单位在职职工人数的比例不低于25%（含25%），并且安置的残疾人人数不少于10人（含10人）；

（二）依法与安置的每位残疾人签订了一年以上（含一年）的劳动合同或服务协议；

（三）为安置的每位残疾人按月足额缴纳了基本养老保险、基本医疗保险、失业保险、工伤保险和生育保险等社会保险费；

（四）通过银行等金融机构向安置的每位残疾人，按月支付了不低于单位所在区县适用的经省级人民政府批准的月最低工资标准的工资；

（五）提供本单位制造的货物、承担的工程或者服务（以下简称产品），或者提供其他残疾人福利性单位制造的货物（不包括使用非残疾人福利性单位注册商标的货物）。

前款所称残疾人是指法定劳动年龄内，持有《中华人民共和国残疾人证》或者《中华人民共和国残疾军人证（1至8级）》的自然人，包括具有劳动条件和劳动意愿的精神残疾人。在职职工人数是指与残疾人福利性单位建立劳动关系并依法签订劳动合同或者服务协议的雇员人数。

二、符合条件的残疾人福利性单位在参加政府采购活动时，应当提供本通知规定的《残疾人福利性单位声明函》（见附件），并对声明的真实性负责。任何单位或者个人在政府采购活动中均不得要求残疾人福利性单位提供其他证明声明函内容的材料。

中标、成交供应商为残疾人福利性单位的，采购人或者其委托的采购代理机构应当随中标、成交结果同时公告其《残疾人福利性单位声明函》，接受社会监督。

供应商提供的《残疾人福利性单位声明函》与事实不符的，依照《政府采购法》第七十七条第一款的规定追究法律责任。

三、在政府采购活动中，残疾人福利性单位视同小型、微型企业，享受预留份额、评审中价格扣除等促进中小企业发展的政府采购政策。向残疾人福利性单位采购的金额，计入面向中小企业采购的统计数据。残疾人福利性单位属于小型、微型企业的，不重复享受政策。

四、采购人采购公开招标数额标准以上的货物或者服务，因落实促进残疾人就业政策的需要，依法履行有关报批程序后，可采用公开招标以外的采购方式。

五、对于满足要求的残疾人福利性单位产品，集中采购机构可直接纳入协议供货或者定点采购范围。各地区建设的政府采购电子卖场、电子商城、网上超市等应当设立残疾人福利性单位产品专栏。鼓励采购人优先选择残疾人福利性单位的产品。

六、省级财政部门可以结合本地区残疾人生产、经营的实际情况，细化政府采购支持措施。对符合国家有关部门规定条件的残疾人辅助性就业机构，可通过上述措施予以支持。各地制定的有关文件应当报财政部备案。

七、本通知自 2017 年 10 月 1 日起执行。

附件

残疾人福利性单位声明函

本单位郑重声明，根据《财政部 民政部 中国残疾人联合会关于促进残疾人就业政府采购政策的通知》（财库〔2017〕141 号）的规定，本单位为符合条件的残疾人福利性单位，且本单位参加____单位的____项目采购活动提供本单位制造的货物（由本单位承担工程/提供服务），或者提供其他残疾人福利性单位制造的货物（不包括使用非残疾人福利性单位注册商标的货物）。

本单位对上述声明的真实性负责。如有虚假，将依法承担相应责任。

单位名称（盖章）：

日　期：

政府采购质疑和投诉办法

（财政部令 2017 年第 94 号，财政部 2017 年 12 月 26 日发布）

《政府采购质疑和投诉办法》已经财政部部长办公会审议通过。现予公布，自 2018 年 3 月 1 日起施行。

政府采购质疑和投诉办法

第一章　总　　则

第一条　为了规范政府采购质疑和投诉行为，保护参加政府采购活动当事人的合法权益，根据《中华人民共和国政府采购法》《中华人民共和国政府采购法实施条例》和其他有关法律法规规定，制定本办法。

第二条　本办法适用于政府采购质疑的提出和答复、投诉的提起和处理。

第三条　政府采购供应商（以下简称供应商）提出质疑和投诉应当坚持依法依规、诚实信用原则。

第四条　政府采购质疑答复和投诉处理应当坚持依法依规、权责对等、公平公正、简便高效原则。

第五条　采购人负责供应商质疑答复。采购人委托采购代理机构采购的，采购代理机构在委托授权范围内作出答复。

县级以上各级人民政府财政部门（以下简称财政部门）负责依法处理供应商投诉。

第六条　供应商投诉按照采购人所属预算级次，由本级财政部门处理。

跨区域联合采购项目的投诉，采购人所属预算级次相同的，由采购文件事先约定的财政部门负责处理，事先未约定的，由最先收到投诉的财政部门负责处理；采购人所属预算级次不同的，由预算级次最高的财政部门负责处理。

第七条　采购人、采购代理机构应当在采购文件中载明接收质疑函的方式、联系部门、联系电话和通讯地址等信息。

县级以上财政部门应当在省级以上财政部门指定的政府采购信息发布媒体公布受理投诉

的方式、联系部门、联系电话和通讯地址等信息。

第八条 供应商可以委托代理人进行质疑和投诉。其授权委托书应当载明代理人的姓名或者名称、代理事项、具体权限、期限和相关事项。供应商为自然人的，应当由本人签字；供应商为法人或者其他组织的，应当由法定代表人、主要负责人签字或者盖章，并加盖公章。

代理人提出质疑和投诉，应当提交供应商签署的授权委托书。

第九条 以联合体形式参加政府采购活动的，其投诉应当由组成联合体的所有供应商共同提出。

第二章 质疑提出与答复

第十条 供应商认为采购文件、采购过程、中标或者成交结果使自己的权益受到损害的，可以在知道或者应知其权益受到损害之日起7个工作日内，以书面形式向采购人、采购代理机构提出质疑。

采购文件可以要求供应商在法定质疑期内一次性提出针对同一采购程序环节的质疑。

第十一条 提出质疑的供应商（以下简称质疑供应商）应当是参与所质疑项目采购活动的供应商。

潜在供应商已依法获取其可质疑的采购文件的，可以对该文件提出质疑。对采购文件提出质疑的，应当在获取采购文件或者采购文件公告期限届满之日起7个工作日内提出。

第十二条 供应商提出质疑应当提交质疑函和必要的证明材料。质疑函应当包括下列内容：

（一）供应商的姓名或者名称、地址、邮编、联系人及联系电话；

（二）质疑项目的名称、编号；

（三）具体、明确的质疑事项和与质疑事项相关的请求；

（四）事实依据；

（五）必要的法律依据；

（六）提出质疑的日期。

供应商为自然人的，应当由本人签字；供应商为法人或者其他组织的，应当由法定代表人、主要负责人，或者其授权代表签字或者盖章，并加盖公章。

第十三条 采购人、采购代理机构不得拒收质疑供应商在法定质疑期内发出的质疑函，应当在收到质疑函后7个工作日内作出答复，并以书面形式通知质疑供应商和其他有关供应商。

第十四条 供应商对评审过程、中标或者成交结果提出质疑的，采购人、采购代理机构可以组织原评标委员会、竞争性谈判小组、询价小组或者竞争性磋商小组协助答复质疑。

第十五条 质疑答复应当包括下列内容：

（一）质疑供应商的姓名或者名称；

（二）收到质疑函的日期、质疑项目名称及编号；

（三）质疑事项、质疑答复的具体内容、事实依据和法律依据；

（四）告知质疑供应商依法投诉的权利；

（五）质疑答复人名称；

（六）答复质疑的日期。

质疑答复的内容不得涉及商业秘密。

第十六条 采购人、采购代理机构认为供应商质疑不成立，或者成立但未对中标、成交结果构成影响的，继续开展采购活动；认为供应商质疑成立且影响或者可能影响中标、成交结果的，按照下列情况处理：

（一）对采购文件提出的质疑，依法通过澄清或者修改可以继续开展采购活动的，澄清或者修改采购文件后继续开展采购活动；否则应当修改采购文件后重新开展采购活动。

（二）对采购过程、中标或者成交结果提出的质疑，合格供应商符合法定数量时，可以从合格的中标或者成交候选人中另行确定中标、成交供应商的，应当依法另行确定中标、成交供应商；否则应当重新开展采购活动。

质疑答复导致中标、成交结果改变的，采购人或者采购代理机构应当将有关情况书面报告本级财政部门。

第三章 投诉提起

第十七条 质疑供应商对采购人、采购代理机构的答复不满意，或者采购人、采购代理机构未在规定时间内作出答复的，可以在答复期满后15个工作日内向本办法第六条规定的财政部门提起投诉。

第十八条 投诉人投诉时，应当提交投诉书和必要的证明材料，并按照被投诉采购人、采购代理机构（以下简称被投诉人）和与投诉事项有关的供应商数量提供投诉书的副本。投诉书应当包括下列内容：

（一）投诉人和被投诉人的姓名或者名称、通讯地址、邮编、联系人及联系电话；

（二）质疑和质疑答复情况说明及相关证明材料；

（三）具体、明确的投诉事项和与投诉事项相关的投诉请求；

（四）事实依据；

（五）法律依据；

（六）提起投诉的日期。

投诉人为自然人的，应当由本人签字；投诉人为法人或者其他组织的，应当由法定代表人、主要负责人，或者其授权代表签字或者盖章，并加盖公章。

第十九条 投诉人应当根据本办法第七条第二款规定的信息内容，并按照其规定的方式提起投诉。

投诉人提起投诉应当符合下列条件：

（一）提起投诉前已依法进行质疑；

（二）投诉书内容符合本办法的规定；

（三）在投诉有效期限内提起投诉；

（四）同一投诉事项未经财政部门投诉处理；

（五）财政部规定的其他条件。

第二十条 供应商投诉的事项不得超出已质疑事项的范围，但基于质疑答复内容提出的投诉事项除外。

第四章 投诉处理

第二十一条 财政部门收到投诉书后，应当在5个工作日内进行审查，审查后按照下列情况处理：

（一）投诉书内容不符合本办法第十八条规定的，应当在收到投诉书5个工作日内一次性书面通知投诉人补正。补正通知应当载明需要补正的事项和合理的补正期限。未按照补正期限进行补正或者补正后仍不符合规定的，不予受理。

（二）投诉不符合本办法第十九条规定条件的，应当在3个工作日内书面告知投诉人不予受理，并说明理由。

（三）投诉不属于本部门管辖的，应当在3个工作日内书面告知投诉人向有管辖权的部门提起投诉。

（四）投诉符合本办法第十八条、第十九条规定的，自收到投诉书之日起即为受理，并在收到投诉后8个工作日内向被投诉人和其他与投诉事项有关的当事人发出投诉答复通知书及投诉书副本。

第二十二条 被投诉人和其他与投诉事项有关的当事人应当在收到投诉答复通知书及投诉书副本之日起5个工作日内，以书面形式向财政部门作出说明，并提交相关证据、依据和其他有关材料。

第二十三条 财政部门处理投诉事项原则上采用书面审查的方式。财政部门认为有必要时，可以进行调查取证或者组织质证。

财政部门可以根据法律、法规规定或者职责权限，委托相关单位或者第三方开展调查取证、检验、检测、鉴定。

质证应当通知相关当事人到场，并制作质证笔录。质证笔录应当由当事人签字确认。

第二十四条 财政部门依法进行调查取证时，投诉人、被投诉人以及与投诉事项有关的单位及人员应当如实反映情况，并提供财政部门所需要的相关材料。

第二十五条 应当由投诉人承担举证责任的投诉事项，投诉人未提供相关证据、依据和其他有关材料的，视为该投诉事项不成立；被投诉人未按照投诉答复通知书要求提交相关证据、依据和其他有关材料的，视同其放弃说明权利，依法承担不利后果。

第二十六条 财政部门应当自收到投诉之

日起30个工作日内，对投诉事项作出处理决定。

第二十七条 财政部门处理投诉事项，需要检验、检测、鉴定、专家评审以及需要投诉人补正材料的，所需时间不计算在投诉处理期限内。

前款所称所需时间，是指财政部门向相关单位、第三方、投诉人发出相关文书、补正通知之日至收到相关反馈文书或材料之日。

财政部门向相关单位、第三方开展检验、检测、鉴定、专家评审的，应当将所需时间告知投诉人。

第二十八条 财政部门在处理投诉事项期间，可以视具体情况书面通知采购人和采购代理机构暂停采购活动，暂停采购活动时间最长不得超过30日。

采购人和采购代理机构收到暂停采购活动通知后应当立即中止采购活动，在法定的暂停期限结束前或者财政部门发出恢复采购活动通知前，不得进行该项采购活动。

第二十九条 投诉处理过程中，有下列情形之一的，财政部门应当驳回投诉：

（一）受理后发现投诉不符合法定受理条件；

（二）投诉事项缺乏事实依据，投诉事项不成立；

（三）投诉人捏造事实或者提供虚假材料；

（四）投诉人以非法手段取得证明材料。证据来源的合法性存在明显疑问，投诉人无法证明其取得方式合法的，视为以非法手段取得证明材料。

第三十条 财政部门受理投诉后，投诉人书面申请撤回投诉的，财政部门应当终止投诉处理程序，并书面告知相关当事人。

第三十一条 投诉人对采购文件提起的投诉事项，财政部门经查证属实的，应当认定投诉事项成立。经认定成立的投诉事项不影响采购结果的，继续开展采购活动；影响或者可能影响采购结果的，财政部门按照下列情况处理：

（一）未确定中标或者成交供应商的，责令重新开展采购活动。

（二）已确定中标或者成交供应商但尚未签订政府采购合同的，认定中标或者成交结果无效，责令重新开展采购活动。

（三）政府采购合同已经签订但尚未履行的，撤销合同，责令重新开展采购活动。

（四）政府采购合同已经履行，给他人造成损失的，相关当事人可依法提起诉讼，由责任人承担赔偿责任。

第三十二条 投诉人对采购过程或者采购结果提起的投诉事项，财政部门经查证属实的，应当认定投诉事项成立。经认定成立的投诉事项不影响采购结果的，继续开展采购活动；影响或者可能影响采购结果的，财政部门按照下列情况处理：

（一）未确定中标或者成交供应商的，责令重新开展采购活动。

（二）已确定中标或者成交供应商但尚未签订政府采购合同的，认定中标或者成交结果无效。合格供应商符合法定数量时，可以从合格的中标或者成交候选人中另行确定中标或者成交供应商的，应当要求采购人依法另行确定中标、成交供应商；否则责令重新开展采购活动。

（三）政府采购合同已经签订但尚未履行的，撤销合同。合格供应商符合法定数量时，可以从合格的中标或者成交候选人中另行确定中标或者成交供应商的，应当要求采购人依法另行确定中标、成交供应商；否则责令重新开展采购活动。

（四）政府采购合同已经履行，给他人造成损失的，相关当事人可依法提起诉讼，由责任人承担赔偿责任。

投诉人对废标行为提起的投诉事项成立的，财政部门应当认定废标行为无效。

第三十三条 财政部门作出处理决定，应当制作投诉处理决定书，并加盖公章。投诉处理决定书应当包括下列内容：

（一）投诉人和被投诉人的姓名或者名称、通讯地址等；

（二）处理决定查明的事实和相关依据，具体处理决定和法律依据；

（三）告知相关当事人申请行政复议的权利、行政复议机关和行政复议申请期限，以及提起行政诉讼的权利和起诉期限；

（四）作出处理决定的日期。

第三十四条　财政部门应当将投诉处理决定书送达投诉人和与投诉事项有关的当事人，并及时将投诉处理结果在省级以上财政部门指定的政府采购信息发布媒体上公告。

投诉处理决定书的送达，参照《中华人民共和国民事诉讼法》关于送达的规定执行。

第三十五条　财政部门应当建立投诉处理档案管理制度，并配合有关部门依法进行的监督检查。

第五章　法律责任

第三十六条　采购人、采购代理机构有下列情形之一的，由财政部门责令限期改正；情节严重的，给予警告，对直接负责的主管人员和其他直接责任人员，由其行政主管部门或者有关机关给予处分，并予通报：

（一）拒收质疑供应商在法定质疑期内发出的质疑函；

（二）对质疑不予答复或者答复与事实明显不符，并不能作出合理说明；

（三）拒绝配合财政部门处理投诉事宜。

第三十七条　投诉人在全国范围 12 个月内三次以上投诉查无实据的，由财政部门列入不良行为记录名单。

投诉人有下列行为之一的，属于虚假、恶意投诉，由财政部门列入不良行为记录名单，禁止其 1 至 3 年内参加政府采购活动：

（一）捏造事实；

（二）提供虚假材料；

（三）以非法手段取得证明材料。证据来源的合法性存在明显疑问，投诉人无法证明其取得方式合法的，视为以非法手段取得证明材料。

第三十八条　财政部门及其工作人员在履行投诉处理职责中违反本办法规定及存在其他滥用职权、玩忽职守、徇私舞弊等违法违纪行为的，依照《中华人民共和国政府采购法》《中华人民共和国公务员法》《中华人民共和国行政监察法》《中华人民共和国政府采购法实施条例》等国家有关规定追究相应责任；涉嫌犯罪的，依法移送司法机关处理。

第六章　附　则

第三十九条　质疑函和投诉书应当使用中文。质疑函和投诉书的范本，由财政部制定。

第四十条　相关当事人提供外文书证或者外国语视听资料的，应当附有中文译本，由翻译机构盖章或者翻译人员签名。

相关当事人向财政部门提供的在中华人民共和国领域外形成的证据，应当说明来源，经所在国公证机关证明，并经中华人民共和国驻该国使领馆认证，或者履行中华人民共和国与证据所在国订立的有关条约中规定的证明手续。

相关当事人提供的在香港特别行政区、澳门特别行政区和台湾地区内形成的证据，应当履行相关的证明手续。

第四十一条　财政部门处理投诉不得向投诉人和被投诉人收取任何费用。但因处理投诉发生的第三方检验、检测、鉴定等费用，由提出申请的供应商先行垫付。投诉处理决定明确双方责任后，按照“谁过错谁负担”的原则由承担责任的一方负担；双方都有责任的，由双方合理分担。

第四十二条　本办法规定的期间开始之日，不计算在期间内。期间届满的最后一日是节假日的，以节假日后的第一日为期间届满的日期。期间不包括在途时间，质疑和投诉文书在期满前交邮的，不算过期。

本办法规定的“以上”“以下”均含本数。

第四十三条　对在质疑答复和投诉处理过程中知悉的国家秘密、商业秘密、个人隐私和依法不予公开的信息，财政部门、采购人、采购代理机构等相关知情人应当保密。

第四十四条　省级财政部门可以根据本办法制定具体实施办法。

第四十五条　本办法自 2018 年 3 月 1 日起施行。财政部 2004 年 8 月 11 日发布的《政府采购供应商投诉处理办法》（财政部令第 20 号）同时废止。

关于印发《政务信息系统政府采购管理暂行办法》的通知

（财库〔2017〕210号，财政部2017年12月26日发布）

党中央有关部门，国务院各部委、各直属机构，全国人大常委会办公厅，全国政协办公厅，高法院，高检院，各民主党派中央，有关人民团体，各省、自治区、直辖市、计划单列市财政厅（局），新疆生产建设兵团财政局，中共中央直属机关采购中心，中央国家机关政府采购中心，全国人大机关采购中心：

现将《政务信息系统政府采购管理暂行办法》印发给你们，请遵照执行。

附件：《政务信息系统政府采购管理暂行办法》

附件

政务信息系统政府采购管理暂行办法

第一条 为了推进政务信息系统政府采购工作规范高效开展，根据国家电子政务总体部署和《国务院办公厅关于印发政务信息系统整合共享实施方案的通知》（国办发〔2017〕39号）有关要求，制定本办法。

第二条 本办法所称政务信息系统是指由政府投资建设、政府和社会企业联合建设、政府向社会购买服务或需要政府运行维护的，用于支撑政务部门履行管理和服务职能的各类信息系统，包括执行政务信息处理的计算机、软件和外围设备等货物和服务。

前款所称政务部门是指中共中央、全国人大、国务院、全国政协、最高法院、最高检察院及中央和国家机关各部门，各级地方党委、人大、政府、政协、法院、检察院及其直属各部门（单位）。

第三条 政务信息系统政府采购工作由各相关政务部门（以下简称采购人）负责统一规划和具体实施，各级财政部门依法履行政府采购监管职责。

第四条 采购人应当按照可行性研究报告、初步设计报告、预算审批时核准的内容和实际工作需要确定政务信息系统采购需求（以下简称采购需求）并组织采购。

采购需求应当科学合理、明确细化，包括项目名称、采购人、预算金额、经费渠道、运行维护要求、数据共享要求、安全审查和保密要求、等级保护要求、分级保护要求、需落实的政府采购政策和履约验收方案等内容。

第五条 采购需求应当符合法律法规，满足国家、行业相关标准的要求，鼓励使用市场自主制定的团体标准。

专业性强、技术要求较高的政务信息系统，可以邀请行业专家或者第三方专业机构参与需求制定工作。采购人和实际使用者或受益者分离的项目，在制定需求时，应当征求实际使用者或受益者的意见。

第六条 采购需求应当落实政务信息系统整合共享要求，符合政务信息共享标准体系，确保相关系统能够按照规定接入国家共享数据交换平台。采购需求要与现有系统功能协调一致，避免重复建设。

采购需求应当体现公共数据开放有关要求，推动原始性、可机器读取、可供社会化再利用的数据集向社会开放。

第七条 采购需求应当落实国家支持云计算的政策要求，推动政务服务平台集约化建设管理。不含国家秘密、面向社会主体提供服务的政务信息系统，原则上应当采用云计算模式进行建设，采购需求应当包括相关设备、系统和服务支持互联网协议第六版（IPv6）的技术要求。

第八条　采购需求应当落实国家密码管理有关法律法规、政策和标准规范的要求，同步规划、同步建设、同步运行密码保障系统并定期进行评估。

第九条　政务信息系统采用招标方式采购的，应当采用综合评分法；采用非招标方式采购的，应当采用竞争性磋商或单一来源采购方式。

除单一来源采购方式外，政务信息系统采购货物的，价格分值占总分值比重应当为30%；采购服务的，价格分值占总分值比重应当为10%。无法确定项目属于货物或服务的，由采购人按照有利于采购项目实施的原则确定项目属性。

第十条　采购人应当指派熟悉情况的工作人员作为采购人代表参加评标委员会或者竞争性磋商小组，参与政务信息系统采购活动的评审。

第十一条　政务信息系统采购评审中，评标委员会或者竞争性磋商小组认为供应商报价明显低于其他合格供应商的报价，有可能影响产品质量或者不能诚信履约的，应当要求其在评审现场合理时间内提供书面说明，必要时提供相关证明材料；供应商不能证明其报价合理性的，评标委员会或竞争性磋商小组应当将其作为无效投标或者无效响应处理。

第十二条　采购人应当按照国家有关规定组织政务信息系统项目验收，根据项目特点制定完整的项目验收方案。验收方案应当包括项目所有功能的实现情况、密码应用和安全审查情况、信息系统共享情况、维保服务等采购文件和采购合同规定的内容，必要时可以邀请行业专家、第三方机构或相关主管部门参与验收。

第十三条　采购人可以聘请第三方专业机构制定针对政务信息系统的质量保障方案，对相关供应商的进度计划、阶段成果和服务质量进行监督，形成项目整改报告和绩效评估报告，必要时邀请行业专家或相关主管部门评审论证。质量保障相关情况应当作为项目验收的依据。

第十四条　具有多个服务期的政务信息系统，可以根据每期工作目标进行分期验收。为社会公众服务的政务信息系统，应当将公众意见或者使用反馈情况作为验收的重要参考依据。采购人和实际使用者或受益者分离的政务信息系统，履约验收时应当征求实际使用者或受益者的意见。

第十五条　政务信息系统的项目验收结果应当作为选择本项目后续运行维护供应商的重要参考。

第十六条　在年度预算能够保障的前提下，采购人可以与政务信息系统运行维护供应商签订不超过三年履行期限的政府采购合同。

第十七条　本办法从2018年1月1日起施行。

关于印发《政府采购代理机构管理暂行办法》的通知

（财库〔2018〕2号，财政部2018年1月4日发布）

党中央有关部门，国务院各部委、各直属机构，全国人大常委会办公厅，全国政协办公厅，高法院，高检院，各民主党派中央，有关人民团体，各省、自治区、直辖市、计划单列市财政厅（局），新疆生产建设兵团财政局：

现将《政府采购代理机构管理暂行办法》印发给你们，请遵照执行。

附件：政府采购代理机构管理暂行办法

附件

政府采购代理机构管理暂行办法

第一章 总 则

第一条 为加强政府采购代理机构监督管理，促进政府采购代理机构规范发展，根据《中华人民共和国政府采购法》《中华人民共和国政府采购法实施条例》等法律法规，制定本办法。

第二条 本办法所称政府采购代理机构（以下简称代理机构）是指集中采购机构以外、受采购人委托从事政府采购代理业务的社会中介机构。

第三条 代理机构的名录登记、从业管理、信用评价及监督检查适用本办法。

第四条 各级人民政府财政部门（以下简称财政部门）依法对代理机构从事政府采购代理业务进行监督管理。

第五条 财政部门应当加强对代理机构的政府采购业务培训，不断提高代理机构专业化水平。鼓励社会力量开展培训，增强代理机构业务能力。

第二章 名录登记

第六条 代理机构实行名录登记管理。省级财政部门依托中国政府采购网省级分网（以下简称省级分网）建立政府采购代理机构名录（以下简称名录）。名录信息全国共享并向社会公开。

第七条 代理机构应当通过工商登记注册地（以下简称注册地）省级分网填报以下信息申请进入名录，并承诺对信息真实性负责：

（一）代理机构名称、统一社会信用代码、办公场所地址、联系电话等机构信息；

（二）法定代表人及专职从业人员有效身份证明等个人信息；

（三）内部监督管理制度；

（四）在自有场所组织评审工作的，应当提供评审场所地址、监控设备设施情况；

（五）省级财政部门要求提供的其他材料。

登记信息发生变更的，代理机构应当在信息变更之日起10个工作日内自行更新。

第八条 代理机构登记信息不完整的，财政部门应当及时告知其完善登记资料；代理机构登记信息完整清晰的，财政部门应当及时为其开通相关政府采购管理交易系统信息发布、专家抽取等操作权限。

第九条 代理机构在其注册地省级行政区划以外从业的，应当向从业地财政部门申请开通政府采购管理交易系统相关操作权限，从业地财政部门不得要求其重复提交登记材料，不得强制要求其在从业地设立分支机构。

第十条 代理机构注销时，应当向相关采购人移交档案，并及时向注册地所在省级财政部门办理名录注销手续。

第三章 从业管理

第十一条 代理机构代理政府采购业务应当具备以下条件：

（一）具有独立承担民事责任的能力；

（二）建立完善的政府采购内部监督管理制度；

（三）拥有不少于5名熟悉政府采购法律法规、具备编制采购文件和组织采购活动等相应能力的专职从业人员；

（四）具备独立办公场所和代理政府采购业务所必需的办公条件；

（五）在自有场所组织评审工作的，应当具备必要的评审场地和录音录像等监控设备设施并符合省级人民政府规定的标准。

第十二条 采购人应当根据项目特点、代理机构专业领域和综合信用评价结果，从名录中自主择优选择代理机构。

任何单位和个人不得以摇号、抽签、遴选等方式干预采购人自行选择代理机构。

第十三条　代理机构受采购人委托办理采购事宜，应当与采购人签订委托代理协议，明确采购代理范围、权限、期限、档案保存、代理费用收取方式及标准、协议解除及终止、违约责任等具体事项，约定双方权利义务。

第十四条　代理机构应当严格按照委托代理协议的约定依法依规开展政府采购代理业务，相关开标及评审活动应当全程录音录像，录音录像应当清晰可辨，音像资料作为采购文件一并存档。

第十五条　代理费用可以由中标、成交供应商支付，也可由采购人支付。由中标、成交供应商支付的，供应商报价应当包含代理费用。代理费用超过分散采购限额标准的，原则上由中标、成交供应商支付。

代理机构应当在采购文件中明示代理费用收取方式及标准，随中标、成交结果一并公开本项目收费情况，包括具体收费标准及收费金额等。

第十六条　采购人和代理机构在委托代理协议中约定由代理机构负责保存采购文件的，代理机构应当妥善保存采购文件，不得伪造、变造、隐匿或者销毁采购文件。采购文件的保存期限为从采购结束之日起至少十五年。

采购文件可以采用电子档案方式保存。采用电子档案方式保存采购文件的，相关电子档案应当符合《中华人民共和国档案法》《中华人民共和国电子签名法》等法律法规的要求。

第四章　信用评价及监督检查

第十七条　财政部门负责组织开展代理机构综合信用评价工作。采购人、供应商和评审专家根据代理机构的从业情况对代理机构的代理活动进行综合信用评价。综合信用评价结果应当全国共享。

第十八条　采购人、评审专家应当在采购活动或评审活动结束后5个工作日内，在政府采购信用评价系统中记录代理机构的职责履行情况。

供应商可以在采购活动结束后5个工作日内，在政府采购信用评价系统中记录代理机构的职责履行情况。

代理机构可以在政府采购信用评价系统中查询本机构的职责履行情况，并就有关情况作出说明。

第十九条　财政部门应当建立健全定向抽查和不定向抽查相结合的随机抽查机制。对存在违法违规线索的政府采购项目开展定向检查；对日常监管事项，通过随机抽取检查对象、随机选派执法检查人员等方式开展不定向检查。

财政部门可以根据综合信用评价结果合理优化对代理机构的监督检查频次。

第二十条　财政部门应当依法加强对代理机构的监督检查，监督检查包括以下内容：

（一）代理机构名录信息的真实性；

（二）委托代理协议的签订和执行情况；

（三）采购文件编制与发售、评审组织、信息公告发布、评审专家抽取及评价情况；

（四）保证金收取及退还情况，中标或者成交供应商的通知情况；

（五）受托签订政府采购合同、协助采购人组织验收情况；

（六）答复供应商质疑、配合财政部门处理投诉情况；

（七）档案管理情况；

（八）其他政府采购从业情况。

第二十一条　对代理机构的监督检查结果应当在省级以上财政部门指定的政府采购信息发布媒体向社会公开。

第二十二条　受到财政部门禁止代理政府采购业务处罚的代理机构，应当及时停止代理业务，已经签订委托代理协议的项目，按下列情况分别处理：

（一）尚未开始执行的项目，应当及时终止委托代理协议；

（二）已经开始执行的项目，可以终止的应当及时终止，确因客观原因无法终止的应当妥善做好善后工作。

第二十三条　代理机构及其工作人员违反政府采购法律法规的行为，依照政府采购法律法规进行处理；涉嫌犯罪的，依法移送司法机关处理。

代理机构的违法行为给他人造成损失的，依法承担民事责任。

第二十四条 财政部门工作人员在代理机构管理中存在滥用职权、玩忽职守、徇私舞弊等违法违纪行为的，依照《中华人民共和国政府采购法》《中华人民共和国公务员法》《中华人民共和国行政监察法》《中华人民共和国政府采购法实施条例》等国家有关规定追究相关责任；涉嫌犯罪的，依法移送司法机关处理。

第五章 附 则

第二十五条 政府采购行业协会按照依法制定的章程开展活动，加强代理机构行业自律。

第二十六条 省级财政部门可根据本办法规定制定具体实施办法。

第二十七条 本办法自 2018 年 3 月 1 日施行。

关于转发中央国家机关政府采购中心网上竞价管理办法和政府集中采购信息类产品协议供货管理办法的通知

（国土资厅函〔2018〕133 号，国土资源部办公厅 2018 年 01 月 30 日发布）

各预算单位：

为进一步规范网上竞价和协议供货采购行为，提高采购质量和效率，强化履约管理，依据《中华人民共和国政府采购法》、《中华人民共和国政府采购法实施条例》和有关行政法规的规定，中央国家机关政府采购中心修订了《网上竞价管理办法》（国机采〔2017〕16 号）和《政府集中采购信息类产品协议供货管理办法》（国机采〔2017〕17 号），现转发给你们，请遵照执行。

附件 ：《中央国家机关政府采购中心网上竞价管理办法》（国机采〔2017〕16 号）、《中央国家机关政府集中采购信息类产品协议供货管理办法》（国机采〔2017〕17 号）

附件

中央国家机关政府采购中心网上竞价管理办法

第一章 总 则

第一条 为进一步规范网上竞价操作行为，为采购人和供应商提供便捷高效的服务，依据《中华人民共和国政府采购法》、《中华人民共和国政府采购法实施条例》及相关法律法规，制定本办法。

第二条 本办法所称网上竞价是指采购人公开发布采购信息，在规定时间内，供应商在线报价，按照满足需求的最低报价者成交的电子化政府采购形式。

第三条 网上竞价的实质是询价采购，适用于 50 万元以下，规格、标准统一的政府采购项目。

第二章 采购人职责

第四条 采购人进行网上竞价，应当通过中央国家机关政府采购中心（以下简称国采中心）网站注册，获取用户名和密码，登录网上竞价系统，在线发起竞价项目。采购人对外公开发布信息，包括：采购需求、成交结果、项目废标等。

第五条　采购人在采购进口产品时，应当严格按照《财政部关于印发〈政府采购进口产品管理办法〉的通知》（财库〔2007〕119 号）及《财政部关于政府采购进口产品管理有关问题的通知》（财办库〔2008〕248 号）等有关规定执行。

第六条　网上竞价应当遵守并积极落实国家有关节能环保、自主创新、扶持中小企业、知识产权保护、国家信息安全等政策规定。采购人采购列入节能产品政府采购强制执行范围的产品，应当在当期《节能产品政府采购清单》范围内进行采购。当出现报价相同的供应商时，应当优先选择列入当期《环境标志产品政府采购清单》的产品。供应商及所投报产品厂商均为中小企业的，按照报价扣除 6% 后的价格进行排序，供应商最终成交价格以实际报价为准。

第七条　采购人须按网上竞价系统要求，准确填写并提交竞价需求。需求应当完整、明确、合规，不得包含歧视性、排他性内容，技术需求中不得包含商务条款。采购人填写品牌和型号时，必需填写三个（含）以上品牌和型号。

第八条　竞价需求公告发布后，采购人无正当理由不得调整、变更或取消采购需求。

第九条　网上竞价按照符合采购需求且报价最低的原则确定成交供应商。报价时间截止后，网上竞价系统按报价由低到高顺序排序，列出成交供应商候选人名单；报价相同时，按报价时间先后顺序排序。采购人在满足竞价需求的供应商中，选择排名第一的供应商为成交供应商。

第十条　采购预算少于 5 万元（不含）的网上竞价项目，采购公告时间不得少于 1 个工作日；采购预算不少于 5 万元（含）的网上竞价项目，采购公告时间不得少于 3 个工作日。采购人应当在竞价截止时间后 5 个工作日内，选择确认成交供应商；逾期不确认的，系统自动确认排名第一的供应商为成交供应商。

第十一条　采购人确需取消采购任务的，应当在成交公告发布 3 个工作日内提交书面说明。

第十二条　成交公告发布后，成交供应商除不可抗力外的原因不得放弃成交；确需放弃的，应当向采购人提交书面说明。采购人收到成交供应商书面说明后，向国采中心提交书面材料，经核定后，递延选择成交供应商，或由采购人重新发起竞价项目。

第十三条　出现下列情形之一的，采购项目应当废标：

（一）符合采购需求条件的供应商不足三家的；

（二）符合采购需求条件的供应商报价均超过采购预算，采购人不能支付的；

（三）采购人因故取消采购任务的。

第十四条　采购人应当在成交公告发布后七个工作日内与成交供应商签订合同，并按合同约定付款。

第十五条　网上竞价系统自动生成《电子验收单》，作为政府采购凭证。供货合同由采购人与成交供应商依据网上竞价成交公告另行协商签订，合同实质内容应与网上竞价成交公告一致。

第十六条　网上竞价的付款方式为先供货，后付款。货物验收由采购人负责组织，验收合格后双方签字盖章，凭《电子验收单》及双方签订的供货合同支付。

第三章　供应商操作

第十七条　本办法所称供应商是指符合《中华人民共和国政府采购法》第二十二条规定的供应商。供应商应当通过国采中心网站注册，获得安全认证，登录网上竞价系统，参与竞价。

第十八条　供应商应当遵循诚实守信原则，供应商参与竞价应当响应采购人提出的所有需求，竞价时间截止后不得对报价及相关内容做任何更改或退出，应当按竞价需求和成交公告签订合同并提供相关服务。

第十九条　供应商不得通过虚假应答、串通等行为谋取不正当利益。供应商应当认真阅读理解公告要求，合理报价，超预算的报价将被拒绝。供应商应对报价负责，自行承担相关责任。

第二十条　成交公告发布后 3 个工作日

内，供应商应主动与采购人联系，商定供货、合同签订等事宜。

第二十一条 成交供应商不履行合同约定，采购人有权按有关法律法规终止采购项目，并追究成交供应商的违约责任。

第二十二条 供应商对网上竞价需求提出询问或质疑的，应当在报价截止前，以书面形式（法人代表签字，单位盖章）向采购人和国采中心提出。供应商对网上竞价结果提出质疑的，应当在竞价成交公告发布之日起7个工作日之内，以书面形式（法人代表签字，单位盖章）向采购人和国采中心提出。质疑处理期间，为进行调查了解，国采中心有权暂停质疑人、被质疑人网上竞价资格，并冻结该竞价项目。

第四章 国采中心职责

第二十三条 国采中心负责网上竞价网络系统的设计、建设和运维工作。

第二十四条 国采中心负责网上竞价操作规程、实施细则及相关制度的制定，并依据规程对违规行为进行处理。

第二十五条 国采中心根据中央预算单位政府集中采购目录和采购人需求较集中的品目制定网上竞价采购目录。

第二十六条 国采中心应按照相关当事人反映的违反本办法的情况，对当事人进行处理。

第二十七条 采购人逾期不签订合同或不付款的，国采中心将视情节轻重予以公示或暂停网上竞价资格；情节严重的，将报请财政主管部门进一步处理。

第二十八条 供应商出现下列情形之一的，国采中心将冻结其法定代表人注册的供应商在中央政府采购网注册的所有账号半年并予以公示，且半年内不得在中央政府采购网注册新账号：

（一）报价供应商在竞价截止时间后退出报价的；

（二）报价供应商未能在竞价平台提供有效联系方式，导致竞价截止时间后2个工作日内采购人或国采中心无法取得联系，且经中央政府采购网公示3个工作日后，仍未主动联系采购人或国采中心的。

第二十九条 供应商出现下列情形之一的，国采中心将冻结其法定代表人注册的供应商在中央政府采购网注册的所有账号一年并予以公示，且一年内不得在中央政府采购网注册新账号：

（一）成交公告发布后，成交供应商不履行承诺的；

（二）成交后，因产品质量或违约等行为被采购人书面投诉，经查属实的。

第三十条 供应商出现下列情形之一的，国采中心将冻结其法定代表人注册的所有供应商在中央政府采购网的账号三年并予以公示，且三年内不得在中央政府采购网注册新账号，情节严重的，国采中心将报请财政主管部门进一步处理：

（一）供应商提供来源不明、假冒伪劣等不合格产品的；

（二）供应商提供虚假材料或虚假证明的；

（三）与其它供应商串通，谋取成交的；

（四）在处罚暂停期间以任何形式重复注册和参与网上竞价的。

第三十一条 暂停资格时间到期后，被暂停网上竞价资格的供应商应当向国采中心提交书面整改材料，申请恢复网上竞价资格。国采中心在收到恢复网上竞价资格材料后进行审核，符合条件的在10个工作日内恢复其竞价资格。

第五章 附 则

第三十二条 本办法由中央国家机关政府采购中心负责解释。

第三十三条 本办法自发布之日起执行。《中央国家机关政府集中采购网上竞价管理办法》（国机采字〔2016〕13号）同时废止。

附件

中央国家机关政府集中采购信息类产品协议供货管理办法

第一章　总　　则

第一条　为规范采购行为，提高采购效率，节约采购成本，方便采购人，根据《中华人民共和国政府采购法》（以下简称政府采购法）、《中华人民共和国政府采购法实施条例》（以下简称实施条例）等法律法规，结合采购中心工作实际制定本办法。

第二条　各级中央预算单位（以下简称采购人）采购政府集中采购目录中实行协议供货的品目适用本办法。采购人采购政府集中采购目录外实行协议供货的品目参照本办法执行。

第三条　本办法所称协议供货，是指中央国家机关政府采购中心（以下简称采购中心）通过公开招标、竞争性谈判、竞争性磋商等方式，确定中标供应商及其所供产品（型号、具体配置）、最高限价、订货方式、供货期限、售后服务条款等，由采购人在协议有效期内，自主选择网上公告的供货商及其中标产品的一种政府集中采购组织形式。

第四条　采购中心作为中央国家机关政府集中采购的执行机构，负责中央国家机关政府集中采购协议供货工作的组织实施。

第二章　执行程序

第五条　采购中心定期在中央政府采购网协议供货专栏中公告协议供货的具体执行程序、品目、中标产品（品牌、型号和配置）及其最高限价、中标供应商及协议供货商名单、订货及售后服务联系方式、供货期限、售后服务条款等信息。

第六条　采购人应在网上公告的中标供应商及其推荐的供货代理商（以下统称为协议供货商）的范围内对中标产品进行议价和比价，择优选择最终供货单位，采购价格不得高于最高限价。

第七条　协议供货中标产品不能满足采购需求的，采购人可按照网上竞价等其他法定程序另行组织采购，网上竞价的具体办法和程序参照《中央国家机关网上竞价管理办法》执行。

第八条　在偏远地方确无协议供货商时，采购人经与中标供应商总协调人联系仍无法解决供货问题的，若采购人承诺对货物及服务质量自行承担责任，则可以从网上公布的协议供货商以外的其它供应商处进行采购。

第九条　协议供货合同和货物验收单

（一）协议供货商应与采购人签订采购合同，并出具《中央国家机关政府采购货物验收单》（以下简称货物验收单）。

（二）协议供货合同应明确约定供需双方的权利和义务。采购人要充分利用协议供货制度的价格优惠和服务条件，监督协议供货商履行采购合同约定的各项应尽义务，出现合同纠纷或协议供货商违约时，应按照合同约定的方式进行处理并追究协议供货商的违约责任。

（三）货物验收单是实施政府集中采购的有效凭证，是财务付款（包括财政直接支付和授权支付）、国有资产登记入帐的凭证以及审计检查的依据。

（四）采购中心统一制定了货物验收单格式，由采购中心协议供货管理系统自动生成，经双方签字盖章后生效。

（五）货物验收单编号在系统中是唯一且相互对应的，审计、财务人员可登录中央政府采购网核查其真实性。

第十条　中央政府采购网上公布的协议供货产品价格为采购最高限价，采购人可选择多家协议供货商进行议价、比价，以争取获得更优惠的价格。中标价格中包含的上门安装、调试和质保等基本配套服务的费用，采购人无需另外付费。

第十一条　采购人应按照合同约定的条款负责验收，在交货时当场进行清点，现场参加安装和调试，在验收合格后向协议供货商收取发票并签署货物验收单。为杜绝假冒伪劣产品，保护采购人权益，在验收时，应当场抄录设备及其所有可拆卸部件的编号或序列号，形成书面记录，并经双方签字确认，作为合同附件妥善保存，以备维修及产生合同纠纷时使用。

第十二条 采购人要按照合同约定及时向协议供货商支付货款。

第十三条 协议供货厂商负责对其代理商进行管理，及时更新代理商信息，确保代理商按合同履约，确保服务标准一致。协议供货代理商出现违约问题时，厂商承担连带责任。

第十四条 协议供货期内若出现产品退市或下架，协议供货厂商应及时以书面方式报采购中心，申请停止原协议供货产品销售；原协议供货产品推出升级换代产品时，出具新产品在质量、性能等方面的说明和书面替换申请，采购中心定期归集替换申请后，统一组织专家进行评审，并进行网上公示，产品替换价格原则上不能超过原协议供货产品价格。

第十五条 列入节能产品政府采购清单（以下简称“清单”）强制采购的品目，清单内产品更新时，协议供货产品按照配置不降低、价格不升高的基本原则由厂商提出更替申请，采购中心对应清单及时审查调整。

第三章 履约管理

第十六条 采购中心将建立协议供货最高限价与市场价格的联动机制，开展市场价格行情监测，对协议供货最高限价实行动态管理。

第十七条 采购中心对供应商履约情况进行跟踪调查和监督，建立协议供货供应商履约考核机制和诚信管理档案。

第十八条 协议供货商应按照框架协议的要求定期进行价格调整，采购中心将按照产品降幅情况、框架协议约定和实际采购需求确定各期协议供货的淘汰和递补原则。

第十九条 在产品和服务完全可比的条件下，当采购人或相关单位和人员发现协议供货价格高于市场平均价格时，应及时向采购中心反映。发生上述情况时，若采购人承诺对货物及服务质量自行承担责任，则可以从网上公布的协议供货商以外的其它供应商处进行采购。但采购人应当在签订采购合同前将有关情况的书面说明加盖本单位公章后传真至采购中心备案，并附录有关供应商的报价文件及产品型号、配置清单。采购中心将同时依据上述文件对协议供货商价格进行调查，并要求其进行价格调整。价格调整通知发出后三个工作日内拒不降价的，将暂停协议供货产品销售资格。

第二十条 采购人应当在协议供货商履行合同义务结束后15个工作日内，在协议供货商评价管理系统中，对协议供货商的合同履约、产品质量、配送安装、服务品质等职责履行情况做出评价，并按“优、良、中、差”评定等级。

第二十一条 协议供货商在当期协议供货期内，严格按照招标文件执行价格协议，及时更新产品价格，无采购人在产品质量、售后服务等方面投诉，配合采购中心做好协议供货管理工作，主动维护中央政府集中采购的声誉，且销售金额在同类产品中排名靠前的，采购中心将参考采购人的评价，在后续协议供货采购中适当延长该产品协议供货周期。

第二十二条 协议供货商出现下列情形之一的，采购人应及时将有关情况向采购中心反映。采购中心将对违法违规供应商予以通报批评；情节严重的，将暂停或取消其协议供货中标资格，直至报请财政部处理：

（一）提供来源不明、假冒伪劣等不合格产品的；

（二）产品质量、配置或提供的售后服务不符合国家有关规定和投标文件承诺的标准的；

（三）没有在投标承诺的供货期限内及时供货或提供售后服务的；

（四）没有按照承诺的供货价格或折扣签订采购合同并供货的；

（五）协议供货最高限价高于市场平均价的；

（六）中标产品的媒体广告价或市场统一零售价降低时，未及时书面告知采购中心进行相应价格调整的；

（七）违反招标文件约定的价格协议，在采购中心通知后拒不进行价格调整的；

（八）当采购中心发起针对该产品的价格调查时，未能主动提供包括但不限于销售记录、成交合同等价格证明材料的；

（九）接到采购人三次以上对供应商在产品质量、服务等方面投诉的；

（十）因生产制造厂家原因导致代理商服务不到位或不能按约定供货的；

（十一）借机型更换之名，以低配机型、减配机型顶替高配机型、满配机型的；

（十二）借调换机型、配置之名乱加价的；

（十三）协议供货投标时，供应商提供虚假材料或虚假证明谋取中标已经核实的；

（十四）协议供货履约中，与其它供应商串通，谋取成交的；

（十五）违反法律法规、本办法规定和合同约定的其他情形的，严重影响采购中心声誉或政府采购形象的。

第二十三条　协议供货商应诚信履行框架协议约定，及时更新产品价格，确保入围产品全周期内低于市场平均价，同时严格管控产品质量，不得以任何理由降低产品质量标准和指标要求，严把产品的流通各个环节，确保原装正品。

第二十四条　采购人要严格遵循政府采购法及相关法律法规的规定，规范自身行为，主动维护协议供货商的合法权益，不得向协议供货商提出超出协议供货合同范围的其他要求，否则由此引起的经济和法律责任由违规单位自负。

第二十五条　采购中心在中央政府采购网设立主任信箱，听取各单位的意见和建议，并及时改进。

第四章　附　则

第二十六条　本办法由采购中心负责解释。

第二十七条　本办法自发布之日起施行，原《中央国家机关政府集中采购信息类产品协议供货实施办法》废止。

关于做好政府采购代理机构名录登记有关工作的通知

（财办库〔2018〕28号，财政部办公厅2018年2月13日发布）

各省、自治区、直辖市财政厅（局），新疆生产建设兵团财政局：

为确保《政府采购代理机构管理暂行办法》（财库〔2018〕2号，以下简称《办法》）顺利施行，现就相关事项通知如下：

一、做好名录登记工作衔接。2018年3月1日起，财政部不再办理政府采购代理机构（以下简称代理机构）名录登记事宜，由各省级财政部门按照《办法》要求做好新增代理机构名录登记工作。此前已通过中国政府采购网中央主网（以下简称中央主网）进行网上登记的代理机构，名录管理权限将于3月1日调整至其工商注册地省级财政部门。

二、及时补充完善登记信息。财政部将于3月1日前完成名录登记系统升级改造，并以短信、系统提示等方式统一通知此前已完成网上登记的代理机构按照《办法》规定补充完善专职从业人员、自有场所设施情况等登记信息。各省级财政部门应当对相关登记信息的完整性进行审核，并及时告知审核结果。5月1日起，各省级财政部门应当将登记信息不符合《办法》要求的代理机构从名录中暂时移出并暂停其信息发布、专家抽取等操作权限，待其登记信息符合要求后予以恢复。

三、进一步规范名录登记管理。名录登记系统以统一社会信用代码作为代理机构唯一标识。总公司已完成名录登记的，分公司无需重复登记。各省级财政部门应当对本地区代理机构进行梳理分类，名录中不再单独列示分公司。

四、落实信息公开要求。根据《办法》第十五条有关要求，财政部已对中国政府采购网采购公告发布系统数据接口规范进行调整，并在中央主网发布。各省级财政部门应当及时更新本地区政府采购中标、成交结果公告模板及数据接口规范，随政府采购项目中标、成交结果一并公告代理费用收费标准及金额。

五、严格落实政府采购行政处罚结果。名录登记系统将与中央主网“政府采购严重违法失信行为记录名单”进行关联。对被禁止参加政府采购活动的代理机构，各省级财政部门应当及时将其从名录中移除，并停止其信息发布和专家抽取等操作权限；处罚期满后，应当及时恢复。

六、各省级财政部门应当按照《办法》及本通知要求向代理机构做好政策解释和相关服务工作，对《办法》实施过程中存在的问题和建议请及时向财政部国库司反馈。

特此通知。

政府和社会资本合作

关于规范开展政府和社会资本合作项目资产证券化有关事宜的通知

（财金〔2017〕55号，财政部、中国人民银行、中国证监会2017年6月7日发布）

各省、自治区、直辖市、计划单列市财政厅（局），新疆生产建设兵团财务局，中国人民银行上海总部、各分行、营业管理部、各省会（首府）城市中心支行，中国证监会各派出机构，中国银行间市场交易商协会，上海证券交易所、深圳证券交易所，中国证券业协会，中国证券投资基金业协会：

为贯彻落实《国务院办公厅转发财政部 发展改革委 人民银行关于在公共服务领域推广政府和社会资本合作模式指导意见的通知》（国办发〔2015〕42号），规范推进政府和社会资本合作（以下简称PPP）项目资产证券化工作，现就有关事宜通知如下：

一、分类稳妥地推动PPP项目资产证券化

（一）鼓励项目公司开展资产证券化优化融资安排。在项目运营阶段，项目公司作为发起人（原始权益人），可以按照使用者付费、政府付费、可行性缺口补助等不同类型，以能够给项目带来现金流的收益权、合同债权作为基础资产，发行资产证券化产品。项目公司应统筹融资需求、项目收益等因素，合理确定资产证券化产品发行规模和期限，着力降低综合融资成本。积极探索项目公司在项目建设期依托PPP合同约定的未来收益权，发行资产证券化产品，进一步拓宽项目融资渠道。

（二）探索项目公司股东开展资产证券化盘活存量资产。除PPP合同对项目公司股东的股权转让质押等权利有限制性约定外，在项目建成运营2年后，项目公司的股东可以以能够带来现金流的股权作为基础资产，发行资产证券化产品，盘活存量股权资产，提高资产流动性。其中，控股股东发行规模不得超过股权带来现金流现值的50%，其他股东发行规模不得超过股权带来现金流现值的70%。

（三）支持项目公司其他相关主体开展资产证券化。在项目运营阶段，为项目公司提供融资支持的各类债权人，以及为项目公司提供建设支持的承包商等企业作为发起人（原始权益人），可以合同债权、收益权等作为基础资产，按监管规定发行资产证券化产品，盘活存量资产，多渠道筹集资金，支持PPP项目建设实施。

二、严格筛选开展资产证券化的PPP项目

（四）开展资产证券化的PPP项目应当运作规范、权属清晰。项目实施方案科学、合同体系完备、运作模式成熟、风险分配合理，并通过物有所值评价和财政承受能力论证。项目公司预期产生的现金流，能够覆盖项目的融资利息和股东的投资收益。拟作为基础资产的项目收益权、股权和合同债权等权属独立清晰，没有为其他融资提供质押或担保。

（五）发起人（原始权益人）应当分别符合相关要求。项目公司作为发起人（原始权益人）的，应当已落实融资方案，前期融资实际到账。项目公司、项目公司的股东作为发起人（原始权益人）申请通过发行主管部门绿色通道受理的，项目还应当成功运营2年以上，发起人（原始权益人）信用稳健，最近三年未发生重大违约或虚假信息披露，无不良信用记录。

三、完善PPP项目资产证券化工作程序

（六）依据合同约定自主开展资产证券化。

政府方和社会资本方应在 PPP 合同中，通过适当的方式约定相关各方的资产证券化权利和义务，发起人（原始权益人）可按照合同约定自主决定开展资产证券化，向发行主管部门提交发行申请。PPP 项目相关各方应按合同约定，配合接受尽职调查，提供相关材料，协助开展资产证券化产品的方案设计和信用评级等工作。

（七）择优筛选 PPP 项目开展资产证券化。优先支持水务、环境保护、交通运输等市场化程度较高、公共服务需求稳定、现金流可预测性较强的行业开展资产证券化。优先支持政府偿付能力较好、信用水平较高，并严格履行 PPP 项目财政管理要求的地区开展资产证券化。重点支持符合雄安新区和京津冀协同发展、“一带一路”、长江经济带等国家战略的 PPP 项目开展资产证券化。鼓励作为项目公司控股股东的行业龙头企业开展资产证券化，盘活存量项目资产，提高公共服务供给能力。

（八）择优推荐 PPP 项目资产证券化。省级财政部门可会同行业主管部门择优推荐资产证券化项目。PPP 项目资产证券化发起人（原始权益人）可在向发行主管部门提交申请前，自主向省级财政部门和行业主管部门提出推荐申请。申请材料包括但不限于 PPP 项目实施方案、PPP 合同、物有所值评价报告和财政承受能力论证报告、项目运营年报，以及项目资产证券化方案说明书、交易结构图、法律意见书等。省级财政部门可会同行业主管部门，按照有关监管规定和本通知要求，出具推荐意见并抄报财政部。

（九）进一步优化 PPP 项目资产证券化审核程序。发行主管部门应根据资产证券化业务规定，对申报的 PPP 项目进行审核和监管。对于各省级财政部门推荐的项目和中国政企合作支持基金投资的项目，中国银行间市场交易商协会、证券交易所、中国证券投资基金业协会等单位要研究建立受理、审核及备案的绿色通道，专人专岗负责，提高注册、备案、审核、发行和挂牌的工作效率。要根据 PPP 项目证券化开展情况，进一步完善资产证券化制度体系，指导有关单位研究完善自律规则及负面清单。

四、着力加强 PPP 项目资产证券化监督管理

（十）切实做好风险隔离安排。PPP 项目资产证券化的发起人（原始权益人），要严格按照资产证券化规则与相关方案、合同约定，合理设计资产证券化产品的发行交易结构，通过特殊目的载体（SPV）和必要的增信措施，坚持真实出售、破产隔离原则，在基础资产与发起人（原始权益人）资产之间做好风险隔离。发起人（原始权益人）要配合中介机构履行基础资产移交、现金流归集、信息披露、提供增信措施等相关义务，不得通过资产证券化改变控股股东对 PPP 项目公司的实际控制权和项目运营责任，实现变相“退出”，影响公共服务供给的持续性和稳定性。资产证券化产品如出现偿付困难，发起人（原始权益人）应按照资产证券化合同约定与投资人妥善解决，发起人（原始权益人）不承担约定以外的连带偿付责任。

（十一）合理分担资产证券化的成本收益。PPP 项目公司资产证券化的发行成本应当由项目公司按照合同约定承担，不得将发行成本转嫁给政府和社会资本方。鼓励 PPP 项目公司及其股东通过加强日常运营维护管理或者提供合理支持，为基础资产产生预期现金流提供必要的保障，PPP 项目公司及其股东可综合采取担保、持有次级等多种方式进行增信，避免单一增信方式增加对项目公司或股东的负担。PPP 项目公司通过发行资产证券化产品优化负债结构的，节省综合融资成本带来的超额收益，应按照合同约定进行分配。

（十二）切实防范刚性兑付风险。PPP 项目所在地财政部门要会同行业主管部门加强项目全生命周期的合同履约管理，以 PPP 合同约定的支付责任为限，严格按照项目绩效评价结果进行支付（含使用者付费项目），保障社会资本方获得合理回报。资产证券化产品的偿付责任，由特殊目的载体（SPV）以其持有的基础资产和增信安排承担，不得将资产证券化产品的偿付责任转嫁给政府或公众，并影响公共服务的持续稳定供给。

（十三）充分披露资产证券化相关信息。金融机构、中介服务机构等应做好尽职调查，确保PPP项目资产证券化业务符合相关政策要求。PPP项目资产证券化的发起人（原始权益人）、管理人及其他信息披露义务人应当严格按照资产证券化业务相关规定，在PPP综合信息平台以及市场认可的信息披露网站，披露项目实施信息、资产证券化年度管理报告、收益分配报告等信息，确保项目实施和资产证券化业务公开透明、有序实施，接受社会和市场监督。

（十四）大力营造良好发展环境。建立多元化、可持续的资金保障机制，推动不动产投资信托基金（REITs）发展，鼓励各类市场资金投资PPP项目资产证券化产品。加大PPP项目资产证券化政策宣传培训力度，提高各方资产证券化业务操作能力。财政部、中国人民银行、中国证监会建立完善PPP项目资产证券化协同管理机制，加强沟通合作，实现PPP项目实施和风险监测信息共享。省级财政部门和中国人民银行、中国证监会当地派出机构要高度重视，认真组织实施，切实做好PPP项目资产证券化相关工作，推动PPP项目资产证券化持续健康发展。

关于政府参与的污水、垃圾处理项目全面实施PPP模式的通知

（财建〔2017〕455号，财政部、住房城乡建设部、农业部、环境保护部2017年7月1日发布）

各省、自治区、直辖市、计划单列市财政厅（局）、住房城乡建设厅（委）、环境保护厅（局）、农业部门，新疆生产建设兵团财务局、建设局、环境保护局、农业局：

为贯彻落实党的十八大以来中央关于加快完善现代市场体系、加快生态文明制度建设相关战略部署，进一步规范污水、垃圾处理行业市场运行，提高政府参与效率，充分吸引社会资本参与，促进污水、垃圾处理行业健康发展，我们拟对政府参与的污水、垃圾处理项目全面实施政府和社会资本合作（PPP）模式，现将有关事项通知如下：

一、总体要求

（一）指导思想。全面贯彻党的十八大和十八届三中、四中、五中、六中全会精神，深入落实《中共中央关于全面深化改革若干重大问题的决定》中关于建立吸引社会资本投入生态环境保护的市场化机制有关要求，发挥市场机制决定性作用和更好发挥政府作用，提高政府参与效率，充分吸引社会资本投资参与，提升环境公共服务质量，深入推进供给侧改革。

（二）基本原则。以全面实施为核心，在污水、垃圾处理领域全方位引入市场机制，推进PPP模式应用，对污水和垃圾收集、转运、处理、处置各环节进行系统整合，实现污水处理厂网一体和垃圾处理清洁邻利，有效实施绩效考核和按效付费，通过PPP模式提升相关公共服务质量和效率。以因地制宜为基础，加大引导支持力度，强化按效付费机制，政府和社会资本双方按照市场机制原则协商确定PPP模式实现方式。以规范操作为抓手，严格执行财政PPP工作制度规范体系，防止变相举借政府债务，防范财政金融风险，深入推进相关领域内PPP改革。以提升效率为导向，增强相关领域内项目融资能力，畅通社会资本进入渠道，提高项目管理水平。

（三）总体目标。政府参与的新建污水、垃圾处理项目全面实施PPP模式。有序推进存量项目转型为PPP模式。尽快在该领域内形成以社会资本为主，统一、规范、高效的PPP市场，推动相关环境公共产品和服务供给结构明显优化。

二、实施要求

（四）适用范围。政府以货币、实物、权益等各类资产参与，或以公共部门身份通过其

他形式介入项目风险分担或利益分配机制，且财政可承受能力论证及物有所值评价通过的各类污水、垃圾处理领域项目，全面实施 PPP 模式。

（五）实施内容。符合全面实施 PPP 模式条件的各类污水、垃圾处理项目，政府参与的途径限于 PPP 模式。政府与社会资本间应签署 PPP 协议，明确权益分配和风险分担机制，并通过成立具有独立法人资格的 PPP 项目公司实现项目商业风险隔离。政府可以在符合 PPP 相关政策规定的前提下对项目给予必要的支持，但不得为项目融资提供担保，不得对项目商业风险承担无限责任，不得以任何方式承诺回购社会资本方的投资本金，不得以任何方式承担社会资本方的投资本金损失，不得以任何方式向社会资本方承诺最低收益。

（六）规范操作。确保污水、垃圾处理领域 PPP 项目质量，规范项目发起、识别、准备、采购、执行、移交各环节操作流程，严格执行《关于在公共服务领域推广政府和社会资本合作模式的指导意见》（国办发〔2015〕42 号）等相关规定。认真贯彻落实污水、垃圾处理领域各项行业管理规范、技术标准和相关税费政策。严格合同管理，相关合同文本中应明确有关绩效考核、按效付费条款，提高服务质量和效率。

（七）有序实施。各级财政和行业管理部门，应结合项目经济属性、受益范围和行业管理模式等情况合理确定介入项目的政府层级及部门。根据项目非竞争性和非排他性强度，合理确定公共资源介入程度。严格约束政府行为，削减行政审批，杜绝对市场运行的不当干预。大幅度减少政府对该领域内市场资源的直接配置，着力推动市场资源依据市场规则、市场价格和市场竞争实现效益最大化和效率最优化。

三、支持政策

（八）优化财政政策。大力支持污水、垃圾处理领域全面实施 PPP 模式工作，未有效落实全面实施 PPP 模式政策的项目，原则上不予安排相关预算支出。各级地方财政要积极推进污水、垃圾处理领域财政资金转型，以运营补贴作为财政资金投入的主要方式，也可从财政资金中安排前期费用奖励予以支持，逐步减少资本金投入和投资补助。加大对各类财政资金的整合力度，涉农资金整合中充分统筹农村污水、垃圾处理相关支持资金，扩大规模经济和范围经济效应，形成资金政策合力，优先支持民营资本参与的项目。

（九）完善行业管理。加强对污水、垃圾处理领域全面实施 PPP 模式相关工作的指导，科学编制并严格落实有关规划，督促相关项目加快落地实施。通过全面实施 PPP 模式，有力提升污水、垃圾处理能力建设和项目管理水平。区域流域环境治理总体方案内、外，以及城市、农村的污水、垃圾处理工作得到有效统筹协调，并同生态产业及循环经济发展、面源污染治理有效衔接。建设完善项目服务质量、运营成本、安全生产及环保指标监测与监管体系，建立形成基于绩效的 PPP 项目收益机制。

四、组织领导

（十）工作机制。污水、垃圾处理领域全面实施 PPP 模式工作以“中央引导、地方推进、市场配置资源、模式全面实施”为主线，建立中央规划部署、地方贯彻落实、多部门协调合作的工作机制。

（十一）地方责任。各级地方政府是污水、垃圾处理领域全面实施 PPP 模式工作的责任主体，要逐级建立工作机制，强化组织领导，加强对相关工作的考核。

五、其他

（十二）本通知自发布之日起施行。

关于加快运用PPP模式盘活基础设施存量资产有关工作的通知

（发改投资〔2017〕1266号，国家发展改革委2017年7月3日发布）

各省、自治区、直辖市及计划单列市发展改革委，新疆生产建设兵团发展改革委：

按照党中央、国务院工作部署，我委会同相关部门加快推广政府和社会资本合作（PPP）模式，取得了较好成效，在加强基础设施建设、促进民间投资等方面发挥了积极作用。但是，已实施PPP项目中新建项目多、存量项目少，不利于盘活存量资产、提高基础设施运营效率。根据《国务院关于创新重点领域投融资机制鼓励社会投资的指导意见》（国发〔2014〕60号）等文件精神，为更好运用PPP模式盘活基础设施存量资产、形成良性投资循环，现就有关事项通知如下。

一、充分认识运用PPP模式盘活基础设施存量资产的重要意义

改革开放以来，经过长期投资建设，我国在能源、交通运输、水利、环境保护、农业、林业、重大市政工程等基础设施领域形成了大量优质存量资产。积极推广PPP模式，加大存量基础设施盘活力度、形成良性投资循环，有利于拓宽基础设施建设资金来源，减轻地方政府债务负担；有利于化解民营企业融资能力不足问题，更好地吸引民间资本进入基础设施领域，丰富民营企业投资方式；有利于吸引具有较强运营能力的社会资本，提高基础设施项目运营效率，降低运营成本；有利于推进国有企业混合所有制改革，促进各种所有制经济共同发展；有利于加快补齐基础设施短板，推进供给侧结构性改革。

二、分类实施，规范有序盘活基础设施存量资产

各地要根据当地实际情况和项目特点，积极探索、大胆创新，灵活运用PPP模式，规范有序盘活基础设施存量资产。要精心编制项目实施方案，做好项目联审，提高决策水平。涉及新增投资建设的，应依法依规履行投资管理程序。项目决策后，应通过公开招标等竞争性方式公平择优选择具有相应运营能力和管理经验的社会资本方作为合作伙伴。项目运营期间，实施机构要加强绩效评价，切实提升运营效率。

对拟采取PPP模式的存量基础设施项目，根据项目特点和具体情况，可通过转让—运营—移交（TOT）、改建—运营—移交（ROT）、转让—拥有—运营（TOO）、委托运营、股权合作等多种方式，将项目的资产所有权、股权、经营权、收费权等转让给社会资本。

对已经采取PPP模式且政府方在项目公司中占有股份的存量基础设施项目，可通过股权转让等方式，将政府方持有的股权部分或全部转让给项目的社会资本方或其他投资人。

对在建的基础设施项目，也可积极探索推进PPP模式，引入社会资本负责项目的投资、建设、运营和管理，减少项目前期推进困难等障碍，更好地吸引社会资本特别是民间资本进入。

运用PPP模式盘活基础设施存量资产，要在符合国有资产管理等相关法律法规制度的前提下，解放思想、勇于创新，优先推出边界条件明确、商业模式清晰、现金流稳定的优质存量资产，提升社会资本参与的积极性。支持社会资本方创新运营管理模式，充分挖掘项目的商业价值，在确保公共利益的前提下，提高合理投资回报水平。

三、规范管理，实现投资良性循环

运用PPP模式盘活基础设施存量资产回收的资金，除按规定用于必要的职工安置、债

权债务处置等支出外，应主要用于新的基础设施和公用事业建设，重点支持补短板项目，形成新的优质资产。对再投资形成的新优质资产，条件成熟时可再次运用 PPP 模式盘活，引入社会资本方参与运营和管理。由此实现以 PPP 模式盘活优质存量资产，转让所得用于新建基础设施和公用事业项目，通过再投资形成新优质资产的良性循环。

运用 PPP 模式盘活基础设施存量资产时，要规范与社会资本方的合作行为，严禁利用 PPP 模式违法违规变相举债。

四、加强协同合作，保障基础设施存量资产盘活工作顺利实施

建立基础设施存量资产盘活协同工作机制，强化组织领导和统筹协调。各地发展改革部门要按照政府统一部署和职责分工，主动与行业管理、国有资产管理、财税、国土、环保、人力资源社会保障等部门加强衔接，形成合力，共同推进运用 PPP 模式盘活基础设施存量资产工作。

在运用 PPP 模式盘活基础设施存量资产时，要做好尽职调查、清产核资等前期工作，合理确定国有资产公允价值，既要防止国有资产流失，也要保障社会资本方合法权益。积极推动相关事业单位和国有企业改制工作，努力解决国有产权核实与界定、债权债务处理、人员分流安置等问题，保障基础设施存量资产盘活工作顺利开展。

对采用 PPP 模式盘活存量资产的基础设施项目，支持通过资产证券化、发行 PPP 项目专项债券等方式开展市场化融资，提高资产流动性，拓宽资金来源，吸引更多社会资本以不同方式参与。

五、总结经验，发挥示范项目的引领带动作用

各省级发展改革委要对本地区运用 PPP 模式盘活基础设施存量资产的工作情况进行全面梳理，及时总结经验，改进完善相关制度，推进工作顺利开展。要筛选出操作规范、成效明显、经验可复制可推广的项目，加大宣传力度，发挥示范作用。

请各省级发展改革委推荐本地区 3～5 个运用 PPP 模式盘活基础设施存量资产效果好的项目，于 2017 年 8 月 4 日前报我委（相关要求详见附件）。我委将从中遴选若干示范项目，组织推广。

附件：1. 项目单行材料要求（略）

2. ____省（区、市）运用 PPP 模式盘活基础设施存量资产示范项目申报表（略）

关于印发农业领域政府和社会资本合作第一批试点项目的通知

（发改办农经〔2017〕1322 号，国家发展改革委办公厅、农业部办公厅 2017 年 7 月 28 日发布）

有关省发展改革委、农业（农村、农牧、渔业）厅（局、委、办）：

根据中央关于推进政府与社会资本合作的有关精神，为落实《关于推进农业领域政府和社会资本合作的指导意见》（发改农经〔2016〕2574 号），扎实推进农业领域政府与社会资本合作，国家发展改革委、农业部共同组织筛选了农业领域第一批 PPP 试点项目，现印发你们，并将有关事项通知如下：

一、切实加强项目管理。建立项目全生命周期管理机制，实行全过程管理。加强可行性研究、招标投标、合同签订、项目建设和运营等方面的全程监督。切实做好项目分类管理、动态监测等各项工作。

二、强化政策支持。加强对 PPP 试点项目扶持，通过前期费用奖补、政府补助、贷款贴息等形式，支持项目实施。积极协调金融机构，为试点项目提供便利高效的融资服务。结合国家现有资金渠道，加大对相关项目建设的投入。

三、加强协调调度工作。建立定期协调沟

通工作机制，做好试点项目跟踪调度工作。加强与试点地区发展改革部门、农业主管部门信息沟通与共享。适时开展项目督导调研和跟踪服务，及时发现并协调解决项目推动中存在的困难和问题。

四、做好项目评估与总结。及时做好试点项目后评价和绩效评价，总结成功经验，形成可复制模式。加强宣传引导，营造良好氛围，通过举办项目推介会、政策文件解读、宣传典型成功案例等方式，提高各方对PPP的认知度，引导更多的社会资本参与农业领域PPP项目。

请各省于每年年底前，将试点项目进展情况及有关意见建议等形成总结报告，报送国家发展改革委、农业部。

附件：农业领域政府和社会资本合作第一批试点项目表

附件

农业领域政府和社会资本合作第一批试点项目表

1. 河北省定州市规模化生物天然气项目
2. 河北省海兴现代农业产业园项目
3. 江苏省洪泽湖生态环境提升工程——美丽蒋坝项目
4. 安徽省淮北金西域生态休闲农业项目
5. 福建省东山县大澳渔港及产业融合示范区项目
6. 福建省惠安县崇武渔港及产业融合示范区项目
7. 江西省智慧农业建设项目
8. 山东省莱阳市病死畜禽无害化处理项目
9. 湖北省信息进村入户工程建设项目
10. 湖北省武穴市畜禽粪污全域收集、生态处理、肥料化利用项目
11. 湖北省农业废弃物资源化利用及病死畜禽无害化处理项目
12. 湖南省攸县病死动物无害化处理中心项目
13. 湖南省岳阳县病死畜禽无害化处理体系建设项目
14. 四川省蒲江县30万亩健康土壤培育应用示范项目
15. 四川省广安区农业废弃物资源化利用项目
16. 云南省陆良高原特色现代农业示范园项目
17. 云南省开远高效现代农业园建设项目
18. 陕西省山阳县漫川关镇生物天然气供气工程项目
19. 甘肃省庆阳市千万只肉羊产业化及良种肉羊制种基地建设项目
20. 新疆自治区塔城沙湾县马兰鑫科国家科技园区暨沙湾大盘鸡一二三产业融合发展产业园项目

关于运用政府和社会资本合作模式支持养老服务业发展的实施意见

（财金〔2017〕86号，财政部、民政部、人力资源社会保障部2017年8月14日发布）

各省、自治区、直辖市、计划单列市财政厅（局）、民政厅（局）、人力资源社会保障厅（局），新疆生产建设兵团财务局、民政局、人力资源社会保障局：

为贯彻《国务院关于印发“十三五”国家老龄事业发展和养老体系建设规划的通知》（国发〔2017〕13号）、《国务院办公厅转发财政部发展改革委人民银行关于在公共服务领域

推广政府和社会资本合作模式指导意见的通知》（国办发〔2015〕42 号）精神，落实着力推进幸福产业服务消费提质扩容工作部署，鼓励运用政府和社会资本合作（PPP）模式推进养老服务业供给侧结构性改革，加快养老服务业培育与发展，形成多层次、多渠道、多样化的养老服务市场，推动老龄事业发展，现提出以下意见：

一、总体要求

（一）指导思想。

全面贯彻党中央、国务院关于老龄事业、养老服务业发展的决策部署，践行新发展理念，着力推动政府和社会资本合作促进养老服务领域供给侧结构性改革，优化养老服务领域资金资源投入使用方式，发挥社会力量的主体作用，激发社会活力，提高养老服务供给效率和能力，促进多层次、多渠道、多样化的养老服务更加方便可及，努力使养老服务业成为扩大内需、增加就业、保障和改善民生、推动经济转型升级的重要力量。

（二）基本原则。

政府引导，市场驱动。坚持养老服务领域供给侧结构性改革方向，深入推广政府和社会资本合作科学理念，优化养老服务领域政府资金资源投入使用方向和方式，发挥引导带动作用，注重发挥市场在资源配置中的决定性作用，营造公平竞争的市场环境，鼓励各类市场主体参与养老服务 PPP 项目，充分调动社会资本特别是民间资本的积极性，逐步使社会力量成为养老服务领域的主体。

厘清边界，支持基础。针对养老服务的不同类型，坚持公共服务属性，合理界定政府和社会资本合作提供的养老服务边界，优先支持保障型基本养老和改善型中端养老服务发展，促进资源合理优化配置，加大投入力度，探索形成符合当前国情的养老服务供给模式，保障面向老年人的基础性养老服务供给。

强化监督，提质增效。完善运营监督机制，强化绩效评价和项目监管，推动养老服务行业标准化建设，严格执行财政 PPP 工作制度规范体系，促进养老服务业规范发展。坚持问题导向，强化薄弱环节，通过机制创新增加养老服务供给，提升养老服务水平，增进老年人福祉。

（三）工作目标。政府和社会资本合作提供养老服务的供给能力大幅提高、质量明显改善、结构更加合理，市场活力和社会创造力得到充分激发，多层次、多样化的养老服务市场初步形成。政府职能转变、“放管服”改革成效显著，群众满意度显著提高，养老服务业成为推动经济社会发展的新动能。

二、优先支持的重点养老服务领域

重点引导和鼓励社会资本通过 PPP 模式，立足保障型基本养老服务和改善型中端养老服务，参与以下养老服务供给：

（四）养老机构。

鼓励政府将现有公办养老机构交由社会资本方运营管理。支持机关、企事业单位将所属的度假村、培训中心、招待所、疗养院等，通过 PPP 模式转型为养老机构，吸引社会资本运营管理。鼓励商业地产库存高、出租难的地方，通过 PPP 模式将闲置厂房、商业设施及其他可利用的社会资源改造成养老机构。

（五）社区养老体系建设。

鼓励政府和社会资本在城乡社区内建设运营居家养老服务网点、社区综合服务设施，兴办或运营老年供餐、社区日间照料、老年精神文化生活等形式多样的养老服务。支持政府将所辖区域内的社区养老服务打包，通过 PPP 模式交由社会资本方投资、建设或运营，实现区域内的社区养老服务项目统一标准、统一运营。

（六）医养健融合发展。

鼓励养老机构与医疗卫生机构、健康服务机构开展合作，支持打造“以健康管理为基础、以养老服务为核心、以医疗服务为支撑”的全生命周期养老服务链，兴建一批养老为主题，附加康养、体育健身、医疗、教育、文化娱乐、互联网等现代服务业的“养老＋”综合新业态。

三、规范推进项目实施

（七）统筹论证养老服务项目可行性。

各级财政、民政、社会保障部门要加强合作，依托全国PPP综合信息平台，综合项目实施周期、收费定价机制、投资收益水平、风险分配基本框架、所需政府投入等因素，论证筛选出适宜采用PPP模式运作的养老服务项目，做好项目储备，确保工作有序推进。

（八）依法择优选择社会资本方。

合理设置参与条件，消除本地保护主义和隐形门槛。除本级政府所属尚未转型的融资平台公司、控股国有企业外，建立现代企业制度的境内外法人，均可作为养老服务项目的社会资本方。鼓励在养老服务项目建设、运营、管理等方面具有专业资质的社会资本方，通过兼并重组、输出服务技术和品牌等形式，发展跨区域、跨行业的综合性养老服务集团，推动养老服务向品牌化、连锁化、专业化和规模化方向发展。

（九）多渠道构建项目回报机制。

根据项目特点，建立政府付费、使用者付费和开发性资源补偿相结合的项目回报机制，鼓励政府统筹运用授权经营、资本金注入、土地入股、运营补贴、投资补助等方式，支持养老项目建设。允许社会资本配套建设符合规定的医院、康养中心、疗养院及附属设施等经营性项目，提高项目综合盈利能力。鼓励社会资本通过“互联网＋”等创新运营模式，降低项目成本，提高项目运营效率和投资回报水平。

（十）发挥示范引领带动作用。

鼓励各级财政、民政、社会保障部门优先选择一批有示范带动作用、需求长期稳定的养老服务项目开展试点，探索创新合作机制。推出一批养老服务业PPP示范项目，打造项目样板和标杆，有效发挥示范项目对全国养老服务项目的引领带动作用。加强案例总结和经验推广，探索养老服务业运用PPP模式的成熟路径。

四、积极提供政策保障

（十一）加强组织领导。

各级财政、民政、社会保障部门要切实提高思想认识，积极推动建立跨部门的工作协调机制，明确各自职责分工，抓好工作部署，落实工作责任，推动项目实施，及时研究解决合作项目建设运行中的重大问题。

（十二）落实现有优惠政策。

合理界定养老服务项目类型，PPP项目依法登记为公益性或经营性养老机构，按规定享受现行投资、补贴、税收、土地等优惠政策，保障养老服务设施用地供应。严格执行养老服务领域行政事业性收费减免政策。

（十三）优化财政资金投入方式。

鼓励各级财政部门加大养老服务业财政资金投入，优化资金使用方式，推动财政资金支持重点从生产要素环节向终端服务环节转移，从补建设向补运营转变，支持养老领域PPP项目实施。对社会急需、项目发展前景好的养老服务项目，要通过中央基建投资等现有资金渠道予以积极扶持。鼓励各地建立养老服务业引导性基金，吸引民间资本参与，支持符合养老服务业发展方向的PPP项目。

（十四）创新金融服务方式。

鼓励金融机构通过债权、股权、设立养老服务产业基金等多种方式，支持养老领域PPP项目。积极支持社保资金、保险资金等用于收益稳定、回收期长的养老服务PPP项目。充分发挥中国PPP基金的引导带动作用，积极支持养老服务PPP项目。鼓励保险公司探索开发长期护理险、养老机构责任险等保险产品。

（十五）营造良好发展环境。

各级财政、民政、社会保障部门要因地制宜细化落实各项扶持政策，切实为社会资本进入养老领域，创造公平有序的市场环境和保障有力的政策支持体系。进一步加大对养老投入力度，加快养老资金整合，优化社会资本参与环境，提高社会资本进入养老领域的积极性。

关于进一步激发民间有效投资活力促进经济持续健康发展的指导意见

（国办发〔2017〕79号，国务院办公厅2017年9月1日发布）

各省、自治区、直辖市人民政府，国务院各部委、各直属机构：

党中央、国务院高度重视民间投资工作，近年来部署出台了一系列有针对性的政策措施并开展了专项督查，民间投资增速企稳回升。但是，当前民间投资增长仍面临着不少困难和障碍，部分鼓励民间投资的政策尚未落实到位，营商环境有待进一步改善，一些垄断行业市场开放度不够，融资难、融资贵问题仍然存在，民间投资活力不强的局面尚未根本改观。为进一步激发民间有效投资活力，促进经济持续健康发展，经国务院同意，现提出以下意见。

一、深入推进“放管服”改革，不断优化营商环境

各地区、各部门要深入贯彻落实国务院关于深化“放管服”改革的各项要求，确保取消下放国务院部门行政许可事项、取消中央指定地方实施行政审批事项、清理规范国务院部门行政审批中介服务事项等重点任务落实到位。坚决落实清理规范投资项目报建审批事项有关要求，精简合并投资项目报建审批事项，不得擅自增加行政审批事项，不得擅自增加审批环节，切实防范权力复归和边减边增。充分发挥全国投资项目在线审批监管平台作用，实现项目网上申报、并联审批、信息公开、协同监管，不断提高审批效率和服务质量。

二、开展民间投资项目报建审批情况清理核查，提高审批服务水平

各地区、各部门要对民间投资项目报建审批情况开展一次全面细致的清理核查，逐项梳理已报审的民间投资项目，清查各类审批事项办理情况，明确办理时限。能够办理的，要尽快办理；暂不具备办理条件的，要帮助民营企业尽快落实有关条件；依法依规确实不能办理的，要主动做好解释工作。对无正当理由拖延不办的，要加大问责力度，通过约谈、通报、督办等方式督促限期整改，必要时对相关责任人给予处分。要针对清理核查中发现的问题，进一步改进工作，提高效率，优化民间投资项目报建审批服务。

三、推动产业转型升级，支持民间投资创新发展

鼓励民营企业进入轨道交通装备、“互联网+”、大数据和工业机器人等产业链长、带动效应显著的行业领域，在创建“中国制造2025”国家级示范区时积极吸引民营企业参与。发挥财政性资金带动作用，通过投资补助、资本金注入、设立基金等多种方式，广泛吸纳各类社会资本，支持企业加大技术改造力度，加大对集成电路等关键领域和薄弱环节重点项目的投入。支持双创示范基地、产业园区公共服务平台建设，提高为民营企业投资新兴产业服务的能力和水平。推进创新技术市场交易，缩短科技成果转化周期，提高科技型企业投资回报水平。鼓励民间资本开展多元化农业投资，支持农村新产业新业态发展，推动民间资本与农户建立股份合作等紧密利益联结机制，对带动农户较多的市场主体加大支持力度。

四、鼓励民间资本参与政府和社会资本合作（PPP）项目，促进基础设施和公用事业建设

加大基础设施和公用事业领域开放力度，

禁止排斥、限制或歧视民间资本的行为，为民营企业创造平等竞争机会，支持民间资本股权占比高的社会资本方参与PPP项目，调动民间资本积极性。积极采取多种PPP运作方式，规范有序盘活存量资产，丰富民营企业投资机会，回收的资金主要用于补短板项目建设，形成新的优质资产，实现投资良性循环。合理确定基础设施和公用事业价格和收费标准，完善PPP项目价格和收费适时调整机制，通过适当延长合作期限、积极创新运营模式、充分挖掘项目商业价值等，建立PPP项目合理回报机制，吸引民间资本参与。努力提高民营企业融资能力，有效降低融资成本，推动PPP项目资产证券化，鼓励民间资本采取混合所有制、设立基金、组建联合体等多种方式，参与投资规模较大的PPP项目。

五、降低企业经营成本，增强民间投资动力

落实和完善全面推开营改增试点政策，落实好研发费用税前加计扣除政策，加强涉企经营服务性收费和中介服务收费监管。允许失业保险总费率为1．5％的地方将总费率阶段性降至1％，落实适当降低企业住房公积金缴存比例政策，推动各地出台或完善户口迁移政策和配套措施。深化输配电价格改革，推进电力市场化交易等，实行工业用地弹性出让制度，用好用足标准厂房、科技孵化器用地支持政策，降低企业用能用地成本。科学合理确定车辆通行费标准，规范铁路港口收费，开展物流领域收费专项检查，着力解决“乱收费、乱罚款”等问题。督促银行业金融机构依法合规收费，降低贷款中间环节费用，严禁各种不规范收费和不合理的贷款附加条件。

六、努力破解融资难题，为民间资本提供多样化融资服务

发挥各类金融机构优势，优化授信管理和服务流程，完善特许经营权、收费权等权利的确权、登记、抵押、流转等配套制度，发展和丰富循环贷款等金融产品，加快建设普惠金融体系，实施小微企业应收账款融资专项行动，着力解决对企业抽贷、压贷、断贷等融资难题。完善民营企业信用评级制度，客观评价民营企业实力，引导金融机构加大对民营企业的融资支持力度。充分发挥各级政府网站与全国信用信息共享平台作用，鼓励地方推进“银税互动”、银行业金融机构和全国信用信息共享平台之间的合作等，化解银企信息不对称问题，促进中小企业融资。发展政府支持的融资担保和再担保机构，鼓励各地设立信贷风险补偿基金、过桥转贷资金池等，加大对中小微企业、科技创新企业的支持。

七、加强政务诚信建设，确保政府诚信履约

地方各级政府向民营企业作出政策承诺要严格依法依规，并严格兑现合法合规的政策承诺，不得违法违规承诺优惠条件。要认真履行与民营企业签订的合法合规协议或合同，不得以政府换届、相关责任人更替等理由拒不执行，不得随意改变约定，不得出现“新官不理旧账”等情况。开展政务失信专项治理，对地方政府拒不履行政府所作的合法合规承诺，特别是严重损害民营企业合法权益、破坏民间投资良好环境等行为，加大查处力度。对造成政府严重失信违约行为的主要负责人和直接责任人要依法依规追究责任，惩戒到人。

八、加强政策统筹协调，稳定市场预期和投资信心

加强部门间协调配合，科学审慎研判拟出台政策的预期效果和市场反应，统筹把握好政策出台时机和力度。有关部门要在加强监管的同时，明确政策导向，提出符合法律法规和政策规定的具体要求，正确引导投资预期。围绕经济运行态势和宏观政策取向，加大政策解读力度，主动解疑释惑，帮助民营企业准确理解政策意图。建立健全政务舆情收集、研判、处置和回应机制，及时准确发布权威信息，切实做好民营企业关切事项的回应工作。完善公平、开放、透明的市场规则，稳定市场预期、

增强市场活力，帮助民营企业充分利用好国内大市场，加大对适应国内消费升级和产业转型需要项目的投资力度，支持劳动密集型产业向内陆沿边地区梯度转移。

九、构建“亲”“清”新型政商关系，增强政府服务意识和能力

建立健全政府与民营企业常态化沟通机制，进一步发挥工商联和协会商会在企业与政府沟通中的桥梁纽带作用，倾听民营企业呼声，帮助解决实际困难。因地制宜明确政商交往“正面清单”和“负面清单”，着力破解“亲”而不“清”、“清”而不“亲”等问题。坚决贯彻落实《中共中央 国务院关于完善产权保护制度依法保护产权的意见》，尽快出台相关配套文件和实施方案，加强各种所有制经济产权保护，加大知识产权保护力度，激发和保护企业家精神。组织开展民营企业家专业化、精准化培训，提升民营企业经营管理水平。

十、狠抓各项政策措施落地见效，增强民营企业获得感

各地区、各部门要全面梳理党中央、国务院已出台的鼓励民间投资政策措施，逐项检查各项政策措施在本地区、本领域落实情况，对尚未有效落实的政策措施，要认真分析原因，抓紧研究解决办法，确保政策尽快落地。充分发挥中央和地方两个积极性，鼓励各地以改革的办法、创新的思维进一步实化、细化、深化鼓励民间投资的具体措施，努力解决制约民间投资增长的深层次问题，进一步激发民间有效投资活力。

各省（区、市）人民政府、各有关部门要按照本意见要求，切实抓好贯彻落实，进一步做好民间投资各项工作。国家发展改革委要加强统筹协调，会同有关部门对本意见落实情况进行督促检查和跟踪分析，重大事项及时向国务院报告。

关于规范政府和社会资本合作（PPP）综合信息平台项目库管理的通知

（财办金〔2017〕92号，财政部办公厅2017年11月10日发布）

各省、自治区、直辖市、计划单列市财政厅（局），新疆生产建设兵团财务局：

为深入贯彻落实全国金融工作会议精神，进一步规范政府和社会资本合作（PPP）项目运作，防止PPP异化为新的融资平台，坚决遏制隐性债务风险增量，现将规范全国PPP综合信息平台项目库（以下简称“项目库”）管理有关事项通知如下：

一、总体要求

（一）统一认识。各级财政部门要深刻认识当前规范项目库管理的重要意义，及时纠正PPP泛化滥用现象，进一步推进PPP规范发展，着力推动PPP回归公共服务创新供给机制的本源，促进实现公共服务提质增效目标，夯实PPP可持续发展的基础。

（二）分类施策。各级财政部门应按项目所处阶段将项目库分为项目储备清单和项目管理库，将处于识别阶段的项目，纳入项目储备清单，重点进行项目孵化和推介；将处于准备、采购、执行、移交阶段的项目，纳入项目管理库，按照PPP相关法律法规和制度要求，实施全生命周期管理，确保规范运作。

（三）严格管理。各级财政部门应严格项目管理库入库标准和管理要求，建立健全专人负责、持续跟踪、动态调整的常态化管理机制，及时将条件不符合、操作不规范、信息不完善的项目清理出库，不断提高项目管理库信息质量和管理水平。

二、严格新项目入库标准

各级财政部门应认真落实相关法律法规及政策要求，对新申请纳入项目管理库的项目进行严格把关，优先支持存量项目，审慎开展政府付费类项目，确保入库项目质量。存在下列情形之一的项目，不得入库：

（一）不适宜采用PPP模式实施。包括不属于公共服务领域，政府不负有提供义务的，如商业地产开发、招商引资项目等；因涉及国家安全或重大公共利益等，不适宜由社会资本承担的；仅涉及工程建设，无运营内容的；其他不适宜采用PPP模式实施的情形。

（二）前期准备工作不到位。包括新建、改扩建项目未按规定履行相关立项审批手续的；涉及国有资产权益转移的存量项目未按规定履行相关国有资产审批、评估手续的；未通过物有所值评价和财政承受能力论证的。

（三）未建立按效付费机制。包括通过政府付费或可行性缺口补助方式获得回报，但未建立与项目产出绩效相挂钩的付费机制的；政府付费或可行性缺口补助在项目合作期内未连续、平滑支付，导致某一时期内财政支出压力激增的；项目建设成本不参与绩效考核，或实际与绩效考核结果挂钩部分占比不足30%，固化政府支出责任的。

三、集中清理已入库项目

各级财政部门应组织开展项目管理库入库项目集中清理工作，全面核实项目信息及实施方案、物有所值评价报告、财政承受能力论证报告、采购文件、PPP项目合同等重要文件资料。属于上述第（一）、（二）项不得入库情形或存在下列情形之一的项目，应予以清退：

（一）未按规定开展“两个论证”。包括已进入采购阶段但未开展物有所值评价或财政承受能力论证的（2015年4月7日前进入采购阶段但未开展财政承受能力论证以及2015年12月18日前进入采购阶段但未开展物有所值评价的项目除外）；虽已开展物有所值评价和财政承受能力论证，但评价方法和程序不符合规定的。

（二）不宜继续采用PPP模式实施。包括入库之日起一年内无任何实质性进展的；尚未进入采购阶段但所属本级政府当前及以后年度财政承受能力已超过10%上限的；项目发起人或实施机构已书面确认不再采用PPP模式实施的。

（三）不符合规范运作要求。包括未按规定转型的融资平台公司作为社会资本方的；采用建设一移交（BT）方式实施的；采购文件中设置歧视性条款、影响社会资本平等参与的；未按合同约定落实项目债权融资的；违反相关法律和政策规定，未按时足额缴纳项目资本金、以债务性资金充当资本金或由第三方代持社会资本方股份的。

（四）构成违法违规举债担保。包括由政府或政府指定机构回购社会资本投资本金或兜底本金损失的；政府向社会资本承诺固定收益回报的；政府及其部门为项目债务提供任何形式担保的；存在其他违法违规举债担保行为的。

（五）未按规定进行信息公开。包括违反国家有关法律法规，所公开信息与党的路线方针政策不一致或涉及国家秘密、商业秘密、个人隐私和知识产权，可能危及国家安全、公共安全、经济安全和社会稳定或损害公民、法人或其他组织合法权益的；未准确完整填写项目信息，入库之日起一年内未更新任何信息，或未及时充分披露项目实施方案、物有所值评价、财政承受能力论证、政府采购等关键信息的。

四、组织实施

（一）落实责任主体。各省级财政部门要切实履行项目库管理主体责任，统一部署辖内市、区、县财政部门开展集中清理工作。财政部政府和社会资本合作中心（以下称“财政部PPP中心”）负责开展财政部PPP示范项目的核查清理工作，并对各地项目管理库清理工作进行业务指导。

（二）健全工作机制。各省级财政部门应成立集中清理专项工作组，制定工作方案，明确任务分工、工作要求和时间进度，落实专人负责，并可邀请专家参与。地方各级财政部门应当会同有关方面加强政策宣传和舆论引导，重要情况及时向财政部报告。

（三）明确完成时限。各省级财政部门应于2018年3月31日前完成本地区项目管理库集中清理工作，并将清理工作完成情况报财政部金融司备案。

（四）确保整改到位。对于逾期未完成清理工作的地区，由财政部PPP中心指导并督促其于30日内完成整改。逾期未完成整改或整改不到位的，将暂停该地区新项目入库直至整改完成。

关于国有资本加大对公益性行业投入的指导意见

（财建〔2017〕743号，财政部2017年11月16日发布）

各省、自治区、直辖市、计划单列市财政厅（局），新疆生产建设兵团财务局，有关中央管理企业：

近年来，国有资产管理体制改革稳步推进，国有资本布局结构不断优化、运营和配置效率不断提高，但目前部分公共服务领域仍然存在供给不足问题。以多种形式加大国有资本对公益性行业的投入，在提供公共服务方面做出更大贡献，有利于改革发展成果更多惠及广大人民群众。按照《中共中央关于全面深化改革若干重大问题的决定》有关部署，现提出以下指导意见。

一、总体要求

（一）指导思想

全面贯彻党的十八大和十九大精神，认真学习贯彻习近平新时代中国特色社会主义思想，统筹推进“五位一体”总体布局和协调推进“四个全面”战略布局，牢固树立新发展理念，按照“稳中求进”的工作总基调，坚持社会主义市场经济改革方向，正确处理好政府与市场的关系，以改善服务、保障民生为目标，以深化改革为动力，以多种形式加大国有资本对公益性行业的投入，在提供公共服务方面做出更大贡献。

（二）基本原则

合理定位。处理好政府和市场的关系，使市场在资源配置中起决定性作用和更好发挥政府作用。对于市场调节机制失灵的公益性行业，公共财政应当加大投入。

综合施策。综合采取安排财政资金、划拨政府资产、国有资本投资运营公司资本配置、政府投资基金、政府和社会资本合作等方式，加大对公益性行业投入。

绩效导向。发挥好现有政策对于国有资本向公益性行业投入的激励约束作用，加强国有企业提供公共服务质量和效率的考核。

完善监管。加强行业监管，将相关国有企业提供公共产品、公共服务的质量和效率作为重要监管内容，加大信息公开力度，接受社会监督。

二、国有资本加大对公益性行业投入的主要形式

（三）鼓励中央企业对节能环保、科研以及党中央、国务院文件明确规定的其他公益性行业加大投入。各地可根据发展实际，鼓励地方国有企业对城市管理基础设施等公益性行业加大投入。

（四）按照预算管理、财政事权和支出责任划分等有关规定，中央财政与地方财政通过安排预算资金、划拨政府资产等，支持包括国有企业在内的各类主体更好地在公益性行业发挥作用。

（五）发挥国有资本投资运营公司资本配置功能，坚持市场化运作，探索有效的运营模

式，通过开展投资融资、产业培育、资本整合，推动产业聚集和转型升级，优化国有资本布局结构。

（六）发挥税收等政策引导作用，国有企业发生符合条件的研发费用依法享受税前加计扣除优惠，从事公共基础设施、环境保护、节能节水项目的所得，按有关规定享受税收优惠政策。

（七）充分发挥政府投资基金引导作用，坚持市场化运作，鼓励和引导包括国有企业在内的社会资本，促进实现支持关键领域重点产业转型升级和发展等政策目标。

（八）推广政府和社会资本合作，在财政、价格、土地、金融等方面加大支持力度。通过资本市场和开发性、政策性金融等多元融资渠道，吸引国有企业等社会资本参与公共产品和公共服务项目的投资、运营和管理，充分发挥市场机制作用，提高公共产品和公共服务供给管理与效率。

（九）通过深化国有企业混合所有制改革，放大国有资本功能，引导民间资本投入公益性行业。在水电气热、公共交通、公共设施等提供公共产品和服务的行业和领域，根据不同业务特点，加强分类指导，推进具备条件的企业实现投资主体多元化。通过购买服务、特许经营、委托代理等方式，鼓励非国有企业参与运营。

三、保障措施

（十）建立国有资本布局和结构调整机制。国有资产监管机构根据政府宏观政策和有关管理要求，建立健全国有资本进退机制，制定国有资本投资负面清单，推动国有资本更多投向关系国家安全、国民经济命脉和国计民生的重要行业和关键领域。

（十一）实行有针对性的考核措施。对公益类国有企业，重点考核成本控制、产品服务质量、营运效率和保障能力，根据企业不同特点有区别地考核经营业绩指标和国有资产保值增值情况，对社会效益指标引入第三方评价。对主业处于关系国家安全、国民经济命脉的重要行业和关键领域、主要承担重大专项任务的商业类国有企业，在考核经营业绩指标和国有资产保值增值情况的同时，加强对服务国家战略、保障国家安全和国民经济运行、发展前瞻性战略性产业以及完成特殊任务的考核。

（十二）规范地方政府注资行为。地方政府向包括国有企业在内的各类主体注资后不得以任何形式要求其替政府融资，不得新增各类隐性债务，地方政府不得将公益性资产、储备土地等注入国有企业等各类主体。

（十三）发挥社会参与和监督作用。财政部门要继续扎实推进预决算公开工作，特别要做好与民生密切相关的预算支出的公开和政策解读。相关企业应完善提供公共产品和公共服务信息披露机制。

金融、文化等国有企业，中央另有规定的依其规定执行。

关于加强中央企业PPP业务风险管控的通知

（国资发财管〔2017〕192号，国务院国有资产监督管理委员会2017年11月17日发布）

各中央企业：

PPP（政府与社会资本合作）模式是我国基础设施和公共服务供给机制的重大创新，对于推进供给侧结构性改革、创新投融资机制、提升公共服务的供给质量和效率具有重要意义。

近年来，中央企业主动适应改革要求，努力拓展市场，积极探索开展PPP业务，在推动自身业务快速发展的同时，有力支持了地方经济发展，取得了良好成效。

为贯彻新发展理念，提高中央企业境内PPP业务经营管理水平，有效防范经营风险，实现规范有序可持续发展，现将有关工作要求通知如下：

一、坚持战略引领，强化集团管控

各中央企业要紧密围绕企业发展战略和规划，建立健全本企业PPP业务管控体系，稳妥开展PPP业务。

一是加强战略引领。立足企业功能界定与分类定位，结合企业战略和发展方向，充分考虑企业财务资源和业务能力，规划本企业PPP业务发展。PPP业务较为集中的企业应编制PPP业务专项规划，优化PPP业务布局和结构。

二是完善全过程管控体系。建立健全PPP项目管理制度，从预算约束、事前可研决策、事中项目实施管理、事后投资评价等方面细化管控流程，构建权责明晰的管理机制，加强企业投资、财务、法务、审计等部门的协同配合，形成管控合力。

三是加强集团管控。明确集团对PPP业务管控的主体责任和各级子企业的具体管理责任，由集团总部（含整体上市的上市公司总部）负责统一审批PPP业务。

四是依法依规操作。加强投标管理及合同谈判，严格执行合规审查程序，切实防范PPP业务中的违法违规风险，妥善处理并及时报备重大法律纠纷案件。

二、严格准入条件，提高项目质量

各中央企业要将源头管控作为加强PPP业务管理的重中之重，细化PPP项目选择标准，优中选优，规范有序参与市场竞争，有效应对项目占用资金规模大、回报周期长带来的潜在风险。

一是聚焦主业。根据项目投资、建设、运营等环节特征准确界定集团主业投资领域，认真筛选符合集团发展方向、具备竞争优势的项目。将PPP项目纳入企业年度投资计划管理，严控非主业领域PPP项目投资。

二是坚持“事前算赢”原则，在项目决策前充分开展可行性分析，参考本企业平均投资回报水平合理设定PPP投资财务管控指标，投资回报率原则上不应低于本企业相同或相近期限债务融资成本，严禁开展不具备经济性的项目，严厉杜绝盲目决策，坚决遏制短期行为。

三是认真评估PPP项目中合作各方的履约能力。在通过财政承受能力论证的项目中，优先选择发展改革、财政等部门入库项目，不得参与付费来源缺乏保障的项目。

三、严格规模控制，防止推高债务风险

各中央企业要高度关注PPP业务对企业财务结构平衡的影响，综合分析本企业长期盈利能力、偿债能力、现金流量和资产负债状况等，量力而行，对PPP业务实行总量管控，从严设定PPP业务规模上限，防止过度推高杠杆水平。

一是纳入中央企业债务风险管控范围的企业集团，累计对PPP项目的净投资（直接或间接投入的股权和债权资金、由企业提供担保或增信的其他资金之和，减去企业通过分红、转让等收回的资金）原则上不得超过上一年度集团合并净资产的50%，不得因开展PPP业务推高资产负债率。

二是集团要做好内部风险隔离，明确相关子企业PPP业务规模上限；资产负债率高于85%或近2年连续亏损的子企业不得单独投资PPP项目。

三是集团应加强对非投资金融类子企业的管控，严格执行国家有关监管政策，不得参与仅为项目提供融资、不参与建设或运营的项目。

四、优化合作安排，实现风险共担

各中央企业在PPP项目中应充分发挥项目各合作方在融资、建设、运营等方面的比较优势，合理确定股权比例、融资比例，努力降低综合融资成本，切实做好项目运营合作安

排，实现合作共赢。

一是落实股权投资资金来源。各企业要严格遵守国家重大项目资本金制度，合理控制杠杆比例，做好拟开展PPP项目的自有资金安排，根据项目需要积极引入优势互补、协同度高的其他非金融投资方，吸引各类股权类受托管理资金、保险资金、基本养老保险基金等参与投资，多措并举加大项目资本金投入，但不得通过引入“名股实债”类股权资金或购买劣后级份额等方式承担本应由其他方承担的风险。

二是优化债权资金安排。积极与各类金融机构建立PPP业务合作关系，争取长期低成本资金支持，匹配好债务融资与项目生命周期。

三是规范融资增信。在PPP项目股权合作中，不得为其他方股权出资提供担保、承诺收益等；项目债务融资需要增信的，原则上应由项目自身权益、资产或股权投资担保，确需股东担保的应由各方股东按照出资比例共同担保。

四是做好运营安排，探索多元化的项目回报机制。结合企业发展需要，不断提高PPP项目专业化运营管理能力，对于尚不具备专业化运营管理能力的项目，通过合资合作、引入专业化管理机构等措施，确保项目安全高效运营。

五是积极盘活存量投资，完善退出机制。根据自身和项目需要，持续优化资金安排，积极通过出让项目股份、增资扩股、上市融资、资产证券化等多渠道盘活资产、收回资金，实现PPP业务资金平衡和良性循环。

五、规范会计核算，准确反映PPP业务状况

各中央企业应当根据《企业会计准则》相关规定规范PPP业务会计核算。

一是规范界定合并范围。根据股权出资比例、合作方投资性质、与合作方关联关系（如合营、担保、提供劣后级出资等），对项目融资、建设和运营的参与程度，风险回报分担机制，合作协议或章程约定等，按照“实质重于形式”原则综合判断对PPP项目的控制程度，规范界定合并范围；对确属无控制权的PPP项目，应当建立单独台账，动态监控项目的经营和风险状况，严防表外业务风险。

二是足额计提资产减值准备。定期对PPP项目长期股权投资、取得的收费权、股东借款等资产进行减值测试，重点关注实际运营情况与项目可研预期差距较大、合作方付款逾期等减值迹象，及时足额计提减值准备，防范资产价值不实。

三是规范核算项目收益。同时参与PPP项目投资、建设或运营的企业，应当合理划分和规范核算各阶段收益。

六、严肃责任追究，防范违规经营投资行为

各中央企业要切实承担起对PPP业务管控的主体责任，加强对全集团PPP业务的审计与监督检查，不断提高PPP业务投资经营管理水平。要对PPP业务经营投资责任实施规范化、科学化、全周期管理，完善决策事项履职记录。

对违反本通知要求，未履行或未正确履行投资管埋职责造成国有资产损失以及其他严重不良后果的各级经营管理人员，要严肃追究责任，同时对PPP业务重大决策实施终身责任追究制度。

各中央企业要对照本通知要求，全面梳理已签约PPP项目，根据发现的风险和问题，及时完善制度，加强管控，提出应对措施。

对存在瑕疵的项目，要积极与合作方协商完善；对不具备经济性或存在其他重大问题的项目，要逐一制定处置方案，风险化解前，该停坚决停止，未开工项目不得开工。

关于印发《收费公路政府和社会资本合作操作指南》的通知

（交办财审〔2017〕173号，交通运输部办公厅2017年11月22日发布）

各省、自治区、直辖市、新疆生产建设兵团及计划单列市交通运输厅（局、委）

为进一步规范收费公路领域政府和社会资本合作（PPP）项目操作流程，结合2016年以来财政部、国家发展改革委等部门出台的PPP规范性文件，部对2015年部办公厅印发的《收费公路政府和社会资本合作操作指南（试行）》（交办财审〔2015〕192号）作了进一步修订完善，形成《收费公路政府和社会资本合作操作指南》。经部同意，现予印发。

收费公路政府和社会资本合作操作指南

第一章 总 则

第一条 为推动收费公路领域开展政府和社会资本合作（Public-Private Partnership，简称PPP），规范收费公路PPP模式的操作流程，根据《中共中央 国务院关于深化投融资体制改革的意见》（中发〔2016〕18号）、《国务院办公厅转发财政部 发展改革委 人民银行关于在公共服务领域推广政府和社会资本合作模式的意见》（国办发〔2015〕42号）、《基础设施和公用事业特许经营管理办法》（国家发展改革委、财政部、住建部、交通运输部、水利部、人民银行令2015年第25号）、《财政部关于印发〈政府和社会资本合作项目财政管理暂行办法〉的通知》（财金〔2016〕92号）、《国家发展改革委关于印发〈传统基础设施领域实施政府和社会资本合作项目工作导则〉的通知》（发改投资〔2016〕2231号）、《财政部 交通运输部关于在收费公路领域推广运用政府和社会资本使用模式的实施意见》（财建〔2015〕111号）等规定，编制本指南。

第二条 本指南所称社会资本方，是指已建立现代企业制度的各类国有企业、民营企业、外商投资企业、混合所有制企业，以及其他投资、经营主体。

第三条 本指南适用于规范新建、改扩建收费公路领域开展的政府和社会资本合作项目（以下简称收费公路PPP项目）的识别、准备、社会资本方选择、执行和移交等活动。

第四条 收费公路PPP项目，是指社会资本方按照市场化原则出资，独资或与政府指定机构共同成立项目公司，通过特许经营等方式，参与收费公路投资、建设、运营和维护。政府通过授予特许经营权、合理定价、财政补贴等事先约定的收益规则，使社会资本方获得合理回报，实现防范并化解政府性债务风险，激发市场活力，增加公路基础设施有效供给等目标。

第五条 收费公路PPP项目的实施应当遵循风险分担、收益共享、物有所值、公共利益最大化等原则，各方应当按照公平、公正、公开和诚实信用的原则参与。

第二章 项目识别和准备

第六条 各级交通运输主管部门应根据公路交通发展规划在项目前期研究论证阶段，根据项目的特点及PPP模式的有关要求，判断项目是否适合引入社会资本方，将确定采取PPP模式的潜在项目，纳入PPP项目库。

需要使用各类政府投资资金的收费公路PPP项目，应当纳入三年滚动政府投资计划。

第七条 收费公路PPP项目可由政府或社会资本方发起，以政府发起为主。

各级交通运输主管部门应配合财政、发展改革部门对纳入收费公路PPP项目库的潜在项目进行评估筛选，并根据公路交通发展规划提出收费公路PPP项目开发建议。

社会资本方可通过提交项目建议书的方式向交通运输主管部门或财政、发展改革等部门直接推荐潜在项目。

第八条 收费不足以满足社会资本方或项目公司成本回收和合理回报的，且政府对项目依法给予支持政策仍不能完全覆盖成本、实现合理回报的，可考虑给予合理的财政支持。对符合公路交通发展规划和车辆购置税支持政策的项目，可按照交通运输重点项目资金申请和审核规定，申请车辆购置税资金支持。

可以采取建设期投资补助、资本金注入、运营补贴、贷款贴息等一种或多种方式对收费公路PPP项目给予支持，其中建设期投资补助、运营补贴和贷款贴息等作为可行性缺口补助，不作为项目资本金。

政府采用资本金注入方式支持收费公路PPP项目的，应明确政府出资人代表。政府指定的出资人代表按照本指南第二十六条第三款中所述的方式与社会资本方共同设立项目公司。

第九条 经过本级人民政府授权，各级交通运输主管部门可作为项目实施机构或者指定有关单位作为项目实施机构，负责项目识别和准备、社会资本方选择、执行和移交等PPP模式全生命周期的管理工作。

第十条 项目实施机构在项目工程可行性研究完成专家预审查后，可组织开展项目推介，介绍项目情况、了解潜在社会资本方财务实力、投融资能力、投资意向和条件等信息，进一步评估项目开展PPP模式的可行性，设计PPP模式的基本框架。

第十一条 对于确定采用PPP模式的项目，在开展项目前期各项工作的同时，项目实施机构组织编制PPP项目实施方案。

实施方案主要内容包括：项目基本情况、项目运作方式、交易结构（包括投融资结构、财务测算和回报机制等）、建设运营和移交方案、风险分配方案、绩效评价、合同体系和主要内容、社会资本方应当具备的条件及选择方式、保障和监管措施以及应当明确的其他事项等。

在实施方案编制过程中，各级交通运输主管部门应积极依托本级人民政府建立的PPP项目部门联动协调机制，统筹考虑开展PPP项目政府可赋予的政策措施，包括征地拆迁、项目沿线土地开发使用、建设期投资补助或者运营补贴等，并在实施方案和社会资本方选择招标文件中予以明示。

对于申请车辆购置税资金的项目，还应当在实施方案中提出资金申请理由、支持额度和政府支持方式，有关政府支持方式参见本指南第八条。

实施方案可委托第三方进行编制，承担编制任务的第三方应尽量避免与潜在社会资本方存在关联关系，如存在关联关系，不得利用其关联关系损害社会资本方选择的公正性。

第十二条 项目实施机构在编制完成项目实施方案后，向发展改革部门提交项目可行性研究报告（含相关附件，下同）或项目申请报告履行项目审批（核准）程序。

政府采用建设期投资补助、运营补贴、贷款贴息方式参与收费公路PPP项目，按照核准制管理；政府采用资本金注入、或既有资本金注入又有建设期投资补助、运营补贴、贷款贴息一种或几种方式参与收费公路PPP项目，按照审批制管理。

对于需要交通运输部进行行业审查的项目，同步逐级向交通运输部报送可行性研究报告或项目申请报告等相关材料，并在上报文件中提出政府支持方式。

交通运输部按程序出具行业审查（核准）意见，对于符合国家公路发展规划、国家投资政策和车辆购置税资金安排规定的项目，将同时明确车辆购置税资金的安排上限和支持方式。

第十三条 项目审批（核准）后，项目实施机构根据项目审批或核准意见对项目实施方案进行完善。

各级交通运输主管部门或项目实施机构应重视项目初步设计方案的深化研究，细化工程技术方案和投资概算等内容，并作为确定项目实施方案的重要依据。

第十四条 项目实施机构可组织相关专家对项目实施方案进行评审。实施方案评审通过后，项目实施机构可委托专家或第三方编制项目物有所值评价报告。

项目实施机构应积极配合本级财政部门对物有所值评价报告进行审核。物有所值评价审核未通过的，项目实施机构可对实施方案进行调整后重新提请审核。

第十五条 经审核通过物有所值评价的项目，由交通运输主管部门协调本级财政部门，依据项目实施方案和物有所值评价报告，组织编制财政承受能力论证报告，并出具财政承受能力论证报告审核意见。财政承受能力论证审核未通过的，项目实施机构可对实施方案进行调整后重新提请审核。

第三章 社会资本方选择

第十六条 项目实施机构向本级人民政府上报项目实施方案申请联合评审。通过实施方案联合评审并经本级人民政府批准后，由项目实施机构按照相关规定组织开展社会资本方选择工作。

第十七条 项目实施机构应将上级或本级人民政府相关部门明确的支持政策作为选择社会资本方的基本条件对外公开发布。

第十八条 项目实施机构根据项目实施方案和项目特点，通过公开招标、竞争性谈判等竞争方式择优选择社会资本方。

第十九条 通过公开招标、竞争性谈判等竞争方式选择社会资本方的程序，按照现行法律法规和有关规定实施。

第二十条 项目实施机构应当根据项目的特点和需要，依据批准的实施方案编制招标文件和PPP合同草案。招标文件和PPP合同草案中各项承诺和保障等相关交易条件不得超出已批准的实施方案规定的范围。

第二十一条 项目实施机构应当根据收费公路PPP项目的特点和需要，对潜在社会资本方的财务状况、投融资能力、商业信誉、市场信用、项目建设管理经验和项目运营管理经验等资格条件作出要求，但不得以不合理的条件限制或者排斥潜在社会资本方，不得对不同所有制形式的潜在社会方实行歧视性待遇。

项目实施机构应当接受具备投融资能力的潜在社会资本方参与投标，不得将具备设计或施工资格能力作为参与投标的强制性条件。对于具备设计或施工资格能力的社会资本方，或者自身不具备设计或施工资格能力但联合了具有相应资格能力的设计或施工单位共同组成联合体投标的社会资本方，按照《中华人民共和国招标投标法实施条例》第九条规定，中标后可以不再对设计或施工任务进行招标。对于不具备设计或施工资格能力的社会资本方，应当允许其中标后依法对设计或施工任务进行招标。

第二十二条 收费公路PPP项目社会资本方招标的评标办法可以采用综合评估法或者法律、行政法规允许的其他评标办法。

采用综合评估法的，应当在招标文件中载明对竞价因素、管理经验、专业能力、投资能力、融资实力以及信用状况等评价内容的评分权重和评分方法，根据综合得分由高到低推荐中标候选人。

根据收费公路PPP项目的运作模式和特点，社会资本方招标的竞价因素可设置为项目合作期限、需要政府给予的财政补贴额度、社会资本方提出的合理投资回报率、通行费收入最低需求等一项或者多项因素。

第二十三条 采用公开招标方式的，项目实施机构应当在省级交通运输主管部门政府网站或者其他政府网站上公示前三名中标候选社会资本方名单及排名，公示期不得少于3个工作日。

第二十四条 公示结束后，项目实施机构可根据需要组织项目谈判小组，必要时邀请第三方提供专业支持。

谈判小组按照候选社会资本方的排名，依次与候选社会资本方进行合同确认谈判，率先达成一致的即为中选社会资本方。项目实施机构应与中选社会资本方签署确认谈判备忘录，并根据信息公开相关规定，公示相关信息。

第二十五条 谈判确定的合同文本及相关文件不能与实施方案、物有所值评价报告、财政承受能力论证报告及招标文件中已明确不得变动的核心条款发生实质性变更。

第二十六条 公示期满无异议的，由项目实施机构或交通运输主管部门会同投资主管部门将PPP项目合同提交本级人民政府批准。

经批准通过后，根据本级人民政府的授权由相关单位或项目实施机构与依法选定的社会资本方签订投资协议，约定其在规定期限内注册成立项目公司（项目法人），并与项目公司签订收费公路 PPP 项目合同。

项目公司可以由社会资本方单独设立，也可以由政府指定出资人代表采取出资入股或设立特殊股份的方式与社会资本方共同设立。

收费公路 PPP 项目合同应当主要包括以下内容：

（一）项目名称、内容；

（二）合作范围和期限；

（三）政府和项目公司的权利和义务；

（四）融资方案，投融资期限和方式；

（五）收费标准及其调整机制；

（六）项目建设标准及相关要求；

（七）养护管理和服务质量标准；

（八）合理投资回报确定及调整机制；

（九）履约保证金的有关要求；

（十）合作期内风险分担与保障；

（十一）建设运营服务监测和绩效评价；

（十二）安全质量保证金制度及其责任；

（十三）政府承诺和保障；

（十四）应急预案和临时接管预案；

（十五）合同期限届满后，项目移交方式、程序和要求等；

（十六）合同变更、提前终止及补偿；

（十七）监督检查；

（十八）违约责任；

（十九）争议解决方式；

（二十）需要明确的其他事项。

第二十七条 收费公路 PPP 项目法人确定后，如与审批或核准时的项目法人不一致，由项目实施机构或交通运输主管部门组织协调按照有关规定依法办理项目法人变更手续。

第二十八条 对于申请车辆购置税资金支持的收费公路 PPP 项目，在正式签署收费公路 PPP 项目合同后，由省级交通运输主管部门组织向交通运输部报送项目车辆购置税资金申请函、收费公路 PPP 项目合同及各项审批文件等相关材料。

其他收费公路 PPP 项目按照项目管理权限上报有关部门。

第二十九条 交通运输部收到省级交通运输主管部门上报的材料并确认符合条件后，对材料进行审查。通过审查的，交通运输部出具资金安排确认函，明确车辆购置税资金具体安排数额。

第四章 项目执行

第一节 项目财政预算管理

第三十条 各级交通运输主管部门应当根据预算管理要求，将收费公路 PPP 项目合同中约定的政府跨年度财政支出责任纳入中期财政规划，经财政部门审核汇总后，报本级人民政府审核，保障政府在项目全生命周期内的履约能力。

第三十一条 经本级人民政府同意纳入中期财政规划的收费公路 PPP 项目，由交通运输主管部门按照预算编制程序和要求，将合同中符合预算管理要求的下一年度财政资金支出纳入预算管理，报请财政部门审核后纳入预算草案，经本级人民政府同意后报本级人民代表大会审议。

第二节 项目建设

第三十二条 项目公司正式成立后，应尽快开展项目融资。项目实施机构应会同本级财政部门敦促和监督社会资本方或项目公司做好项目融资工作。

各级交通运输主管部门不得为项目公司或社会资本方的融资提供担保。项目公司或社会资本方未按照收费公路 PPP 项目合同约定完成融资的，项目实施机构可依法提出履约要求，必要时提出终止收费公路 PPP 项目合同的要求。

第三十三条 项目公司或社会资本方要按照合同约定统筹项目投入和产出，严格按照设计文件组织工程建设，加强施工管理，确保工程质量，并对工程质量负责。

第三十四条 项目实施机构可以采取聘请设计审查单位、对项目监理单位或者中心试验室试验检测服务进行直接招标等措施，对设计及工程质量进行监控；也可以聘请第三方中介机构对项目进行成本审计或者承担其他评估工作。

第三十五条　各级交通运输主管部门应根据收费公路PPP项目合同及有关规定，对项目公司或社会资本方履行PPP项目建设责任进行监督。

第三十六条　项目建成后至试运营通车前，项目实施机构应当对项目的建设规模、建设内容等合同约定和涉及公众服务的内容进行验收，并向交通运输主管部门出具验收意见，作为试运营通车收费的前置条件。

第三节　项目运营

第三十七条　项目公司或社会资本方要根据有关法律、行政法规、标准规范和收费公路PPP项目合同，对收费公路及其沿线设施进行日常检查、运营、维护，保证收费公路处于良好的技术状态，为社会公众提供安全便捷、畅通高效、绿色智能的公共服务。

第三十八条　交通运输主管部门或项目实施机构应当按照收费公路PPP项目合同严格履行有关义务，为项目公司建设运营收费公路PPP项目提供便利和支持，提高公共服务水平。

第三十九条　交通运输主管部门或项目实施机构应根据收费公路PPP项目合同中的运营服务绩效标准和考核办法，定期对项目运营服务进行绩效评价，绩效评价结果应作为项目公司或社会资本方取得项目回报的依据。

第四十条　交通运输主管部门或项目实施机构应每3～5年对项目进行中期评估，重点分析项目运行状况和项目合同的合规性、适应性和合理性；及时评估已发现问题的风险，制订应对措施，并报交通运输主管部门或者本级人民政府备案。

第四十一条　交通运输主管部门或项目实施机构、项目公司应依照《收费公路管理条例》的要求，公开披露项目相关信息，保障公众知情权，接受社会监督。

第四十二条　在收费公路PPP项目合同有效期内，合同内容确需变更的，协议当事人应当在协商一致的基础上签订补充合同，并报原审批机构审批。

第四十三条　在项目合作期内，因收费公路PPP项目合同一方严重违约或不可抗力等原因，导致社会资本方或项目公司无法继续履行合同约定义务，或者出现合同约定的提前终止合同情形的，在与债权人协商一致后，经原审批机构审批，可以提前终止合同。

收费公路PPP项目合同提前终止的，项目实施机构或交通运输主管部门指定的其他机构可以提前收回特许经营权，并根据实际情况和合同约定给予合理补偿或惩罚。

第五章　项目移交

第四十四条　在PPP合同期满后，社会资本方或项目公司应当以良好的运营和养护状态将收费公路PPP项目合同约定的项目及其附属设施、相关资料等无偿移交给政府有关部门或项目实施机构。

收费公路PPP项目合同中应当明确约定项目移交的过渡期、移交内容和标准、移交程序、质量保证及违约责任等。

第四十五条　项目移交应设置过渡期。过渡期宜为PPP合作期限届满前1年或2年，政府有关部门或项目实施机构和社会资本方或项目公司应当联合组建项目移交委员会，研究制定项目移交方案，共同做好项目移交过渡期的相关工作。

项目移交方案应当包括移交的资产、资料明细，双方委派的移交人员及移交程序等内容。

第四十六条　PPP合同期满前6个月，原审批机构应当对收费公路进行鉴定和验收。经鉴定和验收，公路符合取得收费公路权益时核定的技术等级和标准的，社会资本方或项目公司方可按照国家有关规定向交通运输主管部门办理公路移交手续；不符合取得收费公路权益时核定的技术等级和标准的，社会资本方或项目公司应当在交通运输主管部门确定的期限内进行维修养护，达到要求后，方可按照规定办理公路移交手续。

第四十七条　项目移交完成后，交通运输主管部门应会同政府有关部门对项目运行养护状况、成本效益、监管成效等进行评估。

第六章　附　　则

第四十八条　本指南由交通运输部财务审计司会同综合规划司、公路局负责解释。

第四十九条 本指南自印发之日起施行，有效期五年，《收费公路政府和社会资本合作操作指南（试行）》（交办财审〔2015〕192号）同时废止。

关于鼓励民间资本参与政府和社会资本合作（PPP）项目的指导意见

（发改投资〔2017〕2059号，国家发展改革委2017年11月28日发布）

各省、自治区、直辖市及计划单列市、新疆生产建设兵团发展改革委：

按照党中央、国务院关于深化投融资体制改革的意见等文件精神，为贯彻落实《国务院办公厅关于进一步激发民间有效投资活力促进经济持续健康发展的指导意见》（国办发〔2017〕79号）要求，鼓励民间资本规范有序参与基础设施项目建设，促进政府和社会资本合作（PPP）模式更好发展，提高公共产品供给效率，加快补短板建设，充分发挥投资对优化供给结构的关键性作用，增强经济内生增长动力，现提出以下意见。

一、创造民间资本参与PPP项目的良好环境

不断加大基础设施领域开放力度，除国家法律法规明确禁止准入的行业和领域外，一律向民间资本开放，不得以任何名义、任何形式限制民间资本参与PPP项目。在制定PPP政策、编制PPP规划、确定PPP项目实施方案时，注重听取民营企业的意见，充分吸收采纳民营企业的合理建议。主动为民营企业服务，不断优化营商环境，构建“亲”“清”新型政商关系，为民间资本参与PPP项目创造更加公平、规范、开放的市场环境。对民间资本主导或参与的PPP项目，鼓励开通前期工作办理等方面的“绿色通道”。鼓励结合本地区实际，依法依规出台更多的优惠政策。

二、分类施策支持民间资本参与PPP项目

针对不同PPP项目投资规模、合作期限、技术要求、运营管理等特点，采取多种方式积极支持民间资本参与，充分发挥民营企业创新、运营等方面的优势。对商业运营潜力大、投资规模适度、适合民间资本参与的PPP项目，积极支持民间资本控股，提高项目运营效率。对投资规模大、合作期限长、工程技术复杂的项目，鼓励民营企业相互合作，或与国有企业、外商投资企业等合作，通过组建投标联合体、成立混合所有制公司等方式参与，充分发挥不同企业比较优势。鼓励民间资本成立或参与投资基金，将分散的资金集中起来，由专业机构管理并投资PPP项目，获取长期稳定收益。

三、鼓励民营企业运用PPP模式盘活存量资产

积极采取转让一运营一移交（TOT）、改扩建一运营一移交（ROT）等多种运作方式，规范有序盘活存量资产，吸引民间资本参与，避免项目规划选址、征地拆迁等比较复杂的前期工作由民营企业承担。盘活资产回收的资金主要用于补短板项目建设，形成新的优质资产，实现投资良性循环。对适宜采取PPP模式的存量项目，鼓励多采用转让项目的经营权、收费权等方式盘活存量资产，降低转让难度，提高盘活效率。对已经采取PPP模式的存量项目，经与社会资本方协商一致，在保证有效监管的前提下，可通过股权转让等多种方式，将政府方持有的股权部分或全部转让给民营企业。对在建的政府投资项目，积极探索、规范有序推进PPP模式，吸引民间资本参与。

四、持续做好民营企业PPP项目推介工作

依托全国投资项目在线审批监管平台建立的PPP项目库，对入库项目定期进行梳理，规范有序开展推介工作，适时选择回报机制明确、运营收益潜力大、前期工作成熟的PPP项目，向民营企业推介。重点推介以使用者付费为主的特许经营类项目，审慎推介完全依靠政府付费的PPP项目，以降低地方政府支出压力，防范地方债务风险。各地发展改革部门要与当地行业主管部门、工商联、行业协会等加强合作，通过多种方式推介优质项目、介绍典型案例，加大政策宣传解读和业务培训力度，帮助民营企业更好参与PPP项目。

五、科学合理设定社会资本方选择标准

严格按照《中华人民共和国招标投标法》和《中华人民共和国政府采购法》规定，通过公开招标等竞争性方式选择PPP项目的社会资本方。合理确定社会资本方资格，不得设置超过项目实际需要的注册资本金、资产规模、银行存款证明或融资意向函等条件，不得设置与项目投融资、建设、运营无关的准入条件。规范投标保证金设置，除合法合规的投标保证金外，不得以任何其他名义设置投标担保要求，推行以银行保函方式缴纳保证金。科学设置评标标准，综合考虑投标人的工程技术、运营水平、投融资能力、投标报价等因素。鼓励通过组建高质量的PPP项目特殊目的载体（SPV）等方式，整合各方资源，完善项目治理结构，提高专业化运作能力。支持民间资本股权占比高的社会资本参与PPP项目，调动民间资本积极性。同等条件下，优先选择运营经验丰富、商业运作水平高、创新创造能力强的民营企业。

六、依法签订规范、有效、全面的PPP项目合同

在与民营企业充分协商、利益共享、风险共担的基础上，客观合理、全面详尽地订立PPP项目合同。明确各方责权利和争议解决方式，合理确定价格调整机制，科学设定运营服务绩效标准，有效设置排他性条款，保障项目顺利实施。PPP项目合同既要规范民营企业投资行为，确保项目持续稳定运行，也要保证当政府方不依法履约时，民营企业可以及时获得合理补偿乃至合法退出。要依据相关法律法规和合同约定，对PPP项目进行全生命周期监管。禁止政府和投资人签订承诺回购投资本金、承诺最低收益等条款，严禁利用PPP模式违法违规变相举债，严防地方政府隐性债务风险。

七、加大民间资本PPP项目融资支持力度

鼓励政府投资通过资本金注入、投资补助、贷款贴息等方式支持民间资本PPP项目，鼓励各级政府出资的PPP基金投资民间资本PPP项目。鼓励各类金融机构发挥专业优势，大力开展PPP项目金融产品创新，支持开展基于项目本身现金流的有限追索融资，有针对性地为民间资本PPP项目提供优质金融服务。积极推进符合条件的民间资本PPP项目发行债券、开展资产证券化，拓宽项目融资渠道。按照统一标准对参与PPP项目的民营企业等各类社会资本方进行信用评级，引导金融市场和金融机构根据评级结果等加大对民营企业的融资支持力度。

八、提高咨询机构的PPP业务能力

咨询机构要坚持“合法、合规、专业、自律”的原则，深入研究民间资本参与PPP项目咨询服务新要求，加强PPP项目策划、论证、建设、运营阶段管理能力建设，准确把握民间资本参与PPP项目的商业诉求，提高项目全过程咨询服务能力。健全行业自律管理体系，通过PPP咨询机构论坛等多种形式，加强同业交流与合作。制定和完善PPP咨询业务操作标准规范，着力解决PPP项目工程技术、招投标、投融资、项目管理、法律和财务等方面难题，为民间资本PPP项目提供优质高效的咨询服务。

九、评选民间资本PPP项目典型案例

各地在已经引入民间资本的PPP项目中，适时评选在项目运作规范、交易结构合理、运营持续稳定、商业模式创新、回报机制明确等方面具有参考示范价值的典型案例，总结经验、加强宣传，发挥示范效应。国家发展改革委将会同有关行业主管部门组织专家对各地报送的案例进行评审和筛选，挑选出若干典型案例进行宣传，优先推荐发行PPP项目资产证券化产品。对支持和鼓励民间资本参与PPP项目工作积极主动、典型案例多的地区，在安排PPP项目前期工作中央预算内投资时予以倾斜支持。

十、加强政府和社会资本合作诚信体系建设

建立健全PPP项目守信践诺机制，准确记录并客观评价政府方和民营企业在PPP项目实施过程中的履约情况。政府方要严格履行各项约定义务，做出履约守信表率，坚决杜绝“新官不理旧账”现象。民营企业也要认真履行合同，持续稳定提供高质量且成本合理的公共产品和服务。将PPP项目各方信用记录，纳入全国信用信息共享平台供各部门、各地区共享，并依法通过“信用中国”网站公示。将严重失信责任主体纳入黑名单，并开展联合惩戒。

鼓励民间资本参与PPP项目是贯彻落实党中央、国务院关于激发民间有效投资活力、促进经济持续健康发展的重要措施，是充分发挥投资对优化供给结构关键性作用的重要抓手。各地发展改革部门要高度重视，加强组织领导，努力破除制约民间资本参与PPP项目的困难和障碍，切实保障民间资本合法权益，推动民间资本PPP项目规范有序发展。

关于印发《政府和社会资本合作建设重大水利工程操作指南（试行）》的通知

（发改农经〔2017〕2119号，国家发展改革委、水利部2017年12月7日发布）

各省、自治区、直辖市及计划单列市、新疆生产建设兵团发展改革委、水利（水务）厅（局），水利部各流域机构：

为进一步规范社会资本参与重大水利工程建设和运营操作流程，提升政府和社会资本合作质量和效果，我们编制了《政府和社会资本合作建设重大水利工程操作指南（试行）》。现印发给你们，供在工作中参考。实施中的重要情况和问题，请及时报告。

附件：政府和社会资本合作建设重大水利工程操作指南（试行）（略）

关于进一步做好生活垃圾焚烧发电厂规划选址工作的通知

（发改环资规〔2017〕2166号，国家发展改革委、住房城乡建设部、国家能源局、环境保护部、国土资源部2017年12月12日发布）

各省、自治区、直辖市及计划单列市、新疆生产建设兵团发展改革委、住房城乡建设厅（城乡规划、环境卫生主管部门）、能源局、环境保护厅（局）、国土资源厅（局）：

为贯彻落实党中央、国务院决策部署，指导各地做好生活垃圾焚烧发电厂规划选址工

作，积极推进生活垃圾焚烧发电项目落地，改善城乡人居环境，提高生态文明建设水平，现通知如下。

一、重要意义

焚烧发电是生活垃圾处理的重要方式，对实现垃圾减量化、资源化和无害化，改善城乡环境卫生状况，解决“垃圾围城”“垃圾上山下乡”等突出环境问题具有重要作用。科学合理确定生活垃圾焚烧发电厂规划与选址，对推进焚烧设施项目顺利实施、提高垃圾无害化处理能力具有重要意义。对此，各地应当高度重视，提早规划、合理布局、明确厂址，切实保障生活垃圾焚烧发电厂有序建设。

二、重点任务

（一）科学制定生活垃圾焚烧发电中长期专项规划

按照“十三五”全国城镇生活垃圾无害化处理设施建设规划、城市市政基础设施建设规划、可再生能源发展规划等要求，结合本地区经济社会发展规划、城市总体规划等，各省（区、市）发展改革委（能源局）会同相关部门应于2018年底前编制完成本地区省级生活垃圾焚烧发电中长期专项规划（以下简称专项规划），明确建设目标、重点任务、保障措施，统筹推进项目建设。专项规划须列明2020年前计划开工建设的具体项目，逐项明确建设规模、建设地点（应明确四至边界）、建成时间、处理能力等；同时，还应提出2030年前拟建垃圾焚烧厂目标名单，包括建设规模、建设地点（应明确到具体市县）等内容，纳入新一版城市总体规划。专项规划应符合本地区土地利用总体规划。各省（区、市）已编制的生活垃圾焚烧发电五年规划应与专项规划做好衔接。专项规划编制单位应当依法同步组织规划环境影响评价，为科学制定规划增强支撑。

列入专项规划的项目，根据项目进展情况，及时纳入国家发展改革委重大建设项目库和国家能源局可再生能源项目管理系统规划库。

（二）超前谋划生活垃圾焚烧发电项目选址

省级城乡规划主管部门会同相关部门组织指导市（县）人民政府依法做好生活垃圾焚烧发电项目选址工作。项目选址应符合与“三区三线”配套的综合空间管控措施要求，尽量远离生态保护红线区域，并严格按照《生活垃圾焚烧处理工程项目建设标准》要求，设定防护距离，明确四至边界，合理安排周边项目建设时序，不得因周边项目建设影响生活垃圾焚烧发电项目选址落地。鼓励利用既有生活垃圾处理设施用地建设生活垃圾焚烧发电项目；鼓励采取产业园区选址建设模式，统筹生活垃圾、建筑垃圾、餐厨垃圾等不同类型垃圾处理，形成一体化项目群；鼓励在京津冀、长三角等国家级城市群打破省域（市域）限制，探索跨地市、跨省域生活垃圾焚烧发电项目建设，实现一定区域内共建共享。

纳入专项规划并拟于2020年前开工建设的具体项目，应在2018年前完成项目选址，明确建设地点（四至边界）；纳入专项规划并拟于2021—2030年开工建设的项目，应至少提前3年完成项目选址工作。

（三）加快推进专项规划项目落地实施

对纳入专项规划的生活垃圾焚烧发电项目，有关部门应依据投资管理相关规定，加快组织项目审批或核准等前期手续。依托全国投资项目在线审批监管平台，优化审批流程，实现项目网上申报、并联审批。要协助项目单位抓紧落实项目开工条件，推进项目落地实施。按照谁审批谁监管、谁主管谁监管的原则，进一步加强项目建设监管，及时掌握项目进度。

（四）定期实施评估考核和专项规划调整

省级发展改革（能源）部门会同住房城乡建设等部门于每年一季度前完成本地区专项规划上一年度实施情况评估考核。根据评估考核结果，对专项规划相关项目及时进行调整。未按规定时限完成选址或无法继续实施的项目，应及时调整出专项规划；将已完成选址的新布局项目，列入专项规划。列入专项规划并拟于2020年前开工建设的项目，须充分论证确保科学慎重决策，原则上不应再调整变更项目选址。根据专项规划调整情况，及时更新重大建设项目库和可再生能源项目管理系统规划库。

（五）全面公开规划选址相关信息

各省（区、市）指导督促有关市（县）人民政府完善生活垃圾焚烧发电厂规划选址信息公开制度和信息共享机制，依法做好信息公开工作，及时向社会公开生活垃圾焚烧发电厂选址相关信息，鼓励公民、法人和其他组织积极参与。在专项规划编制过程中，要坚持开放透明，广泛征求社会各方面意见。专项规划编制完成后，依据法律法规和有关规定，及时向社会公开，接受社会监督，做好环境社会风险防范与化解相关工作。

三、保障措施

（一）加强组织领导

建立健全有利于生活垃圾焚烧发电厂规划选址的工作机制。省级相关部门要切实加强组织领导，强化部门协调配合，落实项目所在市（县）人民政府主体责任，上下联动，形成工作合力。结合省级空间规划和市县“多规合一”试点，对不利于生活垃圾焚烧发电厂提前选址、有关规定相互矛盾的政策文件、技术规范等进行梳理，提出修订完善建议，遇到重大问题和困难及时向主管部门报告。有关部门按照职责分工，指导并协调解决规划选址中的重大问题。

（二）加大政策支持

各地区、有关部门要对生活垃圾焚烧发电厂规划选址工作给予政策支持。对于列入专项规划的项目，发展改革部门在PPP项目推介、中央预算内投资等方面予以支持，住房城乡建设（城乡规划、环境卫生）部门加强行业指导，优先开展选址审查，加快核发建设项目选址意见书，国土资源部门优先安排用地计划指标，环境保护部门积极做好环境影响评价文件审批服务。国家发展改革委、国家能源局指导各省（区、市）编制专项规划。国家可再生能源电价附加补贴资金优先用于支持列入专项规划的项目，专项规划之外布局建设的项目，所需补贴资金原则上由项目所在省（区、市）负责解决。

（三）强化监督考核

省级相关部门应进一步规范事前、事中和事后监管，增强专项规划实施和执行的约束力，项目选址确定后，禁止擅自改变用途，严格控制周边土地开发利用。住房城乡建设部会同相关部门将定期开展全国生活垃圾焚烧发电厂建设项目专项检查，并于2019年开始发布上年度拟建项目规划选址情况，对工作不到位的项目给予通报，其中工作严重不到位的，国家能源局将其从可再生能源项目管理系统规划库中删除。有关部门将逐步探索研究把规划选址情况纳入相关考核体系，并作为考核督查重点。

关于在旅游领域推广政府和社会资本合作模式的指导意见

（文旅旅发〔2018〕3号，文化和旅游部、财政部2018年4月19日发布）

各省、自治区、直辖市旅游发展委员会（旅游局），财政厅（局）：

政府和社会资本合作模式是完善公共服务供给机制的重要方向，是国家治理体系和治理能力现代化的重要内容。为更好鼓励运用政府和社会资本合作（PPP）模式改善旅游公共服务供给，现提出如下意见：

一、总体要求

全面贯彻党的十九大和十九届三中全会精神，以习近平新时代中国特色社会主义思想为指导，坚持稳中求进工作总基调，坚持新发展理念，按照高质量发展的要求，统筹推进“五位一体”总体布局和协调推进“四个全面”

战略布局，坚持以旅游供给侧结构性改革为主线，紧扣人民日益增长的旅游美好生活需要和不平衡不充分的旅游业发展之间的矛盾，以全域旅游为导向，以优质旅游为目标，逐步加强旅游基础设施建设，持续提升旅游公共服务供给水平，着力发挥旅游业在精准扶贫中的重要作用，大力推动旅游业质量变革、效率变革、动力变革。

二、基本原则

——明确内涵，厘清外延。深化对 PPP 模式的理解认识，防止简单化和片面化倾向，把公共服务供给作为界定 PPP 模式的核心，厘清政府责任与市场机制的边界。

——夯实基础，全民受益。针对旅游业的不同类型，坚持公共服务属性，优化配置资源，保障旅游基础设施和公共服务供给，促进社会资本竞争和创新，确保公共利益最大化。

——加强引导，规范发展。将公共服务产品质量和群众满意度作为政府付费的重要依据。加大政策扶持力度，强化绩效评价和项目监管，确保项目顺利实施、规范运作，防止地方政府违法违规或变相举借债务，防范财政金融风险。

——运营为本，重诺履约。鼓励各类市场主体通过公开竞争性方式参与项目合作，明确各参与主体的责任、权利关系和风险分担机制，强化项目运营，树立契约理念，诚实守信，严格履约。

三、重点领域

通过在旅游领域推广政府和社会资本合作模式，推动项目实施机构对政府承担的资源保护、环境整治、生态建设、文化传承、咨询服务、公共设施建设等旅游公共服务事项与相邻相近相关的酒店、景区、商铺、停车场、物业、广告、加油加气站等经营性资源进行统筹规划、融合发展、综合提升，不断优化旅游公益性服务和公共产品供给，促进旅游资源保护和合理利用，完善旅游资源资产价值评估，更好地满足人民群众对旅游公共服务的需要，大力推动旅游业提质增效和转型升级。

重点包括但不限于以下领域：

（一）旅游景区。在依法合规的前提下，以国有自然、文化资源资产的科学保护和合理利用为导向，重点加强景区道路、环卫设施、游憩设施、标识系统等基础设施和安全设施建设，加强景区及周边环境的综合整治。优先支持开放型景区开展旅游 PPP 项目建设。

（二）全域旅游。以创建全域旅游示范区为导向，对一定区域内的厕所、咨询服务体系、旅游引导标识系统、旅游资源保护等与酒店、景区等经营性旅游资源进行整合开发建设。

（三）乡村旅游。以促进乡村优秀传统文化的保护与传承为导向，在现代农业庄园、田园综合体、农业观光园、农村产业融合示范园、精品民宿等经营性开发中对垃圾收集站、旅游标识标牌等进行统一规划与建设。

（四）自驾车旅居车营地。依托交通集散地、景区景点等建设自驾车旅居车营地，加强水、电、气、排污、垃圾处理等基础设施和自驾游服务中心、环卫设施等配套建设。

（五）旅游厕所。通过以商建厕、以商管厕、以商养厕等方式，鼓励社会资本方对一定区域内的厕所进行统一开发建设和运管管理。

（六）旅游城镇。以加强城市、乡镇、街区等特色旅游资源的保护为导向，鼓励社会资本方将特色旅游资源的科学保护、合理利用及相关配套经营性服务设施的建设运营等进行统筹规划、有机衔接。

（七）交通旅游。支持地方政府将交通项目和旅游资源的利用融合建设、一体发展，鼓励社会资本方参与旅游风景道、邮轮港口、游船码头、公共游艇码头、旅游集散中心、通景公路及相关配套服务设施的建设。

（八）智慧旅游。鼓励和支持政府和社会资本方采取 PPP 模式开展智慧旅游城市、智慧旅游景区、智慧旅游公共服务平台、旅游数据中心、旅游基础数据库等建设。

（九）健康旅游等新业态。鼓励政府和社会资本方将旅游资源的经营性开发项目与养老、体育、健康、研学等领域公共服务供给相衔接。

优先支持符合本意见要求的全国优选旅游项目、旅游扶贫贷款项目等存量项目转化为旅游 PPP 项目。

四、严格执行财政 PPP 工作制度

（一）严格筛选项目。各级旅游、财政部门要加强合作，依托全国 PPP 综合信息平台，科学论证筛选，优先选择有经营性现金流、适宜市场化运作、强化运营管理的旅游公共设施及公共服务项目，做好项目储备，明确年度及中长期项目开发计划，确保工作有序推进。

（二）确保公平竞争。各级旅游、财政部门要加强协作，指导项目实施机构依法通过公开、公平、竞争性方式，择优选择具备项目所需建设运营能力和履约能力的社会资本开展合作，保障各类市场主体平等参与旅游 PPP 项目合作，消除本地保护主义和各类隐形门槛。鼓励金融机构早期介入项目前期准备，提高项目融资可获得性。

（三）合理分担风险。各级旅游、财政部门要加强协作，指导项目实施机构按照风险分担、利益共享的原则，充分识别、合理分配和有效应对 PPP 项目风险。保障政府知情权，政府可以参股项目公司；保障项目公司的经营独立性和风险隔离功能，政府不得干预企业日常经营决策，不得违规兜底项目建设运营风险。

（四）保障合理回报。各级旅游、财政部门要加强协作，指导项目实施机构根据项目特点构建合理的项目回报机制，财政部门依据项目合同约定将财政支出责任纳入地方政府年度预算和中期财政规划，按项目绩效考核结果向社会资本支付对价，保障社会资本获得合理收益。

（五）严格债务管理。各地财政部门要认真组织开展项目物有所值评价和财政承受能力论证，加强本辖区内 PPP 项目财政支出责任统计和超限预警，严格政府债务管理，对政府参股及付费项目，加强建设、运营成本控制，严禁政府或政府指定机构回购社会资本投资本金或兜底本金；政府不得向社会资本承诺固定或最低收益回报；政府部门不得为项目债务提供任何形式担保；严禁存在其他违法违规举债担保行为。

（六）强化信息公开。各级旅游、财政部门要认真落实《政府和社会资本合作（PPP）综合信息平台信息公开管理暂行办法》（财金〔2017〕1 号）有关要求，做好 PPP 项目全生命周期信息公开工作，及时、完整、准确地录入旅游 PPP 项目信息，及时披露项目识别论证、政府采购及预算安排等关键信息，增强社会资本和金融机构信心，保障公众知情权，接受社会监督。

（七）加强绩效考核。各级旅游、财政部门要加强协作，共同推动建立旅游 PPP 项目绩效考核机制，跟踪掌握项目实施和资金使用情况，推动形成项目监管与资金安排相衔接的激励制约机制。

五、加大政策保障

（一）强化工作协同合作。两部门共同推动地方人民政府积极探索建立跨部门旅游 PPP 工作领导协调机制，加强政府统一领导，明确部门职责分工，强化培训引导，形成工作合力，推动项目顺利实施。

（二）建立优先推荐函制度。对于地方人民政府重点推荐的旅游 PPP 项目，省级旅游部门在充分征求省级财政部门意见的基础上，向文化和旅游部报送推荐旅游 PPP 项目目录，每个省（区、市）不超过 2 个；由文化和旅游部、财政部组织专家论证后，择优选取并共同向社会推荐。

（三）优化资金投入方式。各级财政部门、旅游部门要探索创新旅游公共服务领域资金投入机制，进一步改进和加强资金使用管理，发挥财政资金引导撬动作用，推动金融和社会资本更多投向旅游领域，提高投资有效性和公共资金使用效益。积极鼓励民营资本参与 PPP 项目建设，不得设置限制条款或任意提高门槛。

（四）发挥典型带动作用。各地财政部门、旅游部门要共同做好旅游 PPP 项目申报的指导工作，加强对实施效果好、社会评价高的旅游 PPP 项目的经验总结和案例推广。

（五）拓宽金融支持渠道。充分发挥中国政企合作支持基金和中国旅游产业基金的股权投资引导作用，鼓励各地设立 PPP 项目担保基金，带动更多金融机构加大对旅游 PPP 项目的投融资支持。鼓励金融机构在符合当前监管政策的前提下创新 PPP 金融服务，可纳入开发性、政策性金融支持范畴，优化信贷流程，鼓励能够产生可预期现金流的旅游 PPP 项目通过发行债券和资产证券化等市场化方式进行融资。鼓励保险资金按照市场化原则，创新运用多种方式参与项目，创新开发适合旅游 PPP 项目的保险产品。

（六）建立动态评估调整机制。积极推进旅游公共服务领域价格改革，引导各地综合考虑建设运营成本、财政承受能力、居民意愿等因素，合理确定旅游服务价格水平和补偿机制，推动建立价格动态调整和上下游联动机制，增强社会资本收益预期，提高社会资本参与积极性。逐步建立完善科学的旅游资源论证评估和 PPP 项目绩效评价体系，动态掌握项目整体运营管理情况。

（七）合理安排旅游用地。落实好《国土资源部、住房和城乡建设部、国家旅游局关于支持旅游业发展用地政策的意见》（国土资规〔2015〕10 号）及相关涉旅用地政策，有条件的地区可优先支持旅游 PPP 项目开发建设。

对于文件执行之中遇到的问题，请各地及时向文化和旅游部、财政部报告。

关于进一步加强政府和社会资本合作（PPP）示范项目规范管理的通知

（财金〔2018〕54 号，财政部 2018 年 4 月 24 日发布）

各省、自治区、直辖市、计划单列市财政厅（局），新疆生产建设兵团财政局：

PPP 示范项目在引导规范运作、带动区域发展、推动行业破冰、推广经验模式等方面发挥了积极作用。但从近期核查情况看，部分示范项目存在进展缓慢、执行走样等问题。为进一步强化示范项目规范管理，更好发挥引领带动作用，现就有关事项通知如下：

一、对核查存在问题的 173 个示范项目分类进行处置

（一）将不再继续采用 PPP 模式实施的包头市立体交通综合枢纽及综合旅游公路等 30 个项目，调出示范项目名单，并清退出全国 PPP 综合信息平台项目库（以下简称项目库）。

（二）将尚未完成社会资本方采购或项目实施发生重大变化的北京市丰台区河西第三水厂等 54 个项目，调出示范项目名单，保留在项目库，继续采用 PPP 模式实施。

（三）对于运作模式不规范、采购程序不严谨、签约主体存在瑕疵的 89 个项目，请有关省级财政部门会同有关方面抓紧督促整改，于 6 月底前完成。逾期仍不符合相关要求的，调出示范项目名单或清退出项目库。

地方各级财政部门要会同有关部门妥善做好退库项目后续处置工作：对于尚未启动采购程序的项目，调整完善后拟再次采用 PPP 模式实施的，应当充分做好前期论证，按规定办理入库手续；无法继续采用 PPP 模式实施的，应当终止实施或采取其他合规方式继续推进。对于已进入采购程序或已落地实施的项目，应当针对核查发现的问题进行整改，做到合法合规；终止实施的，应当依据法律法规和合同约定，通过友好协商或法律救济途径妥善解决，切实维护各方合法权益。

二、引以为戒，加强项目规范管理

（一）夯实项目前期工作。按国家有关规定认真履行规划立项、土地管理、国有资产审批等前期工作程序，规范开展物有所值评价和财政承受能力论证。不得突破 10%红线新上项目，不得出现“先上车、后补票”、专家意

见缺失或造假、测算依据不统一、数据口径不一致、仅测算单个项目支出责任等现象。

（二）切实履行采购程序。加强对项目实施方案和采购文件的审查，对于采用单一来源采购方式的项目，必须符合政府采购法及其实施条例相关规定。不得设置明显不合理的准入门槛或所有制歧视条款，不得未经采购程序直接指定第三方代持社会资本方股份。

（三）严格审查签约主体。坚持政企分开原则，加强PPP项目合同签约主体合规性审查，国有企业或地方政府融资平台公司不得代表政府方签署PPP项目合同，地方政府融资平台公司不得作为社会资本方。

（四）杜绝违法违规现象。坚守合同谈判底线，加强合同内容审查，落实项目风险分配方案，合同中不得约定由政府方或其指定主体回购社会资本投资本金，不得弱化或免除社会资本的投资建设运营责任，不得向社会资本承诺最低投资回报或提供收益差额补足，不得约定将项目运营责任返包给政府方出资代表承担或另行指定社会资本方以外的第三方承担。

（五）强化项目履约监管。夯实社会资本融资义务，密切跟踪项目公司设立和融资到位情况。不得以债务性资金充当项目资本金，政府不得为社会资本或项目公司融资提供任何形式的担保。落实中长期财政规划和年度预算安排，加强项目绩效考核，落实按效付费机制，强化激励约束效果，确保公共服务安全、稳定、高效供给。

三、切实强化信息公开，接受社会监督

（一）提升信息公开质量。通过PPP综合信息平台及时、准确、完整、充分披露示范项目关键信息，及时上传项目实施方案、物有所值评价报告、财政承受能力论证报告、采购文件等重要附件及相关批复文件，保障项目信息前后连贯、口径一致、账实相符。

（二）加强运行情况监测。及时更新PPP项目开发目录、财政支出责任、项目采购、项目公司设立、融资到位、建设进度、绩效产出、预算执行等信息，实时监测项目运行情况、合同履行情况和项目公司财务状况，强化风险预警与早期防控。

（三）强化咨询服务监督。全面披露参与示范项目论证、采购、谈判等全过程咨询服务的专家和咨询机构信息，主动接受社会监督。建立健全咨询服务绩效考核和投诉问责机制，将未妥善履行咨询服务职责或提供违法违规咨询意见的专家或咨询机构，及时清退出PPP专家库或咨询机构库。

四、建立健全长效管理机制

（一）落实示范项目管理责任。各省级财政部门为辖内示范项目管理的第一责任人，负责健全本地区示范项目的专人负责、对口联系和跟踪指导机制，监督指导辖内市县做好示范项目规范实施、信息公开等工作，对示范项目实施过程中出现的重点、难点问题，及时向财政部报告。示范项目所属本级财政部门应会同行业主管部门加强项目前期论证、采购、执行、移交等全生命周期管理，监督项目各参与方切实履行合同义务，确保项目规范运作、顺利实施。财政部PPP中心负责全国PPP示范项目执行情况的统一指导和汇总统计。

（二）强化示范项目动态管理。地方各级财政部门要会同有关部门加强示范项目动态管理，确保项目执行不走样。对于项目名称、实施机构等非核心条件发生变更的，应及时向财政部PPP中心备案；对于项目合作内容、总投资、运作方式、合作期限等核心边界条件与入选示范项目时相比发生重大变化的，应及时向财政部PPP中心申请调出示范项目名单，并对项目实施方案，物有所值评价报告、财政承受能力论证报告、采购文件、项目合同等进行相应调整、变更。因项目规划调整、资金落实不到位等原因，不再继续采用PPP模式实施的，应及时向财政部PPP中心申请调出示范项目名单并退出项目库。

（三）开展示范项目定期评估。财政部PPP中心应定期组织第三方专业机构、专家等，开展示范项目执行情况评估。评估过程中发现示范项目存在运作不规范、实施情况发生重大变化或信息披露不到位等问题的，应及时

调出示范项目名单或清退出项目库。其中已获得中央财政 PPP 项目以奖代补资金的，由省级财政部门负责追回并及时上缴中央财政。经评估效果良好的示范项目，由财政部 PPP 中心联合省级财政部门加强经验总结与案例推广。

附件：1. 调出示范并退库项目清单

2. 调出示范项目清单

3. 限期整改项目清单

附件 1

调出示范并退库项目清单

序号	项目名称	所属省份	总投资（万元）	一级行业	示范批次	调出原因
1	内蒙古自治区包头市立体交通综合枢纽及综合旅游公路 PPP 项目	内蒙古自治区	42274.00	交通运输	第三批	实施方案调整，不再继续采用 PPP 模式
2	松北新城综合场馆	内蒙古自治区	19500.00	文化	第三批	不再继续采用 PPP 模式
3	内蒙古自治区通辽市霍林郭勒市河东新区中蒙医院工程项目	内蒙古自治区	19601.00	医疗卫生	第三批	不再继续采用 PPP 模式
4	内蒙古自治区通辽市霍林郭勒市河东新区部分道路桥梁及附属设施工程	内蒙古自治区	10098.00	市政工程	第三批	尚未落地，不再继续采用 PPP 模式
5	鄂尔多斯空港物流园区燃气工程 PPP 项目	内蒙古自治区	12600.00	市政工程	第三批	尚未落地，不再继续采用 PPP 模式
6	内蒙古自治区兴安盟扎赉特旗康复中心建设项目	内蒙古自治区	5000.00	医疗卫生	第三批	尚未落地，不再继续采用 PPP 模式
7	温岭市智慧城市一期 PPP 项目	浙江省	133393.00	科技	第三批	涉及信息安全问题，项目终止
8	安徽省池州市 G318 池州至殷汇段一级公路改建工程 PPP 项目	安徽省	169800.00	交通运输	第三批	不再继续采用 PPP 模式
9	福建省龙岩市厦蓉高速公路龙岩东联络线	福建省	580145.00	交通运输	第三批	不再继续采用 PPP 模式
10	山东省泰安市岱岳区天颐湖水生态环境综合治理项目	山东省	50131.00	生态建设和环境保护	第三批	项目融资未落实，不再继续采用 PPP 模式
11	山东省聊城市茌平县金柱盛世千岛山庄生态养老项目	山东省	234483.00	养老	第三批	不再继续采用 PPP 模式
12	濮阳县城区集中供暖新建项目	河南省	45000.00	市政工程	第二批	转为政府投资模式实施
13	河南省洛阳市孟津县洛阳平乐正骨医院	河南省	48800.00	医疗卫生	第二批	无适宜运营方，不宜继续采用 PPP 模式

续表

序号	项目名称	所属省份	总投资（万元）	一级行业	示范批次	调出原因
14	襄阳道安老年公寓项目	湖北省	40000.00	养老	第三批	项目融资未落实，不再继续采用 PPP 模式
15	湖南省益阳市中心城区黑臭水体整治工程 PPP 项目	湖南省	161698.00	生态建设和环境保护	第三批	不再继续采用 PPP 模式
16	海南省北门江天角潭水利枢纽工程	海南省	456302.00	水利建设	第三批	尚未落地，不再继续采用 PPP 模式
17	云南省迪庆州香格里拉县城集中供热一期工程项目	云南省	71846.00	市政工程	第三批	不再继续采用 PPP 模式
18	陕西省铜川市印台区王石凹煤矿工业遗址公园（生态修复）项目	陕西省	33877.00	文化	第三批	项目投资主体和规模发生变化，一年内无进展
19	西咸国际文化教育园沙河海绵型生态修复项目	陕西省	80000.00	生态建设和环境保护	第三批	项目投资主体和规模发生变化，一年内无进展
20	甘肃省兰州新区现代有轨电车 1 号线及 2 号线一期工程 PPP 项目	甘肃省	264666.00	市政工程	第三批	项目停止推进，不再继续采用 PPP 模式
21	甘肃省定西市城区供热管网建设工程	甘肃省	45630.00	市政工程	第三批	转为政府投资模式实施
22	甘肃省甘南州黄河上游玛曲段生态治理工程 PPP 项目	甘肃省	22200.00	生态建设和环境保护	第三批	不再继续采用 PPP 模式
23	甘肃省武威市民勤县红沙岗镇生活污水处理工程及污水处理厂配套中水回用贮水池工程 PPP 项目	甘肃省	16577.00	市政工程	第三批	不再继续采用 PPP 模式
24	甘肃省武威市民勤县城东区给排水工程 PPP 项目	甘肃省	15350.00	市政工程	第三批	不再继续采用 PPP 模式
25	甘肃省武威市民勤（县城）至红沙岗一级公路建设工程	甘肃省	169700.00	交通运输	第三批	不再继续采用 PPP 模式
26	甘肃省武威市民勤县红沙岗工业集聚区科技孵化园及保障房建设 PPP 项目	甘肃省	138768.00	城镇综合开发	第三批	不再继续采用 PPP 模式
27	甘肃省武威市民勤县石羊河国家湿地公园建设项目	甘肃省	17520.00	生态建设和环境保护	第三批	不再继续采用 PPP 模式
28	宁夏固原市社会民生事业 PPP 项目	宁夏回族自治区	55722.00	教育	第三批	尚未落地，不再继续采用 PPP 模式
29	喀什开发区垃圾分类处理焚烧项目	新疆维吾尔自治区	30787.00	市政工程	第三批	项目选址拆迁困难，停止推进
30	喀什 5A 级景区立体停车库建设项目	新疆维吾尔自治区	10792.00	市政工程	第三批	项目涉及环境问题，停止推进
合　计			3002260.00			

附件 2

调出示范项目清单

序号	项目名称	所属省份	总投资（万元）	一级行业	示范批次	调出原因
1	北京市丰台区河西第三水厂	北京市	24365.00	市政工程	第三批	尚未落地
2	河北省邢台市污水处理二厂一期工程	河北省	45524.00	市政工程	第三批	尚未落地
3	河北省保定市污水处理 PPP 项目	河北省	52000.00	市政工程	第三批	尚未落地
4	河北省承德市首都地区环线高速公路（承德至平谷段）	河北省	1553700.00	交通运输	第三批	尚未落地
5	呼和浩特新机场 PPP 项目	内蒙古自治区	2031712.00	交通运输	第三批	尚未落地
6	内蒙古自治区呼和浩特市清水河县城关镇北坡古村落改造、修缮、保护综合项目	内蒙古自治区	55023.00	生态建设和环境保护	第三批	尚未落地
7	内蒙古自治区乌兰察布省道 101 线呼和浩特至尚义出口公路项目	内蒙古自治区	569862.00	交通运输	第三批	尚未落地
8	辽宁省大连市大连湾跨海交通工程	辽宁省	2966931.00	交通运输	第三批	尚未落地
9	长白山旅游轨道交通 PPP 项目	吉林省	505000.00	交通运输	第三批	涉及环保问题，暂缓实施
10	黑龙江省鹤大高速佳木斯过境段	黑龙江省	210512.00	交通运输	第三批	尚未落地
11	新沂市综合管廊项目	江苏省	124955.00	市政工程	第三批	尚未落地
12	安庆市河湖连通、水环境治理	安徽省	740560.00	生态建设和环境保护	第三批	尚未落地
13	安庆市顺安南区、祥和南苑公租房 PPP 项目	安徽省	116028.00	保障性安居工程	第三批	尚未落地
14	安庆市停车场 PPP 项目	安徽省	30250.00	市政工程	第三批	尚未落地
15	六安市 S366 合六南通道 PPP 项目	安徽省	433300.00	交通运输	第三批	尚未落地
16	福建省平潭综合实验区平潭科技文化中心 PPP 项目	福建省	158153.00	文化	第三批	尚未落地
17	江西省南昌市进贤县温圳污水处理厂（一期）建设工程 PPP 项目	江西省	3902.00	市政工程	第三批	尚未落地
18	江西进贤经济开发区高新产业园污水处理厂	江西省	4992.00	市政工程	第三批	尚未落地

续表

序号	项目名称	所属省份	总投资（万元）	一级行业	示范批次	调出原因
19	江西余江县雕刻创意文化小镇	江西省	106933.00	旅游	第三批	尚未落地
20	上高县人民医院东院与上高县医养康复护理院医养融合 PPP 项目	江西省	55000.00	养老	第三批	尚未落地
21	九江市柘林湖湖泊生态环境保护项目	江西省	132000.00	生态建设和环境保护	第一批	部分子项目推进困难，暂缓实施
22	山东省潍坊高密市社会福利优抚救助中心项目	山东省	30000.00	养老	第三批	尚未落地
23	山东省菏泽市妇女儿童医院项目	山东省	61460.00	医疗卫生	第三批	尚未落地
24	山东省菏泽市新型共建体（PPP）公共立体停车场建设项目	山东省	223037.00	市政工程	第三批	尚未落地
25	河南省许昌市公有云中心及智慧应用 PPP 项目	河南省	318000.00	科技	第三批	尚未落地
26	荆门市有机废弃物处理处置项目	湖北省	61350.00	市政工程	第三批	项目名称变更，项目内容增加，边界条件发生实质性变化
27	湖北省孝感市静脉产业园（一期）PPP 项目	湖北省	57249.00	市政工程	第三批	尚未落地
28	湖南省湘潭市岳塘区湖南天伦医养康复中心 PPP 项目	湖南省	22814.00	养老	第三批	尚未落地
29	湖南省永州市零陵区城区综合停车场和古城 1、2 号停车场 PPP 项目	湖南省	61000.00	市政工程	第三批	尚未落地
30	湖南省怀化市沅陵县二酉文化生态旅游综合项目 PPP 项目	湖南省	198000.00	旅游	第三批	尚未落地
31	湖南省怀化市麻阳苗族自治县长寿谷养老养生文化旅游	湖南省	50521.00	养老	第三批	尚未落地
32	湖南省娄底市涟源市应急产业园 PPP 项目	湖南省	40215.23	科技	第三批	尚未落地
33	湖南省湘西自治州泸溪县“双子城”——刘家滩新区综合开发项目	湖南省	697306.00	城镇综合开发	第三批	尚未落地
34	湖南省凤凰县海绵城市建设 PPP 项目	湖南省	88568.00	市政工程	第三批	尚未落地
35	海南省海口市交警指挥中心升级改造	海南省	21202.00	科技	第三批	尚未落地
36	海南省屯昌县县域村镇供水一体化工程 PPP 项目	海南省	28289.00	市政工程	第三批	尚未落地

续表

序号	项目名称	所属省份	总投资（万元）	一级行业	示范批次	调出原因
37	四川省德阳市地下综合管廊及配套工程（一期）项目	四川省	101291.00	市政工程	第三批	尚未落地
38	四川省资中县两河口水库建设项目	四川省	82630.00	水利建设	第三批	尚未落地
39	四川省巴中市平昌县乡镇污水处理（厂）站 PPP 建设项目	四川省	79332.00	市政工程	第三批	尚未落地
40	贵州省贵阳市乌当区水东文化公园建设项目	贵州省	33926.00	旅游	第三批	尚未落地
41	贵州省安顺市黄铺物流园区幺铺片区公路港建设项目	贵州省	180000.00	城镇综合开发	第三批	尚未落地
42	贵州省安龙县供水工程 PPP 项目	贵州省	46087.17	市政工程	第三批	尚未落地
43	云南省第一人民医院新昆华医院一期综合医院 PPP 项目	云南省	235043.00	医疗卫生	第三批	尚未落地
44	云南省昆明市智慧城市（一期）ppp 项目	云南省	269546.01	科技	第三批	尚未落地
45	云南省昆明市春城路延长线及官渡主 5 路地下综合管廊政府和社会资本合作项目	云南省	72948.00	市政工程	第三批	尚未落地
46	云南省红河州蒙自市碧色寨滇越铁路历史文化公园项目	云南省	234886.00	旅游	第三批	尚未落地
47	云南省大理州大理市环洱海流域湖滨缓冲带生态修复与湿地建设 PPP 项目	云南省	139815.00	生态建设和环境保护	第三批	尚未落地
48	云南省大理州祥云县城市公共停车场 PPP 项目	云南省	26740.00	市政工程	第三批	尚未落地
49	甘肃省兰州新区地下综合管廊一期工程 25 条管廊 PPP 项目	甘肃省	483119.00	市政工程	第三批	财政支出压力大，暂缓实施
50	甘肃省庆阳市 G244 线打扮梁（陕甘界）至庆城段公路工程项目	甘肃省	1428340.42	交通运输	第三批	尚未落地
51	甘肃省庆阳市南梁至太白高速公路工程项目	甘肃省	525473.43	交通运输	第三批	尚未落地
52	海东工业园区平西经济区工业废水集中处理和回用工程 PPP 项目	青海省	5878.00	市政工程	第三批	尚未落地
53	海东工业园区平北经济区工业污水集中处理及回用工程 PPP 项目	青海省	7838.00	市政工程	第三批	尚未落地
54	门源县照壁山旅游基础设施 PPP 项目	青海省	15000.00	旅游	第三批	尚未落地
合　计			15847606.26			

附件3

限期整改项目清单

序号	项目名称	所属省份	总投资（万元）	一级行业	示范批次	整改原因
1	北京市轨道交通十六号线	北京市	4950000.00	市政工程	第二批	主体不合规
2	北京市轨道交通十四号线	北京市	4450000.00	市政工程	第二批	主体不合规
3	石家庄正定新区综合管廊项目	河北省	651000.00	市政工程	第一批	运作不规范
4	2016年唐山世界园艺博览会基础设施及配套项目	河北省	336298.00	文化	第二批	运作不规范
5	河北省唐山市遵化市沙河水环境综合治理PPP项目	河北省	154949.00	生态建设和环境保护	第三批	主体不合规
6	河北省保定市易县经济开发区政府与社会资本合作（PPP）项目	河北省	3190000.00	城镇综合开发	第三批	运作不规范
7	河北省承德市滦平县医院新院区建设PPP项目	河北省	55087.00	医疗卫生	第三批	运作不规范
8	承德市宽城满族自治县中医院迁址新建一期项目	河北省	18000.00	医疗卫生	第二批	运作不规范
9	太原植物园一期工程PPP项目	山西省	235482.00	市政工程	第三批	运作不规范
10	天镇县县城集中供热工程PPP项目	山西省	22930.00	市政工程	第三批	运作不规范
11	内蒙古自治区乌海经济开发区海勃湾工业园10000吨污水处理及中水回用工程项目	内蒙古自治区	18879.00	市政工程	第三批	运作不规范
12	鞍山市城市道路及隧道大修（一期）工程	辽宁省	11296.00	市政工程	第三批	运作不规范
13	吉林市国电江北热源项目	吉林省	32136.00	市政工程	第一批	运作不规范
14	吉林省集双高速公路（通化—梅河口段）PPP项目	吉林省	703900.00	交通运输	第三批	已完成采购，尚未签署合同
15	吉林省汪清县西大坡水利枢纽工程项目	吉林省	67871.00	水利建设	第二批	运作不规范
16	黑龙江省齐齐哈尔市沿江景观带（滨江大道）PPP项目	黑龙江省	45000.00	市政工程	第三批	运作不规范
17	黑龙江省抚远市黑瞎子岛配套功能区东极小镇PPP项目	黑龙江省	488000.00	城镇综合开发	第二批	运作不规范

续表

序号	项目名称	所属省份	总投资（万元）	一级行业	示范批次	整改原因
18	南京市江北滨江大道（西江路至绿水湾南路）建设工程	江苏省	51500.00	市政工程	第三批	主体不合规，未按规定开展财政承受能力论证
19	徐州市城市轨道交通1号线一期工程项目	江苏省	1627800.00	市政工程	第一批	主体不合规
20	苏州市轨道交通1号线工程项目	江苏省	1261000.00	市政工程	第一批	运作不规范，未按规定进行信息公开
21	扬州市611省道邗江段工程项目	江苏省	110000.00	交通运输	第二批	运作不规范，未按规定开展两评
22	宿迁市运河宿迁港洋北作业区码头项目	江苏省	100133.00	交通运输	第三批	运作不规范，未按规定开展财政承受能力论证
23	宜兴市丁山养护院	江苏省	27868.00	养老	第三批	已完成采购，尚未签署合同
24	广德县S215宜徽公路皖苏省界至广德凤桥段改建工程	安徽省	150000.00	交通运输	第三批	运作不规范
25	福建省应急通信工程	福建省	47000.00	科技	第二批	运作不规范
26	平潭综合实验区地下综合管廊干线工程（一期）PPP项目	福建省	381800.00	市政工程	第三批	运作不规范，未按规定开展财政承受能力论证
27	福建省三明市宁化县医院新建项目	福建省	80000.00	医疗卫生	第三批	运作不规范，未按规定开展财政承受能力论证
28	福建省泉州市晋江市国际会展中心	福建省	97140.00	其他	第三批	运作不规范，未按规定开展财政承受能力论证
29	福建省泉州市南安市海峡科技生态城A片区PPP项目	福建省	341326.00	城镇综合开发	第三批	运作不规范
30	福建省泉州市公共文化中心PPP项目	福建省	345200.00	文化	第三批	运作不规范
31	福建省福鼎市前岐镇等9个乡镇及双岳工业园区污水处理厂及厂外污水配套收集管网项目	福建省	19561.00	市政工程	第二批	运作不规范

续表

序号	项目名称	所属省份	总投资（万元）	一级行业	示范批次	整改原因
32	青岛市市立医院东院二期工程PPP项目	山东省	92881.00	医疗卫生	第三批	已完成采购，尚未签署合同
33	山东省威海荣成市固废综合处理与应用产业园PPP项目	山东省	200000.00	市政工程	第三批	运作不规范
34	河南省开封市G230通武线开封至尉氏段改建工程PPP项目（开港大道）	河南省	194000.00	交通运输	第三批	运作不规范
35	河南省开封市尉氏县生活垃圾焚烧发电项目	河南省	40000.00	能源	第二批	运作不规范，未按规定开展财政承受能力论证
36	河南省洛阳市故县水库引水工程	河南省	175000.00	市政工程	第二批	运作不规范，未按规定开展财政承受能力论证
37	河南省洛阳市伊洛河水生态文明示范区	河南省	546334.00	水利建设	第二批	运作不规范，未按规定开展财政承受能力论证
38	河南省洛阳古城保护与整治PPP项目	河南省	850000.00	文化	第二批	运作不规范，未按规定开展财政承受能力论证
39	河南省洛阳市市政道桥工程项目	河南省	126198.00	市政工程	第二批	运作不规范，未按规定开展财政承受能力论证
40	河南省洛阳市城市污水处理及污泥处理项目	河南省	144000.00	市政工程	第二批	运作不规范，未按规定开展财政承受能力论证
41	河南省洛阳市洛宁县洛河洛宁县段生态治理工程项目（一期）	河南省	38894.00	水利建设	第三批	运作不规范，未按规定开展财政承受能力论证
42	河南省平顶山市区污水处理项目	河南省	70000.00	市政工程	第二批	运作不规范，未按规定开展财政承受能力论证
43	河南省平顶山生活垃圾焚烧热电联产项目	河南省	57482.00	能源	第三批	运作不规范，未按规定开展财政承受能力论证

续表

序号	项目名称	所属省份	总投资（万元）	一级行业	示范批次	整改原因
44	河南省汝州市科教园区建设项目	河南省	178403.00	城镇综合开发	第三批	运作不规范，未按规定开展财政承受能力论证
45	长垣县污水、污泥处理设施PPP项目	河南省	18364.00	市政工程	第二批	运作不规范，未按规定开展财政承受能力论证
46	清丰县水务供排一体化项目	河南省	56941.00	市政工程	第三批	运作不规范，未按规定开展财政承受能力论证
47	河南省漯河市城乡一体化示范区沙河沿岸综合整治项目	河南省	108000.00	生态建设和环境保护	第三批	运作不规范，未按规定开展财政承受能力论证
48	商丘医学高等专科学校新校区建设PPP项目	河南省	80000.00	教育	第二批	主体不合规，未按规定开展财政承受能力论证
49	河南省周口市中医院东区分院建设项目	河南省	87741.00	医疗卫生	第二批	运作不规范，未按规定开展财政承受能力论证
50	江夏区G107龚家铺至新南环（海吉星）段改扩建工程	湖北省	212000.00	市政工程	第三批	运作不规范
51	江夏中央大公园工程	湖北省	77494.00	市政工程	第三批	运作不规范
52	武深高速嘉鱼北段PPP项目	湖北省	382800.00	交通运输	第三批	运作不规范，未按规定进行信息公开
53	湖南省长沙市长沙磁浮工程	湖南省	460400.00	市政工程	第三批	运作不规范
54	长沙县城乡公交一体化PPP项目	湖南省	150000.00	市政工程	第二批	运作不规范
55	湖南省怀化市健康综合服务设施建设项目	湖南省	205820.00	养老	第三批	已完成采购，尚未签署合同
56	广东省韩江高陂水利枢纽工程	广东省	615403.00	水利建设	第三批	运作不规范
57	南宁市第二社会福利院	广西壮族自治区	48968.00	社会保障	第二批	运作不规范，未按规定开展财政承受能力论证
58	三亚市生活垃圾焚烧发电厂二期工程	海南省	16567.75	能源	第三批	运作不规范，未按规定开展财政承受能力论证

续表

序号	项目名称	所属省份	总投资（万元）	一级行业	示范批次	整改原因
59	四川省绵阳市生活垃圾焚烧发电项目	四川省	52707.00	能源	第三批	运作不规范
60	四川省宜宾县地下综合管廊一期 PPP 项目	四川省	85665.00	市政工程	第三批	已完成采购，尚未签署合同
61	贵州省兴义市沿湖公路改扩建工程 PPP 项目	贵州省	53806.00	市政工程	第三批	已完成采购，尚未签署合同
62	贵州省黔西南州兴义市综合停车场工程建设项目	贵州省	20686.00	市政工程	第三批	已完成采购，尚未签署合同
63	铜仁客运北站	贵州省	19581.00	交通运输	第二批	主体不合规，未按规定开展财政承受能力论证
64	贵州省龙里县新高中建设工程	贵州省	35846.00	教育	第三批	运作不规范
65	云南省香格里拉至丽江国家高速公路政府和社会资本合作项目	云南省	2108299.00	交通运输	第三批	运作不规范
66	云南省保山至泸水国家高速公路政府和社会资本合作项目	云南省	1308000.00	交通运输	第三批	运作不规范
67	云南省玉溪至临沧国家高速公路政府和社会资本合作项目	云南省	3226000.00	交通运输	第三批	运作不规范
68	云南省华坪至丽江国家高速公路政府和社会资本合作项目	云南省	2773500.00	交通运输	第三批	运作不规范
69	云南省昆明市轨道交通 4 号线工程项目	云南省	2660000.00	市政工程	第二批	主体不合规，运作不规范
70	云南省昆明市轨道交通 5 号线工程项目	云南省	1930000.00	市政工程	第二批	主体不合规，运作不规范，未按规定开展财政承受能力论证
71	云南省玉溪市火车西站市政道路设施项目、站前广场建设项目	云南省	211885.00	市政工程	第三批	运作不规范
72	云南省玉溪市澄江化石地博物馆 PPP 项目	云南省	48789.59	文化	第二批	运作不规范
73	云南省保山市地下综合管廊工程 PPP 项目	云南省	675871.00	市政工程	第三批	运作不规范，未按规定开展财政承受能力论证

续表

序号	项目名称	所属省份	总投资（万元）	一级行业	示范批次	整改原因
74	云南省楚雄彝族自治州亚行贷款云南省楚雄州城市基础设施建设项目	云南省	247692.00	市政工程	第二批	运作不规范，未按规定开展财政承受能力论证
75	云南省楚雄州元谋县元谋大型灌区丙间片 11.4 万亩高效节水灌溉项目	云南省	30778.52	水利建设	第三批	运作不规范，未按规定开展财政承受能力论证
76	云南省红河州滇南中心城市群现代有轨电车示范线项目	云南省	662000.00	交通运输	第二批	运作不规范，未按规定开展财政承受能力论证
77	云南省红河州蒙开个地区河库连通工程	云南省	136966.00	水利建设	第二批	运作不规范
78	云南省红河州元江至蔓耗高速公路（红河段）	云南省	2085978.10	交通运输	第三批	运作不规范，未按规定开展财政承受能力论证
79	云南省红河州泸西县中医医院迁建及扩建 PPP 项目	云南省	28827.00	医疗卫生	第二批	运作不规范，未按规定开展财政承受能力论证
80	云南省文山州文山市第一中学城南校区 PPP 项目	云南省	37872.00	教育	第三批	运作不规范，未按规定开展财政承受能力论证
81	云南省西双版纳傣族自治州景洪至勐海至打洛（口岸）高速公路一期景洪至勐海段	云南省	893725.00	交通运输	第三批	运作不规范，未按规定开展财政承受能力论证
82	云南省大理州大理市洱海主要入湖河道综合治理工程 PPP 项目	云南省	90224.00	水利建设	第三批	运作不规范，未按规定开展财政承受能力论证
83	云南省瑞丽市城市地下综合管廊建设工程（一期）PPP 项目	云南省	208071.00	市政工程	第三批	运作不规范，未按规定开展财政承受能力论证
84	云南省怒江州兰坪县 S316 线怒江州六库至兰坪公路青吾甸至兰坪古盐都隧道段 PPP 项目	云南省	77000.00	交通运输	第三批	运作不规范，未按规定开展财政承受能力论证
85	西安市高陵生活垃圾无害化处理工程 PPP 项目	陕西省	107036.00	市政工程	第三批	已完成采购，尚未签署合同
86	陕西省西安市未央区徐家湾地区综合改造项目	陕西省	1482700.00	城镇综合开发	第二批	运作不规范

续表

序号	项目名称	所属省份	总投资（万元）	一级行业	示范批次	整改原因
87	安康机场迁建	陕西省	234450.00	交通运输	第二批	运作不规范，未按规定开展财政承受能力论证
88	甘肃省张掖市 G0611 张掖—汶川高速公路张掖至扁都口段工程	甘肃省	587260.00	交通运输	第三批	已完成采购，尚未签署合同
89	陇南市 G316 线长乐至同仁公路两当县杨店（甘陕界）至徽县公路建设	甘肃省	753000.00	交通运输	第二批	主体不合规
合计			48179061.96			

信用体系建设

关于印发《关于对房地产领域相关失信责任主体实施联合惩戒的合作备忘录》的通知

（发改财金〔2017〕1206号，国家发展和改革委员会、中国人民银行、住房和城乡建设部、中国共产党中央委员会组织部、中国共产党中央委员会宣传部、中央机构编制委员会办公室、中央精神文明建设指导委员会办公室、中央网络安全和信息化领导小组办公室、科技部、工业和信息化部、财政部、人力资源和社会保障部、国土资源部、环境保护部、交通运输部、水利部、商务部、国务院国有资产监督管理委员会、海关总署、国家税务总局、国家质量监督检验检疫总局、国家安全生产监督管理总局、中国银行业监督管理委员会、中国证券监督管理委员会、中国保险监督管理委员会、国家公务员局、中国民用航空局、中华全国总工会、中国共产主义青年团中央委员会、中华全国妇女联合会、中国铁路总公司2017年6月23日发布）

各省、自治区、直辖市和新疆生产建设兵团有关部门、机构：

为贯彻党的十八大和十八届三中、四中、五中、六中全会精神，落实《国务院关于印发社会信用体系建设规划纲要（2014—2020年）的通知》、《国务院关于建立完善守信联合激励和失信联合惩戒制度加快推进社会诚信建设的指导意见》和《国务院办公厅关于加快培育和发展住房租赁市场的若干意见》要求，着眼于培育和弘扬社会主义核心价值观，加快推进社会信用体系建设，建立健全跨部门失信联合惩戒机制，促进房地产领域相关主体依法诚信经营，国家发展改革委、人民银行、住房城乡建设部、中央组织部、中央宣传部、中央编办、中央文明办、中央网信办、科技部、工业和信息化部、财政部、人力资源社会保障部、国土资源部、环境保护部、交通运输部、水利部、商务部、国资委、海关总署、税务总局、质检总局、安全监管总局、银监会、证监会、保监会、公务员局、民航局、全国总工会、共青团中央、全国妇联、铁路总公司联合签署了《关于对房地产领域相关失信责任主体实施联合惩戒的合作备忘录》。现印发给你们，请认真贯彻执行。

附件：关于对房地产领域相关失信责任主体实施联合惩戒的合作备忘录

附件

关于对房地产领域相关失信责任主体实施联合惩戒的合作备忘录

为贯彻党的十八大和十八届三中、四中、五中、六中全会精神，落实《国务院关于印发社会信用体系建设规划纲要（2014—2020年）的通知》（国发〔2014〕21号）、《国务院关于建立完善守信联合激励和失信联合惩戒制度加快推进社会诚信建设的指导意见》（国发〔2016〕33号）和《国务院办公厅关于加快培育和发展住房租赁市场的若干意见》（国办发〔2016〕39号）要求，着眼于培育和弘扬社会主义核心价值观，加快推进社会信用体系建设，建立健全跨部门失信联合惩戒机制，促进房地产领域相关主体依法诚信经营，国家发展改革委、人民银行、住房城乡建设部、中央组织部、中央宣传部、中央编办、中央文明办、中央网信办、科技部、工业和信息化部、财政部、人力资源社会保障部、国土资源部、环境保护部、交通运输部、水利部、商务部、国资委、海关总署、税务总局、质检总局、安全监管总局、银监会、证监会、保监会、公务员局、民航局、全国总工会、共青团中央、全国妇联、铁路总公司就房地产领域相关失信责任主体实施惩戒达成如下一致意见。

一、联合惩戒对象

联合惩戒对象主要指在房地产领域开发经营活动中存在失信行为的相关机构及人员等责任主体（以下简称惩戒对象），包括：（1）房地产开发企业、房地产中介机构、物业管理企业（以下统称失信房地产企业）；（2）失信房地产企业的法定代表人、主要负责人和对失信行为负有直接责任的从业人员（以下统称失信人员）。

二、失信行为信息查询内容及方式

（一）查询内容

1. 失信房地产企业的名称、统一社会信用代码（或组织机构代码），失信人员的姓名、性别、身份证号码；

2. 失信的具体情形：裁定惩戒对象失信行为的单位和文件，裁定依据、裁定时间以及应当记载和公布的不涉及国家秘密、商业秘密和个人隐私的其他事项。

（二）推送及查询方式

住房城乡建设部将惩戒对象失信信息推送到全国信用信息共享平台，依法在“信用中国”网站（www.creditchina.gov.cn）或住房城乡建设部网站公布，并及时更新。

有关行政监督管理部门可以通过全国信用信息共享平台、“信用中国”网站、各省级信用信息共享平台或住房城乡建设部网站查询相关主体失信行为信息，并采取必要方式做好失信行为主体信息查询记录和证据留存。社会公众可以通过“信用中国”网站或住房城乡建设部网站查询相关主体失信行为信息。

国家公共资源交易平台、各省级信用信息共享平台和各省级公共资源交易平台，通过全国信用信息共享平台共享惩戒对象失信信息，逐步实现房地产行业失信行为信息推送、接收、查询、应用的自动化。

三、联合惩戒措施

（一）依法限制或者禁止惩戒对象的市场准入、行政许可或者融资行为

1. 限制取得政府供应的土地。

2. 限制取得安全生产许可证。

3. 限制取得生产许可证。

4. 限制取得房地产项目开发规划选址许可、环境影响评价许可和“三同时”验收许可、水土保持方案许可和设施验收许可、施工许可、商品房预（销）售许可、商品房买卖合同备案等。

5. 限制其新的重大项目申报的审批、核减、停止拨付或收回政府补贴资金和保障资金。

6. 限制科技项目的申报和审批。

7. 从严审核企业债券的发行，从严审核发行公司债券，将惩戒对象的失信行为作为股票发行审核及在全国中小企业股份转让单位公开转让审核参考。

8. 禁止作为供应商参加政府采购活动。

9. 限制发起设立或参股金融机构以及小额贷款公司、融资担保公司、创业投资公司、互联网融资平台等机构。

10. 限制参与政府投资公共工程建设的投标活动。

11. 限制或者禁止参与基础设施和公用事业特许经营，依法取消已获得的特许经营权。

12. 禁止惩戒对象在法定期限内担任相关生产经营单位的法定代表人、负责人，已经担任的依法责令办理变更登记。

13. 限制注册非金融企业债务融资工具。

14. 限制招录（招聘）为公务员或事业单位工作人员。

15. 限制登记为事业单位法定代表人。

16. 将惩戒对象的信用信息通报金融机构，作为其评级授信、信贷融资、管理和退出的重要参考依据。

17. 供纳税信用管理时审慎性参考。

18. 在审批证券公司、基金管理公司及期货公司的设立及变更持有5%以上股权的股东、实际控制人时，将其失信信息作为审批的参考。

19. 依法限制担任上市公司、证券公司、

基金管理公司、期货公司的董事、监事和高级管理人员等，对其证券、基金、期货从业资格申请予以从严审核；对已成为证券、基金、期货从业人员的予以关注。

20. 在境内上市公司实行股权激励计划或相关人员成为股权激励对象事中事后监管中予以关注。

21. 限制其在检验检测认证行业执业；限制取得认证机构资质，限制获得认证证书。

22. 在上市公司或者非上市公众公司收购的事中事后监管中予以关注。

23. 限制参与公共资源交易活动。

（二）停止执行惩戒对象享受的优惠政策，或者对其关于优惠政策申请不予批准

24. 限制、暂停或取消政策性资金支持。

25. 停止执行投资等领域优惠政策。

（三）在业绩考核、综合评价、评优评先表彰等工作中，对惩戒对象予以限制和约束

26. 将惩戒对象失信行为作为考核、提拔任用的重要参考。

27. 取消惩戒对象参加评优评先资格，不得向惩戒对象授予"文明单位"、"道德模范"、"五一劳动奖章"等荣誉。在失信行为发生后获得荣誉称号的予以撤销。

（四）其他惩戒措施

28. 在"信用中国"网站上公示惩戒对象的失信行为。

29. 推动各保险机构将惩戒对象的失信记录作为厘定保险费率的参考。

30. 负有市场监管职能的各行业主管部门将惩戒对象作为重点监管对象，加大日常监管力度，提高现场检查、抽查比例和频次。

31. 作为选择政府和社会资本合作项目合作伙伴的参考。

（五）加强住房城乡建设系统日常行政监管监察

住房城乡建设系统各级行政管理部门针对惩戒对象制定并落实以下措施。

32. 加大现场执法检查频次；

33. 将其作为重点监管监察对象，建立常态化暗查暗访机制，不定期开展抽查；

34. 约谈其主要负责人，对其主要负责人及相关责任人强制进行相关业务培训；

35. 暂停其相关资质证书的评审，对已取得资质证书的，依法依规对其资质作撤销或降级处理；

36. 依法对惩戒对象实施市场和行业禁入；

37. 发现有新的失信行为的，依法依规在自由裁量范围内从重处罚。

四、联合惩戒的实施方式

各部门按照本备忘录约定的内容，依法依规对惩戒对象实施联合惩戒。同时建立惩戒效果定期通报机制，各部门根据实际情况，定期将联合惩戒实施情况通过全国信用信息共享平台反馈至国家发展改革委和住房城乡建设部。

五、其它事宜

各部门应密切协作，积极落实本备忘录，制定失信信用信息的使用、撤销、管理的相关实施细则和操作流程，依法依规实施联合惩戒。

本备忘录实施过程中涉及部门之间协调配合的问题，由各部门协商解决。本备忘录签署后，各项惩戒措施依据的法律、法规、规章及规范性文件有修改或调整的，以修改后的法律、法规、规章及规范性文件为准。

附录

惩戒措施	法律及政策依据	实施单位
1. 限制取得政府供应土地。	《国务院关于建立完善守信联合激励和失信惩戒制度加快推进社会诚信建设的指导意见》第（十）项 《国务院关于进一步加强企业安全生产工作的通知》第三十条 《国务院关于促进市场公平竞争维护市场正常秩序的若干意见》第四条第十五项 《企业信息公示暂行条例》第十八条	国土资源部

续表

惩戒措施	法律及政策依据	实施单位
2. 限制取得安全生产许可证。	《安全生产许可证条例》第六条第十三项 《国务院关于促进市场公平竞争维护市场正常秩序的若干意见》第四条第十五项	安全监管总局
3. 限制取得生产许可证。	《工业产品生产许可证管理条例》第九条第二款 《国务院关于建立完善守信联合激励和失信惩戒制度加快推进社会诚信建设的指导意见》第（十）项 《国务院关于促进市场公平竞争维护市场正常秩序的若干意见》第四条第十五项	质检总局
4. 限制取得房地产项目开发规划选址许可、环境影响评价许可和“三同时”验收许可、水土保持方案许可和设施验收许可、施工许可、商品房预（销）售许可、商品房买卖合同备案等。	《中华人民共和国城乡规划法》 《中华人民共和国环境影响评价法》 《中华人民共和国建筑法》 《中华人民共和国城市房地产管理法》 《中华人民共和国城市房地产开发经营管理条例》 《国务院关于建立完善守信联合激励和失信惩戒制度加快推进社会诚信建设的指导意见》第（十）项 《国务院办公厅关于促进房地产市场平稳健康发展的通知》第（七）项 《商品房销售管理办法》、《城市房地产转让管理规定》 《水土保持法》第二十五条、第二十六条、第二十七条	住房城乡建设部、环境保护部、水利部
5. 限制其新的重大项目申报的审批、核减、停止拨付或收回政府补贴资金和保障资金。	《国务院关于建立完善守信联合激励和失信惩戒制度加快推进社会诚信建设的指导意见》第（十）项 《国家高新技术产业发展项目管理暂行办法》第十条第（一）、（二）项；第三十九条	国家发展改革委、财政部、人力资源社会保障部、国资委
6. 限制科技项目的申报和审批。	《国务院关于建立完善守信联合激励和失信联合惩戒制度加快推进社会诚信建设的指导意见》第（十）项 《国家科技计划项目管理暂行办法》第八条（六）项	科技部
7. 从严审核企业债券的发行，从严审核发行公司债券，将惩戒对象的失信行为作为股票发行审核及在全国中小企业股份转让单位公开转让审核参考。	《证券法》第十三条第一款第（三）项 《企业债券管理条例》第十二条第五项 《国务院关于建立完善守信联合激励和失信联合惩戒制度加快推进社会诚信建设的指导意见》第（十）项 《国家发展改革委关于推进企业债券市场发展、简化发行核准程序有关事项的通知》第二条第七项 《国家发展改革委、中国人民银行、中央编办关于在行政管理事项中使用信用记录和信用报告的若干意见》 《公司债券发行与交易管理办法》第十七条第（一）、（四）项 《首次公开发行股票并上市管理办法》第十八条第（二）、（六）项 《首次公开发行股票并在创业板上市管理办法》第二十条 《上市公司证券发行管理办法》第九条第（三）项 《创业板上市公司证券发行管理暂行办法》第三条 《非上市公众公司监督管理办法》第三条	国家发展改革委、证监会
8. 禁止作为供应商参加政府采购活动。	《中华人民共和国采购法》第二十二条 《中华人民共和国采购法实施条例》第十九条 《国务院关于建立完善守信联合激励和失信惩戒制度加快推进社会诚信建设的指导意见》第（十）项	财政部

续表

惩戒措施	法律及政策依据	实施单位
9. 限制发起设立或参股金融机构以及小额贷款公司、融资担保公司、创业投资公司、互联网融资平台等机构。	《国务院关于建立完善守信联合激励和失信惩戒制度加快推进社会诚信建设的指导意见》第（十）项	银监会、保监会、财政部、中央网信办
10. 限制参与政府投资公共工程建设的投标活动。	《企业信息公示暂行条例》第十八条 《国务院关于建立完善守信联合激励和失信惩戒制度加快推进社会诚信建设的指导意见》第（十）项 《国务院办公厅关于运用大数据加强对市场主体服务和监管的若干意见》第四条第（十五）项建立健全失信联合惩戒机制 《工程建设项目施工招标投标办法》第二十条	国家发展改革委、工业和信息化部、住房城乡建设部、交通运输部、水利部、商务部、民航局、铁路总公司
11. 限制或者禁止参与基础设施和公用事业特许经营，依法取消已获得的特许经营权。	《国务院关于建立完善守信联合激励和失信惩戒制度加快推进社会诚信建设的指导意见》第（十）项 《基础设施和公用事业特许经营管理办法》第十七、五十三、五十六条	国家发展改革委、财政部、住房城乡建设部、交通运输部、水利部
12. 禁止惩戒对象在法定期限内担任相关生产经营单位的法定代表人、负责人，已经担任的依法责令办理变更登记。	《中华人民共和国建筑法》第七十六条 《中华人民共和国建设工程质量管理条例》第七十五条 《中华人民共和国企业国有资产法》第二十二条、第二十三条 《中华人民共和国公司法》第一百四十六条第一款第（二）项 《企业法人法定代表人登记管理规定》第四条第（四）项 《国务院关于建立完善守信联合激励和失信惩戒制度加快推进社会诚信建设的指导意见》第（十）项 《建设工程安全生产管理条例》第六十六条第三款 《建筑施工企业主要负责人、项目负责人和专职安全生产管理人员安全生产管理规定》第三十二条第二款	国资委、住房城乡建设部
13. 限制注册非金融企业债务融资工具。	《银行间债券市场非金融企业债务融资工具管理办法》第十三条、第十七条、第十八条	人民银行
14. 限制惩戒（招聘）为公务员或事业单位工作人员。	《中华人民共和国公务员法》第十一条、第十二条、第二十条 《公务员录用规定（试行）》第十六条	中组部、人力资源社会保障部、公务员局
15. 限制登记为事业单位法定代表人。	《中央编办关于批转〈事业单位、社会团体及企业等组织利用国有资产举办事业单位设立登记办法（试行）〉的通知》第四条 《事业单位登记管理暂行条例实施细则》第三十一条	中央编办
16. 将惩戒对象的信用信息通报金融机构，作为其评级授信、信贷融资、管理和退出的重要参考依据。	《中华人民共和国商业银行法》第三十五条 《中华人民共和国征信业管理条例》第十四条、二十一条 《国务院关于建立完善守信联合激励和失信联合惩戒制度加快推进社会诚信建设的指导意见》第（十一）项 《国务院关于促进市场公平竞争维护市场正常秩序的若干意见》）第（十五）项 《流动资金贷款管理暂行办法》第五、三十条 《个人贷款管理暂行办法》第十四、十八条 《固定资产贷款管理暂行办法》第五、三十条 《贷款通则》第十本、二十二条	人民银行、银监会

续表

惩戒措施	法律及政策依据	实施单位
17. 供纳税信用管理时审慎性参考。	《纳税信用管理办法（试行）》第十、十四条	税务总局
18. 在审批证券公司、基金管理公司及期货公司的设立及变更持有5%以上股权的股东、实际控制人时，将其失信信息作为审批的参考。	《证券法》第一百二十四条第（二）项 《证券投资基金法》第十三条第（三）项 《期货交易管理条例》第十六条第（四）项 《证券公司监督管理条例》第十条第（一）、（四）项 《证券投资基金管理公司管理办法》第七条第（三）项 《期货公司监督管理办法》第七条第（四）项	证监会
19. 依法限制其担任上市公司、证券公司、基金管理公司、期货公司的董事、监事和高级管理人员等，对其证券、基金、期货从业资格申请予以从严审核；对已成为证券、基金、期货从业人员的予以关注。	《公司法》第一百四十六条第（四）项 《证券公司董事、监事和高级管理人员任职资格监管办法》第八条第（一）项 《证券投资基金法》第十五条第（二）项 《证券投资基金行业高级管理人员任职资格管理办法》第四条 《期货公司董事、监事和高级管理人员任职资格管理办法》第六条 《证券业从业人员资格管理办法》第十条第（五）项 《期货从业人员管理办法》第十条第（一）项 《私募投资基金监督管理暂行办法》第四条	证监会
20. 在境内上市公司实行股权激励计划或相关人员成为股权激励对象事中事后监管中予以关注。	《上市公司管权激励管理办法》第七、八条	证监会
21. 限制其在检验检测认证行业执业；限制取得认证机构资质，限制获得认证证书。	《国务院关于建立完善守信联合激励和失信惩戒制度加快推进社会诚信建设的指导意见》第十条 《国务院关于促进市场公平竞争维护市场正常秩序的若干意见》第（十五）项 《国务院关于印发社会信用体系建设规划纲要（2014—2020年）的通知》第二部分（一）、（二）条 《认证机构管理办法》第二十一条	质检总局
22. 在上市公司或者非上市公众公司收购的事中事后监管中予以关注。	《上市公司收购管理办法》第六条 《非上市公众公司收购管理办法》第六条	证监会
23. 限制参与有关公共资源交易活动。	《国务院关于建立完善守信联合激励和失信惩戒制度加快推进社会诚信建设的指导意见》第十条	国家发展改革委、财政部、国资委等有关单位
24. 限制、暂停或取消政策性资金支持。	《国务院关于促进市场公平竞争维护市场正常秩序的若干意见》第（十五）项 《国务院关于建立完善守信联合激励和失信惩戒制度加快推进社会诚信建设的指导意见》第十条	财政部等有关单位

续表

惩戒措施	法律及政策依据	实施单位
25. 停止执行投资等领域优惠政策。	《国务院关于建立完善守信联合激励和失信惩戒制度加快推进社会诚信建设的指导意见》第十条 《国务院关于促进市场公平竞争维护市场正常秩序的若干意见》	国家发展改革委
26. 将惩戒对象失信行为作为考核、提拔任用的重要参考。	《中华人民共和国企业国有资产法》第二十三条 《中央企业负责人经营业绩考核办法》第三十八条 《中央企业资产投资责任追究暂行办法》第三十二、三十四条	国资委
27. 取消惩戒对象参加评优评先资格，不得向惩戒对象授予“文明单位”、“道德模范”、“五一劳动奖章”等政府荣誉。在失信行为发生后获得荣誉称号的予以撤销。	《国务院关于建立完善守信联合激励和失信惩戒制度加快推进社会诚信建设的指导意见》第十条 《国务院关于促进市场公平竞争维护市场正常秩序的若干意见》第十五条 《关于印发〈全国道德模范荣誉称号管理暂行办法〉的通知》第七条第（三）、（四）项 《全国五一劳动奖状、全国五一劳动奖章、全国工人先锋号评选管理工作暂行办法》第七条第（四）项	中央宣传部、中央文明办、全国总工会、共青团中央、全国妇联
28. 在“信用中国”网站上公示惩戒对象的失信行为。	《中华人民共和国企业信息公示暂行条例》第七条 《国务院办公厅关于运用大数据加强对市场主体服务和监管的若干意见》	国家发展改革委
29. 推动各保险机构将惩戒对象的失信记录作为厘定保险费率的参考。	《国务院关于建立完善守信联合激励和失信惩戒制度加快推进社会诚信建设的指导意见》第十一条 《国务院关于促进市场公平竞争维护市场正常秩序的若干意见》第（九）项 《国务院办公厅关于运用大数据加强对市场主体服务和监管的若干意见》	保监会、人力资源社会保障部
30. 负有市场监管职能的各行业行政主管部门将惩戒对象作为重点监管对象，加大日常监管力度，提高现场检查、抽查比例和频次。	《国务院关于建立完善守信联合激励和失信惩戒制度加快推进社会诚信建设的指导意见》第十条	负有市场监管职能的行业主管部门
31. 作为选择政府和社会资本合作项目合作伙伴的参考。	《关于在公共服务领域推广政府和社会资本合作模式的指导意见》第十五条	公共服务领域的政府和社会资本合作项目，由财政部牵头负责；传统的基础设施领域的政府和社会资本合作项目，由国家发展改革委牵头负责

续表

惩戒措施	法律及政策依据	实施单位
32. 加大现场执法检查频次； 33. 将其作为重点监管监察对象，建立常态化暗查暗访机制，不定期开展抽查； 34. 约谈其主要负责人，对其主要负责人及相关责任人强制进行相关业务培训； 35. 暂停其相关资质证书的评审，对已取得资质证书的，依法依规对其资质作撤销或是降级处理； 36. 依法对惩戒对象实施市场和行业禁入； 37. 发现有新的失信行为的，依法依规在自由裁量范围内从重处罚。	《中华人民共和国建筑法》 《中华人民共和国城乡规划法》 《中华人民共和国城市房地产管理法》 《中华人民共和国城市房地产开发经营管理条例》 《国务院关于建立完善守信联合激励和失信惩戒制度加快推进社会诚信建设的指导意见》第十条	住房城乡建设系统各级行政管理部门

关于印发《能源行业市场主体信用评价工作管理办法（试行）》的通知

（国能发资质〔2017〕37号，国家能源局2017年8月1日发布）

各派出能源监管机构，有关能源企业，有关行业协会：

为加快推进能源行业信用体系建设，规范能源行业市场主体信用评价活动，我局制定了《能源行业市场主体信用评价工作管理办法（试行）》，现印发你们，请遵照执行。

附件：能源行业市场主体信用评价工作管理办法（试行）

附件

能源行业市场主体信用评价工作管理办法（试行）

第一章　总　　则

第一条　为推进能源行业信用体系建设，建立健全守信激励与失信惩戒机制，规范能源行业市场主体信用评价活动，依据《社会信用体系建设规划纲要（2014—2020年）》、《能源行业信用体系建设实施意见（2016—2020

年)》有关规定，制定本办法。

第二条 本办法所称能源行业市场主体，是指在中华人民共和国境内从事煤炭、石油、天然气、电力、新能源和可再生能源等能源的生产、建设、输送、供应和服务等相关活动的法人和其他组织。

本办法所称信用评价，是指信用评价机构（简称评价机构）依据有关法律法规和能源行业市场主体信用信息，根据能源行业市场主体信用评价标准，采用规范的程序和方法，对能源行业市场主体的信用状况进行评价，确定其信用等级，并通过能源行业信用信息平台进行共享、向社会公开的活动。

本办法所称信用评价机构，是指全国性能源行业组织，经国务院征信业监督管理部门许可或备案的第三方信用服务机构可与全国性能源行业组织合作开展能源行业信用评价工作。

能源行业市场主体信用评价的信用信息收集、信用状况评定、评价结果公开与应用，适用本办法。法律法规和规章另有规定的，从其规定。

第三条 能源行业市场主体信用评价遵循政府指导、行业自律、自愿参与、公开透明的原则，维护市场主体的合法权益，不得损害国家和社会公共利益。

第四条 能源行业信用体系建设领导小组（简称领导小组）指导全国能源行业市场主体信用评价，研究决策重大事项，组织审定并发布相关制度和标准。

能源行业信用体系建设领导小组办公室（简称办公室）协调和监督信用评价工作，牵头制定相关制度和标准，披露并推广应用信用评价结果。

派出能源监管机构按照领导小组及其办公室要求，组织落实本辖区内能源行业市场主体信用评价的监督管理和结果应用。

地方能源主管部门配合做好辖区内能源行业市场主体信用评价监督管理和结果应用。

第五条 全国性能源行业组织在领导小组及其办公室的指导下，根据能源行业各领域统一的评价标准，对能源行业市场主体开展信用评价，并对最终评价结果承担主体责任；在信用信息归集、标准制定、联合惩戒等方面发挥作用，引导企业积极参与信用体系建设工作。

第三方信用服务机构在与全国性能源行业组织合作开展信用评价工作中，自觉接受领导小组及其办公室、全国性能源行业组织的指导和监督。

能源行业市场主体按照本办法及有关规定，向评价机构提供相应的数据和资料，配合开展信用评价工作。

第二章 评价标准

第六条 办公室组织制定能源行业市场主体信用评价标准，明确能源行业不同领域信用评价的指标体系、评分标准、信用等级与标识等内容，并经领导小组审定后公布。

办公室应适时组织调整信用评价标准。

第七条 能源行业市场主体信用评价应从市场主体履行社会承诺的意愿、能力和表现等方面进行综合评价。履约意愿是指经营过程中推崇的基本信念和追求的目标，包括价值理念、制度规范、品牌形象等内容。履约能力是指履行承诺、实现自身价值的综合性能力，包括管理能力、财务能力、市场能力、生产经营能力等内容。履约表现是指承担利益相关方责任和承诺兑现情况，包括公共管理、相关方履约、公益支持等内容。

能源行业信用评价指标分为一级指标、二级指标和三级指标。能源行业不同领域需结合行业自身特点及重要影响因素，设置评价指标及相应权重，分别形成统一的信用评价标准。

第八条 能源行业市场主体信用等级统一划分为 AAA、AA、A、B、C 三等五级。其中 AAA 级表示信用很好，AA 级表示信用好，A 级表示信用较好，B 级表示信用一般，C 级表示信用差。根据能源行业各领域特点和评价需要，可将 B、C 两等扩展为 BBB、BB、B、CCC、CC、C 六级。必要时可对每个信用级别用“＋”、“－”进行微调，表示略高或略低于本等级。

第三章　评价程序

第九条　能源行业信用评价参评市场主体应具备以下条件：

（一）依法持有合法经营所需的相关证照；

（二）具有1年以上稳定经营记录。

第十条　市场主体应以声明、自主申报、社会承诺等形式，向评价机构提供以下申报材料，并保证信息的合法、真实、完整：

（一）能源行业信用评价申报书及相关资料；

（二）申报材料真实性声明；

（三）其他有关反映履约意愿、能力及表现的证明材料。

其中，依据法律法规规章应当主动公开的信用信息和能源行业市场主体信用信息目录中要求公开的信息，应当公开，作为评价依据。

第十一条　评价机构可以根据实际需要，拓展评价信息来源，通过国家能源局及其他政府部门依法已公开的信息，人民法院依法公布的判决、裁定等渠道，依法查询属于政府信息公开范围的公共信用信息，或经市场主体书面授权查询非公开的公共信用信息，作为能源行业市场主体信用评价信息的补充。

第十二条　评价机构可根据需要通过实地调查等方式对市场主体的申报信息进行核查比对，市场主体应给予配合。

第十三条　评价机构应按照能源行业市场主体信用评价标准，组织开展信用评价，计算信用评价分值，形成信用初评报告，初步拟定信用等级。

第十四条　评价机构应将市场主体信用评价初评结果通过网站、报刊等渠道进行公示，向社会征询意见，公示期为7个工作日。

第十五条　对信用评价初评结果有异议的，应在公示期限内以书面方式向评价机构提出异议，说明理由并提供相关证明材料。评价机构自收到书面异议及相关证明材料之日，如需补充相关证明材料，评价机构一次告知，并自收到补充证明材料起，在15个工作日内对提出的异议完成复核，并反馈复核意见。

第十六条　对信用评价无异议的，或完成异议处理的，评价机构应形成正式的信用评价结果和信用评价报告，并在7个工作日内，按照能源行业市场主体信用信息目录要求，将评价机构基本信息和信用评价结果录入能源行业信用信息平台，按照统一样式制作并颁发信用等级证书和标牌。

第十七条　评价机构将市场主体的信用评价结果记入信用档案，并通过评价机构网站、“信用能源”网站等渠道依法依规向社会披露。

第四章　动态管理

第十八条　信用评价结果有效期为2年。有效期满前3个月，市场主体应申请信用复评，复评程序按照本办法第三章的规定执行。有效期满后，市场主体未申请信用复评的，评价结果逾期作废。

第十九条　能源行业市场主体取得信用等级1年后，可申请信用等级升级，从信用等级升级获批之日起，有效期自动延展2年。升级评价程序按照本办法第三章的规定执行。

第二十条　评价机构加强能源行业市场主体信用行为动态监测与信用评价复查。信用评价结果有效期内，评价机构发现可能影响评价结果的不良信息，应将其列入观察名单，并在信用档案中予以标记。同时，告知列入观察名单的市场主体。

列入观察名单的市场主体，应在2个月内向评价机构申请信用评价复查。复查合格者继续保留原信用等级，不合格者应相应下调。未在规定期限内申请信用评价复查的，评价机构应相应下调其信用等级，并告知。

第二十一条　能源行业市场主体信用评价实行一票否决制，凡发生严重失信行为的，一律为最低信用等级，且2年内不受理其升级申请。上述严重失信行为包括：

（一）在信用评价申报或动态管理过程中有严重弄虚作假行为或串通操纵评价结果的；

（二）伪造或冒用较高信用等级证明从事经营活动的；

（三）在市场经营活动中，严重违反行业

自律公约，存在恶意竞争、扰乱市场等行为，造成严重后果的；

（四）存在合同诈骗等严重违法活动的；

（五）被列入能源行业严重失信黑名单，或其他相关政府部门、司法机关联合惩戒黑名单的；

（六）其他严重违反现行法律法规规定的。

第五章 评价结果应用

第二十二条 能源行业主管部门在项目核准（备案）、市场准入、日常监管、政府采购、专项资金补贴、评优评奖等工作中，应加强信用评价结果应用。

第二十三条 健全与其他政府部门、行业组织的信用信息和信用评价结果的共享互通，建立联合激励惩戒机制，发挥协同效应。

鼓励能源行业组织加强行业信用管理建设，对守信主体采取重点推荐、业内表彰、提升会员级别等激励措施；对失信主体采取业内警告、通报批评、降低会员级别、取消会员资格等惩戒措施。

鼓励市场主体在生产经营、交易谈判、招投标等经济活动中使用信用信息和信用评价结果，对守信主体采取优惠便利、增加交易机会等降低市场交易成本的激励措施；对失信主体采取取消优惠、提高保证金等增加交易成本的惩戒措施。

第六章 监督管理

第二十四条 行政部门、评价机构及其工作人员在信用评价过程中，应当确保信息安全，不得存在下列行为：

（一）窃取、伪造授权证明或者以其他方式非法获取信用信息；

（二）采集禁止采集的个人信息或者未经同意采集个人信息；

（三）违规披露、泄露未经授权公开的信用信息；

（四）泄漏涉及国家机密、商业秘密、个人隐私的信用信息；

（五）篡改、虚构、违规删除信用信息；

（六）其他造成信息主体合法权益受到侵害的行为。

第二十五条 评价机构应向办公室提交在能源行业信用信息平台公开、共享评价信息的申请，每年向办公室报告年度能源行业信用评价业务开展情况。报告内容包括信用信息采集、信用产品开发、信用信息服务、异议处理、信息安全保障情况等。评价机构应当对报告材料的真实性、准确性、完整性负责。

办公室通过定期报告、随机抽查、材料核实、接受举报投诉等方式，监管评价机构的工作状况和质量。评价机构及其工作人员有下列情形之一的，视情节轻重对其实施督促整改、通报批评、列入“黑名单”和联合惩戒。

（一）违反本办法第二十三条规定，未履行信息安全义务的；

（二）违反评价标准和评价程序、有失客观公正的；

（三）在评价活动中弄虚作假、与市场主体串通操纵评价结果的；

（四）被大量投诉并经核查属实的；

（五）未按照规定处理异议申请的；

（六）其他违反本办法规定，造成严重后果的。

第二十六条 行政部门及其工作人员违反本办法规定，在工作中滥用职权、玩忽职守、弄虚作假、徇私舞弊的，由所在单位或上级主管部门根据情节轻重，对直接负责的主管人员和其他直接责任人员依法依纪给予处分；对市场主体造成损失的，依法承担相应责任；构成犯罪的，依法追究刑事责任。

第二十七条 能源行业市场主体信用评价接受社会监督，任何单位和个人对违法违规行为可通过网站、电话向办公室进行举报和投诉。

第七章 附 则

第二十八条 本办法自印发之日起施行。

印发《关于对石油天然气行业严重违法失信主体实施联合惩戒的合作备忘录》的通知

（发改运行〔2017〕1455号，国家发展改革委、人民银行、中央网信办、中央文明办、公安部、财政部、国土资源部、环境保护部、住房城乡建设部、交通运输部、商务部、海关总署、税务总局、工商总局、质检总局、安全监管总局、银监会、证监会、国家能源局、国家海洋局2017年8月2日发布）

各省、自治区、直辖市，新疆生产建设兵团有关部门、机构：

为深入贯彻党的十八大和十八届三中、四中、五中、六中全会精神，落实《国务院关于印发社会信用体系建设规划纲要（2014—2020年）的通知》（国发〔2014〕21号）、《国务院关于建立完善守信联合激励和失信联合惩戒制度加快推进社会诚信建设的指导意见》（国发〔2016〕33号）、《中共中央 国务院关于深化石油天然气体制改革的若干意见》（中发〔2017〕15号）等文件要求，加快推进石油天然气行业信用体系建设，健全跨部门失信联合惩戒机制，国家发展改革委、人民银行、中央网信办、中央文明办、公安部、财政部、国土资源部、环境保护部、住房城乡建设部、交通运输部、商务部、海关总署、税务总局、工商总局、质检总局、安全监管总局、银监会、证监会、能源局、海洋局等部门联合签署了《关于对石油天然气行业严重违法失信主体实施联合惩戒的合作备忘录》。现印发你们，请认真贯彻执行。

附件：关于对石油天然气行业严重违法失信主体实施联合惩戒的合作备忘录

附件

关于对石油天然气行业严重违法失信主体实施联合惩戒的合作备忘录

为深入贯彻党的十八大和十八届三中、四中、五中、六中全会精神，落实《国务院关于印发社会信用体系建设规划纲要（2014—2020年）的通知》（国发〔2014〕21号）、《国务院关于建立完善守信联合激励和失信联合惩戒制度加快推进社会诚信建设的指导意见》（国发〔2016〕33号）、《中共中央国务院关于深化石油天然气体制改革的若干意见》（中发〔2017〕15号）等文件要求，加快推进石油天然气行业信用体系建设，健全跨部门失信联合惩戒机制，国家发展改革委、人民银行、中央网信办、中央文明办、公安部、财政部、国土资源部、环境保护部、住房城乡建设部、交通运输部、商务部、海关总署、税务总局、工商总局、质检总局、安全监管总局、银监会、证监会、能源局、海洋局等部门就针对石油天然气行业严重违法失信主体开展联合惩戒工作，达成以下意见。

一、联合惩戒对象

联合惩戒对象为石油天然气行业从事勘探开发、储运、加工炼制、批发零售及进出口等业务，违反相关法律、法规、规章及规范性文件规定，违背诚实信用原则，经有关主管部门认定存在严重违法失信行为并被列入石油天然气行业“严重违法失信名单”的市场主体。该市场主体为企业的，联合惩戒对象为企业及其法定代表人、负有直接责任的有关人员；该市场主体为其他经济组织的，联合惩戒对象为其他经济组织及其负责人；该市场主体为自然人的，联合惩戒对象为本人。

二、联合惩戒措施

各部门依照有关规定，对联合惩戒对象采取下列一种或多种惩戒措施（相关依据和实施部门见附录）。

（一）对相关领域从业资格或权利的限制：

1. 对勘探开发企业，将其严重违法失信行为作为办理石油、天然气勘查许可证、采矿许可证延续登记手续的重要参考，情节严重的，依法承担相应法律责任。

2. 对对外合作开采陆上、海洋石油企业，责令停止实施石油作业。

3. 对天然气基础设施建设和运行企业，给予警告、责令停止实施作业、责令限期改正。

4. 对有关原油加工企业，视情节严重程度，暂停其使用进口原油，或取消原油进口和使用资质，或暂停申领进出口许可证、暂停成品油加工出口业务、暂停安排进口允许量或出口配额，列于“严重违法失信名单”期间不得再次申请原油进口和使用资质。

5. 对原油、成品油批发、仓储、零售企业，依法撤销原油、成品油经营许可，列于“严重违法失信名单”期间不得再次申请经营许可。

6. 对城镇燃气经营者，将其严重违法失信行为作为申请办理或延续燃气经营许可证重要参考，情节严重的，依法吊销其燃气经营许可证。

7. 对海洋油气开发项目，责令限制生产、停产整治、恢复原状，恢复生产的列为重点检查对象，增加检查频次。

8. 对违法使用海域进行油气开发企业，责令退还非法占用的海域、恢复海域原状、没收违法所得、收回海域使用权。

9. 对油气开发项目违规进行海底管道路由调查勘测、铺设施工及相关活动，采取警告、罚款和责令停止海上作业等措施。

（二）安全监管监察方面的惩戒措施：

10. 作为重点监管监察对象，不定期开展抽查。

11. 约谈其主要负责人，对其主要负责人及相关责任人进行安全培训。

12. 暂停对其安全生产标准化评审，对已取得安全生产标准化证书的，撤销其证书。

13. 发现有新的安全生产违法违规行为的，依法依规从重处罚。

（三）质量监督检验检疫方面的惩戒措施：

14. 列为重点监督对象，增加监督检查和产品质量监督抽查的频次。

15. 对严重违法失信责任主体，依法限制取得认证机构资质；依法限制其获得认证证书。

16．限制取得工业产品生产许可证。

17．加强出入境检验检疫管理，企业信用等级直接降为D级，实行限制性管理措施。

18. 失信企业产生新的违法违规行为时，依法依规从严从重处罚。

（四）在环境保护方面的惩戒措施：

19. 依照环境保护相关法律法规予以处罚，并增加环保执法频次。

（五）在税收征管方面的惩戒措施：

20. 强化税务管理，提高监督检查频次。

21. 将失信企业的失信状况作为纳税信用评价的重要外部参考。

（六）其他方面惩戒措施：

22. 列为节能监察重点对象，增加检查频次，加强对企业能耗总量和强度“双控”目标完成情况、执行节能法律法规标准情况的监督检查。

23. 通过“信用中国”网站、国家企业信用信息公示系统及相关互联网新闻信息服务单位，依法向社会公布“严重违法失信名单”信息。

24. 依照治安保卫相关法律法规予以处罚，增加监督检查频次。

25．将失信状况作为其融资或对其授信的重要依据或参考。

26．依法限制或禁止取得政府供应土地。

27．依法禁止作为供应商参加政府采购活动。

28．限制申请财政补助补贴性资金和社会保障资金支持。

29. 限制参与基础设施和公用事业特许经营。

30. 对申请适用海关认证企业管理的，不予通过认证；对已经成为认证企业的，按照规定下调企业信用等级。

31. 在办理通关等海关业务时，对失信主体进出口货物实施严密监管，加强单证审核、布控查验或后续稽查。

32. 从严审核发行企业债券，将失信信息作为公开发行公司债券核准的参考。

33. 将失信信息作为股票发行审核及在全国中小企业股份转让系统公开转让审核的参考。

34. 在上市公司或者非上市公众公司收购的事中事后监管中，对有严重失信行为的主体予以关注。

35. 在境内上市公司实行股权激励计划或相关人员成为股权激励对象事中事后监管中，对有严重失信行为的主体予以关注。

36. 在审批证券公司、基金管理公司、期货公司的设立，私募基金管理人登记及变更持有5%以上股权的股东、实际控制人时，将其失信信息作为参考。

37. 对严重失信的自然人，依法限制其担任上市公司、证券公司、基金管理公司、期货公司的董事、监事和高级管理人员等，对其证券、基金、期货从业资格申请予以从严审核，对已成为证券、基金、期货从业人员的相关主体予以关注。

38. 限制失信被执行人新建、扩建高档装修房屋，购买非经营必需车辆等非生活和工作必须的消费。

39. 依法限制参评文明单位、道德模范。

三、联合惩戒的实施方式

（一）国家发展改革委、公安部、国土资源部、住房城乡建设部、商务部、能源局、海洋局及地方有关主管部门，应定期通过全国信用信息共享平台、地方信用信息共享平台，报送石油天然气行业严重违法失信信息以及相关资料。有关方面归集整理后，及时向参与联合惩戒部门推送。各部门收到名单后，根据本备忘录约定措施实施惩戒。

（二）各部门可按照有关规定，在门户网站、“信用中国”网站、国家企业信用信息公示系统等公示石油天然气行业“严重违法失信名单”。逐步建立惩戒效果定期通报机制，有条件的部门可定期将联合惩戒措施的实施情况通过全国信用信息共享平台共享。

（三）惩戒措施涉及地方事权的，由相关部门按照备忘录采取惩戒措施。

四、信用惩戒动态管理

国家发展改革委会同公安部、国土资源部、住房城乡建设部、商务部、能源局、海洋局等部门制定石油天然气行业“严重违法失信名单”管理办法，并按照职能分别对相关业务领域“严重违法失信名单”进行动态管理，及时更新相关信息并推送至参与失信联合惩戒部门。对于从“严重违法失信名单”中撤销的，各部门应及时停止实施惩戒。

五、其他事宜

各部门应密切配合，积极落实本备忘录，制定或完善相关领域法律法规和规范性文件，指导、要求本领域各级主管部门依法依规实施具体、严格、有效的惩戒措施。本备忘录签署后，相关法律法规修改或调整的，以修改后的法律法规为准。

本备忘录实施过程中遇到的具体操作问题，由各部门另行协商解决。

关于印发《拖欠农民工工资“黑名单”管理暂行办法》的通知

（人社部规〔2017〕16号，人力资源社会保障部2017年9月25日发布）

各省、自治区、直辖市及新疆生产建设兵团人力资源社会保障厅（局）：

《拖欠农民工工资“黑名单”管理暂行办法》已经第134次部务会审议通过，现印发给你们，请遵照执行。

拖欠农民工工资“黑名单”管理暂行办法

第一条 为规范拖欠农民工工资“黑名单”管理工作，加强对拖欠工资违法失信用人单位的惩戒，维护劳动者合法权益，根据《企业信息公示暂行条例》、《国务院关于建立完善守信联合激励和失信联合惩戒制度加快推进社会诚信建设的指导意见》（国发〔2016〕33号）、《国务院办公厅关于全面治理拖欠农民工工资问题的意见》（国办发〔2016〕1号），制定本办法。

第二条 本办法所称拖欠农民工工资“黑名单”（以下简称拖欠工资“黑名单”），是指违反国家工资支付法律法规规章规定，存在本办法第五条所列拖欠工资情形的用人单位及其法定代表人、其他责任人。

第三条 人力资源社会保障部负责指导监督全国拖欠工资“黑名单”管理工作。

省、自治区、直辖市人力资源社会保障行政部门负责指导监督本行政区域拖欠工资“黑名单”管理工作，每半年向人力资源社会保障部报送本行政区域的拖欠工资“黑名单”。

地方人力资源社会保障行政部门依据行政执法管辖权限，负责拖欠工资“黑名单”管理的具体实施工作。

第四条 拖欠工资“黑名单”管理实行“谁执法，谁认定，谁负责”，遵循依法依规、公平公正、客观真实的原则。

第五条 用人单位存在下列情形之一的，人力资源社会保障行政部门应当自查处违法行为并作出行政处理或处罚决定之日起20个工作日内，按照管辖权限将其列入拖欠工资“黑名单”。

（一）克扣、无故拖欠农民工工资报酬，数额达到认定拒不支付劳动报酬罪数额标准的；

（二）因拖欠农民工工资违法行为引发群体性事件、极端事件造成严重不良社会影响的。

将劳务违法分包、转包给不具备用工主体资格的组织和个人造成拖欠农民工工资且符合前款规定情形的，应将违法分包、转包单位及不具备用工主体资格的组织和个人一并列入拖欠工资“黑名单”。

第六条 人力资源社会保障行政部门将用人单位列入拖欠工资“黑名单”的，应当提前书面告知，听取其陈述和申辩意见。核准无误的，应当作出列入决定。

列入决定应当列明用人单位名称及其法定代表人、其他责任人姓名、统一社会信用代码、列入日期、列入事由、权利救济期限和途径、作出决定机关等。

第七条 人力资源社会保障行政部门应当按照有关规定，将拖欠工资“黑名单”信息通过部门门户网站、“信用中国”网站、国家企业信用信息公示系统等予以公示。

第八条 人力资源社会保障行政部门应当按照有关规定，将拖欠工资“黑名单”信息纳入当地和全国信用信息共享平台，由相关部门在各自职责范围内依法依规实施联合惩戒，在政府资金支持、政府采购、招投标、生产许可、资质审核、融资贷款、市场准入、税收优惠、评优评先等方面予以限制。

第九条 拖欠工资“黑名单”实行动态管理。

用人单位首次被列入拖欠工资“黑名单”的期限为1年，自作出列入决定之日起计算。

列入拖欠工资“黑名单”的用人单位改正违法行为且自列入之日起1年内未再发生第五条规定情形的，由作出列入决定的人力资源社会保障行政部门于期满后20个工作日内决定将其移出拖欠工资“黑名单”；用人单位未改正违法行为或者列入期间再次发生第五条规定情形的，期满不予移出并自动续期2年。

已移出拖欠工资“黑名单”的用人单位再次发生第五条规定情形，再次列入拖欠工资“黑名单”，期限为2年。

第十条 人力资源社会保障行政部门决定将用人单位移出拖欠工资“黑名单”的，应当通过部门门户网站、“信用中国”网站、国家企业信用信息公示系统等予以公示。

第十一条　用人单位被列入拖欠工资“黑名单”所依据的行政处理或处罚决定被依法变更或者撤销的，作出列入决定的人力资源社会保障行政部门应当及时更正拖欠工资“黑名单”。

第十二条　用人单位被移出拖欠工资“黑名单”管理的，相关部门联合惩戒措施即行终止。

第十三条　人力资源社会保障等行政部门工作人员在实施拖欠工资“黑名单”管理过程中，滥用职权、玩忽职守、徇私舞弊的，依法予以处理。

第十四条　各省级人力资源社会保障行政部门可根据本办法制定实施细则。

第十五条　本办法自2018年1月1日起施行。

关于加强和规范守信联合激励和失信联合惩戒对象名单管理工作的指导意见

（发改财金规〔2017〕1798号，国家发展改革委、人民银行2017年10月30日发布）

各省、自治区、直辖市和新疆生产建设兵团社会信用体系建设牵头单位，社会信用体系建设部际联席会议各成员单位：

为全面贯彻落实党中央、国务院关于加强社会信用体系建设的一系列重大决策部署，深入实施《国务院关于印发社会信用体系建设规划纲要（2014—2020年）的通知》（国发〔2014〕21号）、《国务院关于建立完善守信联合激励和失信联合惩戒制度加快推进社会诚信建设的指导意见》（国发〔2016〕33号），建立守信联合激励对象和失信联合惩戒对象名单制度（以下简称“红名单”和“黑名单”制度），完善守法诚信褒奖和违法失信惩戒的联动机制，现提出如下意见。

一、总体要求

（一）指导思想。全面贯彻党的十九大精神，深入贯彻习近平新时代中国特色社会主义思想和党中央治国理政新理念新思想新战略，按照党中央、国务院的决策部署，以培育和践行社会主义核心价值观为根本，建立健全红黑名单管理与应用制度，规范各领域红黑名单的认定、奖惩、修复和退出，构建守信联合激励和失信联合惩戒大格局，有力有序、规范透明地推进联合奖惩，全面提升我国社会诚信水平，推进国家治理体系和治理能力现代化。

（二）基本原则。

——政府主导，社会共治。充分发挥国家机关、法律法规授权具有管理公共事务职能的组织在红黑名单管理中的组织、引导和推动作用。鼓励调动社会力量广泛参与、共同推进，形成联合奖惩合力。

——依法依规，审慎认定。按照“谁认定、谁负责”的原则，根据相关主体行为的诚信度和发起联合奖惩的必要性，研究制定各领域红黑名单统一认定标准，依法审慎认定红黑名单。

——分类分级，区别对待。根据相关主体的诚信度，分别实施不同类型、不同程度的联合奖惩措施。对尚未达到“黑名单”认定标准的失信主体，可列入诚信状况重点关注对象名单（以下简称“重点关注名单”），加强监管。

——保护权益，鼓励修复。严格保护自然人、法人和其他组织在红黑名单的认定、发布、奖惩等过程中的合法权益。在完善相关法律法规的同时，畅通异议申诉等救济渠道，建立完善信用修复制度，纠正违法失信行为，鼓励守法诚信。

二、科学制定联合奖惩对象名单的认定标准

（三）制定标准的部门。各领域的红黑名

单认定原则上实行全国统一标准，标准由社会信用体系建设部际联席会议成员单位或者国家其他行业主管部门按照市场监管、社会治理和公共服务职责研究制定。各省级有关部门可根据需要制定地方标准，经上级主管部门和省级人民政府审定后实施。认定标准制定过程中，应充分征求广大社会公众意见。出台的标准及其具体认定程序应通过“信用中国”网站和其他适当方式向社会公示、公开。

（四）规范红黑名单认定的依据。认定联合奖惩对象名单的依据主要包括：一是公共管理和服务中反映相关主体基本情况的登记类信息；二是刑事处罚、行政许可、行政处罚、行政强制、行政确认、行政检查、行政征收、行政奖励、行政给付等反映主体诚信状况的信息；三是拒不履行生效司法裁决的信息；四是党政机关、群团组织、社会组织、行业协会商会在履行职责过程中产生或者掌握的相关主体受表彰奖励等信息；五是根据法律法规规章或规范性文件可作为红黑名单认定依据的其他信息。

（五）不断完善名单认定标准。标准制定部门应委托第三方机构对所监管领域联合奖惩对象名单认定标准的执行效果进行评估，及时完善认定标准，并按照社会信用体系建设部际联席会议建立的目录清单，健全名单认定标准体系。

三、严格红黑名单认定程序

（六）认定名单的部门（单位）。县级以上国家机关、法律法规授权具有管理公共事务职能的组织可按照统一标准认定相关领域红黑名单，国家有关部门可根据需要授权全国性行业协会商会和信用服务机构按照统一标准认定红黑名单。鼓励行业协会商会、大数据企业、金融机构、新闻媒体、社会组织等各类单位和公民个人向认定部门（单位）提供相关主体的守信行为和失信行为信息，探索研究将其作为红黑名单认定的重要参考。

（七）失信联合惩戒对象的认定程序。认定部门（单位）依据认定标准生成失信联合惩戒对象的初步名单，可根据需要履行告知或公示程序。有异议的，由认定部门（单位）核实。自然人被认定为失信联合惩戒对象的，应实行事前告知。法律法规已有相关规定的，从其规定。“黑名单”形成后，应与全国信用信息共享平台各领域“红名单”进行交叉比对，如“黑名单”主体之前已被列入“红名单”，应将其从相关“红名单”中删除。

（八）守信联合激励对象的认定程序。认定部门（单位）依据认定标准生成守信联合激励对象的初步名单，并将其与全国信用信息共享平台中的各领域“黑名单”进行交叉比对，确保已被列入“黑名单”的主体不被列入“红名单”。筛查后的初步名单可通过认定部门（单位）门户网站、地方政府信用网站、“信用中国”网站予以公示。经公示无异议的，认定为“红名单”；有异议的，由认定部门（单位）核实。

四、规范名单信息的共享和发布

（九）规范名单信息内容。名单信息主要内容包括：一是相关主体的基本信息，包括法人和其他组织名称（或自然人姓名）、统一社会信用代码、全球法人机构识别编码（LEI码）（或公民身份号码、港澳台居民的公民社会信用代码、外国籍人身份号码）、法定代表人（或单位负责人）姓名及其身份证件类型和号码等；二是列入名单的事由，包括认定诚实守信或违法失信行为的事实、认定部门（单位）、认定依据、认定日期、有效期等；三是相关主体受到联合奖惩、信用修复、退出名单的相关情况。

（十）共享名单信息。各级社会信用体系建设牵头单位要建立名单信息共享目录，严格按照目录归集共享相关信息。认定部门（单位）应将认定的名单及相关信息逐级报送上级主管部门和同级社会信用体系建设牵头单位，并自认定之日起10个工作日内报送至全国信用信息共享平台，实施动态管理。依托全国信用信息共享平台建立全国联合奖惩对象名单数据库，供各级国家机关、法律法规授权具有管理公共事务职能的组织共享使用。

（十一）发布名单信息。按照依法公开、

从严把关、保护权益原则，由认定部门（单位）通过其门户网站、地方政府信用网站、“信用中国”网站向社会公众发布红黑名单。涉及企业、社会组织、政府部门的名单信息，应按照有关规定在国家企业信用信息公示系统、中国社会组织网、中国机构编制网等渠道发布。名单信息的发布，应当客观、准确、公正，保证发布信息的合法性、真实性、准确性。对于涉及企业商业秘密和个人隐私的信息，发布前应进行必要的技术处理。名单信息的发布时限与名单的有效期保持一致。对依法不能公开的名单信息，可通报当事人所在单位或其相关主管部门依法依纪处理。鼓励行业协会商会、信用服务机构收集各有关部门（单位）认定的红黑名单，经核实后与本单位履职和服务过程中形成的有关名单进行整合并向社会发布。

五、依据名单实施联合奖惩

（十二）政府部门实施联合奖惩。各级国家机关、法律法规授权具有管理公共事务职能的组织采取签署守信联合激励和失信联合惩戒合作备忘录等形式，在遵守相关法律法规的情况下，明确对相关领域红黑名单主体的奖惩措施和实施方式，建立发起、响应、反馈的联动机制。鼓励各级国家机关、法律法规授权具有管理公共事务职能的组织根据国务院关于联合奖惩的要求将红黑名单信息与相关信息进行比对，并创造条件嵌入本部门行政审批、市场监管、公共服务等信息系统和具体工作流程，带头查询使用红黑名单信息，及时归集守信联合激励和失信联合惩戒的典型案例，统计联合奖惩情况并反馈至全国信用信息共享平台。

（十三）鼓励社会力量协同参与联合奖惩。积极创造条件，向各类社会组织、行业协会商会、信用服务机构、金融机构、特定非金融机构、公共服务机构以及其他企事业单位开放全国联合奖惩对象名单数据库信息。鼓励各类社会机构查询使用红黑名单，对列入“黑名单”的主体实施市场性、行业性、社会性约束和惩戒，对列入“红名单”的主体建立“绿色通道”，优先提供服务便利，优化诚信企业行政监管安排，降低市场交易成本，大力推介诚信市场主体。有关单位及时向红黑名单认定部门（单位）反馈红黑名单奖惩信息，构建全社会广泛参与的联合奖惩机制。

六、构建自主自新的信用修复机制

（十四）鼓励和支持自主修复信用。建立有利于自我纠错、主动自新的社会鼓励与关爱机制，鼓励“黑名单”主体通过主动纠正失信行为、消除不良社会影响等方式修复信用，认定部门（单位）可将信用修复情况作为“黑名单”退出的重要参考。

（十五）规范信用修复流程。有关部门（单位）认定“黑名单”时，应结合失信行为的严重程度，明确相关主体能否修复信用以及信用修复的方式和期限。对可通过履行相关义务纠正失信行为的“黑名单”主体，可在履行相关义务后，向认定部门（单位）提交相关材料申请退出。

七、建立健全诚信状况重点关注对象警示机制

（十六）实施分级分类管理。认定部门（单位）可将在重点领域发生较重失信行为或多次发生轻微失信行为但尚未达到“黑名单”认定标准的相关主体列入重点关注名单，并依法实施与其失信程度相适应的失信联合惩戒。重点关注名单信息共享至全国信用信息共享平台，有选择地对外公开。

（十七）对诚信状况重点关注对象的警示。认定部门（单位）应通过适当方式，向重点关注名单主体发出警示并提示重点关注有效期。依托全国信用信息共享平台开展大数据分析，将在3个以上不同的重点领域被列入重点关注名单的主体转入“大数据警示名单”，通过“信用中国”网站向社会公众发出预警。重点关注名单主体有效期内发生严重失信行为的，应按照“黑名单”认定标准，及时转入“黑名单”。

八、依法依规退出名单

（十八）失信联合惩戒对象名单的退出机制。“黑名单”的有效期、信用修复及退出方式由相关认定部门（单位）结合相关主体违法失信情况确定。“黑名单”的退出包括如下方式：一是经异议处理，“黑名单”主体认定有误的，认定部门（单位）应将相关主体从“黑名单”中删除；二是通过主动修复在“黑名单”有效期届满前提前退出，提前退出需经认定部门（单位）同意；三是待“黑名单”有效期届满自动退出；四是“黑名单”认定标准发生改变，对于不符合新认定标准的主体，将其从“黑名单”中删除。“黑名单”主体退出名单后，应立即将其列入重点关注名单（误列入“黑名单”的除外），有效期由之前将其列入“黑名单”的部门（单位）确定。

（十九）守信联合激励对象名单的退出机制。“红名单”的有效期由相关认定部门（单位）结合相关主体诚实守信情况确定。“红名单”的退出包括如下方式：一是经异议处理，“红名单”主体认定有误的，认定部门（单位）应将相关主体从“红名单”中删除；二是有效期内被有关部门列入“黑名单”、重点关注名单或发现存在不当利用“红名单”奖励机制等不良行为的，认定部门（单位）应将相关主体从“红名单”中删除；三是待“红名单”有效期届满自动退出；四是“红名单”认定标准发生改变，对于不符合新认定标准的主体，将其从“红名单”中删除。

（二十）建立健全名单退出、奖惩解除和记录留存协同机制。相关主体退出红黑名单后，认定部门（单位）及时通过原发布渠道发布名单退出公告，有关联合奖惩部门应停止对其实施联合奖惩，相关名单信息将在全国信用信息共享平台后台继续保存，信用服务机构可按照有关法律法规在一定期限内继续保留其失信记录。对于因主体认定有误而列入名单的，相关信息不予保存。

九、保护市场主体权益

（二十一）建立健全守信联合激励对象反映监督机制。有关单位或个人对“红名单”主体的诚实守信行为有异议的，可向认定部门（单位）反映并提供证明材料，认定部门（单位）应在收到反映后及时核实。经核实反映情况属实的，认定部门（单位）应重新对被反映主体进行认定，并将认定结果反馈反映人和当事人。

（二十二）建立健全失信联合惩戒对象异议申诉机制。有关单位或个人对被列入“黑名单”有异议的，可向认定部门（单位）提交异议申请并提供证明材料。认定部门（单位）应在收到异议申请后及时反馈是否受理，并尽快将核实和处理结果反馈当事人，当事人对反馈结果仍有异议的，可依法申请复议。

（二十三）建立健全名单信息更正机制。联合奖惩实施部门在依据名单执行守信联合激励和失信联合惩戒措施时主动发现、经有关单位或个人提出异议申请或投诉发现名单信息不准确的，应及时告知认定部门（单位）核实，认定部门（单位）应及时核实并反馈。因工作失误导致有关单位或个人被误列入“黑名单”的，认定部门（单位）应及时更正当事人的诚信记录，向当事人书面道歉并进行澄清，恢复其名誉。导致当事人权益受损的，依法给予赔偿。对于被误列入“红名单”的相关主体，应尽可能收回其受到联合激励获得的权益。

十、加强个人隐私和信息安全保护

（二十四）保护个人隐私。明确个人信息查询使用权限和程序，做好数据库安全防护工作，建立完善个人信息查询使用登记和审查制度，防止信息泄露。对故意或因工作失误泄露个人隐私信息的，要依法严格追究相关单位和人员的责任。

（二十五）保障信息安全。有关部门和单位要建立健全并严格执行保障信息安全的规章制度。严格按照相关法律法规，贯彻落实网络安全等级保护制度，加大对全国信用信息共享平台、各部门信用信息系统、信用服务机构数据库的监管力度，保障信息主体合法权益，确保国家信息安全。

十一、保障措施

（二十六）落实主体责任。各级社会信用体系建设牵头单位要加强对守信联合激励和失信联合惩戒制度建设的指导、协调和监督。国家有关部门要制定相关领域的红黑名单认定标准和管理办法，积极主动发起签署守信联合激励和失信联合惩戒合作备忘录。县级以上国家机关、法律法规授权具有管理公共事务职能的组织要严格执行相关领域红黑名单认定标准和管理办法，依法认定、发布、归集、共享、更新和使用红黑名单信息，严格执行各项联合奖惩措施。

（二十七）完善法律法规。加快研究推进信用立法工作。各地区、各部门要按照强化诚信约束和协同监管要求，对现行法律法规规章和规范性文件有关规定提出修订建议或进行有针对性的修改。

（二十八）加强宣传教育。利用报纸、广播、电视、网络等媒体，多渠道选树诚信典型，倡导诚实守信，及时曝光重点领域严重失信行为，形成舆论压力，广泛宣传各地区、各部门开展守信联合激励和失信联合惩戒的做法和经验，扩大联合奖惩对象名单制度的影响力和警示力。

本文件自发布之日起试行，有效期截至2020年12月31日。

关于加强对外经济合作领域信用体系建设的指导意见

（发改外资〔2017〕1893号，国家发展改革委人民银行、商务部、外交部、中央组织部、中央文明办、中央网信办、工业和信息化部、公安部、财政部、国土资源部、环境保护部、交通运输部、农业部、文化部、国资委、海关总署、税务总局、工商总局、质检总局、食品药品监管总局、安监总局、统计局、银监会、证监会、保监会、能源局、外汇局2017年10月31日发布）

各省、自治区、直辖市、新疆生产建设兵团有关部门、机构：

对外开放是我国的基本国策，在党中央、国务院的统一部署和领导下，对外经济合作稳步推进。通过“一带一路”建设、对外经济合作，我国产业布局不断优化，产品、人才、技术、标准和文化大踏步“走出去”，国家海外利益稳步拓展，同时也实实在在地促进了合作国经济社会发展，从而实现互利共赢、包容共享。根据《国务院关于印发社会信用体系建设规划纲要（2014—2020年）的通知》（国发〔2014〕21号）和《国务院关于建立完善守信联合激励和失信联合惩戒制度加快推进社会诚信建设的指导意见》（国发〔2016〕33号），为加强对外经济合作领域信用体系建设，规范对外经济合作秩序，提高对外经济合作领域参与者的诚信意识，营造良好的对外经济合作大环境，现提出如下意见。

一、加强对外经济合作领域信用体系建设的重要意义

建立健全企业履行主体责任、政府依法监管和社会广泛参与的信用体系，有利于在对外开放中有效维护国家利益、声誉和安全，有效规范对外经济合作参与者的行为和市场秩序，营造守法、合规、优质、诚信、公平开放、竞争有序的对外经济合作大环境，有效提高对外经济合作参与者诚信意识，提高对外经济合作水平，树立良好形象。

二、总体要求

全面贯彻落实党的十九大精神，以习近平新时代中国特色社会主义思想为指引，按照党中央、国务院对信用体系建设的总体要求，加快对外经济合作领域信用记录建设，

推动信用信息共享应用，建立失信联合惩戒机制，有效规范对外经济合作秩序和参与者行为。

建立健全对外经济合作领域信用信息采集、共享规则，严格保护组织、个人隐私和信息安全，依法依规推进信用信息公开和应用。鼓励开发对外经济合作领域信用产品，使用信用信息和信用产品，推动实施失信联合惩戒，使守信者受益，失信者受限，增强负面惩戒的力度。

在对外经济合作领域，以对外投资、对外承包工程和对外劳务合作、对外贸易、对外金融合作为重点，加强对外经济合作信用记录建设。依托全国信用信息共享平台和国家企业信用信息公示系统，逐步实现信用信息的归集、处理、公示和应用。

三、加快推进对外经济合作信用记录建设

对贯彻落实“一带一路”建设、国际产能合作，参与实施设施联通、贸易畅通、资金融通等合作的对外经济合作主体和相关责任人，如出现违反国内及合作国家和地区相关法律法规以及违反国际公约、联合国决议，扰乱对外经济合作秩序且对推进“一带一路”建设造成严重不良影响、危害我国家声誉利益等的行为，相关主管部门将失信主体、责任人和失信行为记入信用记录。

（一）建立对外投资合作主体的信用记录

对外投资主体和相关责任人，如出现违反国内及合作国家和地区相关法律法规以及违反国际公约、联合国决议，未按相关规定履行报批手续，虚假投资、捏造伪造项目信息骗取国家主管部门核准或备案文件以及办理境外投资外汇登记等，骗取资金以及办理资金购汇及汇出，拒绝履行对外投资统计申报义务或不实申报或拒绝办理境外直接投资存量权益登记，违规将应调回的利润、撤资等资金滞留境外，恶性竞争、扰乱对外经济合作秩序，且对外造成严重不良影响，危害我国家声誉利益等的行为，相关主管部门将失信主体、责任人和失信行为记入信用记录。

（二）建立对外承包工程和对外劳务合作主体的信用记录

对外承包工程、对外劳务合作主体和相关责任人，如出现违反国内及合作国家和地区相关法律法规以及违反国际公约、联合国决议，虚假投标、围标串标，骗贷骗汇，工程质量、安全生产不符合相关标准，未及时足额缴存外派劳务备用金、违法违规外派和非法外派、侵害劳务人员合法权益，拒绝履行对外承包工程和对外劳务合作统计申报义务或不实申报，恶性竞争，扰乱对外经济合作秩序、且对外造成严重不良影响，危害我国家声誉利益等的行为，相关主管部门将失信主体、责任人和失信行为记入信用记录。

（三）建立对外金融合作主体的信用记录

对违反国内及合作国家和地区相关法律法规以及违反国际公约、联合国决议，利用夸大、捏造不实信息冲击人民币汇率以及违反国际收支统计申报义务或未按规定进行国际收支申报、情节严重的，非法跨境资本流动、洗钱、逃税、非法融资、非法证券期货行为，为暴力恐怖、分裂破坏、渗透颠覆活动融资，扰乱对外经济合作秩序，且对外造成严重不良影响，危害我国家声誉利益等的行为，相关主管部门将失信主体、责任人和失信行为记入信用记录。

（四）建立对外贸易主体的信用记录

对违反国内及合作国家和地区相关法律法规以及违反国际公约、联合国决议，出售假冒伪劣产品，通过虚假贸易，非法买卖外汇，骗贷骗赔骗税骗外汇、洗钱、套利、编造虚假业绩，或者因企业产品质量安全问题给社会及进出口贸易造成重大危害和损失，扰乱对外经济合作秩序、对外造成严重不良影响，危害我国家声誉利益等的行为，相关主管部门将失信主体、责任人和失信行为记入信用记录。

（五）鼓励社会各界力量参与信用记录建设

推动相关政府部门、企事业单位、行业协会、社会信用服务机构加强配合，社会各界力量广泛参与，形成对外经济合作领域信用建设的合力。鼓励行业组织、社会信用服务机构积极参与信用记录建设，通过各种渠道依法依规

搜集整理对外经济合作领域各类主体的失信信息。鼓励广大人民群众如实举报相关失信行为。

四、加快推进对外经济合作领域信用信息共享应用

对外经济合作信用信息包括企业基础信息、对外经济合作基本信息、违法违规并造成严重不良影响等失信行为信息、相关处罚信息等。

按照属地化和行业化管理原则，各相关部门和地方定期将各自管理职责范畴内采集到的对外经济合作失信主体的相关信用信息推送给全国信用信息共享平台。共享平台及时动态更新失信行为相关主体、责任人的信用记录，并按照有关规定向相关部门和单位提供对外经济合作相关主体、责任人的信用信息。同时在国家发展改革委、商务部、人民银行以及相关业务主管部门网站、国家企业信用信息公示系统、“信用中国”网站等向社会公布。

各相关部门掌握的可以依法向社会公开的信用信息应当及时通过部门网站公布，并主动向国家企业信用信息公示系统和“信用中国”网站推送。积极协调有关互联网新闻信息服务单位及时向社会公布依照法律法规可以公开的失信行为相关主体、责任人信用信息，不断扩大信用信息的公众知晓度。

五、建立对外经济合作领域失信惩戒机制

各相关部门通过签署对外经济合作领域失信行为联合惩戒合作备忘录，对严重失信主体依法依规实施联合惩戒。

鼓励各类社会机构和企业法人依据法律法规和规章制度，采用市场化的手段，对失信企业在信贷担保、保险费率、招投标采购等方面采取限制性措施，强化失信联合惩戒的效果。

六、机制保障

（一）指导协调机制

在国务院“走出去”工作部际联席会议机制内，加强对对外经济合作领域信用体系建设的指导和协调，各相关部门和地方要高度重视，研究制定对失信行为的惩戒措施，积极落实各项政策措施。

（二）修复机制

制定信用信息主体异议和申诉流程，保护信用信息主体合法权益。建立信用信息纠错、修复机制，明确各类信用信息期限，失信惩戒期限，畅通信用修复渠道，丰富信用信息修复方式。

（三）采集、查询机制

相关政府部门、行业协会组织和社会信用服务机构要严格遵照有关规定，建立健全保障信用信息安全的规章制度，严格执行信用信息采集、查询和使用的权限和程序。

（四）通报机制

建立对外经济合作领域惩戒效果定期通报机制，各部门定期将联合惩戒实施情况通过全国信用信息共享平台反馈给国家发展改革委、商务部、人民银行、外交部及其他相关部门。

关于印发建筑市场信用管理暂行办法的通知

（建市〔2017〕241号，住房和城乡建设部2017年12月11日发布）

各省、自治区住房城乡建设厅，直辖市建委，北京市规划国土委，新疆生产建设兵团建设局：

现将《建筑市场信用管理暂行办法》印发给你们，请遵照执行。执行中遇到的问题，请及时函告我部建筑市场监管司。

附件：建筑市场信用管理暂行办法

附件

建筑市场信用管理暂行办法

第一章 总 则

第一条 为贯彻落实《国务院办公厅关于促进建筑业持续健康发展的意见》（国办发〔2017〕19号），加快推进建筑市场信用体系建设，规范建筑市场秩序，营造公平竞争、诚信守法的市场环境，根据《中华人民共和国建筑法》《中华人民共和国招标投标法》《企业信息公示暂行条例》《社会信用体系建设规划纲要（2014—2020年）》等，制定本办法。

第二条 本办法所称建筑市场信用管理是指在房屋建筑和市政基础设施工程建设活动中，对建筑市场各方主体信用信息的认定、采集、交换、公开、评价、使用及监督管理。

本办法所称建筑市场各方主体是指工程项目的建设单位和从事工程建设活动的勘察、设计、施工、监理等企业，以及注册建筑师、勘察设计注册工程师、注册建造师、注册监理工程师等注册执业人员。

第三条 住房城乡建设部负责指导和监督全国建筑市场信用体系建设工作，制定建筑市场信用管理规章制度，建立和完善全国建筑市场监管公共服务平台，公开建筑市场各方主体信用信息，指导省级住房城乡建设主管部门开展建筑市场信用体系建设工作。

省级住房城乡建设主管部门负责本行政区域内建筑市场各方主体的信用管理工作，制定建筑市场信用管理制度并组织实施，建立和完善本地区建筑市场监管一体化工作平台，对建筑市场各方主体信用信息认定、采集、公开、评价和使用进行监督管理，并向全国建筑市场监管公共服务平台推送建筑市场各方主体信用信息。

第二章 信用信息采集和交换

第四条 信用信息由基本信息、优良信用信息、不良信用信息构成。

基本信息是指注册登记信息、资质信息、工程项目信息、注册执业人员信息等。

优良信用信息是指建筑市场各方主体在工程建设活动中获得的县级以上行政机关或群团组织表彰奖励等信息。

不良信用信息是指建筑市场各方主体在工程建设活动中违反有关法律、法规、规章或工程建设强制性标准等，受到县级以上住房城乡建设主管部门行政处罚的信息，以及经有关部门认定的其他不良信用信息。

第五条 地方各级住房城乡建设主管部门应当通过省级建筑市场监管一体化工作平台，认定、采集、审核、更新和公开本行政区域内建筑市场各方主体的信用信息，并对其真实性、完整性和及时性负责。

第六条 按照“谁监管、谁负责，谁产生、谁负责”的原则，工程项目所在地住房城乡建设主管部门依据职责，采集工程项目信息并审核其真实性。

第七条 各级住房城乡建设主管部门应当建立健全信息推送机制，自优良信用信息和不良信用信息产生之日起7个工作日内，通过省级建筑市场监管一体化工作平台依法对社会公开，并推送至全国建筑市场监管公共服务平台。

第八条 各级住房城乡建设主管部门应当加强与发展改革、人民银行、人民法院、人力资源社会保障、交通运输、水利、工商等部门和单位的联系，加快推进信用信息系统的互联互通，逐步建立信用信息共享机制。

第三章 信用信息公开和应用

第九条 各级住房城乡建设主管部门应当完善信用信息公开制度，通过省级建筑市场监管一体化工作平台和全国建筑市场监管公共服务平台，及时公开建筑市场各方主体的信用信息。

公开建筑市场各方主体信用信息不得危及国家安全、公共安全、经济安全和社会稳定，不得泄露国家秘密、商业秘密和个人隐私。

第十条　建筑市场各方主体的信用信息公开期限为：

（一）基本信息长期公开；

（二）优良信用信息公开期限一般为3年；

（三）不良信用信息公开期限一般为6个月至3年，并不得低于相关行政处罚期限。具体公开期限由不良信用信息的认定部门确定。

第十一条　地方各级住房城乡建设主管部门应当通过省级建筑市场监管一体化工作平台办理信用信息变更，并及时推送至全国建筑市场监管公共服务平台。

第十二条　各级住房城乡建设主管部门应当充分利用全国建筑市场监管公共服务平台，建立完善建筑市场各方主体守信激励和失信惩戒机制。对信用好的，可根据实际情况在行政许可等方面实行优先办理、简化程序等激励措施；对存在严重失信行为的，作为“双随机、一公开”监管重点对象，加强事中事后监管，依法采取约束和惩戒措施。

第十三条　有关单位或个人应当依法使用信用信息，不得使用超过公开期限的不良信用信息对建筑市场各方主体进行失信惩戒，法律、法规或部门规章另有规定的，从其规定。

第四章　建筑市场主体“黑名单”

第十四条　县级以上住房城乡建设主管部门按照“谁处罚、谁列入”的原则，将存在下列情形的建筑市场各方主体，列入建筑市场主体“黑名单”：

（一）利用虚假材料、以欺骗手段取得企业资质的；

（二）发生转包、出借资质，受到行政处罚的；

（三）发生重大及以上工程质量安全事故，或1年内累计发生2次及以上较大工程质量安全事故，或发生性质恶劣、危害性严重、社会影响大的较大工程质量安全事故，受到行政处罚的；

（四）经法院判决或仲裁机构裁决，认定为拖欠工程款，且拒不履行生效法律文书确定的义务的。

各级住房城乡建设主管部门应当参照建筑市场主体“黑名单”，对被人力资源社会保障主管部门列入拖欠农民工工资“黑名单”的建筑市场各方主体加强监管。

第十五条　对被列入建筑市场主体“黑名单”的建筑市场各方主体，地方各级住房城乡建设主管部门应当通过省级建筑市场监管一体化工作平台向社会公布相关信息，包括单位名称、机构代码、个人姓名、证件号码、行政处罚决定、列入部门、管理期限等。

省级住房城乡建设主管部门应当通过省级建筑市场监管一体化工作平台，将建筑市场主体“黑名单”推送至全国建筑市场监管公共服务平台。

第十六条　建筑市场主体“黑名单”管理期限为自被列入名单之日起1年。建筑市场各方主体修复失信行为并且在管理期限内未再次发生符合列入建筑市场主体“黑名单”情形行为的，由原列入部门将其从“黑名单”移出。

第十七条　各级住房城乡建设主管部门应当将列入建筑市场主体“黑名单”和拖欠农民工工资“黑名单”的建筑市场各方主体作为重点监管对象，在市场准入、资质资格管理、招标投标等方面依法给予限制。

各级住房城乡建设主管部门不得将列入建筑市场主体“黑名单”的建筑市场各方主体作为评优表彰、政策试点和项目扶持对象。

第十八条　各级住房城乡建设主管部门可以将建筑市场主体“黑名单”通报有关部门，实施联合惩戒。

第五章　信用评价

第十九条　省级住房城乡建设主管部门可以结合本地实际情况，开展建筑市场信用评价工作。

鼓励第三方机构开展建筑市场信用评价。

第二十条　建筑市场信用评价主要包括企业综合实力、工程业绩、招标投标、合同履约、工程质量控制、安全生产、文明施工、建筑市场各方主体优良信用信息及不良信用信息等内容。

第二十一条 省级住房城乡建设主管部门应当按照公开、公平、公正的原则，制定建筑市场信用评价标准，不得设置歧视外地建筑市场各方主体的评价指标，不得对外地建筑市场各方主体设置信用壁垒。

鼓励设置建设单位对承包单位履约行为的评价指标。

第二十二条 地方各级住房城乡建设主管部门可以结合本地实际，在行政许可、招标投标、工程担保与保险、日常监管、政策扶持、评优表彰等工作中应用信用评价结果。

第二十三条 省级建筑市场监管一体化工作平台应当公开本地区建筑市场信用评价办法、评价标准及评价结果，接受社会监督。

第六章 监督管理

第二十四条 省级住房城乡建设主管部门应当指定专人或委托专门机构负责建筑市场各方主体的信用信息采集、公开和推送工作。

各级住房城乡建设主管部门应当加强建筑市场信用信息安全管理，建立建筑市场监管一体化工作平台安全监测预警和应急处理机制，保障信用信息安全。

第二十五条 住房城乡建设部建立建筑市场信用信息推送情况抽查和通报制度。定期核查省级住房城乡建设主管部门信用信息推送情况。对于应推送而未推送或未及时推送信用信息的，以及在建筑市场信用评价工作中设置信用壁垒的，住房城乡建设部将予以通报，并责令限期整改。

第二十六条 住房城乡建设主管部门工作人员在建筑市场信用管理工作中应当依法履职。对于推送虚假信用信息，故意瞒报信用信息，篡改信用评价结果的，应当依法追究主管部门及相关责任人责任。

第二十七条 地方各级住房城乡建设主管部门应当建立异议信用信息申诉与复核制度，公开异议信用信息处理部门和联系方式。建筑市场各方主体对信用信息及其变更、建筑市场主体“黑名单”等存在异议的，可以向认定该信用信息的住房城乡建设主管部门提出申诉，并提交相关证明材料。住房城乡建设主管部门应对异议信用信息进行核实，并及时作出处理。

第二十八条 建筑市场信用管理工作应当接受社会监督。任何单位和个人均可对建筑市场信用管理工作中违反法律、法规及本办法的行为，向住房城乡建设主管部门举报。

第七章 附 则

第二十九条 省级住房城乡建设主管部门可以根据本办法制定实施细则或管理办法。

园林绿化市场信用信息管理办法将另行制定。

第三十条 本办法自 2018 年 1 月 1 日起施行。原有关文件与本规定不一致的，按本规定执行。

关于做好《关于加强和规范守信联合激励和失信联合惩戒对象名单管理工作的指导意见》贯彻落实工作的通知

（发改办财金〔2018〕87 号，国家发展改革委办公厅 2018 年 1 月 19 日发布）

社会信用体系建设部际联席会议各成员单位办公厅（室），各省、自治区、直辖市和新疆生产建设兵团发展改革委，北京市、江苏省经济和信息化委，黑龙江省工商局：

为全面贯彻习近平新时代中国特色社会主义思想和党的十九大精神，落实党中央、国务院关于推进社会信用体系建设的决策部署，按照《国务院关于建立完善守信联合激励和失信联合惩戒制度加快推进社会诚信建设的指导意见》（国发〔2016〕33 号）要求，我委和人民银行联合印发了《关于加强和规范守信联合激励和失信联合惩戒对象名单管理工作的指导意见》（发改财金规〔2017〕1798 号，以下简称《指导意见》）。为贯彻落实好《指导意见》，加快完善守信联合激励和失信联合惩戒机制，现将有关事项通知如下。

一、抓紧制定红黑名单认定与监管实施意见

请社会信用体系建设部际联席会议（以下简称“联席会议”）成员单位按照市场监管、社会治理和公共服务职责，结合已签署和拟签署的信用联合奖惩备忘录，研究制定相应的红黑名单认定与监管实施意见，明确本部门主管（监管）领域统一的红黑名单认定标准（以下简称“标准”）。制定实施意见应按程序征求国家发展改革委意见，并通过部门门户网站、“信用中国”网站等渠道公开征求意见。

二、组织认定、发布和更新红黑名单

请联席会议成员单位组织指导县级以上相关主管（监管）部门按照标准认定并向社会发布红黑名单。根据工作需要，国家有关部门可授权全国性行业协会商会按照标准认定并向社会发布红黑名单。已签署联合惩戒备忘录的领域，应于 2018 年 3 月底前发布第一批红黑名单。尚未签署联合惩戒备忘录的领域，第一批红黑名单应与备忘录同步发布。

三、加快签署信用联合奖惩备忘录

请联席会议成员单位抓紧与其他有关部门和单位联合签署相关领域守信联合激励和失信联合惩戒合作备忘录，明确各部门（单位）、各领域对红黑名单的奖惩措施。对已出台的备忘录，应切实抓好落实，并根据工作需要及时更新调整奖惩措施。目前尚未签署联合奖惩备忘录的领域，相关主管（监管）部门应于 2018 年 6 月底前签署备忘录，并同步出台配套的实施意见。

四、切实做好红黑名单信息共享公开

各地区、各部门、各单位发布的红黑名单及相关主体退出名单的信息，应及时归集至全国信用信息共享平台，并按照有关规定在部门门户网站、“信用中国”网站等渠道向社会公开。国家公共信用信息中心要依托全国信用信息共享平台开展大数据分析，将在 3 个以上不同的重点领域被列入重点关注名单的主体转入“大数据警示名单”，通过“信用中国”网站向社会公众发出预警。重点关注名单主体在有效期内发生严重失信行为的，请有关部门（单位）按照黑名单认定标准，及时将其转入黑名单。

五、建立红黑名单信息内部处理机制

各地区、各部门、各单位要指定一名联络员负责在全国信用信息共享平台和“信用中国”网站下载各领域守信联合激励和失信联合惩戒对象名单信息，在本系统内及时共享，组织本系统有关部门对相关主体实施激励和惩戒，统计信用联合奖惩的成效。建立红黑名单信息内部异议处理机制，联络员将本系统内实施信用联合奖惩过程中产生的异议及时反馈名单的认定部门（单位）。请各地区、各部门、各单位将联络员姓名、职务和联系电话于 1 月 29 日前反馈国家发展改革委财金司。

六、推动联合奖惩措施落实落地

地方各级发展改革（社会信用体系建设牵头）部门要认真贯彻落实《国务院关于建立完善守信联合激励和失信联合惩戒制度加快推进社会诚信建设的指导意见》（国发〔2016〕33 号）、《国家发展改革委 人民银行关于加强和规范守信联合激励和失信联合惩戒对象名单管理工作的指导意见》（发改财金规〔2017〕1798 号），切实发挥好牵头组织协调作用，做好联合奖惩备忘录签署、红黑名单认定和发布、重点领域突出失信问题专项治理、信用奖

惩案例归集、失信主体信用修复等工作，把国家和地方信用联合奖惩措施落到实处。

七、认真做好联合奖惩案例归集和有序公示

地方各级发展改革（社会信用体系建设牵头）部门要依托信用信息共享平台，加强信用联合奖惩子系统建设，及时记录和统计联合奖惩效果并共享至全国信用信息共享平台。共享到全国信用信息共享平台的联合奖惩案例数量应不低于国家层面认定红黑名单数量的10%，并将典型案例在地方信用门户网站有序公示。每年通过省级媒体平台宣传报道的联合奖惩案例数量应不少于30个，并及时对本辖区内城市信用建设的优秀经验进行总结和推广。

八、引导失信主体纠正失信行为和开展信用修复

各地区、各部门、各单位应结合实际建立有利于失信主体自我纠错、主动自新的社会鼓励与关爱机制，支持有失信行为的个人通过志愿服务、社会公益服务等方式修复个人信用，信用修复与纠正失信行为、信用承诺、信用修复培训相结合。建立诚信教育培训长效机制，对“黑名单”企业法定代表人进行信用修复培训。

联系人及电话：余里彪 010-68502381

李德红 010-68502400，68502318（传真）

关于界定和激励公路水运工程建设领域守信典型企业有关事项的通知

（交办水〔2018〕11号，交通运输部办公厅2018年1月19日发布）

各省、自治区、直辖市、新疆生产建设兵团及计划单列市、经济特区交通运输厅（局、委），长江航务管理局，珠江航务管理局，中国水运建设行业协会，中国公路建设行业协会，中国交通建设监理协会：

根据《国务院关于印发社会信用体系建设规划纲要（2014—2020年）的通知》（国发〔2014〕21号）、《国务院关于建立完善守信联合激励和失信联合惩戒制度加快推进社会诚信建设的指导意见》（国发〔2016〕33号）等文件关于“褒扬诚信、惩戒失信”的总体要求，为进一步建立健全公路水运工程建设领域的诚信激励机制，经交通运输部同意，在现有公路水运工程建设领域信用评价管理的基础上，建立界定和激励公路水运工程建设领域守信典型企业制度。现就有关事项通知如下：

一、公路水运工程建设领域守信典型企业的界定

公路水运工程建设领域守信典型企业应同时满足下列三个条件：

（一）水运工程建设领域的，连续两年全国综合信用评价等级为AA级；公路工程建设领域的，连续三年全国综合信用评价等级为AA级或者连续两年全国综合信用评价等级为AA级且每年信用评价的省份数量不低于2个。

（二）近5年在公路水运工程建设领域内，无省级及以上交通运输主管部门的行政处罚等不良信用记录，且无严重不良行为记录（信用评价直接定为D级）。

（三）未列入其他领域的黑名单，主要指列入全国信用信息共享平台的其他领域失信企业名单。

二、交通运输领域的主要激励措施

在交通运输领域，我部及各省、市级交通运输主管部门在法律法规和自身职权范围内对公路水运工程建设领域守信典型企业采取的主要激励措施如下：

（一）在办理公路水运建设市场及工程建

设等行政审批过程中，优先或加快办理。

（二）在公路水运建设市场及工程建设等行政检查过程中，适度减少检查频次。

（三）在政府投资交通运输项目、政府和社会资本合作交通运输项目的招标或竞争性谈判过程中，给予降低保证金比例、提高工程预付款比例、信用奖励等优惠，同等条件优先考虑。

（四）在道路运输企业审验、确定经营范围、线路投标等方面给予一定优惠措施。

（五）对守信典型企业给予重点支持，出台优惠政策、便利化服务措施时，优先选择试点。

（六）优先推荐公路水运交通优质工程奖等国家和地方相关奖项，将守信典型企业的信用状况作为各部门在本行业、本领域内颁发荣誉证书、嘉奖和表彰等荣誉性称号的重要参考，优先给予奖励和表彰。

（七）在“信用交通”网站及主流媒体上公布和宣传守信典型企业守信状况，进一步增强社会影响力。

（八）支持地方交通运输主管部门在本行业、本领域内采取更多的激励措施。

（九）在企业投资的交通运输工程建设项目招投标、工程发包和市场交易中，鼓励招标人和项目单位给予投标、履约、质量保证金减免、提高工程预付款比例、信用奖励等优惠，同等条件优先考虑。

（十）鼓励铁路、公路、水路、民航等运输服务企业给予一定便利和优惠措施。

三、公路水运工程建设领域守信典型企业目录的定期发布

（一）公路水运工程建设领域守信典型企业目录每两年发布一次，有效期为两年。我部对公路水运工程建设领域守信典型企业目录进行公示、公告，公示期不少于10日。

（二）我部在“信用中国”网站、“信用交通”网站、中国交通报等媒体及时公布公路水运工程建设领域守信典型企业目录，并向全国信用信息共享平台提供公路水运工程建设领域守信典型企业目录。

（三）各省、市级交通运输主管部门通过信用管理系统等媒介及时转载公路水运工程建设领域守信典型企业目录。

四、公路水运工程建设领域守信典型企业的动态管理

我部及各省、市级交通运输主管部门持续监测公路水运工程建设领域守信典型企业的诚信守法情况，一经发现其不再满足界定条件的，取消其守信典型企业资格，及时停止相应的激励措施，并通过全国信用信息共享平台及时更新相关信用信息。

社会组织信用信息管理办法

（民政部令2018年第60号，民政部2018年1月24日发布）

《社会组织信用信息管理办法》已经2018年1月12日民政部部务会议通过，现予公布，自公布之日起施行。

社会组织信用信息管理办法

第一条　为加强社会组织信用信息管理，推进社会组织信用体系建设，促进社会组织健康有序发展，依据有关法律法规和国家有关规定，制定本办法。

第二条　本办法适用于社会组织登记管理机关（以下简称登记管理机关）在依法履行职

责过程中形成或者获取的与社会组织信用状况有关信息的管理。

政府其他有关部门以及司法机关在履行职责过程中形成的与社会组织信用状况有关的信息，依法依规纳入社会组织信用信息进行管理。

第三条 国务院民政部门指导全国社会组织信用信息管理工作。

国务院民政部门和县级以上地方各级人民政府民政部门负责在本机关登记的社会组织信用信息管理工作。

第四条 社会组织信用信息的管理应当遵循依法公开、统一管理、分级负责、信息共享、动态更新的原则。

第五条 登记管理机关开展社会组织信用信息管理工作，应当依法保守国家秘密、商业秘密和个人隐私。

第六条 社会组织信用信息包括基础信息、年报信息、行政检查信息、行政处罚信息和其他信息。

第七条 基础信息是指反映社会组织登记、核准和备案等事项的信息。

年报信息是指社会组织依法履行年度工作报告义务并向社会公开的信息。

行政检查信息是指登记管理机关及政府有关部门对社会组织开展监督检查形成的结论性信息。

行政处罚信息是指社会组织受到的行政处罚种类、处罚结果、违法事实、处罚依据、处罚时间、作出行政处罚的部门等信息。

其他信息是指社会组织评估等级及有效期限、获得的政府有关部门的表彰奖励、承接政府购买服务或者委托事项、公开募捐资格、公益性捐赠税前扣除资格等与社会组织信用有关的信息。

第八条 登记管理机关应当在信息形成或者获取后5个工作日内将应予记录的社会组织信用信息采集录入到社会组织信息管理系统。尚未建立社会组织信息管理系统的登记管理机关，应当采取适当方式及时采集、记录相关信息。

登记管理机关应当加强对信用信息的管理和维护，保证信息安全。

第九条 登记管理机关依据社会组织未依法履行义务或者存在违法违规行为的有关信用信息，建立社会组织活动异常名录和严重违法失信名单制度。

第十条 因非行政处罚事项被列入活动异常名录或者严重违法失信名单的社会组织，登记管理机关在作出决定前，应当向社会组织书面告知列入的事实、理由、依据及其依法享有的权利。通过登记的住所无法取得联系的，可以通过互联网公告告知。

社会组织对被列入活动异常名录或者严重违法失信名单有异议的，可以在收到告知书之日起10个工作日内向登记管理机关提出书面陈述申辩意见并提交相关证明材料。通过公告方式告知的，社会组织自公告之日起30日内未提交陈述申辩意见的，视为无异议。

登记管理机关应当自收到陈述申辩意见之日起10个工作日内进行核实，作出是否列入活动异常名录或者严重违法失信名单的决定，并书面告知申请人。

第十一条 登记管理机关应当将有下列情形之一的社会组织列入活动异常名录：

（一）未按照规定时限和要求向登记管理机关报送年度工作报告的；

（二）未按照有关规定设立党组织的；

（三）登记管理机关在抽查和其他监督检查中发现问题，发放整改文书要求限期整改，社会组织未按期完成整改的；

（四）具有公开募捐资格的慈善组织，存在《慈善组织公开募捐管理办法》第二十一条规定情形的；

（五）受到警告或者不满5万元罚款处罚的；

（六）通过登记的住所无法与社会组织取得联系的；

（七）法律、行政法规规定应当列入的其他情形。

登记管理机关在依法履职过程中通过邮寄专用信函向社会组织登记的住所两次邮寄无人签收的，视作通过登记的住所无法与社会组织取得联系。两次邮寄间隔时间不得少于15日，不得超过30日。

第十二条 社会组织存在第十一条所列情

形，但由业务主管单位或者其他有关部门书面证明该社会组织对此不负直接责任的，可以不列入活动异常名录。

第十三条　社会组织在被列入活动异常名录期间，再次出现应当列入活动异常名录情形的，列入时限重新计算。

第十四条　被列入活动异常名录的社会组织按照规定履行相关义务或者完成整改要求的，可以向登记管理机关申请移出活动异常名录，登记管理机关应当自查实之日起5个工作日内将其移出活动异常名录；如不存在应当整改或者履行相关义务情形的，自列入活动异常名录之日起满6个月后，由登记管理机关将其移出活动异常名录。

第十五条　登记管理机关应当将有下列情形之一的社会组织列入严重违法失信名单：

（一）被列入活动异常名录满2年的；

（二）弄虚作假办理变更登记，被撤销变更登记的；

（三）受到限期停止活动行政处罚的；

（四）受到5万元以上罚款处罚的；

（五）三年内两次以上受到警告或者不满5万元罚款处罚的；

（六）被司法机关纳入“失信被执行人”名单的；

（七）被登记管理机关作出吊销登记证书、撤销成（设）立登记决定的；

（八）法律、行政法规规定应当列入的其他情形。

第十六条　社会组织在被列入严重违法失信名单期间，出现应当列入活动异常名录或者严重违法失信名单情形的，列入时限重新计算。

第十七条　依照本办法第十五条第（一）项被列入严重违法失信名单的社会组织，登记管理机关应当自列入之日起，将其移出活动异常名录；自被列入严重违法失信名单之日起满2年，且按照规定履行相关义务或者完成整改要求的，可以向登记管理机关提出移出申请，登记管理机关应当自查实之日起5个工作日内将其移出严重违法失信名单。

依照本办法第十五条第（二）项至第（六）项规定被列入严重违法失信名单的社会组织，自被列入严重违法失信名单之日起满2年，可以向登记管理机关提出移出申请，登记管理机关应当自查实之日起5个工作日内将其移出严重违法失信名单。

依照本办法第十五条第（七）项规定被列入严重违法失信名单的，登记管理机关应当自该组织完成注销登记之日起5个工作日内将其移出严重违法失信名单。

第十八条　列入严重违法失信名单所依据的行政处罚决定、撤销登记决定或者“失信被执行人”名单被依法撤销或者删除的，社会组织可以向登记管理机关提出移出申请，登记管理机关应当自查实之日起5个工作日内将其移出严重违法失信名单。

第十九条　社会组织的信用信息、活动异常名录和严重违法失信名单应当向社会公开。登记管理机关通过互联网向社会提供查询渠道。

第二十条　社会组织对自身信用信息、活动异常名录和严重违法失信名单有异议的，可以向负责的登记管理机关提出书面申请并提交相关证明材料。登记管理机关应当在30个工作日内进行核实，发现存在错误的，应当自核实之日起5个工作日内予以更正；经核实后作出不予更改决定的，应当书面告知申请人并说明理由。

第二十一条　各级登记管理机关根据国家和本行政区域内信用体系建设的相关规定，通过全国信用信息共享平台向有关部门提供社会组织信用信息，实现部门信息共享。

第二十二条　各级登记管理机关协调配合相关部门，在各自职权范围内，依据社会组织信用信息采取相应的激励和惩戒措施，重点推进对失信社会组织的联合惩戒。

第二十三条　对信用良好的社会组织，登记管理机关可以采取或者建议有关部门依法采取下列激励措施：

（一）优先承接政府授权和委托事项；

（二）优先获得政府购买社会组织服务项目；

（三）优先获得资金资助和政策扶持；

（四）优先推荐获得相关表彰和奖励等；

（五）实施已签署联合激励备忘录中各项

激励措施。

第二十四条 对被列入严重违法失信名单的社会组织，登记管理机关可以采取或者建议有关部门依法采取下列惩戒措施：

（一）列入重点监督管理对象；

（二）不给予资金资助；

（三）不向该社会组织购买服务；

（四）不授予相关荣誉称号；

（五）作为取消或者降低社会组织评估等级的重要参考；

（六）实施已签署联合惩戒备忘录中各项惩戒措施。

第二十五条 登记管理机关工作人员在开展社会组织信用信息管理工作中滥用职权、徇私舞弊、玩忽职守的，视其情节轻重给予批评教育或者行政处分；构成犯罪的，依法追究其刑事责任。

第二十六条 本办法自发布之日起施行。

关于加强和规范涉电力领域失信联合惩戒对象名单管理工作的实施意见

（发改运行规〔2018〕233号，国家发展改革委、国家能源局2018年2月3日发布）

各省、自治区、直辖市和新疆生产建设兵团发展改革委、经信委（工信委、工信厅）、能源局，国家能源局各派出能源监管机构，中国电力企业联合会，中国核工业集团有限公司、国家电网有限公司、中国南方电网有限责任公司，中国华能集团有限公司、中国大唐集团有限公司、中国华电集团有限公司、国家电力投资集团有限公司、中国长江三峡集团有限公司、国家能源投资集团有限责任公司、国家开发投资集团有限公司、华润集团有限公司、中国广核集团有限公司：

为贯彻落实党的十九大精神，加强诚信体系建设，根据《中共中央 国务院关于进一步深化电力体制改革的若干意见》（中发〔2015〕9号）、《国务院关于印发社会信用体系建设规划纲要（2014—2020年）的通知》（国发〔2014〕21号）、《国务院关于建立完善守信联合激励和失信联合惩戒制度加快推进社会诚信建设的指导意见》（国发〔2016〕33号）、《国家发展改革委 人民银行关于加强和规范守信联合激励和失信联合惩戒对象名单管理工作的指导意见》（发改财金规〔2017〕1798号）的相关要求及规定，加强对涉电力领域市场主体的信用监管，建立失信联合惩戒对象名单（以下简称“黑名单”）制度，完善违法失信惩戒的联动机制，促进行业健康发展，现提出如下实施意见。

一、总体要求

（一）政府主管部门及行业监管部门对存在严重违反电力法律、法规、规章等严重失信行为的涉电力领域市场主体，依法依规列入“黑名单”，并向社会公布，实施信用约束、联合惩戒。市场主体存在违法失信行为且情节较轻的，可先纳入诚信状况重点关注对象名单（以下简称“重点关注名单”）。

（二）国家发展改革委、国家能源局负责对全国涉电力领域“黑名单”管理工作进行指导和协调，县级以上行业主管部门、相关监管部门根据职能负责本地区“黑名单”管理工作。

（三）坚持“谁认定、谁负责”的原则，认定“黑名单”的部门和单位负责“黑名单”的公布、信用修复、异议处理、退出等工作。

（四）认定为涉电力领域“黑名单”市场主体的相关信息应纳入全国信用信息共享平台，按照《关于对电力行业严重违法失信市场主体及其有关人员实施联合惩戒的合作备忘录》等有关规定，实施联合惩戒。

二、认定标准

（五）涉电力领域市场主体包括发电企业、售电企业、参与电力市场交易的电力用户、电网企业、电力建设、施工、监理、勘察、设计企业、电能服务企业、电力设备供应企业。

（六）涉电力领域市场主体存在下列情形之一的，应按照规定程序列入“黑名单”：

1. 未取得许可从事相关业务、涂改许可证、隐瞒有关情况或者以提供虚假申请材料等方式违法违规进入市场，未按要求及时变更注册信息和用户登记信息，且拒不整改；

2. 违反信用承诺且拒不整改；

3. 在其他领域因严重违法失信行为被列入相关“黑名单”；

4. 存在其他违法违规行为，受到行政处罚等法律处罚，情节严重或拒不整改。

（七）发电企业存在下列情形之一，情节严重或拒不整改的，应按照规定程序列入“黑名单”：

1. 未执行并网调度协议，未服从电力调度管理；

2. 经审核符合准入条件的企业自备电厂，未足额缴纳政府性基金及政策性交叉补贴；

3. 违反相关规定，建设电厂向用户直接供电的专用线路，以及与其参与投资的增量配电网络连接的专用线路。

（八）售电企业存在下列情形之一，情节严重或拒不整改的，应按照规定程序列入“黑名单”：

1. 超出准入条件规定的售电量范围开展售电业务；

2. 未承担保密义务，违规泄露用户信息。

（九）参与电力市场交易的电力用户存在下列情形之一，情节严重或拒不整改的，应按照规定程序列入“黑名单”：

1. 存在违约用电、窃电或者破坏电力设施行为；

2. 存在用电安全隐患等影响电力安全稳定运行或威胁人身安全的行为；

3. 以各种形式逃缴、拒缴和拖欠政府性基金或政策性交叉补贴。

（十）电网企业存在下列情形之一，情节严重或拒不整改的，应按照规定程序列入“黑名单”：

1. 未按国家有关规定和合同约定承担保底供电服务和普遍服务；

2. 未严格落实电网安全责任，供电质量未达到承诺标准；

3. 未做到对发电企业、电力用户及其他电网企业的无歧视公平接入；

4. 存在干预发电企业、售电公司、电力用户之间相互自主选择的行为。

（十一）电力建设、施工、监理、勘察、设计企业存在下列情形之一，情节严重或拒不整改的，应按照规定程序列入“黑名单”：

1. 转让、出租出借、借用挂靠、涂改、伪造许可资质（资格）证书或者以其他方式允许其他单位或者个人以本单位名义承揽工程；

2. 超越许可范围承揽工程；

3. 弄虚作假骗取中标、不正当手段承揽工程；

4. 将工程转包或者违法分包；

5. 存在重大安全、质量隐患，经督查不及时整改；

6. 未按核准文件确定的招标方式开展招标；

7. 发生因工程安全质量问题引发的较大安全责任事故；

8. 严重违反合同约定。

（十二）电能服务企业存在下列情形之一，情节严重或拒不整改的，应按照规定程序列入“黑名单”：

1. 提供的平台或产品问题给用户造成经济损失；

2. 拒不处理客户投诉；

3. 采用不正当手段竞争，扰乱市场秩序；

4. 骗取国家政府补贴。

（十三）电力设备供应企业存在下列情形之一，情节严重或拒不整改的，应按照规定程序列入“黑名单”：

1. 降低产品设计标准、偷工减料，或在生产制造过程中使用伪劣原材料、组部件以次充好；

2. 在施工（建筑、安装等）、调试或运行过程中，出现质量问题，发生安全事故或质量事故；

3. 不能安全稳定运行或技术、质量等性能指标与设计值出现重大偏差，且无法通过进一步调试和正常维护得到解决；

4. 存在商业行贿受贿行为，经营者为销

售或购买商品而采用财务或其他手段贿赂对方单位或个人。

（十四）涉电力领域市场主体在电力市场交易方面存在下列情形之一，情节严重或拒不整改的，应按照规定程序列入“黑名单”：

1. 无故未履行市场交易合同或具有法律效力的交易意向；

2. 未按时进行交易结算，拖欠电费；

3. 恶意串通、操纵市场或变相操纵市场；

4. 提供虚假信息，违规发布信息，或未按规定披露、提供信息；

5. 违反电力市场交易规则开展交易。

（十五）涉电力领域市场主体在电力规划设计、政策标准执行及项目合作、建设管理方面有下列情形之一，情节严重或拒不整改的，应按照规定程序列入“黑名单”：

1. 未按照规划总量进行产能布局、重复建设、开发利用效率低下、发展失衡，违反相关优选原则；

2. 选择性执行或变相、消极、错误执行国家有关能源政策；

3. 违反电力行业标准化工作有关强制性规定或执行国家强制性标准情况不达标；

4. 新建电力项目违法违规转让开展前期工作资格或核准文件；

5. 违法违规变更新建项目投资主体；

6. 需核准的电力项目未经核准先行开工建设，或者未按核准文件规定建设；

7. 电力项目存在超容量建设、停产整顿项目继续建设、为争取国家补贴指标而虚拟项目、以资源综合利用名义建设低效项目等情形。

（十六）涉电力领域市场主体在安全生产、应急管理和节能减排方面有下列情形之一，情节严重或拒不整改的，应按照规定程序列入“黑名单”：

1. 发生《生产安全事故报告和调查处理条例》所规定的重大生产安全事故，或一年内累计发生责任事故死亡10人（含）以上；

2. 发生《电力安全事故应急处置和调查处理条例》所规定的重大电力安全事故；

3. 重大安全生产隐患不及时整改或整改不到位；

4. 发生暴力抗法的行为，或未按时完成行政执法指令；

5. 发生事故隐瞒不报、谎报或迟报，故意破坏事故现场、毁灭有关证据；

6. 经监管执法部门认定严重威胁安全生产的其他行为；

7. 在电力、核电厂等领域未按国家要求有效落实应急管理责任；未建立电力应急指挥体系，未制定电力安全应急预案，不按规定开展应急演练；

8. 未按规定安装、运行环保设备，污染物排放不符合环保标准和规定，瞒报、伪造、篡改统计数据和相关备查资料；

9. 阻碍、抗拒依法实施的节能监管，情节严重或隐匿、拒不提供相关资料。

（十七）在许可监管中发现涉电力领域市场主体有下列情形之一，情节严重或拒不整改的，应按照规定程序列入“黑名单”：

1. 出租出借或借用挂靠许可资质；

2. 超出许可范围或者超过许可期限从事相关业务且限期未完成整改；

3. 不具备许可条件仍从事相关业务，未在规定期限内申请许可变更或注销且限期内未完成整改；

4. 未经批准，擅自停业、歇业。

（十八）市场主体具有相关失信行为，但尚未达到“黑名单”认定标准的，应按照规定程序列入重点关注名单，通过约谈、提醒、下达整改函等方式督促整改。

（十九）市场主体列入重点关注名单未能在整改期限完成整改并退出，或无明确整改期限的未能在3个月内完成整改并退出，或一年内3次或3次以上被列入重点关注名单，应按照规定程序列入“黑名单”。

三、认定与发布

（二十）县级以上行业主管部门、相关监管部门可按照认定标准，根据职能认定涉电力领域“黑名单”、重点关注名单。国家发展改革委、国家能源局可根据需要授权全国性行业协会商会，按照认定标准认定涉电力领域“黑名单”、重点关注名单。

（二十一）鼓励电力交易机构、行业协会

商会等各类单位和公民个人积极支持和配合认定工作，向认定部门（单位）提供市场主体的失信行为信息。认定部门（单位）应积极委托大数据企业开展大数据监管，将大数据分析结果作为认定“黑名单”的重要参考依据。

（二十二）认定部门（单位）应按照以下程序认定“黑名单”：

1. 正式告知拟列入“黑名单”的市场主体列入事由和列入依据，允许其在10个工作日内提交有关申辩材料；

2. 组成相关政府部门、社会组织及行业专家参加的小组，根据各方提供的材料进行审查，提出市场主体是否列入“黑名单”的认定意见书；

3. 县级以上行业主管部门、相关监管部门认定的“黑名单”直接生效；授权的全国性行业协会商会认定的“黑名单”，需经相应信用建设牵头部门或能源监管部门审核后生效；

4. 完成认定后，认定部门（单位）应向列入“黑名单”的市场主体下达认定决定函。

（二十三）建立全国涉电力领域“黑名单”信息管理系统，各认定部门（单位）认定的“黑名单”均统一纳入信息管理系统。市场主体被列入“黑名单”后，认定部门（单位）应于列入当日将有关信息录入“黑名单”信息管理系统。录入信息主要内容包括：一是基本信息，包括法人和其他组织名称（或自然人姓名）、统一社会信用代码、全球法人机构识别编码（LEI码）（或公民身份证号码、港澳台居民的公民社会信用代码、外国籍人身份号码）、法定代表人（或单位负责人）姓名及其身份证件类型和号码等；二是列入名单的事由，包括认定违法失信行为的事实、认定部门（单位）、认定依据、认定日期、有效期等；三是市场主体受到联合奖惩、信用修复、退出名单的相关情况。

（二十四）涉电力领域“黑名单”信息管理系统应主动将相关信息共享至全国信用信息共享平台，供各级国家机关、法律法规授权具有管理公共事务职能的组织共享使用。

（二十五）认定生效的“黑名单”，由认定部门（单位）通过其门户网站、地方政府信用网站、“信用中国”网站、电力交易机构网站等向社会公众发布。对于涉及企业商业秘密和个人隐私的信息，发布前应进行必要的技术处理。

（二十六）认定部门（单位）对列入重点关注名单的市场主体，应制定有关标准和程序，录入“黑名单”信息管理系统，共享至全国信用信息共享平台。

四、名单退出与权益保护

（二十七）已被列入“黑名单”的市场主体，符合以下条件的，经认定部门（单位）确认，可以退出“黑名单”：

1. 市场主体自被列入“黑名单”之日起满3年，未再发生严重违法失信行为；

2. 市场主体被列入“黑名单”的主要事实依据被撤销；

3.“黑名单”认定标准发生改变，不符合新认定标准；

4 按照有关规定和标准完成自主信用修复，经认定部门（单位）审核同意；

5. 经异议处理，“黑名单”认定有误。

（二十八）市场主体退出“黑名单”后，认定部门（单位）应及时通过原发布渠道发布名单退出公告，并将其列入重点关注名单。对于认定有误的“黑名单”，不列入重点关注名单。

（二十九）认定部门（单位）应建立市场主体自主信用修复机制，在下达“黑名单”认定决定函时结合失信行为的严重程度，明确市场主体能否修复信用以及修复的方式和期限。可通过履行相关义务纠正失信行为的“黑名单”市场主体，可在履行相关义务后，向认定部门（单位）提交相关材料申请退出。

（三十）认定部门（单位）应建立“黑名单”异议处理机制，明确异议受理渠道、办理流程和时限。有关单位和个人对被列入“黑名单”有异议的，可向认定部门（单位）提交异议申请并提供证明材料。认定部门（单位）应严格按时限反馈是否受理的意见，受理后要按时限反馈处理结果。当事人对反馈结果仍有异议的，可依法申请复议。

（三十一）认定部门（单位）自主发现的，或接到相关部门、单位、个人反映、投诉的名单信息不准确情况，要及时进行核实。确因认定部门（单位）工作失误导致有关单位和个人被误列入“黑名单”的，认定部门（单位）应及时更正当事人的诚信记录，向当事人书面道歉并进行澄清，恢复其名誉。导致当事人权益受损的，依法给予赔偿。

五、保障措施

（三十二）国家发展改革委、国家能源局负责指导监督全国涉电力领域“黑名单”管理工作，各认定部门（单位）按照国家统一规定开展“黑名单”认定工作。

（三十三）国家发展改革委、国家能源局负责建设和管理全国涉电力领域“黑名单”信息管理系统，建立健全并严格执行保障信息安全的规章制度并做好落实。各认定部门（单位）要严格按照规定录入、查询、维护和使用信息，确保信息真实，严防信息泄露。

（三十四）对“黑名单”认定过程中出现的违法违规行为，各认定部门（单位）应当及时予以纠正。各认定部门（单位）及其相关工作人员在“黑名单”认定相关工作过程中存在滥用职权、玩忽职守、徇私舞弊、因故意或工作失误泄露不公开信息等行为的，由所在单位或上级主管部门视情节轻重对直接责任人和其他负有责任的主管人员依法依规予以处理；对市场主体造成损失的，依法承担相应责任；构成犯罪的，移送司法机关依法追究刑事责任。

（三十五）省级行业主管部门和相关监管部门在管辖区域内可根据本实施意见，制定涉电力领域失信联合惩戒对象名单管理实施细则。经授权的全国性行业协会商会可根据本实施意见，制定本协会商会内部的管理实施细则。

（三十六）行业协会商会、电力交易机构、大数据企业等在配合政府部门开展“黑名单”管理工作中要注重加强自身信用建设，坚持公平公正、实事求是。

本文件自发布之日起试行，有效期至2020年12月31日。

附件：中国电力企业联合会关于涉电力领域会员单位失信联合惩戒对象及重点关注名单管理实施细则

附件

中国电力企业联合会关于涉电力领域会员单位失信联合惩戒对象及重点关注名单管理实施细则

第一章　总　　则

第一条　为全面贯彻落实党的十九大精神，促进电力行业市场主体守法经营和诚信自律，根据中共中央、国务院《关于进一步深化电力行业体制改革的若干意见》（中发〔2015〕9号文）、国务院《社会信用体系建设规划纲要（2014—2020年）》（国发〔2014〕21号）、《关于建立完善守信联合激励和失信联合惩戒制度加快推进社会诚信建设的指导意见》（国发〔2016〕33号）及《关于加强和规范守信联合激励和失信联合惩戒对象名单管理工作的指导意见》（国发财金规〔2017〕1798号）等有关规定，依照国家发展改革委《关于加强和规范涉电力领域失信联合惩戒对象名单管理工作的实施意见》（以下简称“实施意见”），结合电力行业特点，制定本实施细则。

第二条　本细则所称“黑名单”与“重点关注名单”，是指电力行业市场主体因违反法律法规、不履行法定义务、违背社会道德、协议和承诺等严重失信行为，被政府主管部门、行业监管部门、公共事务管理职能的组织、行业协会做出认定，列入相关名单，并在一定范围内公布，实施信用约束与联合惩戒。市场主体存在严重失信行为将被列入失信“黑名单”，存在一般失信行为将被列入失信重点关注对象名单（以下简称“重点关注名单”）。

第三条　中国电力企业联合会（以下简称“中电联”）在国家发展改革委、国家能源局的指导下，制定电力行业市场主体“重点关注名单”的认定标准；依照国家发展改革委“黑名单”认定标准，筛选、核实、审定、发布及跟踪管理“黑名单”；在行业协会职责范围内督促“重点关注名单”单位进行整改，协助政府对“黑名单”单位实施联合惩戒。

第四条　本细则适用于中国电力企业联合会理事长、副理事长、会员单位及有关单位。已签署《信用电力自律公约》的非会员单位也适用于本细则。

第二章　实施主体

第五条　中电联电力行业信用体系建设领导小组（以下简称“领导小组”）组织领导涉电力领域会员单位失信联合惩戒对象及重点关注名单的管理工作。领导小组下设监督审核委员会（以下简称“监审委”）和电力行业信用体系建设办公室（以下简称“中电联信用办”）。

第六条　领导小组的主要职责是研究决定涉电力领域会员单位失信“黑名单”与“重点关注名单”管理的重大事项。

第七条　监审委负责“黑名单”与“重点关注名单”管理的监督工作，具体承担以下职责：

（一）组织召开监审委会议，对中电联信用办提交的“黑名单”与“重点关注名单”的初步建议名单进行审核；

（二）负责对“黑名单”异议申诉调查结果和移出名单意见的审核；

（三）负责对“黑名单”认定过程中发生的违纪违规行为进行监督、处理。

第八条　中电联信用办具体承担“黑名单”与“重点关注名单”的管理工作，具体承担以下职责：

（一）归集司法、工商、质检、金融、税务、能源、环保、安监、海关等国家部门对电力行业市场主体处罚的失信行为的信息；

（二）接受社会对电力行业市场主体失信行为的投诉举报，并组织安排核实；

（三）依照国家发展改革委“实施意见”中的认定标准，提出列入“黑名单”初步建议，报送领导小组审定，经领导小组审定后，报送国家有关部门认定和备案；

（四）负责将政府有关部门及领导小组的审议决定通知领导小组成员单位、会员单位、分支机构及有关单位；

（五）将认定的“黑名单”向“信用中国”、“信用能源”网站推送，并在“信用电力”网站发布；

（六）负责汇总“黑名单”异议申诉及相关证据材料；

（七）在协会职责范围内督促“重点关注名单”整改，协助有关政府部门对“黑名单”实施联合惩戒。

第九条　领导小组成员单位履行以下职责：

（一）负责监测本单位及所属企业的信用情况，核实失信行为，收集相关证据材料；

（二）对所属企业发生的一般失信行为采取警戒措施，负责督促整改；

（三）配合政府部门执行对所属企业发生的严重失信行为的整改与惩戒；

（四）对列入“重点关注名单”的所属企业与年度综合业绩考核挂钩；

（五）汇总所属企业报送的侵犯本单位利益的涉电力企业的失信行为信息并上报中电联信用办。

第十条　中电联信用办分支机构履行以下职责：

（一）负责监测本区域内电力行业市场主体信用情况，核实失信行为，收集相关证据材料；

（二）及时向中电联信用办报送本区域电力行业市场主体的失信行为及相关证据材料；

（三）督促本区域内“重点关注名单”中的非领导小组成员单位进行整改。

第三章　认定标准

第十一条　“黑名单”认定标准执行国家发展改革委发布的“实施意见”。中电联对电力行业市场主体发生的严重失信行为依据其认定标准进行“黑名单”的初步认定。

第十二条　“重点关注名单”中的市场主体发生严重失信行为的，按照“黑名单”认定标准，直接转入“黑名单”。

第十三条　“重点关注名单”中的市场主体经督促警示后仍不整改的，视其失信行为程度，转入“黑名单”。

第十四条 中电联重在建立电力行业信用风险预警机制，对电力行业可能发生的信用风险加强防范，重点监测电力行业市场主体近三年内发生的失信行为。失信行为经查证达到以下通用或专业认定标准中的任意一条，将列入“重点关注名单”。

第十五条 通用认定标准如下：

（一）企业无正当理由，未严格履行合同或服务承诺；

（二）未及时披露信息，或违规发布信息；

（三）企业信用等级 BB 级（含）以下，C 级以上；

（四）企业环境保护信用评价为黄牌；

（五）受到能源、环保、司法、金融、工商、税务、质检、安监、海关等部门处罚后未按照整改意见及时整改的；

（六）行政机关或有关组织依法实施监督检查时，拒绝提供有关材料或者提供的材料不真实、不完整以及转移、隐匿相关证据的；

（七）被行政部门认定拖欠或欠缴劳动者工资福利、社会保险的；

（八）司法机关或行政机关在强制执行过程中，被执行人因履行能力不足而无法履行法定义务或有履行能力但延迟履行或部分履行法定义务的；

（九）发生各级国家机关依法认定为一般失信行为的；

（十）未通过各级国家机关依法进行的专项检查、周期性检验的；

（十一）严重拖欠合同款不予以结算的；

（十二）借用资质，虚报业绩，以不正当竞争手段扰乱市场秩序的；

（十三）在招投标过程中，恶意压低投标价格，投标报价低于行业最低限价幅度的；

（十四）侵犯他人知识产权，经行政主管部门行政处理、法院判决或仲裁机构仲裁的一般侵权行为；

（十五）发生新闻媒体负面曝光的；

（十六）违反行业自律和约规行为的。

第十六条 专业认定标准如下：

（一）发电企业

1. 未严格履行电煤合同、购售电合同、供热供汽合同、设备物资采购等合同，并被客户投诉的；

2. 发生一般生产安全责任事故的；

3. 企业无正当理由，不履行国家节能和碳减排责任的；

4. 未按要求投运脱硫、脱硝等环保设备导致污染物排放超标的；

5. 未严格执行调度命令，但未造成严重后果的。

（二）电网企业

1. 未能保证供电质量或未事先通知用户中断供电，给用户造成经济损失的；

2. 未严格履行购售电合同、设备物资采购等合同，并被客户投诉的；

3. 发生一般生产安全责任事故的；

4. 调度中心未严格按照“公开、公平、公正”调度原则进行调度的。

（三）售电公司

1. 未严格履行购售电合同、服务协议，给用户造成一定影响和经济损失，并被客户投诉的；

2. 未提供真实信息，有虚假注册、信用备案行为的；

3. 存在从业人员资格证书挪用、借用行为的。

（四）电力建设企业

1. 存在接受转包、违法分包和用他人名义承揽工程行为的；

2. 拖欠合同款、农民工工资的；

3. 未严格按照工程设计图纸、施工技术标准施工；施工中发生偷工减料、使用不合格材料、构配件和设备行为的；

4. 发生一般工程质量责任事故或一般生产安全责任事故的。

（五）电力设计企业

1. 出现设计缺陷，给客户造成经济损失的；

2. 未按合同规定期限完成图纸设计，但未对整体工期造成影响的；

3. 因自身利益考虑，设计图纸上技术参数倾向某家供应商产品的。

（六）电力监理、调试企业

1. 提供的服务未达到合同约定的标准，并被投诉的；

2. 因服务质量问题，给客户造成一定经

济损失的。

（七）电力用户

1. 未严格履行购售电合同，给电网或售电公司造成一定经济损失的；

2. 发现有违约用电行为的；

3. 一年内发生2次及以上经催交仍未按时交费的行为。

（八）电能服务企业

1. 向电力用户提供的服务未达到合同约定的服务标准，并被用户投诉的；

2. 不认真对待投诉或对投诉处理不力，造成一定影响的。

（九）电力设备供应企业：

1. 供应的产品在质量抽检中主要技术参数不合格的；

2. 拒绝业主单位监督检查，或者提供虚假情况逃避监督行为的；

3. 供应商服务未达到合同约定的服务标准，并被客户投诉的。

第四章　“黑名单”惩戒措施

第十七条　对列入“黑名单”的电力行业市场主体，中电联依照国家发展改革委《关于对电力行业严重违法失信市场主体及其有关人员实施联合惩戒的合作备忘录》，对列入失信“黑名单”的电力行业市场主体及有责任的法定代表人、自然人、股东、其他相关人员，配合协助国家有关部门采取联合惩戒措施。

第十八条　除配合协助国家有关部门实施惩戒外，中电联会同领导小组各成员单位在电力行业内部实施以下联合惩戒措施：

（一）将“黑名单”企业信息推送至“信用中国”、“信用能源”等网站；通过“信用电力”网站与信息平台、“信用电力”微信公众号、中电联官方网站等媒体向社会公布“黑名单”；

（二）在电力市场交易中，对其已签订的重大交易合同进行重点跟踪、监督、审查；

（三）在领导小组成员单位的合格供应商名录中移除；

（四）领导小组成员单位对被列入“黑名单”的所属企业在绩效考核时予以经济惩罚；

（五）对列入“黑名单”的企业，按照原授予程序撤销当年获得的与信用有关的奖项；

（六）取消“黑名单”企业法定代表人评优评先资格，已获得荣誉称号的，视情况予以撤销。

第五章　风险预警及警戒措施

第十九条　“重点关注名单”是电力行业采取信用风险预警的一种重要手段，风险预警及警戒措施实施单位包括中电联信用办、领导小组成员单位及信用办分支机构。

第二十条　列入“重点关注名单”的企业作为重点监视对象，由风险预警及警戒措施实施单位通过约谈、提醒、下达整改函等方式进行督促整改。

第二十一条　对接到投诉、举报或反映有轻微失信行为但未达到“重点关注名单”认定标准的市场主体，由风险预警及警戒措施实施单位对其实施以下风险预警措施：

（一）谈话提醒：当面或通过电话方式提醒失信单位涉嫌失信行为事实，让其作出说明，督促其及时防范风险或者纠正失信行为；

（二）书面警示：以书面形式，向失信单位告知失信行为事实及风险状况，以提示、关注等方式督促其及时防范风险或者纠正失信行为；

（三）督促整改：风险预警及警戒措施实施单位要求失信单位在规定期限内按照规定要求进行整改。

第二十二条　风险预警对象属于领导小组成员单位的，由各成员单位实施风险预警措施；不属于领导小组成员单位的，由中电联信用办及分支机构实施风险预警措施。

第二十三条　风险预警及警戒措施实施单位对信用提醒、警示、督促整改等情况进行登记，详细记载提醒和约谈的对象、时间、方式和内容。

第二十四条　市场主体在被风险预警后，无故不纠正相关失信行为或者无故不参加约谈、约谈事项不落实，经督促后仍不履行的，视其失信行为上升为“重点关注名单”。

第二十五条　被列入“重点关注名单”的，由风险预警及警戒措施实施单位对其实施以下警戒措施：

（一）“重点关注名单”在领导小组成员单位内部分层、分类定期进行通告，不向社会公众公示；

（二）纳入“信用电力”网站与信息平台进行重点监测管理，列为重点监控和监管对象，提高监督检查频次；

（三）领导小组成员单位及其所属企业在招投标等活动中对列入“重点关注名单”的企业予以重点审查；

（四）在参加文明单位、优秀企业、慈善类等奖项评选时进行重点考察；

（五）在参加中国电力创新奖、电力企业优秀文化成果评审奖、标准化良好行为企业确认、两化融合管理体系试点企业评定、三标管理体系认证、全国发电机组能效对标及竞赛等行业类评选或活动中予以重点审查；

（六）列入“重点关注名单”的企业需接受信用等级评价。

第六章　认定程序

第二十六条　电力行业市场主体失信“重点关注名单”与“黑名单”认定程序：

（一）中电联通过信用信息采集、信用评价、大数据分析等渠道归集电力行业市场主体失信行为；

（二）任何单位和个人均可向中电联信用办检举任一企业的失信行为，并提供相应证据材料；

（三）中电联信用办对接到举报与归集到的失信行为按照以下方式进行核实：

自办——对接到投诉举报的问题线索，中电联信用办直接进行调查核实；

转办——投诉对象为领导小组成员单位所属企业的，转交领导小组成员单位进行调查核实；

交办——投诉对象为非领导小组会员单位的，交由被投诉企业所在地的中电联信用办分支机构调查核实；

（四）根据核实情况，按照认定标准，由中电联信用办汇总提出“重点关注名单”和“黑名单”的初步建议名单；

（五）对列入“重点关注名单”的市场主体不对社会公示，由风险预警及警戒措施实施单位向其通报，对其进行警戒，并督促整改；

（六）对拟列入“黑名单”的市场主体告知其列入事由和列入依据，允许其在10个工作日内提供有关申辩材料；

（七）监审委根据中电联信用办提供的材料进行审核，提出市场主体是否列入“黑名单”的意见；

（八）通过领导小组审定，形成拟发布的“黑名单”；

（九）对拟发布的“黑名单”报行业主管部门（国家发改委、国家能源局）认定和备案；

（十）被国家有关行政部门列入失信“黑名单”的将不再经过认定程序，直接列入失信“黑名单”。

第七章　信用信息归集和报送

第二十七条　信用信息的归集途径：

（一）领导小组成员单位报送的侵犯本单位及所属企业利益的涉电力企业的失信行为信息；

（二）单位和个人投诉或检举的电力行业市场主体失信行为信息；

（三）从政府有关部门获取的企业因失信被处罚的信息；

（四）通过网络途径获取的失信行为信息；

（五）其他法律法规许可的途径。

第二十八条　采集方式：

（一）通过各方渠道采集已被合法公开的信息，包括司法、工商、质检、金融、税务、能源、环保、安监、海关等信用信息；

（二）通过信用等级评价采集有关信用信息；

（三）通过与有关机构或个人约定的方式采集有关的信用信息；

（四）通过其他合法方式采集有关信用信息。

第二十九条　信息报送：中电联信用办将拟认定的名单和相关信息报送国家发展改革

委、国家能源局，同时在认定之日起10个工作日内推送至“信用中国”、“信用能源”等信用信息共享平台，实施动态管理。

第八章　名单录入与公示

第三十条　“黑名单”统一纳入“信用电力”等网站与信息平台。主要内容包括：

（一）基本信息：包括法人和其他组织名称（或自然人姓名）、统一社会信用代码、全球法人机构识别编码（LEI码）（或公民身份证号码、港澳台居民的公民社会信用代码、外国籍人身份号码）、法定代表人（或单位负责人）姓名及其身份证件类型和号码等；

（二）列入事由：包括认定违法失信行为的事实、认定部门（单位）、认定依据、认定日期、有效期等；

（三）市场主体受到联合奖惩、信用修复、退出名单的相关情况。

第三十一条　中电联定期汇总“黑名单”信息，报送至国家有关部门审定、备案，推送至“信用中国”、“信用能源”等网站，并在“信用电力”网站进行公示。

第三十二条　“黑名单”公示信息包括以下内容：

（一）市场主体名称、统一社会信用代码；

（二）认定事由，认定机构，认定时间；

（三）有效期限；

（四）其他法律法规许可范围内的事项。

第三十三条　客观、准确、公正的公示名单信息，对于涉及企业商业秘密和个人隐私的信息做必要的技术处理。

第九章　信用修复

第三十四条　列入“黑名单”的市场主体在一定期限内主动纠正失信行为，可以按照一定条件和程序实施信用修复，重塑企业信用。

第三十五条　信用修复的条件和程序：

（一）若市场主体进入“黑名单”的原因是给相关方造成损失的，市场主体主动给相关方作出补偿，并得到相关方的书面认可的，可申请信用修复；

（二）进入“黑名单”的市场主体在相关部门监督下完成了失信行为的全面整改，并在有关媒体对整改情况进行公示，公示期间无异议的，可申请信用修复；

（三）市场主体在整改公示结束之日起30天内，可向依法处理其失信行为的有关部门和组织提出信用修复申请，并附上信用修复证明文件。有关部门和组织对其核查后，认为已经完成整改，符合管理要求的，可以决定其信用修复有效，并将信用修复信息纳入信用信息系统。

第十章　申诉与移除

第三十六条　电力行业市场主体对被列入“黑名单”有异议的，自公示之日起30天内，可向中电联信用办提出书面申诉申请并提交相关证明材料。

第三十七条　中电联信用办在接到申诉申请10个工作日内决定是否受理。予以受理的，在30个工作日内核实，并将核实结果书面告知申请人；不予受理的，将不予受理的理由书面告知申请人。异议处理期间，不影响失信行为记录的公示与处理。

第三十八条　通过核实发现将市场主体列入“黑名单”的事实依据有误的，应当自查实之日起5个工作日内及时更正当事人的诚信记录，向当事人书面道歉并进行澄清，向社会公示，恢复其名誉。

第三十九条　已被列入“黑名单”与“重点关注名单”的市场主体可根据以下规定移出：

（一）异议移出：市场主体提出异议申请，认定信息有误的；

（二）提前移出

1. 市场主体自被列入“黑名单”之日起满1年，未再发生失信行为的，经企业提出申请，调查审定同意后，可提前移出“黑名单”，进入“重点关注名单”管理；

2. 市场主体自被列入“重点关注名单”一年后，重新通过信用等级评价且等级达到A级及以上的，可移出“重点关注名单”。

（三）期满移出

1. 市场主体自被列入“黑名单”之日起满3年，未再发生严重违法失信行为的；

2. 市场主体自被列入“重点关注名单”之日起满2年，未再发生违法失信行为的。

（四）“黑名单”与“重点关注名单”认定标准发生改变，不符合新认定标准；

（五）市场主体列入“黑名单”与“重点关注名单”的主要事实依据被撤销，根据市场主体的申请，经调查评审同意移除后，方可移除；

（六）列入“黑名单”与“重点关注名单”的市场主体因注销、破产、兼并重组等原因退出市场的。

第四十条 市场主体退出“黑名单”后，有关联合惩戒的单位应停止对其实施联合惩戒，名单信息将在中电联“信用电力”网站与信息平台系统继续保存。

第十一章 附 则

第四十一条 本实施细则的“黑名单”有效期限为3年，“重点关注名单”有效期限为2年。

第四十二条 本实施细则由中电联负责解释。

第四十三条 本实施细则自公布之日起实施。

关于对失信被执行人实施限制不动产交易惩戒措施的通知

（发改财金〔2018〕370号，国家发展改革委、最高人民法院、国土资源部2018年3月1日发布

各省、自治区、直辖市、新疆生产建设兵团社会信用体系建设牵头单位、高级人民法院、国土资源厅（局）：

为深入学习贯彻习近平新时代中国特色社会主义思想和党的十九大精神，进一步落实《中共中央办公厅 国务院办公厅关于加快推进失信被执行人信用监督、警示和惩戒机制建设的意见》（中办发〔2016〕64号）、《国务院关于建立完善守信联合激励和失信联合惩戒制度加快推进社会诚信建设的指导意见》（国发〔2016〕33号）和《最高人民法院关于限制被执行人高消费的若干规定》（法释〔2010〕8号）等有关要求，加大对失信被执行人的惩戒力度，建立健全联合奖惩机制，国家发展改革委、最高人民法院、国土资源部共同对失信被执行人及失信被执行人的法定代表人、主要负责人、实际控制人、影响债务履行的直接责任人员，采取限制不动产交易的惩戒措施。现将有关事项通知如下。

一、各级人民法院限制失信被执行人及失信被执行人的法定代表人、主要负责人、实际控制人、影响债务履行的直接责任人员参与房屋司法拍卖。

二、市、县国土资源部门限制失信被执行人及失信被执行人的法定代表人、主要负责人、实际控制人、影响债务履行的直接责任人员取得政府供应土地。

三、各地国土资源部门与人民法院要积极推进建立同级不动产登记信息和失信被执行人名单信息互通共享机制，有条件的地区，国土资源部门在为失信被执行人及失信被执行人的法定代表人、主要负责人、实际控制人、影响债务履行的直接责任人员办理转移、抵押、变更等涉及不动产产权变化的不动产登记时，应将相关信息通报给人民法院，便于人民法院依法采取执行措施。

四、建立健全全国信用信息共享平台与国家不动产登记信息平台信息互通共享机制。全国信用信息共享平台将最高人民法院提供的失信被执行人名单信息及时推送至国家不动产登记信息平台；国家不动产登记信息平台将失信被执行人名下的不动产登记信息及时反馈至全国信用信息共享平台。

印发《关于对公共资源交易领域严重失信主体开展联合惩戒的备忘录》的通知

（发改法规〔2018〕457号，国家发展改革委、人民银行、中央组织部、中央编办、中央文明办、科技部、工业和信息化部、财政部、国土资源部、住房城乡建设部、交通运输部、水利部、商务部、卫生计生委、国资委、海关总署、税务总局、林业局、国管局、银监会、证监会、国家公务员局、国家铁路局、民航局2018年3月21日发布）

各省、自治区、直辖市和新疆生产建设兵团有关部门、机构：

为深入学习贯彻习近平新时代中国特色社会主义思想和党的十九大精神，落实《国务院关于促进市场公平竞争维护市场正常秩序的若干意见》（国发〔2014〕20号）、《国务院关于印发社会信用体系建设规划纲要（2014—2020年）的通知》（国发〔2014〕21号）、《国务院关于建立完善守信联合激励和失信联合惩戒制度加快推进社会诚信建设的指导意见》（国发〔2016〕33号）、《国务院办公厅关于印发整合建立统一的公共资源交易平台工作方案的通知》（国办发〔2015〕63号）、《国家发展改革委 人民银行关于加强和规范守信联合激励和失信联合惩戒对象名单管理工作的指导意见》（发改财金规〔2017〕1798号）等有关要求，建立健全公共资源交易领域失信联合惩戒机制，国家发展改革委、人民银行、中央组织部、中央编办、中央文明办、科技部、工业和信息化部、财政部、国土资源部、住房城乡建设部、交通运输部、水利部、商务部、卫生计生委、国资委、海关总署、税务总局、林业局、国管局、银监会、证监会、公务员局、铁路局、民航局等部门联合签署了《关于对公共资源交易领域严重失信主体开展联合惩戒的备忘录》。现印发你们，请认真贯彻执行。

附件：关于对公共资源交易领域严重失信主体开展联合惩戒的备忘录

附件

关于对公共资源交易领域严重失信主体开展联合惩戒的备忘录

为深入学习贯彻习近平新时代中国特色社会主义思想和党的十九大精神，落实《国务院关于促进市场公平竞争维护市场正常秩序的若干意见》（国发〔2014〕20号）、《国务院关于印发社会信用体系建设规划纲要（2014—2020年）的通知》（国发〔2014〕21号）、《国务院关于建立完善守信联合激励和失信联合惩戒制度加快推进社会诚信建设的指导意见》（国发〔2016〕33号）、《国务院办公厅关于印发整合建立统一的公共资源交易平台工作方案的通知》（国办发〔2015〕63号）、《国家发展改革委人民银行关于加强和规范守信联合激励和失信联合惩戒对象名单管理工作的指导意见》（发改财金规〔2017〕1798号）等有关要求，建立健全公共资源交易领域失信联合惩戒机制，国家发展改革委、人民银行、中央组织部、中央编办、中央文明办、科技部、工业和信息化部、财政部、国土资源部、住房城乡建设部、交通运输部、水利部、商务部、卫生计生委、国资委、海关总署、税务总局、林业局、国管局、银监会、证监会、公务员局、铁路局、民航局等部门，就针对公共资源交易领域严重失信主体开展联合惩戒工作达成如下一致意见。

一、联合惩戒对象

联合惩戒的对象为违反公共资源交易相关法律、法规规定，违背诚实信用原则，存在以下行为之一，被主管部门依法实施行政处罚的企业（以下简称失信企业）及负有责任的法定代表人、自然人股东、评标评审专家及其他相关人员（以下简称失信相关人）：

（一）违反法律规定，必须进行招标的项目而不招标的，将必须进行招标的项目化整为零或者以其他任何方式规避招标的；

（二）招标代理机构违反法律规定，泄露应当保密的与招标投标活动有关的情况和资料的，或者与招标人、投标人串通损害国家利益、社会公共利益或者他人合法权益的；

（三）招标人以不合理的条件限制或者排斥潜在投标人的，对潜在投标人实行歧视待遇的，强制要求投标人组成联合体共同投标的，或者限制投标人之间竞争的；

（四）依法必须进行招标的项目的招标人向他人透露已获取招标文件的潜在投标人的名称、数量或者可能影响公平竞争的有关招标投标的其他情况的，或者泄露标底的；

（五）投标人相互串通投标或者与招标人串通投标的，投标人以向招标人或者评标委员会成员行贿的手段谋取中标的；

（六）投标人以他人名义投标或者以其他方式弄虚作假，骗取中标的；

（七）依法必须进行招标的项目，招标人违反法律规定，与投标人就投标价格、投标方案等实质性内容进行谈判的；

（八）评标委员会成员收受投标人的财物或者其他好处的，评标委员会成员或者参加评标的有关工作人员向他人透露对投标文件的评审和比较、中标候选人的推荐以及与评标有关的其他情况的；

（九）招标人在评标委员会依法推荐的中标候选人以外确定中标人的，依法必须进行招标的项目在所有投标被评标委员会否决后自行确定中标人的；

（十）中标人将中标项目转让给他人的，将中标项目肢解后分别转让给他人的，违反法律规定将中标项目的部分主体、关键性工作分包给他人的，或者分包人再次分包的；

（十一）招标人与中标人不按照招标文件和中标人的投标文件订立合同的，或者招标人、中标人订立背离合同实质性内容的协议的；

（十二）中标人不按照与招标人订立的合同履行义务，情节严重的；

（十三）采购人、采购代理机构存在应当采用公开招标方式而擅自采用其他方式采购，擅自提高采购标准，以不合理的条件对供应商实行差别待遇或者歧视待遇，在招标采购过程中与投标人进行协商谈判，中标、成交通知书发出后不与中标、成交供应商签订采购合同，或者拒绝有关部门依法实施监督检查等情形的；

（十四）采购人、采购代理机构及其工作人员存在与供应商或者采购代理机构恶意串通，在采购过程中接受贿赂或者获取其他不正当利益，在有关部门依法实施的监督检查中提供虚假情况，或者开标前泄露标底等情形的；

（十五）采购人对应当实行集中采购的政府采购项目，不委托集中采购机构实行集中采购的；

（十六）采购人、采购代理机构违反法律规定隐匿、销毁应当保存的采购文件或者伪造、变造采购文件的；

（十七）供应商存在提供虚假材料谋取中标、成交，采取不正当手段诋毁、排挤其他供应商，与采购人、其他供应商或者采购代理机构恶意串通，向采购人、采购代理机构行贿或者提供其他不正当利益，在招标采购过程中与采购人进行协商谈判，或拒绝有关部门监督检查或者提供虚假情况等情形的；

（十八）疫苗生产企业向县级疾病预防控制机构以外的单位或者个人销售第二类疫苗的；

（十九）存在其他违反公共资源交易法律法规行为的。

本备忘录所指的公共资源交易领域失信企业及失信相关人具体包括存在严重违法失信行为的招标人、采购人、投标人、供应商、招标代理机构、采购代理机构、评标评审专家，以及其他参与公共资源交易的公民、法人或者其他组织。

二、联合惩戒措施

（一）公共资源交易领域

公共资源交易平台整合部际联席会议成员单位依据法律、法规、规章和规范性文件规定，在公共资源交易领域对惩戒对象采取下列一种或多种惩戒措施。

1. 依法限制失信企业参与工程建设项目招标投标。

2. 依法限制失信企业参与政府采购活动。

3. 依法限制失信企业参与土地使用权和矿业权出让。

4. 依法限制失信企业参与国有产权交易活动。

5. 依法限制失信企业参与药品和医疗器械集中采购及配送活动。

6. 依法限制失信企业参与二类疫苗采购活动。

7. 依法限制失信企业参与林权流转。

8. 依法限制失信企业参与其他公共资源交易活动。

9. 依法限制失信企业从事公共资源交易代理活动。

10. 依法限制失信相关人担任公共资源交易活动专家。

11. 依法限制失信相关人在公共资源交易领域从业。

12. 依法加强对失信企业、失信相关人从事公共资源交易有关各项活动的监督检查。

（二）其他相关领域

除公共资源交易平台整合部际联席会议成员单位外，其他部门和单位依照有关法律、法规、规章和规范性文件规定，对联合惩戒对象采取下列一种或多种惩戒措施（相关依据和实施部门见附表）。

1. 从严审核行政许可审批项目，依法限制新增项目审批、核准。

2. 依法从严控制生产许可证发放。

3. 依法对失信企业获得财政补助补贴性资金和社会保障资金支持予以限制。

4. 依法将失信信息作为选择基础设施和公用事业特许经营等政府和社会资本合作项目合作伙伴的重要参考因素，限制失信主体成为项目合作伙伴。

5. 依法限制失信相关人担任国有企业法定代表人、董事、监事。

6. 在申请信贷融资或办理信用卡时，金融机构将其失信信息作为审核的重要参考因素。

7. 依法限制有不良信用记录的基金、基金管理人和从业人员从事政府出资产业投资基金相关活动。

8. 依法对申请发行企业债券不予受理。

9. 在注册非金融企业债务融资工具时，加强管理，按照注册发行有关工作要求，强化信息披露，加强投资人保护机制管理，防范有关风险。

10. 依法将失信信息作为公开发行公司债券核准的参考。

11. 在股票发行审核及在全国中小企业股份转让系统挂牌公开转让审核中，依法将失信信息作为参考。

12. 依法将失信信息作为证券公司、基金管理公司及期货公司的设立及股权或实际控制人变更审批或备案，私募投资基金管理人登记、重大事项变更以及基金备案的参考。

13. 依法将失信行为作为境内上市公司实行股权激励计划或相关人员成为股权激励对象事中事后监管的参考。

14. 依法将违法失信行为作为非上市公众公司重大资产重组审核的参考。

15. 在上市公司或者非上市公众公司收购的事中事后监管中，依法对有严重失信行为的企业予以重点关注。

16. 依法将违法失信行为作为独立基金销售机构审批的参考。

17. 依法将违法失信行为作为证券公司、基金管理公司、期货公司的董事、监事和高级管理人员及分支机构负责人任职审批或备案的参考。

18. 在办理相关海关业务时，对其进出口货物实施严密监管，加强单证审核、布控查验、后续稽查或统计监督核查。

19. 对申请适用海关认证企业管理的，依法不予通过认证，对已经成为认证企业的，按照规定下调企业信用等级。

20. 将失信主体列入税收管理重点监控对

象，强化税收管理，提高监督检查频次。

21. 将失信主体的失信状况作为纳税信用评价的重要外部参考。

22. 依法限制失信被执行人新建、扩建高档装修房屋，购买非经营必须车辆等非生活和工作必需的消费行为。

23. 依法限制新的科技扶持项目，将其严重失信行为计入科研信用记录，并依据有关规定暂停审批其新的科技项目扶持资金申报等。

24. 按程序及时撤销相关表彰奖励，取消参加评先评优的资格。

25. 严重失信主体是个人的，依法限制登记为事业单位法定代表人；严重失信主体是企业的，该企业法定代表人依法限制登记为事业单位法定代表人。

26. 依法限制招录（聘）为公务员或事业单位工作人员。

三、联合惩戒的实施方式

公共资源交易平台整合部际联席会议成员单位通过全国公共资源交易平台，记录失信主体信息。公共资源交易平台整合部际联席会议以外的其他部门和单位根据各自行政许可、行政处罚、日常监管等情况定期向发展改革委提供严重违法失信主体信息，由发展改革委汇总后上传全国公共资源交易平台。全国公共资源交易平台与全国信用信息共享平台实现数据交互共享，并通过全国公共资源交易平台网站、“信用中国”网站、国家企业信用信息公示系统向社会公布。

各部门和单位对公共资源交易领域和其他相关领域存在严重违法失信行为的失信企业、失信相关人“黑名单”进行动态管理，及时更新相关信息。对于从公共资源交易领域严重违法失信“黑名单”中移除的市场主体及其有关人员，应及时停止实施惩戒措施。

各部门和单位按照本备忘录约定的内容，依法依规对失信企业及其失信相关人实施联合惩戒。

四、其他事宜

各部门和单位应密切协作，积极落实本备忘录，制定失信信息的使用、撤销、管理、监督的相关实施细则和操作流程，指导本系统各级单位依法依规实施联合惩戒措施。

本备忘录实施过程中涉及的协同配合问题，由各部门和单位协商解决。

本备忘录签署后，各项惩戒措施依据的法律、法规、规章及规范性文件有修改或调整的，以修改后的法律、法规、规章及规范性文件为准。

附表：联合惩戒措施相关依据和实施部门

附表

联合惩戒措施相关依据和实施部门

惩戒措施	法律及政策依据	实施部门
（一）公共资源交易领域		
1. 依法限制失信企业参与工程建设项目招标投标； 2. 依法限制失信企业参与政府采购活动；	**《国务院关于建立完善守信联合激励和失信联合惩戒制度加快推进社会诚信建设的指导意见》（国发〔2016〕33号）** （十）依法依规加强对失信行为的行政性约束和惩戒。对严重失信主体，各地区、各有关部门应将其列为重点监管对象，依法依规采取行政性约束和惩戒措施。从严审核行政许可审批项目，从严控制生产许可证发放，限制新增项目审批、核准，限制股票发行上市融资或发行债券，限制在全国股份转让系统挂牌、融资，限制发起设立或参股金融机构以及小额贷款公司、融资担保公司、创业投资公司、互联网融资平台等机构，限制从事互联网信息服务等。严格限制申请财政性资金项目，限制参与有关公共资源交易活动，限制参与基础设施和公用事	国家发展改革委、工业和信息化部、财政部、国土资源部、住房城乡建设部、交通运输部、水利部、商务部、卫生计生委、国资委、税务总局、林业局、国管局、铁路局、民航局等部门

续表

惩戒措施	法律及政策依据	实施部门
3. 依法限制失信企业参与土地使用权和矿业权出让； 4. 依法限制失信企业参与国有产权交易活动； 5. 依法限制失信企业参与药品和医疗器械集中采购及配送活动； 6. 依法限制失信企业参与二类疫苗采购活动； 7. 依法限制失信企业参与林权流转； 8. 依法限制失信企业参与其他公共资源交易活动； 9. 依法限制失信企业从事公共资源交易代理活动； 10. 依法限制失信相关人担任公共资源交易活动专家； 11. 依法限制失信相关人在公共资源交易领域从业； 12. 依法加强对失信企业、失信相关人从事公共资源交易有关各项活动的监督检查。	业特许经营。对严重失信企业及其法定代表人、主要负责人和对失信行为负有直接责任的注册执业人员等实施市场和行业禁入措施。及时撤销严重失信企业及其法定代表人、负责人、高级管理人员对失信行为负有直接责任的董事、股东等人员的荣誉称号，取消参加评先评优资格。 **《国务院办公厅关于印发整合建立统一的公共资源交易平台工作方案的通知》（国办发〔2015〕63号）** （三）整合范围。整合分散设立的工程建设项目招标投标、土地使用权和矿业权出让、国有产权交易、政府采购等交易平台，在统一的平台体系上实现信息和资源共享，依法推进公共资源交易高效规范运行。积极有序推进其他公共资源交易纳入统一平台体系。 （十四）转变监督方式。各级行政主管部门要运用大数据等手段，实施电子化行政监督，强化对交易活动的动态监督和预警。将市场主体信用信息和公共资源交易活动信息作为实施监管的重要依据，健全守信激励和失信惩戒机制。对诚实守信主体参与公共资源交易活动要依法给予奖励，对失信主体参与公共资源交易活动要依法予以限制，对严重违法失信主体实行市场禁入。健全专家选聘与退出机制，建立专家黑名单制度，强化专家责任追究。加强社会监督，完善投诉处理机制，公布投诉举报电话，及时处理平台服务机构违法违规行为。发挥行业组织作用，建立公共资源交易平台服务机构和人员自律机制。 **《中华人民共和国招标投标法》** 第五十三条　投标人相互串通投标或者与招标人串通投标的，投标人以向招标人或者评标委员会成员行贿的手段谋取中标的，中标无效，处中标项目金额千分之五以上千分之十以下的罚款，对单位直接负责的主管人员和其他直接责任人员处单位罚款数额百分之五以上百分之十以下的罚款；有违法所得的，并处没收违法所得；情节严重的，取消其一年至二年内参加依法必须进行招标的项目的投标资格并予以公告，直至由工商行政管理机关吊销营业执照；构成犯罪的，依法追究刑事责任。给他人造成损失的，依法承担赔偿责任。 第五十四条　投标人以他人名义投标或者以其他方式弄虚作假，骗取中标的，中标无效，给招标人造成损失的，依法承担赔偿责任；构成犯罪的，依法追究刑事责任。 依法必须进行招标的项目的投标人有前款所列行为尚未构成犯罪的，处中标项目金额千分之五以上千分之十以下的罚款，对单位直接负责的主管人员和其他直接责任人员处单位罚款数额百分之五以上百分之十以下的罚款；有违法所得的，并处没收违法所得；情节严重的，取消其一年至三年内参加依法必须进行招标的项目的投标资格并予以公告，直至由工商行政管理机关吊销营业执照。 第五十六条　评标委员会成员收受投标人的财物或者其他好处的，评标委员会成员或者参加评标的有关工作人员向他人透露对投标文件的评审和比较、中标候选人的推荐以及与评标有关的其他情况的，给予警告，没收收受的财物，可以并处三千元以上五万元以下的罚款，对有所列违法行为的评标委员会成员取消担任评标委员会成员的资格，不得再参加任何依法必须进行招标的项目的评标；构成犯罪的，依法追究刑事责任。 第六十条　中标人不履行与招标人订立的合同的，履约保证金不予退还，给招标人造成的损失超过履约保证金数额的，还应当对超过部分予以赔偿；没有提交履约保证金的，应当对招标人的损失承担赔偿责任。	

续表

惩戒措施	法律及政策依据	实施部门
	中标人不按照与招标人订立的合同履行义务，情节严重的，取消其二年至五年内参加依法必须进行招标的项目的投标资格并予以公告，直至由工商行政管理机关吊销营业执照。 因不可抗力不能履行合同的，不适用前两款规定。 **《中华人民共和国招标投标法实施条例》（国务院令第 613 号）** 第六十七条　投标人相互串通投标或者与招标人串通投标的，投标人向招标人或者评标委员会成员行贿谋取中标的，中标无效；构成犯罪的，依法追究刑事责任；尚不构成犯罪的，依照招标投标法第五十三条的规定处罚。投标人未中标的，对单位的罚款金额按照招标项目合同金额依照招标投标法规定的比例计算。 投标人有下列行为之一的，属于招标投标法第五十三条规定的情节严重行为，由有关行政监督部门取消其 1 年至 2 年内参加依法必须进行招标的项目的投标资格： （一）以行贿谋取中标； （二）3 年内 2 次以上串通投标； （三）串通投标行为损害招标人、其他投标人或者国家、集体、公民的合法利益，造成直接经济损失 30 万元以上； （四）其他串通投标情节严重的行为。 投标人自本条第二款规定的处罚执行期限届满之日起 3 年内又有该款所列违法行为之一的，或者串通投标、以行贿谋取中标情节特别严重的，由工商行政管理机关吊销营业执照。 法律、行政法规对串通投标报价行为的处罚另有规定的，从其规定。 第六十八条　投标人以他人名义投标或者以其他方式弄虚作假骗取中标的，中标无效；构成犯罪的，依法追究刑事责任；尚不构成犯罪的，依照招标投标法第五十四条的规定处罚。依法必须进行招标的项目的投标人未中标的，对单位的罚款金额按照招标项目合同金额依照招标投标法规定的比例计算。 投标人有下列行为之一的，属于招标投标法第五十四条规定的情节严重行为，由有关行政监督部门取消其 1 年至 3 年内参加依法必须进行招标的项目的投标资格： （一）伪造、变造资格、资质证书或者其他许可证件骗取中标； （二）3 年内 2 次以上使用他人名义投标； （三）弄虚作假骗取中标给招标人造成直接经济损失 30 万元以上； （四）其他弄虚作假骗取中标情节严重的行为。 投标人自本条第二款规定的处罚执行期限届满之日起 3 年内又有该款所列违法行为之一的，或者弄虚作假骗取中标情节特别严重的，由工商行政管理机关吊销营业执照。 **《中华人民共和国政府采购法》** 第二十二条　供应商参加政府采购活动应当具备下列条件： （一）具有独立承担民事责任的能力； （二）具有良好的商业信誉和健全的财务会计制度； （三）具有履行合同所必需的设备和专业技术能力； （四）有依法缴纳税收和社会保障资金的良好记录； （五）参加政府采购活动前三年内，在经营活动中没有重大违法记录； （六）法律、行政法规规定的其他条件。 **《企业信息公示暂行条例》（国务院令第 654 号）** 第十八条　县级以上地方人民政府及其有关部门应当建立健全信用约束机制，在政府采购、工程招投标、国有土地出让、授予荣誉称号等工作中，将企业信息作为重要考量因素，对被列入经营异常名录或者严重违法企业名单的企业依法予以限制或者禁入。	

续表

惩戒措施	法律及政策依据	实施部门
	《国务院办公厅关于完善公立医院药品集中采购工作的指导意见》（国办发〔2015〕7号） 六、强化综合监督管理 （五）严格执行诚信记录和市场清退制度。各省（区、市）要建立健全检查督导制度，建立药品生产经营企业诚信记录并及时向社会公布。对列入不良记录名单的企业，医院两年内不得购入其药品。加强对医院、药品生产经营企业履行《医疗卫生机构医药产品廉洁购销合同》情况的监督。 **《疫苗流通和预防接种管理条例》（国务院令第668号）** 第六十五条　疫苗生产企业向县级疾病预防控制机构以外的单位或者个人销售第二类疫苗的，由药品监督管理部门没收违法销售的疫苗，并处违法销售的疫苗货值金额2倍以上5倍以下的罚款；有违法所得的，没收违法所得；其直接负责的主管人员和其他直接责任人员5年内不得从事药品生产经营活动；情节严重的，依法吊销疫苗生产资格或者撤销疫苗进口批准证明文件，其直接负责的主管人员和其他直接责任人员10年内不得从事药品生产经营活动；构成犯罪的，依法追究刑事责任。 **《中华人民共和国农村土地承包法》** 第四十八条　发包方将农村土地发包给本集体经济组织成员的村民会议三分之二以上成员或者三分之二以上村民代表的同意，并报乡（镇）人民政府批准。本集体经济组织以外的单位或者个人承包的，应当对承包方的资信情况和经营能力进行审查后，再签订承包合同； 第六十条　承包方违法将承包地用于非农建设的，由县级以上地方人民政府有关行政主管部门依法予以处罚。 **《国家林业局关于规范集体林权流转市场运行的意见》（林改发〔2016〕100号）** 四、严格林权流入方资格条件 林权流入方应当具有林业经营能力，林权不得流转给没有林业经营能力的单位或者个人。《国家发展改革委商务部关于印发市场准入负面清单草案（试点版）的通知》（发改经体〔2016〕442号）明确要求：租赁农地从事生产经营要进行资格审查，未获得资质条件的，不得租赁农地从事生产经营。鼓励各地依照该精神，依法探索建立工商资本租赁林地准入制度，实行承诺式准入等方式，可采取市场主体资质、经营面积上限、林业经营能力、经营项目、诚信记录和违规处罚等管理措施，对投资租赁林地从事林业生产经营资格进行审查。家庭承包林地的经营权可以依法采取出租、入股、合作等方式流转给工商资本，但不得办理林权变更登记。	
（二）其他相关领域		
1. 从严审核行政许可审批项目，依法限制新增项目审批、核准； 2. 依法从严控制生产许可证发放。	**《国务院关于建立完善守信联合激励和失信联合惩戒制度加快推进社会诚信建设的指导意见》（国发〔2016〕33号）** （十）依法依规加强对失信行为的行政性约束和惩戒。对严重失信主体，各地区、各有关部门应将其列为重点监管对象，依法依规采取行政性约束和惩戒措施。从严审核行政许可审批项目，从严控制生产许可证发放，限制新增项目审批、核准，限制股票发行上市融资或发行债券，限制在全国股份转让系统挂牌、融资，限制发起设立或参股金融机构以及小额贷款公司、融资担保公司、创业投资公司、互联网融资平台等机构，限制从事互联网信息服务等。严格限制申请财政性资金项目，限制参与有关公共资源交易活动，限制参与基础设施和公用事业特许经营。对严重失信企业及其法定代表人、主要负责人和对失	国家发展改革委、工业和信息化部等有关部门

续表

惩戒措施	法律及政策依据	实施部门
	信行为负有直接责任的注册执业人员等实施市场和行业禁入措施。及时撤销严重失信企业及其法定代表人、负责人、高级管理人员对失信行为负有直接责任的董事、股东等人员的荣誉称号，取消参加评先评优资格。	
3. 依法对失信企业获得财政补助补贴性资金和社会保障资金支持予以限制。	**《国务院关于印发社会信用体系建设规划纲要（2014—2020年）的通知》（国发〔2014〕21号）** 二、推进重点领域诚信建设 （一）加快推进政务诚信建设。 发挥政府诚信建设示范作用。各级人民政府首先要加强自身诚信建设，以政府的诚信施政，带动全社会诚信意识的树立和诚信水平的提高。在行政许可、政府采购、招标投标、劳动就业、社会保障、科研管理、干部选拔任用和管理监督、申请政府资金支持等领域，率先使用信用信息和信用产品，培育信用服务市场发展。	国家发展改革委、财政部等有关部门
4. 依法将失信信息作为选择基础设施和公用事业特许经营等政府和社会资本合作项目合作伙伴的重要参考因素，限制失信主体成为项目合作伙伴。	**《国务院关于建立完善守信联合激励和失信联合惩戒制度加快推进社会诚信建设的指导意见》（国发〔2016〕33号）** （十）依法依规加强对失信行为的行政性约束和惩戒。对严重失信主体，各地区、各有关部门应将其列为重点监管对象，依法依规采取行政性约束和惩戒措施。从严审核行政许可审批项目，从严控制生产许可证发放，限制新增项目审批、核准，限制股票发行上市融资或发行债券，限制在全国股份转让系统挂牌、融资，限制发起设立或参股金融机构以及小额贷款公司、融资担保公司、创业投资公司、互联网融资平台等机构，限制从事互联网信息服务等。严格限制申请财政性资金项目，限制参与有关公共资源交易活动，限制参与基础设施和公用事业特许经营。对严重失信企业及其法定代表人、主要负责人和对失信行为负有直接责任的注册执业人员等实施市场和行业禁入措施。及时撤销严重失信企业及其法定代表人、负责人、高级管理人员和对失信行为负有直接责任的董事、股东等人员的荣誉称号，取消参加评先评优资格。 **《国务院办公厅转发财政部发展改革委人民银行关于在公共服务领域推广政府和社会资本合作模式指导意见的通知》（国办发〔2015〕42号）** 四、规范推进政府和社会资本合作项目实施 （十五）择优选择项目合作伙伴。对使用财政性资金作为社会资本提供公共服务对价的项目，地方政府应当根据预算法、合同法、政府采购法及其实施条例等法律法规规定，选择项目合作伙伴。依托政府采购信息平台，及时、充分向社会公布项目采购信息。综合评估项目合作伙伴的专业资质、技术能力、管理经验、财务实力和信用状况等因素，依法择优选择诚实守信的合作伙伴。加强项目政府采购环节的监督管理，保证采购过程公平、公正、公开。 **《基础设施和公用事业特许经营管理办法》（国家发展和改革委员会令第25号）** 第十七条　实施机构应当公平择优选择具有相应管理经验、专业能力、融资实力以及信用状况良好的法人或者其他组织作为特许经营者。鼓励金融机构与参与竞争的法人或其他组织共同制定投融资方案。 特许经营者选择应当符合内外资准入等有关法律、行政法规规定。 依法选定的特许经营者，应当向社会公示。	国家发展改革委、财政部等有关部门

续表

惩戒措施	法律及政策依据	实施部门
	第五十三条　特许经营者违反法律、行政法规和国家强制性标准，严重危害公共利益，或者造成重大质量、安全事故或者突发环境事件的，有关部门应当责令限期改正并依法予以行政处罚；拒不改正、情节严重的，可以终止特许经营协议；构成犯罪的，依法追究刑事责任。 第五十六条　县级以上人民政府有关部门应当对特许经营者及其从业人员的不良行为建立信用记录，纳入全国统一的信用信息共享交换平台。对严重违法失信行为依法予以曝光，并会同有关部门实施联合惩戒。	
5. 依法限制失信相关人担任国有企业法定代表人、董事、监事。	**《中华人民共和国企业国有资产法》** 第二十三条　履行出资人职责的机构任命或者建议任命的董事、监事、高级管理人员，应当具备下列条件： （一）有良好的品行； （二）有符合职位要求的专业知识和工作能力； （三）有能够正常履行职责的身体条件； （四）法律、行政法规规定的其他条件。	国资委、财政部等有关部门
6. 在申请信贷融资或办理信用卡时，金融机构将其失信信息作为审核的重要参考因素。	**《国务院关于促进市场公平竞争维护市场正常秩序的若干意见》（国发〔2014〕20号）** （十五）建立健全守信激励和失信惩戒机制。将市场主体的信用信息作为实施行政管理的重要参考。根据市场主体信用状况实行分类分级、动态监管，建立健全经营异常名录制度，对违背市场竞争原则和侵犯消费者、劳动者合法权益的市场主体建立“黑名单”制度。（工商总局牵头负责）对守信主体予以支持和激励，对失信主体在经营、投融资、取得政府供应土地、进出口、出入境、注册新公司、工程招投标、政府采购、获得荣誉、安全许可、生产许可、从业任职资格、资质审核等方面依法予以限制或禁止，对严重违法失信主体实行市场禁入制度。	银监会
7. 依法限制有不良信用记录的基金、基金管理人和从业人员从事政府出资产业投资基金相关活动。	**《国家发展改革委关于印发〈政府出资产业投资基金管理暂行办法〉的通知》（发改财金规〔2016〕2800号）** 第十九条　政府出资产业投资基金管理人履行下列职责： （一）制定投资方案，并对所投企业进行监督、管理； （二）按基金公司章程规定向基金投资者披露基金投资运作、基金管理信息服务等信息。定期编制基金财务报告，经有资质的会计师事务所审计后，向基金董事会（持有人大会）报告； （三）基金公司章程、基金管理协议中确定的其他职责。 第二十条　基金管理人应符合以下条件： （一）在中国大陆依法设立的公司或合伙企业，实收资本不低于1000万元人民币； （二）至少有3名具备3年以上资产管理工作经验的高级管理人员； （三）产业投资基金管理人及其董事、监事、高级管理人员及其他从业人员在最近三年无重大违法行为； （四）有符合要求的营业场所、安全防范设施和与基金管理业务有关的其他设施； （五）有良好的内部治理结构和风险控制制度。 第三十六条　对有不良信用记录的基金、基金管理人和从业人员，国家发展改革委通过“信用中国”网站统一向社会公布。地方发展改革部门可以根据各地实际情况，将区域内失信基金、基金管理人和从业人员名单以适当方式予以公告。	国家发展改革委

续表

惩戒措施	法律及政策依据	实施部门
	发展改革部门会同有关部门依据所适用的法律法规及多部门签署的联合惩戒备忘录等对列入失信联合惩戒名单的基金、基金管理人和从业人员开展联合惩戒，惩戒措施包括但不限于市场禁入、限制作为供应商参加政府采购活动、限制财政补助补贴性资金支持、从严审核发行企业债券等。	
8. 依法对申请发行企业债券不予受理。	**《国家发展改革委关于推进企业债券市场发展、简化发行核准程序有关事项的通知》（发改财金〔2008〕7号）** 第二条第（七）项：企业公开发行企业债券应符合下列条件： （一）股份有限公司的净资产不低于人民币3000万元，有限责任公司和其他类型企业的净资产不低于人民币6000万元； （二）累计债券余额不超过企业净资产（不包括少数股东权益）的40%； （三）最近三年可分配利润（净利润）足以支付企业债券一年的利息； 筹集资金的投向符合国家产业政策和行业发展方向，所需相关手续齐全。用于固定资产投资项目的，应符合固定资产投资项目资本金制度的要求，原则上累计发行额不得超过该项目总投资的60%。用于收购产权（股权）的，比照该比例执行。用于调整债务结构的，不受该比例限制，但企业应提供银行同意以债还贷的证明； （四）用于补充营运资金的，不超过发债总额的20%； （五）债券的利率由企业根据市场情况确定，但不得超过国务院限定的利率水平； （六）已发行的企业债券或者其他债务未处于违约或者延迟支付本息的状态； （七）最近三年没有重大违法违规行为。 **《国家发展改革委 人民银行 中央编办关于在行政管理事项中使用信用记录和信用报告的若干意见》（发改财金〔2013〕920号）** 二、切实发挥在行政管理事项中使用信用记录和信用报告的作用 各级政府、各相关部门应将相关市场主体所提供的信用记录或信用报告作为其实施行政管理的重要参考。对守信者应探索实行优先办理、简化程序、“绿色通道”和重点支持等激励政策；对失信者，应结合失信类别和程度，严格落实失信惩戒制度。 三、探索完善在行政管理事项中使用信用记录和信用报告的制度规范 各级政府、各相关部门应结合地方和部门实际，在政府采购、招标投标、行政审批、市场准入、资质审核等行政管理事项中依法要求相关市场主体提供由第三方信用服务机构出具的信用记录或信用报告。 各级政府、各相关部门应根据履职需要，研究明确信用记录或信用报告的主要内容和运用规范。 五、不断健全全社会守信激励和失信惩戒的联动机制 **《国家发展改革委办公厅关于进一步改进企业债券发行审核工作的通知》（发改办财金〔2013〕957号）** 对于以下两类发债申请，要从严审核，有效防范市场风险。 （一）募集资金用于产能过剩、高污染、高耗能等国家产业政策限制领域的发债申请。 （二）企业信用等级较低，负债率高，债券余额较大或运作不规范、资产不实、偿债措施较弱的发债申请。 **《国务院关于促进市场公平竞争维护市场正常秩序的若干意见》（国发〔2014〕20号）** （十五）建立健全守信激励和失信惩戒机制。将市场主体的	国家发展改革委

续表

惩戒措施	法律及政策依据	实施部门
	信用信息作为实施行政管理的重要参考。根据市场主体信用状况实行分类分级、动态监管，建立健全经营异常名录制度，对违背市场竞争原则和侵犯消费者、劳动者合法权益的市场主体建立“黑名单”制度。（工商总局牵头负责）对守信主体予以支持和激励，对失信主体在经营、投融资、取得政府供应土地、进出口、出入境、注册新公司、工程招投标、政府采购、获得荣誉、安全许可、生产许可、从业任职资格、资质审核等方面依法予以限制或禁止，对严重违法失信主体实行市场禁入制度。（各相关市场监管部门按职责分工分别负责）	
9．在注册非金融企业债务融资工具时，加强管理，按照注册发行有关工作要求，强化信息披露，加强投资人保护机制管理，防范有关风险。	**《银行间债券市场非金融企业债务融资工具管理办法》（中国人民银行令〔2008〕第1号）** 第三条　债券融资工具发行与交易应遵循诚信、自律原则。 第七条　企业发行债务融资工具应在银行间债券市场披露信息。披露信息应遵循诚实信用原则，不得有虚假记载、误导性陈述或重大遗漏。 第九条　为债务融资工具提供服务的承销机构、信用评级机构、注册会计师、律师等专业机构和人员应勤勉尽责，严格遵守执业规范和职业道德，按规定和约定履行义务。 上述专业机构和人员所出具的文件含有虚假记载、误导性陈述和重大遗漏的，应当就其负有责任的部分承担相应的法律责任。	人民银行
10．依法将失信信息作为公开发行公司债券核准的参考。	**《公司债券发行与交易管理办法》（中国证券监督管理委员会令第113号）** 第十七条　存在下列情形之一的，不得公开发行公司债券： （一）最近三十六个月内公司财务会计文件存在虚假记载，或公司存在其他重大违法行为； （二）本次发行申请文件存在虚假记载、误导性陈述或者重大遗漏； （三）对已发行的公司债券或者其他债务有违约或者迟延支付本息的事实，仍处于继续状态； （四）严重损害投资者合法权益和社会公共利益的其他情形。	证监会
11．在股票发行审核及在全国中小企业股份转让系统挂牌公开转让审核中，依法将失信信息作为参考。	**《中华人民共和国证券法》** 第十三条　公司公开发行新股，应当符合下列条件： （一）具备健全且运行良好的组织机构； （二）具有持续盈利能力，财务状况良好； （三）最近三年财务会计文件无虚假记载，无其他重大违法行为； （四）经国务院批准的国务院证券监督管理机构规定的其他条件。 上市公司非公开发行新股，应当符合经国务院批准的国务院证券监督管理机构规定的条件，并报国务院证券监督管理机构核准。 **《首次公开发行股票并上市管理办法》（证监会令第122号）** 第十八条　发行人不得有下列情形： （一）最近36个月内未经法定机关核准，擅自公开或者变相公开发行过证券；或者有关违法行为虽然发生在36个月前，但目前仍处于持续状态； （二）最近36个月内违反工商、税收、土地、环保、海关以及其他法律、行政法规，受到行政处罚，且情节严重； （三）最近36个月内曾向中国证监会提出发行申请，但报送的发行申请文件有虚假记载、误导性陈述或重大遗漏；或者不符合发行条件以欺骗手段骗取发行核准；或者以不正当手段干	证监会

续表

惩戒措施	法律及政策依据	实施部门
	扰中国证监会及其发行审核委员会审核工作；或者伪造、变造发行人或其董事、监事、高级管理人员的签字、盖章； （四）本次报送的发行申请文件有虚假记载、误导性陈述或者重大遗漏； （五）涉嫌犯罪被司法机关立案侦查，尚未有明确结论意见； （六）严重损害投资者合法权益和社会公共利益的其他情形。 **《首次公开发行股票并在创业板上市管理办法》（证监会令第123号）** 第二十条　发行人及其控股股东、实际控制人最近三年内不存在损害投资者合法权益和社会公共利益的重大违法行为。 发行人及其控股股东、实际控制人最近三年内不存在未经法定机关核准，擅自公开或者变相公开发行证券，或者有关违法行为虽然发生在三年前，但目前仍处于持续状态的情形。 **《上市公司证券发行管理办法》（证监会令第30号）** 第九条　上市公司最近三十六个月内财务会计文件无虚假记载，且不存在下列重大违法行为： （一）违反证券法律、行政法规或规章，受到中国证监会的行政处罚，或者受到刑事处罚； （二）违反工商、税收、土地、环保、海关法律、行政法规或规章，受到行政处罚且情节严重，或者受到刑事处罚； （三）违反国家其他法律、行政法规且情节严重的行为。 **《创业板上市公司证券发行管理暂行办法》（证监会令第100号）** 第十条　上市公司存在下列情形之一的，不得发行证券： （一）本次发行申请文件有虚假记载、误导性陈述或者重大遗漏； （二）最近十二个月内未履行向投资者作出的公开承诺； （三）最近三十六个月内因违反法律、行政法规、规章受到行政处罚且情节严重，或者受到刑事处罚，或者因违反证券法律、行政法规、规章受到中国证监会的行政处罚；最近十二个月内受到证券交易所的公开谴责；因涉嫌犯罪被司法机关立案侦查或者涉嫌违法违规被中国证监会立案调查； （四）上市公司控股股东或者实际控制人最近十二个月内因违反证券法律、行政法规、规章，受到中国证监会的行政处罚，或者受到刑事处罚； （五）现任董事、监事和高级管理人员存在违反《公司法》第一百四十七条、第一百四十八条规定的行为，或者最近三十六个月内受到中国证监会的行政处罚、最近十二个月内受到证券交易所的公开谴责；因涉嫌犯罪被司法机关立案侦查或者涉嫌违法违规被中国证监会立案调查； （六）严重损害投资者的合法权益和社会公共利益的其他情形。 **《非上市公众公司监督管理办法》（证监会令第96号）** 第三条　公众公司应当按照法律、行政法规、本办法和公司章程的规定，做到股权明晰，合法规范经营，公司治理机制健全，履行信息披露义务。	
12. 依法将失信信息作为证券公司、基金管理公司及期货公司的设立及股权或实际控制人变更审批或备案，私募投资基金管理人登记、重大事项变更以及基金备案的参考。	**《中华人民共和国证券法》** 第一百二十四条　设立证券公司，应当具备下列条件： （一）有符合法律、行政法规规定的公司章程； （二）主要股东具有持续盈利能力，信誉良好，最近三年无重大违法违规记录，净资产不低于人民币二亿元； （三）有符合本法规定的注册资本； （四）董事、监事、高级管理人员具备任职资格，从业人员具有证券从业资格； （五）有完善的风险管理与内部控制制度； （六）有合格的经营场所和业务设施；	证监会

续表

惩戒措施	法律及政策依据	实施部门
	（七）法律、行政法规规定的和经国务院批准的国务院证券监督管理机构规定的其他条件。 **《中华人民共和国证券投资基金法》** 第十三条　设立管理公开募集基金的基金管理公司，应当具备下列条件，并经国务院证券监督管理机构批准： （一）有符合本法和《中华人民共和国公司法》规定的章程； （二）注册资本不低于一亿元人民币，且必须为实缴货币资本； （三）主要股东应当具有经营金融业务或者管理金融机构的良好业绩、良好的财务状况和社会信誉，资产规模达到国务院规定的标准，最近三年没有违法记录； （四）取得基金从业资格的人员达到法定人数； （五）董事、监事、高级管理人员具备相应的任职条件； （六）有符合要求的营业场所、安全防范设施和与基金管理业务有关的其他设施； （七）有良好的内部治理结构、完善的内部稽核监控制度、风险控制制度； （八）法律、行政法规规定的和经国务院批准的国务院证券监督管理机构规定的其他条件。 **《期货交易管理条例》（国务院令第 627 号）** 第十六条　申请设立期货公司，应当符合《中华人民共和国公司法》的规定，并具备下列条件： （一）注册资本最低限额为人民币 3000 万元； （二）董事、监事、高级管理人员具备任职资格，从业人员具有期货从业资格； （三）有符合法律、行政法规规定的公司章程； （四）主要股东以及实际控制人具有持续盈利能力，信誉良好，最近 3 年无重大违法违规记录； （五）有合格的经营场所和业务设施； （六）有健全的风险管理和内部控制制度； （七）国务院期货监督管理机构规定的其他条件。 国务院期货监督管理机构根据审慎监管原则和各项业务的风险程度，可以提高注册资本最低限额。注册资本应当是实缴资本。股东应当以货币或者期货公司经营必需的非货币财产出资，货币出资比例不得低于 85%。 国务院期货监督管理机构应当在受理期货公司设立申请之日起 6 个月内，根据审慎监管原则进行审查，作出批准或者不批准的决定。 未经国务院期货监督管理机构批准，任何单位和个人不得委托或者接受他人委托持有或者管理期货公司的股权。 **《证券投资基金管理公司管理办法》（证监会令第 84 号）** 第七条　申请设立基金管理公司，出资或者持有股份占基金管理公司注册资本的比例（以下简称持股比例）在 5%以上的股东，应当具备下列条件： （一）注册资本、净资产不低于 1 亿元人民币，资产质量良好； （二）持续经营 3 个以上完整的会计年度，公司治理健全，内部监控制度完善； （三）最近 3 年没有因违法违规行为受到行政处罚或者刑事处罚； （四）没有挪用客户资产等损害客户利益的行为； （五）没有因违法违规行为正在被监管机构调查，或者正处于整改期间； （六）具有良好的社会信誉，最近 3 年在金融监管、税务、工商等行政机关，以及自律管理、商业银行等机构无不良记录。	

续表

惩戒措施	法律及政策依据	实施部门
	《期货公司监督管理办法》（证监会令第110号） 第七条 持有5%以上股权的股东为法人或者其他组织的，应当具备下列条件： （一）实收资本和净资产均不低于人民币3000万元； （二）净资产不低于实收资本的50%，或有负债低于净资产的50%，不存在对财务状况产生重大不确定影响的其他风险； （三）没有较大数额的到期未清偿债务； （四）近3年未因重大违法违规行为受到行政处罚或者刑事处罚； （五）未因涉嫌重大违法违规正在被有权机关立案调查或者采取强制措施； （六）近3年作为公司（含金融机构）的股东或者实际控制人，未有滥用股东权利、逃避股东义务等不诚信行为； （七）不存在中国证监会根据审慎监管原则认定的其他不适合持有期货公司股权的情形。 **《证券公司监督管理条例》（国务院令第522号）** 第十条 有下列情形之一的单位或者个人，不得成为持有证券公司5%以上股权的股东、实际控制人： （一）因故意犯罪被判处刑罚，刑罚执行完毕未逾3年； （二）净资产低于实收资本的50%，或者或有负债达到净资产的50%； （三）不能清偿到期债务； （四）国务院证券监督管理机构认定的其他情形。 证券公司的其他股东应当符合国务院证券监督管理机构的相关要求。 **《私募投资基金监督管理暂行办法》（证监会令第105号）** 第四条 私募基金管理人和从事私募基金托管业务的机构（以下简称私募基金托管人）管理、运用私募基金财产，从事私募基金销售业务的机构（以下简称私募基金销售机构）及其他私募服务机构从事私募基金服务活动，应当恪尽职守，履行诚实信用、谨慎勤勉的义务。 私募基金从业人员应当遵守法律、行政法规，恪守职业道德和行为规范。	
13. 依法将失信行为作为境内上市公司实行股权激励计划或相关人员成为股权激励对象事中事后监管的参考。	**《上市公司股权激励管理办法》（证监会令第126号）** 第七条 上市公司具有下列情形之一的，不得实行股权激励： （一）最近一个会计年度财务会计报告被注册会计师出具否定意见或者无法表示意见的审计报告； （二）最近一个会计年度财务报告内部控制被注册会计师出具否定意见或无法表示意见的审计报告； （三）上市后最近36个月内出现过未按法律法规、公司章程、公开承诺进行利润分配的情形； （四）法律法规规定不得实行股权激励的； （五）中国证监会认定的其他情形。 第八条 激励对象可以包括上市公司的董事、高级管理人员、核心技术人员或者核心业务人员，以及公司认为应当激励的对公司经营业绩和未来发展有直接影响的其他员工，但不应当包括独立董事和监事。在境内工作的外籍员工任职上市公司董事、高级管理人员、核心技术人员或者核心业务人员的，可以成为激励对象。单独或合计持有上市公司5%以上股份的股东或实际控制人及其配偶、父母、子女，不得成为激励对象。下列人员也不得成为激励对象： （一）最近12月内被证券交易所认定为不适当人选；	证监会

续表

惩戒措施	法律及政策依据	实施部门
	（二）最近12个月内被中国证监会及其派出机构认定为不适当人选； （三）最近12个月内因重大违法违规行为被中国证监会及其派出机构行政处罚或者采取市场禁入措施； （四）具有《公司法》规定的不得担任公司董事、高级管理人员情形的； （五）法律法规规定不得参与上市公司股权激励的； （六）中国证监会认定的其他情形。	
14. 依法将违法失信行为作为非上市公众公司重大资产重组审核的参考。	**《非上市公众公司重大资产重组管理办法》（证监会令第103号）** 第五条　公众公司的董事、监事和高级管理人员在重大资产重组中，应当诚实守信、勤勉尽责，维护公众公司资产的安全，保护公众公司和全体股东的合法权益。 第二十七条　全国股份转让系统对公众公司重大资产重组实施自律管理。 全国股份转让系统应当对公众公司涉及重大资产重组的股票暂停与恢复转让、防范内幕交易等作出制度安排；加强对公众公司重大资产重组期间股票转让的实时监管，建立相应的市场核查机制，并在后续阶段对股票转让情况进行持续监管。 全国股份转让系统应当督促公众公司及其他信息披露义务人依法履行信息披露义务，发现公众公司重大资产重组信息披露文件中有违反法律、行政法规和中国证监会规定行为的，应当向中国证监会报告，并采取相应的自律监管措施；情形严重的，应当要求其暂停重大资产重组。 全国股份转让系统应当督促为公众公司提供服务的独立财务顾问诚实守信、勤勉尽责，发现独立财务顾问有违反法律、行政法规和中国证监会规定行为的，应当向中国证监会报告，并采取相应的自律监管措施。	证监会
15. 在上市公司或者非上市公众公司收购的事中事后监管中，依法对有严重失信行为的企业予以重点关注。	**《上市公司收购管理办法》（证监会令第108号）** 第六条　任何人不得利用上市公司的收购损害被收购公司及其股东的合法权益。 有下列情形之一的，不得收购上市公司： （一）收购人负有数额较大债务，到期未清偿，且处于持续状态； （二）收购人最近3年有重大违法行为或者涉嫌有重大违法行为； （三）收购人最近3年有严重的证券市场失信行为； （四）收购人为自然人的，存在《公司法》第一百四十六条规定情形； （五）法律、行政法规规定以及中国证监会认定的不得收购上市公司的其他情形。 **《非上市公众公司收购管理办法》（证监会令第102号）** 第六条　进行公众公司收购，收购人及其实际控制人应当具有良好的诚信记录，收购人及其实际控制人为法人的，应当具有健全的公司治理机制。任何人不得利用公众公司收购损害被收购公司及其股东的合法权益。 有下列情形之一的，不得收购公众公司： （一）收购人负有数额较大债务，到期未清偿，且处于持续状态； （二）收购人最近2年有重大违法行为或者涉嫌有重大违法行为； （三）收购人最近2年有严重的证券市场失信行为； （四）收购人为自然人的，存在《公司法》第一百四十六条规定的情形； （五）法律、行政法规规定以及中国证监会认定的不得收购公众公司的其他情形。	证监会

续表

惩戒措施	法律及政策依据	实施部门
16. 依法将违法失信行为作为独立基金销售机构审批的参考。	**《证券投资基金销售管理办法》（证监会令第 91 号）** 第十六条　独立基金销售机构以有限责任公司形式设立的，其股东可以是企业法人或者自然人。 企业法人参股独立基金销售机构，应当具备以下条件： （一）持续经营 3 个以上完整会计年度，财务状况良好，运作规范稳定； （二）最近 3 年没有受到刑事处罚； （三）最近 3 年没有受到金融监管、行业监管、工商、税务等行政管理部门的行政处罚； （四）最近 3 年在自律管理、商业银行等机构无不良记录； （五）没有因违法违规行为正在被监管机构调查或者正处于整改期间。 自然人参股独立基金销售机构，应当具备以下条件： （一）有从事证券、基金或者其他金融业务 10 年以上或者证券、基金业务部门管理 5 年以上或者担任证券、基金行业高级管理人员 3 年以上的工作经历； （二）最近 3 年没有受到刑事处罚； （三）最近 3 年没有受到金融监管、行业监管、工商、税务等行政管理部门的行政处罚； （四）在自律管理、商业银行等机构无不良记录； （五）无到期未清偿的数额较大的债务； （六）最近 3 年无其他重大不良诚信记录。 第十七条　独立基金销售机构以合伙企业形式设立的，其合伙人应当具备以下条件： （一）有从事证券、基金或者其他金融业 10 年以上或者证券、基金业务部门管理 5 年以上或者担任证券、基金行业高级管理人员 3 年以上的工作经历； （二）最近 3 年没有受到刑事处罚； （三）最近 3 年没有受到金融监管、工商、税务等行政管理部门的行政处罚； （四）在自律管理、商业银行等机构无不良记录； （五）无到期未清偿的数额较大的债务； （六）最近 3 年无其他重大不良诚信记录。	证监会
17. 依法将违法失信行为作为证券公司、基金管理公司、期货公司的董事、监事和高级管理人员及分支机构负责人任职审批或备案的参考。	**《中华人民共和国证券法》** 第一百三十一条　证券公司的董事、监事、高级管理人员，应当正直诚实，品行良好，熟悉证券法律、行政法规，具有履行职责所需的经营管理能力，并在任职前取得国务院证券监督管理机构核准的任职资格。 有《中华人民共和国公司法》第一百四十六条规定的情形或者下列情形之一的，不得担任证券公司的董事、监事、高级管理人员： （一）因违法行为或者违纪行为被解除职务的证券交易所、证券登记结算机构的负责人或者证券公司的董事、监事、高级管理人员，自被解除职务之日起未逾五年； （二）因违法行为或者违纪行为被撤销资格的律师、注册会计师或者投资咨询机构、财务顾问机构、资信评级机构、资产评估机构、验证机构的专业人员，自被撤销资格之日起未逾五年。 **《证券公司董事、监事和高级管理人员任职资格监管办法》（证监会令第 88 号）** 第八条　取得证券公司董事、监事、高管人员和分支机构负责人任职资格，应当具备以下基本条件： （一）正直诚实，品行良好；	

续表

惩戒措施	法律及政策依据	实施部门
	（二）熟悉证券法律、行政法规、规章以及其他规范性文件，具备履行职责所必需的经营管理能力。 **《证券投资基金行业高级管理人员任职管理办法》（证监会令第23号）** 第四条　高级管理人员应当遵守法律、行政法规和中国证监会的规定，遵守公司章程和行业规范，恪守诚信，审慎勤勉，忠实尽责，维护基金份额持有人的合法权益。	证监会
18. 在办理相关海关业务时，对其进出口货物实施严密监管，加强单证审核、布控查验、后续稽查或统计监督核查。	**《国务院关于促进市场公平竞争维护市场正常秩序的若干意见》（国发〔2014〕20号）** （十五）建立健全守信激励和失信惩戒机制。将市场主体的信用信息作为实施行政管理的重要参考。根据市场主体信用状况实行分类分级、动态监管，建立健全经营异常名录制度，对违背市场竞争原则和侵犯消费者、劳动者合法权益的市场主体建立“黑名单”制度。对守信主体予以支持和激励，对失信主体在经营、投融资、取得政府供应土地、进出口、出入境、注册新公司、工程招投标、政府采购、获得荣誉、安全许可、生产许可、从业任职资格、资质审核等方面依法予以限制或禁止，对严重违法失信主体实行市场禁入制度。 **《社会信用体系建设规划纲要（2014—2020年）》** 加强对失信主体的约束和惩戒。强化行政监管性约束和惩戒。在现有行政处罚措施的基础上，健全失信惩戒制度，建立各行业黑名单制度和市场退出机制。推动各级人民政府在市场监管和公共服务的市场准入、资质认定、行政审批、政策扶持等方面实施信用分类监管，结合监管对象的失信类别和程度，使失信者受到惩戒。	海关总署
19. 对申请适用海关认证企业管理的，依法不予通过认证，对已经成为认证企业的，按照规定下调企业信用等级。	**《海关认证企业标准》（海关总署公告2014年第82号）** （九）未有不良外部信用高级认证第23项、一般认证第20项外部信用企业或者其企业法定代表人（负责人）、负责关务的高级管理人员、财务负责人连续1年在工商、商务、税务、银行、外汇、检验检疫、公安、检察院、法院等部门未被列入经营异常名录、失信企业或者人员名单、黑名单企业、人员。 **《中华人民共和国海关企业信用管理暂行办法》（海关总署令第225号）** 第十条　企业有下列情形之一的，海关认定为失信企业： （一）有走私犯罪或者走私行为的； （二）非报关企业1年内违反海关监管规定行为次数超过上年度报关单、进出境备案清单等相关单证总票数千分之一且被海关行政处罚金额超过10万元的违规行为2次以上的，或者被海关行政处罚金额累计超过100万元的； 报关企业1年内违反海关监管规定行为次数超过上年度报关单、进出境备案清单总票数万分之五的，或者被海关行政处罚金额累计超过10万元的； （三）拖欠应缴税款、应缴罚没款项的； （四）上一季度报关差错率高于同期全国平均报关差错率1倍以上的； （五）经过实地查看，确认企业登记的信息失实且无法与企业取得联系的； （六）被海关依法暂停从事报关业务的； （七）涉嫌走私、违反海关监管规定拒不配合海关进行调查的； （八）假借海关或者其他企业名义获取不当利益的； （九）弄虚作假、伪造企业信用信息的； （十）其他海关认定为失信企业的情形。	海关总署

续表

惩戒措施	法律及政策依据	实施部门
20．将失信主体列入税收管理重点监控对象，强化税收管理，提高监督检查频次。 21．将失信主体的失信状况作为纳税信用评价的重要外部参考。	**《国务院关于印发社会信用体系建设规划纲要（2014—2020年）的通知》（国发〔2014〕21号）** 加强对失信主体的约束和惩戒。强化行政监管性约束和惩戒。在现有行政处罚措施的基础上，健全失信惩戒制度，建立各行业黑名单制度和市场退出机制。推动各级人民政府在市场监管和公共服务的市场准入、资质认定、行政审批、政策扶持等方面实施信用分类监管，结合监管对象的失信并对其享受税收优惠从严审核。 **《国务院关于建立完善守信联合激励和失信联合惩戒制度加快推进社会诚信建设的指导意见》（国发〔2016〕33号）** （十）依法依规加强对失信行为的行政性约束和惩戒。对严重失信主体，各地区、各有关部门应将其列为重点监管对象，依法依规采取行政性约束和惩戒措施。	税务总局
22．依法限制失信被执行人新建、扩建高档装修房屋，购买非经营必须车辆等非生活和工作必需的消费行为。	**《中共中央办公厅 国务院办公厅印发〈关于加快推进失信被执行人信用监督、警示和惩戒机制建设的意见〉的通知》** （七）限制高消费及有关消费 6．新建、扩建、高档装修房屋等限制。限制失信被执行人及失信被执行人的法定代表人、主要负责人、实际控制人、影响债务履行的直接责任人员新建、扩建、高档装修房屋，购买非经营必需车辆等非生活和工作必需的消费行为。 **《国务院关于建立完善守信联合激励和失信联合惩戒制度加快推进社会诚信建设的指导意见》（国发〔2016〕33号）** （十一）加强对失信行为的市场性约束和惩戒。对严重失信主体，有关部门和机构应以统一社会信用代码为索引，及时公开披露相关信息，便于市场识别失信行为，防范信用风险。督促有关企业和个人履行法定义务，对有履行能力但拒不履行的严重失信主体实施限制出境和限制购买不动产、乘坐飞机、乘坐高等级列车和席次、旅游度假、入住星级以上宾馆及其他高消费行为等措施。支持征信机构采集严重失信行为信息，纳入信用记录和信用报告。引导商业银行、证券期货经营机构、保险公司等金融机构按照风险定价原则，对严重失信主体提高贷款利率和财产保险费率，或者限制向其提供贷款、保荐、承销、保险等服务。	住房城乡建设部等有关部门
23．依法限制新的科技扶持项目，将其严重失信行为计入科研信用记录，并依据有关规定暂停审批其新的科技项目扶持资金申报等。	**《国家科技计划项目管理暂行办法》（科技部令第5号）** 第八条　申请项目的申请者（包括单位或个人）应当符合以下基本条件： （一）符合该计划对申请者的主体资格（包括法人性质、经济性质、国籍）等方面要求； （二）在相关研究领域和专业应具有一定的学术地位和技术优势； （三）具有为完成项目必备的人才条件和技术装备； （四）具有与项目相关的研究经历和研究积累； （五）具有完成项目所需的组织管理和协调能力； （六）具有完成项目的良好信誉度。 **《国务院关于改进加强中央财政科研项目和资金管理的若干意见》（国发〔2014〕11号）** （二十二）完善科研信用管理。建立覆盖指南编制、项目申请、评估评审、立项、执行、验收全过程的科研信用记录制度，由项目主管部门委托专业机构对项目承担单位和科研人员、评估评审专家、中介机构等参与主体进行信用评级，并按信用评级实行分类管理。各项目主管部门应共享信用评价信息。建立“黑名单”制度，将严重不良信用记录者记入“黑名单”，阶段性或永久取消其申请中央财政资助项目或参与项目管理的资格。	科技部

续表

惩戒措施	法律及政策依据	实施部门
24. 按程序及时撤销相关表彰奖励，取消参加评先评优的资格。	**《国务院关于促进市场公平竞争维护市场正常秩序的若干意见》(国发〔2014〕20 号)** （十五）建立健全守信激励和失信惩戒机制。将市场主体的信用信息作为实施行政管理的重要参考。根据市场主体信用状况实行分类分级、动态监管，建立健全经营异常名录制度，对违背市场竞争原则和侵犯消费者、劳动者合法权益的市场主体建立“黑名单”制度。(工商总局牵头负责）对守信主体予以支持和激励，对失信主体在经营、投融资、取得政府供应土地、进出口、出入境、注册新公司、工程招投标、政府采购、获得荣誉、安全许可、生产许可、从业任职资格、资质审核等方面依法予以限制或禁止，对严重违法失信主体实行市场禁入制度。(各相关市场监管部门按职责分工分别负责） **《国务院关于建立完善守信联合激励和失信联合惩戒制度加快推进社会诚信建设的指导意见》(国发〔2016〕33 号)** （十）依法依规加强对失信行为的行政性约束和惩戒。对严重失信主体，各地区、各有关部门应将其列为重点监管对象，依法依规采取行政性约束和惩戒措施。从严审核行政许可审批项目，从严控制生产许可证发放，限制新增项目审批、核准，限制股票发行上市融资或发行债券，限制在全国股份转让系统挂牌、融资，限制发起设立或参股金融机构以及小额贷款公司、融资担保公司、创业投资公司、互联网融资平台等机构，限制从事互联网信息服务等。严格限制申请财政性资金项目，限制参与有关公共资源交易活动，限制参与基础设施和公用事业特许经营。对严重失信企业及其法定代表人、主要负责人和对失信行为负有直接责任的注册执业人员等实施市场和行业禁入措施。及时撤销严重失信企业及其法定代表人、负责人、高级管理人员对失信行为负有直接责任的董事、股东等人员的荣誉称号，取消参加评先评优资格。	中央文明办等有关部门
25. 严重失信主体是个人的，依法限制登记为事业单位法定代表人；严重失信主体是企业的，该企业法定代表人依法限制登记为事业单位法定代表人。	**《中央编办关于批转〈事业单位、社会团体及企业等组织利用国有资产举办事业单位设立登记办法（试行）〉的通知》(中央编办发〔2015〕132 号)** 第四条　登记事项要求： （四）法定代表人。应当是具有完全民事行为能力的中国公民，且为该单位主要行政负责人，年龄一般不超过 70 周岁，无不良信用记录。担任过其他机构法定代表人的，在任职期间，该机构无不良信用记录。党政机关领导干部在职或退休后拟担任法定代表人的，应当符合干部管理有关规定。 **《事业单位登记管理暂行条例实施细则》(中央编办发〔2014〕4 号)** 第三十一条　事业单位法定代表人应当具备下列条件： （一）具有完全民事行为能力的自然人； （二）该事业单位的主要行政负责人； 违反法律、法规和政策规定产生的事业单位主要行政负责人，不得担任事业单位法定代表人。	中央编办
26. 依法限制招录（聘）为公务员或事业单位工作人员。	**《中华人民共和国公务员法》** 第十一条　公务员应当具备下列条件： （一）具有中华人民共和国国籍； （二）年满十八周岁； （三）拥护中华人民共和国宪法； （四）具有良好的品行； （五）具有正常履行职责的身体条件； （六）具有符合职位要求的文化程度和工作能力；	中央组织部、公务员局

续表

惩戒措施	法律及政策依据	实施部门
	（七）法律规定的其他条件。 **《事业单位公开招聘人员暂行规定》（人事部令第6号）** 第九条　应聘人员必须具备下列条件： （一）具有中华人民共和国国籍； （二）遵守宪法和法律； （三）具有良好的品行； （四）岗位所需的专业或技能条件； （五）适应岗位要求的身体条件； （六）岗位所需要的其他条件。	

关于印发《工程咨询单位资信评价标准》的通知

（发改投资规〔2018〕623号，国家发展改革委2018年4月23日发布）

各省、自治区、直辖市及计划单列市、新疆生产建设兵团发展改革委：

为落实《工程咨询行业管理办法》（国家发展改革委2017年第9号令）要求，引导和促进工程咨询行业发展，我委研究制定了《工程咨询单位资信评价标准》（以下简称《标准》），现印发你们，并就有关事项通知如下：

一、建立工程咨询单位资信评价制度，是推进工程咨询行业自律管理、优化行业服务供给的改革举措，是贯彻“放管服”改革要求、取消执业限制、将工作重心向事中事后监管转变的制度安排，是以市场和用户体现价值、以事后评价引领行业健康发展的重要手段。各级发展改革部门要充分认识这项制度的重要意义，准确把握资信评价的性质定位，正确处理政府管理和行业自律的关系，在行业组织开展资信评价工作中发挥好指导监督作用。

二、根据9号令有关规定，国家和省级发展改革委要指导监督行业组织统一按照本《标准》开展工程咨询单位资信评价，以确保评价结果公平公正。各省级发展改革委在指导监督本行政区域内注册登记的工程咨询单位乙级资信评价工作中，要重点围绕行业组织的选择确定、《标准》的监督执行、评价结果的公开和应用、对行业组织和工程咨询单位的政策服务等认真履职、精心组织，确保改革举措平稳过渡。

三、在执行9号令和本《标准》统一规定的前提下，各地资信评价工作的具体时间和工作程序可自行安排、确定。每年9月30日之前，各省级发展改革委要向我委报送最近一次的乙级资信评价工作情况和结果。

四、各地要密切关注《标准》执行情况，对资信评价工作中出现的新问题、新情况要及时上报我委。我委将根据资信评定情况和实际需要适时修订完善《标准》。

附件：工程咨询单位资信评价标准

附件

工程咨询单位资信评价标准

本标准所称的工程咨询单位资信评价，是指根据《工程咨询行业管理办法》（国家发展改革委2017年第9号令），由国家和省级发展改革委分别指导监督行业组织对工程咨询单位开展的行业自律性质的资信评价。开展资信评价的目的，是为工程咨询行业提供健康发展导向，以及为委托单位选择工程咨询单位提供参考。开展资信评价，应统一执行以下标准。

一、总体要求

（一）工程咨询单位资信评价标准以近 3 年的专业技术力量、合同业绩、守法信用记录为主要指标，资信评价等级分为甲级和乙级两个级别。资信评价类别分为专业资信、专项资信、综合资信。专业资信、专项资信设甲级和乙级，综合资信只设甲级。

（二）专业资信按照《工程咨询行业管理办法》划分的 21 个专业进行评定；PPP 咨询专项资信、综合资信不分专业。

（三）工程咨询单位资信评价每年度集中申请和评定，已获得资信评价等级的单位满 3 年后重新申请和评定，期间对发现不再达到相应标准的单位进行动态调整。

（四）申请资信评价的工程咨询单位应当通过全国投资项目在线审批监管平台备案并列入公示名录。

二、甲级资信评价标准

（一）甲级专业资信

1. 专业技术力量。

（1）单位咨询工程师（投资）不少于 12 人；

（2）申请评价的专业应配备至少 4 名咨询工程师（投资）和至少 2 名具有本专业高级技术职称的人员，两者不重复计算；

（3）单位主要技术负责人为咨询工程师（投资），具有工程或工程经济类高级技术职称，且从事工程咨询业务不少于 8 年。

2. 合同业绩。

申请评价的专业近 3 年合同业绩应满足以下条件之一：

（1）主持完成国家级规划咨询不少于 1 项或省级规划咨询不少于 2 项或市级规划咨询不少于 4 项，且全部服务范围内（规划咨询、项目咨询、评估咨询、全过程工程咨询，下同）业绩累计不少于 10 项；

（2）单一服务范围内完成的业绩累计不少于 40 项，或覆盖两个及以上服务范围的业绩累计不少于 30 项；

（3）项目咨询、评估咨询、全过程工程咨询等三项服务范围内完成的单个项目投资额 15 亿元及以上业绩不少于 10 项。

3. 守法信用记录。

工程咨询单位及其专业技术人员应具有良好的声誉和信用，没有下列情形：

（1）列入工程咨询“黑名单”的；

（2）违反《工程咨询行业管理办法》规定被发展改革部门给予警告处罚且列入工程咨询不良记录的；

（3）列入其他部门严重违法失信企业名单并适用“在工程咨询单位资信评价中不予支持”联合惩戒措施的。

4. 单位从事工程咨询业务不少于 5 年。

（二）PPP 咨询甲级专项资信

1. 专业技术力量。

单位从事 PPP 咨询业务的咨询工程师（投资）不少于 6 人，法律、财务、金融等专业人员不少于 8 人，两者不重复计算。

2. 合同业绩。

近 3 年完成 PPP 咨询合同业绩不少于 40 项。PPP 咨询合同业绩的认定范围及要求见本标准附注。

3. 满足甲级专业资信守法信用记录要求。

4. 单位从事 PPP 咨询业务不少于 3 年。

（三）甲级综合资信

申请甲级综合资信评价的单位，应具备以下条件之一：

1. 甲级专业资信 12 个或以上；

2. 甲级专业资信 6 个或以上，同时咨询工程师（投资）不少于 35 人、12 个及以上专业近 3 年均有业绩、12 个及以上专业均至少配备咨询工程师（投资）和本专业高级技术职称人员各 1 名。

甲级综合资信可以作为所有专业规划咨询和评估咨询业务能力的参考。

三、乙级资信评价标准

（一）乙级专业资信

1. 专业技术力量。

（1）单位咨询工程师（投资）不少于 6 人；

（2）申请评价的专业应配备至少 3 名咨询

工程师（投资）和至少1名具有本专业高级技术职称的人员，两者不重复计算；

（3）单位主要技术负责人为咨询工程师（投资），具有工程或工程经济类高级技术职称，且从事工程咨询业务不少于6年。

2. 合同业绩。

申请评价的专业近3年全部服务范围内完成的业绩累计不少于15项。

3. 守法信用记录。

工程咨询单位及其专业技术人员应具有良好的声誉和信用，没有下列情形：

（1）列入工程咨询“黑名单”的；

（2）违反《工程咨询行业管理办法》规定被发展改革部门给予警告处罚且列入工程咨询不良记录的；

（3）列入其他部门严重违法失信企业名单并适用“在工程咨询单位资信评价中不予支持”联合惩戒措施的。

4. 单位从事工程咨询业务不少于3年。

考虑到工程咨询市场实际情况，未达到上述标准的工程咨询单位可以申请乙级专业资信预评价。预评价的标准为：（1）单位咨询工程师（投资）不少于4人；（2）申请评价的专业应配备至少3名咨询工程师（投资）和至少1名具有本专业高级技术职称的人员，两者不重复计算；（3）满足乙级专业资信守法信用记录要求。同一单位只可申请一次预评价，预评价结果满1年后自动失效。

（二）PPP咨询乙级专项资信

1. 专业技术力量。

单位从事PPP咨询业务的咨询工程师（投资）不少于4人，法律、财务、金融等专业人员不少于6人，两者不重复计算。

2. 合同业绩。

近3年完成PPP咨询合同业绩不少于20项。PPP咨询合同业绩的认定范围及要求见本标准附注。

3. 满足乙级专业资信守法信用记录要求。

4. 单位从事PPP咨询业务不少于2年。

考虑到PPP咨询市场实际情况，未达到上述标准的工程咨询单位可以申请PPP咨询乙级专项资信预评价。预评价的标准为：

（1）单位从事PPP咨询业务的咨询工程师（投资）不少于2人，法律、财务、金融等专业人员不少于6人，两者不重复计算；（2）满足乙级专业资信守法信用记录要求。同一单位只可申请一次预评价，预评价结果满1年后自动失效。

注：1. 核定申请PPP咨询资信评价的工程咨询单位的合同业绩时，本单位从事PPP咨询业务的专业人员在入职本单位之前主持并签字的合同业绩可以计入。

2. 本标准所称PPP咨询合同业绩包括，县级以上PPP项目规划的编制、含有PPP项目实施专章的可行性研究报告的编制、PPP项目实施方案的编制、PPP项目合同（含特许经营协议）的编制、PPP项目绩效评价报告的编制、PPP项目物有所值论证或财政承受能力论证方案的编制（计为一项业绩）。

3. PPP咨询合同业绩用以申请专业资信、综合资信时，仅限于含有PPP项目实施专章的可行性研究报告的编制及审批部门委托的评估、PPP项目实施方案的编制。

4. 工程咨询单位发生分立、兼并、重组等重大变更的，需重新申请资信评价；工程咨询单位注销或破产的，资信评价结果自动失效。

第三部分

招标采购相关政策与法规

关于建筑服务等营改增试点政策的通知

（财税〔2017〕58号，财政部、税务总局2017年7月11日发布）

各省、自治区、直辖市、计划单列市财政厅（局）、国家税务局、地方税务局，新疆生产建设兵团财务局：

现将营改增试点期间建筑服务等政策补充通知如下：

一、建筑工程总承包单位为房屋建筑的地基与基础、主体结构提供工程服务，建设单位自行采购全部或部分钢材、混凝土、砌体材料、预制构件的，适用简易计税方法计税。

地基与基础、主体结构的范围，按照《建筑工程施工质量验收统一标准》（GB50300—2013）附录B《建筑工程的分部工程、分项工程划分》中的“地基与基础”“主体结构”分部工程的范围执行。

二、《营业税改征增值税试点实施办法》（财税〔2016〕36号印发）第四十五条第（二）项修改为“纳税人提供租赁服务采取预收款方式的，其纳税义务发生时间为收到预收款的当天”。

三、纳税人提供建筑服务取得预收款，应在收到预收款时，以取得的预收款扣除支付的分包款后的余额，按照本条第三款规定的预征率预缴增值税。

按照现行规定应在建筑服务发生地预缴增值税的项目，纳税人收到预收款时在建筑服务发生地预缴增值税。按照现行规定无需在建筑服务发生地预缴增值税的项目，纳税人收到预收款时在机构所在地预缴增值税。

适用一般计税方法计税的项目预征率为2%，适用简易计税方法计税的项目预征率为3%。

四、纳税人采取转包、出租、互换、转让、入股等方式将承包地流转给农业生产者用于农业生产，免征增值税。

五、自2018年1月1日起，金融机构开展贴现、转贴现业务，以其实际持有票据期间取得的利息收入作为贷款服务销售额计算缴纳增值税。此前贴现机构已就贴现利息收入全额缴纳增值税的票据，转贴现机构转贴现利息收入继续免征增值税。

六、本通知除第五条外，自2017年7月1日起执行。《营业税改征增值税试点实施办法》（财税〔2016〕36号印发）第七条自2017年7月1日起废止。《营业税改征增值税试点过渡政策的规定》（财税〔2016〕36号印发）第一条第（二十三）项第4点自2018年1月1日起废止。

融资担保公司监督管理条例

（国务院令2017年第683号，国务院2017年8月2日发布）

《融资担保公司监督管理条例》已经2017年6月21日国务院第177次常务会议通过，现予公布，自2017年10月1日起施行。

融资担保公司监督管理条例

第一章 总 则

第一条 为了支持普惠金融发展，促进资金融通，规范融资担保公司的行为，防范风险，制定本条例。

第二条 本条例所称融资担保，是指担保人为被担保人借款、发行债券等债务融资提供担保的行为；所称融资担保公司，是指依法设立、经营融资担保业务的有限责任公司或者股份有限公司。

第三条 融资担保公司开展业务，应当遵守法律法规，审慎经营，诚实守信，不得损害国家利益、社会公共利益和他人合法权益。

第四条 省、自治区、直辖市人民政府确定的部门（以下称监督管理部门）负责对本地区融资担保公司的监督管理。

省、自治区、直辖市人民政府负责制定促进本地区融资担保行业发展的政策措施、处置融资担保公司风险，督促监督管理部门严格履行职责。

国务院建立融资性担保业务监管部际联席会议，负责拟订融资担保公司监督管理制度，协调解决融资担保公司监督管理中的重大问题，督促指导地方人民政府对融资担保公司进行监督管理和风险处置。融资性担保业务监管部际联席会议由国务院银行业监督管理机构牵头，国务院有关部门参加。

第五条 国家推动建立政府性融资担保体系，发展政府支持的融资担保公司，建立政府、银行业金融机构、融资担保公司合作机制，扩大为小微企业和农业、农村、农民提供融资担保业务的规模并保持较低的费率水平。

各级人民政府财政部门通过资本金投入、建立风险分担机制等方式，对主要为小微企业和农业、农村、农民服务的融资担保公司提供财政支持，具体办法由国务院财政部门制定。

第二章　设立、变更和终止

第六条 设立融资担保公司，应当经监督管理部门批准。

融资担保公司的名称中应当标明融资担保字样。

未经监督管理部门批准，任何单位和个人不得经营融资担保业务，任何单位不得在名称中使用融资担保字样。国家另有规定的除外。

第七条 设立融资担保公司，应当符合《中华人民共和国公司法》的规定，并具备下列条件：

（一）股东信誉良好，最近 3 年无重大违法违规记录；

（二）注册资本不低于人民币 2000 万元，且为实缴货币资本；

（三）拟任董事、监事、高级管理人员熟悉与融资担保业务相关的法律法规，具有履行职责所需的从业经验和管理能力；

（四）有健全的业务规范和风险控制等内部管理制度。

省、自治区、直辖市根据本地区经济发展水平和融资担保行业发展的实际情况，可以提高前款规定的注册资本最低限额。

第八条 申请设立融资担保公司，应当向监督管理部门提交申请书和证明其符合本条例第七条规定条件的材料。

监督管理部门应当自受理申请之日起 30 日内作出批准或者不予批准的决定。决定批准的，颁发融资担保业务经营许可证；不予批准的，书面通知申请人并说明理由。

经批准设立的融资担保公司由监督管理部门予以公告。

第九条 融资担保公司合并、分立或者减少注册资本，应当经监督管理部门批准。

融资担保公司在住所地所在省、自治区、直辖市范围内设立分支机构，变更名称，变更持有 5% 以上股权的股东或者变更董事、监事、高级管理人员，应当自分支机构设立之日起或者变更相关事项之日起 30 日内向监督管理部门备案；变更后的相关事项应当符合本条例第六条第二款、第七条的规定。

第十条 融资担保公司跨省、自治区、直辖市设立分支机构，应当具备下列条件，并经拟设分支机构所在地监督管理部门批准：

（一）注册资本不低于人民币 10 亿元；

（二）经营融资担保业务 3 年以上，且最近 2 个会计年度连续盈利；

（三）最近 2 年无重大违法违规记录。

拟设分支机构所在地监督管理部门审批的程序和期限，适用本条例第八条的规定。

融资担保公司应当自分支机构设立之日起 30 日内，将有关情况报告公司住所地监督管理部门。

融资担保公司跨省、自治区、直辖市设立的分支机构的日常监督管理，由分支机构所在地监督管理部门负责，融资担保公司住所地监督管理部门应当予以配合。

第十一条　融资担保公司解散的，应当依法成立清算组进行清算，并对未到期融资担保责任的承接作出明确安排。清算过程应当接受监督管理部门的监督。

融资担保公司解散或者被依法宣告破产的，应当将融资担保业务经营许可证交监督管理部门注销，并由监督管理部门予以公告。

第三章　经营规则

第十二条　除经营借款担保、发行债券担保等融资担保业务外，经营稳健、财务状况良好的融资担保公司还可以经营投标担保、工程履约担保、诉讼保全担保等非融资担保业务以及与担保业务有关的咨询等服务业务。

第十三条　融资担保公司应当按照审慎经营原则，建立健全融资担保项目评审、担保后管理、代偿责任追偿等方面的业务规范以及风险管理等内部控制制度。

政府支持的融资担保公司应当增强运用大数据等现代信息技术手段的能力，为小微企业和农业、农村、农民的融资需求服务。

第十四条　融资担保公司应当按照国家规定的风险权重，计量担保责任余额。

第十五条　融资担保公司的担保责任余额不得超过其净资产的10倍。

对主要为小微企业和农业、农村、农民服务的融资担保公司，前款规定的倍数上限可以提高至15倍。

第十六条　融资担保公司对同一被担保人的担保责任余额与融资担保公司净资产的比例不得超过10%，对同一被担保人及其关联方的担保责任余额与融资担保公司净资产的比例不得超过15%。

第十七条　融资担保公司不得为其控股股东、实际控制人提供融资担保，为其他关联方提供融资担保的条件不得优于为非关联方提供同类担保的条件。

融资担保公司为关联方提供融资担保的，应当自提供担保之日起30日内向监督管理部门报告，并在会计报表附注中予以披露。

第十八条　融资担保公司应当按照国家有关规定提取相应的准备金。

第十九条　融资担保费率由融资担保公司与被担保人协商确定。

纳入政府推动建立的融资担保风险分担机制的融资担保公司，应当按照国家有关规定降低对小微企业和农业、农村、农民的融资担保费率。

第二十条　被担保人或者第三人以抵押、质押方式向融资担保公司提供反担保，依法需要办理登记的，有关登记机关应当依法予以办理。

第二十一条　融资担保公司有权要求被担保人提供与融资担保有关的业务活动和财务状况等信息。

融资担保公司应当向被担保人的债权人提供与融资担保有关的业务活动和财务状况等信息。

第二十二条　融资担保公司自有资金的运用，应当符合国家有关融资担保公司资产安全性、流动性的规定。

第二十三条　融资担保公司不得从事下列活动：

（一）吸收存款或者变相吸收存款；

（二）自营贷款或者受托贷款；

（三）受托投资。

第四章　监督管理

第二十四条　监督管理部门应当建立健全监督管理工作制度，运用大数据等现代信息技术手段实时监测风险，加强对融资担保公司的非现场监管和现场检查，并与有关部门建立监督管理协调机制和信息共享机制。

第二十五条　监督管理部门应当根据融资担保公司的经营规模、主要服务对象、内部管理水平、风险状况等，对融资担保公司实施分类监督管理。

第二十六条　监督管理部门应当按照国家有关融资担保统计制度的要求，向本级人民政府和国务院银行业监督管理机构报送本地区融资担保公司统计数据。

第二十七条　监督管理部门应当分析评估

本地区融资担保行业发展和监督管理情况，按年度向本级人民政府和国务院银行业监督管理机构报告，并向社会公布。

第二十八条 监督管理部门进行现场检查，可以采取下列措施：

（一）进入融资担保公司进行检查；

（二）询问融资担保公司的工作人员，要求其对有关检查事项作出说明；

（三）检查融资担保公司的计算机信息管理系统；

（四）查阅、复制与检查事项有关的文件、资料，对可能被转移、隐匿或者毁损的文件、资料、电子设备予以封存。

进行现场检查，应当经监督管理部门负责人批准。检查人员不得少于 2 人，并应当出示合法证件和检查通知书。

第二十九条 监督管理部门根据履行职责的需要，可以与融资担保公司的董事、监事、高级管理人员进行监督管理谈话，要求其就融资担保公司业务活动和风险管理的重大事项作出说明。

监督管理部门可以向被担保人的债权人通报融资担保公司的违法违规行为或者风险情况。

第三十条 监督管理部门发现融资担保公司的经营活动可能形成重大风险的，经监督管理部门主要负责人批准，可以区别情形，采取下列措施：

（一）责令其暂停部分业务；

（二）限制其自有资金运用的规模和方式；

（三）责令其停止增设分支机构。

融资担保公司应当及时采取措施，消除重大风险隐患，并向监督管理部门报告有关情况。经监督管理部门验收，确认重大风险隐患已经消除的，监督管理部门应当自验收完毕之日起 3 日内解除前款规定的措施。

第三十一条 融资担保公司应当按照要求向监督管理部门报送经营报告、财务报告以及注册会计师出具的年度审计报告等文件和资料。

融资担保公司跨省、自治区、直辖市开展业务的，应当按季度向住所地监督管理部门和业务发生地监督管理部门报告业务开展情况。

第三十二条 融资担保公司对监督管理部门依法实施的监督检查应当予以配合，不得拒绝、阻碍。

第三十三条 监督管理部门应当建立健全融资担保公司信用记录制度。融资担保公司信用记录纳入全国信用信息共享平台。

第三十四条 监督管理部门应当会同有关部门建立融资担保公司重大风险事件的预警、防范和处置机制，制定融资担保公司重大风险事件应急预案。

融资担保公司发生重大风险事件的，应当立即采取应急措施，并及时向监督管理部门报告。监督管理部门应当及时处置，并向本级人民政府、国务院银行业监督管理机构和中国人民银行报告。

第三十五条 监督管理部门及其工作人员对监督管理工作中知悉的商业秘密，应当予以保密。

第五章　法律责任

第三十六条 违反本条例规定，未经批准擅自设立融资担保公司或者经营融资担保业务的，由监督管理部门予以取缔或者责令停止经营，处 50 万元以上 100 万元以下的罚款，有违法所得的，没收违法所得；构成犯罪的，依法追究刑事责任。

违反本条例规定，未经批准在名称中使用融资担保字样的，由监督管理部门责令限期改正；逾期不改正的，处 5 万元以上 10 万元以下的罚款，有违法所得的，没收违法所得。

第三十七条 融资担保公司有下列情形之一的，由监督管理部门责令限期改正，处 10 万元以上 50 万元以下的罚款，有违法所得的，没收违法所得；逾期不改正的，责令停业整顿，情节严重的，吊销其融资担保业务经营许可证：

（一）未经批准合并或者分立；

（二）未经批准减少注册资本；

（三）未经批准跨省、自治区、直辖市设立分支机构。

第三十八条 融资担保公司变更相关事项，未按照本条例规定备案，或者变更后的相关事项不符合本条例规定的，由监督管理部门责令限期改正；逾期不改正的，处5万元以上10万元以下的罚款，情节严重的，责令停业整顿。

第三十九条　融资担保公司受托投资的，由监督管理部门责令限期改正，处50万元以上100万元以下的罚款，有违法所得的，没收违法所得；逾期不改正的，责令停业整顿，情节严重的，吊销其融资担保业务经营许可证。

融资担保公司吸收公众存款或者变相吸收公众存款、从事自营贷款或者受托贷款的，依照有关法律、行政法规予以处罚。

第四十条　融资担保公司有下列情形之一的，由监督管理部门责令限期改正；逾期不改正的，处10万元以上50万元以下的罚款，有违法所得的，没收违法所得，并可以责令停业整顿，情节严重的，吊销其融资担保业务经营许可证：

（一）担保责任余额与其净资产的比例不符合规定；

（二）为控股股东、实际控制人提供融资担保，或者为其他关联方提供融资担保的条件优于为非关联方提供同类担保的条件；

（三）未按照规定提取相应的准备金；

（四）自有资金的运用不符合国家有关融资担保公司资产安全性、流动性的规定。

第四十一条　融资担保公司未按照要求向监督管理部门报送经营报告、财务报告、年度审计报告等文件、资料或者业务开展情况，或者未报告其发生的重大风险事件的，由监督管理部门责令限期改正，处5万元以上20万元以下的罚款；逾期不改正的，责令停业整顿，情节严重的，吊销其融资担保业务经营许可证。

第四十二条　融资担保公司有下列情形之一的，由监督管理部门责令限期改正，处20万元以上50万元以下的罚款；逾期不改正的，责令停业整顿，情节严重的，吊销其融资担保业务经营许可证；构成违反治安管理行为的，依照《中华人民共和国治安管理处罚法》予以处罚；构成犯罪的，依法追究刑事责任：

（一）拒绝、阻碍监督管理部门依法实施监督检查；

（二）向监督管理部门提供虚假的经营报告、财务报告、年度审计报告等文件、资料；

（三）拒绝执行监督管理部门依照本条例第三十条第一款规定采取的措施。

第四十三条　依照本条例规定对融资担保公司处以罚款的，根据具体情形，可以同时对负有直接责任的董事、监事、高级管理人员处5万元以下的罚款。

融资担保公司违反本条例规定，情节严重的，监督管理部门对负有直接责任的董事、监事、高级管理人员，可以禁止其在一定期限内担任或者终身禁止其担任融资担保公司的董事、监事、高级管理人员。

第四十四条　监督管理部门的工作人员在融资担保公司监督管理工作中滥用职权、玩忽职守、徇私舞弊的，依法给予处分；构成犯罪的，依法追究刑事责任。

第六章　附　　则

第四十五条　融资担保行业组织依照法律法规和章程的规定，发挥服务、协调和行业自律作用，引导融资担保公司依法经营，公平竞争。

第四十六条　政府性基金或者政府部门为促进就业创业等直接设立运营机构开展融资担保业务，按照国家有关规定执行。

农村互助式融资担保组织开展担保业务、林业经营主体间开展林权收储担保业务，不适用本条例。

第四十七条　融资再担保公司的管理办法，由国务院银行业监督管理机构会同国务院有关部门另行制定，报国务院批准。

第四十八条　本条例施行前设立的融资担保公司，不符合本条例规定条件的，应当在监督管理部门规定的期限内达到本条例规定的条件；逾期仍不符合规定条件的，不得开展新的融资担保业务。

第四十九条　本条例自2017年10月1日起施行。

互联网域名管理办法

（工业和信息化部令2017年第43号，工业和信息化部2017年8月24日发布）

《互联网域名管理办法》已经2017年8月16日工业和信息化部第32次部务会议审议通过，现予公布，自2017年11月1日起施行。原信息产业部2004年11月5日公布的《中国互联网络域名管理办法》（原信息产业部令第30号）同时废止。

互联网域名管理办法

第一章　总　　则

第一条　为了规范互联网域名服务，保护用户合法权益，保障互联网域名系统安全、可靠运行，推动中文域名和国家顶级域名发展和应用，促进中国互联网健康发展，根据《中华人民共和国行政许可法》《国务院对确需保留的行政审批项目设定行政许可的决定》等规定，参照国际上互联网域名管理准则，制定本办法。

第二条　在中华人民共和国境内从事互联网域名服务及其运行维护、监督管理等相关活动，应当遵守本办法。

本办法所称互联网域名服务（以下简称域名服务），是指从事域名根服务器运行和管理、顶级域名运行和管理、域名注册、域名解析等活动。

第三条　工业和信息化部对全国的域名服务实施监督管理，主要职责是：

（一）制定互联网域名管理规章及政策；

（二）制定中国互联网域名体系、域名资源发展规划；

（三）管理境内的域名根服务器运行机构和域名注册管理机构；

（四）负责域名体系的网络与信息安全管理；

（五）依法保护用户个人信息和合法权益；

（六）负责与域名有关的国际协调；

（七）管理境内的域名解析服务；

（八）管理其他与域名服务相关的活动。

第四条　各省、自治区、直辖市通信管理局对本行政区域内的域名服务实施监督管理，主要职责是：

（一）贯彻执行域名管理法律、行政法规、规章和政策；

（二）管理本行政区域内的域名注册服务机构；

（三）协助工业和信息化部对本行政区域内的域名根服务器运行机构和域名注册管理机构进行管理；

（四）负责本行政区域内域名系统的网络与信息安全管理；

（五）依法保护用户个人信息和合法权益；

（六）管理本行政区域内的域名解析服务；

（七）管理本行政区域内其他与域名服务相关的活动。

第五条　中国互联网域名体系由工业和信息化部予以公告。根据域名发展的实际情况，工业和信息化部可以对中国互联网域名体系进行调整。

第六条　“.CN”和“.中国”是中国的国家顶级域名。

中文域名是中国互联网域名体系的重要组成部分。国家鼓励和支持中文域名系统的技术研究和推广应用。

第七条　提供域名服务，应当遵守国家相关法律法规，符合相关技术规范和标准。

第八条　任何组织和个人不得妨碍互联网域名系统的安全和稳定运行。

第二章　域名管理

第九条　在境内设立域名根服务器及域名

根服务器运行机构、域名注册管理机构和域名注册服务机构的，应当依据本办法取得工业和信息化部或者省、自治区、直辖市通信管理局（以下统称电信管理机构）的相应许可。

第十条　申请设立域名根服务器及域名根服务器运行机构的，应当具备以下条件：

（一）域名根服务器设置在境内，并且符合互联网发展相关规划及域名系统安全稳定运行要求；

（二）是依法设立的法人，该法人及其主要出资者、主要经营管理人员具有良好的信用记录；

（三）具有保障域名根服务器安全可靠运行的场地、资金、环境、专业人员和技术能力以及符合电信管理机构要求的信息管理系统；

（四）具有健全的网络与信息安全保障措施，包括管理人员、网络与信息安全管理制度、应急处置预案和相关技术、管理措施等；

（五）具有用户个人信息保护能力、提供长期服务的能力及健全的服务退出机制；

（六）法律、行政法规规定的其他条件。

第十一条　申请设立域名注册管理机构的，应当具备以下条件：

（一）域名管理系统设置在境内，并且持有的顶级域名符合相关法律法规及域名系统安全稳定运行要求；

（二）是依法设立的法人，该法人及其主要出资者、主要经营管理人员具有良好的信用记录；

（三）具有完善的业务发展计划和技术方案以及与从事顶级域名运行管理相适应的场地、资金、专业人员以及符合电信管理机构要求的信息管理系统；

（四）具有健全的网络与信息安全保障措施，包括管理人员、网络与信息安全管理制度、应急处置预案和相关技术、管理措施等；

（五）具有进行真实身份信息核验和用户个人信息保护的能力、提供长期服务的能力及健全的服务退出机制；

（六）具有健全的域名注册服务管理制度和对域名注册服务机构的监督机制；

（七）法律、行政法规规定的其他条件。

第十二条　申请设立域名注册服务机构的，应当具备以下条件：

（一）在境内设置域名注册服务系统、注册数据库和相应的域名解析系统；

（二）是依法设立的法人，该法人及其主要出资者、主要经营管理人员具有良好的信用记录；

（三）具有与从事域名注册服务相适应的场地、资金和专业人员以及符合电信管理机构要求的信息管理系统；

（四）具有进行真实身份信息核验和用户个人信息保护的能力、提供长期服务的能力及健全的服务退出机制；

（五）具有健全的域名注册服务管理制度和对域名注册代理机构的监督机制；

（六）具有健全的网络与信息安全保障措施，包括管理人员、网络与信息安全管理制度、应急处置预案和相关技术、管理措施等；

（七）法律、行政法规规定的其他条件。

第十三条　申请设立域名根服务器及域名根服务器运行机构、域名注册管理机构的，应当向工业和信息化部提交申请材料。申请设立域名注册服务机构的，应当向住所地省、自治区、直辖市通信管理局提交申请材料。

申请材料应当包括：

（一）申请单位的基本情况及其法定代表人签署的依法诚信经营承诺书；

（二）对域名服务实施有效管理的证明材料，包括相关系统及场所、服务能力的证明材料、管理制度、与其他机构签订的协议等；

（三）网络与信息安全保障制度及措施；

（四）证明申请单位信誉的材料。

第十四条　申请材料齐全、符合法定形式的，电信管理机构应当向申请单位出具受理申请通知书；申请材料不齐全或者不符合法定形式的，电信管理机构应当场或者在5个工作日内一次性书面告知申请单位需要补正的全部内容；不予受理的，应当出具不予受理通知书并说明理由。

第十五条　电信管理机构应当自受理之日起20个工作日内完成审查，作出予以许可或者不予许可的决定。20个工作日内不能作出决定的，经电信管理机构负责人批准，可以延长10个工作日，并将延长期限的理由告知申请单位。需要组织专家论证的，论证时间不计入审查期限。

予以许可的，应当颁发相应的许可文件；不予许可的，应当书面通知申请单位并说明理由。

第十六条 域名根服务器运行机构、域名注册管理机构和域名注册服务机构的许可有效期为5年。

第十七条 域名根服务器运行机构、域名注册管理机构和域名注册服务机构的名称、住所、法定代表人等信息发生变更的，应当自变更之日起20日内向原发证机关办理变更手续。

第十八条 在许可有效期内，域名根服务器运行机构、域名注册管理机构、域名注册服务机构拟终止相关服务的，应当提前30日书面通知用户，提出可行的善后处理方案，并向原发证机关提交书面申请。

原发证机关收到申请后，应当向社会公示30日。公示期结束60日内，原发证机关应当完成审查并做出决定。

第十九条 许可有效期届满需要继续从事域名服务的，应当提前90日向原发证机关申请延续；不再继续从事域名服务的，应当提前90日向原发证机关报告并做好善后工作。

第二十条 域名注册服务机构委托域名注册代理机构开展市场销售等工作的，应当对域名注册代理机构的工作进行监督和管理。

域名注册代理机构受委托开展市场销售等工作的过程中，应当主动表明代理关系，并在域名注册服务合同中明示相关域名注册服务机构名称及代理关系。

第二十一条 域名注册管理机构、域名注册服务机构应当在境内设立相应的应急备份系统并定期备份域名注册数据。

第二十二条 域名根服务器运行机构、域名注册管理机构、域名注册服务机构应当在其网站首页和经营场所显著位置标明其许可相关信息。域名注册管理机构还应当标明与其合作的域名注册服务机构名单。

域名注册代理机构应当在其网站首页和经营场所显著位置标明其代理的域名注册服务机构名称。

第三章 域名服务

第二十三条 域名根服务器运行机构、域名注册管理机构和域名注册服务机构应当向用户提供安全、方便、稳定的服务。

第二十四条 域名注册管理机构应当根据本办法制定域名注册实施细则并向社会公开。

第二十五条 域名注册管理机构应当通过电信管理机构许可的域名注册服务机构开展域名注册服务。

域名注册服务机构应当按照电信管理机构许可的域名注册服务项目提供服务，不得为未经电信管理机构许可的域名注册管理机构提供域名注册服务。

第二十六条 域名注册服务原则上实行“先申请先注册”，相应域名注册实施细则另有规定的，从其规定。

第二十七条 为维护国家利益和社会公众利益，域名注册管理机构应当建立域名注册保留字制度。

第二十八条 任何组织或者个人注册、使用的域名中，不得含有下列内容：

（一）反对宪法所确定的基本原则的；

（二）危害国家安全，泄露国家秘密，颠覆国家政权，破坏国家统一的；

（三）损害国家荣誉和利益的；

（四）煽动民族仇恨、民族歧视，破坏民族团结的；

（五）破坏国家宗教政策，宣扬邪教和封建迷信的；

（六）散布谣言，扰乱社会秩序，破坏社会稳定的；

（七）散布淫秽、色情、赌博、暴力、凶杀、恐怖或者教唆犯罪的；

（八）侮辱或者诽谤他人，侵害他人合法权益的；

（九）含有法律、行政法规禁止的其他内容的。

域名注册管理机构、域名注册服务机构不得为含有前款所列内容的域名提供服务。

第二十九条 域名注册服务机构不得采用欺诈、胁迫等不正当手段要求他人注册域名。

第三十条　域名注册服务机构提供域名注册服务，应当要求域名注册申请者提供域名持有者真实、准确、完整的身份信息等域名注册信息。

域名注册管理机构和域名注册服务机构应当对域名注册信息的真实性、完整性进行核验。

域名注册申请者提供的域名注册信息不准确、不完整的，域名注册服务机构应当要求其予以补正。申请者不补正或者提供不真实的域名注册信息的，域名注册服务机构不得为其提供域名注册服务。

第三十一条　域名注册服务机构应当公布域名注册服务的内容、时限、费用，保证服务质量，提供域名注册信息的公共查询服务。

第三十二条　域名注册管理机构、域名注册服务机构应当依法存储、保护用户个人信息。未经用户同意不得将用户个人信息提供给他人，但法律、行政法规另有规定的除外。

第三十三条　域名持有者的联系方式等信息发生变更的，应当在变更后30日内向域名注册服务机构办理域名注册信息变更手续。

域名持有者将域名转让给他人的，受让人应当遵守域名注册的相关要求。

第三十四条　域名持有者有权选择、变更域名注册服务机构。变更域名注册服务机构的，原域名注册服务机构应当配合域名持有者转移其域名注册相关信息。

无正当理由的，域名注册服务机构不得阻止域名持有者变更域名注册服务机构。

电信管理机构依法要求停止解析的域名，不得变更域名注册服务机构。

第三十五条　域名注册管理机构和域名注册服务机构应当设立投诉受理机制，并在其网站首页和经营场所显著位置公布投诉受理方式。

域名注册管理机构和域名注册服务机构应当及时处理投诉；不能及时处理的，应当说明理由和处理时限。

第三十六条　提供域名解析服务，应当遵守有关法律、法规、标准，具备相应的技术、服务和网络与信息安全保障能力，落实网络与信息安全保障措施，依法记录并留存域名解析日志、维护日志和变更记录，保障解析服务质量和解析系统安全。涉及经营电信业务的，应当依法取得电信业务经营许可。

第三十七条　提供域名解析服务，不得擅自篡改解析信息。

任何组织或者个人不得恶意将域名解析指向他人的IP地址。

第三十八条　提供域名解析服务，不得为含有本办法第二十八条第一款所列内容的域名提供域名跳转。

第三十九条　从事互联网信息服务的，其使用域名应当符合法律法规和电信管理机构的有关规定，不得将域名用于实施违法行为。

第四十条　域名注册管理机构、域名注册服务机构应当配合国家有关部门依法开展的检查工作，并按照电信管理机构的要求对存在违法行为的域名采取停止解析等处置措施。

域名注册管理机构、域名注册服务机构发现其提供服务的域名发布、传输法律和行政法规禁止发布或者传输的信息的，应当立即采取消除、停止解析等处置措施，防止信息扩散，保存有关记录，并向有关部门报告。

第四十一条　域名根服务器运行机构、域名注册管理机构和域名注册服务机构应当遵守国家相关法律、法规和标准，落实网络与信息安全保障措施，配置必要的网络通信应急设备，建立健全网络与信息安全监测技术手段和应急制度。域名系统出现网络与信息安全事件时，应当在24小时内向电信管理机构报告。

因国家安全和处置紧急事件的需要，域名根服务器运行机构、域名注册管理机构和域名注册服务机构应当服从电信管理机构的统一指挥与协调，遵守电信管理机构的管理要求。

第四十二条　任何组织或者个人认为他人注册或者使用的域名侵害其合法权益的，可以向域名争议解决机构申请裁决或者依法向人民法院提起诉讼。

第四十三条　已注册的域名有下列情形之一的，域名注册服务机构应当予以注销，并通知域名持有者：

（一）域名持有者申请注销域名的；

（二）域名持有者提交虚假域名注册信息的；

（三）依据人民法院的判决、域名争议解决机构的裁决，应当注销的；

（四）法律、行政法规规定予以注销的其他情形。

第四章 监督检查

第四十四条 电信管理机构应当加强对域名服务的监督检查。域名根服务器运行机构、域名注册管理机构、域名注册服务机构应当接受、配合电信管理机构的监督检查。

鼓励域名服务行业自律管理，鼓励公众监督域名服务。

第四十五条 域名根服务器运行机构、域名注册管理机构、域名注册服务机构应当按照电信管理机构的要求，定期报送业务开展情况、安全运行情况、网络与信息安全责任落实情况、投诉和争议处理情况等信息。

第四十六条 电信管理机构实施监督检查时，应当对域名根服务器运行机构、域名注册管理机构和域名注册服务机构报送的材料进行审核，并对其执行法律法规和电信管理机构有关规定的情况进行检查。

电信管理机构可以委托第三方专业机构开展有关监督检查活动。

第四十七条 电信管理机构应当建立域名根服务器运行机构、域名注册管理机构和域名注册服务机构的信用记录制度，将其违反本办法并受到行政处罚的行为记入信用档案。

第四十八条 电信管理机构开展监督检查，不得妨碍域名根服务器运行机构、域名注册管理机构和域名注册服务机构正常的经营和服务活动，不得收取任何费用，不得泄露所知悉的域名注册信息。

第五章 罚　则

第四十九条 违反本办法第九条规定，未经许可擅自设立域名根服务器及域名根服务器运行机构、域名注册管理机构、域名注册服务机构的，电信管理机构应当根据《中华人民共和国行政许可法》第八十一条的规定，采取措施予以制止，并视情节轻重，予以警告或者处一万元以上三万元以下罚款。

第五十条 违反本办法规定，域名注册管理机构或者域名注册服务机构有下列行为之一的，由电信管理机构依据职权责令限期改正，并视情节轻重，处一万元以上三万元以下罚款，向社会公告：

（一）为未经许可的域名注册管理机构提供域名注册服务，或者通过未经许可的域名注册服务机构开展域名注册服务的；

（二）未按照许可的域名注册服务项目提供服务的；

（三）未对域名注册信息的真实性、完整性进行核验的；

（四）无正当理由阻止域名持有者变更域名注册服务机构的。

第五十一条 违反本办法规定，提供域名解析服务，有下列行为之一的，由电信管理机构责令限期改正，可以视情节轻重处一万元以上三万元以下罚款，向社会公告：

（一）擅自篡改域名解析信息或者恶意将域名解析指向他人 IP 地址的；

（二）为含有本办法第二十八条第一款所列内容的域名提供域名跳转的；

（三）未落实网络与信息安全保障措施的；

（四）未依法记录并留存域名解析日志、维护日志和变更记录的；

（五）未按照要求对存在违法行为的域名进行处置的。

第五十二条 违反本办法第十七条、第十八条第一款、第二十一条、第二十二条、第二十八条第二款、第二十九条、第三十一条、第三十二条、第三十五条第一款、第四十条第二款、第四十一条规定的，由电信管理机构依据职权责令限期改正，可以并处一万元以上三万元以下罚款，向社会公告。

第五十三条 法律、行政法规对有关违法行为的处罚另有规定的，依照有关法律、行政法规的规定执行。

第五十四条 任何组织或者个人违反本办法第二十八条第一款规定注册、使用域名，构成犯罪的，依法追究刑事责任；尚不构成犯罪的，由有关部门依法予以处罚。

第六章　附　　则

第五十五条　本办法下列用语的含义是：

（一）域名：指互联网上识别和定位计算机的层次结构式的字符标识，与该计算机的IP地址相对应。

（二）中文域名：指含有中文文字的域名。

（三）顶级域名：指域名体系中根节点下的第一级域的名称。

（四）域名根服务器：指承担域名体系中根节点功能的服务器（含镜像服务器）。

（五）域名根服务器运行机构：指依法获得许可并承担域名根服务器运行、维护和管理工作的机构。

（六）域名注册管理机构：指依法获得许可并承担顶级域名运行和管理工作的机构。

（七）域名注册服务机构：指依法获得许可、受理域名注册申请并完成域名在顶级域名数据库中注册的机构。

（八）域名注册代理机构：指受域名注册服务机构的委托，受理域名注册申请，间接完成域名在顶级域名数据库中注册的机构。

（九）域名管理系统：指域名注册管理机构在境内开展顶级域名运行和管理所需的主要信息系统，包括注册管理系统、注册数据库、域名解析系统、域名信息查询系统、身份信息核验系统等。

（十）域名跳转：指对某一域名的访问跳转至该域名绑定或者指向的其他域名、IP地址或者网络信息服务等。

第五十六条　本办法中规定的日期，除明确为工作日的以外，均为自然日。

第五十七条　在本办法施行前未取得相应许可开展域名服务的，应当自本办法施行之日起十二个月内，按照本办法规定办理许可手续。

在本办法施行前已取得许可的域名根服务器运行机构、域名注册管理机构和域名注册服务机构，其许可有效期适用本办法第十六条的规定，有效期自本办法施行之日起计算。

第五十八条　本办法自2017年11月1日起施行。2004年11月5日公布的《中国互联网络域名管理办法》（原信息产业部令第30号）同时废止。本办法施行前公布的有关规定与本办法不一致的，按照本办法执行。

关于印发《矿业权交易规则》的通知

（国土资规〔2017〕7号，国土资源部2017年9月6日发布）

各省、自治区、直辖市国土资源主管部门：

为贯彻落实国务院整合建立统一的公共资源交易平台等有关工作要求，进一步规范矿业权交易行为，促进矿业权市场健康发展，现将《矿业权交易规则》印发给你们，请遵照执行。

2017年9月6日

矿业权交易规则

第一章　总　　则

第一条　为进一步规范矿业权交易行为，确保矿业权交易公开、公平、公正，维护国家权益和矿业权人合法权益，根据《中华人民共和国矿产资源法》《中华人民共和国拍卖法》《中华人民共和国招标投标法》《矿产资源勘查区块登记管理办法》《矿产资源开采登记管理办法》《探矿权采矿权转让管理办法》，以及《国务院办公厅关于印发整合建立统一的公共资源交易平台工作方案的通知》等相关规定，制定本规则。

第二条 本规则所称矿业权是指探矿权和采矿权，矿业权交易是指县级以上人民政府国土资源主管部门（以下简称国土资源主管部门）出让矿业权或者矿业权人转让矿业权的行为。

矿业权出让是指国土资源主管部门根据矿业权审批权限，以招标、拍卖、挂牌、申请在先、协议等方式依法向探矿权申请人授予探矿权和以招标、拍卖、挂牌、探矿权转采矿权、协议等方式依法向采矿权申请人授予采矿权的行为。

矿业权转让是指矿业权人将矿业权依法转移给他人的行为。

第三条 矿业权出让适用本规则，矿业权转让可参照执行。

铀矿等国家规定不宜公开矿种的矿业权交易不适用本规则。

第四条 矿业权交易主体是指依法参加矿业权交易的出让人、转让人、受让人、投标人、竞买人、中标人和竞得人。受让人、投标人、竞买人、中标人和竞得人应当符合法律、法规有关资质要求的规定。

出让人是指出让矿业权的国土资源主管部门。转让人是指转让其拥有合法矿业权的矿业权人。受让人是指符合探矿权、采矿权申请条件或者受让条件的、能独立承担民事责任的法人。

以招标方式出让的，参与投标各方为投标人；以拍卖和挂牌方式出让的，参与竞拍和竞买各方均为竞买人；出让人按公告的规则确定中标人、竞得人。

第五条 矿业权交易平台是指依法设立的，为矿业权出让、转让提供交易服务的机构。矿业权交易平台包括已将矿业权出让纳入的地方人民政府建立的公共资源交易平台、国土资源主管部门建立的矿业权交易机构等。

矿业权交易平台应当具有固定交易场所、完善的交易管理制度、相应的设备和专业技术人员。

矿业权交易平台可委托具有相应资质的交易代理中介机构完成具体的招标、拍卖、挂牌程序工作。

矿业权交易平台应当积极推动专家资源及专家信用信息的互联共享，应当采取随机方式确定评标专家。

第六条 矿业权交易平台应当按照本规则组织矿业权交易，公开交易服务指南、交易程序、交易流程、格式文书等，自觉接受国土资源主管部门的监督和业务指导，加强自律管理，维护市场秩序，保证矿业权交易公开、公平、公正。

第七条 以招标、拍卖、挂牌方式出让矿业权的，应当按照审批管理权限，在同级矿业权交易平台或者国土资源主管部门委托的矿业权交易平台中进行。

国土资源部登记权限需要进行招标、拍卖、挂牌出让矿业权的，油气矿业权由国土资源部组织实施，非油气矿业权由国土资源部委托省级国土资源主管部门组织矿业权交易平台实施。

第八条 以招标、拍卖、挂牌方式出让矿业权的，矿业权交易平台按照国土资源主管部门下达的委托书或者任务书组织实施。

转让人委托矿业权交易平台以招标、拍卖、挂牌方式组织矿业权转让交易的，应当签订委托合同。委托合同应当包括下列内容：

（一）转让人和矿业权交易平台的名称、场所；

（二）委托服务事项及要求；

（三）服务费用；

（四）违约责任；

（五）纠纷解决方式；

（六）需要约定的其他事项。

第二章 公　告

第九条 以招标、拍卖、挂牌方式出让矿业权的，矿业权交易平台依据出让人提供的相关材料发布出让公告，编制招标、拍卖、挂牌相关文件。

第十条 矿业权交易平台或者国土资源主管部门应当在下列平台同时发布公告：

（一）国土资源部门户网站；

（二）同级国土资源主管部门门户网站；

（三）矿业权交易平台交易大厅；

（四）有必要采取的其他方式。

第十一条　出让公告应当包括以下内容：

（一）出让人和矿业权交易平台的名称、场所；

（二）出让矿业权的简要情况，包括项目名称、矿种、地理位置、拐点范围坐标、面积、资源储量（勘查工作程度）、开采标高、资源开发利用情况、拟出让年限等，以及勘查投入、矿山地质环境保护及土地复垦要求等；

（三）投标人或者竞买人的资质条件；

（四）出让方式及交易的时间、地点；

（五）获取招标、拍卖、挂牌文件的途径和申请登记的起止时间及方式；

（六）确定中标人、竞得人的标准和方法；

（七）交易保证金的缴纳和处置；

（八）风险提示；

（九）对交易矿业权异议的处理方式；

（十）需要公告的其他内容。

第十二条　以招标、拍卖、挂牌方式出让矿业权的，应当在投标截止日、公开拍卖日或者挂牌起始日20个工作日前发布公告。

第十三条　矿业权交易平台应当按公告载明的时间、地点、方式，接受投标人或者竞买人的书面申请；投标人或者竞买人应当提供其符合矿业权受让人主体资质的有效证明材料，并对其真实性和合法性负责。

矿业权受让人资质证明材料应当包括：企业法人营业执照或者事业单位法人证书、法定代表人身份证明以及按规定应当提供的其他材料。

第十四条　经矿业权交易平台审核符合公告的受让人资质条件的投标人或者竞买人，按照交易公告缴纳交易保证金后，经矿业权交易平台书面确认后取得交易资格。

第三章　交易形式及流程

第十五条　矿业权交易平台应当按公告确定的时间、地点组织交易，并书面通知出让人和取得交易资格的投标人或者竞买人参加。

第十六条　招标、拍卖出让矿业权的，每宗标的的投标人或者竞买人不得少于3人。少于3人的，出让人应当按照相关规定停止招标、拍卖或者重新组织或者选择其他方式交易。

第十七条　招标、拍卖、挂牌方式出让矿业权的，招标标底、拍卖和挂牌底价、起始价由出让人按国家有关规定确定。

招标标底，拍卖和挂牌底价在交易活动结束前须保密且不得变更。

无底价拍卖的，应当在竞价开始前予以说明；无底价挂牌的，应当在挂牌起始日予以说明。

第十八条　投标人应当在投标截止时间之前，将投标文件密封送达矿业权交易平台，矿业权交易平台应当场签收保存，在开标前不得开启；投标截止时间之后送达的，矿业权交易平台应当拒收。

在投标截止时间之前，投标人可以补充、修改但不得撤回投标文件，补充、修改的内容作为投标文件的组成部分。

第十九条　开标时，由出让人、投标人检查投标文件的密封情况，当众拆封，由矿业权交易平台工作人员宣读投标人名称、投标价格和投标文件的主要内容。

矿业权交易平台应当按照已公告的标准和方法确定中标人。

第二十条　拍卖会依照下列程序组织竞价：

（一）拍卖主持人点算竞买人；

（二）拍卖主持人介绍拍卖标的简要情况；

（三）拍卖主持人宣布拍卖规则和注意事项，说明本次拍卖有无底价设置；

（四）拍卖主持人报出起始价；

（五）竞买人应价；

（六）拍卖主持人宣布拍卖交易结果。

第二十一条　挂牌期间，矿业权交易平台应当在挂牌起始日公布挂牌起始价、增价规则、挂牌时间等；竞买人在挂牌时间内填写报价单报价，报价相同的，最先报价为有效报价；矿业权交易平台确认有效报价后，更新挂牌价。

挂牌期限届满，宣布最高报价及其报价者，并询问竞买人是否愿意继续竞价。有愿意继续竞价的，通过现场竞价确定竞得人。

挂牌时间不得少于10个工作日。

第二十二条 拍卖会竞价结束、挂牌期限届满，矿业权交易平台依照下列规定确定是否成交：

（一）有底价的，不低于底价的最高报价者为竞得人；无底价的，不低于起始价的最高报价者为竞得人。

（二）无人报价或者竞买人报价低于底价的，不成交。

第四章 确认及中止、终止

第二十三条 招标成交的，矿业权交易平台应当在确定中标人的当天发出中标通知书；拍卖、挂牌成交的，应当当场签订成交确认书。

第二十四条 中标通知书或者成交确认书应当包括下列基本内容：

（一）出让人和中标人或者竞得人及矿业权交易平台的名称、场所；

（二）出让的矿业权名称、交易方式；

（三）成交时间、地点和成交价格，主要中标条件；

（四）出让人和竞得人对交易过程和交易结果的确认；

（五）矿业权出让合同的签订时间；

（六）交易保证金的处置办法；

（七）需要约定的其他内容。

第二十五条 矿业权交易平台应当在招标、拍卖、挂牌活动结束后，5个工作日内通知未中标、未竞得的投标人、竞买人办理交易保证金退还手续。退还的交易保证金不计利息。

第二十六条 出让人与中标人或者竞得人应当根据中标通知书或者成交确认书签订矿业权出让合同。国土资源部登记权限的油气矿业权，由国土资源部与中标人或者竞得人签订出让合同；国土资源部登记权限的非油气矿业权，由省级国土资源主管部门与中标人或者竞得人签订出让合同。矿业权出让合同应当包括下列基本内容：

（一）出让人、中标人或者竞得人和矿业权交易平台的名称、场所、法定代表人；

（二）出让矿业权的简要情况，包括项目名称、矿种、地理位置、拐点范围坐标、面积、资源储量（勘查工作程度）、资源开发利用、开采标高等，以及勘查投入、矿山环境保护及土地复垦要求等；

（三）出让矿业权的年限；

（四）成交价格、付款期限、要求或者权益实现方式等；

（五）申请办理矿业权登记手续的时限及要求；

（六）争议解决方式及违约责任；

（七）需要约定的其他内容。

以协议方式出让矿业权的，参照上述内容签订出让合同。

第二十七条 有下列情形之一的，矿业权交易行为中止：

（一）公示公开期间出让的矿业权权属争议尚未解决；

（二）交易主体有矿产资源违法行为尚未处理，或者矿产资源违法行为的行政处罚尚未执行完毕；

（三）因不可抗力应当中止矿业权交易的其他情形。

矿业权交易行为中止的原因消除后，应当及时恢复矿业权交易。

第二十八条 有下列情形之一的，矿业权交易行为终止：

（一）出让人提出终止交易；

（二）因不可抗力应当终止矿业权交易；

（三）法律法规规定的其他情形。

第二十九条 出让人需要中止、终止或者恢复矿业权交易的，应当向矿业权交易平台出具书面意见。

矿业权交易平台提出中止、终止或者恢复矿业权交易，需经出让人核实同意，并出具书面意见。

矿业权交易平台应当及时发布中止、终止或者恢复交易的公告。

第五章 公示公开

第三十条 招标、拍卖、挂牌方式出让矿业权交易成交的，矿业权交易平台应当将成交结果进行公示。应当公示的主要内容包括：

（一）中标人或者竞得人的名称、场所；

（二）成交时间、地点；

（三）中标或者竞得的勘查区块、面积、开采范围的简要情况；

（四）矿业权成交价格及缴纳时间、方式；

（五）申请办理矿业权登记的时限；

（六）对公示内容提出异议的方式及途径；

（七）应当公示的其他内容。

第三十一条　以协议方式出让矿业权的，在确定协议出让矿业权受让人和出让范围后、申请登记前，国土资源主管部门应当将相关信息进行公示。应当公示的主要内容包括：

（一）受让人名称；

（二）项目名称或者矿山名称；

（三）拟协议出让矿业权的范围（含坐标、采矿权的开采标高、面积）及地理位置；

（四）勘查开采矿种、开采规模；

（五）符合协议出让规定的情形及理由；

（六）对公示内容提出异议的方式及途径；

（七）应当公开的其他内容。

以协议方式出让的非油气矿业权，须到国土资源部办理登记手续的，由省级国土资源主管部门进行信息公示，公示无异议后，省级国土资源主管部门向国土资源部出具公示无异议的书面材料，并附上述公示的主要内容。

第三十二条　申请在先、探矿权转采矿权（含划定矿区范围申请和采矿权登记申请）、以协议方式出让矿业权（协议出让采矿权的含划定矿区范围申请和采矿权登记申请）申请登记的，在国土资源主管部门受理后，应当将相关信息对外公开。

应当公开的主要内容包括：

（一）申请人名称；

（二）项目名称或者矿山名称；

（三）申请矿业权的取得方式；

（四）申请矿业权的范围（含坐标、采矿权的开采标高、面积）及地理位置；

（五）勘查开采矿种、开采规模；

（六）协议出让矿业权（划定矿区范围申请除外）的，所需缴纳的矿业权出让收益总额及缴纳方式；

（七）应当公开的其他内容。

第三十三条　转让矿业权的，国土资源主管部门在受理矿业权申请材料后，应当同时将转让基本信息进行公示。应当公示的主要内容包括：

（一）转让人名称、法定代表人、场所；

（二）项目名称或者矿山名称；

（三）受让人名称、法定代表人、场所；

（四）转让矿业权许可证号、发证机关、有效期限；

（五）转让矿业权的矿区（勘查区）地理位置、坐标、采矿权的开采标高、面积、勘查成果情况、资源储量情况；

（六）转让价格、转让方式；

（七）对公示内容提出异议的方式及途径；

（八）应当公示的其他内容。

须到国土资源部办理非油气矿业权转让审批手续的，由省级国土资源主管部门负责信息公示。

第三十四条　招标、拍卖、挂牌方式出让矿业权成交的，矿业权交易平台应当在发出中标通知书或者签订成交确认书后5个工作日内进行信息公示。

第三十五条　以招标、拍卖、挂牌方式出让矿业权的，公示信息应当在下列平台同时发布：

（一）国土资源部门户网站；

（二）同级国土资源主管部门门户网站；

（三）矿业权交易平台交易大厅；

（四）有必要采取的其他方式。

第三十一条、第三十二条、第三十三条所要求的公示公开信息应当在下列平台同时发布：

（一）国土资源部门户网站；

（二）同级国土资源主管部门门户网站；

（三）有必要采取的其他方式。

公示期不少于10个工作日。

申请非油气矿业权配号时，全国矿业权统一配号系统将与国土资源部门户网站自动关联并进行信息核对。

第三十六条　矿业权交易平台确需收取相

关服务费用的，应当按照规定报所在地价格主管部门批准，并公开收费标准。

第三十七条 招标、拍卖、挂牌方式出让矿业权的，矿业权出让成交信息公示无异议、中标人或者竞得人履行相关手续后，持中标通知书或者成交确认书、矿业权出让合同等相关材料，向有审批权限的国土资源主管部门申请办理矿业权登记手续。

须到国土资源部办理以协议出让方式出让矿业权登记手续的，由省级国土资源主管部门按照公示无异议的书面材料，开展矿业权出让收益评估工作；油气矿业权的出让收益评估要求另行规定。

第六章 交易监管

第三十八条 地方各级国土资源主管部门应当加强对矿业权交易活动的监督管理。上级国土资源主管部门负责监督下级国土资源主管部门的矿业权交易活动，并提供业务指导。

国土资源主管部门应当加强对矿业权招标拍卖挂牌过程的监督，完善投诉处置机制，公布投诉举报电话，加强社会监督。

第三十九条 矿业权交易平台应当对每一宗矿业权交易建立档案，收集、整理自接受委托至交易结束全过程产生的相关文书并分类登记造册。

第七章 违约责任及争议处理

第四十条 有下列情形之一的，视为中标人、竞得人违约，按照公告或者合同约定承担相应的违约责任：

（一）中标人放弃中标项目的、竞得人拒绝签订矿业权成交确认书，中标人、竞得人逾期不签订或者拒绝签订出让合同的；

（二）中标人、竞得人未按约定的时间付清约定的矿业权出让收益或者其他相关费用的；

（三）中标人、竞得人提供虚假文件或者隐瞒事实的；

（四）向主管部门或者评标委员会及其成员行贿或者采取其他不正当手段中标或者竞得的；

（五）其他依法应当认定为违约行为的情形。

第四十一条 矿业权交易过程中，矿业权交易平台及其工作人员有违法、违规行为的，由国土资源主管部门或者矿业权交易平台主管部门依法依规予以处理；造成经济损失的，应当承担经济赔偿责任；情节严重、构成犯罪的，移交司法机关处理。

第四十二条 交易过程中发生争议，合同有约定的，按合同执行；合同未约定的，由争议当事人协商解决，协商不成的，可依法向人民法院起诉。

第八章 附　则

第四十三条 省级国土资源主管部门可参照本规则制定矿业权交易规则及矿业权网上交易规则，规范矿业权交易行为。

第四十四条 矿业权交易活动中涉及的所有费用，均以人民币计价和结算。

第四十五条 《国土资源部关于建立健全矿业权有形市场的通知》（国土资发〔2010〕145号）、《国土资源部关于印发〈矿业权交易规则（试行）〉的通知》（国土资发〔2011〕242号）、《国土资源部办公厅关于做好矿业权有形市场出让转让信息公示公开有关工作的通知》（国土资厅发〔2011〕19号）以及《国土资源部办公厅关于加快推进建立地（市）级矿业权交易机构的通知》（国土资厅发〔2011〕42号）同步废止。

本规则发布前，国土资源部以往有关矿业权交易的规定与本规则不一致的，以本规则为准；省级国土资源主管部门制定的有关规范矿业权交易的文件与本规则不一致的，按照本规则执行。

第四十六条 本规则自发布之日起实行，有效期五年，由国土资源部负责解释。

关于印发《工业电子商务发展三年行动计划》的通知

（工信部信软〔2017〕227 号，工业和信息化部 2017 年 9 月 11 日发布）

各省、自治区、直辖市及计划单列市、副省级省会城市、新疆生产建设兵团工业和信息化主管部门：

为贯彻落实《国务院关于深化制造业与互联网融合发展的指导意见》（国发〔2016〕28 号），促进工业电子商务创新发展，制定《工业电子商务发展三年行动计划》。现印发给你们，请结合实际，组织开展相关工作。

附件：工业电子商务发展三年行动计划

附件

工业电子商务发展三年行动计划

工业电子商务是电子商务在工业流通、生产、服务全流程的深化应用，是工业领域基于网络交易的新型经济活动。发展工业电子商务，有利于激发企业创新活力、拓展市场发展空间、创新经营管理模式、优化资源配置效率，是制造业数字化、网络化、智能化的重要引擎，是制造业转型升级的重要抓手，是制造业新旧动能转换的重要途径。为大力推动工业电子商务创新发展，特制定本行动计划。

一、总体要求

（一）指导思想

全面贯彻党的十八大和十八届三中、四中、五中、六中全会精神，牢固树立和贯彻落实创新、协调、绿色、开放、共享的发展理念，深化制造业供给侧结构性改革，以工业电子商务普及应用为主线，以发展工业电子商务平台为重点，创新工业企业交易方式、经营模式、组织形态和管理体系，夯实工业电子商务关键基础设施，加快区域产业结构调整，不断激发制造业企业创新活力、发展潜力和转型动力，推动制造业新旧动能转换，加快制造强国和网络强国建设。

（二）基本原则

坚持创新引领。围绕大型工业企业采购销售模式的在线化、网络化、协同化，创新交易、营销、物流和管理模式，深刻把握工业电子商务平台功能多元化、服务精细化发展趋势，引领资源配置方式、产业组织形态和区域发展模式创新。

坚持变革转型。围绕产品、服务、资源和能力的在线交易和开放共享，基于电子商务开展个性化定制、发展服务型制造、促进创业创新，培育新产品、新模式和新业态，推动工业企业生产方式、组织方式和管理体系变革。

坚持分业施策。深刻把握电子商务在不同行业、环节的扩散规律和融合方式，结合工业行业信息化基础、产业特征、市场环境的差异性，完善工业电子商务推进机制和政策体系，加快形成多元化的电子商务发展模式。

坚持优化环境。大力推进机制创新、管理创新和服务创新，通过开展试点示范、夯实基础设施、完善投融资机制、强化安全和信用保障，加快建立安全可信、规范有序的工业电子商务发展环境。

（三）总体目标

到 2020 年，工业电子商务应用进一步普及深化，建成一批资源富集、功能多元、服务精细的工业电子商务平台，工业电子商务支撑服务体系不断完善，发展环境进一步优化，线上线下融合水平逐步提升，形成开放、规范、诚信、安全的工业电子商务产业生态。

——工业电子商务普及应用不断深入。规模以上工业企业电子商务采购额达到9万亿元、电子商务销售额达到11万亿元，重点行业骨干企业电子商务普及率达到60%，成为激发企业创新活力的重要引擎。

——工业电子商务平台服务水平持续提升。培育一批优势突出、功能完善、能力开放的工业电子商务平台，平台专业化、精细化水平逐步提升，成为带动企业提质增效、促进制造业转型升级、培育区域产业新生态的重要载体。

——工业电子商务支撑服务体系基本形成。围绕工业电子商务共性需求和关键环节，加快形成物流体系高效便捷、网络设施高速泛在、标准规范体系完善、交易保障机制安全可控的工业电子商务支撑服务体系。

——工业电子商务发展环境日趋完善。工业电子商务发展的政策和工作体系不断完善，形成更加浓厚的工业电子商务应用氛围，营造健康、诚信、有序、安全的工业电子商务发展环境。

二、主要行动

（一）大企业工业电子商务发展水平提升行动

1. 行动目标

大型工业企业采购销售的在线化、网络化、协同化水平大幅提升，成为推动企业降本、提质、增效和创新管理模式的重要手段，在重点行业涌现出一批由大企业主导建设的工业电子商务平台，不断提升行业供应链高效便捷、柔性智能、开放协同水平。

2. 行动内容

提高网络集中采购水平。围绕传统采购模式从线下向线上迁移，鼓励大型工业企业普及完善供应商管理系统，建立网上统一采购平台，推动物资编码标准化、供应商管理一体化、采购需求协同化、采购流程规范化，加快采购、订单、库存、财务等系统的高效集成，形成透明、高效、低成本的网络集中采购体系。依托网络集中采购平台，推动供应链上下游企业订单、生产、库存等信息的实时交互，实现供应仓储、生产计划、物流配送的精准对接、快速响应和柔性供给，提高产业链整体协作水平和综合竞争力。

提高网络化营销水平。围绕推动大型工业企业销售的在线化、网络化，完善客户关系管理系统，建立全网覆盖、品类丰富、功能完善的网上销售平台，提供在线支付、物流配送、融资租赁和产品全生命周期服务，打造线上线下融合、产供销一体的营销新体系。鼓励大企业面向终端客户的定制化需求，建立线上线下结合、需求实时感知的用户信息采集体系，推动订单信息与企业生产经营管理系统的高效集成与精准响应，加快研发设计、生产制造、供应链管理等关键环节的柔性化改造，实现基于电子商务的个性化产品服务和商业模式创新。

支持大企业电子商务平台建设。鼓励大企业网络集采集销平台向第三方电子商务平台转型，面向行业用户的采购销售需求提供在线交易、支付结算、物流配送、信息技术等服务，提高行业整体采购销售数字化、网络化、集约化水平，支持认证、检测、渠道、技术、信用等在线交易资源和能力的开放，构建资源富集、创新活跃、高效协同的“双创”平台，促进创业创新要素集聚发展。支持大企业电子商务平台与金融机构、物流企业加强战略合作和数据共享，构建多元化的中小企业信用信息收集渠道，完善征信机制，开展信用销售、融资租赁、质押担保等供应链金融服务，有效缓解中小企业融资难问题。

（二）重点工业行业电子商务平台培育行动

1. 行动目标

深刻把握工业电子商务发展的特征、规律和趋势，培育一批优势突出、功能完善、能力开放的工业电子商务平台，持续提升平台专业化、精细化、规模化水平，成为推动传统产业降低交易成本、提升资源配置效率、增加有效供给、优化产业结构的重要载体。

2. 行动内容

创新大宗原材料电子商务平台发展模式。鼓励钢铁、石化、有色、建材等大宗原材料电子商务平台创新发展，加快从行业信息平台向交易服务平台转型，构建集订单交互、电子单据、在线交易、在线支付于一体的交易服务体系，实现交易全流程的在线化和网络化。推动大宗原材料电子商务交易服务平台向综合服务平台发展，面向多样化、碎片化的用户需求，完善在线交易、支付结算、加工配送、信用贷款、质押担保等服务体系，提供线上线下融合的一站式服务。

加快培育装备和电子信息行业电子商务平台。引导机械、汽车、电子信息等行业电子商务平台从信息交互向在线交易、融资租赁等一体化服务演进，拓展设计加工、配送安装、监测诊断、维保回收等产品全生命周期服务，发展个性化定制等新模式、新业态，积极培育二手设备电子商务交易平台。支持零配件电子商务平台围绕用户个性化需求，与供应链上下游企业加强协作，完善零配件模型库、数据库，缩短个性化产品交货周期，提供订单交易、仓储物流、资金结算等一站式采购服务，降低采购成本。

提升消费品电子商务平台服务水平。推动轻工、纺织、食品等行业电子商务平台，面向上游采购和下游分销，为上下游企业提供在线交易、物流配送、融资和供应链管理等服务。推动消费品电子商务平台发展品质电商、品牌电商，加快提升物流配送、产品追溯、售后服务等综合服务水平，支持工业企业建立网络化经营管理模式。面向消费升级和个性化需求，发展以销定产和个性化定制等新型生产方式，进一步发挥电子商务引导生产、引领消费的积极作用。

加快培育跨境工业电子商务平台。支持大型工业企业结合企业国际化战略布局，整合上下游企业、物流企业、金融机构等多方资源，建设跨境工业电子商务平台、海外物流仓储和跨境支付渠道，推动海外订单信息与企业生产经营管理系统的高效对接，形成互利共赢、协同发展的国际合作模式。鼓励发展面向重点工业行业的第三方跨境电子商务平台，围绕工业企业“走出去”，建立集询单报价、交易支付、海运物流、货运代理、单证服务、信用保险等于一体，高效便捷的一站式跨境电子商务服务体系，成为企业拓展海外市场和加快品牌培育的重要渠道。

（三）中小企业工业电子商务推广行动

1．行动目标

工业电子商务在提升中小企业创新能力和推动生产经营方式变革等方面的作用明显增强，培育一批有效运用电子商务、具有创新发展优势、竞争力强的中小企业，不断提高中小企业与大企业互动创新和协同制造的能力，打造大中小微企业融通发展新局面。

2．行动内容

推动中小企业交易方式和经营模式的网络化。鼓励中小企业依托第三方工业电子商务平台开展委托采购、联合采购、即时采购等网络采购新模式，降低运营成本，提升运营效率。支持中小企业基于电子商务平台，发展网络直销、社交电商等网络营销新模式，加快销售渠道拓展和品牌培育。支持中小企业利用电子商务等互联网平台开展工艺设计、快速原型、模具开发和产品定制等新业务，推动自身研发、采购、生产、销售、服务等各环节的变革，培育基于电子商务的个性化定制模式。

加快中小企业制造能力和资源开放共享。推动中小企业制造资源与电子商务平台全面对接，实现生产加工、计量检测、测试验证、物流配送等制造能力的在线发布、协同和交易，积极发展面向制造环节的分享经济，打破企业边界，共享技术、设备和服务，提升中小企业快速响应和柔性高效的供给能力。围绕品牌培育、网上销售、物流配送等业务，支持中小企业与基于互联网的开放式“双创”平台开展合作，整合线上线下交易资源，拓展销售渠道，打造制造、营销、物流等高效协同的生产流通一体化新生态。

（四）区域工业电子商务培育行动

1．行动目标

围绕区域产业转型升级的新特点、新要求和新趋势，推动工业电子商务成为区域产业集群集约化、网络化和品牌化改造提升的重要引擎，涌现出一批创新能力突出、带动作用强的示范园区，形成优势互补、合作共赢、协同发展的区域产业新生态。

2．行动内容

培育基于工业电子商务的区域产业新生态。支持“中国制造 2025”试点示范城市

（群）、国家智能制造示范区、国家信息消费试点示范城市等区域，积极推动主导产业与电子商务渗透融合，进一步普及深化工业电子商务应用，促进工业电子商务平台、第三方物流、金融机构等参与主体的协同创新和互动发展，培育一批工业电子商务示范区。支持区域立足产业优势和特色，围绕传统产业转型升级和工业电子商务健康发展，健全系统化推进机制、体系化引导政策、平台化服务体系，构建多元化投融资和人才培养体系，培育基于工业电子商务的区域产业新生态。

培育“电子商务＋特色产业集群”示范园区。支持各地面向产业集群、区域特色产业和各类专业市场，培育和发展一批适应区域产业结构、市场结构和电子商务应用水平的电子商务平台，为企业提供在线交易、供应链管理、融资等专业化、特色化、一体化服务。围绕产业集群的集约化、网络化、品牌化提升改造，鼓励特色产业集群积极引进国内外知名工业电子商务平台，推进产品和资源在线化、产能柔性化、产业链协同化，培育一批工业电子商务特色产业集群，实现线上线下融合发展，加速特色产业集群新旧动能转换。

（五）工业电子商务支撑服务体系建设行动

1. 行动目标

工业电子商务支撑服务体系建设步伐不断加快，安全可控的交易保障能力显著提升，高效便捷的物流体系不断夯实，高速泛在的网络设施基本建成，体系完善的标准规范加速普及，营造健康、诚信、有序、安全的工业电子商务发展环境。

2. 行动内容

夯实工业电子商务物流基础。支持物流企业加大对物流基础设施信息化改造，提升仓储配送智能化水平，加快建立现代物流服务体系，支持“互联网＋”高效物流新模式、新业态发展，建设集约化、网络化、协同化、智慧化的物流骨干网。推动跨区域跨行业的智能物流信息平台建设，对接制造、商贸、金融等行业转型升级和融合发展需求，形成集物流信息发布、在线交易、数据交换、跟踪追溯、智能分析等功能为一体的物流信息服务中心，打造开放、透明、共享的供应链协作模式。

提升网络基础设施水平。继续实施“宽带中国”战略，构建新一代信息通信基础设施，推动高速光纤网络跨越发展，加快建设先进泛在的无线宽带网，优化网络结构布局。完善互联网和物联网应用基础设施，推进电信基础设施共建共享、互联互通，引导云计算数据中心优化布局，推动数据中心向规模化、集约化、绿色化发展。加强移动互联网、物联网、云计算、大数据、移动智能终端、智能硬件、北斗导航等技术研发和综合应用，提升安全可靠水平，推进核心技术成果转化和产业化。

完善工业电子商务标准规范体系。支持行业组织、电子商务平台和龙头工业企业加快研制工业电子商务基础术语、产品核心元数据、企业核心元数据、工业电子商务平台运营与技术规范等基础性标准，统一线上线下产品编码标识，推动工业产品交易模式的在线化和网络化。鼓励企业建立健全数据采集、交互、应用和管理标准，引导工业电子商务健康发展。

健全工业电子商务信用和安全保障体系。加强工业电子商务参与主体信息的汇集整合，建设工业电子商务市场主体信息库，推进工业电子商务信用信息公示，提高工业电子商务交易可信度。在工业电子商务领域推广数字证书、电子合同，建立工业电子商务电子认证信任体系，对违法失信市场主体进行联合惩戒。支持企业建立工业电子商务网络安全防护体系、数据资源安全管理体系、网络安全应急处置和灾备体系，提高工业电子商务交易的安全性。

三、保障措施

（一）强化组织保障

在电子商务发展部际综合协调工作组的统一领导下，健全工业电子商务政策体系，加强宣传推广，加大统筹协调力度，跟踪产业发展态势，全面落实行动计划各项任务。各地区、各行业要加强对本行动计划的贯彻落实和组织保障，积极探索新方法、新路径，营造良好发展环境。

（二）加强政策引导

坚持政府引导和市场运作相结合，不断完善促进工业电子商务发展的激励机制，加强财税支持力度，充分利用现有资金渠道，加大对工业电子商务发展关键环节和重点领域的支持力度。鼓励地方设立专项基金，引导社会资本参与工业电子商务平台建设与整合，以多种方式支持工业电子商务支撑服务体系建设。

（三）完善服务体系

充分发挥协会、联盟等行业组织作用，加强对工业电子商务运行态势监测分析，对重点区域、重点行业、重点企业电子商务运行态势进行监测和评估，研制工业电子商务发展指数，发布年度《中国工业电子商务发展报告》。多渠道整合工业电子商务相关信息，推动工业电子商务平台依法向政府主管和监管部门开放数据资源，加快建立适应工业电子商务发展规律的治理机制与监管体系。

（四）开展试点示范

围绕工业电子商务深化应用和创新发展，选择一批基础较好、创新性和带动性强的重点区域、行业、企业开展试点示范，探索工业电子商务发展新模式、新机制。总结实践经验，挖掘典型案例，推动开展全国工业电子商务深度行活动，探索形成可复制、可推广、具有示范带动作用的行业解决方案。

（五）深化国际合作

结合“一带一路”等国家重大战略，深入推进跨境电子商务综合试验区建设，鼓励工业企业和电子商务平台加强合作，拓展国际市场，推动产品出口和企业“走出去”。利用双边、多边等国际合作机制，将工业电子商务作为技术、园区、标准合作以及人才交流的重要内容，实现优势互补、共赢发展。密切研究和跟踪国际工业电子商务发展的动态和趋势，完善跨境工业电子商务发展环境。

关于废止和修改部分规章的决定

（商务部令 2017 年第 3 号，商务部 2017 年 9 月 14 日发布）

《商务部关于废止和修改部分规章的决定》已经 2017 年 8 月 21 日商务部第 102 次部务会议审议通过，现予公布，自公布之日起施行。

商务部关于废止和修改部分规章的决定

为继续深化简政放权、放管结合、优化服务改革，根据国务院要求，商务部对取消行政审批项目等事项涉及的规章进行了清理。现决定：

一、对 3 部规章予以废止

（一）废止《关于审批和管理外国企业在华常驻代表机构的实施细则》（外经贸部令 1995 年第 3 号）。

（二）废止《钨品、锑品出口供货企业资格认证暂行办法》（国家经贸委、外经贸部令 2001 年第 21 号）。

（三）经商住房城乡建设部同意，废止《对外承包工程资格管理办法》（商务部、住房城乡建设部令 2009 年第 9 号）。

二、对 3 部规章的部分条款予以修改

（一）经商公安部、工商总局、税务总局同意，删去《二手车流通管理办法》（商务部、公安部、工商总局、税务总局令〔2005〕第 2 号）第九条、第十条、第十一条。

（二）经商财政部、银监会同意，将《对外劳务合作风险处置备用金管理办法（试行）》（商务部 财政部令 2014 年第 2 号）第二十三条修改为：

“对外承包工程的单位应当自收到中标文件或签署项目商务合同后 15 个工作日内，在指定银行缴存备用金。备用金缴存标准为 300

万元人民币，以现金或等额银行保函形式缴存。对外承包工程的单位已取得对外劳务合作经营资格并足额缴存备用金的，不需依照本条再次缴存备用金。

以现金形式缴存备用金的，对外承包工程的单位应当在对外承包工程项目数据库系统中填写并打印《备用金缴存申请表》，连同《营业执照》副本或《事业单位法人证书》副本，到指定银行开设专门账户并办理存款手续，签订《备用金存款协议书》，并将复印件送注册地省级商务主管部门备案（原备用金账户余额已达到缴存标准的除外）。

对外承包工程的单位以银行保函形式缴存备用金的，由指定银行出具受益人为注册地省级商务主管部门的不可撤销保函，保证在发生《对外承包工程管理条例》第十九条规定使用情形时履行担保责任。保函有效期至少为两年，注册地省级商务主管部门应在保函到期前一个月提醒对外承包工程的单位视情延长保函的有效期。保函正本由商务主管部门留存。

备用金账户余额达到规定标准或持有效备用金保函的单位，可以就相关项目向境内金融机构申请办理履约保函、信贷或信用保险。向境内金融机构申请办理履约保函、信贷或信用保险时，应当提交备用金足额缴存的证明。

除本条规定外，对外承包工程单位备用金的使用和管理由注册地省级商务主管部门会同同级财政部门依照《对外承包工程管理条例》及本办法相关规定执行。”

（三）经商银监会、保监会同意，删去《对外承包工程项目投标（议标）管理办法》（商务部 银监会 保监会令 2011 年第 3 号）第二条中的“依法取得对外承包工程资格的”。

将第六条第二款修改为：“申请核准应当提供以下材料：

（一）申请单位基本信息；

（二）项目情况说明；

（三）中国驻项目所在国使馆（领馆）经商机构出具的意见；

（四）需境内金融机构提供信贷或信用保险的项目，需提交境内金融机构出具的承贷或承保兴趣函。”

第八条改为第九条，修改为：“商务部在受理后，可依企业申请征求相关行业商会意见，相关行业商会应在综合考虑企业公平竞争和行业自律等情况的基础上，于 5 个工作日内通过对外承包工程项目数据库系统向商务部回复意见。逾期不回复，视为无意见。

商务部依企业申请征求相关行业商会意见所需时间不计算在第八条规定的期限内。”

第九条改为第八条，修改为：“商务部在收到本办法第六条第二款规定的完备材料后，予以在线受理，并自受理之日起 3 个工作日内作出是否核准的决定。符合条件的，予以网上核准，并向申请单位颁发《对外承包工程项目投标（议标）核准证》（以下简称《核准证》）。”

删去第十四条第二款中的“发生《对外承包工程管理条例》第二十五条、第二十六条规定情形的，由商务主管部门根据《对外承包工程管理条例》第二十五条、第二十六条规定在一定期限内禁止对外承包新的工程项目直至吊销对外承包工程资格证书。”

删去第十五条中的“发生《对外承包工程管理条例》第二十五条、第二十六条规定情形的，由商务主管部门根据《对外承包工程管理条例》第二十五条、第二十六条规定在一定期限内禁止对外承包新的工程项目直至吊销对外承包工程资格证书。”

此外，对相关规章的条文顺序作相应调整。

政府制定价格行为规则

（国家发展和改革委员会令 2017 年第 7 号，国家发展和改革委员会 2017 年 9 月 18 日发布）

《政府制定价格行为规则》已经国家发展和改革委员会主任办公会讨论通过，现予发布，自 2018 年 1 月 1 日起施行。

政府制定价格行为规则

第一章　总　　则

第一条　为规范政府制定价格行为，提高政府制定价格的科学性、公正性和透明度，保护消费者和经营者的合法权益，根据《中华人民共和国价格法》，制定本规则。

第二条　国务院价格主管部门及有关部门，省、自治区、直辖市人民政府价格主管部门及有关部门，和经省、自治区、直辖市人民政府授权的市、县人民政府（以下简称定价机关）依法制定或者调整实行政府指导价、政府定价的商品和服务价格水平以及定价机制的行为，适用本规则。

法律、法规另有规定的，从其规定。

第三条　国家实行并完善主要由市场决定价格的机制。政府制定价格的范围主要为重要公用事业、公益性服务和自然垄断经营的商品和服务等，具体以中央定价目录和地方定价目录（以下简称定价目录）为准。

经省、自治区、直辖市人民政府授权的市、县人民政府制定价格，具体工作由其所属价格主管部门或者有关部门负责。

定价机关应当按照法定的权限制定价格，不得越权定价。

第四条　定价目录应当依照法定程序制定，逐项明确定价内容和定价机关，并根据经济社会发展情况适时调整，及时向社会公布。

第五条　制定价格应当遵循公平、公开、公正和效率的原则。

第六条　制定价格应当依据有关商品和服务的社会平均成本、市场供求状况、国民经济与社会发展要求以及社会承受能力。商品和服务价格与国际市场价格、替代商品和服务价格联系紧密的，可以参考相关价格。

网络型自然垄断环节价格，按照“准许成本加合理收益”的原则制定。

第七条　国务院价格主管部门及有关部门，省、自治区、直辖市人民政府价格主管部门及有关部门应当根据不同行业特点，逐步建立商品和服务的定价机制，实现商品和服务价格调整机制化。

第二章　制定价格的程序

第八条　定价机关应当根据经济社会发展情况、社会各方面的反映以及价格执行期限等，适时制定价格。

第九条　定价机关制定价格，应当履行价格调查、成本监审或者成本调查、听取社会意见、合法性审查、集体审议、作出制定价格的决定等程序。

依法应当开展成本监审、专家论证、价格听证、风险评估的，按照有关规定执行。

已经依法制定定价机制的，定价机关应当按照定价机制确定具体价格水平。

第十条　定价机关制定价格，可以要求相关经营者、行业组织、政府有关部门提供制定价格所需的资料。

第十一条　定价机关制定价格，应当对市场供求、社会承受能力进行调查，分析对相关行业、消费者的影响。

第十二条　定价机关制定价格，应当开展成本监审或者成本调查，并逐步建立成本信息公开制度。

依法应当开展成本监审的，按照成本监审的有关规定执行，未经成本监审的，不得制定价格。

第十三条　制定专业性、技术性较强的商品和服务价格时，定价机关应当邀请有关方面的专家进行论证。

第十四条　定价机关制定价格，应当听取经营者、消费者或其代表，以及有关方面的意见。

对依法应当通过听证方式征求意见的，由政府价格主管部门主持，按照价格听证的有关规定开展听证；未经听证不得制定价格。

第十五条　制定价格对经济社会可能造成

重大影响的，应当开展风险评估。

风险评估可以单独进行，也可以结合听取社会意见、专家论证等一并进行。

第十六条 定价机关履行本规则第十一条至第十五条规定程序后，应当形成制定价格的方案。方案应当载明以下内容：

（一）现行价格和拟制定的价格、单位调价幅度；

（二）制定价格的依据和理由；

（三）制定价格对相关行业和消费者的影响；

（四）成本监审报告或者成本调查报告；

（五）经营者、消费者或其代表，以及有关方面的主要意见及采纳情况；

（六）经过听证的，附听证报告；

（七）经过专家论证的，附专家论证意见及采纳情况；

（八）经过风险评估的，附风险评估意见；

（九）价格的执行时间、期限和范围。

第十七条 定价机关制定价格，应当开展合法性审查。实行合法性审查的方式、机构和工作规则，由定价机关规定。合法性审查内容包括：

（一）制定价格事项是否符合定价目录规定的权限和范围；

（二）制定价格的程序是否符合法定程序；

（三）需要审查的其他事项。

第十八条 定价机关应当对制定价格的方案实行集体审议。实行集体审议的方式、人员组成和工作规则，由省级以上定价机关规定。

第十九条 国务院价格主管部门及有关部门制定重要的商品和服务价格，应当按照有关规定报国务院批准。

省、自治区、直辖市价格主管部门及有关部门制定重要的商品和服务价格，应当按照有关规定报同级人民政府批准。

第二十条 定价机关是政府其他部门的，作出制定价格决定前应当书面征求同级价格主管部门的意见。

第二十一条 按照本规则履行相关程序后，认为需要制定价格的，定价机关应当适时作出制定价格的决定。制定价格的决定应当载明以下内容：

（一）制定价格的项目、制定的价格；

（二）制定价格的依据；

（三）价格的执行时间和范围；

（四）作出决定的定价机关名称和作出决定的日期。

制定价格的决定原则上应当由定价机关制发。授权市、县人民政府制定价格的，经市、县人民政府批准，可以由价格主管部门或者有关部门制发并抄报市、县人民政府。

第二十二条 定价机关应当按照档案管理制度建立制定价格的卷宗并存档。

卷宗应当实行“一价一卷宗”，内容包括：制定价格的方案、制定价格的决定及相关材料。

第二十三条 制定价格的决定实施后，定价机关应当对决定的执行情况进行跟踪调查和监测，并适时进行后评估。后评估的内容包括：

（一）价格的执行情况，执行中存在的问题及原因；

（二）经营者经营状况、成本、劳动生产率和市场供求变化对价格的影响；

（三）相关商品和服务市场供求状况和价格的变化情况；

（四）社会各方面对所制定价格的意见；

（五）制定的价格对经济社会发展和消费者、经营者的影响；

（六）其他有关情况。

第二十四条 制定价格的决定实施后，如果制定价格的依据发生重大变化，定价机关应当适时调整价格。

第三章 公众参与和信息公开

第二十五条 经营者、消费者、政府相关部门及有关方面（以下简称建议人）可以向定价机关提出制定价格的建议。建议内容主要包括建议制定价格的具体商品或者服务名称、建议价格、依据和理由等。

第二十六条 制定价格有建议人的，定价机关应当以适当的方式将建议办理情况告知建议人。

第二十七条 定价机关听取经营者、消费者或其代表，以及有关方面的意见时，可以选择向社会公开征求意见、书面征求意见、召开座谈会、组织听证、实地走访等方式。

第二十八条　定价机关制定价格时，可以通过政府购买服务等方式发挥第三方机构的积极作用。

第二十九条　除涉及国家秘密外，定价机关应当及时向社会公开制定价格的决定。

第四章　监督机制与法律责任

第三十条　定价机关应当建立严格规范的内部监督制约机制。

上级价格主管部门负责对下级价格主管部门制定价格行为的监督和指导。政府其他有关部门的制定价格行为应当接受价格主管部门的监督。

第三十一条　定价机关制定价格，应当接受社会监督。单位和个人可以对制定价格过程中的违法违规行为进行举报。

第三十二条　定价机关有违法行为的，由政府价格主管部门依据《价格法》进行查处。

第三十三条　定价机关的工作人员在制定价格工作中有违法行为，构成犯罪的，依法追究刑事责任；尚不构成犯罪的，依法给予行政处分。

第五章　附　　则

第三十四条　各省、自治区、直辖市价格主管部门可以依据本规则并结合本地实际情况制定实施细则。

第三十五条　本规则由国家发展和改革委员会解释。

第三十六条　本规则自 2018 年 1 月 1 日起施行。2006 年 3 月 17 日国家发展和改革委员会发布的《政府制定价格行为规则》同时废止。

关于积极推进供应链创新与应用的指导意见

（国办发〔2017〕84 号，国务院办公厅 2017 年 10 月 5 日发布）

各省、自治区、直辖市人民政府，国务院各部委、各直属机构：

供应链是以客户需求为导向，以提高质量和效率为目标，以整合资源为手段，实现产品设计、采购、生产、销售、服务等全过程高效协同的组织形态。随着信息技术的发展，供应链已发展到与互联网、物联网深度融合的智慧供应链新阶段。为加快供应链创新与应用，促进产业组织方式、商业模式和政府治理方式创新，推进供给侧结构性改革，经国务院同意，现提出以下意见。

一、重要意义

（一）落实新发展理念的重要举措

供应链具有创新、协同、共赢、开放、绿色等特征，推进供应链创新发展，有利于加速产业融合、深化社会分工、提高集成创新能力，有利于建立供应链上下游企业合作共赢的协同发展机制，有利于建立覆盖设计、生产、流通、消费、回收等各环节的绿色产业体系。

（二）供给侧结构性改革的重要抓手

供应链通过资源整合和流程优化，促进产业跨界和协同发展，有利于加强从生产到消费等各环节的有效对接，降低企业经营和交易成本，促进供需精准匹配和产业转型升级，全面提高产品和服务质量。供应链金融的规范发展，有利于拓宽中小微企业的融资渠道，确保资金流向实体经济。

（三）引领全球化提升竞争力的重要载体

推进供应链全球布局，加强与伙伴国家和地区之间的合作共赢，有利于我国企业更深更广融入全球供给体系，推进“一带一路”建设落地，打造全球利益共同体和命运共同体。建立基于供应链的全球贸易新规则，有利于提高我国在全球经济治理中的话语权，保障我国资源能源安全和产业安全。

二、总体要求

（一）指导思想

全面贯彻党的十八大和十八届三中、四中、五中、六中全会精神，深入贯彻习近平总书记系列重要讲话精神和治国理政新理念新思想新战略，认真落实党中央、国务院决策部署，统筹推进“五位一体”总体布局和协调推进“四个全面”战略布局，坚持以人民为中心的发展思想，坚持稳中求进工作总基调，牢固树立和贯彻落实创新、协调、绿色、开放、共享的发展理念，以提高发展质量和效益为中心，以供应链与互联网、物联网深度融合为路径，以信息化、标准化、信用体系建设和人才培养为支撑，创新发展供应链新理念、新技术、新模式，高效整合各类资源和要素，提升产业集成和协同水平，打造大数据支撑、网络化共享、智能化协作的智慧供应链体系，推进供给侧结构性改革，提升我国经济全球竞争力。

（二）发展目标

到2020年，形成一批适合我国国情的供应链发展新技术和新模式，基本形成覆盖我国重点产业的智慧供应链体系。供应链在促进降本增效、供需匹配和产业升级中的作用显著增强，成为供给侧结构性改革的重要支撑。培育100家左右的全球供应链领先企业，重点产业的供应链竞争力进入世界前列，中国成为全球供应链创新与应用的重要中心。

三、重点任务

（一）推进农村一二三产业融合发展

1. 创新农业产业组织体系。鼓励家庭农场、农民合作社、农业产业化龙头企业、农业社会化服务组织等合作建立集农产品生产、加工、流通和服务等于一体的农业供应链体系，发展种养加、产供销、内外贸一体化的现代农业。鼓励承包农户采用土地流转、股份合作、农业生产托管等方式融入农业供应链体系，完善利益联结机制，促进多种形式的农业适度规模经营，把农业生产引入现代农业发展轨道。（农业部、商务部等负责）

2. 提高农业生产科学化水平。推动建设农业供应链信息平台，集成农业生产经营各环节的大数据，共享政策、市场、科技、金融、保险等信息服务，提高农业生产科技化和精准化水平。加强产销衔接，优化种养结构，促进农业生产向消费导向型转变，增加绿色优质农产品供给。鼓励发展农业生产性服务业，开拓农业供应链金融服务，支持订单农户参加农业保险。（农业部、科技部、商务部、银监会、保监会等负责）

3. 提高质量安全追溯能力。加强农产品和食品冷链设施及标准化建设，降低流通成本和损耗。建立基于供应链的重要产品质量安全追溯机制，针对肉类、蔬菜、水产品、中药材等食用农产品，婴幼儿配方食品、肉制品、乳制品、食用植物油、白酒等食品，农药、兽药、饲料、肥料、种子等农业生产资料，将供应链上下游企业全部纳入追溯体系，构建来源可查、去向可追、责任可究的全链条可追溯体系，提高消费安全水平。（商务部、国家发展改革委、科技部、农业部、质检总局、食品药品监管总局等负责）

（二）促进制造协同化、服务化、智能化

1. 推进供应链协同制造。推动制造企业应用精益供应链等管理技术，完善从研发设计、生产制造到售后服务的全链条供应链体系。推动供应链上下游企业实现协同采购、协同制造、协同物流，促进大中小企业专业化分工协作，快速响应客户需求，缩短生产周期和新品上市时间，降低生产经营和交易成本。（工业和信息化部、国家发展改革委、科技部、商务部等负责）

2. 发展服务型制造。建设一批服务型制造公共服务平台，发展基于供应链的生产性服务业。鼓励相关企业向供应链上游拓展协同研发、众包设计、解决方案等专业服务，向供应链下游延伸远程诊断、维护检修、仓储物流、技术培训、融资租赁、消费信贷等增值服务，推动制造供应链向产业服务供应链转型，提升制造产业价值链。（工业和信息化部、国家发展改革委、科技部、商务部、人民银行、银监

会等负责）

3. 促进制造供应链可视化和智能化。推动感知技术在制造供应链关键节点的应用，促进全链条信息共享，实现供应链可视化。推进机械、航空、船舶、汽车、轻工、纺织、食品、电子等行业供应链体系的智能化，加快人机智能交互、工业机器人、智能工厂、智慧物流等技术和装备的应用，提高敏捷制造能力。（工业和信息化部、国家发展改革委、科技部、商务部等负责）

（三）提高流通现代化水平

1. 推动流通创新转型。应用供应链理念和技术，大力发展智慧商店、智慧商圈、智慧物流，提升流通供应链智能化水平。鼓励批发、零售、物流企业整合供应链资源，构建采购、分销、仓储、配送供应链协同平台。鼓励住宿、餐饮、养老、文化、体育、旅游等行业建设供应链综合服务和交易平台，完善供应链体系，提升服务供给质量和效率。（商务部、国家发展改革委、科技部、质检总局等负责）

2. 推进流通与生产深度融合。鼓励流通企业与生产企业合作，建设供应链协同平台，准确及时传导需求信息，实现需求、库存和物流信息的实时共享，引导生产端优化配置生产资源，加速技术和产品创新，按需组织生产，合理安排库存。实施内外销产品“同线同标同质”等一批示范工程，提高供给质量。（商务部、工业和信息化部、农业部、质检总局等负责）

3. 提升供应链服务水平。引导传统流通企业向供应链服务企业转型，大力培育新型供应链服务企业。推动建立供应链综合服务平台，拓展质量管理、追溯服务、金融服务、研发设计等功能，提供采购执行、物流服务、分销执行、融资结算、商检报关等一体化服务。（商务部、人民银行、银监会等负责）

（四）积极稳妥发展供应链金融

1. 推动供应链金融服务实体经济。推动全国和地方信用信息共享平台、商业银行、供应链核心企业等开放共享信息。鼓励商业银行、供应链核心企业等建立供应链金融服务平台，为供应链上下游中小微企业提供高效便捷的融资渠道。鼓励供应链核心企业、金融机构与人民银行征信中心建设的应收账款融资服务平台对接，发展线上应收账款融资等供应链金融模式。（人民银行、国家发展改革委、商务部、银监会、保监会等负责）

2. 有效防范供应链金融风险。推动金融机构、供应链核心企业建立债项评级和主体评级相结合的风险控制体系，加强供应链大数据分析和应用，确保借贷资金基于真实交易。加强对供应链金融的风险监控，提高金融机构事中事后风险管理水平，确保资金流向实体经济。健全供应链金融担保、抵押、质押机制，鼓励依托人民银行征信中心建设的动产融资统一登记系统开展应收账款及其他动产融资质押和转让登记，防止重复质押和空单质押，推动供应链金融健康稳定发展。（人民银行、商务部、银监会、保监会等负责）

（五）积极倡导绿色供应链

1. 大力倡导绿色制造。推行产品全生命周期绿色管理，在汽车、电器电子、通信、大型成套装备及机械等行业开展绿色供应链管理示范。强化供应链的绿色监管，探索建立统一的绿色产品标准、认证、标识体系，鼓励采购绿色产品和服务，积极扶植绿色产业，推动形成绿色制造供应链体系。（国家发展改革委、工业和信息化部、环境保护部、商务部、质检总局等按职责分工负责）

2. 积极推行绿色流通。积极倡导绿色消费理念，培育绿色消费市场。鼓励流通环节推广节能技术，加快节能设施设备的升级改造，培育一批集节能改造和节能产品销售于一体的绿色流通企业。加强绿色物流新技术和设备的研究与应用，贯彻执行运输、装卸、仓储等环节的绿色标准，开发应用绿色包装材料，建立绿色物流体系。（商务部、国家发展改革委、环境保护部等负责）

3. 建立逆向物流体系。鼓励建立基于供应链的废旧资源回收利用平台，建设线上废弃物和再生资源交易市场。落实生产者责任延伸制度，重点针对电器电子、汽车产品、轮胎、蓄电池和包装物等产品，优化供应链逆向物流网点布局，促进产品回收和再制造发展。（国家发展改革委、工业和信息化部、商务部等按职责分工负责）

（六）努力构建全球供应链

1. 积极融入全球供应链网络。加强交通枢纽、物流通道、信息平台等基础设施建设，推进与“一带一路”沿线国家互联互通。推动国际产能和装备制造合作，推进边境经济合作区、跨境经济合作区、境外经贸合作区建设，鼓励企业深化对外投资合作，设立境外分销和服务网络、物流配送中心、海外仓等，建立本地化的供应链体系。（商务部、国家发展改革委、交通运输部等负责）

2. 提高全球供应链安全水平。鼓励企业建立重要资源和产品全球供应链风险预警系统，利用两个市场两种资源，提高全球供应链风险管理水平。制定和实施国家供应链安全计划，建立全球供应链风险预警评价指标体系，完善全球供应链风险预警机制，提升全球供应链风险防控能力。（国家发展改革委、商务部等按职责分工负责）

3. 参与全球供应链规则制定。依托全球供应链体系，促进不同国家和地区包容共享发展，形成全球利益共同体和命运共同体。在人员流动、资格互认、标准互通、认可认证、知识产权等方面加强与主要贸易国家和“一带一路”沿线国家的磋商与合作，推动建立有利于完善供应链利益联结机制的全球经贸新规则。（商务部、国家发展改革委、人力资源社会保障部、质检总局等负责）

四、保障措施

（一）营造良好的供应链创新与应用政策环境

鼓励构建以企业为主导、产学研用合作的供应链创新网络，建设跨界交叉领域的创新服务平台，提供技术研发、品牌培育、市场开拓、标准化服务、检验检测认证等服务。鼓励社会资本设立供应链创新产业投资基金，统筹结合现有资金、基金渠道，为企业开展供应链创新与应用提供融资支持。（科技部、工业和信息化部、财政部、商务部、人民银行、质检总局等按职责分工负责）

研究依托国务院相关部门成立供应链专家委员会，建设供应链研究院。鼓励有条件的地方建设供应链科创研发中心。支持建设供应链创新与应用的政府监管、公共服务和信息共享平台，建立行业指数、经济运行、社会预警等指标体系。（科技部、商务部等按职责分工负责）

研究供应链服务企业在国民经济中的行业分类，理顺行业管理。符合条件的供应链相关企业经认定为国家高新技术企业后，可按规定享受相关优惠政策。符合外贸企业转型升级、服务外包相关政策条件的供应链服务企业，按现行规定享受相应支持政策。（国家发展改革委、科技部、工业和信息化部、财政部、商务部、国家统计局等按职责分工负责）

（二）积极开展供应链创新与应用试点示范

开展供应链创新与应用示范城市试点，鼓励试点城市制定供应链发展的支持政策，完善本地重点产业供应链体系。培育一批供应链创新与应用示范企业，建设一批跨行业、跨领域的供应链协同、交易和服务示范平台。（商务部、工业和信息化部、农业部、人民银行、银监会等负责）

（三）加强供应链信用和监管服务体系建设

完善全国信用信息共享平台、国家企业信用信息公示系统和“信用中国”网站，健全政府部门信用信息共享机制，促进商务、海关、质检、工商、银行等部门和机构之间公共数据资源的互联互通。研究利用区块链、人工智能等新兴技术，建立基于供应链的信用评价机制。推进各类供应链平台有机对接，加强对信用评级、信用记录、风险预警、违法失信行为等信息的披露和共享。创新供应链监管机制，整合供应链各环节涉及的市场准入、海关、质检等政策，加强供应链风险管控，促进供应链健康稳定发展。（国家发展改革委、交通运输部、商务部、人民银行、海关总署、税务总局、工商总局、质检总局、食品药品监管总局等按职责分工负责）

（四）推进供应链标准体系建设

加快制定供应链产品信息、数据采集、指标口径、交换接口、数据交易等关键共性标准，加强行业间数据信息标准的兼容，促进供应链数据高效传输和交互。推动企业提高供应链管理流程标准化水平，推进供应链服务标准化，提高供应链系统集成和资源整合能力。积极参与全球供应链标准制定，推进供应链标准国际化进程。（质检总局、国家发展改革委、工业和信息化部、商务部等负责）

（五）加快培养多层次供应链人才

支持高等院校和职业学校设置供应链相关专业和课程，培养供应链专业人才。鼓励相关企业和专业机构加强供应链人才培训。创新供应链人才激励机制，加强国际化的人才流动与管理，吸引和聚集世界优秀供应链人才。（教育部、人力资源社会保障部、商务部等按职责分工负责）

（六）加强供应链行业组织建设

推动供应链行业组织建设供应链公共服务平台，加强行业研究、数据统计、标准制修订和国际交流，提供供应链咨询、人才培训等服务。加强行业自律，促进行业健康有序发展。加强与国外供应链行业组织的交流合作，推动供应链专业资质相互认证，促进我国供应链发展与国际接轨。（国家发展改革委、工业和信息化部、人力资源社会保障部、商务部、质检总局等按职责分工负责）

机关团体建设楼堂馆所管理条例

（国务院令2017年第688号，国务院2017年10月5日发布）

《机关团体建设楼堂馆所管理条例》已经2017年8月18日国务院第182次常务会议通过，现予公布，自2017年12月1日起施行。

机关团体建设楼堂馆所管理条例

第一章　总　　则

第一条　为了严格控制机关、团体建设楼堂馆所，厉行节约、反对浪费，制定本条例。

第二条　机关、团体建设楼堂馆所，适用本条例。

本条例所称建设，是指新建、扩建、改建、购置；所称楼堂馆所，是指办公用房以及培训中心等各类具有住宿、会议、餐饮等接待功能的场所和设施。

第三条　建设办公用房应当严格履行审批程序，严格执行建设标准。未经批准，不得建设办公用房。

禁止以技术业务用房等名义建设办公用房或者违反规定在技术业务用房中设置办公用房。

第四条　建设办公用房应当遵循朴素、实用、安全、节能的原则。

国务院发展改革部门会同国务院住房城乡建设部门、财政部门制定办公用房建设标准，并向社会公布。

第五条　机关、团体不得建设培训中心等各类具有住宿、会议、餐饮等接待功能的场所和设施。

第二章　项目审批

第六条　建设办公用房的，应当向负责项目审批的机关（以下简称审批机关）报送项目建议书、可行性研究报告、初步设计；购置办公用房的，不报送初步设计。

根据办公用房项目的具体情况，经审批机关同意，项目建议书、可行性研究报告、初步设计可以合并编制报送。

第七条　办公用房项目的审批机关及其审批权限，按照国家有关规定执行。

第八条　审批机关应当严格审核办公用房项目，按照建设标准核定建设内容、建设规模和投资概算。

第九条　办公用房项目有下列情形之一的，审批机关不得批准：

（一）属于禁止建设办公用房的情形；

（二）建设的必要性不充分；

（三）建设资金来源不符合规定；

（四）建设内容、建设规模等不符合建设标准；

（五）其他不得批准的情形。

第十条 对未经批准的办公用房项目，不得办理规划、用地、施工等相关手续，不得安排预算、拨付资金。

第十一条 办公用房项目应当按照审批机关核定的建设内容、建设规模和投资概算进行设计、施工。因国家政策调整、价格上涨、地质条件发生重大变化等原因确需增加投资概算的，应当经原审批机关批准。

第十二条 审批机关应当完善审批工作流程，建立健全审批工作责任制和内部监督机制。

第三章 建设资金

第十三条 办公用房项目的建设资金由预算资金安排。

办公用房项目的建设资金来源不得有下列情形：

（一）挪用各类专项资金；

（二）向单位、个人摊派；

（三）向银行等金融机构借款；

（四）接受赞助或者捐赠；

（五）其他违反规定的情形。

第十四条 办公用房项目的建设资金按照国库集中支付制度的有关规定支付。

第十五条 办公用房项目竣工后，建设单位应当按照规定及时组织编报竣工财务决算，并及时办理固定资产入账手续。

第四章 监督检查

第十六条 审批机关、财政部门、审计机关、监察机关（以下统称监督检查机关）应当按照各自的职责，加强对建设楼堂馆所活动的监督检查和绩效评价。

监督检查机关应当密切配合，建立信息共享机制，并根据实际需要开展联合监督检查、专项监督检查。

第十七条 监督检查机关对建设楼堂馆所活动实施监督检查，有权要求建设单位以及其他相关单位提供有关文件和资料，向有关人员了解情况，进行现场核查。建设单位以及其他相关单位对监督检查应当予以配合，不得拒绝、阻碍。

第十八条 建设单位应当按照有关规定加强办公用房项目档案管理，将项目审批和实施过程中的有关文件、资料存档备查。

第十九条 除依法应当保密的情形外，下列信息应当通过政府网站等便于公众知晓的方式公开：

（一）办公用房项目审批情况，包括建设单位名称、批准的理由以及建设内容、建设规模、投资概算等；增加投资概算的，还应当公开增加投资概算的情况和理由。

（二）监督检查情况，包括发现的违法建设楼堂馆所的单位名称、基本事实以及处理结果等。

第二十条 对违反本条例规定的行为，任何单位和个人有权向监督检查机关举报。

监督检查机关应当通过公开举报电话和邮箱、在政府网站设置举报专栏等方式，接受单位和个人的举报，并及时依法处理。

第五章 法律责任

第二十一条 机关、团体有下列情形之一的，根据具体情况责令停止相关建设活动或者改正，对所涉楼堂馆所予以收缴、拍卖或者责令限期腾退，对负有责任的领导人员和直接责任人员依法给予处分：

（一）建设培训中心等各类具有住宿、会议、餐饮等接待功能的场所和设施；

（二）未经批准建设办公用房；

（三）以技术业务用房等名义建设办公用房，或者违反规定在技术业务用房中设置办公用房；

（四）擅自改变建设内容、扩大建设规模，或者擅自增加投资概算；

（五）办公用房项目建设资金来源不符合规定。

第二十二条　有下列情形之一的，责令改正，对负有责任的领导人员和直接责任人员依法给予处分：

（一）超越审批权限审批办公用房项目；

（二）对不符合规定的办公用房项目予以批准；

（三）对未经批准的办公用房项目办理规划、用地、施工等相关手续，或者安排预算、拨付资金；

（四）其他滥用职权、玩忽职守、徇私舞弊的情形。

第二十三条　建设单位未按照规定将办公用房项目审批和实施过程中的有关文件、资料存档备查，或者转移、隐匿、篡改、毁弃有关文件、资料的，责令改正，对负有责任的领导人员和直接责任人员依法给予处分。

第二十四条　本条例第二十一条至第二十三条规定的处分，由监察机关或者其他有关机关按照管理权限实施，其他处理措施由审批机关实施。

第二十五条　违反本条例规定，构成犯罪的，依法追究刑事责任。

第六章　附　则

第二十六条　本条例所称团体，是指工会、共青团、妇联等人民团体。

第二十七条　财政给予经费保障的事业单位和人民团体以外的其他团体建设楼堂馆所，参照适用本条例。

第二十八条　机关、人民团体、财政给予经费保障的事业单位和其他团体维修办公用房，应当严格履行审批程序，执行维修标准。禁止进行超标准装修或者配置超标准的设施。

违反前款规定的，根据具体情况责令停止维修活动或者改正，对负有责任的领导人员和直接责任人员依法给予处分。

第二十九条　财政给予经费补助的事业单位和人民团体以外的其他团体建设、维修楼堂馆所的管理办法，由国务院发展改革部门会同国务院财政部门、住房城乡建设部门等有关部门以及有关机关事务管理部门按照确有必要、严格控制的原则制定。

国有企业建设、维修楼堂馆所的管理办法，由国务院发展改革部门会同国务院国有资产监督管理机构、财政部门、住房城乡建设部门等有关部门，按照前款规定的原则制定。

第三十条　军队单位建设、维修楼堂馆所，按照军队的有关规定执行。

第三十一条　本条例自2017年12月1日起施行。国务院1988年9月22日发布施行的《楼堂馆所建设管理暂行条例》同时废止。

关于修改部分行政法规的决定

（国务院令2017年第687号，国务院2017年10月7日）

现公布《国务院关于修改部分行政法规的决定》，自公布之日起施行。

国务院关于修改部分行政法规的决定

为了依法推进简政放权、放管结合、优化服务改革，国务院对取消行政审批项目涉及的行政法规进行了清理。经过清理，国务院决定：对15部行政法规的部分条款予以修改。

一、将《植物检疫条例》第十三条修改为：“农林院校和试验研究单位对植物检疫对象的研究，不得在检疫对象的非疫区进行。因教学、科研确需在非疫区进行时，应当遵守国务院农业主管部门、林业主管部门的规定。”

二、将《中华人民共和国河道管理条例》第十四条第二款修改为：“在堤防上新建前款所指建筑物及设施，应当服从河道主管机关的安全管理。”

三、删去《中华人民共和国渔港水域交通安全管理条例》第十条中的“确需从事捕捞、养殖等生产活动的，必须经渔政渔港监督管理机关批准”。

四、将《中华人民共和国自然保护区条例》第二十七条第一款修改为：“禁止任何人进入自然保护区的核心区。因科学研究的需要，必须进入核心区从事科学研究观测、调查活动的，应当事先向自然保护区管理机构提交申请和活动计划，并经自然保护区管理机构批准；其中，进入国家级自然保护区核心区的，应当经省、自治区、直辖市人民政府有关自然保护区行政主管部门批准。”

第二十九条第一款修改为：“在自然保护区的实验区内开展参观、旅游活动的，由自然保护区管理机构编制方案，方案应当符合自然保护区管理目标。”第二款修改为：“在自然保护区组织参观、旅游活动的，应当严格按照前款规定的方案进行，并加强管理；进入自然保护区参观、旅游的单位和个人，应当服从自然保护区管理机构的管理。”

第三十一条修改为：“外国人进入自然保护区，应当事先向自然保护区管理机构提交活动计划，并经自然保护区管理机构批准；其中，进入国家级自然保护区的，应当经省、自治区、直辖市环境保护、海洋、渔业等有关自然保护区行政主管部门按照各自职责批准。

“进入自然保护区的外国人，应当遵守有关自然保护区的法律、法规和规定，未经批准，不得在自然保护区内从事采集标本等活动。”

第三十七条修改为：“自然保护区管理机构违反本条例规定，有下列行为之一的，由县级以上人民政府有关自然保护区行政主管部门责令限期改正；对直接责任人员，由其所在单位或者上级机关给予行政处分：

“（一）开展参观、旅游活动未编制方案或者编制的方案不符合自然保护区管理目标的；

“（二）开设与自然保护区保护方向不一致的参观、旅游项目的；

“（三）不按照编制的方案开展参观、旅游活动的；

“（四）违法批准人员进入自然保护区的核心区，或者违法批准外国人进入自然保护区的；

“（五）有其他滥用职权、玩忽职守、徇私舞弊行为的。”

五、将《中华人民共和国野生植物保护条例》第十六条第一款修改为：“禁止采集国家一级保护野生植物。因科学研究、人工培育、文化交流等特殊需要，采集国家一级保护野生植物的，应当按照管理权限向国务院林业行政主管部门或者其授权的机构申请采集证；或者向采集地的省、自治区、直辖市人民政府农业行政主管部门或者其授权的机构申请采集证。”

第二十条第一款修改为：“出口国家重点保护野生植物或者进出口中国参加的国际公约所限制进出口的野生植物的，应当按照管理权限经国务院林业行政主管部门批准，或者经进出口者所在地的省、自治区、直辖市人民政府农业行政主管部门审核后报国务院农业行政主管部门批准，并取得国家濒危物种进出口管理机构核发的允许进出口证明书或者标签。海关凭允许进出口证明书或者标签查验放行。国务院野生植物行政主管部门应当将有关野生植物进出口的资料抄送国务院环境保护部门。”

第二十一条第二款修改为：“外国人在中国境内对农业行政主管部门管理的国家重点保护野生植物进行野外考察的，应当经农业行政主管部门管理的国家重点保护野生植物所在地的省、自治区、直辖市人民政府农业行政主管部门批准。”

第二十七条中的“或者未经批准对国家重点保护野生植物进行野外考察的”修改为“或者未经批准对农业行政主管部门管理的国家重点保护野生植物进行野外考察的”。

六、将《导游人员管理条例》第四条修改为：“在中华人民共和国境内从事导游活动，必须取得导游证。

“取得导游人员资格证书的，经与旅行社订立劳动合同或者在相关旅游行业组织注册，方可持所订立的劳动合同或者登记证明材料，向省、自治区、直辖市人民政府旅游行政部门申请领取导游证。

“导游证的样式规格，由国务院旅游行政

部门规定。”

删去第八条第三款。

七、将《建设工程质量管理条例》第十一条第一款修改为：“施工图设计文件审查的具体办法，由国务院建设行政主管部门、国务院其他有关部门制定。”

八、将《建设工程勘察设计管理条例》第三十三条第一款修改为：“施工图设计文件审查机构应当对房屋建筑工程、市政基础设施工程施工图设计文件中涉及公共利益、公众安全、工程建设强制性标准的内容进行审查。县级以上人民政府交通运输等有关部门应当按照职责对施工图设计文件中涉及公共利益、公众安全、工程建设强制性标准的内容进行审查。”

九、删去《农业转基因生物安全管理条例》第十六条第二款第二项。第二款第四项改为第三项，修改为：“（三）国务院农业行政主管部门规定的试验材料、检测方法等其他材料”。第三款修改为：“国务院农业行政主管部门收到申请后，应当委托具备检测条件和能力的技术检测机构进行检测，并组织农业转基因生物安全委员会进行安全评价；安全评价合格的，方可颁发农业转基因生物安全证书。”

删去第二十二条。

第三十三条改为第三十二条，修改为：“境外公司向中华人民共和国出口农业转基因生物用作加工原料的，应当向国务院农业行政主管部门提出申请，提交国务院农业行政主管部门要求的试验材料、检测方法等材料；符合下列条件，经国务院农业行政主管部门委托的、具备检测条件和能力的技术检测机构检测确认对人类、动植物、微生物和生态环境不存在危险，并经安全评价合格的，由国务院农业行政主管部门颁发农业转基因生物安全证书：

“（一）输出国家或者地区已经允许作为相应用途并投放市场；

“（二）输出国家或者地区经过科学试验证明对人类、动植物、微生物和生态环境无害；

“（三）有相应的安全管理、防范措施。”

第三十五条改为第三十四条，修改为：“农业转基因生物在中华人民共和国过境转移的，应当遵守中华人民共和国有关法律、行政法规的规定。”

第三十六条改为第三十五条，删去其中的“国家出入境检验检疫部门”。

删去第四十九条。

第五十一条改为第四十九条，修改为：“违反本条例规定，进口、携带、邮寄农业转基因生物未向口岸出入境检验检疫机构报检的，由口岸出入境检验检疫机构比照进出境动植物检疫法的有关规定处罚。”

十、删去《棉花质量监督管理条例》第三条第一款。

删去第二十五条中的“情节严重的，由原资格认定机关取消其棉花加工资格”。

十一、删去《中华人民共和国文物保护法实施条例》第三十二条中的“经省、自治区、直辖市人民政府文物行政主管部门审核后”。

十二、删去《中华人民共和国道路交通安全法实施条例》第十五条第二款中的“资格管理和”。

十三、将《重大动物疫情应急条例》第二十一条第一款修改为：“重大动物疫病应当由动物防疫监督机构采集病料。其他单位和个人采集病料的，应当具备以下条件：

“（一）重大动物疫病病料采集目的、病原微生物的用途应当符合国务院兽医主管部门的规定；

“（二）具有与采集病料相适应的动物病原微生物实验室条件；

“（三）具有与采集病料所需要的生物安全防护水平相适应的设备，以及防止病原感染和扩散的有效措施。”

第四十七条中的“擅自采集”修改为“不符合相应条件采集”。

十四、删去《历史文化名城名镇名村保护条例》第二十五条中的“经城市、县人民政府城乡规划主管部门会同同级文物主管部门批准”。

删去第三十九条中的“第二十五条”。

删去第四十三条第一款第一项、第二项、第五项。第二款修改为：“有关单位或者个人进行本条例第二十五条规定的活动，或者经批准进行本条第一款规定的活动，但是在活动过程中对传统格局、历史风貌或者历史建筑构成破坏性影响的，依照本条第一款规定予以处罚。”

十五、将《气象灾害防御条例》第二十三条修改为："各类建（构）筑物、场所和设施安装雷电防护装置应当符合国家有关防雷标准的规定。新建、改建、扩建建（构）筑物、场所和设施的雷电防护装置应当与主体工程同时设计、同时施工、同时投入使用。

"新建、改建、扩建建设工程雷电防护装置的设计、施工，可以由取得相应建设、公路、水路、铁路、民航、水利、电力、核电、通信等专业工程设计、施工资质的单位承担。

"油库、气库、弹药库、化学品仓库和烟花爆竹、石化等易燃易爆建设工程和场所，雷电易发区内的矿区、旅游景点或者投入使用的建（构）筑物、设施等需要单独安装雷电防护装置的场所，以及雷电风险高且没有防雷标准规范、需要进行特殊论证的大型项目，其雷电防护装置的设计审核和竣工验收由县级以上地方气象主管机构负责。未经设计审核或者设计审核不合格的，不得施工；未经竣工验收或者竣工验收不合格的，不得交付使用。

"房屋建筑、市政基础设施、公路、水路、铁路、民航、水利、电力、核电、通信等建设工程的主管部门，负责相应领域内建设工程的防雷管理。"

删去第二十四条第一款中的"专门"和"设计、施工"。删去第二款中的"依法取得建设工程设计、施工资质的单位，可以在核准的资质范围内从事建设工程雷电防护装置的设计、施工。"

删去第四十三条第三项中的"设计、施工"。

删去第四十五条第一项中的"设计、施工"。增加一项，作为第三项："（三）违反本条例第二十三条第三款的规定，雷电防护装置未经设计审核或者设计审核不合格施工的，未经竣工验收或者竣工验收不合格交付使用的"。

此外，对相关行政法规中的条文顺序作相应调整。

本决定自公布之日起施行。

关于废止和修改部分规章、规范性文件的决定

（工业和信息化部令2017年第45号，工业和信息化部2017年10月20日发布）

《工业和信息化部关于废止和修改部分规章、规范性文件的决定》已经2017年10月16日工业和信息化部第33次部务会议审议通过，现予公布，自公布之日起施行。

附件：工业和信息化部关于废止和修改部分规章、规范性文件的决定

附件

工业和信息化部关于废止和修改部分规章、规范性文件的决定

为了贯彻落实国务院有关"简政放权、放管结合、优化服务"改革措施和生态文明建设、环境保护要求，工业和信息化部对有关规章和规范性文件进行了清理。经过清理，并征求相关部门同意，现决定：

一、废止《互联网新闻信息服务管理规定》（2005年9月25日国务院新闻办公室、原信息产业部令第37号公布）。

二、废止《无线电设备发射特性核准检测机构认定办法》（2006年10月16日原信息产业部令第41号公布）。

三、删除《工业和信息化部行政许可实施办法》（2009年3月1日工业和信息化部令第2号公布，根据2014年9月23日工业和信息化部令第28号公布的《工业和信息化部关于废止和修改部分规章的决定》修正）附件"行政许可项目的条件和程序规定（第一批）"第5项和第6项，对其他项目的编号顺序作相应

调整。

四、废止以下规范性文件：

（一）原邮电部《关于加强移动电话机管理和调整移动电话资费标准的通知》（邮部〔1994〕281号，1994年5月3日公布）；

（二）原邮电部电信总局《关于印发新〈国内公众电信业务资费表〉的通知》（电经资〔1996〕1068号，1996年12月27日公布）；

（三）原信息产业部《关于降低移动电话停机保号业务资费上限标准的通知》（信部清〔2007〕266号，2007年5月31日公布）；

（四）《工业和信息化部关于加强汽车产品质量建设促进汽车产业健康发展的指导意见》（工信部装〔2010〕100号，2010年3月14日公布）；

（五）工业和信息化部等6部门《关于加强工业产品质量信誉建设的指导意见》（工信部联科〔2010〕112号，2010年3月15日公布）；

（六）工业和信息化部办公厅《关于印发〈工业和信息化部部属高校固定资产投资项目核准暂行办法〉的通知》（工信厅规〔2010〕240号，2010年12月9日公布）；

（七）工业和信息化部《关于印发装备制造和信息产业人才队伍建设中长期规划的通知》（工信部规〔2011〕180号，2011年4月14日公布）；

（八）工业和信息化部《关于印发〈国家无线电管理“十二五”规划〉的通知》（工信部规〔2011〕307号，2011年6月27日公布）；

（九）工业和信息化部《关于印发〈工业和信息化部所属高校教育事业改革和发展“十二五”规划〉的通知》（工信部规〔2011〕448号，2011年9月27日公布）；

（十）工业和信息化部《关于印发〈民用爆炸物品行业“十二五”发展规划〉的通知》（工信部规〔2011〕512号，2011年11月7日公布）；

（十一）《工业和信息化部关于印发〈国家小型微型企业创业示范基地建设管理办法〉的通知》（工信部企业〔2015〕110号，2015年4月13日公布）。

本决定自公布之日起施行。

关于废止和修改部分规章的决定

（国家工商行政管理总局令2017年第92号，国家工商行政管理总局2017年10月27日）

为深入推进“放管服”改革，确保各项改革措施有效落实，国家工商行政管理总局对现行有效的工商行政管理规章进行了清理。经过清理，国家工商行政管理总局决定：

一、对6部规章予以废止。（附件1）

二、对2部规章的部分条款予以修改。（附件2）

本决定自公布之日起施行。

《中华人民共和国企业法人登记管理条例施行细则》《外国（地区）企业在中国境内从事生产经营活动登记管理办法》根据本决定作相应修改，重新公布。

附件：1. 国家工商行政管理总局决定废止的规章

2. 国家工商行政管理总局决定修改的规章

附件1

国家工商行政管理总局决定废止的规章

一、《化妆品广告管理办法》（1993年7月13日国家工商行政管理局令第12号公布

2005 年 9 月 28 日国家工商行政管理总局令第 21 号修订）

二、《兽药广告审查办法》（1995 年 4 月 7 日国家工商行政管理局、农业部令第 29 号公布 1998 年 12 月 22 日国家工商行政管理局、农业部令第 88 号修订）

三、《农药广告审查办法》（1995 年 4 月 7 日国家工商行政管理局、农业部令第 30 号公布 1998 年 12 月 22 日国家工商行政管理局、农业部令第 88 号修订）

四、《酒类广告管理办法》（1995 年 11 月 17 日国家工商行政管理局令第 39 号公布 2005 年 9 月 28 日国家工商行政管理总局令第 21 号修订）

五、《合同争议行政调解办法》（1997 年 11 月 3 日国家工商行政管理局令第 79 号公布）

六、《农业生产资料市场监督管理办法》（2009 年 9 月 14 日国家工商行政管理总局令第 45 号公布）

附件 2

国家工商行政管理总局决定修改的规章

一、对《中华人民共和国企业法人登记管理条例施行细则》作出修改

（一）将第十四条第二项修改为“有合同、章程”。

（二）将第三十条第二项修改为“合同、章程”，同时增加一款：“涉及国家规定实施准入特别管理措施的外商投资企业还应当提交审批机关的批准文件和批准证书。”

（三）删除第三十七条第二款。

（四）将第四十一条第一款第三项修改为“（三）涉及国家规定实施准入特别管理措施的外商投资企业变更股东、注册资本、经营范围、经营期限时应提交原审批机关的批准文件”。

（五）将第四十六条第一款中的“外商投资企业应当自经营期满之日或者终止营业之日、批准证书自动失效之日、原审批机关批准终止合同之日起三个月内”修改为“外商投资企业应当自经营期满之日或者终止营业之日，需经过批准的，在批准证书自动失效之日、原审批机关批准终止合同之日起三个月内”。

二、对《外国（地区）企业在中国境内从事生产经营活动登记管理办法》作出修改

（一）删除第十三条。

（二）条文顺序做相应的调整。

中华人民共和国企业法人登记管理条例施行细则

（1988 年 11 月 3 日国家工商行政管理局令第 1 号公布 根据 1996 年 12 月 25 日国家工商行政管理局令第 66 号第一次修订 根据 2000 年 12 月 1 日国家工商行政管理局令第 96 号第二次修订 根据 2011 年 12 月 12 日国家工商行政管理总局令第 58 号第三次修订 根据 2014 年 2 月 20 日国家工商行政管理总局令第 63 号第四次修订 根据 2016 年 4 月 29 日国家工商行政管理总局令第 86 号第五次修订 根据 2017 年 10 月 27 日国家工商行政管理总局令第 92 号第六次修订）

第一条 根据《中华人民共和国企业法人登记管理条例》（以下简称《条例》），制定本施行细则。

登记范围

第二条 具备企业法人条件的全民所有制企业、集体所有制企业、联营企业、在中国境内设立的外商投资企业（包括中外合资经营企业、中外合作经营企业、外资企业）和其他企业，应当根据国家法律、法规及本细则有关规定，申请企业法人登记。

第三条　实行企业化经营、国家不再核拨经费的事业单位和从事经营活动的科技性社会团体，具备企业法人条件的，应当申请企业法人登记。

第四条　不具备企业法人条件的下列企业和经营单位，应当申请营业登记：

（一）联营企业；

（二）企业法人所属的分支机构；

（三）外商投资企业设立的分支机构；

（四）其他从事经营活动的单位。

第五条　省、自治区、直辖市人民政府规定应当办理登记的企业和经营单位，按照《条例》和本细则的有关规定申请登记。

登记主管机关

第六条　工商行政管理机关是企业法人登记和营业登记的主管机关。登记主管机关依法独立行使职权，实行分级登记管理的原则。

对外商投资企业实行国家工商行政管理总局登记管理和授权登记管理的原则。

上级登记主管机关有权纠正下级登记主管机关不符合国家法律、法规和政策的决定。

第七条　国家工商行政管理总局负责以下企业的登记管理：

（一）国务院批准设立的或者行业归口管理部门审查同意由国务院各部门以及科技性社会团体设立的全国性公司和大型企业；

（二）国务院批准设立的或者国务院授权部门审查同意设立的大型企业集团；

（三）国务院授权部门审查同意由国务院各部门设立的经营进出口业务、劳务输出业务或者对外承包工程的公司。

第八条　省、自治区、直辖市工商行政管理局负责以下企业的登记管理：

（一）省、自治区、直辖市人民政府批准设立的或者行业归口管理部门审查同意由政府各部门以及科技性社会团体设立的公司和企业；

（二）省、自治区、直辖市人民政府批准设立的或者政府授权部门审查同意设立的企业集团；

（三）省、自治区、直辖市人民政府授权部门审查同意由政府各部门设立的经营进出口业务、劳务输出业务或者对外承包工程的公司；

（四）国家工商行政管理总局根据有关规定核转的企业或分支机构。

第九条　市、县、区（指县级以上的市辖区，下同）工商行政管理局负责第七条、第八条所列企业外的其他企业的登记管理。

第十条　国家工商行政管理总局授权的地方工商行政管理局负责以下外商投资企业的登记管理：

（一）省、自治区、直辖市人民政府或政府授权机关批准的外商投资企业，由国家工商行政管理总局授权的省、自治区、直辖市工商行政管理局登记管理；

（二）市人民政府或政府授权机关批准的外商投资企业，由国家工商行政管理总局授权的市工商行政管理局登记管理。

第十一条　国家工商行政管理总局和省、自治区、直辖市工商行政管理局应将核准登记的企业的有关资料，抄送企业所在市、县、区工商行政管理局。

第十二条　各级登记主管机关可以运用登记注册档案、登记统计资料以及有关的基础信息资料，向机关、企事业单位、社会团体等单位和个人提供各种形式的咨询服务。

登记条件

第十三条　申请企业法人登记，应当具备下列条件（外商投资企业另列）：

（一）有符合规定的名称和章程；

（二）有国家授予的企业经营管理的财产或者企业所有的财产，并能够以其财产独立承担民事责任；

（三）有与生产经营规模相适应的经营管理机构、财务机构、劳动组织以及法律或者章程规定必须建立的其他机构；

（四）有必要的并与经营范围相适应的经营场所和设施；

（五）有与生产经营规模和业务相适应的从业人员，其中专职人员不得少于8人；

（六）有健全的财会制度，能够实行独立核算，自负盈亏，独立编制资金平衡表或者资产负债表；

（七）有符合规定数额并与经营范围相适应的注册资金，国家对企业注册资金数额有专项规定的按规定执行；

（八）有符合国家法律、法规和政策规定的经营范围；

（九）法律、法规规定的其他条件。

第十四条 外商投资企业申请企业法人登记，应当具备下列条件：

（一）有符合规定的名称；

（二）有合同、章程；

（三）有固定经营场所、必要的设施和从业人员；

（四）有符合国家规定的注册资本；

（五）有符合国家法律、法规和政策规定的经营范围；

（六）有健全的财会制度，能够实行独立核算，自负盈亏，独立编制资金平衡表或者资产负债表。

第十五条 申请营业登记，应当具备下列条件：

（一）有符合规定的名称；

（二）有固定的经营场所和设施；

（三）有相应的管理机构和负责人；

（四）有经营活动所需要的资金和从业人员；

（五）有符合规定的经营范围；

（六）有相应的财务核算制度。

不具备企业法人条件的联营企业，还应有联合签署的协议。

外商投资企业设立的从事经营活动的分支机构应当实行非独立核算。

第十六条 企业法人章程的内容应当符合国家法律、法规和政策的规定，并载明下列事项：

（一）宗旨；

（二）名称和住所；

（三）经济性质；

（四）注册资金数额及其来源；

（五）经营范围和经营方式；

（六）组织机构及其职权；

（七）法定代表人产生的程序和职权范围；

（八）财务管理制度和利润分配形式；

（九）劳动用工制度；

（十）章程修改程序；

（十一）终止程序；

（十二）其他事项。

联营企业法人的章程还应载明：

（一）联合各方出资方式、数额和投资期限；

（二）联合各方成员的权利和义务；

（三）参加和退出的条件、程序；

（四）组织管理机构的产生、形式、职权及其决策程序；

（五）主要负责人任期。

外商投资企业的合营合同和章程按《中华人民共和国中外合资经营企业法》、《中华人民共和国中外合作经营企业法》和《中华人民共和国外资企业法》的有关规定制定。

登记注册事项

第十七条 企业法人登记注册的主要事项按照《条例》第九条规定办理。

营业登记的主要事项有：名称、地址、负责人、经营范围、经营方式、经济性质、隶属关系、资金数额。

第十八条 外商投资企业登记注册的主要事项有：名称、住所、经营范围、投资总额、注册资本、企业类型、法定代表人、营业期限、分支机构、有限责任公司股东或者股份有限公司发起人的姓名或者名称。

第十九条 外商投资企业设立的分支机构登记注册的主要事项有：名称、营业场所、负责人、经营范围、隶属企业。

第二十条 企业名称应当符合国家有关法律法规及登记主管机关的规定。

第二十一条 住所、地址、经营场所按所在市、县、（镇）及街道门牌号码的详细地址注册。

第二十二条 经登记主管机关核准登记注册的代表企业行使职权的主要负责人，是企业法人的法定代表人。法定代表人是代表企业法人根据章程行使职权的签字人。

企业的法定代表人必须是完全民事行为能力人，并且应当符合国家法律、法规和政策的规定。

第二十三条 登记主管机关根据申请单位提交的文件和章程所反映的财产所有权、资金来源、分配形式，核准企业和经营单位的经济性质。

经济性质可分别核准为全民所有制、集体所有制。联营企业应注明联合各方的经济性质，并标明“联营”字样。

第二十四条 外商投资企业的企业类型分别核准为中外合资经营、中外合作经营、外商独资经营。

第二十五条 登记主管机关根据申请单位的申请和所具备的条件，按照国家法律、法规和政策以及规范化要求，核准经营范围和经营方式。企业必须按照登记主管机关核准登记注册的经营范围和经营方式从事经营活动。

第二十六条 注册资金数额是企业法人经营管理的财产或者企业法人所有的财产的货币表现。除国家另有规定外，企业的注册资金应当与实有资金相一致。

企业法人的注册资金的来源包括财政部门或者设立企业的单位的拨款、投资。

第二十七条 外商投资企业的注册资本是指设立外商投资企业在登记主管机关登记注册的资本总额，是投资者认缴的出资额。

注册资本与投资总额的比例，应当符合国家有关规定。

第二十八条 营业期限是联营企业、外商投资企业的章程、协议或者合同所确定的经营时限。营业期限自登记主管机关核准登记之日起计算。

开业登记

第二十九条 申请企业法人登记，应按《条例》第十五条（一）至（七）项规定提交文件、证件。

企业章程应经主管部门审查同意。

资金信用证明是财政部门证明全民所有制企业资金数额的文件。

验资证明是会计师事务所或者审计事务所及其他具有验资资格的机构出具的证明资金真实性的文件。

企业主要负责人的身份证明包括任职文件和附照片的个人简历。个人简历由该负责人的人事关系所在单位或者乡镇、街道出具。

第三十条 外商投资企业申请企业法人登记，应提交下列文件、证件：

（一）董事长签署的外商投资企业登记申请书；

（二）合同、章程；

（三）有关项目建议书或可行性研究报告的批准文件；

（四）投资者合法开业证明；

（五）投资者的资信证明；

（六）董事会名单以及董事会成员的姓名、住址的文件以及任职文件和法定代表人的身份证明；

（七）其他有关文件、证件。

涉及国家规定实施准入特别管理措施的外商投资企业还应当提交审批机关的批准文件和批准证书。

第三十一条 申请营业登记，应根据不同情况，提交下列文件、证件：

（一）登记申请书；

（二）经营资金数额的证明；

（三）负责人的任职文件；

（四）经营场所使用证明；

（五）其他有关文件、证件。

第三十二条 外商投资企业申请设立分支机构，应当提交下列文件、证件：

（一）隶属企业董事长签署的登记申请书；

（二）原登记主管机关的通知函；

（三）隶属企业董事会的决议；

（四）隶属企业的执照副本；

（五）负责人的任职文件；

（六）其他有关文件、证件。

法律、法规及国家工商行政管理总局规章规定设立分支机构需经审批的，应提交审批文件。

第三十三条 登记主管机关应当对申请单位提交的文件、证件、登记申请书、登记注册书以及其他有关文件进行审查，经核准后分别核发下列证照：

（一）对具备企业法人条件的企业，核发《企业法人营业执照》；

（二）对不具备企业法人条件，但具备经营条件的企业和经营单位，核发《营业执照》。

登记主管机关应当分别编定注册号，在颁发的证照上加以注明，并记入登记档案。

第三十四条 登记主管机关核发的《企业法人营业执照》是企业取得法人资格和合法经

营权的凭证。登记主管机关核发的《营业执照》是经营单位取得合法经营权的凭证。经营单位凭据《营业执照》可以刻制公章，开立银行账户，开展核准的经营范围以内的生产经营活动。

变更登记

第三十五条 企业法人根据《条例》第十七条规定，申请变更登记时，应提交下列文件、证件：

（一）法定代表人签署的变更登记申请书；

（二）原主管部门审查同意的文件；

（三）其他有关文件、证件。

第三十六条 企业法人实有资金比原注册资金数额增加或者减少超过20%时，应持资金信用证明或者验资证明，向原登记主管机关申请变更登记。

登记主管机关在核准企业法人减少注册资金的申请时，应重新审核经营范围和经营方式。

第三十七条 企业法人在异地（跨原登记主管机关管辖地）增设或者撤销分支机构，应向原登记主管机关申请变更登记。经核准后，向分支机构所在地的登记主管机关申请开业登记或者注销登记。

第三十八条 因分立或者合并而保留的企业应当申请变更登记；因分立或者合并而新办的企业应当申请开业登记；因合并而终止的企业应当申请注销登记。

第三十九条 企业法人迁移（跨原登记主管机关管辖地），应向原登记主管机关申请办理迁移手续；原登记主管机关根据新址所在地登记主管机关同意迁入的意见，收缴《企业法人营业执照》，撤销注册号，开出迁移证明，并将企业档案移交企业新址所在地登记主管机关。企业凭迁移证明和有关部门的批准文件，向新址所在地登记主管机关申请变更登记，领取《企业法人营业执照》。

第四十条 企业法人因主管部门改变，涉及原主要登记事项的，应当分别情况，持有关文件申请变更、开业、注销登记。不涉及原主要登记事项变更的，企业法人应当持主管部门改变的有关文件，及时向原登记主管机关备案。

第四十一条 外商投资企业改变登记注册事项，应当申请变更登记。申请变更登记时，应提交下列文件、证件：

（一）董事长签署的变更登记申请书；

（二）董事会的决议；

（三）涉及国家规定实施准入特别管理措施的外商投资企业变更股东、注册资本、经营范围、经营期限时，应提交原审批机关的批准文件。

法律、法规及国家工商行政管理总局规章规定设立分支机构需经审批的，应提交原审批机关的批准文件。

外商投资企业变更住所，还应提交住所使用证明；增加注册资本涉及改变原合同的，还应提交补充协议；变更企业类型，还应提交修改合同、章程的补充协议；变更法定代表人，还应提交委派方的委派证明和被委派人员的身份证明；转让股权，还应提交转让合同和修改原合同、章程的补充协议，以及受让方的合法开业证明和资信证明。

外商投资企业董事会成员发生变化的，应向原登记主管机关备案。

第四十二条 经营单位改变营业登记的主要事项，应当申请变更登记。变更登记的程序和应当提交的文件、证件，参照企业法人变更登记的有关规定执行。

第四十三条 外商投资企业设立的分支机构改变主要登记事项，应当申请变更登记。变更登记的程序和应当提交的文件、证件，参照外商投资企业变更登记的有关规定执行。

第四十四条 登记主管机关应当在申请变更登记的单位提交的有关文件、证件齐备后30日内，作出核准变更登记或者不予核准变更登记的决定。

注销登记

第四十五条 企业法人根据《条例》第二十条规定，申请注销登记，应提交下列文件、证件：

（一）法定代表人签署的注销登记申请书；

（二）原主管部门审查同意的文件；

（三）主管部门或者清算组织出具的负责清理债权债务的文件或者清理债务完结的证明。

第四十六条　外商投资企业应当自经营期满之日或者终止营业之日，需经过批准的，在批准证书自动失效之日、原审批机关批准终止合同之日起三个月内，向原登记主管机关申请注销登记，并提交下列文件、证件：

（一）董事长签署的注销登记申请书；

（二）董事会的决议；

（三）清理债权债务完结的报告或者清算组织负责清理债权债务的文件；

（四）税务机关、海关出具的完税证明。

法律、法规规定必须经原审批机关批准的，还应提交原审批机关的批准文件。

不能提交董事会决议的以及国家对外商投资企业的注销另有规定的，按国家有关规定执行。

第四十七条　经营单位终止经营活动，应当申请注销登记。注销登记程序和应当提交的文件、证件，参照企业法人注销登记的有关规定执行。

第四十八条　外商投资企业撤销其分支机构，应当申请注销登记，并提交下列文件、证件：

（一）隶属企业董事长签署的注销登记申请书；

（二）隶属企业董事会的决议。

第四十九条　登记主管机关核准注销登记或者吊销执照，应当同时撤销注册号，收缴执照正、副本和公章，并通知开户银行。

登记审批程序

第五十条　登记主管机关审核登记注册的程序是受理、审查、核准、发照、公告。

（一）受理：申请登记的单位应提交的文件、证件和填报的登记注册书齐备后，方可受理，否则不予受理。

（二）审查：审查提交的文件、证件和填报的登记注册书是否符合有关登记管理规定。

（三）核准：经过审查和核实后，做出核准登记或者不予核准登记的决定，并及时通知申请登记的单位。

（四）发照：对核准登记的申请单位，应当分别颁发有关证照，及时通知法定代表人（负责人）领取证照，并办理法定代表人签字备案手续。

公示和证照管理

第五十一条　登记主管机关应当将企业法人登记、备案信息通过企业信用信息公示系统向社会公示。

第五十二条　企业法人应当于每年1月1日至6月30日，通过企业信用信息公示系统向登记主管机关报送上一年度年度报告，并向社会公示。

年度报告公示的内容及监督检查按照国务院的规定执行。

第五十三条　《企业法人营业执照》、《营业执照》分为正本和副本，同样具有法律效力。正本应悬挂在主要办事场所或者主要经营场所。登记主管机关根据企业申请和开展经营活动的需要，可以核发执照副本若干份。

国家推行电子营业执照。电子营业执照与纸质营业执照具有同等法律效力。

第五十四条　登记主管机关对申请筹建登记的企业，在核准登记后核发《筹建许可证》。

第五十五条　执照正本和副本、《筹建许可证》、企业法人申请开业登记注册书、企业申请营业登记注册书、企业申请变更登记注册书、企业申请注销登记注册书、企业申请筹建登记注册书以及其他有关登记管理的重要文书表式，由国家工商行政管理总局统一制定。

监督管理与罚则

第五十六条　登记主管机关对企业进行监督管理的主要内容是：

（一）监督企业是否按照《条例》和本细则规定办理开业登记变更登记和注销登记；

（二）监督企业是否按照核准登记的事项以及章程、合同或协议开展经营活动；

（三）监督企业是否按照规定报送、公示年度报告；

（四）监督企业和法定代表人是否遵守国家有关法律、法规和政策。

第五十七条　各级登记主管机关，均有权对管辖区域内的企业进行监督检查。企业应当接受检查，提供检查所需要的文件、账册、报表及其他有关资料。

第五十八条　登记主管机关对辖区内的企业进行监督检查时，有权依照有关规定予以处罚。但责令停业整顿、扣缴或者吊销证照，只能由原发照机关作出决定。

第五十九条 上级登记主管机关对下级登记主管机关作出的不适当的处罚有权予以纠正。

对违法企业的处罚权限和程序，由国家工商行政管理总局和省、自治区、直辖市工商行政管理局分别作出规定。

第六十条 对有下列行为的企业和经营单位，登记主管机关作出如下处罚，可以单处，也可以并处：

（一）未经核准登记擅自开业从事经营活动的，责令终止经营活动，没收非法所得，处以非法所得额3倍以下的罚款，但最高不超过3万元，没有非法所得的，处以1万元以下的罚款。

（二）申请登记时隐瞒真实情况、弄虚作假的，除责令提供真实情况外，视其具体情节，予以警告，没收非法所得，处以非法所得额3倍以下的罚款，但最高不超过3万元，没有非法所得的，处以1万元以下的罚款。经审查不具备企业法人条件或者经营条件的，吊销营业执照。伪造证件骗取营业执照的，没收非法所得，处以非法所得额3倍以下的罚款，但最高不超过3万元，没有非法所得的，处以1万元以下的罚款，并吊销营业执照。

（三）擅自改变主要登记事项，不按规定办理变更登记的，予以警告，没收非法所得，处以非法所得额3倍以下的罚款，但最高不超过3万元，没有非法所得的，处以1万元以下的罚款，并限期办理变更登记；逾期不办理的，责令停业整顿或者扣缴营业执照；情节严重的，吊销营业执照。超出经营期限从事经营活动的，视为无照经营，按照本条第一项规定处理。

（四）超出核准登记的经营范围或者经营方式从事经营活动的，视其情节轻重，予以警告，没收非法所得，处以非法所得额3倍以下的罚款，但最高不超过3万元，没有非法所得的，处以1万元以下的罚款。同时违反国家其他有关规定，从事非法经营的，责令停业整顿，没收非法所得，处以非法所得额3倍以下的罚款，但最高不超过3万元，没有非法所得的，处以1万元以下的罚款；情节严重的，吊销营业执照。

（五）侵犯企业名称专用权的，依照企业名称登记管理的有关规定处理。

（六）伪造、涂改、出租、出借、转让、出卖营业执照的，没收非法所得，处以非法所得额3倍以下的罚款，但最高不超过3万元，没有非法所得的，处以1万元以下的罚款；情节严重的，吊销营业执照。

（七）不按规定悬挂营业执照的，予以警告，责令改正；拒不改正的，处以2000元以下的罚款。

（八）抽逃、转移资金，隐匿财产逃避债务的，责令补足抽逃、转移的资金，追回隐匿的财产，没收非法所得，处以非法所得额3倍以下的罚款，但最高不超过3万元，没有非法所得的，处以1万元以下的罚款；情节严重的，责令停业整顿或者吊销营业执照。

（九）不按规定申请办理注销登记的，责令限期办理注销登记。拒不办理的，处以3000元以下的罚款，吊销营业执照，并可追究企业主管部门的责任。

（十）拒绝监督检查或者在接受监督检查过程中弄虚作假的，除责令其接受监督检查和提供真实情况外，予以警告，处以1万元以下的罚款。

登记主管机关对有上述违法行为的企业作出处罚决定后，企业逾期不提出申诉又不缴纳罚没款的，可以申请人民法院强制执行。

第六十一条 对提供虚假文件、证件的单位和个人，除责令其赔偿因出具虚假文件、证件给他人造成的损失外，处以1万元以下的罚款。

第六十二条 登记主管机关在查处企业违法活动时，对构成犯罪的有关人员，交由司法机关处理。

第六十三条 登记主管机关对工作人员不按规定程序办理登记、监督管理和严重失职的，根据情节轻重给予相应的行政处分，对构成犯罪的人员，交由司法机关处理。

第六十四条 企业根据《条例》第三十一条规定向上一级登记主管机关申请复议的，上一级登记主管机关应当在规定的期限内作出维持、撤销或者纠正的复议决定，并通知申请复议的企业。

附 则

第六十五条 根据《条例》第三十五条规定应当申请筹建登记的企业，按照国务院有关部门或者省、自治区、直辖市人民政府的专项规定办理筹建登记。

第六十六条 港、澳、台企业，华侨、港、澳、台同胞投资举办的合资经营企业、合作经营企业、独资经营企业，参照本细则对外商投资企业的有关规定执行。

第六十七条 对在中国境内从事经营活动的外国（地区）企业的登记管理，按专项规定执行。

第六十八条 本细则自公布之日起施行。

外国（地区）企业在中国境内从事生产经营活动登记管理办法

（1992 年 8 月 15 日国家工商行政管理局令第 10 号公布 根据 2016 年 4 月 29 日国家工商行政管理总局令第 86 号第一次修订 根据 2017 年 10 月 27 日国家工商行政管理总局令第 92 号第二次修订）

第一条 为促进对外经济合作，加强对在中国境内从事生产经营活动的外国（地区）企业（以下简称外国企业）的管理，保护其合法权益，维护正常的经济秩序，根据国家有关法律、法规的规定，制定本办法。

第二条 根据国家有关法律、法规的规定，经国务院及国务院授权的主管机关（以下简称审批机关）批准，在中国境内从事生产经营活动的外国企业，应向省级工商行政管理部门（以下简称登记主管机关）申请登记注册。外国企业经登记主管机关核准登记注册，领取营业执照后，方可开展生产经营活动。未经审批机关批准和登记主管机关核准登记注册，外国企业不得在中国境内从事生产经营活动。

第三条 根据国家现行法律、法规的规定，外国企业从事下列生产经营活动应办理登记注册：

（一）陆上、海洋的石油及其它矿产资源勘探开发；

（二）房屋、土木工程的建造、装饰或线路、管道、设备的安装等工程承包；

（三）承包或接受委托经营管理外商投资企业；

（四）外国银行在中国设立分行；

（五）国家允许从事的其它生产经营活动。

第四条 外国企业从事生产经营的项目经审批机关批准后，应在批准之日起三十日内向登记主管机关申请办理登记注册。

第五条 外国企业申请办理登记注册时应提交下列文件或证件：

（一）外国企业董事长或总经理签署的申请书。

（二）审批机关的批准文件或证件。

（三）从事生产经营活动所签订的合同（外国银行在中国设立分行不适用此项）。

（四）外国企业所属国（地区）政府有关部门出具的企业合法开业证明。

（五）外国企业的资金信用证明。

（六）外国企业董事长或总经理委派的中国项目负责人的授权书、简历及身份证明。

（七）其它有关文件。

第六条 外国企业登记注册的主要事项有：企业名称、企业类型、地址、负责人、资金数额、经营范围、经营期限。

企业名称是指外国企业在国外合法开业证明载明的名称，应与所签订生产经营合同的外国企业名称一致。外国银行在中国设立分行，应冠以总行的名称，标明所在地地名，并缀以分行。

企业类型是指按外国企业从事生产经营活动的不同内容划分的类型，其类型分别为：矿产资源勘探开发、承包工程、外资银行、承包经营管理等。

企业地址是指外国企业在中国境内从事生产经营活动的场所。外国企业在中国境内的住址与经营场所不在一处的，需同时申报。

企业负责人是指外国企业董事长或总经理委派的项目负责人。

资金数额是指外国企业用以从事生产经营活动的总费用，如承包工程的承包合同额，承包或受委托经营管理外商投资企业的外国企业在管理期限内的累计管理费用，从事合作开发石油所需的勘探、开发和生产费，外国银行分行的营运资金等。

经营范围是指外国企业在中国境内从事生产经营活动的范围。

经营期限是指外国企业在中国境内从事生产经营活动的期限。

第七条 登记主管机关受理外国企业的申请后，应在三十日内作出核准登记注册或不予核准登记注册的决定。登记主管机关核准外国企业登记注册后，向其核发《营业执照》。

第八条 根据外国企业从事生产经营活动的不同类型，《营业执照》的有效期分别按以下期限核定：

（一）从事矿产资源勘探开发的外国企业，其《营业执照》有效期根据勘探（查）、开发和生产三个阶段的期限核定。

（二）外国银行设立的分行，其《营业执照》有效期为三十年，每三十年换发一次《营业执照》。

（三）从事其它生产经营活动的外国企业，其《营业执照》有效期按合同规定的经营期限核定。

第九条 外国企业应在登记主管机关核准的生产经营范围内开展经营活动，其合法权益和经营活动受中国法律保护。外国企业不得超越登记主管机关核准的生产经营范围从事生产经营活动。

第十条 外国企业登记注册事项发生变化的，应在三十日内向原登记主管机关申请办理变更登记。办理变更登记的程序和应当提交的文件或证件，参照本办法第五条的规定执行。

第十一条 外国企业《营业执照》有效期届满不再申请延期登记或提前中止合同、协议的，应向原登记主管机关申请注销登记。

第十二条 外国企业申请注销登记应提交以下文件或证件：

（一）外国企业董事长或总经理签署的注销登记申请书；

（二）《营业执照》及其副本、印章；

（三）海关、税务部门出具的完税证明；

（四）项目主管部门对外国企业申请注销登记的批准文件。

登记主管机关在核准外国企业的注销登记时，应收缴《营业执照》及其副本、印章，撤销注册号，并通知银行、税务、海关等部门。

第十三条 外国企业应当于每年1月1日至6月30日，通过企业信用信息公示系统向原登记主管机关报送上一年度年度报告，并向社会公示。

第十四条 与外国企业签订生产经营合同的中国企业，应及时将合作的项目、内容和时间通知登记主管机关并协助外国企业办理营业登记、变更登记、注销登记。如中国企业未尽责任的，要负相应的责任。

第十五条 登记主管机关对外国企业监督管理的主要内容是：

（一）监督外国企业是否按本办法办理营业登记、变更登记和注销登记；

（二）监督外国企业是否按登记主管机关核准的经营范围从事生产经营活动；

（三）督促外国企业报送年度报告并向社会公示；

（四）监督外国企业是否遵守中国的法律、法规。

第十六条 对外国企业违反本办法的行为，由登记主管机关参照《中华人民共和国企业法人登记管理条例》及其施行细则的处罚条款进行查处。

第十七条 香港、澳门、台湾地区企业从事上述生产经营活动的，参照本办法执行。

外国企业承包经营中国内资企业的，参照本办法执行。

第十八条 本办法由国家工商行政管理局负责解释。

第十九条 本办法自一九九二年十月一日起施行。

关于修改《中华人民共和国会计法》等十一部法律的决定

（2017 年 11 月 4 日第十二届全国人民代表大会常务委员会第三十次会议通过，
中华人民共和国主席令 2017 年第 81 号）

第十二届全国人民代表大会常务委员会第三十次会议决定：

一、对《中华人民共和国会计法》作出修改

（一）将第三十二条第一款第四项修改为：“（四）从事会计工作的人员是否具备专业能力、遵守职业道德”。

（二）将第三十八条修改为：“会计人员应当具备从事会计工作所需要的专业能力。”

“担任单位会计机构负责人（会计主管人员）的，应当具备会计师以上专业技术职务资格或者从事会计工作三年以上经历。”

“本法所称会计人员的范围由国务院财政部门规定。”

（三）将第四十条第一款中的“不得取得或者重新取得会计从业资格证书”修改为“不得再从事会计工作”。

删去第二款。

（四）将第四十二条第三款修改为：“会计人员有第一款所列行为之一，情节严重的，五年内不得从事会计工作。”

（五）将第四十三条第二款、第四十四条第二款中的“对其中的会计人员，并由县级以上人民政府财政部门吊销会计从业资格证书”修改为“其中的会计人员，五年内不得从事会计工作”。

二、对《中华人民共和国海洋环境保护法》作出修改

（一）将第三十条第一款修改为：“入海排污口位置的选择，应当根据海洋功能区划、海水动力条件和有关规定，经科学论证后，报设区的市级以上人民政府环境保护行政主管部门备案。”

第二款修改为：“环境保护行政主管部门应当在完成备案后十五个工作日内将入海排污口设置情况通报海洋、海事、渔业行政主管部门和军队环境保护部门。”

（二）第七十七条增加一款，作为第二款：“海洋、海事、渔业行政主管部门和军队环境保护部门发现入海排污口设置违反本法第三十条第一款、第三款规定的，应当通报环境保护行政主管部门依照前款规定予以处罚。”

三、对《中华人民共和国文物保护法》作出修改

（一）将第二十条第二款修改为：“实施原址保护的，建设单位应当事先确定保护措施，根据文物保护单位的级别报相应的文物行政部门批准；未经批准的，不得开工建设。”

（二）将第四十条第二款修改为：“国有文物收藏单位之间因举办展览、科学研究等需借用馆藏文物的，应当报主管的文物行政部门备案；借用馆藏一级文物的，应当同时报国务院文物行政部门备案。”

（三）将第五十六条第一款修改为：“文物商店不得销售、拍卖企业不得拍卖本法第五十一条规定的文物。”

（四）将第五十七条第一款修改为：“省、自治区、直辖市人民政府文物行政部门应当建立文物购销、拍卖信息与信用管理系统。文物商店购买、销售文物，拍卖企业拍卖文物，应当按照国家有关规定作出记录，并于销售、拍卖文物后三十日内报省、自治区、直辖市人民政府文物行政部门备案。”

（五）第七十一条增加一款，作为第二款：“文物商店、拍卖企业有前款规定的违法行为的，由县级以上人民政府文物主管部门没收违

法所得、非法经营的文物，违法经营额五万元以上的，并处违法经营额一倍以上三倍以下的罚款；违法经营额不足五万元的，并处五千元以上五万元以下的罚款；情节严重的，由原发证机关吊销许可证书。”

（六）将第七十三条第三项修改为：“（三）拍卖企业拍卖的文物，未经审核的”。

四、对《中华人民共和国海关法》作出修改

将第三十三条第一款修改为：“企业从事加工贸易，应当按照海关总署的规定向海关备案。加工贸易制成品单位耗料量由海关按照有关规定核定。”

第三款修改为：“加工贸易保税进口料件或者制成品内销的，海关对保税的进口料件依法征税；属于国家对进口有限制性规定的，还应当向海关提交进口许可证件。”

五、对《中华人民共和国中外合作经营企业法》作出修改

（一）删去第十二条第二款中的“报审查批准机关批准”。

（二）删去第二十五条中的“第十二条第二款”。

六、对《中华人民共和国母婴保健法》作出修改

（一）将第二十二条修改为：“不能住院分娩的孕妇应当由经过培训、具备相应接生能力的接生人员实行消毒接生。”

（二）删去第三十三条第二款中的“以及从事家庭接生的人员”。

七、对《中华人民共和国民用航空法》作出修改

删去第一百四十七条第二款中的“并依法办理工商登记；未取得经营许可证的，工商行政管理部门不得办理工商登记”。

八、对《中华人民共和国公路法》作出修改

（一）将第六十条第二款修改为：“有偿转让公路收费权的公路，收费权转让后，由受让方收费经营。收费权的转让期限由出让、受让双方约定，最长不得超过国务院规定的年限。”

（二）将第六十一条第一款修改为：“本法第五十九条第一款第一项规定的公路中的国道收费权的转让，应当在转让协议签订之日起三十个工作日内报国务院交通主管部门备案；国道以外的其他公路收费权的转让，应当在转让协议签订之日起三十个工作日内报省、自治区、直辖市人民政府备案。”

九、对《中华人民共和国港口法》作出修改

（一）将第十七条中的“经依法办理有关手续，并经港口行政管理部门批准后，方可建设”修改为“经依法办理有关手续后，方可建设”。

（二）将第四十六条修改为：“在港口建设的危险货物作业场所、实施卫生除害处理的专用场所与人口密集区或者港口客运设施的距离不符合国务院有关部门的规定的，由港口行政管理部门责令停止建设或者使用，限期改正，可以处五万元以下罚款。”

（三）删去第五十六条第一项中的“违法批准建设港口危险货物作业场所或者实施卫生除害处理的专用场所”。

十、对《中华人民共和国职业病防治法》作出修改

（一）将第三十五条第三款修改为：“职业健康检查应当由取得《医疗机构执业许可证》的医疗卫生机构承担。卫生行政部门应当加强对职业健康检查工作的规范管理，具体管理办法由国务院卫生行政部门制定。”

（二）删去第四十六条第三款。

第四款改为第三款，修改为：“职业病诊断证明书应当由参与诊断的取得职业病诊断资

格的执业医师签署，并经承担职业病诊断的医疗卫生机构审核盖章。”

（三）删去第七十九条、第八十条中的“职业健康检查”。

十一、对《中华人民共和国境外非政府组织境内活动管理法》作出修改

删去第二十四条中的“聘请具有中国会计从业资格的会计人员依法进行会计核算”。

本决定自2017年11月5日起施行。

《中华人民共和国会计法》《中华人民共和国海洋环境保护法》《中华人民共和国文物保护法》《中华人民共和国海关法》《中华人民共和国中外合作经营企业法》《中华人民共和国母婴保健法》《中华人民共和国民用航空法》《中华人民共和国公路法》《中华人民共和国港口法》《中华人民共和国职业病防治法》《中华人民共和国境外非政府组织境内活动管理法》根据本决定作相应修改，重新公布。

关于修改部分规章的决定

（国家食品药品监督管理总局令2017年第37号，国家食品药品监督管理总局2017年11月17日发布）

为贯彻落实国务院深化简政放权、放管结合、优化服务改革的要求，食品药品监管总局对涉及行政审批制度改革、商事制度改革等有关规章进行了清理，决定对以下规章的部分条款予以修改。

一、《药品经营许可证管理办法》（2004年2月4日国家食品药品监督管理局令第6号公布）

（一）将第八条第四项中“2. 工商行政管理部门出具的拟办企业核准证明文件”修改为“2. 企业营业执照”。

（二）将第九条第四项中“2. 工商行政管理部门出具的拟办企业核准证明文件”修改为“2. 企业营业执照”。

（三）增加一条，作为第三十四条：“食品药品监督管理部门制作的药品经营许可电子证书与印制的药品经营许可证书具有同等法律效力”。

二、《互联网药品信息服务管理办法》（2004年7月8日国家食品药品监督管理局令第9号公布）

将第十三条第一项“企业营业执照复印件（新办企业提供工商行政管理部门出具的名称预核准通知书及相关材料）”修改为“企业营业执照复印件”。

三、《药品生产监督管理办法》（2004年8月5日国家食品药品监督管理局令第14号公布）

（一）将第五条第三项“工商行政管理部门出具的拟办企业名称预先核准通知书，生产地址及注册地址、企业类型、法定代表人或者企业负责人”修改为“企业营业执照，生产地址及注册地址、企业类型、法定代表人或者企业负责人”。

（二）将第二十八条第一款“注射剂、生物制品（不含疫苗制品、血液制品）和跨省、自治区、直辖市的药品委托生产申请，由国家食品药品监督管理局负责受理和审批”修改为“药品委托生产申请，由委托双方所在地省、自治区、直辖市食品药品监督管理部门负责受理和审批”。

（三）删去第二十九条。

（四）将第三十条改为第二十九条，并将其中“由委托方向国家食品药品监督管理局或者省、自治区、直辖市（食品）药品监督管理部门提出申请”修改为“由委托方向省、自治区、直辖市食品药品监督管理部门提出申请”。

（五）增加一条，作为第五十九条：“食品药品监督管理部门制作的药品生产许可电子证书与印制的药品生产许可证书具有同等法律效力”。

四、《医疗器械生产监督管理办法》（2014年7月30日国家食品药品监督管理总局令第7号公布）

（一）将第八条第一项“营业执照、组织机构代码证复印件”修改为“营业执照复印件”。

（二）将第三十条第二款第二项“委托方和受托方企业营业执照和组织机构代码证复印件”修改为“委托方和受托方企业营业执照复印件”。

（三）将第三十二条第一款第一项“委托方和受托方营业执照、组织机构代码证复印件”修改为“委托方和受托方营业执照复印件”。

（四）增加一条，作为第七十二条：“食品药品监督管理部门制作的医疗器械生产许可电子证书与印制的医疗器械生产许可证书具有同等法律效力”。

五、《医疗器械经营监督管理办法》（2014年7月30日国家食品药品监督管理总局令第8号公布）

（一）将第八条第一项“营业执照和组织机构代码证复印件”修改为“营业执照复印件”。

（二）增加一条，作为第六十六条：“食品药品监督管理部门制作的医疗器械经营许可电子证书与印制的医疗器械经营许可证书具有同等法律效力”。

六、《蛋白同化制剂和肽类激素进出口管理办法》（2014年9月28日国家食品药品监督管理总局 海关总署 国家体育总局令第9号公布）

（一）将第四条第四项“进口单位的《药品经营许可证》、《企业法人营业执照》、《进出口企业资格证书》（或者《对外贸易经营者备案登记表》）、《组织代码证书》复印件；药品生产企业进口本企业所需原料药和制剂中间体（包括境内分包装用制剂），应当报送《药品生产许可证》、《企业法人营业执照》、《组织代码证书》复印件”修改为“进口单位的《药品经营许可证》、《企业法人营业执照》、《进出口企业资格证书》（或者《对外贸易经营者备案登记表》）复印件；药品生产企业进口本企业所需原料药和制剂中间体（包括境内分包装用制剂），应当报送《药品生产许可证》、《企业法人营业执照》复印件”。

（二）将第五条第五项“接受使用单位委托代理进口的，还需提供委托代理协议复印件和进口单位的《企业法人营业执照》、《进出口企业资格证书》（或者《对外贸易经营者备案登记表》）、《组织代码证书》复印件”修改为“接受使用单位委托代理进口的，还需提供委托代理协议复印件和进口单位的《企业法人营业执照》、《进出口企业资格证书》（或者《对外贸易经营者备案登记表》）复印件”。

（三）将第十五条第六项“出口企业的《企业法人营业执照》、《进出口企业资格证书》（或者《对外贸易经营者备案登记表》）、《组织代码证书》复印件”修改为“出口企业的《企业法人营业执照》、《进出口企业资格证书》（或者《对外贸易经营者备案登记表》）复印件”。

七、《食品生产许可管理办法》（2015年8月31日国家食品药品监督管理总局令第16号公布）

增加一条，作为第六十二条：“食品药品监督管理部门制作的食品生产许可电子证书与印制的食品生产许可证书具有同等法律效力”。

八、《食品经营许可管理办法》（2015年8月31日国家食品药品监督管理总局令第17号公布）

增加一条，作为第五十六条：“食品药品监督管理部门制作的食品经营许可电子证书与印制的食品经营许可证书具有同等法律效力”。

此外，将《药品经营许可证管理办法》《互联网药品信息服务管理办法》《药品生产监督管理办法》中“（食品）药品监督管理部门”“（食品）药品监督管理机构”“（食品）药品监督管理（机构）”“（食品）药品监督管理局”等表述统一修改为“食品药品监督管理部门”，将“国家食品药品监督管理局”修改为“国家食品药品监督管理总局”，将“省级药品检验所”修改为“省级药品检验机构”，将“中国药品生物制品检定所”修改为“中国食品药品检定研究院”。

本决定自公布之日起施行。

根据本决定，对上述规章作相应修改，重新公布。

药品经营许可证管理办法

（2004年2月4日国家食品药品监督管理局令第6号公布，根据2017年11月7日国家食品药品监督管理总局局务会议《关于修改部分规章的决定》修正）

第一章　总　　则

第一条　为加强药品经营许可工作的监督管理，根据《中华人民共和国药品管理法》、《中华人民共和国药品管理法实施条例》（以下简称《药品管理法》、《药品管理法实施条例》）的有关规定，制定本办法。

第二条　《药品经营许可证》发证、换证、变更及监督管理适用本办法。

第三条　国家食品药品监督管理总局主管全国药品经营许可的监督管理工作。

省、自治区、直辖市食品药品监督管理部门负责本辖区内药品批发企业《药品经营许可证》发证、换证、变更和日常监督管理工作，并指导和监督下级食品药品监督管理部门开展《药品经营许可证》的监督管理工作。

设区的市级食品药品监督管理部门或省、自治区、直辖市食品药品监督管理部门直接设置的县级食品药品监督管理部门负责本辖区内药品零售企业《药品经营许可证》发证、换证、变更和日常监督管理等工作。

第二章　申领《药品经营许可证》的条件

第四条　按照《药品管理法》第14条规定，开办药品批发企业，应符合省、自治区、直辖市药品批发企业合理布局的要求，并符合以下设置标准：

（一）具有保证所经营药品质量的规章制度；

（二）企业、企业法定代表人或企业负责人、质量管理负责人无《药品管理法》第75条、第82条规定的情形；

（三）具有与经营规模相适应的一定数量的执业药师。质量管理负责人具有大学以上学历，且必须是执业药师；

（四）具有能够保证药品储存质量要求的、与其经营品种和规模相适应的常温库、阴凉库、冷库。仓库中具有适合药品储存的专用货架和实现药品入库、传送、分检、上架、出库现代物流系统的装置和设备；

（五）具有独立的计算机管理信息系统，能覆盖企业内药品的购进、储存、销售以及经营和质量控制的全过程；能全面记录企业经营管理及实施《药品经营质量管理规范》方面的信息；符合《药品经营质量管理规范》对药品经营各环节的要求，并具有可以实现接受当地食品药品监督管理部门监管的条件；

（六）具有符合《药品经营质量管理规范》对药品营业场所及辅助、办公用房以及仓库管理、仓库内药品质量安全保障和进出库、在库储存与养护方面的条件。

国家对经营麻醉药品、精神药品、医疗用毒性药品、预防性生物制品另有规定的，从其规定。

第五条　开办药品零售企业，应符合当地常住人口数量、地域、交通状况和实际需要的要求，符合方便群众购药的原则，并符合以下设置规定：

（一）具有保证所经营药品质量的规章制度；

（二）具有依法经过资格认定的药学技术人员；

经营处方药、甲类非处方药的药品零售企业，必须配有执业药师或者其他依法经过资格认定的药学技术人员。质量负责人应有一年以上（含一年）药品经营质量管理工作经验。

经营乙类非处方药的药品零售企业，以及农村乡镇以下地区设立药品零售企业的，应当按照《药品管理法实施条例》第15条的规定配备业务人员，有条件的应当配备执业药师。

企业营业时间，以上人员应当在岗。

（三）企业、企业法定代表人、企业负责人、质量负责人无《药品管理法》第75条、第82条规定情形的；

（四）具有与所经营药品相适应的营业场所、设备、仓储设施以及卫生环境。在超市等其他商业企业内设立零售药店的，必须具有独立的区域；

（五）具有能够配备满足当地消费者所需药品的能力，并能保证24小时供应。药品零售企业应备有的国家基本药物品种数量由各省、自治区、直辖市食品药品监督管理部门结合当地具体情况确定。

国家对经营麻醉药品、精神药品、医疗用毒性药品、预防性生物制品另有规定的，从其规定。

第六条 开办药品批发企业验收实施标准由国家食品药品监督管理总局制定。开办药品零售企业验收实施标准，由各省、自治区、直辖市食品药品监督管理部门依据本办法和《药品经营质量管理规范》的有关内容组织制定，并报国家食品药品监督管理总局备案。

第七条 药品经营企业经营范围的核定。

药品经营企业经营范围：

麻醉药品、精神药品、医疗用毒性药品；

生物制品；

中药材、中药饮片、中成药、化学原料药及其制剂、抗生素原料药及其制剂、生化药品。

从事药品零售的，应先核定经营类别，确定申办人经营处方药或非处方药、乙类非处方药的资格，并在经营范围中予以明确，再核定具体经营范围。

医疗用毒性药品、麻醉药品、精神药品、放射性药品和预防性生物制品的核定按照国家特殊药品管理和预防性生物制品管理的有关规定执行。

第三章 申领《药品经营许可证》的程序

第八条 开办药品批发企业按照以下程序办理《药品经营许可证》：

（一）申办人向拟办企业所在地的省、自治区、直辖市食品药品监督管理部门提出筹建申请，并提交以下材料：

1. 拟办企业法定代表人、企业负责人、质量负责人学历证明原件、复印件及个人简历；

2. 执业药师执业证书原件、复印件；

3. 拟经营药品的范围；

4. 拟设营业场所、设备、仓储设施及周边卫生环境等情况。

（二）食品药品监督管理部门对申办人提出的申请，应当根据下列情况分别作出处理：

1. 申请事项不属于本部门职权范围的，应当即时作出不予受理的决定，发给《不予受理通知书》，并告知申办人向有关食品药品监督管理部门申请。

2. 申请材料存在可以当场更正错误的，应当允许申办人当场更正。

3. 申请材料不齐或者不符合法定形式的，应当当场或者在5日内发给申办人《补正材料通知书》，一次性告知需要补正的全部内容。逾期不告知的，自收到申请材料之日起即为受理。

4. 申请事项属于本部门职权范围，材料齐全、符合法定形式，或者申办人按要求提交全部补正材料的，发给申办人《受理通知书》。《受理通知书》中注明的日期为受理日期。

（三）食品药品监督管理部门自受理申请之日起30个工作日内，依据本办法第四条规定对申报材料进行审查，作出是否同意筹建的决定，并书面通知申办人。不同意筹建的，应当说明理由，并告知申办人享有依法申请行政复议或者提起行政诉讼的权利。

（四）申办人完成筹建后，向受理申请的食品药品监督管理部门提出验收申请，并提交以下材料：

1. 药品经营许可证申请表；

2. 企业营业执照；

3. 拟办企业组织机构情况；

4. 营业场所、仓库平面布置图及房屋产权或使用权证明；

5. 依法经过资格认定的药学专业技术人员资格证书及聘书；

6. 拟办企业质量管理文件及仓储设施、设备目录。

（五）受理申请的食品药品监督管理部门在收到验收申请之日起 30 个工作日内，依据开办药品批发企业验收实施标准组织验收，作出是否发给《药品经营许可证》的决定。符合条件的，发给《药品经营许可证》；不符合条件的，应当书面通知申办人并说明理由，同时告知申办人享有依法申请行政复议或提起行政诉讼的权利。

第九条　开办药品零售企业按照以下程序办理《药品经营许可证》：

（一）申办人向拟办企业所在地设区的市级食品药品监督管理部门或省、自治区、直辖市食品药品监督管理部门直接设置的县级食品药品监督管理部门提出筹建申请，并提交以下材料：

1. 拟办企业法定代表人、企业负责人、质量负责人的学历、执业资格或职称证明原件、复印件及个人简历及专业技术人员资格证书、聘书；

2. 拟经营药品的范围；

3. 拟设营业场所、仓储设施、设备情况。

（二）食品药品监督管理部门对申办人提出的申请，应当根据下列情况分别作出处理：

1. 申请事项不属于本部门职权范围的，应当即时作出不予受理的决定，发给《不予受理通知书》，并告知申办人向有关食品药品监督管理部门申请。

2. 申请材料存在可以当场更正的错误的，应当允许申办人当场更正。

3. 申请材料不齐或者不符合法定形式的，应当当场或者在 5 日内发给申办人《补正材料通知书》，一次性告知需要补正的全部内容。逾期不告知的，自收到申请材料之日起即为受理。

4. 申请事项属于本部门职权范围，材料齐全、符合法定形式，或者申办人按要求提交全部补正材料的，发给申办人《受理通知书》。《受理通知书》中注明的日期为受理日期。

（三）食品药品监督管理部门自受理申请之日起 30 个工作日内，依据本办法第五条规定对申报材料进行审查，作出是否同意筹建的决定，并书面通知申办人。不同意筹建的，应当说明理由，并告知申办人依法享有申请行政复议或者提起行政诉讼的权利。

（四）申办人完成筹建后，向受理申请的食品药品监督管理部门提出验收申请，并提交以下材料：

1. 药品经营许可证申请表；

2. 企业营业执照；

3. 营业场所、仓库平面布置图及房屋产权或使用权证明；

4. 依法经过资格认定的药学专业技术人员资格证书及聘书；

5. 拟办企业质量管理文件及主要设施、设备目录。

（五）受理申请的食品药品监督管理部门在收到验收申请之日起 15 个工作日内，依据开办药品零售企业验收实施标准组织验收，作出是否发给《药品经营许可证》的决定。不符合条件的，应当书面通知申办人并说明理由，同时，告知申办人享有依法申请行政复议或提起行政诉讼的权利。

第十条　食品药品监督管理部门对申办人的申请进行审查时，发现行政许可事项直接关系到他人重大利益的，应当告知该利害关系人。受理部门应当听取申办人、利害关系人的陈述和申辩。依法应当听证的，按照法律规定举行听证。

第十一条　食品药品监督管理部门应当将已经颁发的《药品经营许可证》的有关信息予以公开，公众有权进行查阅。

对公开信息后发现企业在申领《药品经营许可证》过程中，有提供虚假文件、数据或其他欺骗行为的，应依法予以处理。

第十二条　《药品经营许可证》是企业从事药品经营活动的法定凭证，任何单位和个人不得伪造、变造、买卖、出租和出借。

第四章　《药品经营许可证》的变更与换发

第十三条　《药品经营许可证》变更分为许可事项变更和登记事项变更。

许可事项变更是指经营方式、经营范围、注册地址、仓库地址（包括增减仓库）、企业法定代表人或负责人以及质量负责人的变更。

登记事项变更是指上述事项以外的其他事项的变更。

第十四条 药品经营企业变更《药品经营许可证》许可事项的，应当在原许可事项发生变更30日前，向原发证机关申请《药品经营许可证》变更登记。未经批准，不得变更许可事项。

原发证机关应当自收到企业变更申请和变更申请资料之日起15个工作日内作出准予变更或不予变更的决定。

申请许可事项变更的，由原发证部门按照本办法规定的条件验收合格后，方可办理变更手续。

药品经营企业依法变更《药品经营许可证》的许可事项后，应依法向工商行政管理部门办理企业注册登记的有关变更手续。

企业分立、合并、改变经营方式、跨原管辖地迁移，按照本办法的规定重新办理《药品经营许可证》。

第十五条 企业法人的非法人分支机构变更《药品经营许可证》许可事项的，必须出具上级法人签署意见的变更申请书。

第十六条 企业因违法经营已被食品药品监督管理部门立案调查，尚未结案的；或已经作出行政处罚决定，尚未履行处罚的，发证机关应暂停受理其《药品经营许可证》的变更申请。

第十七条 药品经营企业变更《药品经营许可证》的登记事项的，应在工商行政管理部门核准变更后30日内，向原发证机关申请《药品经营许可证》变更登记。原发证机关应当自收到企业变更申请和变更申请资料之日起15个工作日内为其办理变更手续。

第十八条 《药品经营许可证》登记事项变更后，应由原发证机关在《药品经营许可证》副本上记录变更的内容和时间，并按变更后的内容重新核发《药品经营许可证》正本，收回原《药品经营许可证》正本。变更后的《药品经营许可证》有效期不变。

第十九条 《药品经营许可证》有效期为5年。有效期届满，需要继续经营药品的，持证企业应在有效期届满前6个月内，向原发证机关申请换发《药品经营许可证》。原发证机关按本办法规定的申办条件进行审查，符合条件的，收回原证，换发新证。不符合条件的，可限期3个月进行整改，整改后仍不符合条件的，注销原《药品经营许可证》。

食品药品监督管理部门根据药品经营企业的申请，应当在《药品经营许可证》有效期届满前作出是否准予其换证的决定。逾期未作出决定的，视为准予换证。

第五章 监督检查

第二十条 食品药品监督管理部门应加强对《药品经营许可证》持证企业的监督检查，持证企业应当按本办法规定接受监督检查。

第二十一条 监督检查的内容主要包括：

（一）企业名称、经营地址、仓库地址、企业法定代表人（企业负责人）、质量负责人、经营方式、经营范围、分支机构等重要事项的执行和变动情况；

（二）企业经营设施设备及仓储条件变动情况；

（三）企业实施《药品经营质量管理规范》情况；

（四）发证机关需要审查的其他有关事项。

第二十二条 监督检查可以采取书面检查、现场检查或者书面与现场检查相结合的方式。

（一）发证机关可以要求持证企业报送《药品经营许可证》相关材料，通过核查有关材料，履行监督职责；

（二）发证机关可以对持证企业进行现场检查。

有下列情况之一的企业，必须进行现场检查：

1. 上一年度新开办的企业；

2. 上一年度检查中存在问题的企业；

3. 因违反有关法律、法规，受到行政处罚的企业；

4. 发证机关认为需要进行现场检查的企业。

《药品经营许可证》换证工作当年，监督检查和换证审查工作可一并进行。

第二十三条 《药品经营许可证》现场检查标准，由发证机关按照开办药品批发企业验收实施标准、开办药品零售企业验收实施标准和《药品经营质量管理规范》认证检查标准及其现场检查项目制定，并报上一级食品药品监督管理部门备案。

第二十四条　对监督检查中发现有违反《药品经营质量管理规范》要求的经营企业，由发证机关责令限期进行整改。对违反《药品管理法》第16条规定，整改后仍不符合要求从事药品经营活动的，按《药品管理法》第78条规定处理。

第二十五条　发证机关依法对药品经营企业进行监督检查时，应当将监督检查的情况和处理结果予以记录，由监督检查人员签字后归档。公众有权查阅有关监督检查记录。现场检查的结果，发证机关应当在《药品经营许可证》副本上记录并予以公告。

第二十六条　有下列情形之一的，《药品经营许可证》由原发证机关注销：

（一）《药品经营许可证》有效期届满未换证的；

（二）药品经营企业终止经营药品或者关闭的；

（三）《药品经营许可证》被依法撤销、撤回、吊销、收回、缴销或者宣布无效的；

（四）不可抗力导致《药品经营许可证》的许可事项无法实施的；

（五）法律、法规规定的应当注销行政许可的其他情形。

食品药品监督管理部门注销《药品经营许可证》的，应当自注销之日起5个工作日内通知有关工商行政管理部门。

第二十七条　《药品经营许可证》包括正本和副本。正本、副本具有同等法律效力。

第二十八条　发证机关应建立《药品经营许可证》发证、换证、监督检查、变更等方面的工作档案，并在每季度上旬将《药品经营许可证》的发证、变更等情况报上一级食品药品监督管理部门。对因变更、换证、吊销、缴销等原因收回、作废的《药品经营许可证》，应建档保存5年。

第二十九条　企业遗失《药品经营许可证》，应立即向发证机关报告，并在发证机关指定的媒体上登载遗失声明。发证机关在企业登载遗失声明之日起满1个月后，按原核准事项补发《药品经营许可证》。

第三十条　企业终止经营药品或者关闭的，《药品经营许可证》由原发证机关缴销。

发证机关吊销或者注销、缴销《药品经营许可证》的，应当及时通知工商行政管理部门，并向社会公布。

第三十一条　《药品经营许可证》的正本应置于企业经营场所的醒目位置。

第六章　附　　则

第三十二条　《药品经营许可证》应当载明企业名称、法定代表人或企业负责人姓名、经营方式、经营范围、注册地址、仓库地址、《药品经营许可证》证号、流水号、发证机关、发证日期、有效期限等项目。

《药品经营许可证》正本、副本式样、编号方法，由国家食品药品监督管理总局统一制定。

第三十三条　《药品经营许可证》由国家食品药品监督管理总局统一印制。

第三十四条　食品药品监督管理部门制作的药品经营许可电子证书与印制的药品经营许可证书具有同等法律效力。

第三十五条　本办法自2004年4月1日起施行。

互联网药品信息服务管理办法

（2004年7月8日国家食品药品监督管理局令第9号公布，根据2017年11月7日国家食品药品监督管理总局局务会议《关于修改部分规章的决定》修正）

第一条　为加强药品监督管理，规范互联网药品信息服务活动，保证互联网药品信息的真实、准确，根据《中华人民共和国药品管理法》《互联网信息服务管理办法》，制定本办法。

第二条 在中华人民共和国境内提供互联网药品信息服务活动，适用本办法。

本办法所称互联网药品信息服务，是指通过互联网向上网用户提供药品（含医疗器械）信息的服务活动。

第三条 互联网药品信息服务分为经营性和非经营性两类。

经营性互联网药品信息服务是指通过互联网向上网用户有偿提供药品信息等服务的活动。

非经营性互联网药品信息服务是指通过互联网向上网用户无偿提供公开的、共享性药品信息等服务的活动。

第四条 国家食品药品监督管理总局对全国提供互联网药品信息服务活动的网站实施监督管理。

省、自治区、直辖市食品药品监督管理部门对本行政区域内提供互联网药品信息服务活动的网站实施监督管理。

第五条 拟提供互联网药品信息服务的网站，应当在向国务院信息产业主管部门或者省级电信管理机构申请办理经营许可证或者办理备案手续之前，按照属地监督管理的原则，向该网站主办单位所在地省、自治区、直辖市食品药品监督管理部门提出申请，经审核同意后取得提供互联网药品信息服务的资格。

第六条 各省、自治区、直辖市食品药品监督管理部门对本辖区内申请提供互联网药品信息服务的互联网站进行审核，符合条件的核发《互联网药品信息服务资格证书》。

第七条 《互联网药品信息服务资格证书》的格式由国家食品药品监督管理总局统一制定。

第八条 提供互联网药品信息服务的网站，应当在其网站主页显著位置标注《互联网药品信息服务资格证书》的证书编号。

第九条 提供互联网药品信息服务网站所登载的药品信息必须科学、准确，必须符合国家的法律、法规和国家有关药品、医疗器械管理的相关规定。

提供互联网药品信息服务的网站不得发布麻醉药品、精神药品、医疗用毒性药品、放射性药品、戒毒药品和医疗机构制剂的产品信息。

第十条 提供互联网药品信息服务的网站发布的药品（含医疗器械）广告，必须经过食品药品监督管理部门审查批准。

提供互联网药品信息服务的网站发布的药品（含医疗器械）广告要注明广告审查批准文号。

第十一条 申请提供互联网药品信息服务，除应当符合《互联网信息服务管理办法》规定的要求外，还应当具备下列条件：

（一）互联网药品信息服务的提供者应当为依法设立的企事业单位或者其他组织；

（二）具有与开展互联网药品信息服务活动相适应的专业人员、设施及相关制度；

（三）有两名以上熟悉药品、医疗器械管理法律、法规和药品、医疗器械专业知识，或者依法经资格认定的药学、医疗器械技术人员。

第十二条 提供互联网药品信息服务的申请应当以一个网站为基本单元。

第十三条 申请提供互联网药品信息服务，应当填写国家食品药品监督管理总局统一制发的《互联网药品信息服务申请表》，向网站主办单位所在地省、自治区、直辖市食品药品监督管理部门提出申请，同时提交以下材料：

（一）企业营业执照复印件。

（二）网站域名注册的相关证书或者证明文件。从事互联网药品信息服务网站的中文名称，除与主办单位名称相同的以外，不得以“中国”“中华”“全国”等冠名；除取得药品招标代理机构资格证书的单位开办的互联网站外，其他提供互联网药品信息服务的网站名称中不得出现“电子商务”“药品招商”“药品招标”等内容。

（三）网站栏目设置说明（申请经营性互联网药品信息服务的网站需提供收费栏目及收费方式的说明）。

（四）网站对历史发布信息进行备份和查阅的相关管理制度及执行情况说明。

（五）食品药品监督管理部门在线浏览网站上所有栏目、内容的方法及操作说明。

（六）药品及医疗器械相关专业技术人员学历证明或者其专业技术资格证书复印件、网站负责人身份证复印件及简历。

（七）健全的网络与信息安全保障措施，包括网站安全保障措施、信息安全保密管理制度、用户信息安全管理制度。

（八）保证药品信息来源合法、真实、安全的管理措施、情况说明及相关证明。

第十四条　省、自治区、直辖市食品药品监督管理部门在收到申请材料之日起5日内做出受理与否的决定，受理的，发给受理通知书；不受理的，书面通知申请人并说明理由，同时告知申请人享有依法申请行政复议或者提起行政诉讼的权利。

第十五条　对于申请材料不规范、不完整的，省、自治区、直辖市食品药品监督管理部门自申请之日起5日内一次告知申请人需要补正的全部内容；逾期不告知的，自收到材料之日起即为受理。

第十六条　省、自治区、直辖市食品药品监督管理部门自受理之日起20日内对申请提供互联网药品信息服务的材料进行审核，并作出同意或者不同意的决定。同意的，由省、自治区、直辖市食品药品监督管理部门核发《互联网药品信息服务资格证书》，同时报国家食品药品监督管理总局备案并发布公告；不同意的，应当书面通知申请人并说明理由，同时告知申请人享有依法申请行政复议或者提起行政诉讼的权利。

国家食品药品监督管理总局对各省、自治区、直辖市食品药品监督管理部门的审核工作进行监督。

第十七条　《互联网药品信息服务资格证书》有效期为5年。有效期届满，需要继续提供互联网药品信息服务的，持证单位应当在有效期届满前6个月内，向原发证机关申请换发《互联网药品信息服务资格证书》。原发证机关进行审核后，认为符合条件的，予以换发新证；认为不符合条件的，发给不予换发新证的通知并说明理由，原《互联网药品信息服务资格证书》由原发证机关收回并公告注销。

省、自治区、直辖市食品药品监督管理部门根据申请人的申请，应当在《互联网药品信息服务资格证书》有效期届满前作出是否准予其换证的决定。逾期未作出决定的，视为准予换证。

第十八条　《互联网药品信息服务资格证书》可以根据互联网药品信息服务提供者的书面申请，由原发证机关收回，原发证机关应当报国家食品药品监督管理总局备案并发布公告。被收回《互联网药品信息服务资格证书》的网站不得继续从事互联网药品信息服务。

第十九条　互联网药品信息服务提供者变更下列事项之一的，应当向原发证机关申请办理变更手续，填写《互联网药品信息服务项目变更申请表》，同时提供下列相关证明文件：

（一）《互联网药品信息服务资格证书》中审核批准的项目（互联网药品信息服务提供者单位名称、网站名称、IP地址等）；

（二）互联网药品信息服务提供者的基本项目（地址、法定代表人、企业负责人等）；

（三）网站提供互联网药品信息服务的基本情况（服务方式、服务项目等）。

第二十条　省、自治区、直辖市食品药品监督管理部门自受理变更申请之日起20个工作日内作出是否同意变更的审核决定。同意变更的，将变更结果予以公告并报国家食品药品监督管理总局备案；不同意变更的，以书面形式通知申请人并说明理由。

第二十一条　省、自治区、直辖市食品药品监督管理部门对申请人的申请进行审查时，应当公示审批过程和审批结果。申请人和利害关系人可以对直接关系其重大利益的事项提交书面意见进行陈述和申辩。依法应当听证的，按照法定程序举行听证。

第二十二条　未取得或者超出有效期使用《互联网药品信息服务资格证书》从事互联网药品信息服务的，由国家食品药品监督管理总局或者省、自治区、直辖市食品药品监督管理部门给予警告，并责令其停止从事互联网药品信息服务；情节严重的，移送相关部门，依照有关法律、法规给予处罚。

第二十三条　提供互联网药品信息服务的网站不在其网站主页的显著位置标注《互联网

药品信息服务资格证书》的证书编号的，国家食品药品监督管理总局或者省、自治区、直辖市食品药品监督管理部门给予警告，责令限期改正；在限定期限内拒不改正的，对提供非经营性互联网药品信息服务的网站处以500元以下罚款，对提供经营性互联网药品信息服务的网站处以5000元以上1万元以下罚款。

第二十四条 互联网药品信息服务提供者违反本办法，有下列情形之一的，由国家食品药品监督管理总局或者省、自治区、直辖市食品药品监督管理部门给予警告，责令限期改正；情节严重的，对提供非经营性互联网药品信息服务的网站处以1000元以下罚款，对提供经营性互联网药品信息服务的网站处以1万元以上3万元以下罚款；构成犯罪的，移送司法部门追究刑事责任：

（一）已经获得《互联网药品信息服务资格证书》，但提供的药品信息直接撮合药品网上交易的；

（二）已经获得《互联网药品信息服务资格证书》，但超出审核同意的范围提供互联网药品信息服务的；

（三）提供不真实互联网药品信息服务并造成不良社会影响的；

（四）擅自变更互联网药品信息服务项目的。

第二十五条 互联网药品信息服务提供者在其业务活动中，违法使用《互联网药品信息服务资格证书》的，由国家食品药品监督管理总局或者省、自治区、直辖市食品药品监督管理部门依照有关法律、法规的规定处罚。

第二十六条 省、自治区、直辖市食品药品监督管理部门违法对互联网药品信息服务申请作出审核批准的，原发证机关应当撤销原批准的《互联网药品信息服务资格证书》，由此给申请人的合法权益造成损害的，由原发证机关依照国家赔偿法的规定给予赔偿；对直接负责的主管人员和其他直接责任人员，由其所在单位或者上级机关依法给予行政处分。

第二十七条 省、自治区、直辖市食品药品监督管理部门应当对提供互联网药品信息服务的网站进行监督检查，并将检查情况向社会公告。

第二十八条 本办法由国家食品药品监督管理总局负责解释。

第二十九条 本办法自公布之日起施行。《互联网药品信息服务管理暂行规定》（国家药品监督管理局令第26号）同时废止。

药品生产监督管理办法

（2004年8月5日国家食品药品监督管理局令第14号公布，根据2017年11月7日国家食品药品监督管理总局局务会议《关于修改部分规章的决定》修正）

第一章 总 则

第一条 为加强药品生产的监督管理，根据《中华人民共和国药品管理法》、《中华人民共和国药品管理法实施条例》（以下简称《药品管理法》、《药品管理法实施条例》），制定本办法。

第二条 药品生产监督管理是指食品药品监督管理部门依法对药品生产条件和生产过程进行审查、许可、监督检查等管理活动。

第三条 国家食品药品监督管理总局主管全国药品生产监督管理工作；省、自治区、直辖市食品药品监督管理部门负责本行政区域内的药品生产监督管理工作。

第二章 开办药品生产企业的申请与审批

第四条 开办药品生产企业，除应当符合国家制定的药品行业发展规划和产业政策外，还应当符合以下条件：

（一）具有依法经过资格认定的药学技术人员、工程技术人员及相应的技术工人，企业法定代表人或者企业负责人、质量负责人无《药品管理法》第七十五条规定的情形；

（二）具有与其药品生产相适应的厂房、设施和卫生环境；

（三）具有能对所生产药品进行质量管理和质量检验的机构、人员以及必要的仪器设备；

（四）具有保证药品质量的规章制度。

国家有关法律、法规对生产麻醉药品、精神药品、医疗用毒性药品、放射性药品、药品类易制毒化学品等另有规定的，依照其规定。

第五条　开办药品生产企业的申请人，应当向拟办企业所在地省、自治区、直辖市食品药品监督管理部门提出申请，并提交以下材料：

（一）申请人的基本情况及其相关证明文件。

（二）拟办企业的基本情况，包括拟办企业名称、生产品种、剂型、设备、工艺及生产能力；拟办企业的场地、周边环境、基础设施等条件说明以及投资规模等情况说明。

（三）企业营业执照，生产地址及注册地址、企业类型、法定代表人或者企业负责人。

（四）拟办企业的组织机构图（注明各部门的职责及相互关系、部门负责人）。

（五）拟办企业的法定代表人、企业负责人、部门负责人简历，学历和职称证书；依法经过资格认定的药学及相关专业技术人员、工程技术人员、技术工人登记表，并标明所在部门及岗位；高级、中级、初级技术人员的比例情况表。

（六）拟办企业的周边环境图、总平面布置图、仓储平面布置图、质量检验场所平面布置图。

（七）拟办企业生产工艺布局平面图（包括更衣室、盥洗间、人流和物流通道、气闸等，并标明人、物流向和空气洁净度等级），空气净化系统的送风、回风、排风平面布置图，工艺设备平面布置图。

（八）拟生产的范围、剂型、品种、质量标准及依据。

（九）拟生产剂型及品种的工艺流程图，并注明主要质量控制点与项目。

（十）空气净化系统、制水系统、主要设备验证概况；生产、检验仪器、仪表、衡器校验情况。

（十一）主要生产设备及检验仪器目录。

（十二）拟办企业生产管理、质量管理文件目录。

申请人应当对其申请材料全部内容的真实性负责。

第六条　药品生产企业将部分生产车间分立，形成独立药品生产企业的，按照本办法第四条、第五条的规定办理《药品生产许可证》。

第七条　省、自治区、直辖市食品药品监督管理部门收到申请后，应当根据下列情况分别作出处理：

（一）申请事项依法不属于本部门职权范围的，应当即时作出不予受理的决定，并告知申请人向有关行政机关申请；

（二）申请材料存在可以当场更正的错误的，应当允许申请人当场更正；

（三）申请材料不齐全或者不符合形式审查要求的，应当当场或者在5个工作日内发给申请人《补正材料通知书》，一次性告知申请人需要补正的全部内容，逾期不告知的，自收到申请材料之日起即为受理；

（四）申请材料齐全、符合形式审查要求，或者申请人按照要求提交全部补正材料的，予以受理。

省、自治区、直辖市食品药品监督管理部门受理或者不予受理药品生产企业开办申请的，应当出具加盖本部门受理专用印章并注明日期的《受理通知书》或者《不予受理通知书》。

第八条　省、自治区、直辖市食品药品监督管理部门应当自收到申请之日起30个工作日内，作出决定。

经审查符合规定的，予以批准，并自书面批准决定作出之日起10个工作日内核发《药品生产许可证》；不符合规定的，作出不予批准的书面决定，并说明理由，同时告知申请人享有依法申请行政复议或者提起行政诉讼的权利。

第九条　新开办药品生产企业、药品生产企业新建药品生产车间或者新增生产剂型的，应当自取得药品生产证明文件或者经批准正式生产之日起30日内，按照国家食品药品监督管理总局的规定向相应的食品药品监督管理部门申请《药品生产质量管理规范》认证。

第十条 省、自治区、直辖市食品药品监督管理部门应当在行政机关的网站和办公场所公示申请《药品生产许可证》所需要的条件、程序、期限、需要提交的全部材料的目录和申请书示范文本等。

省、自治区、直辖市食品药品监督管理部门颁发《药品生产许可证》的有关信息，应当予以公开，公众有权查阅。

第十一条 省、自治区、直辖市食品药品监督管理部门对药品生产企业开办申请进行审查时，应当公示审批过程和审批结果。申请人和利害关系人可以对直接关系其重大利益的事项提交书面意见进行陈述和申辩。

第十二条 药品生产企业开办申请直接涉及申请人与他人之间重大利益关系的，省、自治区、直辖市食品药品监督管理部门应当告知申请人、利害关系人可以依照法律、法规以及国家食品药品监督管理总局的其他规定享有申请听证的权利；在对药品生产企业开办申请进行审查时，省、自治区、直辖市食品药品监督管理部门认为涉及公共利益的重大许可事项，应当向社会公告，并举行听证。

第三章 药品生产许可证管理

第十三条 《药品生产许可证》分正本和副本，正本、副本具有同等法律效力，有效期为5年。

《药品生产许可证》由国家食品药品监督管理总局统一印制。

第十四条 《药品生产许可证》应当载明许可证编号、企业名称、法定代表人、企业负责人、企业类型、注册地址、生产地址、生产范围、发证机关、发证日期、有效期限等项目。其中由食品药品监督管理部门核准的许可事项为：企业负责人、生产范围、生产地址。

企业名称、法定代表人、注册地址、企业类型等项目应当与工商行政管理部门核发的营业执照中载明的相关内容一致。

企业名称应当符合药品生产企业分类管理的原则；生产地址按照药品实际生产地址填写；许可证编号和生产范围按照国家食品药品监督管理总局规定的方法和类别填写。

第十五条 《药品生产许可证》变更分为许可事项变更和登记事项变更。

许可事项变更是指企业负责人、生产范围、生产地址的变更。

登记事项变更是指本办法第十四条第二款所列事项的变更。

第十六条 药品生产企业变更《药品生产许可证》许可事项的，应当在原许可事项发生变更30日前，向原发证机关提出《药品生产许可证》变更申请。未经批准，不得擅自变更许可事项。

原发证机关应当自收到企业变更申请之日起15个工作日内作出是否准予变更的决定。不予变更的，应当书面说明理由，并告知申请人享有依法申请行政复议或者提起行政诉讼的权利。

变更生产范围或者生产地址的，药品生产企业应当按照本办法第五条的规定提交涉及变更内容的有关材料，并报经所在地省、自治区、直辖市食品药品监督管理部门审查决定。

药品生产企业依法办理《药品生产许可证》许可事项的变更手续后，应当及时向工商行政管理部门办理企业注册登记的变更手续。

第十七条 药品生产企业变更《药品生产许可证》登记事项的，应当在工商行政管理部门核准变更后30日内，向原发证机关申请《药品生产许可证》变更登记。原发证机关应当自收到企业变更申请之日起15个工作日内办理变更手续。

第十八条 《药品生产许可证》变更后，原发证机关应当在《药品生产许可证》副本上记录变更的内容和时间，并按照变更后的内容重新核发《药品生产许可证》正本，收回原《药品生产许可证》正本，变更后的《药品生产许可证》有效期不变。

第十九条 《药品生产许可证》有效期届满，需要继续生产药品的，药品生产企业应当在有效期届满前6个月，向原发证机关申请换发《药品生产许可证》。

原发证机关结合企业遵守法律法规、《药品生产质量管理规范》和质量体系运行情况，按照本办法关于药品生产企业开办的程序和要求进行审查，在《药品生产许可证》有效期届满前作出是否准予其换证的决定。符合规定准予换证的，收回原证，换发新证；不符合规定的，作出不予换证的书面决定，并说明理由，同时告知申请人享有依法申请行政复议或者提起行政诉讼的权利；逾期未作出决定的，视为同意换证，并予补办相应手续。

第二十条 药品生产企业终止生产药品或者关闭的，由原发证机关缴销《药品生产许可证》，并通知工商行政管理部门。

第二十一条 《药品生产许可证》遗失的，药品生产企业应当立即向原发证机关申请补发，并在原发证机关指定的媒体上登载遗失声明。原发证机关在企业登载遗失声明之日起满1个月后，按照原核准事项在10个工作日内补发《药品生产许可证》。

第二十二条 任何单位或者个人不得伪造、变造、买卖、出租、出借《药品生产许可证》。

第二十三条 省、自治区、直辖市食品药品监督管理部门应当将《药品生产许可证》核发、换发、变更、补发、吊销、撤销、缴销、注销等办理情况，在办理工作完成后20个工作日内报国家食品药品监督管理总局备案。对依法收回、作废的《药品生产许可证》，发证机关应当建档保存5年。

第四章 药品委托生产的管理

第二十四条 药品委托生产的委托方应当是取得该药品批准文号的药品生产企业。

第二十五条 药品委托生产的受托方应当是持有与生产该药品的生产条件相适应的《药品生产质量管理规范》认证证书的药品生产企业。

第二十六条 委托方负责委托生产药品的质量和销售。委托方应当对受托方的生产条件、生产技术水平和质量管理状况进行详细考查，应当向受托方提供委托生产药品的技术和质量文件，对生产全过程进行指导和监督。

受托方应当按照《药品生产质量管理规范》进行生产，并按照规定保存所有受托生产文件和记录。

第二十七条 委托生产药品的双方应当签署合同，内容应当包括双方的权利与义务，并具体规定双方在药品委托生产技术、质量控制等方面的权利与义务，且应当符合国家有关药品管理的法律法规。

第二十八条 药品委托生产申请，由委托双方所在地省、自治区、直辖市食品药品监督管理部门负责受理和审批。

疫苗制品、血液制品以及国家食品药品监督管理总局规定的其他药品不得委托生产。

麻醉药品、精神药品、医疗用毒性药品、放射性药品、药品类易制毒化学品的委托生产按照有关法律法规规定办理。

第二十九条 药品委托生产的，由委托方向省、自治区、直辖市食品药品监督管理部门提出申请，并提交本办法第三十三条规定的申请材料。食品药品监督管理部门参照本办法第七条的规定进行受理。

第三十条 受理申请的食品药品监督管理部门应当自受理之日起20个工作日内，按照本章规定的条件对药品委托生产的申请进行审查，并作出决定；20个工作日内不能作出决定的，经本部门负责人批准，可以延长10个工作日，并应当将延长期限的理由告知委托方。

经审查符合规定的，予以批准，并自书面批准决定作出之日起10个工作日内向委托方发放《药品委托生产批件》；不符合规定的，书面通知委托方并说明理由，同时告知其享有依法申请行政复议或者提起行政诉讼的权利。

第三十一条 《药品委托生产批件》有效期不得超过2年，且不得超过该药品批准证明文件规定的有效期限。

第三十二条 《药品委托生产批件》有效期届满需要继续委托生产的，委托方应当在有效期届满30日前，按照本办法第三十三条的规定提交有关材料，办理延期手续。

委托生产合同终止的，委托方应当及时办理《药品委托生产批件》的注销手续。

第三十三条 药品委托生产申请材料

项目：

（一）委托方和受托方的《药品生产许可证》、营业执照复印件；

（二）受托方《药品生产质量管理规范》认证证书复印件；

（三）委托方对受托方生产和质量保证条件的考核情况；

（四）委托方拟委托生产药品的批准证明文件复印件并附质量标准、生产工艺，包装、标签和使用说明书实样；

（五）委托生产药品拟采用的包装、标签和使用说明书式样及色标；

（六）委托生产合同；

（七）受托方所在地省级药品检验机构出具的连续三批产品检验报告书。委托生产生物制品的，其三批样品由受托方所在地省级药品检验机构抽取、封存，由中国食品药品检定研究院负责检验并出具检验报告书；

（八）受托方所在地省、自治区、直辖市食品药品监督管理部门组织对企业技术人员，厂房、设施、设备等生产条件和能力，以及质检机构、检测设备等质量保证体系考核的意见。

药品委托生产延期申请所需要的申请材料项目：

（一）委托方和受托方的《药品生产许可证》、营业执照复印件；

（二）受托方《药品生产质量管理规范》认证证书复印件；

（三）前次批准的《药品委托生产批件》复印件；

（四）前次委托生产期间，生产、质量情况的总结；

（五）与前次《药品委托生产批件》发生变化的证明文件。

第三十四条 委托生产药品的质量标准应当执行国家药品质量标准，其处方、生产工艺、包装规格、标签、使用说明书、批准文号等应当与原批准的内容相同。在委托生产的药品包装、标签和说明书上，应当标明委托方企业名称和注册地址、受托方企业名称和生产地址。

第三十五条 食品药品监督管理部门对药品委托生产申请进行审查时，应当参照执行本办法第二章第十条至第十二条的有关规定。

第三十六条 药品生产企业接受境外制药厂商的委托在中国境内加工药品的，应当在签署委托生产合同后30日内向所在地省、自治区、直辖市食品药品监督管理部门备案。所加工的药品不得以任何形式在中国境内销售、使用。

第三十七条 省、自治区、直辖市食品药品监督管理部门应当将药品委托生产的批准、备案情况报国家食品药品监督管理总局。

第五章 监督检查

第三十八条 省、自治区、直辖市食品药品监督管理部门负责本行政区域内药品生产企业的监督检查工作，应当建立实施监督检查的运行机制和管理制度，明确设区的市级食品药品监督管理部门和县级食品药品监督管理部门的监督检查职责。

国家食品药品监督管理总局可以直接对药品生产企业进行监督检查，并对省、自治区、直辖市食品药品监督管理部门的监督检查工作及其认证通过的生产企业《药品生产质量管理规范》的实施及认证情况进行监督和抽查。

第三十九条 监督检查的主要内容是药品生产企业执行有关法律、法规及实施《药品生产质量管理规范》的情况，监督检查包括《药品生产许可证》换发的现场检查、《药品生产质量管理规范》跟踪检查、日常监督检查等。

第四十条 各级食品药品监督管理部门组织监督检查时，应当制订检查方案，明确检查标准，如实记录现场检查情况，检查结果应当以书面形式告知被检查单位。需要整改的应当提出整改内容及整改期限，并实施跟踪检查。

在进行监督检查时，食品药品监督管理部门应当指派两名以上检查人员实施监督检查，检查人员应当向被检查单位出示执法证明文件。食品药品监督管理部门工作人员对知悉的企业技术秘密和业务秘密应当保密。

第四十一条 监督检查时，药品生产企业应当提供有关情况和以下材料：

（一）企业生产情况和质量管理情况自查

报告；

（二）《药品生产许可证》副本和营业执照复印件，《药品生产许可证》事项变动及审批情况；

（三）企业组织机构、生产和质量主要管理人员以及生产、检验条件的变动及审批情况；

（四）药品生产企业接受监督检查及整改落实情况；

（五）不合格药品被质量公报通告后的整改情况；

（六）检查机关需要审查的其他必要材料。

监督检查完成后，食品药品监督管理部门在《药品生产许可证》副本上载明检查情况。主要记载以下内容：

（一）检查结论；

（二）生产的药品是否发生重大质量事故，是否有不合格药品受到药品质量公报通告；

（三）药品生产企业是否有违法生产行为，及其查处情况。

第四十二条　县级以上地方食品药品监督管理部门应当在法律、法规、规章赋予的权限内，建立本行政区域内药品生产企业的监管档案。监管档案包括药品生产许可、生产监督检查、产品质量监督抽查、不良行为记录和投诉举报等内容。

第四十三条　食品药品监督管理部门实施监督检查，不得妨碍药品生产企业的正常生产活动，不得索取或者收受药品生产企业的财物，不得谋取其他利益。

第四十四条　个人和组织发现药品生产企业进行违法生产的活动，有权向食品药品监督管理部门举报，食品药品监督管理部门应当及时核实、处理。

第四十五条　药品生产企业质量负责人、生产负责人发生变更的，应当在变更后15日内将变更人员简历及学历证明等有关情况报所在地省、自治区、直辖市食品药品监督管理部门备案。

第四十六条　药品生产企业的关键生产设施等条件与现状发生变化的，应当自发生变化30日内报所在地省、自治区、直辖市食品药品监督管理部门备案，省、自治区、直辖市食品药品监督管理部门根据需要进行检查。

第四十七条　药品生产企业发生重大药品质量事故的，必须立即报告所在地省、自治区、直辖市食品药品监督管理部门和有关部门，省、自治区、直辖市食品药品监督管理部门应当在24小时内报告国家食品药品监督管理总局。

第四十八条　有《中华人民共和国行政许可法》（以下简称《行政许可法》）第七十条情形之一的，原发证机关应当依法注销《药品生产许可证》，并自注销之日起5个工作日内通知有关工商行政管理部门，同时向社会公布。

第六章　法律责任

第四十九条　有《行政许可法》第六十九条情形之一的，国家食品药品监督管理总局或者省、自治区、直辖市食品药品监督管理部门根据利害关系人的请求或者依据职权，可以撤销《药品生产许可证》。

第五十条　申请人隐瞒有关情况或者提供虚假材料申请《药品生产许可证》的，省、自治区、直辖市食品药品监督管理部门不予受理或者不予批准，并给予警告，且在1年内不受理其申请。

申请人提供虚假材料或者采取其他欺骗手段取得《药品生产许可证》的，省、自治区、直辖市食品药品监督管理部门予以吊销《药品生产许可证》，且在5年内不受理其申请，并处1万元以上3万元以下的罚款。

第五十一条　未取得《药品生产许可证》生产药品的，依照《药品管理法》第七十二条的规定给予处罚。

第五十二条　未经批准擅自委托或者接受委托生产药品的，对委托方和受托方均依照《药品管理法》第七十三条的规定给予处罚。

第五十三条　药品生产企业有下列情形之一的，食品药品监督管理部门依照《药品管理法》第七十八条的规定给予处罚：

（一）药品生产企业未按照规定实施《药品生产质量管理规范》的；

（二）开办药品生产企业、药品生产企业新建药品生产车间、新增生产剂型，在《药品管理法实施条例》第六条规定的时间内未通过《药品生产质量管理规范》认证，仍进行生产的。

第五十四条 经监督检查（包括跟踪检查、监督抽查），认定药品生产企业达不到《药品生产质量管理规范》评定标准的，原认证机关应当根据检查结果作出收回其《药品生产质量管理规范》认证证书的处理决定。

第五十五条 药品生产企业有下列情形之一的，由所在地省、自治区、直辖市食品药品监督管理部门给予警告，责令限期改正；逾期不改正的，可以处5000元以上1万元以下的罚款：

（一）未按照规定办理《药品生产许可证》登记事项变更的；

（二）接受境外制药厂商委托在中国境内加工药品，未按照规定进行备案的；

（三）企业质量负责人、生产负责人发生变更，未按照规定报告的；

（四）企业的关键生产设施等条件与现状发生变化，未按照规定进行备案的；

（五）发生重大药品质量事故未按照规定报告的；

（六）监督检查时，隐瞒有关情况、提供虚假材料或者拒不提供相关材料的。

第五十六条 食品药品监督管理部门违反规定，对不符合《药品生产质量管理规范》的发给《药品生产质量管理规范》认证证书或者对取得认证证书的企业未按照规定履行跟踪检查的职责，对不符合认证条件的企业未依法责令其改正，对不符合法定条件的单位发给《药品生产许可证》的，按照《药品管理法》第九十三条的规定处理。

第五十七条 在实施本办法规定的行政许可中违反相关法律、法规的，按照有关法律、法规处理。

第七章 附 则

第五十八条 本办法由国家食品药品监督管理总局负责解释。

第五十九条 食品药品监督管理部门制作的药品生产许可电子证书与印制的药品生产许可证书具有同等法律效力。

第六十条 本办法自公布之日起施行。国家药品监督管理局于2002年12月11日发布的《药品生产监督管理办法》（试行）同时废止。

医疗器械生产监督管理办法

（2014年7月30日国家食品药品监督管理总局令第7号公布，根据2017年11月7日国家食品药品监督管理总局局务会议《关于修改部分规章的决定》修正）

第一章 总 则

第一条 为加强医疗器械生产监督管理，规范医疗器械生产行为，保证医疗器械安全、有效，根据《医疗器械监督管理条例》，制定本办法。

第二条 在中华人民共和国境内从事医疗器械生产活动及其监督管理，应当遵守本办法。

第三条 国家食品药品监督管理总局负责全国医疗器械生产监督管理工作。县级以上食品药品监督管理部门负责本行政区域的医疗器械生产监督管理工作。

上级食品药品监督管理部门负责指导和监督下级食品药品监督管理部门开展医疗器械生产监督管理工作。

第四条 国家食品药品监督管理总局制定医疗器械生产质量管理规范并监督实施。

第五条 食品药品监督管理部门依法及时公布医疗器械生产许可和备案相关信息。申请人可以查询审批进度和审批结果；公众可以查阅审批结果。

第六条 医疗器械生产企业应当对生产的

医疗器械质量负责。委托生产的，委托方对所委托生产的医疗器械质量负责。

第二章　生产许可与备案管理

第七条　从事医疗器械生产，应当具备以下条件：

（一）有与生产的医疗器械相适应的生产场地、环境条件、生产设备以及专业技术人员；

（二）有对生产的医疗器械进行质量检验的机构或者专职检验人员以及检验设备；

（三）有保证医疗器械质量的管理制度；

（四）有与生产的医疗器械相适应的售后服务能力；

（五）符合产品研制、生产工艺文件规定的要求。

第八条　开办第二类、第三类医疗器械生产企业的，应当向所在地省、自治区、直辖市食品药品监督管理部门申请生产许可，并提交以下资料：

（一）营业执照复印件；

（二）申请企业持有的所生产医疗器械的注册证及产品技术要求复印件；

（三）法定代表人、企业负责人身份证明复印件；

（四）生产、质量和技术负责人的身份、学历、职称证明复印件；

（五）生产管理、质量检验岗位从业人员学历、职称一览表；

（六）生产场地的证明文件，有特殊生产环境要求的还应当提交设施、环境的证明文件复印件；

（七）主要生产设备和检验设备目录；

（八）质量手册和程序文件；

（九）工艺流程图；

（十）经办人授权证明；

（十一）其他证明资料。

第九条　省、自治区、直辖市食品药品监督管理部门收到申请后，应当根据下列情况分别作出处理：

（一）申请事项属于其职权范围，申请资料齐全、符合法定形式的，应当受理申请；

（二）申请资料不齐全或者不符合法定形式的，应当当场或者在5个工作日内一次告知申请人需要补正的全部内容，逾期不告知的，自收到申请资料之日起即为受理；

（三）申请资料存在可以当场更正的错误的，应当允许申请人当场更正；

（四）申请事项不属于本部门职权范围的，应当即时作出不予受理的决定，并告知申请人向有关行政部门申请。

省、自治区、直辖市食品药品监督管理部门受理或者不予受理医疗器械生产许可申请的，应当出具受理或者不予受理的通知书。

第十条　省、自治区、直辖市食品药品监督管理部门应当自受理之日起30个工作日内对申请资料进行审核，并按照医疗器械生产质量管理规范的要求开展现场核查。现场核查应当根据情况，避免重复核查。需要整改的，整改时间不计入审核时限。

符合规定条件的，依法作出准予许可的书面决定，并于10个工作日内发给《医疗器械生产许可证》；不符合规定条件的，作出不予许可的书面决定，并说明理由。

第十一条　开办第一类医疗器械生产企业的，应当向所在地设区的市级食品药品监督管理部门办理第一类医疗器械生产备案，提交备案企业持有的所生产医疗器械的备案凭证复印件和本办法第八条规定的资料（第二项除外）。

食品药品监督管理部门应当当场对企业提交资料的完整性进行核对，符合规定条件的予以备案，发给第一类医疗器械生产备案凭证。

第十二条　医疗器械生产许可申请直接涉及申请人与他人之间重大利益关系的，食品药品监督管理部门应当告知申请人、利害关系人依照法律、法规以及国家食品药品监督管理总局的有关规定享有申请听证的权利；在对医疗器械生产许可进行审查时，食品药品监督管理部门认为涉及公共利益的重大许可事项，应当向社会公告，并举行听证。

第十三条　《医疗器械生产许可证》有效期为5年，载明许可证编号、企业名称、法定代表人、企业负责人、住所、生产地址、生产范围、发证部门、发证日期和有效期限等事项。

《医疗器械生产许可证》附医疗器械生产产品登记表，载明生产产品名称、注册号等信息。

第十四条 增加生产产品的，医疗器械生产企业应当向原发证部门提交本办法第八条规定中涉及变更内容的有关资料。

申请增加生产的产品不属于原生产范围的，原发证部门应当依照本办法第十条的规定进行审核并开展现场核查，符合规定条件的，变更《医疗器械生产许可证》载明的生产范围，并在医疗器械生产产品登记表中登载产品信息。

申请增加生产的产品属于原生产范围，并且与原许可生产产品的生产工艺和生产条件等要求相似的，原发证部门应当对申报资料进行审核，符合规定条件的，在医疗器械生产产品登记表中登载产品信息；与原许可生产产品的生产工艺和生产条件要求有实质性不同的，应当依照本办法第十条的规定进行审核并开展现场核查，符合规定条件的，在医疗器械生产产品登记表中登载产品信息。

第十五条 生产地址非文字性变更的，应当向原发证部门申请医疗器械生产许可变更，并提交本办法第八条规定中涉及变更内容的有关资料。原发证部门应当依照本办法第十条的规定审核并开展现场核查，于30个工作日内作出准予变更或者不予变更的决定。医疗器械生产企业跨省、自治区、直辖市设立生产场地的，应当单独申请医疗器械生产许可。

第十六条 企业名称、法定代表人、企业负责人、住所变更或者生产地址文字性变更的，医疗器械生产企业应当在变更后30个工作日内，向原发证部门办理《医疗器械生产许可证》变更登记，并提交相关部门的证明资料。原发证部门应当及时办理变更。对变更资料不齐全或者不符合形式审查规定的，应当一次告知需要补正的全部内容。

第十七条 《医疗器械生产许可证》有效期届满延续的，医疗器械生产企业应当自有效期届满6个月前，向原发证部门提出《医疗器械生产许可证》延续申请。

原发证部门应当依照本办法第十条的规定对延续申请进行审查，必要时开展现场核查，在《医疗器械生产许可证》有效期届满前作出是否准予延续的决定。符合规定条件的，准予延续。不符合规定条件的，责令限期整改；整改后仍不符合规定条件的，不予延续，并书面说明理由。逾期未作出决定的，视为准予延续。

第十八条 因分立、合并而存续的医疗器械生产企业，应当依照本办法规定申请变更许可；因企业分立、合并而解散的医疗器械生产企业，应当申请注销《医疗器械生产许可证》；因企业分立、合并而新设立的医疗器械生产企业应当申请办理《医疗器械生产许可证》。

第十九条 《医疗器械生产许可证》遗失的，医疗器械生产企业应当立即在原发证部门指定的媒体上登载遗失声明。自登载遗失声明之日起满1个月后，向原发证部门申请补发。原发证部门及时补发《医疗器械生产许可证》。

第二十条 变更、补发的《医疗器械生产许可证》编号和有效期限不变。延续的《医疗器械生产许可证》编号不变。

第二十一条 第一类医疗器械生产备案凭证内容发生变化的，应当变更备案。

备案凭证遗失的，医疗器械生产企业应当及时向原备案部门办理补发手续。

第二十二条 医疗器械生产企业因违法生产被食品药品监督管理部门立案调查但尚未结案的，或者收到行政处罚决定但尚未履行的，食品药品监督管理部门应当中止许可，直至案件处理完毕。

第二十三条 医疗器械生产企业有法律、法规规定应当注销的情形，或者有效期未满但企业主动提出注销的，省、自治区、直辖市食品药品监督管理部门应当依法注销其《医疗器械生产许可证》，并在网站上予以公布。

第二十四条 省、自治区、直辖市食品药品监督管理部门应当建立《医疗器械生产许可证》核发、延续、变更、补发、撤销和注销等许可档案。

设区的市级食品药品监督管理部门应当建立第一类医疗器械生产备案信息档案。

第二十五条 任何单位或者个人不得伪造、变造、买卖、出租、出借《医疗器械生产许可证》和医疗器械生产备案凭证。

第三章　委托生产管理

第二十六条　医疗器械委托生产的委托方应当是委托生产医疗器械的境内注册人或者备案人。其中，委托生产不属于按照创新医疗器械特别审批程序审批的境内医疗器械的，委托方应当取得委托生产医疗器械的生产许可或者办理第一类医疗器械生产备案。

医疗器械委托生产的受托方应当是取得受托生产医疗器械相应生产范围的生产许可或者办理第一类医疗器械生产备案的境内生产企业。受托方对受托生产医疗器械的质量负相应责任。

第二十七条　委托方应当向受托方提供委托生产医疗器械的质量管理体系文件和经注册或者备案的产品技术要求，对受托方的生产条件、技术水平和质量管理能力进行评估，确认受托方具有受托生产的条件和能力，并对生产过程和质量控制进行指导和监督。

第二十八条　受托方应当按照医疗器械生产质量管理规范、强制性标准、产品技术要求和委托生产合同组织生产，并保存所有受托生产文件和记录。

第二十九条　委托方和受托方应当签署委托生产合同，明确双方的权利、义务和责任。

第三十条　委托生产第二类、第三类医疗器械的，委托方应当向所在地省、自治区、直辖市食品药品监督管理部门办理委托生产备案；委托生产第一类医疗器械的，委托方应当向所在地设区的市级食品药品监督管理部门办理委托生产备案。符合规定条件的，食品药品监督管理部门应当发给医疗器械委托生产备案凭证。

备案时应当提交以下资料：

（一）委托生产医疗器械的注册证或者备案凭证复印件；

（二）委托方和受托方企业营业执照复印件；

（三）受托方的《医疗器械生产许可证》或者第一类医疗器械生产备案凭证复印件；

（四）委托生产合同复印件；

（五）经办人授权证明。

委托生产不属于按照创新医疗器械特别审批程序审批的境内医疗器械的，还应当提交委托方的《医疗器械生产许可证》或者第一类医疗器械生产备案凭证复印件；属于按照创新医疗器械特别审批程序审批的境内医疗器械的，应当提交创新医疗器械特别审批证明资料。

第三十一条　受托生产第二类、第三类医疗器械的，受托方应当依照本办法第十四条的规定办理相关手续，在医疗器械生产产品登记表中登载受托生产产品信息。

受托生产第一类医疗器械的，受托方应当依照本办法第二十一条的规定，向原备案部门办理第一类医疗器械生产备案变更。

第三十二条　受托方办理增加受托生产产品信息或者第一类医疗器械生产备案变更时，除提交符合本办法规定的资料外，还应当提交以下资料：

（一）委托方和受托方营业执照复印件；

（二）受托方《医疗器械生产许可证》或者第一类医疗器械生产备案凭证复印件；

（三）委托方医疗器械委托生产备案凭证复印件；

（四）委托生产合同复印件；

（五）委托生产医疗器械拟采用的说明书和标签样稿；

（六）委托方对受托方质量管理体系的认可声明；

（七）委托方关于委托生产医疗器械质量、销售及售后服务责任的自我保证声明。

受托生产不属于按照创新医疗器械特别审批程序审批的境内医疗器械的，还应当提交委托方的《医疗器械生产许可证》或者第一类医疗器械生产备案凭证复印件；属于按照创新医疗器械特别审批程序审批的境内医疗器械的，应当提交创新医疗器械特别审批证明资料。

第三十三条　受托方《医疗器械生产许可证》生产产品登记表和第一类医疗器械生产备案凭证中的受托生产产品应当注明“受托生产”字样和受托生产期限。

第三十四条　委托生产医疗器械的说明书、标签除应当符合有关规定外，还应当标明受托方的企业名称、住所、生产地址、生产许可证编号或者生产备案凭证编号。

第三十五条 委托生产终止时，委托方和受托方应当向所在地省、自治区、直辖市或者设区的市级食品药品监督管理部门及时报告。

第三十六条 委托方在同一时期只能将同一医疗器械产品委托一家医疗器械生产企业（绝对控股企业除外）进行生产。

第三十七条 具有高风险的植入性医疗器械不得委托生产，具体目录由国家食品药品监督管理总局制定、调整并公布。

第四章 生产质量管理

第三十八条 医疗器械生产企业应当按照医疗器械生产质量管理规范的要求，建立质量管理体系并保持有效运行。

第三十九条 医疗器械生产企业应当开展医疗器械法律、法规、规章、标准等知识培训，并建立培训档案。

生产岗位操作人员应当具有相应的理论知识和实际操作技能。

第四十条 医疗器械生产企业应当按照经注册或者备案的产品技术要求组织生产，保证出厂的医疗器械符合强制性标准以及经注册或者备案的产品技术要求。出厂的医疗器械应当经检验合格并附有合格证明文件。

第四十一条 医疗器械生产企业应当定期按照医疗器械生产质量管理规范的要求对质量管理体系运行情况进行全面自查，并于每年年底前向所在地省、自治区、直辖市或者设区的市级食品药品监督管理部门提交年度自查报告。

第四十二条 医疗器械生产企业的生产条件发生变化，不再符合医疗器械质量管理体系要求的，医疗器械生产企业应当立即采取整改措施；可能影响医疗器械安全、有效的，应当立即停止生产活动，并向所在地县级食品药品监督管理部门报告。

第四十三条 医疗器械产品连续停产一年以上且无同类产品在产的，重新生产时，医疗器械生产企业应当提前书面报告所在地省、自治区、直辖市或者设区的市级食品药品监督管理部门，经核查符合要求后方可恢复生产。

第四十四条 医疗器械生产企业不具备原生产许可条件或者与备案信息不符，且无法取得联系的，经原发证或者备案部门公示后，依法注销其《医疗器械生产许可证》或者在第一类医疗器械生产备案信息中予以标注，并向社会公告。

第四十五条 医疗器械生产企业应当在经许可或者备案的生产场地进行生产，对生产设备、工艺装备和检验仪器等设施设备进行维护，保证其正常运行。

第四十六条 医疗器械生产企业应当加强采购管理，建立供应商审核制度，对供应商进行评价，确保采购产品符合法定要求。

第四十七条 医疗器械生产企业应当对原材料采购、生产、检验等过程进行记录。记录应当真实、准确、完整，并符合可追溯的要求。

第四十八条 国家鼓励医疗器械生产企业采用先进技术手段，建立信息化管理系统。

第四十九条 医疗器械生产企业生产的医疗器械发生重大质量事故的，应当在 24 小时内报告所在地省、自治区、直辖市食品药品监督管理部门，省、自治区、直辖市食品药品监督管理部门应当立即报告国家食品药品监督管理总局。

第五章 监督管理

第五十条 食品药品监督管理部门依照风险管理原则，对医疗器械生产实施分类分级管理。

第五十一条 省、自治区、直辖市食品药品监督管理部门应当编制本行政区域的医疗器械生产企业监督检查计划，确定医疗器械监管的重点、检查频次和覆盖率，并监督实施。

第五十二条 医疗器械生产监督检查应当检查医疗器械生产企业执行法律、法规、规章、规范、标准等要求的情况，重点检查《医疗器械监督管理条例》第五十三条规定的事项。

第五十三条 食品药品监督管理部门组织监督检查，应当制定检查方案，明确检查标准，如实记录现场检查情况，将检查结果书面告知被检查企业。需要整改的，应当明确整改内容及整改期限，并实施跟踪检查。

第五十四条　食品药品监督管理部门应当加强对医疗器械的抽查检验。

省级以上食品药品监督管理部门应当根据抽查检验结论及时发布医疗器械质量公告。

第五十五条　对投诉举报或者其他信息显示以及日常监督检查发现可能存在产品安全隐患的医疗器械生产企业，或者有不良行为记录的医疗器械生产企业，食品药品监督管理部门可以实施飞行检查。

第五十六条　有下列情形之一的，食品药品监督管理部门可以对医疗器械生产企业的法定代表人或者企业负责人进行责任约谈：

（一）生产存在严重安全隐患的；

（二）生产产品因质量问题被多次举报投诉或者媒体曝光的；

（三）信用等级评定为不良信用企业的；

（四）食品药品监督管理部门认为有必要开展责任约谈的其他情形。

第五十七条　地方各级食品药品监督管理部门应当建立本行政区域医疗器械生产企业的监管档案。监管档案应当包括医疗器械生产企业产品注册和备案、生产许可和备案、委托生产、监督检查、抽查检验、不良事件监测、产品召回、不良行为记录和投诉举报等信息。

第五十八条　国家食品药品监督管理总局建立统一的医疗器械生产监督管理信息平台，地方各级食品药品监督管理部门应当加强信息化建设，保证信息衔接。

第五十九条　地方各级食品药品监督管理部门应当根据医疗器械生产企业监督管理的有关记录，对医疗器械生产企业进行信用评价，建立信用档案。对有不良信用记录的企业，应当增加检查频次。

对列入“黑名单”的企业，按照国家食品药品监督管理总局的相关规定执行。

第六十条　个人和组织发现医疗器械生产企业进行违法生产的活动，有权向食品药品监督管理部门举报，食品药品监督管理部门应当及时核实、处理。经查证属实的，应当按照有关规定给予奖励。

第六章　法律责任

第六十一条　有下列情形之一的，按照《医疗器械监督管理条例》第六十三条的规定处罚：

（一）生产未取得医疗器械注册证的第二类、第三类医疗器械的；

（二）未经许可从事第二类、第三类医疗器械生产活动的；

（三）生产超出生产范围或者与医疗器械生产产品登记表载明生产产品不一致的第二类、第三类医疗器械的；

（四）在未经许可的生产场地生产第二类、第三类医疗器械的；

（五）第二类、第三类医疗器械委托生产终止后，受托方继续生产受托产品的。

第六十二条　《医疗器械生产许可证》有效期届满后，未依法办理延续，仍继续从事医疗器械生产的，按照《医疗器械监督管理条例》第六十三条的规定予以处罚。

第六十三条　提供虚假资料或者采取其他欺骗手段取得《医疗器械生产许可证》的，按照《医疗器械监督管理条例》第六十四条第一款的规定处罚。

第六十四条　从事第一类医疗器械生产活动未按规定向食品药品监督管理部门备案的，按照《医疗器械监督管理条例》第六十五条第一款的规定处罚；备案时提供虚假资料的，按照《医疗器械监督管理条例》第六十五条第二款的规定处罚。

第六十五条　伪造、变造、买卖、出租、出借《医疗器械生产许可证》的，按照《医疗器械监督管理条例》第六十四条第二款的规定处罚。

伪造、变造、买卖、出租、出借医疗器械生产备案凭证的，由县级以上食品药品监督管理部门责令改正，处1万元以下罚款。

第六十六条　有下列情形之一的，按照《医疗器械监督管理条例》第六十六条的规定处罚：

（一）生产不符合强制性标准或者不符合

经注册或者备案的产品技术要求的医疗器械的；

（二）医疗器械生产企业未按照经注册、备案的产品技术要求组织生产，或者未依照本办法规定建立质量管理体系并保持有效运行的；

（三）委托不具备本办法规定条件的企业生产医疗器械或者未对受托方的生产行为进行管理的。

第六十七条 医疗器械生产企业的生产条件发生变化、不再符合医疗器械质量管理体系要求，未依照本办法规定整改、停止生产、报告的，按照《医疗器械监督管理条例》第六十七条的规定处罚。

第六十八条 医疗器械生产企业未按规定向省、自治区、直辖市或者设区的市级食品药品监督管理部门提交本企业质量管理体系运行情况自查报告的，按照《医疗器械监督管理条例》第六十八条的规定处罚。

第六十九条 有下列情形之一的，由县级以上食品药品监督管理部门给予警告，责令限期改正，可以并处3万元以下罚款：

（一）出厂医疗器械未按照规定进行检验的；

（二）出厂医疗器械未按照规定附有合格证明文件的；

（三）未按照本办法第十六条规定办理《医疗器械生产许可证》变更登记的；

（四）未按照规定办理委托生产备案手续的；

（五）医疗器械产品连续停产一年以上且无同类产品在产，未经所在地省、自治区、直辖市或者设区的市级食品药品监督管理部门核查符合要求即恢复生产的；

（六）向监督检查的食品药品监督管理部门隐瞒有关情况、提供虚假资料或者拒绝提供反映其活动的真实资料的。

有前款所列情形，情节严重或者造成危害后果，属于违反《医疗器械监督管理条例》相关规定的，依照《医疗器械监督管理条例》的规定处罚。

第七章　附　则

第七十条 生产出口医疗器械的，应当保证其生产的医疗器械符合进口国（地区）的要求，并将产品相关信息向所在地设区的市级食品药品监督管理部门备案。

生产企业接受境外企业委托生产在境外上市销售的医疗器械的，应当取得医疗器械质量管理体系第三方认证或者同类产品境内生产许可或者备案。

第七十一条 《医疗器械生产许可证》和第一类医疗器械生产备案凭证的格式由国家食品药品监督管理总局统一制定。

《医疗器械生产许可证》由省、自治区、直辖市食品药品监督管理部门印制。

《医疗器械生产许可证》编号的编排方式为：×食药监械生产许××××××××号。其中：

第一位×代表许可部门所在地省、自治区、直辖市的简称；

第二到五位×代表4位数许可年份；

第六到九位×代表4位数许可流水号。

第一类医疗器械生产备案凭证备案编号的编排方式为：××食药监械生产备××××××××号。其中：

第一位×代表备案部门所在地省、自治区、直辖市的简称；

第二位×代表备案部门所在地设区的市级行政区域的简称；

第三到六位×代表4位数备案年份；

第七到十位×代表4位数备案流水号。

第七十二条 食品药品监督管理部门制作的医疗器械生产许可电子证书与印制的医疗器械生产许可证书具有同等法律效力。

第七十三条 本办法自2014年10月1日起施行。2004年7月20日公布的《医疗器械生产监督管理办法》（国家食品药品监督管理局令第12号）同时废止。

医疗器械经营监督管理办法

（2014年7月30日国家食品药品监督管理总局令第8号公布，根据2017年11月7日国家食品药品监督管理总局局务会议《关于修改部分规章的决定》修正）

第一章　总　　则

第一条　为加强医疗器械经营监督管理，规范医疗器械经营行为，保证医疗器械安全、有效，根据《医疗器械监督管理条例》，制定本办法。

第二条　在中华人民共和国境内从事医疗器械经营活动及其监督管理，应当遵守本办法。

第三条　国家食品药品监督管理总局负责全国医疗器械经营监督管理工作。县级以上食品药品监督管理部门负责本行政区域的医疗器械经营监督管理工作。

上级食品药品监督管理部门负责指导和监督下级食品药品监督管理部门开展医疗器械经营监督管理工作。

第四条　按照医疗器械风险程度，医疗器械经营实施分类管理。

经营第一类医疗器械不需许可和备案，经营第二类医疗器械实行备案管理，经营第三类医疗器械实行许可管理。

第五条　国家食品药品监督管理总局制定医疗器械经营质量管理规范并监督实施。

第六条　食品药品监督管理部门依法及时公布医疗器械经营许可和备案信息。申请人可以查询审批进度和审批结果，公众可以查阅审批结果。

第二章　经营许可与备案管理

第七条　从事医疗器械经营，应当具备以下条件：

（一）具有与经营范围和经营规模相适应的质量管理机构或者质量管理人员，质量管理人员应当具有国家认可的相关专业学历或者职称；

（二）具有与经营范围和经营规模相适应的经营、贮存场所；

（三）具有与经营范围和经营规模相适应的贮存条件，全部委托其他医疗器械经营企业贮存的可以不设立库房；

（四）具有与经营的医疗器械相适应的质量管理制度；

（五）具备与经营的医疗器械相适应的专业指导、技术培训和售后服务的能力，或者约定由相关机构提供技术支持。

从事第三类医疗器械经营的企业还应当具有符合医疗器械经营质量管理要求的计算机信息管理系统，保证经营的产品可追溯。鼓励从事第一类、第二类医疗器械经营的企业建立符合医疗器械经营质量管理要求的计算机信息管理系统。

第八条　从事第三类医疗器械经营的，经营企业应当向所在地设区的市级食品药品监督管理部门提出申请，并提交以下资料：

（一）营业执照复印件；

（二）法定代表人、企业负责人、质量负责人的身份证明、学历或者职称证明复印件；

（三）组织机构与部门设置说明；

（四）经营范围、经营方式说明；

（五）经营场所、库房地址的地理位置图、平面图、房屋产权证明文件或者租赁协议（附房屋产权证明文件）复印件；

（六）经营设施、设备目录；

（七）经营质量管理制度、工作程序等文件目录；

（八）计算机信息管理系统基本情况介绍和功能说明；

（九）经办人授权证明；

（十）其他证明材料。

第九条　对于申请人提出的第三类医疗器

械经营许可申请，设区的市级食品药品监督管理部门应当根据下列情况分别作出处理：

（一）申请事项属于其职权范围，申请资料齐全、符合法定形式的，应当受理申请；

（二）申请资料不齐全或者不符合法定形式的，应当当场或者在5个工作日内一次告知申请人需要补正的全部内容，逾期不告知的，自收到申请资料之日起即为受理；

（三）申请资料存在可以当场更正的错误的，应当允许申请人当场更正；

（四）申请事项不属于本部门职权范围的，应当即时作出不予受理的决定，并告知申请人向有关行政部门申请。

设区的市级食品药品监督管理部门受理或者不予受理医疗器械经营许可申请的，应当出具受理或者不予受理的通知书。

第十条 设区的市级食品药品监督管理部门应当自受理之日起30个工作日内对申请资料进行审核，并按照医疗器械经营质量管理规范的要求开展现场核查。需要整改的，整改时间不计入审核时限。

符合规定条件的，依法作出准予许可的书面决定，并于10个工作日内发给《医疗器械经营许可证》；不符合规定条件的，作出不予许可的书面决定，并说明理由。

第十一条 医疗器械经营许可申请直接涉及申请人与他人之间重大利益关系的，食品药品监督管理部门应当告知申请人、利害关系人依照法律、法规以及国家食品药品监督管理总局的有关规定享有申请听证的权利；在对医疗器械经营许可进行审查时，食品药品监督管理部门认为涉及公共利益的重大许可事项，应当向社会公告，并举行听证。

第十二条 从事第二类医疗器械经营的，经营企业应当向所在地设区的市级食品药品监督管理部门备案，填写第二类医疗器械经营备案表，并提交本办法第八条规定的资料（第八项除外）。

第十三条 食品药品监督管理部门应当当场对企业提交资料的完整性进行核对，符合规定的予以备案，发给第二类医疗器械经营备案凭证。

第十四条 设区的市级食品药品监督管理部门应当在医疗器械经营企业备案之日起3个月内，按照医疗器械经营质量管理规范的要求对第二类医疗器械经营企业开展现场核查。

第十五条 《医疗器械经营许可证》有效期为5年，载明许可证编号、企业名称、法定代表人、企业负责人、住所、经营场所、经营方式、经营范围、库房地址、发证部门、发证日期和有效期限等事项。

医疗器械经营备案凭证应当载明编号、企业名称、法定代表人、企业负责人、住所、经营场所、经营方式、经营范围、库房地址、备案部门、备案日期等事项。

第十六条 《医疗器械经营许可证》事项的变更分为许可事项变更和登记事项变更。

许可事项变更包括经营场所、经营方式、经营范围、库房地址的变更。

登记事项变更是指上述事项以外其他事项的变更。

第十七条 许可事项变更的，应当向原发证部门提出《医疗器械经营许可证》变更申请，并提交本办法第八条规定中涉及变更内容的有关资料。

跨行政区域设置库房的，应当向库房所在地设区的市级食品药品监督管理部门办理备案。

原发证部门应当自收到变更申请之日起15个工作日内进行审核，并作出准予变更或者不予变更的决定；需要按照医疗器械经营质量管理规范的要求开展现场核查的，自收到变更申请之日起30个工作日内作出准予变更或者不予变更的决定。不予变更的，应当书面说明理由并告知申请人。变更后的《医疗器械经营许可证》编号和有效期限不变。

第十八条 新设立独立经营场所的，应当单独申请医疗器械经营许可或者备案。

第十九条 登记事项变更的，医疗器械经营企业应当及时向设区的市级食品药品监督管理部门办理变更手续。

第二十条 因分立、合并而存续的医疗器械经营企业，应当依照本办法规定申请变更许可；因企业分立、合并而解散的，应当申请注销《医疗器械经营许可证》；因企业分立、合并而新设立的，应当申请办理《医疗器械经营许可证》。

第二十一条 医疗器械注册人、备案人或者生产企业在其住所或者生产地址销售医疗器械，不需办理经营许可或者备案；在其他场所贮存并现货销售医疗器械的，应当按照规定办理经营许可或者备案。

第二十二条 《医疗器械经营许可证》有效期届满需要延续的，医疗器械经营企业应当在有效期届满6个月前，向原发证部门提出《医疗器械经营许可证》延续申请。

原发证部门应当按照本办法第十条的规定对延续申请进行审核，必要时开展现场核查，在《医疗器械经营许可证》有效期届满前作出是否准予延续的决定。符合规定条件的，准予延续，延续后的《医疗器械经营许可证》编号不变。不符合规定条件的，责令限期整改；整改后仍不符合规定条件的，不予延续，并书面说明理由。逾期未作出决定的，视为准予延续。

第二十三条 医疗器械经营备案凭证中企业名称、法定代表人、企业负责人、住所、经营场所、经营方式、经营范围、库房地址等备案事项发生变化的，应当及时变更备案。

第二十四条 《医疗器械经营许可证》遗失的，医疗器械经营企业应当立即在原发证部门指定的媒体上登载遗失声明。自登载遗失声明之日起满1个月后，向原发证部门申请补发。原发证部门及时补发《医疗器械经营许可证》。

补发的《医疗器械经营许可证》编号和有效期限与原证一致。

第二十五条 医疗器械经营备案凭证遗失的，医疗器械经营企业应当及时向原备案部门办理补发手续。

第二十六条 医疗器械经营企业因违法经营被食品药品监督管理部门立案调查但尚未结案的，或者收到行政处罚决定但尚未履行的，设区的市级食品药品监督管理部门应当中止许可，直至案件处理完毕。

第二十七条 医疗器械经营企业有法律、法规规定应当注销的情形，或者有效期未满但企业主动提出注销的，设区的市级食品药品监督管理部门应当依法注销其《医疗器械经营许可证》，并在网站上予以公布。

第二十八条 设区的市级食品药品监督管理部门应当建立《医疗器械经营许可证》核发、延续、变更、补发、撤销、注销等许可档案和医疗器械经营备案信息档案。

第二十九条 任何单位以及个人不得伪造、变造、买卖、出租、出借《医疗器械经营许可证》和医疗器械经营备案凭证。

第三章　经营质量管理

第三十条 医疗器械经营企业应当按照医疗器械经营质量管理规范要求，建立覆盖质量管理全过程的经营管理制度，并做好相关记录，保证经营条件和经营行为持续符合要求。

第三十一条 医疗器械经营企业对其办事机构或者销售人员以本企业名义从事的医疗器械购销行为承担法律责任。医疗器械经营企业销售人员销售医疗器械，应当提供加盖本企业公章的授权书。授权书应当载明授权销售的品种、地域、期限，注明销售人员的身份证号码。

第三十二条 医疗器械经营企业应当建立并执行进货查验记录制度。从事第二类、第三类医疗器械批发业务以及第三类医疗器械零售业务的经营企业应当建立销售记录制度。进货查验记录和销售记录信息应当真实、准确、完整。

从事医疗器械批发业务的企业，其购进、贮存、销售等记录应当符合可追溯要求。

进货查验记录和销售记录应当保存至医疗器械有效期后2年；无有效期的，不得少于5年。植入类医疗器械进货查验记录和销售记录应当永久保存。

鼓励其他医疗器械经营企业建立销售记录制度。

第三十三条 医疗器械经营企业应当从具有资质的生产企业或者经营企业购进医疗器械。

医疗器械经营企业应当与供货者约定质量责任和售后服务责任，保证医疗器械售后的安全使用。

与供货者或者相应机构约定由其负责产品

安装、维修、技术培训服务的医疗器械经营企业，可以不设从事技术培训和售后服务的部门，但应当有相应的管理人员。

第三十四条 医疗器械经营企业应当采取有效措施，确保医疗器械运输、贮存过程符合医疗器械说明书或者标签标示要求，并做好相应记录，保证医疗器械质量安全。

说明书和标签标示要求低温、冷藏的，应当按照有关规定，使用低温、冷藏设施设备运输和贮存。

第三十五条 医疗器械经营企业委托其他单位运输医疗器械的，应当对承运方运输医疗器械的质量保障能力进行考核评估，明确运输过程中的质量责任，确保运输过程中的质量安全。

第三十六条 医疗器械经营企业为其他医疗器械生产经营企业提供贮存、配送服务的，应当与委托方签订书面协议，明确双方权利义务，并具有与产品贮存配送条件和规模相适应的设备设施，具备与委托方开展实时电子数据交换和实现产品经营全过程可追溯的计算机信息管理平台和技术手段。

第三十七条 从事医疗器械批发业务的经营企业应当销售给具有资质的经营企业或者使用单位。

第三十八条 医疗器械经营企业应当配备专职或者兼职人员负责售后管理，对客户投诉的质量问题应当查明原因，采取有效措施及时处理和反馈，并做好记录，必要时应当通知供货者及医疗器械生产企业。

第三十九条 医疗器械经营企业不具备原经营许可条件或者与备案信息不符且无法取得联系的，经原发证或者备案部门公示后，依法注销其《医疗器械经营许可证》或者在第二类医疗器械经营备案信息中予以标注，并向社会公告。

第四十条 第三类医疗器械经营企业应当建立质量管理自查制度，并按照医疗器械经营质量管理规范要求进行全项目自查，于每年年底前向所在地设区的市级食品药品监督管理部门提交年度自查报告。

第四十一条 第三类医疗器械经营企业自行停业一年以上，重新经营时，应当提前书面报告所在地设区的市级食品药品监督管理部门，经核查符合要求后方可恢复经营。

第四十二条 医疗器械经营企业不得经营未经注册或者备案、无合格证明文件以及过期、失效、淘汰的医疗器械。

第四十三条 医疗器械经营企业经营的医疗器械发生重大质量事故的，应当在24小时内报告所在地省、自治区、直辖市食品药品监督管理部门，省、自治区、直辖市食品药品监督管理部门应当立即报告国家食品药品监督管理总局。

第四章 监督管理

第四十四条 食品药品监督管理部门应当定期或者不定期对医疗器械经营企业符合经营质量管理规范要求的情况进行监督检查，督促企业规范经营活动。对第三类医疗器械经营企业按照医疗器械经营质量管理规范要求进行全项目自查的年度自查报告，应当进行审查，必要时开展现场核查。

第四十五条 省、自治区、直辖市食品药品监督管理部门应当编制本行政区域的医疗器械经营企业监督检查计划，并监督实施。设区的市级食品药品监督管理部门应当制定本行政区域的医疗器械经营企业的监管重点、检查频次和覆盖率，并组织实施。

第四十六条 食品药品监督管理部门组织监督检查，应当制定检查方案，明确检查标准，如实记录现场检查情况，将检查结果书面告知被检查企业。需要整改的，应当明确整改内容以及整改期限，并实施跟踪检查。

第四十七条 食品药品监督管理部门应当加强对医疗器械的抽查检验。

省级以上食品药品监督管理部门应当根据抽查检验结论及时发布医疗器械质量公告。

第四十八条 有下列情形之一的，食品药品监督管理部门应当加强现场检查：

（一）上一年度监督检查中存在严重问题的；

（二）因违反有关法律、法规受到行政处罚的；

（三）新开办的第三类医疗器械经营企业；

（四）食品药品监督管理部门认为需要进行现场检查的其他情形。

第四十九条　食品药品监督管理部门应当建立医疗器械经营日常监督管理制度，加强对医疗器械经营企业的日常监督检查。

第五十条　对投诉举报或者其他信息显示以及日常监督检查发现可能存在产品安全隐患的医疗器械经营企业，或者有不良行为记录的医疗器械经营企业，食品药品监督管理部门可以实施飞行检查。

第五十一条　有下列情形之一的，食品药品监督管理部门可以对医疗器械经营企业的法定代表人或者企业负责人进行责任约谈：

（一）经营存在严重安全隐患的；

（二）经营产品因质量问题被多次举报投诉或者媒体曝光的；

（三）信用等级评定为不良信用企业的；

（四）食品药品监督管理部门认为有必要开展责任约谈的其他情形。

第五十二条　食品药品监督管理部门应当建立医疗器械经营企业监管档案，记录许可和备案信息、日常监督检查结果、违法行为查处等情况，并对有不良信用记录的医疗器械经营企业实施重点监管。

第五章　法律责任

第五十三条　有下列情形之一的，由县级以上食品药品监督管理部门责令限期改正，给予警告；拒不改正的，处5000元以上2万元以下罚款：

（一）医疗器械经营企业未依照本办法规定办理登记事项变更的；

（二）医疗器械经营企业派出销售人员销售医疗器械，未按照本办法要求提供授权书的；

（三）第三类医疗器械经营企业未在每年年底前向食品药品监督管理部门提交年度自查报告的。

第五十四条　有下列情形之一的，由县级以上食品药品监督管理部门责令改正，处1万元以上3万元以下罚款：

（一）医疗器械经营企业经营条件发生变化，不再符合医疗器械经营质量管理规范要求，未按照规定进行整改的；

（二）医疗器械经营企业擅自变更经营场所或者库房地址、扩大经营范围或者擅自设立库房的；

（三）从事医疗器械批发业务的经营企业销售给不具有资质的经营企业或者使用单位的；

（四）医疗器械经营企业从不具有资质的生产、经营企业购进医疗器械的。

第五十五条　未经许可从事医疗器械经营活动，或者《医疗器械经营许可证》有效期届满后未依法办理延续、仍继续从事医疗器械经营的，按照《医疗器械监督管理条例》第六十三条的规定予以处罚。

第五十六条　提供虚假资料或者采取其他欺骗手段取得《医疗器械经营许可证》的，按照《医疗器械监督管理条例》第六十四条的规定予以处罚。

第五十七条　伪造、变造、买卖、出租、出借《医疗器械经营许可证》的，按照《医疗器械监督管理条例》第六十四条的规定予以处罚。

伪造、变造、买卖、出租、出借医疗器械经营备案凭证的，由县级以上食品药品监督管理部门责令改正，并处1万元以下罚款。

第五十八条　未依照本办法规定备案或者备案时提供虚假资料的，按照《医疗器械监督管理条例》第六十五条的规定予以处罚。

第五十九条　有下列情形之一的，由县级以上食品药品监督管理部门责令限期改正，并按照《医疗器械监督管理条例》第六十六条的规定予以处罚：

（一）经营不符合强制性标准或者不符合经注册或者备案的产品技术要求的医疗器械的；

（二）经营无合格证明文件、过期、失效、淘汰的医疗器械的；

（三）食品药品监督管理部门责令停止经营后，仍拒不停止经营医疗器械的。

第六十条　有下列情形之一的，由县级以上食品药品监督管理部门责令改正，并按照《医疗器械监督管理条例》第六十七条的规定予以处罚：

（一）经营的医疗器械的说明书、标签不符合有关规定的；

（二）未按照医疗器械说明书和标签标示要求运输、贮存医疗器械的。

第六十一条 有下列情形之一的，由县级以上食品药品监督管理部门责令改正，并按照《医疗器械监督管理条例》第六十八条的规定予以处罚：

（一）经营企业未依照本办法规定建立并执行医疗器械进货查验记录制度的；

（二）从事第二类、第三类医疗器械批发业务以及第三类医疗器械零售业务的经营企业未依照本办法规定建立并执行销售记录制度的。

第六章 附 则

第六十二条 本办法下列用语的含义是：

医疗器械经营，是指以购销的方式提供医疗器械产品的行为，包括采购、验收、贮存、销售、运输、售后服务等。

医疗器械批发，是指将医疗器械销售给具有资质的经营企业或者使用单位的医疗器械经营行为。

医疗器械零售，是指将医疗器械直接销售给消费者的医疗器械经营行为。

第六十三条 互联网医疗器械经营有关管理规定由国家食品药品监督管理总局另行制定。

第六十四条 《医疗器械经营许可证》和医疗器械经营备案凭证的格式由国家食品药品监督管理总局统一制定。

《医疗器械经营许可证》和医疗器械经营备案凭证由设区的市级食品药品监督管理部门印制。

《医疗器械经营许可证》编号的编排方式为：××食药监械经营许××××××××号。其中：

第一位×代表许可部门所在地省、自治区、直辖市的简称；

第二位×代表所在地设区的市级行政区域的简称；

第三到六位×代表4位数许可年份；

第七到十位×代表4位数许可流水号。

第二类医疗器械经营备案凭证备案编号的编排方式为：××食药监械经营备××××××××号。其中：

第一位×代表备案部门所在地省、自治区、直辖市的简称；

第二位×代表所在地设区的市级行政区域的简称；

第三到六位×代表4位数备案年份；

第七到十位×代表4位数备案流水号。

第六十五条 《医疗器械经营许可证》和医疗器械经营备案凭证列明的经营范围按照医疗器械管理类别、分类编码及名称确定。医疗器械管理类别、分类编码及名称按照国家食品药品监督管理总局发布的医疗器械分类目录核定。

第六十六条 食品药品监督管理部门制作的医疗器械经营许可电子证书与印制的医疗器械经营许可证书具有同等法律效力。

第六十七条 本办法自2014年10月1日起施行。2004年8月9日公布的《医疗器械经营企业许可证管理办法》（国家食品药品监督管理局令第15号）同时废止。

蛋白同化制剂和肽类激素进出口管理办法

（2014年8月5日国家食品药品监督管理总局令第9号公布，根据2017年11月7日国家食品药品监督管理总局局务会议《关于修改部分规章的决定》修正）

第一条 为规范蛋白同化制剂、肽类激素的进出口管理，根据《中华人民共和国药品管理法》《中华人民共和国海关法》《反兴奋剂条例》等法律、行政法规，制定本办法。

第二条　国家对蛋白同化制剂、肽类激素实行进出口准许证管理。

第三条　进口蛋白同化制剂、肽类激素，进口单位应当向所在地省、自治区、直辖市食品药品监督管理部门提出申请。

第四条　进口供医疗使用的蛋白同化制剂、肽类激素，进口单位应当报送以下资料：

（一）药品进口申请表。

（二）购货合同或者订单复印件。

（三）《进口药品注册证》（或者《医药产品注册证》）（正本或者副本）复印件。

（四）进口单位的《药品经营许可证》《企业法人营业执照》《进出口企业资格证书》（或者《对外贸易经营者备案登记表》）复印件；药品生产企业进口本企业所需原料药和制剂中间体（包括境内分包装用制剂），应当报送《药品生产许可证》《企业法人营业执照》复印件。

（五）《进口药品注册证》（或者《医药产品注册证》）持有者如委托其他公司代理出口其药品的，需提供委托出口函。

上述各类复印件应当加盖进口单位公章。

第五条　因教学、科研需要而进口蛋白同化制剂、肽类激素的，进口单位应当报送以下资料：

（一）药品进口申请表；

（二）购货合同或者订单复印件；

（三）国内使用单位合法资质的证明文件、药品使用数量的测算依据以及使用单位出具的合法使用和管理该药品保证函；

（四）相应科研项目的批准文件或者相应主管部门的批准文件；

（五）接受使用单位委托代理进口的，还需提供委托代理协议复印件和进口单位的《企业法人营业执照》《进出口企业资格证书》（或者《对外贸易经营者备案登记表》）复印件。

上述各类复印件应当加盖进口单位公章。

第六条　境内企业因接受境外企业委托生产而需要进口蛋白同化制剂、肽类激素的，报送本办法第五条第一款第（一）项、第（三）项、第（五）项规定的资料。

上述各类复印件应当加盖进口单位公章。

第七条　省、自治区、直辖市食品药品监督管理部门收到进口申请及有关资料后，应当于15个工作日内作出是否同意进口的决定；对同意进口的，发给药品《进口准许证》；对不同意进口的，应当书面说明理由。

第八条　进口蛋白同化制剂、肽类激素必须经由国务院批准的允许药品进口的口岸进口。进口单位持省、自治区、直辖市食品药品监督管理部门核发的药品《进口准许证》向海关办理报关手续。进口蛋白同化制剂、肽类激素无需办理《进口药品通关单》。

第九条　进口供医疗使用的蛋白同化制剂、肽类激素（包括首次在中国销售的），进口单位应当于进口手续完成后，及时填写《进口药品报验单》，持《进口药品注册证》（或者《医药产品注册证》）原件（正本或者副本）、药品《进口准许证》原件，向进口口岸食品药品监督管理部门报送下列资料一式两份，申请办理《进口药品口岸检验通知书》：

（一）《进口药品注册证》（或者《医药产品注册证》）（正本或者副本）和药品《进口准许证》复印件；

（二）进口单位的《药品生产许可证》或者《药品经营许可证》复印件，《企业法人营业执照》复印件；

（三）原产地证明复印件；

（四）购货合同复印件；

（五）装箱单、提运单和货运发票复印件；

（六）出厂检验报告书复印件；

（七）药品说明书及包装、标签的式样（原料药和制剂中间体除外）。

上述各类复印件应当加盖进口单位公章。

第十条　口岸食品药品监督管理部门接到《进口药品报验单》及相关资料，审查无误后，将《进口药品注册证》（或者《医药产品注册证》）（正本或者副本）原件、药品《进口准许证》原件交还进口单位，并应当于当日向负责检验的口岸药品检验所发出《进口药品口岸检验通知书》，附本办法第九条规定的资料1份。

口岸药品检验所接到《进口药品口岸检验通知书》后，应当在2个工作日内与进口单位联系，到存货地点进行抽样，抽样完成后，应当在药品《进口准许证》原件第一联背面注明“已抽样”字样，并加盖抽样单位的公章。

第十一条 因教学、科研需要而进口的蛋白同化制剂、肽类激素以及境内企业接受境外企业委托生产而需要进口的蛋白同化制剂、肽类激素，予以免检。对免检的进口蛋白同化制剂、肽类激素，其收货人不免除持进口准许证向海关办理手续的义务。

第十二条 有下列情形之一的，口岸食品药品监督管理部门应当及时将有关情况通告发证机关：

（一）口岸食品药品监督管理部门根据《药品进口管理办法》第十七条规定，不予发放《进口药品口岸检验通知书》的；

（二）口岸药品检验所根据《药品进口管理办法》第二十五条规定，不予抽样的。

口岸食品药品监督管理部门对具有前款情形并已进口的全部药品，应当采取查封、扣押的行政强制措施，并于查封、扣押之日起7日内作出责令复运出境决定，通知进口单位按照本办法规定的蛋白同化制剂、肽类激素出口程序办理药品《出口准许证》，将进口药品全部退回原出口国。

进口单位收到责令复运出境决定之日起10日内不答复或者未明确表示复运出境的，已查封、扣押的药品由口岸食品药品监督管理部门监督销毁。

第十三条 进口的蛋白同化制剂、肽类激素经口岸药品检验所检验不符合标准规定的，进口单位应当在收到《进口药品检验报告书》后2日内，将全部进口药品流通、使用的详细情况，报告所在地口岸食品药品监督管理部门。

口岸食品药品监督管理部门收到《进口药品检验报告书》后，应当及时采取对全部药品予以查封、扣押的行政强制措施，并在7日内作出是否立案的决定。

进口单位未在规定时间内提出复验或者经复验仍不符合标准规定的，口岸食品药品监督管理部门应当作出责令复运出境决定，通知进口单位按照本办法规定的蛋白同化制剂、肽类激素出口程序办理药品《出口准许证》，将进口药品全部退回原出口国。进口单位收到责令复运出境决定之日起10日内不答复或者未明确表示复运出境的，由口岸食品药品监督管理部门监督销毁。

经复验符合标准规定的，口岸食品药品监督管理部门应当解除查封、扣押的行政强制措施。

口岸食品药品监督管理部门应当将按照本条第二款、第三款、第四款规定处理的情况及时通告发证机关，同时通告各省、自治区、直辖市食品药品监督管理部门和其他口岸食品药品监督管理部门。

第十四条 国内药品生产企业、经营企业以及医疗机构采购进口蛋白同化制剂、肽类激素时，供货单位应当提供《进口药品注册证》（或者《医药产品注册证》）复印件、药品《进口准许证》复印件和《进口药品检验报告书》复印件，并在上述各类复印件上加盖供货单位公章。

第十五条 出口蛋白同化制剂、肽类激素，出口单位应当向所在地省、自治区、直辖市食品药品监督管理部门提出申请，报送下列资料：

（一）药品出口申请表。

（二）进口国家或者地区的药品管理机构提供的进口准许证正本（或者复印件及公证文本）。

如进口国家或者地区对蛋白同化制剂、肽类激素进口尚未实行许可证管理制度，需提供进口国家的药品管理机构提供的该类药品进口无需核发进口准许证的证明文件（正本）以及以下文件之一：

1. 进口国家或者地区的药品管理机构提供的同意进口该药品的证明文件正本（或者复印件及公证文本）；

2. 进口单位合法资质的证明文件和该药品用途合法的证明文件正本（或者复印件及公证文本）。

（三）购货合同或者订单复印件（自营产品出口的生产企业除外）。

（四）外销合同或者订单复印件。

（五）出口药品如为国内药品生产企业经批准生产的品种，须提供该药品生产企业的《药品生产许可证》《企业法人营业执照》及药品的批准证明文件复印件。

出口药物如为境内企业接受境外企业委托生产的品种，须提供与境外委托企业签订的委托生产合同。委托生产合同应当明确规定双方的权利和义务、法律责任等，产品质量由委托方负责。

（六）出口企业的《企业法人营业执照》《进出口企业资格证书》（或者《对外贸易经营者备案登记表》）复印件。

上述各类复印件应当加盖出口单位公章。

第十六条　按照本办法第十二条、第十三条规定复运出境的，申请药品《出口准许证》时，应当提供下列资料：

（一）出口国原出口单位申请退货的证明材料；

（二）药品《进口准许证》。

第十七条　省、自治区、直辖市食品药品监督管理部门收到出口申请及有关资料后，应当于15个工作日内作出是否同意出口的决定；对同意出口的，发给药品《出口准许证》；对不同意出口的，应当书面说明理由。

对根据本办法第十六条规定申请办理药品《出口准许证》的，发证机关应当在药品《出口准许证》上注明“原货退回”字样。

第十八条　出口单位持省、自治区、直辖市食品药品监督管理部门核发的药品《出口准许证》向海关办理报关手续。

第十九条　进出口单位在办理报关手续时，应当多提交一联报关单，并向海关申请签退该联报关单。海关凭药品《进口准许证》《出口准许证》在该联报关单上加盖“验讫章”后退进出口单位。

进出口完成后1个月内，进出口单位应当将药品《进口准许证》《出口准许证》的第一联、海关签章的报关单退回发证机关。

取得药品进出口准许证后未进行相关进出口贸易的，进出口单位应当于准许证有效期满后1个月内将原准许证退回发证机关。

第二十条　药品《进口准许证》有效期1年。药品《出口准许证》有效期不超过3个月（有效期时限不跨年度）。

药品《进口准许证》《出口准许证》实行“一证一关”，只能在有效期内一次性使用，证面内容不得更改。因故延期进出口的，可以持原进出口准许证办理一次延期换证手续。

第二十一条　药品《进口准许证》《出口准许证》如有遗失，进出口单位应当立即向原发证机关书面报告挂失。原发证机关收到挂失报告后，通知口岸海关。原发证机关经核实无不良后果的，予以重新补发。

第二十二条　药品《进口准许证》《出口准许证》由国家食品药品监督管理总局统一印制。

第二十三条　以加工贸易方式进出口蛋白同化制剂、肽类激素的，海关凭药品《进口准许证》《出口准许证》办理验放手续并实施监管。确因特殊情况无法出口的，移交货物所在地食品药品监督管理部门按规定处理，海关凭有关证明材料办理核销手续。

第二十四条　海关特殊监管区域和保税监管场所与境外进出及海关特殊监管区域、保税监管场所之间进出的蛋白同化制剂、肽类激素，免予办理药品《进口准许证》《出口准许证》，由海关实施监管。

从海关特殊监管区域和保税监管场所进入境内区外的蛋白同化制剂、肽类激素，应当办理药品《进口准许证》。

从境内区外进入海关特殊监管区域和保税监管场所的蛋白同化制剂、肽类激素，应当办理药品《出口准许证》。

第二十五条　个人因医疗需要携带或者邮寄进出境自用合理数量范围内的蛋白同化制剂、肽类激素的，海关按照卫生计生部门有关处方的管理规定凭医疗机构处方予以验放。

第二十六条　除本办法另有规定外，供医疗使用的蛋白同化制剂、肽类激素的进口、口岸检验、监督管理等方面，参照《药品进口管理办法》有关药品进口的规定执行。

第二十七条　本办法所称进口供医疗使用的蛋白同化制剂、肽类激素，是指进口的蛋白同化制剂、肽类激素拟用于生产制剂或者拟在中国境内上市销售。

进口单位：是指依照本办法取得的药品《进口准许证》上载明的进口单位。

出口单位：是指依照本办法取得的药品《出口准许证》上载明的出口单位。

第二十八条 本办法自2014年12月1日起施行。2006年7月28日公布的《蛋白同化制剂、肽类激素进出口管理办法（暂行）》（国家食品药品监督管理局、海关总署、国家体育总局令第25号）同时废止。

食品生产许可管理办法

（2015年8月31日国家食品药品监督管理总局令第16号公布，根据2017年11月7日国家食品药品监督管理总局局务会议《关于修改部分规章的决定》修正）

第一章 总 则

第一条 为规范食品、食品添加剂生产许可活动，加强食品生产监督管理，保障食品安全，根据《中华人民共和国食品安全法》《中华人民共和国行政许可法》等法律法规，制定本办法。

第二条 在中华人民共和国境内，从事食品生产活动，应当依法取得食品生产许可。

食品生产许可的申请、受理、审查、决定及其监督检查，适用本办法。

第三条 食品生产许可应当遵循依法、公开、公平、公正、便民、高效的原则。

第四条 食品生产许可实行一企一证原则，即同一个食品生产者从事食品生产活动，应当取得一个食品生产许可证。

第五条 食品药品监督管理部门按照食品的风险程度对食品生产实施分类许可。

第六条 国家食品药品监督管理总局负责监督指导全国食品生产许可管理工作。

县级以上地方食品药品监督管理部门负责本行政区域内的食品生产许可管理工作。

第七条 省、自治区、直辖市食品药品监督管理部门可以根据食品类别和食品安全风险状况，确定市、县级食品药品监督管理部门的食品生产许可管理权限。

保健食品、特殊医学用途配方食品、婴幼儿配方食品的生产许可由省、自治区、直辖市食品药品监督管理部门负责。

第八条 国家食品药品监督管理总局负责制定食品生产许可审查通则和细则。

省、自治区、直辖市食品药品监督管理部门可以根据本行政区域食品生产许可审查工作的需要，对地方特色食品等食品制定食品生产许可审查细则，在本行政区域内实施，并报国家食品药品监督管理总局备案。国家食品药品监督管理总局制定公布相关食品生产许可审查细则后，地方特色食品等食品生产许可审查细则自行废止。

县级以上地方食品药品监督管理部门实施食品生产许可审查，应当遵守食品生产许可审查通则和细则。

第九条 县级以上食品药品监督管理部门应当加快信息化建设，在行政机关的网站上公布生产许可事项，方便申请人采取数据电文等方式提出生产许可申请，提高办事效率。

第二章 申请与受理

第十条 申请食品生产许可，应当先行取得营业执照等合法主体资格。

企业法人、合伙企业、个人独资企业、个体工商户等，以营业执照载明的主体作为申请人。

第十一条 申请食品生产许可，应当按照以下食品类别提出：粮食加工品，食用油、油脂及其制品，调味品，肉制品，乳制品，饮料，方便食品，饼干，罐头，冷冻饮品，速冻食品，薯类和膨化食品，糖果制品，茶叶及相关制品，酒类，蔬菜制品，水果制品，炒货食品及坚果制品，蛋制品，可可及焙烤咖啡产品，食糖，水产制品，淀粉及淀粉制品，糕点，豆制品，蜂产品，保健食品，特殊医学用途配方食品，婴幼儿配方食品，特殊膳食食品，其他食品等。

国家食品药品监督管理总局可以根据监督管理工作需要对食品类别进行调整。

第十二条 申请食品生产许可，应当符合下列条件：

（一）具有与生产的食品品种、数量相适应的食品原料处理和食品加工、包装、贮存等场所，保持该场所环境整洁，并与有毒、有害场所以及其他污染源保持规定的距离。

（二）具有与生产的食品品种、数量相适应的生产设备或者设施，有相应的消毒、更衣、盥洗、采光、照明、通风、防腐、防尘、防蝇、防鼠、防虫、洗涤以及处理废水、存放垃圾和废弃物的设备或者设施；保健食品生产工艺有原料提取、纯化等前处理工序的，需要具备与生产的品种、数量相适应的原料前处理设备或者设施。

（三）有专职或者兼职的食品安全管理人员和保证食品安全的规章制度。

（四）具有合理的设备布局和工艺流程，防止待加工食品与直接入口食品、原料与成品交叉污染，避免食品接触有毒物、不洁物。

（五）法律、法规规定的其他条件。

第十三条 申请食品生产许可，应当向申请人所在地县级以上地方食品药品监督管理部门提交下列材料：

（一）食品生产许可申请书；

（二）营业执照复印件；

（三）食品生产加工场所及其周围环境平面图、各功能区间布局平面图、工艺设备布局图和食品生产工艺流程图；

（四）食品生产主要设备、设施清单；

（五）进货查验记录、生产过程控制、出厂检验记录、食品安全自查、从业人员健康管理、不安全食品召回、食品安全事故处置等保证食品安全的规章制度。

申请人委托他人办理食品生产许可申请的，代理人应当提交授权委托书以及代理人的身份证明文件。

第十四条 申请保健食品、特殊医学用途配方食品、婴幼儿配方食品的生产许可，还应当提交与所生产食品相适应的生产质量管理体系文件以及相关注册和备案文件。

第十五条 从事食品添加剂生产活动，应当依法取得食品添加剂生产许可。

申请食品添加剂生产许可，应当具备与所生产食品添加剂品种相适应的场所、生产设备或者设施、食品安全管理人员、专业技术人员和管理制度。

第十六条 申请食品添加剂生产许可，应当向申请人所在地县级以上地方食品药品监督管理部门提交下列材料：

（一）食品添加剂生产许可申请书；

（二）营业执照复印件；

（三）食品添加剂生产加工场所及其周围环境平面图和生产加工各功能区间布局平面图；

（四）食品添加剂生产主要设备、设施清单及布局图；

（五）食品添加剂安全自查、进货查验记录、出厂检验记录等保证食品添加剂安全的规章制度。

第十七条 申请人应当如实向食品药品监督管理部门提交有关材料和反映真实情况，对申请材料的真实性负责，并在申请书等材料上签名或者盖章。

第十八条 县级以上地方食品药品监督管理部门对申请人提出的食品生产许可申请，应当根据下列情况分别作出处理：

（一）申请事项依法不需要取得食品生产许可的，应当即时告知申请人不受理。

（二）申请事项依法不属于食品药品监督管理部门职权范围的，应当即时作出不予受理的决定，并告知申请人向有关行政机关申请。

（三）申请材料存在可以当场更正的错误的，应当允许申请人当场更正，由申请人在更正处签名或者盖章，注明更正日期。

（四）申请材料不齐全或者不符合法定形式的，应当当场或者在5个工作日内一次告知申请人需要补正的全部内容。当场告知的，应当将申请材料退回申请人；在5个工作日内告知的，应当收取申请材料并出具收到申请材料的凭据。逾期不告知的，自收到申请材料之日起即为受理。

（五）申请材料齐全、符合法定形式，或者申请人按照要求提交全部补正材料的，应当受理食品生产许可申请。

第十九条 县级以上地方食品药品监督管理部门对申请人提出的申请决定予以受理的，应当出具受理通知书；决定不予受理的，应当出具不予受理通知书，说明不予受理的理由，并告知申请人依法享有申请行政复议或者提起行政诉讼的权利。

第三章 审查与决定

第二十条 县级以上地方食品药品监督管理部门应当对申请人提交的申请材料进行审查。需要对申请材料的实质内容进行核实的，应当进行现场核查。

食品药品监督管理部门在食品生产许可现场核查时，可以根据食品生产工艺流程等要求，核查试制食品检验合格报告。在食品添加剂生产许可现场核查时，可以根据食品添加剂品种特点，核查试制食品添加剂检验合格报告、复配食品添加剂组成等。

现场核查应当由符合要求的核查人员进行。核查人员不得少于2人。核查人员应当出示有效证件，填写食品生产许可现场核查表，制作现场核查记录，经申请人核对无误后，由核查人员和申请人在核查表和记录上签名或者盖章。申请人拒绝签名或者盖章的，核查人员应当注明情况。

申请保健食品、特殊医学用途配方食品、婴幼儿配方乳粉生产许可，在产品注册时经过现场核查的，可以不再进行现场核查。

食品药品监督管理部门可以委托下级食品药品监督管理部门，对受理的食品生产许可申请进行现场核查。

核查人员应当自接受现场核查任务之日起10个工作日内，完成对生产场所的现场核查。

第二十一条 除可以当场作出行政许可决定的外，县级以上地方食品药品监督管理部门应当自受理申请之日起20个工作日内作出是否准予行政许可的决定。因特殊原因需要延长期限的，经本行政机关负责人批准，可以延长10个工作日，并应当将延长期限的理由告知申请人。

第二十二条 县级以上地方食品药品监督管理部门应当根据申请材料审查和现场核查等情况，对符合条件的，作出准予生产许可的决定，并自作出决定之日起10个工作日内向申请人颁发食品生产许可证；对不符合条件的，应当及时作出不予许可的书面决定并说明理由，同时告知申请人依法享有申请行政复议或者提起行政诉讼的权利。

第二十三条 食品添加剂生产许可申请符合条件的，由申请人所在地县级以上地方食品药品监督管理部门依法颁发食品生产许可证，并标注食品添加剂。

第二十四条 食品生产许可证发证日期为许可决定作出的日期，有效期为5年。

第二十五条 县级以上地方食品药品监督管理部门认为食品生产许可申请涉及公共利益的重大事项，需要听证的，应当向社会公告并举行听证。

第二十六条 食品生产许可直接涉及申请人与他人之间重大利益关系的，县级以上地方食品药品监督管理部门在作出行政许可决定前，应当告知申请人、利害关系人享有要求听证的权利。

申请人、利害关系人在被告知听证权利之日起5个工作日内提出听证申请的，食品药品监督管理部门应当在20个工作日内组织听证。听证期限不计算在行政许可审查期限之内。

第四章 许可证管理

第二十七条 食品生产许可证分为正本、副本。正本、副本具有同等法律效力。

国家食品药品监督管理总局负责制定食品生产许可证正本、副本式样。省、自治区、直辖市食品药品监督管理部门负责本行政区域食品生产许可证的印制、发放等管理工作。

第二十八条 食品生产许可证应当载明：生产者名称、社会信用代码（个体生产者为身份证号码）、法定代表人（负责人）、住所、生产地址、食品类别、许可证编号、有效期、日常监督管理机构、日常监督管理人员、投诉举报电话、发证机关、签发人、发证日期和二维码。

副本还应当载明食品明细和外设仓库（包

括自有和租赁）具体地址。生产保健食品、特殊医学用途配方食品、婴幼儿配方食品的，还应当载明产品注册批准文号或者备案登记号；接受委托生产保健食品的，还应当载明委托企业名称及住所等相关信息。

第二十九条　食品生产许可证编号由SC（“生产”的汉语拼音字母缩写）和14位阿拉伯数字组成。数字从左至右依次为：3位食品类别编码、2位省（自治区、直辖市）代码、2位市（地）代码、2位县（区）代码、4位顺序码、1位校验码。

第三十条　日常监督管理人员为负责对食品生产活动进行日常监督管理的工作人员。日常监督管理人员发生变化的，可以通过签章的方式在许可证上变更。

第三十一条　食品生产者应当妥善保管食品生产许可证，不得伪造、涂改、倒卖、出租、出借、转让。

食品生产者应当在生产场所的显著位置悬挂或者摆放食品生产许可证正本。

第五章　变更、延续、补办与注销

第三十二条　食品生产许可证有效期内，现有工艺设备布局和工艺流程、主要生产设备设施、食品类别等事项发生变化，需要变更食品生产许可证载明的许可事项的，食品生产者应当在变化后10个工作日内向原发证的食品药品监督管理部门提出变更申请。

生产场所迁出原发证的食品药品监督管理部门管辖范围的，应当重新申请食品生产许可。

食品生产许可证副本载明的同一食品类别内的事项、外设仓库地址发生变化的，食品生产者应当在变化后10个工作日内向原发证的食品药品监督管理部门报告。

第三十三条　申请变更食品生产许可的，应当提交下列申请材料：

（一）食品生产许可变更申请书；

（二）食品生产许可证正本、副本；

（三）与变更食品生产许可事项有关的其他材料。

第三十四条　食品生产者需要延续依法取得的食品生产许可的有效期的，应当在该食品生产许可有效期届满30个工作日前，向原发证的食品药品监督管理部门提出申请。

第三十五条　食品生产者申请延续食品生产许可，应当提交下列材料：

（一）食品生产许可延续申请书；

（二）食品生产许可证正本、副本；

（三）与延续食品生产许可事项有关的其他材料。

保健食品、特殊医学用途配方食品、婴幼儿配方食品的生产企业申请延续食品生产许可的，还应当提供生产质量管理体系运行情况的自查报告。

第三十六条　县级以上地方食品药品监督管理部门应当根据被许可人的延续申请，在该食品生产许可有效期届满前作出是否准予延续的决定。

第三十七条　县级以上地方食品药品监督管理部门应当对变更或者延续食品生产许可的申请材料进行审查。

申请人声明生产条件未发生变化的，县级以上地方食品药品监督管理部门可以不再进行现场核查。

申请人的生产条件发生变化，可能影响食品安全的，食品药品监督管理部门应当就变化情况进行现场核查。保健食品、特殊医学用途配方食品、婴幼儿配方食品注册或者备案的生产工艺发生变化的，应当先办理注册或者备案变更手续。

第三十八条　原发证的食品药品监督管理部门决定准予变更的，应当向申请人颁发新的食品生产许可证。食品生产许可证编号不变，发证日期为食品药品监督管理部门作出变更许可决定的日期，有效期与原证书一致。但是，对因迁址等原因而进行全面现场核查的，其换发的食品生产许可证有效期自发证之日起计算。

对因产品有关标准、要求发生改变，国家和省级食品药品监督管理部门决定组织重新核查而换发的食品生产许可证，其发证日期以重新批准日期为准，有效期自重新发证之日起计算。

第三十九条　原发证的食品药品监督管理

部门决定准予延续的，应当向申请人颁发新的食品生产许可证，许可证编号不变，有效期自食品药品监督管理部门作出延续许可决定之日起计算。

不符合许可条件的，原发证的食品药品监督管理部门应当作出不予延续食品生产许可的书面决定，并说明理由。

第四十条 食品生产许可证遗失、损坏的，应当向原发证的食品药品监督管理部门申请补办，并提交下列材料：

（一）食品生产许可证补办申请书；

（二）食品生产许可证遗失的，申请人应当提交在县级以上地方食品药品监督管理部门网站或者其他县级以上主要媒体上刊登遗失公告的材料；食品生产许可证损坏的，应当提交损坏的食品生产许可证原件。

材料符合要求的，县级以上地方食品药品监督管理部门应当在受理后20个工作日内予以补发。

因遗失、损坏补发的食品生产许可证，许可证编号不变，发证日期和有效期与原证书保持一致。

第四十一条 食品生产者终止食品生产，食品生产许可被撤回、撤销或者食品生产许可证被吊销的，应当在30个工作日内向原发证的食品药品监督管理部门申请办理注销手续。

食品生产者申请注销食品生产许可的，应当向原发证的食品药品监督管理部门提交下列材料：

（一）食品生产许可注销申请书；

（二）食品生产许可证正本、副本；

（三）与注销食品生产许可有关的其他材料。

第四十二条 有下列情形之一，食品生产者未按规定申请办理注销手续的，原发证的食品药品监督管理部门应当依法办理食品生产许可注销手续：

（一）食品生产许可有效期届满未申请延续的；

（二）食品生产者主体资格依法终止的；

（三）食品生产许可依法被撤回、撤销或者食品生产许可证依法被吊销的；

（四）因不可抗力导致食品生产许可事项无法实施的；

（五）法律法规规定的应当注销食品生产许可的其他情形。

食品生产许可被注销的，许可证编号不得再次使用。

第四十三条 食品生产许可证变更、延续、补办与注销的有关程序参照本办法第二章和第三章的有关规定执行。

第六章 监督检查

第四十四条 县级以上地方食品药品监督管理部门应当依据法律法规规定的职责，对食品生产者的许可事项进行监督检查。

第四十五条 县级以上地方食品药品监督管理部门应当建立食品许可管理信息平台，便于公民、法人和其他社会组织查询。

县级以上地方食品药品监督管理部门应当将食品生产许可颁发、许可事项检查、日常监督检查、许可违法行为查处等情况记入食品生产者食品安全信用档案，并依法向社会公布；对有不良信用记录的食品生产者应当增加监督检查频次。

第四十六条 县级以上地方食品药品监督管理部门日常监督管理人员负责所管辖食品生产者许可事项的监督检查，必要时，应当依法对相关食品仓储、物流企业进行检查。

日常监督管理人员应当按照规定的频次对所管辖的食品生产者实施全覆盖检查。

第四十七条 县级以上地方食品药品监督管理部门及其工作人员履行食品生产许可管理职责，应当自觉接受食品生产者和社会监督。

接到有关工作人员在食品生产许可管理过程中存在违法行为的举报，食品药品监督管理部门应当及时进行调查核实。情况属实的，应当立即纠正。

第四十八条 县级以上地方食品药品监督管理部门应当建立食品生产许可档案管理制度，将办理食品生产许可的有关材料、发证情况及时归档。

第四十九条 国家食品药品监督管理总局可以定期或者不定期组织对全国食品生产许可工作进行监督检查；省、自治区、直辖市食品药品监督管理部门可以定期或者不定期组织对本行政区域内的食品生产许可工作进行监督检查。

第七章　法律责任

第五十条　未取得食品生产许可从事食品生产活动的，由县级以上地方食品药品监督管理部门依照《中华人民共和国食品安全法》第一百二十二条的规定给予处罚。

第五十一条　许可申请人隐瞒真实情况或者提供虚假材料申请食品生产许可的，由县级以上地方食品药品监督管理部门给予警告。申请人在1年内不得再次申请食品生产许可。

第五十二条　被许可人以欺骗、贿赂等不正当手段取得食品生产许可的，由原发证的食品药品监督管理部门撤销许可，并处1万元以上3万元以下罚款。被许可人在3年内不得再次申请食品生产许可。

第五十三条　违反本办法第三十一条第一款规定，食品生产者伪造、涂改、倒卖、出租、出借、转让食品生产许可证的，由县级以上地方食品药品监督管理部门责令改正，给予警告，并处1万元以下罚款；情节严重的，处1万元以上3万元以下罚款。

违反本办法第三十一条第二款规定，食品生产者未按规定在生产场所的显著位置悬挂或者摆放食品生产许可证的，由县级以上地方食品药品监督管理部门责令改正；拒不改正的，给予警告。

第五十四条　违反本办法第三十二条第一款规定，食品生产者工艺设备布局和工艺流程、主要生产设备设施、食品类别等事项发生变化，需要变更食品生产许可证载明的许可事项，未按规定申请变更的，由原发证的食品药品监督管理部门责令改正，给予警告；拒不改正的，处2000元以上1万元以下罚款。

违反本办法第三十二条第三款规定或者第四十一条第一款规定，食品生产许可证副本载明的同一食品类别内的事项、外设仓库地址发生变化，食品生产者未按规定报告的，或者食品生产者终止食品生产，食品生产许可被撤回、撤销或者食品生产许可证被吊销，未按规定申请办理注销手续的，由原发证的食品药品监督管理部门责令改正；拒不改正的，给予警告，并处2000元以下罚款。

第五十五条　被吊销生产许可证的食品生产者及其法定代表人、直接负责的主管人员和其他直接责任人员自处罚决定作出之日起5年内不得申请食品生产经营许可，或者从事食品生产经营管理工作、担任食品生产经营企业食品安全管理人员。

第五十六条　食品药品监督管理部门对不符合条件的申请人准予许可，或者超越法定职权准予许可的，依照《中华人民共和国食品安全法》第一百四十四条的规定给予处分。

第八章　附　　则

第五十七条　取得食品经营许可的餐饮服务提供者在其餐饮服务场所制作加工食品，不需要取得本办法规定的食品生产许可。

第五十八条　食品添加剂的生产许可管理原则、程序、监督检查和法律责任，适用本办法有关食品生产许可的规定。

第五十九条　对食品生产加工小作坊的监督管理，按照省、自治区、直辖市制定的具体管理办法执行。

第六十条　食品生产者在本办法施行前已经取得的生产许可证在有效期内继续有效。

第六十一条　各省、自治区、直辖市食品药品监督管理部门可以根据本行政区域实际情况，制定有关食品生产许可管理的具体实施办法。

第六十二条　食品药品监督管理部门制作的食品生产许可电子证书与印制的食品生产许可证书具有同等法律效力。

第六十三条　本办法自2015年10月1日起施行。

食品经营许可管理办法

（2015 年 8 月 31 日国家食品药品监督管理总局令第 17 号公布，根据 2017 年 11 月 7 日国家食品药品监督管理总局局务会议《关于修改部分规章的决定》修正）

第一章　总　　则

第一条　为规范食品经营许可活动，加强食品经营监督管理，保障食品安全，根据《中华人民共和国食品安全法》《中华人民共和国行政许可法》等法律法规，制定本办法。

第二条　在中华人民共和国境内，从事食品销售和餐饮服务活动，应当依法取得食品经营许可。

食品经营许可的申请、受理、审查、决定及其监督检查，适用本办法。

第三条　食品经营许可应当遵循依法、公开、公平、公正、便民、高效的原则。

第四条　食品经营许可实行一地一证原则，即食品经营者在一个经营场所从事食品经营活动，应当取得一个食品经营许可证。

第五条　食品药品监督管理部门按照食品经营主体业态和经营项目的风险程度对食品经营实施分类许可。

第六条　国家食品药品监督管理总局负责监督指导全国食品经营许可管理工作。

县级以上地方食品药品监督管理部门负责本行政区域内的食品经营许可管理工作。

省、自治区、直辖市食品药品监督管理部门可以根据食品类别和食品安全风险状况，确定市、县级食品药品监督管理部门的食品经营许可管理权限。

第七条　国家食品药品监督管理总局负责制定食品经营许可审查通则。

县级以上地方食品药品监督管理部门实施食品经营许可审查，应当遵守食品经营许可审查通则。

第八条　县级以上食品药品监督管理部门应当加快信息化建设，在行政机关的网站上公布经营许可事项，方便申请人采取数据电文等方式提出经营许可申请，提高办事效率。

第二章　申请与受理

第九条　申请食品经营许可，应当先行取得营业执照等合法主体资格。

企业法人、合伙企业、个人独资企业、个体工商户等，以营业执照载明的主体作为申请人。

机关、事业单位、社会团体、民办非企业单位、企业等申办单位食堂，以机关或者事业单位法人登记证、社会团体登记证或者营业执照等载明的主体作为申请人。

第十条　申请食品经营许可，应当按照食品经营主体业态和经营项目分类提出。

食品经营主体业态分为食品销售经营者、餐饮服务经营者、单位食堂。食品经营者申请通过网络经营、建立中央厨房或者从事集体用餐配送的，应当在主体业态后以括号标注。

食品经营项目分为预包装食品销售（含冷藏冷冻食品、不含冷藏冷冻食品）、散装食品销售（含冷藏冷冻食品、不含冷藏冷冻食品）、特殊食品销售（保健食品、特殊医学用途配方食品、婴幼儿配方乳粉、其他婴幼儿配方食品）、其他类食品销售；热食类食品制售、冷食类食品制售、生食类食品制售、糕点类食品制售、自制饮品制售、其他类食品制售等。

列入其他类食品销售和其他类食品制售的具体品种应当报国家食品药品监督管理总局批准后执行，并明确标注。具有热、冷、生、固态、液态等多种情形，难以明确归类的食品，可以按照食品安全风险等级最高的情形进行归类。

国家食品药品监督管理总局可以根据监督管理工作需要对食品经营项目类别进行调整。

第十一条　申请食品经营许可，应当符合下列条件：

（一）具有与经营的食品品种、数量相适应的食品原料处理和食品加工、销售、贮存等场所，保持该场所环境整洁，并与有毒、有害场所以及其他污染源保持规定的距离；

（二）具有与经营的食品品种、数量相适应的经营设备或者设施，有相应的消毒、更衣、盥洗、采光、照明、通风、防腐、防尘、防蝇、防鼠、防虫、洗涤以及处理废水、存放垃圾和废弃物的设备或者设施；

（三）有专职或者兼职的食品安全管理人员和保证食品安全的规章制度；

（四）具有合理的设备布局和工艺流程，防止待加工食品与直接入口食品、原料与成品交叉污染，避免食品接触有毒物、不洁物；

（五）法律、法规规定的其他条件。

第十二条　申请食品经营许可，应当向申请人所在地县级以上地方食品药品监督管理部门提交下列材料：

（一）食品经营许可申请书；

（二）营业执照或者其他主体资格证明文件复印件；

（三）与食品经营相适应的主要设备设施布局、操作流程等文件；

（四）食品安全自查、从业人员健康管理、进货查验记录、食品安全事故处置等保证食品安全的规章制度。

利用自动售货设备从事食品销售的，申请人还应当提交自动售货设备的产品合格证明、具体放置地点，经营者名称、住所、联系方式、食品经营许可证的公示方法等材料。

申请人委托他人办理食品经营许可申请的，代理人应当提交授权委托书以及代理人的身份证明文件。

第十三条　申请人应当如实向食品药品监督管理部门提交有关材料和反映真实情况，对申请材料的真实性负责，并在申请书等材料上签名或者盖章。

第十四条　县级以上地方食品药品监督管理部门对申请人提出的食品经营许可申请，应当根据下列情况分别作出处理：

（一）申请事项依法不需要取得食品经营许可的，应当即时告知申请人不受理。

（二）申请事项依法不属于食品药品监督管理部门职权范围的，应当即时作出不予受理的决定，并告知申请人向有关行政机关申请。

（三）申请材料存在可以当场更正的错误的，应当允许申请人当场更正，由申请人在更正处签名或者盖章，注明更正日期。

（四）申请材料不齐全或者不符合法定形式的，应当当场或者在5个工作日内一次告知申请人需要补正的全部内容。当场告知的，应当将申请材料退回申请人；在5个工作日内告知的，应当收取申请材料并出具收到申请材料的凭据。逾期不告知的，自收到申请材料之日起即为受理。

（五）申请材料齐全、符合法定形式，或者申请人按照要求提交全部补正材料的，应当受理食品经营许可申请。

第十五条　县级以上地方食品药品监督管理部门对申请人提出的申请决定予以受理的，应当出具受理通知书；决定不予受理的，应当出具不予受理通知书，说明不予受理的理由，并告知申请人依法享有申请行政复议或者提起行政诉讼的权利。

第三章　审查与决定

第十六条　县级以上地方食品药品监督管理部门应当对申请人提交的许可申请材料进行审查。需要对申请材料的实质内容进行核实的，应当进行现场核查。仅申请预包装食品销售（不含冷藏冷冻食品）的，以及食品经营许可变更不改变设施和布局的，可以不进行现场核查。

现场核查应当由符合要求的核查人员进行。核查人员不得少于2人。核查人员应当出示有效证件，填写食品经营许可现场核查表，制作现场核查记录，经申请人核对无误后，由核查人员和申请人在核查表和记录上签名或者盖章。申请人拒绝签名或者盖章的，核查人员应当注明情况。

食品药品监督管理部门可以委托下级食品药品监督管理部门，对受理的食品经营许可申请进行现场核查。

核查人员应当自接受现场核查任务之日起

10个工作日内，完成对经营场所的现场核查。

第十七条 除可以当场作出行政许可决定的外，县级以上地方食品药品监督管理部门应当自受理申请之日起20个工作日内作出是否准予行政许可的决定。因特殊原因需要延长期限的，经本行政机关负责人批准，可以延长10个工作日，并应当将延长期限的理由告知申请人。

第十八条 县级以上地方食品药品监督管理部门应当根据申请材料审查和现场核查等情况，对符合条件的，作出准予经营许可的决定，并自作出决定之日起10个工作日内向申请人颁发食品经营许可证；对不符合条件的，应当及时作出不予许可的书面决定并说明理由，同时告知申请人依法享有申请行政复议或者提起行政诉讼的权利。

第十九条 食品经营许可证发证日期为许可决定作出的日期，有效期为5年。

第二十条 县级以上地方食品药品监督管理部门认为食品经营许可申请涉及公共利益的重大事项，需要听证的，应当向社会公告并举行听证。

第二十一条 食品经营许可直接涉及申请人与他人之间重大利益关系的，县级以上地方食品药品监督管理部门在作出行政许可决定前，应当告知申请人、利害关系人享有要求听证的权利。

申请人、利害关系人在被告知听证权利之日起5个工作日内提出听证申请的，食品药品监督管理部门应当在20个工作日内组织听证。听证期限不计算在行政许可审查期限之内。

第四章 许可证管理

第二十二条 食品经营许可证分为正本、副本。正本、副本具有同等法律效力。

国家食品药品监督管理总局负责制定食品经营许可证正本、副本式样。省、自治区、直辖市食品药品监督管理部门负责本行政区域食品经营许可证的印制、发放等管理工作。

第二十三条 食品经营许可证应当载明：经营者名称、社会信用代码（个体经营者为身份证号码）、法定代表人（负责人）、住所、经营场所、主体业态、经营项目、许可证编号、有效期、日常监督管理机构、日常监督管理人员、投诉举报电话、发证机关、签发人、发证日期和二维码。

在经营场所外设置仓库（包括自有和租赁）的，还应当在副本中载明仓库具体地址。

第二十四条 食品经营许可证编号由JY（“经营”的汉语拼音字母缩写）和14位阿拉伯数字组成。数字从左至右依次为：1位主体业态代码、2位省（自治区、直辖市）代码、2位市（地）代码、2位县（区）代码、6位顺序码、1位校验码。

第二十五条 日常监督管理人员为负责对食品经营活动进行日常监督管理的工作人员。日常监督管理人员发生变化的，可以通过签章的方式在许可证上变更。

第二十六条 食品经营者应当妥善保管食品经营许可证，不得伪造、涂改、倒卖、出租、出借、转让。

食品经营者应当在经营场所的显著位置悬挂或者摆放食品经营许可证正本。

第五章 变更、延续、补办与注销

第二十七条 食品经营许可证载明的许可事项发生变化的，食品经营者应当在变化后10个工作日内向原发证的食品药品监督管理部门申请变更经营许可。

经营场所发生变化的，应当重新申请食品经营许可。外设仓库地址发生变化的，食品经营者应当在变化后10个工作日内向原发证的食品药品监督管理部门报告。

第二十八条 申请变更食品经营许可的，应当提交下列申请材料：

（一）食品经营许可变更申请书；

（二）食品经营许可证正本、副本；

（三）与变更食品经营许可事项有关的其他材料。

第二十九条 食品经营者需要延续依法取得的食品经营许可的有效期的，应当在该食品经营许可有效期届满30个工作日前，向原发证的食品药品监督管理部门提出申请。

第三十条 食品经营者申请延续食品经营

许可，应当提交下列材料：

（一）食品经营许可延续申请书；

（二）食品经营许可证正本、副本；

（三）与延续食品经营许可事项有关的其他材料。

第三十一条　县级以上地方食品药品监督管理部门应当根据被许可人的延续申请，在该食品经营许可有效期届满前作出是否准予延续的决定。

第三十二条　县级以上地方食品药品监督管理部门应当对变更或者延续食品经营许可的申请材料进行审查。

申请人声明经营条件未发生变化的，县级以上地方食品药品监督管理部门可以不再进行现场核查。

申请人的经营条件发生变化，可能影响食品安全的，食品药品监督管理部门应当就变化情况进行现场核查。

第三十三条　原发证的食品药品监督管理部门决定准予变更的，应当向申请人颁发新的食品经营许可证。食品经营许可证编号不变，发证日期为食品药品监督管理部门作出变更许可决定的日期，有效期与原证书一致。

第三十四条　原发证的食品药品监督管理部门决定准予延续的，应当向申请人颁发新的食品经营许可证，许可证编号不变，有效期自食品药品监督管理部门作出延续许可决定之日起计算。

不符合许可条件的，原发证的食品药品监督管理部门应当作出不予延续食品经营许可的书面决定，并说明理由。

第三十五条　食品经营许可证遗失、损坏的，应当向原发证的食品药品监督管理部门申请补办，并提交下列材料：

（一）食品经营许可证补办申请书；

（二）食品经营许可证遗失的，申请人应当提交在县级以上地方食品药品监督管理部门网站或者其他县级以上主要媒体上刊登遗失公告的材料；食品经营许可证损坏的，应当提交损坏的食品经营许可证原件。

材料符合要求的，县级以上地方食品药品监督管理部门应当在受理后 20 个工作日内予以补发。

因遗失、损坏补发的食品经营许可证，许可证编号不变，发证日期和有效期与原证书保持一致。

第三十六条　食品经营者终止食品经营，食品经营许可被撤回、撤销或者食品经营许可证被吊销的，应当在 30 个工作日内向原发证的食品药品监督管理部门申请办理注销手续。

食品经营者申请注销食品经营许可的，应当向原发证的食品药品监督管理部门提交下列材料：

（一）食品经营许可注销申请书；

（二）食品经营许可证正本、副本；

（三）与注销食品经营许可有关的其他材料。

第三十七条　有下列情形之一，食品经营者未按规定申请办理注销手续的，原发证的食品药品监督管理部门应当依法办理食品经营许可注销手续：

（一）食品经营许可有效期届满未申请延续的；

（二）食品经营者主体资格依法终止的；

（三）食品经营许可依法被撤回、撤销或者食品经营许可证依法被吊销的；

（四）因不可抗力导致食品经营许可事项无法实施的；

（五）法律法规规定的应当注销食品经营许可的其他情形。

食品经营许可被注销的，许可证编号不得再次使用。

第三十八条　食品经营许可证变更、延续、补办与注销的有关程序参照本办法第二章和第三章的有关规定执行。

第六章　监督检查

第三十九条　县级以上地方食品药品监督管理部门应当依据法律法规规定的职责，对食品经营者的许可事项进行监督检查。

第四十条　县级以上地方食品药品监督管理部门应当建立食品许可管理信息平台，便于公民、法人和其他社会组织查询。

县级以上地方食品药品监督管理部门应当将食品经营许可颁发、许可事项检查、日常监督检查、许可违法行为查处等情况记入食品经营者食品安全信用档案，并依法向社会公布；对有不良信用记录的食品经营者应当增加监督检查频次。

第四十一条 县级以上地方食品药品监督管理部门日常监督管理人员负责所管辖食品经营者许可事项的监督检查，必要时，应当依法对相关食品仓储、物流企业进行检查。

日常监督管理人员应当按照规定的频次对所管辖的食品经营者实施全覆盖检查。

第四十二条 县级以上地方食品药品监督管理部门及其工作人员履行食品经营许可管理职责，应当自觉接受食品经营者和社会监督。

接到有关工作人员在食品经营许可管理过程中存在违法行为的举报，食品药品监督管理部门应当及时进行调查核实。情况属实的，应当立即纠正。

第四十三条 县级以上地方食品药品监督管理部门应当建立食品经营许可档案管理制度，将办理食品经营许可的有关材料、发证情况及时归档。

第四十四条 国家食品药品监督管理总局可以定期或者不定期组织对全国食品经营许可工作进行监督检查；省、自治区、直辖市食品药品监督管理部门可以定期或者不定期组织对本行政区域内的食品经营许可工作进行监督检查。

第七章 法律责任

第四十五条 未取得食品经营许可从事食品经营活动的，由县级以上地方食品药品监督管理部门依照《中华人民共和国食品安全法》第一百二十二条的规定给予处罚。

第四十六条 许可申请人隐瞒真实情况或者提供虚假材料申请食品经营许可的，由县级以上地方食品药品监督管理部门给予警告。申请人在1年内不得再次申请食品经营许可。

第四十七条 被许可人以欺骗、贿赂等不正当手段取得食品经营许可的，由原发证的食品药品监督管理部门撤销许可，并处1万元以上3万元以下罚款。被许可人在3年内不得再次申请食品经营许可。

第四十八条 违反本办法第二十六条第一款规定，食品经营者伪造、涂改、倒卖、出租、出借、转让食品经营许可证的，由县级以上地方食品药品监督管理部门责令改正，给予警告，并处1万元以下罚款；情节严重的，处1万元以上3万元以下罚款。

违反本办法第二十六条第二款规定，食品经营者未按规定在经营场所的显著位置悬挂或者摆放食品经营许可证的，由县级以上地方食品药品监督管理部门责令改正；拒不改正的，给予警告。

第四十九条 违反本办法第二十七条第一款规定，食品经营许可证载明的许可事项发生变化，食品经营者未按规定申请变更经营许可的，由原发证的食品药品监督管理部门责令改正，给予警告；拒不改正的，处2000元以上1万元以下罚款。

违反本办法第二十七条第二款规定或者第三十六条第一款规定，食品经营者外设仓库地址发生变化，未按规定报告的，或者食品经营者终止食品经营，食品经营许可被撤回、撤销或者食品经营许可证被吊销，未按规定申请办理注销手续的，由原发证的食品药品监督管理部门责令改正；拒不改正的，给予警告，并处2000元以下罚款。

第五十条 被吊销经营许可证的食品经营者及其法定代表人、直接负责的主管人员和其他直接责任人员自处罚决定作出之日起5年内不得申请食品生产经营许可，或者从事食品生产经营管理工作、担任食品生产经营企业食品安全管理人员。

第五十一条 食品药品监督管理部门对不符合条件的申请人准予许可，或者超越法定职权准予许可的，依照《中华人民共和国食品安全法》第一百四十四条的规定给予处分。

第八章 附 则

第五十二条 本办法下列用语的含义：

（一）单位食堂，指设于机关、事业单位、社会团体、民办非企业单位、企业等，供应内部职工、学生等集中就餐的餐饮服务提供者；

（二）预包装食品，指预先定量包装或者制作在包装材料和容器中的食品，包括预先定量包装以及预先定量制作在包装材料和容器中并且在一定量限范围内具有统一的质量或体积标识的食品；

（三）散装食品，指无预先定量包装，需称重销售的食品，包括无包装和带非定量包装的食品；

（四）热食类食品，指食品原料经粗加工、切配并经过蒸、煮、烹、煎、炒、烤、炸等烹饪工艺制作，在一定热度状态下食用的即食食品，含火锅和烧烤等烹饪方式加工而成的食品等；

（五）冷食类食品，指一般无需再加热，在常温或者低温状态下即可食用的食品，含熟食卤味、生食瓜果蔬菜、腌菜等；

（六）生食类食品，一般特指生食水产品；

（七）糕点类食品，指以粮、糖、油、蛋、奶等为主要原料经焙烤等工艺现场加工而成的食品，含裱花蛋糕等；

（八）自制饮品，指经营者现场制作的各种饮料，含冰淇淋等；

（九）中央厨房，指由餐饮单位建立的，具有独立场所及设施设备，集中完成食品成品或者半成品加工制作并配送的食品经营者；

（十）集体用餐配送单位，指根据服务对象订购要求，集中加工、分送食品但不提供就餐场所的食品经营者；

（十一）其他类食品，指区域性销售食品、民族特色食品、地方特色食品等。

本办法所称的特殊医学用途配方食品，是指国家食品药品监督管理总局按照分类管理原则确定的可以在商场、超市等食品销售场所销售的特殊医学用途配方食品。

第五十三条　对食品摊贩等的监督管理，按照省、自治区、直辖市制定的具体管理办法执行。

第五十四条　食品经营者在本办法施行前已经取得的许可证在有效期内继续有效。

第五十五条　各省、自治区、直辖市食品药品监督管理部门可以根据本行政区域实际情况，制定有关食品经营许可管理的具体实施办法。

第五十六条　食品药品监督管理部门制作的食品经营许可电子证书与印制的食品经营许可证书具有同等法律效力。

第五十七条　本办法自 2015 年 10 月 1 日起施行。

关于废止《中华人民共和国营业税暂行条例》和修改《中华人民共和国增值税暂行条例》的决定

（国务院令 2017 年第 691 号，国务院 2017 年 11 月 19 日发布）

《国务院关于废止〈中华人民共和国营业税暂行条例〉和修改〈中华人民共和国增值税暂行条例〉的决定》已经 2017 年 10 月 30 日国务院第 191 次常务会议通过，现予公布，自公布之日起施行。

国务院关于废止《中华人民共和国营业税暂行条例》和修改《中华人民共和国增值税暂行条例》的决定

国务院决定废止《中华人民共和国营业税暂行条例》，同时对《中华人民共和国增值税暂行条例》作如下修改：

一、将第一条修改为："在中华人民共和国境内销售货物或者加工、修理修配劳务（以下简称劳务），销售服务、无形资产、不动产以及进口货物的单位和个人，为增值税的纳税人，应当依照本条例缴纳增值税。"

二、将第二条第一款修改为："增值税税率：

"（一）纳税人销售货物、劳务、有形动产租赁服务或者进口货物，除本条第二项、第四项、第五项另有规定外，税率为17%。

"（二）纳税人销售交通运输、邮政、基础电信、建筑、不动产租赁服务，销售不动产，转让土地使用权，销售或者进口下列货物，税率为11%：

"1. 粮食等农产品、食用植物油、食用盐；

"2. 自来水、暖气、冷气、热水、煤气、石油液化气、天然气、二甲醚、沼气、居民用煤炭制品；

"3. 图书、报纸、杂志、音像制品、电子出版物；

"4. 饲料、化肥、农药、农机、农膜；

"5. 国务院规定的其他货物。

"（三）纳税人销售服务、无形资产，除本条第一项、第二项、第五项另有规定外，税率为6%。

"（四）纳税人出口货物，税率为零；但是，国务院另有规定的除外。

"（五）境内单位和个人跨境销售国务院规定范围内的服务、无形资产，税率为零。"

三、将第四条第一款中的"销售货物或者提供应税劳务（以下简称销售货物或者应税劳务）"修改为"销售货物、劳务、服务、无形资产、不动产（以下统称应税销售行为）"；将第五条、第六条第一款、第七条、第十一条第一款、第十九条第一款第一项中的"销售货物或者应税劳务"修改为"发生应税销售行为"。

四、将第八条第一款中的"购进货物或者接受应税劳务（以下简称购进货物或者应税劳务）"、第九条中的"购进货物或者应税劳务"修改为"购进货物、劳务、服务、无形资产、不动产"。

将第八条第二款第三项中的"按照农产品收购发票或者销售发票上注明的农产品买价和13%的扣除率计算的进项税额"修改为"按照农产品收购发票或者销售发票上注明的农产品买价和11%的扣除率计算的进项税额，国务院另有规定的除外"。

删去第八条第二款第四项，增加一项，作为第四项："（四）自境外单位或者个人购进劳务、服务、无形资产或者境内的不动产，从税务机关或者扣缴义务人取得的代扣代缴税款的完税凭证上注明的增值税额"。

五、将第十条修改为："下列项目的进项税额不得从销项税额中抵扣：

"（一）用于简易计税方法计税项目、免征增值税项目、集体福利或者个人消费的购进货物、劳务、服务、无形资产和不动产；

"（二）非正常损失的购进货物，以及相关的劳务和交通运输服务；

"（三）非正常损失的在产品、产成品所耗用的购进货物（不包括固定资产）、劳务和交通运输服务；

"（四）国务院规定的其他项目。"

六、将第十二条修改为："小规模纳税人增值税征收率为3%，国务院另有规定的除外。"

七、将第二十一条第一款和第二款第二项中的"销售货物或者应税劳务"修改为"发生应税销售行为"；将第二款第一项修改为："（一）应税销售行为的购买方为消费者个人的"；删去第二款第三项。

八、将第二十二条第一款第二项修改为："（二）固定业户到外县（市）销售货物或者劳务，应当向其机构所在地的主管税务机关报告外出经营事项，并向其机构所在地的主管税务机关申报纳税；未报告的，应当向销售地或者劳务发生地的主管税务机关申报纳税；未向销售地或者劳务发生地的主管税务机关申报纳税的，由其机构所在地的主管税务机关补征税款"；将第一款第三项中的"销售货物或者应税劳务"修改为"销售货物或者劳务"。

九、在第二十五条第一款中的"具体办法由国务院财政、税务主管部门制定"之前增加"境内单位和个人跨境销售服务和无形资产适用退（免）税规定的，应当按期向主管税务机关申报办理退（免）税"。

十、增加一条，作为第二十七条："纳税人缴纳增值税的有关事项，国务院或者国务院财政、税务主管部门经国务院同意另有规定的，依照其规定。”

此外，还对个别条文作了文字修改。

本决定自公布之日起施行。

《中华人民共和国增值税暂行条例》根据本决定作相应修改并对条文序号作相应调整，重新公布。

中华人民共和国增值税暂行条例

（1993 年 12 月 13 日中华人民共和国国务院令第 134 号公布，2008 年 11 月 5 日国务院第 34 次常务会议修订通过，根据 2016 年 2 月 6 日《国务院关于修改部分行政法规的决定》第一次修订，根据 2017 年 11 月 19 日《国务院关于废止〈中华人民共和国营业税暂行条例〉和修改〈中华人民共和国增值税暂行条例〉的决定》第二次修订）

第一条 在中华人民共和国境内销售货物或者加工、修理修配劳务（以下简称劳务），销售服务、无形资产、不动产以及进口货物的单位和个人，为增值税的纳税人，应当依照本条例缴纳增值税。

第二条 增值税税率：

（一）纳税人销售货物、劳务、有形动产租赁服务或者进口货物，除本条第二项、第四项、第五项另有规定外，税率为 17%。

（二）纳税人销售交通运输、邮政、基础电信、建筑、不动产租赁服务，销售不动产，转让土地使用权，销售或者进口下列货物，税率为 11%：

1. 粮食等农产品、食用植物油、食用盐；

2. 自来水、暖气、冷气、热水、煤气、石油液化气、天然气、二甲醚、沼气、居民用煤炭制品；

3. 图书、报纸、杂志、音像制品、电子出版物；

4. 饲料、化肥、农药、农机、农膜；

5. 国务院规定的其他货物。

（三）纳税人销售服务、无形资产，除本条第一项、第二项、第五项另有规定外，税率为 6%。

（四）纳税人出口货物，税率为零；但是，国务院另有规定的除外。

（五）境内单位和个人跨境销售国务院规定范围内的服务、无形资产，税率为零。

税率的调整，由国务院决定。

第三条 纳税人兼营不同税率的项目，应当分别核算不同税率项目的销售额；未分别核算销售额的，从高适用税率。

第四条 除本条例第十一条规定外，纳税人销售货物、劳务、服务、无形资产、不动产（以下统称应税销售行为），应纳税额为当期销项税额抵扣当期进项税额后的余额。应纳税额计算公式：

应纳税额＝当期销项税额－当期进项税额

当期销项税额小于当期进项税额不足抵扣时，其不足部分可以结转下期继续抵扣。

第五条 纳税人发生应税销售行为，按照销售额和本条例第二条规定的税率计算收取的增值税额，为销项税额。销项税额计算公式：

销项税额＝销售额×税率

第六条 销售额为纳税人发生应税销售行为收取的全部价款和价外费用，但是不包括收取的销项税额。

销售额以人民币计算。纳税人以人民币以外的货币结算销售额的，应当折合成人民币计算。

第七条 纳税人发生应税销售行为的价格明显偏低并无正当理由的，由主管税务机关核定其销售额。

第八条 纳税人购进货物、劳务、服务、无形资产、不动产支付或者负担的增值税额，为进项税额。

下列进项税额准予从销项税额中抵扣：

（一）从销售方取得的增值税专用发票上注明的增值税额。

（二）从海关取得的海关进口增值税专用缴款书上注明的增值税额。

（三）购进农产品，除取得增值税专用发

票或者海关进口增值税专用缴款书外，按照农产品收购发票或者销售发票上注明的农产品买价和11%的扣除率计算的进项税额，国务院另有规定的除外。进项税额计算公式：

进项税额＝买价×扣除率

（四）自境外单位或者个人购进劳务、服务、无形资产或者境内的不动产，从税务机关或者扣缴义务人取得的代扣代缴税款的完税凭证上注明的增值税额。

准予抵扣的项目和扣除率的调整，由国务院决定。

第九条 纳税人购进货物、劳务、服务、无形资产、不动产，取得的增值税扣税凭证不符合法律、行政法规或者国务院税务主管部门有关规定的，其进项税额不得从销项税额中抵扣。

第十条 下列项目的进项税额不得从销项税额中抵扣：

（一）用于简易计税方法计税项目、免征增值税项目、集体福利或者个人消费的购进货物、劳务、服务、无形资产和不动产；

（二）非正常损失的购进货物，以及相关的劳务和交通运输服务；

（三）非正常损失的在产品、产成品所耗用的购进货物（不包括固定资产）、劳务和交通运输服务；

（四）国务院规定的其他项目。

第十一条 小规模纳税人发生应税销售行为，实行按照销售额和征收率计算应纳税额的简易办法，并不得抵扣进项税额。应纳税额计算公式：

应纳税额＝销售额×征收率

小规模纳税人的标准由国务院财政、税务主管部门规定。

第十二条 小规模纳税人增值税征收率为3%，国务院另有规定的除外。

第十三条 小规模纳税人以外的纳税人应当向主管税务机关办理登记。具体登记办法由国务院税务主管部门制定。

小规模纳税人会计核算健全，能够提供准确税务资料的，可以向主管税务机关办理登记，不作为小规模纳税人，依照本条例有关规定计算应纳税额。

第十四条 纳税人进口货物，按照组成计税价格和本条例第二条规定的税率计算应纳税额。组成计税价格和应纳税额计算公式：

组成计税价格＝关税完税价格＋关税＋消费税

应纳税额＝组成计税价格×税率

第十五条 下列项目免征增值税：

（一）农业生产者销售的自产农产品；

（二）避孕药品和用具；

（三）古旧图书；

（四）直接用于科学研究、科学试验和教学的进口仪器、设备；

（五）外国政府、国际组织无偿援助的进口物资和设备；

（六）由残疾人的组织直接进口供残疾人专用的物品；

（七）销售的自己使用过的物品。

除前款规定外，增值税的免税、减税项目由国务院规定。任何地区、部门均不得规定免税、减税项目。

第十六条 纳税人兼营免税、减税项目的，应当分别核算免税、减税项目的销售额；未分别核算销售额的，不得免税、减税。

第十七条 纳税人销售额未达到国务院财政、税务主管部门规定的增值税起征点的，免征增值税；达到起征点的，依照本条例规定全额计算缴纳增值税。

第十八条 中华人民共和国境外的单位或者个人在境内销售劳务，在境内未设有经营机构的，以其境内代理人为扣缴义务人；在境内没有代理人的，以购买方为扣缴义务人。

第十九条 增值税纳税义务发生时间：

（一）发生应税销售行为，为收讫销售款项或者取得索取销售款项凭据的当天；先开具发票的，为开具发票的当天。

（二）进口货物，为报关进口的当天。

增值税扣缴义务发生时间为纳税人增值税纳税义务发生的当天。

第二十条 增值税由税务机关征收，进口货物的增值税由海关代征。

个人携带或者邮寄进境自用物品的增值税，连同关税一并计征。具体办法由国务院关税税则委员会会同有关部门制定。

第二十一条 纳税人发生应税销售行为，

应当向索取增值税专用发票的购买方开具增值税专用发票，并在增值税专用发票上分别注明销售额和销项税额。

属于下列情形之一的，不得开具增值税专用发票：

（一）应税销售行为的购买方为消费者个人的；

（二）发生应税销售行为适用免税规定的。

第二十二条　增值税纳税地点：

（一）固定业户应当向其机构所在地的主管税务机关申报纳税。总机构和分支机构不在同一县（市）的，应当分别向各自所在地的主管税务机关申报纳税；经国务院财政、税务主管部门或者其授权的财政、税务机关批准，可以由总机构汇总向总机构所在地的主管税务机关申报纳税。

（二）固定业户到外县（市）销售货物或者劳务，应当向其机构所在地的主管税务机关报告外出经营事项，并向其机构所在地的主管税务机关申报纳税；未报告的，应当向销售地或者劳务发生地的主管税务机关申报纳税；未向销售地或者劳务发生地的主管税务机关申报纳税的，由其机构所在地的主管税务机关补征税款。

（三）非固定业户销售货物或者劳务，应当向销售地或者劳务发生地的主管税务机关申报纳税；未向销售地或者劳务发生地的主管税务机关申报纳税的，由其机构所在地或者居住地的主管税务机关补征税款。

（四）进口货物，应当向报关地海关申报纳税。

扣缴义务人应当向其机构所在地或者居住地的主管税务机关申报缴纳其扣缴的税款。

第二十三条　增值税的纳税期限分别为1日、3日、5日、10日、15日、1个月或者1个季度。纳税人的具体纳税期限，由主管税务机关根据纳税人应纳税额的大小分别核定；不能按照固定期限纳税的，可以按次纳税。

纳税人以1个月或者1个季度为1个纳税期的，自期满之日起15日内申报纳税；以1日、3日、5日、10日或者15日为1个纳税期的，自期满之日起5日内预缴税款，于次月1日起15日内申报纳税并结清上月应纳税款。

扣缴义务人解缴税款的期限，依照前两款规定执行。

第二十四条　纳税人进口货物，应当自海关填发海关进口增值税专用缴款书之日起15日内缴纳税款。

第二十五条　纳税人出口货物适用退（免）税规定的，应当向海关办理出口手续，凭出口报关单等有关凭证，在规定的出口退（免）税申报期内按月向主管税务机关申报办理该项出口货物的退（免）税；境内单位和个人跨境销售服务和无形资产适用退（免）税规定的，应当按期向主管税务机关申报办理退（免）税。具体办法由国务院财政、税务主管部门制定。

出口货物办理退税后发生退货或者退关的，纳税人应当依法补缴已退的税款。

第二十六条　增值税的征收管理，依照《中华人民共和国税收征收管理法》及本条例有关规定执行。

第二十七条　纳税人缴纳增值税的有关事项，国务院或者国务院财政、税务主管部门经国务院同意另有规定的，依照其规定。

第二十八条　本条例自2009年1月1日起施行。

关于修改和废止部分规章、规范性文件的决定

（农业部令2017年第8号，农业部2017年11月30日发布）

现公布《农业部关于修改和废止部分规章、规范性文件的决定》，自公布之日起施行。）

关于修改和废止部分规章、规范性文件的决定

为了依法保障简政放权、放管结合、优化服务改革措施落实，农业部对规章和规范性文件进行了全面清理。经过清理，农业部决定：

一、对18部规章和4部规范性文件的部分条款予以修改。（附件1）

二、对3部规章和36部规范性文件予以废止。（附件2）

本决定自公布之日起施行。

附件：1. 农业部决定修改的规章和规范性文件

2. 农业部决定废止的规章和规范性文件

附件1

农业部决定修改的规章和规范性文件

一、修改的规章

1. 农业基本建设项目管理办法（2004年7月12日农业部令第39号公布）

将第十三条第二款修改为："地方和直属直供垦区承担项目，由省级农业行政主管部门评估和审批，批复文件抄报农业部备案。

"农业部直属单位承担项目，由农业部评估和审批。"

第三十三条第二款中的"审批权限"修改为"初步设计审批权限"。

第三十九条中的"省级人民政府农业行政主管部门和农业部直属单位要定期报送有关项目信息"修改为"省级人民政府农业行政主管部门和农业部直属单位要定期报送有关项目信息，并督促项目建设单位定期报送项目信息"。

2. 农业转基因生物安全评价管理办法（2002年1月5日农业部令第8号公布，2004年7月1日农业部令第38号、2016年7月25日农业部令2016年第7号修订）

将第二十二条第二款第三项修改为："有检测条件和能力的技术检测机构出具的检测报告"。

第二十四条第一款修改为："在农业转基因生物试验结束后拟申请安全证书的，试验单位应当向农业转基因生物安全管理办公室提出申请。"删去第二款第三项，将第二款第五项改为第四项，修改为："按要求提交农业转基因生物样品、对照样品及检测所需的试验材料、检测方法，但按照本办法第二十二条规定已经提交的除外"。增加一款作为第三款："农业部收到申请后，应当组织农业转基因生物安全委员会进行安全评价，并委托具备检测条件和能力的技术检测机构进行检测；安全评价合格的，经农业部批准后，方可颁发农业转基因生物安全证书。"

删去第二十七条。

3. 农业转基因生物进口安全管理办法（2002年1月5日农业部令第9号公布，2004年7月1日农业部令第38号修订）

将第十三条第一款中的"应当提供下列材料"修改为"应当按照相关安全评价指南的要求提供下列材料"。第一款第五项修改为："按要求提交农业转基因生物样品、对照样品及检测所需的试验材料、检测方法"。第二款修改为："农业部收到申请后，应当组织农业转基因生物安全委员会进行安全评价，并委托具备检测条件和能力的技术检测机构进行检测；安全评价合格的，经农业部批准后，方可颁发农业转基因生物安全证书。"

4. 农业转基因生物标识管理办法（2002年1月5日农业部令第10号公布，2004年7月1日农业部令第38号修订）

将第四条第一款修改为："农业部负责全

国农业转基因生物标识的监督管理工作。”

删去第十一条、第十二条。

5. 肥料登记管理办法（2000 年 6 月 23 日农业部令第 32 号公布，2004 年 7 月 1 日农业部令第 38 号修订）

删去第六条、第十一条第二款、第二十一条第一款、第三十条第一款、第三十二条。

删去第十条第二款、第十一条第一款、第十八条中的“临时”，第十一条第三款中的“和/或田间示范试验”，第十七条第一款中的“临时登记证或正式”，第三十条第二款中的“和田间示范试验”“并支付试验费”。

删去第十二条第一款、第二款、第三款，第四款修改为：“生产者可按要求自行开展肥料田间试验，也可委托有关单位开展；生产者和试验单位应当对所出具试验报告的真实性承担法律责任。”

第三十四条增加一项，作为第三项：“植物生长调节剂。”

6. 农作物种子质量检验机构考核管理办法（2008 年 1 月 2 日农业部令第 12 号公布，2013 年 12 月 31 日农业部令 2013 年第 5 号修订）

删去第二条第二款，将第一款中的“省级以上人民政府农业主管部门”修改为“省级人民政府农业主管部门”。

删去第三十三条。

7. 农作物种子生产经营许可管理办法（2016 年 7 月 8 日农业部令 2016 年第 5 号公布）

将第八条第五项中的“具有自育品种”修改为“具有与申请作物类别相应的自育品种”。

第十七条第一款中的“副证注明生产种子的作物种类”修改为“副证注明作物种类”。

8. 饲料和饲料添加剂生产许可管理办法（2012 年 5 月 2 日农业部令 2012 年第 3 号公布，2013 年 12 月 31 日农业部令 2013 年第 5 号、2016 年 5 月 30 日农业部令 2016 年第 3 号修订）

删去第十七条。

9. 进口饲料和饲料添加剂登记管理办法（2014 年 1 月 13 日农业部令 2014 年第 2 号公布，2016 年 5 月 30 日农业部令 2016 年第 3 号修订）

将第四条修改为：“境外企业申请进口登记，由境外企业驻中国境内的办事机构或者委托的中国境内代理机构办理。”

10. 饲料质量安全管理规范（2014 年 1 月 13 日农业部令 2014 年第 1 号公布）

删去第四条中的“年度备案和”。

11. 动物诊疗机构管理办法（2008 年 11 月 26 日农业部令第 19 号公布，2016 年 5 月 30 日农业部令 2016 年第 3 号修订）

删去第八条第二款。

12. 兽药生产质量管理规范（2002 年 3 月 19 日农业部令第 11 号公布）

将第三十三条修改为：“兽药生产企业必须具备与所生产产品相适应的生产和检验设备，其性能和主要技术参数应能保证生产和产品质量控制及实施兽药产品电子追溯管理的需要。”

第六十七条增加一项，作为第八项：“兽药产品追溯管理制度和记录。”

第八十二条第七项修改为：“审核成品发放前批生产记录及本批产品上传国家兽药产品追溯系统的电子追溯码信息与记录，决定成品发放。”

13. 兽药标签和说明书管理办法（2002 年 10 月 31 日农业部令第 22 号公布，2004 年 7 月 1 日农业部令第 38 号、2007 年 11 月 8 日农业部令第 6 号修订）

将第十三条修改为：“兽药标签和说明书应当经农业部批准后方可使用。农业部制定兽药标签和说明书编写细则、范本，作为兽药标签和说明书编制、审批和监督执法的依据。”

第十八条中的“兽药标签应当按照农业部的规定使用条形码”修改为“兽药标签或最小销售包装上应当按照农业部的规定印制兽药产品电子追溯码，电子追溯码以二维码标注”。

第二十三条修改为：“凡违反本办法规定的，按照《兽药管理条例》有关规定进行处罚。兽药产品标签未按要求使用电子追溯码的，按照《兽药管理条例》第六十条第二款处罚。”

14. 兽药经营质量管理规范（2010 年 1 月 15 日农业部令 2010 年第 3 号公布）

第八条增加一项，作为第六项："实施兽药电子追溯管理的相关设备。"

第十五条第二款增加一项，作为第十一项："兽药产品追溯管理制度。"

第十六条第一款增加一项，作为第九项："兽药产品追溯记录。"

第二十条第一款修改为："兽药入库时，应当进行检查验收，将兽药入库的信息上传兽药产品追溯系统，并做好记录。"

第二十五条第一款中的"兽药出库时，应当进行检查、核对，建立出库记录"修改为"兽药出库时，应当进行检查、核对，建立出库记录，并将出库信息上传兽药产品追溯系统"。

15. 中华人民共和国渔业船员管理办法（2014 年 5 月 23 日农业部令 2014 年第 4 号公布）

删去第十一条第二款。

16. 中华人民共和国水生动植物自然保护区管理办法（1997 年 10 月 17 日农业部令第 24 号公布，2010 年 11 月 26 日农业部令 2010 年第 11 号、2013 年 12 月 31 日农业部令 2013 年第 5 号、2014 年 4 月 25 日农业部令 2014 年第 3 号修订）

将第二十条修改为："在水生动植物自然保护区的实验区开展参观、旅游活动的，由自然保护区管理机构根据自然保护区总体规划编制方案，方案应当符合自然保护区管理目标。"

17. 中华人民共和国水生野生动物利用特许办法（1999 年 6 月 24 日农业部令第 15 号公布，2004 年 7 月 1 日农业部令第 38 号、2010 年 11 月 26 日农业部令 2010 年第 11 号、2013 年 12 月 31 日农业部令 2013 年第 5 号修订）

将《办法》中的"驯养繁殖"修改为"人工繁育"，"出售、收购、利用"修改为"出售、购买、利用"，"水生野生动物或其产品"修改为"水生野生动物或其制品"，"捕捉证"修改为"猎捕证"。删去"运输""水生野生动物特许运输证"和"运输证"。

第三条修改为："农业部主管全国水生野生动物利用特许管理工作，负责国家一级保护水生野生动物的捕捉、水生野生动物或其制品进出口和国务院规定由农业部负责的国家重点水生野生动物的人工繁育和出售购买利用其活体及制品活动的审批。

"省级人民政府渔业主管部门负责本行政区域内除国务院对审批机关另有规定的国家重点保护水生野生动物或其制品利用特许审批；县级以上地方人民政府渔业行政主管部门负责本行政区域内水生野生动物或其制品特许申请的审核。"

第十五条修改为："国家支持有关科学研究机构因物种保护目的人工繁育国家重点保护水生野生动物。

"前款规定以外的人工繁育国家重点保护水生野生动物实行许可制度。人工繁育国家重点保护水生野生动物的，应当经省级人民政府渔业主管部门批准，取得《人工繁育许可证》，但国务院对批准机关另有规定的除外。"

第十七条第一款中的"驯养繁殖国家一级保护水生野生动物的"修改为"国务院规定由农业部批准的国家重点保护水生野生动物的人工繁育许可"，第三款修改为："除国务院规定由农业部批准以外的国家重点保护水生野生动物的人工繁育许可，应当向省级人民政府渔业主管部门申请。"

第二十二条修改为："禁止出售、购买、利用国家重点保护水生野生动物及其制品。因科学研究、人工繁育、公众展示展演、文物保护或者其他特殊情况，需要出售、购买、利用水生野生动物及其制品的，应当经省级人民政府渔业主管部门或其授权的渔业主管部门审核批准，并按照规定取得和使用专用标识，保证可追溯。"

第二十三条第一款中的"出售、收购、利用国家一级保护水生野生动物或其产品的"修改为"国务院规定由农业部批准的国家重点保护水生野生动物或者其制品的出售、购买、利用许可"，第三款修改为："除国务院规定由农业部批准以外的国家重点保护水生野生动物或者其制品的出售、购买、利用许可，应当向省级人民政府渔业主管部门申请。"

删除第五章。

第四十六条第一款修改为："本办法规定的《申请表》和水生野生动物利用特许证件由

农业部统一制订。已发放仍在使用的许可证件由原发证机关限期统一进行更换。”

18．农产品质量安全检测机构考核办法（2007 年 12 月 12 日农业部令第 7 号公布）

将第七条第二款修改为：“从事农产品质量安全检测的技术人员应当具有相关专业中专以上学历，并经所在机构考核合格，持证上岗。”

第八条修改为：“农产品质量安全检测机构的技术人员应当不少于 5 人，其中中级以上技术职称或同等能力的人员比例不低于 40%。技术负责人、质量负责人和授权签字人应当具有中级以上技术职称或同等能力，并从事农产品质量安全相关工作 5 年以上。博士研究生毕业，从事相关专业检验检测工作 1 年及以上；硕士研究生毕业，从事相关专业检验检测工作 3 年及以上；大学本科毕业，从事相关专业检验检测工作 5 年及以上；大学专科毕业，从事相关专业检验检测工作 8 年及以上，可视为同等能力。”

第十八条第一款修改为：“现场评审实行评审专家组负责制。专家组由 3～5 名评审员组成，必要时可聘请其他技术专家参加。”

第二十三条修改为：“《考核合格证书》有效期为 6 年。证书期满继续从事农产品质量安全检测工作的，应当在有效期届满 3 个月前提出申请，重新办理《考核合格证书》。”

第二十五条增加一项，作为第三项：“检测场所变更的；”

第二十六条修改为：“考核机关通过年度报告、能力验证、现场检查等方式，对农产品质量安全检测机构进行监督管理。

“农产品质量安全检测机构应当按照考核机关的要求，参加其组织开展的能力验证或者比对，以保证持续符合机构考核条件和要求。”

第二十八条修改为：“农产品质量安全检测机构在考核中隐瞒有关情况或者弄虚作假的，考核机关应当予以警告，取消考核资格，一年内不再受理其考核申请；采取欺骗、贿赂等不正当手段取得考核证书的，撤销考核证书，三年内不再受理其考核申请。

“农产品质量安全检测机构伪造检测结果或者出具虚假证明的，或擅自发布检测数据和结果，并造成不良后果的，依照《中华人民共和国农产品质量安全法》相关规定处罚，三年内不受理其机构考核申请。”

第二十八条后增加两条，作为第二十九条和第三十条：

“第二十九条 农产品质量安全检测机构有下列情形之一的，由考核机关责令其 1 个月内改正；逾期未改正或改正后仍不符合要求的，由考核机关暂停其检测工作：

“（一）未按规定对人员、仪器设备、设施条件、质量管理体系、检测工作等实施有效管理的；

“（二）未按规定办理变更手续的；

“（三）检验报告、原始记录及其他档案管理不规范的。

“第三十条 农产品质量安全检测机构有下列情形之一的，由考核机关责令其 3 个月内整改，整改期间不得向社会出具具有证明作用的检验检测数据、结果；逾期未整改或整改后仍不符合要求的，由考核机关撤销其《考核合格证书》：

“（一）超出批准的检测能力范围，擅自向社会出具检验数据、结果的；

“（二）非授权签字人签发检验报告的；

“（三）检测工作存在较大风险隐患的。”

第二十九条修改为第三十一条，删去第三项，增加三项：

“（三）《考核合格证书》有效期届满，未申请延续或者依法不予延续批准的；

“（四）无正当理由未按照考核机关要求参加能力验证的；

“（五）无正当理由不接受、不配合监督检查的；”

二、修改的规范性文件

1．关于印发农业基本建设项目申报审批等管理规定的通知（2004 年 7 月 14 日农计发〔2004〕10 号，2016 年 5 月 30 日农业部令 2016 年第 3 号修订）

将《农业基本建设项目申报审批管理规定》第七条第三款修改为：“地方和直属直供垦区承担项目的初步设计，由省级农业行政主管部门负责评审。农业部直属单位基本建设项目的方案设计、初步设计与概算由农业部发展计划司负责评审。”第十条中的“中央投资600万元以上（含600万元）的，由农业部行业司局根据项目评估意见，办理批复文件；中央投资在600万元以下的，由各省级人民政府农业行政主管部门审批”修改为“由省级农业行政主管部门根据项目评估意见，办理批复文件”。

《农业基本建设项目竣工验收管理规定》第四条修改为：“地方及农业部直属直供垦区承担的项目，由省级农业行政主管部门组织验收。”第五条修改为：“农业部直属单位承担的项目，按照《农业部直属单位建设项目管理办法》（农计发〔2014〕78号）组织验收。”第九条修改为“初验合格并具备竣工验收条件后，建设单位应在15个工作日内向竣工验收主管部门提出竣工验收申请报告。”第十四条第一款中的“统一印制”修改为“统一格式”。删去第十四条第三款。

2. 肥料登记资料要求（2001年5月25日农业部公告第161号）

将公告中的“临时登记”修改为“肥料登记”，“工商注册证明文件”修改为“统一社会信用代码”。删去公告中关于“正式登记”“农业部认定可承担田间肥效试验单位”“农业部指定菌种鉴定及菌种安全鉴定单位”的相关要求。删去公告中关于提供“毒性报告”“菌种安全性鉴定报告”的要求。

3. 农业部公告第1849号（饲料生产企业许可条件、混合型饲料添加剂生产企业许可条件）（2012年10月22日公布）

删去《饲料生产企业许可条件》第八条第二款。删去第十二条中的“人工采光灯具应当有防爆功能”。第十五条第一款第一项中的“生产区电源开关有防爆功能”修改为“易产生或积存粉尘区域的人工采光灯具、电源开关及插座应具有防爆功能”。第十六条第二项修改为：“存放维生素、微生物添加剂和酶制剂等热敏物质的贮存间面积与生产规模相匹配，密闭性能良好，并配备空调；”第四项修改为“药物饲料添加剂应当有独立的贮存间，面积与生产规模相匹配；”第十九条第九项中的“应当单独配备至少一台混合机”修改为“应当单独配备至少一台混合机并配备相应的除尘设备”。

删去《混合型饲料添加剂生产企业许可条件》第九条第二款。删去第十二条中的“人工采光灯具应当有防爆功能”。第十五条第一款第一项中的“生产区电源开关有防爆功能”修改为：“易产生或积存粉尘区域的人工采光灯具、电源开关及插座应具有防爆功能”。第十六条第二项修改为：“存放维生素、微生物添加剂和酶制剂等热敏物质的贮存间面积与生产规模相匹配，密闭性能良好，并配备空调；”

将《饲料生产企业许可条件》第八条第一款和《混合型饲料添加剂生产企业许可条件》第九条第一款修改为：“企业应当配备2名以上专职检验化验员，并通过现场操作技能考核。”

4. 农业部公告第1867号（饲料添加剂生产许可申报材料要求、混合型饲料添加剂生产许可申报材料要求、添加剂预混合饲料生产许可申报材料要求、浓缩饲料、配合饲料、精料补充料生产许可申报材料要求和单一饲料生产许可申报材料要求）（2012年11月29日公布）

删去公告中关于提供“组织机构代码证”“劳动合同”和“职业资格证书或鉴定合格证明”的要求，将“工商营业执照注册号”修改为“统一社会信用代码”。

删去公告关于提供“管道仪表图”和与“饲料加工设备维修工”“饲料厂中央控制室操作工”有关的要求。

将公告中的“申报材料一式两份（应包括纸质文件和电子文档光盘），其中一份报送农业部，省级饲料管理部门留存一份”修改为“申报材料一式两份（应包括纸质文件和电子文档光盘），其中一份报送省级饲料管理部门，承担具体受理工作的机构留存一份”。“企业应当提供省级饲料管理部门指定的饲料检验机构出具的产品主成分指标检测方法验证结论复印件”修改为“企业应当提供省级及以上饲料检验机构出具的产品主成分指标检测方法验证结论复印件”。

附件 2

农业部决定废止的规章和规范性文件

一、废止的规章

1. 农药管理条例实施办法（1999 年 7 月 23 日农业部令第 20 号公布，2002 年 7 月 27 日农业部令第 18 号、2004 年 7 月 1 日农业部令第 38 号、2007 年 12 月 8 日农业部令第 9 号修订）

2. 农药限制使用管理规定（2002 年 6 月 28 日农业部令第 17 号公布）

3. 农药登记资料规定（2007 年 12 月 8 日农业部令第 10 号公布）

二、废止的规范性文件

1. 农业部关于印发《农业行业实行就业准入的职业目录》的通知（2000 年 3 月 1 日农人发〔2000〕4 号）

2. 农业部关于印发《饲料工业行业检验化验员等三个职业实行就业准入制度实施方案》的通知（2000 年 4 月 24 日农人劳〔2000〕10 号）

3. 农业部关于印发《动物疫病防治员和动物检疫检验员实行就业准入制度实施方案》的通知（2000 年 4 月 26 日农人劳〔2000〕12 号）

4. 农业部关于印发《农机修理工实行就业准入制度实施方案》的通知（2000 年 5 月 25 日农人劳〔2000〕15 号）

5. 农业部关于印发《农村能源行业沼气生产工和太阳能利用工实行就业准入制度实施方案》的通知（2000 年 6 月 5 日农人劳〔2000〕16 号）

6. 农业部关于印发《农业行业作物种子繁育工等两个职业实行就业准入制度实施方案》的通知（2000 年 12 月 22 日农人发〔2000〕16 号）

7. 农业部关于印发《渔业行业水生动物饲养人员实行就业准入制度实施方案》的通知（2000 年 12 月 22 日农人发〔2000〕17 号）

8. 农业部转基因生物安全证书续申请简化程序规定（2006 年 10 月 27 日农业部公告第 736 号）

9. 南繁的转基因农作物安全评价申报要求（2007 年 3 月 2 日农业部公告第 822 号）

10. 农业部关于进一步规范肥料登记管理的通知（2002 年 1 月 17 日农农发〔2002〕2 号）

11. 农药登记药效试验单位认证管理办法（2001 年 12 月 10 日农农发〔2001〕25 号）

12. 农业部关于印发《农药登记残留试验单位认证管理办法》的通知（2002 年 6 月 19 日农农发〔2002〕10 号）

13. 农业部、工商总局、国家安全生产监督管理局、全国爱国卫生运动委员会关于开展杀鼠剂经营资格核准工作的通知（2003 年 8 月 1 日农农发〔2003〕14 号）

14. 农业部、工商总局、国家安全生产监督管理局、全国爱国卫生运动委员会关于开展杀鼠剂经营资格核准工作的补充通知（2003 年 10 月 8 日农农发〔2003〕17 号）

15. 农药登记环境试验单位管理办法（2004 年 5 月 14 日农业部公告第 374 号）

16. 农药登记原药全组分分析试验单位管理办法（2005 年 7 月 27 日农业部公告第 525 号）

17. 调整农药续展登记审批工作程序和要求（2006 年 5 月 29 日农业部公告第 657 号）

18. 农药良好实验室考核管理办法（2006 年 11 月 8 日农业部公告第 739 号）

19. 规范农药名称登记核准和管理（2007 年 12 月 8 日农业部公告第 944 号）

20. 农药名称管理规定（2007 年 12 月 12 日农业部、发展改革委公告第 945 号）

21. 农药产品有效成分含量管理规定（2007 年 12 月 12 日农业部、发展改革委公告

第946号）

22. 规范卫生用农药产品使用香型的管理（2008年12月25日农业部公告第1132号）

23. 对农药产品有效成分含量的管理做出补充规定（2009年2月25日农业部、工业和信息化部公告第1158号）

24. 关于种子销售范围问题的复函（2002年1月25日农办农〔2002〕4号）

25. 关于如何标注主要农作物品种审定编号的复函（2003年6月26日农办政〔2003〕13号）

26. 关于烟草品种审定问题的复函（2004年4月1日农农函〔2004〕1号）

27. 部分兽药品种的停药期规定（2003年5月22日农业部公告第278号）

28. 农业部办公厅关于加强兽药残留检测试剂（盒）管理的通知（2005年1月21日农办医〔2005〕3号）

29. 农业部办公厅关于加强重大动物疫病病料采集审批工作管理的通知（2014年8月29日农办医〔2014〕42号）

30. 农业部关于转发《濒危野生动植物国际贸易公约》附录水生野生物种目录的通知（2001年4月9日农渔发〔2001〕8号）

31. 水域污染事故渔业损失计算方法规定（1996年10月8日农渔发〔1996〕14号公布）

32. 农业部关于调整海洋伏季休渔制度的通告（2009年2月27日农业部通告〔2009〕1号）

33. 农业部关于将黄渤海区和东海区刺网渔船全部纳入海洋伏季休渔管理的通告（2011年3月11日农业部通告〔2011〕1号）

34. 农业部关于调整刺网休渔时间的通告（2012年1月12日农业部通告〔2012〕1号）

35. 农业部关于实行长江禁渔期制度的通知（2003年1月6日农渔发〔2003〕1号）

36. 农业部关于实行珠江禁渔期制度的通告（2010年10月12日农业部通告〔2010〕1号）

关于修改《湿地保护管理规定》的决定

（国家林业局令2017年第48号，国家林业局2017年12月5日发布）

《国家林业局关于修改〈湿地保护管理规定〉的决定》已经2017年11月3日国家林业局局务会议审议通过，现予公布，自2018年1月1日起施行。

国家林业局关于修改《湿地保护管理规定》的决定

国家林业局决定对《湿地保护管理规定》作如下修改：

一、将第一条修改为："为了加强湿地保护管理，履行《关于特别是作为水禽栖息地的国际重要湿地公约》（以下简称"国际湿地公约"），根据法律法规和有关规定，制定本规定。"。

二、将第二条中"野生植物的原生地"修改为"野生植物原生地"。

三、将第三条中"保护优先、科学恢复"修改为"全面保护、科学修复"。

四、将第五条第一款中的"爱鸟周"修改为"世界野生动植物日、爱鸟周"。

五、将第六条中"县级以上地方人民政府林业主管部门应当鼓励、支持公民、法人和其他组织"修改为："县级以上人民政府林业主管部门应当鼓励和支持公民、法人以及其他组织"。

六、将第十一条修改为："县级以上人民政府林业主管部门可以采取湿地自然保护区、湿地公园、湿地保护小区等方式保护湿地，健全湿地保护管理机构和管理制度，完善湿地保护体系，加强湿地保护。"

七、将第十二条修改为："湿地按照其生态区位、生态系统功能和生物多样性等重要程度，分为国家重要湿地、地方重要湿地和一般湿地。”

八、将第十三条修改为：“国家林业局会同国务院有关部门制定国家重要湿地认定标准和管理办法，明确相关管理规则和程序，发布国家重要湿地名录。”

九、将第十四条修改为：“省、自治区、直辖市人民政府林业主管部门应当在同级人民政府指导下，会同有关部门制定地方重要湿地和一般湿地认定标准和管理办法，发布地方重要湿地和一般湿地名录。”

十、将第十九条第一款、第二款中的“设立”修改为“建立”。

十一、将第二十一条修改为：“国家湿地公园实行晋升制。符合下列条件的，可以申请晋升为国家湿地公园：

“（一）湿地生态系统在全国或者区域范围内具有典型性，或者湿地区域生态地位重要，或者湿地主体生态功能具有典型示范性，或者湿地生物多样性丰富，或者集中分布有珍贵、濒危的野生生物物种；

“（二）具有重要或者特殊科学研究、宣传教育和文化价值；

“（三）成为省级湿地公园两年以上（含两年）；

“（四）保护管理机构和制度健全；

“（五）省级湿地公园总体规划实施良好；

“（六）土地权属清晰，相关权利主体同意作为国家湿地公园；

“（七）湿地保护、科研监测、科普宣传教育等工作取得显著成效。”

十二、删去第二十二条。

十三、将第二十三条改为第二十二条，修改为：“申请晋升为国家湿地公园的，由省、自治区、直辖市人民政府林业主管部门向国家林业局提出申请。

“国家林业局在收到申请后，组织论证审核，对符合条件的，晋升为国家湿地公园。”

十四、将第二十四条改为第二十三条，将第一款修改为：“省级以上人民政府林业主管部门应当对国家湿地公园的建设和管理进行监督检查和评估。”

将第二款中的“因管理不善”修改为“因自然因素或者管理不善”。

十五、将第二十五条改为第二十四条，将“建立”修改为“设立”。

十六、删去第二十六条。

十七、将第二十八条、第二十九条改为第二十六条、第二十七条，将“县级以上地方人民政府”修改为“县级以上人民政府”。

十八、将第三十一条改为第二十九条，修改为：“除法律法规有特别规定的以外，在湿地内禁止从事下列活动：

“（一）开（围）垦、填埋或者排干湿地；

“（二）永久性截断湿地水源；

“（三）挖沙、采矿；

“（四）倾倒有毒有害物质、废弃物、垃圾；

“（五）破坏野生动物栖息地和迁徙通道、鱼类洄游通道，滥采滥捕野生动植物；

“（六）引进外来物种；

“（七）擅自放牧、捕捞、取土、取水、排污、放生；

“（八）其他破坏湿地及其生态功能的活动。”

十九、将第三十二条改为第三十条，将第一款修改为：“建设项目应当不占或者少占湿地，经批准确需征收、占用湿地并转为其他用途的，用地单位应当按照“先补后占、占补平衡”的原则，依法办理相关手续。”

将第二款中的“进行生态修复”修改为“限期进行生态修复”。

二十、增加一条，作为第三十二条：“县级以上人民政府林业主管部门应当按照有关规定开展湿地防火工作，加强防火基础设施和队伍建设。”

二十一、删去第三十六条。

另外，条文顺序作相应的调整。

本决定自 2018 年 1 月 1 日起施行。

《湿地保护管理规定》根据本决定作相应修改，重新公布。

湿地保护管理规定

（2013 年 3 月 28 日国家林业局令第 32 号公布，2017 年 12 月 5 日国家林业局令第 48 号修改）

第一条 为了加强湿地保护管理，履行《关于特别是作为水禽栖息地的国际重要湿地公约》（以下简称“国际湿地公约”），根据法律法规和有关规定，制定本规定。

第二条 本规定所称湿地，是指常年或者季节性积水地带、水域和低潮时水深不超过 6 米的海域，包括沼泽湿地、湖泊湿地、河流湿地、滨海湿地等自然湿地，以及重点保护野生动物栖息地或者重点保护野生植物原生地等人工湿地。

第三条 国家对湿地实行全面保护、科学修复、合理利用、持续发展的方针。

第四条 国家林业局负责全国湿地保护工作的组织、协调、指导和监督，并组织、协调有关国际湿地公约的履约工作。

县级以上地方人民政府林业主管部门按照有关规定负责本行政区域内的湿地保护管理工作。

第五条 县级以上人民政府林业主管部门及有关湿地保护管理机构应当加强湿地保护宣传教育和培训，结合世界湿地日、世界野生动植物日、爱鸟周和保护野生动物宣传月等开展宣传教育活动，提高公众湿地保护意识。

县级以上人民政府林业主管部门应当组织开展湿地保护管理的科学研究，应用推广研究成果，提高湿地保护管理水平。

第六条 县级以上人民政府林业主管部门应当鼓励和支持公民、法人以及其他组织，以志愿服务、捐赠等形式参与湿地保护。

第七条 国家林业局会同国务院有关部门编制全国和区域性湿地保护规划，报国务院或者其授权的部门批准。

县级以上地方人民政府林业主管部门会同同级人民政府有关部门，按照有关规定编制本行政区域内的湿地保护规划，报同级人民政府或者其授权的部门批准。

第八条 湿地保护规划应当包括下列内容：

（一）湿地资源分布情况、类型及特点、水资源、野生生物资源状况；

（二）保护和合理利用的指导思想、原则、目标和任务；

（三）湿地生态保护重点建设项目与建设布局；

（四）投资估算和效益分析；

（五）保障措施。

第九条 经批准的湿地保护规划必须严格执行；未经原批准机关批准，不得调整或者修改。

第十条 国家林业局定期组织开展全国湿地资源调查、监测和评估，按照有关规定向社会公布相关情况。

湿地资源调查、监测、评估等技术规程，由国家林业局在征求有关部门和单位意见的基础上制定。

县级以上地方人民政府林业主管部门及有关湿地保护管理机构应当组织开展本行政区域内的湿地资源调查、监测和评估工作，按照有关规定向社会公布相关情况。

第十一条 县级以上人民政府林业主管部门可以采取湿地自然保护区、湿地公园、湿地保护小区等方式保护湿地，健全湿地保护管理机构和管理制度，完善湿地保护体系，加强湿地保护。

第十二条 湿地按照其生态区位、生态系统功能和生物多样性等重要程度，分为国家重要湿地、地方重要湿地和一般湿地。

第十三条 国家林业局会同国务院有关部门制定国家重要湿地认定标准和管理办法，明确相关管理规则和程序，发布国家重要湿地名录。

第十四条 省、自治区、直辖市人民政府林业主管部门应当在同级人民政府指导下，会同有关部门制定地方重要湿地和一般湿地认定标准和管理办法，发布地方重要湿地和一般湿地名录。

第十五条　符合国际湿地公约国际重要湿地标准的，可以申请指定为国际重要湿地。

申请指定国际重要湿地的，由国务院有关部门或者湿地所在地省、自治区、直辖市人民政府林业主管部门向国家林业局提出。国家林业局应当组织论证、审核，对符合国际重要湿地条件的，在征得湿地所在地省、自治区、直辖市人民政府和国务院有关部门同意后，报国际湿地公约秘书处核准列入《国际重要湿地名录》。

第十六条　国家林业局对国际重要湿地的保护管理工作进行指导和监督，定期对国际重要湿地的生态状况开展检查和评估，并向社会公布结果。

国际重要湿地所在地的县级以上地方人民政府林业主管部门应当会同同级人民政府有关部门对国际重要湿地保护管理状况进行检查，指导国际重要湿地保护管理机构维持国际重要湿地的生态特征。

第十七条　国际重要湿地保护管理机构应当建立湿地生态预警机制，制定实施管理计划，开展动态监测，建立数据档案。

第十八条　因气候变化、自然灾害等造成国际重要湿地生态特征退化的，省、自治区、直辖市人民政府林业主管部门应当会同同级人民政府有关部门进行调查，指导国际重要湿地保护管理机构制定实施补救方案，并向同级人民政府和国家林业局报告。

因工程建设等造成国际重要湿地生态特征退化甚至消失的，省、自治区、直辖市人民政府林业主管部门应当会同同级人民政府有关部门督促、指导项目建设单位限期恢复，并向同级人民政府和国家林业局报告；对逾期不予恢复或者确实无法恢复的，由国家林业局会商所在地省、自治区、直辖市人民政府和国务院有关部门后，按照有关规定处理。

第十九条　具备自然保护区建立条件的湿地，应当依法建立自然保护区。

自然保护区的建立和管理按照自然保护区管理的有关规定执行。

第二十条　以保护湿地生态系统、合理利用湿地资源、开展湿地宣传教育和科学研究为目的，并可供开展生态旅游等活动的湿地，可以设立湿地公园。

湿地公园分为国家湿地公园和地方湿地公园。

第二十一条　国家湿地公园实行晋升制。符合下列条件的，可以申请晋升为国家湿地公园：

（一）湿地生态系统在全国或者区域范围内具有典型性，或者湿地区域生态地位重要，或者湿地主体生态功能具有典型示范性，或者湿地生物多样性丰富，或者集中分布有珍贵、濒危的野生生物物种；

（二）具有重要或者特殊科学研究、宣传教育和文化价值；

（三）成为省级湿地公园两年以上（含两年）；

（四）保护管理机构和制度健全；

（五）省级湿地公园总体规划实施良好；

（六）土地权属清晰，相关权利主体同意作为国家湿地公园；

（七）湿地保护、科研监测、科普宣传教育等工作取得显著成效。

第二十二条　申请晋升为国家湿地公园的，由省、自治区、直辖市人民政府林业主管部门向国家林业局提出申请。

国家林业局在收到申请后，组织论证审核，对符合条件的，晋升为国家湿地公园。

第二十三条　省级以上人民政府林业主管部门应当对国家湿地公园的建设和管理进行监督检查和评估。

因自然因素或者管理不善导致国家湿地公园条件丧失的，或者对存在问题拒不整改或者整改不符合要求的，国家林业局应当撤销国家湿地公园的命名，并向社会公布。

第二十四条　地方湿地公园的设立和管理，按照地方有关规定办理。

第二十五条　因保护湿地给湿地所有者或者经营者合法权益造成损失的，应当按照有关规定予以补偿。

第二十六条　县级以上人民政府林业主管部门及有关湿地保护管理机构应当组织开展退

化湿地修复工作，恢复湿地功能或者扩大湿地面积。

第二十七条 县级以上人民政府林业主管部门及有关湿地保护管理机构应当开展湿地动态监测，并在湿地资源调查和监测的基础上，建立和更新湿地资源档案。

第二十八条 县级以上人民政府林业主管部门应当对开展生态旅游等利用湿地资源的活动进行指导和监督。

第二十九条 除法律法规有特别规定的以外，在湿地内禁止从事下列活动：

（一）开（围）垦、填埋或者排干湿地；

（二）永久性截断湿地水源；

（三）挖沙、采矿；

（四）倾倒有毒有害物质、废弃物、垃圾；

（五）破坏野生动物栖息地和迁徙通道、鱼类洄游通道，滥采滥捕野生动植物；

（六）引进外来物种；

（七）擅自放牧、捕捞、取土、取水、排污、放生；

（八）其他破坏湿地及其生态功能的活动。

第三十条 建设项目应当不占或者少占湿地，经批准确需征收、占用湿地并转为其他用途的，用地单位应当按照“先补后占、占补平衡”的原则，依法办理相关手续。

临时占用湿地的，期限不得超过2年；临时占用期限届满，占用单位应当对所占湿地限期进行生态修复。

第三十一条 县级以上地方人民政府林业主管部门应当会同同级人民政府有关部门，在同级人民政府的组织下建立湿地生态补水协调机制，保障湿地生态用水需求。

第三十二条 县级以上人民政府林业主管部门应当按照有关规定开展湿地防火工作，加强防火基础设施和队伍建设。

第三十三条 县级以上人民政府林业主管部门应当会同同级人民政府有关部门协调、组织、开展湿地有害生物防治工作；湿地保护管理机构应当按照有关规定承担湿地有害生物防治的具体工作。

第三十四条 县级以上人民政府林业主管部门应当会同同级人民政府有关部门开展湿地保护执法活动，对破坏湿地的违法行为依法予以处理。

第三十五条 本规定自2013年5月1日起施行。

关于废止部分规章和规范性文件的决定

（财政部令2017年第92号，财政部2017年12月11日发布）

《财政部关于废止部分规章和规范性文件的决定》已经财政部部长办公会审议通过，现予公布。

财政部关于废止部分规章和规范性文件的决定

为落实简政放权、放管结合、优化服务的改革措施，我部组织开展了规章、规范性文件清理工作。经过清理，决定对以下规章和规范性文件予以废止：

废止的规章和规范性文件目录

	序号	文件名称
规章	1	中外合作经营企业外国合作者先行回收投资审批办法（财政部令第28号）
	2	会计从业资格管理办法（财政部令第73号）
	3	财政部关于修改《会计从业资格管理办法》的决定（财政部令第82号）

续表

	序号	文件名称
规范性文件	1	财政部关于印发中央在京单位会计从业资格认定职能移交工作实施方案的通知（财会〔2016〕14号）
	2	财政部关于印发《会计从业资格考试管理规定》的通知（财会〔2013〕19号）
	3	财政部关于印发新版会计从业资格证书样式及有关问题的通知（财会〔2013〕9号）
	4	财政部关于贯彻实施《会计从业资格管理办法》的指导意见（财会〔2013〕8号）
	5	财政部关于印发新旧《会计从业资格管理办法》有关衔接规定的通知》（财会〔2013〕3号）
	6	财政部关于印发《全国会计从业资格证书信息化调转暂行办法》的通知（财会〔2011〕11号）
	7	财政部关于推进省级会计人员管理系统建设的指导意见（财会〔2009〕13号）
	8	财政部关于推进会计从业资格无纸化考试的指导意见（财会〔2008〕16号）
	9	财政部办公厅关于印发会计从业资格考试大纲（修订）的通知（财办会〔2016〕34号）
	10	财政部办公厅关于印发《会计从业资格信息化调转有关事项的说明》的通知（财办会〔2014〕32号）
	11	财政部办公厅关于加强全国会计从业人员信息数据上报工作的通知（财办会〔2013〕19号）
	12	财政部办公厅关于同意重庆市财政局实施会计从业资格电子证书试点的函（财办会〔2012〕7号）
	13	财政部办公厅关于同意河北省财政厅实施会计从业资格电子证书试点的函（财办会〔2011〕25号）
	14	财政部办公厅关于进行全国会计从业资格无纸化考试题库试点的通知（财办会〔2011〕11号）
	15	财政部办公厅关于采集全国会计从业人员基本信息的通知（财办会〔2010〕18号）
	16	财政部关于印发《境外会计师事务所常驻代表机构管理暂行办法》的通知（财会协字〔1996〕1号）
	17	财政部关于印发《外国政府贷款管理规定》的通知（财金〔2008〕176号）
	18	财政部关于外国政府赠款形成资产管理有关问题的通知（财金〔2008〕102号）
	19	财政部关于进一步加强外国政府贷款项目和资金管理的通知（财金〔2006〕59号）
	20	财政部关于开展治理外国政府及国际金融组织贷款领域商业贿赂专项工作的意见（财金〔2006〕53号）
	21	财政部关于加强外国政府贷款债务统计工作有关问题的通知（财金〔2006〕39号）
	22	财政部关于外国政府贷款第三类项目管理有关问题的通知（财金〔2001〕172号）
	23	财政部办公厅关于确定意大利政府贷款转贷银行的通知（财办金〔2006〕72号）
	24	财政部办公厅关于印发《日本政府贷款项目采购程序》的通知（财办金〔2002〕71号）
	25	财政部办公厅关于印发《日元贷款植树造林项目特别账户工作规程（试行）》的通知（财办金〔2001〕132号）
	26	财政部关于下发《国际金融组织贷款债务报表编报及评比办法》的通知（财国际〔2002〕1号）
	27	财政部关于修改地方财政部门办理世界银行贷款项目出国经费预领和核销办法的通知（财际函字〔2000〕108号）
	28	财政部关于世界银行贷款专用账户提款报账管理变动的通知（财际函字〔2000〕107号）

续表

	序号	文件名称
规范性文件	29	财政部关于地方财政部门办理世界银行贷款项目出国经费预领和核销的通知（财际函字〔1999〕225号）
	30	财政部关于在省级财政部门设立世行贷款打捆项目外汇周转金的通知（财际函字〔1999〕107号）
	31	财政部关于由地方财政部门办理世行贷款项目出国手续的通知（财际函字〔1998〕98号）
	32	财政部关于颁发《国际金融组织贷款债务清偿办法》的通知（财际字〔1999〕224号）
	33	财政部关于将世界银行贷款项目专用账户利息收入纳入预算外资金进行管理的通知（财世字〔1998〕59号）
	34	财政部关于印发《世界银行贷款项目财务报告暂行规定》的通知（财世字〔1997〕6号）

关于印发《全国碳排放权交易市场建设方案（发电行业）》的通知

（发改气候规〔2017〕2191号，国家发展改革委2017年12月18日发布）

各省、自治区、直辖市及计划单列市人民政府，新疆生产建设兵团，外交部、教育部、科技部、工业和信息化部、民政部、财政部、国土资源部、环境保护部、住房城乡建设部、交通运输部、水利部、农业部、商务部、卫生计生委、国资委、税务总局、质检总局、统计局、林业局、国管局、法制办、中科院、气象局、海洋局、铁路局、民航局、人民银行、证监会、银监会、认监委：

为贯彻落实党中央、国务院关于建立全国碳排放权交易市场的决策部署，稳步推进全国碳排放权交易市场建设，经国务院同意，现将《全国碳排放权交易市场建设方案（发电行业）》印发你们，请按照执行。

附件：全国碳排放权交易市场建设方案（发电行业）

附件

全国碳排放权交易市场建设方案（发电行业）

建立碳排放权交易市场，是利用市场机制控制温室气体排放的重大举措，也是深化生态文明体制改革的迫切需要，有利于降低全社会减排成本，有利于推动经济向绿色低碳转型升级。为扎实推进全国碳排放权交易市场（以下简称“碳市场”）建设工作，确保2017年顺利启动全国碳排放交易体系，根据《中华人民共和国国民经济和社会发展第十三个五年规划纲要》和《生态文明体制改革总体方案》，制定本方案。

一、总体要求

（一）指导思想

深入贯彻落实党的十九大精神，高举中国特色社会主义伟大旗帜，坚持以习近平新时代中国特色社会主义思想为指导，紧紧围绕统筹推进“五位一体”总体布局和协调推进“四个全面”战略布局，牢固树立创新、协调、绿色、开放、共享的发展理念，认真落实党中央、国务院关于生态文明建设的决策部署，充分发挥市场机制对控制温室气体排放的作用，稳步推进建立全国统一的碳市场，为我国有效控制和逐步减少碳排放，推动绿色低碳发展作出新贡献。

（二）基本原则

坚持市场导向、政府服务。贯彻落实简政放权、放管结合、优化服务的改革要求，以企业为主体，以市场为导向，强化政府监管和服务，充分发挥市场对资源配置的决定性作用。

坚持先易后难、循序渐进。按照国家生态文明建设和控制温室气体排放的总体要求，在不影响经济平稳健康发展的前提下，分阶段、有步骤地推进碳市场建设。在发电行业（含热电联产，下同）率先启动全国碳排放交易体系，逐步扩大参与碳市场的行业范围，增加交易品种，不断完善碳市场。

坚持协调协同、广泛参与。统筹国际、国内两个大局，统筹区域、行业可持续发展与控制温室气体排放需要，按照供给侧结构性改革总体部署，加强与电力体制改革、能源消耗总量和强度“双控”、大气污染防治等相关政策措施的协调。持续优化完善碳市场制度设计，充分调动部门、地方、企业和社会积极性，共同推进和完善碳市场建设。

坚持统一标准、公平公开。统一市场准入标准、配额分配方法和有关技术规范，建设全国统一的排放数据报送系统、注册登记系统、交易系统和结算系统等市场支撑体系。构建有利于公平竞争的市场环境，及时准确披露市场信息，全面接受社会监督。

（三）目标任务

坚持将碳市场作为控制温室气体排放政策工具的工作定位，切实防范金融等方面风险。以发电行业为突破口率先启动全国碳排放交易体系，培育市场主体，完善市场监管，逐步扩大市场覆盖范围，丰富交易品种和交易方式。逐步建立起归属清晰、保护严格、流转顺畅、监管有效、公开透明、具有国际影响力的碳市场。配额总量适度从紧、价格合理适中，有效激发企业减排潜力，推动企业转型升级，实现控制温室气体排放目标。自本方案印发之后，分三阶段稳步推进碳市场建设工作。

基础建设期。用一年左右的时间，完成全国统一的数据报送系统、注册登记系统和交易系统建设。深入开展能力建设，提升各类主体参与能力和管理水平。开展碳市场管理制度建设。

模拟运行期。用一年左右的时间，开展发电行业配额模拟交易，全面检验市场各要素环节的有效性和可靠性，强化市场风险预警与防控机制，完善碳市场管理制度和支撑体系。

深化完善期。在发电行业交易主体间开展配额现货交易。交易仅以履约（履行减排义务）为目的，履约部分的配额予以注销，剩余配额可跨履约期转让、交易。在发电行业碳市场稳定运行的前提下，逐步扩大市场覆盖范围，丰富交易品种和交易方式。创造条件，尽早将国家核证自愿减排量纳入全国碳市场。

二、市场要素

（四）交易主体。初期交易主体为发电行业重点排放单位。条件成熟后，扩大至其他高耗能、高污染和资源性行业。适时增加符合交易规则的其他机构和个人参与交易。

（五）交易产品。初期交易产品为配额现货，条件成熟后增加符合交易规则的国家核证自愿减排量及其他交易产品。

（六）交易平台。建立全国统一、互联互通、监管严格的碳排放权交易系统，并纳入全国公共资源交易平台体系管理。

三、参与主体

（七）重点排放单位。发电行业年度排放达到2.6万吨二氧化碳当量（综合能源消费量约1万吨标准煤）及以上的企业或者其他经济组织为重点排放单位。年度排放达到2.6万吨二氧化碳当量及以上的其他行业自备电厂视同发电行业重点排放单位管理。在此基础上，逐步扩大重点排放单位范围。

（八）监管机构。国务院发展改革部门与相关部门共同对碳市场实施分级监管。国务院发展改革部门会同相关行业主管部门制定配额分配方案和核查技术规范并监督执行。各相关部门根据职责分工分别对第三方核查机构、交易机构等实施监管。省级、计划单列市应对气候变化主管部门监管本辖区内的数据核查、配额分配、重点排放单位履约等工作。各部门、各地方各司其职、相互配合，确保碳市场规范有序运行。

（九）核查机构。符合有关条件要求的核查机构，依据核查有关规定和技术规范，受委托开展碳排放相关数据核查，并出具独立核查报告，确保核查报告真实、可信。

四、制度建设

（十）碳排放监测、报告与核查制度。国务院发展改革部门会同相关行业主管部门制定企业排放报告管理办法、完善企业温室气体核算报告指南与技术规范。各省级、计划单列市应对气候变化主管部门组织开展数据审定和报送工作。重点排放单位应按规定及时报告碳排放数据。重点排放单位和核查机构须对数据的真实性、准确性和完整性负责。

（十一）重点排放单位配额管理制度。国务院发展改革部门负责制定配额分配标准和办法。各省级及计划单列市应对气候变化主管部门按照标准和办法向辖区内的重点排放单位分配配额。重点排放单位应当采取有效措施控制碳排放，并按实际排放清缴配额（“清缴”是指清理应缴未缴配额的过程）。省级及计划单列市应对气候变化主管部门负责监督清缴，对逾期或不足额清缴的重点排放单位依法依规予以处罚，并将相关信息纳入全国信用信息共享平台实施联合惩戒。

（十二）市场交易相关制度。国务院发展改革部门会同相关部门制定碳排放权市场交易管理办法，对交易主体、交易方式、交易行为以及市场监管等进行规定，构建能够反映供需关系、减排成本等因素的价格形成机制，建立有效防范价格异常波动的调节机制和防止市场操纵的风险防控机制，确保市场要素完整、公开透明、运行有序。

五、发电行业配额管理

（十三）配额分配。发电行业配额按国务院发展改革部门会同能源部门制定的分配标准和方法进行分配（发电行业配额分配标准和方法另行制定）。

（十四）配额清缴。发电行业重点排放单位需按年向所在省级、计划单列市应对气候变化主管部门提交与其当年实际碳排放量相等的配额，以完成其减排义务。其富余配额可向市场出售，不足部分需通过市场购买。

六、支撑系统

（十五）重点排放单位碳排放数据报送系统。建设全国统一、分级管理的碳排放数据报送信息系统，探索实现与国家能耗在线监测系统的连接。

（十六）碳排放权注册登记系统。建设全国统一的碳排放权注册登记系统及其灾备系统，为各类市场主体提供碳排放配额和国家核证自愿减排量的法定确权及登记服务，并实现配额清缴及履约管理。国务院发展改革部门负责制定碳排放权注册登记系统管理办法与技术规范，并对碳排放权注册登记系统实施监管。

（十七）碳排放权交易系统。建设全国统一的碳排放权交易系统及其灾备系统，提供交易服务和综合信息服务。国务院发展改革部门会同相关部门制定交易系统管理办法与技术规范，并对碳排放权交易系统实施监管。

（十八）碳排放权交易结算系统。建立碳排放权交易结算系统，实现交易资金结算及管理，并提供与配额结算业务有关的信息查询和咨询等服务，确保交易结果真实可信。

七、试点过渡

（十九）推进区域碳交易试点向全国市场过渡。2011 年以来开展区域碳交易试点的地区将符合条件的重点排放单位逐步纳入全国碳市场，实行统一管理。区域碳交易试点地区继续发挥现有作用，在条件成熟后逐步向全国碳市场过渡。

八、保障措施

（二十）加强组织领导。国务院发展改革部门会同有关部门，根据工作需要将按程序适时调整完善本方案，重要情况及时向国务院报告。各部门应结合实际，按职责分工加强对碳市场的监管。

（二十一）强化责任落实。国务院发展改革部门会同相关部门负责全国碳市场建设。各省级及计划单列市人民政府负责本辖区内的碳市场建设工作。符合条件的省（市）受国务院发展改革部门委托建设运营全国碳市场相关支撑系统，建成后接入国家统一数据共享交换平台。

（二十二）推进能力建设。组织开展面向各类市场主体的能力建设培训，推进相关国际合作。鼓励相关行业协会和中央企业集团开展行业碳排放数据调查、统计分析等工作，为科学制定配额分配标准提供技术支撑。

（二十三）做好宣传引导。加强绿色循环低碳发展与碳市场相关政策法规的宣传报道，多渠道普及碳市场相关知识，宣传推广先进典型经验和成熟做法，提升企业和公众对碳减排重要性和碳市场的认知水平，为碳市场建设运行营造良好社会氛围。

关于废止有关规章和规范性文件的决定

（国家发展和改革委员会令 2017 年第 12 号，国家发展和改革委 2017 年 12 月 27 日发布）

为贯彻落实党中央、国务院关于“简政放权、放管结合、优化服务”改革和生态文明建设、环境保护等要求，经商国务院相关部门，现决定废止《关于印发〈关于改进工程建设概预算定额管理工作的若干规定〉等三个文件的通知》等 9 件规章（见附件 1）和《关于颁发〈电力网电能损耗管理规定〉的通知》等 143 件规范性文件（见附件 2）。

本决定自 2018 年 1 月 1 日起施行。

附件：1. 国家发展改革委决定废止的规章目录

2. 国家发展改革委决定废止的规范性文件目录

附件 1

国家发展改革委决定废止的规章目录（9 件）

序号	文件名称	文号	发布部门
1	关于印发《关于改进工程建设概预算定额管理工作的若干规定》等三个文件的通知	计标〔1985〕352 号	国家计委、中国人民建设银行
2	国家粮油仓库仓储设施管理试行办法	商储［粮］字〔1992〕211 号	商业部
3	关于发布《乡镇煤矿管理条例实施办法》的通知	煤办字〔1995〕151 号	煤炭工业部
4	关于发布《并网核电厂电力生产安全管理规定》的通知	电安生〔1997〕239 号	电力工业部

续表

序号	文件名称	文号	发布部门
5	关于发布《农产品成本调查管理办法》的通知	计价格〔1999〕797号	国家计委
6	印发《拒绝提供价格监督检查所需资料或者提供虚假资料行为的处罚办法》的通知	计价检〔2000〕226号	国家计委
7	排污费征收标准管理办法	国家计委等4部委第31号令	国家计委、财政部、环保总局、国家经贸委
8	农药生产管理办法	国家发展改革委第23号令	国家发展改革委
9	棉花加工资格认定和市场管理暂行办法	国家发展改革委等3部委第49号令	国家发展改革委、工商总局、质检总局

附件2

国家发展改革委决定废止的规范性文件目录（143件）

序号	文件名称	文号	发布部门
1	关于颁发《电力系统电压和无功电力管理条例》的通知	能源电〔1988〕18号	能源部
2	关于颁发《电力网电能损耗管理规定》的通知	能源节能〔1990〕1149号	能源部
3	关于颁发《能源部电力企事业单位抗震防灾工作规定》的通知	能源办〔1991〕253号	能源部
4	关于查处乱收费行为有关问题的通知	价检字〔1991〕561号	国家物价局
5	关于计算机软件著作权登记收费的通知	价费字〔1992〕112号	国家物价局、财政部
6	关于发布测绘系统行政事业性收费项目及标准的通知	价费字〔1992〕176号	国家物价局、财政部
7	关于发布中央管理的建设系统行政事业性收费项目及标准的通知	价费字〔1992〕179号	国家物价局、财政部
8	关于发布中央管理的林业系统行政事业性收费项目及标准的通知	价费字〔1992〕196号	国家物价局、财政部
9	关于收养登记收费的通知	价费字〔1992〕349号	国家物价局、财政部
10	关于发布中央管理的新闻出版系统行政事业性收费项目及标准的通知	价费字〔1992〕402号	国家物价局、财政部
11	关于瓦楞纸箱生产许可证收费标准的复函	价费字〔1992〕317号	国家物价局、财政部
12	关于对外国律师事务所办事处收费的复函	价费字〔1992〕618号	国家物价局、财政部

续表

序号	文件名称	文　　号	发布部门
13	关于溶解乙炔等产品生产许可证收费标准的复函	价费字〔1993〕135号	国家物价局、财政部
14	关于药品行政保护收费的复函	价费字〔1993〕143号	国家物价局、财政部
15	关于中药品种保护审评收费的通知	价费字〔1993〕178号	国家物价局、财政部
16	关于制止新疆自治区擅自征收铁路建设费的通知	计物价〔1993〕1254号	国家计委
17	关于废止《关于自筹投资认购重点企业债券的紧急通知》等文件的通知	计办政研〔1993〕550号	国家计委
18	关于调整水电工程设计阶段的通知	电计〔1993〕567号	电力工业部
19	关于中沧输气管线输气费的批复	计价格〔1994〕55号	国家计委
20	关于发布进出口商品检验鉴定收费办法及收费标准的通知	计价格〔1994〕794号	国家计委、财政部
21	关于发布进出境动植物检疫收费管理办法及收费标准的通知	计价格〔1994〕795号	国家计委、财政部
22	关于发布国境卫生检疫收费管理办法及收费标准的通知	计价格〔1994〕796号	国家计委、财政部
23	关于调整药品审批、检验收费标准的通知	计价格〔1995〕340号	国家计委、财政部
24	关于核定73种工业产品生产许可证收费标准的通知	计价费〔1996〕1500号	国家计委、财政部
25	关于吐哈油田天然气、鄯—乌管线输气费、净化费定价问题的批复	计价管〔1996〕2454号	国家计委
26	关于加强电气化铁路谐波治理工作的通知	电安生〔1997〕115号	电力工业部
27	关于发布《电力系统破坏性地震应急预案》的通知	电安生〔1997〕132号	电力工业部
28	关于颁发《核事故应急状态下保障供电规定》（试行）的通知	电安生〔1997〕176号	电力工业部
29	关于调整渔业船舶登记收费标准的通知	计价费〔1997〕1148号	国家计委、财政部
30	关于外交部代发电报收费标准的通知	计价费〔1997〕1687号	国家计委、财政部
31	关于印发《国家体改委关于企业集团建立母子公司体制的指导意见》的通知	体改生〔1998〕27号	国家体改委
32	关于发布船舶及船用产品检验计费标准的通知	计价费〔1998〕800号	国家计委

续表

序号	文件名称	文　　号	发布部门
33	关于-5号轻柴油品质比率的批复	计价格〔1999〕173号	国家计委
34	关于植物新品种保护权申请费、审查费、年费标准有关问题的通知	计价格〔1999〕290号	国家计委、财政部
35	关于城市放射性废物库收贮费标准管理权限的通知	计价格〔1999〕750号	国家计委、财政部
36	关于陕甘宁至银川天然气管道运输价格的批复	计价格〔1999〕798号	国家计委
37	关于陕京管线榆林段天然气管道运输价格的批复	计价格〔1999〕2341号	国家计委
38	关于对手机不得收取注册登记费问题的复函	计办价格〔2000〕245号	国家计委、财政部、信息产业部
39	关于水生野生动物资源保护费收费标准及其有关事项的通知	计价格〔2000〕393号	国家计委、财政部
40	关于调整渔业船舶及船用产品检验费标准的通知	计价格〔2000〕559号	国家计委、财政部
41	关于野生动植物进出口管理费收费标准的通知	计价格〔2000〕1004号	国家计委、财政部
42	关于认真贯彻《价格法》严格规范市场价格竞争秩序的通知	计经调〔2000〕1206号	国家计委
43	关于中国农业科学院研究生院研究生培养收费标准的通知	计办价格〔2000〕1017号	国家计委、财政部
44	关于陆生野生动物资源保护管理费收取范围有关问题的通知	计价格〔2002〕599号	国家计委、财政部
45	关于下达京津风沙源治理工程2002年中央预算内专项资金（国债）投资计划的通知	计投资〔2002〕631号	国家计委、国家林业局、农业部、水利部
46	关于西气东输天然气价格有关问题的复函	计价格〔2002〕1024号	国家计委
47	关于核定塔中—轮南和轮南—库尔勒天然气管输价格的通知	计价格〔2002〕1692号	国家计委
48	关于农业转基因生物安全评价收费标准的通知	计价格〔2003〕131号	国家计委、财政部
49	关于调整药品检验收费标准及有关事项的通知	发改价格〔2003〕213号	国家发展改革委、财政部
50	关于中共中央党校委托培养在职研究生学费等收费标准的通知	发改价格〔2003〕1011号	国家发展改革委、财政部
51	关于西气东输天然气价格有关问题的通知	发改价格〔2003〕1323号	国家发展改革委
52	关于印发风电特许权项目前期工作管理办法及有关技术规定的通知	发改能源〔2003〕1403号	国家发展改革委

续表

序号	文件名称	文号	发布部门
53	关于新增工业产品生产许可证产品质量检验费收费标准有关问题的通知	发改价格〔2003〕1793号	国家发展改革委、财政部
54	关于印发《出入境检验检疫收费办法》的通知	发改价格〔2003〕2357号	国家发展改革委、财政部
55	关于药品生产经营质量管理规范认证收费标准及有关问题的通知	发改价格〔2004〕59号	国家发展改革委、财政部
56	关于集中治理整顿“大吨小标”等不符合要求载货类汽车产品的公告	国家发展改革委公告〔2004〕第31号	国家发展改革委
57	关于实行企业投资项目备案制指导意见的通知	发改投资〔2004〕2656号	国家发展改革委
58	关于进一步巩固电石、铁合金、焦炭行业清理整顿成果规范其健康发展的有关意见的通知	发改产业〔2004〕2930号	国家发展改革委
59	关于忠县—武汉输气管道工程天然气价格有关问题的批复	发改价格〔2004〕2971号	国家发展改革委
60	关于测绘产品价格有关问题的通知	发改价格〔2004〕3031号	国家发展改革委
61	关于计算机软件著作权合同登记费收费标准及有关问题的通知	发改价格〔2004〕3004号	国家发展改革委、财政部
62	关于印发《煤矿瓦斯治理经验五十条》的通知	发改能源〔2005〕457号	国家发展改革委、国家安监总局、国家煤矿安监局
63	关于家用电冰箱、房间空气调节器能源效率标识制度实施有关问题的通知	发改环资〔2005〕505号	国家发展改革委、国家质检总局、国家认监委
64	关于陕京管道输气系统天然气价格有关问题的通知	发改价格〔2005〕1281号	国家发展改革委
65	关于进一步加强内资项目进口设备免税确认管理工作的通知	发改办规划〔2005〕1537号	国家发展改革委
66	关于进口棉花入国家储备查验工作有关问题的通知	发改办经贸〔2005〕2170号	国家发展改革委、财政部、国家质检总局
67	关于秦皇岛市煤粉尘排污费有关问题的复函	发改价格〔2006〕228号	国家发展改革委、财政部、环保总局
68	关于加强纯碱工业建设管理促进行业健康发展的通知	发改办工业〔2006〕391号	国家发展改革委
69	关于做好水库移民政策法规宣传工作的通知	发改办农经〔2006〕1710号	国家发展改革委
70	关于汽车工业结构调整意见的通知	发改工业〔2006〕2882号	国家发展改革委
71	关于印发固定资产投资项目节能评估和审查指南（2006）的通知	发改环资〔2007〕21号	国家发展改革委
72	关于印发《医药价格工作守则（试行）》的通知	发改办价格〔2007〕228号	国家发展改革委

续表

序号	文件名称	文号	发布部门
73	关于认真落实行政事业性收费统计报告制度的通知	发改价格〔2007〕259号	国家发展改革委
74	关于发布项目申请报告通用文本的通知	发改投资〔2007〕1169号	国家发展改革委
75	关于调整植物新品种保护权收费标准有关问题的通知	发改价格〔2007〕1968号	国家发展改革委、财政部
76	关于降低出入境检验检疫标志（标记）成本费收费标准的通知	发改价格〔2007〕2216号	国家发展改革委、财政部
77	关于农业转基因生物安全评价费和检测费收费标准及有关问题的通知	发改价格〔2007〕3704号	国家发展改革委、财政部
78	关于推进企业债券市场发展、简化发行核准程序有关事项的通知	发改财金〔2008〕7号	国家发展改革委
79	关于计量收费标准及有关问题的通知	发改价格〔2008〕74号	国家发展改革委、财政部
80	关于进一步加强农药行业管理工作的通知	发改办工业〔2008〕485号	国家发展改革委
81	《铁合金行业准入条件（2008年修订）》和《电解金属锰行业准入条件（2008年修订）》	国家发展改革委公告〔2008〕第13号	国家发展改革委
82	关于组织开展汽车零部件再制造试点工作的通知	发改办环资〔2008〕523号	国家发展改革委
83	关于重新核定进口废物环境保护审查登记费标准的通知	发改价格〔2008〕702号	国家发展改革委、财政部
84	关于中型水库项目审核工作有关规定的通知	发改办农经〔2008〕1092号	国家发展改革委、水利部
85	关于实施第三批能效标识产品有关要求的通知	发改环资〔2008〕1347号	国家发展改革委、国家质检总局
86	关于适当降低计量检定收费标准及有关问题的通知	发改价格〔2009〕234号	国家发展改革委、财政部
87	关于印发《煤炭生产监管咨询专家聘用办法》的通知	发改办运行〔2009〕281号	国家发展改革委
88	关于政府组织山东省跨省外迁至东北三省大中型水库移民后期扶持政策的通知	发改农经〔2009〕774号	国家发展改革委
89	关于国家石油储备第二期项目可行性研究工作有关问题的通知	发改办能源〔2009〕940号	国家发展改革委
90	关于改进中央补助地方小型水利项目投资管理方式的通知	发改农经〔2009〕1981号	国家发展改革委、水利部
91	关于国家储备肉交易手续费收费标准的通知	发改价格〔2009〕2176号	国家发展改革委、财政部
92	关于咨询评估有关要求的通知	发改办投资〔2009〕2358号	国家发展改革委

续表

序号	文件名称	文　　号	发布部门
93	关于长江河道砂石资源费收费标准及有关问题的通知	发改价格〔2009〕3085号	国家发展改革委、财政部
94	关于调整进口原油出入境检验检疫收费标准的通知	发改价格〔2010〕134号	国家发展改革委、财政部
95	关于加快江苏沿海潮间带风电示范项目建设有关要求的通知	发改办能源〔2010〕576号	国家发展改革委
96	关于进一步淘汰落后产能推进煤矿整顿关闭工作的通知	发改能源〔2010〕1118号	国家发展改革委、国家能源局、国家安监总局、国家煤矿安监局
97	关于开展服务业综合改革试点的通知	发改产业〔2010〕1826号	国家发展改革委
98	关于生物质发电项目建设管理的通知	发改能源〔2010〕1803号	国家发展改革委
99	关于印发《农村电网改造升级项目管理办法》的通知	发改办能源〔2010〕2520号	国家发展改革委
100	印发关于加强高铝粉煤灰资源开发利用的指导意见的通知	发改办产业〔2011〕310号	国家发展改革委
101	当前优先发展的高技术产业化重点领域指南（2011年度）	国家发展改革委等5部委公告〔2011〕第10号	国家发展改革委、科技部、工业和信息化部、商务部、知识产权局
102	关于印发《煤矿地质补充勘探项目管理暂行办法》的通知	发改能源〔2011〕1641号	国家发展改革委
103	关于加大发展改革系统工作力度推进保障性安居工程建设的通知	发改投资〔2011〕1697号	国家发展改革委
104	关于建立国家适应气候变化协调联络工作机制的通知	发改办气候〔2011〕1934号	国家发展改革委
105	关于“十二五”期间进一步推进煤炭行业淘汰落后产能工作的通知	发改能源〔2011〕2091号	国家发展改革委、能源局、国家安监总局、煤矿安监局
106	关于组织实施大小兴安岭林区接替产业专项的指导意见	发改东北〔2011〕2191号	国家发展改革委
107	关于加强资源型城市吸纳就业、资源综合利用、发展接续替代产业和多元化产业体系培育专项项目监督管理的通知	发改办东北〔2012〕723号	国家发展改革委
108	关于印发基层医疗卫生机构管理信息系统建设项目指导意见的通知	发改办社会〔2012〕991号	国家发展改革委、卫生部
109	关于境内非金融机构赴香港特别行政区发行人民币债券有关事项的通知	发改外资〔2012〕1162号	国家发展改革委
110	关于加强水库移民信息报送工作的通知	发改办农经〔2012〕1128号	国家发展改革委
111	关于开展海水淡化产业发展试点示范工作的通知	发改办环资〔2012〕1305号	国家发展改革委

续表

序号	文件名称	文　号	发布部门
112	关于印发全国红色旅游经典景区二期总体建设方案的通知	发改社会〔2012〕1654 号	国家发展改革委
113	关于印发鼓励民间投资发展实施细则文件汇编的通知	发改办投资〔2012〕2069 号	国家发展改革委
114	关于正确把握投资方向加快中央预算内投资计划执行进度的通知	发改投资〔2012〕2784 号	国家发展改革委
115	关于进一步做好股权投资企业监管工作有关问题的通知	发改办财金〔2012〕2799 号	国家发展改革委
116	关于印发《中国低碳发展宏观战略研究项目管理办法》和《中国低碳发展宏观战略研究项目资金管理办法》的通知	发改办气候〔2012〕3227 号	国家发展改革委
117	关于印发再制造单位质量技术控制规范（试行）的通知	发改办环资〔2013〕191 号	国家发展改革委、财政部、工业和信息化部、质检总局
118	关于印发《完善基层医疗卫生服务体系建设方案》的通知	发改社会〔2013〕423 号	国家发展改革委、卫生部
119	战略性新兴产业重点产品和服务指导目录	国家发展改革委公告〔2013〕第 16 号	国家发展改革委
120	关于印发《食品安全风险监测能力（设备配置）建设方案》的通知	发改社会〔2013〕422 号	国家发展改革委、卫生部
121	关于印发《境内非金融机构赴香港特别行政区发行人民币债券申请报告示范大纲》的通知	发改外资〔2013〕477 号	国家发展改革委
122	关于进一步做好股权投资企业备案管理工作的通知	发改办财金〔2013〕694 号	国家发展改革委
123	关于印发地市级医院建设方案的通知	发改社会〔2013〕637 号	国家发展改革委、卫生计生委
124	关于请尽快下放一批国家采用补助、贴息等方式扶持地方项目的通知	发改投资〔2013〕714 号	国家发展改革委
125	关于印发重大疾病防治设施建设方案的通知	发改社会〔2013〕722 号	国家发展改革委、卫生计生委
126	关于坚决遏制产能严重过剩行业盲目扩张的通知	发改产业〔2013〕892 号	国家发展改革委、工业和信息化部
127	印发关于推进城区老工业区搬迁改造工作方案的通知	发改办东北〔2013〕1192 号	国家发展改革委
128	关于印发再制造产品“以旧换再”试点实施方案的通知	发改办环资〔2013〕1303 号	国家发展改革委、财政部、工业和信息化部、商务部、质检总局
129	关于进一步改进企业债券发行工作的通知	发改办财金〔2013〕1890 号	国家发展改革委
130	关于印发 10 个物联网发展专项行动计划的通知	发改高技〔2013〕1718 号	国家发展改革委、工业和信息化部、教育部、科技部、公安部、财政部、国土资源部、商务部、国税总局、统计局、知识产权局、中国科学院、中国工程院、国家标准委

续表

序号	文件名称	文号	发布部门
131	关于做好固定资产投资项目节能评估和审查同步取消和下放有关工作的通知	发改办环资〔2013〕2306号	国家发展改革委
132	落实国务院关于促进健康服务业发展的若干意见有关事项的通知	发改办社会〔2013〕2524号	国家发展改革委
133	关于印发《农村饮水安全工程建设管理办法》的通知	发改农经〔2013〕2673号	国家发展改革委、水利部、卫生计生委、环境保护部、财政部
134	关于做好城区老工业区搬迁改造试点工作的通知	发改东北〔2014〕551号	国家发展改革委
135	关于印发《招标师注册执业管理办法》的通知	发改法规〔2014〕1431号	国家发展改革委
136	关于印发核准文件格式文本的通知	发改办投资〔2014〕1454号	国家发展改革委
137	关于印发东北和内蒙古大豆市场价格监测实施方案的通知	发改办价监测〔2014〕1648号	国家发展改革委
138	关于印发《单位国内生产总值二氧化碳排放降低目标责任考核评估办法》的通知	发改气候〔2014〕1828号	国家发展改革委
139	关于调整排污费征收标准等有关问题的通知	发改价格〔2014〕2008号	国家发展改革委、财政部、环境保护部
140	关于印发再制造产品“以旧换再”试点实施有关文件的通知	发改办环资〔2014〕2202号	国家发展改革委、财政部、工业和信息化部、商务部、质检总局
141	关于严格执行《政府核准的投资项目目录（2014年本）》做好相关后续工作的通知	发改办投资〔2014〕2993号	国家发展改革委
142	关于大豆目标价格改革试点工作实施方案的批复	发改价格〔2015〕2116号	国家发展改革委、财政部
143	关于规范跨省发电、供电计划和省级发电、供电计划备案核准报送审批工作的通知	发改运行〔2016〕744号	国家发展改革委

关于修改和废止部分规章的决定

（国土资源部令2017年第78号，国土资源部2017年12月29日发布）

《国土资源部关于修改和废止部分规章的决定》已经2017年12月27日国土资源部第4次部务会议审议通过，现予公布，自公布之日起施行。

国土资源部关于修改和废止部分规章的决定

（2017年12月27日国土资源部第4次部务会议通过）

为了深入贯彻依法治国基本方略，依法推进简政放权、放管结合、优化服务改革，根据国务院取消、下放行政审批项目等事项的决定和《中共国土资源部党组关于全面推进法治国土建设的意见》，国土资源部对国务院决定取消、下放行政审批项目等事项涉及的规章进行了清理。经清理，国土资源部决定：

一、对一部规章的部分条款予以修改

将《中华人民共和国海洋倾废管理条例实施办法》（国家海洋局令第 2 号）第三条修改为："国家海洋局及其派出机构（以下简称海区主管部门）是实施本办法的主管部门。"

第十二条修改为："申请倾倒许可证应填报倾倒废弃物申请书。"

第十六条修改为："检验工作由海区主管部门委托检验机构依照有关评价规范开展。"

二、废止三部规章

废止《委托签发废弃物海洋倾倒许可证管理办法》（国土资源部令第 25 号）。

废止《土地登记办法》（国土资源部令第 40 号）。

废止《海洋标准化管理规定》（国家海洋局令第 4 号）。

本决定自公布之日起施行。

《中华人民共和国海洋倾废管理条例实施办法》（国家海洋局令第 2 号）根据本决定作相应修改，重新公布。

中华人民共和国海洋倾废管理条例实施办法

（1990 年 9 月 25 日国家海洋局令第 2 号公布，根据 2016 年 1 月 5 日国土资源部第 1 次部务会议《国土资源部关于修改和废止部分规章的决定》第一次修正，根据 2017 年 12 月 27 日国土资源部第 4 次部务会议《国土资源部关于修改和废止部分规章的决定》第二次修正）

第一条 根据《中华人民共和国海洋环境保护法》第四十七条的规定，为实施《中华人民共和国海洋倾废管理条例》（以下简称《条例》），加强海洋倾废管理，制定本办法。

第二条 本办法适用于任何法人、自然人和其他经济实体向中华人民共和国的内海、领海、大陆架和其他一切管辖海域倾倒废弃物和其他物质的活动。

本办法还适用于《条例》第三条二、三、四款所规定的行为和因不可抗拒的原因而弃置船舶、航空器、平台和其他载运工具的行为。

第三条 国家海洋局及其派出机构（以下简称海区主管部门）是实施本办法的主管部门。

第四条 为防止或减轻海洋倾废对海洋环境的污染损害，向海洋倾倒的废弃物及其他物质应视其毒性进行必要的预处理。

第五条 废弃物依据其性质可分为一、二、三类废弃物。

一类废弃物是指列入《条例》附件一的物质，该类废弃物禁止向海洋倾倒。除非在陆地处置会严重危及人类健康，而海洋倾倒是防止威胁的唯一办法时可以例外。

二类废弃物是指列入《条例》附件二的物质和附件一第一、三款属"痕量沾污"或能够"迅速无害化"的物质。

三类废弃物是指未列入《条例》附件一、附件二的低毒、无害的物质和附件二第一款，其含量小于"显著量"的物质。

第六条 未列入《条例》附件一、附件二的物质，在不能肯定其海上倾倒是无害时，须事先进行评价，确定该物质类别。

第七条 海洋倾倒区分为一、二、三类倾倒区，试验倾倒区和临时倾倒区。

一、二、三类倾倒区是为处置一、二、三类废弃物而相应确定的，其中一类倾倒区是为紧急处置一类废弃物而确定的。

试验倾倒区是为倾倒试验而确定的（使用期不超过两年）。

临时倾倒区是因工程需要等特殊原因而划定的一次性专用倾倒区。

第八条　一类、二类倾倒区由国家海洋局组织选划。

三类倾倒区、试验倾倒区、临时倾倒区由海区主管部门组织选划。

第九条　一、二、三类倾倒区经商有关部门后，由国家海洋局报国务院批准，国家海洋局公布。

试验倾倒区由海区主管部门（分局级）商海区有关单位后，报国家海洋局审查确定，并报国务院备案。

试验倾倒区经试验可行，商有关部门后，再报国务院批准为正式倾倒区。

临时倾倒区由海区主管部门（分局级）审查批准，报国家海洋局备案。使用期满，立即封闭。

第十条　海洋倾废实行许可证制度。

倾倒许可证应载明倾倒单位，有效期限和废弃物的数量、种类、倾倒方法等。

倾倒许可证分为紧急许可证、特别许可证、普通许可证。

第十一条　凡向海洋倾倒废弃物的废弃物所有者及疏浚工程单位，应事先向主管部门提出倾倒申请，办理倾倒许可证。

废弃物所有者或疏浚工程单位与实施倾倒作业单位有合同约定，依合同规定实施倾倒作业单位也可向主管部门申请办理倾倒许可证。

第十二条　申请倾倒许可证应填报倾倒废弃物申请书。

第十三条　主管部门在收到申请书后两个月内应予以答复。经审查批准的应签发倾倒许可证。

紧急许可证由国家海洋局签发或者经国家海洋局批准，由海区主管部门签发。

特别许可证、普通许可证由海区主管部门签发。

第十四条　紧急许可证为一次性使用许可证。

特别许可证有效期不超过六个月。

普通许可证有效期不超过一年。

许可证有效期满仍需继续倾倒的，应在有效期满前二个月到发证主管部门办理换证手续。

倾倒许可证不得转让；倾倒许可证使用期满后十五日内交回发证机关。

第十五条　申请倾倒许可证和更换倾倒许可证应缴纳费用。具体收费项目和收费标准由国家物价局、国家海洋局另行规定。

第十六条　检验工作由海区主管部门委托检验机构依照有关评价规范开展。

第十七条　一类废弃物禁止向海上倾倒。但在符合本办法第五条第二款规定的条件下，可以申请获得紧急许可证，到指定的一类倾倒区倾倒。

第十八条　二类废弃物须申请获得特别许可证，到指定的二类倾倒区倾倒。

第十九条　三类废弃物须申请获得普通许可证，到指定的三类倾倒区倾倒。

第二十条　含有《条例》附件一、二所列物质的疏浚物的倾倒，按“疏浚物分类标准和评价程序”实施管理。

第二十一条　向海洋处置船舶、航空器、平台和其他海上人工构造物，须获得海区主管部门签发的特别许可证，按许可证的规定处置。

第二十二条　油污水和垃圾回收船对所回收的油污水、废弃物经处理后，需要向海洋倾倒的，应向海区主管部门提出申请，取得倾倒许可证后，到指定区域倾倒。

第二十三条　向海洋倾倒军事废弃物的，应由军队有关部门按本办法的规定向海区主管部门申请，按许可证的要求倾倒。

第二十四条　为开展科学研究，需向海洋投放物质的单位，应按本办法的规定程序向海区主管部门申请，并附报投放试验计划和海洋环境影响评估报告，海区主管部门核准签发相应类别许可证。

第二十五条　所有进行倾倒作业的船舶、飞机和其他载运工具应持有倾倒许可证（或许可证副本），未取得许可证的船舶、飞机和其他载运工具不得进行倾倒。

第二十六条　进行倾倒作业的船舶、飞机和其他载运工具在装载废弃物时，应通知发证主管部门核实。

利用船舶运载出港的，应在离港前通知就近港务监督核实。

凡在军港装运的，应通知军队有关部门核实。

如发现实际装载与倾倒许可证注明内容不符，则不予放行，并及时通知发证主管部门处理。

第二十七条 进行倾倒作业的船舶、飞机和其他载运工具应将作业情况如实详细填写在倾倒情况记录表和航行日志上，并在返港后十五日内将记录表报发证机关。

第二十八条 “中国海监”船舶、飞机、车辆负责海上倾倒活动的监视检查和监督管理。必要时海洋监察人员也可登船或随倾废船舶或其他载运工具进行监督检查。实施倾倒作业的船舶（或其他载运工具）应为监察人员履行公务提供方便。

第二十九条 主管部门对海洋倾倒区进行监测，如认定倾倒区不宜继续使用时，应予以封闭，并报国务院备案。

主管部门在封闭倾倒区之前两个月向倾倒单位发出通告，倾倒单位须从倾倒区封闭之日起终止在该倾倒区的倾倒。

第三十条 为紧急避险、救助人命而未能按本办法规定的程序申请倾倒的或未能按倾倒许可证要求倾倒的，倾倒单位应在倾倒后十日内向海区主管部门提交书面报告。报告内容应包括：倾倒时间和地点，倾倒物质特性和数量，倾倒时的海况和气象情况，倾倒的详细过程，倾倒后采取的措施及其他事项等。

航空器应在紧急放油后十日内向海区主管部门提交书面报告，报告内容应包括航空器国籍、所有人、机号、放油时间、地点、数量、高度及具体放油原因等。

第三十一条 因不可抗拒的原因而弃置的船舶、航空器、平台和其他载运工具，应尽可能地关闭所有油舱（柜）的阀门和通气孔，防止溢油。弃置后其所有人应在十日内向海区主管部门和就近的港务监督报告，并根据要求进行处置。

第三十二条 向海洋弃置船舶、航空器、平台和其他海上人工构造物前，应排出所有的油类和其他有害物质。

第三十三条 需要设置海上焚烧设施，应事先向海区主管部门申请，申请时附报该设施详细技术资料，经海区主管部门批准后，方可建立。设施建成后，须经海区主管部门检验核准。

实施焚烧作业的单位，应按本办法的规定程序向海区主管部门申请海上焚烧许可证。

第三十四条 违反《条例》和本实施办法，造成或可能造成海洋环境污染损害的，海区主管部门可依照《条例》第十七条、第二十条和第二十一条的规定，予以处罚。

未获得主管部门签发的倾倒许可证，擅自倾倒和未按批准的条件或区域进行倾倒的，按《条例》第二十条有关规定处罚。

第三十五条 对处罚不服者，可在收到行政处罚决定之日起十五日内向作出处罚决定机关的上一级机关申请复议。对复议结果不服的，从收到复议决定之日起十五日内，向人民法院起诉；当事人也可在收到处罚决定之日起十五日内直接向人民法院起诉。

当事人逾期不申请复议，也不向人民法院起诉，又不履行处罚决定的，由作出处罚决定的机关申请人民法院强制执行。

第三十六条 违反《条例》和本实施办法，造成海洋环境污染损害和公私财产损失的，肇事者应承担赔偿责任。

第三十七条 赔偿责任包括：

1. 受害方为清除、治理污染所支付的费用及对污染损害所采取的预防措施所支付的费用。

2. 污染对公私财产造成的经济损失，对海水水质、生物资源等的损害。

3. 为处理海洋倾废引起的污染损害事件所进行的调查费用。

第三十八条 赔偿责任和赔偿金额的纠纷，当事人可依照民事诉讼程序向人民法院提起诉讼；也可请求海区主管部门进行调解处理。对调解不服的，也可以向人民法院起诉；涉外案件还可以按仲裁程序解决。

第三十九条 因环境污染损害赔偿提起诉讼的时效期间为三年，从当事人知道或应当知道受到污染损害时计算。

赔偿纠纷处理结束后，受害方不得就同一

污染事件再次提出索赔要求。

第四十条 由于战争行为、不可抗拒的自然灾害或由于第三者的过失，虽经及时采取合理措施，但仍不能避免造成海洋环境污染损害的，可免除倾倒单位的赔偿责任。

由于第三者的责任造成污染损害的，由第三者承担赔偿责任。

因不可抗拒的原因而弃置的船舶、航空器、平台和其他载运工具，不按本办法第三十一条规定要求进行处置而造成污染损害的应承担赔偿责任。

海区主管部门对免除责任的条件调查属实后，可做出免除赔偿责任的决定。

第四十一条 本办法下列用语的含义是：

1. “内海”系指领海基线内侧的全部海域（包括海湾、海峡、海港、河口湾）；领海基线与海岸之间的海域；被陆地包围或通过狭窄水道连接海洋的海域。

2. “疏浚物倾倒”系指任何通过或利用船舶或其他载运工具，有意地在海上以各种方式抛弃和处置疏浚物。“疏浚物”系指任何疏通、挖深港池、航道工程和建设、挖掘港口、码头、海底与岸边工程所产生的泥土、沙砾和其他物质。

3. “海上焚烧”系指以热摧毁方式在海上用焚烧设施有目的地焚烧有害废弃物的行为，但不包括船舶或其他海上人工构造物在正常操作中所附带发生的此类行为。

4. “海上焚烧设施”系指为在海上焚烧目的作业的船舶、平台或人工构造物。

5. “废弃物和其他物质”系指为弃置的目的，向海上倾倒或拟向海上倾倒的任何形式和种类的物质与材料。

6. “迅速无害化”系指列入《条例》附件一的某些物质能通过海上物理、化学和生物过程转化为无害，并不会使可食用的海洋生物变味或危及人类健康和家畜家禽的正常生长。

7. “痕量沾污”即《条例》附件一中的“微含量”，系指列入《条例》附件一的某些物质在海上倾倒不会产生有害影响，特别是不会对海洋生物或人类健康产生急性或慢性效应，不论这类毒性效应是否是由于这类物质在海洋生物尤其是可食用的海洋生物富集而引起的。

8. “显著量”即《条例》附件二中的“大量”。系指列入《条例》附件二的某些物质的海上倾倒，经生物测定证明对海洋生物有慢性毒性效应，则认为该物质的含量为显著量。

9. “特别管理措施”系指倾倒非“痕量沾污”，又不能“迅速无害化”的疏浚物时，须采取的一些行政或技术管理措施。通过这些措施降低疏浚物中所含附件一或附件二物质对环境的影响，使其不对人类健康和生物资源产生危害。

第四十二条 本办法由国家海洋局负责解释。

第四十三条 本办法自发布之日起开始施行。

增值税一般纳税人登记管理办法

（国家税务总局令 2017 年第 43 号，国家税务总局 2017 年 12 月 29 日发布）

《增值税一般纳税人登记管理办法》已经 2017 年 11 月 30 日国家税务总局 2017 年度第 2 次局务会议审议通过，现予公布，自 2018 年 2 月 1 日起施行。

附件：1. 增值税一般纳税人登记表

2. 选择按小规模纳税人纳税的情况说明

增值税一般纳税人登记管理办法

第一条 为了做好增值税一般纳税人（以下简称“一般纳税人”）登记管理，根据《中华人民共和国增值税暂行条例》及其实施细则有关规定，制定本办法。

第二条 增值税纳税人（以下简称“纳税人”），年应税销售额超过财政部、国家税务总局规定的小规模纳税人标准（以下简称“规定标准”）的，除本办法第四条规定外，应当向主管税务机关办理一般纳税人登记。

本办法所称年应税销售额，是指纳税人在连续不超过12个月或四个季度的经营期内累计应征增值税销售额，包括纳税申报销售额、稽查查补销售额、纳税评估调整销售额。

销售服务、无形资产或者不动产（以下简称“应税行为”）有扣除项目的纳税人，其应税行为年应税销售额按未扣除之前的销售额计算。纳税人偶然发生的销售无形资产、转让不动产的销售额，不计入应税行为年应税销售额。

第三条 年应税销售额未超过规定标准的纳税人，会计核算健全，能够提供准确税务资料的，可以向主管税务机关办理一般纳税人登记。

本办法所称会计核算健全，是指能够按照国家统一的会计制度规定设置账簿，根据合法、有效凭证进行核算。

第四条 下列纳税人不办理一般纳税人登记：

（一）按照政策规定，选择按照小规模纳税人纳税的；

（二）年应税销售额超过规定标准的其他个人。

第五条 纳税人应当向其机构所在地主管税务机关办理一般纳税人登记手续。

第六条 纳税人办理一般纳税人登记的程序如下：

（一）纳税人向主管税务机关填报《增值税一般纳税人登记表》（附件1），如实填写固定生产经营场所等信息，并提供税务登记证件；

（二）纳税人填报内容与税务登记信息一致的，主管税务机关当场登记；

（三）纳税人填报内容与税务登记信息不一致，或者不符合填列要求的，税务机关应当场告知纳税人需要补正的内容。

第七条 年应税销售额超过规定标准的纳税人符合本办法第四条第一项规定的，应当向主管税务机关提交书面说明（附件2）。

第八条 纳税人在年应税销售额超过规定标准的月份（或季度）的所属申报期结束后15日内按照本办法第六条或者第七条的规定办理相关手续；未按规定时限办理的，主管税务机关应当在规定时限结束后5日内制作《税务事项通知书》，告知纳税人应当在5日内向主管税务机关办理相关手续；逾期仍不办理的，次月起按销售额依照增值税税率计算应纳税额，不得抵扣进项税额，直至纳税人办理相关手续为止。

第九条 纳税人自一般纳税人生效之日起，按照增值税一般计税方法计算应纳税额，并可以按照规定领用增值税专用发票，财政部、国家税务总局另有规定的除外。

本办法所称的生效之日，是指纳税人办理登记的当月1日或者次月1日，由纳税人在办理登记手续时自行选择。

第十条 纳税人登记为一般纳税人后，不得转为小规模纳税人，国家税务总局另有规定的除外。

第十一条 主管税务机关应当加强对税收风险的管理。对税收遵从度低的一般纳税人，主管税务机关可以实行纳税辅导期管理，具体办法由国家税务总局另行制定。

第十二条 本办法自2018年2月1日起施行，《增值税一般纳税人资格认定管理办法》（国家税务总局令第22号公布）同时废止。

附件 1

增值税一般纳税人登记表

纳税人名称			社会信用代码（纳税人识别号）		
法定代表人（负责人、业主）		证件名称及号码		联系电话	
财务负责人		证件名称及号码		联系电话	
办税人员		证件名称及号码		联系电话	
税务登记日期					
生产经营地址					
注册地址					
纳税人类别：企业□ 非企业性单位□ 个体工商户□ 其他□					
主营业务类别：工业 □ 商业□ 服务业□ 其他□					
会计核算健全：是□					
一般纳税人生效之日：当月 1 日 □ 次月 1 日□					
纳税人（代理人）承诺： 会计核算健全，能够提供准确税务资料，上述各项内容真实、可靠、完整。如有虚假，愿意承担相关法律责任。 经办人： 法定代表人： 代理人： （签章） 年 月 日					
以下由税务机关填写					
税务机关受理情况	受理人： 受理税务机关（章） 年 月 日				

填表说明：1. 本表由纳税人如实填写。

2. 表中“证件名称及号码”相关栏次，根据纳税人的法定代表人、财务负责人、办税人员的居民身份证、护照等有效身份证件及号码填写。
3. 表中“一般纳税人生效之日”由纳税人自行勾选。
4. 本表一式二份，主管税务机关和纳税人各留存一份。

附件 2

选择按小规模纳税人纳税的情况说明

<table>
<tr><td>纳税人名称</td><td colspan="2"></td><td>社会信用代码
（纳税人识别号）</td><td></td></tr>
<tr><td colspan="3" rowspan="2">连续不超过 12 个月或四个季度的经营期内
累计应税销售额</td><td colspan="2">货物劳务：　　年　月至　年　月共　　元。</td></tr>
<tr><td colspan="2">应税行为：　　年　月至　年　月共　　元。</td></tr>
<tr><td>情况说明</td><td colspan="4"></td></tr>
<tr><td colspan="5">纳税人（代理人）承诺：
上述各项内容真实、可靠、完整。如有虚假，愿意承担相关法律责任。

经办人：　　　　法定代表人：　　　　代理人：　　　　（签章）
年　月　日</td></tr>
<tr><td colspan="5">以下由税务机关填写</td></tr>
<tr><td>税务机关
受理情况</td><td colspan="4">受理人：　　　　　　　　　　受理税务机关（章）
年　月　日</td></tr>
</table>

填表说明：1. “情况说明”栏由纳税人填写符合财政部、国家税务总局规定可选择按小规模纳税人纳税的具体情形及理由。

2. 本表一式二份，主管税务机关和纳税人各留存一份。

关于废止和修改部分规章的决定

（商务部令 2018 年第 1 号，商务部 2018 年 2 月 22 日发布）

《商务部关于废止和修改部分规章的决定》已经 2018 年 2 月 6 日商务部第 110 次部务会议审议通过，现予公布，自公布之日起施行。

商务部关于废止和修改部分规章的决定

为继续深化简政放权、放管结合、优化服务改革，根据国务院要求，商务部对相关规章进行了清理。经相关联发部门同意，现决定：

一、对 4 部规章予以废止

（一）经商银监会、保监会同意，废止《对外承包工程项目投标（议标）管理办法》（商务部 银监会 保监会令 2011 年第 3 号）。

（二）废止《生猪屠宰管理条例实施办法》（商务部令 2008 年第 13 号）。

（三）废止《外商投资租赁业管理办法》（商务部令 2005 年第 5 号）。

（四）废止《纺织品出口管理办法（暂行）》（商务部令 2006 年第 21 号）。

二、对 1 部规章予以修改

经商财政部同意，决定对《中央储备肉管理办法》（商务部 财政部令 2007 年第 9 号）作如下修改：

删去第十二条、第十五条、第十六条。

公路水运工程监理企业资质管理规定

（交通运输部令 2018 年第 7 号，交通运输部 2018 年 5 月 17 日发布）

《公路水运工程监理企业资质管理规定》已于 2018 年 4 月 11 日经交通运输部第 5 次部务会议通过，现予以发布，自 2018 年 7 月 1 日起施行。

公路水运工程监理企业资质管理规定

第一章　总　　则

第一条　为加强公路、水运工程监理企业的资质管理，规范公路、水运建设市场秩序，保证公路、水运工程建设质量，根据《建设工程质量管理条例》，制定本规定。

第二条　公路、水运工程监理企业资质的取得及监督管理，适用本规定。

第三条　从事公路、水运工程监理活动，应当按照本规定取得公路、水运工程监理企业资质后方可开展相应的监理业务。

第四条　交通运输部负责全国公路、水运工程监理企业资质监督管理工作。

省、自治区、直辖市人民政府交通运输主管部门负责本行政区域内公路、水运工程监理企业资质管理工作，省、自治区、直辖市人民政府交通运输主管部门可以委托其所属的质量监督机构具体负责本行政区域内公路、水运工程监理企业资质的监督管理工作。

第二章　资质等级和从业范围

第五条　公路、水运工程监理企业资质按专业划分为公路工程和水运工程两个专业。

公路工程专业监理资质分为甲级、乙级、丙级三个等级和特殊独立大桥专项、特殊独立隧道专项、公路机电工程专项；水运工程专业监理资质分为甲级、乙级、丙级三个等级和水运机电工程专项。

第六条　公路、水运工程监理企业应当按照其取得的资质等级在下列业务范围内开展监理业务：

（一）取得公路工程专业甲级监理资质，可在全国范围内从事一、二、三类公路工程、桥梁工程、隧道工程项目的监理业务；

（二）取得公路工程专业乙级监理资质，可在全国范围内从事二、三类公路工程、桥梁工程、隧道工程项目的监理业务；

（三）取得公路工程专业丙级监理资质，可在企业所在地的省级行政区域内从事三类公路工程、桥梁工程、隧道工程项目的监理业务；

（四）取得公路工程专业特殊独立大桥专项监理资质，可在全国范围内从事特殊独立大桥项目的监理业务；

（五）取得公路工程专业特殊独立隧道专项监理资质，可在全国范围内从事特殊独立隧道项目的监理业务；

（六）取得公路工程专业公路机电工程专项监理资质，可在全国范围内从事各等级公路、桥梁、隧道工程通讯、监控、收费等机电工程项目的监理业务；

（七）取得水运工程专业甲级监理资质，可在全国范围内从事大、中、小型水运工程项目的监理业务；

（八）取得水运工程专业乙级监理资质，可在全国范围内从事中、小型水运工程项目的监理业务；

（九）取得水运工程专业丙级监理资质，可在企业所在地的省级行政区域内从事小型水运工程项目的监理业务；

（十）取得水运工程专业水运机电工程专项监理资质，可在全国范围内从事水运机电工程项目的监理业务。

公路、水运工程监理业务的分级标准见本规定附件3。

第三章　申请与许可

第七条　申请公路、水运工程监理资质的企业，应当具备本规定附件1、附件2规定的相应资质条件。

第八条　交通运输部负责公路工程专业甲级、乙级监理资质，公路工程专业特殊独立大桥专项、特殊独立隧道专项、公路机电工程专项监理资质的行政许可工作。

省、自治区、直辖市人民政府交通运输主管部门负责公路工程专业丙级监理资质，水运工程专业甲级、乙级、丙级监理资质，水运机电工程专项监理资质的行政许可工作。

第九条　申请人申请公路、水运工程监理资质应当向第八条规定的许可机关提交下列申请材料：

（一）《公路水运工程监理企业资质申请表》；

（二）《企业法人营业执照》（复印件）；

（三）企业章程和制度；

（四）监理工程师和中级职称以上人员名单；

（五）企业、人员从业业绩清单；

（六）主要试验检测仪器和设备清单。

申请人应当按照规定，将人员、业绩、仪器设备等情况，录入全国或者省级交通运输公路、水运建设市场信用信息管理系统。

全国或者省级交通运输公路、水运建设市场信用信息管理系统应当向社会公开，接受社会监督。

申请人应当如实向许可机关提交有关材料和反映真实情况，并对其提交材料实质内容的真实性负责。

第十条　属于交通运输部受理的申请，申请人在向交通运输部提交申请材料的同时，应当向企业注册地的省、自治区、直辖市人民政府交通运输主管部门提交申请材料副本。

有关省、自治区、直辖市人民政府交通运输主管部门自收到申请人的申请材料副本之日起十日内提出审查意见报交通运输部。

交通运输部自收到申请人完整齐备的申请材料之日起二十日内作出行政许可决定。准予许可的，颁发相应的《监理资质证书》；不予许可的，应当书面通知申请人并说明理由。

第十一条　属于省、自治区、直辖市人民政府交通运输主管部门受理的申请，申请人应当向企业注册地的省、自治区、直辖市人民政府交通运输主管部门提交本规定第九条规定的申请材料。省、自治区、直辖市人民政府交通运输主管部门自收到完整齐备的申请材料之日起二十日内作出行政许可决定。准予许可的，颁发相应的《监理资质证书》，并在三十日内向交通运输部报备；不予许可的，应当书面通知申请人并说明理由。

第十二条　许可机关在作出行政许可决定的过程中可以聘请专家对申请材料进行评审，并且将评审结果向社会公示。

专家评审的时间不计算在行政许可期限内，但应当将专家评审需要的时间告知申请人。专家评审的时间最长不得超过六十日。

第十三条　许可机关聘请的评审专家应当从其建立的公路、水运工程监理专家库中选定。

选择专家应当符合回避的要求；参与评审的专家应当履行公正评审、保守企业商业秘密的义务。

第十四条　许可机关在许可过程中需要核查申请人有关条件的，可以对申请人的有关情况进行实地核查，申请人应当配合。

第十五条　许可机关作出的准予许可决定，应当向社会公开，公众有权查阅。

第十六条　《监理资质证书》有效期限为四年。

第十七条　《监理资质证书》有效期届满，企业拟继续从事监理业务的，应当在《监理资质证书》有效期届满六十日前，向原许可机关提出延续资质申请，提交《公路水运工程监理企业延续资质申请表》，并按照资质延续的相关要求提交材料。

第十八条　许可机关对提出延续资质申请企业的各项条件进行审查，自收到企业资质申请之日起二十日内作出是否准予延续许可的决定。对符合资质延续条件的企业，许可机关准予资质延续四年。

第十九条　监理企业在领取新的资质证书时，应当将原资质证书交回原许可机关。

第四章　监督检查

第二十条　监理企业应当依法、依合同对公路、水运工程建设项目实施监理。

第二十一条　监理企业和各有关机构必须如实填写《项目监理评定书》。《项目监理评定书》的格式由交通运输部规定。

第二十二条　监理企业资质实行定期检验制度，每两年检验一次。

定期检验的内容是检查监理企业现状与资质等级条件的符合程度以及监理企业在检验期内的业绩情况。

第二十三条　申请定期检验的企业应当在其资质证书使用期满两年前三十日内向检验机构提出定期检验申请，并提交以下材料：

（一）《公路水运工程监理企业资质检验表》。

（二）本检验期内的《项目监理评定书》。

第二十四条　监理企业的定期检验工作由作出许可决定的许可机关或者委托其所属的质量监督机构负责。

负责检验的许可机关或者质量监督机构应当自收到完整齐备的申请材料二十日内作出定期检验结论。

第二十五条　对定期检验合格的监理企业，由原许可机关或者质量监督机构在其《监理资质证书》上签署意见并盖章。

对定期检验不合格的监理企业，原许可机关或者质量监督机构应当责令其在六个月内进行整改。整改期满仍不能达到规定条件的，由原许可机关对其予以降低资质等级或者撤销对其的资质许可。

第二十六条　监理企业未按照规定的期限申请资质定期检验的，其资质证书失效。

第二十七条　有下列情形之一的，监理企业应当及时向许可机关交回资质证书，许可机关应当注销其监理资质：

（一）未按照规定期限申请资质延续的；

（二）企业依法终止的；

（三）资质被依法撤销、撤回或者资质证书依法被吊销的；

（四）法律、法规规定的应当注销资质的其他情形。

第二十八条 监理企业遗失《监理资质证书》，应当在公开媒体和许可机关指定的网站上声明作废，并到原许可机关办理补证手续。

第二十九条 监理企业的名称、地址、法定代表人等一般事项变更，应当在变更事项发生后十日内向原许可机关申请签注变更。

监理企业发生合并、分立、重组、改制等重大事项变更，应当在变更事项发生后十日内向原许可机关申请变更，由原许可机关重新核定企业资质等级。

第三十条 各级交通运输主管部门及其质量监督机构应当加强对监理企业以及监理现场工作的监督检查，有关单位应当配合。

第三十一条 交通运输部和省、自治区、直辖市人民政府交通运输主管部门依据职权有权对利害关系人的举报进行调查核实，有关单位应当配合。

第三十二条 监理企业违反本规定，由交通运输部或者省、自治区、直辖市人民政府交通运输主管部门依据《建设工程质量管理条例》及有关规定给予相应处罚。

第三十三条 交通运输主管部门工作人员在资质许可和监督管理工作中玩忽职守、滥用职权、徇私舞弊等严重失职的，由所在单位或者其上级机关依照国家有关规定给予行政处分；构成犯罪的，依法追究刑事责任。

第五章　附　　则

第三十四条 监理企业的《监理资质证书》由许可机关按照交通运输部规定的统一格式印制，正本一份，副本二份，副本与正本具有同等法律效力。

第三十五条 本规定自 2018 年 7 月 1 日起施行。2004 年 6 月 30 日以交通部令 2004 年第 5 号发布的《公路水运工程监理企业资质管理规定》、2014 年 4 月 9 日以交通运输部令 2014 年第 7 号发布的《关于修改〈公路水运工程监理企业资质管理规定〉的决定》、2015 年 5 月 12 日以交通运输部令 2015 年第 4 号发布的《关于修改〈公路水运工程监理企业资质管理规定〉的决定》同时废止。

附件 1　公路水运工程监理企业资质等级条件（略）

附件 2　公路水运工程监理企业基本试验检测能力或仪器设备配备标准（略）

附件 3　公路水运工程监理企业业务分级标准（略）

关于公布全文失效废止和部分条款失效废止的税收规范性文件目录的公告

（国家税务总局公告 2018 年第 33 号，国家税务总局 2018 年 6 月 15 日发布）

根据《第十三届全国人民代表大会第一次会议关于国务院机构改革方案的决定》《全国人民代表大会常务委员会关于国务院机构改革涉及法律规定的行政机关职责调整问题的决定》《国务院关于国务院机构改革涉及行政法规规定的行政机关职责调整问题的决定》（国发〔2018〕17 号）以及《税收规范性文件制定管理办法》（国家税务总局令第 41 号公布）的有关规定，国家税务总局对税收规范性文件进行了清理。清理结果已经 2018 年 6 月 5 日国家税务总局局务会议审议通过，现将《全文失效废止的税收规范性文件目录》和《部分条款失效废止的税收规范性文件目录》予以公布。

国税机构和地税机构合并前，需要适用本公告公布失效和废止的税收规范性文件的，按照原规定执行。

特此公告。

附件：1. 全文失效废止的税收规范性文件目录

2. 部分条款失效废止的税收规范性文件目录

附件 1

全文失效废止的税收规范性文件目录

序号	标　　题	发文日期	文　　号
1	国家税务总局关于调整国家税务局、地方税务局税收征管范围若干具体问题的通知	1996.03.01	国税发〔1996〕37 号
2	国家税务总局关于进一步明确契税纳税人有关法律责任的通知	1998.11.10	国税发〔1998〕195 号
3	国家税务总局关于印发《农业税收会计制度》的通知	1998.12.14	国税发〔1998〕216 号
4	国家税务总局关于加强出口货物退税专用税票电子信息管理工作的通知	2000.06.22	国税发〔2000〕117 号
5	国家税务总局 国家质量技术监督局关于印发《关于停止生产销售非税控加油机和非税控计价器的通告》的通知	2000.12.22	国税发〔2000〕198 号
6	国家税务总局 对外贸易经济合作部关于外（工）贸改制企业出口货物退（免）税有关问题的通知	2001.08.01	国税发〔2001〕84 号
7	国家税务总局 国家质量监督检验检疫总局关于个体加油站赋码和换发税务登记证的通知	2002.06.03	国税发〔2002〕66 号
8	国家税务总局关于加强纳税服务工作的通知	2003.04.09	国税发〔2003〕38 号
9	国家税务总局关于增值税专用发票和其他抵扣凭证开展审核检查的通知	2004.10.25	国税发明电〔2004〕59 号
10	国家税务总局 国家质量监督检验检疫总局关于调整税控加油机、出租汽车税控计价器型式批准和制造许可证办理程序的通知	2004.05.25	国税函〔2004〕662 号
11	国家税务总局关于印发《耕地占用税契税减免管理办法》的通知	2004.08.03	国税发〔2004〕99 号
12	国家税务总局关于加强和规范税务机关代开普通发票工作的通知	2004.09.02	国税函〔2004〕1024 号
13	国家税务总局关于取消出口货物退（免）税清算的通知	2005.12.09	国税发〔2005〕197 号
14	国家税务总局关于促进注册税务师行业规范发展的若干意见	2006.04.12	国税发〔2006〕58 号
15	国家税务总局关于进行公路、内河货运发票税控系统试点工作的通知	2006.06.30	国税发〔2006〕95 号
16	国家税务总局关于加强货物运输企业纳税申报管理工作的通知	2006.07.10	国税发〔2006〕99 号
17	国家税务总局关于非涉税中介机构从事涉税鉴证业务有关问题的批复	2006.07.13	国税函〔2006〕682 号

续表

序号	标　　题	发文日期	文　　号
18	国家税务总局关于进一步明确纳税人识别号有关编码规则的通知	2006.09.12	国税函〔2006〕820号
19	国家税务总局关于报送注册税务师行业年度报表有关问题的通知	2006.09.22	国税函〔2006〕875号
20	国家税务总局关于推行车辆购置税征收管理系统后会统核算和税款征收有关问题的通知	2007.01.19	国税函〔2007〕99号
21	国家税务总局关于公路内河货物运输业发票税控系统应用中有关问题的通知	2007.03.12	国税函〔2007〕315号
22	国家税务总局关于进一步加强个体工商户税务登记管理的通知	2007.05.18	国税函〔2007〕505号
23	国家税务总局关于认证稽核系统涉嫌违规公路内河货物运输业发票处理有关问题的通知	2007.06.27	国税函〔2007〕722号
24	国家税务总局关于河北省部分地区毛皮产品出口退税有关问题的通知	2008.04.10	国税函〔2008〕319号
25	国家税务总局关于四川省遭受地震灾害地区出口货物退（免）税有关问题的通知	2008.06.04	国税函〔2008〕555号
26	国家税务总局关于进一步加强国家税务局、地方税务局稽查工作协作的意见	2008.08.20	国税函〔2008〕741号
27	国家税务总局关于调整新增企业所得税征管范围问题的通知	2008.12.16	国税发〔2008〕120号
28	国家税务总局关于明确非居民企业所得税征管范围的补充通知	2009.01.23	国税函〔2009〕50号
29	国家税务总局关于进一步做好税收征管工作的通知	2009.02.26	国税发〔2009〕16号
30	国家税务总局关于加强税种征管 促进堵漏增收的若干意见	2009.04.29	国税发〔2009〕85号
31	国家税务总局关于印发《进一步加强税收征管若干具体措施》的通知	2009.07.27	国税发〔2009〕114号
32	国家税务总局关于印发《办税服务厅管理办法（试行）》的通知	2009.08.31	国税发〔2009〕128号
33	国家税务总局关于印发《全国税务系统2010—2012年纳税服务工作规划》的通知	2009.09.10	国税发〔2009〕131号
34	国家税务总局关于注册税务师行业基础信息共享有关问题的通知	2009.12.31	国税函〔2009〕763号
35	国家税务总局关于逾期未办理的出口退（免）税可延期办理有关问题的公告	2014.04.04	国家税务总局公告2014年第20号
36	国家税务总局关于营业税改征增值税委托地税机关代征税款和代开增值税发票的公告	2016.03.31	国家税务总局公告2016年第19号
37	国家税务总局关于延长2016年出口退（免）税相关业务申报期限的公告	2016.04.07	国家税务总局公告2016年第22号

附件 2

部分条款失效废止的税收规范性文件目录

序号	标　　题	发文日期	文号	失效废止条款
1	国家税务总局关于进一步加强土地增值税征收管理工作的通知	1996.12.10	国税发〔1996〕227 号	第二条
2	国家税务总局关于贯彻《中华人民共和国税收征收管理法》及其实施细则若干具体问题的通知	2003.04.23	国税发〔2003〕47 号	第一条
3	国家税务总局关于驻外使领馆工作人员离任回国进境自用车辆缴纳车辆购置税问题的补充通知	2006.02.16	国税函〔2006〕160 号	第三条
4	国家税务总局关于变更税务登记证规格标准的通知	2006.05.26	国税函〔2006〕491 号	各地方税务局接到本通知后，要按变更后的规格标准组织印制。国家税务局系统使用的副本套（封皮）仍由总局统一招标印制。目前，在保证 2006 年 7 月 31 日前新办税务登记的需要外，各地不得再加印旧版的税务登记证件。换证开始后，各地应首先将现有库存副本套（封皮）继续发放使用完，再启用新的副本套（封皮）。
				各地要向物价部门报批分项的收费标准，对新办税务登记的纳税人收取整套税务登记证件工本费，对换发税务登记证的纳税人要区分是否换领正本外框和副本套（封皮）的情况收取工本费。
5	国家税务总局关于统一使用办税服务厅标识有关问题的通知	2008.03.12	国税发〔2008〕29 号	第六条
6	国家税务总局关于贯彻落实从事农、林、牧、渔业项目企业所得税优惠政策有关事项的通知	2008.10.17	国税函〔2008〕850 号	第三条
7	国家税务总局关于印发《特别纳税调整实施办法（试行）》的通知	2009.01.08	国税发〔2009〕2 号	第一百一十一条
8	国家税务总局办公厅关于税务登记中企业登记注册类型有关问题的通知	2009.04.20	国税办函〔2009〕198 号	同时，请各地地方税务局相应修订综合征管信息系统。
9	国家税务总局关于进一步完善税务登记管理有关问题的公告	2011.03.21	国家税务总局公告 2011 年第 21 号	第三条

续表

序号	标　　题	发文日期	文　　号	失效废止条款
10	国家税务总局关于发布《纳税信用管理办法（试行）》的公告	2014.7.4	国家税务总局公告2014年第40号	第七条
11	国家税务总局关于发布《特别纳税调查调整及相互协商程序管理办法》的公告	2017.03.17	国家税务总局公告2017年第6号	第四十一条第二款
12	国家税务总局关于发布《涉税专业服务信用评价管理办法（试行）》的公告	2017.12.26	国家税务总局公告2017年第48号	第三条第二款
13	国家税务总局关于采集涉税专业服务基本信息和业务信息有关事项的公告	2017.12.26	国家税务总局公告2017年第49号	第三条第三款

关于创新和完善促进绿色发展价格机制的意见

（发改价格规〔2018〕943号，国家发展改革委2018年6月21日发布）

各省、自治区、直辖市发展改革委、物价局：

绿色发展是建设生态文明、构建高质量现代化经济体系的必然要求，是发展观的一场深刻革命，核心是节约资源和保护生态环境。为深入学习贯彻习近平生态文明思想，认真落实全国生态环境保护大会精神，助力打好污染防治攻坚战，促进生态文明和美丽中国建设，现就创新和完善促进绿色发展的价格机制提出以下意见。

一、重要意义

党的十八大以来，在以习近平同志为核心的党中央坚强领导下，各级价格主管部门认真落实党中央、国务院决策部署，积极推进资源环境价格改革。出台支持燃煤机组超低排放改造、北方地区清洁供暖价格政策，对高耗能、高污染、产能严重过剩行业用电实行差别化电价政策，全面推行居民用电、用水、用气阶梯价格制度，完善水资源费、污水处理费、垃圾处理费政策，出台奖惩结合的环保电价和收费政策，为加强生态环境保护做出了积极贡献。但与生态文明建设的时代要求和打好污染防治攻坚战的迫切需要相比，还存在价格机制不够完善、政策体系不够系统、部分地区落实不到位等问题，资源稀缺程度、生态价值和环境损害成本没有充分体现，激励与约束相结合的价格机制没有真正建立。需要通过进一步深化价格改革、创新和完善价格机制加以解决。

当前，我国生态文明建设正处于压力叠加、负重前行的关键期，已进入提供更多优质生态产品以满足人民日益增长的优美生态环境需要的攻坚期，也到了有条件有能力解决生态环境突出问题的窗口期。面对新时代生态文明建设和生态环境保护的新形势、新要求，要充分运用市场化手段，推进生态环境保护市场化进程，不断完善资源环境价格机制，更好发挥价格杠杆引导资源优化配置、实现生态环境成本内部化、促进全社会节约、加快绿色环保产业发展的积极作用，进而激发全社会力量、共同促进绿色发展和生态文明建设。

二、总体要求

（一）指导思想

全面贯彻落实党的十九大和十九届二中、

三中全会精神，以习近平新时代中国特色社会主义思想为指导，牢固树立和落实新发展理念，按照高质量发展要求，坚持节约资源和保护环境的基本国策，加快建立健全能够充分反映市场供求和资源稀缺程度、体现生态价值和环境损害成本的资源环境价格机制，完善有利于绿色发展的价格政策，将生态环境成本纳入经济运行成本，撬动更多社会资本进入生态环境保护领域，促进资源节约、生态环境保护和污染防治，推动形成绿色发展空间格局、产业结构、生产方式和生活方式，不断满足人民群众日益增长的优美生态环境需要。

（二）基本原则

——坚持问题导向。重点针对损害群众健康的突出环境问题，紧扣打赢蓝天保卫战、城市黑臭水体治理、农业农村污染治理等标志性战役，着力创新和完善污水垃圾处理、节水节能、大气污染治理等重点领域的价格形成机制，理顺利益责任关系，引导市场，汇聚资源，助力打好污染防治攻坚战。

——坚持污染者付费。按照污染者使用者付费、保护者节约者受益的原则，创新资源环境价格机制，实现生态环境成本内部化，抑制不合理资源消费，鼓励增加生态产品供给，使节约资源、保护生态环境成为市场主体的内生动力。

——坚持激励约束并重。针对城乡、区域、行业、不同主体实际，在价格手段可以发挥作用的领域和环节，健全价格激励和约束机制，使节约能源资源与保护生态环境成为单位、家庭、个人的自觉行动，形成共建共享生态文明的良好局面。

——坚持因地分类施策。支持各地结合本地资源禀赋条件、污染防治形势、产业结构特点，以及社会承受能力等，研究制定符合绿色发展要求的具体价格政策；鼓励有条件的地区制定基于更严格环保标准的价格政策，更好促进生态文明建设和绿色发展。

（三）主要目标

到 2020 年，有利于绿色发展的价格机制、价格政策体系基本形成，促进资源节约和生态环境成本内部化的作用明显增强；到 2025 年，适应绿色发展要求的价格机制更加完善，并落实到全社会各方面各环节。

三、完善污水处理收费政策

加快构建覆盖污水处理和污泥处置成本并合理盈利的价格机制，推进污水处理服务费形成市场化，逐步实现城镇污水处理费基本覆盖服务费用。

（一）建立城镇污水处理费动态调整机制。按照补偿污水处理和污泥处置设施运营成本（不含污水收集和输送管网建设运营成本）并合理盈利的原则，制定污水处理费标准，并依据定期评估结果动态调整，2020 年底前实现城市污水处理费标准与污水处理服务费标准大体相当；具备污水集中处理条件的建制镇全面建立污水处理收费制度，并同步开征污水处理费。

（二）建立企业污水排放差别化收费机制。鼓励地方根据企业排放污水中主要污染物种类、浓度、环保信用评级等，分类分档制定差别化收费标准，促进企业污水预处理和污染物减排。各地可因地制宜确定差别化收费的主要污染物种类，合理设置污染物浓度分档和差价标准，有条件的地区可探索多种污染物差别化收费政策。工业园区要率先推行差别化收费政策。

（三）建立与污水处理标准相协调的收费机制。支持提高污水处理标准，污水处理排放标准提高至一级 A 或更严格标准的城镇和工业园区，可相应提高污水处理费标准，长江经济带相关省份要率先实施。水源地保护区、地下水易受污染地区、水污染严重地区和敏感区域特别是劣Ⅴ类水体以及城市黑臭水体污染源所在地，要实行更严格的污水处理排放标准，并相应提高污水处理费标准。

（四）探索建立污水处理农户付费制度。在已建成污水集中处理设施的农村地区，探索建立农户付费制度，综合考虑村集体经济状况、农户承受能力、污水处理成本等因素，合理确定付费标准。

（五）健全城镇污水处理服务费市场化形成机制。推动通过招投标等市场竞争方式，以污水处理和污泥处置成本、污水总量、污染物去除量、经营期限等为主要参数，形成污水处理服务费标准。鼓励将城乡不同区域、规模、盈利水平的污水处理项目打包招投标，促进城市、建制镇和农村污水处理均衡发展。建立污水处理服务费收支定期报告制度，污水处理企业应于每年3月底前，向当地价格主管部门报告上年度污水处理服务费收支状况，为调整完善污水处理费标准提供参考。

四、健全固体废物处理收费机制

全面建立覆盖成本并合理盈利的固体废物处理收费机制，加快建立有利于促进垃圾分类和减量化、资源化、无害化处理的激励约束机制。

（一）建立健全城镇生活垃圾处理收费机制。按照补偿成本并合理盈利的原则，制定和调整城镇生活垃圾处理收费标准。2020年底前，全国城市及建制镇全面建立生活垃圾处理收费制度。鼓励各地创新垃圾处理收费模式，提高收缴率。鼓励各地制定促进垃圾协同处理的综合性配套政策，支持水泥、有机肥等企业参与垃圾资源化利用。

（二）完善城镇生活垃圾分类和减量化激励机制。积极推进城镇生活垃圾处理收费方式改革，对非居民用户推行垃圾计量收费，并实行分类垃圾与混合垃圾差别化收费等政策，提高混合垃圾收费标准；对具备条件的居民用户，实行计量收费和差别化收费，加快推进垃圾分类。鼓励城镇生活垃圾收集、运输、处理市场化运营，已经形成充分竞争的环节，实行双方协商定价。

（三）探索建立农村垃圾处理收费制度。在已实行垃圾处理制度的农村地区，建立农村垃圾处理收费制度，综合考虑当地经济发展水平、农户承受能力、垃圾处理成本等因素，合理确定收费标准，促进乡村环境改善。

（四）完善危险废物处置收费机制。按照补偿危险废物收集、运输、贮存和处置成本并合理盈利的原则，制定和调整危险废物处置收费标准，提高危险废物处置能力。综合考虑区域内医疗机构总量和结构、医疗废物实际产生量及处理总成本等因素，合理核定医疗废物处置定额、定量收费标准，收费方式由医疗废物处置单位和医疗机构协商确定。加强工业危险废物和社会源危险废物处置成本调查，合理确定并动态调整收费标准；在确保危险废物收集、运输、贮存、处置全流程监控，违法违规行为可追溯的前提下，处置收费标准可由双方协商确定。

五、建立有利于节约用水的价格机制

建立健全补偿成本、合理盈利、激励提升供水质量、促进节约用水的价格形成和动态调整机制，保障供水工程和设施良性运行，促进节水减排和水资源可持续利用。

（一）深入推进农业水价综合改革。农业水价综合改革试点地区要将农业水价一步或分步提高到运行维护成本水平，有条件的地区提高到完全成本水平，全面实行超定额用水累进加价，并同步建立精准补贴和节水奖励机制。完成农业节水改造的地区，要充分利用节水腾出的空间提高农业水价。2020年底前，北京、上海、江苏、浙江等省份，农田水利工程设施完善的缺水和地下水超采地区，以及新增高效节水灌溉项目区、国家现代农业产业园要率先完成改革任务。

（二）完善城镇供水价格形成机制。建立充分反映供水成本、激励提升供水质量的价格形成和动态调整机制，逐步将居民用水价格调整至不低于成本水平，非居民用水价格调整至补偿成本并合理盈利水平；进一步拉大特种用水与非居民用水的价差，缺水地区二者比价原则上不低于3∶1。适时完善居民阶梯水价制度。

（三）全面推行城镇非居民用水超定额累进加价制度。对标先进企业，科学制定用水定额并动态调整，合理确定分档水量和加价标准，2020年底前要全面落实到位。缺水地区要从紧制定或修订用水定额，提高加价标准，充分反映水资源稀缺程度。对“两高一剩”等行业实行更高的加价标准，加快淘汰落后产能，促进产业结构转型升级。

（四）建立有利于再生水利用的价格政策。按照与自来水保持竞争优势的原则确定再生水价格，推动园林绿化、道路清扫、消防等公共领域使用再生水。具备条件的可协商定价，探索实行累退价格机制。

六、健全促进节能环保的电价机制

充分发挥电力价格的杠杆作用，推动高耗能行业节能减排、淘汰落后，引导电力资源优化配置，促进产业结构、能源结构优化升级。

（一）完善差别化电价政策。全面清理取消对高耗能行业的优待类电价以及其他各种不合理价格优惠政策。严格落实铁合金、电石、烧碱、水泥、钢铁、黄磷、锌冶炼等7个行业的差别电价政策，对淘汰类和限制类企业用电（含市场化交易电量）实行更高价格。各地应及时评估差别电价、阶梯电价政策执行效果，可根据实际需要扩大差别电价、阶梯电价执行行业范围，提高加价标准，促进相关行业加大技术改造力度、提高能效水平、加速淘汰落后产能。鼓励各地探索建立基于单位产值能耗、污染物排放的差别化电价政策，推动清洁化改造。各地出台的差别电价、阶梯电价政策应及时报国家发展改革委备案。

（二）完善峰谷电价形成机制。加大峰谷电价实施力度，运用价格信号引导电力削峰填谷。省级价格主管部门可在销售电价总水平不变的前提下，建立峰谷电价动态调整机制，进一步扩大销售侧峰谷电价执行范围，合理确定并动态调整峰谷时段，扩大高峰、低谷电价价差和浮动幅度，引导用户错峰用电。鼓励市场主体签订包含峰、谷、平时段价格和电量的交易合同。利用峰谷电价差、辅助服务补偿等市场化机制，促进储能发展。利用现代信息、车联网等技术，鼓励电动汽车提供储能服务，并通过峰谷价差获得收益。完善居民阶梯电价制度，推行居民峰谷电价。

（三）完善部分环保行业用电支持政策。2025年底前，对实行两部制电价的污水处理企业用电、电动汽车集中式充换电设施用电、港口岸电运营商用电、海水淡化用电，免收需量（容量）电费。

在推进上述改革任务的同时，鼓励各地积极探索生态产品价格形成机制、碳排放权交易、可再生能源强制配额和绿证交易制度等绿色价格政策，对影响面大、制约因素复杂的政策措施可先行试点，摸索经验，逐步推广。

七、狠抓政策落地

创新和完善促进绿色发展价格机制，是当前和今后一个时期价格工作的一项重要任务，各地要加强组织领导，采取有力措施，确保各项政策落地生根。

（一）强化政策落实。各地价格主管部门要全面梳理现行资源环境价格政策落实情况，发现问题及时改进，对落实不力的要强化问责。对新出台的政策要建立落实台账，逐项明确时间表、路线图、责任人，扎实推进。规范市场交易价格行为，强化价格信用体系建设，督促市场主体严格履行价格合约。加强对政策落实情况的跟踪评估，找准政策执行中的痛点、难点、堵点，及时调整完善政策，以“钉钉子”的精神抓好落实。

（二）加强部门协作。推进绿色发展，需要全社会共同参与。各级价格主管部门要主动与相关部门加强协作，统筹运用价格、环保、财政、金融、投资、产业等政策措施，形成政策合力，共推绿色发展。

（三）兜住民生底线。正确处理推进绿色发展与保障群众生活的关系，充分考虑社会承受能力尤其是低收入群体承受能力，完善并执行好社会救助和保障标准与物价上涨挂钩的联动机制，采取有效措施，对冲价格调整对困难群众生活的影响。

（四）注重宣传引导。切实做好宣传引导工作，将宣传工作与政策制定放在同等重要位置，同研究、同部署、同落实，最大限度凝聚社会共识，强化全社会节约资源、保护环境、促进绿色发展的共同责任，提高执行促进绿色发展价格政策的积极性、主动性，推动将绿色发展的要求转化为自觉行动，共同建设美丽中国。